GLENCOE FRENCH 3

Bon voyage!

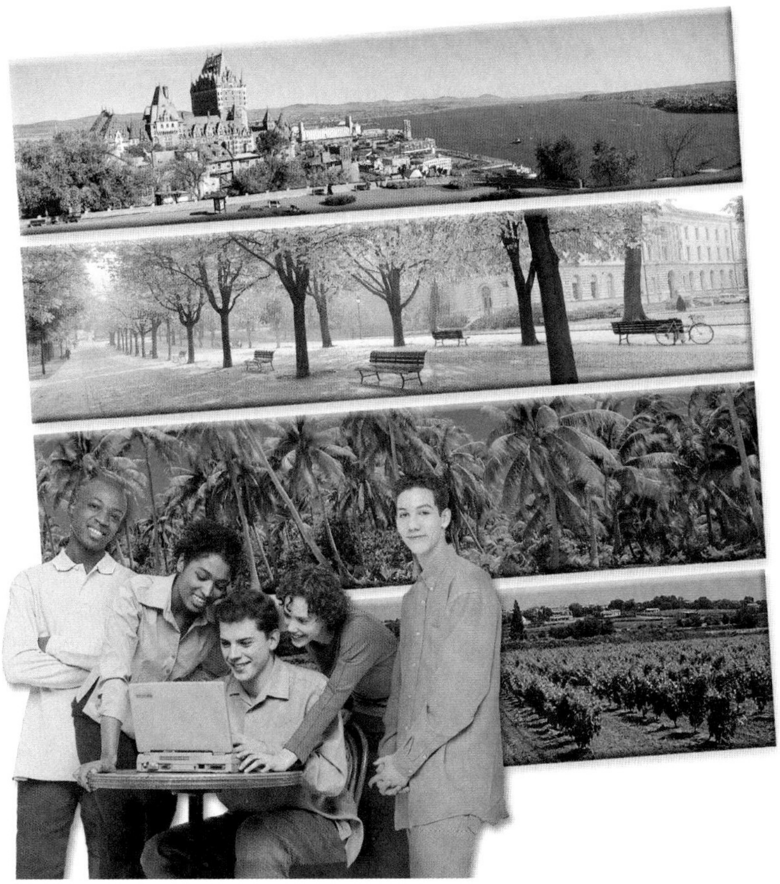

Conrad J. Schmitt • Katia Brillié Lutz

McGraw Hill Glencoe

New York, New York Columbus, Ohio Chicago, Illinois Peoria, Illinois Woodland Hills, California

Glencoe

The McGraw-Hill Companies

Send all inquiries to:
Glencoe/McGraw-Hill
8787 Orion Place
Columbus, Ohio 43240-4027

ISBN 0-07-860661-6 *(Student Edition)*
ISBN 0-07-865680-X *(Teacher Wraparound Edition)*

Printed in the United States of America.

4 5 6 7 8 9 10 055/079 10 09 08 07

From the Authors

Itinerary for Success

- ✓ Exposure to all regions of the French-speaking world
- ✓ Clear expectations and goals
- ✓ Vocabulary that facilitates reading and conversation
- ✓ Review and advanced grammar
- ✓ Many opportunities for practice
- ✓ Real-life conversation
- ✓ High-interest journalism
- ✓ Language production strategies
- ✓ Relevant literary selections

Dear Parents,

We are most pleased that your son or daughter has decided to continue with his or her study of French. As a third-year student, he or she will continue to gain confidence in using the language that will hopefully become a most useful lifelong asset.

This year your child will be exposed, in a more in-depth way, to the geography, history, and rich cultures of the vast French-speaking world. He or she will be introduced to higher level up-to-date vocabulary necessary to communicate and function in today's ever-changing world. He or she will read newspaper and magazine articles from French-speaking countries and will be introduced to the works of some of the major writers of the French-speaking world. At all times, the primary focus will be to increase your child's ability to communicate in French with ease and confidence.

Remind your son or daughter to be diligent in completing assignments on a daily basis. Short, frequent periods of exposure will greatly enhance his or her language ability. Infrequent longer periods of cramming are generally ineffective and will not give the desired results.

Let your child know that he or she should not be inhibited to speak for fear of making an error. It is most natural to make errors when acquiring a new language. One will never become proficient in a language by remaining silent.

Encourage your child to work a bit each day, to speak up and enjoy his or her journey in the acquisition of an exciting, valuable language. **Bon voyage!**

Bien amicalement,

Conrad J. Schmitt • *Katia Brillié Lutz*

Teacher Edition

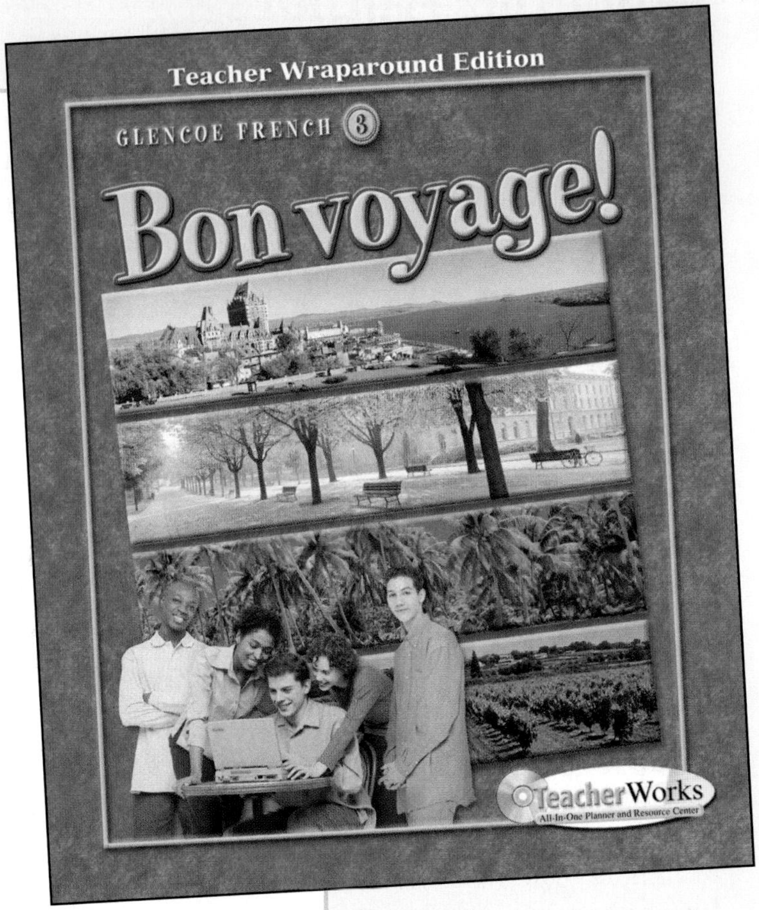

Student Edition

Glencoe's **Bon voyage!** is a carefully articulated program written by experienced authors. The Scope and Sequence of **Bon voyage!** ensures that students are presented with material in a way that enables them to build the skills they need to become proficient in French. To allow you flexibility in moving through the program there is a review section at the beginning of **Bon voyage!** Level 2. In addition, Chapters 13 and 14 of Level 1 are repeated as Chapters 1 and 2 of Level 2. The subjunctive is presented in Chapter 12 of **Bon voyage!** Level 2 but is presented as brand new material in **Bon voyage!** Level 3.

LEVEL 1

Preliminary Lessons

Topics
- Greeting people
- Saying good-bye
- Finding out a person's name
- Ordering food
- The calendar
- Telling time

Functions
- How to greet people
- How to say good-bye to people
- How to ask people how they are
- How to ask and tell names
- How to express simple courtesies
- How to find out and tell the days of the week
- How to find out and tell the months of the year
- How to count from 1–30
- How to find out and tell the time

Chapitre 1

Topics
- Describing people
- Numbers 30–69

Culture
- Victor Gabriel Gilbert, ***Enfants jouant au cerceau***
- French language in Africa
- Henri de Toulouse-Lautrec
- Connections—Geography of France

Functions
- How to ask or tell what someone is like
- How to ask or tell where someone is from
- How to ask or tell who someone is
- How to describe yourself or someone else

Structure
- Singular forms of definite and indefinite articles—**le, la, un, une**
- Agreement of adjectives
- Present singular forms of the verb **être**
- Making a sentence negative

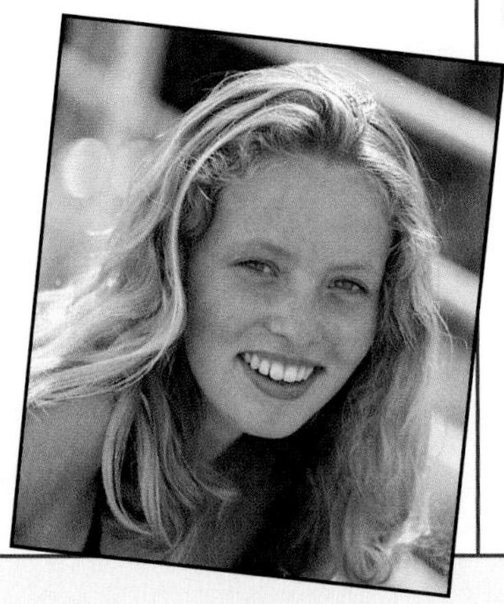

Chapitre 2

Topics
- School
- Class subjects
- Numbers 70–100

Culture
- Pierre Bonnard, ***Écriture de fille***
- French language in Haiti, Canada, Louisiana
- High school in France
- E-mail in French
- Connections—Biology, physics, and chemistry

Functions
- How to describe people and things
- How to talk about more than one person or thing
- How to tell what subjects you take in school and express some opinions about them
- How to speak to people formally and informally

Structure
- Plural forms of nouns, articles, and adjectives
- Present plural forms of **être**
- **Tu** and **vous**

LEVEL 1

Chapitre 3

Topics
- The school day
- School supplies
- Numbers 100–1000

Culture
- Pierre Auguste Renoir, ***La lecture***
- Jacqueline, a French student
- Antoine, a working Canadian student
- Popular French music: Manau
- Connections—Computers and technology

Functions
- How to talk about what you do in school
- How to talk about what you and your friends do after school
- How to identify and shop for school supplies
- How to talk about what you don't do
- How to tell what you and others like and don't like to do

Structure
- Present tense of **-er** verbs
- Negative indefinite articles

Chapitre 4

Topics
- Members of the family
- Birthdays
- Houses
- Apartments
- The rooms of a house

Culture
- Pierre Auguste Renoir, ***Madame Charpentier et ses enfants***
- Housing in France
- Housing in French-speaking countries
- Origins of French names
- Connections—Art and history

Functions
- How to talk about your family
- How to describe your home and neighborhood
- How to tell your age and find out someone else's age
- How to tell what belongs to you and others
- How to describe more people and things

Structure
- Present tense of **avoir**
- Possessive adjectives
- Singular and plural adjectives

Chapitre 5

Topics
- Going to a café
- Names of food
- Eating utensils
- Going to a restaurant
- Meals

Culture
- Vincent Van Gogh, ***Terrasse du café le soir***
- Three friends go to dinner at a restaurant in France
- Meals in France
- Popular foods in France
- Connections—Arithmetic

Functions
- How to order food or a beverage at a café or restaurant
- How to tell where you and others go
- How to tell what you and others are going to do
- How to give locations
- How to tell what belongs to you and others
- How to describe more activities

Structure
- Present tense of **aller**
- **Aller** + infinitive
- Contractions with **à** and **de**
- Present tense of **prendre**

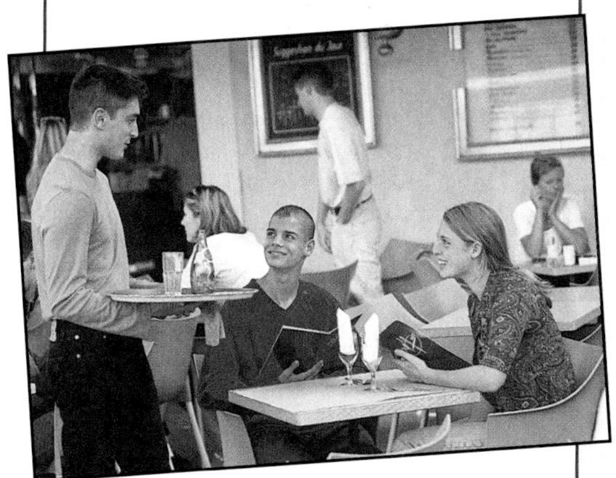

LEVEL 1

Chapitre 6

Topics
- Types of food
- Shopping for food
- Open-air market
- Supermarket

Culture
- Paul Cézanne, ***Nature morte au panier***
- Shopping for food in small stores in Paris
- Shopping at the hypermarket in France
- Open-air markets in French-speaking countries
- Connections—Metric conversions

Functions
- How to identify more foods
- How to shop for food
- How to tell what you or others are doing
- How to ask for the quantity you want
- How to talk about what you or others don't have
- How to tell what you or others are able to do or want to do

Structure
- Present tense of **faire**
- The partitive and the definite article
- Negative form of the partitive
- Present tense of **pouvoir** and **vouloir**

Chapitre 7

Topics
- Clothing
- Shopping for clothes
- Sizes and colors

Culture
- **Un tissu de la Côte d'Ivoire**
- Shopping for clothes in Paris
- Shopping for clothes in Africa
- Differences between shoe and clothing sizes in the United States and in France
- Connections—Poetry

Functions
- How to identify and describe articles of clothing
- How to state color and size preferences
- How to shop for clothing
- How to describe people's activities
- How to compare people and things
- How to express opinions and make observations

Structure
- Present tense of **mettre**
- Comparative adjectives
- Present tense of **voir** and **croire**

Chapitre 8

Topics
- The airport
- On board an airplane

Culture
- René Magritte, ***La grande famille***
- A trip to Paris
- International time zones
- Antoine de Saint-Exupéry
- Connections—Climate

Functions
- How to check in for a flight
- How to talk about some services aboard the plane
- How to talk about more activities
- How to ask more questions
- How to talk about people and things as a group

Structure
- Present tense of **-ir** verbs
- **Quel** and **tout**
- **Sortir, partir, dormir,** and **servir**

LEVEL 1

Chapitre 9

Topics
- The train station
- On the train

Culture
- Claude Monet, ***La locomotive***
- Train travel in French-speaking Africa
- Erica Saunders, an American student travels by train in France
- Connections—The 24-hour clock and the metric system

Functions
- How to purchase a train ticket and request information about arrival and departure
- How to use expressions related to train travel
- How to talk about people's activities
- How to point out people or things

Structure
- Present tense of **-re** verbs
- Demonstrative adjectives
- **Dire, écrire,** and **lire**

Chapitre 10

Topics
- Soccer
- Basketball
- Volleyball
- Bicycling
- Running

Culture
- Robert Delaunay, ***Les coureurs***
- Hockey and basketball in French-speaking countries
- Le Tour de France
- Connections—Anatomy

Functions
- How to talk about team sports and other physical activities
- How to describe past actions and events
- How to ask people questions

Structure
- **Passé composé** of regular verbs
- **Qui, qu'est que, quoi**
- Present tense of **boire, devoir,** and **recevoir**

Chapitre 11

Topics
- Summer weather and activities
- Spring
- Winter weather and activities
- Autumn

Culture
- Maurice Utrillo, ***Montmartre sous la neige***
- A trip through Quebec, Canada
- Some of the best places to vacation in France
- Carnival in Quebec
- Connections—French painters

Functions
- How to describe summer and winter weather
- How to talk about summer activities
- How to talk about winter sports
- How to discuss past actions and events
- How to make negative statements

Structure
- **Passé composé** of irregular verbs
- Negative statements
- **Passé composé** with **être**

LEVEL 1

Chapitre 12

Topics
- Daily routine
- The kitchen
- Watching television

Culture
- Edgar Degas, ***Toilette matinale***
- An Algerian family living outside of Paris
- Differences between breakfast foods in the United States and in French-speaking countries
- Connections—Ecology

Functions
- How to describe your personal grooming habits
- How to talk about your daily routine
- How to talk about your family life
- How to tell some things you do for yourself
- How to talk about daily activities in the past

Structure
- Reflexive verbs in the present
- Reflexive verbs in the **passé composé**

Chapitre 13

Topics
- Going to the movies
- Going to the theater
- Going to a museum

Culture
- **Des statues béninoises de seizième siècle**
- Cultural sites in France
- African music
- Connections—Music

Functions
- How to discuss movies, plays, and museums
- How to tell what you know and whom you know
- How to tell what happens to you or someone else
- How to refer to people and things already mentioned

Structure
- Present tense of **savoir** and **connaître**
- Indirect object pronouns
- Direct object pronouns

Chapitre 14

Topics
- Minor illness
- Parts of the body
- The doctor's office
- The pharmacy

Culture
- Édouard Vuillard, ***Le docteur Viau dans son cabinet***
- Doctors making house calls in France
- Comparing the cultural view of health in the United States and in France
- Medical services in France
- Connections—Diet

Functions
- How to explain a minor illness to a doctor
- How to have a prescription filled at a pharmacy
- How to tell for whom something is done
- How to talk about some more activities
- How to give commands
- How to refer to people, places, and things already mentioned

Structure
- Pronouns **lui, leur**
- Present tense of **souffrir** and **ouvrir**
- Commands
- The pronoun **en**

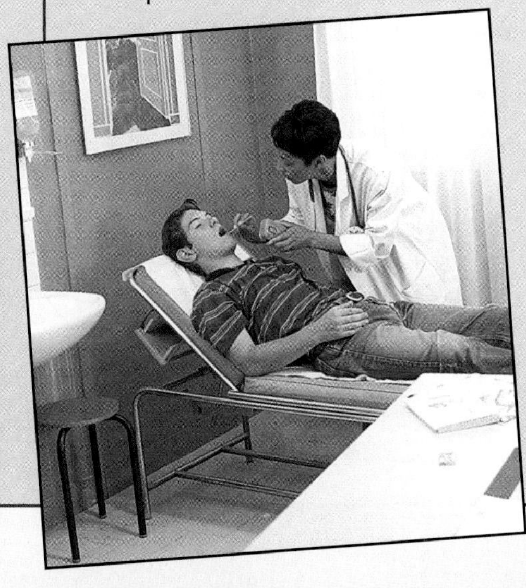

LEVEL 2

Review Lessons

Topics
- Friends and school
- The family
- The home
- Birthdays
- Food shopping
- Clothes shopping
- Traveling by train
- Traveling by airplane
- Summer weather and activities
- Winter weather and activities
- Soccer
- Daily routine

Functions
- How to describe people
- How to describe a home
- How to describe a family
- How to talk about shopping for food and clothing
- How to discuss traveling by train and airplane
- How to describe the seasons and summer and winter activities
- How to tell about daily routines

Structure
- Agreement of adjectives
- Present tense of **être** and **aller**
- Contractions
- Regular **-er** verbs
- The partitive
- Present tense of **avoir** and **faire**
- Present tense of **vouloir** and **pouvoir**
- The infinitive
- Present tense of **prendre**
- **-ir** and **-re** verbs
- Present tense of **sortir, partir, dormir**, and **servir**
- **Passé composé** of regular verbs with **avoir**
- Irregular past participles
- Reflexive verbs in the present tense
- **Passé composé** with **être**
- Reflexive verbs in the **passé composé**

Chapitre 1

Topics
- Going to the movies
- Going to the theater
- Going to a museum

Culture
- **Des statues béninoises de seizième siècle**
- Cultural sites in France
- African music
- Connections—Music

Functions
- How to discuss movies, plays, and museums
- How to tell what you know and whom you know
- How to tell what happens to you or someone else
- How to refer to people and things already mentioned

Structure
- Present tense of **savoir** and **connaître**
- Indirect object pronouns
- Direct object pronouns

Chapitre 2

Topics
- Minor illness
- Parts of the body
- The doctor's office
- The pharmacy

Culture
- Édouard Vuillard, ***Le docteur Viau dans son cabinet***
- Doctors making house calls in France
- Comparing the cultural view of health in the United States and in France
- Medical services in France
- Connections—Diet

Functions
- How to explain a minor illness to a doctor
- How to have a prescription filled at a pharmacy
- How to tell for whom something is done
- How to talk about some more activities
- How to give commands
- How to refer to people, places, and things already mentioned

Structure
- Pronouns **lui, leur**
- Present tense of **souffrir** and **ouvrir**
- Commands
- The pronoun **en**

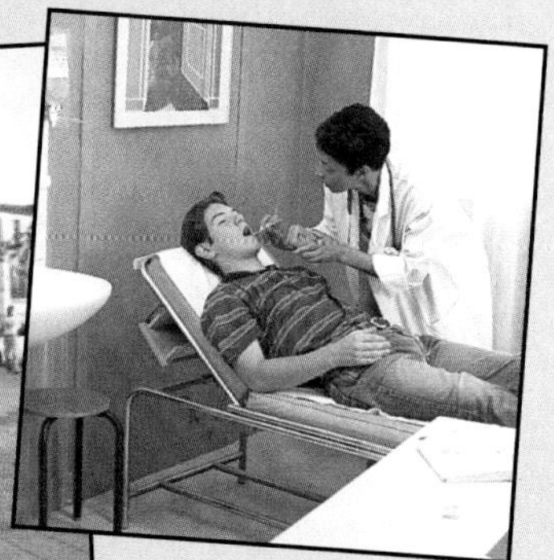

LEVEL 2

Chapitre 3

Topics
- Computers
- Fax machines
- Telephones
- Making telephone calls

Culture
- Maurice de Vlaminck, ***La route***
- Different kinds of telephones
- Telephone cards in French-speaking countries
- Communicating over distance before telephones
- Connections—History of the computer

Functions
- How to talk about computers, e-mail, the Internet, faxes, and telephones
- How to talk about habitual and continuous actions in the past
- How to narrate in the past

Structure
- Forming the imperfect
- Using the imperfect

Chapitre 4

Topics
- The train station
- Riding in a train
- The airport
- Flying in an airplane

Culture
- Claude Monet, ***La gare Saint-Lazare***
- Trains of today and yesterday in France
- A trip to Switzerland
- A trip to Benin
- Connections—Archeology in the French-speaking world

Functions
- How to talk about train travel
- How to talk about air travel
- How to describe past events
- How to identify cities, countries, and continents

Structure
- The imperfect versus the **passé composé**
- Telling a story in the past tense
- Present tense of **venir**
- Prepositions with geographic names

Chapitre 5

Topics
- The bank
- Exchanging currency
- Managing money
- The post office
- Mailing letters

Culture
- Vincent Van Gogh, ***Le facteur Joseph Roulin***
- Allowances in France
- Monetary units in the United States and in the French-speaking world
- The post office in the United States and in France
- Connections—Personal finance

Functions
- How to talk about using the services of the bank
- How to use words and expressions related to postal services
- How to give more information in one sentence
- How to refer to people and things already mentioned
- How to tell what you and others do for one another
- How to make negative statements

Structure
- Relative pronouns **qui** and **que**
- Past participle agreement
- Reciprocal actions
- Negative statements

LEVEL 2

Chapitre 6

Topics
- The kitchen
- Types of food
- Recipes
- Preparing food

Culture
- Henri Matisse, ***L'harmonie en rouge***
- Different cuisines across France
- Dinner with a Moroccan family
- A recipe in French
- Connections—François Rabelais

Functions
- How to talk about foods and food preparation
- How to describe future events
- How to refer to people and things already mentioned
- How to tell what you have others do

Structure
- Forming the future tense
- Two pronouns in the same sentence—**me, te, nous**
- **Faire** + infinitive

Chapitre 7

Topics
- Traveling by car
- Trucks and motorcycles
- Reading a map
- Driving on the highway

Culture
- Tamara de Lempicka, ***Autoportrait***
- Driving in France
- Tunisia
- Connections—Ecology

Functions
- How to talk about cars and driving
- How to give directions on the road
- How to talk about what would happen under certain conditions
- How to describe future events
- How to refer to something already mentioned

Structure
- The conditional
- The future and conditional of irregular verbs
- **Si** clauses
- Two pronouns in the same sentence—**le, la, les**

Chapitre 8

Topics
- Accidents
- The emergency room
- Parts of the body
- The doctor's office
- Surgery

Culture
- Jean Geoffroy, ***Le jour de la visite à l'hôpital***
- L'Hôtel-Dieu, a hospital in Paris
- Doctors Without Borders
- Connections—Louis Pasteur

Functions
- How to talk about accidents and medical problems
- How to talk about emergency room procedures
- How to ask different types of questions
- How to tell people what to do
- How to compare people and things

Structure
- Interrogative and relative pronouns
- Commands with pronouns
- The superlative of adjectives
- Expressing "better"

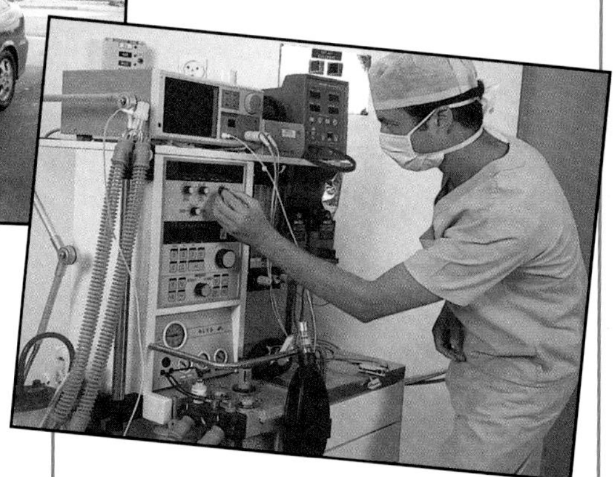

LEVEL 2

Chapitre 9

Topics
- Checking into a hotel
- The hotel room
- The bathroom
- Checking out of a hotel

Culture
- Philippe Lebas, ***Hôtel Negresco, Nice***
- A trip to Nice
- Youth hostels in France
- Club Med in French-speaking countries
- Connections—Language, the word hôtel

Functions
- How to check into and out of a hotel
- How to ask for things you may need while at a hotel
- How to talk about past actions
- How to refer to previously mentioned places
- How to talk about people and things already mentioned
- How to describe how you do things

Structure
- **Passé composé** of **être** and **avoir**
- The pronoun **y**
- Pronoun + **en**
- Formation of adverbs

Chapitre 10

Topics
- The subway
- The bus

Culture
- G. E. Ducasse, ***Quand les camionettes sont en marches à l'avenue J. J. Dessalines à Port-au-Prince***
- The metro and the bus in Paris
- Public transportation in the French-speaking world
- Connections—Literature

Functions
- How to talk about public transportation
- How to request information formally and informally
- How to tell what you and others have just done
- How to find out how long someone has been doing something

Structure
- Questions
- **Venir** + infinitive
- Expressing time

Chapitre 11

Topics
- The city
- Parking in the city
- The country
- Farm animals

Culture
- **Ornement traditionnel du Mali**
- A farming family in France
- Abidjan, Ivory Coast
- Montreal, Canada
- Connections—Sociology

Functions
- How to talk about life in the city and give directions
- How to talk about life in the country
- How to ask questions to distinguish between two or more people or things
- How to describe some more activities

Structure
- **Lequel** and **celui-là**
- Present tense of **suivre, conduire, vivre**
- Infinitive after prepositions

LEVEL 2

Chapitre 12

Topics
- 14th of July
- Carnival
- Christmas
- Hanukah
- The New Year
- Marriage

Culture
- André Lhote, *Le 14 juillet 1931*
- Holidays in France
- Carnival in the French-speaking world
- Connections—Henry Wadsworth Longfellow

Functions
- How to talk about holidays and celebrations
- How to talk about things that may or may not happen
- How to express what you wish, hope, or would like others to do

Structure
- The subjunctive
- The subjunctive with wishes and commands

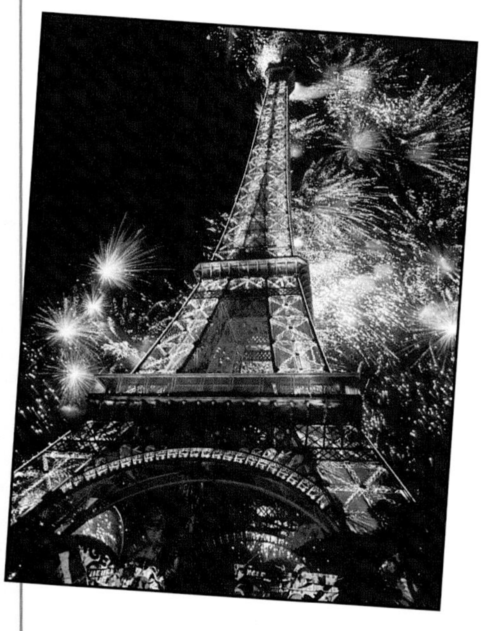

Chapitre 13

Topics
- Parts of the body
- Manners
- Emotions
- Introductions

Culture
- Berthe Morisot, *Au Bal*
- Manners in the United States and in France
- **Tu** versus **vous**
- Greetings in French-speaking Africa
- Connections—Literature

Functions
- How to talk about social etiquette
- How to introduce people to each other
- How to describe some feelings
- How to express opinions
- How to talk about more things that may or may not happen
- How to express emotional reactions to what others do

Structure
- Expressing opinion with the subjunctive
- Irregularities in forming the subjunctive
- Expressing emotion with the subjunctive

Chapitre 14

Topics
- Professions
- Trades
- Finding a job
- The workplace

Culture
- Fernand Léger, *Les constructeurs*
- The career of an ambassador
- American corporations in France
- Classified ads in French
- Connections—Economy

Functions
- How to talk about professions
- How to apply for a job
- How to express doubt
- How to express wishes about yourself and others
- How to express certainty and uncertainty

Structure
- Expressing doubt with the subjunctive
- Infinitive versus subjunctive
- The subjunctive in relative clauses

LEVEL 3

Chapitre 1

Topics
- Summer activities
- Winter activities
- Camping
- Taking vacations
- Travel by car, train, and airplane
- Weather

Culture
- Travel habits of the French
- Modes of transportation in France
- A weather report from a French newspaper
- A magazine advertisement for a hotel in Tunisia

Functions
- How to get the information you need in different travel situations
- How to describe past actions
- How to read and discuss newspaper and magazine articles
- How to talk about actions that may or may not take place
- How to express wishes, preferences, necessity, or possibility

Structure
- The **passé composé** with **avoir** and regular verbs
- The **passé composé** with **avoir** and irregular verbs
- The **passé composé** with **être**
- The **passé composé** with **avoir** versus **être**
- The subjunctive of regular verbs
- The subjunctive of irregular verbs
- Using the subjunctive to express necessity and possibility

Chapitre 2

Topics
- Everyday life of young people in France
- Shopping

Culture
- Language used by young people in France
- Equality between men and women in France

Functions
- How to ask questions formally and informally
- How to make sentences negative
- How to describe things in the past
- How to express wishes, preferences
- How to express actions that may or may not take place

Structure
- Formal and informal questions
- Negative sentences
- The imperfect
- Expressing wishes, preferences, and demands
- The subjunctive versus the infinitive
- Irregular forms in the subjunctive

Chapitre 3

Topics
- Leisure activities in French-speaking countries
- Cultural events in France
- Music

Culture
- Useful and inexpensive pastimes in French-speaking countries

Functions
- How to talk about actions in the past
- How to compare people and things
- How to express emotional reactions to others, uncertainty, and uniqueness
- How to express emotions or opinions about past events

Structure
- The **passé composé** versus the imperfect
- Comparative and superlative adjectives
- Expressing emotional reactions using the subjunctive
- Expressing uncertainty or uniqueness using the subjunctive
- The past subjunctive

LEVEL 3

Chapitre 4

Topics
- North and West Africa

Culture
- Léopold Senghor
- The Touareg people

Functions
- How to use prepositions with geographical names
- How to refer to things already mentioned
- How to say what you and other people will do or might do
- How to express uncertainty and doubt
- How to use certain time expressions

Structure
- The imperfect versus the **passé composé**
- Telling a story in the past tense
- Prepositions with geographic names
- The pronoun **y**
- The future tense
- The conditional
- The subjunctive with expressions of doubt
- The present and the imperfect with **depuis**

Chapitre 5

Topics
- French media
- The police and firefighters
- Social problems and petty crime

Culture
- French newspapers
- French magazine articles

Functions
- How to tell what you do for others
- How to tell what others do for you
- How to refer to people and things already mentioned
- How to use the subjunctive after certain conjunctions

Structure
- Direct and indirect object pronouns
- Using two object pronouns in a sentence
- Object pronouns with commands
- Using the subjunctive after certain conjunctions

Chapitre 6

Topics
- French customs

Culture
- Day care for children in France
- Public notices in a French newspaper

Functions
- How to express *some* and *any*
- How to refer to things already mentioned
- How to express *who, whom, which,* and *that*
- How to express *of which* and *whose*
- How to talk about past actions that precede other past actions
- How to express what would have happened if certain conditions had prevailed
- How to express conditions

Structure
- Partitive articles with indefinite quantities
- The pronoun **en**
- Relative pronouns **qui** and **que**
- Relative pronoun **dont**
- The **plus-que-parfait**
- The past conditional
- Expressing conditions with **si**

LEVEL 3

Chapitre 7

Topics
- Public health
- Exercise
- Going to the doctor's office
- Nutrition

Culture
- Articles about hearing loss, sound, and noise pollution
- Article about what time of day is best to play certain sports

Functions
- How to tell what people do or did for themselves and for others
- How to ask *who, whom,* and *what*
- How to express *which one, this one, that one, these,* and *those*
- How to tell what belongs to you and to others

Structure
- Reflexive verbs
- The **passé composé** of reflexive verbs
- Interrogative pronoun **qui**
- Interrogative pronouns **que** and **quoi**
- Interrogative and demonstrative pronouns
- Possessive pronouns

Chapitre 8

Topics
- French heritage

Culture
- The death of Napoleon
- Festivals in France

Functions
- How to tell what you and others have people do for you
- How to express actions that occurred prior to other actions
- How to form complex sentences
- How to tell what you and others will do before a future event
- How to talk about two related actions

Structure
- Causative constructions with **faire**
- Past infinitive
- Prepositions with relative pronouns
- The future perfect
- The present participle and the **gérondif**

Organization and Leveling

ORGANIZATION

Bon voyage! Level 3 contains eight chapters. Each chapter focuses on a specific theme, supported by literature as well as a cultural video.

Leçon 1 Culture	Leçon 2 Conversation	Leçon 3 Journalisme
The first lesson focuses on culture. **Leçon 1** begins with vocabulary instruction that prepares the students to more easily comprehend the reading that follows. The students have an opportunity to practice the vocabulary before they begin the readings. Each of the readings that follows will focus on a different aspect of the culture of the region. A Structure section presents review grammar that the students may have learned in their first two years of French. The teacher may choose to use this grammar review or to skip it.	The second lesson of each chapter prepares the students to participate in real-life conversations. Essential vocabulary is presented and practiced in the beginning of this lesson to give students the base they need to communicate. Conversations are presented and practiced. A review structure lesson is also presented in **Leçon 2.**	The third lesson of each chapter gives students the opportunity to further explore the culture through journalistic selections. As always, the students are prepared to read the selections by first learning the essential vocabulary. The teacher may choose to have the students read all or some of the selections based on level of difficulty or interest. In **Leçon 3** there is also a structure section. In this lesson, however, the structure is new material for the students.

There are features common to all three lessons. These are **C'est à vous** and Assessment. The **C'est à vous** section provides open-ended speaking and writing activities. Assessment pages allow students to check their own progress.

Each chapter ends with a cumulative vocabulary list and with a set of Proficiency Tasks. The Proficiency Tasks are preceded by explanations of forms of speaking and writing and strategies that help prepare students to improve their productive skills.

LEVELING

The following is an overall leveling of the sections of each chapter of **Bon voyage!** Level 3.

EASY Conversation, Structure • Révision

AVERAGE Culture, Journalisme, Structure • Avancée

CHALLENGING Littérature

Most parts of each lesson are also leveled for your convenience.

E: Easy

A: Average

C: Challenging

Please note that the material does not become progressively more difficult. Within each chapter there are easy and challenging sections.

Analytic Scoring Guide for Rating Speaking Products

VOCABULARY

4. Vocabulary is generally accurate and appropriate to the task; minor errors, hesitations, and circumlocutions may occur.

3. Vocabulary is usually accurate; errors, hesitations, and circumlocutions may be frequent.

2. Vocabulary is not extensive enough for the task; inaccuracies or repetition may be frequent; may use English words.

1. Vocabulary inadequate for most basic aspects of the task.

0. No response.

GRAMMAR

4. Grammar may contain some inaccuracies, but these do not negatively affect comprehensibility.

3. Some grammatical inaccuracies may affect comprehensibility; some control of major patterns.

2. Many grammatical inaccuracies may affect comprehensibility; little control of major patterns.

1. Almost all grammatical patterns inaccurate, except for a few memorized patterns.

0. No response.

PRONUNCIATION

4. Completely or almost completely comprehensible; pronunciation errors, rhythm and/or intonation problems do not create misunderstandings.

3. Generally comprehensible, but pronunciation errors, rhythm and/or intonation problems may create misunderstandings.

2. Difficult to comprehend because of numerous pronunciation errors, rhythm, and intonation problems.

1. Practically incomprehensible.

0. No response.

MESSAGE CONTENT

4. Relevant, informative response to the task. Adequate level of detail and creativity.

3. Response to the task is generally informative; may lack some detail and/or creativity.

2. Response incomplete; lacks some important information.

1. Response not informative; provides little or no information.

0. No response.

Analytic Scoring Guide for Rating Writing Products

VOCABULARY

4. Vocabulary is generally accurate and appropriate to the task; minor errors may occur.

3. Vocabulary is usually accurate; occasional inaccuracies may occur.

2. Vocabulary is not extensive enough for the task; inaccuracies may be frequent; may use English words.

1. Vocabulary inadequate for most basic aspects of the task.

0. No response.

GRAMMAR

4. Grammar may contain some inaccuracies, but these do not negatively affect comprehensibility.

3. Some grammatical inaccuracies may affect comprehensibility; some control of major patterns.

2. Many grammatical inaccuracies may affect comprehensibility; little control of major patterns.

1. Almost all grammatical patterns inaccurate, except for a few memorized patterns.

0. No response.

SPELLING

4. Good control of the mechanics of French; may contain occasional errors in spelling, diacritics, or punctuation, but these do not affect comprehensibility.

3. Some control of the mechanics of French; contains errors in spelling, diacritics, or punctuation that sometimes affect comprehensibility.

2. Weak control of the mechanics of French; contains numerous errors in spelling, diacritics, or punctuation that seriously affect comprehensibility.

1. Almost no control of the mechanics of French.

0. No response.

MESSAGE CONTENT

4. Relevant, informative response to the task. Adequate level of detail and creativity.

3. Response to the task is generally informative; may lack some detail and/or creativity.

2. Response incomplete; lacks some important information.

1. Response not informative; provides little or no information.

0. No response.

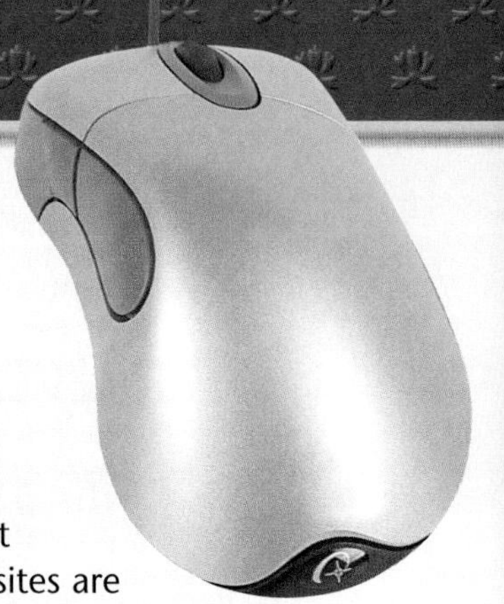

How Can I Use the Internet to Teach Foreign Language?

From the Internet to round-the-clock live newscasts, teachers and students have never before had so much information at their fingertips. Yet never before has it been so confusing to determine where to turn for reliable content and what to do with it once you have found it. In today's world, foreign language teachers must not only use the Internet as a source of up-to-the-minute information for students; they must teach students how to find and evaluate sources on their own.

What's available On the Internet?

✔ **Teacher-Focused Web Sites**
These Web sites provide teaching tips, detailed lesson plans, and links to other sites of interest to teachers and students.

✔ **Cultural Information**
Sites on the Web provide information to help students explore both "Big C" and "Little C" culture. Information about museums, stores, restaurants, schools, holiday celebrations, and customs can be found on Web sites that allow the student to virtually immerse into the culture.

✔ **Geographical Information**
The Web holds a variety of geographical resources, from historical, physical, and political maps; to interactive mapping programs; to information about people and places around the world.

✔ **Statistics**
Government Web sites are rich depositories for statistics of all kinds, including census data and information about climate, education, the economy, and political processes and patterns.

✔ **Reference Sources**
Students can access full-text versions of encyclopedias, dictionaries, atlases, and other reference books. Students have easy access to newspapers written in the target language.

✔ **News**
Traditional media sources, including television, radio, newspapers, and news magazines, sponsor Web sites that provide updates, as well as in-depth news coverage and analysis.

✔ **Topical Information**
Among the most numerous Web sites are those organized around a particular topic or issue. These Internet pages may contain essays, analyses, and other commentaries, as well as primary source documents, maps, photographs, video and audio clips, bibliographies, and links to related online resources.

✔ **Organizations**
Many organizations such as museums post Web pages that provide online exhibits, archives, and other information.

Glencoe Online

Glencoe provides engaging **Student Web Activities** plus **Self-Check Quizzes** for each chapter that let you and your students assess their knowledge. There are games in each chapter to afford students extra practice. You can also access additional resources,

including enrichment links.

Finding Things on the Internet

The greatest asset of the Internet—its vast array of materials—is also its greatest deterrent. Many excellent foreign language-specific sites provide links to relevant content. Using Internet search engines can also help you find what you need.

✔ A search engine is an Internet search tool. You type in a keyword, name, or phrase, and the search engine lists the URLs for Web sites that match your search. However, a search engine may find things that are not at all related or may miss sites that you would consider of interest. The key is to find ways to define your search.

✔ Not all search engines are the same. Each seeks out information a little bit differently. Different search engines use different criteria to determine what constitutes a "match" for your search topic. The Internet holds numerous articles that compare search engines and offer guidelines for choosing those that best meet your needs.

✔ An advanced search allows you to refine the search by using a phrase or a combination of words. The way to conduct an advanced search varies from search engine to search engine; check the search engine's *Help* feature for information. Encourage students to review this information regularly for each of the search engines they use.

How do I teach students to evaluate Web sites?

Anyone can put up a Web site. Web content is easy to change, too, so Webmasters constantly update their Web sites by adding, modifying, and removing content. These characteristics make evaluating Web sites both more challenging and more important than traditional print resources. Teach students to critically evaluate Web resources, using the questions and criteria below.

1. ***Purpose:*** *What is the purpose of the Web site or Web page? Is it an informational Web page, a news site, a business site, an advocacy site, or a personal Web page? Many sites serve more than one purpose. For instance, a news site may provide current events accompanied by banner ads that market the products advertisers think readers might want.*

2. ***URL:*** *What is the URL, or Web address? Where does the site originate? That can sometimes tell you about the group or business behind the Web page. For example, URLs with .edu and .gov domain names indicate that the site is connected to an educational institution or a government agency, respectively. A .com suffix usually means that a commercial or business interest hosts the Web site, but may also indicate a personal Web page. A nonprofit organization's Web address may end with .org.*

3. ***Authority:*** *Who wrote the material or created the Web site? What qualifications does this person or group have? Who has ultimate responsibility for the site? If the site is sponsored by an organization, are the organization's goals clearly stated?*

4. ***Accuracy:*** *How reliable is the information? Are sources listed so that they can be verified? Is the Web page free from surface errors in spelling and grammar? How does it compare with other sources you've found on the Web and in print?*

5. ***Objectivity:*** *If the site presents itself as an informational site, is the material free from bias? If there is advertising, is it easy to tell the difference between the ads and other features? If the site mixes factual information with opinion, can you spot the difference between the ads and other features? If the site advocates an opinion or viewpoint, is the opinion clearly stated and logically defended?*

6. ***Currency:*** *When was the information first placed on the Web? Is the site updated on a regular basis? When was the last revision? If the information is time-sensitive, are the updates frequent enough?*

7. ***Coverage:*** *What topics are covered on the Web site? What is the depth of coverage? Are all sides of an issue presented? How does the coverage compare with other Web and print sources?*

Addressing the Needs of Special Students

How can I help ALL my students learn foreign language?

Today's classroom contains students from a variety of backgrounds and with a variety of learning styles, strengths, and challenges. With careful planning, you can address the needs of all students in the foreign language classroom. The following tips for instruction can assist your efforts to help all students reach their maximum potential.

- ✔ Survey students to discover their individual differences. Use interest inventories of their unique talents so you can encourage contributions in the classroom.
- ✔ Model respect of others. Adolescents crave social acceptance. The student with learning differences is especially sensitive to correction and criticism—particularly when it comes from a teacher. Your behavior will set the tone for how students treat one another.
- ✔ Expand opportunities for success. Provide a variety of instructional activities that reinforce skills and concepts.
- ✔ Establish measurable objectives and decide how you can best help students meet them.
- ✔ Celebrate successes and praise "work in progress".
- ✔ Keep it simple. Point out problem areas—if doing so can help a student affect change. Avoid overwhelming students with too many goals at one time.
- ✔ Assign cooperative group projects that challenge all students to contribute to solving a problem or creating a product.

How do I reach students with learning disabilities?

- ✔ Provide support and structure. Clearly specify rules, assignments, and responsibilities.
- ✔ Practice skills frequently. Use games and drills to help maintain student interest.
- ✔ Incorporate many modalities into the learning process. Provide opportunities to say, hear, write, read, and act out important concepts and information.
- ✔ Link new skills and concepts to those already mastered.
- ✔ Allow students to record answers on audiotape.
- ✔ Allow extra time to complete tests and assignments.
- ✔ Let students demonstrate proficiency with alternative presentations, including oral reports, role plays, art projects, and with music.
- ✔ Provide outlines, notes, or recordings of readings.
- ✔ Pair students with peer helpers, and provide class time for pair interaction.

How do I reach students with behavioral disorders?

- ✔ Provide a structured environment with clear-cut schedules, rules, seat assignments, and safety procedures.
- ✔ Reinforce appropriate behavior and model it for students.
- ✔ Cue distracted students back to the task through verbal signals and teacher proximity.
- ✔ Set very small goals that can be achieved in the short term. Work for long-term improvement in the big areas.

How do I reach students with physical challenges?

- ✔ Openly discuss with the student any uncertainties you have about when to offer aid.
- ✔ Ask parents or therapists and students what special devices or procedures are needed, and whether any special safety precautions need to be taken.
- ✔ Welcome students with physical challenges into all activities, including field trips, special events, and projects.
- ✔ Provide information to help able-bodied students and adults understand other students' physical challenges.

How do I reach students with visual impairments?

- ✔ Facilitate independence. Modify assignments as needed.
- ✔ Teach classmates how and when to serve as guides.
- ✔ Limit unnecessary noise in the classroom if it distracts the student with visual impairments.
- ✔ Provide tactile models whenever possible.
- ✔ Foster a spirit of inclusion.

Describe people and events as they occur in the classroom. Remind classmates that the student with visual impairments cannot interpret gestures and other forms of nonverbal communication.
- ✔ Provide taped lectures and reading assignments.
- ✔ Team the student with a sighted peer for written work.

How do I reach students with hearing impairments?

- ✔ Seat students where they can see your lip movements easily and where they can avoid visual distractions.
- ✔ Avoid standing with your back to the window or light source.
- ✔ Use an overhead projector to maintain eye contact while writing.
- ✔ Seat students where they can see speakers.
- ✔ Write out all assignments on the board, or hand out written instructions.
- ✔ If the student has a manual interpreter, allow both student and interpreter to select the most favorable seating arrangements.
- ✔ Teach students to look directly at each other when they speak.

How do I reach English language learners?

- ✔ Remember, students' ability to speak English does not reflect their academic abilities.
- ✔ Try to incorporate the students' cultural experience into your instruction. The help of a bilingual aide may be effective.
- ✔ Avoid cultural stereotypes.
- ✔ Pre-teach important vocabulary and concepts.
- ✔ Be cognizant of difficulties that may arise from learning a new written notation.
- ✔ Encourage students to make comparisons between their heritage culture and language and the target culture and language.
- ✔ Encourage students to preview text before they begin reading, noting headings, graphic organizers, photographs, and maps.

How do I reach gifted students?

- ✔ Make arrangements for students to take selected subjects early and to work on independent projects.
- ✔ Ask "what if" questions to develop high-level thinking skills. Establish an environment safe for risk taking.
- ✔ Call on gifted students to provide more open-ended responses. Use the material as optional for enrichment.
- ✔ Emphasize concepts, theories, ideas, relationships, and generalizations.
- ✔ Promote interest in the past by inviting students to make connections to the present.
- ✔ Let students express themselves in alternate ways, such as creative writing, acting, debate, simulations, drawing, or music.
- ✔ Provide students with a catalog of helpful resources, listing such things as agencies that provide free and inexpensive materials, appropriate community services and programs.
- ✔ Assign extension projects that allow students to solve real-life problems related to their communities.

Hints for Inclusion Classes

Advice from Diane Russell
Delaware City Schools
Delaware, Ohio

In an inclusion setting, all students can respond to and get immediate feedback when using a set of dry-erase boards (cut at the local hardware store from a 4′ by 8′ laminated panel). For vocabulary review, students can write dictated words or sketch their meanings on the boards. Students can also be asked to draw what they hear from a story read aloud by the teacher to check listening comprehension. When students take turns illustrating different pages of a story, the pictures can be displayed on the chalk ledge as cues for retelling or writing a summary.

Expand your students' view of the French-speaking world

Le monde francophone

The French geographer Onésime Reclus first coined the word *francophon*
to designate geographical entities where French was spoken. Today, *la fran*
refers to the collective body of over one hundred million people all over t
who speak French, exclusively or in part, in their daily lives. The term *fr*
refers to the diverse official organizations, governments, and countries t
the use of French in economic, political, diplomatic, and cultural excha
Politically, French remains the second most important language in the
Francophone nations, French is the official language (France), or the
language (Cameroon); in others, it is spoken by a minority who shar
cultural heritage (Andorra). The French language is present in Europ
Americas, and Oceania.

Glencoe's **Le monde francophone** will take your students to the many places where they will be able to use their French.

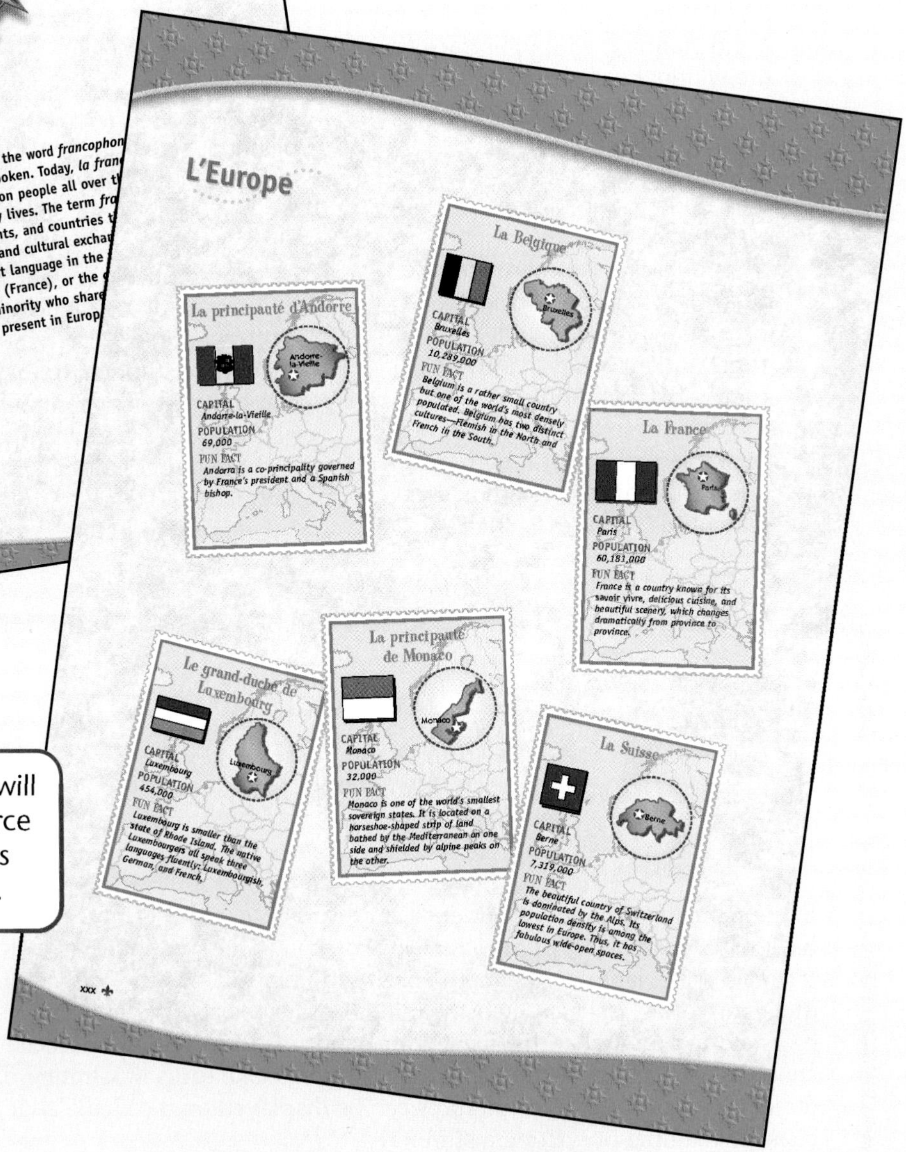
L'Europe
La principauté d'Andorre
Andorre-la-Vieille
CAPITAL
Andorre-la-Vieille
POPULATION
69,000
FUN FACT
Andorra is a co-principality governed by France's president and a Spanish bishop.
La Belgique
Bruxelles
CAPITAL
Bruxelles
POPULATION
10,289,000
FUN FACT
Belgium is a rather small country but one of the world's most densely populated. Belgium has two distinct cultures—Flemish in the North and French in the South.
La France
Paris
CAPITAL
Paris
POPULATION
60,181,000
FUN FACT
France is a country known for its savoir vivre, delicious cuisine, and beautiful scenery, which changes dramatically from province to province.
Le grand-duché de Luxembourg
Luxembourg
CAPITAL
Luxembourg
POPULATION
454,000
FUN FACT
Luxembourg is smaller than the state of Rhode Island. The native Luxembourgers all speak three languages fluently: Luxembourgish, German, and French.
La principauté de Monaco
Monaco
CAPITAL
Monaco
POPULATION
32,000
FUN FACT
Monaco is one of the world's smallest sovereign states. It is located on a horseshoe-shaped strip of land bathed by the Mediterranean on one side and shielded by alpine peaks on the other.
La Suisse
Berne
CAPITAL
Berne
POPULATION
7,319,000
FUN FACT
The beautiful country of Switzerland is dominated by the Alps. Its population density is among the lowest in Europe. Thus, it has fabulous wide-open spaces.
xxx

Maps, facts, and figures will serve as a valuable resource for you and your students throughout your journey.

Awaken your students' interest with an introduction to the chapter theme in a cultural context

Itinerary for Success

- ✓ Exposure to all regions of the French-speaking world
- ✓ Clear expectations and goals
- ✓ Vocabulary that facilitates reading and conversation
- ✓ Review and advanced grammar
- ✓ Many opportunities for practice
- ✓ Real-life conversation
- ✓ High-interest journalism
- ✓ Language production strategies
- ✓ Relevant literary selections

Objectives let students know what they will be able to do at the end of the chapter.

CHAPITRE 4
Racines et Ethnies
240F SENEGAL
Objectifs
In this chapter you will:
read about the culture and customs of the North and West African countries
read and discuss articles about Léopold Senghor and the Touareg people
review prepositions with geographical names; refer to things already mentioned; and say what you and other people will do or might do
learn how to express uncertainty and doubt and how to use certain time expressions
Table des matières
Leçon 1 Culture
Groupes culturels francophones
Structure—Révision
Les prépositions avec des noms géographiques
Le pronom y
Assessment
Leçon 2 Conversation
Une grande fête
Structure—Révision
Le futur
Le conditionnel
Assessment
Leçon 3 Journalisme
Le français, langue de culture
Les hommes bleus
Structure avancée
Le subjonctif avec les expressions de doute
Le présent et l'imparfait avec depuis
Assessment
Proficiency Tasks
Vidéotour
Literary Companion
cent soixante-neuf 169

Opening photo provides a cultural backdrop for the chapter.

Table of Contents lets you know what is covered in each lesson within the chapter.

Each lesson is structured consistently to make learning easier for the student and instruction easier for the teacher.

Give students vocabulary they need to learn about different aspects of the French-speaking world

New vocabulary is introduced and practiced in each lesson.

Recorded presentation ensures proper pronunciation.

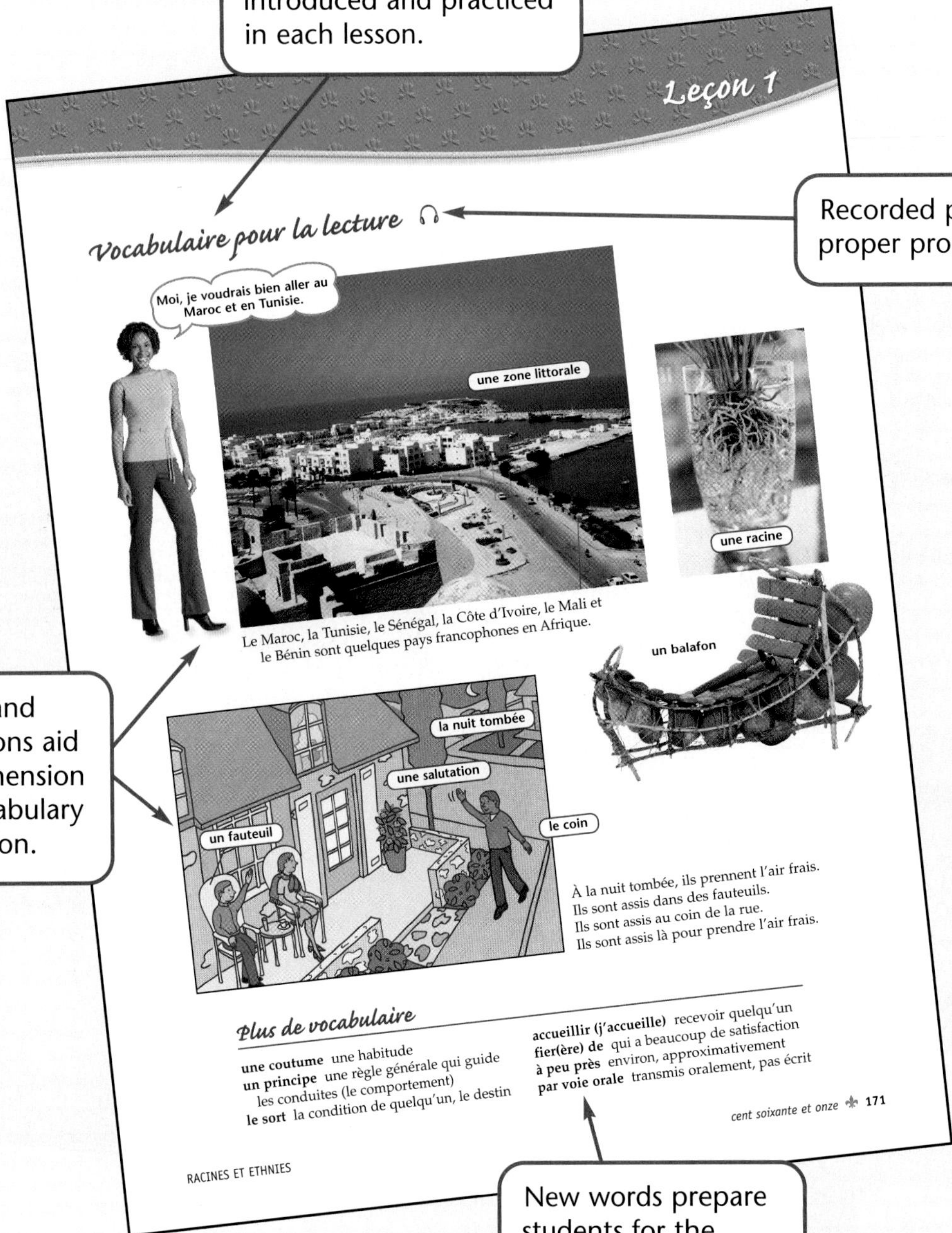
Leçon 1

Vocabulaire pour la lecture

Le Maroc, la Tunisie, le Sénégal, la Côte d'Ivoire, le Mali et le Bénin sont quelques pays francophones en Afrique.

À la nuit tombée, ils prennent l'air frais.
Ils sont assis dans des fauteuils.
Ils sont assis au coin de la rue.
Ils sont assis là pour prendre l'air frais.

Plus de vocabulaire

une coutume une habitude
un principe une règle générale qui guide les conduites (le comportement)
le sort la condition de quelqu'un, le destin
accueillir (j'accueille) recevoir quelqu'un
fier(ère) de qui a beaucoup de satisfaction
à peu près environ, approximativement
par voie orale transmis oralement, pas écrit

cent soixante et onze 171

RACINES ET ETHNIES

Photos and illustrations aid comprehension and vocabulary acquisition.

New words prepare students for the material that follows.

Students get an in-depth look at the culture related to the chapter theme

Itinerary for Success

- ✓ Exposure to all regions of the French-speaking world
- ✓ Clear expectations and goals
- ✓ Vocabulary that facilitates reading and conversation
- ✓ Review and advanced grammar
- ✓ Many opportunities for practice
- ✓ Real-life conversation
- ✓ High-interest journalism
- ✓ Language production strategies
- ✓ Relevant literary selections

In Lesson 1 of each chapter, students learn about many aspects of culture, including geography, history, politics, famous people, food, and everyday life.

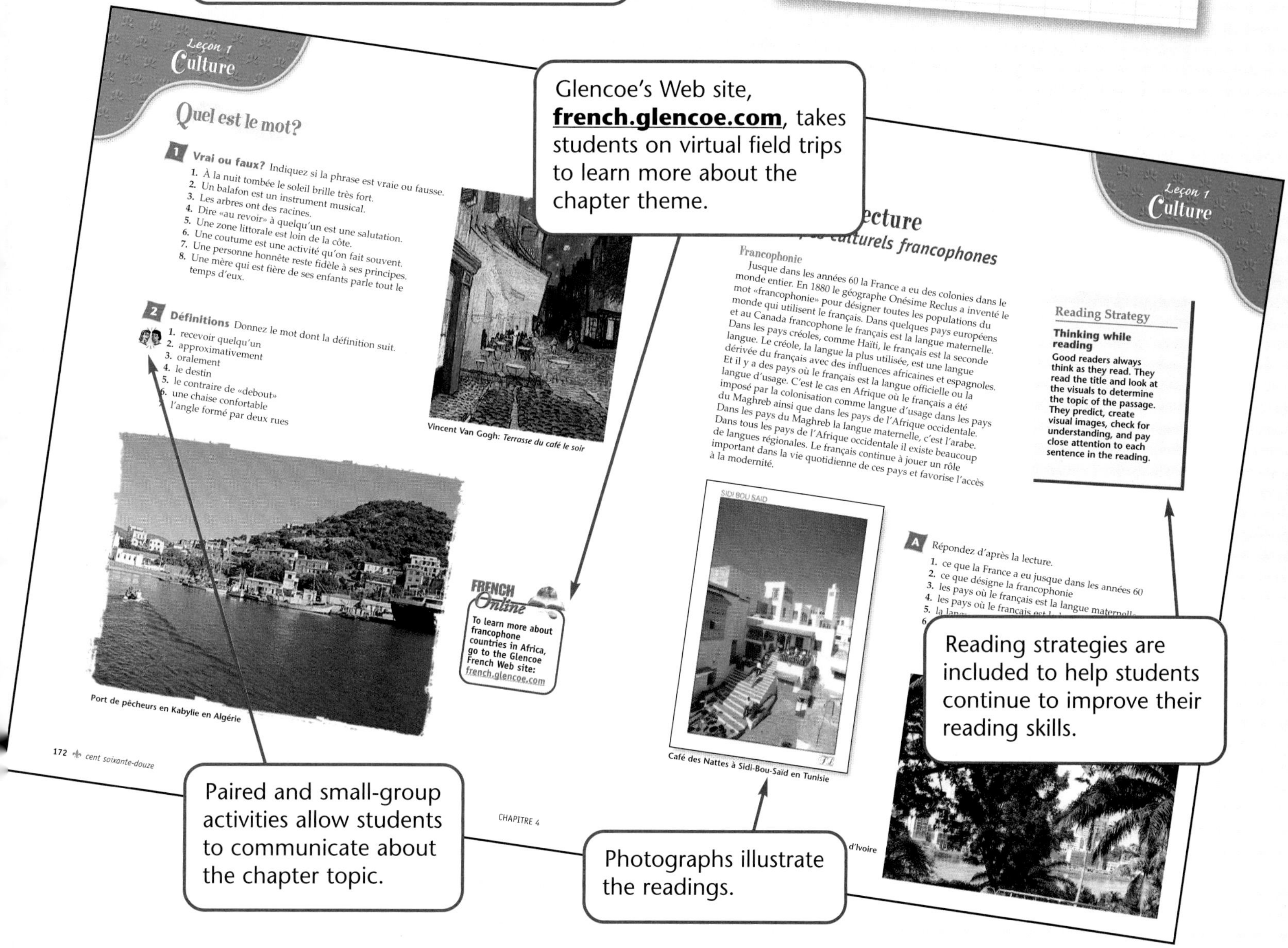

Leçon 1 Culture

Quel est le mot?

1 **Vrai ou faux?** Indiquez si la phrase est vraie ou fausse.
1. À la nuit tombée le soleil brille très fort.
2. Un balafon est un instrument musical.
3. Les arbres ont des racines.
4. Dire «au revoir» à quelqu'un est une salutation.
5. Une zone littorale est loin de la côte.
6. Une coutume est une activité qu'on fait souvent.
7. Une personne honnête reste fidèle à ses principes.
8. Une mère qui est fière de ses enfants parle tout le temps d'eux.

2 **Définitions** Donnez le mot dont la définition suit.
1. recevoir quelqu'un
2. approximativement
3. oralement
4. le destin
5. le contraire de «debout»
6. une chaise confortable
7. l'angle formé par deux rues

Vincent Van Gogh: *Terrasse du café le soir*

Port de pêcheurs en Kabylie en Algérie

FRENCH Online
To learn more about francophone countries in Africa, go to the Glencoe French Web site: french.glencoe.com

172 cent soixante-douze

CHAPITRE 4

Leçon 1 Culture

Lecture
…culturels francophones

Francophonie
Jusque dans les années 60 la France a eu des colonies dans le monde entier. En 1880 le géographe Onésime Reclus a inventé le mot «francophonie» pour désigner toutes les populations du monde qui utilisent le français. Dans quelques pays européens et au Canada francophone le français est la langue maternelle. Dans les pays créoles, comme Haïti, le français est la seconde langue. Le créole, la langue la plus utilisée, est une langue dérivée du français avec des influences africaines et espagnoles. Et il y a des pays où le français est la langue officielle ou la langue d'usage. C'est le cas en Afrique où le français a été imposé par la colonisation comme langue d'usage dans les pays du Maghreb ainsi que dans les pays de l'Afrique occidentale. Dans les pays du Maghreb la langue maternelle, c'est l'arabe. Dans tous les pays de l'Afrique occidentale il existe beaucoup de langues régionales. Le français continue à jouer un rôle important dans la vie quotidienne de ces pays et favorise l'accès à la modernité.

Reading Strategy
Thinking while reading
Good readers always think as they read. They read the title and look at the visuals to determine the topic of the passage. They predict, create visual images, check for understanding, and pay close attention to each sentence in the reading.

SIDI BOU SAID
Café des Nattes à Sidi-Bou-Saïd en Tunisie

A Répondez d'après la lecture.
1. ce que la France a eu jusque dans les années 60
2. ce que désigne la francophonie
3. les pays où le français est la langue maternelle
4. les pays où le français est la…

…d'Ivoire

Glencoe's Web site, **french.glencoe.com**, takes students on virtual field trips to learn more about the chapter theme.

Reading strategies are included to help students continue to improve their reading skills.

Paired and small-group activities allow students to communicate about the chapter topic.

Photographs illustrate the readings.

Students practice conversing within the cultural setting

Vocabulary is presented to enable students to comprehend the conversation and to create their own conversations.

Historiette enables students to tell a story using their new words.

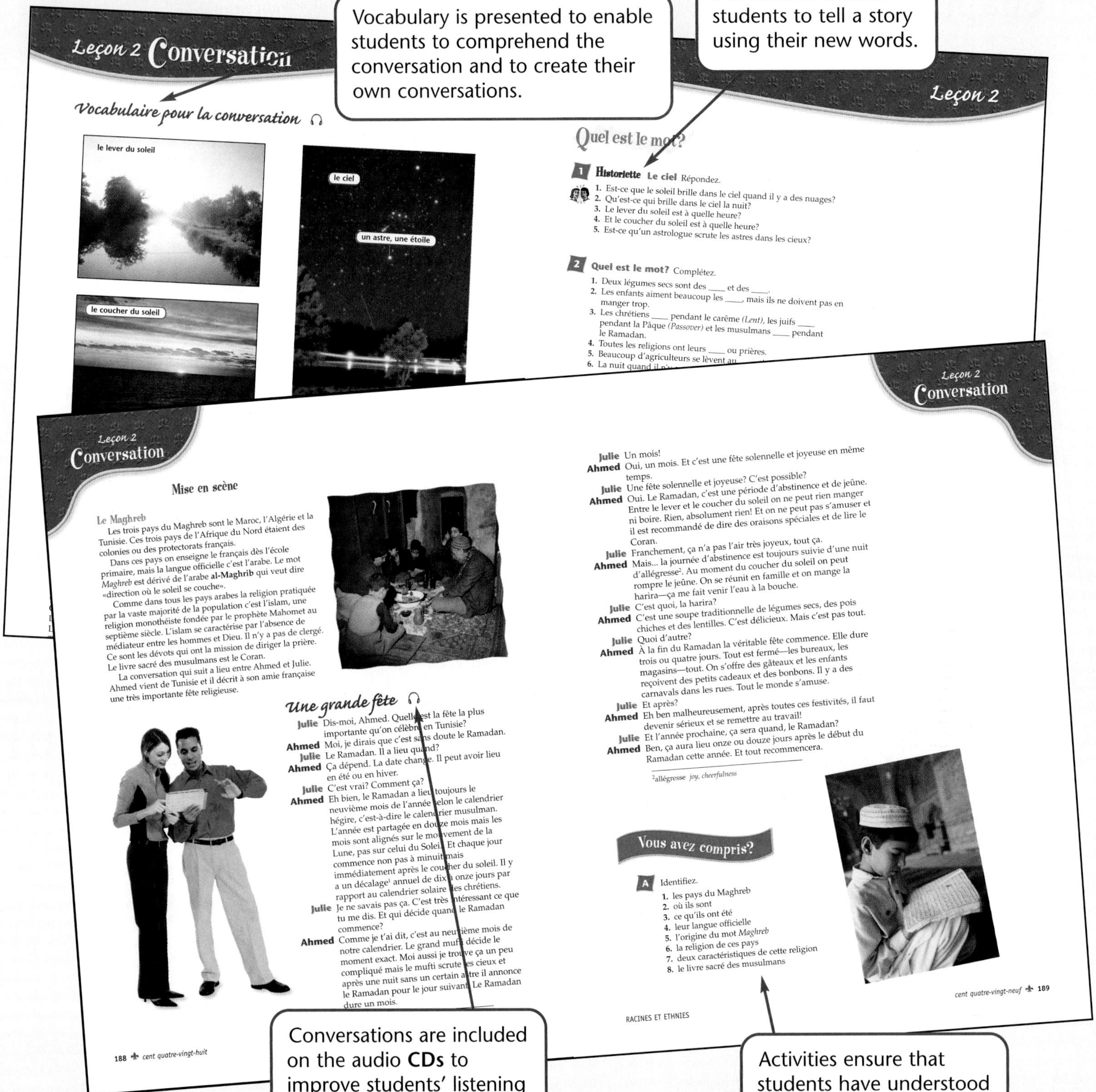

Leçon 2 Conversation

Vocabulaire pour la conversation

le lever du soleil

le coucher du soleil

le ciel

un astre, une étoile

Leçon 2

Quel est le mot?

1 Historiette Le ciel Répondez.

1. Est-ce que le soleil brille dans le ciel quand il y a des nuages?
2. Qu'est-ce qui brille dans le ciel la nuit?
3. Le lever du soleil est à quelle heure?
4. Et le coucher du soleil est à quelle heure?
5. Est-ce qu'un astrologue scrute les astres dans les cieux?

2 Quel est le mot? Complétez.

1. Deux légumes secs sont des ___ et des ___.
2. Les enfants aiment beaucoup les ___, mais ils ne doivent pas en manger trop.
3. Les chrétiens ___ pendant le carême (*Lent*), les juifs ___ pendant la Pâque (*Passover*) et les musulmans ___ pendant le Ramadan.
4. Toutes les religions ont leurs ___ ou prières.
5. Beaucoup d'agriculteurs se lèvent au ...
6. La nuit quand il n'y ...

Leçon 2 Conversation

Mise en scène

Le Maghreb

Les trois pays du Maghreb sont le Maroc, l'Algérie et la Tunisie. Ces trois pays de l'Afrique du Nord étaient des colonies ou des protectorats français.

Dans ces pays on enseigne le français dès l'école primaire, mais la langue officielle c'est l'arabe. Le mot *Maghreb* est dérivé de l'arabe **al-Maghrib** qui veut dire «direction où le soleil se couche».

Comme dans tous les pays arabes la religion pratiquée par la vaste majorité de la population c'est l'islam, une religion monothéiste fondée par le prophète Mahomet au septième siècle. L'islam se caractérise par l'absence de médiateur entre les hommes et Dieu. Il n'y a pas de clergé. Ce sont les dévots qui ont la mission de diriger la prière. Le livre sacré des musulmans est le Coran.

La conversation qui suit a lieu entre Ahmed et Julie. Ahmed vient de Tunisie et il décrit à son amie française une très importante fête religieuse.

Une grande fête

Julie Dis-moi, Ahmed. Quelle est la fête la plus importante qu'on célèbre en Tunisie?
Ahmed Moi, je dirais que c'est sans doute le Ramadan.
Julie Le Ramadan. Il a lieu quand?
Ahmed Ça dépend. La date change. Il peut avoir lieu en été ou en hiver.
Julie C'est vrai? Comment ça?
Ahmed Eh bien, le Ramadan a lieu toujours le neuvième mois de l'année selon le calendrier hégire, c'est-à-dire le calendrier musulman. L'année est partagée en douze mois mais les mois sont alignés sur le mouvement de la Lune, pas sur celui du Soleil. Et chaque jour commence non pas à minuit mais immédiatement après le coucher du soleil. Il y a un décalage[1] annuel de dix à onze jours par rapport au calendrier solaire des chrétiens.
Julie Je ne savais pas ça. C'est très intéressant ce que tu me dis. Et qui décide quand le Ramadan commence?
Ahmed Comme je t'ai dit, c'est au neuvième mois de notre calendrier. Le grand mufti décide le moment exact. Moi aussi je trouve ça un peu compliqué mais le mufti scrute les cieux et après une nuit sans un certain astre il annonce le Ramadan pour le jour suivant. Le Ramadan dure un mois.

Julie Un mois!
Ahmed Oui, un mois. Et c'est une fête solennelle et joyeuse en même temps.
Julie Une fête solennelle et joyeuse? C'est possible?
Ahmed Oui. Le Ramadan, c'est une période d'abstinence et de jeûne. Entre le lever et le coucher du soleil on ne peut rien manger ni boire. Rien, absolument rien! Et on ne peut pas s'amuser et il est recommandé de dire des oraisons spéciales et de lire le Coran.
Julie Franchement, ça n'a pas l'air très joyeux, tout ça.
Ahmed Mais... la journée d'abstinence est toujours suivie d'une nuit d'allégresse[2]. Au moment du coucher du soleil on peut rompre le jeûne. On se réunit en famille et on mange la harira—ça me fait venir l'eau à la bouche.
Julie C'est quoi, la harira?
Ahmed C'est une soupe traditionnelle de légumes secs, des pois chiches et des lentilles. C'est délicieux. Mais c'est pas tout.
Julie Quoi d'autre?
Ahmed À la fin du Ramadan la véritable fête commence. Elle dure trois ou quatre jours. Tout est fermé—les bureaux, les magasins—tout. On s'offre des gâteaux et les enfants reçoivent des petits cadeaux et des bonbons. Il y a des carnavals dans les rues. Tout le monde s'amuse.
Julie Et après?
Ahmed Eh ben malheureusement, après toutes ces festivités, il faut devenir sérieux et se remettre au travail!
Julie Et l'année prochaine, ça sera quand, le Ramadan?
Ahmed Ben, ça aura lieu onze ou douze jours après le début du Ramadan cette année. Et tout recommencera.

[2]allégresse *joy, cheerfulness*

Vous avez compris?

A Identifiez.

1. les pays du Maghreb
2. où ils sont
3. ce qu'ils ont été
4. leur langue officielle
5. l'origine du mot *Maghreb*
6. la religion de ces pays
7. deux caractéristiques de cette religion
8. le livre sacré des musulmans

188 ✤ cent quatre-vingt-huit

RACINES ET ETHNIES

cent quatre-vingt-neuf ✤ 189

Conversations are included on the audio **CDs** to improve students' listening and speaking skills.

Activities ensure that students have understood the conversation.

Students learn culture through journalism

Itinerary for Success

- ✓ Exposure to all regions of the French-speaking world
- ✓ Clear expectations and goals
- ✓ Vocabulary that facilitates reading and conversation
- ✓ Review and advanced grammar
- ✓ Many opportunities for practice
- ✓ Real-life conversation
- ✓ High-interest journalism
- ✓ Language production strategies
- ✓ Relevant literary selections

Current selections from newspapers and magazines provide high-interest reading.

Students have a sense of accomplishment when they are able to comprehend the article.

Students have the opportunity to learn about the perspectives of the people in the target culture.

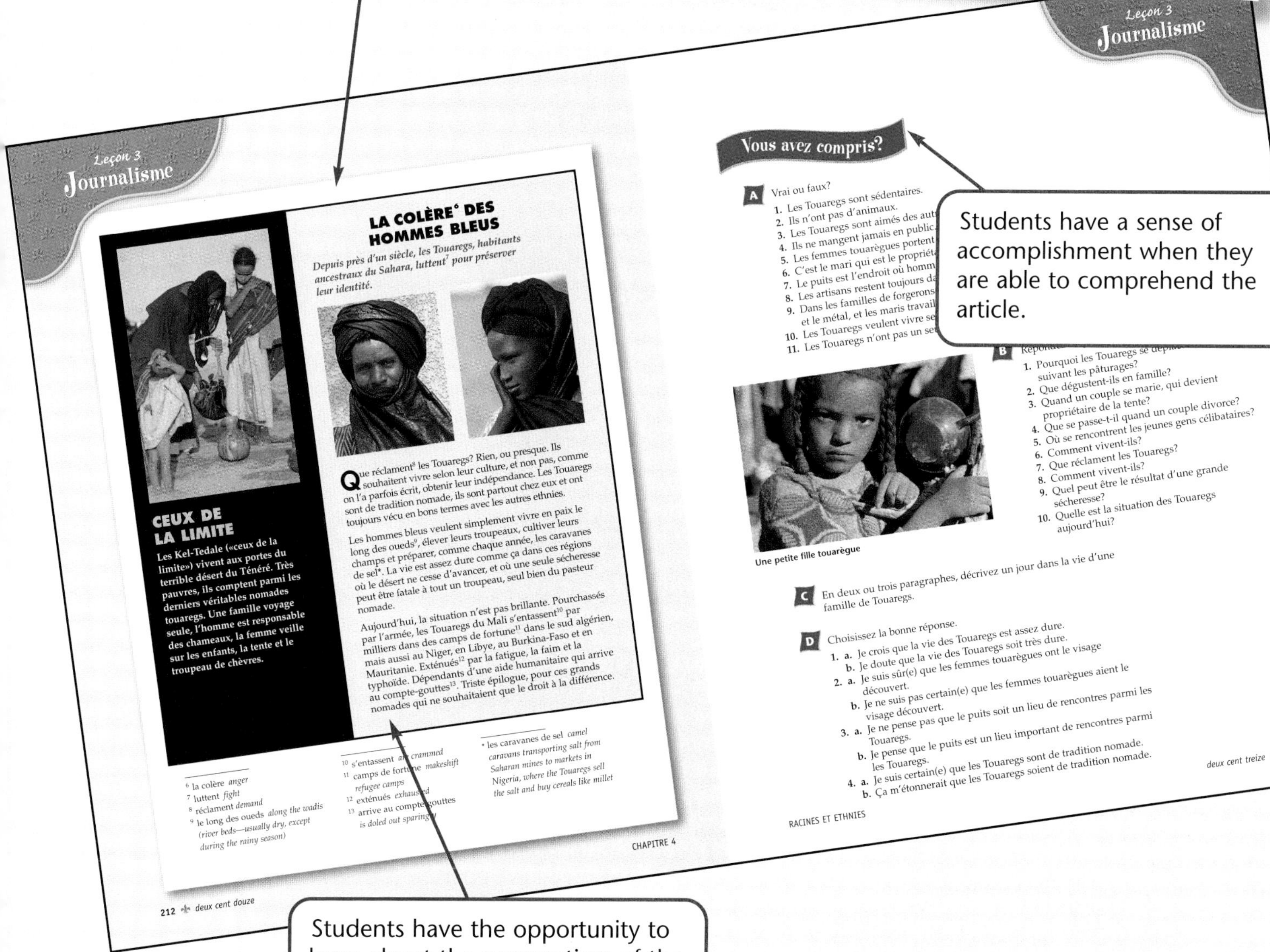

Leçon 3 Journalisme

LA COLÈRE[6] DES HOMMES BLEUS

Depuis près d'un siècle, les Touaregs, habitants ancestraux du Sahara, luttent[7] pour préserver leur identité.

Que réclament[8] les Touaregs? Rien, ou presque. Ils souhaitent vivre selon leur culture, et non pas, comme on l'a parfois écrit, obtenir leur indépendance. Les Touaregs sont de tradition nomade, ils sont partout chez eux et ont toujours vécu en bons termes avec les autres ethnies.

Les hommes bleus veulent simplement vivre en paix le long des oueds[9], élever leurs troupeaux, cultiver leurs champs et préparer, comme chaque année, les caravanes de sel*. La vie est assez dure comme ça dans ces régions où le désert ne cesse d'avancer, et où une seule sécheresse peut être fatale à tout un troupeau, seul bien du pasteur nomade.

Aujourd'hui, la situation n'est pas brillante. Pourchassés par l'armée, les Touaregs du Mali s'entassent[10] par milliers dans des camps de fortune[11] dans le sud algérien, mais aussi au Niger, en Libye, au Burkina-Faso et en Mauritanie. Exténués[12] par la fatigue, la faim et la typhoïde. Dépendants d'une aide humanitaire qui arrive au compte-gouttes[13]. Triste épilogue, pour ces grands nomades qui ne souhaitaient que le droit à la différence.

CEUX DE LA LIMITE

Les Kel-Tedale («ceux de la limite») vivent aux portes du terrible désert du Ténéré. Très pauvres, ils comptent parmi les derniers véritables nomades touaregs. Une famille voyage seule, l'homme est responsable des chameaux, la femme veille sur les enfants, la tente et le troupeau de chèvres.

6 la colère *anger*
7 luttent *fight*
8 réclament *demand*
9 le long des oueds *along the wadis (river beds—usually dry, except during the rainy season)*
10 s'entassent a… *crammed*
11 camps de fortune *makeshift refugee camps*
12 exténués *exhausted*
13 arrive au compte-gouttes *is doled out sparingly*
* les caravanes de sel *camel caravans transporting salt from Saharan mines to markets in Nigeria, where the Touaregs sell the salt and buy cereals like millet*

212 deux cent douze

CHAPITRE 4

Leçon 3 Journalisme

Vous avez compris?

A Vrai ou faux?
1. Les Touaregs sont sédentaires.
2. Ils n'ont pas d'animaux.
3. Les Touaregs sont aimés des aut…
4. Ils ne mangent jamais en public.
5. Les femmes touarègues portent…
6. C'est le mari qui est le propriét…
7. Le puits est l'endroit où homm…
8. Les artisans restent toujours da…
9. Dans les familles de forgerons… et le métal, et les maris travail…
10. Les Touaregs veulent vivre se…
11. Les Touaregs n'ont pas un se…

B Répon…
1. Pourquoi les Touaregs se dépla… suivant les pâturages?
2. Que dégustent-ils en famille?
3. Quand un couple se marie, qui devient propriétaire de la tente?
4. Que se passe-t-il quand un couple divorce?
5. Où se rencontrent les jeunes gens célibataires?
6. Comment vivent-ils?
7. Que réclament les Touaregs?
8. Comment vivent-ils?
9. Quel peut être le résultat d'une grande sécheresse?
10. Quelle est la situation des Touaregs aujourd'hui?

Une petite fille touarègue

C En deux ou trois paragraphes, décrivez un jour dans la vie d'une famille de Touaregs.

D Choisissez la bonne réponse.
1. a. Je crois que la vie des Touaregs est assez dure.
   b. Je doute que la vie des Touaregs soit très dure.
2. a. Je suis sûr(e) que les femmes touarègues ont le visage découvert.
   b. Je ne suis pas certain(e) que les femmes touarègues aient le visage découvert.
3. a. Je ne pense pas que le puits soit un lieu de rencontres parmi les Touaregs.
   b. Je pense que le puits est un lieu important de rencontres parmi les Touaregs.
4. a. Je suis certain(e) que les Touaregs sont de tradition nomade.
   b. Ça m'étonnerait que les Touaregs soient de tradition nomade.

RACINES ET ETHNIES

deux cent treize 213

Students continue to improve their knowledge of how French works in the Structure sections

Each lesson includes a Structure section. In Lessons 1 and 2, the material is review. In Lesson 3, the advanced material introduces new structures.

Leçon 1
Culture

Structure ✽ Révision

Les prépositions avec des noms géographiques
Talking about cities, countries, and continents

1. With names of cities, you use the preposition **à** to express *in* or *to*. You use **de** to express *from*.

Il est à Lyon aujourd'hui. Il reviendra de Lyon demain.
Elle arrivera à Nice demain. Elle part de Paris.

2. The names of all continents end in a silent **e**, and they are all feminine: **l'Europe, l'Asie, l'Afrique, l'Amérique** et **l'Océanie.** Almost all countries whose names end in a silent **e** are also feminine. All other countries are masculine.

Féminin	Masculin
...ce	le Canada
...que	le Sénégal
...sie	le Mali
...e	le Japon
...gne	l'Iran

...Cambodge are exceptions. They end in a silent **e**, but they ...
...continents and ...

The structure is taught and practiced within the context of and with the vocabulary of the lesson.

Leçon 3
Journalisme

Structure avancée

Le subjonctif avec les expressions de doute
Expressing uncertainty and doubt

1. The subjunctive is used after any expression that implies doubt or uncertainty since it is not known whether the action will take place or not.

Je doute qu'il vienne demain.
Je ne crois pas qu'ils aient le temps de venir.

2. If the statement implies certainty rather than doubt, the indicative, not the subjunctive, is used. The verb in the dependent clause is often in the future.

Je crois qu'ils viendront demain.
Je suis sûr qu'ils n'ont pas le temps de lire ça.

3. Below is a list of common expressions of doubt and certainty.

Subjunctive	Indicative
douter que	ne pas douter que
ne pas être certain(e) que	être certain(e) que
ne pas croire que	croire que
ne pas penser que	penser que
il n'est pas sûr que	il est sûr que
il n'est pas certain que	il est certain que
il n'est pas probable que	il est probable que
il n'est pas évident que	il est évident que
ça (m')étonnerait que	

À Porto Novo au Bénin

Leçon 3
Journalisme

Comment dit-on?

1 Historiette Léopold Senghor Répondez.

1. Luc croit que tu as lu la biographie de Senghor?
2. Tu doutes que Luc connaisse bien la vie de Senghor?
3. Tu es certain(e) que sa biographie intéressera Luc?
4. Tu penses que Senghor a eu une vie intéressante?
5. Tu crois que c'était un homme qui possédait beaucoup de talents?
6. Tu n'es pas sûr(e) que Luc lise sa biographie?
7. Tu crois qu'il est probable qu'il la lira?

JACQUELINE SOREL
Léopold Sédar
Senghor
L'émotion et la raison

2 Pas d'accord Répondez en utilisant la forme négative du verbe en italique. Faites les changements nécessaires.

1. Je *doute* qu'il vienne.
2. Je *suis certain(e)* qu'il le saura.
3. Je *crois* qu'il sera d'accord avec nous.
4. Je *suis sûr(e)* qu'elle voudra y participer.
5. Il *est évident* que ce projet l'intéresse beaucoup.

3 Certain ou pas certain? Répondez d'après les indications.

1. Nathalie va aller à l'université? (Je suis sûr[e])
2. Elle finira ses études? (Il est probable)
3. Elle aimera tous ses cours? (Je ne suis pas sûr[e])
4. Elle sera ingénieur? (Ça m'étonnerait)
5. Elle deviendra médecin? (Je doute)
6. Elle aura du succès? (Il n'y a pas de doute)

Activities allow students to practice what they have learned.

Realia lets students see the chapter theme in real-life context.

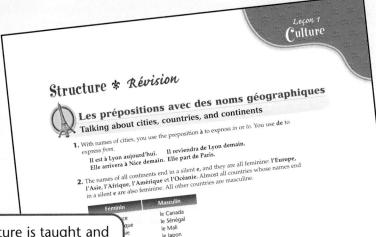

Students show their mastery of the objectives

Itinerary for Success

- ✓ Exposure to all regions of the French-speaking world
- ✓ Clear expectations and goals
- ✓ Vocabulary that facilitates reading and conversation
- ✓ Review and advanced grammar
- ✓ Many opportunities for practice
- ✓ Real-life conversation
- ✓ High-interest journalism
- ✓ Language production strategies
- ✓ Relevant literary selections

Students use what they have learned in cumulative, open-ended activities.

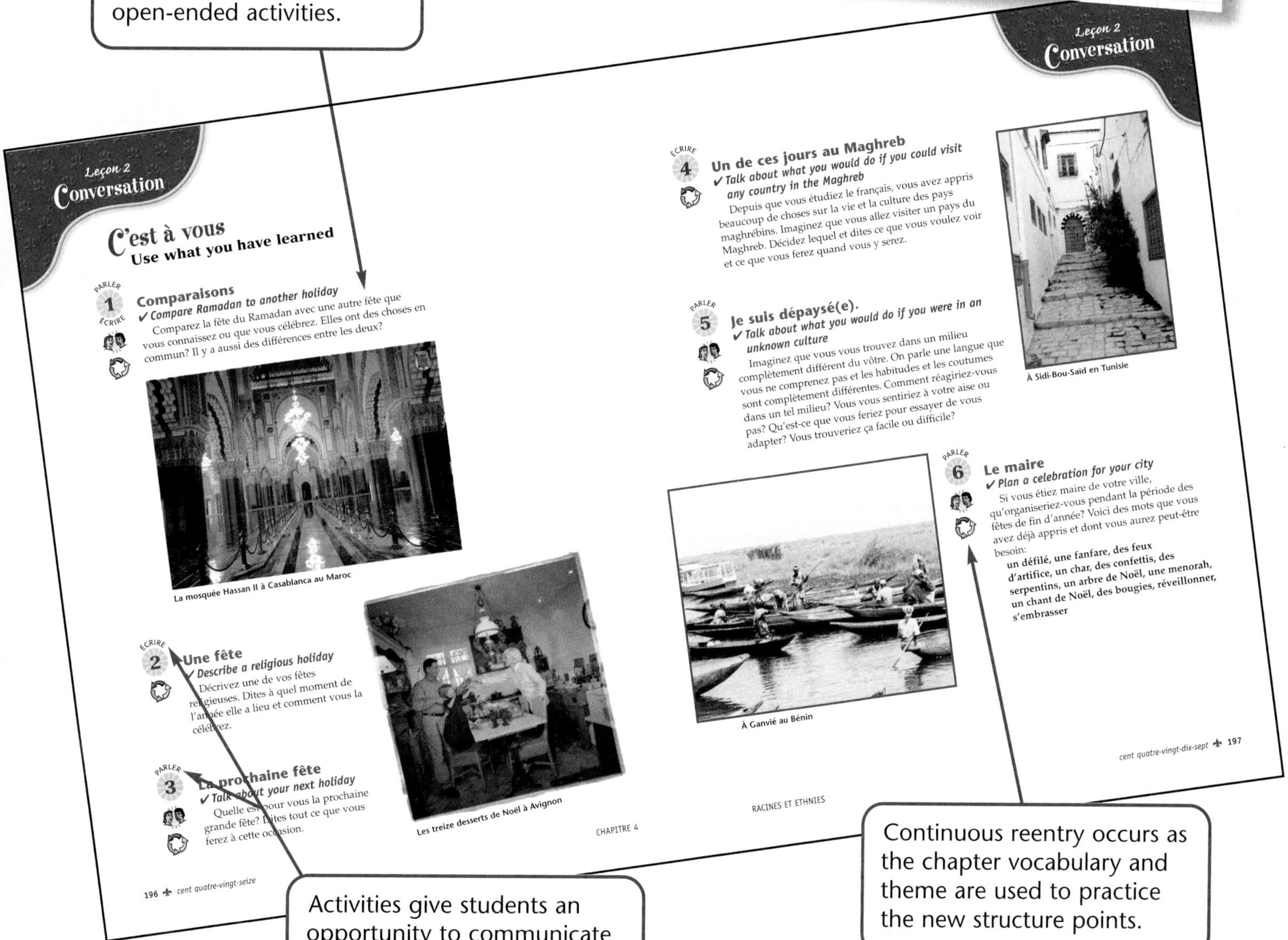

Leçon 2
Conversation

C'est à vous
Use what you have learned

PARLER ÉCRIRE 1
Comparaisons
✓ Compare Ramadan to another holiday
Comparez la fête du Ramadan avec une autre fête que vous connaissez ou que vous célébrez. Elles ont des choses en commun? Il y a aussi des différences entre les deux?

La mosquée Hassan II à Casablanca au Maroc

ÉCRIRE 2
Une fête
✓ Describe a religious holiday
Décrivez une de vos fêtes religieuses. Dites à quel moment de l'année elle a lieu et comment vous la célébrez.

PARLER 3
La prochaine fête
✓ Talk about your next holiday
Quelle est pour vous la prochaine grande fête? Dites tout ce que vous ferez à cette occasion.

Les treize desserts de Noël à Avignon

196 ⚜ cant quatre-vingt-seize CHAPITRE 4

Leçon 2
Conversation

ÉCRIRE 4
Un de ces jours au Maghreb
✓ Talk about what you would do if you could visit any country in the Maghreb
Depuis que vous étudiez le français, vous avez appris beaucoup de choses sur la vie et la culture des pays maghrébins. Imaginez que vous allez visiter un pays du Maghreb. Décidez lequel et dites ce que vous voulez voir et ce que vous ferez quand vous y serez.

PARLER 5
Je suis dépaysé(e).
✓ Talk about what you would do if you were in an unknown culture
Imaginez que vous vous trouvez dans un milieu complètement différent du vôtre. On parle une langue que vous ne comprenez pas et les habitudes et les coutumes sont complètement différentes. Comment réagiriez-vous dans un tel milieu? Vous vous sentiriez à votre aise ou pas? Qu'est-ce que vous feriez pour essayer de vous adapter? Vous trouveriez ça facile ou difficile?

À Sidi-Bou-Saïd en Tunisie

PARLER 6
Le maire
✓ Plan a celebration for your city
Si vous étiez maire de votre ville, qu'organiseriez-vous pendant la période des fêtes de fin d'année? Voici des mots que vous avez déjà appris et dont vous aurez peut-être besoin:
un défilé, une fanfare, des feux d'artifice, un char, des confettis, des serpentins, un arbre de Noël, une menorah, un chant de Noël, des bougies, réveillonner, s'embrasser

À Ganvié au Bénin

RACINES ET ETHNIES cent quatre-vingt-dix-sept ⚜ 197

Activities give students an opportunity to communicate what they know in spoken and in written formats.

Continuous reentry occurs as the chapter vocabulary and theme are used to practice the new structure points.

Students check their progress

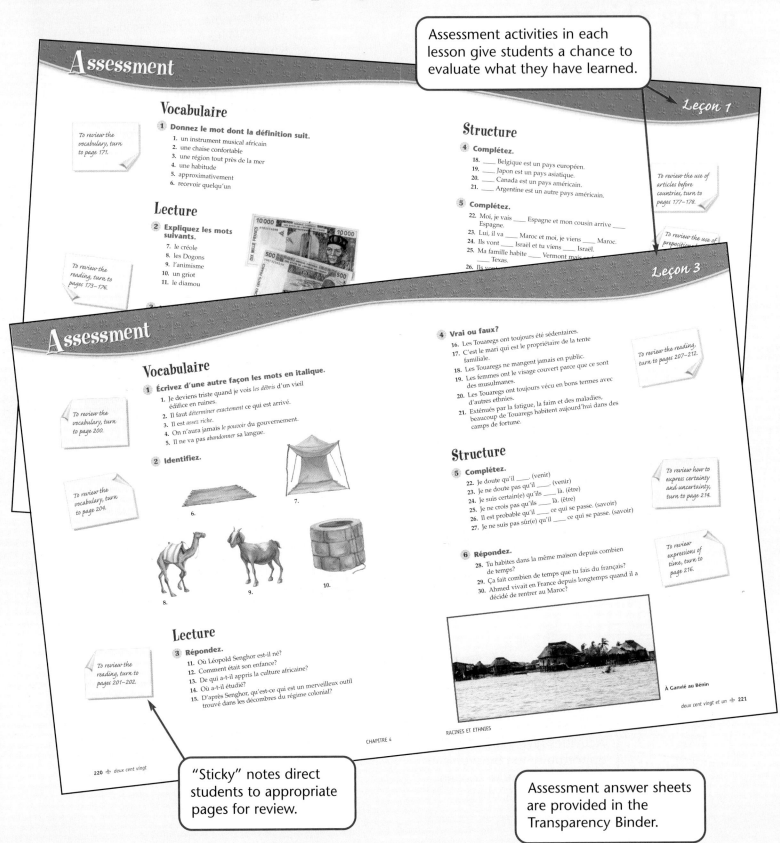

Assessment activities in each lesson give students a chance to evaluate what they have learned.

Assessment

Leçon 1

Vocabulaire

To review the vocabulary, turn to page 171.

1 **Donnez le mot dont la définition suit.**

1. un instrument musical africain
2. une chaise confortable
3. une région tout près de la mer
4. une habitude
5. approximativement
6. recevoir quelqu'un

Lecture

To review the reading, turn to pages 173–176.

2 **Expliquez les mots suivants.**

7. le créole
8. les Dogons
9. l'animisme
10. un griot
11. le diamou

Structure

To review the use of articles before countries, turn to pages 177–178.

4 **Complétez.**

18. ____ Belgique est un pays européen.
19. ____ Japon est un pays asiatique.
20. ____ Canada est un pays américain.
21. ____ Argentine est un autre pays américain.

5 **Complétez.**

22. Moi, je vais ____ Espagne et mon cousin arrive ____ Espagne.
23. Lui, il va ____ Maroc et moi, je viens ____ Maroc.
24. Ils vont ____ Israël et tu viens ____ Israël.
25. Ma famille habite ____ Vermont mais ... ____ Texas.
26. Ils vont ...

To review the use of preposition...

Assessment

Leçon 3

Vocabulaire

To review the vocabulary, turn to page 200.

1 **Écrivez d'une autre façon les mots en italique.**

1. Je deviens triste quand je vois *les débris* d'un vieil édifice en ruines.
2. Il faut *déterminer exactement* ce qui est arrivé.
3. Il est *assez riche*.
4. On n'aura jamais *le pouvoir* du gouvernement.
5. Il ne va pas *abandonner* sa langue.

To review the vocabulary, turn to page 204.

2 **Identifiez.**

6.

7.

8.

9.

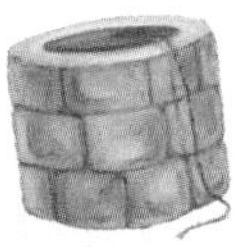

10.

Lecture

To review the reading, turn to pages 201–202.

3 **Répondez.**

11. Où Léopold Senghor est-il né?
12. Comment était son enfance?
13. De qui a-t-il appris la culture africaine?
14. Où a-t-il étudié?
15. D'après Senghor, qu'est-ce qui est un merveilleux outil trouvé dans les décombres du régime colonial?

4 **Vrai ou faux?**

To review the reading, turn to pages 207–212.

16. Les Touaregs ont toujours été sédentaires.
17. C'est le mari qui est le propriétaire de la tente familiale.
18. Les Touaregs ne mangent jamais en public.
19. Les femmes ont le visage couvert parce que ce sont des musulmanes.
20. Les Touaregs ont toujours vécu en bons termes avec d'autres ethnies.
21. Exténués par la fatigue, la faim et des maladies, beaucoup de Touaregs habitent aujourd'hui dans des camps de fortune.

Structure

To review how to express certainty and uncertainty, turn to page 214.

5 **Complétez.**

22. Je doute qu'il ____. (venir)
23. Je ne doute pas qu'il ____. (venir)
24. Je suis certain(e) qu'ils ____ là. (être)
25. Je ne crois pas qu'ils ____ là. (être)
26. Il est probable qu'il ____ ce qui se passe. (savoir)
27. Je ne suis pas sûr(e) qu'il ____ ce qui se passe. (savoir)

To review expressions of time, turn to page 216.

6 **Répondez.**

28. Tu habites dans la même maison depuis combien de temps?
29. Ça fait combien de temps que tu fais du français?
30. Ahmed vivait en France depuis longtemps quand il a décidé de rentrer au Maroc?

À Ganvié au Bénin

"Sticky" notes direct students to appropriate pages for review.

Assessment answer sheets are provided in the Transparency Binder.

Students complete tasks to show proficiency

Itinerary for Success

- ✓ Exposure to all regions of the French-speaking world
- ✓ Clear expectations and goals
- ✓ Vocabulary that facilitates reading and conversation
- ✓ Review and advanced grammar
- ✓ Many opportunities for practice
- ✓ Real-life conversation
- ✓ High-interest journalism
- ✓ Language production strategies
- ✓ Relevant literary selections

Students learn strategies to become better writers.

Students improve their speaking skills.

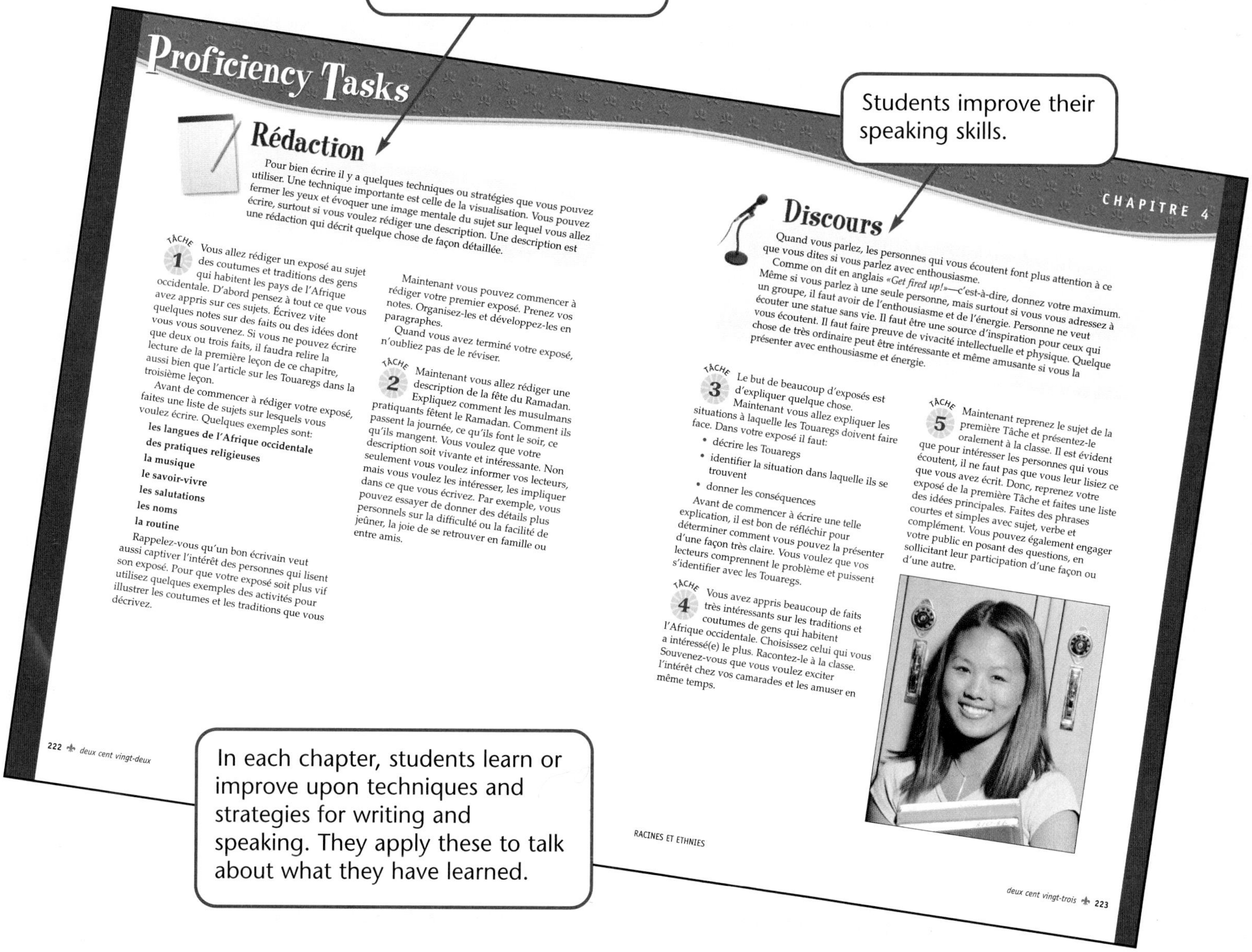

Proficiency Tasks

CHAPITRE 4

Rédaction

Pour bien écrire il y a quelques techniques ou stratégies que vous pouvez utiliser. Une technique importante est celle de la visualisation. Vous pouvez fermer les yeux et évoquer une image mentale du sujet sur lequel vous allez écrire, surtout si vous voulez rédiger une description. Une description est une rédaction qui décrit quelque chose de façon détaillée.

TÂCHE 1 Vous allez rédiger un exposé au sujet des coutumes et traditions des gens qui habitent les pays de l'Afrique occidentale. D'abord pensez à tout ce que vous avez appris sur ces sujets. Écrivez vite quelques notes sur des faits ou des idées dont vous vous souvenez. Si vous ne pouvez écrire que deux ou trois faits, il faudra relire la lecture de la première leçon de ce chapitre, aussi bien que l'article sur les Touaregs dans la troisième leçon.

Avant de commencer à rédiger votre exposé, faites une liste de sujets sur lesquels vous voulez écrire. Quelques exemples sont:

les langues de l'Afrique occidentale
des pratiques religieuses
la musique
le savoir-vivre
les salutations
les noms
la routine

Rappelez-vous qu'un bon écrivain veut aussi captiver l'intérêt des personnes qui lisent son exposé. Pour que votre exposé soit plus vif utilisez quelques exemples des activités pour illustrer les coutumes et les traditions que vous décrivez.

Maintenant vous pouvez commencer à rédiger votre premier exposé. Prenez vos notes. Organisez-les et développez-les en paragraphes.

Quand vous avez terminé votre exposé, n'oubliez pas de le réviser.

TÂCHE 2 Maintenant vous allez rédiger une description de la fête du Ramadan. Expliquez comment les musulmans pratiquants fêtent le Ramadan. Comment ils passent la journée, ce qu'ils font le soir, ce qu'ils mangent. Vous voulez que votre description soit vivante et intéressante. Non seulement vous voulez informer vos lecteurs, mais vous voulez les intéresser, les impliquer dans ce que vous écrivez. Par exemple, vous pouvez essayer de donner des détails plus personnels sur la difficulté ou la facilité de jeûner, la joie de se retrouver en famille ou entre amis.

Discours

Quand vous parlez, les personnes qui vous écoutent font plus attention à ce que vous dites si vous parlez avec enthousiasme.

Comme on dit en anglais *«Get fired up!»*—c'est-à-dire, donnez votre maximum. Même si vous parlez à une seule personne, mais surtout si vous vous adressez à un groupe, il faut avoir de l'enthousiasme et de l'énergie. Personne ne veut écouter une statue sans vie. Il faut être une source d'inspiration pour ceux qui vous écoutent. Il faut faire preuve de vivacité intellectuelle et physique. Quelque chose de très ordinaire peut être intéressante et même amusante si vous la présenter avec enthousiasme et énergie.

TÂCHE 3 Le but de beaucoup d'exposés est d'expliquer quelque chose. Maintenant vous allez expliquer les situations à laquelle les Touaregs doivent faire face. Dans votre exposé il faut:

- décrire les Touaregs
- identifier la situation dans laquelle ils se trouvent
- donner les conséquences

Avant de commencer à écrire une telle explication, il est bon de réfléchir pour déterminer comment vous pouvez la présenter d'une façon très claire. Vous voulez que vos lecteurs comprennent le problème et puissent s'identifier avec les Touaregs.

TÂCHE 4 Vous avez appris beaucoup de faits très intéressants sur les traditions et coutumes de gens qui habitent l'Afrique occidentale. Choisissez celui qui vous a intéressé(e) le plus. Racontez-le à la classe. Souvenez-vous que vous voulez exciter l'intérêt chez vos camarades et les amuser en même temps.

TÂCHE 5 Maintenant reprenez le sujet de la première Tâche et présentez-le oralement à la classe. Il est évident que pour intéresser les personnes qui vous écoutent, il ne faut pas que vous leur lisiez ce que vous avez écrit. Donc, reprenez votre exposé de la première Tâche et faites une liste des idées principales. Faites des phrases courtes et simples avec sujet, verbe et complément. Vous pouvez également engager votre public en posant des questions, en sollicitant leur participation d'une façon ou d'une autre.

222 ✦ deux cent vingt-deux

RACINES ET ETHNIES

deux cent vingt-trois ✦ 223

In each chapter, students learn or improve upon techniques and strategies for writing and speaking. They apply these to talk about what they have learned.

Video transports students to the French-speaking world

Students visit the cultures they are studying.

Vidéotour
Bon voyage!

Video can be a beneficial learning tool for the language student. Video enables you to experience the material in the textbook in a real-life setting. Take a vicarious field trip as you see people interacting at home, at school, at the market, etc. The cultural benefits are limitless as you experience French and Francophone culture while "traveling" through many countries. In addition to its tremendous cultural value, video gives practice in developing good listening and viewing skills. Video allows you to look for numerous clues that are evident in tone of voice, facial expressions, and gestures. Through video you can see and hear the diversity of the target culture and compare and contrast the French-speaking cultures to each other and to your own.

Épisode 1: La Bisquine de Bretagne

En Bretagne, ce qui domine tout, c'est la mer. La Bretagne, c'est le pays des pêcheurs et des grands marins. Un marin professionnel, Pierre-Marc Vidcoq, fait revivre un ancien bateau typiquement breton pour conserver son patrimoine maritime.

Épisode 2: Réunion de famille au Québec

Au Québec, les réunions de famille ont la cote. Elles regroupent tous les gens qui ont le même nom de famille. Faites la connaissance de tous les descendants directs d'un certain Noël Legault, un soldat de l'armée française, venu protéger les premiers colons au 17e siècle.

Épisode 3: L'architecture en Tunisie

L'architecture en dit souvent long sur l'identité d'un pays. À Tunis, la capitale de la Tunisie, la ville arabe, la médina, voisine avec la ville européenne, tradition et modernité continuent à coexister et c'est ce qui donne à la Tunisie cette identité bien à elle.

RACINES ET ETHNIES

deux cent vingt-cinq 225

The videos reinforce the themes and language presented in the textbook.

Enhance appreciation of literature and culture

Itinerary for Success

- ✓ Exposure to all regions of the French-speaking world
- ✓ Clear expectations and goals
- ✓ Vocabulary that facilitates reading and conversation
- ✓ Review and advanced grammar
- ✓ Many opportunities for practice
- ✓ Real-life conversation
- ✓ High-interest journalism
- ✓ Language production strategies
- ✓ Relevant literary selections

Literary Companion affords students yet another opportunity to apply their reading skills in French.

Literary selections present another view of Francophone culture.

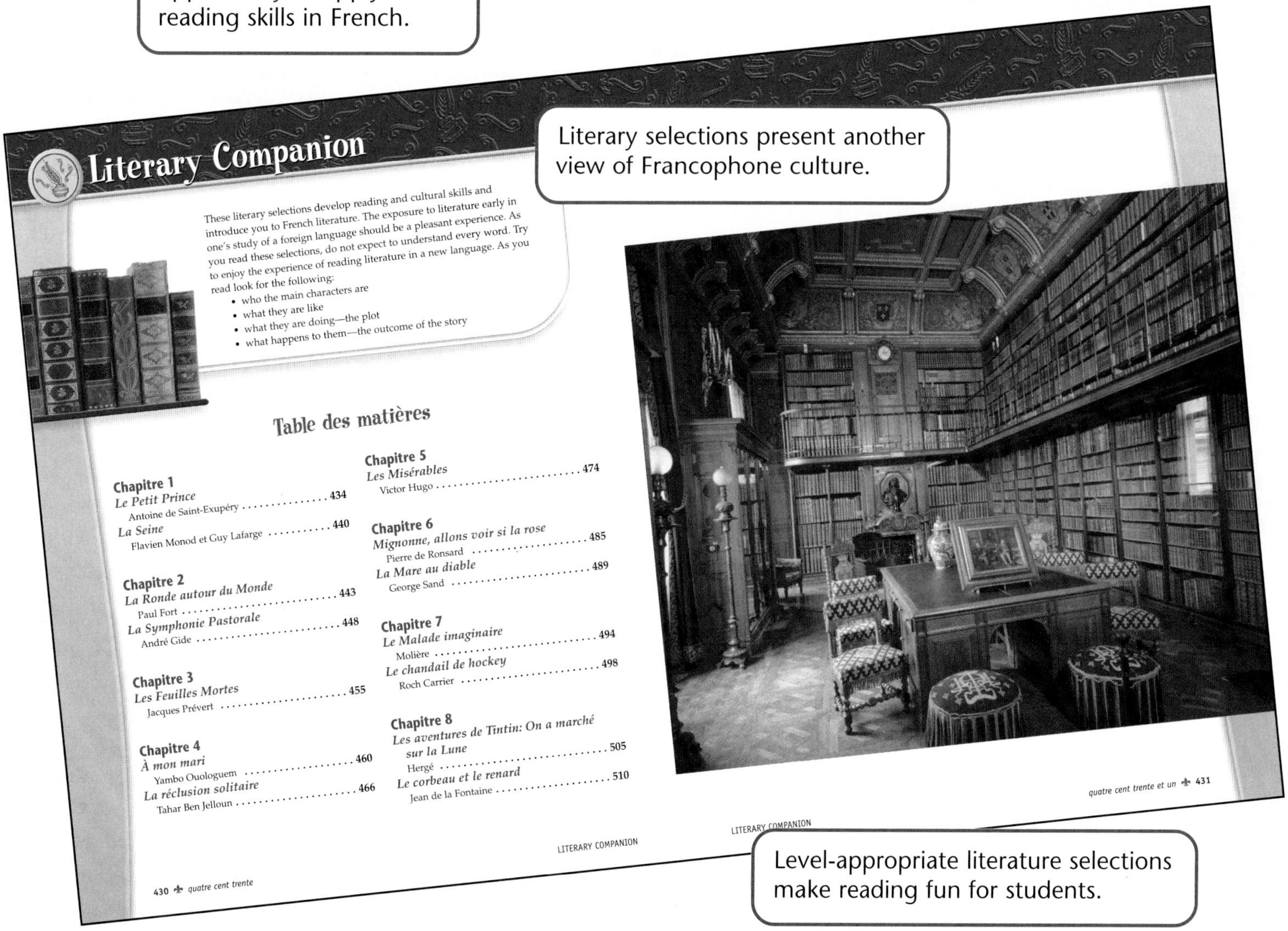

Literary Companion

These literary selections develop reading and cultural skills and introduce you to French literature. The exposure to literature early in one's study of a foreign language should be a pleasant experience. As you read these selections, do not expect to understand every word. Try to enjoy the experience of reading literature in a new language. As you read look for the following:

- who the main characters are
- what they are like
- what they are doing—the plot
- what happens to them—the outcome of the story

Table des matières

Level-appropriate literature selections make reading fun for students.

Preview and objectives let you know what to plan for

Bon voyage! is written to address learners with different ability levels.

References to the National Standards are made for you.

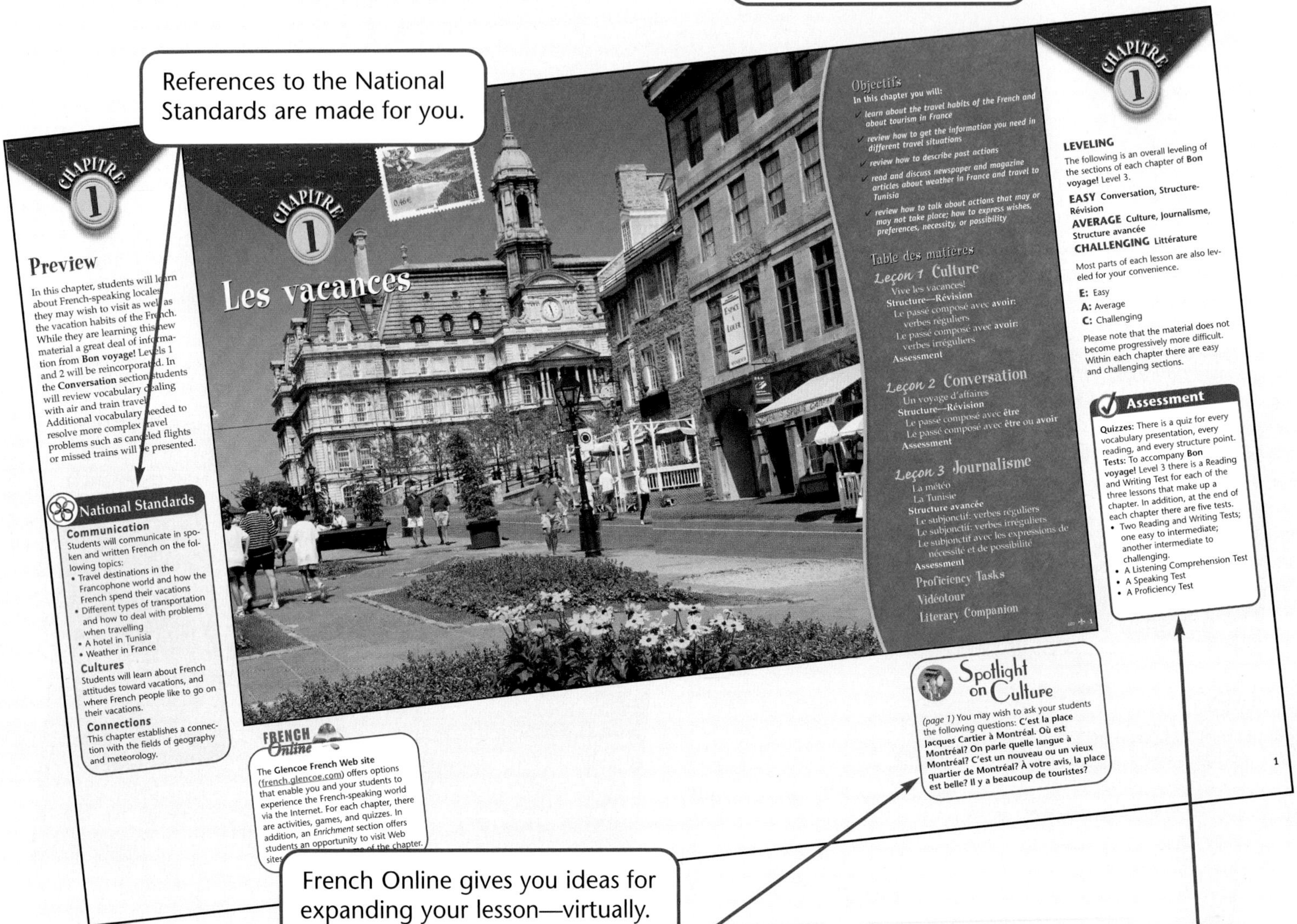

CHAPITRE 1

Preview

In this chapter, students will learn about French-speaking locales they may wish to visit as well as the vacation habits of the French. While they are learning this new material a great deal of information from **Bon voyage!** Levels 1 and 2 will be reincorporated. In the **Conversation** section students will review vocabulary dealing with air and train travel. Additional vocabulary needed to resolve more complex travel problems such as canceled flights or missed trains will be presented.

National Standards

Communication
Students will communicate in spoken and written French on the following topics:
- Travel destinations in the Francophone world and how the French spend their vacations
- Different types of transportation and how to deal with problems when travelling
- A hotel in Tunisia
- Weather in France

Cultures
Students will learn about French attitudes toward vacations, and where French people like to go on their vacations.

Connections
This chapter establishes a connection with the fields of geography and meteorology.

CHAPITRE 1

Les vacances

Objectifs
In this chapter you will:
- ✓ *learn about the travel habits of the French and about tourism in France*
- ✓ *review how to get the information you need in different travel situations*
- ✓ *review how to describe past actions*
- ✓ *read and discuss newspaper and magazine articles about weather in France and travel to Tunisia*
- ✓ *review how to talk about actions that may or may not take place; how to express wishes, preferences, necessity, or possibility*

Table des matières

un 1

CHAPITRE 1

LEVELING
The following is an overall leveling of the sections of each chapter of **Bon voyage!** Level 3.

EASY Conversation, Structure-Révision
AVERAGE Culture, Journalisme, Structure avancée
CHALLENGING Littérature

Most parts of each lesson are also leveled for your convenience.

E: Easy
A: Average
C: Challenging

Please note that the material does not become progressively more difficult. Within each chapter there are easy and challenging sections.

Assessment

Quizzes: There is a quiz for every vocabulary presentation, every reading, and every structure point.
Tests: To accompany **Bon voyage!** Level 3 there is a Reading and Writing Test for each of the three lessons that make up a chapter. In addition, at the end of each chapter there are five tests.
- Two Reading and Writing Tests; one easy to intermediate; another intermediate to challenging.
- A Listening Comprehension Test
- A Speaking Test
- A Proficiency Test

FRENCH Online

The **Glencoe French Web site** (french.glencoe.com) offers options that enable you and your students to experience the French-speaking world via the Internet. For each chapter, there are activities, games, and quizzes. In addition, an *Enrichment* section offers students an opportunity to visit Web sites ... of the chapter.

Spotlight on Culture

(page 1) You may wish to ask your students the following questions: **C'est la place Jacques Cartier à Montréal. Où est Montréal? On parle quelle langue à Montréal? C'est un nouveau ou un vieux quartier de Montréal? À votre avis, la place est belle? Il y a beaucoup de touristes?**

1

French Online gives you ideas for expanding your lesson—virtually.

Spotlight on Culture may give you information about the photograph on the page or may suggest questions to ask your students concerning the photograph.

The **Bon voyage!** program provides several ways for you to assess your students' progress each step of the way. Assessment options allow you to assess all four skills and to accomodate students with different skill levels.

Step-by-step hints help you through the chapter

Resource Manager lets you know which resources you will need for each part of the chapter.

Bellringer Reviews (also available in the Transparency Binder) provide quick checks of previously taught material.

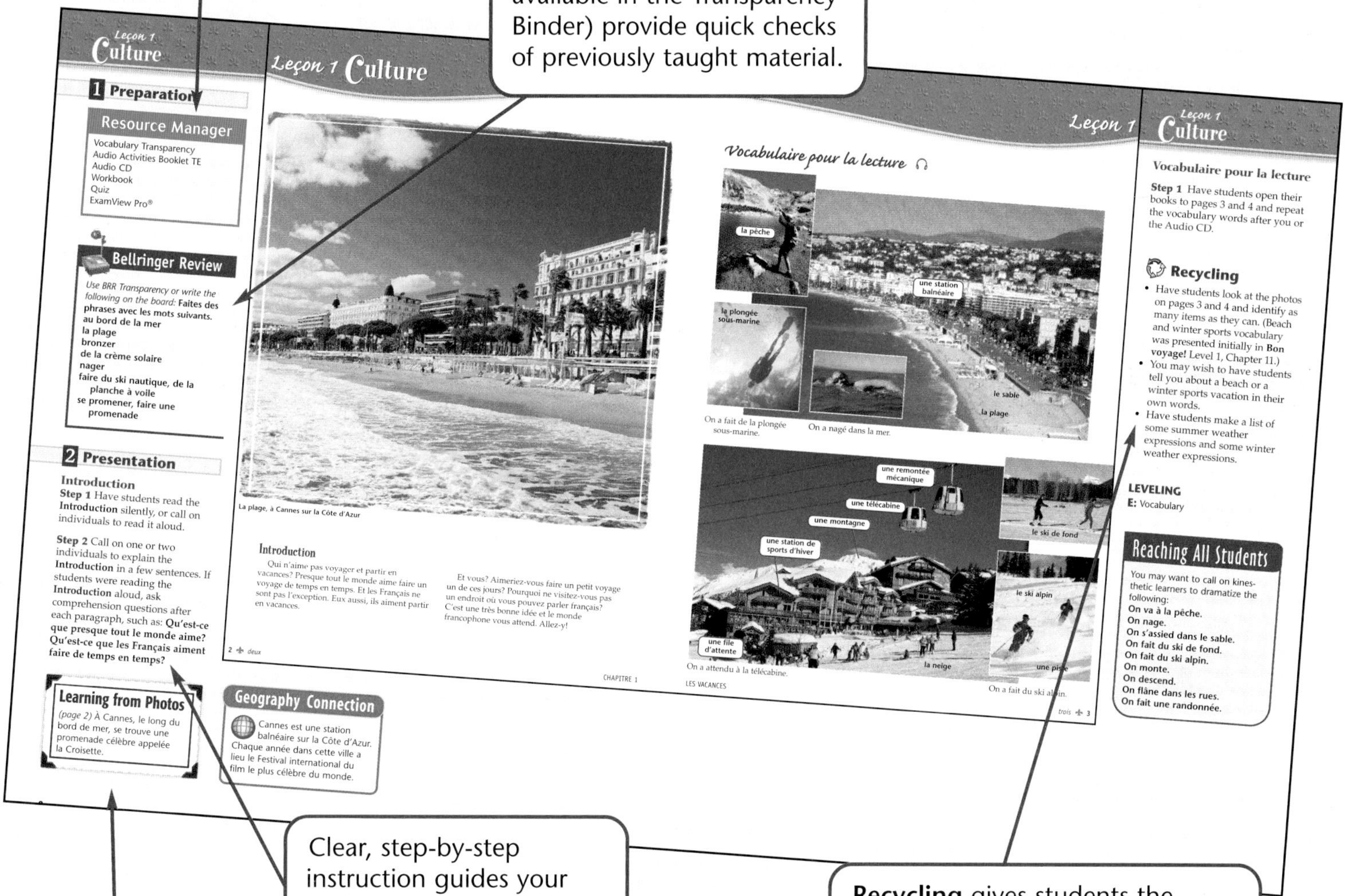

Leçon 1 Culture

1 Preparation

Resource Manager

Vocabulary Transparency
Audio Activities Booklet TE
Audio CD
Workbook
Quiz
ExamView Pro®

Bellringer Review

Use BRR Transparency or write the following on the board: **Faites des phrases avec les mots suivants.**
au bord de la mer
la plage
bronzer
de la crème solaire
nager
faire du ski nautique, de la planche à voile
se promener, faire une promenade

2 Presentation

Introduction

Step 1 Have students read the **Introduction** silently, or call on individuals to read it aloud.

Step 2 Call on one or two individuals to explain the **Introduction** in a few sentences. If students were reading the **Introduction** aloud, ask comprehension questions after each paragraph, such as: **Qu'est-ce que presque tout le monde aime? Qu'est-ce que les Français aiment faire de temps en temps?**

Learning from Photos

(page 2) À Cannes, le long du bord de mer, se trouve une promenade célèbre appelée la Croisette.

Geography Connection

Cannes est une station balnéaire sur la Côte d'Azur. Chaque année dans cette ville a lieu le Festival international du film le plus célèbre du monde.

Leçon 1 Culture

La plage, à Cannes sur la Côte d'Azur

Introduction

Qui n'aime pas voyager et partir en vacances? Presque tout le monde aime faire un voyage de temps en temps. Et les Français ne sont pas l'exception. Eux aussi, ils aiment partir en vacances.

Et vous? Aimeriez-vous faire un petit voyage un de ces jours? Pourquoi ne visitez-vous pas un endroit où vous pouvez parler français? C'est une très bonne idée et le monde francophone vous attend. Allez-y!

2 deux

CHAPITRE 1

Leçon 1

Vocabulaire pour la lecture

On a fait de la plongée sous-marine.

On a nagé dans la mer.

On a attendu à la télécabine.

On a fait du ski alpin.

LES VACANCES

trois 3

Leçon 1 Culture

Vocabulaire pour la lecture

Step 1 Have students open their books to pages 3 and 4 and repeat the vocabulary words after you or the Audio CD.

Recycling

- Have students look at the photos on pages 3 and 4 and identify as many items as they can. (Beach and winter sports vocabulary was presented initially in **Bon voyage!** Level 1, Chapter 11.)
- You may wish to have students tell you about a beach or a winter sports vacation in their own words.
- Have students make a list of some summer weather expressions and some winter weather expressions.

LEVELING
E: Vocabulary

Reaching All Students

You may want to call on kinesthetic learners to dramatize the following:
On va à la pêche.
On nage.
On s'assied dans le sable.
On fait du ski de fond.
On fait du ski alpin.
On monte.
On descend.
On flâne dans les rues.
On fait une randonnée.

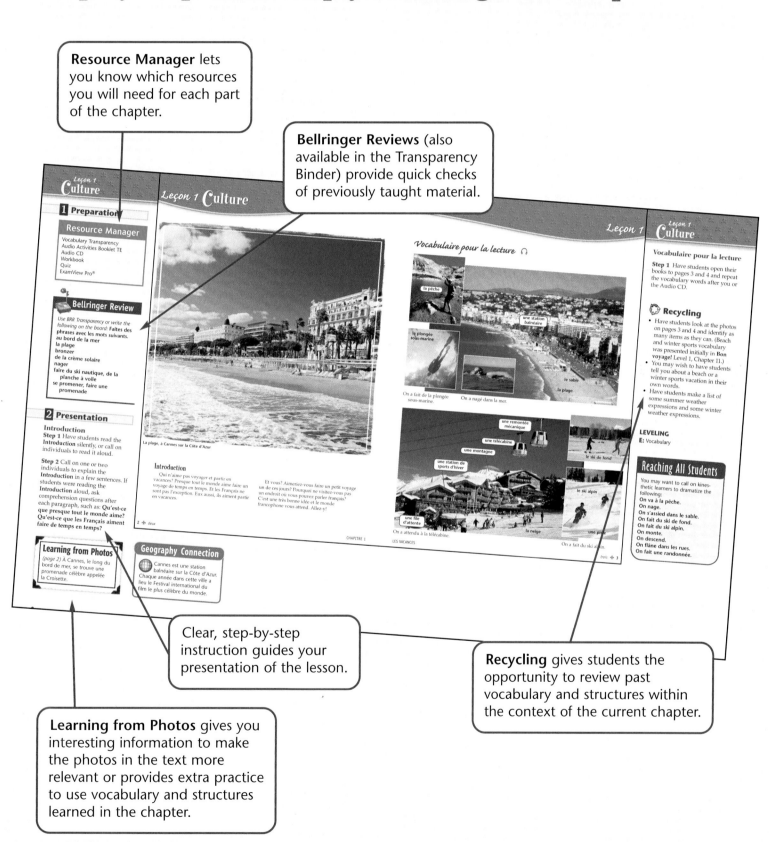

Clear, step-by-step instruction guides your presentation of the lesson.

Recycling gives students the opportunity to review past vocabulary and structures within the context of the current chapter.

Learning from Photos gives you interesting information to make the photos in the text more relevant or provides extra practice to use vocabulary and structures learned in the chapter.

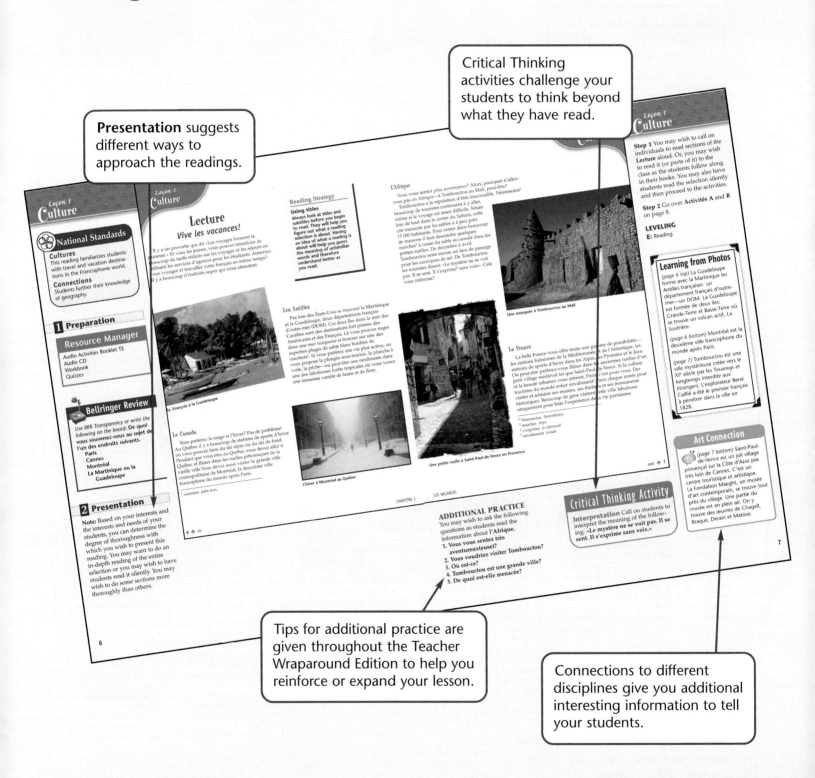

Help your students feel confident about their reading skills

Presentation suggests different ways to approach the readings.

Critical Thinking activities challenge your students to think beyond what they have read.

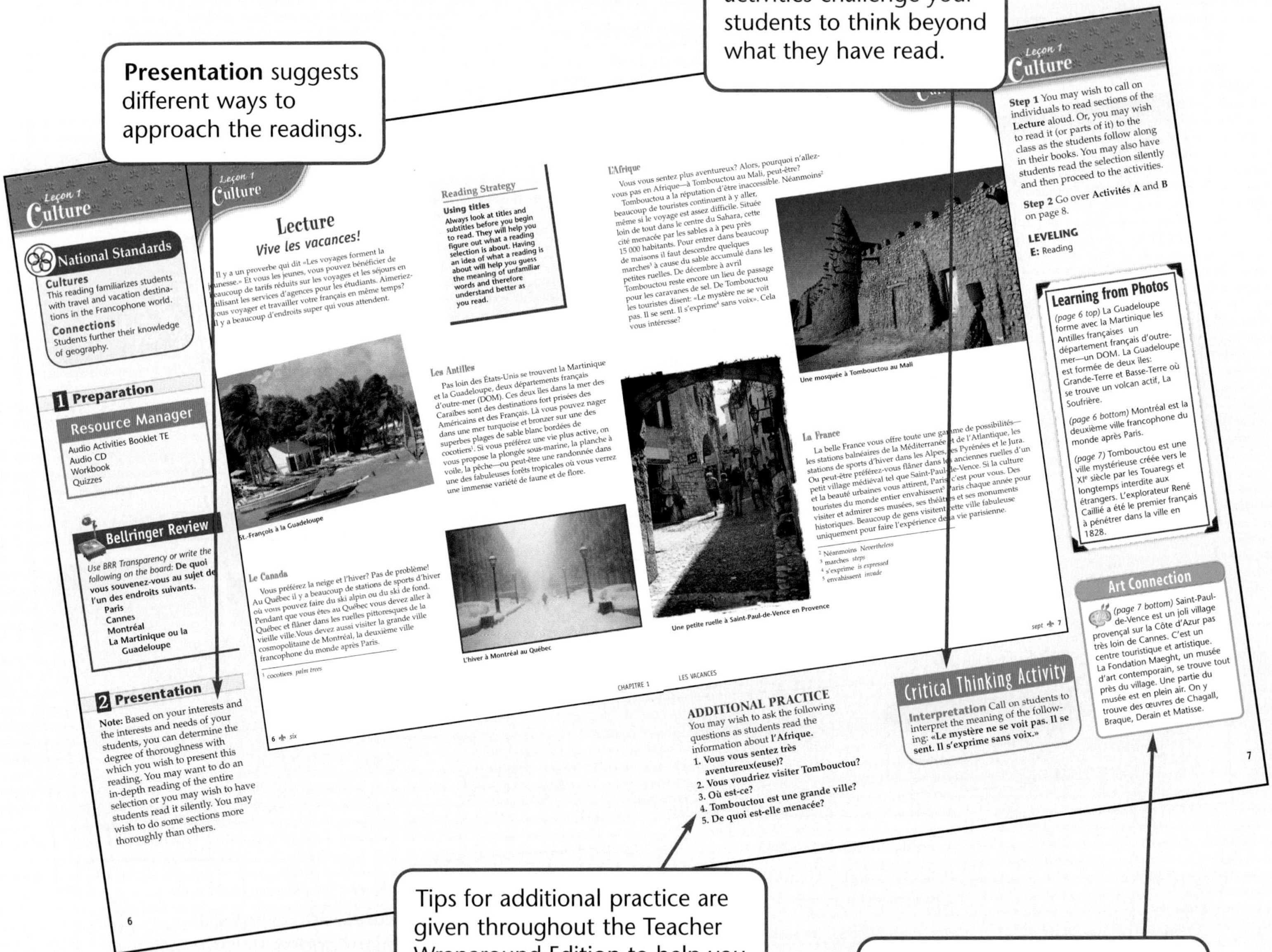
Leçon 1 Culture

National Standards

Cultures This reading familiarizes students with travel and vacation destinations in the Francophone world.

Connections Students further their knowledge of geography.

1 Preparation

Resource Manager
Audio Activities Booklet TE
Audio CD
Workbook
Quizzes

Bellringer Review
Use BRR Transparency or write the following on the board: **De quoi vous souvenez-vous au sujet de l'un des endroits suivants.**
Paris
Cannes
Montréal
La Martinique ou la Guadeloupe

2 Presentation

Note: Based on your interests and the interests and needs of your students, you can determine the degree of thoroughness with which you wish to present this reading. You may want to do an in-depth reading of the entire selection or you may wish to have students read it silently. You may wish to do some sections more thoroughly than others.

6

Lecture
Vive les vacances!

Il y a un proverbe qui dit «Les voyages forment la jeunesse.» Et vous les jeunes, vous pouvez bénéficier de beaucoup de tarifs réduits sur les voyages et les séjours en utilisant les services d'agences pour les étudiants. Aimeriez-vous voyager et travailler votre français en même temps? Il y a beaucoup d'endroits super qui vous attendent.

Reading Strategy
Using titles
Always look at titles and subtitles before you begin to read. They will help you figure out what a reading selection is about. Having an idea of what a reading is about will help you guess the meaning of unfamiliar words and therefore understand better as you read.

St.-François à la Guadeloupe

Les Antilles
Pas loin des États-Unis se trouvent la Martinique et la Guadeloupe, deux départements français d'outre-mer (DOM). Ces deux îles dans la mer des Caraïbes sont des destinations fort prisées des Américains et des Français. Là vous pouvez nager dans une mer turquoise et bronzer sur une des superbes plages de sable blanc bordées de cocotiers[1]. Si vous préférez une vie plus active, on vous propose la plongée sous-marine, la planche à voile, la pêche—ou peut-être une randonnée dans une des fabuleuses forêts tropicales où vous verrez une immense variété de faune et de flore.

Le Canada
Vous préférez la neige et l'hiver? Pas de problème! Au Québec il y a beaucoup de stations de sports d'hiver où vous pouvez faire du ski alpin ou du ski de fond. Pendant que vous êtes au Québec vous devez aller à Québec et flâner dans les ruelles pittoresques de la vieille ville. Vous devez aussi visiter la grande ville cosmopolitaine de Montréal, la deuxième ville francophone du monde après Paris.

[1] cocotiers *palm trees*

L'hiver à Montréal au Québec

6 six

L'Afrique
Vous vous sentez plus aventureux? Alors, pourquoi n'allez-vous pas en Afrique—à Tombouctou au Mali, peut-être? Tombouctou a la réputation d'être inaccessible. Néanmoins[2] beaucoup de touristes continuent à y aller, même si le voyage est assez difficile. Située loin de tout dans le centre du Sahara, cette cité menacée par les sables a à peu près 15 000 habitants. Pour entrer dans beaucoup de maisons il faut descendre quelques marches[3] à cause du sable accumulé dans les petites ruelles. De décembre à avril Tombouctou reste encore un lieu de passage pour les caravanes de sel. De Tombouctou les touristes disent: «Le mystère ne se voit pas. Il se sent. Il s'exprime[4] sans voix». Cela vous intéresse?

Une mosquée à Tombouctou au Mali

Une petite ruelle à Saint-Paul-de-Vence en Provence

La France
La belle France vous offre toute une gamme de possibilités—les stations balnéaires de la Méditerranée et de l'Atlantique, les stations de sports d'hiver dans les Alpes, les Pyrénées et le Jura. Ou peut-être préférez-vous flâner dans les anciennes ruelles d'un petit village médiéval tel que Saint-Paul-de-Vence. Si la culture et la beauté urbaines vous attirent, Paris c'est pour vous. Des touristes du monde entier envahissent[5] Paris chaque année pour visiter et admirer ses musées, ses théâtres et ses monuments historiques. Beaucoup de gens visitent cette ville fabuleuse uniquement pour faire l'expérience de la vie parisienne.

[2] Néanmoins *Nevertheless*
[3] marches *steps*
[4] s'exprime *is expressed*
[5] envahissent *invade*

sept 7

CHAPITRE 1 LES VACANCES

Leçon 1 Culture

Step 1 You may wish to call on individuals to read sections of the **Lecture** aloud. Or, you may wish to read it (or parts of it) to the class as the students follow along in their books. You may also have students read the selection silently and then proceed to the activities.

Step 2 Go over **Activités A** and **B** on page 8.

LEVELING
E: Reading

Learning from Photos
(page 6 top) La Guadeloupe forme avec la Martinique les Antilles françaises un département français d'outre-mer—un DOM. La Guadeloupe est formée de deux îles: Grande-Terre et Basse-Terre où se trouve un volcan actif, La Soufrière.
(page 6 bottom) Montréal est la deuxième ville francophone du monde après Paris.
(page 7) Tombouctou est une ville mystérieuse créée vers le XIe siècle par les Touaregs et longtemps interdite aux étrangers. L'explorateur René Caillié a été le premier français à pénétrer dans la ville en 1828.

ADDITIONAL PRACTICE
You may wish to ask the following questions as students read the information about **l'Afrique**.
1. **Vous vous sentez très aventureux(euse)?**
2. **Vous voudriez visiter Tombouctou?**
3. **Où est-ce?**
4. **Tombouctou est une grande ville?**
5. **De quoi est-elle menacée?**

Critical Thinking Activity
Interpretation Call on students to interpret the meaning of the following: **«Le mystère ne se voit pas. Il se sent. Il s'exprime sans voix.»**

Art Connection
(page 7 bottom) Saint-Paul-de-Vence est un joli village provençal sur la Côte d'Azur pas très loin de Cannes. C'est un centre touristique et artistique. La Fondation Maeght, un musée d'art contemporain, se trouve tout près du village. Une partie du musée est en plein air. On y trouve des œuvres de Chagall, Braque, Derain et Matisse.

7

Tips for additional practice are given throughout the Teacher Wraparound Edition to help you reinforce or expand your lesson.

Connections to different disciplines give you additional interesting information to tell your students.

Help your students feel confident about their language skills

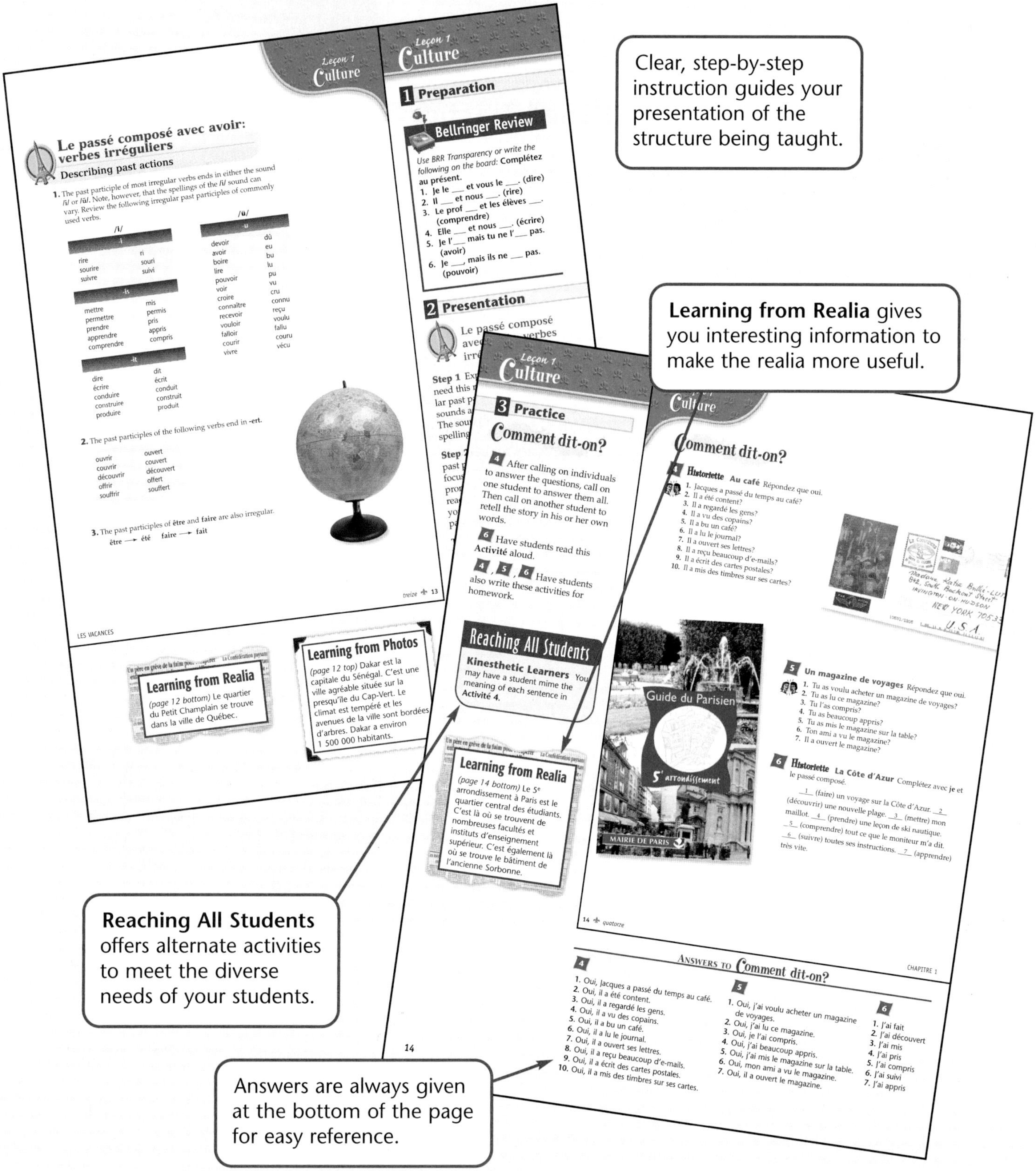

Leçon 1 Culture

Le passé composé avec avoir: verbes irréguliers
Describing past actions

1. The past participle of most irregular verbs ends in either the sound /i/ or /ü/. Note, however, that the spellings of the /i/ sound can vary. Review the following irregular past participles of commonly used verbs.

/i/	
-i	
rire	ri
sourire	souri
suivre	suivi
-is	
mettre	mis
permettre	permis
prendre	pris
apprendre	appris
comprendre	compris
-it	
dire	dit
écrire	écrit
conduire	conduit
construire	construit
produire	produit

/ü/	
-u	
devoir	dû
avoir	eu
boire	bu
lire	lu
pouvoir	pu
voir	vu
croire	cru
connaître	connu
recevoir	reçu
vouloir	voulu
falloir	fallu
courir	couru
vivre	vécu

2. The past participles of the following verbs end in -ert.

ouvrir	ouvert
couvrir	couvert
découvrir	découvert
offrir	offert
souffrir	souffert

3. The past participles of être and faire are also irregular.
être → été faire → fait

treize 13

LES VACANCES

Learning from Realia
(page 12 bottom) Le quartier du Petit Champlain se trouve dans la ville de Québec.

Learning from Photos
(page 12 top) Dakar est la capitale du Sénégal. C'est une ville agréable située sur la presqu'île du Cap-Vert. Le climat est tempéré et les avenues de la ville sont bordées d'arbres. Dakar a environ 1 500 000 habitants.

Leçon 1 Culture

1 Preparation

Bellringer Review
Use BRR Transparency or write the following on the board: **Complétez au présent.**
1. Je le ___ et vous le ___. (dire)
2. Il ___ et nous ___. (rire)
3. Le prof ___ et les élèves ___. (comprendre)
4. Elle ___ et nous ___. (écrire)
5. Je l'___ mais tu ne l'___ pas. (avoir)
6. Je ___, mais ils ne ___ pas. (pouvoir)

2 Presentation
Le passé composé avec ... verbes irré...

Leçon 1 Culture

3 Practice

Comment dit-on?

4 After calling on individuals to answer the questions, call on one student to answer them all. Then call on another student to retell the story in his or her own words.

6 Have students read this Activité aloud.

4, 5, 6 Have students also write these activities for homework.

Reaching All Students
Kinesthetic Learners You may have a student mime the meaning of each sentence in Activité 4.

Learning from Realia
(page 14 bottom) Le 5e arrondissement à Paris est le quartier central des étudiants. C'est là où se trouvent de nombreuses facultés et instituts d'enseignement supérieur. C'est également là où se trouve le bâtiment de l'ancienne Sorbonne.

14

Culture

Comment dit-on?

4 **Historiette Au café** Répondez que oui.
1. Jacques a passé du temps au café?
2. Il a été content?
3. Il a regardé les gens?
4. Il a vu des copains?
5. Il a bu un café?
6. Il a lu le journal?
7. Il a ouvert ses lettres?
8. Il a reçu beaucoup d'e-mails?
9. Il a écrit des cartes postales?
10. Il a mis des timbres sur ses cartes?

5 **Un magazine de voyages** Répondez que oui.
1. Tu as voulu acheter un magazine de voyages?
2. Tu as lu ce magazine?
3. Tu l'as compris?
4. Tu as beaucoup appris?
5. Tu as mis le magazine sur la table?
6. Ton ami a vu le magazine?
7. Il a ouvert le magazine?

6 **Historiette La Côte d'Azur** Complétez avec je et le passé composé.
__1__ (faire) un voyage sur la Côte d'Azur. __2__ (découvrir) une nouvelle plage. __3__ (mettre) mon maillot. __4__ (prendre) une leçon de ski nautique. __5__ (comprendre) tout ce que le moniteur m'a dit. __6__ (suivre) toutes ses instructions. __7__ (apprendre) très vite.

14 quatorze

Answers to Comment dit-on? CHAPITRE 1

4
1. Oui, Jacques a passé du temps au café.
2. Oui, il a été content.
3. Oui, il a regardé les gens.
4. Oui, il a vu des copains.
5. Oui, il a bu un café.
6. Oui, il a lu le journal.
7. Oui, il a ouvert ses lettres.
8. Oui, il a reçu beaucoup d'e-mails.
9. Oui, il a écrit des cartes postales.
10. Oui, il a mis des timbres sur ses cartes.

5
1. Oui, j'ai voulu acheter un magazine de voyages.
2. Oui, j'ai lu ce magazine.
3. Oui, je l'ai compris.
4. Oui, j'ai beaucoup appris.
5. Oui, j'ai mis le magazine sur la table.
6. Oui, mon ami a vu le magazine.
7. Oui, il a ouvert le magazine.

6
1. J'ai fait
2. J'ai découvert
3. J'ai mis
4. J'ai pris
5. J'ai compris
6. J'ai suivi
7. J'ai appris

Clear, step-by-step instruction guides your presentation of the structure being taught.

Learning from Realia gives you interesting information to make the realia more useful.

Reaching All Students offers alternate activities to meet the diverse needs of your students.

Answers are always given at the bottom of the page for easy reference.

Build proficiency in all language skills

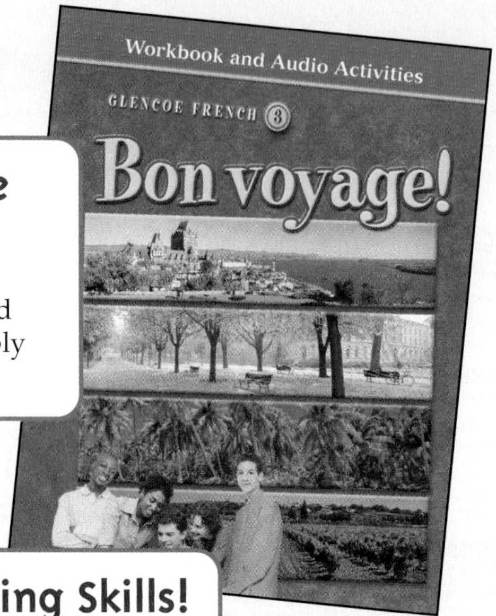

Provide Meaningful and Varied Practice for Your Students!

The **Bon voyage! Workbook** includes numerous activities to reinforce every concept presented in the Student Edition. Varied activities provide several ways for students to practice and apply the material you have presented in class.

Improve Listening and Speaking Skills!

The **Audio CDs** provide recordings of the vocabulary words and some of the activities from the Student Edition as well as new activities to reinforce and expand upon what students have learned. The cultural readings are also recorded. Students may use the Audio Activities sheets to guide them through the **Audio Activities.**

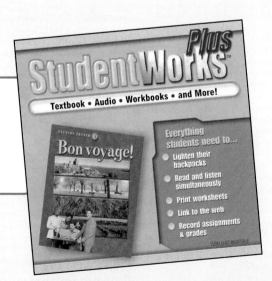

StudentWorks Plus™ Helps Lighten the Load!

StudentWorks Plus™ includes the **Student Edition** and **Workbook and Audio Activities.** This alternative to the textbook is available on CD or online at french.glencoe.com.

Have students learn by interacting in French!

Bon voyage! takes students on a tour through the French-speaking world. Each chapter of the textbook is accompanied by three video segments. The language provides comprehensible input and gives the students opportunities to hear many regionalisms and dialects. **Bon voyage!** is available on VHS and DVD.

Les vacances
Visite de Paris
La Tunisie
Le Mont-Saint-Michel et sa baie

Les jeunes
Sami-Azaiez—un jeune Tunisien
Roulez, jeunesse!
Les conseils de la jeunesse

Les loisirs
La pétanque
Les cafés parisiens
Le carnaval de Québec

Racines et Ethnies
La Bisquine de Bretagne
Réunion de famille au Québec
L'architecture en Tunisie

Les faits divers et la presse
Le Figaro
Les gendarmes
Les femmes tunisiennes: Amina Srarfi

Passages de la vie
Les Triplés
Une famille tunisienne
Le baptême

La santé et la forme
Un sport bien québécois
Le marché de rue
La baguette

Le patrimoine
La tour Eiffel
Le parfum
Le CNRS

Glencoe French Online gives students many opportunities to review, practice, and explore. There are chapter-related activities, online quizzes, and many links to Web sites throughout the vast Francophone world. Go to french.glencoe.com.

Bon voyage! Resources

Save planning time with ancillaries organized and filed by chapter!

We make your life easier by organizing your written resources by chapter in convenient **FastFile Booklets**. The FastFile booklets include several essential resources.

- **Workbook Teacher Edition** In your version of the student workbook answers are provided for all activities.
- **Audio Program Teacher Edition** The Audio Program TE includes the scripts to the audio activities and the answers to the students' activities. The audio activities found on these pages are recorded on the Bon voyage Audio Program CDs.
- **Quizzes** Quizzes are provided to cover every concept taught in each chapter. These quizzes give you immediate feedback about your students' progress.
- **Tests** There are four kinds of tests with each chapter: Reading and Writing, Listening, Speaking, and Proficiency. The Listening Tests are available on CD. You can be sure that you are assessing your students' proficiency in each of the skill areas. In addition, the Reading and Writing Tests are leveled, meaning that there is a separate test for average students and another more challenging test for more able students.

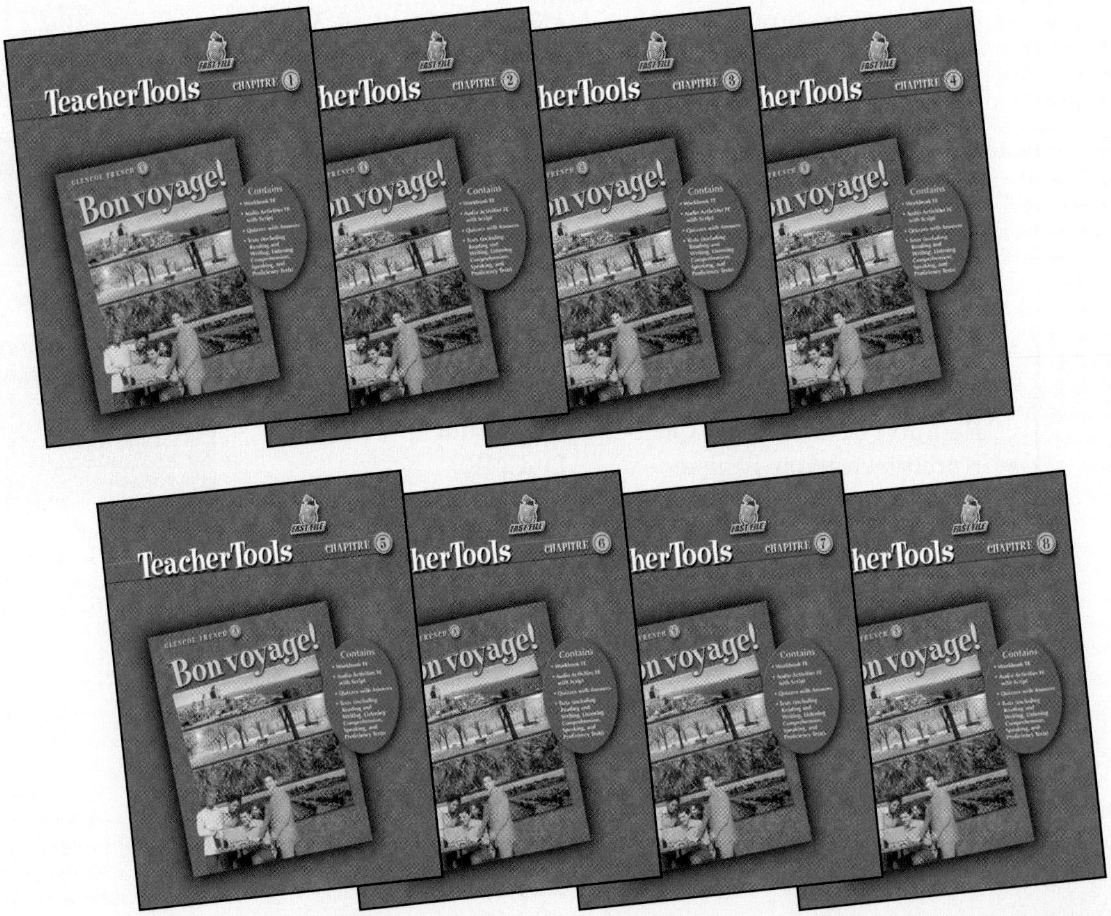

Multimedia resources help you diversify your instruction!

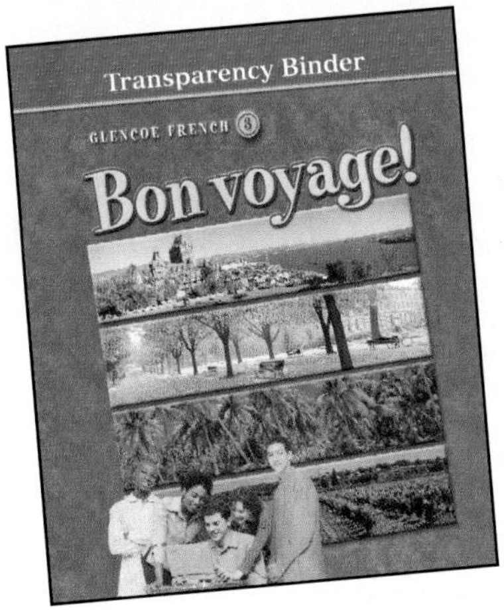

Enhance Your Lessons Visually!

The **Transparency Binder** gives you all the visual support you need to enhance your presentation.

- **Vocabulary** transparencies include the photos and art you see on the Student Edition pages, overlays with the French words, and French/English vocabulary lists for chapter vocabulary.
- **Maps** help you present the Francophone world.
- **Bellringer Review** transparencies provide a quick review activity to begin each class.
- **Assessment** transparencies replicate the Assessment pages of the student text. Assessment Answer transparencies allow you to easily review the answers with your students in class.

Fine Art transparencies are full-color reproductions of the fine art from the text. These transparencies can be used to reinforce the cultural topics introduced in the text and improve your students' awareness of French Fine Art.

The **Vocabulary PuzzleMaker** allows you to create four kinds of puzzles at the touch of a key. The Vocabulary PuzzleMaker includes all the vocabulary introduced in your **Bon voyage!** It is also easy to add your own words to the vocabulary banks.

The **Audio CDs** provide additional practice to reinforce the material presented in **Bon voyage!** Students benefit from hearing a variety of voices from around the entire French-speaking world.

The **Test Program CD** includes the recorded portion for the Listening Tests.

Interactive Chalkboard provides ready-made, customizable PowerPoint presentations with sound, interactive graphics, and video. This presentation tool will help you vary your lessons and reach all students in your classroom.

ExamView®Pro helps you make a test in a matter of minutes by choosing from existing banks of questions, editing them, or creating your own test questions. You can also print several versions of the same test. The clip art bank allows you to create a test using visuals from the text.

TeacherWorks is your all-in-one planner and resource center. This convenient tool will help you reduce the time you spend planning for classes. Simply populate your school year calendar with customizable lesson plans. TeacherWorks will also allow you to easily view your resources without carrying around a heavy bag of books. TeacherWorks provides correlations to standards.

French Names

The following are some French boys' and girls' names that you may wish to give to your students.

Garçons

Ahmed
Alain
Albert
Alexandre
Alexis
Amin
Amir
André
Antoine
Arnaud
Baptiste
Benjamin
Benoît
Bernard
Bertrand
Bruno
Cédric
Charles
Christian
Christophe
Claude
Clément
Daniel
David
Denis
Didier
Dominique
Édouard
Emmanuel
Éric
Étienne
Fabrice
Florian
François
Franck
Frédéric
Georges
Gérard
Gilbert
Gilles
Grégoire
Guillaume
Guy
Henri
Hervé
Hugo
Jacques
Jamal
Jean
Jérôme
Joseph
Julien
Khalil
Laurent
Loïc
Louis
Lucas
Marc
Marcel
Martin
Matthieu
Maxime
Michel
Nicolas
Olivier
Pascal
Patrice
Patrick
Paul
Philippe
Pierre
Quentin
Raoul
Raphaël
Raymond
Rémi
René
Richard
Robert
Roger
Roland
Romain
Sébastien
Serge
Shakir
Stéphane
Sylvain
Théo
Thierry
Thomas
Tristan
Valentin
Victor
Vincent
Xavier
Yann
Yves

Filles

Aïcha
Alice
Anaïs
Andrée
Angèle
Anne
Annick
Antoinette
Arlette
Béatrice
Bénédicte
Bernadette
Brigitte
Camille
Carole
Caroline
Catherine
Cécile
Chantal
Chloé
Christiane
Christine
Clara
Claire
Claude
Claudine
Colette
Corinne
Danielle
Denise
Diane
Dominique
Dorothée
Élisabeth
Émilie
Emma
Ève
Évelyne
Fayza
Florence
Francine
Françoise
Gabrielle
Geneviève
Halima
Hélène
Inès
Irène
Isabelle
Jacqueline
Janine
Jeanne
Julie
Juliette
Justine
Latifa
Laura
Laure
Laurence
Léa
Liliane
Lise
Louise
Lucie
Madeleine
Magali
Manon
Marguerite
Marianne
Marie
Marine
Martine
Maryse
Mathilde
Michèle
Mireille
Monique
Morgane
Nadine
Nathalie
Nicole
Océane
Odile
Pascale
Patricia
Pauline
Renée
Sabine
Sandrine
Sarah
Simone
Solange
Sophie
Stéphanie
Suzanne
Sylvie
Thérèse
Valérie
Véronique
Virginie
Yasmin
Zahra

Classroom Expressions

Below is a list of words and expressions frequently used when conducting a French class.

du papier	paper
une feuille de papier	sheet of paper
un cahier	notebook
un cahier d'exercices	workbook
un stylo	pen
un stylo-bille	ballpoint pen
un crayon	pencil
une gomme	(pencil) eraser
une craie	chalk
le tableau	chalkboard
une brosse	chalkboard eraser
la corbeille	wastebasket
un pupitre	desk
un rang	row
une chaise	chair
un écran	screen
un projecteur	projector
une cassette	cassette
un livre	book
une règle	ruler
un ordinateur	computer
une vidéo	video
un CD	CD
un DVD	DVD

Viens.	**Venez.**	Come.
Va.	**Allez.**	Go.
Entre.	**Entrez.**	Enter.
Sors.	**Sortez.**	Leave.
Attends.	**Attendez.**	Wait.
Mets.	**Mettez.**	Put.
Donne-moi.	**Donnez-moi.**	Give me.
Dis-moi.	**Dites-moi.**	Tell me.
Apporte-moi.	**Apportez-moi.**	Bring me.
Répète.	**Répétez.**	Repeat.
Pratique.	**Pratiquez.**	Practice.
Étudie.	**Étudiez.**	Study.
Réponds.	**Répondez.**	Answer.
Apprends.	**Apprenez.**	Learn.
Choisis.	**Choisissez.**	Choose.
Prépare.	**Préparez.**	Prepare.
Regarde.	**Regardez.**	Look at.
Décris.	**Décrivez.**	Describe.
Commence.	**Commencez.**	Begin.
Prononce.	**Prononcez.**	Pronounce.
Écoute.	**Écoutez.**	Listen.
Parle.	**Parlez.**	Speak.
Lis.	**Lisez.**	Read.
Écris.	**Écrivez.**	Write.
Demande.	**Demandez.**	Ask.
Suis le modèle.	**Suivez le modèle.**	Follow the model.
Joue le rôle de...	**Jouez le rôle de...**	Take the part of . . .
Prends.	**Prenez.**	Take.
Ouvre.	**Ouvrez.**	Open.
Ferme.	**Fermez.**	Close.
Tourne la page.	**Tournez la page.**	Turn the page.
Efface.	**Effacez.**	Erase.
Continue.	**Continuez.**	Continue.
Assieds-toi.	**Asseyez-vous.**	Sit down.
Lève-toi.	**Levez-vous.**	Get up.
Lève la main.	**Levez la main.**	Raise your hand.
Tais-toi.	**Taisez-vous.**	Be quiet.
Fais attention.	**Faites attention.**	Pay attenion.

Attention.	Attention.
Attention, s'il vous plaît.	Your attention please.
Silence.	Quiet.
Encore.	Again.
Encore une fois.	Once again.
Un à un.	One at a time.
Tous ensemble.	All together.
À haute voix.	Out loud.
Plus haut, s'il vous plaît.	Louder, please.
En français.	In French.
En anglais.	In English.

Standards for Foreign Language Learning

Bon voyage! has been written to help you meet the Standards for Foreign Language Learning as set forth by ACTFL. The focus of the text is to provide students with the skills they need to create language for communication. Culture is integrated throughout the text, from the basic introduction of vocabulary to the photographic contributions of the National Geographic Society. Special attention has been given to meeting the standard of Connections with a reading in French in each chapter about another discipline. Linguistic and cultural comparisons are made throughout the text. Suggestions are made for activities that encourage students to use their language skills in their immediate community and more distant ones. Students who complete the **Bon voyage!** series are prepared to participate in the French-speaking world.

Specific correlations to each chapter are provided on the teacher pages preceeding each chapter.

Communication

Communicate in Languages Other than English	**Standard 1.1**	Students engage in conversations, provide and obtain information, express feelings and emotions, and exchange opinions.
	Standard 1.2	Students understand and interpret written and spoken language on a variety of topics.
	Standard 1.3	Students present information, concepts, and ideas to an audience of listeners or readers on a variety of topics.

Cultures

Gain Knowledge and Understanding of Other Cultures	**Standard 2.1**	Students demonstrate an understanding of the relationship between the practices and perspectives of the culture studied.
	Standard 2.2	Students demonstrate an understanding of the relationship between the products and perspectives of the culture studied.

Connections

Connect with Other Disciplines and Acquire Information	**Standard 3.1**	Students reinforce and further their knowledge of other disciplines through the foreign language.
	Standard 3.2	Students acquire information and recognize the distinctive viewpoints that are only available through the foreign language and its cultures.

Comparisons

Develop Insight into the Nature of Language and Culture	**Standard 4.1**	Students demonstrate understanding of the nature of language through comparisons of language studied and their own.
	Standard 4.2	Students demonstrate understanding of the concept of culture through comparisons of the cultures studied and their own.

Communities

Participate in Multilingual Communities at Home and Around the World	**Standard 5.1**	Students use the language both within and beyond the school setting.
	Standard 5.2	Students show evidence of becoming life-long learners by using the language for personal enjoyment and enrichment.

GLENCOE FRENCH 3

Bon voyage!

Conrad J. Schmitt • Katia Brillié Lutz

McGraw Hill Glencoe

New York, New York   Columbus, Ohio   Chicago, Illinois   Peoria, Illinois   Woodland Hills, California

About the Authors

Conrad J. Schmitt

Conrad J. Schmitt received his B.A. degree magna cum laude from Montclair State University. He received his M.A. from Middlebury College. He did additional graduate work at New York University.

Mr. Schmitt has taught Spanish and French at all levels—from elementary school to university graduate courses. He served as Coordinator of Foreign Languages for the Hackensack, New Jersey, Public Schools. He also taught Methods of Teaching a Foreign Language at the Graduate School of Education, Rutgers University. Mr. Schmitt was Editor-in-Chief of Foreign Languages and ESL/EFL materials for the School Division of McGraw-Hill and McGraw-Hill International Book Company.

Mr. Schmitt has authored or co-authored more than one hundred books, all published by Glencoe/McGraw-Hill or by McGraw-Hill. He has addressed teacher groups and given workshops in all states of the United States and has lectured and presented seminars throughout the Far East, Latin America, and Canada. In addition, Mr. Schmitt has traveled extensively throughout France, French-speaking Canada, North Africa, French-speaking West Africa, the French Antilles, and Haiti.

Katia Brillié Lutz

Katia Brillié Lutz has her **Baccalauréat** in Mathematics and Science from the Lycée Molière in Paris and her **Licence ès Lettres** in languages from the Sorbonne. She was a Fulbright scholar at Mount Holyoke College.

Ms. Lutz has taught French language at Yale University and French language and literature at Southern Connecticut State College. She also taught French at the United Nations in New York City.

Ms. Lutz was Executive Editor of French at Macmillan Publishing Company. She also served as Senior Editor at Harcourt Brace Jovanovich and Holt Rinehart and Winston. She was a news translator and announcer for the BBC Overseas Language Services in London.

Ms. Lutz is the author of many language textbooks at all levels of instruction.

Glencoe

The McGraw·Hill Companies

Send all inquiries to:
Glencoe/McGraw-Hill
8787 Orion Place
Columbus, Ohio 43240-4027

ISBN: 0-07-860661-6 *(Student Edition)*
ISBN: 0-07-865680-X *(Teacher Wraparound Edition)*

Printed in the United States of America.

4 5 6 7 8 9 10 058/055 09 08 07 06

For the Parent or Guardian

We are excited that your child has decided to study French. Foreign language study provides many benefits for students in addition to the ability to communicate in another language. Students who study another language improve their first language skills. They become more aware of the world around them and they learn to appreciate diversity.

You can help your child be successful in his or her study of French even if you are not familiar with that language. Encourage your child to talk to you about the places where French is spoken. Engage in conversations about current events in those places. The section of their Glencoe French book called **Le monde francophone** on pages xxiii–xxxvii may serve as a reference for you and your child. In addition, you will find information about the geography of the French-speaking world and links to foreign newspapers at **french.glencoe.com.**

The methodology employed in the Glencoe French books is logical and leads students step by step through their study of the language. Consistent instruction and practice are essential for learning a foreign language. You can help by encouraging your child to review vocabulary each day. If you have Internet access, encourage your child to practice using the activities, games, and practice quizzes at **french.glencoe.com.**

Bon voyage!

La francophonie

CHAPITRE 1 Les vacances

Objectifs

In this chapter you will:

- ✔ *learn about the travel habits of the French and about tourism in France*
- ✔ *review how to get the information you need in different travel situations*
- ✔ *review how to describe past actions*
- ✔ *read and discuss newspaper and magazine articles about weather in France and travel to Tunisia*
- ✔ *review how to talk about actions that may or may not take place; how to express wishes, preferences, necessity, or possibility*

CHAPITRE 1 *(suite)*

CHAPITRE 2 Les jeunes

Objectifs

In this chapter you will:

- ✔ *read about the everyday life of young French people*
- ✔ *review how to ask questions formally and informally*
- ✔ *read about shopping and how marketing affects young French adults*
- ✔ *read articles about* **verlan** *and the equality of men and women in France*
- ✔ *review how to make sentences negative and how to describe things in the past*
- ✔ *learn how to express wishes, preferences, and demands and to express actions that may or may not take place*

CHAPITRE 2
(suite)

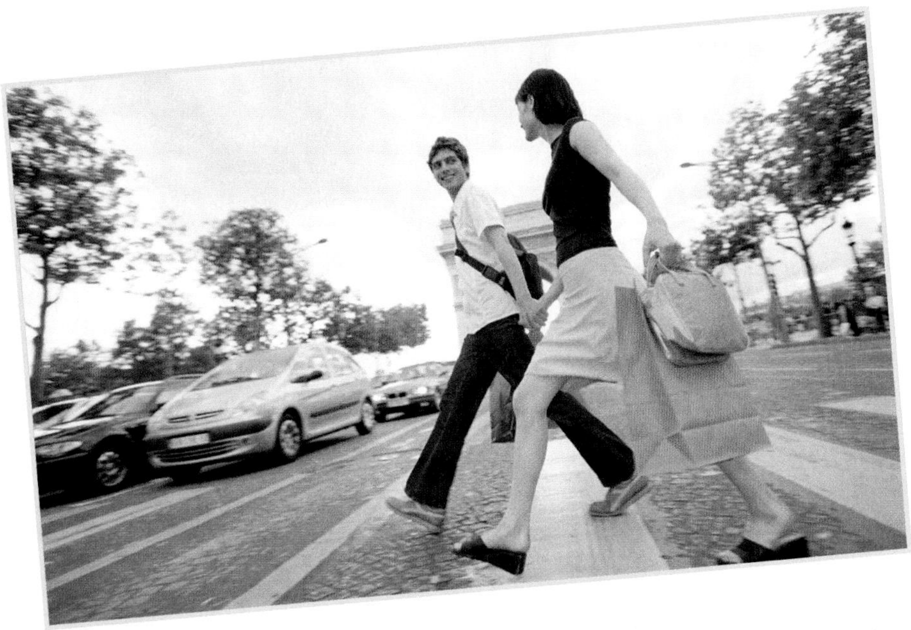

CHAPITRE 3 Les loisirs

Objectifs

In this chapter you will:

- ✔ *learn what leisure activities French people of different ages enjoy*
- ✔ *learn about some leisure activities such as attending a play, including buying the ticket and discussing the play afterwards*
- ✔ *review how to talk about actions in the past and how to compare people and things*
- ✔ *read and discuss articles about two young singers from Guadeloupe and about helpful leisure activities*
- ✔ *review how to express emotional reactions to others, and to express uncertainty, uniqueness, and emotions or opinions about past events*

CHAPITRE 3
(suite)

Leçon 3 ✤ Journalisme

Que Sera...
Céramique Café
Terrasse ensoleillée
Venez créer votre poterie
tout en dégustant nos plats savoureux !
7, boul. René-Lévesque Ouest, Québec 523-6655

CHAPITRE 4 Racines et Ethnies

Objectifs

In this chapter you will:

- ✔ *read about the culture and customs of the North and West African countries*
- ✔ *read and discuss articles about Léopold Senghor and about the Touareg people*
- ✔ *review prepositions with geographical names; refer to things already mentioned; and say what you and other people will do or might do*
- ✔ *learn how to express uncertainty and doubt and how to use certain time expressions*

CHAPITRE 4
(suite)

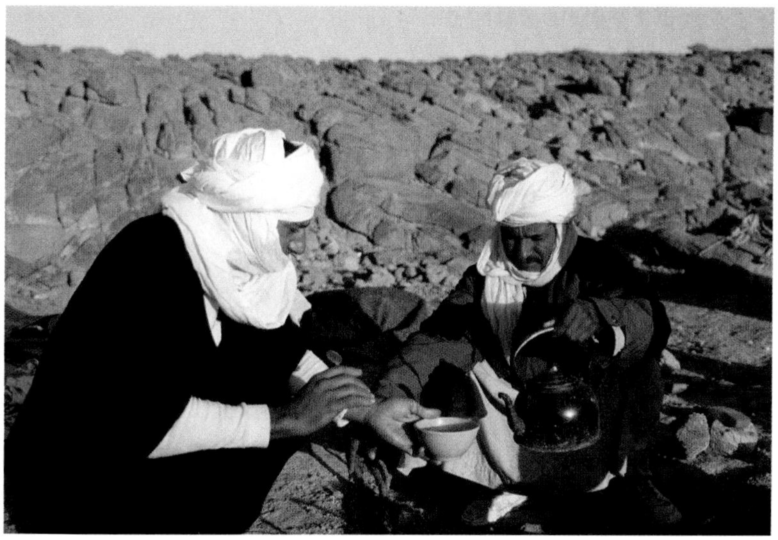

CHAPITRE 5 Les faits divers et la presse

Objectifs

In this chapter you will:

- ✔ *learn about social problems, petty crimes; newspapers and other media in France*
- ✔ *review how to tell what you do for others and what others do for you*
- ✔ *review how to refer to people and things already mentioned*
- ✔ *learn how to use the subjunctive after certain conjunctions*
- ✔ *read and discuss several newspaper headlines and articles from local papers*

CHAPITRE 5
(suite)

CHAPITRE 6 Passages de la vie

Objectifs

In this chapter you will:

- ✔ *learn about the rites of passage from birth to death and the French customs that accompany them*
- ✔ *review how to express* **some** *and* **any***, refer to things already mentioned, and express* **who, whom, which,** *and* **that.**
- ✔ *learn how to express* **of which** *and* **whose***, to talk about past actions that precede other past actions, to express what would have happened if certain conditions had prevailed, and to express conditions*
- ✔ *read an article about a senior citizen center that doubles as a day care; read the social and obituary pages of a French newspaper*

CHAPITRE 6 *(suite)*

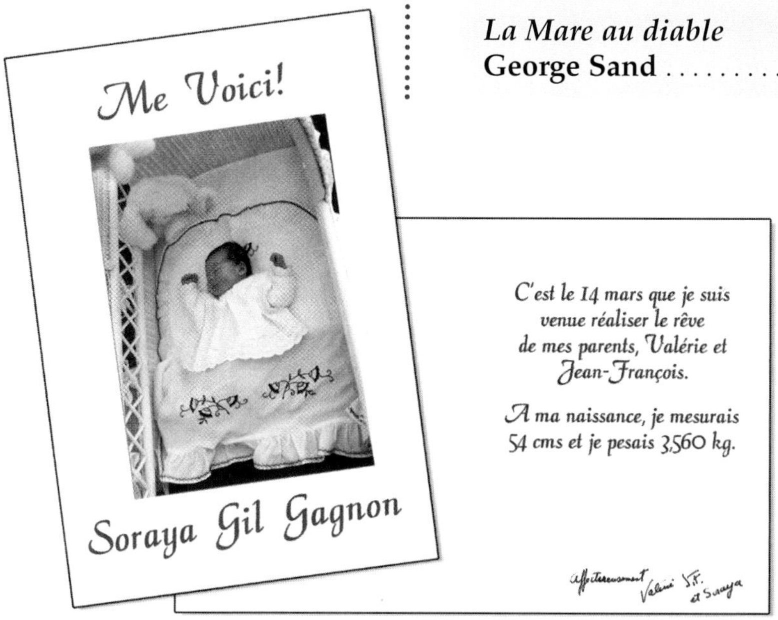

Me Voici!
Soraya Gil Gagnon
C'est le 14 mars que je suis venue réaliser le rêve de mes parents, Valérie et Jean-François.
A ma naissance, je mesurais 54 cms et je pesais 3,560 kg.

CHAPITRE 7 La santé et la forme

Objectifs

In this chapter you will:

- ✔ *learn how the French stay healthy*
- ✔ *learn about keeping in shape and eating well*
- ✔ *read about sound, noise pollution, and proper ear protection; and what time of the day is best for which sports*
- ✔ *review how to tell what people do or did for themselves and for each other*
- ✔ *review how to ask* **who, whom,** *and* **what**
- ✔ *learn how to express* **which one, this one, that one, these,** *and* **those,** *and how to tell what belongs to you and to others*

CHAPITRE 7
(suite)

SAMBUGUARD®
Pour enrayer la grippe
Dr.Dünner
sambu Guard
Prenez-le dès les premiers indices d'un rhume ou d'une grippe.
Flora
À la fine pointe de la nature
1-800-363-9542 • www.florahealth.com

Leçon 3 ✤ Journalisme

CHAPITRE 8 Le patrimoine

Objectifs

In this chapter you will:

- ✔ *learn about French heritage—French monuments, museums, and important achievements*
- ✔ *learn about modern French monuments like the Grande Arche*
- ✔ *review how to tell what you and others have people do for you*
- ✔ *review how to express actions that occurred prior to other actions*
- ✔ *learn how to form complex sentences*
- ✔ *learn how to tell what you and others will do before a future event and how to talk about two related actions*
- ✔ *read about the mystery surrounding Napoleon's death and about festivals in France*

CHAPITRE 8
(suite)

Literary Companion

Literary Companion

Handbook

Guide to Symbols

Throughout **Bon voyage!** you will see these symbols, or icons. They will tell you how to best use the particular part of the chapter or activity they accompany. Following is a key to help you understand these symbols.

Audio Link This icon indicates material in the chapter that is recorded on compact disk format.

Recycling This icon indicates sections that review previously introduced material.

Paired Activity This icon indicates sections that you can read aloud and practice together in groups of two.

Group Activity This icon indicates sections that you can read aloud and practice together in groups of three or more.

Literary Companion This icon appears at the end of each chapter to let you know that there are literature selection(s) that accompany each chapter.

Le monde francophone

C'est le géographe français Onésime Reclus qui a inventé le mot «francophonie» en 1880 pour désigner des entités géographiques où l'on parle français. De nos jours, le terme «francophonie» décrit un ensemble de plus de 100 millions de personnes qui utilisent le français, soit exclusivement, soit en plus d'une autre langue. Le terme «francophonie» s'applique à diverses organisations officielles, gouvernements ou pays qui encouragent l'utilisation du français dans les échanges économiques, politiques, diplomatiques et culturels.

Sur le plan politique, le français est la deuxième langue en importance dans le monde. Dans certains pays francophones, le français est la langue officielle (en France), ou coofficielle (au Cameroun); dans d'autres pays, le français est parlé par une minorité qui a un héritage culturel en commun (en Andorre). On parle français en Europe, en Afrique, en Amérique et en Océanie.

xxiii

Le monde

LE MONDE FRANCOPHONE

Le monde

Les régions en couleur font partie du vaste monde francophone.

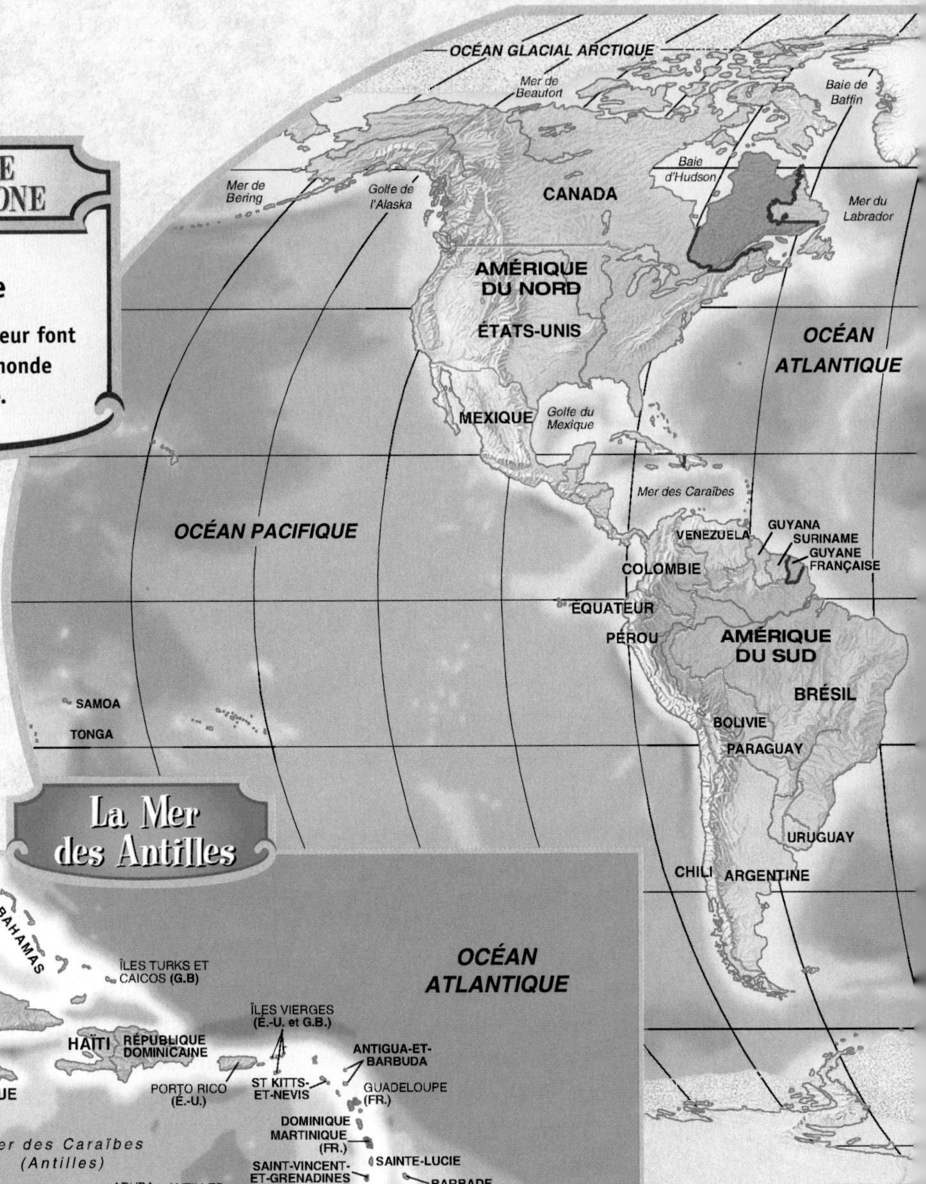

La Mer des Antilles

xxiv

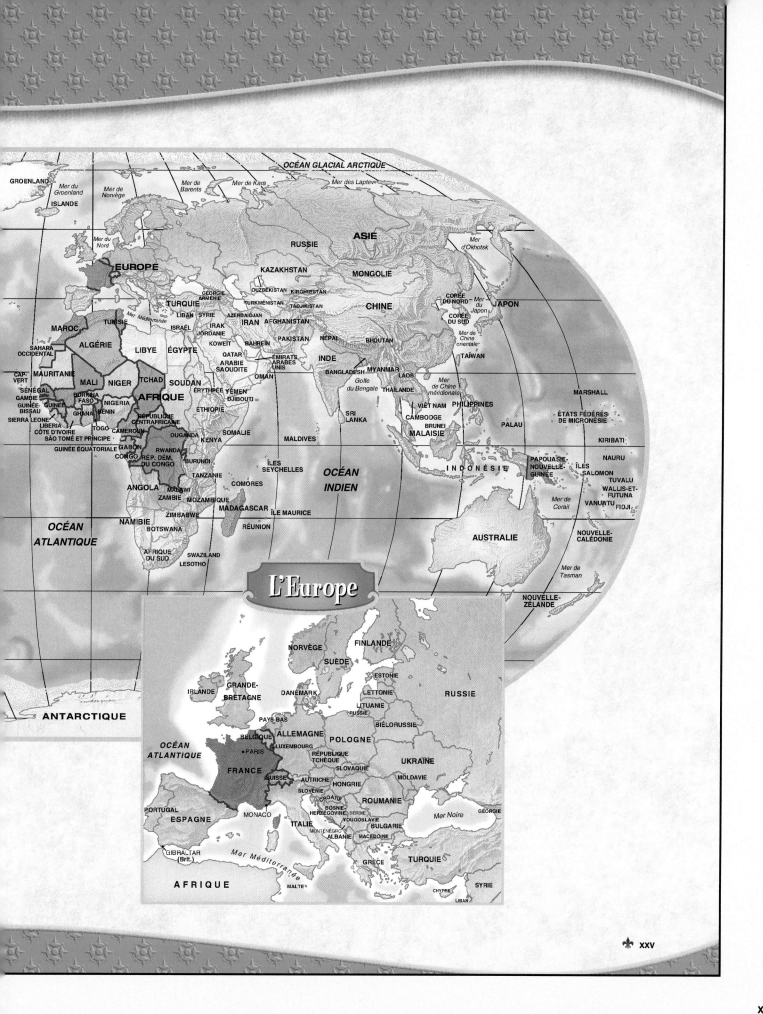

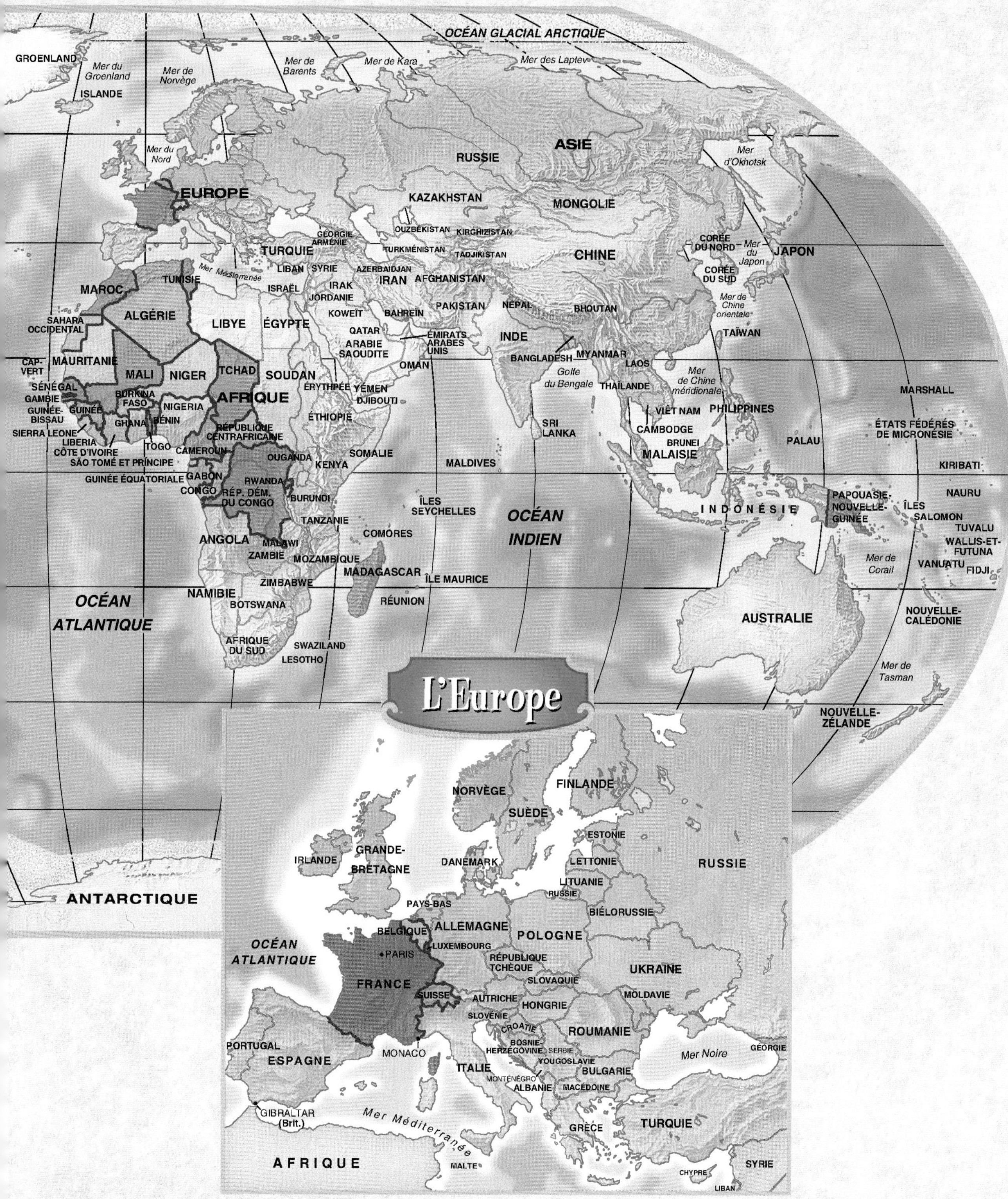
OCÉAN GLACIAL ARCTIQUE
GROENLAND
Mer du Groenland
ISLANDE
Mer de Norvège
Mer de Barents
Mer de Kara
Mer des Laptev
Mer du Nord
EUROPE
RUSSIE
ASIE
Mer d'Okhotsk
KAZAKHSTAN
MONGOLIE
OUZBÉKISTAN
KIRGHIZISTAN
GÉORGIE
ARMÉNIE
TURKMÉNISTAN
TADJIKISTAN
TURQUIE
CHINE
CORÉE DU NORD
Mer du Japon
JAPON
CORÉE DU SUD
Mer. Méditerranée
LIBAN
SYRIE
AZERBAÏDJAN
IRAN
AFGHANISTAN
TUNISIE
ISRAËL
IRAK
JORDANIE
MAROC
ALGÉRIE
LIBYE
ÉGYPTE
KOWEÏT
BAHREÏN
PAKISTAN
NÉPAL
BHOUTAN
Mer de Chine orientale
TAÏWAN
SAHARA OCCIDENTAL
QATAR
ARABIE SAOUDITE
ÉMIRATS ARABES UNIS
INDE
BANGLADESH
MYANMAR
OMAN
LAOS
CAP-VERT
MAURITANIE
MALI
NIGER
TCHAD
SOUDAN
Golfe du Bengale
Mer de Chine méridionale
THAÏLANDE
SÉNÉGAL
GAMBIE
GUINÉE-BISSAU
GUINÉE
SIERRA LEONE
BURKINA FASO
NIGERIA
AFRIQUE
ÉRYTHRÉE
YÉMEN
DJIBOUTI
MARSHALL
GHANA
BÉNIN
ÉTHIOPIE
VIÊT NAM
PHILIPPINES
LIBERIA
CÔTE D'IVOIRE
TOGO
RÉPUBLIQUE CENTRAFRICAINE
SRI LANKA
CAMBODGE
ÉTATS FÉDÉRÉS DE MICRONÉSIE
SÃO TOMÉ ET PRINCIPE
CAMEROUN
OUGANDA
KENYA
SOMALIE
BRUNEI
MALAISIE
PALAU
GUINÉE ÉQUATORIALE
GABON
RWANDA
MALDIVES
KIRIBATI
CONGO
RÉP. DÉM. DU CONGO
BURUNDI
ÎLES SEYCHELLES
INDONÉSIE
PAPOUASIE-NOUVELLE-GUINÉE
NAURU
ÎLES SALOMON
TANZANIE
OCÉAN INDIEN
TUVALU
ANGOLA
COMORES
MALAWI
WALLIS-ET-FUTUNA
ZAMBIE
MOZAMBIQUE
Mer de Corail
VANUATU
FIDJI
MADAGASCAR
ZIMBABWE
ÎLE MAURICE
NAMIBIE
BOTSWANA
RÉUNION
OCÉAN ATLANTIQUE
AUSTRALIE
NOUVELLE-CALÉDONIE
AFRIQUE DU SUD
SWAZILAND
LESOTHO
Mer de Tasman
NOUVELLE-ZÉLANDE
ANTARCTIQUE
L'Europe
NORVÈGE
FINLANDE
SUÈDE
ESTONIE
IRLANDE
GRANDE-BRETAGNE
DANEMARK
LETTONIE
RUSSIE
LITUANIE
RUSSIE
PAYS-BAS
BIÉLORUSSIE
BELGIQUE
ALLEMAGNE
POLOGNE
OCÉAN ATLANTIQUE
LUXEMBOURG
PARIS
RÉPUBLIQUE TCHÈQUE
UKRAINE
FRANCE
SLOVAQUIE
SUISSE
AUTRICHE
MOLDAVIE
HONGRIE
SLOVÉNIE
CROATIE
ROUMANIE
BOSNIE-HERZÉGOVINE
SERBIE
PORTUGAL
MONACO
Mer Noire
GÉORGIE
ESPAGNE
YOUGOSLAVIE
ITALIE
BULGARIE
MONTÉNÉGRO
ALBANIE
MACÉDOINE
GIBRALTAR (Brit.)
Mer Méditerranée
GRÈCE
TURQUIE
AFRIQUE
MALTE
CHYPRE
SYRIE
LIBAN

L'Afrique

Le Bénin

CAPITALE
Porto-Novo
POPULATION
7 041 000 habitants
LE SAVIEZ-VOUS?
Le Bénin a l'un des sites touristiques les plus fréquentés de l'Afrique occidentale: Ganvié, un village de pêcheurs construit sur pilotis (stilts) au milieu d'une lagune, près de la capitale, Porto-Novo.

Le Burkina Faso

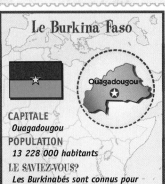

CAPITALE
Ouagadougou
POPULATION
13 228 000 habitants
LE SAVIEZ-VOUS?
Les Burkinabés sont connus pour leur hospitalité. Les habitants des villages sont très accueillants et invitent volontiers les étrangers à vivre chez eux et à participer à la vie du village.

Les Comores

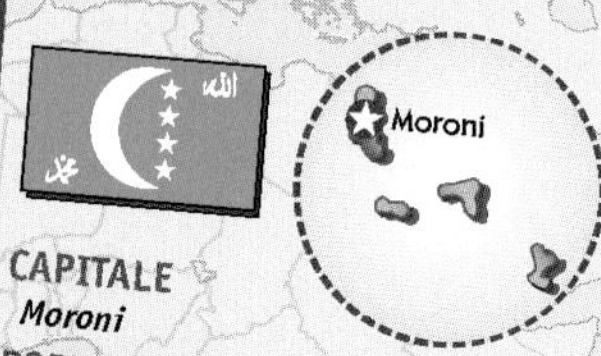

CAPITALE
Moroni
POPULATION
633 000 habitants
LE SAVIEZ-VOUS?
Les Comores sont de superbes îles dans l'océan Indien. Leurs plages sont très belles et sauvages. Ces îles sont parmi les rares régions du monde où règne une beauté parfaite.

Le Burundi

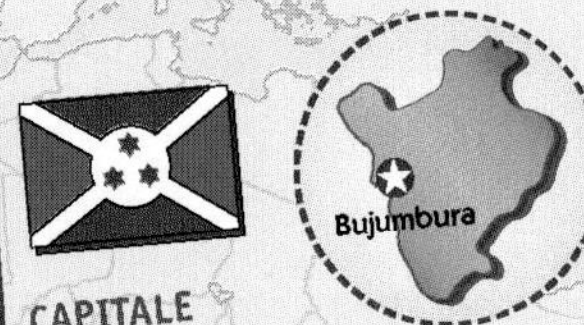

CAPITALE
Bujumbura
POPULATION
6 096 000 habitants
LE SAVIEZ-VOUS?
Le Burundi s'appelle ainsi sous la domination allemande, puis il prend le nom de Burundi-Urundi quand il passe sous le contrôle de la Belgique. Le Burundi devient indépendant en 1962.

Le Cameroun

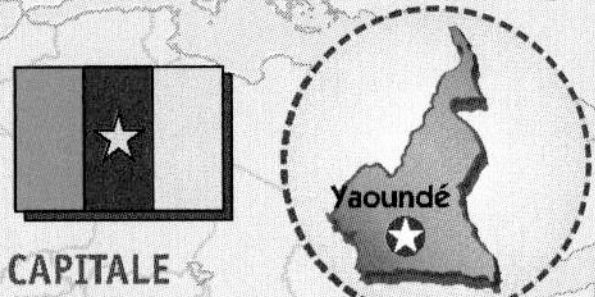

CAPITALE
Yaoundé
POPULATION
15 746 000 habitants
LE SAVIEZ-VOUS?
Le Cameroun est célèbre pour ses paysages extraordinaires: le désert du Sahara, la forêt vierge, la savane, des montagnes volcaniques avec des lacs dans leurs cratères, le lac Tchad et sur l'une des plus hautes montagnes d'Afrique, le mont Cameroun.

L'Algérie

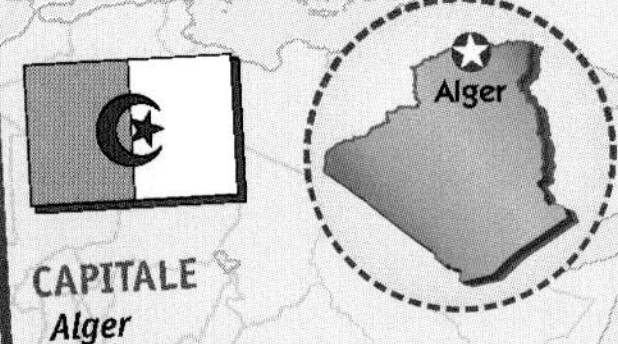

CAPITALE
Alger
POPULATION
32 818 000 habitants
LE SAVIEZ-VOUS?
L'Algérie s'étend sur 2 380 000 km^2, quatre fois la superficie de la France. Le désert du Sahara occupe la plus grande partie de l'Algérie, plus de 2 000 de km^2.

xxvi

La République Centrafricaine

CAPITALE
Bangui

POPULATION
3 684 000 habitants

LE SAVIEZ-VOUS?
La République Centrafricaine (la RCA) exporte deux ressources très précieuses: l'or et les diamants.

Le Gabon

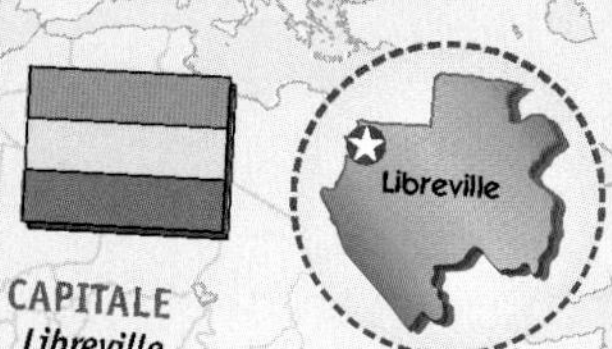

CAPITALE
Libreville

POPULATION
1 322 000 habitants

LE SAVIEZ-VOUS?
La forêt couvre plus des trois-quarts du territoire gabonais. La capitale s'appelle Libreville parce qu'elle a été fondée par des missionnaires catholiques pour accueillir d'anciens esclaves devenus libres.

La Guinée

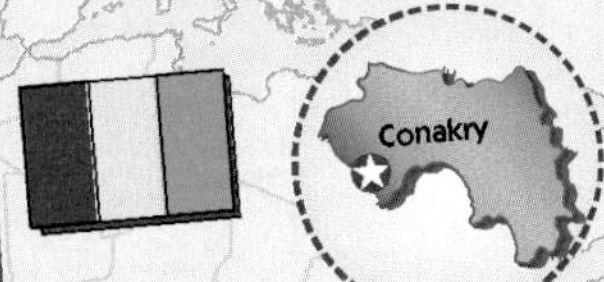

CAPITALE
Conakry

POPULATION
9 030 000 habitants

LE SAVIEZ-VOUS?
La Guinée a une tradition musicale très forte. Tous les soirs, dans les rues de Conakry, il y a des célébrations musicales de tous genres.

Djibouti

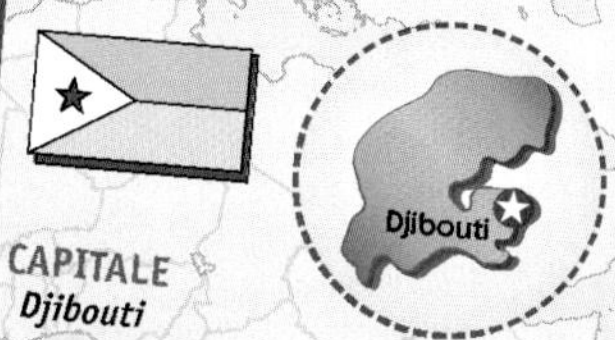

CAPITALE
Djibouti

POPULATION
457 000 habitants

LE SAVIEZ-VOUS?
Djibouti est le nom aussi bien de la république de Djibouti que de la capitale. Djibouti est situé sur le golfe d'Aden, à l'entrée de la mer Rouge et est l'un des ports les plus importants d'Afrique.

La République Populaire du Congo (Le Congo-Brazzaville)

CAPITALE
Brazzaville

POPULATION
2 954 000 habitants

LE SAVIEZ-VOUS?
Soixante-dix pour cent de la population vit à Brazzaville ou le long de la ligne de chemin de fer qui relie la capitale à Pointe-Noire, 400 km plus à l'ouest.

Madagascar

CAPITALE
Antananarivo

POPULATION
16 980 000 habitants

LE SAVIEZ-VOUS?
Madagascar est une île de l'océan Indien. Elle est séparée de l'Afrique par le canal de Mozambique. C'est une île splendide, en partie volcanique.

La République Démocratique du Congo (Le Congo-Kinshasa)

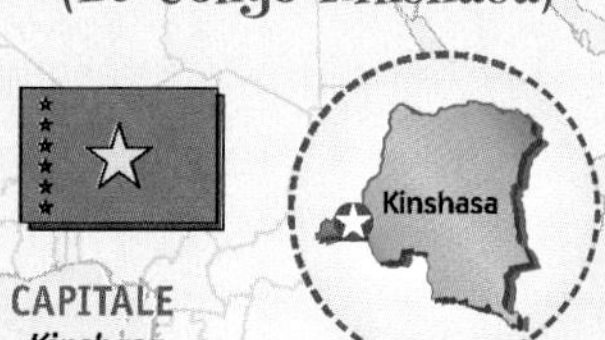

CAPITALE
Kinshasa

POPULATION
56 625 000 habitants

LE SAVIEZ-VOUS?
Au Congo-Kinshasa, il y a environ 250 groupes ethniques. Il y a 5 langues officielles dont le français et plus de 200 langues locales.

La Côte d'Ivoire

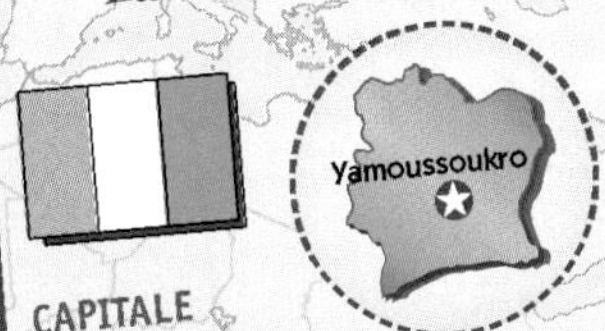

CAPITALE
Yamoussoukro

POPULATION
16 962 000 habitants

LE SAVIEZ-VOUS?
Yamoussoukro est la capitale politique de la Côte d'Ivoire, mais la capitale économique est Abidjan, la ville principale du pays. C'est la ville la plus cosmopolite d'Afrique.

xxvii

L'Île Maurice

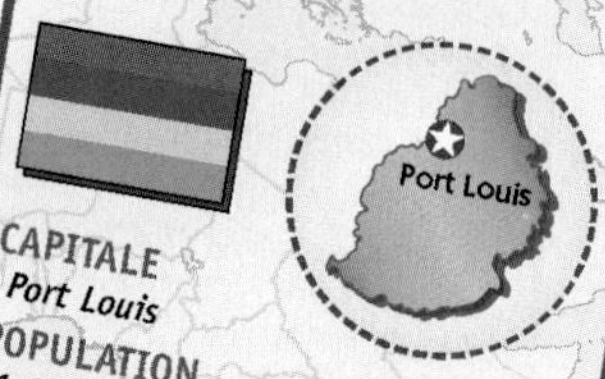

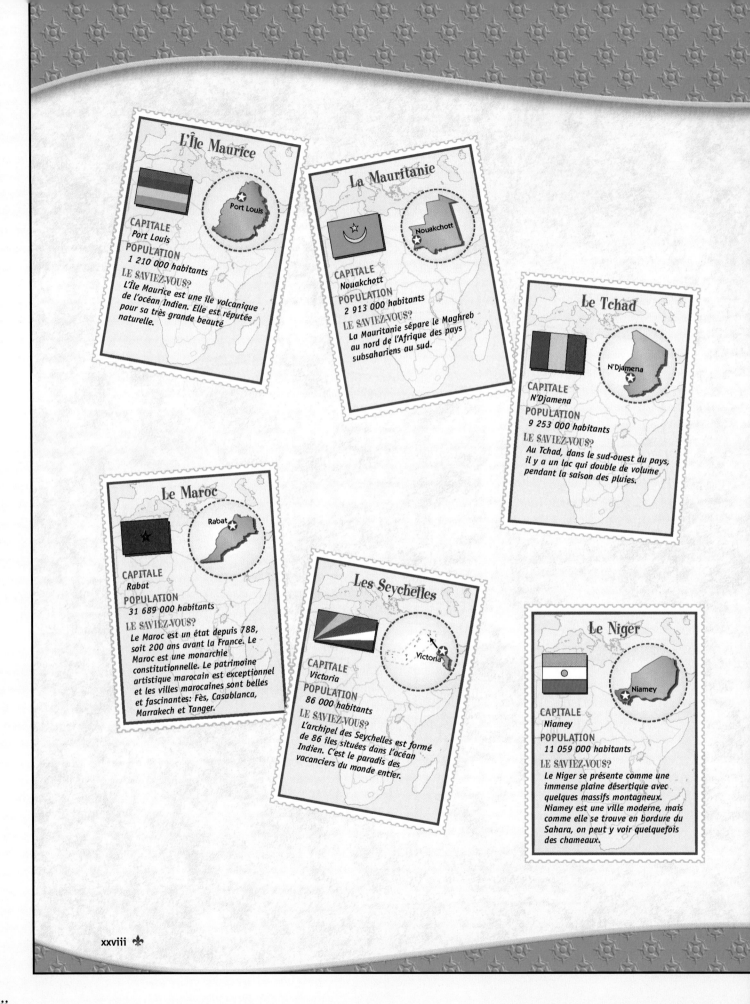

CAPITALE
Port Louis

POPULATION
1 210 000 habitants

LE SAVIEZ-VOUS?
L'Île Maurice est une île volcanique de l'océan Indien. Elle est réputée pour sa très grande beauté naturelle.

La Mauritanie

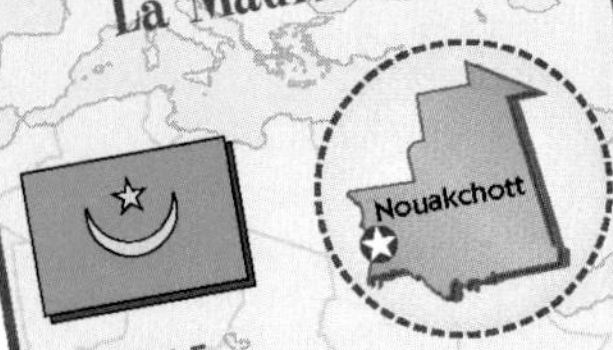

CAPITALE
Nouakchott

POPULATION
2 913 000 habitants

LE SAVIEZ-VOUS?
La Mauritanie sépare le Maghreb au nord de l'Afrique des pays subsahariens au sud.

Le Tchad

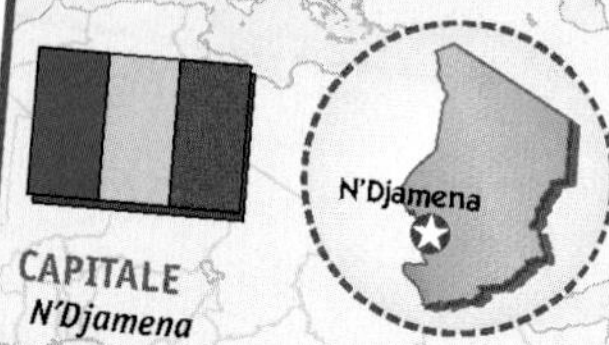

CAPITALE
N'Djamena

POPULATION
9 253 000 habitants

LE SAVIEZ-VOUS?
Au Tchad, dans le sud-ouest du pays, il y a un lac qui double de volume pendant la saison des pluies.

Le Maroc

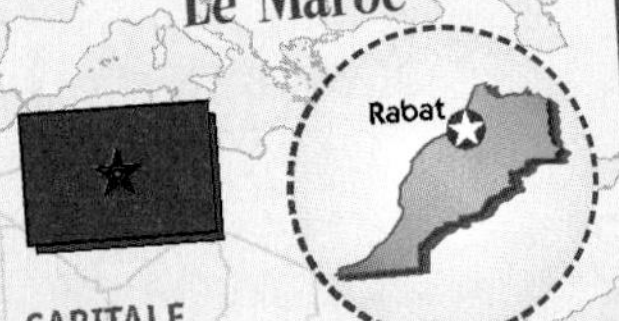

CAPITALE
Rabat

POPULATION
31 689 000 habitants

LE SAVIEZ-VOUS?
Le Maroc est un état depuis 788, soit 200 ans avant la France. Le Maroc est une monarchie constitutionnelle. Le patrimoine artistique marocain est exceptionnel et les villes marocaines sont belles et fascinantes: Fès, Casablanca, Marrakech et Tanger.

Les Seychelles

CAPITALE
Victoria

POPULATION
86 000 habitants

LE SAVIEZ-VOUS?
L'archipel des Seychelles est formé de 86 îles situées dans l'océan Indien. C'est le paradis des vacanciers du monde entier.

Le Niger

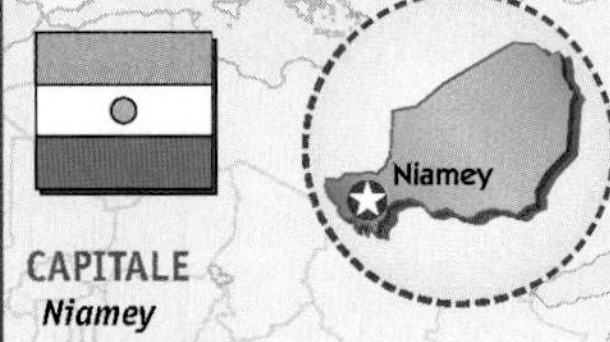

CAPITALE
Niamey

POPULATION
11 059 000 habitants

LE SAVIEZ-VOUS?
Le Niger se présente comme une immense plaine désertique avec quelques massifs montagneux. Niamey est une ville moderne, mais comme elle se trouve en bordure du Sahara, on peut y voir quelquefois des chameaux.

xxviii

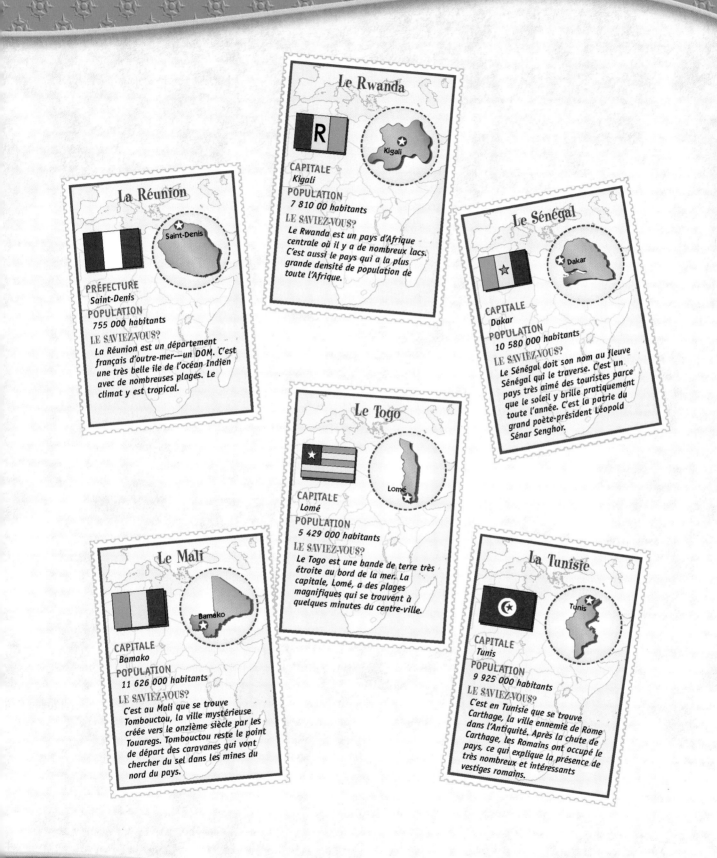

Le Rwanda

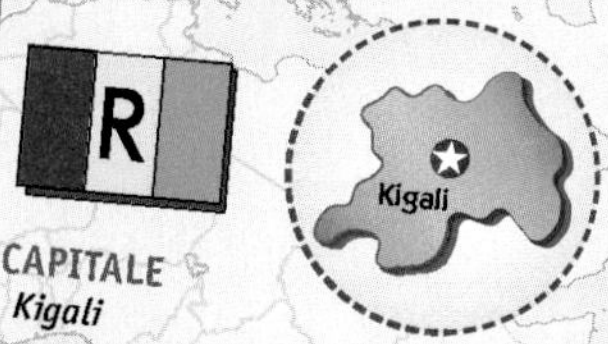

CAPITALE
Kigali

POPULATION
7 810 00 habitants

LE SAVIEZ-VOUS?
Le Rwanda est un pays d'Afrique centrale où il y a de nombreux lacs. C'est aussi le pays qui a la plus grande densité de population de toute l'Afrique.

La Réunion

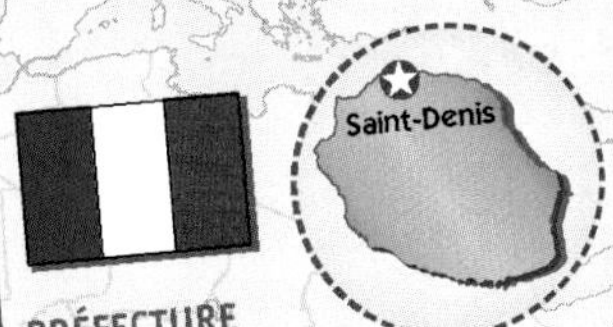

PRÉFECTURE
Saint-Denis

POPULATION
755 000 habitants

LE SAVIEZ-VOUS?
La Réunion est un département français d'outre-mer—un DOM. C'est une très belle île de l'océan Indien avec de nombreuses plages. Le climat y est tropical.

Le Sénégal

CAPITALE
Dakar

POPULATION
10 580 000 habitants

LE SAVIEZ-VOUS?
Le Sénégal doit son nom au fleuve Sénégal qui le traverse. C'est un pays très aimé des touristes parce que le soleil y brille pratiquement toute l'année. C'est la patrie du grand poète-président Léopold Sénar Senghor.

Le Togo

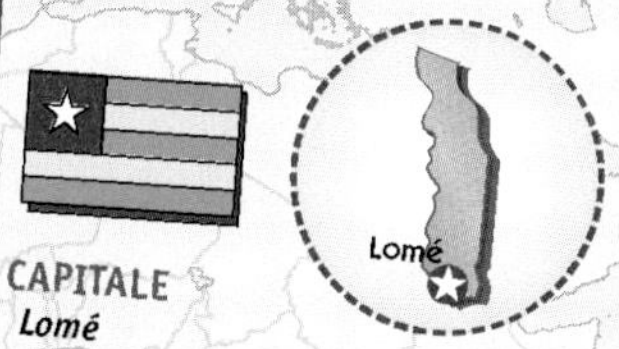

CAPITALE
Lomé

POPULATION
5 429 000 habitants

LE SAVIEZ-VOUS?
Le Togo est une bande de terre très étroite au bord de la mer. La capitale, Lomé, a des plages magnifiques qui se trouvent à quelques minutes du centre-ville.

Le Mali

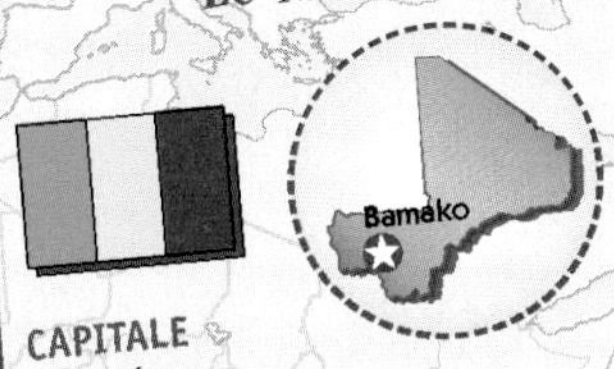

CAPITALE
Bamako

POPULATION
11 626 000 habitants

LE SAVIEZ-VOUS?
C'est au Mali que se trouve Tombouctou, la ville mystérieuse créée vers le onzième siècle par les Touaregs. Tombouctou reste le point de départ des caravanes qui vont chercher du sel dans les mines du nord du pays.

La Tunisie

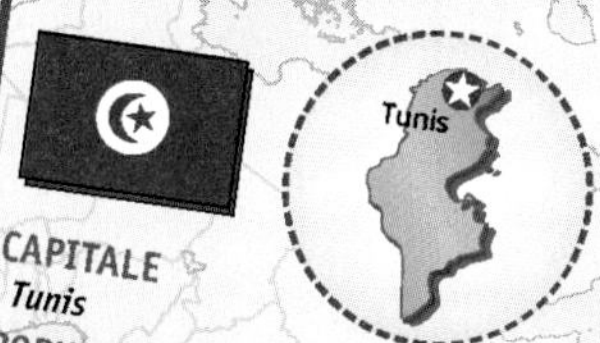

CAPITALE
Tunis

POPULATION
9 925 000 habitants

LE SAVIEZ-VOUS?
C'est en Tunisie que se trouve Carthage, la ville ennemie de Rome dans l'Antiquité. Après la chute de Carthage, les Romains ont occupé le pays, ce qui explique la présence de très nombreux et intéressants vestiges romains.

xxix

L'Amérique du Nord et du Sud

La Guadeloupe

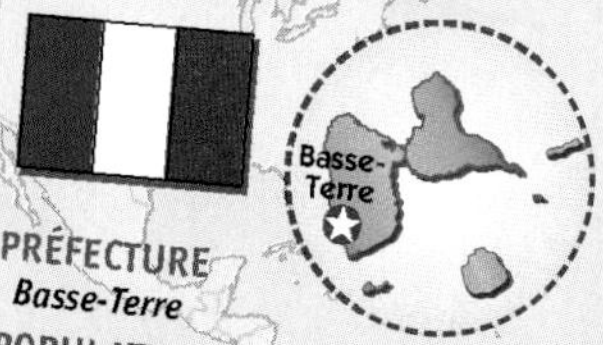

PRÉFECTURE
Basse-Terre

POPULATION
440 000 habitants

LE SAVIEZ-VOUS?
La Guadeloupe forme avec d'autres petites îles des Antilles françaises un département français d'outre-mer—un DOM. La Guadeloupe est formée de deux îles: Grande-Terre et Basse-Terre où se trouve un volcan actif, La Soufrière.

La Guyane française

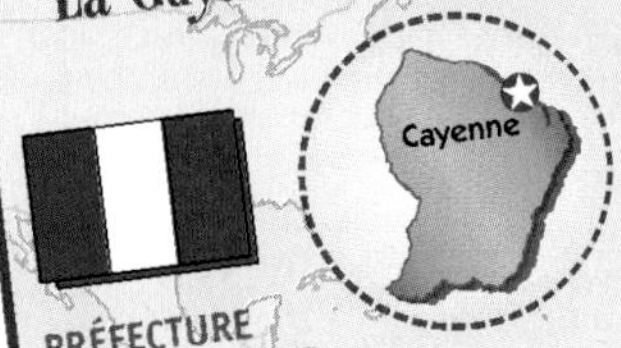

PRÉFECTURE
Cayenne

POPULATION
187 000 habitants

LE SAVIEZ-VOUS?
Situé sur la côte est de l'Amérique du Sud, ce pays est surtout connu pour sa capitale, Cayenne, qui a été longtemps un lieu de déportation pour les condamnés aux travaux forcés. Mais c'est un pays qui mérite une meilleure réputation.

Haïti

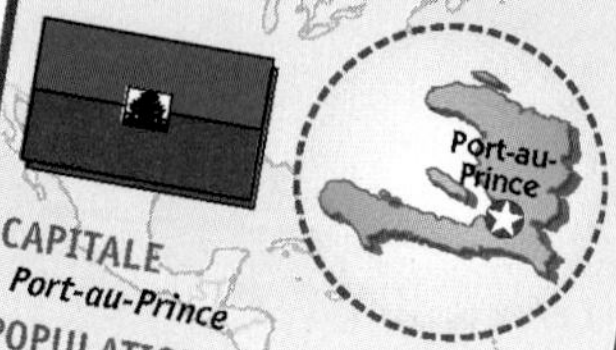

CAPITALE
Port-au-Prince

POPULATION
7 528 000 habitants

LE SAVIEZ-VOUS?
Haïti et la République Dominicaine se partagent l'île d'Hispaniola découverte en 1492 par Christophe Colomb. Haïti est une république indépendante depuis 1804. Les «naïves» peintures haïtiennes sont exposées dans le monde entier.

La province du Québec

CAPITALE
Québec

POPULATION
7 040 000 habitants

LE SAVIEZ-VOUS?
Le Québec est la plus ancienne et la plus grande des provinces du Canada. Environ 90 pour cent des habitants du Québec sont francophones. Montréal est la deuxième ville francophone du monde après Paris.

La Martinique

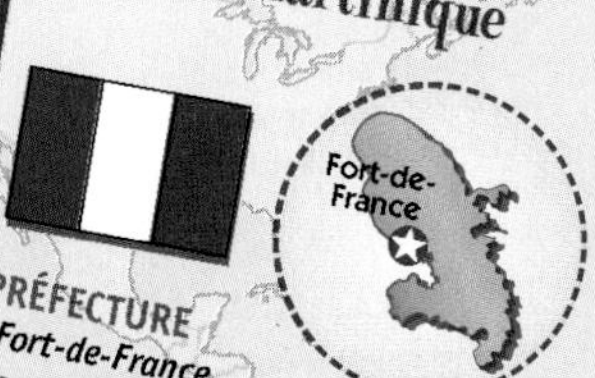

PRÉFECTURE
Fort-de-France

POPULATION
426 000 habitants

LE SAVIEZ-VOUS?
Comme la Guadeloupe, la Martinique est un département français d'outre-mer dans la mer des Caraïbes. C'est un lieu touristique très fréquenté. La Martinique est aussi célèbre pour la beauté de ses fleurs.

Saint-Pierre-et-Miquelon

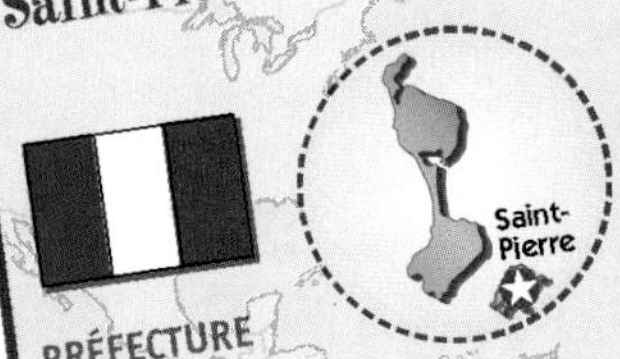

PRÉFECTURE
Saint-Pierre

POPULATION
7 000 habitants

LE SAVIEZ-VOUS?
Saint-Pierre-et-Miquelon sont deux îles qui forment un département français d'outre-mer, le seul en Amérique du Nord. L'économie est fondée essentiellement sur la pêche à la morue (cod).

L'Europe

La principauté d'Andorre

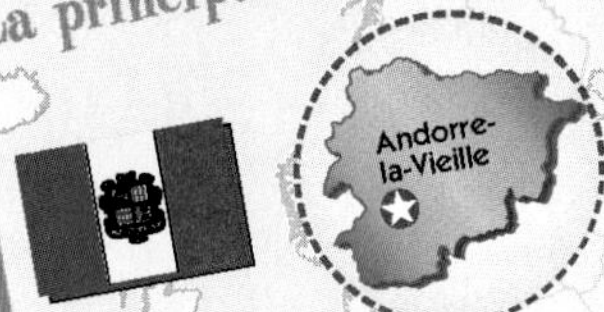

CAPITALE
Andorre-la-Vieille
POPULATION
69 000 habitants
LE SAVIEZ-VOUS?
La principauté d'Andorre est située dans les Pyrénées, entre la France et l'Espagne. Le président de la République française est «coprince d'Andorre» avec l'évêque (bishop) d'Urgel, une ville en Espagne.

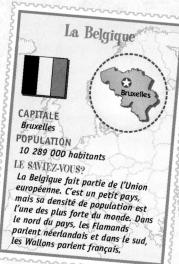

La Belgique

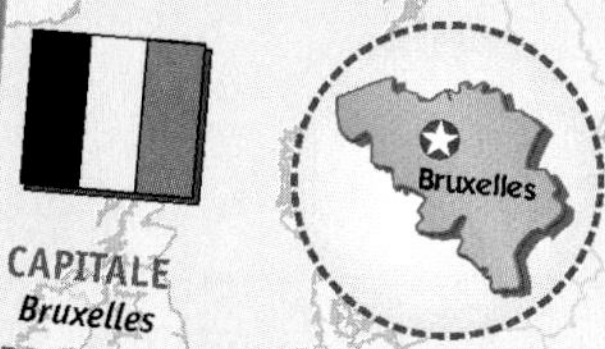

CAPITALE
Bruxelles
POPULATION
10 289 000 habitants
LE SAVIEZ-VOUS?
La Belgique fait partie de l'Union européenne. C'est un petit pays, mais sa densité de population est l'une des plus forte du monde. Dans le nord du pays, les Flamands parlent néerlandais et dans le sud, les Wallons parlent français.

La France

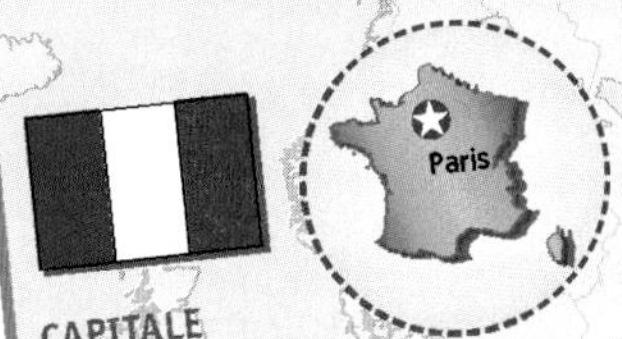

CAPITALE
Paris
POPULATION
60 181 000 habitants
LE SAVIEZ-VOUS?
La France fait partie de l'Union européenne. Elle est connue pour son «savoir-vivre», sa bonne cuisine et ses beaux paysages. Mais c'est aussi un pays très moderne dont la technologie est exportée dans le monde entier.

Le grand-duché de Luxembourg

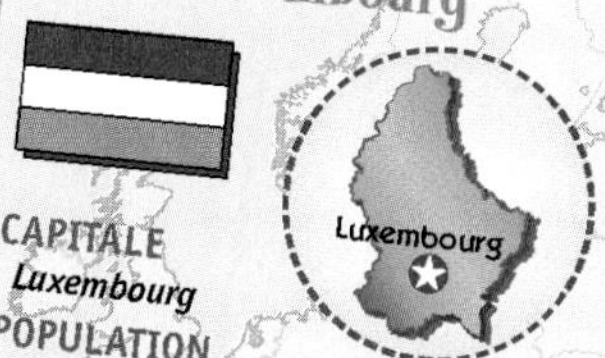

CAPITALE
Luxembourg
POPULATION
454 000 habitants
LE SAVIEZ-VOUS?
Le Luxembourg est plus petit que l'état du Rhode-Island. Les Luxembourgeois parlent français mais aussi allemand. Le Luxembourg fait partie de l'Union européenne.

La principauté de Monaco

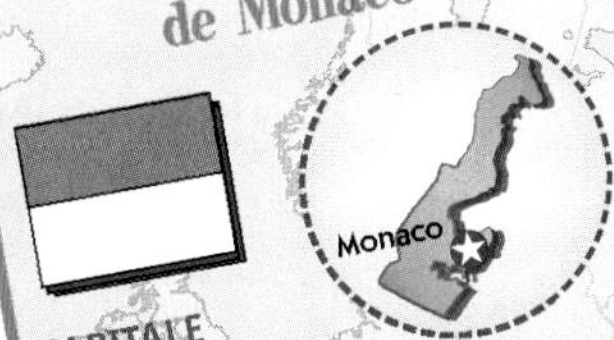

CAPITALE
Monaco
POPULATION
32 000 habitants
LE SAVIEZ-VOUS?
Monaco est l'un des plus petits états souverains du monde. C'est une étroite bande côtière de 3 km de long sur la Méditerranée. L'autre ville importante de la principauté est Monte-Carlo.

La Suisse

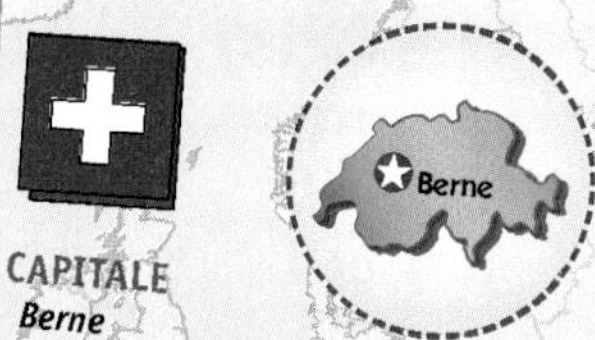

CAPITALE
Berne
POPULATION
7 319 000 habitants
LE SAVIEZ-VOUS?
Il y a quatre langues officielles en Suisse (ou Confédération Helvétique): le français, l'allemand, l'italien et le romanche. Les paysages suisses sont dominés par de majestueuses montagnes et de paisibles lacs.

xxxi

L'Océanie

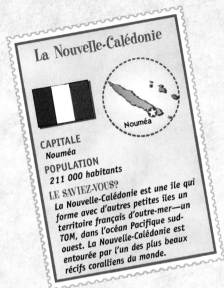

La Nouvelle-Calédonie

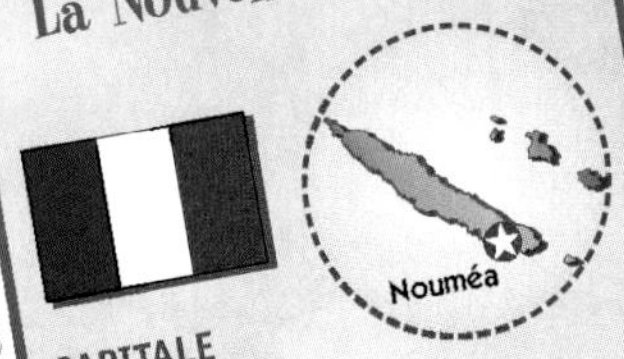

CAPITALE
Nouméa

POPULATION
211 000 habitants

LE SAVIEZ-VOUS?
La Nouvelle-Calédonie est une île qui forme avec d'autres petites îles un territoire français d'outre-mer—un TOM, dans l'océan Pacifique sud-ouest. La Nouvelle-Calédonie est entourée par l'un des plus beaux récifs coralliens du monde.

Vanuatu

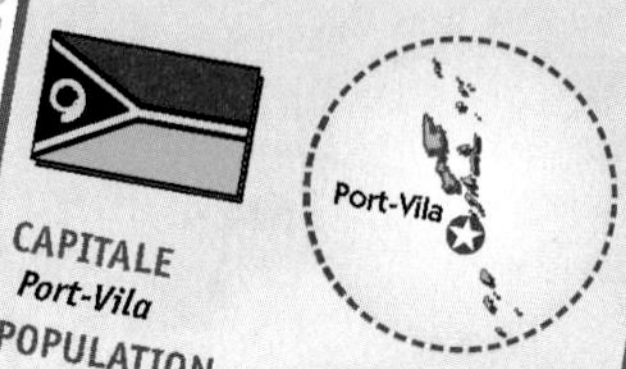

CAPITALE
Port-Vila

POPULATION
199 000 habitants

LE SAVIEZ-VOUS?
La république de Vanuatu est un archipel composé d'environ 40 îles. Le relief des îles est très accidenté: hautes montagnes, plateaux et récifs coralliens sont d'une beauté austère. Certains volcans sont en activité.

La Polynésie française

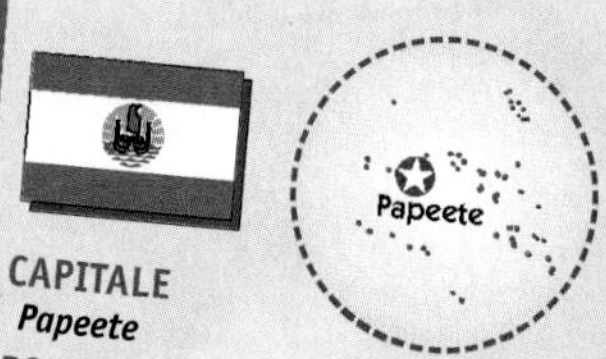

CAPITALE
Papeete

POPULATION
262 000 habitants

LE SAVIEZ-VOUS?
La Polynésie française est un territoire français d'outre-mer—un TOM, qui regroupe environ 130 îles. Les plus connues sont Tahiti, Bora Bora et les îles Marquises.

Wallis-et-Futuna

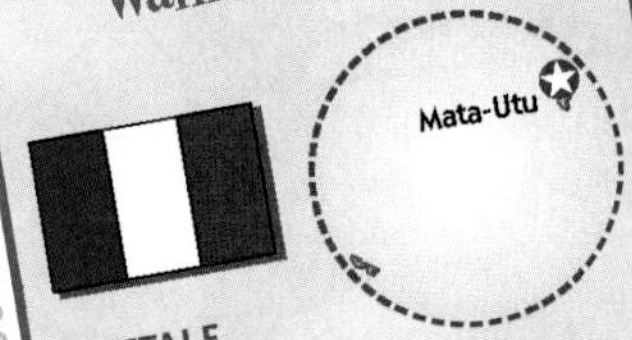

CAPITALE
Mata-Utu

POPULATION
16 000 habitants

LE SAVIEZ-VOUS?
Wallis et Futuna est un archipel en Polynésie qui comprend des îles volcaniques entourées de récifs coralliens. C'est un territoire français d'outre-mer.

xxxii

La France

ANGLETERRE
Mer du Nord
PAYS-BAS
Calais
BELGIQUE
ALLEMAGNE
Manche
Lille
Nord-Pas-de-Calais
Le Havre
Haute-Normandie
Amiens
Caen
Rouen
Picardie
Brest
Basse-Normandie
Seine
LUXEMBOURG
Paris
Marne
Châlons-en-Champagne
Metz
Bretagne
Rennes
Île-de-France
Meuse
Lorraine
Le Mans
Champagne-Ardenne
Rhine
Strasbourg
Orléans
Pays de la Loire
Loire
Nantes
Centre
Alsace
Bourgogne
Besançon
Dijon
Poitiers
Franche-Comté
OCÉAN ATLANTIQUE
Poitou-Charentes
Moulins
SUISSE
Limoges
Clermont-Ferrand
Saône
Limousin
Auvergne
Lyon
Bordeaux
Rhône-Alpes
Grenoble
Garonne
Aquitaine
Rhône
ITALIE
Midi-Pyrénées
Biarritz
Toulouse
Montpellier
Provence-Alpes-Côte d'Azur
Monaco
Languedoc-Roussillon
Nice
MONACO
Marseille
ESPAGNE
Corse
Mer Méditerranée

Paris

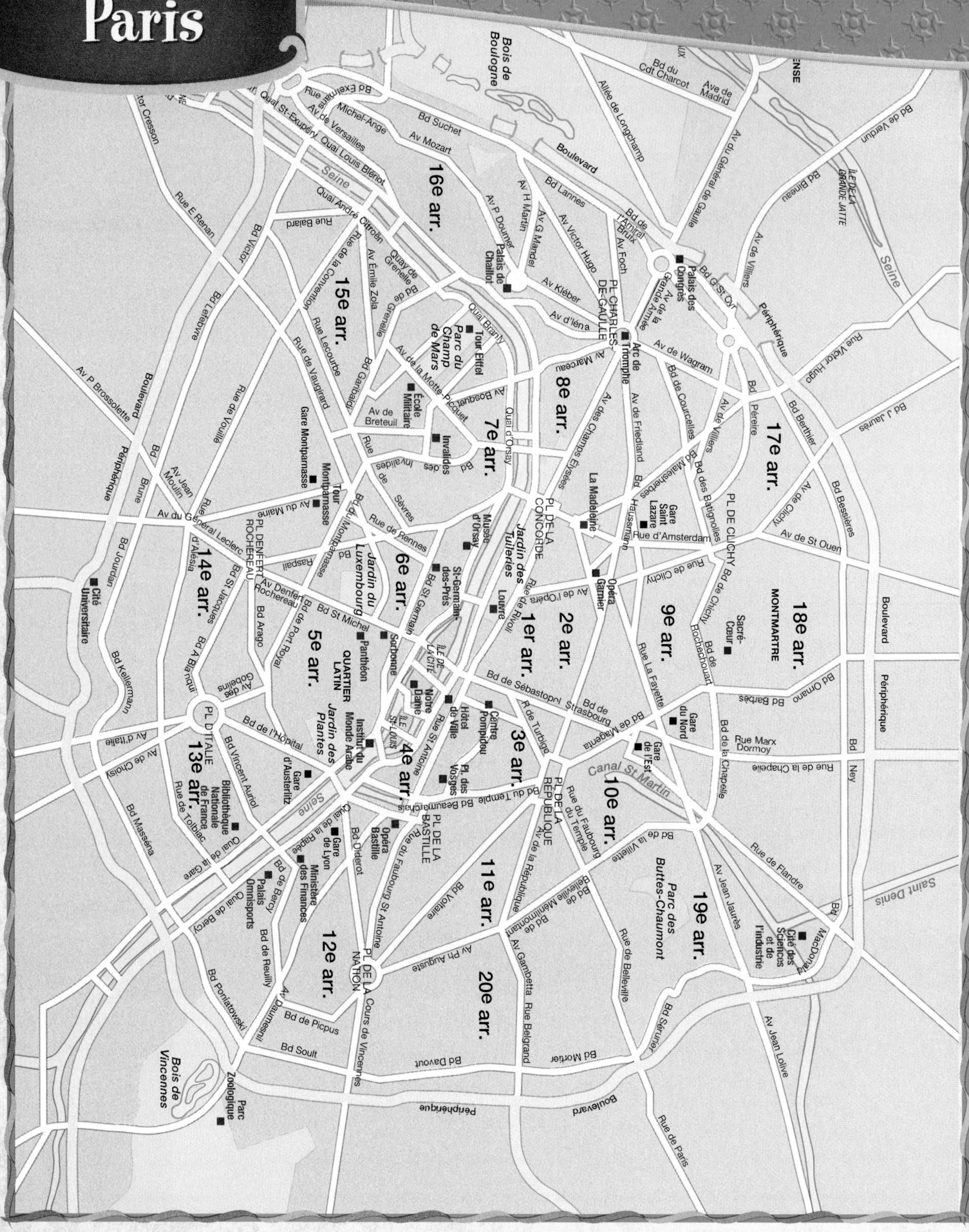

Bois de Boulogne
Bd du Cdt Charcot
Ave de Madrid
Allée de Longchamp
Bd de Verdun
Av du Général de Gaulle
ÎLE DE LA GRANDE JATTE
Bd Bineau
Av de Villiers
Seine
Boulevard
Bd Suchet
Av Mozart
Bd Exelmans
Rue Michel-Ange
Av de Versailles
Quai St-Exupéry
Quai Louis Blériot
16e arr.
Av H Martin
Av P. Doumer
Bd Lannes
Av G Mandel
Av Victor Hugo
Av Foch
Bd de l'Amiral Bruix
Av de la Grande Armée
Palais des Congrès
Bd G St Cyr
Périphérique
Palais de Chaillot
Av Kléber
Av d'Iéna
PL CHARLES-DE-GAULLE
Arc de Triomphe
Av de Wagram
Rue Victor Hugo
Bd Pereire
Bd Berthier
Bd J Jaurès
17e arr.
Av de Clichy
Bd Bessières
Av de St Ouen
Rue E Renan
Bd Victor
Rue Balard
Quai André Citroën
Rue de la Convention
Av Émile Zola
Quai de Grenelle
Bd de Grenelle
15e arr.
Rue Lecourbe
Quai Branly
Tour Eiffel
Parc du Champ de Mars
Av de la Motte-Picquet
Av Bosquet
Av Marceau
8e arr.
Av des Champs Élysées
Av de Friedland
Bd de Courcelles
Av de Villiers
Bd Malesherbes
Bd des Batignolles
PL DE CLICHY
Bd Lefebvre
Rue de Vaugirard
Bd Garibaldi
École Militaire
Av de Breteuil
Invalides
7e arr.
Quai d'Orsay
Bd des Invalides
Rue de Sèvres
La Madeleine
Bd Haussmann
Gare Saint Lazare
Rue d'Amsterdam
Av P Brossolette
Boulevard Périphérique
Rue de Vouille
Gare Montparnasse
Tour Montparnasse
Av du Maine
Bd du Montparnasse
Rue de Rennes
Musée d'Orsay
PL DE LA CONCORDE
Jardin des Tuileries
Bd Brune
Av Jean Moulin
Av du Général Leclerc
PL DENFERT-ROCHEREAU
Rue d'Alésia
Bd Raspail
Jardin du Luxembourg
6e arr.
St-Germain-des-Prés
Bd St Germain
Louvre
Rue de Rivoli
Av de l'Opéra
Opéra Garnier
Rue de Clichy
Bd de Clichy
18e arr.
MONTMARTRE
Sacré-Cœur
Boulevard Périphérique
Cité Universitaire
Bd Jourdan
14e arr.
Bd St Jacques
Av Denfert Rochereau
Bd de Port Royal
Bd St Michel
Bd Arago
5e arr.
Panthéon
QUARTIER LATIN
Sorbonne
ÎLE DE LA CITÉ
1er arr.
2e arr.
9e arr.
Bd de Rochechouart
Rue La Fayette
Bd Kellermann
Bd A Blanqui
Av des Gobelins
Jardin des Plantes
Notre Dame
Hôtel de Ville
Centre Pompidou
Bd de Sébastopol
Bd de Strasbourg
Gare du Nord
Bd Ornano
Bd Barbès
PL D'ITALIE
Av d'Italie
Bd de l'Hôpital
Institut du Monde Arabe
ÎLE ST-LOUIS
Rue St Antoine
Rue de Turbigo
3e arr.
Bd de Magenta
Gare de l'Est
Rue Marx Dormoy
Bd Ney
Av de Choisy
13e arr.
Bd Vincent Auriol
Gare d'Austerlitz
4e arr.
Pl. des Vosges
Bd du Temple
Bd Beaumarchais
PL DE LA RÉPUBLIQUE
Canal St Martin
10e arr.
Rue de la Chapelle
Bd de la Chapelle
Bd Masséna
Rue de Tolbiac
Bibliothèque Nationale de France
Quai de la Gare
Quai de la Rapée
Gare de Lyon
Bd Diderot
Opéra Bastille
PL DE LA BASTILLE
Rue du Faubourg St Antoine
Rue du Faubourg du Temple
Av de la République
Bd de la Villette
Rue de Flandre
Saint Denis
Quai de Bercy
Bd de Bercy
Palais Omnisports
Ministère des Finances
Bd Voltaire
11e arr.
Bd de Ménilmontant
Bd de Belleville
Parc des Buttes-Chaumont
19e arr.
Av Jean Jaurès
Cité des Sciences et de l'Industrie
Bd MacDonald
Bd Poniatowski
Bd de Reuilly
12e arr.
PL DE LA NATION
Av Ph Auguste
20e arr.
Av Gambetta
Rue de Belleville
Bd Sérurier
Av Jean Lolive
Av Daumesnil
Bd de Picpus
Bd Soult
Cours de Vincennes
Rue Belgrand
Bd Davout
Bd Mortier
Bois de Vincennes
Parc Zoologique
Rue de Paris

xxxiv

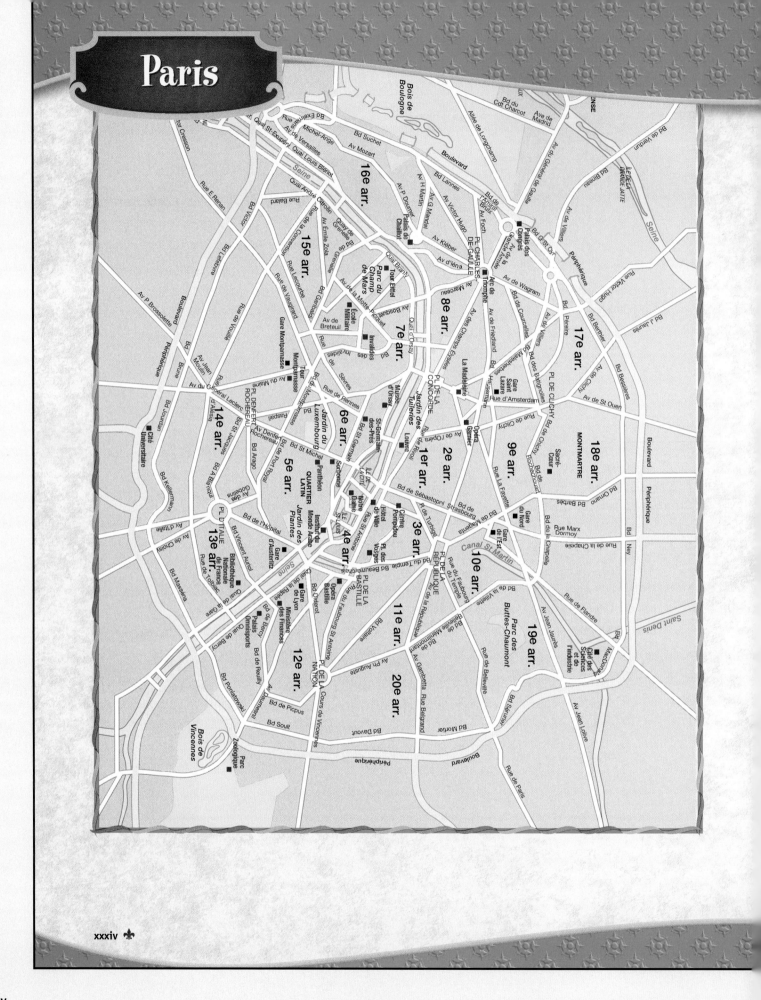

Métro

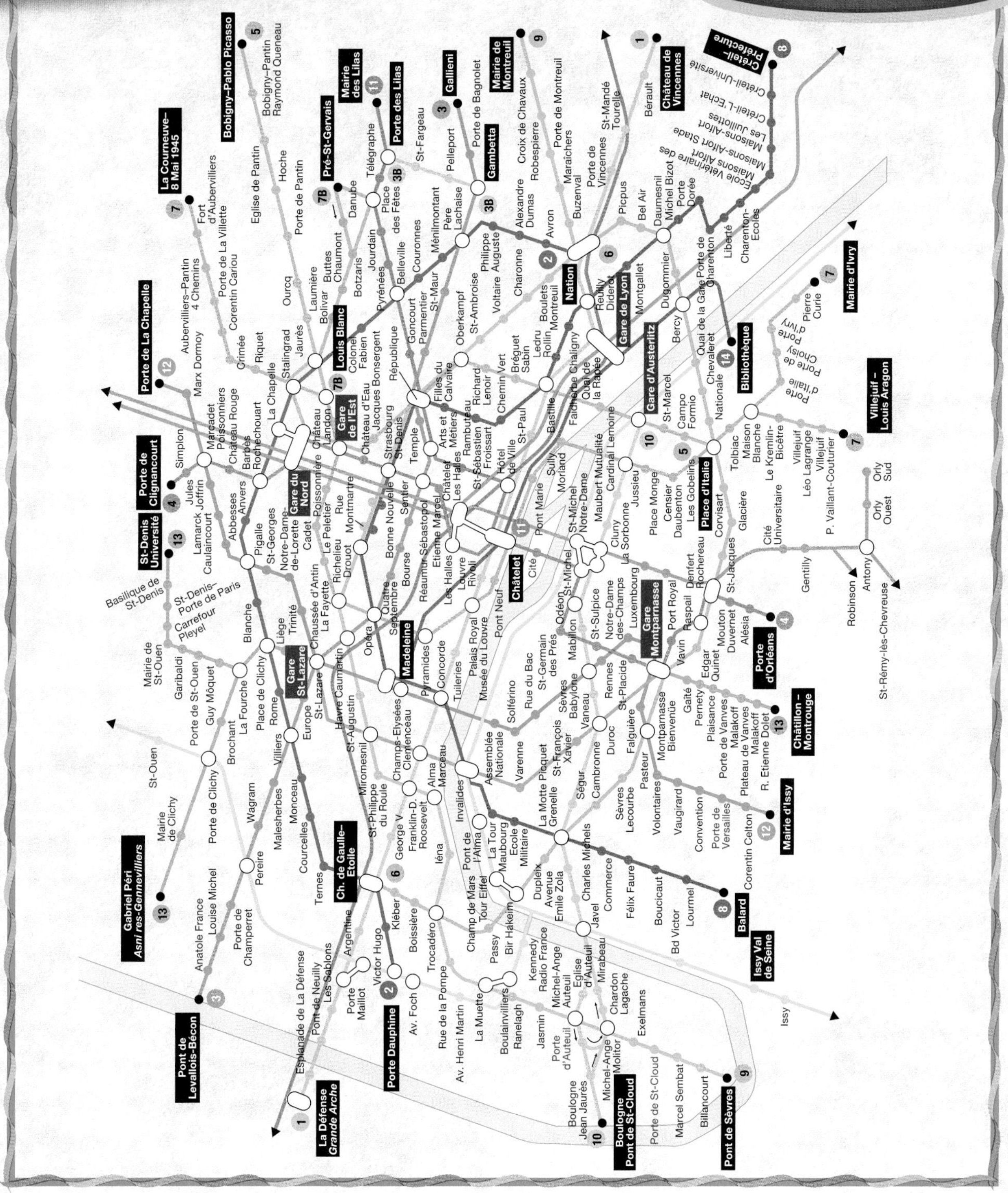
La Défense Grande Arche
1
Château de Vincennes
Pont de Levallois-Bécon
3
Gallieni
Porte Dauphine
2
Nation
Gabriel Péri Asnières-Gennevilliers
13
Châtillon - Montrouge
Porte de La Chapelle
12
Mairie d'Issy
La Courneuve-8 Mai 1945
7
Villejuif - Louis Aragon
Mairie d'Ivry
Porte de Clignancourt
4
Porte d'Orléans
Bobigny-Pablo Picasso
5
Place d'Italie
Charles de Gaulle-Étoile
6
Mairie des Lilas
11
Châtelet
Balard
8
Créteil-Préfecture
Pont de Sèvres
9
Mairie de Montreuil
Boulogne Pont de St-Cloud
10
Gare d'Austerlitz
Porte des Lilas
3B
Pré-St-Gervais
7B
St-Denis Université
Bibliothèque
14
Madeleine
Gare St-Lazare
Gare du Nord
Gare de l'Est
Gare de Lyon
Gare Montparnasse
Louis Blanc
Gambetta

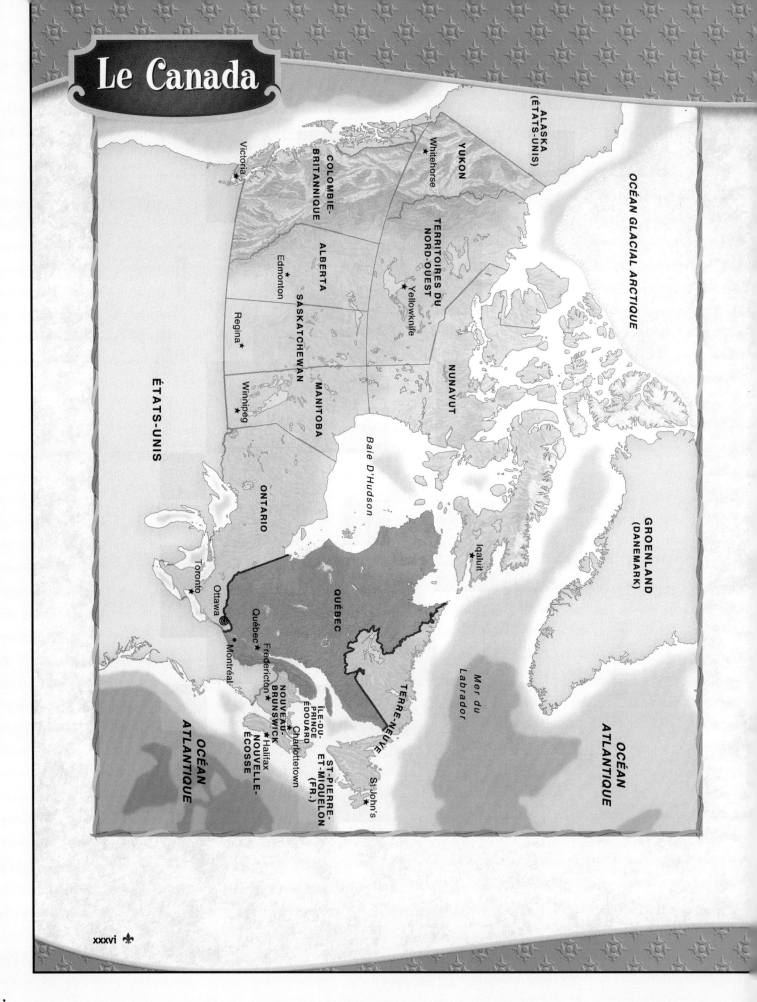

Le Canada

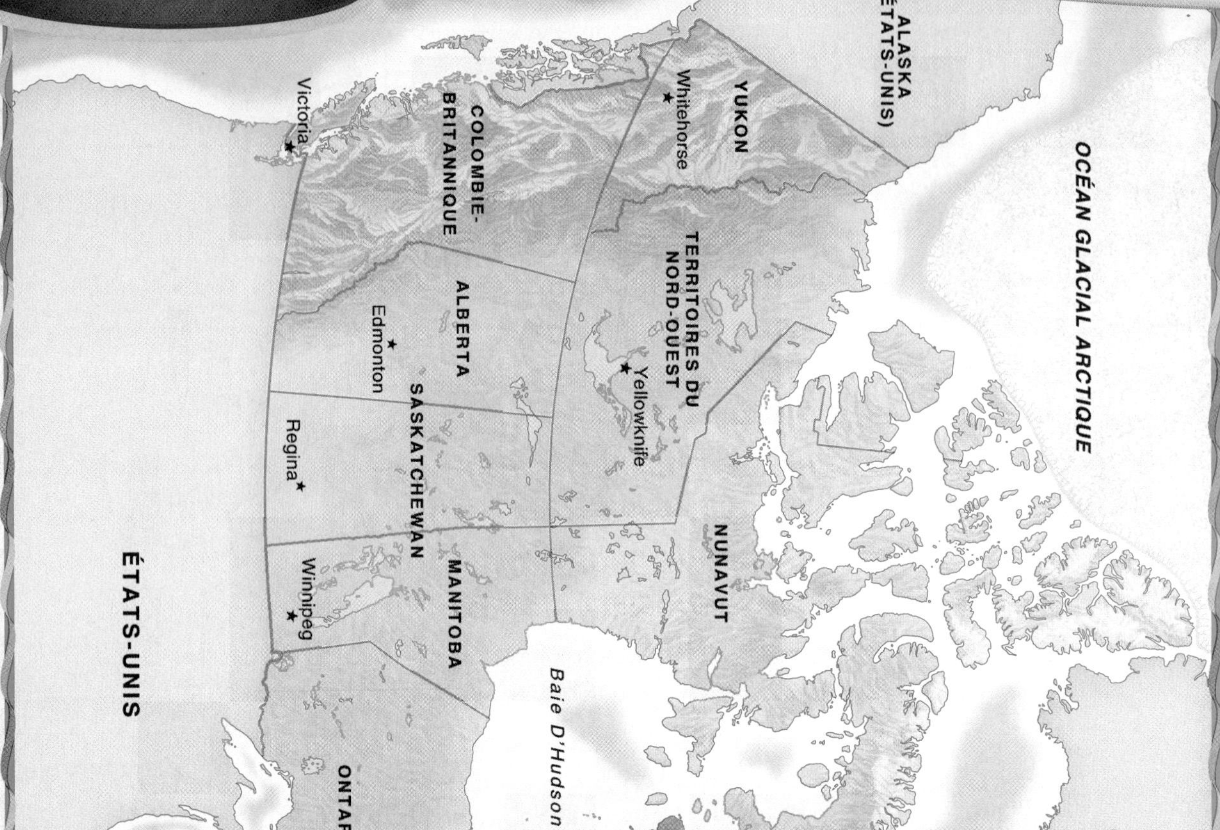

xxxvi

L'Afrique

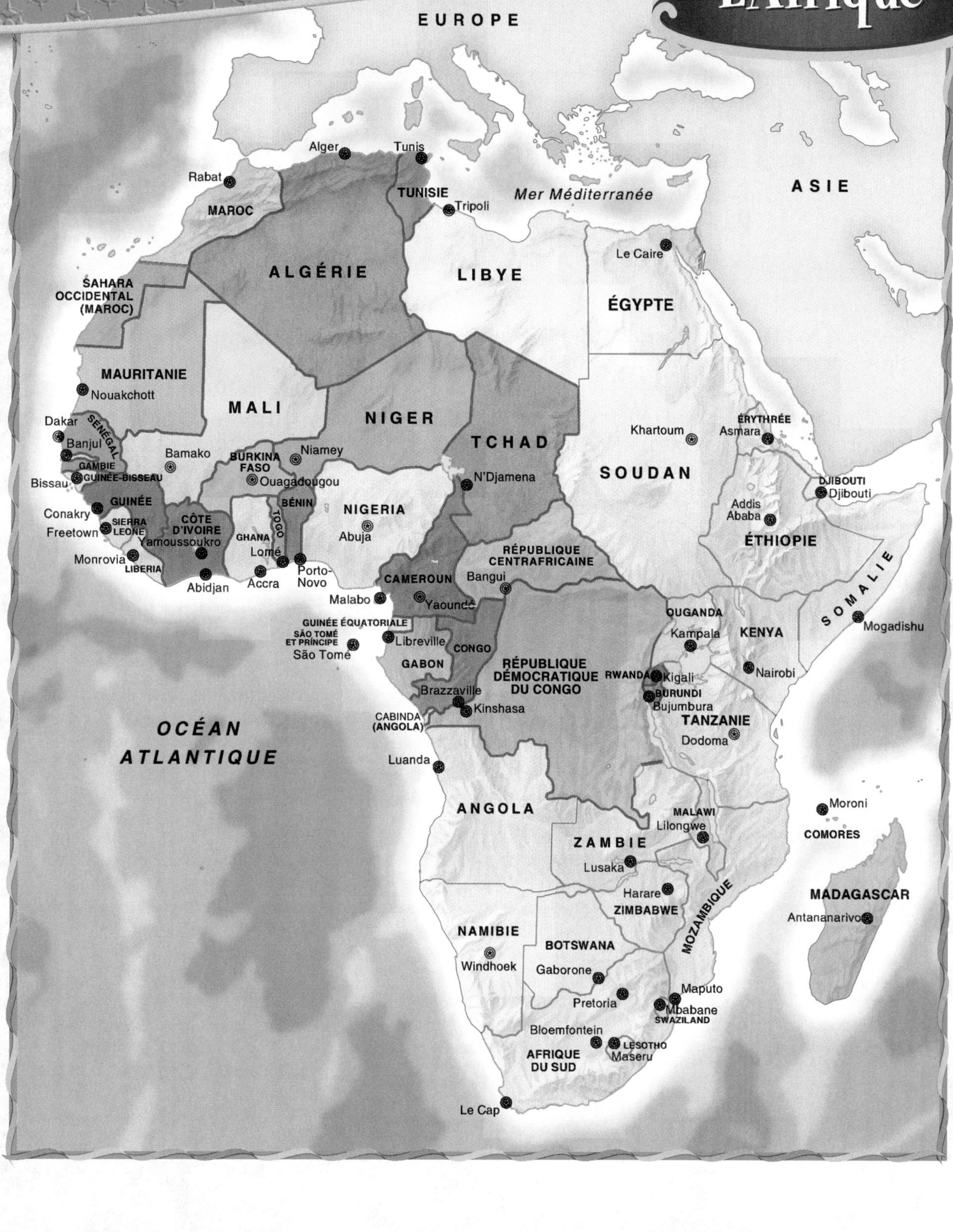

EUROPE
ASIE
Mer Méditerranée
OCÉAN ATLANTIQUE
Rabat
Alger
Tunis
Tripoli
Le Caire
MAROC
TUNISIE
ALGÉRIE
LIBYE
ÉGYPTE
SAHARA OCCIDENTAL (MAROC)
MAURITANIE
Nouakchott
MALI
NIGER
TCHAD
SOUDAN
Khartoum
ÉRYTHRÉE
Asmara
DJIBOUTI
Djibouti
Dakar
SÉNÉGAL
Banjul
GAMBIE
GUINÉE-BISSEAU
Bissau
Bamako
BURKINA FASO
Ouagadougou
Niamey
N'Djamena
GUINÉE
Conakry
SIERRA LEONE
Freetown
CÔTE D'IVOIRE
Yamoussoukro
Monrovia
LIBERIA
Abidjan
GHANA
Accra
TOGO
Lomé
BÉNIN
Porto-Novo
NIGERIA
Abuja
Addis Ababa
ÉTHIOPIE
SOMALIE
Mogadishu
RÉPUBLIQUE CENTRAFRICAINE
Bangui
CAMEROUN
Yaoundé
Malabo
GUINÉE ÉQUATORIALE
SÃO TOMÉ ET PRÍNCIPE
São Tomé
Libreville
GABON
CONGO
Brazzaville
Kinshasa
RÉPUBLIQUE DÉMOCRATIQUE DU CONGO
OUGANDA
Kampala
KENYA
Nairobi
RWANDA
Kigali
BURUNDI
Bujumbura
TANZANIE
Dodoma
CABINDA (ANGOLA)
Luanda
ANGOLA
MALAWI
Lilongwe
ZAMBIE
Lusaka
Moroni
COMORES
Harare
ZIMBABWE
MOZAMBIQUE
MADAGASCAR
Antananarivo
NAMIBIE
Windhoek
BOTSWANA
Gaborone
Pretoria
Maputo
Mbabane
SWAZILAND
Bloemfontein
LESOTHO
Maseru
AFRIQUE DU SUD
Le Cap

xxxvii

The What, Why, and How of Reading

Reading is a learned process. You have been reading in your first language for a long time and now your challenge is to transfer what you know to enable you to read fluently in French. Reading will help you improve your vocabulary, cultural knowledge, and productive skills in French. The strategies in the chart are reading strategies you are probably familiar with. Review them and apply them as you continue to improve your French reading skills.

Skill/Strategy

What is it?	Why It's Important	How To Do It
Preview Previewing is looking over a selection before you read.	Previewing lets you begin to see what you already know and what you'll need to know. It helps you set a purpose for reading.	Look at the title, illustrations, headings, captions, and graphics. Look at how ideas are organized. Ask questions about the text.
Skim Skimming is looking over an entire selection quickly to get a general idea of what the piece is about.	Skimming will tell you what a selection is about. If the selection you skim isn't what you're looking for, you won't need to read the entire piece.	Read the title of the selection and quickly look over the entire piece. Read headings and captions and maybe part of the first paragraph to get a general idea of the selection's content.
Scan Scanning is glancing quickly over a selection in order to find specific information.	Scanning helps you pinpoint information quickly. It saves you time when you have a number of selections to look at.	As you move your eyes quickly over the lines of text, look for key words or phrases that will help you locate the information you're looking for.

What is it?	Why It's Important	How To Do It
Predict Predicting is taking an educated guess about what will happen in a selection.	Predicting gives you a reason to read. You want to find out if your prediction and the selection events match, don't you? As you read, adjust or change your prediction if it doesn't fit what you learn.	Combine what you already know about an author or subject with what you learned in your preview to guess at what will be included in the text.
Summarize Summarizing is stating the main ideas of a selection in your own words and in a logical sequence.	Summarizing shows whether you've understood something. It teaches you to rethink what you've read and to separate main ideas from supporting information.	Ask yourself: What is this selection about? Answer *who, what, where, when, why,* and *how?* Put that information in a logical order.
Clarify Clarifying is looking at difficult sections of text in order to clear up what is confusing.	Authors will often build ideas one on another. If you don't clear up a confusing passage, you may not understand main ideas or information that comes later.	Go back and reread a confusing section more slowly. Look up words you don't know. Ask questions about what you don't understand. Sometimes you may want to read on to see if further information helps you.
Question Questioning is asking yourself whether information in a selection is important. Questioning is also regularly asking yourself whether you've understood what you've read.	When you ask questions as you read, you're reading strategically. As you answer your questions, you're making sure that you'll get the gist of a text.	Have a running conversation with yourself as you read. Keep asking yourself, *Is this idea important? Why? Do I understand what this is about? Might this information be on a test later?*
Visualize Visualizing is picturing a writer's ideas or descriptions in your mind's eye.	Visualizing is one of the best ways to understand and remember information in fiction, nonfiction, and informational text.	Carefully read how a writer describes a person, place, or thing. Then ask yourself, What would this look like? Can I see how the steps in this process would work?
Monitor Comprehension Monitoring your comprehension means thinking about whether you're understanding what you're reading.	The whole point of reading is to understand a piece of text. When you don't understand a selection, you're not really reading it.	Keep asking yourself questions about main ideas, characters, and events. When you can't answer a question, review, read more slowly, or ask someone to help you.

xxxix

What is it?	Why It's Important	How To Do It
Identify Sequence Identifying sequence is finding the logical order of ideas or events.	In a work of fiction, events usually happen in chronological order. With nonfiction, understanding the logical sequence of ideas in a piece helps you follow a writer's train of thought. You'll remember ideas better when you know the logical order a writer uses.	Think about what the author is trying to do. Tell a story? Explain how something works? Present how something works? Present information? Look for clues or signal words that might point to time order, steps in a process, or order of importance.
Determine the Main Idea Determining an author's main idea is finding the most important thought in a paragraph or selection.	Finding main ideas gets you ready to summarize. You also discover an author's purpose for writing when you find the main ideas in a selection.	Think about what you know about the author and the topic. Look for how the author organizes ideas. Then look for the one idea that all of the sentences in a paragraph or all the paragraphs in a selection are about.
Respond Responding is telling what you like, dislike, find surprising or interesting in a selection.	When you react in a personal way to what you read, you'll enjoy a selection more and remember it better.	As you read, think about how you feel about story elements or ideas in a selection. What's your reaction to the characters in a story? What grabs your attention as you read?
Connect Connecting means linking what you read to events in your own life or to other selections you've read.	You'll "get into" your reading and recall information and ideas better by connecting events, emotions, and characters to your own life.	Ask yourself: *Do I know someone like this? Have I ever felt this way? What else have I read that is like this selection?*
Review Reviewing is going back over what you've read to remember what's important and to organize ideas so you'll recall them later.	Reviewing is especially important when you have new ideas and a lot of information to remember.	Filling in a graphic organizer, such as a chart or diagram, as you read helps you organize information. These study aids will help you review later.
Interpret Interpreting is using your own understanding of the world to decide what the events or ideas in a selection mean.	Every reader constructs meaning on the basis of what he or she understands about the world. Finding meaning as you read is all about interacting with the text.	Think about what you already know about yourself and the world. Ask yourself: *What is the author really trying to say here? What larger idea might these events be about?*

xl

What is it?	Why It's Important	How To Do It
Infer Inferring is using your reason and experience to guess at what an author does not come right out and say.	Making inferences is a large part of finding meaning in a selection. Inferring helps you look more deeply at characters and points you toward the theme or message in a selection.	Look for clues the author provides. Notice descriptions, dialogue, events, and relationships that might tell you something the author wants you to know.
Draw Conclusions Drawing conclusions is using a number of pieces of information to make a general statement about people, places, events, and ideas.	Drawing conclusions helps you find connections between ideas and events. It's another tool to help you see the larger picture.	Notice details about characters, ideas, and events. Then make a general statement on the basis of these details. For example, a character's actions might lead you to conclude that he is kind.
Analyze Analyzing is looking at separate parts of a selection in order to understand the entire selection.	Analyzing helps you look critically at a piece of writing. When you analyze a selection, you'll discover its theme or message, and you'll learn the author's purpose for writing.	To analyze a story, think about what the author is saying through the characters, setting, and plot. To analyze nonfiction, look at the organization and main ideas. What do they suggest?
Synthesize Synthesizing is combining ideas to create something new. You may synthesize to reach a new understanding or you may actually create a new ending to a story.	Synthesizing helps you move to a higher level of thinking. Creating something new of your own goes beyond remembering what you learned from someone else.	Think about the ideas or information you've learned in a selection. Ask yourself: Do I understand something more than the main ideas here? Can I create something else from what I now know?
Evaluate Evaluating is making a judgment or forming an opinion about something you read. You can evaluate a character, an author's craft, or the value of the information in a text.	Evaluating helps you become a wise reader. For example, when you judge whether an author is qualified to speak about a topic or whether the author's points make sense, you can avoid being misled by what you read.	As you read, ask yourself questions such as: *Is this character realistic and believable? Is this author qualified to write on this subject? Is this author biased? Does this author present opinions as facts?*

xli

Planning for Chapter 1

SCOPE AND SEQUENCE PAGES 1–55

Topics
- Summer activities
- Winter activities
- Camping
- Taking vacations
- Travel by car, train, and airplane
- Weather

Culture
- Travel habits of the French
- Modes of transportation in France
- A weather report from a French newspaper
- A magazine advertisement for a hotel in Tunisia

Functions
- How to get the information you need in different travel situations
- How to describe past actions
- How to read and discuss newspaper and magazine articles
- How to talk about actions that may or may not take place
- How to express wishes, preferences, necessity, or possibility

Structure
- The passé composé with avoir and regular verbs
- The passé composé with avoir and irregular verbs
- The passé composé with être
- The passé composé with avoir versus être
- The subjunctive of regular verbs
- The subjunctive of irregular verbs
- Using the subjunctive to express necessity and possibility

National Standards
Communication Standard 1.1
pages 5, 12, 14, 16, 17, 22, 28, 30, 36, 42, 44, 46, 47, 48, 49
Communication Standard 1.2
pages 5, 8, 10, 12, 14, 15, 16, 17, 22, 26, 28, 29, 36, 39, 40, 42, 44, 45, 46, 47
Communication Standard 1.3
pages 10, 16, 17, 26, 29, 31, 39, 48, 49
Cultures Standard 2.1
pages 3, 4, 6–7, 9, 15, 21, 23, 41
Cultures Standard 2.2
pages 28, 29, 37, 38
Connections Standard 3.1
pages 6–7, 9, 15, 28, 37–38, 41
Comparisons Standard 4.2
pages 9, 16, 37–38

PACING AND LEVELING

Leçon 1: Culture *(5–7 days)*
Introduction
Lecture
  Vocabulaire pour la lecture
  Vive les vacances!
  Les vacances des Français
Structure • Révision
  Le passé composé avec **avoir:** verbes réguliers
  Le passé composé avec **avoir:** verbes irréguliers
C'est à vous
Assessment

Leçon 2: Conversation *(5–7 days)*
Conversation
  Vocabulaire pour la conversation
  Mise en scène
  Un voyage d'affaires
Structure • Révision
  Le passé composé avec **être**
  Le passé composé avec **être** ou **avoir**
C'est à vous
Assessment

Leçon 3: Journalisme *(5–7 days)*
Lecture
  Vocabulaire pour la lecture
  Avant la lecture
  La météo
Lecture
  Vocabulaire pour la lecture
  Avant la lecture
  La Tunisie
Structure avancée
  Le subjonctif: verbes réguliers
  Le subjonctif: verbes irréguliers
  Le subjonctif avec les expressions de nécessité et de possibilité
C'est à vous
Assessment

Proficiency Tasks *(1–2 days)*
Vidéotour *(1–2 days)*
Littérature *(5–7 days)*

LEVELING
The following is an overall leveling of the sections of each chapter of **Bon voyage!** Level 3.

EASY: Conversation, Structure • Révision
AVERAGE: Culture, Journalisme, Structure • Avancée
CHALLENGING: Littérature

Most parts of each lesson are also leveled for your convenience in the Teacher Notes in the Wraparound section of your Teacher Edition.

E: Easy A: Average C: Challenging

Please note that the material does not become progressively more difficult. Within each chapter there are easy and challenging sections.

RESOURCE GUIDE

Section	Pages	Resources
Leçon 1		
Introduction	2	Vocabulary Transparencies V1.2–V1.3
Lecture		Audio CD 1
Vocabulaire pour la lecture	3–5	Audio Activities TE, pages 1–4
Vive les vacances!	6–8	Workbook, pages 1–6
Les vacances des Français	9–10	Quizzes, pages 1–5
Structure • Révision		Tests, pages 1–2 and 9–26
Le passé composé avec **avoir:** verbes réguliers	11–12	ExamView® Pro
		french.glencoe.com
Le passé composé avec **avoir:** verbes irréguliers	13–15	Assessment Transparency A1.1
C'est à vous	16–17	
Assessment	18–19	
Leçon 2		
Conversation		Vocabulary Transparencies V1.4–V1.5
Vocabulaire pour la conversation	20–22	Audio CD 1
		Audio Activities TE, pages 5–9
Mise en scène	23	Workbook, pages 7–10
Un voyage d'affaires	24–26	Quizzes, pages 6–9
Structure • Révision		Tests, pages 3–4 and 9–26
Le passé composé avec **être**	27–28	ExamView® Pro
		french.glencoe.com
Le passé composé avec **être** ou **avoir**	29	Assessment Transparency A1.2
C'est à vous	30–31	
Assessment	32–33	
Leçon 3		
Lecture		Vocabulary Transparencies V1.6–V1.8
Vocabulaire pour la lecture	34–36	Audio CD 1
Avant la lecture	37	Audio Activities TE, pages 10–14
La météo	37–39	Workbook, pages 11–16
Lecture		Quizzes, pages 10–16
Vocabulaire pour la lecture	40	Tests, pages 5–26
Avant la lecture	41	ExamView® Pro
La Tunisie	41–42	french.glencoe.com
Structure avancée		Assessment Transparency A1.3
Le subjonctif: verbes réguliers	43–44	
Le subjonctif: verbes irréguliers	45–46	
Le subjonctif avec les expressions de nécessité et de possibilité	47	
C'est à vous	48–49	
Assessment	50–51	
Proficiency Tasks	52–53	**Bon voyage!** Video
Vidéotour	54	Video Activities Booklet
Littérature	418–429	Audio CD 9
		Audio Activities TE, pages 141–146
		Tests, pages 237–239

Using Your Resources for Chapter 1

Transparencies

Map Transparencies The full-color maps at the front of the Student Edition have been converted to transparency format.

Bellringer Reviews provide a quick review activity to begin each class.

Vocabulary Transparencies include the photos and art from the Student Edition pages, overlays with French words, and French/English vocabulary lists for each chapter.

Assessment Transparencies provide answer sheets and answers for the Assessment pages in the Student Edition.

Fine Art can be used to reinforce the topics introduced in the text and enrich your students' knowledge of Fine Art.

Workbook and Audio Activities

Writing Activities

The Workbook section includes numerous activities to reinforce each concept presented in the textbook. There are workbook pages for each of the following sections: vocabulary, culture, conversation, journalism, and structure. Varied activities provide several ways for students to practice and apply the material you have presented in class.

Audio Activities

The Audio Activities pages in this booklet may be used to guide students through the listening and speaking activities provided on the Audio CDs. The script to the Audio CDs is also provided in the Audio Activities TE in the TeacherTools booklet if the teacher prefers to read the activities aloud. The Audio Activities provide listening and speaking practice to reinforce vocabulary, culture, conversation, structure, and literature.

Assessment

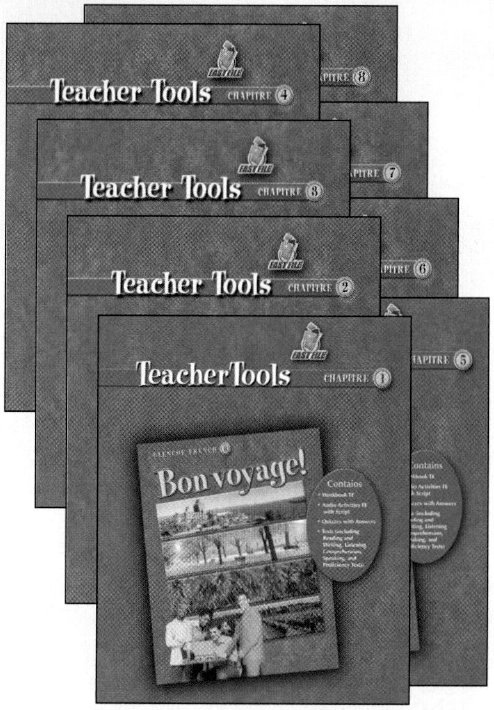

Several options for Assessment are offered with the **Bon voyage!** program.

The TeacherTools booklets include the following Assessment pieces.

Quizzes There are quizzes for Vocabulary, Culture, Structure, Conversation, and Journalism.

Tests There is a Reading and Writing test for each lesson in the chapter. In addition, there are two different Chapter Reading and Writing tests—one for less able to average students and the other for above adverage to advanced students. There is also a Listening Comprehension test, a Speaking Test, and a Proficiency Test at the end of each chapter.

French Online Students can easily access our Practice Quizzes at french.glencoe.com.

ExamView® Pro Test Bank software for Macintosh and Windows makes creating, editing, customizing, and printing tests quick and easy.

Technology Resources

Throughout **Bon voyage!** you will see references to Web sites in the French-speaking world that will expose you to more authentic readings about the material you are studying. Visit french.glencoe.com.

Bon voyage! Video and Video Activities, Chapter 1. Available on VHS and DVD.

Bon voyage! is also available on CD or Online.

TeacherWorks™ is your all-in-one teacher resource center. Personalize lesson plans, access resources from the Teacher Wraparound Edition, connect to the Internet, or make a to-do list. These are only a few of the many features that can assist you in planning and organizing your lessons.

Includes:

- A calendar feature
- Access to all program blackline masters
- Standards correlations and more

ExamView® Pro

Test Bank software for Macintosh and Windows makes creating, editing, customizing, and printing tests quick and easy.

CHAPITRE 1

Preview

In this chapter, students will learn about French-speaking locales they may wish to visit as well as the vacation habits of the French. While they are learning this new material a great deal of information from **Bon voyage!** Levels 1 and 2 will be reincorporated. In the **Conversation** section students will review vocabulary dealing with air and train travel. Additional vocabulary needed to resolve more complex travel problems such as canceled flights or missed trains will be presented.

National Standards

Communication

Students will communicate in spoken and written French on the following topics:

- Travel destinations in the Francophone world and how the French spend their vacations
- Different types of transportation and how to deal with problems when travelling
- A hotel in Tunisia
- Weather in France

Cultures

Students will learn about French attitudes toward vacations, and where French people like to go on their vacations.

Connections

This chapter establishes a connection with the fields of geography and meteorology.

CHAPITRE 1

Les vacances

FRENCH Online

The **Glencoe French Web site** (french.glencoe.com) offers options that enable you and your students to experience the French-speaking world via the Internet. For each chapter, there are activities, games, and quizzes. In addition, an *Enrichment* section offers students an opportunity to visit Web sites related to the theme of the chapter.

Objectifs

In this chapter you will:

- *learn about the travel habits of the French and about tourism in France*
- *review how to get the information you need in different travel situations*
- *review how to describe past actions*
- *read and discuss newspaper and magazine articles about weather in France and travel to Tunisia*
- *review how to talk about actions that may or may not take place; how to express wishes, preferences, necessity, or possibility*

Table des matières

CHAPITRE 1

LEVELING

The following is an overall leveling of the sections of each chapter of **Bon voyage!** Level 3.

EASY Conversation, Structure-Révision

AVERAGE Culture, Journalisme, Structure avancée

CHALLENGING Littérature

Most parts of each lesson are also leveled for your convenience.

E: Easy

A: Average

C: Challenging

Please note that the material does not become progressively more difficult. Within each chapter there are easy and challenging sections.

Assessment

Quizzes: There is a quiz for every vocabulary presentation, every reading, and every structure point.
Tests: To accompany **Bon voyage!** Level 3 there is a Reading and Writing Test for each of the three lessons that make up a chapter. In addition, at the end of each chapter there are five tests.

- Two Reading and Writing Tests; one easy to intermediate; another intermediate to challenging.
- A Listening Comprehension Test
- A Speaking Test
- A Proficiency Test

Spotlight on Culture

(page 1) You may wish to ask your students the following questions: **C'est la place Jacques Cartier à Montréal. Où est Montréal? On parle quelle langue à Montréal? C'est un nouveau ou un vieux quartier de Montréal? À votre avis, la place est belle? Il y a beaucoup de touristes?**

1 Preparation

Resource Manager

Vocabulary Transparencies 1.2–1.3
Audio Activities TE, pages 1–2
Audio CD 1
Workbook, page 1
Quiz, page 1
ExamView® Pro

Bellringer Review

Use BRR Transparency 1.1 or write the following on the board: **Faites des phrases avec les mots suivants.**
au bord de la mer
la plage
bronzer
de la crème solaire
nager
faire du ski nautique, de la planche à voile
se promener, faire une promenade

2 Presentation

Introduction

Step 1 Have students read the **Introduction** silently, or call on individuals to read it aloud.

Step 2 Call on one or two individuals to explain the **Introduction** in a few sentences. If students were reading the **Introduction** aloud, ask comprehension questions after each paragraph, such as: **Qu'est-ce que presque tout le monde aime? Qu'est-ce que les Français aiment faire de temps en temps?**

Learning from Photos

(page 2) À Cannes, le long du bord de mer, se trouve une promenade célèbre appelée la Croisette.

La plage, à Cannes sur la Côte d'Azur

Introduction

Qui n'aime pas voyager et partir en vacances? Presque tout le monde aime faire un voyage de temps en temps. Et les Français ne sont pas l'exception. Eux aussi, ils aiment partir en vacances.

Et vous? Aimeriez-vous faire un petit voyage un de ces jours? Pourquoi ne visitez-vous pas un endroit où vous pouvez parler français? C'est une très bonne idée et le monde francophone vous attend. Allez-y!

Geography Connection

Cannes est une station balnéaire sur la Côte d'Azur. Chaque année dans cette ville a lieu le Festival international du film le plus célèbre du monde.

Vocabulaire pour la lecture

On a fait de la plongée sous-marine.

On a nagé dans la mer.

On a attendu à la télécabine.

On a fait du ski alpin.

Vocabulaire pour la lecture

Step 1 Have students open their books to pages 3 and 4 and repeat the vocabulary words after you or the Audio CD.

Recycling

- Have students look at the photos on pages 3 and 4 and identify as many items as they can. (Beach and winter sports vocabulary was presented initially in **Bon voyage!** Level 1, Chapter 11.)
- You may wish to have students tell you about a beach or a winter sports vacation in their own words.
- Have students make a list of some summer weather expressions and some winter weather expressions.

LEVELING

E: Vocabulary

Reaching All Students

You may want to call on kinesthetic learners to dramatize the following:

On va à la pêche.
On nage.
On s'assied dans le sable.
On fait du ski de fond.
On fait du ski alpin.
On monte.
On descend.
On flâne dans les rues.
On fait une randonnée.

2 Presentation *(suite)*

Step 2 Plus de vocabulaire: Give students several minutes to peruse the definitions silently. Then call on individuals to read the definitions aloud.

Step 3 Expansion: You may wish to ask students questions using the new words from **Plus de vocabulaire.**

1. **Ton père ou ta mère a combien de jours de congé par an?**
2. **Tu as un endroit favori pour les vacances? Lequel?**
3. **De temps en temps, on y offre des tarifs réduits?**
4. **Tu préfères y aller quand il y a des tarifs réduits?**
5. **Tu bénéficies de ces tarifs?**

Leçon 1
Culture

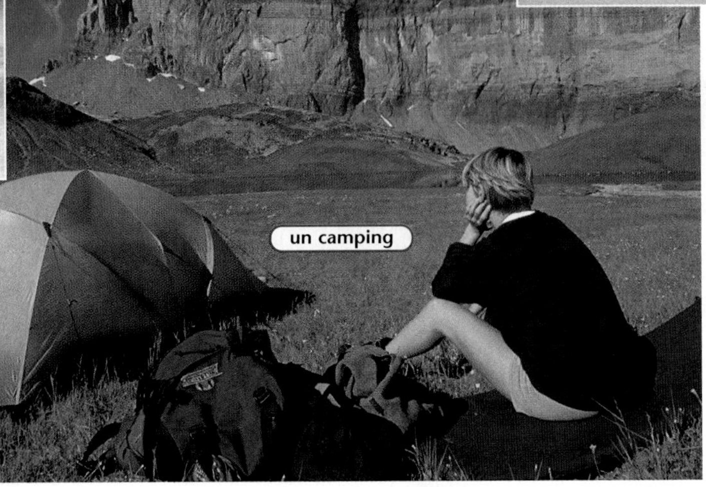

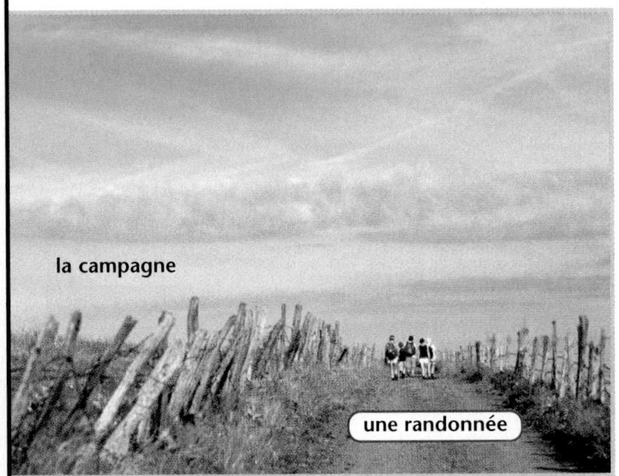

Les touristes ont flâné dans les petites ruelles.

Plus de vocabulaire

un congé un jour libre payé
un endroit un lieu, une place déterminée, une localité
le séjour résidence plus ou moins longue dans un lieu, dans un pays
le tarif le prix de certains services; le coût
prisé(e) favori(te), préféré(e)
réduit(e) plus petit(e), plus bas(se)
bénéficier tirer un avantage, profiter
flâner se promener sans but, s'arrêter souvent pour regarder

Quel est le mot?

1 **Historiette** **À la plage** Répondez d'après le dessin.

1. Il fait beau en été?
2. Il y a du monde sur la plage?
3. C'est une station balnéaire populaire?
4. Il y a beaucoup de monde dans l'eau?
5. Ils nagent?
6. Ils font aussi de la plongée sous-marine?
7. Il y a des gens qui vont à la pêche?

Une station de sports d'hiver dans les Alpes

2 **Historiette** **Une station de sports d'hiver** Répondez d'après la photo.

1. C'est une station de sports d'hiver?
2. Les skieurs ont descendu la piste?
3. Ils ont fait du ski alpin ou du ski de fond?
4. Il y a une remontée mécanique?

3 **Oui ou non?** Choisissez la phrase correcte.

1. a. La mer est un très bon endroit pour une randonnée.
   b. La campagne est un très bon endroit pour une randonnée.
2. a. Il y a beaucoup de neige sur le sable d'une plage tropicale.
   b. Il y a beaucoup de neige sur les pistes d'une station de sports d'hiver.
3. a. Quand il y a beaucoup de monde il y a une longue file d'attente.
   b. Quand il n'y a presque personne il y a une longue file d'attente.
4. a. Une ruelle est un grand boulevard.
   b. Une ruelle est une petite rue étroite.
5. a. Il y a des caravanes dans les ruelles des vieilles villes.
   b. Il y a des caravanes dans un camping.

4 **Synonymes** Exprimez d'une autre façon.

1. Ce village a beaucoup de *petites rues* charmantes.
2. On va te donner un prix *plus bas*.
3. Tu dois *profiter* de ses services.
4. Quels sont les *prix*?
5. La Côte d'Azur est une destination *favorite* des touristes en France.
6. Cette station balnéaire est *un lieu* très intéressant.

3 Practice

Quel est le mot?

Historiette Each time **Historiette** appears, it means that the answers to the activity form a short story. Encourage students to look at the title of the **Historiette** since it can help them do the activity.

ADDITIONAL PRACTICE

Have students work in pairs to do the following activity:

You are leaving on a trip. With a partner make a list of all the preparations necessary to arrange transportation to your destination, your finances, and the care of your home, mail, and pets in your absence.

Learning from Photos

(page 5) En France, les enfants du primaire vont quelquefois en classes de neige avec leur instituteur ou institutrice. Ils partent en général pour une semaine. Ils ont classe le matin et ils font du sport l'après-midi. Au printemps, il y a des classes de nature qui durent un peu plus longtemps—de deux à trois semaines.

Answers to Quel est le mot?

1

1. Oui, il fait beau en été.
2. Oui, il y a du monde sur la plage.
3. Oui, c'est une station balnéaire populaire.
4. Non, il n'y a pas beaucoup de monde dans l'eau.
5. Oui, ils nagent.
6. Non, ils ne font pas de la plongée sous-marine.
7. Oui, il y a des gens qui vont à la pêche.

2

1. Oui, c'est une station de sports d'hiver.
2. Oui, les skieurs ont descendu la piste.
3. Ils ont fait du ski alpin.
4. Oui, il y a une remontée mécanique.

3

1. b
2. b
3. a
4. b
5. b

4

1. ruelles
2. réduit
3. bénéficier
4. tarifs
5. prisée
6. un endroit

National Standards

Cultures
This reading familiarizes students with travel and vacation destinations in the Francophone world.

Connections
Students further their knowledge of geography.

1 Preparation

Resource Manager

Audio Activities TE, pages 2–3
Audio CD 1
Workbook, pages 2–3
Quizzes, pages 2–3

Bellringer Review

Use BRR Transparency 1.2 or write the following on the board: **De quoi vous souvenez-vous au sujet de l'un des endroits suivants.**

Paris
Cannes
Montréal
La Martinique ou la Guadeloupe

2 Presentation

Note: Based on your interests and the interests and needs of your students, you can determine the degree of thoroughness with which you wish to present this reading. You may want to do an in-depth reading of the entire selection or you may wish to have students read it silently. You may wish to do some sections more thoroughly than others.

Lecture

Vive les vacances!

Il y a un proverbe qui dit «Les voyages forment la jeunesse.» Et vous les jeunes, vous pouvez bénéficier de beaucoup de tarifs réduits sur les voyages et les séjours en utilisant les services d'agences pour les étudiants. Aimeriez-vous voyager et travailler votre français en même temps? Il y a beaucoup d'endroits super qui vous attendent.

Reading Strategy

Using titles
Always look at titles and subtitles before you begin to read. They will help you figure out what a reading selection is about. Having an idea of what a reading is about will help you guess the meaning of unfamiliar words and therefore understand better as you read.

St.-François à la Guadeloupe

Les Antilles

Pas loin des États-Unis se trouvent la Martinique et la Guadeloupe, deux départements français d'outre-mer (DOM). Ces deux îles dans la mer des Caraïbes sont des destinations fort prisées des Américains et des Français. Là vous pouvez nager dans une mer turquoise et bronzer sur une des superbes plages de sable blanc bordées de cocotiers[1]. Si vous préférez une vie plus active, on vous propose la plongée sous-marine, la planche à voile, la pêche—ou peut-être une randonnée dans une des fabuleuses forêts tropicales où vous verrez une immense variété de faune et de flore.

Le Canada

Vous préférez la neige et l'hiver? Pas de problème! Au Québec il y a beaucoup de stations de sports d'hiver où vous pouvez faire du ski alpin ou du ski de fond. Pendant que vous êtes au Québec vous devez aller à Québec et flâner dans les ruelles pittoresques de la vieille ville.Vous devez aussi visiter la grande ville cosmopolitaine de Montréal, la deuxième ville francophone du monde après Paris.

[1] cocotiers *palm trees*

L'hiver à Montréal au Québec

L'Afrique

Vous vous sentez plus aventureux? Alors, pourquoi n'allez-vous pas en Afrique—à Tombouctou au Mali, peut-être?

Tombouctou a la réputation d'être inaccessible. Néanmoins[2] beaucoup de touristes continuent à y aller, même si le voyage est assez difficile. Située loin de tout dans le centre du Sahara, cette cité menacée par les sables a à peu près 32 000 habitants. Pour entrer dans beaucoup de maisons il faut descendre quelques marches[3] à cause du sable accumulé dans les petites ruelles. De décembre à avril Tombouctou reste encore un lieu de passage pour les caravanes de sel. De Tombouctou les touristes disent: «Le mystère ne se voit pas. Il se sent. Il s'exprime[4] sans voix». Cela vous intéresse?

Une mosquée à Tombouctou au Mali

Une petite ruelle à Saint-Paul-de-Vence en Provence

La France

La belle France vous offre toute une gamme de possibilités—les stations balnéaires de la Méditerranée et de l'Atlantique, les stations de sports d'hiver dans les Alpes, les Pyrénées et le Jura. Ou peut-être préférez-vous flâner dans les anciennes ruelles d'un petit village médiéval tel que Saint-Paul-de-Vence. Si la culture et la beauté urbaines vous attirent, Paris, c'est pour vous. Des touristes du monde entier envahissent[5] Paris chaque année pour visiter et admirer ses musées, ses théâtres et ses monuments historiques. Beaucoup de gens visitent cette ville fabuleuse uniquement pour faire l'expérience de la vie parisienne.

[2] Néanmoins *Nevertheless*
[3] marches *steps*
[4] s'exprime *is expressed*
[5] envahissent *invade*

Leçon 1 Culture

Step 1 You may wish to call on individuals to read sections of the **Lecture** aloud. Or, you may wish to read it (or parts of it) to the class as the students follow along in their books. You may also have students read the selection silently and then proceed to the activities.

Step 2 Go over **Activités A** and **B** on page 8.

LEVELING

E: Reading

Learning from Photos

(page 6 top) La Guadeloupe forme avec la Martinique les Antilles françaises un département français d'outre-mer—un DOM. La Guadeloupe est formée de deux îles: Grande-Terre et Basse-Terre où se trouve un volcan actif, La Soufrière.

(page 6 bottom) Montréal est la deuxième ville francophone du monde après Paris.

(page 7) Tombouctou est une ville mystérieuse créée vers le XIe siècle par les Touaregs et longtemps interdite aux étrangers. L'explorateur René Caillié a été le premier français à pénétrer dans la ville en 1828.

Art Connection

(page 7 bottom) Saint-Paul-de-Vence est un joli village provençal sur la Côte d'Azur pas très loin de Cannes. C'est un centre touristique et artistique. La Fondation Maeght, un musée d'art contemporain, se trouve tout près du village. Une partie du musée est en plein air. On y trouve des œuvres de Chagall, Braque, Derain et Matisse.

ADDITIONAL PRACTICE

You may wish to ask the following questions as students read the information about **l'Afrique.**

1. **Vous vous sentez très aventureux(euse)?**
2. **Vous voudriez visiter Tombouctou?**
3. **Où est-ce?**
4. **Tombouctou est une grande ville?**
5. **De quoi est-elle menacée?**

Critical Thinking Activity

Interpretation Call on students to interpret the meaning of the following: **«Le mystère ne se voit pas. Il se sent. Il s'exprime sans voix.»**

A Répondez d'après la lecture.

1. Qui offre beaucoup de tarifs réduits sur les voyages et les séjours?
2. Est-ce qu'il y a beaucoup d'endroits où vous pouvez passer vos vacances et travailler votre français en même temps?
3. Que sont la Martinique et la Guadeloupe et où sont-elles?
4. Qu'est-ce que vous pouvez faire à la Martinique et à la Guadeloupe?
5. Où est-ce qu'il y a beaucoup de stations de sports d'hiver?
6. Qu'est-ce qu'on peut faire au Québec?
7. Où se trouve Tombouctou?
8. Pourquoi cette cité a-t-elle la réputation d'être inaccessible?
9. Pourquoi faut-il descendre quelques marches pour entrer dans les maisons à Tombouctou?
10. Où est-ce qu'il y a des stations balnéaires en France? Et des stations de sports d'hiver?

B Identifiez.

1. deux îles qui sont des départements français d'outre-mer
2. une très jolie ville historique au Canada
3. une grande ville cosmopolitaine au Québec
4. un désert africain
5. un petit village médiéval français
6. une très belle ville culturelle française; la capitale du pays

Le fleuve Assomption à Lanaudière au Québec

Answers

A

1. Les services d'agences pour les étudiants offrent beaucoup de tarifs réduits.
2. Oui, il y a beaucoup d'endroits ou on peut passer ses vacances et travailler son français en même temps.

…Martinique et la Guadeloupe sont deux îles dans … Caraïbes.
… dans la mer et bronzer sur les … plongée sous-marine, la planche à voile, la pêche ou la randonnée dans la forêt.

5. Il y a beaucoup de stations de sports d'hiver au Québec.
6. On peut faire du ski alpin ou du ski de fond. On peut flâner dans les ruelles pittoresques de la vieille ville à Québec ou visiter la grande ville cosmopolitaine de Montréal.
7. Tombouctou se trouve au Mali.
8. Elle a la réputation d'être inaccessible parce qu'elle est située dans le centre du Sahara et que le voyage est assez difficile.

Les vacances des Français

Depuis vingt ans les Français ont droit à cinq semaines de congés payés, quatre semaines en été et la cinquième pendant l'année, en général en hiver. Si on ajoute[6] les jours fériés[7] à ces cinq semaines, la France est à la première place en Europe, si non au monde, pour la durée des vacances. Mais cela ne veut pas dire que les Français ne travaillent pas dur quand ils ne sont pas en vacances.

Les endroits qu'ils visitent

Actuellement 60 pour cent des Français partent en vacances au moins une fois dans l'année. La plupart des Français passent leurs vacances en France. Leur lieu favori est la mer, suivi de la montagne et de la campagne.

Près de 20 pour cent des Français pratiquent le camping-caravaning. Alors que les locations[8] et les hôtels sont chers, le camping est une formule d'hébergement[9] économique.

En hiver, surtout au mois de février, 28 pour cent des Français partent en vacances. Février reste la meilleure période pour l'enneigement mais les skieurs doivent affronter les files d'attente aux remontées mécaniques qui mènent sur les pistes.

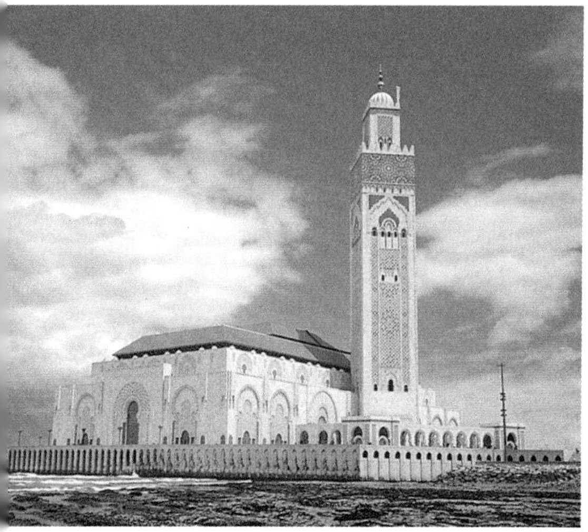
La mosquée Hassan II à Casablanca au Maroc

L'étranger

À peu près 19 pour cent des Français vont à l'étranger pour passer leurs vacances. Dans la plupart des cas ils visitent un autre pays européen; leur destination favorite est l'Espagne. Hors[10] de l'Europe les Français préfèrent l'Afrique du Nord, c'est-à-dire les pays du Maghreb.

Les jeunes Français de moins de vingt-cinq ans voyagent plus souvent que les adultes et sont plus attirés par les destinations étrangères.

[6] ajoute *add*
[7] jours fériés *holidays*
[8] locations *rentals*
[9] formule d'hébergement *lodging plan*
[10] Hors *Outside*

Leçon 1
Culture

2 Presentation *(suite)*

Step 3 Tell students to look for the following important information as they read **Les vacances des Français** and **Les endroits qu'ils visitent:**

- **Où est-ce que la plupart des Français aiment passer leurs vacances?**
- **Qu'est-ce que les Français aiment faire pendant leurs vacances? Quelles sont leurs activités préférées?**

Learning from Photos

(page 9 top) Du XIIIe au XVIIe siècle, la ville de Pontarlier a formé une petite république indépendante.

(page 9 bottom) La mosquée Hassan II est l'une des plus grandes du monde. C'est un chef-d'œuvre de l'art arabo-musulman qui allie techniques modernes et architecture traditionnelle.

Reaching All Students

After going over the reading you may have less able students tell one thing about each place mentioned. Average students can give more information and advanced students can retell all of the information in their own words

Answers

9. Il faut descendre quelques marches à cause du sable accumulé dans les petites ruelles.
10. Il y a des stations balnéaires sur la Méditerranée et sur l'Atlantique et il y a des stations de sports d'hiver dans les Alpes, les Pyrénées et le Jura.

B

1. La Martinique et la Guadeloupe
2. Québec
3. Montréal
4. le Sahara
5. Saint-Paul-de-Vence
6. Paris

3 Practice

D, **E** If desired, have students do these activities in small groups. Each group chooses a leader, then students work together on the activities. The leader makes all the final corrections in the sentences and in the paragraph, then shares his or her corrections with the other members of the group to ascertain if there is a consensus of opinion.

Learning from Photos

(page 10 top) Les Pyrénées sont les montagnes qui séparent la France de l'Espagne.

Learning from Realia

(page 10 bottom) You may wish to have students scan this advertisement to give them a feel for the type of language used in **publicité**.

Chapter Projects

Une enquête
Divisez la classe en quatre groupes. Chaque groupe doit faire une enquête sur le sujet suivant: **comment les membres de chaque groupe passent leurs vacances d'été.** Comparez les résultats de chaque groupe aux habitudes des Français.

C Vrai ou faux?

1. Les Français par rapport aux autres Européens ont très peu de vacances.
2. La plupart des Français passent leurs vacances à l'étranger.
3. Le lieu favori des Français pour les vacances, c'est la campagne.
4. Le camping-caravaning coûte très cher.
5. Décembre reste la meilleure période en France pour le ski.
6. La destination numéro un des Français en Europe, c'est l'Italie.
7. Les adultes français sont beaucoup plus attirés par les destinations étrangères que les jeunes.

Pyrénées

D Décrivez chacun des endroits suivants.

1. les plages de la Martinique et de la Guadeloupe
2. une forêt tropicale aux Antilles
3. la cité de Tombouctou
4. le village de Saint-Paul-de-Vence
5. la ville de Paris

E La lecture a proposé beaucoup de possibilités intéressantes pour les vacances—la Martinique, la Guadeloupe, le Canada, la France, le Maghreb et le Mali. De tous ces endroits, où voudriez-vous aller? Pourquoi?

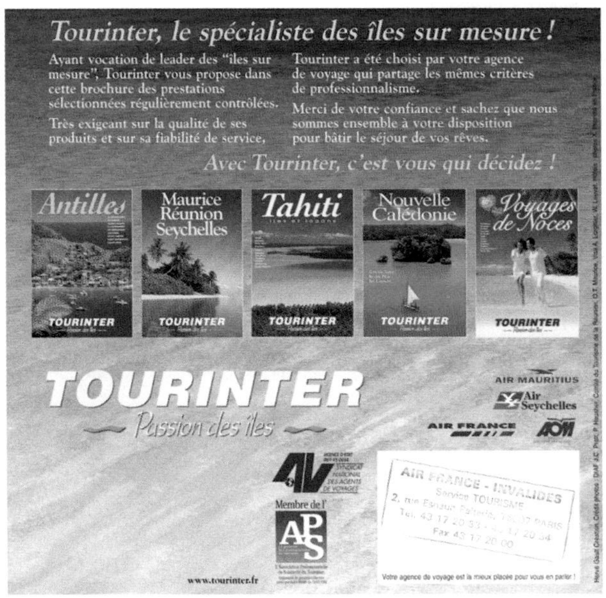

Answers

C
1. Faux.
2. Faux.
3. Faux.
4. Faux.
5. Faux.
6. Faux.
7. Faux.

D *Answers will vary.*

E *Answers will vary.*

Structure ❦ *Révision*

Le passé composé avec avoir: verbes réguliers

Describing past actions

1. The passé composé, or conversational past tense, expresses actions that both began and ended in the past. The passé composé of most verbs is formed by using the present tense of **avoir** with the past participle of the verb.

2. The past participle of regular verbs is formed by dropping the ending of the infinitive and adding **-é** to the **-er** verbs, **-i** to the **-ir** verbs, and **-u** to the **-re** verbs.

parler	**finir**	**attendre**
parl-	**fin-**	**attend-**
parlé	**fini**	**attendu**

3. Review the forms of the passé composé of regular verbs.

PARLER		FINIR		ATTENDRE	
j'	ai parlé	j'	ai fini	j'	ai attendu
tu	as parlé	tu	as fini	tu	as attendu
il/elle/on	a parlé	il/elle/on	a fini	il/elle/on	a attendu
nous	avons parlé	nous	avons fini	nous	avons attendu
vous	avez parlé	vous	avez fini	vous	avez attendu
ils/elles	ont parlé	ils/elles	ont fini	ils/elles	ont attendu

4. The passé composé is often used with the following time expressions.

hier	**la semaine dernière**
hier soir	**l'année dernière**
hier matin	**au quinzième siècle**
avant-hier	

J'ai passé une semaine à la Martinique l'année dernière.
Il a reçu une lettre de son ami martiniquais hier.

5. The negative of the passé composé is formed by putting **ne (n')** before the form of **avoir** and **pas** after it.

Il a voyagé avec elle.
Il n'a pas voyagé avec elle.

6. Note how questions are formed in the passé composé.

Tu as voyagé avec elle?
Est-ce que tu as voyagé avec elle?
As-tu voyagé avec elle?

1 Preparation

Resource Manager

Audio Activities TE, page 4
Audio CD 1
Workbook, pages 3–6
Quizzes, pages 4–5
ExamView Pro®

Bellringer Review

Use BRR Transparency 1.3 or write the following on the board: **Mettez les phrases suivantes au présent.**

1. **J'ai passé toute la journée à la plage.**
2. **J'ai vu mes amis.**
3. **Nous avons nagé.**
4. **Nous avons bronzé.**
5. **Nathalie a loué un petit bateau.**
6. **Robert n'a pas fini son travail.**
7. **Nous n'avons pas attendu Robert à la plage.**

2 Presentation

Le passé composé avec **avoir:** verbes réguliers

Note: Many groups should be able to skip the review of this topic.

Step 1 Have students repeat the past participles. Write them on the board and underline the ending.

Step 2 Have students open their books and read the paradigms aloud.

Step 3 Call on students to read the expressions and model sentences in Items 4, 5, and 6.

LEVELING

E: Structure

3 Practice

Comment dit-on?

1, **2** Note that we have used the conversational word order in these questions—rising intonation at the end of the question. These activities can be done with books closed, open, or once each way. **Expansion:** Have students give the information from these activities in their own words.

Group Activity

After completing the activities on this page, have students do the following activity. Have students work in groups of four. Give them the following verbs and phrases: **voyager, travailler, attendre le train.** Students 1–3 will prepare a miniconversation for each verb or phrase, and Student 4 will report to the class.

É1: Tu as voyagé avec qui?
É2: J'ai voyagé avec mon ami.
É3: Ah oui? Vous avez voyagé quand?
É2: Nous avons voyagé l'été dernier.
É4 (à la classe): É2 et son ami ont voyagé l'été dernier.

Leçon 1
Culture

Comment dit-on?

1 Historiette Hier soir

Donnez des réponses personnelles.

1. Tu as dîné en famille hier soir?
2. Qu'est-ce que vous avez mangé?
3. Tu as beaucoup étudié?
4. Tu as fini tes devoirs à quelle heure?
5. Ensuite, tu as regardé la télé?
6. Tu as choisi quelle émission?
7. Le téléphone a sonné?
8. Qui a répondu au téléphone?
9. Tu as parlé au téléphone?
10. Qui a téléphoné?
11. Vous avez parlé en anglais ou en français?

La gare à Dakar au Sénégal

2 Historiette Les voyageurs Mettez au passé composé.

Les voyageurs attendent le train. J'entends l'annonce du départ du train. Le contrôleur crie «En voiture!» Je cherche ma place. Tous les voyageurs louent leurs places à l'avance. Je trouve ma place. Tu dors pendant le voyage? On sert un repas aux voyageurs?

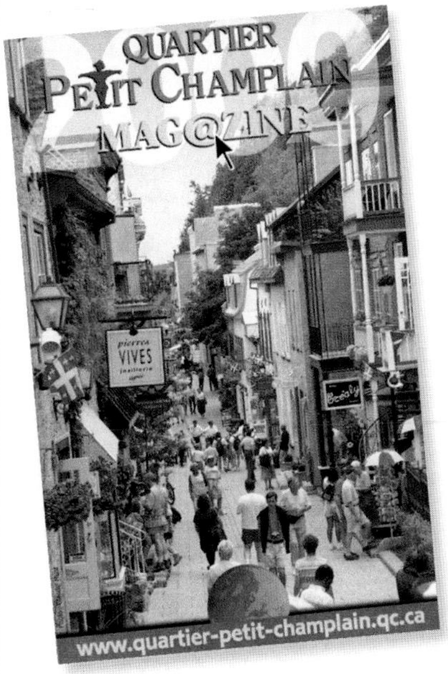

3 Historiette Au Canada Complétez au passé composé.

La compagnie aérienne __1__ (donner) un tarif réduit aux étudiants. Les étudiants __2__ (bénéficier) de ce tarif. Tous mes amis __3__ (voyager) quelque part. Mais nous __4__ (choisir) des itinéraires différents. Personne n'__5__ (perdre) de temps. Moi, j'__6__ (décider) d'aller au Québec. Mon ami Luc __7__ (choisir) le Québec aussi. Nous __8__ (visiter) la vieille ville de Québec. J'__9__ beaucoup __10__ (aimer) cette ville. Nous __11__ (trouver) la ville de Québec très intéressante. Vous __12__ jamais __13__ (visiter) le Canada?

Answers to Comment dit-on?

1 *Answers will vary but verb forms will be as follows:*
1. ... j'ai dîné...
2. Nous avons mangé...
3. ... j'ai étudié...
4. J'ai fini...
5. ... j'ai regardé...
6. J'ai choisi...
7. ... le téléphone a sonné...
8. ... a (ai) répondu...
9. ... j'ai parlé...
10. ... a téléphoné.
11. Nous avons parlé...

2
ont attendu, J'ai entendu, Le contrôleur a crié, J'ai cherché, les voyageurs ont loué, J'ai trouvé, Tu as dormi, On a servi

3
1. a donné
2. ont bénéficié
3. ont voyagé
4. avons choisi
5. a perdu
6. ai décidé
7. a choisi
8. avons visité
9. ai
10. aimé
11. avons trouvé
12. n'avez
13. visité

Le passé composé avec avoir: verbes irréguliers

Describing past actions

1. The past participle of most irregular verbs ends in either the sound /i/ or /ü/. Note, however, that the spellings of the /i/ sound can vary. Review the following irregular past participles of commonly used verbs.

/i/

-i	
rire	ri
sourire	souri
suivre	suivi

-is	
mettre	mis
permettre	permis
prendre	pris
apprendre	appris
comprendre	compris

-it	
dire	dit
écrire	écrit
conduire	conduit
construire	construit
produire	produit

/ü/

-u	
devoir	dû
avoir	eu
boire	bu
lire	lu
pouvoir	pu
voir	vu
croire	cru
connaître	connu
recevoir	reçu
vouloir	voulu
falloir	fallu
courir	couru
vivre	vécu

2. The past participles of the following verbs end in **-ert.**

ouvrir	ouvert
couvrir	couvert
découvrir	découvert
offrir	offert
souffrir	souffert

3. The past participles of **être** and **faire** are also irregular.

être ⟶ **été** **faire** ⟶ **fait**

Learning from Realia

(page 12 bottom) Le quartier du Petit Champlain se trouve dans la ville de Québec.

Learning from Photos

(page 12 top) Dakar est la capitale du Sénégal. C'est une ville agréable située sur la presqu'île du Cap-Vert. Le climat est tempéré et les avenues de la ville sont bordées d'arbres. Dakar a environ 1 500 000 habitants.

1 Preparation

Bellringer Review

Use BRR Transparency 1.4 or write the following on the board:

Complétez au présent.

1. **Je le ___ et vous le ___. (dire)**
2. **Il ___ et nous ___. (rire)**
3. **Le prof ___ et les élèves ___. (comprendre)**
4. **Elle ___ et nous ___. (écrire)**
5. **Je l'___ mais tu ne l'___ pas. (avoir)**
6. **Je ___, mais ils ne ___ pas. (pouvoir)**

2 Presentation

Le passé composé avec **avoir:** verbes irréguliers

Step 1 Explain to students who need this review that most irregular past participles end in the same sounds as regular past participles. The sound /i/ can have several spellings.

Step 2 Have students read the past participles aloud. Tell them to focus their attention on both the pronunciation and spelling as they read. To give students ear training, you may even wish to repeat the participles more than once.

Teaching Tip: To avoid doing large segments of grammar at one time, you may wish to intersperse the grammar points as you are doing other sections of the chapter. If your students need to do the review grammar, you may wish to go over these points as you are doing the **Culture, Conversation,** and **Journalisme** sections of the chapter. If you prefer, however, you can spend two or three class periods in succession doing the review grammar.

LEVELING

E: Structure

A: Structure

3 Practice

Comment dit-on?

4 After calling on individuals to answer the questions, call on one student to answer them all. Then call on another student to retell the story in his or her own words.

6 Have students read this **Activité** aloud.

4, **5**, **6** Have students also write these activities for homework.

Reaching All Students

Kinesthetic Learners You may have a student mime the meaning of each sentence in **Activité 4**.

Learning from Realia

(page 14 bottom) Le 5e arrondissement à Paris est le quartier central des étudiants. C'est là où se trouvent de nombreuses facultés et instituts d'enseignement supérieur. C'est également là où se trouve le bâtiment de l'ancienne Sorbonne.

Comment dit-on?

4 Historiette Au café Répondez que oui.

1. Jacques a passé du temps au café?
2. Il a été content?
3. Il a regardé les gens?
4. Il a vu des copains?
5. Il a bu un café?
6. Il a lu le journal?
7. Il a ouvert ses lettres?
8. Il a reçu beaucoup d'e-mails?
9. Il a écrit des cartes postales?
10. Il a mis des timbres sur ses cartes?

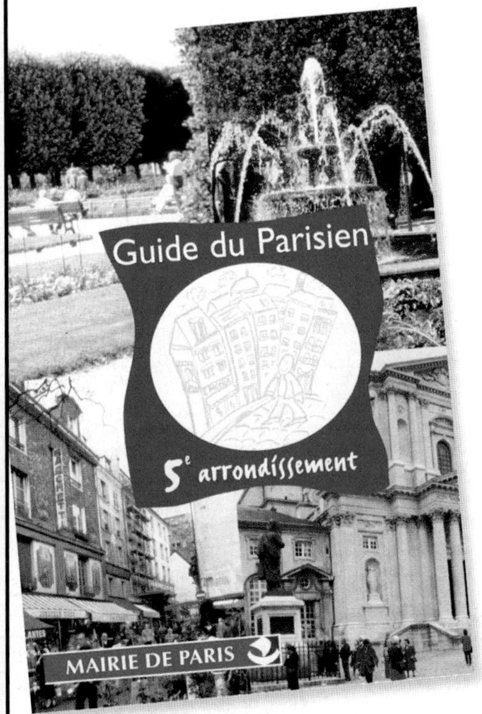

5 Un magazine de voyages Répondez que oui.

1. Tu as voulu acheter un magazine de voyages?
2. Tu as lu ce magazine?
3. Tu l'as compris?
4. Tu as beaucoup appris?
5. Tu as mis le magazine sur la table?
6. Ton ami a vu le magazine?
7. Il a ouvert le magazine?

6 Historiette La Côte d'Azur Complétez avec **je** et le passé composé.

___1___ (faire) un voyage sur la Côte d'Azur. ___2___ (découvrir) une nouvelle plage. ___3___ (mettre) mon maillot. ___4___ (prendre) une leçon de ski nautique. ___5___ (comprendre) tout ce que le moniteur m'a dit. ___6___ (suivre) toutes ses instructions. ___7___ (apprendre) très vite.

Answers to Comment dit-on?

4

1. Oui, Jacques a passé du temps au café.
2. Oui, il a été content.
3. Oui, il a regardé les gens.
4. Oui, il a vu des copains.
5. Oui, il a bu un café.
6. Oui, il a lu le journal.
7. Oui, il a ouvert ses lettres.
8. Oui, il a reçu beaucoup d'e-mails.
9. Oui, il a écrit des cartes postales.
10. Oui, il a mis des timbres sur ses cartes.

5

1. Oui, j'ai voulu acheter un magazine de voyages.
2. Oui, j'ai lu ce magazine.
3. Oui, je l'ai compris.
4. Oui, j'ai beaucoup appris.
5. Oui, j'ai mis le magazine sur la table.
6. Oui, mon ami a vu le magazine.
7. Oui, il a ouvert le magazine.

6

1. J'ai fait
2. J'ai découvert
3. J'ai mis
4. J'ai pris
5. J'ai compris
6. J'ai suivi
7. J'ai appris

7 Historiette Une excursion aux châteaux de la Loire

Complétez au passé composé.

La semaine dernière, la classe de Serge __1__ (faire) une excursion aux châteaux de la Loire. Malheureusement, ils n'__2__ pas __3__ (avoir) le temps de les visiter tous. Serge __4__ (passer) plusieurs heures au château de Chambord. Dans ce beau château, le roi Louis XIV __5__ (faire) représenter des pièces de Molière. Molière est un grand écrivain du dix-septième siècle qui __6__ (écrire) beaucoup de comédies. Après leur visite du château de Chambord, Serge et ses camarades __7__ (passer) quelques heures au château de Chenonceaux. On __8__ (construire) le château de Chenonceaux au seizième siècle. À Chenonceaux, Serge __9__ (voir) les appartements des rois. Plusieurs rois de France __10__ (vivre) dans les appartements de Chenonceaux. En 1733, le fermier général Dupin __11__ (acheter) le château. Au dix-huitième siècle, le château __12__ (servir) de résidence à beaucoup d'écrivains et de philosophes, comme Voltaire et Rousseau.

Le château de Chenonceaux

Jacques Cartier

8 Historiette Un Malouin célèbre

Complétez au passé composé.

Saint-Malo est une jolie ville sur la côte bretonne. Cette ville __1__ (voir) naître plusieurs personnages célèbres, tels que Jacques Cartier.

Cartier __2__ (quitter) la Bretagne en 1534 pour chercher une route vers l'Asie par le nord des Amériques. Arrivé dans la région de Terre-Neuve, il __3__ (découvrir) l'estuaire du Saint-Laurent. Il __4__ (croire) que c'était l'estuaire d'un grand fleuve d'Asie.

Dans la langue des Hurons, les indigènes de la région, le mot «canada» signifie «village». C'est Jacques Cartier qui __5__ (donner) le nom de Canada au pays. Il __6__ (prendre) possession du Canada au nom du roi de France. Mais ce n'est pas lui qui __7__ (fonder) la ville de Québec en 1608, c'est Samuel de Champlain.

Note: Although the major objective of these activities is the review of irregular past participles and verbs in the passé composé, students learn some interesting historical information from the activities. **Activité 7** deals with the **châteaux** of the Loire Valley. **Activité 8** gives information concerning the colonization of Canada.

7, 8 Because of the historical information in these activities, you may wish to have students who do not really need a review of the passé composé do them anyway.

Have students prepare these activities before going over them in class.

Expansion: Give students four minutes to write down all the information they recall from the activities, or call on students to tell what they remember.

FUN-FACTS

En 1534, Cartier a traversé l'Atlantique en vingt jours—un voyage rapide à cette époque!

Answers to Comment dit-on?

7

1. a fait
2. ont
3. eu
4. a passé
5. a fait
6. a écrit
7. ont passé
8. a construit
9. a vu
10. ont vécu
11. a acheté
12. a servi

8

1. a vu
2. a quitté
3. a découvert
4. a cru
5. a donné
6. a pris
7. a fondé

Recycling

These activities allow students to use the vocabulary and structure from this lesson in completely open-ended, real-life situations.

Encourage students to say as much as possible when they do these activities. Tell them not to be afraid to make mistakes, since the goal of these activities is real-life communication. If someone in the group makes an error, allow the others to politely correct him or her. Let students choose the activities they would like to do.

You may wish to divide students into pairs or groups. Encourage students to elaborate on the basic theme and to be creative. They may use props, pictures, or posters if they wish.

C'est à vous
Use what you have learned

ÉCRIRE
1
La France, pays touristique
✔ Write about why France is a popular tourist site

Les statistiques indiquent que la France est le premier pays touristique dans le monde. Vous avez beaucoup appris sur la France. Écrivez un paragraphe qui explique pourquoi les touristes du monde entier aiment tant aller en France.

Le ski alpin

L'église du Sacré-Cœur à Montmartre

PARLER
2
Un débat
✔ Compare the travel habits of American adults versus those of American teens

Discutez la phrase suivante avec vos camarades: «Les jeunes Américains aiment mieux voyager que les adultes et ils partent plus souvent en vacances que les adultes.»

PARLER ÉCRIRE
3
Les Français et les Américains
✔ Compare the travel habits of the French to those of the Americans

Quelles sont d'après vous, des vacances pour les Américains? Comparez les vacances des Américains et celles des Français.

Leçon 1
Culture

4, 5, 6 Note how these activities have students speak on their own but force them to use the passé composé.

PARLER 4

Mes vacances d'été

✔ Describe what you did last summer

Dites tout ce que vous avez fait pendant vos vacances l'été dernier.

PARLER 5 ÉCRIRE

J'ai voyagé en France.

✔ Describe what you did on a trip to France

Imaginez que vous avez fait un voyage en France. Préparez une liste de tout ce que vous avez fait et tout ce que vous avez vu.

Career Connection

Vous êtes graphiste et vous créez des dépliants touristiques pour encourager les francophones de ce monde à visiter les États-Unis. Choisissez une région des États-Unis et faites la maquette *(layout)* d'un dépliant touristique pour présenter cette région à des touristes. Commencez par rédiger le texte. Faites ensuite la mise en page. Décidez finalement de la typographie et des illustrations.

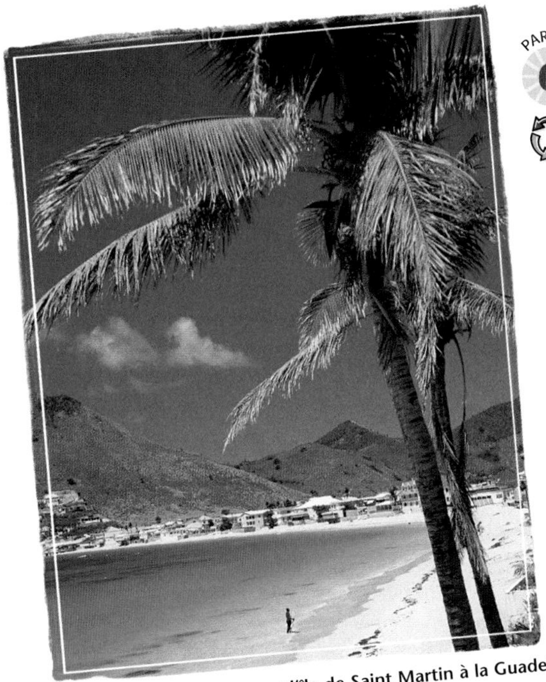

La plage de Grand-Case sur l'île de Saint Martin à la Guadeloupe

PARLER 6

Sur la plage à la Guadeloupe

✔ Tell about a trip to the beach in Guadeloupe

Vous avez passé une semaine à la Guadeloupe. Pendant votre séjour à la Guadeloupe, vous avez passé beaucoup de temps à la plage. Dites tout ce que vous y avez fait.

FRENCH Online

To learn more about vacation spots in the Francophone world, go to the Glencoe French Web site: french.glencoe.com

Learning from Photos

(page 17) Le village de Grand-Case se trouve sur Saint-Martin, une des Petites Antilles qui depuis 1648 est partagée entre la France et les Pays-Bas.

Resource Manager

Assessment Transparency A1.1
Online Quiz
Tests, pages 1–2 and 9–26
ExamView Pro®

Assessment

This is a pretest for students to take before you administer the lesson test. Answer sheets for students to do these pages are provided in your transparency binder. Note that each section is cross-referenced so students can easily find the material they have to review in case they made errors. You may wish to collect these assessments and correct them yourself or you may prefer to have the students correct themselves in class. You can go over the answers orally or project them on the overhead, using your Assessment Answers transparencies.

Assessment

Vocabulaire

To review the vocabulary, turn to pages 3–4.

1 Complétez.

1–2. Je vais aller à la _____ où je vais _____ dans la mer.
3–4. En hiver j'aime faire du _____ mais je descends seulement les _____ pour les débutants.
5. Il y a beaucoup de monde. Il y a une _____ devant la remontée mécanique.
6. La famille Génet aime faire du camping et ils ont une assez jolie _____.
7. Il y a beaucoup de petites _____ dans les vieilles villes.
8. Il aime beaucoup les vacances et il a trois semaines de _____.
9. Ce n'est pas la saison pour les touristes et tous les tarifs sont _____.

Lecture

To review the reading, turn to pages 6–10.

2 Écrivez deux choses que les touristes font...

10. aux Antilles.
11. au Canada.
12. en Afrique.

3 Vrai ou faux? Corrigez les phrases fausses.

13. Les Français n'ont qu'une semaine de congé.
14. Beaucoup de Français préfèrent passer leurs vacances en France.
15. La destination favorite des Français qui vont à l'étranger, c'est les États-Unis.
16. Les jeunes Français voyagent plus souvent à l'étranger que les adultes.

Les environs de Casablanca au Maroc

Answers to Assessment

1

1. plage
2. nager
3. ski alpin
4. pistes
5. file d'attente
6. caravane
7. ruelles
8. congé
9. réduits

2 *Answers will vary but may include:*

10. nager, bronzer, la plongée sous-marine, la planche à voile, la pêche, la randonnée dans la forêt
11. le ski alpin, le ski de fond, visiter la vieille ville de Québec, visiter la grande ville cosmopolitaine de Montréal
12. aller à Tombouctou, traverser le Sahara

3

13. Faux. Les Français ont cinq semaines de congé.
14. Vrai.
15. Faux. La destination favorite des Français qui vont à l'étranger, c'est l'Espagne.
16. Vrai.

Structure

4 Mettez au passé composé.

17. J'attends devant la remontée mécanique.
18. Il bénéficie d'un tarif pour les étudiants.
19. Nous décidons aller au Québec.
20. Vous finissez?
21. Je réponds au téléphone.

*To review regular forms of the passé composé with **avoir**, turn to page 11.*

5 Complétez au passé composé.

22. Il _____ ses copains. (voir)
23. J'_____ que non. (dire)
24. Tu _____ de la chance. (avoir)
25. Ils _____ les bagages où? (mettre)

*To review irregular forms of the passé composé with **avoir**, turn to page 13.*

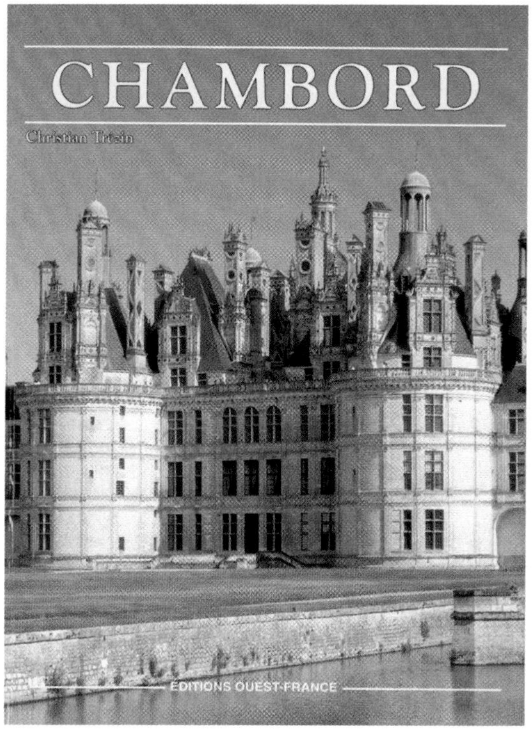

Assessment

After going over the Assessment, you may administer the test for **Leçon 1, Chapitre 1.**

Learning from Photos

(page 19) Le château de Chambord est l'un des plus imposants châteaux de la Loire. Il a été construit pour le roi François Ier à partir de 1519. Il est célèbre pour son escalier central à double hélice et ses belles terrasses décorées.

Answers to Assessment

4

17. J'ai attendu devant la remontée mécanique.
18. Il a bénéficié d'un tarif pour les étudiants.
19. Nous avons décidé d'aller au Québec.
20. Vous avez fini?
21. J'ai répondu au téléphone.

5

22. a vu
23. ai dit
24. as eu
25. ont mis

1 Preparation

Resource Manager

Vocabulary Transparencies V1.4–V1.5
Audio Activities TE, pages 5–6
Audio CD 1
Workbook, page 7
Quiz, page 6
ExamView® Pro

2 Presentation

Vocabulaire pour la conversation

Step 1 Have students open their books to page 20. Have them repeat each word, expression, or sentence after you or the Audio CD.

LEVELING

E: Vocabulary

Reaching All Students

Have a student volunteer to act out the following actions. Call on visual learners to tell what he or she is doing.

- be in a hurry
- jump into a cab
- be stuck in a traffic jam
- look at the taxi meter
- go from one place to another
- validate a train ticket
- give someone money

Vocabulaire pour la conversation

Le voyageur est pressé.
Il a raté son avion.
L'avion est parti sans lui.

Monsieur Dujardin a pris un taxi.
Malheureusement, il y a un embouteillage.
Il y a beaucoup de circulation.

la gare

le quai

La femme a composté son billet.
Il faut composter le billet pour le valider.

Plus de vocabulaire

le montant le total, la somme
un retard un délai, le fait d'arriver tard
se déplacer aller d'un endroit à l'autre, changer de place
prévoir considérer comme possible
verser de l'argent donner de l'argent

Step 2 Call on a student to read the words and definitions. You may wish to have one student read the word, and another the definition. You can intersperse the questions from **Activité 1** as you are presenting the vocabulary.

Step 3 In more able groups, you may call on individuals to use the new words in an original sentence.

Class Motivator

Jeu You may wish to play the following True/False game. Have students correct the false statements.

1. **Il y a presque toujours une station de taxis devant une aérogare.**
2. **La circulation roule très vite quand il y a des embouteillages.**
3. **Quand il y a un orage tous les vols partent à l'heure.**
4. **Le voyageur est pressé parce qu'il veut rater son avion.**
5. **Les voyages attendent le train sur le quai.**

Learning from Photos

(page 21 top) La photo représente l'entrée principale de la gare de Dakar, au Sénégal. (Voir page 13.)

3 Practice

Quel est le mot?

1 Call on a student to retell the story in his or her own words.

2, **3** **Expansion:** You can do **Activité 3** a second time. Have students cover the second column and come up with the word on their own. In more able groups you may have the students use the words in **Activités 2** and **3** in original sentences.

Learning from Photos

(page 22) Le réseau du TGV (train à grande vitesse) s'étend maintenant sur toute la France et même à l'étranger, vers des pays tels que l'Angleterre et la Belgique.

(page 23) Strasbourg est la capitale de l'Alsace. C'est le siège du Conseil de l'Europe et du Parlement européen. C'est une ville très pittoresque connue pour sa majestueuse cathédrale et ses jolies maisons fleuries. Strasbourg est une ville universitaire et un grand port fluvial sur le Rhin.

Quel est le mot?

1 **Historiette** **Un voyage raté** Répondez d'après les indications.

1. Il y a un orage? (non)
2. Il y a un embouteillage? (oui)
3. Le taxi ne peut pas avancer? (non)
4. Les voyageurs sont pressés? (oui)
5. Ils vont où? (à Marseille)
6. Ils y vont comment? (en TGV)
7. Le train est déjà parti? (oui)
8. Ils ont raté leur train? (oui)

Le TGV entre Paris et Marseille

2 **Définitions** Donnez le mot dont la définition suit.

1. une file de voitures qui ne bougent pas
2. un endroit où on peut trouver un taxi à l'aéroport
3. la somme totale
4. du mauvais temps avec de la pluie
5. faire un pronostic
6. dans un taxi, l'appareil qui indique le prix à payer
7. une gare pour voyageurs qui prennent l'avion
8. changer de place

3 **Familles de mots** Choisissez les mots qui sont de la même famille.

1. retarder	a. un compteur
2. verser	b. un composteur
3. monter	c. un versement
4. compter	d. le montant
5. composter	e. un retard
6. déplacer	f. un déplacement

Answers to Quel est le mot?

1

1. Non, il n'y a pas d'orage.
2. Oui, il y a un embouteillage.
3. Non, le taxi ne peut pas avancer.
4. Oui, les voyageurs sont pressés.
5. Ils vont à Marseille.
6. Ils y vont en TGV.
7. Oui, le train est déjà parti.
8. Oui, ils ont raté leur train.

2

1. un embouteillage
2. une station de taxis
3. le montant
4. un orage (une tempête, une averse)
5. prévoir
6. le compteur
7. une aérogare
8. se déplacer

3

1. e
2. c
3. d
4. a
5. b
6. f

Mise en scène

Comment les Français se déplacent-ils?

La voiture

Les Français adulent[1] leur voiture. Avec une voiture pour deux habitants, la France se place au troisième rang de l'Union européenne derrière l'Italie et l'Allemagne. Mais il n'y a aucun doute que les voitures sont la cause principale de la pollution de l'air et des embouteillages monstres dans les grandes agglomérations. Toutes les municipalités font de nombreux efforts pour développer et promouvoir les transports en commun.

Les transports en commun

Les grandes villes comme Paris et Lyon ont un très bon réseau de métro. En province les villes comme Grenoble et Strasbourg ont choisi de mettre en service un tramway, un mode de transport silencieux et non-polluant. Beaucoup de bus à Paris roulent au gaz pour réduire la pollution.

À Strasbourg en Alsace

Le train et l'avion

Le service ferroviaire en France est excellent. Le TGV (train à grande vitesse) a incité beaucoup de Français à abandonner leur voiture sur les longs parcours. De plus en plus nombreux sont les Français qui utilisent l'avion, en particulier pour les voyages d'affaires mais aussi pour des déplacements touristiques.

À cause de la concurrence[2] du TGV, Air France a mis en place des «navettes» sur certains vols intérieurs tels que Paris-Marseille. Il y a un vol toutes les trente minutes et on n'a pas besoin de réserver sa place à l'avance.

Maintenant on va accompagner M. Dubois qui fait un voyage d'affaires. On va voir ce qu'il fait pour résoudre un petit problème.

[1] adulent *really adore*
[2] concurrence *competition*

National Standards

Communication
Students learn to deal with travel problems such as canceled flights. They also learn to make train reservations.

1 Preparation

Resource Manager

Audio Activities TE, pages 6–8
Audio CD 1
Workbook, pages 7–8
Quizzes, pages 7–8

Bellringer Review

Use BRR Transparency 1.5 or write the following on the board: **Écrivez dix mots dont on pourrait se servir à l'aéroport.**

2 Presentation

Mise en scène

Step 1 You may wish to go over the **Mise en scène** quickly by reading it aloud to the class and then having them do **Activité A,** page 26.

Step 2 Or, you may wish to go over it more thoroughly and ask the following questions: **Que causent les voitures? Qu'est-ce que toutes les municipalités veulent développer? Quelles villes ont un bon réseau de métro? Et les petites villes de province? Comment est le service ferroviaire en France? Que sont les «navettes»?**

About the French Language

You will hear and see **les grandes agglomérations** and **les grosses agglomérations.** Both are used in **Bon voyage!** Level 3.

2 Presentation

Conversation

Note: You may wish to divide the conversation into three parts or present the entire conversation at once.

Step 1 Have students listen to the **Conversation** on the Audio CD with their books closed.

Step 2 Call on students to read the **Conversation** aloud. Each student should read a different part.

Step 3 You may wish to do the corresponding activity each time you complete a section of the **Conversation.**

Learning from Photos

(page 24) Ask students the following question: **Qu'est-ce qui se passe au comptoir? Imaginez une autre conversation entre le passager et l'agent.**

LEVELING

E: Conversation

Leçon 2
Conversation

Un voyage d'affaires

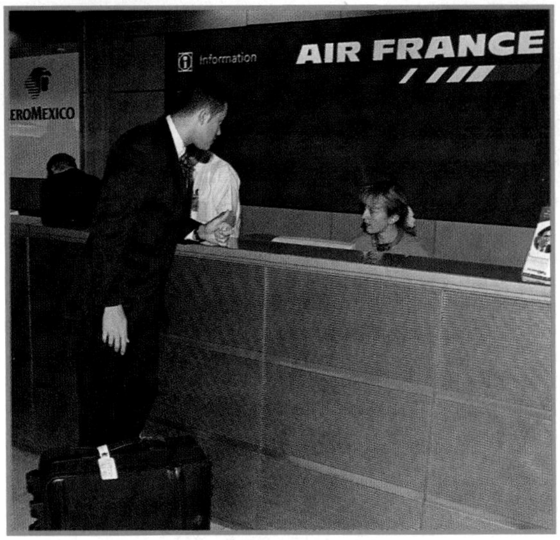

À l'aéroport

M. Dubois Zut! J'ai raté mon vol pour Bordeaux. J'ai passé une bonne demi-heure dans un embouteillage sur l'autoroute sans avancer d'un centimètre.

Agent Mais vous n'avez pas raté votre vol.

M. Dubois Il n'est pas encore parti? Il a été retardé?

Agent Il a été annulé à cause d'un problème technique.

M. Dubois Et le prochain vol est à quelle heure?

Agent Il y a un vol qui doit partir à 13 h 55, mais à ce moment on prévoit un retard de deux heures, au moins.

M. Dubois Deux heures! Pourquoi? Encore un problème technique?

Agent Non. Il y a des orages sur Bordeaux, et les avions ne peuvent pas atterrir.

M. Dubois Je crois que je vais prendre le train, alors. La compagnie peut me rembourser mon billet?

Agent Bien sûr. Vous l'avez payé avec une carte de crédit, non?

M. Dubois Oui.

Agent Alors, au comptoir là-bas, on va vous donner un bulletin de remboursement et le montant sera versé sur votre compte.

M. Dubois Merci, mais je suis pressé. Je vais aller chez mon agent de voyages.

Agent D'accord.

M. Dubois Où est-ce que je peux trouver un taxi?

Agent À la sortie du terminal, il y a une station de taxis sur votre gauche.

Leçon 2
Conversation

Reaching All Students

Have advanced students create their own impromptu conversations based on the same theme as **«Un voyage d'affaires»**.

Dans un taxi

M. Dubois La gare Montparnasse, s'il vous plaît.
Taxi Oui, monsieur.
M. Dubois Il faut que j'y sois avant treize heures trente. C'est possible?
Taxi Oui, ça ne roule pas mal à cette heure. On verra... Avec un peu de chance!
M. Dubois C'est combien pour aller à la gare Montparnasse?
Taxi Ce que le compteur indiquera.

À la gare

M. Dubois Le prochain train pour Bordeaux part à quelle heure, s'il vous plaît?
Employée À 14 h 10.
M. Dubois C'est un express?
Employée C'est un TGV.
M. Dubois Il arrive à quelle heure?
Employée À 17 h 13.
M. Dubois Bien alors, donnez-moi un aller simple en seconde, s'il vous plaît.
Employée Très bien. Ça fait quatre-vingt-cinq euros et dix euros pour la réservation. Ça fait quatre-vingt-quinze euros en tout. Et voilà votre billet, monsieur. Surtout n'oubliez pas de le composter.

Critical Thinking Activity

Supporting statements with reasons, problem-solving

1. Donnez votre opinion. M. Dubois a-t-il bien fait quand il a décidé d'aller à la gare et de prendre le train? Pourquoi?
2. Qu'est-ce que vous auriez fait si vous aviez été M. Dubois?

Identifying consequences

Quelle influence le mauvais temps exerce-t-il sur les transports? Quelles en sont les conséquences?

3 Practice

Vous avez compris?

B, **C**, **D** After you go over each activity, call on a student to retell the corresponding part of the conversation in his or her own words.

Expansion: Have students make up and answer their own questions about the conversation.

E This activity can be done in pairs or small groups.

Learning from Photos

(page 26) La cathédrale de Bordeaux est connue pour la beauté de son grand orgue *(organ).*

Chapter Projects

Une nouvelle
Vous allez être auteur. Écrivez une nouvelle au sujet d'un voyage. Votre voyage peut être réel ou imaginaire, sérieux ou drôle, réaliste ou absurde.

Vous avez compris?

A Vrai ou faux?

1. Très peu de Français ont une voiture.
2. Les municipalités françaises ne font rien pour développer les transports en commun.
3. Les villes de province ont un très bon réseau de métro.
4. Les tramways des villes de province et les bus de Paris polluent l'atmosphère.
5. Les Français utilisent toujours leurs voitures quand ils se déplacent.
6. Les «navettes» sont des vols internationaux très longs.

B **Historiette** Répondez d'après la conversation à l'aéroport.

1. Où va M. Dubois?
2. Pourquoi est-il arrivé à l'aéroport en retard?
3. Son vol est parti?
4. Pourquoi le vol a-t-il été annulé?
5. Pourquoi le prochain vol partira-t-il en retard?
6. Qu'est-ce que M. Dubois a décidé de faire?
7. La compagnie peut lui rembourser l'argent qu'il a payé?
8. Qu'est-ce qu'on va lui donner?
9. Pourquoi M. Dubois ira-t-il chez son agent de voyages?
10. Il veut aller à la gare comment?
11. Où est-ce qu'il peut trouver un taxi?

La cathédrale Saint-André à Bordeaux

C **Historiette** Répondez d'après la conversation dans le taxi.

1. M. Dubois va à quelle gare?
2. Il veut y être quand?
3. C'est possible?
4. Pourquoi?
5. C'est combien pour aller de l'aéroport à la gare Montparnasse?

D **Historiette** Complétez d'après la conversation à la gare.

Le prochain train pour Bordeaux part à __1__. C'est un __2__. Il arrive à Bordeaux à __3__. M. Dubois prend __4__. Le billet lui a coûté __5__.

E M. Dubois a eu quelques problèmes. Dites tout ce qu'il a dû faire pour aller de Paris à Bordeaux.

Answers to Vous avez compris?

A

1. Faux.
2. Faux.
3. Faux.
4. Faux.
5. Faux.
6. Faux.

B

1. M. Dubois va à Bordeaux.
2. Il est arrivé en retard parce qu'il a passé une bonne demi-heure dans un embouteillage.
3. Non, son vol n'est pas parti. Il a été annulé.
4. Le vol a été annulé à cause d'un problème technique.
5. Le prochain vol partira en retard parce qu'il y a de violents orages sur Bordeaux et les avions ne peuvent pas atterrir.
6. Il a décidé de prendre le train.
7. Oui, la compagnie peut lui rembourser l'argent qu'il a payé.
8. On va lui donner un bulletin de remboursement.
9. Il ira chez son agent de voyages parce qu'il est pressé.
10. Il veut aller à la gare en taxi.
11. Il peut trouver un taxi à une station de taxis, à la sortie de l'aérogare.

Structure ✤ Révision

Le passé composé avec être
Describing past actions

1. Review the following verbs that are conjugated with **être,** rather than **avoir,** in the passé composé. Note that many verbs conjugated with **être** express motion to or from a place.

aller	**allé**	**arriver**	**arrivé**	**rester**	**resté**
venir	**venu**	**partir**	**parti**	**devenir**	**devenu**
entrer	**entré**	**passer**	**passé**	**mourir**	**mort**
sortir	**sorti**	**retourner**	**retourné**	**naître**	**né**
rentrer	**rentré**	**monter**	**monté**	**tomber**	**tombé**
revenir	**revenu**	**descendre**	**descendu**		

2. With verbs conjugated with **être,** the past participle must agree in number (singular or plural) and gender (masculine or feminine) with the subject.

ALLER		NAÎTRE	
je	suis allé(e)	je	suis né(e)
tu	es allé(e)	tu	es né(e)
il/elle	est allé(e)	il/elle	est né(e)
on	est allé(e)(s)	on	est né(e)(s)
nous	sommes allé(e)s	nous	sommes né(e)s
vous	êtes allé(e)(s)	vous	êtes né(e)(s)
ils/elles	sont allé(e)s	ils/elles	sont né(e)s

Un hôtel à Abidjan en Côte d'Ivoire

ANSWERS TO Vous avez compris?

C

1. Il va à la gare Montparnasse.
2. Il veut y être avant 13 heures 30.
3. Oui, c'est possible.
4. Parce que ça roule pas mal à cette heure-là.
5. C'est ce que le compteur indiquera.

D

1. à 14 h 10
2. TGV
3. à 17 h 13
4. un aller simple en seconde
5. 95 euros

E *Answers will vary.*

1 Preparation

Resource Manager

Audio Activities TE, page 9
Audio CD 1
Workbook, pages 9–10
Quiz, page 9
ExamView Pro®

Bellringer Review

Use BRR Transparency 1.6 or write the following on the board:
Récrivez au présent.
1. **Nous sommes allés à la plage.**
2. **Robert est venu avec nous.**
3. **Nous sommes descendus à la plage.**
4. **Nous sommes restés toute la journée à la plage.**

2 Presentation

Le passé composé avec être

Step 1 Read Item 1 to students and have them repeat the past participles aloud.

Step 2 Have students repeat the paradigms aloud in unison. Tell them to look at the paradigms as they read aloud and focus attention on the spelling of the silent endings.

LEVELING
A: Structure

3 Practice

Comment dit-on?

Note: It is up to the discretion of the teacher concerning the importance attached to the spelling of the past participle.

1 **Expansion:** Have students answer the questions, supplying alternate answers to those given in parentheses.

2 This activity can be done with books closed or open.

3 It is suggested that you have students prepare this activity before going over it in class. **Expansion:** Upon completion of **Activité 3,** have one student give the class all the information in his or her own words.

Learning from Photos

(page 28 bottom) Le musée d'Orsay est consacré au XIXe siècle, de 1848 à 1914. Il réunit toutes les formes de création artistique: peinture, sculpture, arts décoratifs, littérature, musique, cinéma. Sa collection d'œuvres impressionnistes est très célèbre.

(page 29 bottom) Le château Frontenac est l'hôtel le plus célèbre du Vieux Québec. Il tient son nom du comte de Frontenac, gouverneur de la Nouvelle-France au XVIIe siècle.

Leçon 2
Conversation

Comment dit-on?

1 Historiette En France!

Répondez d'après les indications.

1. Tu es allé(e) où? (en France)
2. Tu y es allé(e) avec qui? (mon prof de français)
3. Vous y êtes allé(e)s comment? (en avion)
4. L'avion est parti à l'heure? (oui)
5. Il est arrivé à l'heure? (oui)
6. Vous êtes parti(e)s de quel aéroport? (Kennedy à New York)
7. Vous êtes arrivé(e)s à quel aéroport? (Charles-de-Gaulle à Paris)
8. Tu es resté(e) combien de jours à Paris? (cinq)
9. Vous êtes monté(e)s en haut de la tour Eiffel? (oui)
10. Vous êtes descendu(e)s dans les Catacombes? (non)
11. Tu es passé(e) devant l'Élysée? (oui)

L'aéroport de Mulhouse en Alsace

2 Historiette Au cinéma

Répondez.

1. Tu es sorti(e) hier soir?
2. Tu es sorti(e) avec qui?
3. Vous êtes allé(e)s au cinéma?
4. Vous êtes arrivé(e)s au cinéma à quelle heure?
5. Et vous êtes sorti(e)s à quelle heure?
6. Tu es rentré(e) chez toi à quelle heure?
7. Et ton copain, il est rentré à quelle heure?
8. Et ta copine, elle est rentrée à quelle heure?

Le musée d'Orsay à Paris

3 Historiette Au musée d'Orsay

Complétez au passé composé.

Hier, Camille __1__ (aller) au musée d'Orsay avec des copains. Ils __2__ (aller) voir l'exposition Renoir. Camille __3__ (descendre) du métro à la station Musée d'Orsay. Elle __4__ (arriver) au musée à quatorze heures. Elle __5__ (entrer) dans le musée avec ses copains. Ils __6__ (monter) au deuxième étage. Ils __7__ (rester) une bonne heure à regarder les tableaux de Renoir. Renoir, le célèbre peintre impressionniste, __8__ (naître) en 1841 et il __9__ (mourir) en 1919. Camille et ses copains __10__ (sortir) de l'exposition à quinze heures trente. Ils __11__ (aller) à la station de métro ensemble. Le train __12__ (arriver) et ils __13__ (monter). Camille __14__ (rentrer) chez elle à seize heures trente. L'ascenseur __15__ (tomber) en panne. Camille __16__ (monter) à pied à son appartement.

Answers to Comment dit-on?

1

1. Je suis allé(e) en France.
2. J'y suis allé(e) avec mon prof de français.
3. Nous sommes allé(e)s en France en avion.
4. Oui, l'avion est parti à l'heure.
5. Oui, il est arrivé à l'heure.
6. Nous sommes parti(e)s de l'aéroport Kennedy à New York.
7. Nous sommes arrivé(e)s à l'aéroport Charles-de-Gaulle à Paris.
8. Je suis resté(e) cinq jours à Paris.
9. Oui, nous sommes monté(e)s en haut de la tour Eiffel.
10. Non, nous ne sommes pas descendu(e)s dans les Catacombes.
11. Oui, je suis passé(e) devant l'Élysée.

2 *Answers will vary.*

Le passé composé avec être ou avoir

Describing past actions

Verbs conjugated with **être** do not take a direct object. However, verbs such as **monter, descendre, sortir, rentrer, retourner,** and **passer** can be used with a direct object. When they are, their meaning changes, and the passé composé is formed with **avoir,** rather than **être.** Compare the following sentences.

Without direct object	With direct object
Elle est montée à pied.	Elle a monté ses bagages.
Elle est sortie en voiture.	Elle a sorti le chien.

Comment dit-on?

4 Historiette Visite à Notre-Dame
Mettez au passé composé.

1. Les touristes montent en haut des tours de Notre-Dame.
2. Ils montent 387 marches très lentement.
3. Ils descendent beaucoup plus vite.
4. Ils sortent de la cathédrale après une visite d'une demi-heure.
5. Après la visite, Anne sort de l'argent de son sac pour le guide.
6. Les touristes rentrent à l'hôtel pour le dîner.
7. Avant le dîner, ils montent dans leurs chambres.
8. Ils montent tout ce qu'ils ont acheté.

La cathédrale de Notre-Dame à Paris

L'hôtel Frontenac à Québec

5 À l'hôtel Inventez des phrases en utilisant le passé composé.

monter à pied
monter au troisième étage
sortir
monter l'escalier
descendre au rez-de-chaussée
descendre les bagages
sortir de l'argent pour le taxi

Answers to Comment dit-on?

3

1. est allée
2. sont allés
3. est descendue
4. est arrivée
5. est entrée
6. sont montés
7. sont restés
8. est né
9. est mort
10. sont sortis
11. sont allés
12. est arrivé
13. sont montés
14. est rentrée
15. est tombé
16. est montée

4

1. sont montés
2. ont monté
3. sont descendus
4. sont sortis
5. a sorti
6. sont rentrés
7. sont montés
8. ont monté

5 *Answers will vary.*

Leçon 2
Conversation

2 Presentation

Le passé composé avec **être** ou **avoir**

Note: This structure point is confusing for many students. The more examples the students have, the better they understand. Some additional examples you may wish to give are:

Elle est montée.
Elle a monté l'escalier.

Elles sont descendues.
Elles ont descendu leurs bagages.

Il est sorti.
Il a sorti son argent de sa poche.

Ils sont passés par ici.
Ils ont passé leurs vacances ensemble.

3 Practice

Comment dit-on?

4 Go over **Activité 4** once calling on different students. Then have one student read the activity in its entirety.

Assessment

Now that all types of verbs have been reviewed in the passé composé, have students respond to the following.

1. **Qu'est-ce que tu as fait hier soir?**
2. **Tes copains et toi, qu'est-ce que vous avez fait hier?**
3. **Qu'est-ce que tu as fait pendant les vacances?**
4. **Qu'est-ce que tu as fait hier à l'école?**

Have students give as many answers as possible to each question.

LEVELING

A: Structure
C: Structure

Recycling

These activities allow students to use the vocabulary and structure from this lesson in completely open-ended, real-life situations. These activities recycle vocabulary associated with air travel (Level 1, Chapter 8; Level 2, Chapter 4), train travel (Level 1, Chapter 9; Level 2, Chapter 4) and checking in and out of a hotel (Level 2, Chapter 9).

Encourage students to say as much as possible when they do these activities. Tell them not to be afraid to make mistakes, since the goal of these activities is real-life communication. If someone in the group makes an error, allow the others to politely correct him or her. Let students choose the activities they would like to do.

You may wish to divide students into pairs or groups. Encourage students to elaborate on the basic theme and to be creative. They may use props, pictures, or posters if they wish.

You can do these activities as paired activities, or they can be done in a group. Students assist one another in polishing the final version of their conversations.

Have different pairs or groups present their conversation to the class.

Group Activity

Have students work in groups of four. Each group member discusses the advantages and disadvantages of travel by train, airplane, and car. The group decides on a preferable mode of transportation and reports to the class.

Leçon 2
Conversation

C'est à vous
Use what you have learned

PARLER

1 À l'aéroport Charles-de-Gaulle
✔ *Talk about traveling by airplane*

Vous allez de Paris à New York. Vous êtes au comptoir de la compagnie aérienne. Votre vol a du retard. Préparez une conversation avec un(e) camarade de classe qui sera l'agent de la compagnie aérienne. Voici des mots que vous avez déjà appris et dont vous aurez peut-être besoin: **le départ, les bagages, la porte, le vol, l'avion, l'appareil, décoller, atterrir, faire enregistrer les bagages, à destination de, en provenance de.**

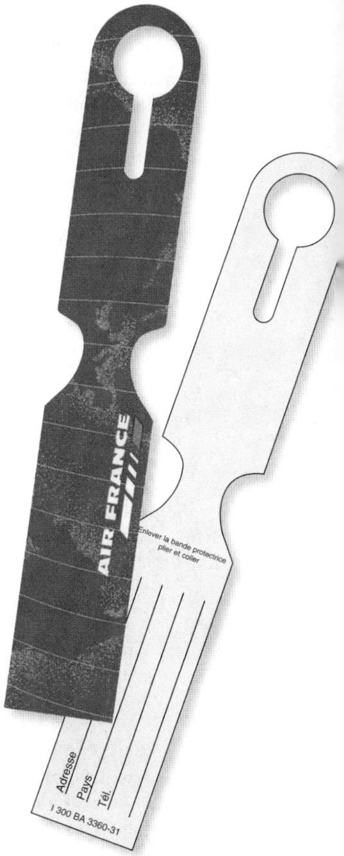

PARLER

2 À la gare de Lyon
✔ *Talk about being late for a train*

Vous allez de Paris à Marseille. Vous êtes à la gare de Lyon à Paris. Vous avez peur d'avoir raté votre train. Préparez une conversation avec un(e) camarade qui sera l'employé(e) du chemin de fer. Voici des mots que vous avez déjà appris et dont vous aurez peut-être besoin: **la salle d'attente, attendre le prochain train, un haut-parleur, une annonce, partir à l'heure, en avance, en retard, le guichet, un billet aller (et) retour, en première, en seconde, monter en voiture, changer de train.**

La gare de Lyon à Paris

PARLER

3 En partant

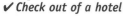

✔ *Check out of a hotel*

Vous venez de passer une semaine à Nice. Malheureusement, vous devez repartir aujourd'hui pour les États-Unis. Vous êtes à la réception de votre hôtel pour payer votre facture. Vous voulez aussi un taxi pour aller à l'aéroport. Préparez une conversation avec un(e) camarade qui sera le/la réceptionniste. Voici des mots que vous avez déjà appris et dont vous aurez peut-être besoin: **libérer la chambre, rendre sa clé, vérifier les frais, descendre les bagages, demander la facture, payer avec une carte de crédit, avec un chèque de voyage, en espèces.**

L'hôtel Negresco à Nice sur la Côte d'Azur

PARLER ÉCRIRE

4 L'été dernier

✔ *Discuss what you did last summer*

Expliquez où vous êtes allé(e) l'été dernier et décrivez tout ce que vous avez fait. Vous avez passé de bonnes vacances?

PARLER ÉCRIRE

5 Un voyage horrible

✔ *Describe a horrible vacation that you had*

Imaginez que vous avez fait un voyage horrible. Il y a eu beaucoup de problèmes. Décrivez tout ce qui est arrivé et tout ce que vous avez fait pour essayer de surmonter tous les obstacles.

Leçon 2
Conversation

ADDITIONAL PRACTICE

You may wish to ask students the following questions about the boy in the illustration: **Il est où? Qu'est-ce qu'il lit? Qu'est-ce qu'il a à la main? Qu'est-ce qu'il écoute? Il est assis sur quoi? Il est content ou triste? Tu crois que ce garçon est quelqu'un de sérieux? Comment est-il?**

Learning from Photos

(page 30 bottom) Paris a six gares ferroviaires qui desservent les régions suivantes:

la gare de Lyon: le sud-est de la France et l'Italie

la gare du Nord: le nord de la France, les pays du nord de l'Europe et l'Angleterre

la gare Saint-Lazare: la Normandie et l'Angleterre

la gare de l'Est: l'est de la France, le Luxembourg et l'Europe centrale

la gare d'Austerlitz: la région de la Loire, le sud-ouest de la France et l'Espagne

la gare Montparnasse: la gare principale pour les TGV à destination du sud-ouest de la France

Resource Manager

Assessment Transparency A1.2
Online Quiz
Tests, pages 3–4 and 9–26
ExamView Pro®

Assessment

This is a pretest for students to take before you administer the lesson test. Answer sheets for students to do these pages are provided in your transparency binder. Note that each section is cross-referenced so students can easily find the material they have to review in case they made errors. You may wish to collect these assessments and correct them yourself or you may prefer to have the students correct themselves in class. You can go over the answers orally or project them on the overhead, using your Assessment Answers transparencies.

Assessment

Vocabulaire

To review the vocabulary, turn to pages 20–21.

1 Oui ou non? Corrigez les phrases fausses.

1. Le voyageur est arrivé tard à l'aéroport et il a raté son vol.
2. La circulation bouge bien quand il y a un embouteillage.
3. Il y a presque toujours une station de taxis devant le terminal de l'aéroport.
4. Il est très pressé parce qu'il a beaucoup de temps.
5. Les voyageurs ont attendu le train sur le quai.
6. Pour valider le billet, il faut le composter.

2 Complétez.

7. Changer de place, c'est ____.
8. Considérer comme possible, c'est ____.
9. Le total, c'est ____.
10. Donner de l'argent, c'est ____.

Conversation

To review the conversation, turn to pages 23–25.

3 Vrai ou faux? Répondez d'après la conversation.

11. Très peu de familles françaises ont une voiture.
12. Les voitures françaises polluent plus que les tramways.
13. Le service ferroviaire, c'est-à-dire le train, est excellent en France.

4 Répondez.

14. Pourquoi M. Dubois n'a-t-il pas raté son vol?
15. Et le prochain vol va partir avec un retard de deux heures. Pourquoi?
16. M. Dubois va à Bordeaux comment?
17. Qu'est-ce qu'il prend pour aller à la gare?

Answers to Assessment

1

1. Vrai.
2. La circulation ne bouge pas quand il y a un embouteillage.
3. Vrai.
4. Il est très pressé parce qu'il est en retard.
5. Vrai.
6. Vrai.

2

7. se déplacer
8. prévoir
9. le montant
10. verser

3

11. Faux.
12. Vrai.
13. Vrai.

4

14. M. Dubois n'a pas raté son vol parce que le vol a été annulé.
15. Le prochain vol va partir avec un retard de deux heures parce qu'il y a des orages sur Bordeaux.
16. M. Dubois va à Bordeaux en train.
17. Il prend un taxi pour aller à la gare.

Structure

5 Récrivez au passé composé.

18. J'y vais.
19. Elle descend tout de suite.
20. Tu rentres à quelle heure?
21. Et elle part quand?
22. Ils deviennent très riches.

To review the passé composé with **être**, turn to page 27.

6 Complétez au passé composé.

23. Elle ____ et ensuite elle ____ ses bagages du coffre de la voiture. (sortir)
24. Elle ____ à pied. Elle ____ l'escalier. (monter)
25. Elle ____ ses vacances en Afrique. Elle ____ devant le musée. (passer)

To review the passé composé with **être** or **avoir**, turn to page 29.

À Dakar au Sénégal

Assessment

After going over the Assessment, you may administer the test for **Leçon 2, Chapitre 1.**

Answers to Assessment

5

18. J'y suis allé(e).
19. Elle est descendue tout de suite.
20. Tu es rentré(e) à quelle heure?
21. Et elle est partie quand?
22. Ils sont devenus très riches.

6

23. est sortie, a sorti
24. est montée, a monté
25. a passé, est passée

1 Preparation

Resource Manager

Vocabulary Transparencies V1.6–V1.7
Audio Activities TE, pages 10–11
Audio CD 1
Workbook, page 11
Quiz, page 10
ExamView Pro®

Bellringer Review

Use BRR Transparency 1.7 or write the following on the board: **Écrivez quatre phrases pour décrire le temps en été et le temps en hiver là où vous habitez.**

2 Presentation

Vocabulaire pour la lecture

Step 1 Have students open their books to pages 34–35 and repeat each expression after you or the Audio CD.

Step 2 As you are presenting the new vocabulary you may wish to intersperse the following questions: **Il y a des nuages ou du soleil quand le ciel est couvert? Et quand le ciel est voilé? Quand le ciel se dégage, qu'est-ce qu'il y a? Qu'est-ce qui se passe quand il fait de l'orage?**

Step 3 Upon completion of the vocabulary presentation, have students list storms according to severity: **une averse, un orage, une tempête.**

LEVELING
E: Vocabulary

Vocabulaire pour la lecture

La météo

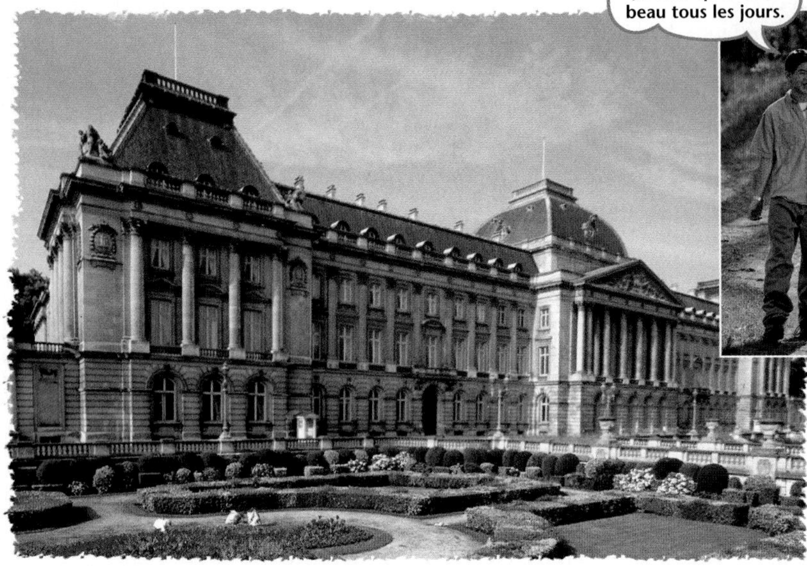

Le soleil brille.
Il fait très beau, surtout en été.

Il y a des nuages.
Le ciel est nuageux.
Le ciel est couvert.
Je ne veux pas qu'il soit très nuageux.

Il pleut souvent au printemps. Il ne pleut pas en hiver.
Le temps est pluvieux.
Il faut qu'il pleuve de temps en temps.

Le ciel est voilé.
Il y a des nuages.
Mais il y a aussi des éclaircies.
Le ciel se dégage.

Il fait de l'orage.
Le temps est orageux.

Les orages peuvent être violents.
Il y a des coups de tonnerre.

Il fait du vent.
Le vent souffle.
Il y a beaucoup de vent en automne.

Plus de vocabulaire

une averse pluie soudaine et abondante
la bruine petite pluie fine
la brume un peu d'humidité dans l'air
le brouillard beaucoup d'humidité dans l'air qui limite la visibilité
une rafale un coup de vent violent mais de courte durée
une tempête un vent violent avec quelquefois un orage

Vocabulary Expansion

Notez les intempéries et les adjectifs correspondants:
la pluie – pluvieux
un orage – orageux
un nuage – nuageux
la brume – brumeux
le soleil – ensoleillé
la neige – enneigé

Learning from Photos

(page 34 top left) Le palais Royal à Bruxelles est l'un des plus beaux monuments officiels de la capitale de la Belgique. Symbole de la monarchie constitutionnelle, c'est au palais que le roi exerce ses fonctions de chef d'Etat.

(page 34 bottom) L'arc de triomphe de l'Étoile célèbre les victoires de Napoléon Ier.

(page 35 top left) Dans le sud de la France, le vent souffle fort et les incendies de forêt sont fréquents.

Reaching All Students

Have visual learners go to the board and draw all types of things that relate to weather (drops of rain, streaks of lightning, clouds, break in clouds, break in clouds, wind, etc.).

Have students describe what they are drawing or have students make up questions about what they have drawn and call on other students to answer.

Critical Thinking Activity

Une explication Expliquez la différence entre la bruine, la brume et le brouillard.

3 Practice

Quel est le mot?

1 This activity can be done orally with books closed or open as soon as the vocabulary presentation is completed.

2, **3**, **4** These activities can be assigned first as homework and then gone over in class.

Assessment

Have students give a complete description of today's weather.

ADDITIONAL PRACTICE

Have students write the weather report for the type of weather pictured in the photo.

Learning from Photos

(page 36) Toulouse est une ville importante du sud-ouest de la France (environ 650 000 habitants dans l'agglomération). C'est une ville universitaire en pleine expansion grâce aux constructions aéronautiques et à l'industrie chimique.

Quel est le mot?

1 Quel temps fait-il? Donnez des réponses personnelles.

1. Il pleut souvent là où vous habitez?
2. Le temps est pluvieux aujourd'hui?
3. Le ciel est nuageux ou dégagé?
4. Il y aura des éclaircies cet après-midi?
5. Il y a du vent? Le vent souffle?
6. En quelle saison y a-t-il de la grêle?
7. En quelle saison y a-t-il beaucoup d'averses?
8. En quelle saison y a-t-il des orages?
9. En quelle saison y a-t-il de grosses tempêtes?

Des marguerites au Québec

2 La météo Vrai ou faux?

1. Quand le ciel se dégage, les nuages arrivent.
2. Une averse est toujours plus dangereuse qu'un orage.
3. On dit que le ciel est couvert quand il est complètement gris.
4. Quand il pleut, des gouttes de pluie tombent des nuages.
5. Pendant un orage il y a de temps en temps des coups de tonnerre et le vent souffle très fort.
6. Quand le ciel est couvert il y a des éclaircies.
7. Il y a de la grêle en été quand il fait chaud.
8. Quand il y a du brouillard, on voit bien la route.

Un marché à Toulouse

3 De temps en temps, oui. Répondez.

1. Il faut qu'il y ait du soleil de temps en temps?
2. Il faut qu'il y ait des nuages de temps en temps?
3. Il faut qu'il pleuve de temps en temps?
4. Il faut qu'il fasse du vent de temps en temps?

4 Définitions Donnez le mot dont la définition suit.

1. une pluie soudaine et abondante
2. une décharge électrique dans le ciel
3. endroit clair dans un ciel nuageux ou brumeux
4. un peu d'humidité dans l'air
5. une petite pluie fine
6. un vent fort et violent

Answers to Quel est le mot?

1 *Answers will vary.*

2

1. Faux.
2. Faux.
3. Vrai.
4. Vrai.
5. Vrai.
6. Faux.
7. Faux.
8. Faux.

3

1. Oui, il faut qu'il y ait du soleil de temps en temps.
2. Oui, il faut qu'il y ait des nuages de temps en temps.
3. Oui, il faut qu'il pleuve de temps en temps.
4. Oui, il faut qu'il fasse du vent de temps en temps.

4

1. une averse
2. un éclair
3. une éclaircie
4. la brume
5. la bruine
6. une tempête

Avant la lecture

Le temps intéresse toujours les voyageurs. Le mauvais temps peut créer des problèmes de transport et forcer les voyageurs à annuler leurs excursions. Les voyageurs veulent toujours qu'il fasse beau et qu'il n'y ait pas de tempêtes. Le beau temps fait sourire—les gens ont le sourire quand le ciel est bleu et que le soleil brille très fort. Alors presque tout le monde lit la météo pour savoir quel temps il fera. Le bulletin météorologique que vous allez lire a paru dans *Le Figaro* pour les 10, 11 et 12 juin.

LE FIGARO

MÉTÉO

Temps orageux en Europe Centrale

La Péninsule Ibérique, l'Italie et la Grèce jouiront encore d'un temps sec et largement ensoleillé. Du Danemark à la Mer Noire, le ciel sera souvent couvert avec des pluies localement copieuses. Sur le nord-ouest du continent, le temps sera généralement instable et trop frais pour la période de l'année.

1 Preparation

Resource Manager

Audio Activities TE, page 11
Audio CD 1
Workbook, pages 11–12
Quiz, page 11

Bellringer Review

Use BRR Transparency 1.8 or write the following on the board: **Écrivez cinq mots ou expressions associés à une tempête.**

2 Presentation

Avant la lecture

Step 1 Recycling: Have students make a list of all the weather expressions they have already learned.

Step 2 Before reading **Avant la lecture,** ask students to make a list of adjectives under each type of weather they came up with in Step 1. Now ask volunteers to describe how the weather affects them emotionally.

Step 3 You may also wish to review compass directions with the students before beginning the reading.

Step 4 It is suggested that you have students read this selection silently as if they were leisurely reading the newspaper.

Lecture

Step 1 Ask students to scan the article to find out what day and month this weather report is for. Now ask them: **Quel temps fait-il en juin en France?** Try to elicit as many answers as possible.

2 Presentation *(suite)*

Step 2 Ask students if they know what **la Péninsule Ibérique** means. Many may not know that it is **l'Espagne et le Portugal.**

Step 3 Have some students who like science convert the temperatures in the reading from Celsius to Fahrenheit. (To find Fahrenheit, multiply the Celsius temperature by 9, divide the result by 5, then add 32.)

Cross-Cultural Comparison

Ask students if they think there is a difference in writing style for a weather report in French and English. If they answer *yes,* ask what that difference is.

Many people find the language used in French weather reports a bit more elevated than that used in English. Examples are:

les éclaircies s'imposeront
les quantités de précipitation
le vent sera soutenu
averses qui seront ponctuées
le ciel sera équitablement partagé
le soleil ne tolérera que de très rares nuages

Teaching Tip: You may wish to begin to present the grammar of the lesson while you are doing the reading selections.

LE FIGARO

Variable et trop frais

Une zone de pluie s'étirant[1] en début de journée de la Champagne-Ardenne à la région Rhône-Alpes quittera le pays au cours de la matinée. Après son passage, au nord de la Loire, la nébulosité sera variable et quelques averses pourront éclater par endroits et notamment en Normandie et en Bretagne. Plus au Sud, les éclaircies s'imposeront davantage. C'est le long des rives de la Méditerranée et en Corse que les conditions seront les plus agréables. Les températures seront en légère baisse surtout sur le Nord.

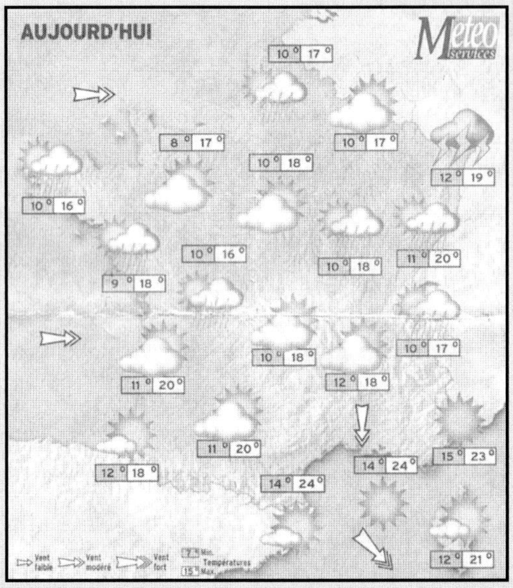

Mer du Nord-Manche La nébulosité sera variable et quelques averses seront possibles tout au long de la journée. Cependant, les quantités de précipitation ne seront pas importantes. Le vent d'ouest sera soutenu avec des rafales de 50 à 60 km/h. Les températures iront de 8 à 12° le matin à 15 à 18° l'après-midi.

Côte Atlantique Les passages nuageux succéderont aux éclaircies. Le temps sera généralement sec, mais on n'exclura pas de brèves ondées[2] par endroits. Le vent d'ouest sera modéré à parfois assez fort le long du littoral avec des rafales de 50 km/h. Les températures iront de 10 à 13° le matin à 17 à 20° l'après-midi.

Nord-Est Le ciel sera très nuageux à couvert en début de journée, et personne n'échappera à la pluie ou aux averses qui seront ponctuées par endroits d'un coup de tonnerre. Après le passage de cette perturbation, nuages et éclaircies alterneront, et le temps sera généralement sec jusqu'en fin d'après-midi. Les températures iront de 8 à 12° le matin à 16 à 19° l'après-midi.

Centre Quelques gouttes de pluie seront possibles en début de journée, essentiellement sur l'est de la région. Ensuite, le temps sera sec et le ciel sera équitablement partagé entre nuages et embellies. Les températures iront de 9 à 11° à l'aube à 16 à 18° l'après-midi.

Méditerranée-Corse Le soleil s'imposera largement dès l'aube et il ne tolérera que de très rares nuages d'altitude. Le vent du nord à nord-ouest soufflera modérément. Les températures, un peu fraîches pour la période de l'année, iront de 10 à 15° le matin à 21 à 24° l'après-midi.

[1]s'étirant *stretching*
[2]ondées *heavy showers*

ANSWERS TO Vous avez compris?

A

1. Le temps sera orageux en Europe Centrale.
2. Le temps sera sec et ensoleillé sur la Péninsule Ibérique, l'Italie et la Grèce.
3. Le ciel au Danemark sera couvert avec des pluies localement copieuses.
4. Le temps sera généralement instable et trop frais pour la période de l'année.

B

1. Au nord de la Loire, la nébulosité sera variable et quelques averses pourront éclater par endroits et notamment en Normandie et en Bretagne.
2. Il y aura des éclaircies plus au Sud.
3. Les conditions seront les plus agréables le long des rives de la Méditerranée et en Corse.

Leçon 3 Journalisme

Vous avez compris?

A Répondez d'après la lecture.

1. Où le temps sera-t-il orageux?
2. Où le temps sera-t-il sec et ensoleillé?
3. Comment sera le ciel au Danemark?
4. Comment sera le temps généralement en Europe Centrale?

B Répondez.

1. Quel temps fera-t-il au nord de la Loire?
2. Où y aura-t-il des éclaircies?
3. Où les conditions seront-elles les plus agréables?

C Vrai ou faux? Corrigez les phrases fausses.

Mer du Nord-Manche

1. Le ciel sera complètement couvert.
2. Il y aura beaucoup de pluie.
3. Il y aura des vents très forts.

Côte Atlantique

4. Le temps sera variable.
5. Il n'y aura pas de pluie.
6. Le long du littoral les vents seront très doux.

Le château d'Azay-le-Rideau dans la vallée de la Loire

D Répondez.

Nord-Est

1. Quand le ciel sera-t-il très nuageux?
2. Ensuite, qu'est-ce qu'il y aura?
3. Quel temps fera-t-il après le passage de cette perturbation?

Centre

4. Quand y aura-t-il quelques gouttes de pluie possibles?
5. Ensuite, quel temps fera-t-il?

Mediterranée-Corse

6. Quel temps fera-t-il? Donnez tous les détails possibles.

E Quel temps fait-il aujourd'hui là où vous habitez? Donnez tous les détails.

3 Practice

Vous avez compris?

It is suggested that all these activities be assigned as homework so students can look up the answers as they read the forecast.

Learning from Photos

(page 39) Le château de la Renaissance d'Azay-le-Rideau, un des châteaux de la Loire, a été construit entre 1518 et 1529.

Answers to Vous avez compris?

C

1. Faux. Le ciel sera couvert de temps en temps.
2. Faux. Il n'y aura pas beaucoup de pluie.
3. Vrai.
4. Vrai.
5. Faux. Un peu de pluie est possible.
6. Faux. Le long du littoral les vents seront modérés à assez forts avec des rafales de 50 km/h.

D

1. Le ciel sera très nuageux le matin.
2. Ensuite il y aura de la pluie ou des averses avec des coups de tonnerre.
3. Il y aura des nuages et des éclaircies et le temps sera généralement sec.
4. Le matin il y aura quelques gouttes de pluie possibles.
5. Ensuite le temps sera sec et le ciel sera partagé entre nuages et embellies.
6. Il fera du soleil avec très peu de nuages. Il y aura un vent modéré. Les températures seront fraîches pour la période de l'année.

E *Answers will vary.*

1 Preparation

Resource Manager

Vocabulary Transparency 1.8
Audio Activities TE, page 12
Audio CD 1
Workbook, page 13
Quiz, page 12
ExamView Pro®

Bellringer Review

Use BRR Transparency 1.9 or write the following on the board: **Écrivez une phrase en utilisant un des mots ou une des expressions suivantes:**
la réception
une fiche d'enregistrement
une chambre à deux lits compris
abandonner la chambre
la caisse

2 Presentation

Step 1 Have students look at the illustrations on page 40 as you present the vocabulary and sentences.

Step 2 You may wish to intersperse your presentation with the following questions: **Tu aimes le tir à l'arc? Tu aimes jouer aux fléchettes? Tu pratiques le tir à l'arc à l'extérieur ou à l'intérieur?**

Step 3 Plus de vocabulaire: Call on one student to read the new word. Another reads the definition.

Learning from Photos

This photo was taken at the **Hôtel Normandie** in the **1e arrondissement** of Paris.

LEVELING

E: Vocabulary

Leçon 3
Journalisme

Vocabulaire pour la lecture

La Tunisie

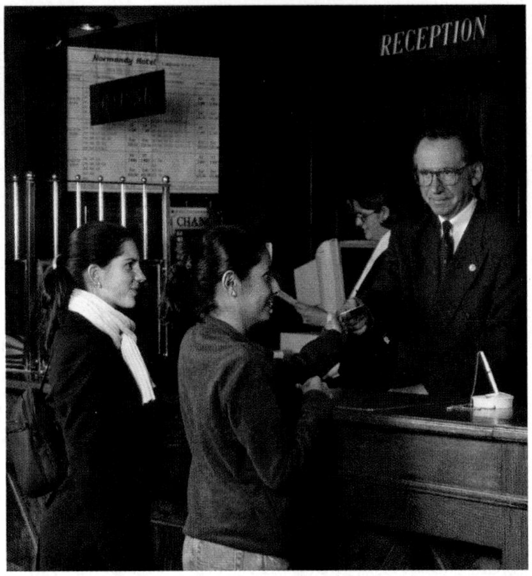

Il faut que tu paies toutes les dépenses d'ordre personnel.
Il faut que tu aies ta carte de crédit.

Plus de vocabulaire

l'accueil la réception qu'on fait (offre) à quelqu'un
l'animateur(trice) une personne qui organise les loisirs d'un groupe
la détente le repos et la récréation
le forfait prix d'une chose ou d'un service fixé par avance; ce prix ne peut pas changer

Quel est le mot?

1 En vacances Complétez.

1. L'____ ou l'____ accompagne les touristes.
2. Presque tout est compris dans le ____. Il y a très peu de frais supplémentaires.
3. Après avoir beaucoup travaillé, les vacanciers cherchent la ____ complète.
4. On peut jouer aux ____ à l'intérieur, mais il faut pratiquer le ____ à l'extérieur.
5. L'____ qu'on fait à cet hôtel est très chaleureux—vraiment charmant.
6. Il faut que le client paie toutes ses ____.

Answers to Quel est le mot?

1

1. animateur, animatrice
2. forfait
3. détente
4. fléchettes, tir à l'arc
5. accueil
6. dépenses d'ordre personnel

Avant la lecture

Les Arabes donnent le nom de Maghreb aux trois pays francophones de l'Afrique du Nord. Ces trois pays sont le Maroc, l'Algérie et la Tunisie. Le Maghreb est une destination de vacances très prisée des Français.

La Tunisie, un très joli pays, bénéficie d'un climat méditérranéen. Sur les régions côtières, le climat est doux au printemps et à l'automne et plus chaud en été avec une brise marine sur les plages. Beaucoup de Français y vont en quête de soleil et de détente.

Cette annonce publicitaire a paru dans une brochure française.

La Tunisie

NABEUL

★★★

HOTEL RIADH

demi-pension

Avenue Mongi Slim
(00 216 2) 285.744

A partir de
282 Euros

Nos prix comprennent:

Le transport aérien par vol spécial Paris/Tunis et retour, l'accueil et l'assistance de notre correspondant local, les transferts aéroport/hôtel et hôtel/aéroport, le logement en demi-pension sur la base d'une chambre double

Nos prix ne comprennent pas:

Les boissons et les dépenses d'ordre personnel, les assurances, les taxes et frais de dossier:[1] 35€ (à ce jour).

Description:

Un accès direct à la plage et une équipe d'animateurs des plus dynamiques sont les atouts maîtres[2] de cet hôtel. Au milieu d'un jardin de 12 hectares et faisant face à la mer le bâtiment principal de 2 étages comprend 95 chambres spacieuses. Elles disposent toutes d'une salle de bain complète, d'un mini-bar (en option) d'un téléphone et d'un balcon ou d'une terrasse donnant sur la mer ou les jardins.

À votre disposition:

Les activités et services suivants sont compris dans le forfait: une grande piscine et un bassin pour les enfants entourés d'un large solarium, 3 courts de tennis, mini-golf, tir à l'arc, fléchettes, ping-pong, un terrain omni-sports, hand-ball, basket, sur la plage: des catamarans et des pédalos, l'accès à la discothèque. Une équipe d'animateurs accompagne vos vacances.

Les activités et services suivants sont à régler sur place: la location de VTT,[3] sur la plage: ski nautique, jet-ski, parachute ascensionnel.

Restauration:

Les repas compris dans le forfait sont servis sous forme de buffet.

[1] frais de dossier *document charges*
[2] les atouts maîtres *best features*
[3] la location de VTT *mountain bike rental*

Leçon 3
Journalisme

1 Preparation

Resource Manager

Audio Activities TE, page 13
Audio CD 1
Workbook, pages 13–14
Quiz, page 13

Bellringer Review

Use BRR Transparency 1.10 or write the following on the board: **Vous êtes en vacances. Qu'est-ce que vous faites:**

1. **sur la plage?**
2. **dans la mer?**
3. **sur les courts de tennis?**
4. **au restaurant?**
5. **à la discothèque?**

2 Presentation

Avant la lecture

Step 1 As you have students read **Avant la lecture,** you may wish to ask the following questions: **Quels pays le Maghreb comprend-il? Quel type de climat a la Tunisie? Tu aimerais visiter la Tunisie en quelle saison? Pourquoi?**

Lecture

Step 1 You can have students read this selection silently.

Step 2 Then have them do the **Vous avez compris?** activities.

LEVELING

E: Reading

Cross-Cultural Comparison

To many people in the U.S., North Africa would be considered a very exotic travel destination. To the French and many other Europeans, going to North Africa is like going to Florida.

3 Practice

Vous avez compris?

A, B, C, and D Allow students to look up the information as they read. It is not necessary for them to recall the specific information from memory.

Learning from Photos

(page 42 bottom) Port El Kantaoui est situé à environ 8 km au nord de Sousse en Tunisie. C'est l'une des plus belles stations balnéaires du pays, ayant, entre autres, un terrain de golf et des chemins de randonnée équestre.

Vous avez compris?

A Répondez d'après la lecture.

1. Quel est le nom de l'hôtel?
2. Il est où?
3. Quel est le prix le plus bas pour y aller?
4. Qu'est-ce que ce prix comprend?
5. Quels frais ne sont pas compris?
6. L'hôtel donne sur la plage?
7. Le bâtiment principal a combien d'étages? Et combien de pièces?
8. Qu'est-ce qu'il y a dans chaque pièce?
9. Comment les repas sont-ils servis?

B Trouvez les renseignements suivants.

1. l'adresse de l'hôtel
2. le numéro de téléphone

C Faites une liste de toutes les activités et services disponibles pour les clients de l'hôtel.

D Discutez avec un(e) ami(e) tout ce qui est compris dans le prix forfaitaire pour le voyage en Tunisie.

Port El Kantaoui en Tunisie

Answers to Vous avez compris?

A

1. Le nom de l'hôtel est Riadh.
2. Il est à Nabeul, en Tunisie.
3. Le prix le plus bas pour y aller est 282 Euros.
4. Ce prix comprend le transport aérien, l'accueil et l'assistance du correspondant local, les transports aéroport/hôtel et hôtel/aéroport, le logement en demi-pension sur la base d'une chambre double.
5. Les frais qui ne sont pas compris sont les boissons, les dépenses d'ordre personnel, les assurances et les taxes et frais de dossier.
6. Oui, l'hôtel donne sur la plage.
7. Le bâtiment principal a 2 étages et 95 pièces.
8. Dans chaque pièce il y a une salle de bain complète, un mini-bar, un téléphone et un balcon ou une terrasse donnant sur la mer ou les jardins.
9. Les repas sont servis sous forme de buffet.

B

1. Avenue Mongi Slim
2. (00 216 2) 285.744

Structure avancée

Le subjonctif: verbes réguliers

Talking about what may or may not happen

1. The verb tenses studied thus far have been mostly in the indicative mood; they express or describe facts and reality. The subjunctive mood is also used a great deal in French. The subjunctive mood is most frequently used to express an action that depends upon something else and it is therefore not known if the action will definitely occur. The action may or may not take place.

2. Compare the following sentences.

Il fait beau aujourd'hui.
Je veux qu'il fasse beau demain.
Il faut qu'il fasse beau.

The first sentence is an independent statement of fact. *The weather is nice today.* The next two sentences contain a dependent clause—*that it be nice tomorrow.* Even though *I want it to be nice* and even though for some reason *it is necessary* or *important that it be nice,* it is not at all certain that it will be. The action in the dependent clause may or may not occur. For this reason, the verb must be in the subjunctive. A clause containing the subjunctive is always introduced by **que.**

3. The present subjunctive is formed by dropping the **-ent** ending from the third person plural **(ils/elles)** form of the present indicative and adding the subjunctive endings to this stem.

Infinitive	PARLER		FINIR		VENDRE	
	ils parlent		ils finissent		ils vendent	
Stem	parl-		finiss-		vend-	
	que je	parle	que je	finisse	que je	vende
	que tu	parles	que tu	finisses	que tu	vendes
	qu'il/elle/on	parle	qu'il/elle/on	finisse	qu'il/elle/on	vende
	que nous	parlions	que nous	finissions	que nous	vendions
	que vous	parliez	que vous	finissiez	que vous	vendiez
	qu'ils/elles	parlent	qu'ils/elles	finissent	qu'ils/elles	vendent

1 Preparation

Resource Manager

Audio Activities TE, pages 13–14
Audio CD 1
Workbook, pages 14–16
Quizzes, pages 14–16
ExamView Pro®

Bellringer Review

Use BRR Transparency 1.11 or write the following on the board:
Complétez au présent.
Ils ___.
parler, choisir, vendre, dire, écrire, servir, partir, conduire, mettre, connaître

2 Presentation

Le subjonctif: verbes réguliers

Note: If students have already completed all of **Bon voyage!** Level 2, this section will be review.

Step 1 Go over Items 1 and 2.

Step 2 Have students repeat the model sentences aloud.

LEVELING

A: Structure

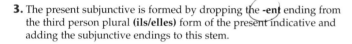

Answers to Vous avez compris?

C *Answers will vary but may include:* une grande piscine et un bassin pour les enfants entourés d'un large solarium, 3 courts de tennis, mini-golf, tir à l'arc, fléchettes, ping-pong, un terrain omni-sports, hand-ball, basket, des catamarans, des pédalos, l'accès à la discothèque, une équipe d'animateurs, la location de VTT, ski nautique, jet-ski, parachute ascensionnel

D *Answers will vary.*

2 Presentation *(suite)*

Step 3 On the board, write the **ils** form of each verb from the chart. Cross out the ending and have students repeat the subjunctive forms.

Note: The most important concept for the students to understand is that the indicative is used when reporting an objective fact. The subjunctive is used when reporting something that is not real, or that depends upon something else. It, therefore, may or may not happen. When students understand this concept, they no longer have to memorize the long lists of expressions that are followed by the subjunctive. It is a question of logic.

3 Practice

Comment dit-on?

1, **2** The purpose of these activities is to have students use the verbs in the subjunctive form.

Paired Activity

Have students do the following paired activity:
Travaillez avec un(e) camarade. Dites-lui des choses que vos parents veulent que vous fassiez. Votre camarade vous dira si ses parents veulent qu'il/elle fasse les mêmes choses. Ensuite vous décidez ce que vos parents ont en commun.

4. Since the third person plural of the present indicative serves as the stem for the present subjunctive forms, most verbs that have an irregularity in that form of the present indicative maintain the irregularity in the present subjunctive.

Infinitive	Stem	Subjunctive	
ouvrir	ils ouvrent	que j'ouvre	que vous ouvriez
courir	ils courent	que je coure	que vous couriez
offrir	ils offrent	que j'offre	que vous offriez
partir	ils partent	que je parte	que vous partiez
dormir	ils dorment	que je dorme	que vous dormiez
servir	ils servent	que je serve	que vous serviez
mettre	ils mettent	que je mette	que vous mettiez
lire	ils lisent	que je lise	que vous lisiez
écrire	ils écrivent	que j'écrive	que vous écriviez
suivre	ils suivent	que je suive	que vous suiviez
dire	ils disent	que je dise	que vous disiez
conduire	ils conduisent	que je conduise	que vous conduisiez
connaître	ils connaissent	que je connaisse	que vous connaissiez

Comment dit-on?

1 Des devoirs Lisez.

1. Il faut que tu m'écoutes.
2. Il faut que tu finisses tes études.
3. Il faut que tu lises beaucoup.
4. Il faut que tu connaisses le monde.
5. Il faut que tu partes en voyage.
6. Il faut que tu visites plusieurs pays.

2 Des parents exigeants et moi aussi!
Suivez le modèle.

lire beaucoup →
Les parents de Mireille veulent qu'elle lise beaucoup.
Et moi aussi, je veux que vous lisiez beaucoup.

1. parler anglais couramment
2. étudier beaucoup
3. choisir un bon métier
4. finir ses études
5. vendre sa vieille moto
6. ouvrir un compte d'épargne
7. lire des bons livres
8. écrire à ses grands-parents
9. suivre des cours de tennis
10. leur dire tout ce qu'elle fait
11. partir en vacances avec eux
12. descendre les valises
13. mettre les valises dans le coffre
14. conduire avec prudence

Answers to Comment dit-on?

2

1. Les parents de Mireille veulent qu'elle parle anglais couramment.
   Et moi aussi, je veux que vous parliez anglais couramment.
2. ... qu'elle étudie beaucoup ... que vous étudiiez...
3. ... qu'elle choisisse un bon métier ... que vous choisissiez...
4. ... qu'elle finisse ses études ... que vous finissiez...
5. ... qu'elle vende sa vieille moto ... que vous vendiez...
6. ... qu'elle ouvre un compte d'épargne ... que vous ouvriez...
7. ... qu'elle lise des bons livres ... que vous lisiez...
8. ... qu'elle écrive à ses grands-parents ... que vous écriviez...
9. ... qu'elle suive des cours de tennis ... que vous suiviez...
10. ... qu'elle leur dise tout ce qu'elle fait ... que vous me disiez...
11. ... qu'elle parte en vacances avec eux ... que vous partiez...
12. ... qu'elle descende les valises ... que vous descendiez...
13. ... qu'elle mette les valises dans le coffre ... que vous mettiez...
14. ... qu'elle conduise avec prudence ... que vous conduisiez...

Le subjonctif: verbes irréguliers

Talking about what may or may not happen

1. The following commonly used verbs are irregular in the present subjunctive.

ÊTRE		AVOIR		ALLER		FAIRE	
que je	sois	que j'	aie	que j'	aille	que je	fasse
que tu	sois	que tu	aies	que tu	ailles	que tu	fasses
qu'il/elle/on	soit	qu'il/elle/on	ait	qu'il/elle/on	aille	qu'il/elle/on	fasse
que nous	soyons	que nous	ayons	que nous	allions	que nous	fassions
que vous	soyez	que vous	ayez	que vous	alliez	que vous	fassiez
qu'ils/elles	soient	qu'ils/elles	aient	qu'ils/elles	aillent	qu'ils/elles	fassent

SAVOIR		POUVOIR		VOULOIR	
que je	sache	que je	puisse	que je	veuille
que tu	saches	que tu	puisses	que tu	veuilles
qu'il/elle/on	sache	qu'il/elle/on	puisse	qu'il/elle/on	veuille
que nous	sachions	que nous	puissions	que nous	voulions
que vous	sachiez	que vous	puissiez	que vous	vouliez
qu'ils/elles	sachent	qu'ils/elles	puissent	qu'ils/elles	veuillent

2. The verbs **pleuvoir** and **falloir** are used in the third person only.

pleuvoir ⟶ **qu'il pleuve**
falloir ⟶ **qu'il faille**

Comment dit-on?

3 Historiette On va à la plage?
Lisez et trouvez les verbes au subjonctif.

1. Je veux qu'il fasse beau demain.
2. Je veux qu'il ne fasse pas trop froid.
3. Je ne veux pas que le ciel soit nuageux.
4. Et je ne veux pas qu'il pleuve.
5. Je ne veux pas qu'il y fasse beaucoup de vent.
6. Je veux que tu saches que je vais venir te voir demain.
7. Mon ami veut que j'aille à la plage avec lui.
8. Et il veut que tu y ailles aussi.
9. Il veut qu'on y aille en voiture.
10. Il veut que je conduise.
11. Il veut que je lui dise à quelle heure je serai chez lui.

Au Cap Fréhel en Bretagne

2 Presentation

Le subjonctif: verbes irréguliers

Step 1 Have the students repeat the verb forms aloud as they read along in their books.

Step 2 Proceed with the **Comment dit-on?** activity in order to have students use these verbs.

3 Practice

Comment dit-on?

3 The purpose of this activity is to give students practice hearing and seeing these verb forms which they have never encountered before.

Learning from Photos
(page 46) Le phare du Cap Fréhel, construit en 1946, a une portée de plus de 50 kilomètres.

LEVELING
A: Structure
C: Structure

Answers to Comment dit-on?

3

1. fasse
2. fasse
3. soit
4. pleuve
5. fasse
6. saches
7. aille
8. ailles
9. aille
10. conduise
11. dise

3 Practice (suite)

Comment dit-on?

4, **5** Call on a student to retell the information in his or her own words.

6 This activity checks if students can come up with the verb forms on their own with no help. **Expansion:** Have students redo the activity with **Il faut que je...**

Learning from Photos

(page 46) Deauville et Cannes sont deux grandes stations balnéaires appréciées non seulement par les Français, mais aussi par les étrangers.

Leçon 3
Journalisme

4 Historiette L'hôtel Répondez que oui.

1. Elle veut que l'hôtel ait un accès direct à la plage?
2. Elle veut qu'il donne sur la mer?
3. Elle veut qu'il y ait un téléphone dans sa chambre?
4. Elle veut que les repas soient compris?
5. Elle veut que les activités sportives soient comprises dans le forfait?
6. Elle veut que tu ailles à l'agence de voyages?
7. Elle veut que tu fasses une réservation?

L'hôtel Carlton, à Cannes, sur la Côte d'Azur

5 Historiette Un voyage Répondez.

1. Pour faire un voyage en Europe, il faut que tu aies un passeport?
2. Il faut que tu arrives à l'aéroport à peu près trois heures avant le départ de ton vol?
3. Il faut que tu te présentes au comptoir de la ligne aérienne?
4. Il faut que tu choisisses une place sur l'avion?
5. Il faut que tu passes par le contrôle de sécurité?
6. À bord, il faut que tu lises les instructions de sécurité?
7. Il faut que tu mettes tes bagages à main dans le coffre ou sous le siège devant toi?

À Deauville-les-Bains en France

6 Recommandations Suivez le modèle.

faire le voyage →
Il faut que vous fassiez le voyage.

1. aller au consulat
2. avoir votre passeport
3. être en bonne santé
4. pouvoir partir tout de suite
5. savoir parler français
6. vouloir s'adapter
7. faire des efforts

Answers to Comment dit-on?

4

1. Oui, elle veut que l'hôtel ait un accès direct à la plage.
2. Oui, elle veut qu'il donne sur la mer.
3. Oui, elle veut qu'il y ait un téléphone dans sa chambre.
4. Oui, elle veut que les repas soient compris.
5. Oui, elle veut que les activités sportives soient comprises dans le forfait.
6. Oui, elle veut que j'aille à l'agence de voyages.
7. Oui, elle veut que je fasse une réservation.

5

1. Oui, pour faire un voyage en Europe, il faut que j'aie un passeport.
2. Oui, il faut que j'arrive à l'aéroport à peu près trois heures avant le départ de mon vol.
3. Oui, il faut que je me présente au comptoir de la ligne aérienne.
4. Oui, il faut que je choisisse une place sur l'avion.
5. Oui, il faut que je passe par le contrôle de sécurité.
6. Oui, il faut que je lise les instructions de sécurité.
7. Oui, il faut que je mette mes bagages à main dans le coffre ou sous le siège devant moi.

Le subjonctif avec les expressions de nécessité et de possibilité

Expressing necessity or possibility

The subjunctive is used after the following impersonal expressions since the action of the verb in the dependent clause may or may not occur. Even though it is necessary or important that something happen, it may not.

il faut que	**il vaut mieux que**
il est nécessaire que	**il se peut que**
il est important que	**il est possible (impossible) que**

Il faut que vous l'accompagniez en Afrique.
Il est important qu'il le sache.
Il vaut mieux que je le lui dise.
Il est possible qu'il soit content.

Comment dit-on?

7 Historiette Quelques problèmes possibles
Répondez.

1. Il faut que tu y ailles en avion?
2. Il est important que tu sois là demain?
3. Il se peut que l'avion parte en retard?
4. Il est possible qu'il ne fasse pas très beau?
5. Il est possible qu'il y ait des orages?
6. Il se peut que le vol soit annulé?
7. Il vaut mieux que tu partes aujourd'hui?

8 Historiette Un voyage Complétez les phrases.

1. Il est important que tout le monde ____ des vacances, non? (avoir)
2. Il se peut que nous ____ en Tunisie. (aller)
3. Il vaut mieux que tu ____ une lettre à l'hôtel à Nabeul pour vérifier s'il y a des chambres disponibles. (écrire)
4. Il n'est pas nécessaire que j'____ une lettre. Je peux envoyer un e-mail. (écrire)
5. C'est une bonne idée, ça. Mais il faut que je ____ si nous y allons et quand. (savoir)
6. Et il faut que tu ____ un peu de patience. (avoir)
7. Il est possible que je ne ____ pas aller avec toi. (vouloir)

2 Presentation

Le subjonctif avec les expressions de necessité et de possibilité

Step 1 Read the explanation with the students. Have them repeat the model sentences.

3 Practice

Comment dit-on?

8 Expansion: To contrast verb forms, you may wish to do **Activité 8** again. This time have students use the following subjects:

1. je	**5. vous**
2. je	**6. il** (no change)
3. je	**7. je**
4. vous	**8. je**

Paired Activity

Have students do the following paired activity:
Travaillez avec un(e) camarade. Dites-lui tout ce qu'il faut que vous fassiez avant de faire un voyage en avion. Il/Elle vous dit tout ce qu'il faut qu'il/elle fasse. Faites une liste de toutes les choses que vous faites tous (toutes) les deux.

LEVELING
A: Structure

Answers to Comment dit-on?

6

1. Il faut que vous alliez au consulat.
2. Il faut que vous ayez votre passeport.
3. Il faut que vous soyez en bonne santé.
4. Il faut que vous puissiez partir tout de suite.
5. Il faut que vous sachiez parler français.
6. Il faut que vous veuillez vous adapter.
7. Il faut que vous fassiez des efforts.

7

1. Oui (Non), il (ne) faut (pas) que j'y aille en avion.
2. Oui (Non), il (n') est (pas) important que je sois là demain.
3. Oui (Non), il (ne) se peut (pas) que l'avion parte en retard.
4. Oui (Non), il (n') est (pas) possible qu'il ne fasse pas très beau.
5. Oui (Non), il (n') est (pas) possible qu'il y ait des orages.
6. Oui (Non), il (ne) se peut (pas) que le vol soit annulé.
7. Oui (Non), il (ne) vaut (pas) mieux que je parte aujourd'hui.

8

1. ait
2. allions
3. écrives
4. écrive
5. sache
6. aies
7. veuille

Recycling

These activities allow students to use the vocabulary and structure from this lesson in completely open-ended, real-life situations.

Encourage students to say as much as possible when they do these activities. Tell them not to be afraid to make mistakes, since the goal of these activities is real-life communication. If someone in the group makes an error, allow the others to politely correct him or her. Let students choose the activities they would like to do.

You may wish to divide students into pairs or groups. Encourage students to elaborate on the basic theme and to be creative. They may use props, pictures, or posters if they wish.

Leçon 3 Journalisme

C'est à vous

Use what you have learned

ÉCRIRE

1 **Le temps et les saisons**

✔ ***Discuss weather in your region***

Décrivez le temps qu'il fait dans votre région à chaque saison de l'année. Dites quelle saison vous préférez et pourquoi.

PARLER

2 **Bulletin météo en français**

✔ ***Present a local weather report***

Lisez la météo pour votre région dans le journal ou écoutez-la à la radio ou regardez-la à la télévision. Ensuite, préparez la même météo en français et présentez-la comme si c'était une émission télévisée.

PARLER / ÉCRIRE

3 **Un voyage en Tunisie**

✔ ***Talk about travel to Tunisia***

Quelques amis vont aller en Tunisie et ils veulent que vous les accompagniez. Ils vont passer une semaine à l'hôtel Riadh à Nabeul. Qu'est-ce que vous en pensez? Vous voulez les accompagner ou pas? Expliquez pourquoi.

PARLER

4 **Que de travail!**

✔ ***Discuss what you need to do tomorrow***

Vous avez beaucoup de choses à faire demain. Dites à un copain ou à une copine tout ce qu'il faut que vous fassiez avant l'école, à l'école et après l'école.

Leçon 3
Journalisme

Chapter Projects

Une affiche

Choisissez une région ou une ville en France, au Canada, aux Caraïbes, en Afrique du Nord ou en Afrique occidentale et faites une affiche pour cette région ou cette ville.

PARLER

5 Je vais partir en voyage.

✔ Make a list of what you need to do to prepare for a trip

Écrivez une liste de tout ce qu'il faut que vous fassiez avant de partir en voyage.

PARLER

6 Mes parents

✔ Talk about wishes and preferences

Vos parents veulent que vous ayez beaucoup de succès. Dites tout ce qu'ils veulent que vous fassiez.

PARLER

7 Des possibilités

✔ Discuss possibilities for your future

Il est possible que vous fassiez beaucoup de choses pendant votre vie. Parlez de ces possibilités. Ensuite travaillez avec un(e) ami(e). Décidez s'il est possible ou impossible qu'il/elle fasse les mêmes choses que vous.

Resource Manager

Assessment Transparency A1.3
Online Quiz
Tests, pages 5–26
ExamView Pro®

Assessment

This is a pretest for students to take before you administer the lesson test. Answer sheets for students to do these pages are provided in your transparency binder. Note that each section is cross-referenced so students can easily find the material they have to review in case they made errors. You may wish to collect these assessments and correct them yourself or you may prefer to have the students correct themselves in class. You can go over the answers orally or project them on the overhead, using your Assessment Answers transparencies.

Vocabulaire

To review the vocabulary, turn to pages 34–35.

1 Complétez les phrases.

1. Il fait très beau et le ____ brille.
2. Il y a beaucoup de nuages. Le ciel est très ____.
3. Il ne pleut pas beaucoup. Seulement quelques ____.

4–5. Le ____ fait beaucoup de bruit et l'____ peut être très dangereux.

6. Il fait du vent. Le vent ____.
7. Maintenant il y a des éclaircies. Le ciel ____.
8. Pendant une tempête il y a de temps en temps des ____, des coups de vent violents mais de courte durée.
9. Pendant une ____ il pleut très fort.

To review the vocabulary, turn to page 40.

2 Oui ou non?

10. Il faut avoir des fléchettes pour pratiquer le tir à l'arc.
11. On joue au tir à l'arc sur un court de tennis.
12. On peut payer avec une carte de crédit à l'hôtel.
13. Un prix forfaitaire indique que tout est compris.

Answers to Assessment

1

1. soleil
2. nuageux
3. gouttes
4. tonnerre
5. éclair
6. souffle
7. se dégage
8. rafales
9. averse

2

10. Faux. On n'utilise pas des fléchettes pour pratiquer le tir à l'arc.
11. Faux. On joue au tennis sur un court de tennis.
12. Vrai.
13. Vrai.

Lecture

3 Expliquez les mots en italique.

14. Dans le nord le ciel sera complètement *couvert.*
15. Sur la côte atlantique le temps sera *variable.*
16. Dans le sud le temps sera *sec* et *ensoleillé.*

To review the reading, turn to pages 37–38.

4 Répondez d'après la lecture.

17. Comment est la Tunisie?
18. Où est l'hôtel Riadh?
19. Comment sont servis les repas compris dans le forfait?
20. Quelles sont plusieurs activités à la disposition des clients?

To review the reading, turn to page 41.

Structure

5 Complétez les phrases.

21. Il faut que tu ____ la Tunisie. (visiter)
22. Il faut qu'elle ____ sa maison. (vendre)
23. Il faut que je ____ mon travail. (finir)
24. Il faut que vous ____ la brochure. (lire)
25. Il faut que tu le ____. (dire)
26. Il faut que vous ____? (partir)
27. Il faut que j'____ des cartes postales. (écrire)
28. Il faut qu'on y ____. (aller)
29. Il faut que tu ____ là. (être)
30. Il faut que je ____ le faire. (pouvoir)

To review the subjunctive, turn to pages 43, 44, 45 and 47.

À Ganvié au Bénin

Assessment

After going over the Assessment, you may administer the test for **Leçon 3, Chapitre 1.**

Learning from Photos

(page 51) Le village de Ganvié au Bénin est un village sur pilotis. Les hommes sont pêcheurs et les femmes s'occupent de la vente des poissons. Ganvié a deux hôtels sur pilotis et une école moderne.

Answers to Assessment

3

14. Le ciel sera nuageux ou couvert de nuages.
15. Le temps peut facilement changer.
16. Il n'y aura pas de pluie et il y aura du soleil.

4 *Answers will vary but may include:*

17. La Tunisie est un joli pays avec un climat méditérranéen. Sur les régions côtières, le climat est doux au printemps et en automne et plus chaud en été avec une brise marine sur les plages.
18. L'hôtel Riadh est à Nabeul, en Tunisie.
19. Les repas compris dans le forfait sont servis sous forme de buffet.
20. *Answers will vary.*

5

21. visites
22. vende
23. finisse
24. lisiez
25. dises
26. partiez
27. écrive
28. aille
29. sois
30. puisse

Avis

Il est certain que quand vous écrivez en anglais votre style est plus sophistiqué qu'en français. Quand vous écrivez en français il faut que vous utilisiez des phrases plus simples. Si vous trouvez une idée trop complexe, repensez-la pour l'exprimer d'une façon plus simple.

Quelque chose de très important! Ne traduisez pas de l'anglais en français. Si vous traduisez vous ferez presque toujours des fautes ou ce que vous écriverez sera très «anglicisé». Dès le début, pensez en français. Si un mot anglais vous vient à l'esprit, pensez tout de suite à une expression en français qui exprime la même idée. Utilisez le français que vous avez déjà appris même si cela veut dire que vous vous exprimez d'une façon simple. Essayez d'éviter d'utiliser un dictionnaire bilingue. Vous choisirez presque toujours le mauvais mot.

Faites toujours un bouillon. Après l'avoir terminé, laissez-le de côté. Relisez-le plus tard et faites les révisions que vous considérez nécessaires. Ensuite relisez-le encore une fois pour trouver les fautes d'orthographe, de terminaisons etc.

Proficiency Tasks

Rédaction

Pour bien écrire il y a quelques techniques ou stratégies que vous pouvez utiliser. Une technique importante est celle de la visualisation. Vous pouvez fermer les yeux et évoquer une image mentale du sujet sur lequel vous allez écrire, surtout si vous voulez rédiger une description. Une description est une rédaction qui décrit quelque chose de façon détaillée.

TÂCHE 1 Dans Chapitre 1 vous avez appris beaucoup de choses sur plusieurs pays francophones. Faites une liste de ces pays. Réfléchissez à tout ce que vous vous rappelez au sujet de ces pays. Pensez au climat, aux paysages, aux activités, etc.

En évoquant votre image mentale pensez à des mots-clés que vous pouvez utiliser pour décrire chaque endroit. Ensuite sur une feuille de papier ou sur votre ordinateur, écrivez tous les mots-clés.

Avant de commencer à rédiger votre première rédaction, il faut établir le plan que vous allez suivre.

- **Par pays** Donnez une description de chaque pays avant de passer à l'autre.
- **Par saison** Dites à quelle saison vous aimeriez visiter chaque pays et pourquoi. Choisissez un pays pour chaque saison.
- **Par activités** Écrivez ce que vous voudriez faire et pour quelle raison chaque pays serait approprié au pays en question pour faire ces activités.

Allez-y! Écrivez tout ce qui vous passe par la tête dans l'ordre que vous avez établi. Après avoir terminé votre rédaction il vaut mieux la relire pour la corriger. Il y a peut-être des idées que vous voulez clarifier. Vérifiez toutes les terminaisons de verbes et les accords entre adjectifs et noms. Faites attention aux fautes d'orthographe.

TÂCHE 2 Décrivez ce que vous avez fait pendant des vacances en France. Si vous n'êtes jamais allé(e) en France, il faudra utiliser votre imagination. Cela ne sera pas très difficile car vous avez beaucoup appris sur la France.

Vous pouvez écrire une lettre ou un e-mail à un(e) bon(ne) ami(e). Décrivez tout ce que vous avez fait et tout ce que vous avez vu pendant votre visite. Vous pouvez donner vos réactions – tout ce qui vous a plu ou déplu tout ce qui vous a intéressé(e), surpris(e), etc. Comme vous écrivez à un(e) ami(e) vous pouvez écrire rapidement, plus rapidement que si vous écriviez quelque chose de plus officiel.

Après avoir fini votre lettre relisez-la et corrigez les fautes.

Discours

Avez-vous jamais pensé à combien d'heures vous passez par jour à parler à vos parents, à des amis et à des gens que vous ne connaissez pas? On parle de beaucoup de choses et pour beaucoup de raisons. On parle souvent pour se renseigner, pour savoir ce qui se passe ou comment faire quelque chose.

Si vous parlez pour essayer de vous renseigner par exemple, il faut poser des questions. Vous devez organiser vos questions de sorte que la personne qui vous écoute puisse suivre facilement et donner de bonnes réponses. Il faut aussi éviter de sauter d'un sujet à l'autre.

TÂCHE 3 Maintenant vous allez rédiger une narration. Dans une narration il faut raconter des faits. Pour présenter une bonne narration il faut que vous écriviez d'une façon claire et précise pour vous faire comprendre. Il faut que ceux qui vont lire votre rédaction puissent suivre la narration facilement.

Relisez la conversation de Chapitre 1 (pages 24–25). Dans votre narration, vous allez raconter tous les problèmes que M. Dubois a eus pendant son voyage de Paris à Bordeaux. Donnez les raisons pour lesquelles M. Dubois a eu ces problèmes et ce qu'il a fait pour les résoudre. Une bonne façon d'organiser une narration est de la présenter en ordre chronologique.

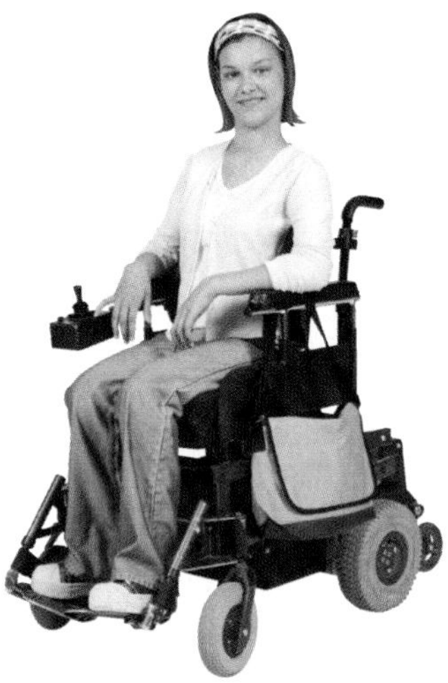

TÂCHE 4 Travaillez avec un(e) camarade. Préparez une conversation qui a lieu dans une agence de voyages. L'un(e) d'entre vous est le/la client(e), l'autre l'agent de voyage. Le/la client(e) veut faire un voyage en France et comme c'est la première fois qu'il/elle y va, il/elle a beaucoup de questions.

Avant d'aller à l'agence, il/elle doit penser à tout ce qu'il/elle veut savoir et doit organiser ses questions d'une façon logique. Voici les points sur lesquels le/la client(e) a besoin de renseignements:

les hôtels
le voyage des États-Unis en France
comment se déplacer en France
les aéroports
le voyage de retour
les prix des repas, excursions etc.
les endroits qu'il/elle doit visiter

Avant de commencer à parler à l'agent, organisez les points ci-dessus dans un ordre logique. Ensuite il faut que vous pensiez aux questions à poser sur chaque point.

Vous allez refaire la conversation pour que chacun(e) ait l'occasion d'être le/la client(e).

Vocabulary Review

The words and phrases in the **Vocabulaire** have been taught for productive use in this chapter. They are summarized here as a resource for both student and teacher. This list also serves as a convenient resource for the **C'est à vous** activities on pages 16–17, 30–31, and 48–49. There are approximately twelve cognates in this vocabulary list. Have students find them.

Attention!

You will notice that the vocabulary list here is not translated. This has been done intentionally, since we feel that by the time students have finished the material in the chapter they should be familiar with the meanings of all the words. If there are several words they still do not know, we recommend that they refer to the **Vocabulaire** sections in the chapter or go to the dictionaries at the end of this book to find the meanings. However, if you prefer that your students have the English translations, please refer to Vocabulary Transparency 1.1, where you will find all these words with their translations.

Chapitre 1 Vocabulaire

Leçon 1 Culture

la campagne
le camping
la caravane
le congé
l'endroit *(m.)*
la file d'attente
la mer
la montagne
la neige
la pêche
la piste

la plage
la plongée sous-marine
la randonnée
la remontée mécanique
la ruelle
le sable
le séjour
le ski alpin
le ski de fond

la station balnéaire
la station de sports d'hiver
le tarif
la télécabine
le télésiège
la vieille ville

prisé(e)
réduit(e)

bénéficier
faire du ski alpin
faire de la plongée sous-marine
flâner
nager

Leçon 2 Conversation

l'aérogare *(f.)*
l'avion *(m.)*
le billet
la circulation
le compteur
l'embouteillage *(m.)*
la gare
le montant

l'orage *(m.)*
le quai
le retard
la station de taxis
le terminal
le/la voyageur(euse)

pressé(e)

composter son billet
se déplacer
rater
partir
prendre un taxi
prévoir
valider
verser de l'argent

malheureusement
sans

Leçon 3 Journalisme

l'accueil *(m.)*
l'animateur(trice)
l'averse *(f.)*
le brouillard
la bruine
la brume
la carte de crédit
le ciel
le coup de tonnerre
la dépense
la détente
l'éclair *(m.)*
l'éclaircie *(f.)*
la fléchette
le forfait
la goutte de pluie
la grêle

le nuage
l'orage *(m.)*
la pluie
la rafale
le soleil
la tempête
le temps
le tir à l'arc
le vent

couvert(e)
nuageux(euse)
orageux(euse)
pluvieux(euse)
violent(e)
voilé(e)

briller
faire de l'orage
faire du vent
se dégager
souffler

de temps en temps
d'ordre personnel

LITERARY COMPANION *See pages 434 and 440 for literary selections related to Chapter 1.*

Vidéotour

Bon voyage!

Video can be a beneficial learning tool for the language student. Video enables you to experience the material in the textbook in a real-life setting. Take a vicarious field trip as you see people interacting at home, at school, at the market, etc. The cultural benefits are limitless as you experience French and Francophone culture while "traveling" through many countries. In addition to its tremendous cultural value, video gives practice in developing good listening and viewing skills. Video allows you to look for numerous clues that are evident in tone of voice, facial expressions, and gestures. Through video you can see and hear the diversity of the target culture and compare and contrast the French-speaking cultures to each other and to your own.

Épisode 1: Visite de Paris

Dans cet épisode, vous partez en vacances. Tout d'abord, promenez-vous dans Paris, la ville lumière qui reçoit chaque année plus de 25 millions de visiteurs. Visitez la tour Eiffel, Notre-Dame et la place de la Concorde. Au Quartier Latin, asseyez-vous à la terrasse d'un café et regardez les gens passer.

Épisode 2: La Tunisie

Découvrez ensuite la Tunisie. Avec son histoire riche de presque trois mille ans, ses belles plages de sable fin, ses paysages variés et son hospitalité légendaire, la Tunisie reste une destination très prisée des touristes du monde entier.

Épisode 3: Le Mont-Saint-Michel et sa baie

À l'intérieur des remparts du Mont-Saint-Michel, on a l'impression de revenir 800 ans en arrière. Mais attention, ne traversez pas la baie à pied sans guide. En effet, c'est dans la baie qu'on trouve les marées les plus fortes et les plus rapides d'Europe.

Vidéotour

VIDÉO

The Video Program for Chapter 1 includes three documentary segments of some interesting aspects of life in different French-speaking areas.

Planning for Chapter 2

SCOPE AND SEQUENCE PAGES 56–115

Topics
- Everyday life of young people in France
- Shopping

Culture
- Language used by young people in France
- Equality between men and women in France

Functions
- How to ask questions formally and informally
- How to make sentences negative
- How to describe things in the past
- How to express wishes and preferences
- How to express actions that may or may not take place

Structure
- Formal and informal questions
- Negative sentences
- The imperfect
- Expressing wishes, preferences, and demands
- The subjunctive versus the infinitive
- Irregular forms in the subjunctive

National Standards
Communication Standard 1.1 pages 60, 65, 68, 69, 70, 71, 75, 78, 81, 82, 85, 86, 87, 88, 89, 99, 103, 104, 108, 109

Communication Standard 1.2 pages 60, 61, 62, 63, 65, 70, 71, 75, 78, 82, 86, 87, 88, 89, 93, 96–97, 99, 102, 104, 105, 106, 107, 108, 109

Communication Standard 1.3 pages 71, 78, 87, 88, 89, 97, 108, 109

Cultures Standard 2.1 pages 62–65, 94–95, 100–101

Comparisons Standard 4.1 pages 94–95

Comparisons Standard 4.2 pages 62–65, 100–101

PACING AND LEVELING

Leçon 1: Culture *(5–7 days)*
Introduction
Lecture
Vocabulaire pour la lecture
  Jeunes, qui êtes-vous?
Structure • Révision
  L'interrogation
C'est à vous
Assessment

Leçon 2: Conversation *(5–7 days)*
Conversation
Vocabulaire pour la conversation
  Mise en scène
  Au centre commercial
Structure • Révision
  Les expressions négatives
  L'imparfait
C'est à vous
Assessment

Leçon 3: Journalisme *(5–7 days)*
Lecture
Vocabulaire pour la lecture
  Avant la lecture
  Parlez-vous le djeun's?
Lecture
Vocabulaire pour la lecture
  Avant la lecture
  Tous féministes?
Structure avancée
  Le subjonctif après les verbes de volonté
  Le subjonctif ou l'infinitif
  D'autres verbes au présent du subjonctif
C'est à vous
Assessment

Proficiency Tasks *(1–2 days)*
Vidéotour *(1–2 days)*
Littérature *(5–7 days)*

LEVELING
The following is an overall leveling of the sections of each chapter of **Bon voyage!** Level 3.

EASY: Conversation, Structure • Révision
AVERAGE: Culture, Journalisme, Structure • Avancée
CHALLENGING: Littérature

Most parts of each lesson are also leveled for your convenience in the Teacher Notes in the Wraparound section of your Teacher Edition.

E: Easy A: Average C: Challenging

Please note that the material does not become progressively more difficult. Within each chapter there are easy and challenging sections.

RESOURCE GUIDE

Section	Pages	Resources
Leçon 1		
Introduction	58	Vocabulary Transparencies, V2.2–V2.3
Lecture		Audio CD 2
Vocabulaire pour la lecture	59–61	Audio Activities TE, pages 17–20
Jeunes, qui êtes-vous?	62–65	Workbook, pages 17–20
		Quizzes, pages 17–20
		Tests, pages 27–28 and 37–55
Structure • Révision		ExamView® Pro
L'interrogation	66–69	Assessment Transparency A2.1
		french.glencoe.com
C'est à vous	70–71	
Assessment	72–73	
Leçon 2		
Conversation		Vocabulary Transparency V2.4
Vocabulaire pour la conversation	74–75	Audio CD 2
Mise en scène	76	Audio Activities TE, pages 21–26
Au centre commercial	76–78	Workbook, pages 21–24
		Quizzes, pages 21–24
Structure • Révision		Tests, pages 29–31 and 37–55
Les expressions négatives	79–82	ExamView® Pro
L'imparfait	83–87	Assessment Transparency A2.2
C'est à vous	88–89	french.glencoe.com
Assessment	90–91	
Leçon 3		
Lecture		Vocabulary Transparencies, V2.5–V2.6
Vocabulaire pour la lecture	92–93	Audio CD 2
Avant la lecture	94	Audio Activities TE, pages 27–33
Parlez-vous le djeun's?	94–97	Workbook, pages 25–32
Lecture		Quizzes, pages 25–31
Vocabulaire pour la lecture	98–99	Tests, pages 32–55
Avant la lecture	100	ExamView® Pro
Tous féministes?	100–102	Assessment Transparency A2.3
Structure avancée		french.glencoe.com
Le subjonctif après les verbes de volonté	103–104	
Le subjonctif ou l'infinitif	105–106	
D'autres verbes au présent du subjonctif	106–107	
Proficiency Tasks	112–113	**Bon voyage!** Video
Vidéotour	115	Video Activities Booklet
Littérature	442–451	Audio CD 9
		Audio Activities TE, pages 147–151
		Tests, pages 240–241

Using Your Resources for Chapter 2

Transparencies

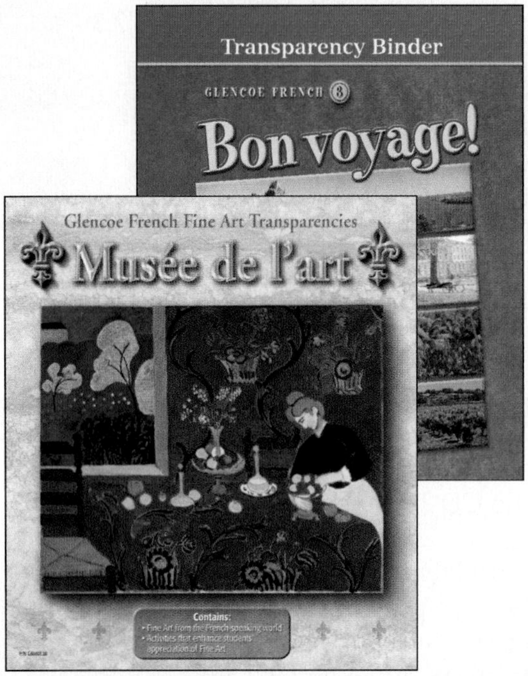

Map Transparencies The full-color maps at the front of the Student Edition have been converted to transparency format.

Bellringer Reviews provide a quick review activity to begin each class.

Vocabulary Transparencies include the photos and art from the Student Edition pages, overlays with French words, and French/English vocabulary lists for each chapter.

Assessment Transparencies provide answer sheets and answers for the Assessment pages in the Student Edition.

Fine Art can be used to reinforce the topics introduced in the text and enrich your students' knowledge of Fine Art.

Workbook and Audio Activities

Writing Activities

The Workbook section includes numerous activities to reinforce each concept presented in the textbook. There are workbook pages for each of the following sections: vocabulary, culture, conversation, journalism, and structure. Varied activities provide several ways for students to practice and apply the material you have presented in class.

Audio Activities

The Audio Activities pages in this booklet may be used to guide students through the listening and speaking activities provided on the Audio CDs. The script to the Audio CDs is also provided in the Audio Activities TE in the TeacherTools booklet if the teacher prefers to read the activities aloud. The Audio Activities provide listening and speaking practice to reinforce vocabulary, culture, conversation, structure, and literature.

Assessment

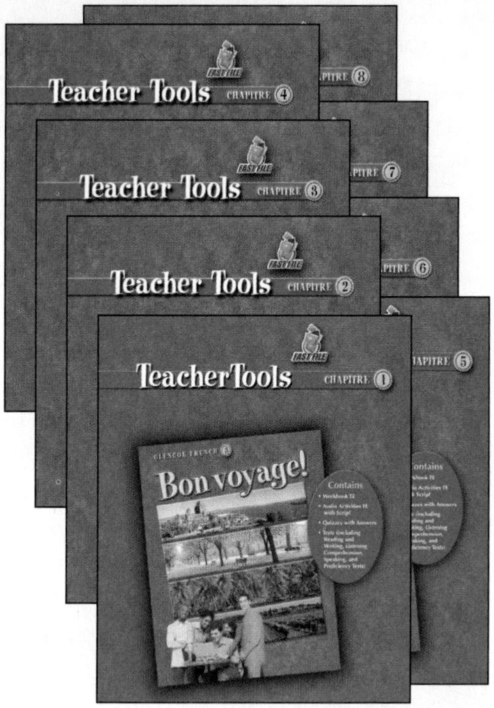

Several options for Assessment are offered with the **Bon voyage!** program.

The TeacherTools booklets include the following Assessment pieces.

Quizzes There are quizzes for Vocabulary, Culture, Structure, Conversation, and Journalism.

Tests There is a Reading and Writing test for each lesson in the chapter. In addition, there are two different Chapter Reading and Writing tests—one for less able to average students and the other for above adverage to advanced students. There is also a Listening Comprehension test, a Speaking Test, and a Proficiency Test at the end of each chapter.

French Online Students can easily access our Practice Quizzes at french.glencoe.com.

ExamView® Pro Test Bank software for Macintosh and Windows makes creating, editing, customizing, and printing tests quick and easy.

Technology Resources

Throughout **Bon voyage!** you will see references to Web sites in the French-speaking world that will expose you to more authentic readings about the material you are studying. Visit french.glencoe.com.

Bon voyage! Video and Video Activities, Chapter 2. Available on VHS and DVD.

Bon voyage! is also available on CD or Online.

TeacherWorks™ is your all-in-one teacher resource center. Personalize lesson plans, access resources from the Teacher Wraparound Edition, connect to the Internet, or make a to-do list. These are only a few of the many features that can assist you in planning and organizing your lessons.

Includes:
- A calendar feature
- Access to all program blackline masters
- Standards correlations and more

ExamView® Pro

Test Bank software for Macintosh and Windows makes creating, editing, customizing, and printing tests quick and easy.

CHAPITRE 2

Preview

In this chapter, students will learn more about French teens and their daily lives. Topics covered are the way teens spend their money and their free time, the role of shopping and marketing in everyday life; the use of slang; and French teens' views on gender equality.

National Standards

Communication
Students will communicate in spoken and written French on the following topics:
- Everyday life for teens
- Spending money and free time
- Shopping and marketing

Cultures
Students will learn how their French counterparts spend their free time and their money. They will also learn about the attitudes of French teens toward family, friends, and media.

Connections
This chapter establishes a connection with social studies.

Comparisons
Students compare their own attitudes toward the use of free time and spending money, family and friends, slang, and gender equality with those of French teens.

FRENCH Online

The **Glencoe French Web site** (french.glencoe.com) offers options that enable you and your students to experience the French-speaking world via the Internet. For each chapter, there are activities, games, and quizzes. In addition, an *Enrichment* section offers students an opportunity to visit Web sites related to the theme of the chapter.

Les jeunes

Objectifs

In this chapter you will:

- ✓ *read about the everyday life of young French people*
- ✓ *review how to ask questions formally and informally*
- ✓ *read about shopping and how marketing affects young French adults*
- ✓ *read articles about verlan and the equality of men and women in France*
- ✓ *review how to make sentences negative and how to describe things in the past*
- ✓ *learn how to express wishes, preferences, and demands and to express actions that may or may not take place*

Table des matières

CHAPITRE 2

LEVELING

The following is an overall leveling of the sections of each chapter of **Bon voyage!** Level 3.

EASY Conversation, Structure-Révision

AVERAGE Culture, Journalisme, Structure avancée

CHALLENGING Littérature

Most parts of each lesson are also leveled for your convenience.

E: Easy

A: Average

C: Challenging

Please note that the material does not become progressively more difficult. Within each chapter there are easy and challenging sections.

Assessment

Quizzes: There is a quiz for every vocabulary presentation, every reading, and every structure point.

Tests: To accompany **Bon voyage!** Level 3 there is a Reading and Writing Test for each of the three lessons that make up a chapter. In addition, at the end of each chapter there are five tests.

- Two Reading and Writing Tests; one easy to intermediate; another intermediate to challenging.
- A Listening Comprehension Test
- A Speaking Test
- A Proficiency Test

Spotlight on Culture

Deux randonneurs dans le parc d'Isalo à Madagascar. Madagascar est une île de l'océan Indien. On y parle malgache et français. Nosy-Bé, une autre petite île, fait également partie de Madagascar. La présence française date de 1643, mais ce n'est qu'en 1896 que Madagascar devient une colonie française. Madagascar est devenu une république indépendante en 1958.

1 Preparation

Resource Manager

Vocabulary Transparencies, V2.2–V2.3
Audio Activities TE, pages 17–18
Audio CD 2
Workbook, pages 17–18
Quiz, page 17
ExamView® Pro

Bellringer Review

Use BRR Transparency 2.1 or write the following on the board:
Faites une liste en français des médias que vous connaissez.

2 Presentation

Introduction

Step 1 Ask students: **Qui forme un véritable groupe social? Qu'est-ce qu'ils ont? Quels sont certains points que les jeunes ont en commun?**

Step 2 Have students read the **Introduction** aloud or silently.

Step 3 Ask students what they think American teenagers have in common with each other. Do they feel that American teens form a social group despite their differences?

Learning from Photos

(page 58) En hiver, la mairie de Paris installe une patinoire en plein air sur la place de l'Hôtel de Ville. Posez les questions suivantes aux élèves: **C'est une patinoire? Où est-elle? Il y a beaucoup de patineurs? Quel temps fait-il?**

La patinoire des fêtes de fin d'année devant l'hôtel de ville à Paris

Introduction

De nos jours, les quinze à vingt ans forment un véritable groupe social à l'intérieur de la société française. Ils ont leur musique, leurs vêtements, leurs sorties... Ils ont même une langue bien à eux. Ils font l'objet de nombreuses enquêtes qui dissèquent leurs goûts, leurs dépenses, leurs besoins. Il y a évidemment des différences d'ordre social et économique, mais on peut néanmoins dire que les jeunes ont certains points en commun: ils ont une relative liberté grâce à leur argent de poche, ils choisissent leurs vêtements, ils passent leur temps libre entre copains.

Vocabulaire pour la lecture

Elle a cent euros d'argent de poche par mois mais elle n'en dépense que cinquante.

un portable

une bande dessinée (une B.D.)

Elles aiment aller en boîte.

Vocabulaire pour la lecture

Step 1 Have students repeat the new words in unison after you or the Audio CD.

Step 2 To vary the procedure, give students several minutes to read the definitions silently to familiarize themselves with them.

Step 3 Have the class repeat each new word or phrase once or twice in unison.

Step 4 Give the definition. Have students give the new word being defined.

Step 5 You may wish to go over **Activités 1** and **2** on pages 60–61 immediately.

Step 6 Have students study the new words at home and write the activities on pages 60–61.

Learning from Photos

(page 59) Les Aventures d'Astérix de René Goscinny (texte) et Albert Uderzo (dessins) mettent en scène le courageux petit Gaulois Astérix, son ami le géant Obélix et son petit chien Idéfix. Ils luttent contre les Romains qui occupent la Gaule. Les *Aventures d'Astérix* font la joie des petits et des grands depuis 1961; elles ont été traduites en 107 langues et dialectes et ont donné naissance à plusieurs films.

LEVELING

E: Vocabulary

3 Practice

Quel est le mot?

1 and **2** As suggested on page 59, assign these activities for homework. Go over them the next day in class.

Note: As you go over the activities, it is suggested that you let each student do two or three items for expediency.

Reaching All Students

Call on kinesthetic learners to dramatize or pantomime the following:

Je suis fâché(e).
Je suis déçu(e).
Il a disparu.
Il faut que tu me convainques.
Tu me manques.
C'est pas la peine.
Je suis très accro de ça.

Leçon 1
Culture

Jean se fâche quand il perd.

Éric télécharge des programmes sur Internet.

Mon ami est parti. Il me manque beaucoup.

Plus de vocabulaire

un goût ce qu'on aime ou n'aime pas
un mensonge ce qui n'est pas vrai
une sortie action de sortir (aller au cinéma, au théâtre, etc...)
les informations *(f.)* l'équivalent du journal télévisé à la radio
déçu(e) désappointé
accorder de l'importance à considérer comme une chose importante
avoir la cote être très apprécié
convaincre persuader
disparaître (il a disparu) ne plus être là
s'entendre bien (mal) avoir de bons (mauvais) rapports
être accro de aimer énormément
partager diviser; donner une partie de ce qu'on possède à quelqu'un d'autre
Ce n'est pas la peine. C'est inutile.

Quel est le mot?

1 Personnellement Donnez des réponses personnelles.

1. Où est-ce que tu dépenses ton argent de poche?
2. Tu dépenses tout ton argent de poche ou tu n'en dépenses qu'une partie?
3. *Spiderman* est une B.D. amusante?
4. Tu as un portable? Tu apportes ton portable en cours?
5. Tu aimes aller en boîte?
6. Tu préfères quelle console de jeux?
7. Ton professeur se fâche quand tu ne fais pas tes devoirs?
8. Si tu ne vois pas tes amis, ils te manquent?
9. Tu crois que tu leur manques aussi?

Answers to Quel est le mot?

1 *Answers will vary.*

Leçon 1 Culture

2 **Ils sont partis!** Complétez avec l'un des pronoms suivants: **me, te, lui, nous, vous, leur.**

1. Mon frère est parti. Il ____ manque.
2. Ma sœur est allée au Japon. Elle ____ manque.
3. Les parents de Julie sont allés en vacances. Ils ____ manquent.
4. Ton amie est allée habiter au Canada? Elle doit ____ manquer.
5. Le fils de Monsieur et Madame Leclos est dans l'armée. Il ____ manque.

3 **Quel est le mot?** Complétez.

1. Il est ____ de jeux vidéo. Il joue tous les jours.
2. Ce n'est pas vrai! C'est un ____!
3. J'ai mal dormi. J'ai fait un mauvais ____.
4. Cette boîte a ____. Elle est très populaire.
5. Tu préfères lire le journal ou écouter les ____ à la radio?
6. Sophie aime les films d'aventures, mais sa sœur préfère les comédies. Elles n'ont pas les mêmes ____.
7. Il ____ de l'importance aux vêtements.
8. Marc a un ordinateur, mais il n'est pas seulement à lui. Marc doit le ____ avec son frère.

4 **Autrement** Exprimez d'une autre façon les mots en italique.

1. Mon livre *n'est plus là.*
2. Il faut absolument *persuader* tes parents.
3. Ils *ont de très bons rapports.*
4. Ses parents ont été *désappointés.*

Une famille française avec leur chat

Learning from Realia

(page 61) Le phénomène Tintin est exceptionnel: plus de 180 millions d'albums vendus en plus de 70 langues et dialectes pour une histoire vieille de plus de 70 ans et un public très diversifié.

Learning from Photos

(page 61 bottom) Have students describe the family in the photo.

Answers to Quel est le mot?

2
1. me
2. me
3. lui
4. te
5. leur

3
1. accro
2. mensonge
3. rêve
4. la cote
5. informations
6. goûts
7. accorde
8. partager

4
1. a disparu
2. convaincre
3. s'entendent bien
4. déçus

National Standards

Cultures
Students will learn how teenagers in France spend their free time and their money, and they will learn about attitudes toward family, friends and media.

Comparisons
Students will compare the lifestyles of French teens with those of American teens.

1 Preparation

Resource Manager

Audio Activities TE, page 19
Audio CD 2
Workbook, pages 18–19
Quizzes, pages 18–19

Bellringer Review

Use BRR Transparency 2.2 or write the following on the board:
Donnez des réponses personnelles.
Tu reçois combien d'argent par semaine? Tu dépenses tout? Tu aimes les bandes dessinées? Lesquelles?

2 Presentation

Step 1 You may wish to call on students to read aloud certain sections or paragraphs and interrupt from time to time to add comprehension questions.

Step 2 Rather than going over the entire **Lecture,** you may wish to divide it into several sections. Assign them to different groups of students. Each group will report to the class on their section.

Step 3 Another alternative is that you may just want to have students read certain sections silently.

Lecture

Jeunes, qui êtes-vous?

Reading Strategy

Making comparisons while reading
When you study a foreign language, you are often asked to compare customs in your country to those in another. As you read, take note of similarities and differences between French teens and American teens. Making these comparisons in your head or on paper will help you remember what you read.

En France, les jeunes de 15 à 20 ans forment à peu près 15 pour cent de la population. La majorité est scolarisée. Certains travaillent. D'autres sont malheureusement au chômage. Malgré[1] ces différences, on peut trouver un certain nombre de points communs. À quoi dépensent-ils leur argent de poche?

Les jeunes de 15 à 17 ans disposent environ de 85 euros par mois. Les 18 à 20 ans ont en moyenne[2] 300 euros à dépenser par mois. D'où vient cet argent? Une partie vient de leurs parents, une autre peut venir de petits boulots[3], une autre encore de cadeaux d'anniversaire, Noël et autres occasions.

Traversons les Champs-Élysées!

À les entendre parler, il semble que les jeunes dépensent leur argent en sorties, mais en fait, c'est le shopping qui occupe la première place. En effet, les jeunes accordent beaucoup d'importance aux vêtements—«les fringues». Contrairement à ce qu'on pourrait croire, ce sont souvent les garçons qui sont les plus difficiles et qui préfèrent les marques—surtout celles qui sont chères. Les filles, elles, peuvent s'habiller avec un budget plus modéré. Évidemment, tous ne sont pas esclaves de la mode et beaucoup de jeunes sont limités par leur budget.

Les sorties qui ont la cote sont les boîtes ou le cinéma, mais c'est cher, trop cher de l'avis de beaucoup. C'est pourquoi ils préfèrent discuter[4] entre amis, chez l'un d'entre eux.

Finalement, avec l'argent qui leur reste, les jeunes achètent des disques ou des jeux vidéo. Et pour ceux qui n'ont pas réussi à convaincre leurs parents, il ne leur reste qu'à économiser pour pouvoir se payer le portable de leurs rêves!

[1]Malgré *In spite of*
[2]en moyenne *on average*
[3]petits boulots *odd jobs*
[4]discuter *to talk*

A Vrai ou faux?

1. Tous les jeunes travaillent.
2. Les jeunes de 15 à 17 ans disposent de 200 euros par mois.
3. Les jeunes dépensent la plupart de leur argent en sorties.
4. Les filles achètent des vêtements de marque plus souvent que les garçons.
5. Les jeunes aiment aller en boîte.
6. Les jeunes Français ne vont presque jamais chez leurs amis.
7. Les jeunes n'achètent jamais de jeux vidéo.
8. Pour beaucoup de jeunes, leur rêve, c'est de posséder un portable.

Answers

A

1. Faux.
2. Faux.
3. Faux.
4. Faux.
5. Vrai.
6. Faux.
7. Faux.
8. Vrai.

Leçon 1
Culture

Quels sont leurs loisirs?

La radio est en tête: 90 pour cent des jeunes écoutent la radio au moins une fois dans la journée, et ça leur manquerait plus que la télévision. Qu'est-ce qu'ils écoutent? De la musique avant tout, et leurs goûts sont très variés: ils aiment le soul, le rock, le R&B, le funk, le rap, le reggae, la techno et même les chansons françaises. Beaucoup écoutent aussi les informations. En effet, ils considèrent qu'il est important de se tenir informé de l'actualité[5].

Les jeunes regardent moins la télévision qu'on ne le dit: une heure quarante par jour en semaine. Le week-end, ils passent deux heures et demie devant le petit écran. Mais la majorité des jeunes partagent encore la télévision avec le reste de la famille, d'où les problèmes qui en résultent lorsque on n'est pas d'accord sur l'émission à regarder: film, émission musicale, programme sportif, série américaine? Ceux qui ont une télévision dans leur chambre s'en servent souvent pour les consoles de jeux vidéo.

Un ordinateur personnel, tout comme la télévision, doit souvent être partagé avec les autres membres de la famille qui ne veulent pas forcément[6] télécharger des programmes ou surfer sur des forums de musique.

La lecture n'a pas disparu, et les jeunes ne passent pas plus de temps à surfer sur le web qu'à lire un bon livre. En dehors des lectures imposées par les programmes scolaires, ils lisent quelquefois plusieurs livres par mois. Ils sont souvent accros de B.D., surtout les garçons. Ils lisent aussi de nombreux magazines destinés aux jeunes.

Quant au sport, on estime qu'environ 60 pour cent des jeunes font du sport régulièrement sans forcément faire partie d'une association sportive. Les sports favoris sont le football, la natation, le tennis, la danse et le cyclisme.

[5]se tenir informé de l'actualité *to keep up with current events*
[6]forcément *necessarily*

B Répondez.

1. Qu'est-ce que les jeunes écoutent à la radio?
2. Avec qui les jeunes partagent-ils la télévision?
3. Qu'est-ce qu'ils aiment lire?
4. Ils se servent souvent de la télévision pour faire quoi?
5. Qu'est-ce qu'ils veulent faire sur l'ordinateur familial?
6. Quels sont leurs sports favoris?

Step 4 As students read the information, tell them to look for some things that may surprise them. After reading the page, ask them what they are.

Step 5 After going over **Activité A,** you may ask more able students to correct all the false statements.

Step 6 Ask the following types of questions to have students compare their habits with those of their French counterparts: **Tu regardes la télévision combien d'heures par jour? Et pendant le week-end? Tu partages la télé avec le reste de la famille? Vous discutez pour savoir quelle émission vous allez regarder? Tu as un ordinateur personnel ou tu le partages avec les autres membres de ta famille?**

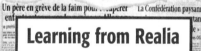

Learning from Realia

(page 63 top right) Le festival de musique de Saint-Denis a lieu au début de l'été dans la basilique de Saint-Denis dans la banlieue parisienne.

Answers

B

1. Ils écoutent de la musique avant tout, mais aussi les informations.
2. Ils partagent la télévision avec le reste de la famille.
3. Ils lisent des B.D. et de nombreux magazines destinés aux jeunes.
4. Ils se servent souvent de la télévision pour jouer à des jeux vidéo.
5. Ils veulent télécharger des programmes ou surfer sur des forums de musique.
6. Leurs sports favoris sont le football, la natation, le tennis, la danse et le cyclisme.

2 Presentation *(suite)*

Step 7 Have students explain in French the meaning of the following: **Il faut dire aussi que les parents d'aujourd'hui sont en général tolérants et leur laissent une assez grande autonomie.**

Expansion: Have students discuss if they consider American parents to be the same or different from French parents based on what they read. Do they ever say the same things about their parents that French teens say?

Learning from Photos

(page 64 top) Montignac en Dordogne est l'endroit où a été découvert la grotte de Lascaux et ses extraordinaires peintures rupestres.

(page 65 top right) En France, les jeunes ne peuvent pas conduire avant l'âge de 18 ans. Les «deux roues» sont donc leur moyen favori de se déplacer. Ils roulent en scooters, en cyclomoteurs ou en vélomoteurs.

Ont-ils de bons rapports avec leur famille?

Leur désir d'indépendance ne fait aucun doute. Les disputes sont fréquentes sur des sujets multiples. On retrouve souvent les mêmes reproches: «Mon père/Ma mère ne m'écoute pas; ce n'est même pas la peine de lui parler.» «Ils ne savent pas ce qu'ils veulent!», etc...

Malgré cela, ils sont très attachés à leur famille. Ils se sentent en sécurité en famille. S'ils doivent s'en éloigner[7], elle leur manque, surtout lorsqu'il y a des frères et sœurs. D'une façon générale, les jeunes s'entendent bien avec leurs parents. Il faut dire aussi que les parents d'aujourd'hui sont en général tolérants et leur laissent une assez grande autonomie.

Pique-nique en famille à Montignac dans le Périgord

Quatre bons amis

Qu'attendent-ils[8] de l'amitié?

Leur soif d'amitié est très grande. Ils rêvent de quelqu'un à qui ils pourraient tout confier[9]. Ils attendent beaucoup de l'amitié. Peut-être un peu trop parce que beaucoup avouent[10] avoir été déçus. Essentiellement, ils pensent qu'ils ont besoin des autres pour se connaître eux-mêmes.

[7]s'en éloigner *move away from, go away from*
[8]Qu'attendent-ils *What do they expect*
[9]confier *confide*
[10]avouent *admit, acknowledge*

Quelles sont les valeurs les plus fondamentales?

Les deux valeurs qui viennent en tête sont la tolérance et l'honnêteté. Accepter une opinion adverse, discuter sans se fâcher, ils sont tous d'accord. Néanmoins, beaucoup se posent des questions quand il s'agit de tolérance envers ceux qu'ils perçoivent comme racistes. Quant à l'honnêteté, il ne s'agit pas du respect de la propriété, mais d'une honnêteté plus profonde—le refus du mensonge vis-à-vis de soi-même et des autres.

C Répondez.

1. Expliquez le rapport que les jeunes ont avec leurs parents.
2. Qu'est-ce que les jeunes Français pensent de l'amitié?
3. Expliquez les deux valeurs fondamentales pour les jeunes.

Pour s'orienter sur internet,
il suffit d'avoir un point de départ...
nomade
le guide du net francophone
"L'important n'est pas de tout savoir
mais de savoir où tout se trouve."
Nomade est plus qu'un guide de recherche.
Une fois connecté, vous pourrez consulter
gratuitement plusieurs services d'information:
- L'actualité 24h/24
- La météo région par région
- La bourse de Paris en direct
- 150 nouveaux sites chaque jour
- L'hebdo du meilleur du Net
- Un annuaire d'adresses électroniques
http://www.nomade .fr
L'adresse de toutes les adresses

D Reprenez les questions posées aux jeunes Français et posez-les à vos camarades. Y a-t-il des points communs entre les réponses de vos camarades et celles des jeunes Français. Quelles sont les différences?

Learning from Realia

(page 65 left) Les services offerts par Nomade, un service de courrier électronique français:

- L'actualité 24 heures sur 24
- La météo région par région
- La bourse de Paris en direct
- 150 nouveaux sites par jour
- L'Hebdo du meilleur du net
- Un annuaire d'adresses électroniques

Cross-Cultural Comparison

You may wish to initiate an e-mail exchange between your students and students in French-speaking Africa. Your students will be able to discover the values, activities, and characteristics unique to the young people in that part of the world.

For help planning this activity, consider the Peace Corps World Wise Schools program in which American educators can collaborate with Peace Corps volunteers in specific geographic regions.

Answers

C *Answers will vary but may include:*

1. Ils se disputent souvent avec leurs parents, mais ils sont très attachés à leur famille. Ils s'entendent bien en général et les jeunes ont une assez grande autonomie.
2. Ils attendent beaucoup de l'amitié mais quelquefois ils sont déçus. Ils pensent que les autres les aident à se trouver eux-mêmes.
3. Les deux valeurs fondamentales pour les jeunes sont la tolérance et l'honnêteté. Pour les jeunes français, la tolérance est d'accepter des opinions adverses et de discuter sans se fâcher. Ils se posent des questions sur la tolérance des gens qu'ils perçoivent comme racistes. L'honnêteté pour eux est le refus du mensonge vis-à-vis de soi-même et des autres.

D *Answers will vary.*

1 Preparation

Resource Manager

Audio Activities TE, page 20
Audio CD 2
Workbook, pages 19–20
Quiz, page 20
ExamView® Pro

Bellringer Review

Use BRR Transparency 2.3 or write the following on the board:
Écrivez une question avec chacun des mots suivants. Ensuite répondez à votre question.
Quand
Avec qui
Où
Comment
Pourquoi
Combien
Quel(s) / Quelle(s)

2 Presentation

L'interrogation

Step 1 Items 1 and 2 should be reviewed quickly.

Step 2 Have the students read the model sentences aloud. Most students learn more from examples than they do from explanations. You may even wish to give some more examples: **Vos parents regardent-ils souvent la télévision? Votre cousin habite-t-il loin de chez vous? Vos copains travaillent-ils après les cours?**

Leçon 1 Culture

Structure ⚜ Révision

L'interrogation

Asking questions formally or informally

1. The simplest and most common way to ask a question in French is by using intonation, that is, by simply raising one's voice at the end of a statement.

Il fait du sport.	**Il fait du sport?**
Nous travaillons.	**Nous travaillons?**

2. Another way to form a question is to use **est-ce que** before a statement.

Il fait du sport.	**Est-ce qu'il fait du sport?**
Nous travaillons.	**Est-ce que nous travaillons?**

Jeune femme berbère dans les montagnes du Haut-Atlas, au Maroc

3. A third way to form a question is by inverting the subject and the verb (or its auxiliary). This inverted form is used in written and formal French, but it is less frequent in everyday conversation.

Vous parlez français.	**Parlez-vous français?**
Elle a travaillé.	**A-t-elle travaillé?**

Inversion can also be made with a noun subject by adding a subject pronoun and inverting it with the verb. But again, intonation is more commonly heard in everyday French.

Lalla parle anglais.	**Lalla parle-t-elle anglais?**

Note that a **-t-** is inserted between the verb and the subject pronoun when the verb ends in a vowel.

Learning from Photos

L'Atlas est un ensemble montagneux en Afrique du Nord. Il est formé de plusieurs chaînes de montagnes.
Au Maroc, le Haut-Atlas est la partie la plus élevée.

LEVELING
E: Structure
A: Inversion

4. The preceding questions can be answered by **oui** or **non.** But many questions are "information questions," that is, questions introduced by "question words."

—Où est-ce qu'il va en avion?	—À Dakar.
—Il y va quand?	—Le week-end.
—Il y va comment?	—En avion.
—Pourquoi est-ce qu'il y va tout seul?	—Ça lui plaît.
—Il se couche à quelle heure?	—Très tard.
—Ça coûte combien?	—200 euros.

Note that in everyday language **est-ce que** can be used following question words. However, the most common way to ask an information question is to use a question word with a statement. In such cases, the question words **où, quand, combien,** and **comment** are placed at the end of the question, and **pourquoi** at the beginning. The intonation rises first and then falls.

Il va où?
Il y va quand? BUT **Pourquoi il y va seul?**
Il y va comment?
Ça coûte combien?

À Dakar, la capitale du Sénégal

5. Inversion is also used with question words in more formal speech.

Où va-t-elle?
Comment y va-t-elle?
Pourquoi y va-t-elle seule?

Inversion is also used in some common, fixed expressions.

Quel temps fait-il?

Transports en commun au Sénégal

FRENCH Online

For more information about travel and culture in Senegal, go to the Glencoe French Web site: french.glencoe.com

Leçon 1
Culture

Note: It is strongly suggested that you not require students to use the inverted form actively. The exception would be short questions such as: **Comment vas-tu? Où est-il? Quel temps fait-il? Comment vous appelez-vous?**

ADDITIONAL PRACTICE

Have students prepare dishes from Senegal for a cultural event at your school. Have students discuss how each dish was prepared.

Reaching All Students

For visual learners you may wish to play a game with interrogation word order. Call on Student 1 to represent **est-ce que.** Have Student 1 stand in front of a question. Have Student 1 walk away to show how the response is formed for an **est-ce que** question.

Call on three students to come to the front of the room to represent inversion. Student 1 will say, **Parlez.** Student 2 will say, **vous.** Student 3 will say, **français.** Have Student 1 and 2 switch places. Say as you point to each student, **«Réponse: Oui, vous parlez français.»**

If you wish, you may do the same with all the interrogation words.

3 Practice

Comment dit-on?

Note: Activities 1 and 2 can be done orally without previous preparation. As an additional reinforcement you may have students write the questions.

1 **Expansion:** Since there are several ways to ask a question for each of the sentences, you may wish to call on more than one student for each.

6. If the question is about a noun, the interrogative adjectives **quel, quelle, quels,** and **quelles** are used.

Quel magazine est-ce que tu aimes le mieux?
Vous allez dans quelle boîte?
Quelles stations de radio écoutent-ils?

Magazine féminin québécois

Comment dit-on?

1 On veut des chaussures. Posez des questions qui correspondent aux mots en italique. Vous pouvez les poser de plusieurs façons.

1. On va *dans un grand magasin.*
2. On y va *en métro.*
3. On y va *cet après-midi.*
4. On va *parce qu'il y a plus de choix* dans un grand magasin.
5. Le grand magasin se trouve *à Paris.*
6. Les magasins sont ouverts *de neuf heures à vingt heures.*
7. Les magasins sont ouverts *du lundi au samedi.*
8. Les magasins sont fermés *le dimanche.*

Les galeries marchandes du passage Pommeraye à Nantes

Answers to Comment dit-on?

1

1. On va où? / Où est-ce qu'on va? Où va-t-on?
2. On y va comment? / Comment est-ce qu'on y va? / Comment y va-t-on?
3. On y va quand? / Quand est-ce qu'on y va? / Quand y va-t-on?
4. Pourquoi on va dans un grand magasin? / Pourquoi est-ce qu'on va dans un grand magasin? / Pourquoi va-t-on dans un grand magasin?
5. Le grand magasin se trouve où? / Où est-ce que le grand magasin se trouve? / Où le grand magasin se trouve-t-il?
6. Les magasins sont ouverts quand (de quelle heure à quelle heure)? / Quand (De quelle heure à quelle heure) est-ce que les magasins sont ouverts? / Quand (De quelle heure à quelle heure) les magasins sont-ils ouverts?
7. Les magasins sont ouverts quels jours? / Quels jours est-ce que les magasins sont ouverts? / Quels jours les magasins sont-ils ouverts?
8. Les magasins sont fermés quel jour? / Quel jour est-ce que les magasins sont fermés? / Quel jour les magasins sont-ils fermés?

Leçon 1
Culture

2 **Encore un peu endormi** Voici les réponses de votre camarade. Quelles questions lui avez-vous posées?

1. Nous sommes le 12.
2. Nous sommes en janvier.
3. Il est huit heures et demie.
4. Après, il y a un cours d'anglais.

3 **Frustrations** Répondez en inventant une question. Suivez le modèle.

—Je n'ai pas assez d'argent pour le cinéma.
—Tu as demandé à tes parents? / Tu veux que je t'en prête?

1. Je n'ai pas assez dormi.
2. Je n'ai rien à me mettre.
3. Nous allons chez Marc samedi soir.
4. Mes parents vont s'en faire.
5. Mes parents m'ont offert une nouvelle console.
6. Mon portable est cassé.

Une famille française en Bourgogne

Learning from Photos

(page 68, bottom) Le passage Pommeraye est une réussite architecturale du XIXe siècle. Il est couvert d'une verrière et offre trois niveaux de galeries marchandes entièrement décorées de médaillons, de statues, de bustes. Le plus remarquable est la douce lumière qui inonde le passage le jour.

(page 69) Voilà Robert Drouhin et sa famille. Robert Drouhin et ses enfants dirigent la Maison Joseph Drouhin créée à Beaune en Bourgogne en 1880. Les vins *Joseph Drouhin* sont exportés dans le monde entier.

Answers to Comment dit-on?

2

1. Nous sommes quel jour? / Quel jour sommes-nous?
2. Nous sommes en quel mois? / En quel mois sommes-nous?
3. Il est quelle heure? / Quelle heure est-il?
4. Il y a quel cours après? Quel cours y a-t-il après?

3 *Answers will vary but may include:*

1. Tu t'es couché(e) à quelle heure, hier soir?
2. Pourquoi tu ne t'achètes pas quelque chose?
3. Qu'est-ce que tu vas mettre?
4. Tu veux leur téléphoner?
5. C'était pour ton anniversaire?
6. Qu'est-ce qui est arrivé?

Recycling

These activities allow students to use the vocabulary and structure from this lesson in completely open-ended, real-life situations.

Encourage students to say as much as possible when they do these activities. Tell them not to be afraid to make mistakes, since the goal of these activities is real-life communication. If someone in the group makes an error, allow the others to politely correct him or her. Let students choose the activities they would like to do.

You may wish to divide students into pairs or groups. Encourage students to elaborate on the basic theme and to be creative. They may use props, pictures, or posters if they wish.

Learning from Photos

(page 70) Les grandes vagues de l'océan Atlantique qui se brisent sur les plages de Biarritz et des environs permettent la pratique du surf tout au long de l'année.

Chapter Projects

Chapter Project

Have students organize a French **Club djeun** to meet once a month. Encourage them to explore a different aspect of Francophone youth culture each month. For example, in one get-together, students can listen to new Francophone music trends; in another, they can check out the latest fashion trends, etc. Have students use Francophone youth/teen Web sites to help them prepare for each club meeting.

C'est à vous

Use what you have learned

PARLER 1

Quel film?

✔ Organize a trip to the movies

Vous allez au cinéma avec un(e) camarade. Décidez quel film vous allez voir, à quelle séance, de combien d'argent vous avez besoin et comment vous allez y aller.

PARLER 2

Les sorties

✔ Ask your classmates about their leisure time activities

Faites une enquête sur les sorties de vos camarades de classe. Demandez-leur, par exemple, s'ils vont au cinéma, s'ils se réunissent souvent avec des copains, etc. Faites ensuite une liste de toutes les sorties et voyez celles qui arrivent en tête, c'est-à-dire, celles qui sont les plus souvent citées. Pour vous aider, voici quelques sorties possibles:

se réunir avec des copains	**aller au cinéma**
pratiquer un sport	**aller en boîte**
voir son petit ami (sa petite amie)	**faire du shopping**

MARDI 15 20.55 2

Les Apprentis

LAUREL ET HARDY CHÔMEURS

La crise, le chômage, la rupture, autant en faire une comédie ! Après *Cible émouvante*, Pierre Salvadori recrute à nouveau Guillaume Depardieu, qui forme avec François Cluzet un tandem comique à la Laurel et Hardy : l'hypocondriaque anxieux et le paumé insouciant, face aux mille mésaventures quotidiennes, en quête de logement et de filles… C'est drôle, c'est bourré de trouvailles, de dialogues savoureux.

France 2

Une classe de surf sur la plage de Biarritz

ÉCRIRE

3

Sondage officiel

✔ *Chart survey results*

Reprenez la liste de l'activité précédente et écrivez un sondage officiel en utilisant l'inversion et le pronom **vous.**

PARLER

4

Débat

✔ *Discuss the pros and cons of video games*

Les jeunes jouent beaucoup à des jeux vidéo. Êtes-vous pour ou contre les jeux vidéo? Est-ce que jouer à ces jeux affecte le travail à l'école? Justifiez votre opinion.

PARLER ÉCRIRE

5

L'argent de poche

✔ *Talk about spending money and your spending habits*

Vous avez appris d'où vient l'argent de poche des jeunes Français. Et le vôtre, d'où vient-il? Est-ce que vos parents vous donnent de l'argent toutes les semaines? Est-ce que vous avez un petit boulot? Si oui, lequel? Dites comment vous obtenez votre argent de poche et ce que vous en faites.

PARLER

6

La tolérance

✔ *Talk about tolerance and what it means to you*

Pour les jeunes Français, une des valeurs fondamentales est la tolérance. Qu'est-ce que la tolérance pour vous? Donnez des exemples précis.

Leçon 1 Culture

Chapter Projects

L'argent

Les élèves doivent noter tous les jours leurs dépenses pendant une période de deux semaines. Ils doivent noter également l'argent qu'ils gagnent ou qu'ils reçoivent. Ils vont proposer un budget. Vous pouvez analyser les notes des élèves et déterminer la manière la plus courante dont les élèves obtiennent de l'argent, et à quoi ils le dépensent.

Resource Manager

Assessment Transparency A2.1
Online Quiz
Tests, pages 27–28 and 37–55
ExamView® Pro

Assessment

This is a pretest for students to take before you administer the lesson test. Answer sheets for students to do these pages are provided in your transparency binder. Note that each section is cross-referenced so students can easily find the material they have to review in case they made errors. You may wish to collect these assessments and correct them yourself or you may prefer to have the students correct themselves in class. You can go over the answers orally or project them on the overhead, using your Assessment Answers transparencies.

Assessment

Vocabulaire

To review the vocabulary, turn to pages 59–60.

1 Complétez.

1. Je dépense tout mon ____ en CD.
2. Toutes les nuits, je fais le même ____ quand je dors.
3. Ce n'est pas vrai! C'est un ____!
4. C'est une boîte qui a la ____. Il y a toujours beaucoup de monde!
5. On aime ou on n'aime pas. Chacun son ____!
6. Il a plein de jeux vidéo, mais il n'a pas de ____.
7. Il faut téléphoner aux filles. Tu as ton ____?
8. Ce sont de très bonnes amies et elles sont toujours ensemble. Elles ____ très bien.
9. Ils croyaient qu'ils aimeraient le film, mais, ils ne l'ont pas du tout aimé. Ils ont été très ____.
10. Ils lisent des livres, des magazines et des ____.

Lecture

To review the reading, turn to pages 62–65.

2 Répondez.

11. D'où vient l'argent de poche des jeunes Français?
12. Qu'est-ce que les jeunes Français achètent surtout?
13. Quelles sont leurs sorties préférées?

3 Vrai ou faux? Corrigez les phrases fausses.

14. Les jeunes Français s'entendent bien avec leurs parents.
15. Ils sont très indépendants et n'ont pas besoin des autres pour se connaître.
16. Les deux valeurs qu'ils respectent le plus sont la tolérance et l'honnêteté.

Des euros en pièces et en billets

Answers to Assessment

1

1. argent de poche
2. rêve
3. mensonge
4. cote
5. goût
6. console
7. portable
8. s'entendent
9. déçu
10. B.D.

2

11. L'argent de poche des jeunes Français vient de leurs parents, de petits boulots et de cadeaux.
12. Ils achètent surtout des vêtements, des disques ou des jeux vidéo.
13. Leurs sorties préférées sont les boîtes et le cinéma, mais ils aiment aussi aller chez des amis et discuter.

3

14. Vrai.
15. Faux.
16. Vrai.

Structure

4 Posez des questions qui correspondent aux mots en italique.

17. Je vais *au centre commercial.*
18. J'y vais *ce soir.*
19. Le centre ferme *à vingt heures.*
20. Je vais dans ce centre *parce que c'est près d'ici.*
21. J'y vais *en bus.*

To review question formation, turn to pages 66–68.

5 Récrivez les questions suivantes en utilisant une autre façon.

22. Sabine parle allemand?
23. Tu t'appelles comment?
24. Pourquoi est-ce que tu regardes cette émission?
25. Quel magasin préférez-vous?

Assessment

After going over the Assessment, you may administer the test for **Leçon 1, Chapitre 2.**

Answers to Assessment

4

17. Tu vas où?
18. Tu y vas quand?
19. Le centre ferme à quelle heure?
20. Pourquoi tu vas dans ce centre?
21. Tu y vas comment?

5

22. Est-ce que Sabine parle allemand?
23. Comment t'appelles-tu?
24. Pourquoi tu regardes cette émission?
25. Vous préférez quel magasin?

1 Preparation

Resource Manager

Vocabulary Transparency V2.4
Audio Activities TE, page 21
Audio CD 2
Workbook, page 21
Quiz, page 21
ExamView® Pro

Bellringer Review

Use BRR Transparency 2.4 or write the following on the board:
Faites une liste de tous les noms de vêtements que vous connaissez en français.

2 Presentation

Vocabulaire pour la conversation

Step 1 As you present the new vocabulary, you may wish to ask the following questions: **Il n'y a plus de cols roulés? On va en recevoir quand? Tu aimes les cols roulés? Tu mets un col roulé quand il fait chaud? De nos jours, il y a beaucoup de centres commerciaux? Autrefois, il y avait beaucoup de centres commerciaux? Quand il n'y avait pas de centres commerciaux, on achetait tout où?**

Step 2 Call on individuals to read each new word or phrase and its definition. After each one, you may wish to ask questions for more practice.

Leçon 2 Conversation

Vocabulaire pour la conversation

Où sont les cols roulés?
On n'en a plus, mais on va en recevoir à la fin de cette semaine ou au début de la semaine prochaine.
le fond
un sac besace
le début
la fin

un col roulé

un range CD

Boutique Suzanne Emond
LA MAISON DU CADRE
Autrefois, il n'y avait pas de centres commerciaux. On achetait tout dans des petites boutiques.

Plus de vocabulaire

déranger troubler
garder ne pas donner
exprès délibérément, intentionnellement
Ça me plaît. J'aime ça.
C'est pas mon truc. Je n'aime pas ça.

Quel est le mot?

1 C'est l'un ou l'autre. Répondez.

1. Le mois de janvier est au début ou à la fin de l'année?
2. Le mois de décembre est au début ou à la fin de l'année?
3. Le fond d'un magasin est près de l'entrée ou loin de l'entrée?
4. Un col roulé est une maladie ou un vêtement?
5. Un sac besace est grand ou petit?
6. Les Galeries Lafayette, c'est un grand magasin ou une petite boutique?

2 Quel est le mot? Complétez.

1. —Il l'a poussé fort! Et il savait exactement ce qu'il faisait.
   —Il l'a fait ____?
   —Absolument.
2. —Je peux ouvrir la fenêtre?
   —Oui, ça ne me ____ pas du tout. J'aime l'air frais.
3. —Ils adorent tous faire du shopping.
   —Moi, non. C'est pas mon ____.
4. —Il dépense tout son argent de poche?
   —Non! Il n'aime pas le dépenser. Il le ____.

Dans la médina à Tunis, en Tunisie

3 Ça me plaît! Répondez d'après le modèle.

Tu aimes ce col roulé? →
Oui, il me plaît beaucoup! /
Non, il ne me plaît pas!

1. Tu aimes ce sac besace?
2. Tu aimes ce range CD?
3. Tu aimes cette chemise?
4. Tu aimes cette chanson?

4 Maintenant et avant Finissez les phrases.

1. Autrefois, il n'y avait pas de centres commerciaux, mais maintenant…
2. Autrefois, il achetait tous ses vêtements dans des boutiques individuelles, mais aujourd'hui…
3. Autrefois, on ne portait pas de cols roulés, mais maintenant…

3 Practice

Quel est le mot?

1, 2, 3, 4 It is recommended that you go over the activities in class after students have prepared them at home.

4 This activity has students use the imperfect which is being reviewed in this lesson.

Learning from Photos

(page 74) Boutiques du quartier du Petit-Champlain dans la ville de Québec.
(page 75) Dans une ville d'Afrique du Nord, la médina est la vieille ville par opposition à la ville neuve européenne.

Answers to Quel est le mot?

1

1. Le mois de janvier est au début de l'année.
2. Le mois de décembre est à la fin de l'année.
3. Le fond d'un magasin est loin de l'entrée.
4. Un col roulé est un vêtement.
5. Un sac besace est petit.
6. Les Galeries Lafayette, c'est un grand magasin.

2

1. exprès
2. dérange
3. truc
4. garde

3

1. Oui, il me plaît beaucoup!/ Non, il ne me plaît pas!
2. Oui, il me plaît beaucoup!/ Non, il ne me plaît pas!
3. Oui, elle me plaît beaucoup!/ Non, elle ne me plaît pas!
4. Oui, elle me plaît beaucoup!/ Non, elle ne me plaît pas!

4

1. il y en a beaucoup.
2. il achète ses vêtements dans un centre commercial.
3. on porte des cols roulés.

Leçon 2
Conversation

National Standards

Communication
Students will talk about shopping. They will also discuss how they react to marketing.

1 Preparation

Resource Manager

Audio Activities TE, pages 22–23
Audio CD 2
Workbook, page 22
Quiz, page 22

Bellringer Review

Use BRR Transparency 2.5 or write the following on the board:
Écrivez tout ce que vous avez fait ce matin avant de partir pour l'école.

2 Presentation

Mise en scène

Step 1 After reading this, ask more able students: **Vous êtes d'accord sur ce qu'on dit à propos du marketing?**

Conversation

Step 1 Call on two students with good pronunciation to read the conversation aloud to the class with as much expression as possible. Permit the others to follow along in their books as they listen.

Step 2 If you wish, you can intersperse the questions from **Activité A,** page 78, as you are presenting the conversation.

Leçon 2
Conversation

Mise en scène

Comme leurs aînés, les jeunes n'échappent pas à ceux qui veulent les pousser à la consommation[1]. Une technique courante en marketing est la distribution sélective: des baskets en noir ici et en rouge à l'autre bout de la ville. Une autre technique est la rupture de stock programmée: on fait exprès de ne pas stocker assez de marchandises. On crée alors une sensation de manque: «On n'en a plus, mais on va en recevoir» est la phrase typique. Et comme on veut toujours ce qu'on ne peut pas avoir, on fait des kilomètres ou on revient cinq fois dans le même magasin pour pouvoir posséder la paire de baskets rêvée.

[1]pousser à la consommation *pressure to buy*

Un centre commercial souterrain à Montréal, au Québec

Au centre commercial

Devant la vitrine

Lila Il est pas mal le sac besace dans le fond... Oh, un range CD. C'est ça qu'il me faut.
Claire Je croyais que tu voulais acheter un pantalon.
Lila Oh, des pantalons, j'en ai des tas. De toute façon, il n'y a plus la boutique où j'allais avant.
Claire Quelle boutique?
Lila Là où j'achetais pratiquement tout!... Je ne me souviens plus comment ça s'appelait... Tiens, regarde les bottes rouges. Original, non? Ça irait très bien avec ton col roulé. Viens, on entre.

Au magasin de chaussures

Lila Bonjour.
Vendeuse Bonjour.
Lila Vous avez les bottes rouges en 38?
Vendeuse Ah désolé, je viens de vendre la dernière paire... Mais on va en recevoir la semaine prochaine.
Lila Euh, vous savez quand exactement la semaine prochaine... au début, à la fin?
Vendeuse Oh, mardi ou mercredi. Mais passez un coup de fil, si vous voulez être sûre.
Lila D'accord. Au revoir.
Vendeuse Au revoir, mademoiselle.

LEVELING
E: Conversation
A: Mise en scène

Leçon 2
Conversation

Learning from Photos

(page 76) Montréal, la deuxième ville francophone après Paris, est connue pour ses hivers rigoureux. Une véritable ville souterraine de plusieurs étages a été construite pour que les gens puissent continuer leurs activités sans sortir dehors. Les différents complexes sont reliés par le métro. Ils comptent plus de 1700 magasins, 200 restaurants et des cinémas.

Reaching All Students

You may wish to have kinesthetic learners put on a comical fashion show. Have them give a description of the outfits worn by the models.

Dans la galerie

Claire Ah vraiment tu me déçois! Tu vois pas que tout ça, c'est du marketing. Ils te manipulent. Ils le font exprès de ne pas en avoir, de te faire revenir. Tu es complètement dominée!

Lila Ben, peut-être, mais quand quelque chose me plaît, ça ne me dérange pas d'être manipulée. De toute façon, toi, les vêtements, c'est pas ton truc. T'es toujours en jogging et baskets.

Claire Exact. Moi, j'aime mieux garder mon fric pour aller aux sports d'hiver.

Critical Thinking Activity

Have students reread the **Mise en scène.** Ask them why they think that these marketing techniques work.

Leçon 2 Conversation

LEVELING

E: Activity **A**

A: Activity **B**

C: Activity **C**

Art Connection

(page 78 bottom left)
Ougadougou, the capital of Burkina Faso, is very relaxed with lovely bicycle paths and an attractively landscaped central market, something quite unusual in West Africa. Ougadougou is the capital of African film. The nine-day Pan-African film festival, FESPACO, is held every odd year at the end of February. It has become a major cultural event that attracts celebrities from around the world. Three famous Burkinabe filmmakers who enjoy international reputations are Idrissa Ouedraogo, Souleymane Cissé, and Gaston Kaboré. In the even-numbered years, this film festival is held in Tunis.

Leçon 2 Conversation

Vous avez compris?

A Répondez d'après la conversation.

1. Où sont les deux filles?
2. Que voulait acheter Lila?
3. Qu'est-ce qui l'intéresse maintenant?
4. Dans quelle boutique les filles rentrent-elles?
5. Qu'est-ce que Lila veut essayer?
6. Peut-elle les acheter? Pour quelle raison?
7. Que va faire Lila?
8. Quel reproche lui fait Claire?
9. Comment répond Lila?
10. Que fait Claire de son argent de poche?

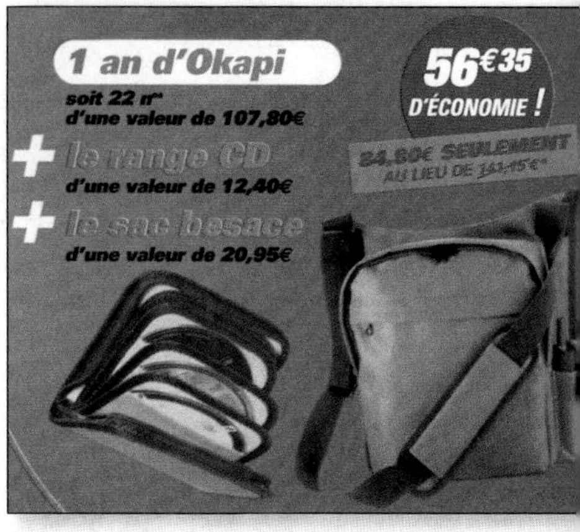

1 an d'Okapi
soit 22 nos
d'une valeur de 107,80€
+ le range CD
d'une valeur de 12,40€
+ le sac besace
d'une valeur de 20,95€
56€35
D'ÉCONOMIE !
84,80€ SEULEMENT

Okapi, un magazine pour les jeunes

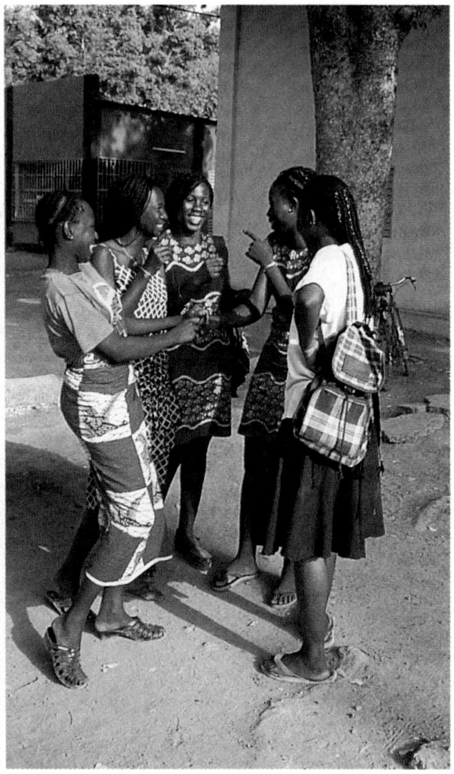

Des amies à Ouagadougou, au Burkina Faso

B Avec un copain ou une copine, discutez de l'importance que vous attachez aux vêtements. Quelle partie de votre budget y consacrez-vous? Quel genre de vêtements achetez-vous le plus souvent? Où faites-vous du shopping? Avec quelqu'un ou seul(e)? Achetez-vous des marques? Est-ce important pour vous?

C Vous laissez-vous facilement manipuler quand vous faites du shopping? Justifiez votre réponse en donnant des exemples.

Answers to Vous avez compris?

A

1. Elles sont au centre commercial.
2. Elle voulait acheter des pantalons.
3. Les bottes rouges l'intéressent maintenant.
4. Elles rentrent dans un magasin de chaussures.
5. Lila veut essayer des bottes rouges.
6. Non, elle ne peut pas les acheter parce que la vendeuse vient de vendre la dernière paire.
7. Lila va passer un coup de fil pour être sûre qu'ils ont bien les bottes avant de revenir.
8. Claire lui fait le reproche de se laisser manipuler par le marketing.
9. Lila répond que ça ne la dérange pas d'être manipulée quand quelque chose lui plaît.
10. Claire garde son argent de poche pour aller aux sports d'hiver.

B *Answers will vary.*

C *Answers will vary.*

Structure ⚜ Révision

Les expressions négatives

Making a sentence negative

1. The placement of the most commonly used negative expression, **ne... pas,** is as follows:

Il ne sort pas.	**Elle ne va pas sortir.**
Il n'est pas sorti.	**Elle ne peut pas sortir.**

When negating an infinitive, however, both **ne** and **pas** precede the infinitive.

Ses parents lui ont dit de ne pas sortir.

When a pronoun (or double pronouns) is involved, **ne** and **pas** go around the pronoun-verb block or the pronoun-auxiliary block.

Je ne lui envoie pas d'invitation.	**Je ne lui ai pas envoyé d'invitation.**
Je ne lui en envoie pas.	**Je ne lui en ai pas envoyé.**

Note the placement of the **ne... pas** in the following sentences.

Je ne vais pas lui envoyer d'invitation.
Je ne veux pas lui envoyer d'invitation.

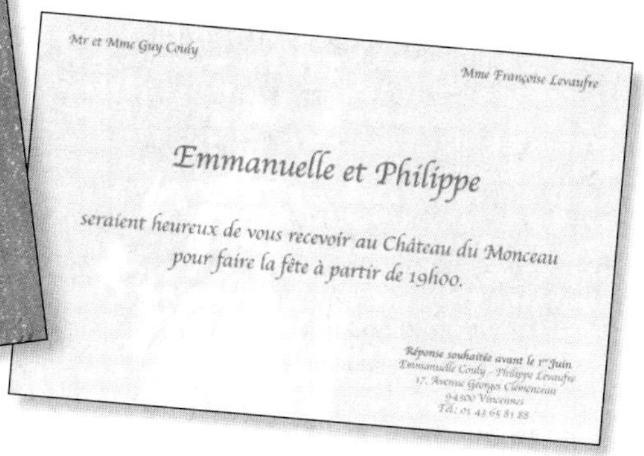

Mr et Mme Guy Coudy
Mme Françoise Levaufre
Emmanuelle et Philippe
seraient heureux de vous recevoir au Château du Monceau
pour faire la fête à partir de 19h00.

2. The following negative expressions follow the same placement pattern as **ne... pas.**

ne... pas du tout	*not at all*
ne... plus	*no longer, not anymore*
ne... jamais	*never*
ne... rien	*nothing*

Ça ne me dérange pas du tout.
Ils ne sortent plus ensemble.
Je ne suis jamais allée dans cette boîte.
Désolé, mais il ne veut rien savoir.

le
la
les
y

order
Pronoun / ne / lui leur / en / pas / infinitive
les
je ne lui en ai pas donné

1 Preparation

Resource Manager

Audio Activities TE, pages 24–26
Audio CD 2
Workbook, pages 22–24
Quizzes, pages 23–24
ExamView® Pro

Bellringer Review

Use BRR Transparency 2.6 or write the following on the board:
Écrivez à la forme négative.
1. Il travaille.
2. Elle est allée au bureau.
3. Il est content.
4. Elle a un problème.
5. Il va sortir.

2 Presentation

Les expressions négatives

Step 1 Most students should need a short review of Items 1 and 2.

Step 2 Call on students to read the model sentences. You may actually do this twice. The more opportunities students have to hear these expressions, the easier it will be for them to use the correct placement.

ADDITIONAL PRACTICE

Tenez un journal. Pendant une semaine, écrivez tous les jours ce que vous n'avez pas fait (et auriez dû faire).

Note: You may wish to remind students that **ne... que** follows the same rules for placement as the others, except in the passé composé when its placement resembles that of **ne... personne.** For example: **Je n'ai que deux dollars. Je ne téléphonais qu'à Sylvie. Je n'ai vu que trois films.**

Reaching All Students

You may have kinesthetic learners raise their hands each time the sentence is negative. Have them stand up each time it is affirmative.

Leçon 2
Conversation

3. The following expressions follow the same pattern as **ne... pas** when only one verb is involved.

ne... personne *nobody*
ne... ni... ni *neither. . . nor*

Elles ne parlent à personne.
Je n'aime ni le rock, ni la techno.

Note their placement in the passé composé or when two verbs are involved.

Je n'ai vu personne. — **Je ne veux voir personne.**
Je n'ai parlé ni à Marie, ni à Loïc. — **Je ne veux parler ni à Marie, ni à Loïc.**

4. To express *no, not any,* or *none,* **(ne)... aucun(e)** is used.

—Il a des amis?
—Non, il n'a pas d'amis
—Non, il n'a aucun ami.
—Non, aucun.

—Elle a des amies?
—Non, elle n'a pas d'amie.
—Non, elle n'a aucune amie.
—Non, aucune.

5. In French, unlike English, more than one negative can be used in the same sentence.

Il n'a rien dit à personne.
Ils ne sont plus jamais revenus.

Note, however, that **pas** is never used in conjunction with another negative word.

6. The following adverbs are often used in question–negative answer exchanges.

Already —Il est déjà là?	**Not yet** —Non, il n'est pas encore là.
Still —Il est toujours là?	**No longer** —Non, il n'est plus là.
Always —Elle est toujours en retard?	**Never** —Non, elle n'est jamais en retard.
Sometimes —Elle est quelquefois en retard?	
Often —Elle est souvent en retard?	
Ever —Elle a déjà été en retard?	—Non, elle n'a jamais été en retard.

7. Although **ne... que** (*only*) does not have a negative meaning, it functions the same as a negative expression.

Elle n'a que deux CD; elle n'en a pas beaucoup.

Comment dit-on?

1 Historiette Les parents vont se fâcher! Répondez au négatif.

1. Ludovic est là?
2. Il a fini ses devoirs?
3. Il va les finir ce soir?
4. Il a appris quelque chose?
5. Il s'est habillé chaudement?
6. Il va rentrer tôt?
7. Il a des nouvelles de son amie Catherine?
8. Il a laissé un message?

Un homme et son chien à Guermantes, dans le département de Seine-et-Marne

2 Un peu de patience! Répondez d'après le modèle.

faire ses devoirs ⟶
Tu n'as pas encore fait tes devoirs!

1. finir sa rédaction
2. laver la vaisselle
3. promener le chien
4. mettre les lettres à la poste
5. ranger sa chambre
6. lire ce livre

3 Historiette L'ami de ton frère
Répondez au négatif.

1. Il est déjà là?
2. Il est toujours là?
3. Il est déjà arrivé?
4. Il est déjà venu ici?

4 À la gare Répondez d'après le dessin.

1. Elle arrive toujours à l'heure?
2. Elle est souvent en avance?
3. Elle a beaucoup de valises?
4. Le train est déjà parti?
5. Le train l'attend?

Leçon 2
Conversation

3 Practice

Comment dit-on?

Note: All of these activities can be gone over in class without previous preparation. You can also assign them to be written for homework.

1, **2**, **3** These activities can be done orally with books closed.

Answers to Comment dit-on?

1

1. Non, il n'est pas là.
2. Non, il n'a pas fini ses devoirs.
3. Non, il ne va pas les finir ce soir.
4. Non, il n'a rien appris.
5. Non, il ne s'est pas habillé chaudement.
6. Non, il ne va pas rentrer tôt.
7. Non, il n'a aucune nouvelle de son amie Catherine.
8. Non, il n'a pas laissé de message.

2

1. Tu n'as pas encore fini ta rédaction!
2. Tu n'as pas encore lavé la vaisselle!
3. Tu n'as pas encore promené le chien!
4. Tu n'as pas encore mis les lettres à la poste!
5. Tu n'as pas encore rangé ta chambre!
6. Tu n'as pas encore lu ce livre!

3

1. Non, il n'est pas encore là.
2. Non, il n'est plus là.
3. Non, il n'est pas encore arrivé.
4. Non, il n'est jamais venu ici.

4

1. Non, elle n'arrive jamais à l'heure.
2. Non, elle n'est jamais en avance.
3. Non, elle n'a qu'une valise.
4. Non, le train n'est pas encore parti.
5. Oui, le train l'attend.

Leçon 2
Conversation

Learning from Realia

(page 82 top) **Paname** est le nom de Paris en argot. Le **zinc** est le comptoir d'un café.

(page 82 bottom) San Pedro est une ville portuaire située à 368 km au sud-ouest d'Abidjan.

Class Motivator

Jeu Divide students into groups of three or four. Have students give the significance of as many of the objects in the postcard *(top of page)* as possible. The group with the most answers wins. Then have students design a similar postcard for a U.S. city that they know well. Have them compare and contrast the symbols in the two postcards.

5 **Sondage** Répondez en utilisant une expression négative de votre choix.

1. Écrivez-vous des cartes postales?
2. Écoutez-vous la radio tous les jours?
3. Vos parents regardent-ils la télévision?
4. Allez-vous souvent sur Internet?
5. Aimeriez-vous ne rien faire?
6. Aimez-vous mieux le reggae ou le funk?
7. Vous sentez-vous quelquefois seul(e)?
8. À qui faites-vous confiance?
9. Quelles bandes dessinées aimez-vous?
10. Avez-vous beaucoup d'amis?

6 **La vérité** Maintenant, répondez aux questions de l'Activité 5 et dites la vérité.

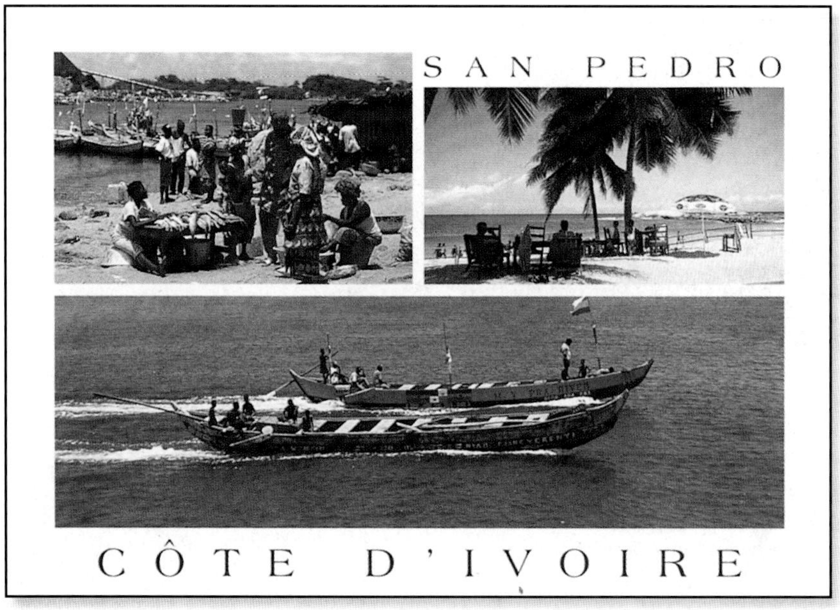

Answers to Comment dit-on?

5 *Answers will vary.*

6 *Answers will vary.*

L'imparfait

Narrating in the past tense

1. Along with the passé composé and several other tenses, the imperfect tense is used to describe past events. First, review the forms of the imperfect tense. To get the stem for the imperfect, you take the **nous** form of the present tense and drop the **-ons** ending. The imperfect endings are then added to this stem.

Infinitive	PARLER	FINIR	VENDRE
Stem	nous parl-	nous finiss-	nous vend-
Imperfect	je parlais	je finissais	je vendais
	tu parlais	tu finissais	tu vendais
	il/elle/on parlait	il/elle/on finissait	il/elle/on vendait
	nous parlions	nous finissions	nous vendions
	vous parliez	vous finissiez	vous vendiez
	ils/elles parlaient	ils/elles finissaient	ils/elles vendaient

2. The only verb that has an irregular stem in the imperfect is the verb **être: ét-.**

ÊTRE			
j'	étais	nous	étions
tu	étais	vous	étiez
il/elle/on	était	ils/elles	étaient

3. Note that verbs ending in **-cer** like **commencer,** and **-ger** like **manger,** have a spelling change to accommodate pronunciation. A cedilla must be added to the **c** and an **e** must be added after the **g** when they are followed by an **a.**

je commençais	**je mangeais**
tu commençais	**tu mangeais**
il commençait	**elle mangeait**
ils commençaient	**elles mangeaient**

On mangeait des éclairs.

Leçon 2
Conversation

1 Preparation

Bellringer Review

Use BRR Transparency 2.7 or write the following on the board:

Complétez au présent:

1. **Nous ___. (dîner)**
2. **Nous ___. (finir)**
3. **Nous ___. (descendre)**
4. **Nous ___ là. (être)**
5. **Nous le ___. (faire)**
6. **Nous ___. (nager)**
7. **Nous ___. (commencer)**
8. **Nous ___. (conduire)**

2 Presentation

L'imparfait

Step 1 Items 1, 2, and 3: Have the students repeat the verb forms aloud. Allow them to read the explanatory material silently or omit it. Most students learn the forms by hearing, seeing, and using them. Point out that the endings **-ais, -ait,** and **-aient** are all pronounced the same.

Learning from Realia

(page 83) Have students talk about the desserts in the postcard. Ask students to compare the French desserts to American ones. Discuss the influences that cultures have on one another.

2 Presentation *(suite)*

Step 2 Item 4: Explain to the students that the important thing to keep in mind is continuity. The beginning and end times of the event are not important. Have students read the time expressions and the model sentences aloud.

Step 3 Item 5: Have the students read all the sentences together to form a descriptive narrative.

Learning from Photos

(page 84) Les falaises blanches valent à cette côte le nom de «côte d'Albâtre».

Leçon 2
Conversation

4. The imperfect is used to describe or narrate habitual, repeated, or continuous actions in the past. When the event began or ended is not important. The imperfect is often accompanied by time expressions such as **toujours, tous les jours, tous les ans, tout le temps, souvent, d'habitude, de temps en temps,** and **quelquefois.**

Tous les samedis, nous sortions en boîte.
De temps en temps, nous allions au cinéma.
Nous rentrions toujours avant minuit.

5. The imperfect is also used to describe persons, places, and things in the past.

C'était une belle soirée d'août.
Il faisait très beau.
Guillaume avait vingt ans.
Il était heureux d'être en Normandie.
Il trouvait que Paris était la plus belle ville du monde.
Il voulait y passer toute sa vie.

Note that the imperfect is used to describe location, time, weather, age, physical appearance, physical and emotional conditions or states, attitudes, and desires.

Les falaises d'Étretat, en Normandie

Comment dit-on?

7 **Avant** Répondez d'après les modèles.

—Nous écoutons les informations tous les jours.
—Nous aussi, avant, nous écoutions les informations tous les jours.

—J'écoute les informations tous les jours.
—Moi aussi, avant, j'écoutais les informations tous les jours.

1. Nous discutons avec des amis tous les jours.
2. Nous allons au «Club Fitness» tous les jours.
3. Nous nageons tous les jours.
4. Nous nous exerçons tous les jours.
5. Nous jouons au foot tous les jours.
6. Je lis le journal tous les jours.
7. Je prends le train tous les jours.
8. Je fais du vélo tous les jours.
9. Je mange des fruits tous les jours.
10. Je commence un livre tous les jours.

Cyclisme en Alsace

8 **Vous n'avez pas bien entendu.** Posez les questions qui correspondent aux réponses de l'activité précédente. Suivez les modèles.

—Nous aussi, avant, nous écoutions les informations tous les jours.
—Qu'est-ce que vous écoutiez tous les jours?

—Moi aussi, avant, j'écoutais les informations tous les jours.
—Qu'est-ce que tu écoutais tous les jours?

1. Nous aussi, avant, nous discutions avec des amis tous les jours.
2. Nous aussi, avant, nous allions au «Club Fitness» tous les jours.
3. Nous aussi, avant, nous nagions tous les jours.
4. Nous aussi, avant, nous nous exercions tous les jours.
5. Nous aussi, avant, nous jouions au foot tous les jours.
6. Moi aussi, avant, je lisais le journal tous les jours.
7. Moi aussi, avant, je prenais le train tous les jours.
8. Moi aussi, avant, je faisais du vélo tous les jours.
9. Moi aussi, avant, je mangeais des fruits tous les jours.
10. Moi aussi, avant, je commençais un livre tous les jours.

Leçon 2
Conversation

3 Practice

Comment dit-on?

7, **8** Have students prepare these activities before going over them orally in class.

Paired Activities

Both of these activities can be done as paired activities.

ADDITIONAL PRACTICE

1. Travaillez avec un(e) camarade. Faites une liste de tout ce que vous faisiez toutes les semaines en Français I. Ensuite indiquez ce que vous aimiez faire et ce que vous n'aimiez pas faire.
2. Travaillez avec un(e) camarade. Choisissez un personnage célèbre de l'histoire qui vous intéresse. Décrivez-le.

Answers to Comment dit-on?

7

1. Nous aussi, avant, nous discutions avec des amis tous les jours.
2. ...nous allions...
3. ...nous nagions...
4. ...nous nous exercions...
5. ...nous jouions...
6. Moi aussi, avant, je lisais le journal tous les jours.
7. ...je prenais le train...
8. ...je faisais...
9. ...je mangeais...
10. ...je commençais...

8

1. Avec qui est-ce que vous discutiez tous les jours?
2. Où est-ce que vous alliez tous les jours?
3. Qu'est-ce que vous faisiez tous les jours?
4. Qu'est-ce que vous faisiez tous les jours?
5. À quoi est-ce que vous jouiez tous les jours?
6. Qu'est-ce que tu lisais...?
7. Qu'est-ce que tu prenais...?
8. Qu'est-ce que tu faisais...?
9. Qu'est-ce que tu mangeais tous les jours...?
10. Qu'est-ce que tu commençais tous les jours?

10 Have students write this activity. Call on an individual to read each paragaph as the students correct their own papers.

History Connection

(page 86 bottom) Au VIe siècle, la forteresse gallo-romaine de Sinemurum (Semur) a été remplacée par le château des ducs de Bourgogne.

Aujourd'hui, on visite Semur-en-Auxois pour voir ses bâtiments anciens, ses remparts et les vestiges d'un château des XIIe et XVIIe siècles.

Learning from Photos

(page 86 top) Saint-Jean-Cap-Ferrat, une presqu'île située dans la région de Nice, est réputée pour ses somptueuses propriétés qui en font un lieu très prisé des grandes fortunes internationales.

Leçon 2
Conversation

9 Quand ils étaient jeunes Répondez d'après le modèle.

—Maintenant il a une voiture. (un vélo)
—Quand il était jeune, il avait un vélo.

1. Maintenant, il est riche. (pauvre)
2. Maintenant, elle voyage en première classe. (deuxième classe)
3. Maintenant, il va dans un grand hôtel. (une auberge de jeunesse)
4. Maintenant, elle achète ses vêtements chez un grand couturier. (au centre commercial)
5. Maintenant, ils mangent dans les grands restaurants. (les cafés)
6. Maintenant, ils ont une grande maison. (un petit appartement)
7. Maintenant, ils partent en vacances pendant trois mois. (trois jours)

La villa et les jardins Ephrussi de Rothschild à Saint-Jean-Cap-Ferrat sur la Côte d'Azur

10 Quand j'étais enfant Mettez au passé.

Nous avons une maison de campagne en Bourgogne. C'est une très belle maison, un ancien petit château. Il y a quinze pièces, un grand jardin et au fond du jardin, une petite rivière.

Comme la maison est grande, nous pouvons facilement inviter des amis. Nous y allons tous les quinze jours. Mes parents aiment beaucoup le calme de la Bourgogne.

En hiver, nous faisons de longues promenades dans la campagne, puis nous rentrons à la maison. Mon père allume un feu dans la cheminée, lui et ma mère lisent tranquillement, mes frères jouent à un jeu vidéo, et moi j'écoute de la musique. Ou alors, on prépare tous ensemble un bon dîner et on mange avec appétit.

En été, nous devenons de vrais sportifs: mes frères font du bateau sur le canal, mes parents vont à la pêche, et mes amis et moi, nous jouons au tennis. Et notre moyen de transport? La voiture? Non, le vélo! Nous roulons tous à vélo!

Semur-en-Auxois, en Bourgogne

Answers to Comment dit-on?

9

1. Quand il était jeune, il était pauvre.
2. ... elle voyageait en deuxième classe.
3. ... il allait dans une auberge de jeunesse.
4. ... elle achetait ses vêtements au centre commercial.
5. ... ils mangeaient dans les cafés.
6. ... ils avaient un petit appartement.
7. ... ils partaient en vacances pendant trois jours.

10

Nous avions, C'était, Il y avait, était, nous pouvions, Nous y allions, Mes parents aimaient, nous faisions, nous rentrions, Mon père allumait, lui et ma mère lisaient, mes frères jouaient, j'écoutais, on préparait, on mangeait, nous devenions, mes frères faisaient, mes parents allaient, nous jouions, Nous roulions

Leçon 2
Conversation

11 Je croyais... Répondez d'après le modèle.

—On va au cinéma.
—Je croyais qu'on allait en boîte!

1. —Oh, je veux ces baskets!
   —Je croyais que tu...
2. —Ils sont en vacances à la Guadeloupe.
   —Je croyais qu'ils...
3. —Elle sort avec Christian.
   —Je croyais qu'elle...
4. —Ils parlent français et anglais.
   —Je croyais qu'ils...

La plage de Grand Case, un village sur l'île de Saint-Martin, dans la mer des Caraïbes

12 Jadis Imaginez ce que les jeunes faisaient...

1. quand il n'y avait pas de centres commerciaux.
2. quand il n'y avait pas de moyens de transport.
3. quand il n'y avait pas de téléphones portables.
4. quand il n'y avait pas d'ordinateurs.
5. quand il n'y avait pas la télévision.
6. quand il n'y avait pas l'électricité.

Group Activity

Travaillez en petits groupes. Un(e) élève est le/la secrétaire du groupe et prend des notes. Dictez-lui une histoire d'épouvante (d'horreur) que vous allez créer ensemble. Un(e) élève commence par quelques phrases. Par exemple: «Il faisait nuit. Il n'y avait pas d'étoiles dans le ciel. On ne voyait rien.» Chaque élève donne une phrase jusqu'à ce que vous ayez une histoire qui fait peur. Donnez des descriptions complètes et mystérieuses. Ensuite lisez votre histoire à la classe.

Answers to Comment dit-on?

11 *Answers will vary.*

12 *Answers will vary.*

Recycling

These activities allow students to use the vocabulary and structure from this lesson in completely open-ended, real-life situations.

Encourage students to say as much as possible when they do these activities. Tell them not to be afraid to make mistakes, since the goal of these activities is real-life communication. If someone in the group makes an error, allow the others to politely correct him or her. Let students choose the activities they would like to do.

You may wish to divide students into pairs or groups. Encourage students to elaborate on the basic theme and to be creative. They may use props, pictures, or posters if they wish.

About the French Language

À l'endos est l'équivalent de *payable to* en anglais.

Leçon 2
Conversation

C'est à vous

Use what you have learned

PARLER

1 Shopping

✔ Talk about shopping at a mall

Vous faites du shopping au centre commercial. Vous êtes dans une boutique de vêtements. Vous expliquez à l'employé(e) (votre camarade) ce que vous voulez acheter. Voici des mots que vous avez déjà appris et dont vous aurez peut-être besoin:

des baskets, une paire de chaussettes, une casquette, un blouson, une chemise, un jean, une veste, un pantalon, un chemisier, un T-shirt, un short, une jupe, la pointure, la taille.

PARLER / ÉCRIRE

2 Vos parents

✔ Interview your parents about what they wore when they were younger

Demandez à vos parents s'ils faisaient du shopping avec des ami(e)s quand ils avaient votre âge. Demandez-leur quel genre de vêtements ils portaient, où ils les achetaient, s'ils dépensaient beaucoup d'argent pour les vêtements, etc. Faites ensuite un rapport à la classe.

Profitez des coupons-rabais
à l'endos pour vous offrir
des produits qui ont du style !
Du jeudi 26 avril au dimanche 13 mai 2001
150 boutiques, services et halles d'alimentation
PLACE DE LA CITÉ
CENTRE COMMERCIAL
Le plus grand choix de boutiques exclusives à Québec
2600, boulevard Laurier, Sainte-Foy (418) 657-7015

PARLER

3 Esclave de la mode?

✔ Discuss expensive fashion

Vous critiquez un(e) camarade qui vient d'acheter très cher un vêtement de marque. Votre camarade se défend.

Leçon 2
Conversation

PARLER 4

Avant

✓ Discuss fashion trends

Avec un(e) camarade, vous parlez de vêtements qui étaient à la mode avant, mais qui ne le sont plus. Décrivez ces vêtements. Parlez aussi des couleurs qui étaient à la mode.

Les Galeries Lafayette à Paris

PARLER 5

La publicité

✓ Talk about effective advertising

Racontez une occasion où vous avez acheté quelque chose parce que vous avez été manipulé(e) par la publicité.

PARLER 6

Débat

✓ Discuss the importance of clothes and physical appearance

Faut-il accorder beaucoup d'importance aux vêtements? Pour quelles raisons certains jeunes dépensent-ils beaucoup d'argent pour les vêtements? Est-ce bien que certains jeunes n'attachent aucune importance à leur apparence physique? Justifiez vos réponses.

Learning from Photos

(page 89) Les Galeries Lafayette font partie des grands magasins parisiens traditionnels ainsi que le Printemps, le Bon Marché, le BHV (Bazar de l'Hôtel de Ville) et la Samaritaine. Mais il y a de nouveaux grands magasins, souvent plus spécialisés que les anciens: la FNAC pour les livres et l'électronique, Truffaut pour le jardinage et Castorama pour le bricolage.

Assessment

Resource Manager

Assessment Transparency A2.2
Online Quiz
Tests, pages 29–31 and 37–55
ExamView® Pro

Assessment

This is a pretest for students to take before you administer the lesson test. Answer sheets for students to do these pages are provided in your transparency binder. Note that each section is cross-referenced so students can easily find the material they have to review in case they made errors. You may wish to collect these assessments and correct them yourself or you may prefer to have the students correct themselves in class. You can go over the answers orally or project them on the overhead, using your Assessment Answers transparencies.

Vocabulaire

1 Vrai ou faux? Corrigez les phrases fausses.

1. Le mois de mars est à la fin de l'année.
2. En général, on aime bien être dérangé.
3. Garder est le contraire de donner.
4. On aime quelque chose qui nous plaît.
5. Quand il fait chaud, on porte un col roulé.
6. Il n'est pas difficile de trouver ce qui est au fond d'un grand sac.

To review the vocabulary, turn to page 74.

2 Complétez.

7. Ce n'est pas de sa faute! Il ne l'a pas fait ___!
8. Je n'aime pas ça du tout. C'est pas mon ___.
9. Quand ça me ___, j'achète tout de suite.

Conversation

3 Répondez.

10. D'après Claire, que voulait acheter Lila au centre commercial?
11. Qu'est-ce que Lila veut que Claire essaie?
12. Quand Lila peut-elle revenir au magasin?
13. Claire n'est pas contente. Pourquoi?
14. Que fait Claire avec son argent de poche?

To review the conversation, turn to pages 76–77.

Answers to Assessment

1

1. Faux.
2. Faux.
3. Vrai.
4. Vrai.
5. Faux.
6. Faux.

2

7. exprès
8. truc
9. plaît

3

10. D'après Claire, Lila voulait acheter des pantalons.
11. Lila veut que Claire essaie des bottes rouges.
12. Lila peut revenir au magasin la semaine prochaine.
13. Claire n'est pas contente parce qu'elle pense que Lila est manipulée par le marketing.
14. Claire garde son argent de poche pour aller aux sports d'hiver.

Structure

4 Répondez au négatif.

15. Maman est là?
16. Papa est rentré?
17. Tu vas lui téléphoner?

To review the formation of negative sentences, turn to pages 79–80.

5 Répondez au négatif avec l'expression entre parenthèses.

18. Il est déjà arrivé? (ne... pas encore)
19. Elle est quelquefois en retard? (ne... jamais)
20. Ils vont être contents? (ne... pas)
21. Ils ont beaucoup d'amis? (ne... aucun)
22. Tu as vu quelqu'un? (ne... personne)
23. Qu'est-ce que tu as dit? (ne... rien)
24. Ils habitent toujours ici? (ne... plus)

6 Récrivez à l'imparfait.

25. De temps en temps je sors en boîte.
26. Il fait du vélo tous les matins.
27. Ça ne me dérange pas.
28. Vous êtes seul?
29. Il finit très tard.
30. Elle commence à sortir le soir.

To review the imperfect, turn to pages 83–84.

Étudiants à Tunis, en Tunisie

Assessment

After going over the Assessment, you may administer the test for **Leçon 2, Chapitre 2.**

Answers to Assessment

4

15. Non, Maman n'est pas là.
16. Non, Papa n'est pas rentré.
17. Non, je ne vais pas lui téléphoner.

5

18. Non, il n'est pas encore arrivé.
19. Non, elle n'est jamais en retard.
20. Non, ils ne vont pas être contents.
21. Non, ils n'ont aucun ami.
22. Non, je n'ai vu personne.
23. Je n'ai rien dit.
24. Non, ils n'habitent plus ici.

6

25. De temps en temps je sortais en boîte.
26. Il faisait du vélo tous les matins.
27. Ça ne me dérangeait pas.
28. Vous étiez seul?
29. Il finissait très tard.
30. Elle commençait à sortir le soir.

1 Preparation

Resource Manager

Vocabulary Transparencies V2.5–V2.6
Audio Activities TE, page 27
Audio CD 2
Workbook, page 25
Quiz, page 25
ExamView® Pro

Bellringer Review

Use BRR Transparency 2.8 or write the following on the board:
Écrivez tout ce que vous faisiez quand vous étiez jeune. Indiquez si vous l'aimiez faire ou pas.

2 Presentation

Vocabulaire pour la lecture

Step 1 To vary the procedure, you may wish to have students go over the vocabulary on their own without oral presentation in class. It is quite easy to guess the meaning of these words. Have students study them and prepare the activities on page 93.

Step 2 The next day, call on several students to read the new words and definitions aloud before going over the vocabulary activities.

About the French Language

The conglomeration of apartment blocks built for low-cost housing are referred to as **une cité**. The one seen here in Marseilles is new and nice. As in the U.S., some others, however, are not very pleasant. Some are being torn down and rebuilt.

Vocabulaire pour la lecture

Parlez-vous le djeun's?

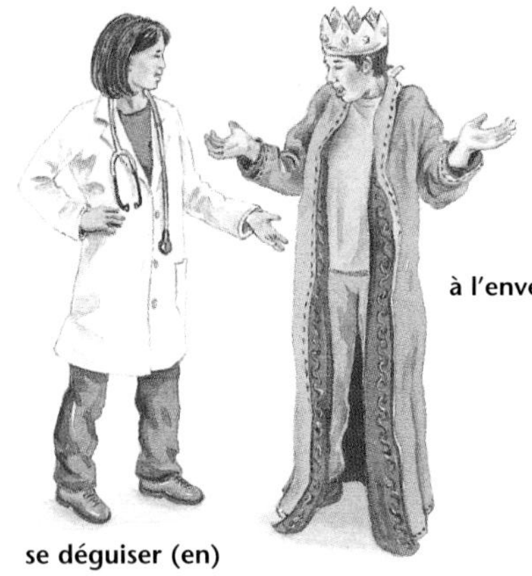

se déguiser (en)
Son costume est à l'envers.

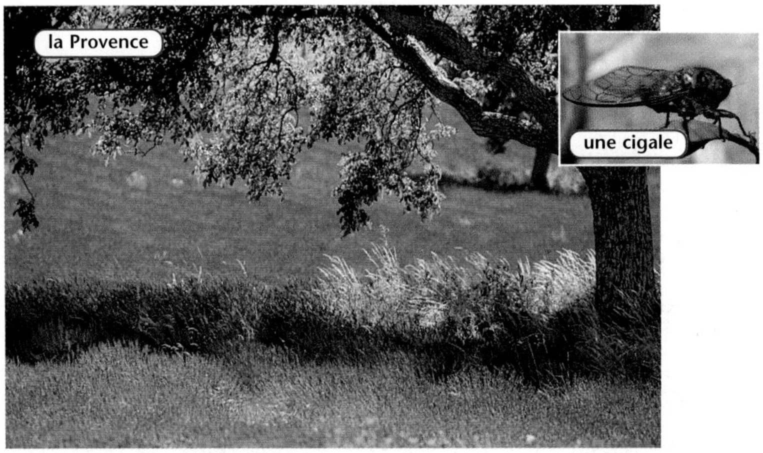

Voilà un beau paysage provençal.

Plus de vocabulaire

un sens une signification
un(e) beau(belle) gosse un(e) beau(belle) garçon(fille)
la honte l'humiliation
un pote *(fam.)* un copain
comme d'habitude comme toujours
nuire être mauvais (Ça nuit à la santé. C'est mauvais pour la santé.)
figurer être écrit
se tromper commettre une erreur
vouloir dire signifier

LEVELING
E: Vocabulary

Quel est le mot?

1 **Images** Faites une phrase pour chacune des illustrations ci-dessous. Dans chaque phrase, utilisez l'un des mots suivants: **à l'envers, une cité, se déguiser en, la Provence, une cigale.** Faites les changements nécessaires.

1.

2.

3.

4.

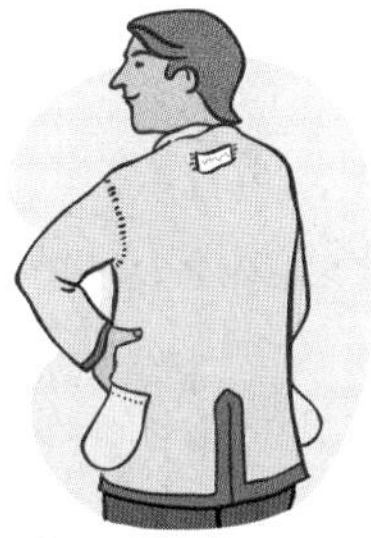
5.

2 **Autrement** Exprimez d'une autre façon.

1. Quelle *humiliation!*
2. *C'est écrit* en toutes lettres sur le tableau.
3. Quelle en est *la signification?*
4. Il est assez *beau garçon*... pour celles qui aiment ce type-là.
5. Ils *ont commis des erreurs.*
6. Je ne sais pas ce que ça *signifie.*
7. *C'est mauvais pour* la santé.
8. Comme *toujours,* ils sont en retard!
9. C'est mon *copain.*

À Nice sur la Côte d'Azur

3 Practice

Quel est le mot?

1, **2** Assign the activities for homework and go over them the next day in class.

Learning from Photos

(page 93) La plage de Nice n'est pas une plage de sable, mais de galets *(pebbles).*

Answers to Quel est le mot?

1 *Answers will vary but may include:*

1. Ils habitent dans une cité.
2. Il y a des cigales en Provence.
3. Il s'est déguisé en lapin.
4. J'aimerais beaucoup être à la plage!
5. Il a mis sa veste à l'envers.

2

1. honte
2. Ça figure
3. le sens
4. beau gosse
5. se sont trompés
6. veut dire
7. Ça nuit à
8. d'habitude
9. pote

National Standards

Cultures
Students will learn about slang used by French teenagers.

Comparisons
Students will have a chance to compare their use of English slang with the use of French slang by French teens.

1 Preparation

Resource Manager

Audio Activities TE, page 28
Audio CD 2
Workbook, page 26
Quiz, page 26

Bellringer Review

Use BRR Transparency 2.9 or write the following on the board:
Faites une liste des médias que vous connaissez en français.

2 Presentation

Avant la lecture

Step 1 After reading the introduction, ask students if they think there is a "youth or teen language" in English. Have them give examples if they answer yes. Tell them to think about it as they read this article about **«les langues des jeunes en France».** After reading it, they will decide if the same phenomenon exists in the U.S.

Leçon 3
Journalisme

Avant la lecture

La langue des jeunes est une langue bien à eux. Bien sûr, il n'y a pas UNE langue, mais DES langues de jeunes parce qu'il y a plusieurs types de jeunes. De tous les temps, la langue a été un moyen de faire partie d'un groupe, de créer l'identité de ce groupe. Rien de nouveau donc, dans le fait que les jeunes d'aujourd'hui veuillent leur société à eux, différente de celle de leurs parents, de leurs professeurs, etc. Ils veulent une langue qu'eux seuls comprennent, qui les identifie par opposition aux autres. Mais voilà, de nos jours, tout ce qui est «jeune» est à la mode. Le français des jeunes l'est donc aussi: les médias, les publicitaires, les marques commerciales l'utilisent et les «moins jeunes» l'adoptent aussi en partie, avec plus ou moins de réticence. Certains mots passent dans le langage courant et finissent même... dans le dictionnaire!

Le magazine *Phosphore*

Parlez-vous le djeun's?

LEVELING
A: Reading
C: Reading

Reaching All Students

Call on advanced learners to give an example of typical teenage jargon in English.

Répétons qu'il n'y a pas UNE langue des jeunes, mais DES langues des jeunes. C'est la langue des cités (les grands ensembles des zones urbaines) qui est la plus dynamique. Cette langue invente, emprunte, modifie des mots et leur donne un sens qui n'est pas nécessairement le même que le mot original. Mais cette langue varie selon les endroits: à Marseille un «mia» (beau garçon en parler local) est un «gossbo» (beau gosse à l'envers) dans la région parisienne.

Quelques indications pour comprendre les jeunes

Toutes les tendances d'une langue changent très vite. Néanmoins certains procédés semblent rester en usage.

Le «djeun's» utilise beaucoup de préfixes:

hyper comme dans «hyper rare»
super comme dans «super-potes»
ultra comme dans «ultra mode»
archi comme dans «archi-nul»
méga comme dans «méga fan»

Il coupe les mots au début ou à la fin. Il coupe même les expressions:

ado pour «adolescent»
bio pour «biologique»
compo pour «composition»
Ricains pour «Américains»
comme d'hab' pour «comme d'habitude»
À tout' pour «À tout à l'heure»

Il incorpore le verlan. Le verlan est un langage codé qui existe depuis le seizième siècle! Le verlan a été réactivé dans les cités au début des années 80 et incarnait une certaine position de révolte. Il consiste à inverser les syllabes (à l'envers = verlan). On met littéralement les mots à l'envers, tout comme la casquette sur la tête. Le verlan n'est plus utilisé systématiquement, mais certains mots sont restés, surtout en région parisienne. Par exemple, tous les membres de la famille sont présents.

famille	mille + fa	(le **lle** tombe)	→	la mifa
les parents	rents + pa	(le **a** tombe)	→	les renps
le père	re + pè	(le **è** tombe)	→	le reup
la mère	re + mè	(le **è** tombe)	→	la reum
les frères	res + frè	(le **rè** tombe)	→	les reufs
les sœurs	res + sœu	(le **œu** tombe)	→	les reus

On peut aussi «verlaniser» des expressions: «comme ça» devient «askeum». Il y a même un verlan du verlan (le veul). Ainsi une femme devient une «meuf» en verlan et une «feum» ou «feumeu» en veul.

Le français des jeunes emprunte des mots, surtout aux langues des communautés immigrées. Les sources majeures sont tout d'abord l'arabe auquel on emprunte du vocabulaire depuis longtemps mais plus récemment avec «ahchouma» (honte), «casbah» (maison) et «kiffer» (aimer, s'amuser). Certains mots comme «raclo», «racli» (garçon, fille) viennent de langues tsiganes[1]. Diverses langues africaines ont aussi leur influence: «gore» (garçon, avec son féminin francisé «gorette» pour fille), «faya» (fatigué).

Et bien sûr, il y a l'anglais avec «hypercool», «flashy», «flipper» («to flip» + er), etc.

Et puis il y a les créations de mots amusantes et pleines d'inventions. Le mot «kisdé» (policier) vient d'une définition ironique du policier: «celui qui se déguise» devient «qui se dé», donc «kisdé». Le mot «tchatcher» (parler) vient de «cha-cha» qui veut dire «le chant de la cigale» en provençal. Une cigarette s'appelle une «nuigrave» de l'inscription «nuit gravement à la santé» qui figure sur les paquets de cigarettes. Quant au mot «grave», il veut dire beaucoup de choses, mais jamais «alarmant» ou «sérieux», qui sont ses sens initiaux. «Grave» peut signifier «oui» pour accepter ou «ouais!» pour renforcer ce qu'on vient de dire. Il peut signifier «très»: «Il est grave beau.» Il peut vouloir dire «imbécile»: «Il est grave!» Mais attention! «Mortel» ou «criminel» a un sens positif. Si vous entendez dire d'une fille qu'elle est «criminelle», ne vous trompez pas, on parle de sa beauté et il s'agit bien d'un compliment!

[1]tsiganes *Gypsy*

Leçon 3 Journalisme

Lecture

Step 1 Go over the introductory conversation and ask students if they can take a guess at the meaning. Do not give them the answer.

Step 2 Go over the **lecture.** Have students read it for fun, not as an introduction to new languages they will have to learn. Present these new languages as "secret codes" used by teenagers among themselves.

Step 3 Go back to the introductory conversation and see what students can make of it now that they have read the **lecture.**

Step 4 Go over the **Vous avez compris?** activities on page 96.

Step 5 After going over the reading, ask students if they think American teenagers have an **argot** or jargon as different as their French counterparts.

Reaching All Students

After listening to the Audio CD, have two students volunteer to read the conversation on page 94. Tell the students to imitate the "lingo" as much as possible.

Leçon 3
Journalisme

Vous avez compris?

A Répondez aux questions.

1. Pourquoi y a-t-il plusieurs langues de jeunes?
2. En général, à quoi sert une langue?
3. Quel genre de langue les jeunes veulent-ils? Pourquoi?
4. Qui, à part les jeunes, utilise leur langue? Pourquoi?
5. D'où vient essentiellement la langue des jeunes?
6. Que fait cette langue?
7. Comment varie-t-elle?

B Identifiez trois procédés utilisés dans le langage «jeunes» et donnez deux exemples à chaque fois.

C Décrivez ce qu'est le verlan et donnez quelques exemples.

D Identifiez trois langues auxquelles le langage des jeunes a emprunté des mots et donnez un exemple à chaque fois.

Étudiants à Strasbourg, en Alsace

ANSWERS TO Vous avez compris?

A

1. Il y a plusieurs langues parce qu'il y a plusieurs types de jeunes.
2. Une langue sert à créer l'identité d'un groupe et à faire partie d'un groupe.
3. Les jeunes veulent une langue qu'eux seuls comprennent.
4. Les médias, les publicitaires, les marques commerciales l'utilisent parce que ce qui est jeune est à la mode. Les moins jeunes l'adoptent de temps en temps.
5. Cette langue vient des cités.
6. Cette langue invente, emprunte, modifie des mots et leur donne un sens différent de l'original.
7. Elle varie selon les endroits.

B *Answers will vary but may include:*
Le langage «jeunes» utilise des préfixes, par exemple «hyper» et «super». Elle coupe souvent les mots et expressions, par exemple «ado» pour «adolescent» et «bio» pour «biologique.»

C *Answers will vary but may include:*
Le verlan est un vieux langage codé qui a été réactivé au début des années 80. On met les mots à l'envers, par exemple **la mifa** pour **la famille** et **les renps** pour **les parents.**

D *Answers will vary but may include:*
Le français des jeunes emprunte des mots à l'arabe, par exemple **ahchouma** (honte), aux langues tsiganes, par exemple **raclo** (garçon), et aux langues africaines, par exemple **gore** (garçon).

E Expliquez d'où viennent les mots suivants.

1. tchatcher
2. nuigrave
3. kisdé

F Expliquez le sens du mot «grave». Ce mot est employé dans la bande photo? Dans quel sens?

G Vous connaissez déjà des mots comme «ado» dans lesquels une partie a été coupée. Trouvez-en quelques uns.

H Que veulent dire les mots suivants en français standard?

1. le tromé
2. la zicmu
3. un féca
4. un zomblou
5. un képa
6. zarbi

I Décidez comment va finir cette histoire entre Nicolas et Chloé et jouez-la avec un(e) camarade.

Leçon 3
Journalisme

Learning from Realia

(page 97 bottom) Le métro a ouvert en 1900. La première ligne est la ligne N° 1 qui va de Porte de Vincennes à Porte Maillot (de nos jours jusqu'à la Défense). Fulgence Bienvenüe était l'ingénieur en charge de la construction et l'architecte Hector Guimard était responsable des entrées «art nouveau» dont vous voyez un exemple sur cette photo—la station «Abbesses».

ANSWERS TO Vous avez compris?

E

1. **Tchatcher** vient de «cha-cha» qui veut dire «le chant de la cigale» en provençal.
2. **Nuigrave** vient de l'inscription «nuit gravement à la santé» sur les paquets de cigarettes.
3. **Kisdé** vient d'une définition ironique du policier «celui qui se déguise» ou «qui se dé».

F

Grave veut dire *oui, ouais, très* ou *imbécile.* Dans la conversation, grave est utilisé dans le sens de *très.*

G *Answers will vary but may include:*
un(e) prof, la télé, les maths, la gym, sympa, extra

H

1. le métro
2. la musique
3. un café
4. un blouson
5. un paquet
6. bizarre

I *Answers will vary.*

1 Preparation

Resource Manager

Vocabulary Transparency V2.6
Audio Activities TE, page 29
Audio CD 2
Workbook, page 27
Quiz, page 27
ExamView® Pro

2 Presentation

Vocabulaire pour la lecture

Step 1 Have students read each new word and its definition aloud.

Step 2 Ask the following questions, and tell students they are to answer with a different expression:

Jean-Paul s'est sorti d'une mauvaise situation? Il ne s'est pas amusé? Il a préparé un grand dîner pour ses amis? Il aime son travail? Ils ont tous les deux leurs tâches?

About the French Language

Certaines professions ou métiers tel que «pompier» n'ont pas de forme féminine. Si l'on veut insister sur le fait qu'il s'agit d'une femme, on peut dire une «femme pompier». Au Canada, on ajoute quelquefois un **-e** à la forme masculine comme «auteure», par exemple. Mais en France, on résiste encore à cette tendance et on continue à utiliser la forme masculine pour les hommes aussi bien que pour les femmes.

Leçon 3
Journalisme

Vocabulaire pour la lecture

Garçons-Filles

Je veux être instituteur.
J'aimerais que mes élèves apprennent vite et bien.

J'ai envie d'être pompier.
Je voudrais que les femmes puissent faire tous les métiers.

Les Martin se partagent les tâches.
Mme Martin s'occupe de la cuisine, et M. Martin s'occupe du bébé.

Plus de vocabulaire

se débrouiller se sortir d'une mauvaise situation, se tirer d'affaire
s'ennuyer le contraire de s'amuser
faire une bouffe *(fam.)* préparer un repas
un boulot *(fam.)* un travail
parfois quelquefois

LEVELING
E: Vocabulary

Quel est le mot?

1 Questions Répondez personnellement.

1. Comment s'appelait ton instituteur(trice) quand tu avais six ans?
2. Tu voudrais être instituteur ou institutrice?
3. Tu admires les pompiers?
4. Tu voudrais être pompier?
5. Tu t'occupes des tâches domestiques chez toi? Desquelles?
6. Tu t'ennuies parfois quand il pleut pendant le week-end?
7. Tu as un boulot?

La cour d'une école primaire à Paris

2 Définitions Quel est le mot?

1. tout ce qu'on fait à la maison
2. le contraire de s'amuser
3. le contraire de toutes les fois
4. un(e) prof dans une école primaire
5. un tout petit enfant

3 Comment dit-on... ? Exprimez d'une autre façon les mots en italique.

1. C'est un bon *travail*.
2. On va *préparer un repas*.
3. Il *se tire toujours* d'affaire.
4. Il va *se charger* de ça.
5. Ils vont *diviser* en trois.

Ils préparent le repas en famille.

Answers to Quel est le mot?

1 *Answers will vary.*

2
1. les tâches
2. s'ennuyer
3. parfois
4. un instituteur/une institutrice

3
1. C'est un bon boulot.
2. On va faire une bouffe.
3. Il se débrouille toujours.
4. Il va s'occuper de ça.
5. Ils vont partager en trois.

Leçon 3
Journalisme

3 Practice

Quel est le mot?

1, 2, 3 You can go over these activities before assigning them. You may also wish to have students write the answers at home.

Learning from Photos
(page 99 bottom) Have students say all they can about the family in the kitchen.

National Standards

Communication
Students will read interviews with young French people concerning gender equality and sex roles.

Cultures
Students will learn how young French people's views concerning gender equality and sex roles have changed in recent years

Comparisons
Students will have an opportunity to compare the views of French people concerning equality with those of Americans.

Connections
This reading establishes a link with the field of social studies.

1 Preparation

Resource Manager

- Audio Activities TE, page 30
- Audio CD 2
- Workbook, pages 27–28
- Quiz, page 28

2 Presentation

Avant la lecture

Step 1 Have students read **Avant la lecture** aloud.

Step 2 Ask students if they think the following statements hold true for the U.S.: **«Les filles comme les garçons sont indignés par les différences de salaires et autres discriminations. Ils veulent lutter contre ces injustices, mais peut-être pas avec la même véhémence que dans les années 70.»**

Step 3 Ask students if there is some information in **Avant la lecture** that comes as a surprise to them.

Leçon 3 Journalisme

Avant la lecture

Pour les jeunes de quinze à vingt-cinq ans, l'égalité entre hommes et femmes est une chose parfaitement naturelle. Les filles comme les garçons sont indignés par les différences de salaires et autres discriminations. Ils veulent lutter contre ces injustices, mais peut-être pas avec la même véhémence que dans les années 70. Juste avec des moyens réalistes et efficaces comme les quotas ou la parité. La parité est une loi qui impose 50 pour cent de femmes sur les listes électorales.

Tous féministes?

L'égalité entre les hommes et les femmes, c'est la question que le magazine *Phosphore* a proposée à des lycéens, des étudiants, et d'autres jeunes qui travaillent déjà. Voici des extraits de leurs témoignages[1].

David, 19 ans
Étudiant, Évry (Essonne)

TRADITIONS: Aujourd'hui, dans notre culture, les filles et les garçons ont droit à la même éducation et aux mêmes chances. Dans la vie, chacun doit être indépendant et se débrouiller seul, que[2] l'on soit garçon ou fille. C'est sur ce modèle que j'ai envie de construire ma vie.

ÉGALITÉ: Plus tard dans le couple, je trouve que l'égalité et le partage des tâches entre l'homme et la femme sont indispensables au quotidien, ça témoigne d'une bonne entente entre les deux. Dans la vie professionnelle, ça devrait être la même chose, je trouve que c'est dommage d'attribuer aux sexes des tâches spécifiques. Et si un jour, ma femme a une position sociale plus élevée que la mienne, je serai heureux pour elle, ça voudra dire qu'elle s'est donné la peine d'y arriver. Les gens qui pensent le contraire ont sûrement peur du changement.

Angélique, 17 ans
Lycéenne, Cateau-Cambrésis (Nord)

TRAVAIL: En principe, c'est les hommes qui ont la responsabilité de ramener l'argent à la maison. Mais même si mon mari a un emploi, j'aimerais en avoir un aussi pour ne pas m'ennuyer. Et puis, ça me gênerait[3], pour m'acheter un vêtement, de demander à mon mari.

ÉGALITÉ: L'égalité entre filles et garçons, ça n'existe pas. Sauf dans certains domaines comme le dessin, où les deux peuvent réussir aussi bien l'un que l'autre. Je ne trouve pas qu'il y ait besoin de plus d'égalité. Je ne vois pas dans quoi il y aurait besoin de changer les choses. Bon, que les femmes gagnent autant d'argent que les hommes, ce serait bien, mais si ce n'est pas le cas, ce n'est pas grave.

Virginie, 21 ans
Vendeuse dans un hypermarché, Quimper (Finistère)

FOOT: Samedi dernier, je suis allée au café où nous avons nos habitudes. Les garçons étaient partis voir un match de foot et les filles étaient parties faire une bouffe chez une copine! Parfois, c'est comme ça, chacun de son côté.

[1] témoignages *answers, opinions*
[2] que *whether*
[3] ça me gênerait *it would bother me*

MÉTIERS: Aujourd'hui, il y a des hommes infirmiers et des femmes pompiers ou policiers. Alors, j'ai été un peu déçue quand on m'a préféré un homme pour du rayonnage[4] en magasin. J'ai pensé que c'était injuste même si je sais que c'est un travail physique et que j'allais avoir le dos cassé.

Olivier, 17 ans
Lycéen, Brest (Finistère)

MÉTIERS: J'ai envie de devenir instituteur. Quand j'en parle dans ma classe, certains me disent «tiens, instit, c'est marrant». Eux, ils pensent devenir ingénieur ou médecin. Je sais que c'est une profession assez féminine mais cela ne me gêne pas, même d'être dirigé par une femme directrice d'école.

QUOTAS: S'il y a encore un combat à mener pour les femmes, je pense que c'est en politique. Les quotas ou la parité, je trouve cela assez normal. En même temps, c'est vrai qu'il faut aussi qu'elles aient le goût pour ça. Et en politique, je ne pense pas ce soit gagné. Peut-être que les hommes sont plus attirés par le pouvoir[5].

Sébastien, 23 ans
Technicien, Toulouse (Haute-Garonne)

CHANCES: Mon patron est une femme, et je respecte aussi bien son autorité que celle d'un homme. Je mets homme et femme sur un pied d'égalité. Je crois qu'en général, les femmes ont autant de chances de réussir que les hommes.

PARITÉ: Il n'y a rien de plus sexiste que la parité homme/femme en politique. L'égalité existe, il ne faut pas l'imposer. On nous oblige à prendre des femmes parce qu'il y a trop d'hommes, sans tenir compte[6] des compétences de chacun!

Marie-Laure, 23 ans
Administratrice dans une banque française, Francfort (Allemagne)

TRAVAIL: Je travaille depuis un an. J'ai un très bon salaire. J'avais hâte[7] de travailler, d'être indépendante financièrement, d'avoir des responsabilités. J'ai une énorme volonté de réussir. Je crois que les filles et les garçons ont les mêmes chances. Moi, j'ai eu un parcours[8] facile. En sortant de l'école, j'ai été recrutée parce que j'ai su montrer que j'étais dynamique, intéressée et responsable. Concernant l'accès aux mêmes salaires et aux mêmes responsabilités, mon exemple montre que c'est possible.

FAMILLE: Aujourd'hui, ma priorité, c'est le travail, mais je n'oublie pas la famille. Quand ma famille existera, elle passera avant tout. J'aimerais beaucoup m'occuper de mes enfants et que mon mari s'en occupe également. Je garderai peut-être ce boulot si mon mari est à la maison ou alors nous aurons tous les deux un boulot plus calme. Chacun pourrait s'occuper des enfants à son tour, en prenant un an de congé chacun.

QUOTAS: Les quotas de femmes en politique, je suis pour si ça facilite l'arrivée des femmes, si ça leur donne envie de participer. Je pense que les femmes en politique seraient plus efficaces, parce qu'elles agissent[9] plus qu'elles ne parlent. Mais je retombe dans les idées bateau[10]! Chacun est unique, qu'il soit homme ou femme!

[4]rayonnage *stocking shelves*
[5]pouvoir *power*
[6]sans tenir compte *without taking into account*
[7]avoir hâte *to be anxious*
[8]parcours *professional life*
[9]agissent *act*
[10]retomber dans les idées bateau *fall back on clichés*

Lecture

Step 1 Rather than have the entire class read the responses and reactions of each student, you may wish to divide the class into groups. One group reads what David says, another what Angélique says, and so on.

Step 2 Have each group present a résumé to the class.

Group Activity

Have the class work in groups of four or six. Each group prepares a debate on the comments and opinions of the students in this article.

Political Connection

In June 1999, members of the French parliament, fewer than 10 percent of whom were women, approved an amendment to the 1958 constitution stipulating that men and women should share elective jobs equally. The amendment says "the law favors equal access by men and women to electoral mandates and elective functions" and it obligates political parties to comply. Women first received the right to vote in France in 1945.

LEVELING

E: Reading

3 Practice

Vous avez compris?

A Have the students work in the same groups in which they read and summarized the interview (**Presentation,** page 101). Each group answers the questions that correspond to the section they read. They will share the answers with the class.

Learning from Photos

(page 103) Les boulangeries vendent du pain, mais aussi des viennoiseries: les pains: une baguette, un pain de mie, un pain complet; les viennoiseries: une brioche, un croissant, un pain au chocolat.

Leçon 3
Journalisme

Vous avez compris?

A Répondez d'après les différents témoignages.

David

1. Les filles et les garçons ont-ils les mêmes chances de réussir?
2. À la maison, que doivent partager l'homme et la femme?
3. Dans la vie professionnelle, y a-t-il des tâches spécifiquement féminines et d'autres spécifiquement masculines?

Angélique

4. Pourquoi Angélique veut-elle travailler?
5. L'égalité entre filles et garçons existe-t-elle?

Virginie

6. Les garçons et les filles font-ils toujours tout en groupe mixte?
7. Pourquoi Virginie a-t-elle été déçue au travail?

Olivier

8. Quel métier Olivier veut-il faire?
9. Qu'en pense ses camarades de classe?
10. Pourquoi y a-t-il plus d'hommes que de femmes en politique?

Sébastien

11. Les femmes ont-elles autant de chances de réussir que les hommes?
12. Sébastien est-il pour ou contre la parité homme/femme en politique?

Marie-Laure

13. Pourquoi Marie-Laure a-t-elle obtenu un bon travail?
14. Que se passera-t-il quand elle aura une famille?
15. Pourquoi les femmes en politique seraient-elles plus efficaces que les hommes.

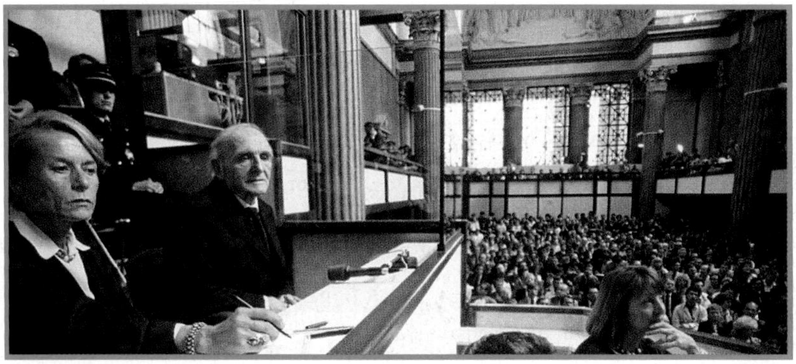

Un tribunal à Lyon, en France

B Quels sont les jeunes interviewés qui sont féministes et quels sont ceux qui ne le sont pas? Justifiez vos réponses.

C Parmi les jeunes qui ont été interviewés, quel est le garçon ou la fille qui vous est le (la) plus sympathique? Dites pourquoi.

Answers to Vous avez compris?

A

1. Oui, ils ont les mêmes chances de réussir.
2. Ils doivent partager les tâches domestiques.
3. Non, c'est dommage d'attribuer aux sexes des tâches spécifiques.
4. Elle veut travailler pour ne pas s'ennuyer et pour avoir son argent à elle.
5. Non, ça n'existe pas.
6. Non, quelquefois les garçons et les filles font des choses séparément.
7. On a préféré engager un homme pour un poste qu'elle voulait parce que c'était un travail physique.
8. Il veut être instituteur.
9. Ils pensent que c'est amusant.
10. Parce que les femmes n'ont pas le goût pour la politique.
11. Oui, en général les femmes ont autant de chances de réussir que les hommes.
12. Il est contre la parité parce que c'est sexiste.
13. On l'a recrutée parce qu'elle a su montrer qu'elle était dynamique, intéressée et responsable.
14. Quand elle aura une famille, elle la mettra avant tout.
15. Parce qu'elles agissent plus qu'elles ne parlent.

B *Answers will vary.*

C *Answers will vary.*

Structure avancée

Le subjonctif après les verbes de volonté
Expressing wishes, preferences, and demands

1. The subjunctive must be used after verbs that express a wish, a preference, or a demand.

vouloir que
avoir envie que
aimer (mieux) que
préférer que
souhaiter que
exiger que

2. These verbs are followed by the subjunctive because they describe personal wishes or desires concerning other people's actions. Even though one wishes, prefers or demands that another person do something, one can never be sure that the other person will in fact do it. It may or may not occur, and the subjunctive must be used.

Il préfère que son chef soit un homme.
Elle souhaite que ses enfants fassent des études.
Ils veulent qu'il n'y ait plus de discrimination entre hommes et femmes.

Comment dit-on?

1 Historiette Le soir chez les Durant
Répondez que oui.

1. Tu veux que j'aille à la boulangerie?
2. Tu aimerais que je prépare le dîner pour les enfants?
3. Tu voudrais que je mette les enfants au lit?
4. Tu veux que je fasse la vaisselle?
5. Tu veux que j'enregistre le film sur France 2?

2 Toujours chez les Durant Reprenez les phrases de l'Activité 1 et inventez des réponses. Suivez le modèle.

—Tu veux que j'aille faire les courses? →
—Oui, je veux bien que tu ailles faire les courses. / Non, je préfère que tu prépares le dîner.

Une boulangerie à Paris

Answers to Comment dit-on?

1 *Answers will vary but may include:*

1. Oui, je veux que tu ailles à la boulangerie.
2. Oui, j'aimerais que tu prépares le dîner pour les enfants.
3. Oui, je voudrais que tu mettes les enfants au lit.
4. Oui, je veux que tu fasses la vaisselle.
5. Oui, je veux que tu enregistres le film sur France 2.

2 *Answers will vary.*

1 Preparation

Resource Manager

Audio Activities TE, pages 31–33
Audio CD 2
Workbook, pages 29–32
Quizzes, pages 29–31
ExamView® Pro

Bellringer Review

Use BRR Transparency 2.10 or write the following on the board:
Complétez.
1. **Il faut que tu le ___. (faire)**
2. **Il faut que nous ___ là. (être)**
3. **Il faut que vous me le ___. (dire)**
4. **Il faut que tu lui ___. (écrire)**
5. **Il faut qu'elle ___. (réussir)**

2 Presentation

Le subjonctif après les verbes de volonté

Step 1 Reinforce the idea that the information that follows **que** may or may not take place and that is why subjunctive is used. Understanding this concept is more important than memorizing the expressions that take the subjunctive.

Step 2 Have the students read the model sentences aloud.

3 Practice

Comment dit-on?

1 First do this activity orally with books closed. Then have students read the sentences for additional reinforcement.

LEVELING
A: Structure
C: Structure

Group Activity

Have students do the following activity:
Travaillez en petits groupes. Décidez ce que vous voulez que vos professeurs ne fassent pas. Indiquez ce que vous préféreriez qu'ils fassent. Préparez une liste définitive.

Paired Activities

Activités 1–3, pages 103–104: You may wish to have students work in pairs. One student reads the question and the other the answers. They then reverse roles. After everyone has had time to do all the activities orally, call on selected pairs to give the answers.
Hint: As students work, you may wish to circulate to listen to the students and help them with individual questions and problems.

Leçon 3
Journalisme

3 Un(e) prof de français exigeant(e) Répondez.

1. Il/Elle exige que vous soyez à l'heure?
2. Il/Elle exige que vous fassiez vos devoirs?
3. Il/Elle exige que vous lisiez beaucoup?
4. Il/Elle exige que vous écriviez des rédactions très longues?
5. Il/Elle exige que vous écoutiez bien en classe?

4 J'insiste Répondez d'après le modèle.

Vous partez avec moi? →
J'aimerais que vous partiez avec moi!

1. Vous m'attendez?
2. Vous sortez?
3. Vous m'aidez?
4. Vous m'accompagnez?
5. Vous y allez?
6. Vous passez?

5 Historiette Dans quelques années Complétez.

1. Je souhaite que nous ____ acheter une petite maison. (pouvoir)
2. Je souhaite que les enfants ____ chacun leur chambre. (avoir)
3. Je souhaite que ta mère ____ d'accord pour nous aider. (être)
4. Je souhaite que Mme Duval ____ bien s'occuper de la maison. (vouloir)
5. Je souhaite que toi et moi, nous ____ faire un grand voyage. (aller)

Answers to Comment dit-on?

3

1. Oui (Non), il/elle (n') exige (pas) que nous soyons à l'heure.
2. Oui (Non), il/elle (n') exige (pas) que je fasse (nous fassions) mes (nos) devoirs.
3. Oui (Non), il/elle (n') exige (pas) que je lise (nous lisions) beaucoup.
4. Oui (Non), il/elle (n') exige (pas) que j'écrive (nous écrivions) des rédactions très longues.
5. Oui (Non), il/elle (n') exige (pas) que j'écoute (nous écoutions) bien en classe.

4

1. J'aimerais que vous m'attendiez.
2. … que vous sortiez.
3. … que vous m'aidiez.
4. … que vous m'accompagniez.
5. … que vous y alliez.
6. … que vous passiez.

5

1. puissions
2. aient
3. soit
4. veuille
5. allions

Le subjonctif ou l'infinitif

Expressing wishes, preferences, and demands concerning oneself or others

With expressions that require the subjunctive, the subjunctive is used only when the subject of the dependent clause is different from the subject of the main clause. When there is no change of subject in the sentence, the infinitive is used instead of a clause with the subjunctive.

Subjunctive	Infinitive
Je veux que tu sois heureuse.	Je veux être heureuse
Il faut que vous disiez la vérité.	Il faut dire la vérité.

Comment dit-on?

6 Conseils Répondez d'après le modèle.

Il faut aimer les autres. →
Il faut que tu aimes les autres.

1. Il faut dire la vérité.
2. Il faut faire des sacrifices.
3. Il ne faut pas mentir.
4. Il faut aider les autres.
5. Il faut avoir pitié des malheureux.
6. Il faut être solidaire.
7. Il faut penser aux autres.
8. Il ne faut pas se fâcher.

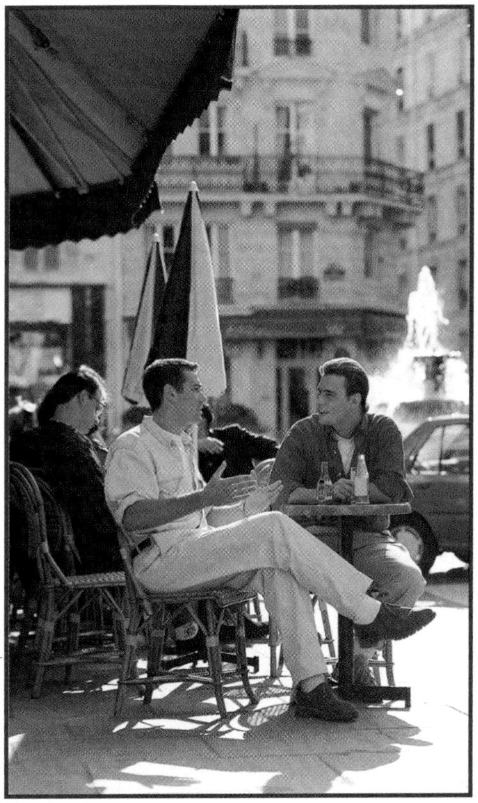

1 Preparation

Bellringer Review

Use BRR Transparency 2.11 or write the following on the board:
Écrivez tout ce que vous voulez faire cette semaine.

2 Presentation

Le subjonctif ou l'infinitif

Step 1 Read the explanation to students. Then, to reinforce the point, call on two students to read the example sentences. One reads the sentences with the change of subject. The other reads the ones with no change of subject.

Step 2 You may wish to have students role-play a parent-teenager confrontation. The "parent" gives an order with one of the verbs expressing a wish or demand and the other student answers with **Je veux...** or **Je ne veux pas...** (plus the infinitive of the verb).

3 Practice

Comment dit-on?

6 Have students do this activity both orally and written.

Answers to Comment dit-on?

6

1. Il faut que tu dises la vérité.
2. Il faut que tu fasses des sacrifices.
3. Il ne faut pas que tu mentes.
4. Il faut que tu aides les autres.
5. Il faut que tu aies pitié des malheureux.
6. Il faut que tu sois solidaire.
7. Il faut que tu penses aux autres.
8. Il faut que tu ne te fâches pas.

Class Motivator

1. Before class, prepare a list of situations that end with a verb or phrase requiring the subjunctive. For example: **Vous êtes toujours en retard. Je veux que...**
2. Divide the class into two or three teams with the leader from each team at the front of the class.
3. Read the situations to the class. Students write down an appropriate ending to the sentence within a time limit.
4. Each student then reads his or her answer to the class, ending with the leader. The team gets a point for each answer that is identical or similar to the leader's.

Hint: Teams can switch leaders at any time to give others the chance to be up front.

Presentation

D'autres verbes au présent du subjonctif

Step 1 Explain to students that if they are careful to pronounce these verbs correctly they will probably spell them correctly. Emphasize the correct pronunciation as they say:

prenne	**prenions**
appelle	**appelions**
achète	**achetions**

Learning from Photos

(page 106) Le Crédit Lyonnais a ouvert sa première succursale à Paris en 1876. Les bâtiments qui abritent les agences de la banque sont souvent des œuvres architecturales intéressantes. Saint-Quentin est une ville dans le nord de la France.

(page 107) Aix-en-Provence est une très belle ville qui a été fondée en 122 avant Jésus-Christ par les Romains sur l'emplacement d'une source thermale. C'est toujours une ville thermale. C'est aussi un grand centre universitaire.

Leçon 3
Journalisme

7 **Historiette** **Mes économies** Complétez.

1. Je voudrais ____ des économies. (je/faire)
2. Mon père voudrait ____ un compte. (je/ouvrir)
3. Il souhaite ____ de l'argent à la banque tous les mois. (je/mettre)
4. Il préfère ____ de l'argent de poche toutes les semaines. (il/me donner)
5. Il souhaite ____ l'argent que j'ai à la banque. (je/ne pas dépenser)
6. Je veux ____ des intérêts. (je/recevoir)

Des euros en pièces et en billets

La banque du Crédit Lyonnais à Saint-Quentin, en France

D'autres verbes au présent du subjonctif

More verbs expressing actions that may or may not take place

1. Some verbs have two stems in the present subjunctive. All forms except **nous** and **vous** have the regular stem (based on the **ils / elles** form of the present indicative). The **nous** and **vous** forms have an irregular stem.

Infinitive	Present subjunctive			
prendre	que je	prenne	que nous	prenions
apprendre	que j'	apprenne	que nous	apprenions
comprendre	que je	comprenne	que nous	comprenions
venir	que je	vienne	que nous	venions
recevoir	que je	reçoive	que nous	recevions
devoir	que je	doive	que nous	devions

Answers to Comment dit-on?

7

1. faire
2. que j'ouvre
3. que je mette
4. me donner
5. que je ne dépense
6. recevoir

2. Verbs that have a spelling change in the present indicative keep the same spelling change in the present subjunctive.

Infinitive	Present subjunctive			
voir	que je	voie	que nous	voyions
croire	que je	croie	que nous	croyions
appeler	que j'	appelle	que nous	appelions
acheter	que j'	achète	que nous	achetions
répéter	que je	répète	que nous	répétions

Comment dit-on?

8 **La vie de famille!** Refaites les phrases utilisant les indications.

1. Tu viens avec nous au marché. (il faut que)
2. Tu appelles tes grands-parents. (j'exige que)
3. Tu nous comprends. (je souhaite que)
4. Tu achètes moins de jeux vidéo. (je voudrais que)
5. Tu prends ton temps. (j'aimerais que)
6. Tu comprends ce qui se passe. (il vaut mieux que)
7. Tu me crois. (il faut que)
8. Tu dois rester plus longtemps. (il se peut que)
9. Tu ne reçois plus d'argent de poche. (il est possible que)
10. Tu répètes toujours la même chose. (il ne faut pas que)

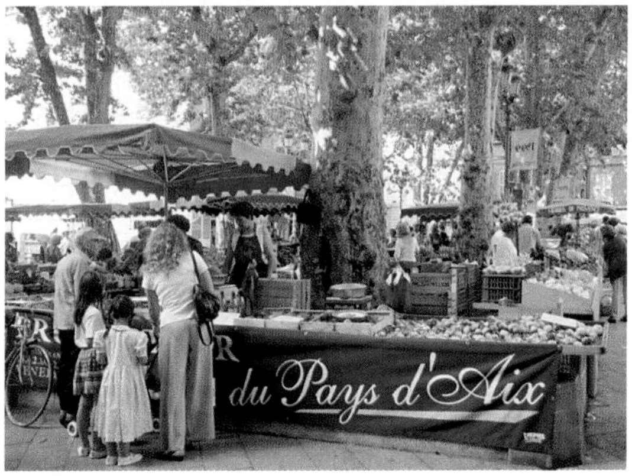

Jour de marché à Aix-en-Provence

9 **Plus ça change...** Refaites l'Activité 8 en remplaçant **tu** par **vous.**

3 Practice

Comment dit-on?

8, **9** Insist that students pronounce the verb forms as accurately as possible.

ANSWERS TO Comment dit-on?

8

1. Il faut que tu viennes avec moi au marché.
2. J'exige que tu appelles tes grands-parents.
3. Je souhaite que tu nous comprennes.
4. Je voudrais que tu achètes moins de jeux vidéo.
5. J'aimerais que tu prennes ton temps.
6. Il vaut mieux que tu comprennes ce qui se passe.
7. Il faut que tu me croies.
8. Il se peut que tu doives rester plus longtemps.
9. Il est possible que tu ne reçoives plus d'argent de poche.
10. Il ne faut pas que tu répètes toujours la même chose.

9

1. ... vous veniez...
2. ... vous appeliez...
3. ... vous compreniez...
4. ... vous achetiez...
5. ... vous preniez...
6. ... vous compreniez...
7. ... vous me croyiez...
8. ... vous devriez...
9. ... vous ne recevriez plus...
10. .... vous répétiez...

Recycling

These activities allow students to use the vocabulary and structure from this lesson in completely open-ended, real-life situations.

Encourage students to say as much as possible when they do these activities. Tell them not to be afraid to make mistakes, since the goal of these activities is real-life communication. If someone in the group makes an error, allow the others to politely correct him or her. Let students choose the activities they would like to do.

You may wish to divide students into pairs or groups. Encourage students to elaborate on the basic theme and to be creative. They may use props, pictures, or posters if they wish.

FUN-FACTS

(page 108) En France, le pouvoir exécutif appartient au président de la République qui est élu pour 7 ans au suffrage universel direct.

Le pouvoir législatif appartient au Parlement qui comprend l'Assemblée nationale et le Sénat. L'Assemblée nationale siège au Palais-Bourbon. Elle comprend 577 députés âgés au moins de 23 ans et élus pour 5 ans au suffrage universel direct. Le Sénat siège au Palais du Luxembourg. Il comprend 306 sénateurs, âgés de 35 ans au moins, élus pour 9 ans au suffrage universel par les députés, les conseillers généraux et les délégués des conseillers municipaux. Le Sénat est essentiellement une chambre de réflexion et de proposition. En cas de désaccord avec l'Assemblée nationale, c'est celle-ci qui décide.

Leçon 3
Journalisme

C'est à vous

Use what you have learned

ÉCRIRE

1 Le djeun's

✔ ***Write a list of slang words that you and your friends use***

Parlez-vous une langue spéciale avec vos amis? Quels mots utilisez-vous? Faites une liste et comparez-la à celles de vos camarades. Attention! Pas de gros mots *(swear words)*.

ÉCRIRE

2 La parité

✔ ***Write a list for and against the equality of men and women***

Faites une liste des arguments pour et contre la parité en politique.

L'Assemblé nationale en session à Paris

PARLER

3 Débat

✔ ***Discuss the need for a law for the equality of men and women in the United States***

Il n'y a pas de loi sur la parité en politique aux Etats-Unis. Croyez-vous que ce serait une bonne idée de proposer une telle loi? Justifiez votre opinion.

Jogging au jardin du Luxembourg à Paris

PARLER 4

Stéréotypes

✔ *Discuss gender stereotypes*

Quelles sont les qualités généralement attribuées aux garçons? Et aux filles? Quels sont les défauts généralement attribués aux filles? Et aux garçons? Discutez.

PARLER 5 ÉCRIRE

L'égalité filles/garçons

✔ *Discuss equal employment opportunities for men and women*

D'après votre expérience personnelle, pensez-vous que les garçons et les filles aient les mêmes chances de réussir dans la vie? Donnez des exemples.

PARLER 6

Quels jobs?

✔ *Discuss equal employment opportunities*

Discutez avec un(e) camarade: Tous les jobs devraient-ils être ouverts aux hommes comme aux femmes? Y a-t-il des restrictions? Lesquelles?

RECHERCHE
COMPTABLE
CDD du 1/09/2002 au 31/03/2003
Temps plein 35 h
BTS comptabilité + 2 ans minimum d'expérience ***OU*** 5 ans minimum d'expérience
Pour comptabilité générale, bulletins de paie, déclarations sociales et fiscales, préparation des bilans, pratique de CIEL PAIE
Adresser CV + lettre de motivation + photo
CAP'CINE
Rue des Onze-Arpents
41000 BLOIS

UGECAM du Centre
Centre Médical de Beaurouvre
28120 ILLIERS COMBRAY
RECHERCHE
2 POSTES CDI
INFIRMIERE D.E.
Salaire motivant (1764 € x 14 mois), reprise ancienneté, avantages sociaux (20 ARTT, 27 CA, congés enfant, etc), possibilité logement, convention collective sécurité sociale.
Projet d'établissement en cours de réalisation : médecine physique réadaptation.
Tél. à M. SURAND pour R.-V. au
02.37.20.38.20 ou 02.37.20.38.00

Étudiants
DELTA DIFFUSION
N°1 PRIVÉ DE LA DISTRIBUTION A DOMICILE
recrute distributeurs (trices)
de journaux gratuits et d'imprimés publicitaires en boîtes aux lettres
• vous êtes disponible 1 à 2 jours par semaine ou plus,
• vous disposez d'un téléphone, véhicule indispensable.
Delta Diffusion vous offre :
• un travail d'appoint à emploi du temps aménageable,
• une rémunération à la tâche + frais de déplacement + prime.
Contactez-nous :
0825 825 471 : 0,15€/mn
de 9h à 12h et de 14h à 17h
delta diffusion
L'@ntelligence du geste

History Connection

(page 109 top) Le palais et le jardin du Luxembourg se trouvent sur la Rive gauche pas très loin de la Sorbonne.

C'est Marie de Médicis qui a fait construire le palais entre 1615 et 1620. Prison sous la Révolution, le palais a abrité le Directoire (1795), le Consulat, le Sénat et la Chambre des pairs. Depuis 1958, il est redevenu palais du Sénat.

Le jardin est un très joli parc à la française. Dans le jardin il y a des courts de tennis, un petit café, un théâtre de marionnettes et un manège pour les enfants. On y voit de nombreux étudiants, enfants et joggeurs.

Learning from Realia

CDD Contrat à durée déterminée
CDI Contrat à durée indéterminée
BTS Brevet de Technicien Supérieur
D.E Diplôme d'État
R.-V. Rendez-Vous

Assessment

Resource Manager

Assessment Transparency A2.3
Online Quiz
Tests, pages 32–55
ExamView® Pro

Assessment

This is a pretest for students to take before you administer the lesson test. Answer sheets for students to do these pages are provided in your transparency binder. Note that each section is cross-referenced so students can easily find the material they have to review in case they made errors. You may wish to collect these assessments and correct them yourself or you may prefer to have the students correct themselves in class. You can go over the answers orally or project them on the overhead, using your Assessment Answers transparencies.

Assessment

Vocabulaire

To review the vocabulary, turn to page 92.

1 Complétez.

1. Tu as mis ton pull à ____!
2. Elle a fait un mauvais numéro. Elle s'est ____.
3. Il ne veut pas qu'on le reconnaisse. Il va ____.
4. Je ne comprends pas ce mot. Qu'est-ce que ça ____?
5. Il est encore en retard, comme ____!

To review the vocabulary, turn to page 98.

2 Vrai ou faux? Corrigez les phrases fausses.

6. Un boulot est un travail.
7. Une bouffe est un repas.
8. Un instituteur est un élève.
9. Quand on s'ennuie, on s'amuse.

Lecture

To review the reading, turn to pages 94–95.

3 Donnez les exemples suivants en djeun's.

10. un mot avec préfixe
11. une abréviation
12. un mot en verlan

Pompiers à Montréal, au Québec

To review the reading, turn to pages 100–101.

4 Répondez d'après la lecture.

13. Qu'est-ce que la loi sur la parité?
14. Pourquoi est-il «dommage d'attribuer aux sexes des tâches spécifiques»?
15. L'accès aux mêmes salaires et aux mêmes responsabilités est-il possible pour les hommes et les femmes?

Answers to Assessment

1

1. l'envers
2. trompée
3. se déguiser
4. veut dire
5. d'habitude

2

6. Vrai.
7. Vrai.
8. Faux. Un instituteur est un professeur pour les enfants.
9. Faux. Quand on s'ennuie, on ne s'amuse pas.

3 *Answers will vary but may include:*

10. hyper
11. ado
12. mifa

4

13. C'est une loi qui impose le même nombre d'hommes et de femmes sur les listes électorales.
14. C'est dommage parce que ça limite les possibilités pour les deux.
15. Oui, c'est possible.

Structure

5 Récrivez les phrases suivantes en commençant par les expressions entre parenthèses.

16. Tu sors tout de suite. (J'aimerais que)
17. Il y a moins de discrimination maintenant. (Ils veulent que)
18. Je fais la vaisselle ce soir. (Tu préfères que)
19. Ils sont à l'heure. (La prof exige que)
20. Ils sont heureux. (Je souhaite que)

To review the subjunctive after verbs expressing wishes, preferences, and demands, turn to page 103.

6 Complétez avec le subjonctif ou l'infinitif du verbe entre parenthèses.

21. Je veux qu'elle ____ heureuse. (être)
22. Il faut qu'il ____. (partir)
23. J'aimerais ____ pompier. (être)
24. Nous souhaitons qu'il ____ beau demain. (faire)
25. J'aime mieux ____ à la maison samedi soir. (rester)

To review when to use the subjunctive or the infinitive, turn to page 105.

7 Complétez d'après les indications.

26. Je voudrais que tu ____. (comprendre)
27. Il faut qu'il ____ immédiatement! (venir)
28. Il faut que je le ____! (voir)
29. J'aimerais tellement qu'il ____! (appeler)
30. Qu'est-ce qu'il faut que j'____? (acheter)

To review the subjunctive of more verbs, turn to page 106.

Assessment

After going over the Assessment, you may administer the test for **Leçon 3, Chapitre 2.**

Answers to Assessment

5

16. J'aimerais que tu sortes tout de suite.
17. Ils veulent qu'il y ait moins de discrimination maintenant.
18. Tu préfères que je fasse la vaisselle ce soir.
19. La prof exige qu'ils soient à l'heure.
20. Je souhaite qu'ils soient heureux.

6

21. soit
22. parte
23. être
24. fasse
25. rester

7

26. comprennes
27. vienne
28. voie
29. appelle
30. achète

Avis

Il est certain que quand vous écrivez en anglais votre style est plus sophistiqué qu'en français. Quand vous écrivez en français il faut que vous utilisiez des phrases plus simples. Si vous trouvez une idée trop complexe repensez-la pour l'exprimer d'une façon plus simple.

Quelque chose de très important! Ne traduisez pas de l'anglais en français. Si vous traduisez vous ferez presque toujours des fautes ou ce que vous écriverez sera très «anglicisé». Dès le début, pensez en français. Si un mot anglais vous vient à l'esprit, pensez tout de suite à une expression en français qui exprime la même idée. Utilisez le français que vous avez déjà appris même si cela veut dire que vous vous exprimez d'une façon simple. Essayez d'éviter d'utiliser un dictionnaire bilingue. Vous choisirez presque toujours le mauvais mot.

Faites toujours un bouillon. Après l'avoir terminé, laissez-le de côté. Relisez-le plus tard et faites les révisions que vous considérez nécessaires. Ensuite relisez-le pour trouver les fautes d'orthographe, de terminaisons, etc.

Proficiency Tasks

Rédaction

Pour donner de la vie à un écrit, on peut utiliser le dialogue. Le dialogue n'est pas seulement pour les pièces de théâtre. Il est utilisé dans de nombreux écrits que ce soit dans les romans, les récits ou même les articles de presse. Dans un dialogue, tout est permis, à condition que cela «sonne» vrai.

TÂCHE 1

Vous allez écrire un résumé de la lecture «Jeunes, qui êtes-vous?» Pour faire un résumé il faut d'abord comprendre parfaitement le texte. Quand vous lisez le texte, notez les idées principales. Une fois que vous avez bien tout compris, vous pouvez commencer à rédiger votre résumé.

D'abord, il faut retrouver le plan du texte. Dans ce cas, le plan général est commencé pour vous et chaque paragraphe a un titre. Mais dans chaque paragraphe, il y a plusieurs idées principales. Donc, pour chaque paragraphe, identifiez les idées principales et résumez-les en quelques lignes. Essayez de ne pas utiliser les mêmes mots ou expressions que le texte, mais de reprendre les idées dans des termes plus généraux.

Relisez ensuite votre résumé et essayez si possible de le rendre encore plus court. Éliminez les répétitions, par exemple. Dans un dernier temps, relisez votre résumé pour corriger toutes les fautes d'orthographe ou de grammaire.

TÂCHE 2

Vous allez maintenant écrire un dialogue entre deux personnes. Tout comme une narration, un dialogue peut établir le caractère des personnages. Quand il s'agit de présenter un conflit, un dialogue peut le faire d'une manière plus forte et surtout plus réelle pour le lecteur (la lectrice). Tout d'abord, choisissez un sujet pour votre dialogue. Vous pouvez parler d'une sortie au centre commercial ou d'un conflit entre ami(e)s, par exemple. Ensuite, choisissez les personnages. Il peut s'agir de vous et de vos amis, ou de personnages fictifs. S'il ne s'agit pas de vous et de vos amis (et même si c'est le cas), il est bon de faire une liste d'adjectifs qui définissent la personnalité de chacun.

Quand vous écrivez un dialogue il faut respecter certaines règles:

- Le style doit correspondre à l'âge des personnes—un(e) jeune de 15 ans ne parle pas comme un homme ou une femme de 50 ans.
- La personnalité de chacun se reflète dans sa façon de parler—une personne timide ne parle pas de la même façon qu'une personne agressive.
- Un dialogue est de la langue parlée, pas de la langue écrite. Dans un dialogue, on peut, par exemple, commencer une phrase sans la finir et passer à autre chose. Un dialogue comprend nécessairement des questions et des réponses affirmatives ou négatives. Dans le style dialogue, quand on pose une question, on utilise la forme parlée, pas la forme écrite. Par exemple on dit, **Tu pars quand?** plutôt que, **Quand pars-tu?** On répond rarement par une phrase complète. On n'utilise pratiquement jamais le **ne** d'une négation.

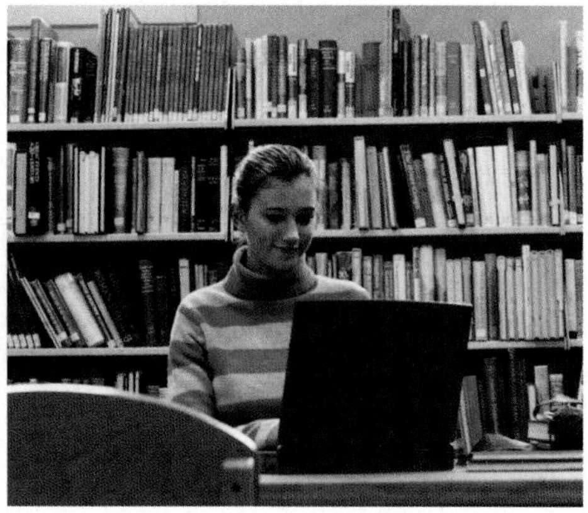

TÂCHE 3 De nos jours, la plupart des gens correspondent par e-mail et de plus en plus par SMS ou textos, c'est-à-dire, un message écrit sur un téléphone portable. Vous allez inviter vos amis à faire quelque chose par e-mail. Puis, vous allez fixer le rendez-vous par SMS.

Il faut bien analyser votre message: quelles sont les idées ou les faits que vous voulez communiquer? Dans les deux cas, le message est court.

Dans le cas d'un e-mail, le style utilisé est à mi-chemin entre le style écrit et le style parlé. Dans un e-mail, on écrit comme on parle, mais on commence souvent par une salutation et on finit par une formule. La salutation et la formule sont souvent familières:

Bonjour, Salut, Ciao, Bisous

Dans le cas d'un SMS, le texte est réduit à son minimum: pas d'articles, pas de pronoms, pas de prépositions. Par exemple: **rendez-vous midi café Saint-Michel.** En fait, un nouveau language phonétique s'est développé. Par exemple:

ght	→	**J'ai acheté**
Koi29?	→	**Quoi de neuf?**
Tuve pa kon svoi 2m1?	→	**Tu veux pas qu'on se voit demain?**
Slt	→	**salut**

Maintenant écrivez un e-mail à des amis pour les inviter à faire quelque chose avec vous. Notez d'abord les mots-clés qui sont nécessaires pour communiquer ce que vous voulez dire. Ensuite, commencez à écrire, mais écrivez comme vous parlez. Commencez par une salutation et terminez par une formule finale. Vous pouvez utiliser certains mots que vous avez appris dans «Parlez-vous le djeun's?»

Finalement écrivez un SMS qui fait suite à votre e-mail. Par exemple pour fixer un rendez-vous ou pour demander d'amener quelque chose.

Discours

Vous ne parlez pas de la même façon avec vos copains, avec vos parents ou avec des adultes que vous ne connaissez pas très bien. Vous n'utilisez pas les mêmes mots, les mêmes expressions. Vous êtes plus polis avec les gens que vous ne connaissez pas. En français, la différence est encore plus claire parce que vous utilisez **tu** avec les gens que vous connaissez bien et **vous** avec ceux que vous ne connaissez pas aussi bien.

TÂCHE 4 Travaillez avec un(e) camarade. Racontez-lui quelque chose qui vous est arrivé, par exemple, vous avez rencontré quelqu'un que vous connaissez tous les deux et que vous n'avez pas vu depuis longtemps. Vous pouvez parler de tout ce que vous et votre ami(e) faisiez quand vous étiez ensemble. Utilisez **tu** quand vous vous adressez à votre camarade.

TÂCHE 5 Racontez maintenant la même histoire à un(e) adulte que vous ne connaissez pas aussi bien que votre camarade. N'oubliez pas de changer de style et d'utiliser **vous** quand vous lui parlez.

Vocabulary Review

The words and phrases in the **Vocabulaire** have been taught for productive use in this chapter. They are summarized here as a resource for both student and teacher. This list also serves as a convenient resource for the **C'est à vous** activities on pages 70–71, 88–89, and 108–109. There are approximately three cognates in this vocabulary list. Have students find them.

Attention!

You will notice that the vocabulary list here is not translated. This has been done intentionally, since we feel that by the time students have finished the material in the chapter they should be familiar with the meanings of all the words. If there are several words they still do not know, we recommend that they refer to the **Vocabulaire** sections in the chapter or go to the dictionaries at the end of this book to find the meanings. However, if you prefer that your students have the English translations, please refer to Vocabulary Transparency 2.1, where you will find all these words with their translations.

Chapitre 2 Vocabulaire

Leçon 1 Culture

l'argent de poche
la bande dessinée (B.D.)
la boîte
la console de jeux vidéo
le goût
les informations *(f.)*
le jeu vidéo
le mensonge
le portable

le rêve
la sortie

déçu(e)

accorder de l'importance à
avoir la cote
convaincre
dépenser
disparaître

être accro de
s'entendre bien (mal) to get along - well/badly
se fâcher
manquer à
partager
télécharger

Ce n'est pas la peine.
ne... que

Leçon 2 Conversation

le col roulé turtleneck
le début
la fin
le fond
le range CD
le sac besace bike messenger bag

déranger
garder

autrefois
exprès on purpose

Ça me plaît.
C'est pas mon truc.

Leçon 3 Journalisme

le bébé
le boulot
la cité
la cigale
le/la gosse
la honte
l'instituteur(trice)
le paysage landscape
le pompier
le pote friend
la Provence
le sens
la tâche

provençal(e)

avoir envie (de) to want to, feel like...
faire une bouffe
figurer
nuire
se débrouiller to get out of trouble
se déguiser (en)
s'ennuyer to be bored ; ennuyer = to annoy
s'occuper (de)
se tromper
vouloir dire

à l'envers
comme d'habitude
parfois at times

Literary Companion *See pages 443 and 448 for literary selections related to Chapter 2.*

Vidéotour

Bon voyage!

Video can be a beneficial learning tool for the language student. Video enables you to experience the material in the textbook in a real-life setting. Take a vicarious field trip as you see people interacting at home, at school, at the market, etc. The cultural benefits are limitless as you experience French and Francophone culture while "traveling" through many countries. In addition to its tremendous cultural value, video gives practice in developing good listening and viewing skills. Video allows you to look for numerous clues that are evident in tone of voice, facial expressions, and gestures. Through video you can see and hear the diversity of the target culture and compare and contrast the French-speaking cultures to each other and to your own.

Épisode 1: Sami Azaiez – un jeune Tunisien

Vous allez partager certains aspects de la vie de jeunes francophones. Vous rencontrerez un jeune Tunisien Sami Azaiez qui a créé sa propre agence de mannequins. Sami a très bien réussi, non seulement sur le marché tunisien, mais aussi sur le marché international.

Épisode 2: Roulez, jeunesse!

Tous les vendredis soirs à Paris, les fanas de roller se retrouvent pour une grande randonnée dans la ville. Cet événement s'appelle le Pari-roller. Après une semaine de dur travail, ça fait du bien de tout oublier et de rouler pendant quatre heures avec des copains. C'est la fête—on se fait des amis et on a toute la rue pour soi!

Épisode 3: Les conseils de la jeunesse

Maintenant un peu de sérieux! Après le lycée, les jeunes qui n'ont pas encore le droit de voter peuvent se réunir pour participer à la vie municipale. En effet, les Conseils de la jeunesse leur donnent l'occasion de proposer ou d'exécuter des projets pour améliorer la vie dans leur quartier.

Vidéotour

VIDÉO

The Video Program for Chapter 2 includes three documentary segments of some interesting aspects of life in different French-speaking areas.

Planning for Chapter 3

SCOPE AND SEQUENCE PAGES 116–167

Topics

- ❖ Leisure activities in French-speaking countries
- ❖ Cultural events in France
- ❖ Music

Culture

- ❖ Useful and inexpensive pastimes in French-speaking countries

Functions

- ❖ How to talk about actions in the past
- ❖ How to compare people and things
- ❖ How to express emotional reactions to others, uncertainty, and uniqueness
- ❖ How to express emotions or opinions about past events

Structure

- ❖ The passé composé versus the imperfect
- ❖ Comparative and superlative adjectives
- ❖ Expressing emotional reactions using the subjunctive
- ❖ Expressing uncertainty or uniqueness using the subjunctive
- ❖ The past subjunctive

National Standards

Communication Standard 1.1
pages 121, 127, 129, 131, 135, 141, 142, 143, 150, 156, 158, 159, 160, 161

Communication Standard 1.2
pages 121, 124, 126, 127, 135, 138, 141, 146, 148, 150, 153, 154, 155, 158, 159, 160, 161

Communication Standard 1.3
pages 128, 130, 131, 143, 154, 161

Cultures Standard 2.1
pages 122–125, 136–137, 141, 147, 151–152

Connections Standard 3.1
pages 136–137, 147

Comparisons Standard 4.2
pages 130, 148

Communities Standard 5.1
page 161

PACING AND LEVELING

Leçon 1: Culture *(5–7 days)*
Introduction
Lecture
  Vocabulaire pour la lecture
  Les loisirs, le temps et l'argent
Structure • Révision
  L'imparfait et le passé composé
C'est à vous
Assessment

Leçon 2: Conversation *(5–7 days)*
Conversation
  Vocabulaire pour la conversation
  Mise en scène
  On va au théâtre?
Structure • Révision
  Le comparatif et le superlatif
C'est à vous
Assessment

Leçon 3: Journalisme *(5–7 days)*
Lecture
  Vocabulaire pour la lecture
  Avant la lecture
  Les Native
Lecture
  Vocabulaire pour la lecture
  Avant la lecture
  Les loisirs utiles
Structure avancée
  Le subjonctif après les expressions d'émotion
  Le subjonctif dans les propositions relatives et après le superlatif
  Le passé du subjonctif
C'est à vous
Assessment

Proficiency Tasks *(1–2 days)*
Vidéotour *(1–2 days)*

Littérature *(5–7 days)*

LEVELING
The following is an overall leveling of the sections of each chapter of **Bon voyage!** Level 3.

EASY: Conversation, Structure • Révision
AVERAGE: Culture, Journalisme, Structure • Avancée
CHALLENGING: Littérature

Most parts of each lesson are also leveled for your convenience in the Teacher Notes in the Wraparound section of your Teacher Edition.
E: Easy A: Average C: Challenging

Please note that the material does not become progressively more difficult. Within each chapter there are easy and challenging sections.

RESOURCE GUIDE

Section	Pages	Resources
Leçon 1		
Introduction	118	Vocabulary Transparencies V3.2–V3.3
Lecture		Audio CD 3
Vocabulaire pour la lecture	119–121	Audio Activities TE, pages 37–40
Les loisirs, le temps et l'argent	122–126	Workbook, pages 33–36
		Quizzes, pages 32–34
Structure—Révision		Tests, pages 57–58 and 67–88
L'imparfait et le passé composé	126–129	ExamView® Pro
		french.glencoe.com
C'est à vous	130–131	Assessment Transparency A3.1
Assessment	132–133	
Leçon 2		
Conversation		Vocabulary Transparency V3.4
Vocabulaire pour la conversation	134–135	Audio CD 3
		Audio Activities TE, pages 41–45
Mise en scène	136	Workbook, pages 37–39
On va au théâtre?	136–138	Quizzes, pages 35–37
Structure—Révision		Tests, pages 59–61 and 67–88
Le comparatif et le superlatif	139–141	ExamView® Pro
C'est à vous	142–143	Assessment Transparency A3.2
Assessment	144–145	french.glencoe.com
Leçon 3		
Lecture		Vocabulary Transparencies V3.5–V3.6
Vocabulaire pour la lecture	146	Audio CD 3
Avant la lecture	147	Audio Activities TE, pages 46–51
Les Native	147–148	Workbook, pages 40–48
Lecture	40–41	Quizzes, pages 38–44
Vocabulaire pour la lecture	149–150	Tests, pages 62–88
Avant la lecture	151	ExamView® Pro
Les loisirs utiles	151–154	Assessment Transparency A3.3
Structure avancée		french.glencoe.com
Le subjonctif après les expressions d'émotion	155–156	
Le subjonctif dans les propositions relatives et après le superlatif	157–158	
Le passé du subjonctif	158–159	
C'est à vous	160–161	
Assessment	162–163	
Proficiency Tasks	164–165	Bon voyage! Video
Vidéotour	167	Video Activities Booklet
Littérature	452–457	Audio CD 9
		Audio Activities TE, pages 152–154
		Tests, pages 242–243

Using Your Resources for Chapter 3

Transparencies

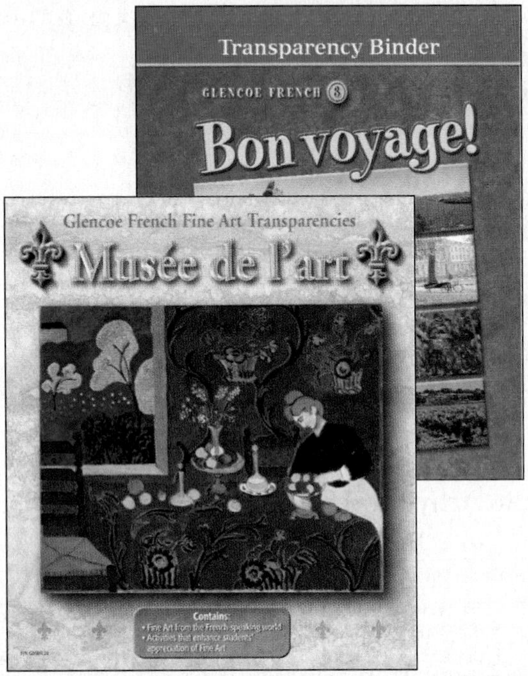

Map Transparencies The full-color maps at the front of the Student Edition have been converted to transparency format.

Bellringer Reviews provide a quick review activity to begin each class.

Vocabulary Transparencies include the photos and art from the Student Edition pages, overlays with French words, and French/English vocabulary lists for each chapter.

Assessment Transparencies provide answer sheets and answers for the Assessment pages in the Student Edition.

Fine Art can be used to reinforce the topics introduced in the text and enrich your students' knowledge of Fine Art.

Workbook and Audio Activities

Writing Activities

The Workbook section includes numerous activities to reinforce each concept presented in the textbook. There are workbook pages for each of the following sections: vocabulary, culture, conversation, journalism, and structure. Varied activities provide several ways for students to practice and apply the material you have presented in class.

Audio Activities

The Audio Activities pages in this booklet may be used to guide students through the listening and speaking activities provided on the Audio CDs. The script to the Audio CDs is also provided in the Audio Activities TE in the TeacherTools booklet if the teacher prefers to read the activities aloud. The Audio Activities provide listening and speaking practice to reinforce vocabulary, culture, conversation, structure, and literature.

Assessment

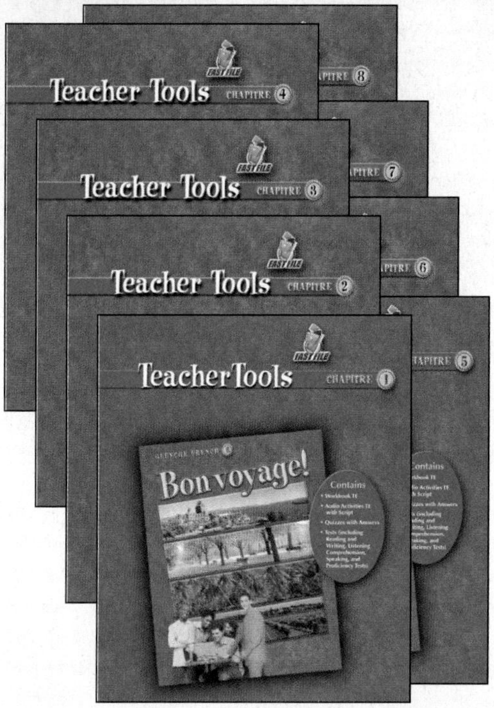

Several options for Assessment are offered with the **Bon voyage!** program.

The TeacherTools booklets include the following Assessment pieces.

Quizzes There are quizzes for Vocabulary, Culture, Structure, Conversation, and Journalism.

Tests There is a Reading and Writing test for each lesson in the chapter. In addition, there are two different Chapter Reading and Writing tests—one for less able to average students and the other for above adverage to advanced students. There is also a Listening Comprehension test, a Speaking Test, and a Proficiency Test at the end of each chapter.

French Online Students can easily access our Practice Quizzes at french.glencoe.com.

ExamView® Pro Test Bank software for Macintosh and Windows makes creating, editing, customizing, and printing tests quick and easy.

Technology Resources

Throughout **Bon voyage!** you will see references to Web sites in the French-speaking world that will expose you to more authentic readings about the material you are studying. Visit french.glencoe.com.

Bon voyage! Video and Video Activities, Chapter 3. Available on VHS and DVD.

Bon voyage! is also available on CD or Online.

TeacherWorks™ is your all-in-one teacher resource center. Personalize lesson plans, access resources from the Teacher Wraparound Edition, connect to the Internet, or make a to-do list. These are only a few of the many features that can assist you in planning and organizing your lessons.

Includes:

- A calendar feature
- Access to all program blackline masters
- Standards correlations and more

ExamView® Pro

Test Bank software for Macintosh and Windows makes creating, editing, customizing, and printing tests quick and easy.

CHAPITRE 3

Preview

In this chapter, students will learn about the leisure activities of the French. Students will also learn new vocabulary needed to discuss cultural events. They will talk about their interests, practice narrating past events and expressing opinions, and learn how to express emotions, uncertainty, and uniqueness in the present and in the past. Students will also be exposed to magazine articles about popular music and about some different ways to spend a vacation.

National Standards

Communication
This chapter provides opportunities for students to express their opinions regarding leisure activities such as theater, sports, and music.

Cultures
Students learn what the favorite leisure activities of French people are and about the role of song and music in French popular culture.

Comparisons
Students have the opportunity to compare the leisure activities of the French to their own.

Connections
This chapter establishes a connection with the fields of music, literature, sports, and public service.

CHAPITRE 3

Les loisirs

FRENCH Online

The **Glencoe French Web site** (french.glencoe.com) offers options that enable you and your students to experience the French-speaking world via the Internet. For each chapter, there are activities, games, and quizzes. In addition, an *Enrichment* section offers students an opportunity to visit Web sites related to the theme of the chapter.

CHAPITRE 3

Objectifs

In this chapter you will:

- ✓ *learn what leisure activities French people of different ages enjoy*
- ✓ *learn about some leisure activities such as attending a play, including buying the ticket and discussing the play afterwards*
- ✓ *review how to talk about actions in the past and to compare people and things*
- ✓ *read and discuss articles about two young singers from Guadeloupe and about helpful leisure activities*
- ✓ *review how to express emotional reactions to others, and to express uncertainty, uniqueness, and emotions or opinions about past events*

Table des matières

LEVELING

The following is an overall leveling of the sections of each chapter of **Bon voyage!** Level 3.

EASY **Conversation, Structure-Révision**

AVERAGE **Culture, Journalisme, Structure avancée**

CHALLENGING **Littérature**

Most parts of each lesson are also leveled for your convenience.

E: Easy

A: Average

C: Challenging

Please note that the material does not become progressively more difficult. Within each chapter there are easy and challenging sections.

Assessment

Quizzes: There is a quiz for every vocabulary presentation, every reading, and every structure point.
Tests: To accompany **Bon voyage!** Level 3 there is a Reading and Writing Test for each of the three lessons that make up a chapter. In addition, at the end of each chapter there are five tests.

- Two Reading and Writing Tests; one easy to intermediate; another intermediate to challenging.
- A Listening Comprehension Test
- A Speaking Test
- A Proficiency Test

FUN-FACTS

Les termes de danse classique sont français parce que la France est à l'origine de la danse classique.
un ballet: une danse classique
le corps de ballet: l'ensemble des danseurs sans les danseurs et danseuses étoiles
un pas de deux: danse pour deux
un tutu: un costume de scène
un petit rat: un(e) élève dans un cours de danse. Les plus connus sont les petits rats de l'Opéra: les élèves de l'École de Danse de l'Opéra de Paris, qui recrute ses élèves sur concours, les forme comme danseurs en leur donnant la même instruction qu'un lycée.

Spotlight on Culture

(page 117) Des danseurs répètent un ballet à l'Opéra de Lyon, en France.

1 Preparation

Resource Manager

Vocabulary Transparencies V3.2–V3.3
Audio Activities TE, pages 37–39
Audio CD 3
Workbook, pages 33–34
Quiz, page 32
ExamView® Pro

Bellringer Review

Use BRR Transparency 3.1 or write the following on the board:
Faites une liste des sports que vous pratiquez pendant chacune des quatre saisons.

2 Presentation

Introduction

Step 1 You may either read the **Introduction** to students or have them read it silently.

Step 2 Tell students to look for the following information: **Que font les Français pendant leurs heures de loisirs?**

Chapter Projects

Les loisirs

Avant de commencer le chapitre, demandez aux élèves de faire une liste de toutes les activités qui, à leur avis, sont populaires en France et de faire la même liste pour les États-Unis. Comparez les listes que les élèves ont faites aux renseignements donnés dans la lecture aux pages 122–126.

Leçon 1 Culture

Randonneurs en pays Dogon, au Mali

Introduction

En France, le temps libre ne cesse pas d'augmenter. Cela est dû, bien sûr, à la réduction du temps de travail mais aussi à l'allongement de l'espérance de vie: les gens vivent plus longtemps et ont donc plus de temps pour les loisirs. Pendant leurs heures de loisirs, ils font du sport, ils écoutent de la musique, ils regardent la télévision, ils bricolent, ils sortent avec des amis, etc. Et plus ils ont du temps libre, plus la partie de leur budget consacrée aux loisirs augmente.

Learning from Photos

(page 118) Un voyage en pays dogon prend des allures de pèlerinage. Pèlerinage chez l'une des populations les plus anciennes de l'Afrique noire, mais aussi vers une civilisation très riche et très mystérieuse.

(page 119) Le jeune homme se repose dans le jardin du Luxembourg, à Paris.

Vocabulaire pour la lecture

Après le deltaplane, il mérite bien un peu de repos.

le surf des neiges

Il aime bricoler.

2 Presentation

Vocabulaire pour la lecture

Step 1 Have students repeat the new words in unison after you or the Audio CD.

LEVELING

E: Vocabulary

Reaching All Students

Call on kinesthetic learners to dramatize the following:

Tu fais de la raquette.
Tu fais du deltaplane.
Tu regardes la télé.
Tu fais du bricolage.
Tu cherches une place dans une salle de cinéma.

2 Presentation *(suite)*

Step 2 As you present the new words, you may wish to review the words **une télécommande, une chaîne,** and **une émission.**

Step 3 To vary the procedure, give students a few minutes to peruse the definitions.

Step 4 Then read the definitions aloud as students follow along in their books.

Step 5 You may wish to ask the following questions as you present the new words: **Vous consacrez combien d'heures par semaine à vos loisirs? Vous avez beaucoup de dépenses? Vos parents vous donnent une récompense si vous recevez des bonnes notes?**

ADDITIONAL PRACTICE

You may wish to ask your students the following questions:

1. **Quand vous avez du temps libre, qu'est-ce que vous aimez faire?**
2. **Vous avez envie de faire du deltaplane?**
3. **Qui aime bricoler dans votre famille?**
4. **Vous avez un baladeur? Vous écoutez souvent de la musique?**

Teaching Tip: The sentences beneath the photo on this page introduce the structure concept that is reviewed in this lesson—**l'imparfait et le passé composé.**

Leçon 1
Culture

Les Français n'allaient plus beaucoup au cinéma.
Ils regardaient surtout la télévision.
Mais aujourd'hui les spectateurs ont repris le chemin des salles.

Plus de vocabulaire

une dépense l'argent qu'il faut payer
une récompense ce qu'on reçoit pour une bonne action (par exemple, ce qu'on donne à un enfant quand il a été sage)
la détente la relaxation
un(e) adepte un(e) disciple, un(e) fan
moyen(ne) ni trop long/grand/court/petit; le contraire d'extrême
consacrer donner, employer totalement (par exemple, consacrer son temps libre à pratiquer un sport)
augmenter devenir plus grand; le contraire de baisser
baisser devenir plus bas; le contraire d'augmenter
faire de la raquette marcher dans la neige avec des raquettes (des chaussures pour la neige)

reward

Quel est le mot?

1 Loisirs sportifs Faites une liste…

1. de tous les sports individuels que vous connaissez.
2. de tous les sports d'équipe que vous connaissez.
3. des sports que vous faites ou que vous avez envie de faire.

Match de hockey à Percé, au Québec

2 Vos loisirs Donnez des réponses personnelles.

1. Vous aimez écouter de la musique?
2. Vous consacrez combien de temps à écouter de la musique?
3. Vous préférez quel genre de musique?
4. Est-ce que vous avez un baladeur?
5. Vous aimez regarder la télévision?
6. Vous passez combien d'heures par jour en moyenne devant le petit écran?
7. Qu'est-ce que vous regardez?
8. Qu'est-ce que vous regardiez quand vous étiez plus jeune?
9. Vous allez quelquefois au cinéma? Avec qui?
10. Vous aimez bricoler?

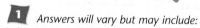

3 Les loisirs, c'est sérieux. Complétez.

1. Quand vous préparez votre budget, il ne faut pas oublier les ____ de loisirs, c'est-à-dire l'argent dont vous aurez besoin pour les sorties, etc.
2. Les loisirs coûtent de plus en plus cher: les dépenses de loisirs ____.
3. Les jeunes préfèrent le ____ au ski alpin.
4. Faire de la ____ est plus facile que faire du ski alpin.
5. Celui qui regarde la télé est un ____; celle qui regarde la télé est une ____.
6. Les hommes aiment les télévisions avec un grand ____.
7. Je ne sais pas comment y aller. Vous connaissez le ____?
8. Après le travail, tout le monde mérite un peu de ____.
9. Le surf des neiges a de plus en plus d'____.

Answers to Quel est le mot?

1 *Answers will vary but may include:*

1. la natation, l'athlétisme, le cyclisme, le ski alpin, le ski de fond
2. le football, le tennis, le basket-ball, le volley-ball, le hockey
3. *Answers will vary.*

2 *Answers will vary.*

3

1. dépenses
2. augmentent
3. surf des neiges
4. raquette
5. téléspectateur, téléspectatrice
6. écran
7. chemin
8. repos
9. adeptes

Leçon 1
Culture

3 Practice

Quel est le mot?

1, 2, 3 Assign these activities for homework and go over them orally in class.

1 Recycling: This activity recycles sports vocabulary learned in Chapters 10 and 11 of Level 1.

Learning from Photos

(page 121 top) Le village de Percé, en Gaspésie, doit son nom à un impressionnant rocher près de la côte qui a été percé par l'érosion marine. C'est un site qui attire des visiteurs du monde entier en Gaspésie.

Learning from Realia

(page 121 bottom) Le cinéma Pathé-Wepler se trouve place Clichy à Paris, dans le 18e arrondissement.

Assessment

As an informal assessment you may wish to have students make up some original sentences using the new words.

National Standards

Cultures
In this reading students learn what the favorite leisure activities of the French people are.

Comparisons
Students have the opportunity to compare the leisure activities of the French to their own.

1 Preparation

Resource Manager

Audio Activities TE, pages 39–40
Audio CD 3
Workbook, pages 34–35
Quiz, page 33

Bellringer Review

Use BRR Transparency 3.2 or write the following on the board:
Répondez:
On va où pour écouter un concert?
Et pour voir une représentation théâtrale?
Et pour voir un film?
Et pour voir une exposition d'art?
Et pour voir un match de sport?
Et pour regarder la télé?

2 Presentation

Step 1 Les loisirs, le temps et l'argent: You may wish to call on students to read this section aloud since it contains some very important general information. You may wish to intersperse comprehension questions from **Activité A.**

Step 2 Le loisir n'est plus une récompense, mais une activité: This section can be read silently. Ask students if they think the same attitude exists in the U.S.

Lecture

Les loisirs, le temps et l'argent

Les Français consacrent de plus en plus de temps et d'argent à leurs loisirs. Dans la vie d'un Français, le temps libre est trois fois plus long que le temps de travail. Dans une vie moyenne (72 ans), le temps libre représente environ 25 ans, alors que le temps de travail et de scolarité en représente moins de 10. En fait, le temps libre ne cesse pas d'augmenter. Cette augmentation profite surtout à la télévision, à la pratique du sport, aux sorties et aux spectacles.

Les Français consacrent en moyenne un peu plus de 7 pour cent de leur budget aux dépenses de loisirs, spectacles et culture.

Le loisir n'est plus une récompense, mais une activité

Autrefois le temps libre était considéré comme une récompense. Il fallait gagner sa vie «à la sueur de son front[1]» pour mériter le repos. Les plus âgés des Français sont encore assez sensibles[2] à cette notion de mérite, mais pour les plus jeunes, le loisir est un droit[3] fondamental qui fait partie de la vie quotidienne.

[1] à la sueur de son front *by the sweat of one's brow*
[2] sensibles *sensitive*
[3] droit *right*

Reading Strategy

Identifying the main idea

When reading, it is important to identify the main idea the author is expressing. Each paragraph usually discusses a different idea. The main idea is often found in the first or second sentence in each paragraph. First, skim the passage. Once you know the main idea of the passage, go back and read it again more carefully.

Promenade en roller et vélo à Montréal, au Québec

A Répondez.

1. Pour les Français, qu'est-ce qui est plus long, le temps de loisir ou le temps de travail?
2. Quelles activités profitent surtout de cette augmentation du temps consacré aux loisirs?
3. Quel pourcentage du budget des Français est consacré aux dépenses de loisirs, spectacles et culture?
4. Pour les plus âgés, comment fallait-il gagner sa vie pour avoir droit au loisir du repos?
5. Qu'est-ce que le loisir pour les plus jeunes?

Learning from Photos

(page 122) L'esplanade du Vieux-Port à Montréal est un front maritime aménagé en parc. On y a une très belle vue sur la ville et le fleuve.

(page 123) Le rallye Paris-Dakar a lieu tous les ans, mais son itinéraire n'est pas toujours le même.

LEVELING
E: Reading
A: Reading

Le sport est plus individuel, moins compétitif, plus diversifié

Les Français sont globalement plus nombreux à avoir une activité sportive: un sur deux est concerné[4]—mais seulement un sur cinq peut être considéré comme un sportif régulier. Les Français voient dans le sport une activité de loisir plutôt qu'une compétition. C'est un moyen de détente nécessaire à un bon équilibre. Voilà pourquoi les sports de plein air[5] tels que les randonnées[6] à pied ou à vélo se sont bien développés ces dernières années. Les sports les plus pratiqués sont le tennis, la natation, le jogging et le cyclisme. Les sports d'hiver ne sont pratiqués que par 10 pour cent des Français. En effet, le coût d'un séjour à la montagne est élevé et des sports moins coûteux que le ski alpin, comme le ski de fond et la raquette sont en plein développement. D'ailleurs chez les jeunes, c'est le surf des neiges—le snowboard—qui remplace bien souvent le ski traditionnel. Les salles de sport sont nombreuses dans les villes et sont fréquentées par des hommes et des femmes qui viennent y faire de la gymnastique ou de la musculation.

Le rallye Paris-Dakar traverse le désert en Mauritanie

Le nombre des activités sportives aussi a augmenté, et il est de plus en plus fréquent de pratiquer plusieurs sports, plus ou moins régulièrement. Des sports nouveaux ou récents comme le base-ball, le golf, le canoë-kayak, le tir à l'arc, le deltaplane ont de plus en plus d'adeptes. Mais il ne faut pas oublier les sportifs en chambre qui sont nombreux: ils regardent les matchs de football, de rugby ou de tennis à la télévision. D'autres événements sportifs très appréciés des téléspectateurs sont le Tour de France (cyclisme), les Vingt-Quatre Heures du Mans (sport automobile) et le rallye Paris-Dakar (automobile et moto).

[4]concerné *involved*
[5]de plein air *outdoor*
[6]randonnées à pied ou à vélo *hiking or biking*

Step 3 Le sport est plus individuel, moins compétitif, plus diversifié: Have students read this section aloud since it contains a great deal of useful vocabulary and interesting information. You may wish to intersperse the true/false statements from **Activité B** as students read. Ask students to explain in their own words in French the meaning of **«Les Français voient dans le sport une activité de loisirs plutôt qu'une compétition.»**

Reaching All Students

After you finish each section of the reading, call on average learners to give a sentence (or two) about what they read. Have advanced learners give a brief résumé.

Answers

A

1. Pour les Français, le temps de loisir est plus long que le temps de travail.
2. Les activités qui profitent de cette augmentation du temps sont la télévision, la pratique du sport, les sorties et les spectacles.
3. Sept pour cent du budget des Français est consacré aux dépenses de loisirs, spectacles et culture.
4. Pour les plus âgés, il fallait gagner sa vie «à la sueur de son front» pour avoir droit au loisir du repos.
5. Pour les plus jeunes, le loisir est un droit fondamental qui fait partie de la vie quotidienne.

Critical Thinking Activity

Making Judgments Quels sont les avantages et les inconvénients des loisirs organisés (clubs, organisations, etc.) et de ceux qui ne le sont pas (lecture, etc.) pour les catégories de personnes suivantes:
a. les enfants
b. les jeunes
c. les adultes
d. les retraités *(retirees)*

2 Presentation *(suite)*

Step 4 Les activités culturelles se confondent avec les loisirs: You may wish to have students read this section silently. Then have them give a list of words related to **la musique** and **les médias.**

FUN-FACTS

You may wish to explain to students that in recent years the French government has become very concerned about the contamination of the French language by English. Periodically the **Journal Officiel de la République Française** publishes a list of recommended French words to replace English words that have been absorbed into French. **Baladeur** (for **walkman**) is one such example.

ANSWERS

B

1. Faux.
2. Faux.
3. Faux.
4. Faux.
5. Faux.
6. Faux.
7. Faux.
8. Vrai.
9. Faux.

Leçon 1
Culture

La fête de la Musique dans la Vieille Ville à Nice, en France

Les activités culturelles se confondent avec les loisirs

Regarder la télévision fait tellement partie de la vie de tous les jours que les Français ne considèrent pas nécessairement cette activité comme un loisir. Pourtant ils passent 40 pour cent de leur temps libre devant le petit écran. Les Français écoutent la radio autant qu'ils regardent la télévision. Ils écoutent surtout les informations le matin, chez eux ou dans leur voiture. Les Français qui allaient de moins en moins au cinéma ont repris un peu le chemin des salles ces dernières années grâce à certaines mesures qui ont fait baisser les tarifs: tous les lundis, par exemple, les places sont à tarif réduit. Il y a aussi la Fête du Cinéma, journée pendant laquelle on peut voir tous les films que l'on veut avec un seul billet. La lecture enfin garde une bonne place, en particulier chez les jeunes.

Si peu de Français vont à des concerts de musique classique ou même de jazz ou de rock, on constate une spectaculaire progression de l'écoute de la musique, sur disques ou à la radio. L'amélioration[7] des chaînes hi-fi, de la radio FM, des baladeurs, ainsi que la baisse des prix, ont largement favorisé le mouvement. L'augmentation de l'écoute musicale touche toutes les catégories de population sans exception, et tous les genres de musique, du jazz au rock en passant par la musique classique et l'opéra. Le phénomène est cependant plus marqué chez les jeunes. La moitié des quinze à dix-neuf ans écoutent de la musique tous les jours.

[7]amélioration *improvement*

B Vrai ou faux?

1. Un Français sur deux fait du sport régulièrement.
2. Les Français voient dans le sport une activité de compétition.
3. Les Français préfèrent tous les sports de compétition.
4. Les sports d'hiver sont pratiqués par la majorité des Français.
5. Les salles de sport sont surtout fréquentées par les femmes.
6. L'intérêt pour la musique ne touche qu'un petit segment de la population.
7. Les Français regardent plus la télévision qu'ils n'écoutent la radio.
8. Les Français vont moins souvent au cinéma qu'avant.
9. L'écoute de la musique est plus populaire chez les gens âgés que chez les jeunes.

Critical Thinking Activity

Supporting Statements with Reasons

Les loisirs devraient-ils être une récompense ou un droit?

Critical Thinking Activity

Have students make a list of sports-related cognates such as **le roller** and **le surf.** Then have students read Online sports news for French-speaking countries. Have the students discuss which new cognates they have discovered. Ask students to think about whether English has any French words to talk about sports.

Les Français redécouvrent leur patrimoine[8]

Les Français sont plus sensibles qu'avant à la beauté de leur patrimoine. Ils visitent en grand nombre les musées, les expositions et les monuments. De nombreux musées, aussi bien à Paris qu'en province, accueillent des millions de visiteurs par an. À Paris, les expositions du musée d'Orsay, du Grand Louvre et surtout du centre Pompidou ont beaucoup de succès. Une fois par an, le troisième week-end de septembre, ont lieu les journées du Patrimoine: dans toute la France, les monuments historiques de l'État sont ouverts au public.

La Victoire de Samothrace au Grand Louvre

Pour passer le temps agréablement: la terrasse d'un café

Pour les Français, le lieu de loisir par excellence, c'est le café! Hiver comme été, le café est un endroit où on se retrouve entre amis pour discuter. On y va aussi quand on se sent seul et on ne sait pas où aller. On peut rester des heures en ne consommant qu'un petit café. Et puis maintenant, il y a toutes sortes de cafés: des cafés littéraires, des cafés-théâtres, et les derniers venus, les cybercafés.

[8]patrimoine *national heritage*

Que Sera...
Céramique Café
Terrasse ensoleillée
Venez créer votre poterie
tout en dégustant nos plats savoureux!
7, boul. René-Lévesque Ouest, Québec 528-6655

La terrasse d'un café place des Vosges, à Paris

Step 5 Have students explain the meaning of the following: **«Les Français redécouvrent leur patrimoine.»**

National Standards

Comparisons

Ask students: **Y a-t-il beaucoup de cafés là où vous habitez? Ces cafés ont une terrasse où l'on peut s'asseoir et prendre quelque chose en plein air? Vous aimeriez qu'il y ait plus de cafés là où vous habitez?**

Learning from Photos

(page 124) Depuis 1982, la fête de la Musique (21 juin) est l'occasion de vastes manifestations musicales en France et en Europe.

(page 125 top) La Victoire de Samothrace est une statue grecque du XIe siècle avant Jésus-Christ. Elle est exposée au musée du Louvre en haut d'un majestueux escalier. À côté, une petite vitrine contient une main de la statue.

Learning from Realia

You may wish to ask students the following questions: **Est-ce un café ordinaire? On peut y manger, bien sûr, mais que peut-on y faire d'autre?**

Group Activity

Divisez la classe en groupes de trois élèves. Chaque groupe organise un week-end à Paris. L'un des élèves se charge d'organiser les activités culturelles, le deuxième les activités sportives, et le troisième les activités «gastronomiques».

3 Practice *(suite)*

C and **D** You can assign **Activités C, D** for homework. In more able groups, however, you may wish to go over the activities immediately in class (upon completion of the reading) without previous preparation.

Group Activity

Travaillez en petits groupes. Sujet à débattre: À quel point les loisirs peuvent-ils devenir une obsession? Dans chaque groupe, faites une liste des conséquences bonnes et mauvaises que peut avoir la recherche excessive des loisirs. Faites part de vos résultats aux autres élèves.

1 Preparation

Resource Manager

Audio Activities TE, page 40
Audio CD 3
Workbook, pages 35–36
Quizzes, page 34
ExamView® Pro

Bellringer Review

Use BRR Transparency 3.3 or write the following on the board:

Récrivez au passé composé.

1. **Je vais voir un bon film.**
2. **Je vois ce film au cinéma Métropole.**
3. **Mes copains m'accompagnent.**
4. **Tout le monde aime ce film.**
5. **Ça leur fait très plaisir de le voir.**

C Répondez d'après l'article.

1. Qu'est-ce que les Français visitent?
2. Où ont lieu les journées du Patrimoine?
3. Qu'est-ce qui se passe pendant les journées du Patrimoine?
4. Où vont les Français pour discuter avec des amis?
5. Nommez trois types de cafés.

La maison du peintre Claude Monet à Giverny, en France

D Analysez.

1. Comparez les attitudes des Français plus âgés à celles des plus jeunes en ce qui concerne le travail et les loisirs.
2. Expliquez ce qu'est un sportif en chambre.
3. Citez plusieurs événements sportifs très appréciés des téléspectateurs.
4. Citez les raisons pour lesquelles les Français retournent au cinéma.
5. Expliquez ce qu'est le patrimoine.
6. Citez trois musées célèbres.

Structure ✤ *Révision*

L'imparfait et le passé composé

Talking about actions in the past

1. When telling a story about something that happened in the past, you will almost always use both the imperfect and the passé composé. To describe the background of the story—that is, the situation—you use the imperfect. To tell what happened—that is, the events, the action—you use the passé composé. Note the verb tenses in the following sentences.

C'était un jour de semaine mais j'étais à la maison parce que j'étais malade.
Le téléphone a sonné. Comme je lisais un bon livre, j'ai demandé à mon frère de répondre.

Answers

C

1. Les Français visitent en grand nombre les musées, les expositions et les monuments.
2. Les journées du Patrimoine ont lieu dans toute la France.
3. Pendant les journées du Patrimoine, les monuments historiques de l'État sont ouverts au public.
4. Les Français vont au café pour discuter avec des amis.
5. Des cafés littéraires, des cafés-théâtres et des cybercafés sont trois types de cafés.

D *Answers will vary but may include:*

1. Les Français plus âgés croient qu'on doit mériter les loisirs. Les Français plus jeunes croient que les loisirs sont un droit.
2. On regarde les matchs de football, de rugby ou de tennis à la télévision.
3. Les téléspectateurs apprécient les matchs de football, de rugby et de tennis.
4. Les Français retournent au cinéma à cause des mesures qui ont été prises, comme des prix réduits.
5. Le patrimoine est l'héritage national. Les Français sont plus sensibles qu'avant à la beauté de leur patrimoine.
6. Le musée d'Orsay, le Grand Louvre et le centre Pompidou sont trois musées célèbres.

2. The passé composé is used to express actions or events that began and ended at a definite time in the past. Time expressions such as **hier, la semaine dernière, il y a deux ans,** etc., are often used with the passé composé.

Je suis sorti(e) hier après-midi.
Je suis allé(e) au cinéma.
Ensuite j'ai retrouvé des amis au café du coin.

3. The imperfect, in contrast to the passé composé, is used to express a background, a situation. The moment when the action began or ended, or how long it lasted, is not important.

Quand j'étais jeune, je sortais tous les soirs.
J'allais souvent danser.
Je fréquentais les cafés de Montmartre où chantaient des chanteurs célèbres.

Comment dit-on?

1 **Historiette** **Il a changé.** Répondez.

1. Avant, il aimait beaucoup jouer au foot?
2. Et un jour, il n'a plus aimé jouer au foot?
3. Avant, son équipe gagnait toujours?
4. Et un jour, elle n'a plus gagné?
5. Il marquait toujours tous les buts?
6. Et un jour, il n'a plus marqué de buts?
7. Alors à quoi il joue, maintenant?

Match de football à Casablanca, au Maroc

Leçon 1
Culture

2 Presentation

L'imparfait et le passé composé

Step 1 Read Items 1, 2, and 3 to the students.

Step 2 Call on students to read the model sentences aloud.

Teaching Tip: Tell students to imagine that they are at the movies or in a theater. All the scenery or background in the film or show is in the imperfect. All that the actors do is in the passé composé.

It is strongly recommended that you do not give the students English equivalents for the imperfect tense. It is hoped that students will grasp the concept that the imperfect is used to express an ongoing, continuing action (vs. a completed action) whose beginning and end are unimportant. When students hear that used to is an English equivalent of the imperfect, it confuses them and interferes with the concept. *Used to* implies *but no longer,* suggesting an end at a given point in time.

LEVELING

A: Structure

ANSWERS TO Comment dit-on?

1 *Answers will vary but may include:*

1. Oui, avant il aimait beaucoup jouer au foot.
2. Oui, un jour il n'a plus aimé jouer au foot.
3. Oui, avant son équipe gagnait toujours.
4. Oui, un jour elle n'a plus gagné.
5. Oui, il marquait toujours tous les buts.
6. Oui, un jour il n'a plus marqué de buts.
7. Maintenant il joue au...

3 Practice

Comment dit-on?

1 After going over **Activité 1** on p. 26, call on one student to retell the story in his or her own words.

2 Have students prepare **Activité 2** before going over it in class.

3 Call on more able students to do this activity extemporaneously.

Paired Activities

You may wish to have students do the following activities in pairs:

1. **Travaillez avec un(e) camarade. Parlez de tout ce que vous aimiez faire et n'aimiez pas faire quand vous étiez jeunes. Décidez si vous aviez les mêmes goûts.**
2. **Travaillez avec un(e) camarade. Dites-lui tout ce qui s'est passé et tout ce que vous avez vu et fait ce matin en venant à l'école.**

Learning from Photos

(page 128 top) L'Opéra Garnier, sur la place de l'Opéra à Paris, est l'ancien opéra. Il doit son nom à Charles Garnier, l'architecte qui l'a construit. Sa construction a commencé en 1862, mais n'a été achevée qu'en 1875. Les opéras sont maintenant présentés à l'opéra Bastille, place de la Bastille, alors que l'opéra Garnier est consacré aux représentations de ballets.

2 Activités culturelles Complétez avec le passé composé ou l'imparfait.

1. Hier soir, il n'y ____ rien d'intéressant à la télé, alors je ____ à neuf heures. (avoir, se coucher)
2. Dimanche, nous ____ au cinéma parce qu'il ____ beau. (aller, ne pas faire)
3. Je ____ seul parce que mon amie ____ malade. (venir, être)
4. Samedi soir, nous ____ regarder la télévision parce qu'elle ____ cassée. (ne pas pouvoir, être)
5. Je ____ qu'elle ____ l'opéra. (ne pas savoir, aimer)
6. Elles ____ devant le théâtre et elles ____ ensemble. (se retrouver, entrer)
7. Quand je ____ de baladeur, j'____ de la musique à la radio. (ne pas avoir, écouter)
8. La dernière fois qu'on ____ au Louvre, on ____ une exposition sur les Égyptiens. (aller, voir)

L'Opéra-Garnier à Paris

3 Petit drame au café de la gare
Racontez ce qui s'est passé.

Answers to Comment dit-on?

2

1. avait, me suis couché(e)
2. sommes allé(e)s, ne faisait pas
3. suis venu, était
4. n'avons pas pu, était
5. ne savais pas, aimait
6. se sont retrouvées, sont entrées
7. n'avais pas, écoutais
8. est allé(e)(s), a vu

3 *Answers will vary but may include verbs such as the following correctly used in the passé composé or imperfect:*
se retrouver, (se) parler, arriver, s'embrasser, parler, être, se serrer la main, sympathiser

4 **Interruptions** Dites ce que vous faisiez et ce que vous avez fait dans les situations suivantes. Suivez le modèle.

Quand quelqu'un a sonné à la porte, je regardais la télévision.
Quand quelqu'un a sonné à la porte, je me suis levé(e) pour l'ouvrir.

1. Quand le téléphone a sonné...
2. Quand un(e) de mes ami(e)s est arrivé(e)...
3. Quand un(e) ami(e) de mes parents est entré(e)...
4. Quand ma mère m'a appelé(e)...
5. Quand il y a eu une panne d'électricité...
6. Quand il y a eu une panne sur le câble...

5 **Explications** Donnez des explications à un(e) camarade qui vous pose les questions qui suivent. Changez ensuite de rôles.

1. Pourquoi tu ne m'as pas téléphoné hier?
2. Pourquoi tu n'es pas venu à ma fête?
3. Pourquoi tu n'as pas invité Marie pour ton anniversaire?
4. Pourquoi tu n'as pas répondu à mon e-mail?

4, **5** Have students prepare these activities before going over them in class.

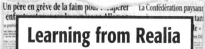

Learning from Realia

(page 129) En France, on célèbre évidemment son anniversaire, mais aussi sa fête, le jour de la fête du saint dont on porte le nom.

Answers to Comment dit-on?

4 *Answers will vary.*

5 *Answers will vary.*

Recycling

These activities allow students to use the vocabulary and structure from this chapter in completely open-ended, real-life situations.

Encourage students to say as much as possible when they do these activities. Tell them not to be afraid to make mistakes, since the goal of these activities is real-life communication. If someone in the group makes an error, allow the others to politely correct him or her. Let students choose the activities they would like to do.

You may wish to divide students into pairs or groups. Encourage students to elaborate on the basic theme and to be creative. They may use props, pictures, or posters if they wish.

Leçon 1
Culture

C'est à vous

Use what you have learned

PARLER ÉCRIRE

1 Les loisirs des Américains

✔ Describe American leisure activities

Reprenez chaque point qui vous a été donné au sujet des loisirs des Français, et appliquez-le aux Américains.

ÉCRIRE

2 Comparaisons

✔ Compare and contrast the leisure activities of the French to those of the Americans

Préparez maintenant une comparaison entre les loisirs des Français et ceux des Américains. Croyez-vous que les loisirs de ces deux groupes soient semblables ou différents? Justifiez votre opinion.

Base-ball aux États-Unis

Roller en France

Leçon 1
Culture

PARLER

3 Travailler ou s'amuser?

✓ Discuss your attitude toward work and leisure

Qu'est-ce qui est le plus important pour vous, le temps libre ou le temps de travail? Discutez avec un(e) camarade et donnez les raisons de votre choix.

PARLER

4 En famille

✓ Talk about the advantages and disadvantages of leisure time

Les Français ont plus de temps libre que les Américains. Quels sont les avantages d'avoir du temps libre pour une famille? Y a-t-il des désavantages? Lesquels?

PARLER

5 Hyper bien!

✓ Tell about a wonderful evening out

Racontez une sortie très amusante. Décrivez le temps qu'il faisait. Dites ce que vous avez fait, où vous êtes allé(e), avec qui, etc.

PARLER

6 Atroce!

✓ Tell about an evening out that turned out to be awful

Maintenant, racontez une sortie qui s'est très mal passée.

Resource Manager

Assessment Transparency A3.1
Online Quizzes
Tests, pages 57–58 and 67–88
ExamView® Pro

Assessment

This is a pretest for students to take before you administer the lesson test. Answer sheets for students to do these pages are provided in your transparency binder. Note that each section is cross-referenced so students can easily find the material they have to review in case they made errors. You may wish to collect these assessments and correct them yourself or you may prefer to have the students correct themselves in class. You can go over the answers orally or project them on the overhead, using your Assessment Answers transparencies.

Vocabulaire

To review the vocabulary, turn to pages 119–120.

1 Complétez.

1. Celui qui regarde la télévision est un ___.
2. Quand un enfant a été sage, on lui donne une ___.
3. Les Français consacrent 7 pour cent de leur budget aux ___ de loisir.
4. Quand on a beaucoup travaillé, on a besoin d'un peu de ___.
5. Tu sais comment aller chez Marie? Moi, je ne connais pas le ___.
6. Tout est de plus en plus cher. Les prix ___.
7. Je ne peux rien voir. Tu es devant l'___ de la télé!

Lecture

To review the reading, turn to pages 122–125.

2 Nommez.

8. deux sports individuels
9. deux sports d'équipe
10. vos sports préférés

3 Répondez.

11. Quels sont les événements sportifs préférés des téléspectateurs?
12. Qu'est-ce que les Français écoutent à la radio?
13. Qu'est-ce que la Fête du Cinéma?
14. Qu'est-ce que les journées du Patrimoine?
15. Quel est le loisir par excellence des Français?

4 Vrai ou faux?

16. Les Français vont de moins en moins au cinéma.
17. Ils écoutent la radio autant qu'ils regardent la télévision.
18. Ils aiment visiter les musées.
19. Ils vont souvent à des concerts.
20. Les Français sont très sportifs.

Answers to Assessment

1

1. téléspectateur
2. récompense
3. dépenses
4. repos
5. chemin
6. augmentent
7. écran

2 *Answers will vary but may include:*

8. le jogging, le cyclisme
9. le tennis, le football
10. *Answers will vary.*

3

11. Ce sont le football, le rugby et le tennis.
12. Ils écoutent surtout les infos mais aussi de la musique.
13. C'est une journée pendant laquelle on peut voir autant de films que l'on veut avec un seul billet.
14. Le troisième week-end de septembre les monuments historiques de l'État sont ouverts au public.
15. Le loisir par excellence est le café.

4

16. Faux.
17. Vrai.
18. Vrai.
19. Vrai.
20. Faux.

Structure

5 Complétez en utilisant le passé composé ou l'imparfait des verbes entre parenthèses.

21. Je ____ avec toi hier parce que je ____ du travail à faire. (ne pas sortir, avoir)
22. Quand tu ____ hier soir, je ____ un bon film à la télé. (téléphoner, regarder)
23. Quand elle ____ dans la salle, nous ____. (entrer, se lever)
24. La dernière fois que je ____ au centre Pompidou, il y ____ une exposition sur les surréalistes. (aller, avoir)
25. Samedi dernier, nous ____ au restaurant et nous ____ un film excellent. (dîner, voir)

To review the imperfect and the passé composé, turn to pages 126–127.

Sculpture de Joan Miró à Paris: «Deux personnages fanastiques»

Assessment

After going over the Assessment, you may administer the test for **Leçon 1, Chapitre 3.**

Answers to Assessment

5

21. ne suis pas sorti(e), avais
22. as téléphoné, regardais
23. est entrée, nous sommes levé(e)s
24. suis allé(e), avait
25. avons dîné, avons vu

1 Preparation

Resource Manager

Vocabulary Transparency V3.4
Audio Activities TE, pages 41–42
Audio CD 3
Workbook, page 37
Quiz, page 35
ExamView® Pro

Bellringer Review

Use BRR Transparency 3.4 or write the following on the board:
Faites une liste des mots dont on a besoin pour parler du théâtre ou du cinéma.

2 Presentation

Vocabulaire pour la conversation

Recycling: Students learned some of this vocabulary in Chapter 13 of **Bon voyage!** Level 1 or Chapter 1 of **Bon voyage!** Level 2.

Step 1 Have students repeat the new words and sentences after you or the Audio CD. You may want to give students the colloquial word for the upper balcony: **le poulailler** or **le paradis** (as in the title of the classic film *Les enfants du paradis* starring the late Jean-Louis Barrault).

Step 2 You may want to ask students some additional questions to practice the vocabulary: **Vous allez souvent au théâtre? Où vous aimez vous asseoir? Quelles places coûtent le plus cher? Le moins cher? Il y a des places debout dans les théâtres américains? Où sont les acteurs? Ils jouent quelle pièce? Vous connaissez d'autres pièces de Molière?**

Note: For more information on Molière and *Le Bourgeois gentilhomme* see the **Literature Connection** on page 137.

Vocabulaire pour la conversation

Les places de la galerie coûtent moins cher que les autres.

Les places les plus chères sont celles de l'orchestre.

Les comédiens (acteurs) jouent *Le Bourgeois gentilhomme*.
C'est une pièce de Molière.
C'est une comédie, pas une tragédie.
Cette pièce est très amusante.
Elle est plus amusante que les autres.
C'est la pièce la plus amusante de toutes les pièces de Molière.

Plus de vocabulaire

une troupe (de théâtre) l'ensemble des comédiens
une représentation le fait de présenter une pièce
un entracte temps qui sépare deux actes dans une représentation théâtrale
génial(e) extraordinaire

Step 3 **Plus de vocabulaire:** Call on students to read each new word and its definition.

Step 4 You may quickly wish to go over the verb **rire: Je ris, tu ris, il/elle rit, nous rions, vous riez, ils/elles rient; j'ai ri.**

Quel est le mot?

1 Au théâtre Donnez des réponses personnelles.

1. Quand vous allez au théâtre, qu'est-ce que vous allez voir, des tragédies ou des comédies?
2. Où préférez-vous vous asseoir: à l'orchestre, au premier balcon, au deuxième balcon ou à la galerie?
3. Est-ce que vous aimez être assis(e) près de la scène?
4. Quels sont les places les plus chères: les places d'orchestre ou celles de la galerie?
5. Quels sont vos acteurs ou actrices préférés?
6. Vous aimez aller dans les coulisses après la pièce?
7. Vous connaissez une pièce qui a beaucoup de succès en ce moment? Laquelle?
8. Quelle pièce vous a fait rire? Quelle pièce vous a fait pleurer?

Le théâtre national de Marseille, en France

2 L'intrus Trouvez l'intrus.

1. un entracte, une représentation, une pièce, un fauteuil
2. l'orchestre, la troupe, le premier balcon, la galerie
3. un décor, un costume, la scène, une place
4. rire, s'amuser, pleurer, rigoler
5. la corbeille, les coulisses, la scène, le décor
6. une tragédie, une comédie, une comédie musicale, une comédienne

Au théâtre du Châtelet, à Paris

3 Practice

Quel est le mot?

1 You may wish to go over this activity orally without previous preparation.

2 After going over **Activité 2** you may call on more able students to pick one word from each question and use it in an original sentence.

Group Activity

Préparez une brochure illustrée pour faire de la publicité pour une activité culturelle à Paris. Vous pouvez aussi découper des publicités dans des magazines et les afficher artistiquement sur le tableau d'affichage.

Learning from Photos

(page 134 top left and right) La salle de l'Opéra Garnier. On peut voir sur la photo de gauche une partie du plafond décoré en 1964 par Marc Chagall et inspiré d'opéras et de ballets célèbres.

(page 135 bottom) Au théâtre du Châtelet, à Paris, le célèbre chef-d'orchestre français Pierre Boulez répète l'opéra *Le Rossignol,* du compositeur russe Igor Stravinski.

Answers to Quel est le mot?

1 *Answers will vary.*

2

1. un fauteuil
2. la troupe
3. une place
4. pleurer
5. la corbeille
6. une comédienne

Reaching All Students

Auditory Learners Whisper in a student's ear, telling him or her what to do. Call on other students to tell what he or she is doing. For example, answers may be:

Il/Elle rit.
Il/Elle pleure.
Il/Elle peint le décor.

Leçon 2
Conversation

National Standards

Communication
Students engage in conversation about going to the theater, including buying theater tickets and discussing the play afterwards.

1 Preparation

Resource Manager

Audio Activities TE, pages 42–43
Audio CD 3
Workbook, page 38
Quiz, page 36

2 Presentation

Mise en scène

Step 1 Have students read the **Mise en scène** silently to learn about the founding of the famous **Comédie-Française.**

Conversation

Step 1 Call on students to read the conversation aloud. Call on one pair to read **On va au théâtre?** and another pair to read **Pendant l'entracte.**

Step 2 You may wish to interrupt the reading once in a while to ask some comprehension questions.

Step 3 You can immediately ask the questions from **Activité A** on page 138.

Leçon 2
Conversation

Mise en scène

C'est en 1680 que le roi Louis XIV ordonne aux deux troupes de comédiens de Paris—dont l'une est l'ancienne troupe de Molière—de jouer ensemble. C'est ainsi que la Comédie-Française est née. Et elle continue à présenter les chefs-d'œuvre de la littérature dramatique française.

Molière, de son vrai nom Jean-Baptiste Poquelin est un auteur de pièces du dix-septième siècle. *Le Bourgeois gentilhomme* est une comédie-ballet qui a eu sa première représentation au château de Chambord en octobre 1670. Il s'agit d'un gentilhomme qui veut apprendre les bonnes manières pour plaire à une marquise.

Victor Hugo est l'un des plus grands auteurs de la littérature française. La richesse de son œuvre est impressionnante. Il a excellé dans tous les genres, la poésie, le roman et le théâtre. *Ruy Blas* (1838) est un drame romantique dans lequel le héros—un laquais[1]—assume l'identité d'un noble pour être proche de la reine d'Espagne dont il est amoureux.

[1]un laquais *a servant, lackey*

On va au théâtre?

Corinne On joue *Le Bourgeois gentilhomme* à la Comédie-Française ce soir. Tu veux y aller?
Bernard Tu rêves! Il n'y aura pas de places! Il faut réserver à l'avance!
Corinne Tu es sûr? Ce n'est pas le genre de pièce qui a un succès fou.
Bernard On peut toujours téléphoner pour voir, mais je suis sûr qu'il n'y aura même pas de places à la galerie.
Corinne Et si j'avais des places, tu viendrais avec moi?
Bernard Euh... oui! Tu en as?
Corinne Oui, je les ai prises il y a quinze jours, mais je voulais te faire la surprise. Je savais bien que tu voudrais y aller. J'ai deux fauteuils d'orchestre.
Bernard D'accord, allons-y.

Vocabulary Expansion

dans huit jours = dans une semaine (7 jours + le jour où l'on parle)
dans quinze jours = dans deux semaines

LEVELING
E: Conversation

Fun-Facts

- Theater tickets were once quite inexpensive in France in comparison to the price of tickets in the U.S. However, prices in France have been increasing lately.
- It is customary, in France, to tip the usher **(l'ouvreuse)**, when being seated in a theater. This is not the case in the U.S.

Paired Activities

Have students work in pairs to make up a conversation about a movie. They can use the conversation on pages 136–137 as a guide.

Leçon 2
Conversation

Pendant l'entracte

Corinne C'est bien, hein? Ça te plaît?

Bernard Ouais. C'est bien. Franchement, je ne croyais pas que ça serait si bien. Le décor, les costumes, la mise en scène, les ballets. C'est hyper bien.

Corinne Et Roland Bertin est génial en Monsieur Jourdain… Mais il était tout de même mieux dans *Ruy Blas,* je trouve.

Bernard Je peux pas juger, j'ai pas vu *Ruy Blas.* Je sais, je sais... tu vas dire que c'est une des meilleures pièces de Hugo... Mais moi, j'aime mieux rire que pleurer... et *Ruy Blas,* c'est pas franchement marrant!

Corinne Oui, mais Roland Bertin... !

FRENCH Online

To learn more about the ***Comédie-Française*** and other theaters in France, go to the Glencoe French Web site: french.glencoe.com

Literature Connection

Jean-Baptiste Poquelin, dit Molière (1622–1673), est un auteur de pièces, mais également un acteur. Il a fait ses études chez les Jésuites et se préparait à devenir avocat quand il a rencontré Madeleine Béjart qui l'a persuadé de se consacrer au théâtre. Il a fondé en 1643 l'Illustre-Théâtre avec Madeleine Béjart, ses frères Joseph et Louis et neuf autres comédiens. Les débuts de la compagnie furent très difficiles. Mais bientôt, ils décident de quitter Paris pour la province où ils reçoivent l'aide de puissants protecteurs. La troupe dont Molière est le chef revient à Paris en 1658 et joue devant le roi. C'est à ce moment que Monsieur, le frère du roi, a pris la troupe sous sa protection. À cette époque, Molière écrit *Les Précieuses ridicules* qui reçoit un accueil triomphal. La réputation de Molière est établie. Viennent ensuite *L'École des femmes* et *Tartuffe* qui est interdit à la demande de la reine mère. Après la mort de la reine mère, *Tartuffe* est joué et reçoit alors un très grand succès. Autres pièces célèbres de Molière: *Le Médecin malgré lui, L'Avare, Le Misanthrope, Le Bourgeois gentilhomme, Les Femmes savantes,* et enfin *Le Malade imaginaire.* Molière est mort quelques heures seulement après la quatrième représentation de cette pièce.

FUN FACTS

De Louis XIV à la Seconde Guerre mondiale, le théâtre en France était une sorte de monopole parisien. Deux salles seulement étaient subventionnées par l'État: la Comédie-Française (la maison de Molière) et l'Odéon. Depuis, de nouvelles compagnies se sont créées dans toute la France: Le Grenier de Toulouse, La Comédie de Saint-Étienne, le Théâtre de Villeurbanne, pour n'en citer que quelques-unes. Les festivals d'été comme celui d'Avignon créé par Jean Vilar en 1947 se développent dans toute la France.

3 Practice

Vous avez compris?

A You may wish to go over **Activité A** orally as soon as the conversation is read once.

B Allow students to look up the information for this activity.

C If students have never seen a play, they may discuss a movie.

Leçon 2
Conversation

Vous avez compris?

A Répondez d'après la conversation.

1. On joue quelle pièce? Où ça?
2. Pourquoi Bernard croit-il qu'il n'y aura pas de places?
3. Quel genre de pièce est-ce, d'après Corinne?
4. Quand Corinne a-t-elle pris les billets? Qu'est-ce qu'elle a pris comme places?
5. D'après vous, est-ce que Bernard a vraiment envie d'aller voir cette pièce?
6. Qui joue le rôle de Monsieur Jourdain?
7. Comment Bernard trouve-t-il la pièce? Est-ce qu'il est surpris?
8. Dans quel autre rôle Corinne a-t-elle vu cet acteur?
9. Qu'est-ce que Bernard préfère, les comédies ou les tragédies?
10. Et Corinne, qu'est-ce qu'elle préfère, les pièces de Victor Hugo ou Roland Bertin?

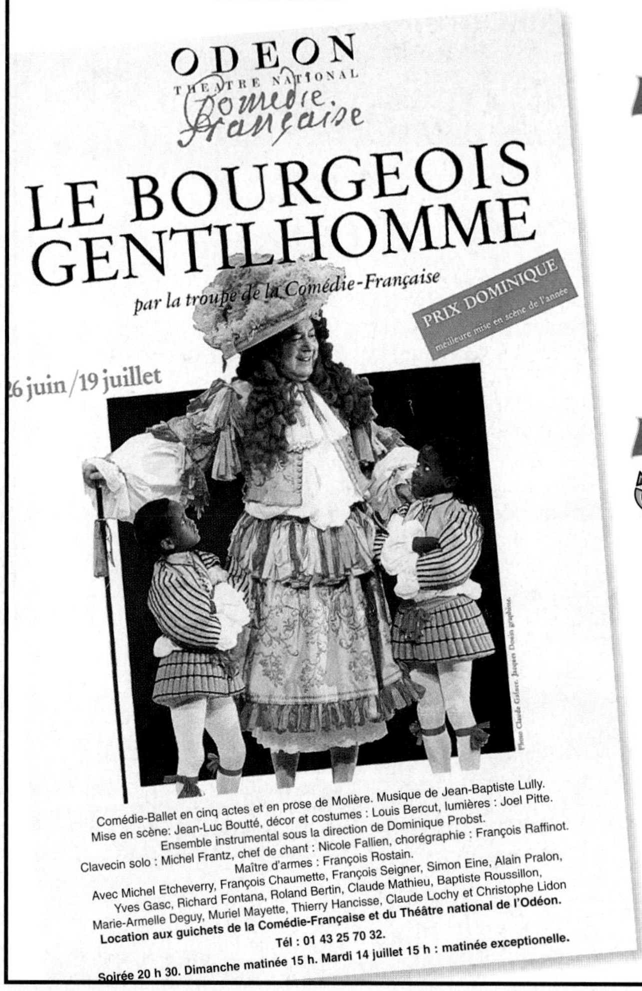

ODEON
THÉATRE NATIONAL
Comédie Française
LE BOURGEOIS GENTILHOMME
par la troupe de la Comédie-Française
PRIX DOMINIQUE
meilleure mise en scène de l'année
26 juin/19 juillet
Comédie-Ballet en cinq actes et en prose de Molière. Musique de Jean-Baptiste Lully.
Mise en scène: Jean-Luc Boutté, décor et costumes : Louis Bercut, lumières : Joel Pitte.
Ensemble instrumental sous la direction de Dominique Probst.
Clavecin solo : Michel Frantz, chef de chant : Nicole Fallien, chorégraphie : François Raffinot.
Maître d'armes : François Rostain.
Avec Michel Etcheverry, François Chaumette, François Seigner, Simon Eine, Alain Pralon,
Yves Gasc, Richard Fontana, Roland Bertin, Claude Mathieu, Baptiste Roussillon,
Marie-Armelle Deguy, Muriel Mayette, Thierry Hancisse, Claude Lochy et Christophe Lidon
Location aux guichets de la Comédie-Française et du Théâtre national de l'Odéon.
Tél : 01 43 25 70 32.
Soirée 20 h 30. Dimanche matinée 15 h. Mardi 14 juillet 15 h : matinée exceptionelle.

B Donnez les renseignements suivants.

1. le nom du théâtre
2. le nom de la pièce
3. le nom de l'auteur
4. le nom du personnage principal de la pièce
5. le nom de l'acteur qui joue ce rôle
6. tout ce que vous savez sur le personnage principal

C Parlez d'une pièce que vous avez vue. Utilisez les renseignements de l'Activité B comme guide.

Answers to Vous avez compris?

A

1. On joue *Le Bourgeois gentilhomme* à la Comédie-Française.
2. Parce qu'il faut réserver à l'avance.
3. D'après Corrine, ce n'est pas le genre de pièce qui a un succès fou.
4. Elle les a pris il y a quinze jours. Elle a pris deux fauteuils d'orchestre.
5. *Answers will vary.*
6. Roland Bertin.
7. Bernard trouve que la pièce est bien. Il ne croyait pas qu'elle serait si bien.
8. Corinne a vu cet acteur dans le rôle de Ruy Blas dans *Ruy Blas.*
9. Bernard préfère les comédies.
10. Corrine préfère Roland Bertin.

B

1. La Comédie-Française.
2. *Le Bourgeois gentilhomme.*
3. Molière.
4. Monsieur Jourdain.
5. Roland Bertin.
6. C'est un gentilhomme qui veut apprendre les bonnes manières pour se faire aimer d'une marquise.

C *Answers will vary.*

Structure ⚜ *Révision*

Le comparatif et le superlatif
Comparing people and things

1. Review the comparative of adjectives.

	Comparative	Adjective	Que	
Cette pièce est	plus moins aussi	amusante	que	l'autre.

2. Now, study the comparative of adverbs, verbs, and nouns.

	Comparative	Adverb	Que	
Cet acteur parle	plus moins aussi	clairement	que	les autres.

Verb	Comparative	Que	
Ils s'amusent	plus moins autant	que	nous.

	Comparative	Noun	Que	
Elle voit	plus de moins de autant de	films	que	moi.

3. Review the superlative of adjectives.

	Superlative		Adjective	De	
Marc est	le		amusant		
Anne est	la	plus	amusante	de	la troupe.
Paul et Éric sont	les	moins	amusants		
Marie et Jeanne sont	les		amusantes		

1 Preparation

Resource Manager

Audio Activities TE, pages 44–45
Audio CD 3
Workbook, pages 38–39
Quiz, page 37

Bellringer Review

Use BRR Transparency 3.5 or write the following on the board:
Décrivez votre frère ou votre sœur. Si vous n'avez ni frère, ni sœur, décrivez un(e) cousin(e) ou un(e) ami(e).

2 Presentation

Le comparatif et le superlatif

Step 1 Give students a few minutes to read the charts silently.

Step 2 Then call on students to read the model sentences. This is the type of grammar point that students learn better through examples than through explanations.

LEVELING
A: Structure

Teaching Tip: The more students hear and use these forms, the easier it is for them to use them. You may have students repeat the sample sentences several times.

Chapter Projects

Le cinéma

In France, going to the movies is more than just a leisure activity: it's a fundamental part of the culture. Provide students with a list of famous French movies. Allow each student to choose one movie to watch at home with his or her parents. After viewing the movie, have students discuss their reactions to the movie with their parents. Then have students talk about their discussions with the rest of the class.

Leçon 2
Conversation

4. In a superlative construction involving a noun, the superlative follows the noun.

C'est la fille la plus amusante de la troupe.
C'est le garçon le plus amusant de la troupe.
Ces sont les acteurs les plus amusants de la troupe.

Note that with an adjective that usually precedes the noun, the superlative can either precede the noun or follow it.

C'est le plus beau comédien de la troupe.
C'est le comédien le plus beau de la troupe.

5. Now, study the superlative of adverbs, verbs, and nouns.

	Superlative	Adverb
C'est lui qui joue	le plus le moins	souvent.

	Verb	Superlative
C'est lui qui	s'amuse	le plus. le moins.

	Superlative	Noun
C'est elle qui voit	le plus de le moins de	films.

C'est lui qui voit le plus de films.

6. Remember that **bon** and **bien** have irregular forms in the comparative and superlative.

	Comparative	Superlative
bon	meilleur(e)	le (la) (les) meilleur(e)(s)
bien	mieux	le mieux

Jean est meilleur acteur que les autres.
C'est le meilleur acteur de la troupe.
Il joue mieux que personne.
C'est lui qui joue le mieux.

7. Note that the comparative is followed by a negative word or a stressed pronoun.

Il parle mieux que moi.
Franchement, il parle mieux que personne.

Answers to Comment dit-on?

1 *Answers will vary but may include the following:*

1. Guillaume est plus grand que Mathilde. (Mathilde est plus petite que Guillaume.)
2. Mathilde court plus vite que Guillaume. (Guillaume court moins vite que Mathilde.)
3. Mathilde s'amuse plus que Guillaume. (Mathilde s'amuse mieux que Guillaume. / Guillaume s'amuse moins que Mathilde.)
4. Guillaume mange plus que Mathilde. (Mathilde mange moins que Guillaume.)

Leçon 2
Conversation

Comment dit-on?

1 Il n'y a pas de comparaison! Comparez Guillaume et Mathilde. Vous pouvez utiliser les verbes suivants: **être, courir, manger, s'amuser.**

1.

2.

3.

4.

2 Compétition Répondez.

1. Quel est le garçon le plus amusant de la classe?
2. Quelle est la fille la plus amusante de la classe?
3. Qui est le plus sportif de la classe?
4. Qui est la plus sportive de la classe?
5. Qui aime le plus s'amuser?
6. Qui aime le plus travailler?
7. Qui parle le plus en classe de français?
8. Qui parle le moins?
9. Quel est le meilleur élève de la classe?
10. Quelle est la meilleure élève de la classe?

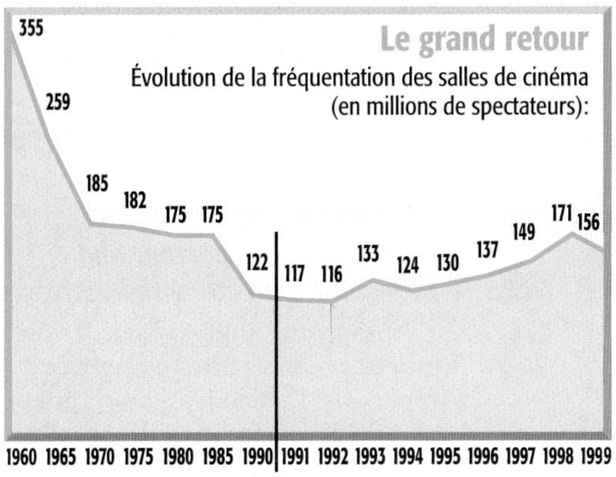

Source: *Francoscopie*, 2003, Gérard Mermet et Larousse

3 Statistiques Répondez. Les Français allaient plus, moins ou aussi souvent au cinéma...

1. en 1991 ou en 1992?
2. en 1991 ou en 1993?
3. en 1980 ou en 1985?
4. en 1985 ou en 1999?

4 Encore des statistiques Répondez. Il y a eu plus, moins ou autant de spectateurs...

1. en 1995 ou en 1997?
2. en 1998 ou en 1999?
3. en 1985 ou en 1999?
4. en 1980 ou en 1985?

3 Practice

Comment dit-on?

1, 2, 3, 4 These activities can be done without previous preparation.

Answers to Comment dit-on?

2 *Answers will vary.*

3

1. Les Français allaient plus au cinéma en 1991 qu'en 1992 (moins au cinéma en 1992 qu'en 1991).
2. Les Français allaient plus au cinéma en 1993 qu'en 1991 (moins au cinéma en 1991 qu'en 1993).
3. Les Français allaient aussi souvent au cinéma en 1980 qu'en 1985.
4. Les Français allaient plus au cinéma en 1985 qu'en 1999 (moins au cinéma en 1999 qu'en 1985).

4

1. Il y a eu plus de spectateurs en 1997 qu'en 1995 (moins de spectateurs en 1995 qu'en 1997).
2. Il y a eu plus de spectateurs en 1998 qu'en 1999 (moins de spectateurs en 1999 qu'en 1998).
3. Il y a eu plus de spectateurs en 1985 qu'en 1999 (moins de spectateurs en 1999 qu'en 1985).
4. Il y a autant de spectateurs en 1980 qu'en 1985.

Recycling

These activities allow students to use the vocabulary and structure from this chapter in completely open-ended, real-life situations.

Encourage students to say as much as possible when they do these activities. Tell them not to be afraid to make mistakes, since the goal of these activities is real-life communication. If someone in the group makes an error, allow the others to politely correct him or her. Let students choose the activities they would like to do.

You may wish to divide students into pairs or groups. Encourage students to elaborate on the basic theme and to be creative. They may use props, pictures, or posters if they wish.

C'est à vous

Use what you have learned

PARLER

1 Le programme

✔ ***Discuss attending a play with a friend***

Vous êtes à Paris avec un(e) ami(e). Vous voulez aller voir une pièce à la Comédie-Française. Regardez le programme. Discutez avec votre ami(e) pour décider quelle pièce vous allez voir. Comparez les pièces. L'un(e) de vous aime les tragédies et l'autre les comédies. Travaillez avec un(e) camarade de classe qui jouera le rôle de l'ami(e).

THÉÂTRE

02 COMÉDIE-FRANÇAISE (892 places), 2, rue de Richelieu (1er)
01.44.58.15.15, Mº Palais-Royal. Location de 11 h à 18 h, 14 jours à l'avance.
Amour pour amour
de William Congreve. Texte français de Guy Dumur. Mise en scène André Steiger.
Avec Catherine Salviat, Dominique Rozan, Claude Mathieu, Guy Michel, Marcel
Bozonnet, Louis Arbessier, Nathalie Nerval, Jean-Philippe Puymartin, François
Barbin, Thierry Hancisse, Sonia Vollereaux, Pierre Vial, Anne Kessler.
Équivalence, substitution, identité... mais surtout troc, échange de
marchandises... Le troc dans cette pièce où l'économie financière joue un rôle
de premier plan; installation, confirmation et sanctification de l'idéologie
marchande... c'est l'Angleterre des nouveaux trafics commerciaux... l'échange,
celui des cœurs et des corps. (Mer 12, 20 h 30, Lun 17, 20 h 30.)
La Folle journée ou le Mariage de Figaro
Comédie en 5 actes de Beaumarchais. Mise en scène Antoine Vitez. Ensemble
instrumental Dir. Michel Frantz. Avec Catherine Samie, Geneviève Casile, Alain
Pralon, Dominique Rozan, Catherine Salviat et Dominique Constanza (en
alternance), Richard Fontana, Claude Mathieu, Véronique Vella, Jean-François
Rémi, Claude Lochy, Bernard Belin, Jean-Luc Bideau, Loïc Brabant.
Histoire d'une veille de noces agitée où Figaro, Suzanne, Marceline, Chérubin et
Basile s'aiment, la Comtesse se dérobe, et le Comte les aime et les veut toutes.
Tout l'esprit et la verve de Beaumarchais. (Dim 16, 20 h 30, Mardi 18, 20 h 30.)
Le Misanthrope
de Molière. Mise en scène Simon Eine. Avec Simon Eine, François Beaulieu,
Nicolas Silberg, Yves Gasc, Martine Chevallier, Véronique Vella, Catherine Sauval.
Alceste hait tous les hommes. Il abomine la société et les conventions hypocrites.
Par une singulière contradiction, il aime l'être le plus social, le plus coquet, le plus
médisant, la jeune Célimène. Tout finira dans la fuite, cette impuissante médecine
du tourment amoureux. (Jeu 13, 20 h 30.)
L'Avare
Comédie en cinq actes et en prose de Molière. Mise en scène de Jean-Paul
Roussillon. Avec Michel Etcheverry, Michel Aumont, Françoise Seigner, Alain
Pralon, Dominique Rozan, Véronique Vella, Jean-Paul Moulinot, Jean-François
Rémi, Catherine Sauval, Michel Favory, Jean-Pierre Michaël et Tilly Dorville,
Armand Eloi, Christine Lidon.
Les obsessions d'Harpagon rejaillissent sur toute sa famille et la perturbe. Il vit
aussi un drame: homme mûr, il est amoureux d'une jeune fille et rival de son fils.
Un classique. (Sam 15, 20 h 30, Dim 16, 14 h.)

PARLER

2 À la location

✔ ***Make arrangements to attend a play and decide where you are going to sit***

Maintenant que vous savez quelle pièce vous voulez voir, vous allez à la Comédie-Française pour prendre vos places. Vous êtes à la location et vous discutez avec l'employé(e). Vous voulez des places au deuxième balcon, mais il n'y en a plus. Il ne reste que des places plus chères au premier balcon ou à l'orchestre. Travaillez avec un(e) camarade qui jouera le rôle de l'employé(e).

PARLER

3 À l'entracte

✔ ***Talk with your partner and compare the actors and actresses***

Vous et votre ami(e) venez de voir les deux premiers actes de la pièce de votre choix. Demandez à votre ami(e) ce qu'il/elle en pense. Comparez les acteurs et actrices. Discutez vos préférences.

Leçon 2
Conversation

PARLER
4

Acteurs/Actrices

✔ ***Talk about your favorite actors and actresses and tell why you consider them the best***

Demandez à vos camarades de classe de nommer leur acteur et leur actrice préférée. Faites une liste pour les acteurs et une liste pour les actrices. Votez tous ensuite pour décider quel(le) est le plus beau (la/belle), qui joue le mieux, quel(le) est le plus charmant (la plus charmante), etc.

Le théâtre Antique à Orange, en France

PARLER
5
ÉCRIRE

Les producteurs

✔ ***Organize a play with a classmate***

Vous et votre camarade allez monter une pièce. Choisissez tout d'abord une pièce (ça peut être une pièce américaine... traduite en français). Faites une liste des rôles et discutez ensuite avec votre camarade pour savoir qui va jouer quel rôle. N'oubliez pas qu'il faut aussi quelqu'un pour les décors et pour les costumes. Ensuite, le plus difficile sera de décider qui, de vous deux, sera le metteur en scène (*director*).

PARLER
6

Pour rien au monde!

✔ ***Defend your future in acting***

Vous voulez devenir acteur (actrice) et votre père ou mère (votre camarade) s'y oppose violemment. Vous défendez votre choix et votre camarade l'attaque.

Chapter Projects

Le théâtre

Choisissez plusieurs scènes prises dans des pièces de théâtre françaises. Divisez la classe en groupes et donnez une scène à jouer à chaque groupe. Vous pouvez aussi donner ces scènes à lire seulement aux élèves. Demandez-leur ensuite d'écrire une scène en imitant le style de l'auteur qu'ils viennent de lire. Les élèves peuvent aussi préparer un programme et le distribuer à tous les élèves avant la représentation.

Resource Manager

Assessment Transparency A3.2
Online Quizzes
Tests, pages 59–61 and 67–88
ExamView® Pro

Assessment

This is a pretest for students to take before you administer the lesson test. Answer sheets for students to do these pages are provided in your transparency binder. Note that each section is cross-referenced so students can easily find the material they have to review in case they made errors. You may wish to collect these assessments and correct them yourself or you may prefer to have the students correct themselves in class. You can go over the answers orally or project them on the overhead, using your Assessment Answers transparencies.

Assessment

Vocabulaire

To review the vocabulary, turn to page 134.

1 Complétez.

1. Tu préfères des places à l'orchestre ou au premier ____?
2. Tous les comédiens sont excellents. Toute la ____ est excellente.
3. Après la représentation, on peut aller dans les ____.
4. Je n'aime pas être assis(e) au premier rang. C'est trop près de la ____.
5. C'est une tragédie ou une ____?
6. J'ai beaucoup aimé. C'était vraiment ____!
7. J'ai très soif. On peut aller prendre quelque chose pendant l'____.
8. *Le Bourgeois gentilhomme* est une ____ de Molière.

Conversation

To review the conversation, turn to pages 136–137.

2 Vrai ou faux? Corrigez les phrases fausses.

9. Le vrai nom de Molière est Jean-Baptiste Poquelin.
10. Molière est un auteur du dix-huitième siècle.
11. Victor Hugo est un grand poète français.
12. *Ruy Blas* est une pièce de Victor Hugo.

3 Répondez.

13. Quelle surprise Corinne fait-elle à Bernard?
14. Pourquoi Bernard est-il étonné?
15. Que préfère Bernard, les tragédies ou les comédies?
16. *Ruy Blas* est une comédie ou un drame?

Answers to Assessment

1

1. balcon
2. troupe
3. coulisses
4. scène
5. comédie
6. génial
7. entracte
8. pièce

2

9. Vrai.
10. Faux. Molière est un auteur du dix-septième siècle.
11. Vrai.
12. Vrai.

3

13. Elle a acheté des billets pour *Le Bourgeois gentilhomme.*
14. Bernard est étonné parce que Corinne a déjà acheté des billets.
15. Bernard préfère les comédies.
16. *Ruy Blas* est un drame.

Structure

4 Complétez avec *aussi* ou *autant*.

17. Cet acteur a joué ____ bien qu'hier.
18. Tu t'amuses ____ que moi?
19. Il y a ____ de spectateurs que la semaine dernière.
20. Son rôle est presqu'____ grand que le rôle principal.
21. Ils voient ____ de pièces de théâtre que nous.
22. Le musée Picasso n'est pas ____ grand que le Louvre!

To review the comparative, turn to pages 139–140.

Le musée Picasso à Paris

5 Écrivez des phrases. Faites tous les changements nécessaires.

23. Amélie / être / le plus amusant / classe
24. C'est / Gaspar / qui / jouer / le mieux / troupe
25. Les frères Delong / être / le meilleur élève / toute l'école

To review the superlative, turn to pages 139–140.

Assessment

After going over the Assessment, you may administer the test for **Leçon 2, Chapitre 3.**

Learning from Photos

(page 145) Pablo Picasso a passé la plupart de sa vie en France. Après sa mort en 1973, ses héritiers ont fait don à l'État français de nombreux tableaux et dessins pour payer leurs droits de succession. Le musée Picasso est installé dans un bel hôtel particulier du Marais à Paris.

Answers to Assessment

4

17. aussi
18. autant
19. autant
20. aussi
21. autant
22. aussi

5

23. Amélie est la plus amusante de la classe.
24. C'est Gaspar qui joue le mieux de la troupe.
25. Les frères Delong sont les meilleurs élèves de toute l'école.

1 Preparation

Resource Manager

Vocabulary Transparency V3.5
Audio Activities TE, page 46
Audio CD 3
Workbook, page 40
Quiz, page 38
ExamView® Pro

Bellringer Review

Use BRR Transparency 3.6 or write the following on the board:

Complétez au passé.

1. Il ___ toujours au théâtre. (aller)
2. Et moi je ___ une fois au théâtre. (aller)
3. Il ___ aussi très fana du cinéma. (être)
4. Moi, je n'___ qu'un seul film. (voir)
5. Mais je dois dire que je l'___ beaucoup ___. (aimer)

2 Presentation

Vocabulaire pour la conversation

Step 1 Have students repeat each new vocabulary item aloud.

Step 2 You may have more able students make up original sentences using the new words.

ADDITIONAL PRACTICE

You may wish to give students the following sentences to reword.

Il faut toujours avoir *un objectif.*
Elle est assez *timide.*
Elle a chanté dans *plusieurs* pays.
Elle vient *quelquefois* aux États-Unis.
Elles *s'entendent* bien.

Leçon 3 Journalisme

Vocabulaire pour la lecture

Les Native

Elle enregistre son premier album.
Tout le monde est content qu'elle ait eu tellement de succès.

Plus de vocabulaire

un but un objectif
divers(e) différents, plusieurs
retenu(e) timide
parfois quelquefois, de temps en temps
s'entendre bien se comprendre

Quel est le mot?

1 Définitions Complétez.

1. Il n'y a pas de problème entre les deux amis. Ils ____ très bien.
2. Nous ne déjeunons pas toujours ensemble, mais ____ oui.
3. Elles ont le même ____: elles veulent être musiciennes.
4. Le groupe a eu du succès. Il va ____ un autre album.
5. Moi, je suis ____; mais ma sœur, elle, elle est extravertie.
6. La ____ chante.
7. Un ____ chante avec une chanteuse.

2 Autrement Exprimez les mots en italique d'une façon différente.

1. Qui est *timide?*
2. Il n'y a pas de problème entre eux. Ils *se comprennent* bien.
3. Quel est *son objectif?*
4. Il y va *de temps en temps.*
5. Tous les deux ont des buts *différents.*

LEVELING

E: Vocabulary

Answers to Quel est le mot?

1

1. s'entendent
2. parfois
3. but
4. enregistrer
5. retenue
6. chanteuse
7. choriste

2

1. retenu
2. s'entendent
3. son but
4. parfois
5. divers

Journalisme

Avant la lecture

Les Native, Laura et Chris, sont deux chanteuses très appréciées en France et ailleurs. Elles sont d'origine guadeloupéenne. Même si les deux sœurs sont les reines du funk français, elles ont une base classique très solide. Nous allons faire connaissance grâce à une interview publiée par l'hebdomadaire suisse *l'Illustré*.

Les Native

Interview de Sophie Winteler pour *l'Illustré*

Pourquoi n'avez-vous pas mis un «s» à Native?

Laura: Native est un terme générique qui résume les différentes cultures que nous avons rencontrées tout au long de notre parcours[1]: musique anglo-saxonne, africaine, japonaise... Ce n'est pas un adjectif, il est normal qu'il s'écrive au singulier.

Depuis quel âge vouliez-vous être chanteuses?

Laura: Je suis devenue chanteuse par nécessité. À la base, j'étais musicienne, mais à l'époque, il n'y avait pas de travail pour les filles musiciennes.

Chris: Chanter était un loisir, je n'ai donc pas eu de déclic[2] particulier. C'est le prolongement naturel de ma passion.

Êtes-vous d'une famille de musiciens?

Chris: Notre père et notre frère jouent de la guitare, mais pas de façon professionnelle.

Pourquoi avec de telles voix, autant de feeling et de talent, ne vous découvre-t-on qu'aujourd'hui? Quels ont été vos débuts dans le métier?

Laura: Notre premier album est en fait sorti il y a quelques années et

il a eu un grand succès en France et en Suisse. Nous ne sommes donc pas des découvertes... Quant au parcours, nous avons appris le piano et le chant classique au conservatoire. Puis nous avons travaillé comme choristes pour divers artistes avant de nous décider à enregistrer notre premier album.

Quelle est la grande différence entre vous?

Laura: Je suis plus extravertie et Chris plus retenue.

Comment gérez-vous la rivalité et la jalousie qui peuvent exister entre deux sœurs?

Chris: Il n'y a ni rivalité ni jalousie. Nous avons deux personnalités et des goûts très différents.

Pourriez-vous envisager[3] de mener des carrières en solo?

Chris: Nous ne sentons aucune obligation l'une envers l'autre, donc pourquoi pas... Cela dit, si nous travaillons ensemble, c'est avant tout parce que nous nous entendons bien et que nos buts sont communs. Si nous n'avions pas été deux, nous aurions fait ce métier, mais probablement pas en tant qu'artiste interprète.

Partez-vous ensemble en vacances?

Laura: Parfois mais, Dieu merci, nous ne sommes pas siamoises et il nous arrive de partir chacune de notre côté.

Quelle serait pour vous une journée de rêve?

Laura: Il fait beau et on part à Los Angeles enregistrer notre prochain album!

Pensez-vous qu'une chanson a plus de poids qu'un discours[4]?

Chris: Une chanson est une manière plus poétique de faire passer un message. Tout dépend de ceux à qui vous vous adressez. Le public est peut-être plus sensible aux chansons qu'aux discours.

---

[1]parcours *professional life*
[2]déclic *trigger*
[3]envisager *consider*
[4]discours *speech*

National Standards

Cultures
Students learn about two popular French rhythm-and-blues singers.

Connections
This reading establishes a connection with the field of music.

1 Preparation

Resource Manager

Audio Activities TE, page 47
Audio CD 3
Workbook, pages 40–41
Quiz, page 39

2 Presentation

Avant la lecture

Step 1 In case students don't get the meaning of **ailleurs** and **hebdomadaire,** you can give the following definitions:

ailleurs: dans d'autre lieu, dans des autres pays
hebdomadaire: un magazine qui sort chaque semaine

Step 2 You may wish to ask the following questions: **Qui sont les Native? Elles sont d'où? Qu'est-ce que le funk? Quel magazine a publié cette interview des Native?**

Lecture

Step 1 Read the interview to students.

Step 2 Call on one student to read the question and another to give the response.

Step 3 As students read you may want to intersperse questions from **Activité A.**

LEVELING
E: Reading

About the French Language

You may wish to explain to students that although the inverted question word order is not common in contemporary spoken French, it is standard in interviews, surveys, and most academic works.

Leçon 3
Journalisme

Vous avez compris?

A Répondez.

1. Pourquoi Laura est-elle devenue chanteuse?
2. Qu'est-ce que «chanter» pour Chris?
3. Est-ce que les deux sœurs viennent d'une famille de musiciens professionnels?
4. Est-ce que les deux sœurs viennent d'être découvertes?
5. De quel instrument jouent-elles?
6. Où ont-elles fait des études de musique?
7. Qu'est-ce qu'elles ont fait avant d'enregistrer leur premier album?

B Répondez d'après la lecture.

1. Décrivez la personnalité de chacune des deux sœurs.
2. Expliquez pourquoi les deux sœurs écrivent «Native» sans «s».
3. Dites pourquoi les deux sœurs travaillent ensemble.
4. Pourquoi Chris préfère-t-elle une chanson à un discours?

C Comparez les Native avec un groupe américain que vous connaissez.

Les Native

Answers to Vous avez compris?

A

1. Elle est devenue chanteuse par nécessité, parce qu'il n'avait pas de travail pour les musiciennes.
2. Pour Chris, chanter est un loisir.
3. Non.
4. Non. Leur premier album a eu du succès il y a quelques années.
5. Elles jouent du piano.
6. Elles ont fait des études de musique au conservatoire.
7. Elles ont travaillé comme choristes.

B *Answers will vary but may include:*

1. Laura est plus extravertie, et Christ plus retenue.
2. Parce que ce n'est pas un adjectif; c'est un terme générique.
3. Elles travaillent ensemble parce qu'elles s'entendent bien et parce que leurs buts sont communs.
4. Parce que le public est plus sensible aux chansons qu'aux discours.

C *Answers will vary.*

Vocabulaire pour la lecture

Loisirs utiles

Ils travaillent sur un chantier.

Ils creusent un puits.

Ils jouent aux boules.

Je cherche un camping qui soit près de la plage.
Oui, je connais un camping qui est à 1 kilomètre de la mer. C'est le meilleur camping que je connaisse. Tu veux que je te dise comment y aller?
une soirée autour du feu

Plus de vocabulaire

la formation l'instruction dans un métier, etc.
le montant la somme d'un compte
un campeur une personne qui fait du camping
bénévole volontaire
rude brutal
vous êtes nourri on vous donne à manger
vous êtes logé on vous donne un endroit où habiter

LEVELING
E: Vocabulary

Learning from Photos

(page 149 bottom right) Camping à Châtelaillon-Plage, une station balnéaire de l'atlantique à l'architecture pittoresque de la belle époque. La plage de sable fin a 3 kilomètres de long. C'est aussi un site ostréicole (élevage des huîtres) important.

(page 149 bottom left) Jeu de boules dans le village catalan de Collioure, dans le Roussillon, en France.

Leçon 3
Journalisme

1 Preparation

Resource Manager

Vocabulary Transparency V3.6
Audio Activities TE, pages 48–49
Audio CD 3
Workbook, page 42
Quiz, page 40
ExamView® Pro

Bellringer Review

Use BRR Transparency 3.7 or write the following on the board:
Faites une liste de toutes les activités d'été que vous connaissez.

2 Presentation

Vocabulaire pour la lecture

Step 1 Have students repeat each new word twice in unison after you.

Step 2 Have two students read the sentences aloud.

Step 3 Have students read the new words and definitions aloud.

Step 4 You may wish to ask the following questions about the vocabulary: **Ils travaillent sur un chantier archéologique ou sur un chantier pour la construction d'un nouvel immeuble? Quand on creuse un puits, qu'est-ce qu'on cherche? Ce sont surtout les jeunes ou les plus âgés qui jouent aux boules? Il y a beaucoup de tentes dans le camping? Ce camping est à la campagne ou au bord de la mer? Est-ce que le jeune homme cherche un camping qui soit près de la plage? Sa copine connaît un camping qui est près de la plage?**

3 Practice

Quel est le mot?

1, 2, 3 These activities should be prepared first and then gone over in class.

Leçon 3
Journalisme

Quel est le mot?

1 Définitions Donnez le mot dont la définition suit.

1. un endroit où l'on travaille manuellement
2. une personne qui fait du camping
3. un endroit où l'on prend de l'eau
4. ce qu'on allume dans la cheminée
5. temps compris entre le coucher du soleil et le moment où l'on se couche
6. un endroit où il y a beaucoup d'arbres
7. ce qui permet de bien faire son métier
8. le total d'une addition

2 Et toi? Répondez.

1. Quand tu es nourri(e), tu as très faim?
2. Quand tu es bénévole, tu es payé(e)?
3. Quand tu es logé(e), tu sais où tu vas dormir?
4. Quand tu es trop rude avec quelqu'un, tu es gentil(le)?
5. Tu préfères un camping qui soit à la mer ou à la montagne?
6. Tu connais un camping que tu puisses me recommander?

3 Quel est le mot? Complétez.

1. Il connaît bien son métier. Il a une très bonne ____.
2. C'est un ____. Il ne reçoit pas d'argent pour ce qu'il fait.
3. Il est brutal, vraiment ____.
4. L'eau de ce ____ est potable?
5. On va faire un ____ dans la cheminée. Il fait très froid.
6. La maison n'est pas en bois; elle est en ____.

Answers to Quel est le mot?

1

1. un chantier
2. un campeur
3. un puits
4. un feu
5. la soirée
6. des bois
7. la formation
8. le montant

2

1. Non, quand je suis nourri(e), je n'ai plus faim.
2. Non, quand je suis bénévole, je ne suis pas payé(e).
3. Oui, quand je suis logé(e), je sais où je vais dormir.
4. Non, quand je suis trop rude avec quelqu'un, je ne suis pas gentil(le).
5. Je préfère un camping qui soit à la mer (à la montagne).
6. Oui (Non), je (ne) connais (pas) un camping que je puisse te recommander.

3

1. formation
2. bénévole
3. rude
4. puits
5. feu
6. pierre

Leçon 3
Journalisme

Avant la lecture

Voyager est une bonne façon d'occuper ses loisirs, mais il y a d'autres façons qui joignent l'utile à l'agréable. Le magazine français *Phosphore* vous donne quelques suggestions.

Les loisirs utiles

Les chantiers bénévoles

Vous cherchez une occupation qui vous fasse voir du pays sans dépenser beaucoup d'argent? Les chantiers bénévoles, voilà la solution. Mais il faut être en bonne forme physique et ne pas avoir peur de la vie en communauté.

Vous restaurez de vieilles pierres en Grèce, vous sauvez des espèces en voie de disparition[1] en Amérique latine ou vous creusez des puits en Afrique. Vous payez uniquement votre voyage, une assurance et des frais d'inscription[2] à l'association qui organise le chantier.

Grincheux, s'abstenir! Parce que vous travaillez entre vingt et trente-cinq heures par semaine.

- *Le plus* Pas besoin de formation particulière
- *Le moins* Exceptés quelques chantiers juniors ouverts aux quinze à dix-sept ans, la majorité sont réservés aux dix-huit ans et plus.

Au pair

Pendant les vacances, de nombreuses familles cherchent des jeunes qui veuillent bien garder les enfants et effectuer quelques travaux ménagers[3]. Bien sûr, vous êtes nourri(e) et logé(e), et vous recevez même un peu d'argent de poche. Il vaut mieux passer par un organisme. Essayez d'obtenir des garanties sur la famille qui vous accueille[4]. Mais surtout mettez-vous d'accord sur le nombre d'enfants à garder, le nombre d'heures de travail par jour, le montant de l'argent de poche et le nombre de jours de repos (en général un par semaine).

- *Le plus* L'apprentissage de la langue
- *Le moins* Il peut y avoir beaucoup de travail, trop de travail en fait, et vous n'avez plus l'énergie de faire quoi que ce soit[5]

Le Job/Stage

Vous pouvez travailler ou faire un stage. Vous pouvez gagner un peu d'argent, ou alors, vous pouvez améliorer votre C.V. et vous familiariser avec le monde de l'entreprise.

Un bon conseil[6], n'attendez pas la dernière minute. Lisez les petites annonces et faites fonctionner vos réseaux, c'est-à-dire, si vos parents connaissent quelqu'un qui peut vous aider, n'hésitez pas à faire du «networking».

- *Le plus* L'expérience professionnelle est toujours bonne à prendre
- *Le moins* N'acceptez pas de travailler sans contrat

[1] en voie de disparition *endangered*
[2] frais d'inscription *registration fee*
[3] travaux ménagers *housework*
[4] accueille *receives, welcomes*
[5] quoi que ce soit *anything at all*
[6] conseil *advice*

National Standards

Communication
In this section students read a magazine article about ways to travel while also gaining skills and experience.

1 Preparation

Resource Manager

Audio Activities TE, page 49
Audio CD 3
Workbook, page 43
Quiz, page 41

2 Presentation

Avant la lecture

Step 1 Have students read **Avant la lecture** silently. Have them look for the information that will enable them to answer the question about the title.

Lecture

Step 1 As you are going over each selection, you can intersperse the corresponding questions from **Activités A–E,** pages 153–154.

Step 2 Have students guess at the meaning of the word **grincheux** *(moaner)* from the context.

Group Activity
Have students work in small groups and make up a story about either a typical or an extraordinary day doing one of these jobs.

Career Connection

Many international humanitarian organizations consider French fluency essential. Divide students into small groups and have them use the Internet to research international aid organizations. Suggest that they explore Web sites for international agencies, such as the United Nations or the Red Cross.

- espace - space (open spaces)
- espèce - species, kind, sort
- payer en espèces - to pay in cash

LEVELING
E: Reading
A: Reading

2 Presentation *(suite)*

Step 3 To vary the procedure for the presentation, you may have students look at **Activité C,** page 153, to determine what information they should look for. Then have them read the selection silently to find the information. Or, you can read this selection aloud as students follow along to find the information.

Step 4 Have students give their answers to **Activité C.**

Assessment

Have one student give a brief review of each type of job or activity in his or her own words.

Le camping

Ambiance jeux de boule, soirées autour du feu, le camping a ses adeptes. Certains préfèrent ne pas aller dans des terrains de camping et faire du camping sauvage et découvrir des petits coins de nature préservés... Mais attention, ne plantez pas votre tente n'importe où. Avant de planter votre tente dans un champ, demandez la permission au propriétaire (une personne, la mairie, une société). De même, il est interdit de vous mettre en bord de mer, dans les réserves naturelles, les sites classés, près des monuments historiques... même si l'endroit ressemble à une carte postale. Interdit également d'allumer un feu à moins de 200 mètres des bois. Et rappelez-vous que tout campeur qui se respecte ne laisse aucun souvenir de son passage.

- *Le plus* Les odeurs, les couleurs, le paysage...
- *Le moins* Gros orage ou chaleur torride...

La solidarité

Les grandes causes soutenues par les organisations humanitaires suscitent toujours beaucoup de vocations. Mais soyez réalistes, ces ONG (Organisations Non Gouvernementales) ont besoin de plus en plus de professionnels et elles recherchent des compétences dans des secteurs précis: des médecins, des infirmiers, des ingénieurs... Toutefois, quelques associations sont prêtes à accueillir des jeunes sans formation, avec la motivation pour unique aptitude. Ne partez que si vous êtes motivé(e). Une fois sur place, le choc peut être rude.

- *Le plus* L'expérience
- *Le moins* Les places sont rares car il n'y a pas beaucoup d'associations qui acceptent les débutants

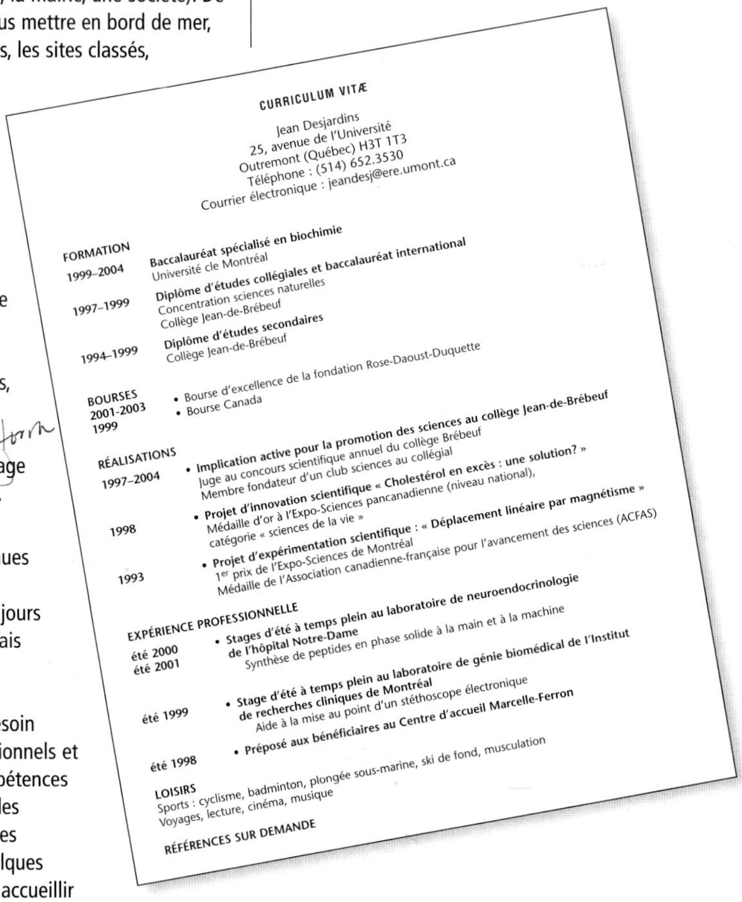
CURRICULUM VITÆ

Jean Desjardins
25, avenue de l'Université
Outremont (Québec) H3T 1T3
Téléphone : (514) 652.3530
Courrier électronique : jeandesj@ere.umont.ca

FORMATION
1999–2004 **Baccalauréat spécialisé en biochimie**
Université cle Montréal
1997–1999 **Diplôme d'études collégiales et baccalauréat international**
Concentration sciences naturelles
Collège Jean-de-Brébeuf
1994–1999 **Diplôme d'études secondaires**
Collège Jean-de-Brébeuf

BOURSES
2001-2003 • Bourse d'excellence de la fondation Rose-Daoust-Duquette
1999 • Bourse Canada

RÉALISATIONS
1997–2004 • **Implication active pour la promotion des sciences au collège Jean-de-Brébeuf**
Juge au concours scientifique annuel du collège Brébeuf
Membre fondateur d'un club sciences au collégial
1998 • **Projet d'innovation scientifique « Cholestérol en excès : une solution? »**
Médaille d'or à l'Expo-Sciences pancanadienne (niveau national), catégorie « sciences de la vie »
1993 • **Projet d'expérimentation scientifique : « Déplacement linéaire par magnétisme »**
1er prix de l'Expo-Sciences de Montréal
Médaille de l'Association canadienne-française pour l'avancement des sciences (ACFAS)

EXPÉRIENCE PROFESSIONNELLE
été 2000, été 2001 • **Stages d'été à temps plein au laboratoire de neuroendocrinologie de l'hôpital Notre-Dame**
Synthèse de peptides en phase solide à la main et à la machine
été 1999 • **Stage d'été à temps plein au laboratoire de génie biomédical de l'Institut de recherches cliniques de Montréal**
Aide à la mise au point d'un stéthoscope électronique
été 1998 • **Préposé aux bénéficiaires au Centre d'accueil Marcelle-Ferron**

LOISIRS
Sports : cyclisme, badminton, plongée sous-marine, ski de fond, musculation
Voyages, lecture, cinéma, musique

RÉFÉRENCES SUR DEMANDE

Answers to *Vous avez compris?*

A

1. Les conditions essentielles pour être bénévole sur un chantier sont «être en bonne forme physique et ne pas avoir peur de la vie en communauté».
2. Sur un chantier on peut restaurer de vieilles pierres en Grèce, sauver des espèces en voie de disparition en Amérique Latine ou creuser des puits en Afrique.
3. Les seules dépenses sont le voyage, l'assurance et les frais d'inscription à l'association.
4. L'avantage est qu'on n'a pas besoin de formation particulière.
5. Le désavantage est que la majorité des chantiers sont réservés aux dix-huit ans et plus.

B

1. Une au pair garde les enfants et effectue quelques travaux ménagers.
2. Il vaut mieux passer par un organisme.
3. Il faut obtenir des garanties sur la famille qui vous accueille, vous mettre d'accord sur le nombre d'enfants à garder, le nombre d'heures de travail par jour, le montant de l'argent de poche et le nombre de jours de repos.
4. L'avantage est l'apprentissage de la langue.
5. Le désavantage est qu'il peut y avoir beaucoup de travail, trop de travail et vous n'avez plus l'énergie de faire quoi que ce soit.

Vous avez compris?

A Répondez.

1. Quelles sont les conditions essentielles pour être bénévole sur un chantier?
2. Donnez des exemples de travail qu'on peut faire sur un chantier.
3. Quelles sont les seules dépenses?
4. Quels sont les avantages?
5. Quels sont les désavantages?

B Répondez.

1. Que veut dire travailler «au pair»?
2. Par quoi vaut-il mieux passer pour obtenir un travail au pair?
3. Que faut-il faire avant de commencer à travailler au pair?
4. Quels sont les avantages?
5. Quels sont les désavantages?

L'ONG «Médecins sans Frontières» en Afghanistan

le rire médecin

L'association Le Rire Médecin réunit des clowns professionnels et crée des spectacles sur mesure pour les enfants hospitalisés. Le Rire Médecin recherche :

UN(E) RESPONSABLE DE COMMUNICATION

Disponible mi- octobre, CDD remplacement de 7 mois. Ses missions : gestion des outils de communication, recherche de fonds, montage de partenariats entreprises, relations presse. Son profil : expérience similaire indispensable, sens de l'organisation, qualités relationnelles et aisance rédactionnelle.

Lettre + CV à adresser au Rire Médecin - 18, rue G. l'Asnier - 75004 Paris
e-mail : le-rire-medecin@wanadoo.fr

La colline aux enfants
75017 PARIS
familles-relais
bénévoles

Association accueillant des enfants, 3-10 ans, dont les parents sont en difficulté recherche :
DES FAMILLES-RELAIS : pour accueillir ponctuellement un enfant.
DES BÉNÉVOLES : • pour son équipe Rencontres Parent/Enfant • administratifs • une documentaliste • communication...
Tél. : 01 56 21 11 00

C Répondez.

1. En général quand on fait un stage, on est payé?
2. À quoi cela sert-il de faire un stage?
3. Que faut-il faire pour trouver un bon travail ou un bon stage?
4. Quels sont les avantages?
5. Quels sont les désavantages?

C

1. En général, quand on fait un stage on est payé très peu ou pas de tout.
2. Un stage peut améliorer votre C.V. et peut vous familiariser avec le monde de l'entreprise.
3. Pour trouver un bon travail ou un bon stage, il ne faut pas attendre la dernière minute, il faut lire les petites annonces et faire fonctionner vos réseaux.
4. L'avantage est que l'expérience professionnelle est toujours bonne à prendre.
5. Le désavantage est qu'il ne faut pas accepter de travailler sans contrat.

Leçon 3
Journalisme

3 Practice

Vous avez compris?

A, B, C, D and E You may wish to have students rewrite these activities for homework, even if they have answered some of the questions during the reading.

Learning from Photos

(page 153) Médecins sans Frontières est fondé en 1971 après la guerre du Biafra et les inondations au Pakistan oriental. Aujourd'hui, l'association est devenue une des principales organisations humanitaires privées d'aide médicale. MSF apporte une assistance médicale aux populations qui subissent une crise. Guerres, famines, épidémies, catastrophes naturelles, déplacements de populations, toutes ces crises nécessitent des interventions rapides et efficaces pour soigner les blessés et les malades et rétablir des conditions de vie décentes.

Learning from Realia

These two ads are for different positions.

CDD = Contrat à Durée Déterminée

Laquelle de ces petites annonces recherche un(e) bénévole? Laquelle recherche un(e) employé(e).

Quelles sont les qualités et compétences requises dans les deux cas?

Leçon 3
Journalisme

D Répondez.

1. Où peut-on faire du camping?
2. Que faut-il faire avant de planter sa tente quelque part?
3. Où est-il interdit de se mettre?
4. Qu'est-ce qu'il est interdit de faire près des bois?
5. Qu'est-ce qu'un bon campeur fait avant de partir?
6. Quels sont les avantages?
7. Quels sont les désavantages?

E Répondez.

1. Que veut dire le sigle ONG?
2. De qui ont besoin les ONG?
3. Est-il possible pour des jeunes sans formation de travailler pour des ONG?
4. Quels sont les avantages?
5. Quels sont les désavantages?

F Choisissez parmi les loisirs utiles celui qui vous tente le plus et expliquez pourquoi.

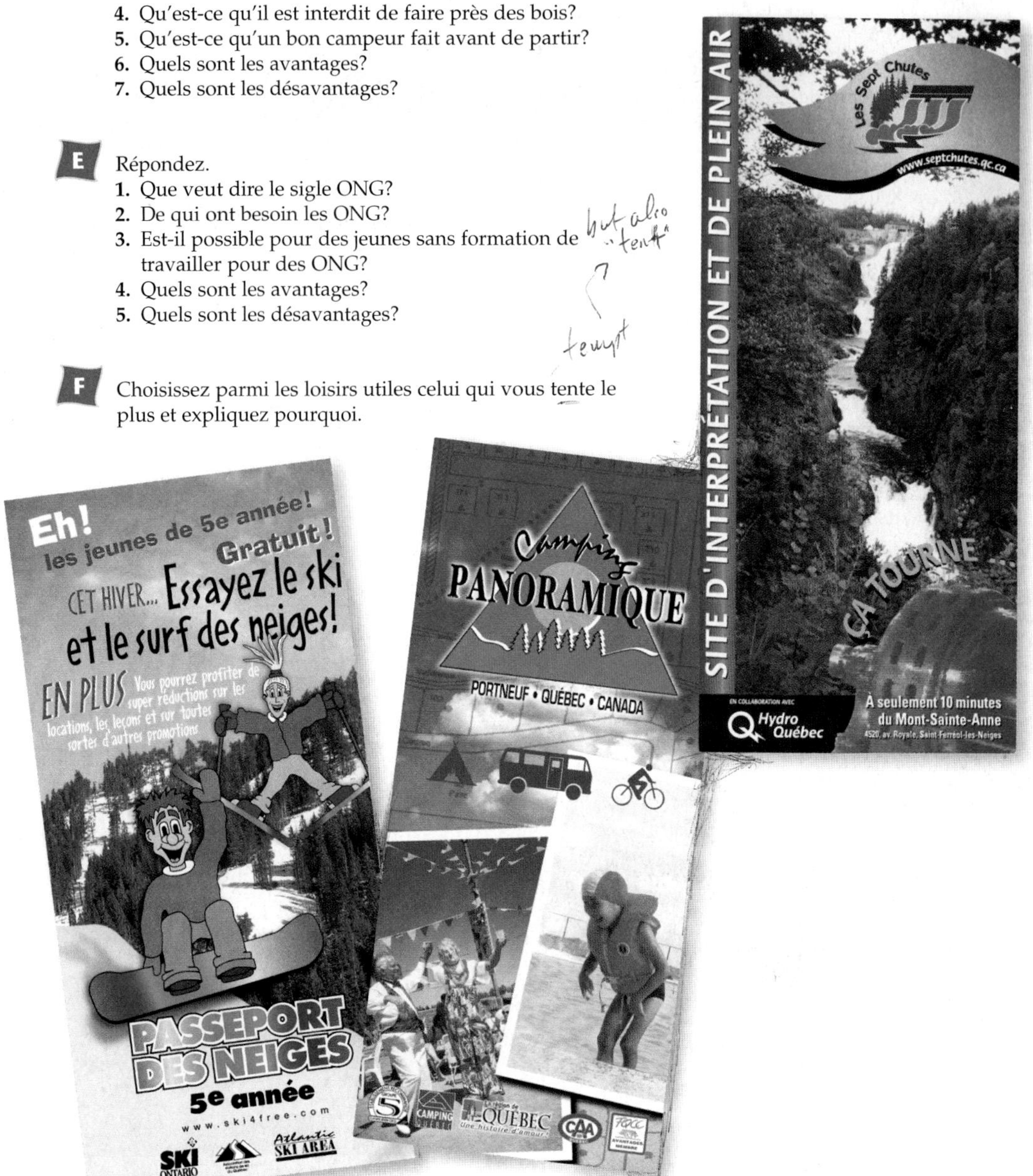

ANSWERS TO

Vous avez compris?

D

1. On peut faire du camping dans les terrains de camping ou dans les petits coins de nature.
2. Avant de planter sa tente, il faut demander la permission au propriétaire.
3. Il est interdit de se mettre en bord de la mer, dans les réserves naturelles, les sites classés, près des monuments historiques.
4. Il est interdit d'allumer un feu.
5. Un bon campeur ne laisse aucun souvenir de son passage.
6. Les avantages sont les odeurs, les couleurs et le paysage.
7. Les désavantages sont les gros orages ou la chaleur torride.

E

1. ONG veut dire Organisation Non Gouvernementale.
2. Les ONG ont besoin de plus en plus de professionnels.
3. Quelques associations sont prêtes à accueillir des jeunes sans formation.
4. L'avantage est l'expérience.
5. Le désavantage est que les places sont rares.

F *Answers will vary.*

Structure avancée

Le subjonctif après les expressions d'émotion
Expressing emotional reactions to the actions of others

1. The subjunctive is used in clauses introduced by **que** that follow a verb or expression reflecting any type of emotion.

être content(e)	**être étonné(e)**
être heureux(euse)	**regretter**
être triste	**avoir peur**
être désolé(e)	**c'est dommage**

2. Study the following sentences.

Stéphane n'est pas là.
Maïa est contente qu'il ne soit pas là.
Moi, je suis triste qu'il ne soit pas là.

The subjunctive is used because the information in the dependent clause is subjective. What makes one person happy can make another sad.

Comment dit-on?

1 Historiette Dommage! Complétez.

1. Je regrette que Mélanie ____ malade. (être)
2. Mais je suis content qu'elle ____ mieux. (aller)
3. C'est dommage qu'elle ne ____ pas aller au concert ce soir. (pouvoir)
4. De toute façon, j'ai bien peur qu'il n'y ____ plus de places. (avoir)

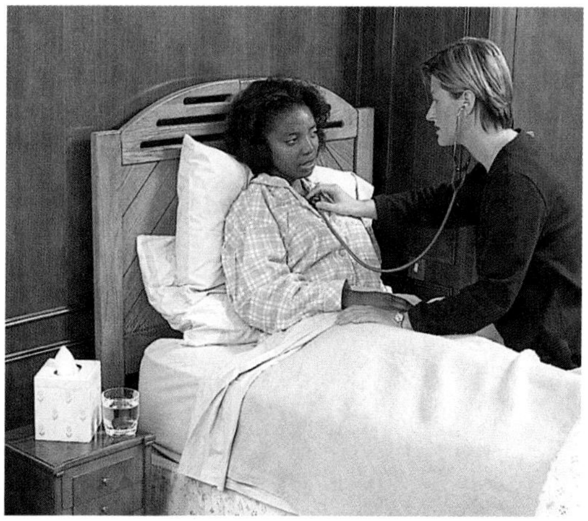

Answers to Comment dit-on?

1
1. soit
2. aille
3. puisse
4. ait

Leçon 3 Journalisme

1 Preparation

Resource Manager

Audio Activities TE, pages 50–57
Audio CD 3
Workbook, pages 43–48
Quizzes, pages 42–44
ExamView® Pro

2 Presentation

Le subjonctif après les expressions d'émotion

Step 1 Read the expressions in Item 1 and have a student pantomime or gesture to convey the meaning of each expression.

3 Practice

Comment dit-on?

ADDITIONAL PRACTICE

Quelle est votre réaction aux situations suivantes?

1. Votre ami(e) ne vous accompagne pas au cinéma.
2. Votre prof vous donne une très mauvaise note.
3. Votre copain ne peut pas vous aider.
4. Votre meilleur(e) ami(e) ne vient pas vous voir.

LEVELING

A: Structure

Reaching All Students

Have kinesthetic learners act out the meaning of the expressions in Item 1 of the structure explanation.

3 Practice *(suite)*

2, **3** Have students prepare these activities before going over them in class.

Learning from Photos

(page 156) C'est dans un bol comme ceux-ci que les Français boivent leur café, thé ou chocolat le matin au petit déjeuner.

Un père en grève de la faim pou... ...perer La Confédération paysanne

Learning from Realia

(page 157 left) La salle Pleyel est la principale salle de concerts de musique classique à Paris. L'Orchestre symphonique de Paris s'y produit.

Leçon 3
Journalisme

2 **Les vacances!** Refaites les phrases d'après le modèle.

Jeanne part en vacances avec nous. Je suis contente. ⟶
Je suis contente que Jeanne parte en vacances avec nous.

1. Elle veut bien faire du camping. Je suis surprise.
2. Elle a assez d'argent pour le voyage. Je suis contente.
3. Elle ne sait pas nager. Je suis étonnée.
4. Nous ne pouvons pas rester longtemps. Je regrette.

3 **Réactions** Quelle est votre réaction à chacune des situations suivantes? Répondez avec l'expression d'émotion qui convient.

Votre frère a un «A» à l'examen de maths. ⟶
Je suis étonné(e) que mon frère ait un «A» à l'examen de maths.

1. Le prof de français vous téléphone chez vous.
2. Vos parents ne veulent pas vous prêter leur voiture.
3. Votre meilleure amie a la grippe.
4. Vos notes sont toutes excellentes.
5. Votre ami ne vient pas à votre fête.

Answers to Comment dit-on?

2

1. Je suis surprise qu'elle veuille bien faire du camping.
2. Je suis contente qu'elle ait assez d'argent pour le voyage.
3. Je suis étonnée qu'elle ne sache pas nager.
4. Je regrette que nous ne puissions pas rester longtemps.

3 *Answers will vary but may include:*

1. Je suis étonné(e) que le prof de français me téléphone chez moi.
2. J'ai peur que mes parents ne veuillent pas me prêter leur voiture.
3. Je suis désolé(e) que ma meilleure amie ait la grippe.
4. Je suis content(e) que mes notes soient toutes excellentes.
5. Je regrette que mon ami ne vienne pas à ma fête.

Le subjonctif dans les propositions relatives et après le superlatif

Expressing uncertainty or uniqueness

1. A relative clause is one that modifies a noun. If a relative clause modifies a noun that refers to a specific, definite person or thing, the indicative is used in the clause.

Je connais quelqu'un qui connaît bien la langue française.

2. If, however, the relative clause modifies a noun that refers to an indefinite person or thing, the subjunctive is used in the clause.

Je cherche quelqu'un qui connaisse bien la langue française.

The subjunctive indicates uncertainty as to whether the person or thing in question exists or not.

3. The subjunctive is also used in a relative clause that modifies a superlative, negative, or restrictive statement, since the information in the clause is very subjective. It is based on the speaker's opinion or emotion rather than reality.

C'est la meilleure chanteuse que je connaisse.
Il n'y a personne qui puisse jouer de la guitare comme lui.
C'est la seule personne qui sache le faire.

MERCREDI 27 OCTOBRE - JEUDI 28 OCTOBRE - 20H
SALLE PLEYEL - TARIF C
CHRISTOPH VON DOHNÁNYI direction
YURI BASHMET alto
HECTOR BERLIOZ
Le Carnaval romain
SOFIA GOUBAÏDOULINA
Concerto pour alto (création française)
JEAN SIBELIUS
Symphonie n° 5

MERCREDI 24 NOVEMBRE - 20H
SALLE PLEYEL - TARIF A
JUKKA-PEKKA SARASTE direction
CHANTAL JUILLET violon
RICHARD WAGNER
Parsifal, extraits : Prélude de l'Acte I, Enchantement du Vendredi Saint
KAROL SZYMANOWSKI
Concerto pour violon et orchestre n° 1
JEAN SIBELIUS
Symphonie n° 4

JEUDI 25 NOVEMBRE - 20H
SALLE PLEYEL - TARIF A
JUKKA-PEKKA SARASTE direction
CHANTAL JUILLET violon
RICHARD WAGNER
Parsifal, extraits : Prélude de l'Acte I, Enchantement du Vendredi Saint
ERNEST CHAUSSON
Poème pour violon et orchestre
MAURICE RAVEL
Tzigane, rapsodie pour violon et orchestre
JEAN SIBELIUS
Symphonie n° 4

MARDI 30 NOVEMBRE - 20H
SALLE PLEYEL - TARIF A
WOLFGANG SAWALLISCH direction
PHILIPPE AÏCHE violon
EMMANUEL GAUGUÉ violoncelle
JOHANNES BRAHMS
Ouverture pour une fête académique
Concerto pour violon, violoncelle et orchestre
Symphonie n° 3

MERCREDI 1er DÉCEMBRE - JEUDI 2 DÉCEMBRE - 20H
SALLE PLEYEL - TARIF A
WOLFGANG SAWALLISCH direction
FRANÇOIS-FRÉDÉRIC GUY piano
JOHANNES BRAHMS
Concerto pour piano et orchestre n° 2 - Symphonie n° 3

La chanteuse québécoise Céline Dion

1 Preparation

Bellringer Review

Use BRR Transparency 3.8 or write the following on the board:

Complétez chaque phrase.

1. Je lis ___.
2. J'écris ___.
3. Je vois ___.
4. J'entends ___.
5. J'écoute ___.
6. Je veux ___.
7. Je cherche ___.
8. Je connais ___.
9. J'ai besoin de (d') ___.
10. J'ai ___.

2 Presentation

Le subjonctif dans les propositions relatives et après le superlatif

Step 1 After reading the explanation in Items 1 and 2 with the students, have them give as many completions to the following sentences as possible:

Je cherche des amis qui ___.
Je voudrais trouver quelqu'un qui ___.
L'entreprise a besoin d'un individu qui ___.
J'ai des amis qui ___.
J'ai trouvé quelqu'un qui ___.

Step 2 Call on students to read the model sentences aloud.

3 Practice

Comment dit-on?

Group Activity

Have students work together in small groups. Each member of each group makes up a very exaggerated statement using a superlative and the subjunctive. Each group chooses the most far-fetched one to present to the class.

Learning from Photos

(page 158, left) Le Tartuffe est une pièce en 5 actes de Molière qui met en scène un faux dévot Tartuffe qui profite de la naïveté de son hôte, un père de famille appelé Orgon.

Comment dit-on?

4 On cherche un ou une stagiaire. Suivez le modèle.

savoir faire fonctionner cet ordinateur
—On cherche quelqu'un qui sache faire fonctionner cet ordinateur.
—Moi, je connais quelqu'un qui sait faire fonctionner cet ordinateur.

1. savoir parler français
2. pouvoir travailler huit heures par jour
3. avoir une formation en informatique
4. connaître plusieurs modèles d'ordinateurs
5. faire de la programmation
6. avoir au moins deux ans d'expérience
7. être libre de voyager
8. être libre immédiatement

5 Le seul? Complétez.

1. C'est le seul cinéma qui ____ un grand écran. (avoir)
2. Paul est la seule personne qui ____ ce qui est arrivé. (savoir)
3. Il n'y a personne d'autre qui ____ le faire. (pouvoir)
4. Malheureusement, c'est la seule personne qui me ____. (comprendre)
5. Il n'y a rien que tu ____ me dire pour me faire changer d'avis. (pouvoir)
6. C'est vraiment le meilleur livre que je ____. (connaître)
7. Il n'y a aucun autre chanteur qui ____ chanter ce rôle comme lui. (pouvoir)

Le passé du subjonctif

Expressing emotions or opinions about past events

1. To express opinions or emotions about past events, one uses the past subjunctive.

Je souhaite qu'il ne m'ait pas oubliée.
Je suis très content qu'ils soient venus.
C'est la meilleure chanson que j'aie jamais entendue.

Answers to Comment dit-on?

4

1. On cherche quelqu'un qui sache parler français. Je connais quelqu'un qui sait parler français.
2. ... puisse travailler huit heures par jour./ ... peut travailler...
3. ... ait une formation en informatique./... a...
4. ... connaisse plusieurs modèles d'ordinateurs./ ... connaît...
5. ... fasse de la programmation./... fait...
6. ... ait au moins deux ans d'expérience./... a...
7. ... soit libre de voyager./... est...
8. ... soit libre immédiatement/... est...

5

1. ait
2. sache
3. puisse
4. comprenne
5. puisses
6. connaisse
7. puisse

2. The past subjunctive is formed by using the present subjunctive of the helping verb **avoir** or **être** and the past participle of the verb.

PARLER		ARRIVER	
que j'	aie parlé	que je	sois arrivé(e)
que tu	aies parlé	que tu	sois arrivé(e)
qu'il	ait parlé	qu'il	soit arrivé
qu'elle	ait parlé	qu'elle	soit arrivée
qu'on	ait parlé	qu'on	soit arrivé(e)(s)
que nous	ayons parlé	que nous	soyons arrivé(e)s
que vous	ayez parlé	que vous	soyez arrivé(e)(s)
qu'ils	aient parlé	qu'ils	soient arrivés
qu'elles	aient parlé	qu'elles	soient arrivées

Comment dit-on?

6 **Historiette Un rendez-vous manqué** Répondez.

1. Tu regrettes qu'elle ne soit pas arrivée?
2. Tu es désolé(e) qu'elle ait oublié l'heure?
3. Tu es surpris(e) qu'elle ne soit pas venue?
4. Tu as peur qu'elle ait perdu son chemin?
5. Tu es fâché(e) qu'elle n'ait pas téléphoné?

GALERIE
Répertoire des galeries d'art de Québec
35 PRINTEMPS-ÉTÉ

7 **Historiette Une possibilité** Complétez avec le passé du subjonctif.

1. J'ai peur qu'il ____ hier. (téléphoner)
2. Il est possible qu'il ____ quand tu n'étais pas chez toi. (venir)
3. Il se peut qu'il ____ sans laisser de message. (partir)
4. Je suis surpris que tu ____ ses parents. (ne pas appeler)
5. Je leur ai téléphoné, mais il n'y avait pas de réponse. Il est possible qu'ils ____ en vacances. (partir)

8 **C'était super!** Donnez des réponses personnelles.

1. Quel est le meilleur livre que tu aies jamais lu?
2. Quel est le meilleur film que tu aies jamais vu?
3. Quelle est la plus belle actrice que tu aies jamais vue?
4. Quelle est la plus belle chanson que tu aies jamais entendue?
5. Quelle est l'exposition la plus intéressante que tu aies jamais vue?

Answers to Comment dit-on?

6

1. Oui, je regrette qu'elle ne soit pas arrivée.
2. Oui, je suis désolé(e) qu'elle ait oublié l'heure.
3. Oui, je suis surpris(e) qu'elle ne soit pas venue.
4. Oui, j'ai peur qu'elle ait perdu son chemin.
5. Oui, je suis fâché(e) qu'elle n'ait pas téléphoné.

7

1. ait téléphoné
2. soit venu
3. soit parti
4. n'aies pas appelé
5. soient partis

8 *Answers will vary.*

Leçon 3
Journalisme

1 Preparation

Bellringer Review

Use BRR Transparency 3.9 or write the following on the board:
Écrivez les verbes suivants au passé composé. Utilisez les personnes suivantes: *je, ils.*

parler	**lire**
finir	**aller**
voir	**sortir**

2 Presentation

Le passé du subjonctif

Step 1 Have students read the example sentences in Item 1 aloud.

Step 2 Write the verb paradigms on page 159 on the board and have students repeat.

3 Practice

Comment dit-on?

6, **7**, **8** These activities can all be done without previous preparation.

6, **7** **Expansion:** After going over these activities, call on a student to give all the information in his or her own words.

Paired Activities

1. Travaillez avec un(e) camarade. Vous discutez de tout ce que votre meilleure amie a fait la semaine dernière.
   É1: Je suis content(e) que…
   É2: Pas moi, je suis…
2. Travaillez avec un(e) camarade. Il/Elle vous dira tout ce qu'il/elle a fait l'été dernier. Quelle est votre réaction?

Recycling

These activities allow students to use the vocabulary and structure from this lesson in completely open-ended, real-life situations.

Encourage students to say as much as possible when they do these activities. Tell them not to be afraid to make mistakes, since the goal of these activities is real-life communication. If someone in the group makes an error, allow the others to politely correct him or her. Let students choose the activities they would like to do.

You may wish to divide students into pairs or groups. Encourage students to elaborate on the basic theme and to be creative. They may use props, pictures, or posters if they wish.

C'est à vous

Use what you have learned

PARLER

1 Le choix des filles

✔ ***Survey your female classmates about their favorite singers and groups***

Faites une enquête sur les goûts de vos camarades filles. Faites trois catégories: chanteur, chanteuse et groupe. Demandez aux filles de votre classe quels sont leurs chanteurs, chanteuses et groupes préférés. Classez vos résultats par ordre de préférence.

PARLER

2 Le choix des garçons

✔ ***Survey your male classmates about their favorite singers and groups***

Faites la même enquête de l'Activité 1 auprès des garçons, puis comparez les résultats entre les filles et les garçons.

PARLER

3 Loisirs utiles

✔ ***Discuss the advantages and disadvantages of volunteering in your free time***

Travaillez avec un(e) camarade. Faites une liste de loisirs utiles aux États-Unis. Ensuite, choisissez un loisir utile avec votre camarade et discutez les avantages et les désavantages.

Un médecin de «Médecins sans frontières» dans un camp de réfugié éthiopien

Leçon 3
Journalisme

PARLER ÉCRIRE

4 Un chantier bénévole

✔ Research the possibilities of doing volunteer work overseas

Travaillez avec un(e) camarade. Vous voulez travailler sur un chantier bénévole dans un pays étranger. Tout d'abord, vous choisissez un pays, puis vous discutez pour essayer de déterminer quel genre de chantier il peut y avoir dans ce pays. (Il faut bien avoir quelques mots-clés avant d'aller se renseigner sur Internet!)

Distribution de pain dans un camp de réfugiés

PARLER

5 Au pair

✔ Discuss the terms of your employment as an au pair

Vous avez répondu à une petite annonce pour travailler au pair en France l'été prochain. Vous rencontrez le père ou la mère de famille (votre partenaire) et vous lui posez des questions sur ce que seraient vos responsabilités, votre salaire, votre temps libre, etc.

ÉCRIRE

6 Le Corps de la Paix

✔ Research the Peace Corps and decide what you would like to do for them

Cherchez des informations sur le Corps de la Paix. En quoi cette organisation est-elle unique aux États-Unis? Décidez ce que vous aimeriez faire pour cette organisation.

ÉCRIRE

7 Une ONG

✔ Create a nongovernmental organization, listing employees and their qualifications

Avec un(e) camarade, vous voulez créer une ONG. Décidez d'abord de sa fonction. Faites ensuite une liste des employés dont vous aurez besoin et déterminez quelles doivent être leurs qualifications professionnelles.

Nom: ____________
Qualifications: ____________

Nom: ____________
Qualifications: ____________

Nom: ____________
Qualifications: ____________

Nom: ____________
Qualifications: ____________

Nom: ____________
Qualifications: ____________

PARLER

8 Pour ou contre le camping

✔ Discuss the advantages and disadvantages of going camping

Vous partez en vacances avec un(e) ami(e). L'un(e) de vous veut faire du camping. L'autre ne veut pas. Discutez des avantages et des désavantages du camping.

Assessment

Resource Manager

Assessment Transparency A3.3
Online Quizzes
Tests, pages 62–88
ExamView® Pro

Assessment

This is a pretest for students to take before you administer the lesson test. Answer sheets for students to do these pages are provided in your transparency binder. Note that each section is cross-referenced so students can easily find the material they have to review in case they made errors. You may wish to collect these assessments and correct them yourself or you may prefer to have the students correct themselves in class. You can go over the answers orally or project them on the overhead, using your Assessment Answers transparencies.

Assessment

Vocabulaire

of which, whose

1 Donnez le mot dont la définition suit.

To review the vocabulary, turn to page 146.

1. un disque avec plusieurs chansons
2. une chanteuse qui chante avec d'autres chanteurs
3. se comprendre bien avec quelqu'un
4. une personne qui joue d'un instrument de musique
5. un objectif

donc = so, therefore

2 Vrai ou faux? Corrigez les phrases fausses.

To review the vocabulary, turn to page 149.

6. On trouve de l'eau dans un puits.
7. Quand on est dans les bois, on est dans une forêt.
8. Un campeur est un mauvais acteur.
9. Une personne qui est retenue est très sociable.

Lecture

3 Répondez.

To review the reading, turn to page 147.

10. De quel instrument jouent les Native?
11. En quoi les deux sœurs sont-elles semblables?
12. En quoi sont-elles différentes?

4 Donnez un argument pour et un argument contre.

To review the reading, turn to pages 151–152.

13. travailler sur un chantier bénévole
14. travailler au pair
15. faire un stage
16. faire du camping
17. travailler pour une ONG

Answers to Assessment

1

1. un album
2. une choriste
3. s'entendre bien
4. un(e) musicien(ne)
5. un but

2

6. Vrai.
7. Vrai.
8. Faux. Un campeur fait du camping.
9. Faux. Une personne qui est extravertie est très sociable.

3

10. Les Native joue du piano.
11. Les deux sœurs ont le même but.
12. Les deux sœurs ont des personnalités différentes.

4

13. On n'a pas besoin de formation particulière. La majorité de chantiers bénévoles sont réservés aux dix-huit ans et plus.
14. Il y a l'apprentissage de la langue. Il y a peut-être trop de travail et on n'a pas plus l'énergie de faire quoi que ce soit.
15. Il y a l'expérience professionnelle qui est bonne à prendre. On doit ne pas accepter de travailler sans contrat.
16. Les odeurs, les couleurs et le paysage sont les avantages. Un gros orage ou une chaleur torride sont les désavantages.
17. L'expérience est un avantage. Les places sont rares car il n'y a pas beaucoup d'associations qui acceptent les débutants.

Structure

5 Complétez.

18. Je suis triste qu'elle ____ avec nous. (ne... pas être)
19. Je connais une boulangerie qui ____ du pain excellent. (avoir)
20. C'est la seule personne qui ____ faire la cuisine. (savoir)
21. Il n'y a rien qui me ____ plus plaisir que ça. (faire)

To review the subjunctive, turn to pages 155, 157.

6 Complétez avec le passé du subjonctif.

22. Je suis triste que Vladimir ____. (partir)
23. C'est le plus beau poème que je ____. (lire)
24. Il est possible qu'elle ____ ce matin très tôt. (venir)
25. C'est la seule personne qui ____ aujourd'hui. (téléphoner)

To review the past subjunctive, turn to pages 158–159.

Assessment

After going over the Assessment, you may administer the test for **Leçon 3, Chapitre 3.**

Answers to Assessment

5

18. ne soit pas
19. a
20. sache
21. fasse

6

22. soit parti
23. aie lu
24. soit venue
25. ait téléphoné

Avis

Il est certain que quand vous écrivez en anglais votre style est plus sophistiqué qu'en français. Quand vous écrivez en français, il faut que vous utilisiez des phrases plus simples. Si vous trouvez une idée trop complexe repensez-la pour l'exprimer d'une façon plus simple.

Quelque chose de très important! Ne traduisez pas de l'anglais en français. Si vous traduisez vous ferez presque toujours des fautes ou ce que vous écriverez sera très «anglicisé». Dès le début, pensez en français. Si un mot anglais vous vient à l'esprit, pensez tout de suite à une expression en français qui exprime la même idée. Utilisez le français que vous avez déjà appris même si cela veut dire que vous vous exprimez d'une façon simple. Essayez d'éviter d'utiliser un dictionnaire bilingue. Vous choisirez presque toujours le mauvais mot.

Faites toujours un bouillon. Après l'avoir terminé, laissez-le de côté. Relisez-le plus tard et faites les révisions que vous considérez nécessaires. Ensuite relisez-le encore une fois pour trouver les fautes d'orthographe, de terminaisons etc.

Proficiency Tasks

Rédaction

On a souvent besoin d'expliquer une situation surtout quand il s'agit d'une culture étrangère. Un texte explicatif a comme fonction de transmettre des informations objectives sur la réalité. Avant de rédiger ce genre de texte, il faut faire une recherche approfondie des faits pour éviter d'introduire des données fausses.

TÂCHE 1

S'il y a un sujet que vous connaissez bien, c'est celui des loisirs. Dans le Chapitre 3, vous avez fait un tour d'horizon des loisirs préférés des Français. Vous pouvez maintenant faire une comparaison entre les loisirs des Français et ceux des Américains. Vous pouvez comparer et contraster les habitudes des Américains et celles des Français. Quand vous comparez, vous analysez les similarités. Quand vous contrastez, vous analysez les différences.

Une des techniques utilisées pour comparer et contraster est le diagramme de Venn. Tracez deux grands cercles qui se coupent. Dans le cercle de gauche, vous inscrivez les faits qui s'appliquent uniquement aux Français. Dans le cercle de droite, vous inscrivez les faits qui s'appliquent uniquement aux Américains. Dans la partie centrale, vous inscrivez les faits qui s'appliquent aux deux.

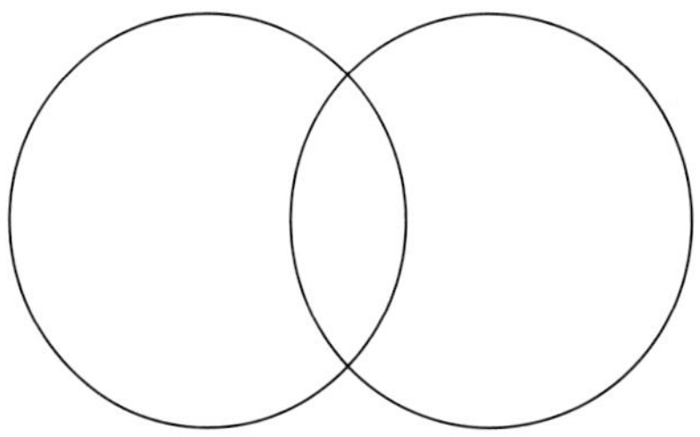

Les sujets que vous pouvez examiner sont les suivants:

- **Le loisir:** une récompense ou un droit
- **Les sports:** activité de loisir ou compétition
- **Les sports:** individuels ou d'équipe
- **Les activités culturelles:** loisir ou obligation

Une fois que vous avez identifié les similarités et les différences entre les loisirs des Français et ceux des Américains, vous pouvez commencer à écrire. Vous pouvez organiser votre rédaction de deux façons différentes:

- Ou vous analysez d'abord ce qui s'applique aux Français, puis aux Américains, et vous finissez par les similarités entre les deux
- Ou bien vous procédez par sujet, par exemple ce que représente le sport pour les Français et les Américains et vous analysez les différences ou les similarités pour chacun des sujets.

Pour comparer, vous pouvez, bien sûr, utiliser des comparatifs ou des superlatifs, mais vous pouvez aussi utiliser le mot **comme.** Pour opposer, vous pouvez utiliser les mots suivant: **à la différence de, contrairement à, par contre** *(on the other hand).*

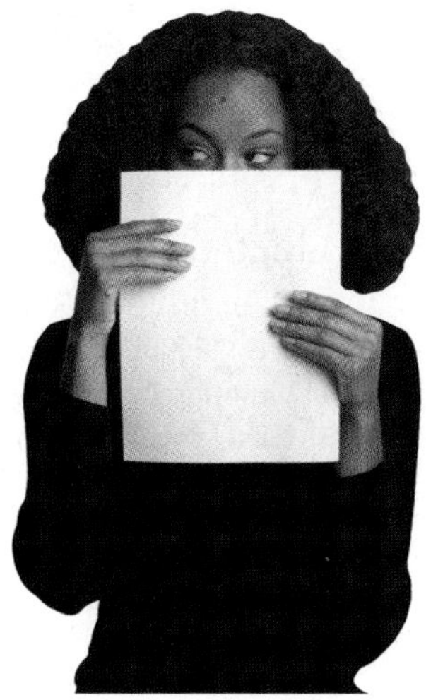

TÂCHE 2

Quand on cherche un travail, on envoie évidemment son curriculum vitæ, mais aussi une lettre qui s'appelle «une lettre de motivation». Dans cette lettre, vous vous présentez et vous indiquez non seulement ce que vous cherchez, mais aussi les grands traits de votre personnalité et vos ambitions. Quand vous rédigez un texte de ce genre, il faut bien peser vos mots. Vous ne devez donner l'impression ni d'être trop modeste, ni d'être trop sûr(e) de vous. Faites d'abord une liste de ce que vous désirez obtenir. Ensuite faites une liste des compétences et qualités qui se rapportent directement à l'emploi. Finalement faites une liste de vos ambitions. Vous pouvez maintenant commencer à rédiger. N'oubliez pas d'utiliser le subjonctif après le verbe **chercher** suivi d'une proposition relative.

Pour commencer, vous pouvez écrire:

Monsieur** ou **Madame,

En réponse à votre annonce dans ___, j'aimerais poser ma candidature au poste de ___.

Pour terminer, vous pouvez écrire:

Dans l'attente d'une réponse favorable, je vous prie de croire, Monsieur** ou **Madame, à l'assurance de mes sentiments distingués.

TÂCHE 3

Travaillez avec plusieurs camarades. Vous allez maintenant écrire un petit sketch, c'est-à-dire, une petite scène de théâtre très courte, si possible comique. Choisissez le lieu où se passe la scène: au cinéma, au théâtre, à l'école... Décidez ensuite comment sont les personnages: chacun de vous fait le portrait physique et psychologique de son personnage. Écrivez ensuite tous ensemble le scénario, le plan de l'action. Si possible, trouvez une fin amusante. Relisez ensuite à haute voix ce que vous avez écrit pour être sûr(e) que vous avez utilisé un style parlé et que les répliques s'enchaînent logiquement. Chacun est libre de faire des commentaires et de suggérer des changements aux autres.

Discours

Quand vous parlez, vous utilisez non seulement votre voix, mais pratiquement tout votre corps. Une expression sur votre visage, un geste de la main expriment autant sinon plus que tout un dialogue. Quand vous jouez un rôle, pensez aux gestes, aux expressions qui accompagnent les mots que vous prononcez. N'oubliez pas les gestes typiquement français, comme serrer la main de quelqu'un pour dire bonjour ou s'embrasser sur les deux joues entre filles ou entre filles et garçons.

TÂCHE 4

Avec les mêmes camarades, jouez le sketch que vous avez écrit dans la partie «Rédaction». Reprenez le scénario, mais vous pouvez aussi improviser si vous le voulez.

TÂCHE 5

Travaillez avec deux ou trois camarades. Vous êtes à la terrasse d'un café et vous parlez de tout et de rien. Vous faites peut-être des commentaires sur les gens qui passent, vous vous rappelez des bons moments que vous avez passés ensemble. En bref, vous êtes contents de passer quelques heures avec vos copains à ne rien faire.

Vocabulary Review

The words and phrases in the **Vocabulaire** have been taught for productive use in this chapter. They are summarized here as a resource for both student and teacher. This list also serves as a convenient resource for the **C'est à vous** activities on pages 130–131, 142–143, and 160–161. There are approximately twenty-five cognates in this vocabulary list. Have students find them.

Attention!

You will notice that the vocabulary list here is not translated. This has been done intentionally, since we feel that by the time students have finished the material in the chapter they should be familiar with the meanings of all the words. If there are several words they still do not know, we recommend that they refer to the **Vocabulaire** sections in the chapter or go to the dictionaries at the end of this book to find the meanings. However, if you prefer that your students have the English translations, please refer to Vocabulary Transparency 3.1, where you will find all these words with their translations.

Chapitre 3 Vocabulaire

Leçon 1 Culture

l'adepte *(m./f.)*
le baladeur
le cinéma
le chemin
le deltaplane
la dépense
la détente
l'écran *(m.)*

la récompense
le repos
le/la spectateur(trice)
le surf des neiges
le/la téléspectateur(trice)

moyen(ne)

augmenter
baisser
bricoler
consacrer
faire de la raquette
reprendre

Leçon 2 Conversation

l'acteur(trice)
la comédie
le/la comédien(ne)
la corbeille
le costume
les coulisses *(f.)*
le décor
le deuxième balcon
l'entracte *(m.)*
le fauteuil

la galerie
l'orchestre *(m.)*
la pièce
la place
le premier balcon
la représentation
la scène
la tragédie
la troupe (de théâtre)

amusant(e)
génial(e)

jouer
pleurer
rire

Leçon 3 Journalisme

l'album *(m.)*
le/la bénévole
les bois *(m.)*
le but
le/la campeur(euse)
le chantier
le/la choriste
le feu
la formation
le jeu de boules
le moins
le montant
le/la musicien(ne)
la pierre
le plus
le puits
la soirée

divers(e)
retenu(e)
rude

enregistrer
s'entendre bien

parfois
Vous êtes nourri(e).
Vous êtes logé(e).

Literary Companion *See page 455 for literary selections related to Chapter 3.*

Vidéotour

Bon voyage!

Video can be a beneficial learning tool for the language student. Video enables you to experience the material in the textbook in a real-life setting. Take a vicarious field trip as you see people interacting at home, at school, at the market, etc. The cultural benefits are limitless as you experience French and Francophone culture while "traveling" through many countries. In addition to its tremendous cultural value, video gives practice in developing good listening and viewing skills. Video allows you to look for numerous clues that are evident in tone of voice, facial expressions, and gestures. Through video you can see and hear the diversity of the target culture and compare and contrast the French-speaking cultures to each other and to your own.

Épisode 1: La pétanque

Un bon sujet, les loisirs! Commençons par un jeu très convivial—la pétanque. C'est un jeu d'équipe qui se joue sur n'importe quel terrain. Tous prennent plaisir à y jouer: les petits et les grands, les hommes et les femmes, les jeunes ou les moins jeunes, les débutants et les professionnels.

Épisode 2: Les cafés parisiens

Pour une pause bien méritée, rien de mieux que la terrasse d'un café. En France, il y en a pratiquement à chaque coin de rue. Les cafés font partie de la vie quotidienne des Français. Il y a des cafés de toutes sortes: les petits cafés de quartier, mais aussi les cafés littéraires, les cafés des artistes ou les cafés chics du beau monde.

Épisode 3: Le carnaval de Québec

Pendant environ deux semaines en février, Bonhomme Carnaval guide les Québécois et les touristes dans toutes sortes d'activités: la construction d'un gigantesque palais de glace, un concours de sculptures sur neige et la traditionnelle course en canot à glace sur le Saint-Laurent.

boat (open)

Vidéotour

VIDÉO

The Video Program for Chapter 3 includes three documentary segments of some interesting aspects of life in different French-speaking areas.

Planning for Chapter 4

SCOPE AND SEQUENCE PAGES 168–225

Topics
- North and West Africa

Culture
- Léopold Senghor
- The Touareg people

Functions
- How to use prepositions with geographical names
- How to refer to things already mentioned
- How to say what you and other people will do or might do
- How to express uncertainty and doubt
- How to use certain time expressions

Structure
- The imperfect versus the **passé composé**
- Telling a story in the past tense
- Prepositions with geographic names
- The pronoun **y**
- The future tense
- The conditional
- The subjunctive with expressions of doubt
- The present and the imperfect with **depuis**

National Standards
Communication Standard 1.1
pages 178, 179, 181, 182, 183, 187, 190, 193, 195, 196, 197, 206, 215, 217, 219
Communication Standard 1.2
pages 172, 173, 174, 175, 176, 178, 179, 181, 187, 189, 190, 192, 193, 195, 201, 204, 206, 213, 215, 217, 218
Communication Standard 1.3
pages 182, 183, 193, 196, 197, 213, 219
Cultures Standard 2.1
pages 173–176, 188–189, 202, 203, 207–212
Cultures Standard 2.2
pages 188–189
Connections Standard 3.1
pages 173–176, 178, 179, 183, 188, 202, 203, 207–212
Comparisons Standard 4.2
page 196
Communities Standard 5.1
page 219

PACING AND LEVELING

Lección 1: Cultura *(5–7 days)*
- Introduction
- Lecture
  - Vocabulaire pour la lecture
  - Groupes culturels francophones
- Structure • Révision
  - Les prépositions avec des noms géographiques
  - Le pronom **y**
- C'est à vous
- Assessment

Lección 2: Conversación *(5–7 days)*
Conversation
- Vocabulaire pour la conversation
- Mise en scène
- Une grande fête

Structure • Révision
- Le futur
- Le conditionnel

C'est à vous
Assessment

Lección 3: Periodismo *(5–7 days)*
Lecture
- Vocabulaire pour la lecture
- Avant la lecture
- Le français, langue de culture

Lecture
- Vocabulaire pour la lecture
- Avant la lecture
- Les hommes bleus

Structure avancée
- Le subjonctif avec les expressions de doute
- Le présent et l'imparfait avec depuis
- C'est à vous
- Assessment

Proficiency Tasks *(1–2 days)*
Vidéotour *(1–2 days)*
Littérature *(5–7 days)*

LEVELING
The following is an overall leveling of the sections of each chapter of **Bon voyage!** Level 3.

EASY: Conversation, Structure • Révision
AVERAGE: Culture, Journalisme, Structure • Avancée
CHALLENGING: Littérature

Most parts of each lesson are also leveled for your convenience in the Teacher Notes in the Wraparound section of your Teacher Edition.
E: Easy A: Average C: Challenging

Please note that the material does not become progressively more difficult. Within each chapter there are easy and challenging sections.

RESOURCE GUIDE

Section	Pages	Resources
Leçon 1		
Introduction	170	Vocabulary Transparency V4.2
Lecture		Audio CD 4
Vocabulaire pour la lecture	171–172	Audio Activities TE, pages 55–59
Groupes culturels francophones	173–176	Workbook , pages 49–54
Structure • Révision		Quizzes, pages 45–48
Les prépositions avec des noms géographiques	177–179	Tests, pages 89–91 and 100–116
Le pronom **y**	180–181	ExamView® Pro
C'est à vous	82–183	french.glencoe.com
Assessment	184–185	Assessment Transparency A4.1
Leçon 2		
Conversation		Vocabulary Transparency V4.3
Vocabulaire pour la conversation	186–187	Audio CD 4
Mise en scène	188	Audio Activities TE, pages 60–65
Une grande fête	188–190	Workbook, pages 55–59
Structure • Révision		Quizzes, pages 49–52
Le futur	191–193	Tests, pages 92–93 and 100–116
Le conditionnel	194–195	ExamView® Pro
C'est à vous	196–197	french.glencoe.com
Assessment	198–199	Assessment Transparency A4.2
Leçon 3		
Lecture		Vocabulary Transparencies V4.4–V4.5
Vocabulaire pour la lecture	200–201	Audio CD 4
Avant la lecture	202	Audio Activities TE, pages 66–71
Le français, langue de culture	203–204	Workbook, pages 60–66
Lecture		Quizzes, pages 53–58
Vocabulaire pour la lecture	205–206	Tests, pages 94–116
Avant la lecture	207	ExamView® Pro
Les hommes bleus	208–213	french.glencoe.com
Structure avancée		Assessment Transparency A4.3
Le subjonctif avec les expressions de doute	214–215	
Le présent et l'imparfait avec depuis	216–218	
C'est à vous	219	
Assessment	220–221	
Proficiency Tasks	222–223	**Bon voyage!** Video
Vidéotour	225	Video Activities Booklet
Littérature	458–469	Audio CD 9
		Audio Activities TE, pages 155–160
		Tests, pages 244–246

Using Your Resources for Chapter 4

Transparencies

Map Transparencies The full-color maps at the front of the Student Edition have been converted to transparency format.

Bellringer Reviews provide a quick review activity to begin each class.

Vocabulary Transparencies include the photos and art from the Student Edition pages, overlays with French words, and French/English vocabulary lists for each chapter.

Assessment Transparencies provide answer sheets and answers for the Assessment pages in the Student Edition.

Fine Art can be used to reinforce the topics introduced in the text and enrich your students' knowledge of Fine Art.

Workbook and Audio Activities

Writing Activities

The Workbook section includes numerous activities to reinforce each concept presented in the textbook. There are workbook pages for each of the following sections: vocabulary, culture, conversation, journalism, and structure. Varied activities provide several ways for students to practice and apply the material you have presented in class.

Audio Activities

The Audio Activities pages in this booklet may be used to guide students through the listening and speaking activities provided on the Audio CDs. The script to the Audio CDs is also provided in the Audio Activities TE in the TeacherTools booklet if the teacher prefers to read the activities aloud. The Audio Activities provide listening and speaking practice to reinforce vocabulary, culture, conversation, structure, and literature.

Assessment

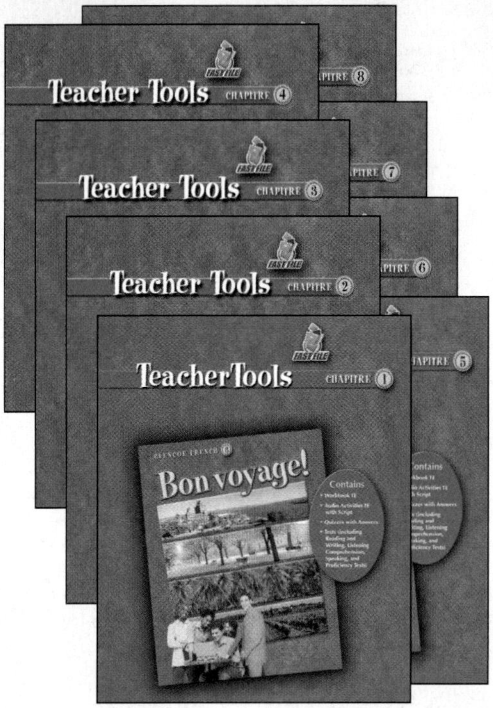

Several options for Assessment are offered with the **Bon voyage!** program.

The TeacherTools booklets include the following Assessment pieces.

Quizzes There are quizzes for Vocabulary, Culture, Structure, Conversation, and Journalism.

Tests There is a Reading and Writing test for each lesson in the chapter. In addition, there are two different Chapter Reading and Writing tests—one for less able to average students and the other for above adverage to advanced students. There is also a Listening Comprehension test, a Speaking Test, and a Proficiency Test at the end of each chapter.

French Online Students can easily access our Practice Quizzes at french.glencoe.com.

ExamView® Pro Test Bank software for Macintosh and Windows makes creating, editing, customizing, and printing tests quick and easy.

Technology Resources

French Online Throughout **Bon voyage!** you will see references to Web sites in the French-speaking world that will expose you to more authentic readings about the material you are studying. Visit french.glencoe.com.

Bon voyage! Video and Video Activities, Chapter 4. Available on VHS and DVD.

Bon voyage! is also available on CD or Online.

TeacherWorks™

TeacherWorks™ is your all-in-one teacher resource center. Personalize lesson plans, access resources from the Teacher Wraparound Edition, connect to the Internet, or make a to-do list. These are only a few of the many features that can assist you in planning and organizing your lessons.

Includes:

- A calendar feature
- Access to all program blackline masters
- Standards correlations and more

ExamView® Pro

Test Bank software for Macintosh and Windows makes creating, editing, customizing, and printing tests quick and easy.

CHAPITRE 4

Preview

In this chapter, students will learn about and explore the cultures of **le Maghreb** and **l'Afrique occidentale.** In the **Conversation** section, students will learn about the important Muslim holiday of Ramadan.

In this chapter students will also read part of an article by Léopold Sédar Senghor and a magazine article about a threatened African tribe, the Touaregs.

National Standards

Communication
Students will increase their ability to discuss geography and to refer to items previously stated. They will review how to discuss events in the future, to discuss events that might happen, to express doubt, and to say how long ago something happened.

Cultures
Students will expand their knowledge of the culture of French-speaking Africa and discuss the use of French around the world. They will learn how the Muslim holiday of Ramadan is celebrated and become acquainted with the Touaregs, a nomadic African tribe.

Comparisons
Students will compare African cultures with French culture and with their own. They will also compare the celebrations of Ramadan with the celebration of other holidays.

Connections
This chapter establishes a connection with the fields of geography, history, religion, and literature.

CHAPITRE 4

Racines et Ethnies

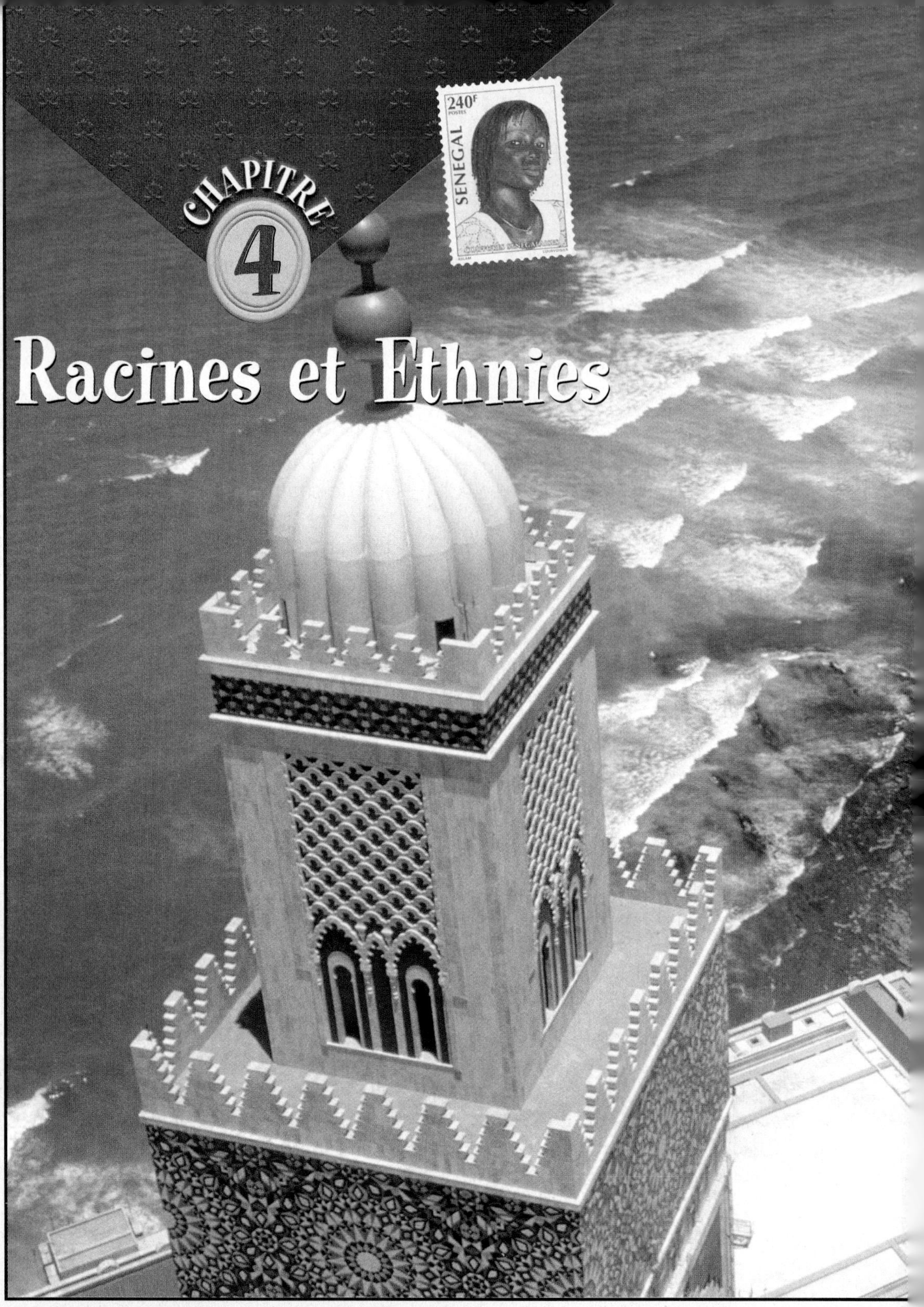

FRENCH Online

The **Glencoe French Web site** (french.glencoe.com) offers options that enable you and your students to experience the French-speaking world via the Internet. For each chapter, there are activities, games, and quizzes. In addition, an *Enrichment* section offers students an opportunity to visit Web sites related to the theme of the chapter.

Objectifs

In this chapter you will:

- *read about the culture and customs of the North and West African countries*
- *read and discuss articles about Léopold Senghor and the Touareg people*
- *review prepositions with geographical names; refer to things already mentioned; and say what you and other people will do or might do*
- *learn how to express uncertainty and doubt and how to use certain time expressions*

Table des matières

CHAPITRE 4

LEVELING

The following is an overall leveling of the sections of each chapter of **Bon voyage!** Level 3.

EASY **Conversation, Structure-Révision**

AVERAGE **Culture, Journalisme, Structure avancée**

CHALLENGING **Littérature**

Most parts of each lesson are also leveled for your convenience.

E: Easy

A: Average

C: Challenging

Please note that the material does not become progressively more difficult. Within each chapter there are easy and challenging sections.

Assessment

Quizzes: There is a quiz for every vocabulary presentation, every reading, and every structure point.

Tests: To accompany **Bon voyage!** Level 3 there is a Reading and Writing Test for each of the three lessons that make up a chapter. At the end of each chapter there are five tests.

- Two Reading and Writing Tests; one easy to intermediate; another intermediate to challenging.
- A Listening Comprehension Test
- A Speaking Test
- A Proficiency Test

Spotlight on Culture

Conçue par l'architecte français Michel Pinseau, la mosquée Hassan II ressemble à un majestueux navire amarré aux portes de l'océan. Achevée en 1993, la mosquée est le plus grand édifice religieux du monde après la mosquée de la Mecque. Un peu plus de 100 000 fidèles peuvent venir y prier (25 000 dans la mosquée et 80 000 sur l'immense esplanade). Le monument abrite également une médersa (une école coranique) en forme de demi-cercle—visible sur la photo, une bibliothèque, un musée national et de vastes salles de conférences. Les meilleurs artisans marocains ont participé à la splendide décoration intérieure du bâtiment. Au sommet du minaret haut de 200 mètres, deux lasers dirigés d'une portée de 30 kilomètres sont en permanence vers la Mecque.

1 Preparation

Resource Manager

Vocabulary Transparency V4.2
Audio Activities TE, pages 55–56
Audio CD 4
Workbook, page 49
Quiz, page 45
ExamView® Pro

Bellringer Review

Use BRR Transparency 4.1 or write the following on the board:
Faites une liste de tous les pays africains que vous connaissez. Donnez aussi la capitale, si possible.

2 Presentation

Introduction

Step 1 You may wish to have students read this silently or go over it orally in class.

Step 2 You may wish to ask the following questions: **Que veut dire émigrés? Que veut dire immigrés? Comment est la vie de beaucoup d'immigrés? La vie des immigrés est souvent difficile. Pourquoi? Il y a beaucoup d'immigrés aux États-Unis? Et en France? Il y a des pays africains qui ont des immigrés aussi? Quelles sont des questions que beaucoup d'immigrés se posent? Pourquoi se posent-ils ces questions?**

Vocabulary Expansion

You may wish to tell students (or remind them) that **actuellement** means *currently, at the present time.* In Chapter 5, the word **l'actualité** *(current events)* is introduced.

Leçon 1 Culture

À Tunis en Tunisie

Introduction

Le monde de nos jours est un monde de mobilité. Les gens se déplacent et voyagent partout. Mais beaucoup de voyageurs ne partent pas en vacances. Ils partent pour commencer une nouvelle vie dans un nouveau pays. Ce sont des émigrés quand ils quittent leur pays et des immigrés quand ils arrivent dans leur nouveau pays, dans le pays qui les accueille. La vie des immigrés n'est pas toujours facile. Au contraire, elle est souvent difficile. Il faut élever les enfants dans un milieu où les coutumes et les valeurs sont complètement différentes. Il est difficile de s'assimiler dans une nouvelle culture.

Les États-Unis sont et ont toujours été un pays d'immigrés. La France aussi a des millions d'immigrés. La Côte d'Ivoire a 40 pour cent d'immigrés. Actuellement l'immigration est un phénomène presqu'universel.

Comme toute personne veut et doit être fière de ce qu'elle est, on entend souvent:

«Je veux connaître mes racines.»
«Je veux en savoir plus sur mes racines.»
«Je veux retrouver mes racines.»

Qu'est-ce que cela veut dire? Cela veut dire que la personne a envie d'en savoir plus sur ses origines, sur ses ancêtres. Beaucoup d'enfants et de petits-enfants d'immigrés ne savent rien ou très peu au sujet de leur descendance. Ce sont surtout eux qui recherchent leurs racines.

Learning from Photos

(page 170) Tunis est la capitale de la Tunisie. Elle est située au fond du golfe de Tunis. Avec son agglomération de 1 600 000 habitants, c'est la métropole commerciale et industrielle du pays. Elle est desservie par le port de La Goulette et l'aéroport Tunis-Carthage. Cette ville moderne a aussi une autoroute et un métro. De belles plages, de bons hôtels et restaurants, des stades modernes, d'excellents musées, une université plus vieille que la Sorbonne et Oxford, font de Tunis une ville agréablement stimulante. Mais Tunis a aussi un centre médiéval qui, avec ses ruelles, ses mosquées, ses souks, ses zaouïas *(shrines)* et ses porches ornés, appartient à une autre civilisation.

Vocabulaire pour la lecture

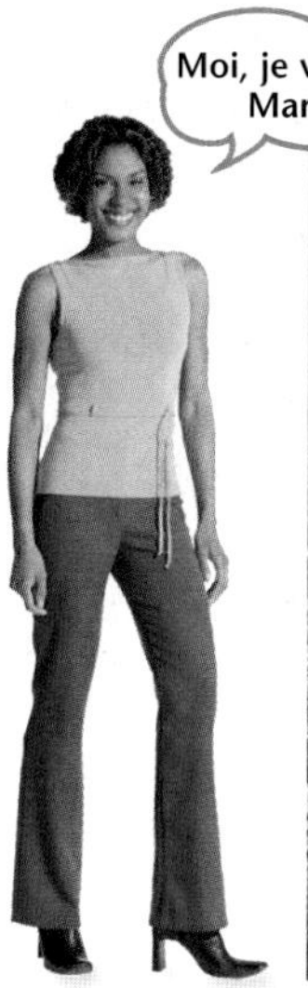

Le Maroc, la Tunisie, le Sénégal, la Côte d'Ivoire, le Mali et le Bénin sont quelques pays francophones en Afrique.

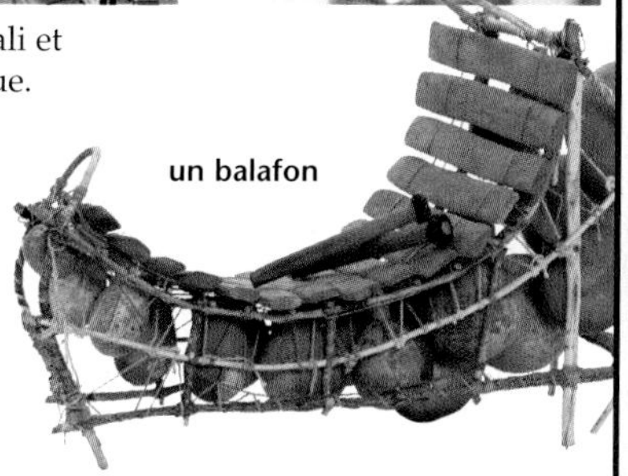

À la nuit tombée, ils prennent l'air frais.
Ils sont assis dans des fauteuils.
Ils sont assis au coin de la rue.
Ils sont assis là pour prendre l'air frais.

Plus de vocabulaire

une coutume une habitude
un principe une règle générale qui guide les conduites (le comportement)
le sort la condition de quelqu'un, le destin
accueillir (j'accueille) recevoir quelqu'un
fier(ère) de qui a beaucoup de satisfaction
à peu près environ, approximativement
par voie orale transmis oralement, pas écrit

2 Presentation

Vocabulaire pour la lecture

Step 1 Have students repeat the new words and sentences in unison after you or the Audio CD.

Step 2 You may wish to ask the following questions as you present the new vocabulary: **Pouvez-vous nommer quelques pays francophones africains? Vous connaissez le nom d'un instrument musical africain? Est-ce que les amis sont assis sur des fauteuils? La maison est au coin de la rue? Ils sont assis pour prendre l'air frais? Est-ce que les plantes ont des racines? Une zone littorale est près ou loin de la côte?**

Step 3 **Plus de vocabulaire:** Have one student read the word and another read the definition.

Step 4 Call on more able students to use the new words in an original sentence.

LEVELING

E: Vocabulary

Learning from Photos

(page 171 top center) Avec son port de plaisance et ses magnifiques monuments, Monastir est l'une des étapes traditionnelles d'une visite en Tunisie. Cette ville côtière de 35 550 habitants vous propose de belles plages qui sont malheureusement très fréquentées en haute saison.

(page 171 bottom right) Un balafon est un genre de grand xylophone composé d'une vingtaine de lames *(strips)* de bois de longueurs décroissantes. Le musicien joue avec deux baguettes entourées de caoutchouc aux extrémités et porte souvent des bracelets de grelots *(bells)* en fer aux poignets. Le balafon est généralement joué par des griots pour faire de la musique purement instrumentale ou pour accompagner le chant des femmes.

3 Practice

Quel est le mot?

1, 2 You may wish to have students prepare the activities before going over them in class.

Learning from Photos

(page 172 bottom) La Kabylie est une région d'Algérie sculptée en véritables chaînes de montagnes, en bordure de la Méditerranée, dans l'Atlas tellien oriental. La montagne kabyle est rude et très peuplée. La région est peuplée par des Berbères musulmans, des paysans sédentaires rassemblés en pittoresques villages de crêtes. Ces descendants des premiers habitants du Maghreb ont maintenu leurs coutumes et leur langue—le berbère, même si les progrès de la scolarisation conduisent à une diffusion de la langue arabe.

(page 173 right) Bien que les fonctions de capitale administrative aient été transférées à Yamoussoukro en 1983, Abidjan demeure le grand pôle économique de la Côte d'Ivoire. Abidjan est une des premières villes d'Afrique occidentale par son agglomération qui compte 2,6 millions d'habitants et présente tous les caractères d'une métropole. Elle concentre plus d'un cinquième de la population du pays et elle rassemble les principales activités industrielles et de service. L'agglomération cosmopolite, souvent présentée comme la «perle de lagunes», a une structure urbaine unique en Afrique occidentale. En effet, en 1951, les Français percèrent le canal de Vridi, reliant ainsi le lagon d'Abidjan à l'océan Atlantique et faisant de cette ville un excellent site portuaire.

Leçon 1 Culture

Quel est le mot?

1 Vrai ou faux? Indiquez si la phrase est vraie ou fausse.

1. À la nuit tombée le soleil brille très fort.
2. Un balafon est un instrument musical.
3. Les arbres ont des racines.
4. Dire «au revoir» à quelqu'un est une salutation.
5. Une zone littorale est loin de la côte.
6. Une coutume est une activité qu'on fait souvent.
7. Une personne honnête reste fidèle à ses principes.
8. Une mère qui est fière de ses enfants parle tout le temps d'eux.

Vincent Van Gogh: *Terrasse du café le soir*

2 Définitions Donnez le mot dont la définition suit.

1. recevoir quelqu'un
2. approximativement
3. oralement
4. le destin
5. le contraire de «debout»
6. une chaise confortable
7. l'angle formé par deux rues

Port de pêcheurs en Kabylie en Algérie

FRENCH Online
To learn more about francophone countries in Africa, go to the Glencoe French Web site: french.glencoe.com

Answers to Quel est le mot?

1

1. Faux.
2. Vrai.
3. Vrai.
4. Faux.
5. Faux.
6. Vrai.
7. Vrai.
8. Vrai.

2

1. accueillir
2. à peu près
3. par voie orale
4. le sort
5. assis
6. un fauteuil
7. un coin

Lecture

Groupes culturels francophones

Francophonie

Jusque dans les années 60 la France a eu des colonies dans le monde entier. En 1880 le géographe Onésime Reclus a inventé le mot «francophonie» pour désigner toutes les populations du monde qui utilisent le français. Dans quelques pays européens et au Canada francophone le français est la langue maternelle. Dans les pays créoles, comme Haïti, le français est la seconde langue. Le créole, la langue la plus utilisée, est une langue dérivée du français avec des influences africaines et espagnoles. Et il y a des pays où le français est la langue officielle ou la langue d'usage. C'est le cas en Afrique où le français a été imposé par la colonisation comme langue d'usage dans les pays du Maghreb ainsi que dans les pays de l'Afrique occidentale. Dans les pays du Maghreb la langue maternelle, c'est l'arabe. Dans tous les pays de l'Afrique occidentale il existe beaucoup de langues régionales. Le français continue à jouer un rôle important dans la vie quotidienne de ces pays et favorise l'accès à la modernité.

Reading Strategy

Thinking while reading

Good readers always think as they read. They read the title and look at the visuals to determine the topic of the passage. They predict, create visual images, check for understanding, and pay close attention to each sentence in the reading.

Café des Nattes à Sidi-Bou-Saïd en Tunisie

A Répondez d'après la lecture.

1. ce que la France a eu jusque dans les années 60
2. ce que désigne la francophonie
3. les pays où le français est la langue maternelle
4. les pays où le français est la langue officielle
5. la langue maternelle des pays du Maghreb
6. ce qu'il y a dans les pays de l'Afrique occidentale

À Abidjan en Côte d'Ivoire

Answers

A

1. des colonies
2. toutes les populations du monde qui utilisent le français
3. quelques pays européens et Canada francophone
4. les pays du Maghreb et certain pays de l'Afrique occidentale
5. l'arabe
6. beaucoup de langues régionales

LEVELING

E: Reading

Leçon 1
Culture

National Standards

Connections

This reading establishes a connection with the fields of geography and history.

Cultures

Students learn about the languages, religions, music and dance, lifestyles, and customs of French-speaking Africa.

1 Preparation

Resource Manager

Audio Activities TE, pages 56–57
Audio CD 4
Workbook, pages 50–51
Quiz, page 46

Bellringer Review

Use BRR Transparency 4.2 or write the following on the board:

Répondez:

1. **Quelle est ta langue maternelle?**
2. **On parle combien de langues chez toi?**
3. **Tu as des ancêtres qui viennent d'un autre pays?**
4. **D'où viennent-ils?**

2 Presentation

Lecture

Note: You may wish to do a detailed presentation of this selection.

Step 1 Have students look at **Activité A** to know what information to look for.

Step 2 Call on students to read aloud.

Step 3 Call on students to give the answers in **Activité A.**

2 Presentation *(suite)*

Step 4 You may wish to have students read all sections of the **Lecture** or you may wish to divide the class in groups and have each group be responsible for two sections.

Step 5 If you have groups working on different sections, have them present the information they learned to the entire class. There is a lot of important information that students should learn about the francophone world.

Learning from Photos

(page 174 top) À l'extrême nord du Burkina Faso, un petit pays de l'Afrique occidentale, Gorom-Gorom est la porte sud du Sahara. Au delà, c'est le pays des Touaregs, les «hommes bleus». Les jours de marché, des caravanes de dromadaires *(dromedaries, camels)*, de zébus *(zebus, oxen)* et de chèvres — certaines ont voyagé jusqu'à trois jours dans le désert — convergent vers le marché au bétail. Les femmes sur la photo vendent du yaourt.

L'Afrique occidentale

Huit pays de l'Afrique occidentale ont adopté le français comme langue officielle. Chacun de ces pays est composé de nombreuses communautés ou groupes ethniques. Au Burkina Faso, par exemple, il y a une soixantaine d'ethnies. Chaque groupe ethnique a sa langue et ses dialectes. Par exemple chez les Dogons, un groupe du Mali, il existe à peu près 48 dialectes. Pour cette raison une «lingua franca» telle que le français est utile sur le plan politique et économique.

Bien que chacun de ces groupes ethniques ait ses propres traditions religieuses et culturelles, il y a aussi des traditions qui sont communes à tous.

Jour de marché à Gorom-Gorom au Burkina Faso

B Vrai ou faux? Corrigez les phrases fausses.

1. Dix pays de l'Afrique occidentale ont adopté le français comme langue officielle.
2. Chaque pays de l'Afrique occidentale est composé d'un seul groupe ethnique.
3. Il y a six ethnies au Burkina Faso.
4. Chaque groupe ou communauté ethnique a une seule langue.
5. Les Dogons habitent au Sénégal.
6. Tous les groupes ethniques ont les mêmes traditions religieuses et culturelles.

Mosquée aux alentours de Dakar au Sénégal

Religion

Quoique le nombre varie d'un pays à l'autre près de 50 pour cent des habitants de l'Afrique occidentale sont musulmans. Au Burkina Faso 25 pour cent sont des adeptes de l'islam. Au Mali et au Sénégal, c'est plus de 80 pour cent.

Il y a aussi des chrétiens dont la plupart sont des catholiques. Ils habitent surtout les zones littorales du Bénin, du Togo et de la Côte d'Ivoire.

followers

Answers

B

1. Faux. Huit pays de l'Afrique occidentale ont adopté le français comme langue officielle.
2. Faux. Chaque pays est composé de nombreuses communautés ou groupes ethniques.
3. Faux. Au Burkina Faso, il y a plus de soixante ethnies.
4. Faux. Chaque groupe ethnique a sa langue et ses dialectes.
5. Faux. Les Dogons habitent au Mali.
6. Faux. Chacun de ces groupes ethniques a ses propres traditions religieuses et culturelles. Mais il y a des traditions qui sont communes à tous.

Leçon 1 Culture

Animisme

Dans toute l'Afrique occidentale il y a des centaines de religions traditionnelles. Presque toutes ces religions ont des préceptes animistes. Les animistes acceptent l'existence d'un dieu tout-puissant[1], mais ce dieu est trop exalté pour se préoccuper du sort des humains. Les animistes préfèrent des divinités secondaires qui sont en général des forces de la nature personnifiées et des esprits[2], souvent les esprits des ancêtres. Les ancêtres ont beaucoup d'importance dans les religions africaines. Dans les grands moments de la vie—la naissance, le mariage, les funérailles—on les consulte et on leur sacrifie des animaux. On communique avec ces divinités pour avoir une bonne santé ou une bonne récolte[3]. Beaucoup de festivités et de cérémonies communautaires leur rendent hommage. Même les fidèles musulmans ou chrétiens pratiquent quelquefois des rites pour consulter un ancêtre et tenter de résoudre[4] certains problèmes. Les croyances et les traditions religieuses sont transmises de génération en génération par voie orale.

[1]tout-puissant *all-powerful*
[2]esprits *spirits*
[3]récolte *harvest*
[4]résoudre *resolve*

Petit village près de Cotonou au Bénin

C Répondez.

1. Actuellement quel pourcentage de la population de l'Afrique occidentale pratique la religion musulmane?
2. Le nombre d'adeptes varie-t-il d'un pays à l'autre?
3. Où habitent la plupart des chrétiens?
4. Quels préceptes sont communs à presque toutes les religions africaines?
5. L'animisme accepte-t-il l'existence d'un dieu tout-puissant?
6. Qu'est-ce que les animistes préfèrent?
7. Qui sont ces divinités secondaires?
8. Quand consulte-t-on ces divinités?
9. Qu'est-ce qu'on leur offre?
10. Comment les croyances et les traditions religieuses sont-elles transmises?

Musique et danse

«Afrique» rime avec «musique» et la musique occupe une place toute particulière dans la culture africaine. Il y a des danses et des chants bien précis pour chaque événement ou cérémonie. Il arrive souvent qu'à la nuit tombée sur la place du village, les gens se rencontrent et dansent au son du djembé ou du balafon. Ils écoutent le griot, un musicien-poète ambulant qui fait partie d'une caste et qui va de village en village en chantant les hauts faits[5] de certaines familles. Le griot est toujours accompagné de sa kora, un instrument à cordes dont la sonorité[6] est semblable à celle de la harpe.

[5]hauts faits *deeds*
[6]sonorité *sound*

Un griot

Step 6 You may wish to intersperse the questions for **Activité C** as you read the section on **Animisme.**

Step 7 After reading **Musique et danse**, have students guess what a **djembé** is **(un instrument musical)** based on the context of the sentence.

FUN-FACTS

Le djembé est une sorte de tam-tam dont la musique accompagne les événements de la vie des sociétés agraires (funérailles, mariages, naissances, guerres, récoltes…)

Cross-Cultural Comparison

French spoken in many parts of North and West Africa is quite different from French spoken in France. In addition to pronunciation differences (for example, the 'r' is often rolled instead of gutteral), African French has also been greatly shaped by Arabic and by indigenous languages. Break the class into two groups: have one group research French variations in North Africa and another group research French variations in West Africa. When each group has finished their research, have them give a presentation to the other half of the class. Make sure students use a variety of sources to support their investigations (Internet, library, music, movies, and newspaper articles), and encourage them to use creative ways of presenting their information.

Answers

C

1. Près de 50 pour cent des habitants de l'Afrique occidentale sont musulmans.
2. Oui, le nombre d'adeptes varie d'un pays à l'autre.
3. La plupart des chrétiens habitent les zones littorales du Bénin, du Togo et de la Côte d'Ivoire.
4. Presque toutes ces religions ont des préceptes animistes.
5. Oui, l'animisme accepte l'existence d'un dieu tout-puissant.
6. Les animistes préfèrent des divinités secondaires.
7. Ces divinités secondaires sont des forces de la nature personnifiées et les esprits des ancêtres.
8. On consulte ces divinités dans les grands moments de la vie—la naissance, le mariage, les funérailles.
9. On leur sacrifie des animaux.
10. Les croyances et les traditions religieuses sont transmises de génération en génération par voie orale.

2 Presentation *(suite)*

Step 8 Have students look at **Activités D** and **E** on page 176 before reading the rest of this selection silently.

Step 9 Go over **Activités D** and **E** orally in class.

Step 10 Assign the entire selection to be read again at home and have the students prepare the activities on pages 173–176.

3 Practice

A, **B**, **C**, **D**, and **E**

Go over the activities orally in class the next day.

ADDITIONAL PRACTICE

Have students work in small groups to act out one of the paragraphs describing African customs. They should use all the information they have to behave in culturally appropriate ways. You may also wish to expand upon this activity by having groups wear costumes or research more in-depth their particular topic.

Learning from Photos

(page 176) **Le chef de famille** in the village is the man dressed in the black attire.

Leçon 1
Culture

Coutumes et savoir-vivre

La société africaine est dirigée par une série de principes qui obligent chaque individu à ne jamais oublier son rôle. Tout se déroule selon une stricte hiérarchie. La famille étendue est l'unité de base. Elle regroupe non seulement les habitants d'une concession[7] mais aussi tous les enfants d'une même descendance—en bref, le clan. Le chef de famille est le souverain absolu. C'est lui qui gère le patrimoine[8] et arbitre les disputes familiales.

Chaque membre de la concession qui gagne de l'argent donne toute sa paie à sa mère, même s'il/elle possède sa propre famille. Sa mère lui en rend une partie comme argent de poche. Ensuite, elle prélève[9] la somme nécessaire à l'entretien de la maison et donne le reste au chef de famille.

Chacun a un sens très fort de ses devoirs et de ses responsabilités. Par exemple: plusieurs personnes ont sorti quelques fauteuils dans la rue pour s'asseoir et prendre l'air frais. Une autre personne se présente. Immédiatement la personne de rang moindre[10] se lève sans rien dire, cède son fauteuil et va s'asseoir par terre. À l'arrivée de chaque visiteur la même scène se répète. Le ballet des sièges continue. Les places changent sans que personne ne dise rien et sans aucun remerciement. Chacun sait ce qu'il faut faire.

[7] concession *type of community*
[8] gère le patrimoine *manages the clan's finances*
[9] prélève *deduct*
[10] rang moindre *lower rank*

À Glidji au Togo

Noms

Dans de nombreux groupes le nom de famille, le diamou, se transmet par le père avec son ethnie. Tout le monde est très fier de son nom car il désigne un groupe familial et toute la descendance. Pour cette raison tous ceux qui portent le même diamou, même si leur relation est très éloignée[11], se considèrent comme des cousins. Le diamou donne l'origine et l'appartenance[12], c'est-à-dire la place dans la hiérarchie sociale. C'est pourquoi les longues salutations qui ont lieu entre des personnes qui ne se connaissent pas sont tellement importantes. Il faut déterminer comment se situer les uns par rapport aux autres. Le proverbe «Dis-moi ton nom et je te dirai qui tu es» est très significatif.

[11] éloignée *distant*
[12] appartenance *membership, belonging*

D Identifiez.

1. le djembé
2. le griot
3. la kora
4. l'unité de base de la société africaine
5. le clan
6. le souverain du clan

E Expliquez d'après la lecture.

1. Expliquez ce qu'une personne qui travaille fait de sa paie.
2. Expliquez ce que la mère fait de cet argent.
3. Décrivez la scène quand il y a des gens assis dans des fauteuils et que quelqu'un d'autre se présente.
4. Expliquez pourquoi personne ne dit rien et pourquoi il n'y a aucun remerciement.
5. Expliquez comment et par qui le nom de famille se transmet.
6. Expliquez tout ce que ce nom désigne.
7. Expliquez pourquoi les longues salutations entre ceux qui ne se connaissent pas sont tellement importantes.

ANSWERS

D

1. un instument musical
2. un musicien-poète ambulant qui chante les hauts faits de certaines familles
3. un instrument à cordes dont la sonorité est semblable à celle de la harpe
4. la famille étendue
5. les habitants d'une concession, tous les enfants d'une même descendance
6. le chef de famille

E

1. Une personne qui travaille donne toute sa paie à sa mère.
2. La mère lui en rend une partie comme argent de poche, prélève la somme nécessaire à l'entretien de la maison et donne le reste au chef de famille.
3. La personne de rang moindre cède toujours son siège quand une autre personne se présente.
4. Personne ne dit rien et il n'y a aucun remerciement parce que chacun sait ce qu'il faut faire.
5. Le nom de famille se transmet par le père avec son ethnie.
6. Le nom désigne un groupe familial et toute la descendance.
7. Les longues salutations entre ceux qui ne se conaissent pas sont importants parce qu'il faut déterminer comment se situer les uns par rapport aux autres.

Structure ⚜ *Révision*

Les prépositions avec des noms géographiques
Talking about cities, countries, and continents

1. With names of cities, you use the preposition **à** to express *in* or *to*. You use **de** to express *from*.

Il est à Lyon aujourd'hui. **Il reviendra de Lyon demain.**
Elle arrivera à Nice demain. **Elle part de Paris.**

2. The names of all continents end in a silent **e,** and they are all feminine: **l'Europe, l'Asie, l'Afrique, l'Amérique** et **l'Océanie.** Almost all countries whose names end in a silent **e** are also feminine. All other countries are masculine.

Féminin	Masculin
la France	le Canada
la Belgique	le Sénégal
la Tunisie	le Mali
l'Égypte	le Japon
l'Espagne	l'Iran

Le Mexique and **le Cambodge** are exceptions. They end in a silent **e,** but they are masculine.

3. You use **en** to express *in* or *to* and **de (d')** to express *from* with all continents and countries with the exception of masculine countries that begin with a consonant.

Féminin

J'habite en Europe. Je reviens d'Europe.
Je vais en Belgique. Je viens de Belgique.

Masculin

J'habite en Israël. Je reviens d'Israël.
Je vais en Iran. Je viens d'Iran.

L'église de Notre-Dame à Dinant en Belgique

1 Preparation

Resource Manager

Audio Activities TE, pages 58–59
Audio CD 4
Workbook, pages 52–54
Quizzes, pages 47–48
ExamView® Pro

Bellringer Review

Use BRR Transparency 4.3 or write the following on the board:
Faites une liste des pays et des villes que vous aimeriez visiter un jour.

2 Presentation

Les prépositions avec des noms géographiques

Step 1 Read the explanatory statements aloud to the class.

Step 2 Call on students to read the model sentences.

Note: This grammatical point is one that students learn better through examples than explanation. Have students read the model sentences several times.

LEVELING
E: Structure
A: Structure

Learning from Photos

(page 177) Dinant est une très belle ville, située sur les rives de la Meuse, en Belgique, dans la province de Namur. La collégiale Notre-Dame date du XIIe siècle. Avec son étrange clocher en forme de bulbe, elle se détache harmonieusement sur le fond des rochers en bordure de la Meuse.

Note: The prepositions used with state names vary. You may want to give students the preposition for your state and some nearby states. To say *in* with the name of a state in French, you use **dans** before most states preceded by **le** or **l'**, for example: **dans le Connecticut, dans l'Oregon** (exceptions: **au Nouveau-Mexique, au Texas**). You use **en** without the article with states preceded by **la**, for example: **en Virginie.** With Hawaii, you use **à: à Hawaii.** Here are the other state names: **l'Alabama, l'Alaska, l'Arizona, l'Arkansas, la Californie, la Caroline du Nord, la Caroline du Sud, le Colorado, le Connecticut, le Dakota du Nord, le Dakota du Sud, le Delaware, la Floride, la Géorgie, Hawaii, l'Idaho, l'Illinois, l'Indiana, l'Iowa, le Kansas, le Kentucky, la Louisiane, le Maine, le Maryland, le Massachusetts, le Michigan, le Minnesota, le Mississippi, le Missouri, le Montana, le Nebraska, le Nevada, le New Hampshire, le New Jersey, l'état de New York, le Nouveau-Mexique, l'Ohio, l'Oklahoma, l'Oregon, la Pennsylvanie, le Rhode Island, le Tennessee, le Texas, l'Utah, le Vermont, la Virginie, la Virginie Occidentale, l'état de Washington, le Wisconsin, le Wyoming, le district de Columbia (DC).**

3 Practice

Comment dit-on?

1, **2** These activities can be previewed in class orally without previous preparation. You may then wish to assign them for homework. Review the activities in class after students have prepared them. The more they hear the locations with the preposition, the more quickly they will learn them.

4. You use **au** to express *to* or *in*, and **du** to express *from* with all masculine countries that begin with a consonant.

J'habite au Canada.	**Je reviens du Canada.**
Je vais au Japon.	**Je viens du Japon.**
Je vais au Maroc.	**Je viens du Maroc.**

You use the plural **aux** and **des** with **les États-Unis.**

J'habite aux États-Unis.	**Je viens des États-Unis.**

5. For masculine names of states or provinces beginning with a consonant, **dans le** is used, unless these states or provinces are thought of as countries, in which case, **au** is used.

Il habite dans le Vermont.	**Il vient du Vermont.**
Elle vit dans le Poitou.	**Elle revient du Poitou.**
Il habite au Texas.	**Il vient du Texas.**
Elle vit au Québec.	**Elle revient du Québec.**

Note that **au Québec / du Québec** refers to the province, which is called **le Québec.** To refer to the city you say **à Québec / de Québec.**

Comment dit-on?

1 Les pays Complétez avec **le, la** ou **l'**.

1. ____ France
2. ____ Espagne
3. ____ Maroc
4. ____ Chili
5. ____ Colombie
6. ____ Sénégal
7. ____ Côte d'Ivoire
8. ____ Iran
9. ____ Canada
10. ____ Grèce
11. ____ Chine
12. ____ Japon

Le Québec: la vallé du Saint-Laurent en automne

2 Un peu de géographie Répondez.

1. Paris est en France ou au Maroc?
2. Rome est en Italie ou en Israël?
3. Madrid est au Chili ou en Espagne?
4. Tokyo est en Chine ou au Japon?
5. Montréal est au Mexique ou au Canada?
6. Dakar est au Sénégal ou en Tunisie?
7. Chicago est aux États-Unis ou au Panama?

Paired Activity

Travaillez avec un(e) camarade. Donnez-lui le nom d'un pays et demandez-lui quelle est la capitale de ce pays. Changez ensuite de rôle.

Learning from Photos

(page 178) Le Saint-Laurent est le fleuve le plus important d'Amérique du Nord parmi ceux qui se jettent dans l'Atlantique. Il se forme dans les Grands Lacs et aboutit dans un large estuaire au Golfe du Saint-Laurent. Il a 1.167 kilomètres de long et forme la voie maritime du Saint-Laurent, qui donne aux Grands Lacs un débouché maritime. L'aménagement du Saint-Laurent, qui a été réalisé par les États-Unis et le Canada de 1954 à 1959, comprend huit écluses *(locks)* qui contournent les chutes du Niagara.

Leçon 1
Culture

3 Plus de géographie Répondez.

1. Où est Paris?
2. Où est Madrid?
3. Où est Bruxelles?
4. Où est Berlin?
5. Où est Montréal?
6. Où est New York?
7. Où est Lisbonne?
8. Où est Moscou?
9. Où est Tel-Aviv?
10. Où est Copenhague?

La ville de Montréal au Québec

4 L'Afrique Complétez.

Les trois pays du Maghreb sont ___1___ Maroc, ___2___ Tunisie et ___3___ Algérie. Moi, j'ai très envie d'aller ___4___ Maroc, d'aller ___5___ Tunisie et d'aller ___6___ Algérie. Les pays du Maghreb m'intéressent beaucoup.

Les huit pays francophones de l'Afrique occidentale sont ___7___ Sénégal, ___8___ Mali, ___9___ Burkina Faso, ___10___ Cameroun, ___11___ Togo, ___12___ Bénin, ___13___ Niger et ___14___ Côte d'Ivoire. Les Sénégalais viennent ___15___ Sénégal, les Maliens viennent ___16___ Mali, les Burkinabés viennent ___17___ Burkina Faso, les Camerounais viennent ___18___ Cameroun, les Togolais viennent ___19___ Togo, les Béninois viennent ___20___ Bénin, les Nigériens viennent ___21___ Niger et les Ivoiriens viennent ___22___ Côte d'Ivoire.

5 En voyage Complétez avec **du, de(d'),** ou **des.**

1. Ils nous ont écrit ____ Russie.
2. Ils reviennent ____ États-Unis dimanche.
3. Ils viennent ____ Portugal.
4. Ils nous ont téléphoné ____ Bretagne.
5. Ils ne reviennent pas ____ Mexique avant le mois prochain.

La côte bretonne près de St.-Brieuc

6 Un jeu de géographie Travaillez en de petits groupes. Quelqu'un donne le nom d'une ville—Shanghai, par exemple. Quelqu'un d'autre dit:

Shanghai est en Chine.
Moi, j'aimerais beaucoup aller à Shanghai. / Moi, je n'aimerais pas beaucoup aller à Shanghai.
J'ai très envie d'aller en Chine. / Je n'ai pas du tout envie d'aller en Chine.
La Chine est un pays qui m'intéresse. / La Chine est un pays qui ne m'intéresse pas du tout.

ANSWERS TO Comment dit-on?

1

1. la
2. l'
3. le
4. le
5. la
6. le
7. la
8. l'
9. le
10. la
11. la
12. le

2

1. Paris est en France.
2. Rome est en Italie.
3. Madrid est en Espagne.
4. Tokyo est au Japon.
5. Montréal est au Canada.
6. Dakar est au Sénégal.
7. Chicago est aux États-Unis.

3

1. Paris est en France.
2. Madrid est en Espagne.
3. Bruxelles est en Belgique.
4. Berlin est en Allemagne.
5. Montréal est au Canada.
6. New York est aux États-Unis.
7. Lisbonne est au Portugal.
8. Moscou est en Russie.
9. Tel-Aviv est en Israël.
10. Copenhague est au Danemark.

4

1. le
2. la
3. l'
4. au
5. en
6. en
7. le
8. le
9. le
10. le
11. le
12. le
13. le
14. la
15. du
16. du
17. du
18. du
19. du
20. du
21. du
22. de la

5

1. de
2. des
3. du
4. de
5. du

6 *Answers will vary.*

Note: It is very difficult for students to differentiate between **J'y ai répondu** and **Je lui ai répondu.** This point will need to be greatly reinforced before students can use these structures with ease. Fortunately, however, students can continue to communicate, using nouns rather than pronouns: **J'ai répondu à la lettre, J'ai répondu à Jean.**

2 Presentation

Le pronom y

Step 1 Read the explanations to students and call on students to read the model sentences. You may wish to have them read the model sentences more than once.

Learning from Photos

(page 180) Van Gogh s'installe à Arles, dans le sud de la France, en 1888 et c'est une période intense de création. C'est à Arles que Van Gogh se coupe l'oreille après une violente dispute avec Gauguin.

LEVELING

C: Structure

Leçon 1
Culture

Le pronom y

Referring to places or things already mentioned

1. The pronoun **y** replaces a prepositional phrase that is introduced by a preposition of place or direction, other than **de.** Like all other pronouns, **y** immediately precedes the verb it is tied to.

Ils vont à Paris.	**Ils y vont.**
Ils sont allés au Québec.	**Ils y sont allés.**
Ils voudraient aller en France.	**Ils voudraient y aller.**

2. The pronoun **y** is also used to replace the object of a verb followed by the preposition **à,** if that object refers to a thing.

J'ai répondu à sa lettre.	**J'y ai répondu.**
Il obéit aux lois.	**Il y obéit.**

Remember that when the noun following **à** is a person, rather than a thing, the noun is the indirect object of the verb, and therefore the indirect object pronouns **lui** or **leur** are used.

J'ai répondu au professeur.	**Je lui ai répondu.**
Il obéit à ses parents.	**Il leur obéit.**

3. The concept of *there* must always be expressed in French, even though it is often omitted in English.

—Tu vas à Paris quand?	*—When are you going to Paris?*
—J'y vais demain.	*—I'm going tomorrow.*
—Luc est dans sa chambre?	*—Luc is in his room?*
—Oui, il y est.	*—Yes, he is.*

La chambre de Van Gogh à Arles

4. The pronoun **y** seldom occurs with another object pronoun in the same sentence. When it does, **y** follows the other pronoun.

Il va me retrouver à Paris.	**Il va m'y retrouver.**
Je l'ai aperçu sur les Champs-Élysées.	**Je l'y ai aperçu.**
Elle s'intéresse à la peinture.	**Elle s'y intéresse.**

In sentences with **en, y** precedes **en.**

Il y a de la neige?	**Oui, il y en a.**

5. The pronoun **y** is used in the following idiomatic expressions.

Ça y est!	*That's it. Finished! Done!*
J'y suis!	*I get it!*

Comment dit-on?

7 **Historiette Un voyage au Sénégal** Remplacez les mots en italique par le pronom **y.**

1. Je suis allé(e) *au Sénégal.*
2. Je suis arrivé(e) *à Dakar* après un vol de neuf heures de New York.
3. C'est la première fois que je vais *en Afrique.*
4. Je n'aurai aucun problème parce qu'on parle français *au Sénégal.*
5. Je vais prendre un taxi *au centre ville.*
6. Nous allons arriver *à mon hôtel.*
7. Je vais descendre du taxi *devant l'hôtel.*

L'avenue André Peytavin à Dakar au Sénégal

8 **Souvenirs** Refaites les phrases suivantes, en utilisant **y, lui** ou **leur.**

1. Je pense souvent à mon pays.
2. Je jouais tout le temps au foot.
3. Je faisais toujours attention aux conseils de mes professeurs.
4. J'obéissais bien à mes parents.
5. Je répondais toujours poliment à ma grand-mère.
6. Elle s'intéressait beaucoup à mes activités.

L'aéroport à Casablanca au Maroc

9 **Historiette Le départ** Répondez en utilisant un pronom.

1. Tes amis vont au Maroc?
2. Tu les accompagnes à l'aéroport?
3. Tu les invites au buffet de l'aéroport?
4. Ils ont le temps de t'accompagner au buffet?
5. Tu les accompagnes à la porte d'embarquement?
6. Tu peux les accompagner à bord de l'avion?

3 Practice

Comment dit-on?

Teaching Tip: If a student makes an error, correct him or her and then give another example to try to clarify. Example: **Je réponds à ma grand-mère.** Student answers: **J'y réponds.** Correct by saying: **Non, grand-mère, c'est une personne ou une chose? Une personne, n'est-ce pas? Alors, c'est: Je ___ réponds.** (Try to get student to say **lui** or, if necessary, give it to him or her.) Then give another sentence such as **Je réponds à mon ami** and ask the same student to do this one. If the student makes an error again, drop it and come back to him or her later.

Note: Because of the difficult nature of this point there are more activities in the **Workbook.**

Answers to Comment dit-on?

7

1. J'y suis allé(e).
2. J'y suis arrivé(e) après un vol de neuf heures de New York.
3. C'est la première fois que j'y vais.
4. Je n'aurai aucun problème parce qu'on y parle français.
5. Je vais y prendre un taxi.
6. Nous allons y arriver.
7. Je vais y descendre du taxi.

8

1. J'y pense souvent.
2. J'y jouais tout le temps.
3. J'y faisais toujours attention.
4. Je leur obéissais bien.
5. Je lui répondais toujours poliment.
6. Elle s'y intéressait beaucoup.

9

1. Oui, ils y vont.
2. Oui, je les y accompagne.
3. Oui, je les y invite.
4. Oui, ils ont le temps de m'y accompagner.
5. Oui, je les y accompagne.
6. Oui, je peux les y accompagner.

Recycling

These activities allow students to use the vocabulary and structure from this lesson in completely open-ended, real-life situations.

Encourage students to say as much as possible when they do these activities. Tell them not to be afraid to make mistakes, since the goal of these activities is real-life communication. If someone in the group makes an error, allow the others to politely correct him or her. Let students choose the activities they would like to do.

You may wish to divide students into pairs or groups. Encourage students to elaborate on the basic theme and to be creative. They may use props, pictures, or posters if they wish.

C'est à vous
Use what you have learned

PARLER

1 Là où j'habite

✔ *Talk about ethnic populations where you live*

Avec un copain ou une copine discutez la situation de l'immigration là où vous habitez. Il y a beaucoup d'immigrés ou pas? Ils sont là depuis longtemps ou ils viennent d'arriver? D'où viennent-ils? Quel travail font-ils? Que pensez-vous de leur vie?

PARLER

2 Mon ethnie

✔ *Research and talk about your heritage*

Parlez de vos racines. Dites ce que vous savez sur vos origines. Vous pouvez poser des questions à des membres de votre famille pour en savoir plus.

PARLER

3 L'Afrique occidentale

✔ *Talk about what you have learned about West Africa*

Avec quelques camarades parlez de tout ce que vous avez appris sur les pays de l'Afrique occidentale. Quels détails avez-vous trouvés intéressants?

Dakar au Sénégal

Une «laundrette» dans la forêt du Banco à Abidjan en Côte d'Ivoire

Le château de Chillon au bord du lac Léman en Suisse

PARLER

4 La langue française

✔ *Talk about the importance of the French language in the world*

Expliquez pourquoi le français est la langue officielle ou la seconde langue dans beaucoup de pays du monde.

Le port de plaisance à Monte Carlo à Monaco

ÉCRIRE

5 Où je voudrais aller

✔ *Make a list of all the cities and countries that you would like to visit*

Faites une liste de toutes les villes que vous aimeriez visiter. Ensuite indiquez dans quel pays chaque ville se trouve.

La baie de Saint-Pierre à la Martinique

PARLER

6 Enquête

✔ *Practice prepositions before cities and countries*

Demandez à vos camarades de classe de quel pays viennent leurs parents ou leurs ancêtres. Faites ensuite une liste de tous les pays par ordre de fréquence.

Leçon 1
Culture

Learning from Photos

(page 182 bottom left) Le parc du Banco est la plus grande blanchisserie en plein air du continent africain: des centaines de *fanicos* (laveurs) sont installés en plein milieu de la rivière et frottent avec ardeur des vêtements sur d'immenses rochers maintenus par des pneus de voitures. Ils les étalent ensuite sur une longueur de 500 mètres, à même les rochers et l'herbe, sans jamais les mélanger.

(page 183 top) Littéralement posé sur le lac Léman en Suisse, le château de Chillon est un extraordinaire château fort médiéval du XIIe siècle. Son site, le lac Léman et les Alpes en arrière plan, est unique. L'image et la silhouette de ce monument suisse sont connues dans le monde entier. À tel point qu'il est devenu un symbole du pays, en quelque sorte représentatif par sa beauté, l'harmonie de ses formes, la solidité et l'équilibre qui s'en dégagent.

(page 183 right) Monte-Carlo est l'une des quatre sections de la principauté de Monaco. Les trois autres sont la Condamine, Monaco et Fontvieille.

(page 183 bottom) Saint-Pierre était l'ancienne capitale des Antilles françaises mais la ville a été détruite par l'éruption du montagne Pelée (visible en arrière plan) en mai 1902.

Chapter Projects

L'Afrique francophone

Divisez la classe en petits groupes. Attribuez à chaque groupe, ou laissez chaque groupe choisir, un pays de l'Afrique francophone. Chaque groupe doit présenter «son» pays au reste de la classe: géographie, population, histoire, économie, langues, etc.

Resource Manager

Assessment Transparency A4.1
Online Quiz
Tests, pages 89–91 and 100–116
ExamView® Pro

Assessment

This is a pretest for students to take before you administer the lesson test. Answer sheets for students to do these pages are provided in your transparency binder. Note that each section is cross-referenced so students can easily find the material they have to review in case they made errors. You may wish to collect these assessments and correct them yourself or you may prefer to have the students correct themselves in class. You can go over the answers orally or project them on the overhead, using your Assessment Answers transparencies.

Assessment

Vocabulaire

To review the vocabulary, turn to page 171.

1 Donnez le mot dont la définition suit.

1. un instrument musical africain
2. une chaise confortable
3. une région tout près de la mer
4. une habitude
5. approximativement
6. recevoir quelqu'un

Lecture

2 Expliquez les mots suivants.

7. le créole
8. les Dogons
9. l'animisme
10. un griot
11. le diamou

To review the reading, turn to pages 173–176.

3 Vrai ou faux?

12. Dans tous les pays de l'Afrique occidentale, le français est la seule langue parlée.
13. Près de la moitié des habitants de l'Afrique occidentale sont musulmans.
14. Beaucoup de musulmans et chrétiens en Afrique pratiquent aussi des rites animistes.
15. La musique n'est pas très importante dans la culture africaine.
16. La famille étendue est l'unité de base de la société africaine.
17. Le diamou, ou le nom de famille, ne s'utilise pas beaucoup parce qu'il a très peu d'importance.

Answers to Assessment

1

1. un balafon
2. un fauteuil
3. littorale
4. une coutume
5. à peu près
6. accueillir

2

7. une langue dérivée du français avec des influences africaines et espagnoles
8. un groupe qui habite le Mali
9. Les animistes acceptent l'existence d'un dieu tout-puissant, mais aussi de divinités secondaires qui sont des forces de la nature personnifiées ou les esprits des ancêtres.
10. un musicien-poète ambulant
11. le nom de famille

3

12. Faux.
13. Vrai.
14. Vrai.
15. Faux.
16. Vrai.
17. Faux.

Structure

4 Complétez.

18. ____ Belgique est un pays européen.
19. ____ Japon est un pays asiatique.
20. ____ Canada est un pays américain.
21. ____ Argentine est un autre pays américain.

To review the use of articles before countries, turn to pages 177–178.

5 Complétez.

22. Moi, je vais ____ Espagne et mon cousin arrive ____ Espagne.
23. Lui, il va ____ Maroc et moi, je viens ____ Maroc.
24. Ils vont ____ Israël et tu viens ____ Israël.
25. Ma famille habite ____ Vermont mais sa famille habite ____ Texas.
26. Ils vont ____ Québec et ____ Montréal, ____ Québec.

To review the use of prepositions before geographical names, turn to pages 177–178.

6 Répondez avec un pronom.

27. Ils vont à Paris?
28. Tu as répondu à sa question?
29. Il a obéi au professeur?
30. Ils sont en classe?

To review pronouns, turn to page 180.

Assessment

After going over the Assessment, you may administer the test for **Leçon 1, Chapitre 4.**

Answers to Assessment

4

18. La
19. Le
20. Le
21. L'

5

22. en, d'
23. au, du
24. en, d'
25. dans le, au
26. à, à, au

6

27. Oui, ils y vont.
28. Oui, j'y ai répondu.
29. Oui, il lui a obéi.
30. Oui, ils y sont.

1 Preparation

Resource Manager

Vocabulary Transparency V4.3
Audio Activities TE, pages 60–61
Audio CD 4
Workbook, page 55
Quiz, page 49
ExamView® Pro

Bellringer Review

Use BRR Transparency 4.4 or write the following on the board:
Répondez.
1. **Quel temps fait-il aujourd'hui?**
2. **Quand le ciel est très nuageux, il est couvert ou dégagé?**
3. **Qu'est-ce qu'on peut voir quand il y a des éclaircies?**
4. **Qu'est-ce qu'il y a pendant une tempête?**

2 Presentation

Vocabulaire pour la conversation

Step 1 As you present the new vocabulary you may wish to ask the following questions: **On peut voir les étoiles quand le ciel est nuageux? À quelle heure est le lever du soleil? Et le coucher du soleil? On se lève au coucher du soleil ou au lever du soleil? Est-ce que les lentilles et les pois chiches sont des légumes secs? Les festivités commencent quel jour?**

LEVELING
E: Vocabulary

Vocabulaire pour la conversation

Il ne se couchera pas au coucher du soleil.
Mais il se lèvera au lever du soleil.

Cette année le Ramadan sera au mois de juin.
La fête durera un mois.
Les festivités commenceront jeudi.
Tout le monde s'amusera.

Plus de vocabulaire

une oraison une prière
jeûner ne rien manger
scruter examiner attentivement

Quel est le mot?

1 Historiette Le ciel Répondez.

1. Est-ce que le soleil brille dans le ciel quand il y a des nuages?
2. Qu'est-ce qui brille dans le ciel la nuit?
3. Le lever du soleil est à quelle heure?
4. Et le coucher du soleil est à quelle heure?
5. Est-ce qu'un astrologue scrute les astres dans les cieux?

2 Quel est le mot? Complétez.

1. Deux légumes secs sont des ____ et des ____.
2. Les enfants aiment beaucoup les ____, mais ils ne doivent pas en manger trop.
3. Les chrétiens ____ pendant le carême *(Lent)*, les juifs ____ pendant la Pâque *(Passover)* et les musulmans ____ pendant le Ramadan.
4. Toutes les religions ont leurs ____ ou prières.
5. Beaucoup d'agriculteurs se lèvent au ____ et se couchent au ____.
6. La nuit quand il n'y a pas de nuages, on peut voir des ____.

3 Définitions Donnez le mot dont la définition suit.

1. une prière
2. une étoile
3. examiner attentivement
4. des pois chiches et des lentilles
5. ne rien manger

4 Historiette La grande fête Répondez d'après les indications.

1. Cette année la grande fête aura lieu quand? (au mois de novembre)
2. Elle durera combien de jours? (quatre jours)
3. Les festivités commenceront quel jour? (jeudi)
4. Tout le monde jeûnera? (Personne ne)
5. Tout le monde s'amusera? (Bien sûr que)

3 Practice

Quel est le mot?

1, 2, 3, and 4 You can go over these activities with or without previous preparation. The activities can also be assigned as written homework.

Learning from Photos

(page 187) Pendant le Ramadan, les femmes font souvent les «gâteaux de l'Aïd», des petits gâteaux fourrés aux dates ou aux pistaches ou à un mélange des deux.

Answers to Quel est le mot?

1

1. Non, le soleil ne brille pas dans le ciel quand il y a des nuages.
2. La lune brille dans le ciel la nuit.
3. Le lever du soleil est à...
4. Le coucher du soleil est à...
5. Oui, un astrologue scrute les astres dans les cieux.

2

1. pois chiches, lentilles
2. bonbons
3. jeûnent, jeûnent, jeûnent
4. oraisons
5. lever du soleil, coucher du soleil
6. astres (étoiles)

3

1. une oraison
2. un astre
3. scruter
4. des légumes secs
5. jeûner

4

1. La grande fête aura lieu au mois de novembre.
2. Elle durera quatre jours.
3. Les festivités commenceront jeudi.
4. Non, personne ne jeûnera.
5. Bien sûr que tout le monde s'amusera.

National Standards

Cultures
Students will learn about the most important Muslim holiday, Ramadan.

1 Preparation

Resource Manager

Audio Activities TE, pages 61–63
Audio CD 4
Workbook, pages 55–56
Quiz, page 50

2 Presentation

Mise en scène

Step 1 Have students look over **Activité A,** so they know what information to look for. Then read the **Mise en scène** aloud to students.

Step 2 Go over **Activité A** orally.

Conversation

Step 1 Have students listen to the conversation on the Audio CD with books closed. Then call on two students to read one-third of the converation aloud. Call on two others to continue. The class should follow along in their books.

Step 2 You may intersperse some questions before calling on the next two to read.

Learning from Photos

(page 188 top) Pendant le Ramadan, on jeûne pendant la journée, mais on peut manger après le coucher du soleil.

Leçon 2
Conversation

Mise en scène

Le Maghreb

Les trois pays du Maghreb sont le Maroc, l'Algérie et la Tunisie. Ces trois pays de l'Afrique du Nord étaient des colonies ou des protectorats français.

Dans ces pays on enseigne le français dès l'école primaire, mais la langue officielle c'est l'arabe. Le mot *Maghreb* est dérivé de l'arabe **al-Maghrib** qui veut dire «direction où le soleil se couche».

Comme dans tous les pays arabes la religion pratiquée par la vaste majorité de la population c'est l'islam, une religion monothéiste fondée par le prophète Mahomet au septième siècle. L'islam se caractérise par l'absence de médiateur entre les hommes et Dieu. Il n'y a pas de clergé. Ce sont les dévots qui ont la mission de diriger la prière. Le livre sacré des musulmans est le Coran.

La conversation qui suit a lieu entre Ahmed et Julie. Ahmed vient de Tunisie et il décrit à son amie française une très importante fête religieuse.

Une grande fête

Julie Dis-moi, Ahmed. Quelle est la fête la plus importante qu'on célèbre en Tunisie?
Ahmed Moi, je dirais que c'est sans doute le Ramadan.
Julie Le Ramadan. Il a lieu quand?
Ahmed Ça dépend. La date change. Il peut avoir lieu en été ou en hiver.
Julie C'est vrai? Comment ça?
Ahmed Eh bien, le Ramadan a lieu toujours le neuvième mois de l'année selon le calendrier hégire, c'est-à-dire le calendrier musulman. L'année est partagée en douze mois mais les mois sont alignés sur le mouvement de la Lune, pas sur celui du Soleil. Et chaque jour commence non pas à minuit mais immédiatement après le coucher du soleil. Il y a un décalage[1] annuel de dix à onze jours par rapport au calendrier solaire des chrétiens.
Julie Je ne savais pas ça. C'est très intéressant ce que tu me dis. Et qui décide quand le Ramadan commence?
Ahmed Comme je t'ai dit, c'est au neuvième mois de notre calendrier. Le grand mufti décide le moment exact. Moi aussi je trouve ça un peu compliqué mais le mufti scrute les cieux et après une nuit sans un certain astre il annonce le Ramadan pour le jour suivant. Le Ramadan dure un mois.

[1]un décalage *time lag*

Leçon 2
Conversation

Julie Un mois!
Ahmed Oui, un mois. Et c'est une fête solennelle et joyeuse en même temps.
Julie Une fête solennelle et joyeuse? C'est possible?
Ahmed Oui. Le Ramadan, c'est une période d'abstinence et de jeûne. Entre le lever et le coucher du soleil on ne peut rien manger ni boire. Rien, absolument rien! Et on ne peut pas s'amuser et il est recommandé de dire des oraisons spéciales et de lire le Coran.
Julie Franchement, ça n'a pas l'air très joyeux, tout ça.
Ahmed Mais... la journée d'abstinence est toujours suivie d'une nuit d'allégresse[2]. Au moment du coucher du soleil on peut rompre le jeûne. On se réunit en famille et on mange la harira—ça me fait venir l'eau à la bouche.
Julie C'est quoi, la harira?
Ahmed C'est une soupe traditionnelle de légumes secs, des pois chiches et des lentilles. C'est délicieux. Mais c'est pas tout.
Julie Quoi d'autre?
Ahmed À la fin du Ramadan la véritable fête commence. Elle dure trois ou quatre jours. Tout est fermé—les bureaux, les magasins—tout. On s'offre des gâteaux et les enfants reçoivent des petits cadeaux et des bonbons. Il y a des carnavals dans les rues. Tout le monde s'amuse.
Julie Et après?
Ahmed Eh ben malheureusement, après toutes ces festivités, il faut devenir sérieux et se remettre au travail!
Julie Et l'année prochaine, ça sera quand, le Ramadan?
Ahmed Ben, ça aura lieu onze ou douze jours avant le début du Ramadan cette année. Et tout recommencera.

[2]allégresse *joy, cheerfulness*

Vous avez compris?

A Identifiez.

1. les pays du Maghreb
2. où ils sont
3. ce qu'ils ont été
4. leur langue officielle
5. l'origine du mot *Maghreb*
6. la religion de ces pays
7. deux caractéristiques de cette religion
8. le livre sacré des musulmans

Answers to Vous avez compris?

A

1. le Maroc, l'Algérie, la Tunisie
2. en Afrique du Nord
3. des colonies ou des protectorats français
4. l'arabe
5. «Maghreb» vient du mot arabe «al-Magrib» qui veut dire «la direction où le soleil se couche».
6. l'islam
7. C'est une religion monthéiste et elle n'a pas de médiateur entre les hommes et Dieu.
8. le Coran

3 Practice

Expansion: Before doing these **Activités B, C, D,** you may wish to have the class work together to make a list of some of the important parts and characteristics of Ramadan.

Learning from Photos

La harira est une soupe marocaine.
Recette pour 4 à 5 personnes
Ingrédients:
200 g de viande de mouton
1 bol de pois chiches trempés
100 g de lentilles
1 coulis de tomates
1 bouquet de persil
1 bouquet de coriandre
2 branches de céleri
1 oignon
1 pincée de cannelle
1 pincée de safran
1 grand verre de farine
1 noix de beurre
60 g de cheveux d'anges
1 oeuf
Préparation: Couper la viande en petits dés, hacher finement le coriandre, le persil, le céleri et l'oignon.
Les mettre dans une cocotte-minute, ajouter les pois chiches, les lentilles, le safran, la cannelle, le poivre, le sel, la noix de beurre et le coulis de tomates. Recouvrir de 2 litres d'eau et faire cuire à couvert 20 à 30 min. Dans un grand bol, délayer la farine dans ½ litre d'eau, mélanger énergiquement pour éviter les grumeaux. Une fois que les pois chiches sont bien cuits, mettre la cocotte sur feu moyen et y incorporer le mélange farine + eau tout en remuant. Ajouter les cheveux d'anges et porter à ébullition sans cesser de remuer. Dans un bol brouiller l'oeuf et le verser dans la préparation tout en remuant. Laisser bouillir l'ensemble pendant 10 à 15 minutes. Vérifier l'assaisonnement et la consistance de la soupe.

Leçon 2
Conversation

B Vrai ou faux?

1. Le calendrier hégire, c'est le calendrier musulman.
2. L'année est divisée en dix mois.
3. Les mois sont alignés sur le mouvement du Soleil.
4. Chaque jour commence avec le lever du soleil.
5. Il y a un décalage de cinq jours par an par rapport au calendrier des chrétiens.
6. Le calendrier des chrétiens est basé sur le mouvement du Soleil.

Un restaurant marocain

Un bol de harira

C Répondez.

1. Le Ramadan a lieu quand?
2. La date exacte change?
3. Le Ramadan dure combien de temps?
4. C'est quel type de fête?
5. Durant le Ramadan, qu'est-ce que les musulmans ne peuvent pas faire entre le lever et le coucher du soleil?
6. Qu'est-ce qu'on fait au moment du coucher du soleil?
7. Qu'est-ce que la harira?
8. Qu'est-ce qui se passe à la fin du Ramadan?
9. Combien de jours les festivités durent-elles?
10. Qu'est-ce qu'il y a dans les rues?
11. Et l'année prochaine, ça sera quand, le Ramadan?

D Vous avez appris des détails sur la fête du Ramadan. Avec un(e) camarade, parlez de cette fête. Donnez vos réactions. Quels aspects avez-vous trouvés très intéressants? Y a-t-il des choses qui vous ont surpris(e)?

Restaurant
la Fibule
Spécialités de la Cuisine Marocaine Traditionnelle

Answers to Vous avez compris?

B

1. Vrai.
2. Faux.
3. Faux.
4. Vrai.
5. Faux.
6. Vrai.

C

1. Le Ramadan a lieu le neuvième mois de l'année selon le calendrier hégire.
2. Oui, la date exacte change.
3. Le Ramadan dure un mois.
4. C'est une fête joyeuse et solonnelle en même temps.
5. Il ne peuvent rien manger ni boire.
6. On rompt le jeûne.
7. C'est une soupe traditionnelle.
8. À la fin du Ramadan, la véritable fête commence.
9. Les festivités durent trois ou quatre jours.
10. Il y a des carnavals dans les rues.
11. Onze ou douze jours avant le début du Ramadan cette année.

D *Answers will vary.*

Structure ⚜ Révision

Le futur

Telling what you and other people will do

1. The future of regular verbs is formed by adding the appropriate endings to the infinitive of the verb. In the case of verbs ending in **-re,** the final **-e** is dropped before the future endings are added.

Infinitive	PARLER	FINIR	ATTENDRE
Stem	PARLER-	FINIR-	ATTENDR-
Future	je parlerai tu parleras il/elle/on parlera nous parlerons vous parlerez ils/elles parleront	je finirai tu finiras il/elle/on finira nous finirons vous finirez ils/elles finiront	j' attendrai tu attendras il/elle/on attendra nous attendrons vous attendrez ils/elles attendront

2. The future tense expresses an action or event that will take place sometime in the future. Following are some common adverbial expressions that can be used with the future.

demain	**bientôt**	**le mois prochain**
après-demain	**dimanche prochain**	**l'été prochain**
dans deux jours	**la semaine prochaine**	
un de ces jours	**l'année prochaine**	

Un de ces jours ils parleront de la situation.
Je sais qu'elle comprendra.
Ils se mettront d'accord sans problème.

3. Remember that in French, the present tense or the **aller** + infinitive construction is frequently used to describe an event that will happen in the near future.

Je pars demain. **Je vais lui téléphoner.** **Nous allons y aller.**

4. If a future time is implied after the conjunctions **quand, lorsque** *(when),* **dès que** *(as soon as),* the future tense must be used.

Je le verrai quand il arrivera.
Lorsqu'elle sera là, téléphone-moi.
Dès que vous aurez une réponse, envoyez-moi un e-mail.

Le village de Salé près de Rabat au Maroc

Leçon 2 Conversation

1 Preparation

Resource Manager

Audio Activities TE, page 64
Audio CD 4
Workbook, pages 56–57
Quiz, page 51
ExamView® Pro

Bellringer Review

Use BRR Transparency 4.5 or write the following on the board:
Récrivez chaque phrase au futur proche (aller + infinitif).
1. J'arrive à huit heures.
2. Je vois mes amis.
3. Ils sont là.
4. Nous dansons ensemble.
5. Nous nous amusons.

2 Presentation

Le futur

Step 1 Write the verb paradigm on the board and have students repeat the verb forms after you.

Step 2 Call on students to repeat in unison all the model expressions and sentences.

Learning from Realia

(page 190 bottom) Une fibule est une broche antique pour retenir les extrémités d'un vêtement.

(page 191) Rabat est la capitale administrative du royaume du Maroc. La ville est baignée par l'océan Atlantique. L'agglomération compte près d'un million d'habitants. De l'autre côté de la rivière, le village de Salé a une ancienne médersa (école coranique) du XIVe siècle.

LEVELING
E: Structure

2 Preparation *(suite)*

Step 3 Pay particular attention to students' pronunciation as they repeat the **je** and **nous** forms of the verbs in Item 5 after you.

Step 4 You may also wish to have the students repeat the **vous** form of the irregular verbs in Item 6.

Note: It is up to the discretion of the teacher as to how thoroughly to present the future since most often the present or **aller** + infinitive is used to express the future. The only exception is with **quand, lorsque,** and **dès que.**

Chapter Projects

À table!
Have students research typical recipes from around the Francophone world and organize a potluck dinner. If there is a Francophone population in your region, have students seek out a recipe from someone in that community. Encourage students to use additional sources such as the Internet, the library, and cooking magazines to help them decide which dishes to make. Try to make sure that students include at least one dish from each French-speaking region. You may wish to suggest dishes that have particular cultural and culinary importance such as cream-based dishes from Normandy or mafé from Senegal.

5. Note the spelling of the following verbs. These verbs are not irregular in the future; the spelling changes accommodate the pronunciation.

Infinitive	Present	Future	
acheter	il achète	j' achèterai	nous achèterons
lever	il lève	je lèverai	nous lèverons
mener	il mène	je mènerai	nous mènerons
appeler	il appelle	j' appellerai	nous appellerons
jeter	elle jette	je jetterai	nous jetterons
employer	elle emploie	j' emploierai	nous emploierons
essayer	elle essaie	j' essaierai	nous essaierons

6. The following verbs have irregular stems in the future tense. The endings, however, are regular.

aller	j' **irai**	**courir**	je **courrai**
avoir	j' **aurai**	**mourir**	je **mourrai**
être	je **serai**	**pouvoir**	je **pourrai**
faire	je **ferai**	**voir**	je **verrai**
savoir	je **saurai**	**envoyer**	j' **enverrai**
vouloir	je **voudrai**	**venir**	je **viendrai**
devoir	je **devrai**	**valoir**	il **vaudra**
recevoir	je **recevrai**	**falloir**	il **faudra**
s'asseoir	je **m'assiérai**	**pleuvoir**	il **pleuvra**

Comment dit-on?

1 Historiette Le Ramadan Répondez d'après les indications.

1. Le Ramadan aura lieu en quel mois? (septembre)
2. Qui annoncera le commencement du Ramadan? (Le mufti)
3. Les gens s'informeront comment? (à la radio)
4. Tout le monde jeûnera? (Absolument)
5. Qu'est-ce qu'ils mangeront et boiront pendant la journée? (rien)
6. Ils pourront manger quelque chose quand? (après le coucher du soleil)
7. Qu'est-ce qu'ils mangeront? (la harira)
8. À la fin du Ramadan, qu'est-ce qu'il y aura? (des grandes festivités)
9. Que recevront les enfants? (des cadeaux et des bonbons)
10. Tout le monde s'amusera? (Absolument)

2 Historiette Il dira n'importe quoi. Complétez au futur.

1. Il dit qu'il ____ le faire. (savoir)
2. Il dit qu'il ____ le faire. (pouvoir)
3. Il dit qu'il ____ de le faire. (essayer)
4. Il le ____ quand il ____ en France. (faire, être)
5. On ____. (voir)
6. Il ____ impressionner ses amis. (vouloir)
7. Tout le monde ____ voir ce qu'il fait. (venir)
8. Est-ce que ça ____ la peine d'aller voir? (valoir)
9. S'il réussit, la compagnie ____ son invention. (utiliser)
10. Sinon, elle la ____. (jeter)

Answers to Comment dit-on?

1

1. Le Ramadan aura lieu en septembre.
2. Le mufti annoncera le commencement du Ramadan.
3. Les gens s'informeront à la radio.
4. Absolument tout le monde jeûnera.
5. Ils ne mangeront et ne boiront rien pendant la journée.
6. Ils pourront manger quelque chose après le coucher du soleil.
7. Ils mangeront la harira.
8. À la fin du Ramadan il y aura des grandes festivités.
9. Les enfants recevront des cadeaux et des bonbons.
10. Absolument tout le monde s'amusera.

2

1. saura
2. pourra
3. essaiera
4. fera, sera
5. verra
6. voudra
7. viendra
8. vaudra
9. utilisera
10. jettera

3 Historiette **Un jour, je serai en France.** Répondez.

1. Tu iras en France un jour?
2. Lorsque tu iras en France, tu prendras l'avion?
3. Tu pourras rester combien de temps en France?
4. Tu iras sur la Côte d'Azur quand tu seras en France?
5. Tu nageras dans la mer Méditerranée dès que tu seras sur la Côte d'Azur?
6. Tu feras une promenade sur la plage quand tu seras à Nice?
7. Tu visiteras le joli village de Saint-Paul-de-Vence?
8. De l'hôtel tu auras une belle vue sur le village?

Une ruelle de Saint-Paul-de-Vence

Saint-Paul-de-Vence en Provence

4 **Projets** Complétez les phrases suivantes utilisant le futur.

1. Dans deux jours, toi et Monique, vous...
2. Demain, je...
3. L'été prochain, mes parents...
4. Un de ces jours, mon frère...
5. L'année prochaine, mes amis et moi, nous...
6. Dimanche prochain, ma sœur...
7. La semaine prochaine, tu...

5 **Une belle maison** Tu veux acheter une belle maison comme une de celles-là. Dis dans quelle région la maison sera, tout ce qu'elle aura, combien tu paieras, etc.

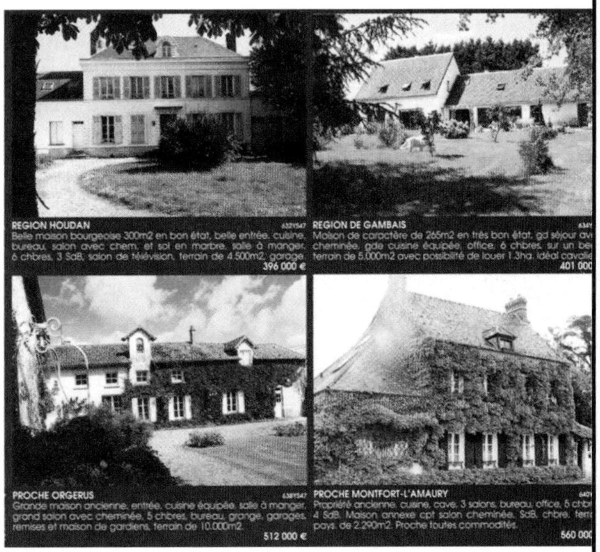

3 Practice

Comment dit-on?

3 After going over this activity, have one student retell it in his or her own words.

4 You can call on several students to answer each question since their answers will be different.

Learning from Photos

(page 193 left and right) Saint-Paul-de-Vence est un très beau village médiéval qui est perché sur un promontoire au-dessus de la Méditerranée. La beauté de ce lieu exceptionnel explique la fascination qu'exerce Saint-Paul. Il faut encore y ajouter le rayonnement culturel et artistique. Ce minuscule bout de Provence attire les créateurs. Sensibilités et talents les plus divers s'y installent ou se rencontrent dans les nombreuses galeries d'art. La fondation Maeght a une collection permanente où peintres et sculpteurs ont été associés à l'architecture en créant des œuvres intimement liées aux bâtiments et aux jardins : mosaïque de Chagall, vitraux de Braque, sculptures de Giacometti, labyrinthe de Miro, mobile de Calder...

Answers to Comment dit-on?

3

1. Oui, un jour j'irai en France.
2. Oui, lorsque j'irai en France, je prendrai l'avion.
3. Je pourrai rester... en France.
4. Oui (Non), j'irai (je n'irai pas) sur la Côte d'Azur quand je serai en France.
5. Oui (Non), je (ne) nagerai (pas) dans la mer Méditerrannée dès que je serai sur la Côte d'Azur.
6. Oui (Non), je (ne) ferai (pas) une (de) promenade sur la plage quand je serai à Nice.
7. Oui (Non), je (ne) visiterai (pas) la jolie ville de Saint-Paul-de-Vence.
8. Oui (Non), j'aurai (je n'aurai pas) une (de) belle vue sur le village.

4 *Answers will vary.*

5 *Answers will vary.*

1 Preparation

Resource Manager

Audio Activities TE, page 64
Audio CD 4
Workbook, pages 58–59
Quiz, page 52
ExamView® Pro

Bellringer Review

Use BRR Transparency 4.6 or write the following on the board:

Complétez au futur:

1. **Moi, j' ___ en France et mon ami ___ en Espagne. (aller, aller)**
2. **Nous ___ le même vol parce qu'il ___ une semaine à Paris avant d'aller à Madrid. (prendre, être)**
3. **En huit jours, nous ___ visiter tous les quartiers intéressants. (pouvoir)**
4. **Moi, j'___ beaucoup de souvenirs mais mon ami n'___ rien. (acheter, acheter)**

2 Presentation

Le conditionnel

Step 1 You may wish to call on a student to read the explanation aloud.

Step 2 Have the class repeat the verb forms and the model sentences.

LEVELING

E: Structure

Le conditionnel

Expressing conditions

1. To form the conditional, the same stem is used as the one for the future. The imperfect endings are added to this stem.

Same as imperfect but add verb ending – "er" – "ir" – drop "e" in re

Infinitive	Future stem	Imperfect endings	Conditional
parler	parler-	-ais	je parlerais
finir	finir-	-ais	tu finirais
vendre	vendr-	-ait	il/elle/on vendrait
faire	fer-	-ions	nous ferions
pouvoir	pourr-	-iez	vous pourriez
acheter	achèter-	-aient	ils/elles achèteraient

2. The conditional is used in French, the same as in English, to express what would take place if it were not for some other circumstance.

J'irais bien au cinéma, mais il faut que je travaille.
J'aimerais aller à Paris, mais je n'ai pas assez d'argent.

3. The conditional is used to make a polite request.

Je voudrais deux billets, s'il vous plaît.
Pourriez-vous me donner une brochure sur le Maroc?

4. The conditional is used to express a future action in a past context. Contrast the following.

Il dit qu'il nous rendra visite.
Il a dit qu'il nous rendrait visite.

Elle dit qu'elle sera là aussi.
Elle a dit qu'elle serait là aussi.

Learning from Realia

(page 194) Le théâtre des Bouffes du Nord est un vieux théâtre parisien qui date de la fin du XIXe siècle. Il est actuellement dirigé par Peter Brook.

Comment dit-on?

6 **Historiette** **Je voudrais bien** Répondez que oui.

1. Tu aimerais visiter la France?
2. Tu irais en quelle saison?
3. Tu y passerais combien de temps?
4. Tu visiterais quelles villes?
5. Tu aimerais voir aussi des petits villages?
6. Tu louerais une voiture en France ou tu prendrais le train?
7. Tu ferais ce voyage tout(e) seul(e) ou avec des copains?

7 **Qu'a-t-il dit?** Complétez au conditionnel.

1. Il a dit qu'il ____ le Maroc. (visiter)
2. Moi aussi, j'ai dit que je ____ le Maroc. (visiter)
3. Il m'a dit qu'il ____ là pour le Ramadan. (être)
4. Qu'est-ce que tu as dit? Tu as dit que tu ____ là pour le Ramadan? (être)
5. Un ami marocain m'a dit qu'il ____ que j'y aille avant ou après le Ramadan. (préférer)
6. Je suis d'accord. J'ai des amis marocains et ils m'ont dit qu'on ____ plus. (s'amuser)

8 **Historiette** **Un petit service** Complétez au conditionnel.

1. ____-tu m'acheter trois billets pour samedi? (pouvoir)
2. Ça m'____, parce que sinon, je ne ____ pas y aller moi-même. (arranger, pouvoir)
3. J'____ aussi que tu m'envoies le programme pour le mois prochain. (aimer)
4. Car ça m'____ que je puisse me libérer avant ça. (étonner)
5. Philippe et Jean m'ont dit qu'ils ____ peut-être aussi. (venir)
6. Au fait, toi aussi, tu ____ venir avec nous. (pouvoir)
7. Nous ____ très heureux que tu viennes avec nous. (être)

3 Practice

Comment dit-on?

6, **8** Call on a student to retell the story in his or her own words.

Class Motivator

Conditional Game:
Qu'est-ce que vous feriez?

Set-up: With students, brainstorm difficult or unusual situations people might find themselves in. Write the situations on the board.

Sample situation: Vous êtes sorti(e) en robe de chambre pour chercher le journal et la porte de la maison s'est refermée derrière vous. Personne n'est à la maison.

Game: Two students leave the room while the class picks a situation from the board. The students return and the class takes turns asking the two students questions using the conditional to find out how they would react.

Learning from Realia

(page 195 left) Le palais des Congrès est un vaste complexe de plusieurs étages qui comprend des halls d'expositions, des salles de réunions, des bureaux. Il y a aussi des restaurants, des cinémas, une discothèque, des salons de réception, une gare routière et un immense amphithéâtre.

Dans la publicité de "Non", il s'agit de l'époque où de Gaulle, ne reconnaissant pas le gouvernement de Vichy, quitte la France et rejoint l'Angleterre. Il dit «non», non à la défaite, non à l'abandon et à l'asservissement de son pays. Arrivé à Londres en juin 1940, sans soutien, ni soldat, il ose s'écrier *«Je suis la France»*.

Answers to Comment dit-on?

6

1. Oui, j'aimerais visiter la France.
2. J'irais en...
3. J'y passerais...
4. Je visiterais...
5. Oui, j'aimerais voir aussi des petits villages.
6. Je louerais une voiture (prendrais le train).
7. Je ferais ce voyage tout(e) seul(e) (avec des copains).

7

1. visiterait
2. visiterais
3. serait
4. serais
5. préférerait
6. s'amuserait

8

1. Pourrais
2. arrangerait, pourrais
3. aimerais
4. étonnerait
5. viendraient
6. pourrais
7. serions

Recycling

These activities allow students to use the vocabulary and structure from this lesson in completely open-ended, real-life situations.

Encourage students to say as much as possible when they do these activities. Tell them not to be afraid to make mistakes, since the goal of these activities is real-life communication. If someone in the group makes an error, allow the others to politely correct him or her. Let students choose the activities they would like to do.

You may wish to divide students into pairs or groups. Encourage students to elaborate on the basic theme and to be creative. They may use props, pictures, or posters if they wish.

Leçon 2
Conversation

C'est à vous

Use what you have learned

PARLER ÉCRIRE

1 Comparaisons

✔ *Compare Ramadan to another holiday*

Comparez la fête du Ramadan avec une autre fête que vous connaissez ou que vous célébrez. Elles ont des choses en commun? Il y a aussi des différences entre les deux?

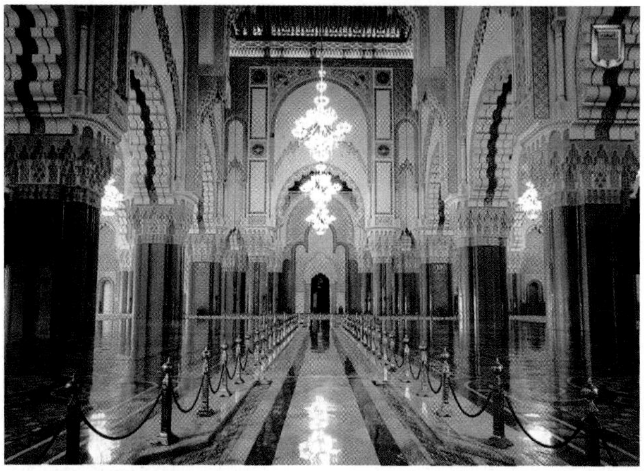

La mosquée Hassan II à Casablanca au Maroc

ÉCRIRE

2 Une fête

✔ *Describe a religious holiday*

Décrivez une de vos fêtes religieuses. Dites à quel moment de l'année elle a lieu et comment vous la célébrez.

Les treize desserts de Noël à Avignon

PARLER

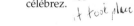

3 La prochaine fête

✔ *Talk about your next holiday*

Quelle est pour vous la prochaine grande fête? Dites tout ce que vous ferez à cette occasion.

Leçon 2 Conversation

ÉCRIRE

4 Un de ces jours au Maghreb

✔ *Talk about what you would do if you could visit any country in the Maghreb*

Depuis que vous étudiez le français, vous avez appris beaucoup de choses sur la vie et la culture des pays maghrébins. Imaginez que vous allez visiter un pays du Maghreb. Décidez lequel et dites ce que vous voulez voir et ce que vous ferez quand vous y serez.

À Sidi-Bou-Saïd en Tunisie

PARLER

5 Je suis dépaysé(e).

✔ *Talk about what you would do if you were in an unknown culture*

Imaginez que vous vous trouvez dans un milieu complètement différent du vôtre. On parle une langue que vous ne comprenez pas et les habitudes et les coutumes sont complètement différentes. Comment réagiriez-vous dans un tel milieu? Vous vous sentiriez à votre aise ou pas? Qu'est-ce que vous feriez pour essayer de vous adapter? Vous trouveriez ça facile ou difficile?

À Ganvié au Bénin

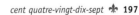

PARLER

6 Le maire

✔ *Plan a celebration for your city*

Si vous étiez maire de votre ville, qu'organiseriez-vous pendant la période des fêtes de fin d'année? Voici des mots que vous avez déjà appris et dont vous aurez peut-être besoin:

un défilé, une fanfare, des feux d'artifice, un char, des confettis, des serpentins, un arbre de Noël, une menorah, un chant de Noël, des bougies, réveillonner, s'embrasser

Learning from Photos

(page 196 bottom) La tradition des treize desserts à Noël varie d'une région à l'autre mais il y a toujours des fruits, des fruits secs, des noix, du nougat. Pourquoi treize desserts? Parce qu'il y avait douze apôtres et Jésus.

Learning from Realia

(page 197 right) Sidi Bou Saïd est un petit village charmant habité par la bourgeoisie tunisienne. Il a un style très marqué: les couleurs bleues et blanches. Il est situé sur une colline près de Tunis. De la terrasse d'un café vous avez un magnifique panorama sur Tunis et la baie, tout en dégustant un délicieux thé à la menthe.

Resource Manager

Assessment Transparency A4.2
Quizzes, pages 49–52
Tests, pages 92–93 and 100–116
ExamView® Pro

Assessment

This is a pretest for students to take before you administer the lesson test. Answer sheets for students to do these pages are provided in your transparency binder. Note that each section is cross-referenced so students can easily find the material they have to review in case they made errors. You may wish to collect these assessments and correct them yourself or you may prefer to have the students correct themselves in class. You can go over the answers orally or project them on the overhead, using your Assessment Answers transparencies.

Assessment

Vocabulaire

To review the vocabulary, turn to page 186.

1 Complétez.

1. La nuit il y a des ____ dans le ciel.
2. Le ____ est très tôt le matin.
3. Les pois chiches et les lentilles sont des ____.
4. Les enfants aiment beaucoup les ____ mais le sucre n'est pas bon pour la santé.
5. Il ne mange rien. Il est en train de ____.
6. Une ____ est une prière.

L'avenue des Champs-Élysées à Paris

Conversation

To review the conversation, turn to pages 188–189.

2 Répondez.

7. Quels sont les trois pays du Maghreb?
8. Quelle est la fête la plus importante dans les pays du Maghreb?
9. Cette fête a lieu le même mois tous les ans?
10. La fête dure combien de temps?
11. Tout le monde mange beaucoup pendant la fête?
12. Qu'est-ce que la harira?

Answers to Assessment

1

1. astres (étoiles)
2. lever du soleil
3. légumes secs
4. bonbons
5. jeûner
6. oraison

2

7. le Maroc, l'Algérie et la Tunisie
8. le Ramadan
9. Oui, cette fête a lieu le même mois tous les ans selon le calendrier hégire mais pas selon notre calendrier.
10. un mois
11. Non, tout le monde jeûne entre le lever et le coucher du soleil.
12. La harira est une soupe traditionnelle avec des légumes secs, des pois chiches et des lentilles.

Structure

3 Récrivez les phrases suivantes au futur.

13. Elle va finir.
14. Ils vont répondre.
15. Je vais téléphoner.
16. Tu vas avoir de la chance.
17. Nous allons recevoir beaucoup d'argent.
18. Vous allez voir ce qui se passe.

To review the future tense, turn to pages 191–192.

4 Complétez.

19. Tu iras à Nabeul quand tu ____ en Tunisie. (être)
20. Je lui parlerai quand je le ____. (voir)

To review the future tense after conjunctions, turn to pages 191–192.

5 Complétez au conditionnel.

21. Tu y ____ combien de temps. (passer)
22. Ils ____ à Casablanca? (aller)
23. Je ____ très content(e). (être)
24. Il ____ assez d'argent. (avoir)
25. Nous ____ vous voir. (aimer)

To review the conditional tense, turn to page 194.

Un restaurant à Casablanca au Maroc

Assessment

After going over the Assessment, you may administer the test for **Leçon 2, Chapitre 4.**

Learning from Photos

(page 198) De la Place de la Concorde jusqu'à la Place Charles de Gaulle-Étoile, cette artère, tracée par Le Nôtre chargé par Louis XIV de redessiner le Jardin des Tuileries, permettait au roi depuis le Palais des Tuileries de suivre la course du soleil et de le voir se coucher dans le prolongement de ce qui deviendrait les Champs-Elysées. L'Avenue des Champs-Elysées est aujourd'hui prolongée par la perspective de la Grande Arche.

Answers to Assessment

3

13. Elle finira.
14. Ils répondront.
15. Je téléphonerai.
16. Tu auras...
17. Nous recevrons...
18. Vous verrez...

4

19. seras
20. verrai

5

21. passerais
22. iraient
23. serais
24. aurait
25. aimerions

1 Preparation

Resource Manager

Vocabulary Transparencies V4.4–V4.5
Audio Activities TE, page 66
Audio CD 4
Workbook, page 60
Quiz, page 53
ExamView® Pro

Bellringer Review

Use BRR Transparency 4.7 or write the following on the board:

Complétez au présent.

1. **C'est lui qui ___ qu'il ___ aller en Tunisie, non? (dire, vouloir)**
2. **Vous y ___ en bateau ou en avion? (aller)**
3. **Je ___ prendre le bateau mais mon copain n'___ pas les bateaux. (préférer, aimer)**
4. **Tu ___ envie d'y aller aussi? (avoir)**
5. **Qu'est-ce qu'ils ___ faire en Tunisie? (vouloir)**
6. **Je ne ___ pas. (savoir)**

2 Presentation

Vocabulaire pour la lecture

Step 1 Since this vocabulary section is quite short, you may wish to vary the presentation procedure. Have students open their books, look at the illustrations, and read the definitions silently. You may wish to assign this for homework.

Learning from Photos

(page 200 bottom left) Annabelle Priera porte une coiffe traditionnelle de la Guadeloupe.

Vocabulaire pour la lecture

Le français, langue de culture

une métisse

Les gens aisés fréquentent les restaurants de luxe.

Plus de vocabulaire

l'acculturation adaptation, forcée ou non, à une nouvelle culture, à de nouvelles croyances et à de nouveaux comportements
un archétype modèle idéal
la puissance la force, le pouvoir, l'énergie
aisé(e) assez riche, le contraire de pauvre
préciser déterminer, exprimer d'une manière directe et détaillée
renier renoncer à, abandonner

LEVELING
E: Vocabulary

Quel est le mot?

1 Vrai ou faux? Indiquez si la phrase est vraie ou fausse.

1. Après une guerre il y a souvent des décombres.
2. Les artisans se servent de nombreux outils.
3. Il n'est jamais nécessaire d'avoir un archétype avant de lancer un projet.
4. Un(e) métis(se) est une personne qui a un père et une mère de races différentes.
5. Tous les immigrés vous diront que l'acculturation ne pose aucun problème. Il est très facile de s'adapter à une nouvelle culture.
6. Une famille aisée a très peu d'argent.
7. Si on veut parler une deuxième langue, il faut renier sa langue maternelle.

2 Définitions Donnez le mot dont la définition suit.

1. les débris des ruines
2. le contraire de pauvre
3. exprimer ou déclarer emphatiquement
4. ne pas accepter, renoncer
5. le pouvoir

Fort-de-France à la Martinique

3 Practice

Quel est le mot?

1 You may wish to call on more able students to correct the false statements.

Learning from Photos

(page 201 bottom) Depuis la destruction de Saint-Pierre par l'éruption volcanique de la montagne Pelée en 1902, Fort de France est la ville principale de la Martinique—un département français d'outre-mer (un D.O.M).

Answers to Quel est le mot?

1

1. Vrai.
2. Vrai.
3. Faux.
4. Vrai.
5. Faux.
6. Faux.
7. Faux.

2

1. les décombres
2. aisé
3. préciser
4. renier
5. la puissance

1 Preparation

Resource Manager

Audio Activities TE, page 67
Audio CD 4
Workbook, pages 60–61
Quiz, page 54

2 Presentation

Avant la lecture

Step 1 Have students read a few sentences each of **Avant la lecture** aloud and have the other students follow along in their books. Intersperse questions from **Activité A** on page 204 to check comprehension.

Step 2 Upon completion of the reading, have one or two students say as much as they can about Senghor.

LEVELING
A: Reading

Leçon 3
Journalisme

Avant la lecture

L'usage du mot «francophonie» inventé par le géographe Onésime Reclus en 1880 a été relancé dans la revue *Esprit* en novembre, 1962. L'article suivant de Léopold Sédar Senghor a paru dans cette édition.

Léopold Sédar Senghor

Léopold Senghor est né à Joal au Sénégal. Il a eu une enfance heureuse dans une grande famille. Son père était un homme aisé qui connaissait tous les notables de la région. Sa mère était d'origine plus modeste. Senghor était chrétien et a fait ses études au séminaire. Mais un oncle maternel a eu une forte influence sur son éducation. C'est lui qui l'a initié aux mystères de la nature, au monde africain ancien, à l'univers des esprits.

Senghor a eu son baccalauréat à Dakar. Ensuite il a reçu une bourse qui lui a permis d'étudier au très prestigieux lycée Louis-le-Grand à Paris. Ses années à Paris ont fait naître en lui un sentiment de dépossession. Avec des amis qui partagent ce sentiment, il développe le concept de la négritude comme une réponse à l'acculturation. Un de ces amis, l'écrivain martiniquais Aimé Césaire, définit la négritude en ces termes: «La négritude est la simple reconnaissance du fait d'être noir, et l'acceptation de ce fait, de notre destin Noir, de notre histoire et de notre culture.» La négritude est une affirmation de toutes les valeurs culturelles et spirituelles du monde noir.

En France Senghor a commencé une carrière politique. En 1945 il a été élu député du Sénégal à l'Assemblée nationale. Au moment de l'indépendance de son pays en 1960 il a été élu président de la République du Sénégal. Senghor est devenu poète aussi. Sa poésie, écrite en français, célèbre son amour pour son pays natal, ses traditions et son peuple. En 1983 il a été élu à la prestigieuse Académie française.

Dans l'article qui suit Senghor déclare que la langue française est un outil de libération. Pourquoi Senghor dit-il cela?

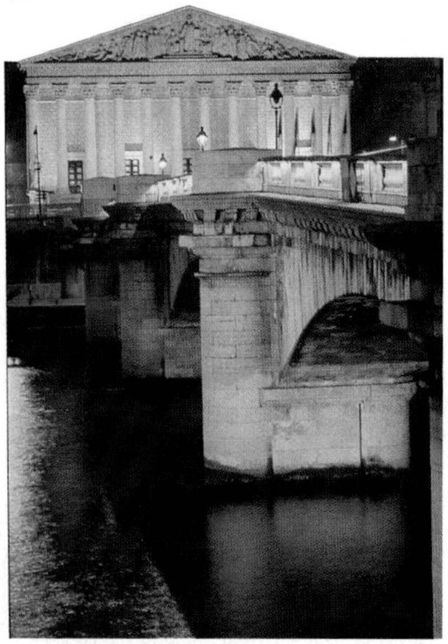
l'Assemblée nationale à Paris

ESPRIT

Le français, langue de culture

«[...] Nous, politiques noirs, nous, écrivains noirs, nous nous sentons[1], pour le moins, aussi libres à l'intérieur du français que dans nos langues maternelles. Plus libres, en vérité, puisque la liberté se mesure à la puissance de l'outil: à la force de création.

Il n'est pas question de renier les langues africaines. Pendant des siècles, peut-être des millénaires, elles seront encore parlées, exprimant les immensités abyssales[2] de la Négritude. Nous continuerons d'y pêcher les images archétypes: les poissons des grandes profondeurs. Il est question d'exprimer notre authenticité de métis culturels, d'hommes du XXe siècle. Au moment que, par totalisation et socialisation, se construit la Civilisation de l'Universel, il est, d'un mot, question de se servir de ce merveilleux outil, trouvé dans les décombres du Régime colonial. De cet outil qu'est la langue française.»

[1]nous nous sentons *we feel*
[2]abyssales *very deep, profound*

La place de l'Indépendance à Dakar au Sénégal

Leçon 3
Journalisme

Lecture

Step 1 Read Senghor's article to the students.

Step 2 Have students look over **Activité B** on page 204, then have them reread the article silently while looking for this information.

LEVELING

C: Reading

3 Practice

Vous avez compris?

A, **B**, **C** Have students prepare the activities and then go over them in class.

Leçon 3
Journalisme

Vous avez compris?

A **Historiette** Répondez.

1. Où Léopold Senghor est-il né?
2. Comment était sa famille?
3. Où a-t-il étudié au Sénégal?
4. Qui a eu une grande influence sur l'éducation de Senghor? Qu'est-ce que cette personne lui a appris?
5. Où Senghor a-t-il fait d'autres études?
6. Comment se sentait-il à Paris?
7. Qu'a-t-il développé?
8. Qu'est-ce que la Négritude?
9. Quelles fonctions politiques a-t-il eues?

Le palais présidentiel à Dakar au Sénégal

Deux femmes en boubou au Sénégal

B Relisez l'article de Senghor et trouvez comment il exprime les idées suivantes.

1. Nous sommes capables d'exprimer nos idées et nos sentiments aussi bien en français que dans nos langues maternelles.
2. Nous continuerons à parler nos langues pendant des siècles.
3. Dans nos langues nous pouvons exprimer l'essence même des valeurs et des traditions culturelles et spirituelles de nos sociétés.
4. Utiliser le français indique la réalité et l'authenticité de notre intégration, assimilation et acculturation dans des cultures différentes.
5. La langue française est un outil important qui nous reste de l'époque coloniale et nous devons l'utiliser.

C Expliquez pourquoi d'après Senghor le français est une langue de libération pour les Africains qui le parlent en seconde langue.

Answers to Vous avez compris?

A

1. Il est né à Joal au Sénégal.
2. Elle était grande.
3. Il a fait ses études au séminaire et il a eu son baccalauréat à Dakar.
4. Son oncle maternel a eu une grande influence sur son éducation. Il l'a initié aux mystères de la nature, au monde africain ancien, à l'univers des esprits.
5. Il a fait d'autres études au lycée Louis-le-Grand à Paris.
6. À Paris il avait un sentiment de dépossession.
7. Il a développé le concept de la Négritude.
8. La Négritude est une affirmation de toutes les valeurs culturelles et spirituelles du monde noir.
9. Il a été élu député du Sénégal à l'Assemblé nationale et président de la République du Sénégal.

Vocabulaire pour la lecture

Les hommes bleus

Au pâturage le jeune pasteur surveille son troupeau depuis longtemps.

Plus de vocabulaire

la sécheresse l'insuffisance d'eau
déguster manger ou boire avec plaisir
veiller sur surveiller, garder
découvert(e) le contraire de couvert
célibataire qui n'est pas marié(e)
malfaisant(e) qui cherche à faire du mal, mauvais
bienfaisant(e) qui fait du bien

1 Preparation

Resource Manager

Vocabulary Transparency V4.5
Audio Activities TE, page 68
Audio CD 4
Workbook, page 61
Quiz, page 55
ExamView® Pro

Bellringer Review

Use BRR Transparency 4.8 or write the following on the board:
Répondez.
1. Où est le Maghreb?
2. Qui sont les Maghrébins?
3. Quelle langue parlent-ils?
4. Quelle est leur religion?
5. Qu'est-ce qu'une mosquée?

2 Presentation

Vocabulaire pour la lecture

Step 1 You may wish to follow some of the suggestions from previous chapters for the presentation of the vocabulary.

Recycling

Quickly ask students to give you the plural of **un chameau, un troupeau.**

B

1. ... nous nous sentons, pour le moins, aussi libres à l'intérieur du français que dans nos langues maternelles.
2. Pendant des siècles, peut-être des millénaires, elles seront encore parlées...
3. ... exprimant les immensités abyssales de la Négritude.
4. Il est question d'exprimer notre authenticité de métis culturels, d'hommes du XXᵉ siècle.
5. ... il est, d'un mot, question de se servir de ce merveilleux outil, trouvé dans les décombres du Régime colonial. De cet outil qu'est la langue française.

C *Answers will vary but may include:*

D'après Senghor, le français est une langue de libération pour les Africains parce qu'ils sont des métis culturels et ils peuvent l'utiliser pour faire partie de la «Civilisation de l'Universel».

3 Practice

Quel est le mot?

ADDITIONAL PRACTICE

Have students correct the following false statements.

1. **Les nomades habitent dans des maisons au Sahara.**
2. **Le troupeau surveille le pasteur.**
3. **Il y a beaucoup de sécheresse là où le climat est pluvieux.**
4. **Les femmes de cette région ont le visage couvert.**

Learning from Photos

(page 206 top and bottom) Le Sahara est le plus vaste désert du monde: il couvre environ 8 000 000 km^2. Il s'étend au Maroc, en Algérie, en Tunisie, en Lybie, en Égypte au nord, au Sahara occidental, en Mauritanie à l'ouest, au Mali, au Niger, au Tchad et au Soudan au sud.

Leçon 3 Journalisme

Quel est le mot?

1 Dans le désert Répondez.

1. Les chameaux sont des animaux du désert?
2. Tu crois que les nomades dorment sur une natte dans une tente?
3. Ils boivent l'eau qui vient d'un puits?
4. Le jeune pasteur surveille son troupeau?
5. C'est un troupeau de chèvres?
6. Il surveille son troupeau depuis quelques jours ou depuis longtemps?

Le Sahara au Maroc

2 Historiette Dans le désert Complétez.

1. Comme animaux, les nomades ont des ____ et des ____.
2. Les nomades ne vivent pas dans des maisons, mais dans des ____.
3. Ils dorment sur des ____.
4. Ils prennent de l'eau dans des ____.
5. Il fait toujours chaud et sec, mais les nomades sont habitués à la ____.
6. Les femmes ne portent pas le voile. Elles ont le visage ____.
7. C'est la femme qui ____ sur les enfants et les chèvres.
8. Dans le désert, l'eau est ____. On la déguste avec plaisir.

3 Définitions Trouvez le mot qui convient.

1. quelqu'un qui travaille le fer
2. quelqu'un qui garde un troupeau de chèvres
3. qui n'a pas de mari ou de femme
4. qui cherche à faire du mal

Le Sahara en Algérie

Answers to Quel est le mot?

1

1. Oui, les chameaux sont des animaux du désert.
2. Oui, je crois que les nomades dorment sur une natte dans une tente.
3. Oui, ils boivent l'eau qui vient d'un puits.
4. Oui, le jeune pasteur surveille son troupeau.
5. Oui, c'est un troupeau de chèvres.
6. Il surveille son troupeau depuis longtemps.

2

1. chameaux, chèvres
2. tentes
3. nattes
4. puits
5. la sécheresse
6. découvert
7. veille
8. bienfaisante

3

1. un forgeron
2. un pasteur
3. célibataire
4. malfaisant

Avant la lecture

Si le nom *Touareg* ne vous dit rien, lisez les renseignements suivants avant de lire ce reportage qui a paru dans la revue *Phosphore*.

Territoire

Les Touaregs sont d'origine berbère et comptent environ un million de personnes réparties au Niger (600 000) et au Mali (300 000), le reste se répartissant entre la Libye, le Burkina Faso et l'Algérie. Divisés en une infinité de tribus, nomades ou sédentaires, ils n'ont qu'un point commun: la langue touarègue, le tamacheq.

Les hommes bleus

L'expression, qui date de la colonisation, a fait le tour du monde. Quand vient l'âge de la puberté, les Touaregs se drapent le visage avec une longue pièce de tissu, le «chèche», teintée à l'indigo. Cette teinture, qui se dépose sur le visage, a valu aux Touaregs le surnom d'«hommes bleus».

Conflits et désastres

Les Touaregs sont très fiers de leur origine et se considèrent supérieurs à d'autres groupes tels que les Bambaras avec qui ils ont une longue histoire de conflits.

Mais la vie de ces guerriers fiers a été complètement altérée. En plus des conflits avec leurs voisins ils ont souffert de sévères sécheresses qui ont causé la mort de la plupart de leurs troupeaux de chameaux et de chèvres. Il leur a fallu abandonner leur vie de nomades et devenir agriculteurs sédentaires ou même aller s'installer dans les villes. Comme vous le lirez dans ce reportage, beaucoup d'entre eux n'ont pas pu faire cette transition et leur existence est devenue très triste.

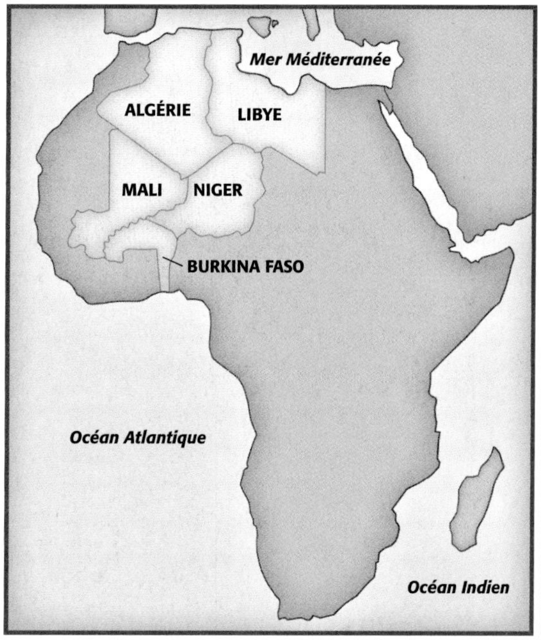

Leçon 3
Journalisme

National Standards

Cultures
Students will learn about a little-known culture: that of the Touareg people of Saharan Africa.

Connections
This reading furthers students' knowledge of geography.

1 Preparation

Resource Manager

Audio Activities TE, page 70
Audio CD 4
Workbook, page 62
Quiz, page 56

2 Presentation

Avant la lecture

Step 1 Call on a student to read aloud each section of **Avant la lecture** before reading the article that follows.

Step 2 You may wish to introduce the following discussion question: **À votre avis, est-ce qu'il est possible que de nos jours il y ait des peuples menacés d'extinction?**

Step 3 Explain to students that **berbère** refers to the descendents of the first population of North Africa. These first populations date to prehistoric times. Past and current populations speak **berbère.**

LEVELING
E: Reading
A: Reading

Le magazine *Phosphore*

NOMADES

Nomades dans l'âme[1], les Touaregs ont toujours été en conflit avec les Noirs sédentaires. Leur nomadisme s'articule autour de l'élevage. Les Touaregs se déplacent en suivant les pâturages pour que chèvres et chameaux aient toujours de quoi se nourrir.

LES HOMMES BLEUS

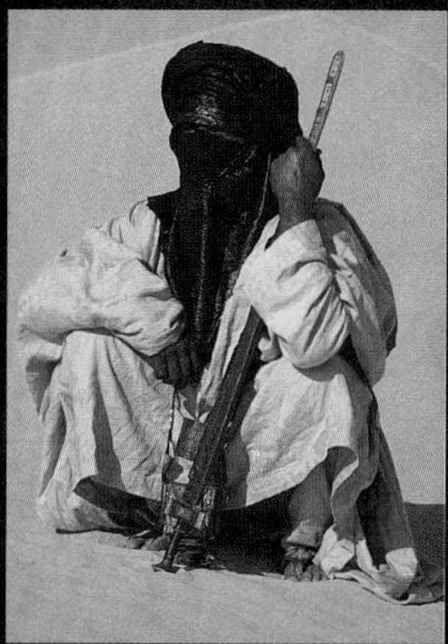

Au Mali, au Niger et en Algérie, on n'a jamais beaucoup aimé les Touaregs, ces nomades du désert. Mais depuis deux ans, la situation empire[2]. Attaques, représailles sanglantes, guérilla: les morts se comptent par centaines.

THÉ AU SAHARA

Les Touaregs ne mangent jamais en public. Seul le thé se déguste en famille ou entre amis.

[1] l'âme *soul*
[2] empire *is getting worse*

Leçon 3 Journalisme

2 Presentation

Lecture

Step 1 Ask students: **D'après vous, pourquoi appelle-t-on les Touaregs les hommes bleus?** Explain that the Touaregs have a blue tint because of the indigo dye that rubs onto their skin from the fabric they wrap around their faces.

Step 2 The information in this article is extremely interesting. Since it is a pictorial essay, you may wish to have students sit back and enjoy reading it as if they were perusing a magazine at their leisure. Tell them to look at the photographs as they read and to make a list (either mental or written) of those things that they find most surprising.

FUN-FACTS

Les Touaregs sont des berbères qui vivent au Mali, au Niger et dans le Sahara. Contrairement à la plupart des tribus berbères et des Arabes bédouins, ils sont matrilinéaires. Bien qu'ils soient islamisés, les femmes jouissent d'une grande liberté et d'un statut élevé. Le mariage est monogame. Protégés par les montagnes et l'aridité du désert, ils ont conservé leur langue *(tamacheq)* et leur écriture *(tifinah).*

Avant l'arrivée des Européens, ils avaient une organisation sociale très hiérarchisée, allant de nobles guerriers à esclaves. Ils s'étaient également regroupés en huit confédérations centrées au Hoggar, au Tassili des Ajjer, au Niger et au Mali. Mais la colonisation a changé beaucoup de choses dans le statut social et le genre de vie des Touaregs. Ils ont été forcés de partiellement se sédentariser. D'autre part les confédérations ont été affaiblies par le statut politique des pays où ils vivaient (partagé entre le Mali, le Niger, la Lybie et l'Algérie). Après la décolonisation, les relations entre les Touaregs et les nouveaux dirigeants, surtout du Mali et de l'Algérie, n'ont pas été faciles. La crise économique des années 70 n'a pas rendu la situation plus facile.

Leçon 3
Journalisme

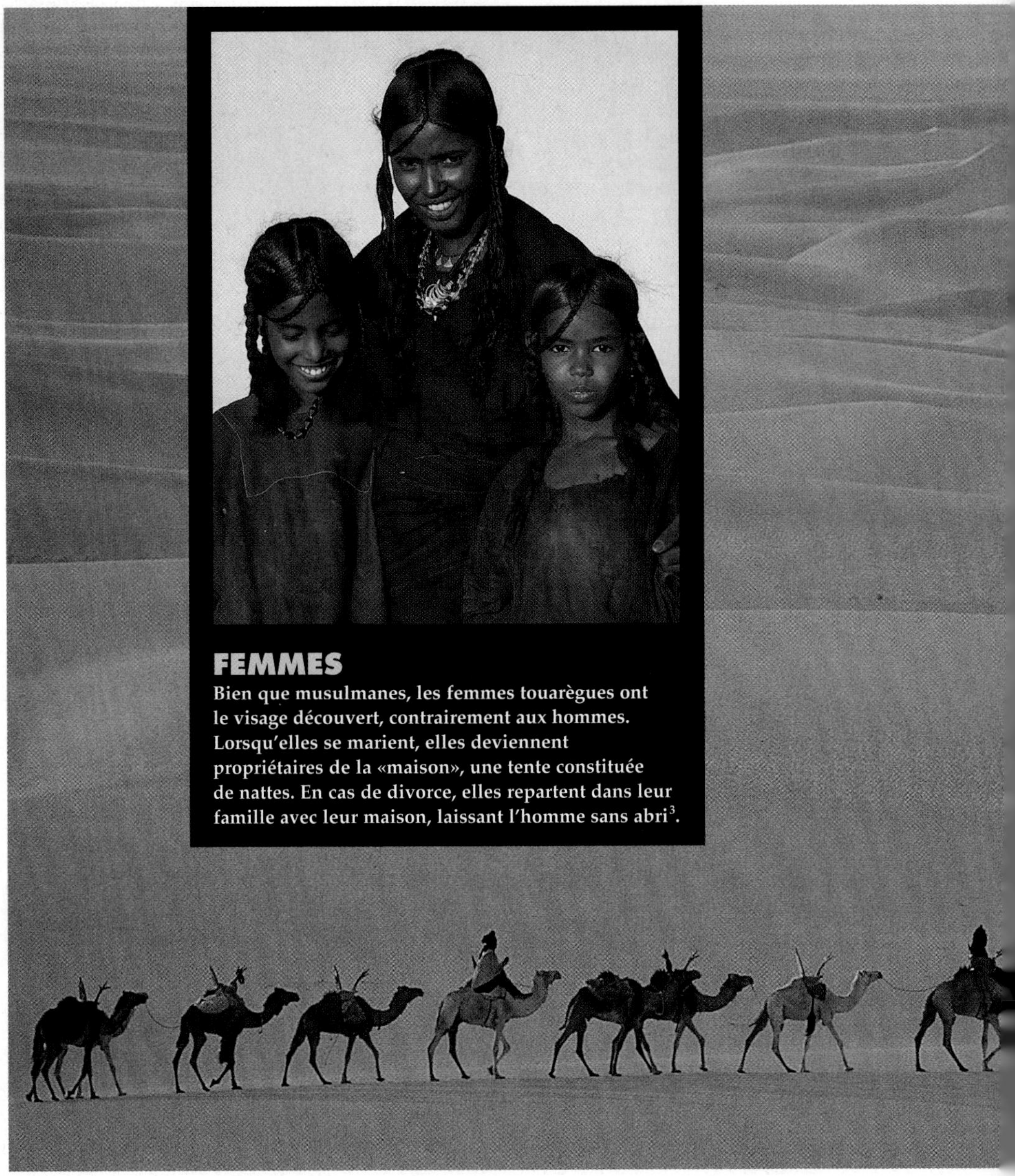

FEMMES
Bien que musulmanes, les femmes touarègues ont le visage découvert, contrairement aux hommes. Lorsqu'elles se marient, elles deviennent propriétaires de la «maison», une tente constituée de nattes. En cas de divorce, elles repartent dans leur famille avec leur maison, laissant l'homme sans abri[3].

[3] abri *shelter*

Leçon 3
Journalisme

L'HEURE DU PUITS

Dans ce monde de sable et de sécheresse, il faut parfois descendre à plus de trente mètres pour trouver l'eau bienfaisante. Le puits est aussi le lieu de toutes les rencontres[4]. Regards, plaisanteries, sourires entre jeunes célibataires…

PLUS-QUE-NOMADES

Les forgerons forment une classe à part. Ces familles d'artisans vont et viennent entre tribus. Les femmes travaillent le cuir, les maris le bois[5] et le métal.

[4] rencontres *encounters*
[5] le bois *wood*

Leçon 3
Journalisme

CEUX DE LA LIMITE

Les Kel-Tedale («ceux de la limite») vivent aux portes du terrible désert du Ténéré. Très pauvres, ils comptent parmi les derniers véritables nomades touaregs. Une famille voyage seule, l'homme est responsable des chameaux, la femme veille sur les enfants, la tente et le troupeau de chèvres.

LA COLÈRE[6] DES HOMMES BLEUS

Depuis près d'un siècle, les Touaregs, habitants ancestraux du Sahara, luttent[7] pour préserver leur identité.

Que réclament[8] les Touaregs? Rien, ou presque. Ils souhaitent vivre selon leur culture, et non pas, comme on l'a parfois écrit, obtenir leur indépendance. Les Touaregs sont de tradition nomade, ils sont partout chez eux et ont toujours vécu en bons termes avec les autres ethnies.

Les hommes bleus veulent simplement vivre en paix le long des oueds[9], élever leurs troupeaux, cultiver leurs champs et préparer, comme chaque année, les caravanes de sel*. La vie est assez dure comme ça dans ces régions où le désert ne cesse d'avancer, et où une seule sécheresse peut être fatale à tout un troupeau, seul bien du pasteur nomade.

Aujourd'hui, la situation n'est pas brillante. Pourchassés par l'armée, les Touaregs du Mali s'entassent[10] par milliers dans des camps de fortune[11] dans le sud algérien, mais aussi au Niger, en Libye, au Burkina-Faso et en Mauritanie. Exténués[12] par la fatigue, la faim et la typhoïde. Dépendants d'une aide humanitaire qui arrive au compte-gouttes[13]. Triste épilogue, pour ces grands nomades qui ne souhaitaient que le droit à la différence.

6 la colère *anger*
7 luttent *fight*
8 réclament *demand*
9 le long des oueds *along the wadis (river beds—usually dry, except during the rainy season)*
10 s'entassent *are crammed*
11 camps de fortune *makeshift refugee camps*
12 exténués *exhausted*
13 arrive au compte-gouttes *is doled out sparingly*
* les caravanes de sel *camel caravans transporting salt from Saharan mines to markets in Nigeria, where the Touaregs sell the salt and buy cereals like millet*

ANSWERS TO Vous avez compris?

A

1. Faux.
2. Faux.
3. Faux.
4. Vrai.
5. Faux.
6. Faux.
7. Vrai.
8. Faux.
9. Faux.
10. Vrai.
11. Faux.

B

1. Pour que les chèvres et les chameaux aient toujours de quoi se nourrir.
2. Le thé.
3. La femme.
4. La femme repart dans sa famille avec sa maison.
5. Autour du puits.
6. Ils vivent simplement et en paix.
7. Ils souhaitent vivre selon leur culture.
8. Ils sont nomades et veulent vivre en paix le long des oueds, élever leurs troupeaux, cultiver leurs champs et préparer les caravanes de sel.
9. Leurs troupeaux peuvent mourir.
10. Pas brillante: pourchassés par l'armée, ils s'entassent dans des camps de fortune, exténués par la fatigue, la faim et la typhoïde, et ils dépendent d'une aide humanitaire qui arrive au compte-gouttes.

Vous avez compris?

A Vrai ou faux?

1. Les Touaregs sont sédentaires.
2. Ils n'ont pas d'animaux.
3. Les Touaregs sont aimés des autres peuples.
4. Ils ne mangent jamais en public.
5. Les femmes touarègues portent le voile.
6. C'est le mari qui est le propriétaire de la tente familiale.
7. Le puits est l'endroit où hommes et femmes se rencontrent.
8. Les artisans restent toujours dans la même tribu.
9. Dans les familles de forgerons, les femmes travaillent le bois et le métal, et les maris travaillent le cuir.
10. Les Touaregs veulent vivre selon leur culture.
11. Les Touaregs n'ont pas un seul bien.

Une petite fille touarègue

B Répondez d'après la lecture.

1. Pourquoi les Touaregs se déplacent-ils en suivant les pâturages?
2. Que dégustent-ils en famille?
3. Quand un couple se marie, qui devient propriétaire de la tente?
4. Que se passe-t-il quand un couple divorce?
5. Où se rencontrent les jeunes gens célibataires?
6. Comment vivent-ils?
7. Que réclament les Touaregs?
8. Comment vivent-ils?
9. Quel peut être le résultat d'une grande sécheresse?
10. Quelle est la situation des Touaregs aujourd'hui?

C En deux ou trois paragraphes, décrivez un jour dans la vie d'une famille de Touaregs.

D Choisissez la bonne réponse.

1. **a.** Je crois que la vie des Touaregs est assez dure.
   b. Je doute que la vie des Touaregs soit très dure.
2. **a.** Je suis sûr(e) que les femmes touarègues ont le visage découvert.
   b. Je ne suis pas certain(e) que les femmes touarègues aient le visage découvert.
3. **a.** Je ne pense pas que le puits soit un lieu de rencontres parmi les Touaregs.
   b. Je pense que le puits est un lieu important de rencontres parmi les Touaregs.
4. **a.** Je suis certain(e) que les Touaregs sont de tradition nomade.
   b. Ça m'étonnerait que les Touaregs soient de tradition nomade.

3 Practice

Vous avez compris?

A After going over the activity you may wish to call on more able students to correct each false statement.

D Note that this activity introduces the students to the use of the subjunctive in clauses of doubt. It is a receptive activity. Students do not have to come up with the verb form.

C *Answers will vary.*

D

1. a
2. a
3. b
4. a

1 Preparation

Resource Manager

Audio Activities TE, pages 71–73
Audio CD 4
Workbook, pages 63–66
Quizzes, pages 57–58
ExamView® Pro

Bellringer Review

Use BRR Transparency 4.9 or write the following on the board:
Complétez avec *savoir* ou *connaître*:

1. **Je ___ qu'il y a beaucoup de pays francophones en Afrique.**
2. **Mais malheureusement je ne ___ pas beaucoup de ces pays.**
3. **Vous ___ la littérature ivoirienne?**
4. **Non. Mais je ___ que Senghor est un écrivain sénégalais.**

2 Presentation

Le subjonctif avec les expressions de doute

Step 1 Explain to students that whenever doubt is expressed, the subjunctive is used. When belief or certainty is expressed, the indicative is used.

LEVELING
A: Structure

Structure avancée

Le subjonctif avec les expressions de doute
Expressing uncertainty and doubt

1. The subjunctive is used after any expression that implies doubt or uncertainty since it is not known whether the action will take place or not.

   Je doute qu'il vienne demain.
   Je ne crois pas qu'ils aient le temps de venir.

2. If the statement implies certainty rather than doubt, the indicative, not the subjunctive, is used. The verb in the dependent clause is often in the future.

   Je crois qu'ils viendront demain.
   Je suis sûr qu'ils n'ont pas le temps de lire ça.

3. Below is a list of common expressions of doubt and certainty.

Subjunctive	Indicative
douter que	ne pas douter que
ne pas être certain(e) que	être certain(e) que
ne pas croire que	croire que
ne pas penser que	penser que
il n'est pas sûr que	il est sûr que
il n'est pas certain que	il est certain que
il n'est pas probable que	il est probable que
il n'est pas évident que	il est évident que
ça (m')étonnerait que	

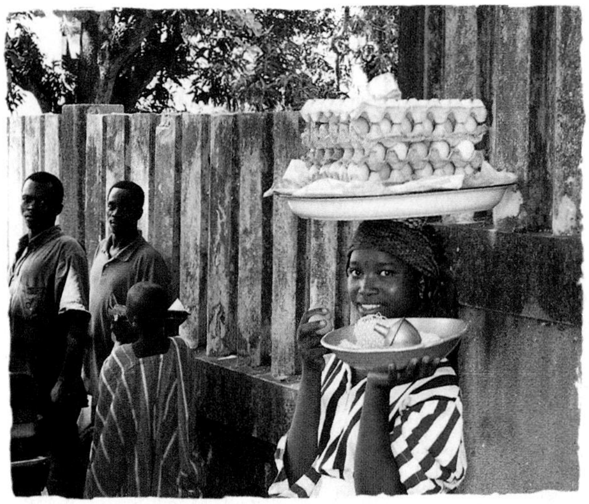

À Porto Novo au Bénin

Answers to Comment dit-on?

1

1. Oui, Luc croit que j'ai lu la biographie de Senghor. / Non, il ne croit pas que j'aie lu la biographie de Senghor.
2. Oui, je doute que Luc connaisse bien la vie de Senghor. / Non, je ne doute pas que Luc connaît bien la vie de Senghor.
3. Oui, je suis certain(e) que sa biographie intéressera Luc.
4. Oui, je pense que Senghor a eu une vie intéressante.
5. Oui, je crois que c'était un homme qui possédait beaucoup de talents.
6. Oui, je suis sûr(e) que Luc lira sa biographie. / Non, je suis sûr(e) que Luc lise sa biographie.
7. Oui, je crois qu'il est probable qu'il la lira. / Non, je ne crois pas qu'il soit probable qu'il la lise.

Comment dit-on?

1 **Historiette** **Léopold Senghor** Répondez.

1. Luc croit que tu as lu la biographie de Senghor?
2. Tu doutes que Luc connaisse bien la vie de Senghor?
3. Tu es certain(e) que sa biographie intéressera Luc?
4. Tu penses que Senghor a eu une vie intéressante?
5. Tu crois que c'était un homme qui possédait beaucoup de talents?
6. Tu n'es pas sûr(e) que Luc lise sa biographie?
7. Tu crois qu'il est probable qu'il la lira?

JACQUELINE SOREL
Léopold
Sédar
Senghor
L'émotion et la raison
SEPIA

2 **Pas d'accord** Répondez en utilisant la forme négative du verbe en italique. Faites les changements nécessaires.

1. Je *doute* qu'il vienne.
2. Je *suis certain(e)* qu'il le saura.
3. Je *crois* qu'il sera d'accord avec nous.
4. Je *suis sûr(e)* qu'elle voudra y participer.
5. Il *est évident* que ce projet l'intéresse beaucoup.

3 **Certain ou pas certain?** Répondez d'après les indications.

1. Nathalie va aller à l'université? (Je suis sûr[e])
2. Elle finira ses études? (Il est probable)
3. Elle aimera tous ses cours? (Je ne suis pas sûr[e])
4. Elle sera ingénieur? (Ça m'étonnerait)
5. Elle deviendra médecin? (Je doute)
6. Elle aura du succès? (Il n'y a pas de doute)

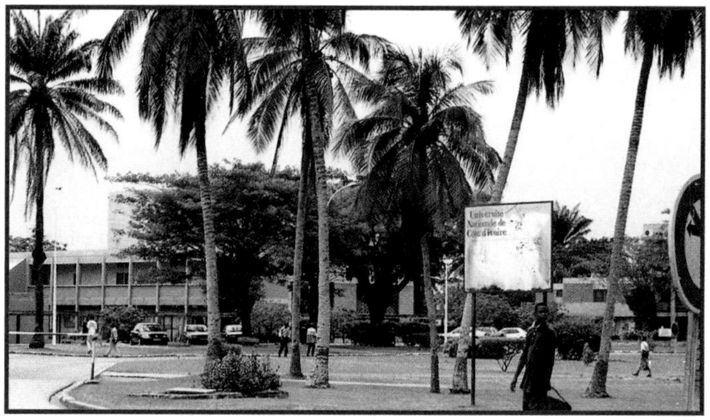

L'université Nationale à Abidjan en Côte d'Ivoire

3 Practice

Comment dit-on?

1, **2**, **3** These activities can be done orally with books closed without prior preparation. You may also have students write the activities for additional reinforcement.

Learning from Photos

(page 214) Porto Novo est la capitale de la république du Bénin. Elle est située à 13 kilomètres de l'océan Atlantique et à une trentaine de kilomètres de Cotonou, la principale ville du pays. C'est en 1730 que le portugais Eucharistus de Campos a baptisé la ville "Puerto-Nuevo" à cause de sa ressemblance avec la ville portugaise de Porto.

2

1. Je ne doute pas qu'il viendra.
2. Je ne suis pas certain(e) qu'il le sache.
3. Je ne crois pas qu'il soit d'accord avec nous.
4. Je ne suis pas sûr(e) qu'elle veuille y participer.
5. Il n'est pas évident que ce projet l'intéresse beaucoup.

3

1. Je suis sûr(e) que Nathalie va aller à l'université.
2. Il est probable qu'elle finira ses études.
3. Je ne suis pas sûr(e) qu'elle aime tous ses cours.
4. Ça m'étonnerait qu'elle soit ingénieur.
5. Je doute qu'elle devienne médecin.
6. Il n'y a pas de doute qu'elle aura du succès.

2 Presentation

Le présent et l'imparfait avec depuis

Step 1 Teaching Tip: Draw a time line on the board:

le présent

le passé

As you say each model sentence, draw a shaded surface that begins in the past and comes right up to the present to emphasize that although the action began in the past, it continues into the present and for this reason the present tense is used.

Step 2 This is another point that students learn better through examples than explanation. Call on students to read the model sentences aloud or have the entire class read in unison.

Learning from Photos

(page 216) Le Tademaït est un plateau calcaire du Sahara algérien, formé de plusieurs hamadas (plateaux couverts de rocaille) s'étendant au nord de l'oasis d'In-Salah.

(page 217) Belleville est un quartier populaire de Paris.

LEVELING
E: Structure

Le présent et l'imparfait avec depuis
Using certain time expressions

1. The expressions **depuis, il y a... que, voilà... que, ça fait... que** are used with the present tense to describe an action that began at some time in the past and continues into the present. Look at the following examples.

Les Touaregs sont au Mali, au Niger et en Algérie depuis combien de temps?
Ils y sont depuis longtemps.
Et ça fait longtemps que leur vie est très difficile.
Mais la situation empire depuis deux ans.

2. The expressions **depuis, il y avait... que,** and **ça faisait... que** are used with the imperfect tense to describe an action or a condition that had begun in the past and was still happening or in effect at a given moment in the past when something else happened. Note the tenses in the following sentences.

Elle habitait en France depuis six mois quand son frère a décidé de lui rendre visite.
She had been living in France for six months when her brother decided to visit her.

Il y avait deux heures qu'il travaillait quand le téléphone a sonné.
He had been working for two hours when the telephone rang.

3. If the time construction involves a date, only **depuis** is used.

Je travaille ici depuis 2000. *I've been working here since 2000.*

Le plateau de Tademaït en Algérie

Comment dit-on?

4 **Historiette** **Les immigrés** Répondez d'après les indications.

1. Depuis quand les immigrés arrivent-ils en France? (à peu près 1965)
2. Depuis quand s'installent-ils dans ce quartier? (au moins vingt ans)
3. Depuis quand y a-t-il des cours de français langue seconde? (longtemps)
4. Depuis quand y a-t-il beaucoup de commerces maghrébins dans le quartier de Belleville à Paris? (bien des années)

Des immigrées maghrébines à Belleville à Paris

5 **Personnellement** Répondez.

1. Tu habites depuis quand dans la ville où tu habites maintenant?
2. Tu connais ton (ta) meilleur(e) ami(e) depuis quand?
3. Tu es dans la même école depuis combien de temps?
4. Tu fais du français depuis combien de temps?

3 Practice

Comment dit-on?

ADDITIONAL PRACTICE

1. Depuis quand faites-vous du français?
2. Depuis quand allez-vous à la même école?
3. Depuis quand sortez-vous avec votre petit(e) ami(e)?
4. Depuis quand connaissez-vous votre prof de français?
5. Depuis quand avez-vous votre permis de conduire?

Answers to Comment dit-on?

4

1. Les immigrés arrivent à Paris depuis à peu près 1965.
2. Ils s'installent dans ce quartier depuis au moins vingt ans.
3. Il y a des cours de français langue seconde depuis longtemps.
4. Il y a beaucoup de commerces maghrébins dans le quartier de Belleville à Paris depuis bien des années.

5 *Answers will vary.*

Leçon 3
Journalisme

6 **La Tunisie** Répondez d'après les indications.

1. Depuis quand la Tunisie est-t-elle indépendante? (1956)
2. Depuis quand l'égalité entre les hommes et les femmes existe-t-elle en Tunisie? (l'époque du président Bourguiba)
3. Depuis quand les Européens vont-ils en Tunisie pour passer leurs vacances? (longtemps)

7 **Historiette** **Combien de temps?** Complétez.

1. Mon frère Bob ____ de l'espagnol depuis deux ans quand il ____ d'apprendre le français. (faire, décider)
2. Depuis longtemps, il ____ aller à Madrid, et puis tout à coup, il ____ d'aller à Bruxelles. (vouloir, choisir)
3. Ça faisait seulement deux jours qu'il ____ à Bruxelles quand il ____ Eugénie. (être, rencontrer)
4. Il y avait un an qu'il ____ Carol lorsqu'il ____ amoureux d'Eugénie. (connaître, tomber)
5. Et maintenant, ça fait deux mois qu'il ____ à Eugénie, et moi ça fait deux mois que je ____ avec Carol! (écrire, sortir)

Un marché à Casablanca au Maroc

Answers to Comment dit-on?

6

1. La Tunisie est indépendante depuis 1956.
2. L'égalité existe entre les hommes et les femmes en Tunisie depuis l'époque du président Bourguiba.
3. Les Européens vont en Tunisie pour passer leurs vacances depuis longtemps.

7

1. faisait, a décidé
2. voulait, a choisi
3. était, a rencontré
4. connaissait, est tombé
5. écrit, sors

C'est à vous
Use what you have learned

PARLER

1 La vie de Senghor
✓ *Talk about what you have learned about Léopold Senghor*

Léopold Senghor a eu une vie très intéressante. Dites tout ce que vous savez au sujet de sa vie.

PARLER

2 Les Touaregs
✓ *Talk about the surprising aspects of the life of a Touareg*

Travaillez avec un(e) camarade. Il y a certainement des aspects de la vie des Touaregs qui vous ont surpris. Discutez ensemble de ce qui vous a étonné(e)s et dites pourquoi.

DOUZ

PARLER ÉCRIRE

3 Voisins
✓ *Interview your neighbors*

Faites une enquête auprès de vos voisins. Demandez-leur de quel pays ils (ou leurs ancêtres) viennent, depuis combien de temps ils habitent dans votre ville, où ils habitaient avant, depuis combien de temps ils habitaient là quand ils ont décidé de déménager, ce qu'ils font comme travail, depuis combien de temps, etc. Faites ensuite un rapport à la classe.

TUNIS

ÉCRIRE

4 La Négritude
✓ *Research Aimé Césaire and his work*

Le terme «Négritude» est attibué à Aimé Césaire. Faites des recherches sur la vie et l'œuvre de cet écrivain et présentez-le à la classe.

Recycling

These activities allow students to use the vocabulary and structure from this lesson in completely open-ended, real-life situations.

Encourage students to say as much as possible when they do these activities. Tell them not to be afraid to make mistakes, since the goal of these activities is real-life communication. If someone in the group makes an error, allow the others to politely correct him or her. Let students choose the activities they would like to do.

You may wish to divide students into pairs or groups. Encourage students to elaborate on the basic theme and to be creative. They may use props, pictures, or posters if they wish.

Learning from Photos

(page 219 top) Douz est située dans le sud-ouest de la Tunisie, juste au sud du Chott El jérid. Un chott est un vaste lac extrêmement salé.

Chapter Projects

Utilisez des journaux, des magazines et des sites Internet français pour faire un exposé en français sur l'actualité en Afrique.

Resource Manager

Assessment Transparency A4.3
Online Quiz
Tests, pages 94–116
ExamView® Pro

Assessment

This is a pretest for students to take before you administer the lesson test. Answer sheets for students to do these pages are provided in your transparency binder. Note that each section is cross-referenced so students can easily find the material they have to review in case they made errors. You may wish to collect these assessments and correct them yourself or you may prefer to have the students correct themselves in class. You can go over the answers orally or project them on the overhead, using your Assessment Answers transparencies.

Vocabulaire

To review the vocabulary, turn to page 200.

1 Écrivez d'une autre façon les mots en italique.

1. Je deviens triste quand je vois *les débris* d'un vieil édifice en ruines.
2. Il faut *déterminer exactement* ce qui est arrivé.
3. Il est *assez riche.*
4. On n'aura jamais *le pouvoir* du gouvernement.
5. Il ne va pas *abandonner* sa langue.

To review the vocabulary, turn to page 205.

2 Identifiez.

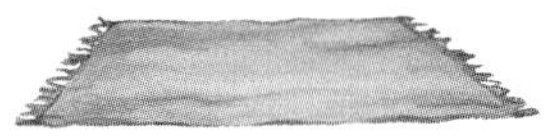
6.

7.

8.

9.

10.

Lecture

To review the reading, turn to pages 202–203.

3 Répondez.

11. Où Léopold Senghor est-il né?
12. Comment était son enfance?
13. De qui a-t-il appris la culture africaine?
14. Où a-t-il étudié?
15. D'après Senghor, qu'est-ce qui est un merveilleux outil trouvé dans les décombres du régime colonial?

Answers to Assessment

1

1. les décombres
2. préciser
3. aisé
4. la puissance
5. renier

2

6. une natte
7. une tente
8. un chameau
9. une chèvre
10. un puits

3

11. Il est né au Sénégal.
12. Son enfance était heureuse.
13. Il a appris la culture africaine de son oncle maternel.
14. Il a étudié au séminaire, à Dakar, et au lycée Louis-le-Grand à Paris.
15. D'après Senghor, la langue française est un merveilleux outil trouvé dans les décombres du régime colonial.

4 Vrai ou faux?

16. Les Touaregs ont toujours été sédentaires.
17. C'est le mari qui est le propriétaire de la tente familiale.
18. Les Touaregs ne mangent jamais en public.
19. Les femmes ont le visage couvert parce que ce sont des musulmanes.
20. Les Touaregs ont toujours vécu en bons termes avec d'autres ethnies.
21. Exténués par la fatigue, la faim et des maladies, beaucoup de Touaregs habitent aujourd'hui dans des camps de fortune.

To review the reading, turn to pages 207–212.

Structure

5 Complétez.

22. Je doute qu'il ____. (venir)
23. Je ne doute pas qu'il ____. (venir)
24. Je suis certain(e) qu'ils ____ là. (être)
25. Je ne crois pas qu'ils ____ là. (être)
26. Il est probable qu'il ____ ce qui se passe. (savoir)
27. Je ne suis pas sûr(e) qu'il ____ ce qui se passe. (savoir)

To review how to express certainty and uncertainty, turn to page 214.

6 Répondez.

28. Tu habites dans la même maison depuis combien de temps?
29. Ça fait combien de temps que tu fais du français?
30. Ahmed vivait en France depuis longtemps quand il a décidé de rentrer au Maroc?

To review expressions of time, turn to page 216.

À Ganvié au Bénin

Assessment

After going over the Assessment, you may administer the test for **Leçon 3, Chapitre 4.**

Answers to Assessment

4

16. Vrai.
17. Faux.
18. Vrai.
19. Faux.
20. Faux.
21. Vrai.

5

22. vienne
23. viendra
24. seront
25. soient
26. sait
27. sache

6

28. J'habite dans la même maison depuis...
29. Ça fait... que je fais du français.
30. Oui (Non), Ahmed (ne) vivait (pas) en France depuis longtemps quand il a décidé de rentrer au Maroc.

Avis

Il est certain que quand vous écrivez en anglais votre style est plus sophistiqué qu'en français. Quand vous écrivez en français, il faut que vous utilisiez des phrases plus simples. Si vous trouvez une idée trop complexe repensez-la pour l'exprimer d'une façon plus simple.

Quelque chose de très important! Ne traduisez pas de l'anglais en français. Si vous traduisez vous ferez presque toujours des fautes ou ce que vous écriverez sera très «anglicisé». Dès le début, pensez en français. Si un mot anglais vous vient à l'esprit, pensez tout de suite à une expression en français qui exprime la même idée. Utilisez le français que vous avez déjà appris même si cela veut dire que vous vous exprimez d'une façon simple. Essayez d'éviter d'utiliser un dictionnaire bilingue. Vous choisirez presque toujours le mauvais mot.

Faites toujours un bouillon. Après l'avoir terminé, laissez-le de côté. Relisez-le plus tard et faites les révisions que vous considérez nécessaires. Ensuite relisez-le encore une fois pour trouver les fautes d'orthographe, de terminaisons etc.

Proficiency Tasks

Rédaction

Pour expliquer une culture étrangère qui est très différente de la sienne, il ne s'agit pas simplement de faire une liste de faits. Il faut essayer de faire vivre cette culture pour les lecteurs. Pour cela il faut d'abord se mettre à la place des lecteurs et isoler les caractères de cette culture susceptibles de les intéresser le plus.

TÂCHE 1 Vous allez rédiger un exposé au sujet des coutumes et traditions des gens qui habitent les pays de l'Afrique occidentale. D'abord pensez à tout ce que vous avez appris sur ces sujets. Écrivez vite quelques notes sur des faits ou des idées dont vous vous souvenez. Si vous ne pouvez écrire que deux ou trois faits, il faudra relire la lecture de la première leçon de ce chapitre, aussi bien que l'article sur les Touaregs dans la troisième leçon.

Avant de commencer à rédiger votre exposé, faites une liste de sujets sur lesquels vous voulez écrire. Quelques exemples sont:

les langues de l'Afrique occidentale

des pratiques religieuses

la musique

le savoir-vivre

les salutations

les noms

la routine

Rappelez-vous qu'un bon écrivain veut aussi captiver l'intérêt des personnes qui lisent son exposé. Pour que votre exposé soit plus vif utilisez quelques exemples des activités pour illustrer les coutumes et les traditions que vous décrivez.

Maintenant vous pouvez commencer à rédiger votre premier exposé. Prenez vos notes. Organisez-les et développez-les en paragraphes.

Quand vous avez terminé votre exposé, n'oubliez pas de le réviser.

TÂCHE 2 Maintenant vous allez rédiger une description de la fête du Ramadan. Expliquez comment les musulmans pratiquants fêtent le Ramadan. Comment ils passent la journée, ce qu'ils font le soir, ce qu'ils mangent. Vous voulez que votre description soit vivante et intéressante. Non seulement vous voulez informer vos lecteurs, mais vous voulez les intéresser, les impliquer dans ce que vous écrivez. Par exemple, vous pouvez essayer de donner des détails plus personnels sur la difficulté ou la facilité de jeûner, la joie de se retrouver en famille ou entre amis.

Discours

Quand vous parlez, les personnes qui vous écoutent font plus attention à ce que vous dites si vous parlez avec enthousiasme.

Comme on dit en anglais «*Get fired up!*»—c'est-à-dire, donnez votre maximum. Même si vous parlez à une seule personne, mais surtout si vous vous adressez à un groupe, il faut avoir de l'enthousiasme et de l'énergie. Personne ne veut écouter une statue sans vie. Il faut être une source d'inspiration pour ceux qui vous écoutent. Il faut faire preuve de vivacité intellectuelle et physique. Quelque chose de très ordinaire peut être intéressante et même amusante si vous la présentez avec enthousiasme et énergie.

TÂCHE 3 Le but de beaucoup d'exposés est d'expliquer quelque chose. Maintenant vous allez expliquer les situations à laquelle les Touaregs doivent faire face. Dans votre exposé il faut:

- décrire les Touaregs
- identifier la situation dans laquelle ils se trouvent
- donner les conséquences

Avant de commencer à écrire une telle explication, il est bon de réfléchir pour déterminer comment vous pouvez la présenter d'une façon très claire. Vous voulez que vos lecteurs comprennent le problème et puissent s'identifier avec les Touaregs.

TÂCHE 4 Vous avez appris beaucoup de faits très intéressants sur les traditions et coutumes de gens qui habitent l'Afrique occidentale. Choisissez celui qui vous a intéressé(e) le plus. Racontez-le à la classe. Souvenez-vous que vous voulez exciter l'intérêt chez vos camarades et les amuser en même temps.

TÂCHE 5 Maintenant reprenez le sujet de la première Tâche et présentez-le oralement à la classe. Il est évident que pour intéresser les personnes qui vous écoutent, il ne faut pas que vous leur lisiez ce que vous avez écrit. Donc, reprenez votre exposé de la première Tâche et faites une liste des idées principales. Faites des phrases courtes et simples avec sujet, verbe et complément. Vous pouvez également engager votre public en posant des questions, en sollicitant leur participation d'une façon ou d'une autre.

Vocabulary Review

The words and phrases in the Vocabulaire have been taught for productive use in this chapter. They are summarized here as a resource for both student and teacher. This list also serves as a convenient resource for the C'est à vous activities on pages 182–183, 196–197, and 219. There are approximately twelve cognates in this vocabulary list. Have students find them.

Attention!

You will notice that the vocabulary list here is not translated. This has been done intentionally, since we feel that by the time students have finished the material in the chapter they should be familiar with the meanings of all the words. If there are several words they still do not know, we recommend that they refer to the Vocabulaire sections in the chapter or go to the dictionaries at the end of this book to find the meanings. However, if you prefer that your students have the English translations, please refer to Vocabulary Transparency 4.1, where you will find all these words with their translations.

Chapitre 4 Vocabulaire

Leçon 1 Culture

le balafon	fier(ère) de	le Bénin
le coin	francophone	la Côte d'Ivoire
la coutume	assis(e)	le Mali
le fauteuil		le Maroc
la nuit	accueillir	le Sénégal
le principe	prendre l'air frais	la Tunisie
la racine		
la salutation	au coin de	
le sort	à peu près	
la zone littorale	par voie orale	

Leçon 2 Conversation

l'astre *(m.)*	les lentilles *(f.)*
le bonbon	le lever du soleil
le ciel	l'oraison *(f.)*
le coucher du soleil	les pois chiches *(f.)*
l'étoile *(f.)*	
la festivité	jeûner
les légumes secs *(m.)*	scruter

Leçon 3 Journalisme

l'acculturation *(f.)*	aisé(e)
l'archétype *(m.)*	bienfaisant(e)
le chameau	célibataire
la chèvre	découvert(e)
les décombres *(m.)*	potable
le forgeron	malfaisant(e)
le/la métis(se)	
la natte	déguster
l'outil *(m.)*	préciser
le pasteur	renier
le pâturage	surveiller
la puissance	veiller sur
le puits	
la sécheresse	
la tente	
le Touareg	
le troupeau	

Literary Companion *See pages 460 and 466 for literary selections related to Chapter 4.*

Vidéotour

Bon voyage!

Video can be a beneficial learning tool for the language student. Video enables you to experience the material in the textbook in a real-life setting. Take a vicarious field trip as you see people interacting at home, at school, at the market, etc. The cultural benefits are limitless as you experience French and Francophone culture while "traveling" through many countries. In addition to its tremendous cultural value, video gives practice in developing good listening and viewing skills. Video allows you to look for numerous clues that are evident in tone of voice, facial expressions, and gestures. Through video you can see and hear the diversity of the target culture and compare and contrast the French-speaking cultures to each other and to your own.

Épisode 1: La Bisquine de Bretagne

En Bretagne, ce qui domine tout, c'est la mer. La Bretagne, c'est le pays des pêcheurs et des grands marins. Un marin professionnel, Pierre-Marc Vidcoq, fait revivre un ancien bateau typiquement breton pour conserver son patrimoine maritime.

Épisode 2: Réunion de famille au Québec

Au Québec, les réunions de famille ont la cote. Elles regroupent tous les gens qui ont le même nom de famille. Faites la connaissance de tous les descendants directs d'un certain Noël Legault, un soldat de l'armée française, venu protéger les premiers colons au 17e siècle.

Épisode 3: L'architecture en Tunisie

L'architecture en dit souvent long sur l'identité d'un pays. À Tunis, la capitale de la Tunisie, la ville arabe, la médina, voisine avec la ville européenne, tradition et modernité continuent à coexister et c'est ce qui donne à la Tunisie cette identité bien à elle.

Vidéotour

VIDÉO

The Video Program for Chapter 4 includes three documentary segments of some interesting aspects of life in different French-speaking areas.

Planning for Chapter 5

SCOPE AND SEQUENCE PAGES 226–273

Topics

- French media
- The police and firefighters
- Social problems and petty crime

Culture

- French newspapers
- French magazine articles

Functions

- How to tell what you do for others
- How to tell what others do for you
- How to refer to people and things already mentioned
- How to use the subjunctive after certain conjunctions

Structure

- Direct and indirect object pronouns
- Using two object pronouns in a sentence
- Object pronouns with commands
- Using the subjunctive after certain conjunctions.

National Standards

Communication Standard 1.1
pages 231, 236, 237, 238, 239, 240, 241, 244, 246, 248, 249, 250, 251, 255, 259, 265

Communication Standard 1.2
pages 231, 233, 234, 236, 237, 239, 244, 246, 255, 257, 259, 261, 262, 263, 265

Communication Standard 1.3
pages 240, 241, 250, 251, 266, 267

Cultures Standard 2.1
pages 232–234, 245, 255–256

Connections Standard 3.1
pages 232–234

Comparisons Standard 4.2
pages 240, 251

PACING AND LEVELING

Leçon 1: Culture *(5–7 days)*
Introduction
Lecture
  Vocabulaire pour la lecture
  La presse et les médias
  Les gardiens de la société
  Accidents et délinquance
Structure • Révision
  Les pronoms compléments directs et indirects
  Deux pronoms compléments ensemble
  C'est à vous
Assessment

Leçon 2: Conversation *(5–7 days)*
Conversation
  Vocabulaire pour la conversation
  Mise en scène
  Au commissariat
Structure • Révision
  Les pronoms compléments avec l'impératif
C'est à vous
Assessment

Leçon 3: Journalisme *(5–7 days)*
Lecture
  Vocabulaire pour la lecture
  Avant la lecture
  Les gros titres
Lecture
    Vocabulaire pour la lecture
    Avant la lecture
    Gentleman-cambrioleur
  Un mort dans un incendie
  Un chaton parcourt 1.000 km pour retrouver ses anciens maîtres
Structure avancée
  Le subjonctif après des conjonctions
C'est à vous
Assessment

Proficiency Tasks *(1–2 days)*
Vidéotour *(1–2 days)*
Littérature *(5–7 days)*

LEVELING

The following is an overall leveling of the sections of each chapter of **Bon voyage!** Level 3.

EASY: Conversation, Structure • Révision
AVERAGE: Culture, Journalisme, Structure • Avancée
CHALLENGING: Littérature

Most parts of each lesson are also leveled for your convenience in the Teacher Notes in the Wraparound section of your Teacher Edition.

E: Easy A: Average C: Challenging

Please note that the material does not become progressively more difficult. Within each chapter there are easy and challenging sections.

RESOURCE GUIDE

SECTION	PAGES	RESOURCES
Leçon 1		
Introduction	228	Vocabulary Transparencies V5.2–V5.3
Lecture		Audio CD 5
Vocabulaire pour la lecture	229–231	Audio Activities TE, pages 75–79
La presse et les médias	232–233	Workbook, pages 67–72
Les gardiens de la société	233	Quizzes, pages 59–62
Accidents et délinquance	234	Tests, pages 117–119 and 128–146
Structure • Révision		ExamView® Pro
Les pronoms compléments directs et indirects	235–237	french.glencoe.com
		Assessment Transparency A5.1
Deux pronoms compléments ensemble	238–239	
C'est à vous	240–241	
Assessment	242–243	
Leçon 2		
Conversation		Vocabulary Transparency V5.4
Vocabulaire pour la conversation	244	Audio CD 5
		Audio Activities TE, pages 80–83
Mise en scène	245	Workbook, pages 73–76
Au commissariat	245–246	Quizzes, pages 63–65
Structure • Révision		Tests, pages 120–122 and 128–146
Les pronoms compléments avec l'impératif	247–249	ExamView® Pro
		french.glencoe.com
C'est à vous	250–251	Assessment Transparency A5.2
Assessment	252–253	
Leçon 3		
Lecture		Vocabulary Transparencies V5.5–V5.6
Vocabulaire pour la lecture	254–255	Audio CD 5
Avant la lecture	255	Audio Activities TE, pages 84–88
Les gros titres	256–257	Workbook, pages 77–82
Lecture		Quizzes, pages 66–70
Vocabulaire pour la lecture	258–259	Tests, page 123–146
Avant la lecture	260	ExamView® Pro
Gentleman-cambrioleur	260–261	french.glencoe.com
Un mort dans un incendie	262	Assessment Transparency A5.3
Un chaton parcourt 1.000 km pour retrouver ses anciens maîtres	263	
Structure avancée		
Le subjonctif après des conjonctions	264–265	
C'est à vous	266–267	
Assessment	268–269	
Proficiency Tasks	270–271	**Bon voyage!** Video
Vidéotour	273	Video Activities Booklet
Littérature	470–483	Audio CD 10
		Audio Activities TE, pages 161–165
		Tests, pages 247–252

Using Your Resources for Chapter 5

Transparencies

Map Transparencies The full-color maps at the front of the Student Edition have been converted to transparency format.

Bellringer Reviews provide a quick review activity to begin each class.

Vocabulary Transparencies include the photos and art from the Student Edition pages, overlays with French words, and French/English vocabulary lists for each chapter.

Assessment Transparencies provide answer sheets and answers for the Assessment pages in the Student Edition.

Fine Art can be used to reinforce the topics introduced in the text and enrich your students' knowledge of Fine Art.

Workbook and Audio Activities

Writing Activities

The Workbook section includes numerous activities to reinforce each concept presented in the textbook. There are workbook pages for each of the following sections: vocabulary, culture, conversation, journalism, and structure. Varied activities provide several ways for students to practice and apply the material you have presented in class.

Audio Activities

The Audio Activities pages in this booklet may be used to guide students through the listening and speaking activities provided on the Audio CDs. The script to the Audio CDs is also provided in the Audio Activities TE in the TeacherTools booklet if the teacher prefers to read the activities aloud. The Audio Activities provide listening and speaking practice to reinforce vocabulary, culture, conversation, structure, and literature.

Assessment

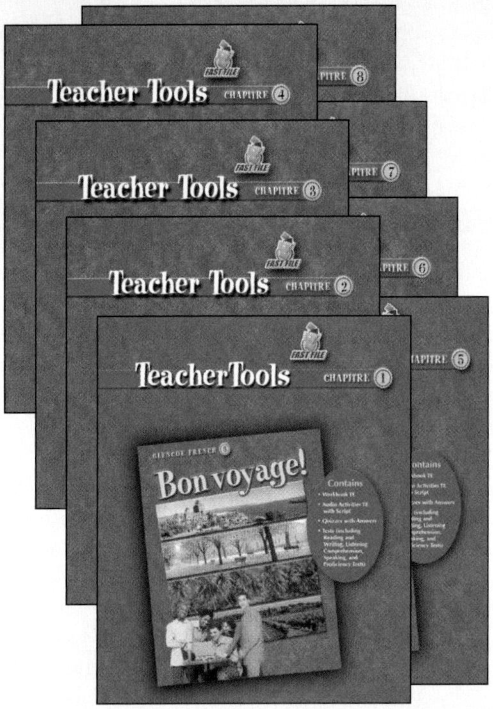

Several options for Assessment are offered with the **Bon voyage!** program.

The TeacherTools booklets include the following Assessment pieces.

Quizzes There are quizzes for Vocabulary, Culture, Structure, Conversation, and Journalism.

Tests There is a Reading and Writing test for each lesson in the chapter. In addition, there are two different Chapter Reading and Writing tests—one for less able to average students and the other for above adverage to advanced students. There is also a Listening Comprehension test, a Speaking Test, and a Proficiency Test at the end of each chapter.

French Online Students can easily access our Practice Quizzes at french.glencoe.com.

ExamView® Pro Test Bank software for Macintosh and Windows makes creating, editing, customizing, and printing tests quick and easy.

Technology Resources

FRENCH Online

Throughout **Bon voyage!** you will see references to Web sites in the French-speaking world that will expose you to more authentic readings about the material you are studying. Visit french.glencoe.com.

Bon voyage! Video and Video Activities, Chapter 5. Available on VHS and DVD.

Bon voyage! is also available on CD or Online.

TeacherWorks™

TeacherWorks™ is your all-in-one teacher resource center. Personalize lesson plans, access resources from the Teacher Wraparound Edition, connect to the Internet, or make a to-do list. These are only a few of the many features that can assist you in planning and organizing your lessons.

Includes:

- A calendar feature
- Access to all program blackline masters
- Standards correlations and more

ExamView® Pro

Test Bank software for Macintosh and Windows makes creating, editing, customizing, and printing tests quick and easy.

CHAPITRE 5

Preview

In this chapter, students will read about typical social problems in France, many of which are similar to those in the U.S. and other industrialized nations. They will learn the vocabulary necessary to report a minor nonviolent crime.

Students will learn to read and understand the importance of newspaper headlines. They will also read newspaper articles about everyday local events such as accidents, minor mishaps, and human interest stories.

National Standards

Communication
Students learn to discuss media and everyday events and how to give an oral report of a crime to the police.

Cultures
Students learn about social problems such as traffic accidents and crime in France. They will also learn about French newspapers and news reporting.

Connections
This chapter establishes a link with the fields of journalism, and social studies.

Comparisons
Students will have an opportunity to compare French newspapers to American ones, and to compare French social problems with American problems.

CHAPITRE 5

Les faits divers et la presse

FRENCH Online

The **Glencoe French Web site** (french.glencoe.com) offers options that enable you and your students to experience the French-speaking world via the Internet. For each chapter, there are activities, games, and quizzes. In addition, an *Enrichment* section offers students an opportunity to visit Web sites related to the theme of the chapter.

Objectifs

In this chapter you will:

- *learn about social problems, petty crimes; newspapers and other media in France*
- *review how to tell what you do for others and what others do for you*
- *review how to refer to people and things already mentioned*
- *learn how to use the subjunctive after certain conjunctions*
- *read and discuss several newspaper headlines and articles from local papers*

Table des matières

CHAPITRE 5

LEVELING

The following is an overall leveling of the sections of each chapter of **Bon voyage!** Level 3.

EASY **Conversation, Structure-Révision**

AVERAGE **Culture, Journalisme, Structure avancée**

CHALLENGING **Littérature**

Most parts of each lesson are also leveled for your convenience.

E: Easy

A: Average

C: Challenging

Please note that the material does not become progressively more difficult. Within each chapter there are easy and challenging sections.

Assessment

Quizzes: There is a quiz for every vocabulary presentation, every reading, and every structure point. **Tests:** To accompany **Bon voyage!** Level 3 there is a Reading and Writing Test for each of the three lessons that make up a chapter. At the end of each chapter there are five tests.

- Two Reading and Writing Tests; one easy to intermediate; another intermediate to challenging.
- A Listening Comprehension Test
- A Speaking Test
- A Proficiency Test

Spotlight on Culture

Ce pompier lutte contre un incendie de forêt dans la région de Martigues dans le sud de la France. Le Mistral, un vent très fort, attise souvent ces incendies et rend la tâche des pompiers très difficile.

1 Preparation

Resource Manager

Vocabulary Transparencies V5.2–V5.3
Audio Activities TE, pages 75–76
Audio CD 5
Workbook, pages 67–68
Quiz, page 59
ExamView® Pro

Bellringer Review

Use BRR Transparency 5.1 or write the following on the board: **Faites une liste:**

1. **de choses qu'on peut lire.**
2. **de choses qu'on peut écouter.**

2 Presentation

Introduction

Step 1 You may either read the **Introduction** to students or have them read it silently.

Step 2 Ask students the following questions about the **Introduction: Qu'est-ce que les faits divers? Ce sont des événements qui se passent quand? Ils se passent où? Donnez quelques exemples de faits divers. Qu'est-ce qu'ils reflètent?**

Step 3 Ask students for the singular of **les maux (le mal).**

On lit des journaux à Paris

Introduction

Que sont les faits divers? Les faits divers sont des événements qui se passent tous les jours, dans n'importe quelle ville ou village. Les faits divers intéressent les gens qui habitent la région, mais ces petits événements n'ont pas d'intérêt pour le reste du pays ou du monde. Les faits divers tels que les homicides, les vols, les cambriolages, les accidents, etc., reflètent souvent les maux[1] de la société.

Comment le public s'informe-t-il sur ces événements? Dans tous les journaux il y a une rubrique dédiée aux faits divers. Ceux qui ne lisent pas le journal se contentent des informations données à la radio ou à la télévision.

[1]maux *ills*

FUN FACTS

Il y a environ 80 titres de quotidiens en France, dont une douzaine à Paris et le reste en province. Le tirage est de dix millions d'exemplaires: 2,5 à Paris et 7,5 en province. Il est intéressant de noter qu'en 1939, le nombre de titres était de 220. Le plus gros tirage appartient à *L'Équipe,* à Paris, un journal sportif et à *Ouest-France,* en province. Les différents quotidiens représentent souvent les principales tendances politiques: *La Croix* - catholique, *L'Humanité* - communiste, *Libération* - gauche, *Le Figaro* - centre droite. *France-Soir* publie souvent des articles à sensation et *Le Monde* est respecté dans le monde entier. Le dernier né s'appelle *InfoMatin* et est très bien reçu grâce à son prix modeste (la moitié des autres quotidiens).

Vocabulaire pour la lecture

L'homme a acheté un magazine.
Il l'a acheté au kiosque.

La présentatrice parle aux téléspectateurs.
Elle leur parle.

2 Presentation

Vocabulaire pour la lecture

Step 1 Have students repeat the new words in unison after you or the Audio CD.

Step 2 Have students open their books and read the vocabulary for additional reinforcement.

Step 3 You may wish to explain the difference between **un voleur** *(a robber who robs anywhere)* and **un cambrioleur** (*a burglar who enters a home or business to rob).*

Step 4 Plus de vocabulaire: Read the new words and definitions to the class, or call on several students to read them aloud.

Step 5 You may also wish to have students put each new word into an original sentence.

Learning from Photos

(page 230 bottom left) Cette jeune femme pompier lutte contre un incendie de forêt dans la région de Castellet en Provence. Il s'agit d'un incendie d'origine criminelle.

(page 230 bottom right) Chambolle-Musigny est une ville de Bourgogne où l'on fait le célèbre vin du même nom. Comme le panneau l'indique, Chambolle-Musigny est jumelée avec deux autres villes célèbres pour leurs vins, Sonoma aux États-Unis et Schwabenheim en Allemagne.

(page 231) Au Québec, les distances sont en kilomètres et les températures en degrés Celsius.

ADDITIONAL PRACTICE

1. Ask: **Comment est-ce que le cambrioleur est entré dans la maison? Il a sonné à la porte ou il est entré par effraction? Il n'a tué personne. Pourquoi? Il n'y avait personne à la maison? Les conducteurs respectent la limitation de vitesse? Qui se bat contre un incendie? Qu'est-ce que les pompiers veulent faire? Il y a une hausse de la criminalité? Est-ce que les blessures graves causent toujours la mort? Et les blessures mortelles?**
2. Say the following and have students give you the word you're looking for.
   1. **un endroit où l'on vend des journaux et des magazines**
   2. **celui qui vole des gens**
   3. **celui qui entre dans une maison par effraction**
   4. **celui qui éteint les incendies**
   5. **le contraire de «la baisse»**
   6. **la raison pour laquelle on fait quelque chose**
   7. **tout ce qui se passe actuellement**
   8. **un vol, un cambriolage, un meurtre**

Leçon 1
Culture

La police poursuit le voleur. Le voleur a volé quelque chose.

Le cambrioleur a cassé une vitre de la fenêtre. Il l'a cassée pour entrer dans la maison. Il entre par effraction. C'est un cambriolage.

Les pompiers se battent contre l'incendie. Ils vont l'éteindre.

Les conducteurs doivent respecter la limitation de vitesse et la signalisation.

Plus de vocabulaire

l'actualité *(f.)* l'ensemble des événements actuels; ce qui se passe en ce moment
l'auditeur(trice) de radio celui qui écoute la radio
un délit un crime
une hausse une augmentation
un meurtre l'action de causer la mort d'un individu volontairement
un mobile un motif, une motivation
le tirage la quantité d'exemplaires d'un journal ou d'un livre imprimé en une seule fois
tuer causer la mort
mortel(le) qui cause la mort
en différé émission enregistrée avant la diffusion; le contraire d'en direct

About the French Language

For additional information about the feminine forms of professions such as **pompier**, please see page 98, Chapter 2. After studying the feminine forms of certain professions, ask students to think about whether the English language has feminine forms. You may wish to use actor/actress as an initial example.

Quel est le mot?

Signalisation à Québec

1 Votre expérience Donnez des réponses personnelles.

1. Là où vous habitez, il y a des conducteurs qui ne respectent pas la limitation de vitesse? Ils dépassent la limitation de vitesse?
2. Il y a beaucoup de vols là où vous habitez?
3. Dans votre état, il y a plus de vols dans les grosses agglomérations urbaines ou dans les zones rurales de la campagne?
4. Qui se bat contre les incendies?
5. Dans votre état, quel journal a le plus gros tirage?
6. Il y a des gros titres à la une de ce journal?

2 L'actualité Complétez.

1. Un ____ vole. Il prend ce qui n'est pas à lui. Il commet un ____.
2. Un ____ entre par effraction dans une maison pour y voler quelque chose. C'est un ____.
3. Un ____ se bat contre un incendie.
4. Quand il y a un ____ il y a des flammes.
5. La police ____ le voleur pour le capturer.
6. La police veut établir le ____ du meurtre.
7. Le ____ fait un reportage à la télé et les ____ le regardent.
8. Les actualités les plus importantes se trouvent à la ____ du journal.

Au jardin du Luxembourg à Paris

3 Quel est le mot? Donnez le mot dont la définition suit.

1. la quantité de journaux imprimés en une seule fois
2. une émission de télévision enregistrée avant sa diffusion
3. un crime
4. qui cause la mort
5. celui qui entre par effraction dans une maison pour y voler quelque chose
6. commettre un meurtre
7. l'augmentation
8. le motif
9. la première page d'un journal
10. celui qui écoute la radio
11. celui qui regarde la télévision

4 Historiette Un vol Répondez.

1. Le voleur a volé quelqu'un?
2. Il l'a volé en plein jour?
3. La police est arrivée sur le lieu du crime?
4. Les policiers y sont arrivés en très peu de temps?
5. Ils ont vu le voleur?
6. Ils l'ont poursuivi?
7. Ils ont interrogé la victime?
8. Ils lui ont posé beaucoup de questions?

3 Practice

Quel est le mot?

1 You can go over the questions of this activity as you present the vocabulary.

2, **3**, **4** Have students prepare these activities before going over them in class. Then call on students to read their answers to **Activités 2** and **3.**

Expansion: After going over **Activités 2** and **3,** have students make up questions about each sentence.

Expansion: After a student gives the word being defined in **Activité 4,** you may ask him or her to use the word in an original sentence.

Answers to Quel est le mot?

1 *Answers will vary.*

2
1. voleur, vol
2. cambrioleur, cambriolage
3. pompier
4. incendie
5. poursuit
6. mobile
7. présentateur, téléspectateurs
8. une

3
1. le tirage
2. en différé
3. un délit
4. mortel
5. un cambrioleur
6. tuer
7. la hausse
8. le mobile
9. la une
10. l'auditeur
11. le téléspectateur

4
1. Oui, le voleur a volé quelqu'un.
2. Oui (Non), il (ne) l'a (pas) volé en plein jour.
3. Oui (Non), la police (n') est (pas) arrivée sur le lieu du crime.
4. Oui (Non), les policiers (n')y sont (pas) arrivés en très peu de temps.
5. Oui (Non), ils (n')ont (pas) vu le voleur.
6. Oui (Non), ils (ne) l'ont (pas) poursuivi.
7. Oui (Non), ils (n')ont (pas) interrogé la victime.
8. Oui (Non), ils (ne) lui ont (pas) posé beaucoup de questions.

National Standards

Cultures
Students learn about different types of media and about social problems such as traffic accidents and crime in France.

Connections
This reading establishes a link with the field of social studies.

Comparisons
Students will have an opportunity to compare French social problems with those of the United States.

1 Preparation

Resource Manager

Audio Activities TE, pages 76–77
Audio CD 5
Workbook, pages 68–69
Quiz, page 60

Bellringer Review

Use BRR Transparency 5.2 or write the following on the board: **Mettez chacun des mots suivants dans une phrase: la voiture, le conducteur, le permis de conduire, la limitation de vitesse, le feu, la ceinture de sécurité, le croisement, l'autoroute, le péage.**

2 Presentation

Lecture

Step 1 Have students read the **Lecture** silently or call on students to read it aloud. This section contains a great deal of very useful vocabulary for reading the newspaper and discussing local news items.

Step 2 You can intersperse the questions from **Activité A** on page 233 as you are going over this section.

Lecture
La presse et les médias

Les journaux

Un journal est constitué de différentes rubriques: politique intérieure, politique étrangère, faits divers, sports, culture, météo et petites annonces. Un quotidien national, c'est-à-dire un journal publié tous les jours comme *Le Monde* et *Le Figaro,* a un fort tirage. Il tire, par exemple, à 400 000 exemplaires. Dans l'actualité, beaucoup de quotidiens nationaux ont perdu des lecteurs. Les quotidiens régionaux sont plus lus. *Ouest-France* est le quotidien français qui a le plus gros tirage. La presse régionale intéresse plus les habitants des zones rurales parce qu'elle présente des informations locales qui les concernent directement.

Reading Strategy

Summarizing
When you read passages, you may want to develop a strategy for remembering the material, especially if the topic is new to you. Summarizing will help you retain what you read. Take notes as you read. From your notes, write a sentence about each section of the reading. These sentences will help you recall the information in each section. Then write one sentence that summarizes the main idea of the selection.

Les magazines

Il y a de plus en plus de magazines. Les hebdomadaires, c'est-à-dire les magazines publiés une fois par semaine, ont des sondages d'opinion et des analyses sur l'actualité politique. Plusieurs hebdomadaires, comme *Le Nouvel Observateur* et *Paris Match,* ont un gros succès.

La télévision et la radio

Beaucoup de Français se contentent des informations données à la radio ou au journal télévisé. Les présentateurs ou présentatrices rapportent les nouvelles de manière impartiale. Les téléspectateurs et les auditeurs de radio peuvent suivre un reportage, un débat, une émission sportive, de la publicité, la météo et une interview en direct ou en différé.

A Répondez.

1. De quoi est constitué un journal?
2. Quelles sont quelques rubriques?
3. Qu'est-ce qu'un quotidien?
4. Quel journal français a le plus gros tirage?
5. Pourquoi la presse régionale intéresse-t-elle plus les lecteurs des zones rurales?
6. Qu'est-ce qu'un hebdomadaire?
7. Qu'est-ce qu'on peut lire dans les magazines hebdomadaires?
8. Ces magazines ont un gros succès?
9. D'où beaucoup de Français reçoivent-ils les informations?
10. Qu'est-ce que les téléspectateurs et les auditeurs de radio peuvent suivre?

DERNIÈRE MINUTE

Sacrée saucisse. Durant tout le week-end, Morteau (Jura) célèbre la saucisse à laquelle le village donne son nom. Fabrication, marché, dégustations et musique régionale. ••• **La beauté des carreaux.** Argilla se tient ce week-end, à Aubagne (Bouches-du-Rhône). La septième édition de la fête de la céramique *(notre photo)* réunit cent soixante-dix artisans qui présentent leurs œuvres sur le plus grand marché potier de l'Hexagone. Plus de 60 000 visiteurs sont attendus. ••• **A consommer avec modération.** Opération portes ouvertes pour les caves de Menetou-Salon (Cher). Visites libres durant tout le week-end et dégustations gratuites.

Les gardiens de la société

s'occuper de – to take care of.
occupé – occupied, taken
occuper – to occupy, take up.

La gendarmerie et la police

La gendarmerie s'occupe des campagnes et des routes. La police s'occupe de la sécurité dans les villes. Il faut appeler la police en cas de vol, de cambriolage ou d'accident. La police est toujours là pour porter secours à la victime d'un délit ou d'un crime. La police découvre un indice[1] sur les lieux du crime ou suit une piste[2]. En cas d'homicide ou de meurtre la police essaie de trouver un mobile.

Les pompiers

Les pompiers ne s'occupent pas seulement des incendies. Ils ont une formation de secouristes et ils interviennent dans de nombreuses situations: accidents de la route, noyades[3], blessures, suicides. Et si un petit chat est coincé[4] dans un tuyau, les pompiers viendront peut-être le dégager.

[1]indice *clue*
[2]piste *trail, lead*
[3]noyades *drownings*
[4]coincé *stuck*

B Complétez l'idée.

1. La gendarmerie s'occupe des...
2. La police s'occupe des...
3. On doit appeler la police...
4. Pour essayer de résoudre un crime, la police...
5. Les pompiers ne s'occupent pas seulement des incendies. Ils...

Step 3 Before reading **Les gardiens de la société,** tell students that when they finish they will have to answer the following question: **En France, quelle est la différence entre un gendarme et un agent de police?**

Learning from Realia

(page 233) Chaque année, près de 6 000 personnes sont tuées sur les routes de France et plus de 110 000 sont blessées. Comme la vitesse est la cause principale de ces accidents, la police utilise de plus en plus des radars qui enregistrent la vitesse d'un véhicule à distance. Les motards s'occupent de la sécurité routière. Le terme motard s'applique aussi à toute personne roulant à moto.

Answers

A

1. Un journal est constitué de différentes rubriques.
2. politique intérieure, politique étrangère, faits divers, sports, culture, météo et petites annonces
3. Un quotidien est un journal publié tous les jours.
4. *Ouest-France* est le journal qui a le plus gros tirage.
5. La presse régionale intéresse plus les lecteurs des zones rurales parce qu'elle présente des informations locales qui les concernent directement.
6. Un hebdomadaire est un magazine publié tous les semaines.
7. On peut lire des sondages d'opinion et des analyses sur l'actualité politique dans les hebdomadaires.
8. Oui, ces magazines ont un gros succès.
9. Beaucoup de Français reçoivent les informations à la radio ou au journal télévisé.
10. Les téléspectateurs et les auditeurs de radio peuvent suivre un reportage, un débat, une émission sportive, de la publicité, la météo et une interview.

B

1. campagnes et des routes.
2. villes.
3. en cas de vol, de cambriolage ou d'accident.
4. découvre un indice sur les lieux du crime ou suit une piste.
5. interviennent dans de nombreuses situations.

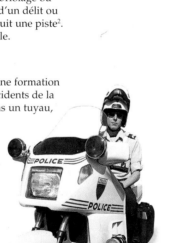

3 Practice

C **Expansion:** The corrected sentences in this activity could be used for radio or TV news broadcasts. Have students work in "news teams" of 3–4 and prepare a broadcast based on the corrected sentences. These broadcasts could be recorded. The same could be done for **Activités A** and **B** on p. 246. All three could be combined.

Group Activity

You may wish to assign this activity after completing the reading: **Travaillez en petits groupes. Faites une liste de toutes les nouvelles formes de délinquance en France. Comparez-les aux nouvelles formes de délinquance aux États-Unis.**

Leçon 1
Culture

Accidents et délinquance

Accidents de la route

Malheureusement la proportion des accidents mortels sur la route reste plus élevée en France que dans la plupart des autres grands pays occidentaux. La vitesse est la principale cause des accidents. Trop de conducteurs refusent de respecter la limitation de vitesse et la signalisation. Néanmoins, depuis que de nouvelles mesures de sécurité routière ont été mise en place, on enregistre une baisse très sensible des accidents de la route.

Délinquance

La délinquance varie selon le degré d'urbanisation. Le taux de criminalité est plus élevé dans les grosses agglomérations urbaines. Il y a eu une récente hausse de la petite délinquance qui est due à des vols. Le malaise social, en particulier celui ressenti[5] par les jeunes immigrés, contribue à cette hausse de la délinquance.

Nouvelles formes de la délinquance

À côté des formes traditionnelles de la délinquance (vols, cambriolages, homicides, etc.) se sont développées depuis quelques années des pratiques plus modernes. Trois d'entre elles font régulièrement la une de l'actualité, et représentent des dangers considérables pour l'avenir des nations développées: le terrorisme, le piratage informatique, le trafic et l'usage de la drogue. Il faut y ajouter le vandalisme et la fraude fiscale.

Les actes de terrorisme sont, avec les meurtres, ceux qui impressionnent le plus les Français. Leur nombre peut varier considérablement, en fonction de la situation politique internationale (les deux tiers des attentats[6] ont des mobiles politiques).

[5]ressenti *felt*
[6]attentats *attacks*

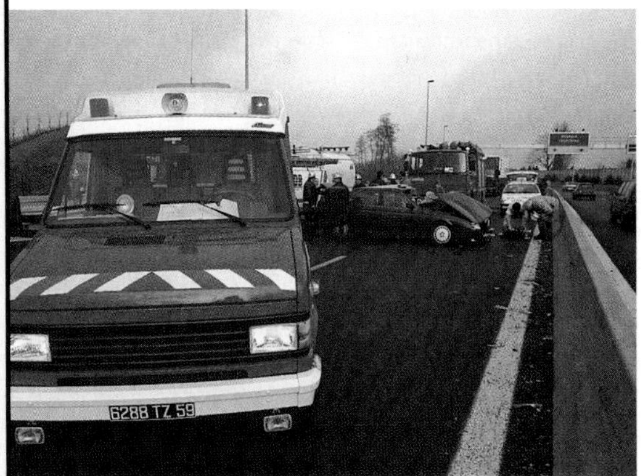

Un accident près de Paris

C Vrai ou faux?

1. La proportion des accidents mortels sur la route reste très basse en France par rapport à la plupart des autres grands pays occidentaux.
2. Depuis quelque temps, il y a moins d'accidents de la route.
3. On ne sait pas pourquoi il y a moins d'accidents de la route.
4. Il y a toujours plus de délinquance dans les zones rurales.
5. Le malaise social ressenti par les Français qui habitent les villes contribue à une récente hausse de la délinquance.
6. Trois formes nouvelles de la délinquance sont les vols, les cambriolages et les homicides.
7. La plupart des actes de terrorisme sont dus à un malaise social.

Answers

C

1. Faux.
2. Vrai.
3. Faux.
4. Faux.
5. Faux.
6. Faux.
7. Faux.

Critical Thinking Activity

Supporting statements with reasons «L'évolution de la délinquance est très contrastée selon le degré d'urbanisation.» Pourquoi? Où le taux de criminalité est-il le plus élevé? Où est-il le plus bas? Pourquoi?

Structure ✤ Révision

Les pronoms compléments directs et indirects

Telling what you do for others or what others do for you

1. Remember that the pronouns **me, te, nous,** and **vous** can function as either direct or indirect objects. Note that the object pronouns, direct or indirect, come directly before the verb to which their meaning is tied.

Direct object	Indirect object
Luc me voit.	Luc me donne le journal.
Luc ne me voit pas.	Luc ne me donne pas le journal.
Luc m'a vu(e).	Luc m'a donné le journal.
Luc ne m'a pas vu(e).	Luc ne m'a pas donné le journal.
Luc veut me voir.	Luc veut me donner le journal.
Luc ne veut pas me voir.	Luc ne veut pas me donner le journal.

2. The pronouns **le, la,** and **les** function as direct objects. They can replace either a person or a thing, and the pronoun must agree in gender and number with the noun it replaces.

Tu connais Paul?	**Tu le connais?**
Tu cherches Jeanne?	**Tu la cherches?**
Il vole les touristes?	**Il les vole?**
Il prend les photos?	**Il les prend?**

3. Note that the past participle of the verb must agree in gender and number with the direct object pronoun that precedes it.

Cette photo? Je l'ai prise.
Ces livres? Il ne les a pas lus.
Marie? Ils t'ont vue?

4. The pronouns **lui** and **leur** are indirect object pronouns. They can replace either a masculine or a feminine noun referring to a person or persons.

Je donne le journal à Éric. →
Je lui donne le journal.

Je donne le journal à Marie. →
Je lui donne le journal.

J'ai donné le journal à Marie et à Éric. →
Je leur ai donné le journal.

Elle lui donne une publicité à Paris

Reaching All Students

Visual/Spatial Learners As you go over the following activities, have students raise their right hand when it's a direct object and their left hand when it's an indirect object.

1 Preparation

Resource Manager

Audio Activities TE, pages 78–79
Audio CD 5
Workbook, pages 70–72
Quizzes, pages 61–62
ExamView® Pro

Bellringer Review

Use BRR Transparency 5.3 or write the following on the board: **Citez:**

1. **trois choses qui vous intéressent.**
2. **trois choses qui vous amusent.**
3. **trois choses qui vous déplaisent.**

2 Presentation

Les pronoms compléments directs et indirects

Step 1 Most students will probably need at least a quick review of this point.

Step 2 Have students read the model sentences aloud in Item 1.

Step 3 As you go over Item 2, write the sentences on the board. Draw a box around the noun that is the direct object and a circle around the object pronoun. Draw a line from the box to the circle to show that the pronoun replaces the noun. Underline the ending of the past participle when there is agreement as shown in Item 3.

Step 4 When going over Item 4, emphasize that **lui** and **leur** replace both masculine and feminine nouns.

LEVELING

A: Structure

3 Practice

Comment dit-on?

1 This activity can be done without any prior preparation. Have students close their books. Go over the activity orally in class.

2 Give students two or three minutes to look over this activity. Then call on individuals to read aloud.

Learning from Realia

You may want students to convert some of the temperatures on the weather map.

Ça fait combien en Celsius/Farenheit?

Pour convertir les degrés Celsius en degrés Farenheit, la formule est la suivante:

9/5 C + 32 = F

Pour convertir les degrés Farenheit en degrés Celsius, la formule est la suivante:

(F-32) x 5/9 = C

Comment dit-on?

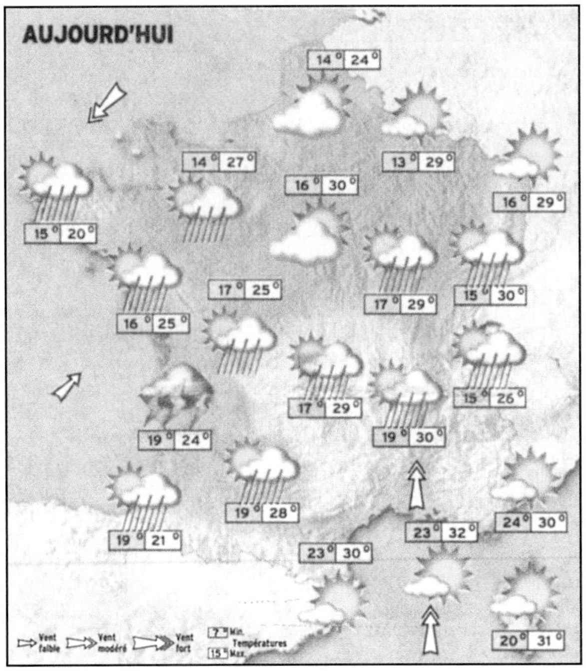

1 Historiette Elle te voit?

Répondez avec le pronom qui convient.

1. Chantal te voit?
2. Elle te parle?
3. Elle te demande quelque chose?
4. Elle te demande si tu as le journal?
5. Tu n'as pas le journal?
6. Chantal veut acheter *Le Figaro?*
7. Elle veut lire la météo?
8. Elle te demande de l'accompagner au kiosque pour acheter le journal?

À bientôt et conduis prudemment!

2 Historiette Il m'a téléphoné?

Complétez avec **me** ou **te.**

—François __1__ a téléphoné, Nathalie.

—Il __2__ a téléphoné? Qu'est-ce qu'il voulait __3__ dire? Il __4__ a laissé un message?

—Il voulait __5__ dire qu'il serait en retard.

—Il sera en retard? Pourquoi?

—Il y a eu un accident sur l'autoroute.

—Tu __6__ dis que François était dans un accident?

—Non, tu ne __7__ as pas écoutée. Je ne __8__ ai pas dit ça. Je __9__ ai dit qu'il y a eu un accident. Je ne sais même pas si François l'a vu.

Answers to Comment dit-on?

1

1. Oui (Non), elle (ne) me voit (pas).
2. Oui (Non), elle (ne) me parle (pas).
3. Oui (Non), elle (ne) me demande (quelque chose/rien).
4. Oui (Non), elle (ne) me demande (pas) si j'ai le journal.
5. Oui (Non), je (n') ai (pas) le journal.
6. Oui (Non), elle (ne) veut (pas) acheter *Le Figaro*.
7. Oui (Non), elle (ne) veut (pas) lire la météo.
8. Oui (Non), elle (ne) me demande (pas) de l'accompagner au kiosque pour acheter le journal.

2

1. m'
2. t'
3. te
4. t'
5. me
6. me
7. m'
8. t'
9. t'

3 **Historiette** **Marie est à l'aéroport.**
Remplacez l'expression en italique par un pronom.

1. Marie dit bonjour *à l'employée de la compagnie aérienne.*
2. Elle parle *à l'employée.*
3. Elle sort *son billet* de sa poche.
4. Elle donne *son billet* à l'employée.
5. L'employée regarde *son billet.*
6. L'employée donne une carte d'embarquement *à Marie.*
7. Marie regarde *la carte d'embarquement.*
8. Elle dit «merci» *à l'employée.*
9. Elle parle *à ses amis.*
10. Ses amis entendent *l'annonce du départ de son vol.*
11. Marie embrasse *ses amis.*
12. Elle dit «au revoir» *à ses amis.*

À l'aéroport

4 **Historiette** **Tu le connais?** Répondez par «oui», puis par «non», et utilisez le pronom qui correspond à l'expression en italique.

1. Tu connais *Jacques?*
2. Tu parles *à Jacques?*
3. Jacques *t'*invite à sa fête?
4. Il invite tous *ses amis* à sa fête?
5. Il envoie des invitations *à ses amis?*
6. Il envoie *les invitations* aujourd'hui?
7. Tu vas aider *Jacques* à écrire les invitations?
8. Tu vas demander les adresses *à Jacques?*

5 **Faits divers** Répondez que oui et remplacez les noms par des pronoms.

1. Tu as lu le journal?
2. Tu as lu les gros titres?
3. Les faits divers ont intéressé ton ami?
4. Tu as vu l'interview à la télé?
5. Tu as vu l'interview en direct ou en différé?
6. Le voleur a volé sa victime?
7. Il a pris son portefeuille?
8. La victime a déclaré le crime?
9. Elle a parlé à l'agent de police?
10. La police a arrêté le voleur?

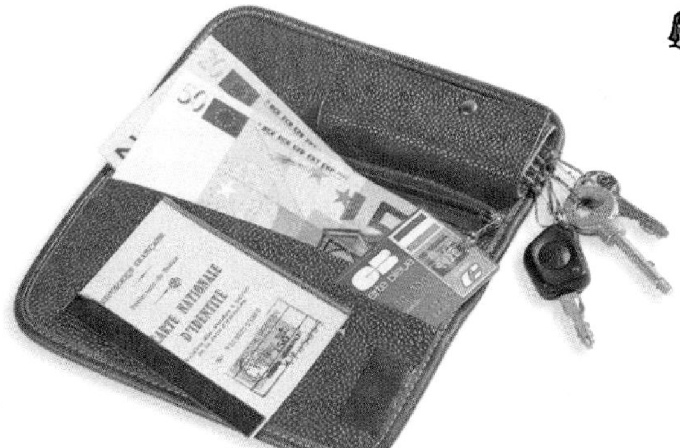

3, **4**, **5** **Note:** These activities all contrast direct and indirect objects.

Paired Activities

Activités 3, 4, and **5:** Have students work in pairs. One student reads the question, the other answers, then they reverse roles. You can circulate to listen, give grades, help, etc. When students have finished the activity, have random partners do a few items from each one.

Hint: Set a time limit and use the timer to keep students focused on task.

ANSWERS TO Comment dit-on?

3

1. Marie lui dit bonjour.
2. Elle lui parle.
3. Elle le sort de sa poche.
4. Elle le donne à l'employée.
5. L'employée le regarde.
6. L'employée lui donne une carte d'embarquement.
7. Marie la regarde.
8. Elle lui dit «merci».
9. Elle leur parle.
10. Ses amis l'entendent.
11. Marie les embrasse.
12. Elle leur dit «au revoir».

4

1. Oui (Non), je (ne) le connais (pas).
2. Oui (Non), je (ne) lui parle (pas).
3. Oui (Non), il (ne) m'invite (pas) à sa fête.
4. Oui (Non), il (ne) les invite (pas) tous à sa fête.
5. Oui (Non), il (ne) leur envoie (pas d') des invitations.
6. Oui (Non), il (ne) les envoie (pas) aujourd'hui.
7. Oui (Non), je (ne) vais (pas) l'aider à écrire les invitations.
8. Oui (Non), je (ne) vais (pas) lui demander les adresses.

5

1. Oui, je l'ai lu.
2. Oui, je les ai lus.
3. Oui, ils l'ont intéressé.
4. Oui, je l'ai vue.
5. Je l'ai vue en direct/en différé.
6. Oui, il l'a volée.
7. Oui, il l'a pris.
8. Oui, elle l'a déclaré.
9. Oui, elle lui a parlé.
10. Oui, la police l'a arrêté.

2 Presentation

Deux pronoms compléments ensemble

Step 1 This grammatical point is one that students learn better through examples than explanation. In your presentation it is recommended that you concentrate on the model sentences and use the actual answers to the activities as examples rather than emphasizing the explanation of which pronoun goes where. The more students hear the correct order, the more likely they are to produce it correctly.

With slower groups, you may wish to practice replacing only one object pronoun in each sentence and come back to this topic at another time.

ADDITIONAL PRACTICE

Bring in a wallet, a credit card, keys, a passport, money, etc. to help illustrate the structure topic as follows:

Prof: Pierre, donne la carte d'identité à Marie. Marie, Pierre te donne la carte?
Marie: Oui, il me la donne.
Prof: Pierre, demande la carte à Marie.
Pierre: Donne-moi la carte s'il te plaît.
Prof: Karen, est-ce que Pierre demande la carte à Marie?
Karen: Oui, il la lui demande, etc.

Vary the verbs and the items. Give the wrong item to get a negative answer.

Note: It is up to the discretion of the teacher as to the emphasis placed on the agreement of the past participle.

Deux pronoms compléments ensemble
Referring to people and things already mentioned

1. In many sentences there are both a direct and an indirect object pronoun. The indirect object pronouns **me, te, nous,** and **vous** always precede the direct object pronouns **le, la, les.**

Elle te demande ton billet.	**Elle te le demande.**
Elle me donne ma carte d'embarquement.	**Elle me la donne.**
Il nous rend nos passeports.	**Il nous les rend.**
Il ne vous a pas rendu votre billet.	**Il ne vous l'a pas rendu.**

2. However, for the third person pronouns, it is the reverse: the direct object pronouns **le, la, les** always precede the indirect object pronouns **lui, leur.**

Elle donne son billet à l'agent.	**Elle le lui donne.**
Elle donne sa carte d'embarquement à Luc.	**Elle la lui donne.**
Il rend leurs passeports aux garçons.	**Il les leur rend.**
Il n'a pas rendu son passeport à Solange.	**Il ne le lui a pas rendu.**

3. Study the following chart.

me te nous vous	before	le la l' les	before	lui leur

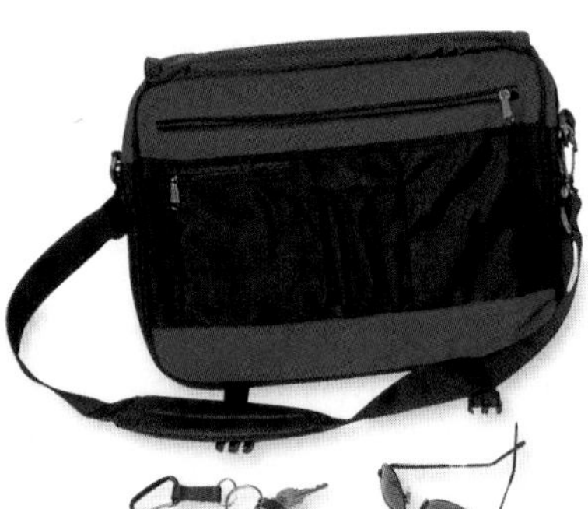

Comment dit-on?

6 Quelqu'un m'a volé(e) Suivez le modèle.

—Tu as perdu ta carte d'identité?
—Je ne l'ai pas perdue. Quelqu'un me l'a volée.

1. Tu as perdu ton sac?
2. Tu as perdu ton permis de conduire?
3. Tu as perdu ton passeport?
4. Tu as perdu ta guitare?
5. Tu as perdu ta veste?
6. Tu as perdu tes cartes de crédit?
7. Tu as perdu tes lunettes?
8. Tu as perdu tes clés?
9. Tu as perdu tes bagages?

Answers to Comment dit-on?

6

1. Je ne l'ai pas perdu. Quelqu'un me l'a volé.
2. Je ne l'ai pas perdu. Quelqu'un me l'a volé.
3. Je ne l'ai pas perdu. Quelqu'un me l'a volé.
4. Je ne l'ai pas perdue. Quelqu'un me l'a volée.
5. Je ne l'ai pas perdue. Quelqu'un me l'a volée.
6. Je ne les ai pas perdues. Quelqu'un me les a volées.
7. Je ne les ai pas perdues. Quelqu'un me les a volées.
8. Je ne les ai pas perdues. Quelqu'un me les a volées.
9. Je ne les ai pas perdus. Quelqu'un me les a volés.

7 **Il lui a donné quelque chose.** Remplacez l'expression en italique par un pronom.

1. Il lui a donné *le journal*.
2. Il lui a donné *la lettre*.
3. Il lui a donné *les timbres*.
4. Il lui a donné *l'adresse*.
5. Il lui a donné *le numéro de téléphone*.
6. Il lui a donné *les clés*.
7. Il lui a donné *la voiture*.
8. Il lui a donné *le permis de conduire*.
9. Il lui a donné *les papiers*.

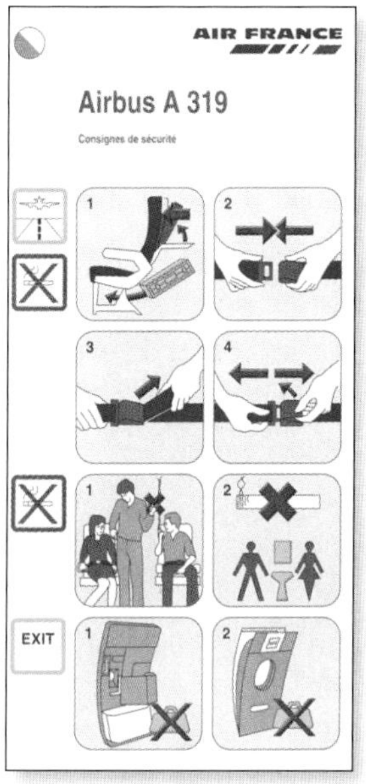

8 **Historiette À bord de l'avion** Remplacez les expressions en italique par des pronoms.

1. Le steward nous demande *nos cartes d'embarquement*.
2. Nous donnons *nos cartes d'embarquement au steward*.
3. Il regarde *nos cartes,* ensuite il nous rend *nos cartes*.
4. Il nous indique *nos sièges*.
5. Avant le décollage, une hôtesse de l'air explique *les règlements de sécurité à tous les passagers*.
6. Elle fait *les annonces aux passagers* en anglais et en français.
7. Après le décollage, le personnel de bord nous sert *le dîner*.
8. Après le dîner, j'ai envie de dormir un peu. Je vois un oreiller. Je demande *l'oreiller au steward*.
9. Il me donne *l'oreiller*.
10. Mon copain a froid. Il voit une couverture. Il demande *la couverture à l'hôtesse de l'air*.
11. Elle donne *la couverture à mon copain*.
12. Dans une heure, elle va nous montrer *le film*.

9 **Une interview** Répondez personnellement.

1. Tu regardes la télé souvent?
2. Tu l'as regardée hier soir?
3. Tu préfères les émissions en direct ou en différé?
4. Tu regardes le journal télévisé en anglais ou en français?
5. La présentatrice parle aux téléspectateurs en anglais ou en français?
6. Tu trouves la présentatrice impartiale?
7. Les informations t'intéressent beaucoup?
8. La météo t'intéresse aussi?
9. Tu as écouté la météo hier soir?
10. Tu l'as écoutée à la radio ou tu l'as vue à la télé?
11. Tu as lu le journal aussi?
12. Tu l'as acheté ou on te l'a livré chez toi?

3 Practice

Comment dit-on?

6 Go over this activity orally in class with no previous preparation. Then go over the activity a second time and write each past participle on the board as the student responds. Have students write the activity at home.

7, **8** These activities can be gone over orally in class, then assigned for written homework. Have students read their answers aloud the next day. If the answer contains a past participle, write it on the board.

9 Have students do this activity in groups as if it were a real interview.

Learning from Realia

Les consignes sont les suivantes:

Placez vos bagages à main sous le siège devant vous.
Attachez et ajustez votre ceinture de sécurité.
Défense de fumer (dans les toilettes).
Ne bloquez pas les issues de secours.

Answers to Comment dit-on?

7

1. Il le lui a donné.
2. Il la lui a donnée.
3. Il les lui a donnés.
4. Il la lui a donnée.
5. Il le lui a donné.
6. Il les lui a données.
7. Il la lui a donnée.
8. Il le lui a donné.
9. Il les lui a donnés.

8

1. Le steward nous les demande.
2. Nous les lui donnons.
3. Il les regarde, ensuite il nous les rend.
4. Il nous les indique.
5. Avant le décollage, une hôtesse de l'air les leur explique.
6. Elle les leur fait en anglais et en français.
7. Après le décollage, le personnel de bord nous le sert.
8. Je le lui demande.
9. Il me le donne.
10. Il la lui demande.
11. Elle la lui donne.
12. Dans une heure, elle va nous le montrer.

9 *Answers will vary.*

Recycling

These activities allow students to use the vocabulary and structure from this lesson in completely open-ended, real-life situations.

Encourage students to say as much as possible when they do these activities. Tell them not to be afraid to make mistakes, since the goal of these activities is real-life communication. If someone in the group makes an error, allow the others to politely correct him or her. Let students choose the activities they would like to do.

You may wish to divide students into pairs or groups. Encourage students to elaborate on the basic theme and to be creative. They may use props, pictures, or posters if they wish.

Leçon 1
Culture

C'est à vous

Use what you have learned

ÉCRIRE

1 La délinquance

✔ ***Write about crime in your community***

Écrivez plusieurs paragraphes en français sur la délinquance dans votre ville ou village.

PARLER / ÉCRIRE

2 La conduite des Américains

✔ ***Discuss traffic accidents and fatalities in the U.S. and compare them with those in France***

Faites des recherches sur la proportion des accidents mortels aux États-Unis. Quelle est la cause principale de ces accidents? Est-ce qu'il est plus dangereux de conduire en France ou aux États-Unis?

PARLER / ÉCRIRE

3 Mes opinions personnelles

✔ ***Describe a popular local newspaper***

Quel est le journal qui a le plus fort tirage là où vous habitez? Décrivez-le. Qu'est-ce que vous pensez de ce journal?

Leçon 1
Culture

PARLER 4 ÉCRIRE

Professions

✔ Discuss some careers that would be of interest to you

Lesquelles de ces professions pourraient vous intéresser? Indiquez pourquoi.

un gendarme

un pompier

une journaliste

une présentatrice

PARLER 5

Débats

✔ Prepare a debate

Préparez un débat.

Équipe 1—La plupart des Américains s'informent des actualités et des faits divers en lisant un journal quotidien.

Équipe 2—La plupart des Américains se contentent du journal télévisé.

Resource Manager

Assessment Transparency A5.1
Online Quizzes
Tests, pages 117–119 and 128–146
ExamView® Pro

Assessment

This is a pretest for students to take before you administer the lesson test. Answer sheets for students to do these pages are provided in your transparency binder. Note that each section is cross-referenced so students can easily find the material they have to review in case they made errors. You may wish to collect these assessments and correct them yourself or you may prefer to have the students correct themselves in class. You can go over the answers orally or project them on the overhead, using your Assessment Answers transparencies.

Vocabulaire

1 Identifiez.

1.

2.

3.

4.

5.

To review the vocabulary, turn to pages 229–230.

2 Complétez.

6. Le ____ a cassé une vitre pour entrer dans la maison.
7. Tous les conducteurs sur les autoroutes doivent respecter la ____.
8. Un ____ est un crime.
9. Ils sont en train d'établir le ____ du meurtre.

Answers to Assessment

1

1. un journal
2. un gros titre
3. un cambrioleur
4. un pompier
5. un incendie

2

6. cambrioleur
7. limitation de vitesse
8. délit
9. mobile

Lecture

3 Vrai ou faux?

10. Les quotidiens nationaux sont plus populaires que les quotidiens régionaux.
11. Un hebdomadaire est un magazine publié une fois par mois.
12. La police s'occupe des campagnes et des routes.
13. Les pompiers s'occupent uniquement des incendies.
14. La vitesse est la cause principale des accidents routiers.
15. Le terrorisme, le piratage informatique et le trafic de la drogue sont des nouvelles formes de délinquance.

To review the reading, turn to pages 232–234.

Structure

4 Répondez avec un pronom.

16. Tu écoutes souvent la radio?
17. Tu lis le journal tous les jours?
18. Tu as vu l'interview en direct ou en différé?
19. Le présentateur parle aux téléspectateurs?
20. Tu as lu les gros titres?
21. La police a parlé à la victime?
22. Un voleur t'a volé(e)?

To review direct and indirect object pronouns, turn to page 235.

5 Suivez le modèle.

l'adresse ⟶
Je la leur ai donnée. Ils ne me l'ont pas donnée.

23. le journal
24. la clé
25. les billets

To review two object pronouns together in the same sentence, turn to page 238.

Assessment

After going over the Assessment, you may administer the test for **Leçon 1, Chapitre 5.**

Answers to Assessment

3

10. Faux.
11. Faux.
12. Faux.
13. Faux.
14. Vrai.
15. Vrai.

4

16. Oui (Non), je (ne) l'écoute (pas) souvent.
17. Oui (Non), je (ne) le lis (pas) tous les jours.
18. Je l'ai vue en direct (en différé).
19. Oui, le présentateur leur parle.
20. Oui (Non), je (ne) les ai (pas) lus.
21. Oui (Non), la police (ne) lui a (pas) parlé.
22. Oui (Non), un voleur (ne) m'a (pas) volée.

5

23. Je le leur ai donné. Ils ne me l'ont pas donné.
24. Je la leur ai donnée. Ils ne me l'ont pas donnée.
25. Je les leur ai donnés. Ils ne me les ont pas donnés.

1 Preparation

Resource Manager

Vocabulary Transparency V5.4
Audio Activities TE, page 80
Audio CD 5
Workbook, page 73
Quiz, page 63
ExamView® Pro

Bellringer Review

Use BRR Transparency 5.4 or write the following on the board: **Écrivez trois phrases sur chacun des thèmes suivants.**

1. **À la gare**
2. **Dans la station de métro**
3. **Dans l'autobus**

2 Presentation

Vocabulaire pour la conversation

Step 1 You may wish to follow the suggestions outlined in previous chapters.

Step 2 After presenting the vocabulary, play the following in the form of a game. Have students give the word you are looking for.

- **celui qui aide quelqu'un à voler**
- **celui qui a été volé**
- **ce que le complice fait pour aider le voleur**
- **là où l'on met son argent**
- **là où les hommes mettent leur portefeuille**
- **celui qui vole**
- **là où la victime va pour déclarer le vol**

3 Practice

Quel est le mot?

1 and **2** These activities can be done with books closed, open, or once each way. No previous preparation is necessary.

Leçon 2 Conversation

Vocabulaire pour la conversation

un complice

Au voleur!
Arrêtez-le!
Arrêtez-le!
un pickpocket
une poche

Le complice pousse la victime. Et le pickpocket prend son portefeuille.
La poche est déchirée.

La victime va au commissariat de police pour déclarer le vol.

Plus de vocabulaire

un truc ce qu'on fait pour tromper, duper quelqu'un
avancer aller vers l'avant
détourner l'attention de quelqu'un distraire quelqu'un
se rendre compte (de / que) réaliser, comprendre

Quel est le mot?

1 Définitions
Donnez le mot dont la définition suit.

1. celui qui vole
2. ce qu'on fait pour duper quelqu'un
3. réaliser
4. distraire quelqu'un
5. aller vers l'avant

2 Historiette Votre expérience Répondez.

1. Il y a beaucoup de vols là où vous habitez?
2. Il y a des pickpockets?
3. Il faut faire attention aux pickpockets, surtout quand il y a beaucoup de monde?
4. Les pickpockets déchirent les poches de leurs victimes?
5. Qui est la victime d'un vol, le voleur ou le volé?
6. Il est gentil de pousser les gens pour avancer?
7. Qui est-ce qui détourne l'attention de la victime?
8. La victime se rend compte qu'on la vole?
9. Qu'est-ce qu'on doit crier quand un pickpocket vient de vous voler?
10. Où va-t-on pour déclarer un vol?

Assessment

Have students look at the illustrations and say whatever they can about them in their own words.

Answers to Quel est le mot?

1

1. un pickpocket
2. un truc
3. se rendre compte
4. détourner l'attention de quelqu'un
5. avancer

2 *Answers will vary.*

Mise en scène

Il y a eu une récente hausse de la petite délinquance, surtout des pickpockets, dans les grandes villes telles que Paris et Lyon. La plupart des victimes de ces voleurs sont des touristes. Il y a des bandes ou gangs de jeunes qui «travaillent» dans les stations de métro et les zones très fréquentées par les touristes. Ils travaillent à deux ou trois et l'un(e) d'entre eux détourne l'attention de la victime pendant que son complice la vole. C'est un grand problème pour la police parce que le plus grand nombre de ces délinquants sont des mineurs.

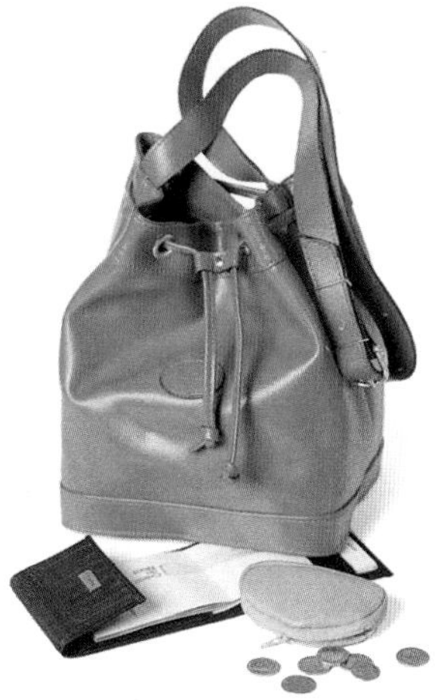

Au commissariat

Alice Je voudrais déclarer un vol.
Agent C'est vous, la victime?
Alice Oui, c'est moi, Alice Cluzet. On m'a volée dans le métro.
Agent Quand ça?
Alice Il y a quelques minutes—à peu près un quart d'heure.
Agent Où, exactement?
Alice À la station Stalingrad.
Agent Le voleur était armé?
Alice Non, je ne crois pas. C'était un pickpocket. Je ne me suis même pas rendue compte qu'il me volait.
Agent Vous pouvez m'expliquer ce qui est arrivé?
Alice Oui, il y avait beaucoup de monde sur le quai. Quelqu'un m'a poussée. Je croyais qu'il voulait avancer. Quelques minutes après, dans le métro, j'ai remarqué que mon sac était ouvert.
Agent Oui, c'est le truc classique. Ils travaillent à deux. Un de ces voleurs vous pousse ou vous demande l'heure pour détourner votre attention, pendant que le complice ouvre votre sac et vous prend votre portefeuille... Vous aviez combien d'argent?
Alice Cinquante euros, et puis mes cartes de crédit.
Agent Vous pourriez me faire une description de l'individu qui vous a poussée?
Alice Absolument.

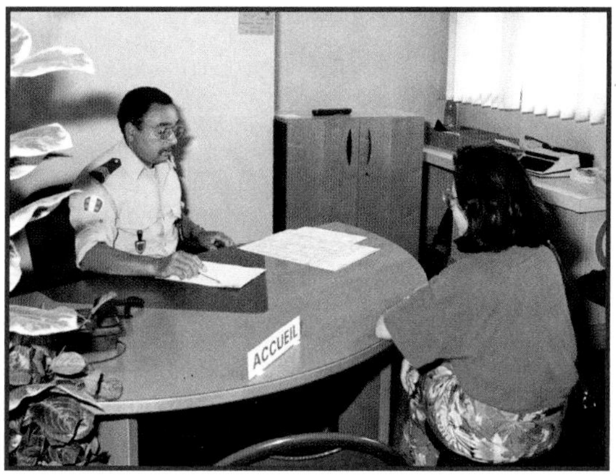

Au commissariat

National Standards

Communication
Students learn how to give an oral report of a crime to the police.

1 Preparation

Resource Manager

Audio Activities TE, pages 81–82
Audio CD 5
Workbook, pages 74–75
Quiz, page 64

2 Presentation

Mise en scène

Step 1 Read the **Mise en scène** aloud to students.

Step 2 Go over **Activité A** on page 246.

Conversation

Step 1 Give students a few minutes to read the **Conversation** silently or listen to the Audio CD.

Step 2 Call on two students to read it aloud. Have them use as much expression as possible. Have the other members of the class close their books and listen.

Step 3 Go over **Activité B** orally.

Step 4 Assign the activities for homework.

FUN-FACTS

En France le maintien de l'ordre est assuré par la police urbaine (les agents de police) dans les villes de plus de 10 000 habitants et par les gendarmes dans les communes plus petites. Les Compagnies républicaines de sécurité (les CRS) maintiennent aussi l'ordre public, par exemple lors de manifestations.

La Police judiciaire (la PJ) lutte contre les activités criminelles (vols, crimes, banditisme, trafic d'armes ou de drogue).

La Direction de la Surveillance du territoire (la DST) lutte contre les activités d'espionnage.

Les motards de la police routière font respecter le code de la route. Ils dépendent de la Gendarmerie nationale, qui dépend de l'armée.

Le poste de police veut dire *le commissariat de police* (voir p. 251).

Ville | Campagne
- >10,000 = la police | <10,000 = les gendarmes
- CRS = l'ordre public
- La Police judiciare (PJ) = criminal activities
- La Direction de la Surveillance (DST) = espionnage.

3 Practice

Vous avez compris?

A You can ask the questions from this activity after you go over the **Mise en scène.**

B You can ask the questions from this activity as you are going over the **Conversation.**

FUN-FACTS

Les taggers, ceux qui font des tags (du mot anglais pour décrire ceux qui laissent leur marque) sévissent surtout en banlieue, très peu à Paris, malgré ce que l'on voit sur cette photo. C'est très sévèrement réprimé—une grosse amende et de trois mois à deux ans de prison.

Recycling

- Have students look at the sign on the desk—**Accueil.** Ask them for other words they have learned that come from the same family: **accueillant, accueillir.** Go over the present tense forms quickly: **j'accueille, tu accueilles, il/elle accueille, nous accueillons, vous accueillez, ils/elles accueillent.**
- Ask students what word other than **Accueil** could be on a sign in a hotel **(Réception).**

Leçon 2
Conversation

Vous avez compris?

A Vrai ou faux?

1. Il y a eu une récente baisse de la petite délinquance.
2. La plupart des victimes sont des jeunes Français.
3. Il y a des bandes de jeunes qui travaillent dans les aéroports.
4. Ils travaillent seuls sans complice.
5. La plupart de ces pickpockets ont plus de 21 ans.

La station de métro Palais-Royal à Paris

La station de métro Louvre-Rivoli à Paris

B Répondez d'après la conversation.

1. Qu'est-ce qu'Alice a déclaré à l'agent de police?
2. Où a-t-elle fait sa déclaration?
3. Qui l'a volée?
4. Où a-t-elle été volée?
5. Il y avait combien de voleurs?
6. Pourquoi a-t-elle été poussée?
7. Pendant qu'un des voleurs la poussait, que faisait le complice?
8. Qu'est-ce qu'ils lui ont pris?
9. Elle a perdu combien d'argent?
10. Elle peut faire une description de celui qui l'a poussée?

ANSWERS TO Vous avez compris?

A

1. Faux.
2. Faux.
3. Faux.
4. Faux.
5. Faux.

B

1. Alice a déclaré un vol à l'agent de police.
2. Elle a fait sa déclaration au commissariat.
3. Un pickpocket l'a volée.
4. Elle a été volée dans le métro, à la station Stalingrad.
5. Il y avait deux voleurs.
6. Pour détourner son attention.
7. Le complice ouvrait son sac et prenait son portefeuille.
8. Ils lui ont pris son portefeuille avec son argent et ses cartes de crédit.
9. Elle a perdu 50 euros.
10. Oui, elle peut faire la description de celui qui l'a poussée.

Structure ⚜ *Révision*

Les pronoms compléments avec l'impératif
Commands referring to people or things already mentioned

1. In the affirmative command, direct or indirect object pronouns follow the verb, and **me** and **te** become **moi** and **toi.** When both a direct and an indirect object pronoun are used, the direct object pronouns **le, la,** and **les** precede **moi, toi, nous, vous, lui,** and **leur.** Note that the object pronouns are connected to the verb by hyphens.

Donne-moi ton portefeuille.	**Donne-le-moi.**
Passe-lui le sel.	**Passe-le-lui.**
Donnez-leur la lettre.	**Donnez-la-leur.**

2. In the negative command, direct or indirect object pronouns precede the verb. When both a direct and an indirect object pronoun are used, the order is the regular one.

Ne me donne pas ton portefeuille.	**Ne me le donne pas.**
Ne lui passe pas le sel.	**Ne le lui passe pas.**
Ne leur donnez pas la lettre.	**Ne la leur donnez pas.**

Devant l'institut de France à Paris

1 Preparation

Resource Manager

Audio Activities TE, pages 82–83
Audio CD 5
Workbook, pages 75–76
Quiz, page 65

Bellringer Review

Use BRR Transparency 5.5 or write the following on the board: **Écrivez quelques ordres que votre professeur de français vous donne souvent.**

2 Presentation

Les pronoms compléments avec l'impératif

Note: It is your choice as to how thorough you wish to be in the presentation of this structure point. It is, however, a low-frequency point since one does not use the imperative a great deal until one is rather fluent. However, some common expressions that use this structure are: **Donnez-moi, passez-moi, excusez-moi, dites-moi.**

LEVELING

A: Structure
C: Structure

3 Practice

Comment dit-on?

1, 2, 3, 4 and 5
You may wish to give students the opportunity to prepare all of these activities before going over them in class. You may also wish to go over each one a second time since the more students hear these forms the easier it will be for them to use them.

Reaching All Students

Have kinesthetic learners stand up and do **Activité 2** with action.

Comment dit-on?

1 Historiette Dis-moi ce que tu veux que je fasse.
Suivez le modèle.

—Je t'attends ici ou à la banque?
—Attends-moi ici.

1. Je te retrouve à cinq heures et demie ou à six heures?
2. Je t'attends à la station d'autobus ou devant le restaurant?
3. Je te téléphone le matin ou l'après-midi?
4. Je vous réserve une table de trois couverts ou de quatre couverts?
5. Je vous achète trois billets ou quatre billets pour le théâtre?

Rendez-vous à la station d'autobus Gare d'Austerlitz

2 Malheureusement, un voleur te parle.
Suivez le modèle.

Je veux ton sac à main. →
Je le veux. Donne-le-moi.

1. Je veux ton portefeuille.
2. Je veux ton argent.
3. Je veux ta veste en cuir.
4. Je veux ta moto.
5. Je veux tes cartes de crédit.
6. Je veux tes clés.

Le meilleur moyen de circuler à Paris

Answers to Comment dit-on?

1
1. Retrouve-moi à cinq heures et demie.
2. Attends-moi à la station d'autobus.
3. Téléphone-moi le matin.
4. Réservez-nous une table de trois couverts.
5. Achetez-nous trois billets pour le théâtre.

2
1. Je le veux. Donne-le-moi.
2. Je le veux. Donne-le-moi.
3. Je la veux. Donne-la-moi.
4. Je la veux. Donne-la-moi.
5. Je les veux. Donne-les-moi.
6. Je les veux. Donne-les-moi.

Leçon 2
Conversation

Paired Activity
Activités 1, 2, 3, 4, and **5,** pages 248–249: Follow the suggestions for **Paired Activities** on page 237 and have partners work together on these activities.

3 **Donnez un coup de fil à Marc.** Complétez.

4 **Une recette compliquée** Suivez le modèle.

—Elle veut le sel?
—Oui, passe-le-lui, s'il te plaît.

1. Elle veut le fromage?
2. Elle veut le beurre?
3. Elle veut les carottes?
4. Elle veut les oignons?
5. Elle veut la crème?
6. Elle veut la moutarde?
7. Elle veut les œufs?

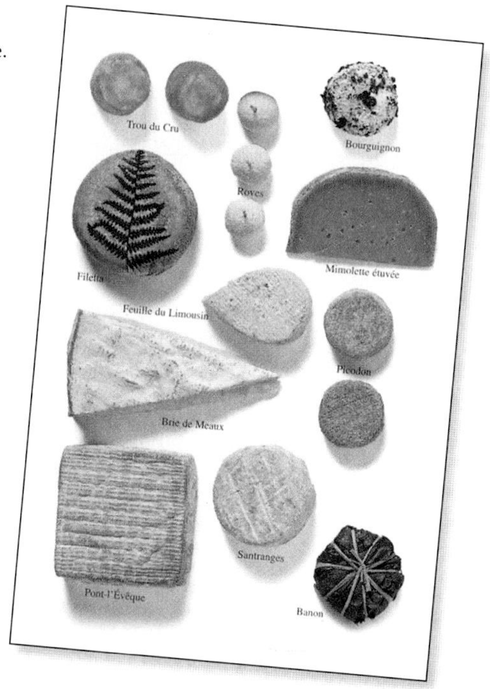

5 **Oui et non!** Suivez le modèle.

—Les enfants veulent le jeu.
—D'accord! Donne-le-leur.
—Non! Ne le leur donne pas.

1. Les enfants veulent la photo.
2. Elles veulent les vidéos.
3. Ils veulent le DVD.
4. Annie veut la bicyclette.
5. Gilles veut les cartes postales.
6. Carole veut le portable.

Answers to Comment dit-on?

3
1. lui
2. lui
3. leur

4
1. Oui, passe-le-lui, s'il te plaît.
2. Oui, passe-le-lui, s'il te plaît.
3. Oui, passe-les-lui, s'il te plaît.
4. Oui, passe-les-lui, s'il te plaît.
5. Oui, passe-la-lui, s'il te plaît.
6. Oui, passe-la-lui, s'il te plaît.
7. Oui, passe-les-lui, s'il te plaît.

5
1. D'accord! Donne-la-leur. Non! Ne la leur donne pas.
2. D'accord! Donne-les-leur. Non! Ne les leur donne pas.
3. D'accord! Donne-le-leur. Non! Ne le leur donne pas.
4. D'accord! Donne-la-lui. Non! Ne la lui donne pas.
5. D'accord! Donne-les-lui. Non! Ne les lui donne pas.
6. D'accord! Donne-le-lui. Non! Ne le lui donne pas.

Recycling

These activities allow students to use the vocabulary and structure from this lesson in completely open-ended, real-life situations.

Encourage students to say as much as possible when they do these activities. Tell them not to be afraid to make mistakes, since the goal of these activities is real-life communication. If someone in the group makes an error, allow the others to politely correct him or her. Let students choose the activities they would like to do.

You may wish to divide students into pairs or groups. Encourage students to elaborate on the basic theme and to be creative. They may use props, pictures, or posters if they wish.

Leçon 2
Conversation

C'est à vous

Use what you have learned

PARLER 1 ÉCRIRE

Au commissariat

✔ File a police report

Vous êtes en France. Vous venez d'être victime d'un délit. Vous allez au commissariat faire votre déclaration. Préparez-la avec un(e) camarade qui sera l'agent de police et qui prendra des notes.

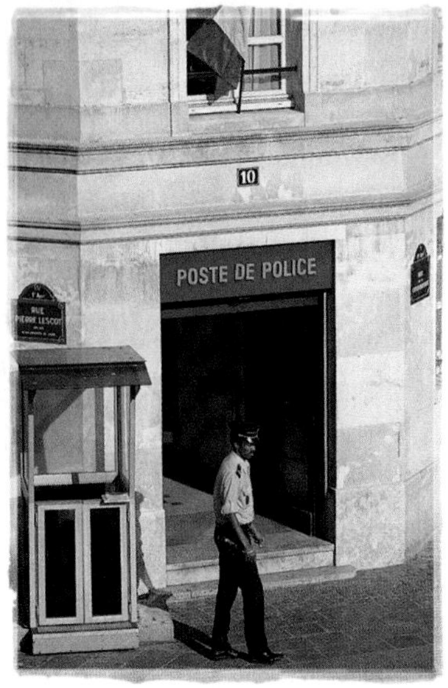

Un commissariat de police à Paris

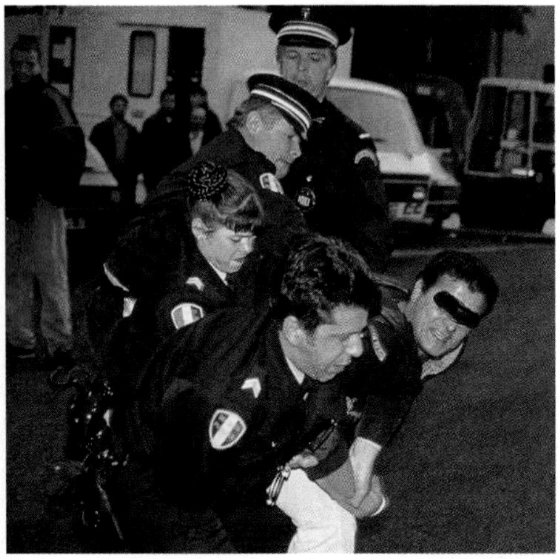

PARLER 2

Journal télévisé

✔ Give a news report for a crime

Vous êtes journaliste à la télévision française. Un crime vient d'être commis. Vous le décrivez. Donnez:

le nom de la victime, le genre de crime, où il a eu lieu, quand il a eu lieu, l'heure exacte, le nombre d'individus impliqués, les conséquences, une description du (des) criminel(s)

PARLER 3 ÉCRIRE

Le pickpocket

✔ Give a description of a thief or pickpocket

Vous avez été la victime d'un délit. Un pickpocket vous a volé(e). Donnez une description de la personne qui vous a volé(e).

Âge ______

Vêtements ______

Cheveux
blonds noirs bruns roux raides frisés

Yeux
marron bleus verts

Visage
carré rond long ovale

Taille
petit grand de taille moyenne

Corpulence
maigre mince fort corpulent

Leçon 2
Conversation

PARLER ÉCRIRE

4 Aux États-Unis

✔ *Compare pickpockets in France and in the U.S.*

Il y a beaucoup de pickpockets aux États-Unis? Où travaillent-ils? Ils ont à peu près quel âge? Utilisent-ils les mêmes techniques que les pickpockets en France? Y a-t-il des pickpockets qui portent des armes?

PARLER

5 Que dit le voleur?

Vous êtes la victime d'un voleur. Il vous demande de lui donner tout ce que vous avez... Et en plus, il vous tutoie! Qu'est-ce qu'il vous dit quand il vous demande:

votre montre, votre argent, vos cartes de crédit, votre bracelet, vos DVD, votre portable.

Qu'est-ce qu'il vous dit quand il ne veut pas vous le regardiez, que vous lui parliez, que vous criiez?

Learning from Photos

(page 251) Les personnes qui ont des bijoux de valeur ne les gardent pas chez elles, mais prennent un coffre à la banque comme le montre la photo.

Chapter Projects

Un sketch
Mettez les élèves par deux et demandez-leur de préparer un sketch: imaginez une émission policière à la télé dont le titre serait «le 112». L'un(e) des élèves téléphone pour signaler un vol, un accident, un crime, etc., et l'autre prend des notes et donne des instructions. Les élèves peuvent enregistrer leur conversation et ajouter des bruits de fond.

FUN-FACTS

Les numéros d'urgence en France sont les suivants:

- le 15 pour les urgences médicales (le SAMU)
- le 17 pour la Police
- le 18 pour les Pompiers

Depuis 1997, il y a un numéro d'urgence européen, le 112, qui concerne toutes les urgences (médicales, incendie, police, etc.)

Resource Manager

Assessment Transparency A5.2
Online Quizzes
Tests, pages 120–122 and 128–146
ExamView® Pro

Assessment

This is a pretest for students to take before you administer the lesson test. Answer sheets for students to do these pages are provided in your transparency binder. Note that each section is cross-referenced so students can easily find the material they have to review in case they made errors. You may wish to collect these assessments and correct them yourself or you may prefer to have the students correct themselves in class. You can go over the answers orally or project them on the overhead, using your Assessment Answers transparencies.

Assessment

Vocabulaire

To review the vocabulary, turn to page 244.

1 Répondez.

1. Qui aide le pickpocket?
2. Qu'est-ce qu'on crie quand on a été volé(e)?
3. Où la victime déclare-t-elle le vol?

2 Complétez.

4. Les voitures ne peuvent pas ____ parce que la rue est bloquée.
5. Je me suis ____ trop tard que l'homme était un pickpocket.
6. Tiens! Tu as perdu ton portefeuille parce que ta poche est ____.
7. Quand mon frère regarde un match de football, personne ne peut ____ son attention de la télé.

Conversation

To review the conversation, turn to page 245.

3 Répondez.

8. Il y a eu une hausse de la petite délinquance. Où ça?
9. Les pickpockets «travaillent» où?
10. Quelle est leur technique?
11. Alice a été volée où?
12. Qu'est-ce que le pickpocket a fait?
13. Il lui a volé combien d'argent?

Answers to Assessment

1

1. Le/La complice aide le pickpocket.
2. Quand on a été volé(e), on crie «Au voleur».
3. La victime déclare le vol au commissariat.

2

4. avancer
5. rendu(e) compte
6. déchirée
7. détourner

3

8. Il y a eu une hausse de la petite délinquance dans les grandes villes telles que Paris et Lyon.
9. Les pickpockets travaillent dans les stations de métro et les zones très fréquentées par les touristes.
10. Un(e) d'entre eux détourne l'attention de la victime pendant que son/sa complice la vole.
11. Alice a été volée dans le métro.
12. Le pickpocket a ouvert son sac et a volé son portefeuille.
13. Il lui a volé cinquante euros.

Structure

4 Suivez le modèle.

le sel →
Passe-moi le sel.
Ne le lui passe pas.

14. le beurre
15. la crème
16. les légumes

5 Suivez le modèle.

Ne lui donne pas les clés. →
Si, donne-les-lui.

17. Ne leur donne pas le passeport.
18. Ne me donne pas le numéro de téléphone.
19. Ne te lève pas.
20. Ne lui dis pas la raison.

To review negative commands with direct and indirect object pronouns, turn to page 247.

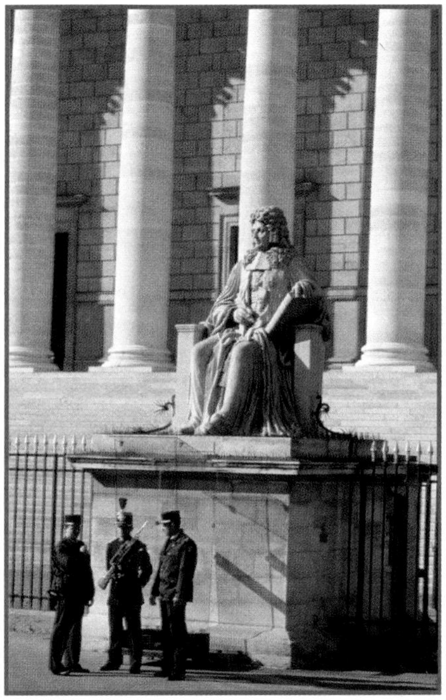

Devant l'Assemblée nationale à Paris

Assessment

After going over the Assessment, you may administer the test for **Leçon 2, Chapitre 5.**

Answers to Assessment

4

14. Passe-moi le beurre. Ne le lui passe pas.
15. Passe-moi la crème. Ne la lui passe pas.
16. Passe-moi les légumes. Ne les lui passe pas.

5

17. Si, donne-le-leur.
18. Si, donne-le-moi.
19. Si, lève-toi.
20. Si, dis-la-lui.

Vocabulaire pour la lecture

Les gros titres

Le garçon a faim.

Bien qu'il regarde les informations à la télé, il lit toujours les gros titres. Il les lit à moins qu'il n'ait pas le temps—à moins qu'il ne soit trop occupé.

Plus de vocabulaire

le chômage l'inactivité forcée pour un travailleur qui a perdu son travail
un fléau une calamité qui affecte un très grand nombre de gens
une grève arrêt collectif du travail décidé par les travailleurs
une lutte une action énergique pour ou contre quelque chose
lutter être en lutte

Leçon 3 Journalisme

National Standards

Cultures
Students learn about French newspapers and news reporting.

Connections
This section establishes a link with the field of journalism.

Comparisons
Students will have an opportunity to compare French newspapers to American ones.

1 Preparation

Resource Manager

Vocabulary Transparencies V5.5–V5.6
Audio Activities TE, page 84
Audio CD 5
Workbook, page 77
Quiz, page 66
ExamView® Pro

Bellringer Review

Use BRR Transparency 5.6 or write the following on the board: **Faites une liste des problèmes sociaux auxquels le gouvernement fédéral et les gouvernements municipaux doivent faire face.**

2 Presentation

Vocabulaire pour la lecture

Note: Have students keep their answers to the **Bellringer Review** above. They will be referring to their lists after they read the headlines on page 256.

Step 1 You may wish to use some of the procedures suggested in previous chapters.

LEVELING
E: Vocabulary

Quel est le mot?

1 Les gros titres Répondez.

1. Il y a des gros titres à la une d'un journal?
2. Est-ce que la drogue est un fléau de notre époque?
3. Il y a des plans pour lutter contre la drogue et l'alcoolisme?
4. Les travailleurs se déclarent en grève quand ils croient qu'il y a des injustices?
5. Qui est au chômage, un travailleur qui a du travail ou un travailleur qui veut travailler mais ne trouve pas de travail?

Une manifestation à Paris

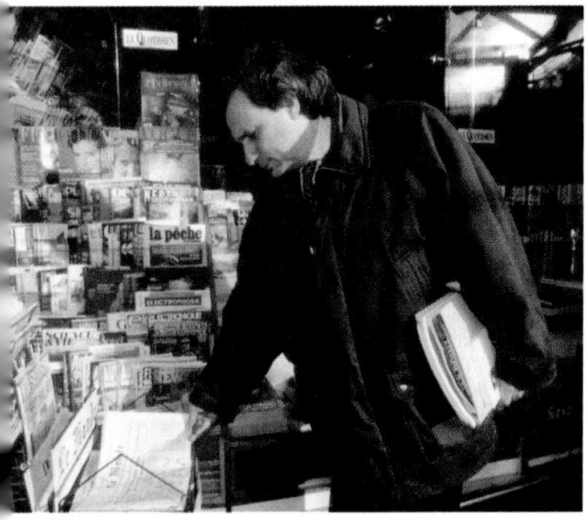
Un kiosque à Paris

2 Pour qu'il sache ce qui se passe. Répondez que oui.

1. Henri lit toujours les gros titres?
2. Il les lit bien qu'il regarde les informations à la télé?
3. Il lit les gros titres à moins qu'il n'ait pas le temps?
4. Il les lit à moins qu'il ne soit trop occupé?
5. Il les lit pour pouvoir parler de ce qui se passe dans le monde?

Avant la lecture

On veut savoir ce qui se passe dans le monde. Que fait-on? Mais on achète un journal! Là, à la une, on lit en gros caractères, les gros titres. Si un article semble intéressant, on lit le premier paragraphe et, si on veut savoir tous les détails, on lit tout l'article. Ce sont toujours les gros titres qui attirent l'attention. Il ne faut jamais sous-estimer l'importance d'un titre bien écrit.

3 Practice

Quel est le mot?

1 and **2** These activities can be done orally in class with books closed.

1 Preparation

Resource Manager

Audio Activities TE, page 85
Audio CD 5
Workbook, page 78

2 Presentation

Avant la lecture

Step 1 You may wish to read **Avant la lecture** aloud or have students read it silently.

Answers to Quel est le mot?

1

1. Oui, il y a des gros titres à la une d'un journal.
2. Oui, la drogue est un fléau de notre époque.
3. Oui, il y a des plans pour lutter contre la drogue et l'alcoolisme.
4. Oui, les travailleurs se déclarent en grève quand ils croient qu'il y a des injustices.
5. Un travailleur qui veut travailler mais ne trouve pas de travail est au chômage.

2

1. Oui, Henri lit toujours les gros titres.
2. Oui, il les lit bien qu'il regarde les informations à la télé.
3. Oui, il lit les gros titres à moins qu'il n'ait pas le temps.
4. Oui, il les lit à moins qu'il ne soit trop occupé.
5. Oui, il les lit pour pouvoir parler de ce qui se passe dans le monde.

Lecture

Step 1 Have students read the headlines in a leisurely way, as they would in real-life.

Step 2 Have students refer to the list of social problems they wrote for **Bellringer Review** on page 254 and ask: **Est-ce que ces problèmes sociaux sont reflétés dans les gros titres des journaux français? À votre avis, est-ce que la France et les États-Unis ont les mêmes problèmes?**

LEVELING

E: Reading

Leçon 3
Journalisme

LES GROS TITRES

LE FIGARO
premier quotidien national français
★★★★ MARDI 21 JANVIER (N° 14 747) – ÉDITION DE 5 HEURES
1€

Un "plan de sortie de crise" pour Madagascar

Le Monde
15, rue Falguière, 75501 Paris Cedex 15

Les médecins maintiennent la grève des gardes

LE FIGARO
premier quotidien national français
★★★★ JEUDI 25 JANVIER (N° 15 747) – ÉDITION DE 5 HEURES
1€

Lutte contre la faim

Le Monde
15, rue Falguière, 75501 Paris Cedex 15

Un fléau: l'alcoolisme au volant

LE FIGARO
premier quotidien national français
★★★★ LUNDI 28 JANVIER (N° 16 747) – ÉDITION DE 5 HEURES
1€

Le gouvernement s'attaque au chômage

Vous avez compris?

A Indiquez le titre qui va avec chaque phrase.

1. Il y a beaucoup de gens qui n'ont pas de travail.
2. Le gouvernement essaie de faire quelque chose pour ceux qui n'ont rien à manger.
3. On essaie de faire quelque chose pour mettre fin à une très mauvaise situation.
4. Beaucoup de conducteurs conduisent après avoir bu.
5. Il y a une crise dans les hôpitaux.
6. On essaie de faire quelque chose pour ceux qui cherchent du travail sans pouvoir en trouver.

B Exprimez les phrases suivantes d'une autre façon.

1. On va faire des efforts pour que tout le monde puisse avoir du travail.
2. Les médecins continuent à ne pas assurer les gardes.
3. On prend des mesures pour abolir la faim.
4. On a formulé des projets pour aider Madagascar à résoudre ses problèmes.
5. Les conducteurs en état d'ivresse sont une vraie calamité.

Un kiosque à la gare de Lyon à Paris

Leçon 3
Journalisme

Group Activity

Have students work together in groups of four to write the headlines for the next edition of their school newspaper.

Answers to Vous avez compris?

A

1. Le gouvernement s'attaque au chômage
2. Lutte contre la faim
3. Un «plan de sortie de crise» pour Madagascar
4. Un fléau: l'alcoolisme au volant
5. Les médecins maintiennent la grève des gardes
6. Le gouvernement s'attaque au chômage

B

1. On va s'attaquer au chômage.
2. Les médecins maintiennent la grève des gardes.
3. On lutte contre la faim.
4. On a formulé un plan de sortie de crise pour Madagascar.
5. L'alcoolisme au volant est un vrai fléau.

1 Preparation

Resource Manager

Vocabulary Transparencies V5.6
Audio Activities TE, pages 85–86
Audio CD 5
Workbook, pages 78–79
Quiz, page 67
ExamView® Pro

Bellringer Review

Use BRR Transparency 5.7 or write the following on the board: **Mettez au pluriel:**
un journal régional
un problème social
un gouvernement municipal
un quotidien national

2 Presentation

Vocabulaire pour la lecture

Step 1 You may follow some of the procedures outlined in previous chapters.

ADDITIONAL PRACTICE

Have students say as much as they can about the illustrations on page 258.

Vocabulaire pour la lecture

La rubrique faits divers

La victime ne dit rien de peur (crainte) que le bandit lui fasse mal.
Ce n'est pas un vol à main armée.

Le chaton est couché sur le paillasson.

Le chaton lèche son frère.

Plus de vocabulaire

confier remettre à la garde de quelqu'un
maîtriser contenir par la force
nier dire qu'une chose n'existe pas, n'est pas vraie
se précipiter vers aller très vite vers un endroit, courir
sembler paraître, avoir l'air (de)

Quel est le mot?

1 Historiette Des vols Répondez.

1. Les voleurs volent des bijoux?
2. Est-ce qu'une montre en or vaut beaucoup d'argent?
3. Les voleurs ont toujours une arme?
4. Un vol commis avec une arme, c'est quel type de vol?
5. Est-ce que la victime d'un vol à main armée se tait de crainte que le voleur lui fasse du mal?
6. Qui se précipite sur les lieux d'un vol, les policiers ou les pompiers?
7. Qui restera sur le lieu d'un incendie jusqu'à ce qu'il n'y ait plus de flammes?

Une bijouterie à Paris

Un agent de police motorisé

2 C'est quel mot? Complétez.

1. Ce n'est pas un ____ à moins que le voleur ait un type d'arme.
2. Un voleur est un ____.
3. Les pompiers ont ____ l'incendie. Il ne reste que des cendres.
4. Un ____ et une ____ sont des bijoux.
5. La chatte lave son chaton. Elle le ____.
6. Il dit que non. Il ____ avoir vu le crime. Il ne veut pas en parler de ____ que le voleur ne revienne.
7. La police ____ vers le lieu du crime. Ils sont arrivés immédiatement.
8. Elle va laisser ses bijoux à la maison. Elle va les ____ à sa mère.

3 Des synonymes Exprimez d'une autre façon.

1. Il *a l'air* triste.
2. Il m'a *donné* sa montre pour que je la lui garde.
3. Les pompiers ont pu *contenir* le feu par la force.
4. Il y *est allé très vite*.

3 Practice

Quel est le mot?

1 This activity can be done without previous preparation.

2, **3** Have students prepare these activities and then read their answers to the class.

Learning from Photos

(page 259 top) Ce magasin parisien «Cécile et Jeanne» vend des bijoux inspirés par l'œuvre de Matisse.

Answers to Quel est le mot?

1

1. Oui, les voleurs volent des bijoux.
2. Oui, un montre en or vaut beaucoup d'argent.
3. Non, les voleurs n'ont pas toujours une arme.
4. C'est un vol à main armée.
5. Oui, la victime d'un vol à main armée se tait de crainte que le voleur (ne) lui fasse mal.
6. Les policiers se précipitent sur les lieux d'un vol.
7. Les pompiers resteront sur le lieu d'un incendie jusqu'à ce qu'il n'y ait plus de flammes.

2

1. vol à main armée
2. bandit
3. maîtrisé
4. collier, bague (montre)
5. lèche
6. nie, peur
7. se précipite
8. confier

3

1. semble
2. confié
3. maîtriser
4. s'y est précipité

1 Preparation

Resource Manager

Audio Activities TE, pages 86–87
Audio CD 5
Workbook, page 80
Quiz, page 68

2 Presentation

Avant la lecture

Step 1 Bring several copies of French newspapers to class. After students have read **Avant la lecture** ask them to look at the newspapers and point out some examples of **faits divers.**

Lecture

Step 1 Have students read this selection silently as if they were actually reading the newspaper.

Step 2 Tell students to read the article once. Tell them to read it a second time as they look for the information in the activities on page 261. It is recommended that this be done as a homework assignment.

LEVELING
E: Reading

Avant la lecture

Les faits divers d'un journal ne sont pas les événements les plus importants de la journée, mais ils peuvent être aussi intéressants que des romans ou des contes.

Beaucoup de faits divers sont tristes et quelques-uns sont tragiques—comme les accidents de la route, les homicides et autres crimes. Mais il y a aussi des faits divers joyeux—des histoires qui finissent bien, par exemple.

Vous allez lire trois faits divers: le premier décrit un voleur, le deuxième décrit un incendie et le dernier raconte un événement incroyable, mais vrai.

Gentleman-cambrioleur
Un bandit millionaire qui volait les riches

Fugueur[1] à dix ans, marginal à quatorze, condamné pour vols avec violences et vols à main armée à sa majorité, Dominique Houdry a aujourd'hui trente-neuf ans dont seize passés en prison. On vient de l'arrêter encore une fois: le voleur des beaux quartiers, c'était lui. Il repérait[2] des gens semblant riches dans les VIIIe, XVIe, et XVIIe arrondissements de Paris, il les suivait dans les parkings ou devant leur ascenseur, les menaçait avec un pistolet et les dépouillait[3] de leurs colliers, bagues, montres, etc. Ce gentleman n'a jamais usé de son arme et il pouvait même renoncer aux bijoux si sa victime y était trop attachée. Mais il faut que justice se fasse... Dominique nie farouchement: «*Tout cela s'est passé en octobre, novembre et décembre 2003, or j'étais riche, je n'avais pas besoin de ces broutilles.*»[4] En effet, sa mère décédée lui laissait un héritage de six cent mille euros (600 000 €). Cet argument n'a pas suffi à la cour, d'autant que ses victimes l'ont reconnu. Dominique Houdry a repris six ans de prison, autant dire six ans de réflexion parce qu'à sa sortie c'est lui qui pourrait bien faire figure de riche victime...

[1]fugueur *runaway*
[2]repérait *spotted, picked out*
[3]dépouillait *stripped*
[4]broutilles *trifles*

Vous avez compris?

A Répondez.

1. Quels types de vol Houdry a-t-il commis?
2. Il a quel âge maintenant?
3. Il a passé combien de temps en prison?
4. Dans quels quartiers habitent les gens aisés à Paris?
5. Pourquoi appelle-t-on Houdry le voleur des beaux quartiers?
6. Où suivait-il ses victimes?
7. Qu'est-ce qu'il volait?
8. Quand Houdry avait-il de la compassion?
9. Il a toujours usé de son arme?
10. Pourquoi Houdry était-il très riche?

L'avenue Bugeaud dans le seizième arrondissement à Paris

B Expliquez.

1. Que dit l'article pour indiquer que Houdry avait de temps en temps des qualités humaines?
2. Expliquez ce que veut dire «Mais il faut que justice se fasse.»
3. Comment Houdry est-il devenu très riche?
4. Expliquez: «Dominique Houdry a pris six ans de prison, autant dire six ans de réflexion parce qu'à la sortie c'est lui qui pourrait bien faire figure de riche victime.»

3 Practice

Vous avez compris?

A After going over **Activité A** have students tell all they can about Houdry in their own words.

Learning from Photos

(page 261) Le 16e arrondissement est un des quartiers chic de Paris.

ANSWERS TO Vous avez compris?

A

1. Il a commis des vols avec violence et des vols à main armée.
2. Il a trente-neuf ans.
3. Il a passé seize ans en prison.
4. Les gens aisés habitent dans les VIIIe, XVIe et XVIIe arrondissements de Paris.
5. On l'appelle le voleur des beaux quartiers parce qu'il ne vole que les gens semblant riches.
6. Il suivait ses victimes dans les parkings ou devant leur ascenseur.
7. Il volait des colliers, des bagues, des montres, etc.
8. Il avait de la compassion si une victime était trop attachée à ses bijoux.
9. Il n'a jamais usé de son arme.
10. Il était très riche parce que sa mère lui laissait (avait laissé) un héritage de six cent millions euros.

B

1. L'article dit que Houdry renonçait aux bijoux si une victime y était trop attachée.
2. Houdry doit aller en prison.
3. Sa mère lui a laissé un héritage de six cent millions euros.
4. Quand il sortira de prison dans six ans, il pourrait être victime d'un vol parce qu'il sera riche.

1 Preparation

Resource Manager

Audio Activities TE, pages 86–87
Audio CD 5
Workbook, page 80

2 Presentation

Lecture

Step 1 Have students look over **Activité C** to know what information to look for. Then have them read this selection silently.

Learning from Photos

(page 262) Cette jeune fille est exténuée après avoir lutté pendant trois jours contre des incendies de forêt à la Motte, dans le sud de la France.

LEVELING

E: Reading

Leçon 3
Journalisme

Un mort dans un incendie

Un incendie, qui s'est déclaré hier matin au troisième étage d'un hôtel de la rue Baudelique (XVIIIe), a été rapidement maîtrisé par les pompiers. Mais ils ont retrouvé dans une des chambres le corps d'un homme dont l'identité n'a pas été donnée. Les causes de sa mort devront être précisées par l'enquête du Laboratoire central de la préfecture de police.

Vous avez compris?

C Donnez les renseignements suivants.

1. ce qui est arrivé
2. quand
3. où
4. ce qu'ont fait les pompiers
5. ce qu'ils ont retrouvé
6. les causes de la mort

Une femme pompier

Answers to Vous avez compris?

C

1. Un incendie.
2. Hier matin.
3. Au troisième étage d'un hôtel de la rue Baudelique.
4. Ils ont rapidement maîtrisé l'incendie.
5. Le corps d'un homme.
6. Les causes de la mort devront être précisées.

Un chaton parcourt[1] 1.000 km pour retrouver ses anciens[2] maîtres

Un petit chat, qui ne supportait[3] pas l'exil en Allemagne où l'avaient conduit ses nouveaux maîtres, a parcouru plus de 1.000 km en deux ans pour revenir auprès de sa maison natale à Tannay, près de Clamecy (Nièvre).

Peu de temps après sa naissance, Gribouille avait été confié par sa maîtresse à un voisin gendarme qui devait être muté[4] quelques semaines plus tard à Reutliegen, près de Stuttgart. Quelques jours après son arrivée en Allemagne, le chaton disparaissait.

Il est réapparu, deux ans plus tard, durant l'été, galeux[5], amaigri, sur le paillasson de Mme Martinet, après avoir parcouru plus de 1.000 km et avoir franchi une frontière. «J'ai eu de mal à le reconnaître, mais sa mère s'est jetée sur lui pour le lécher», confie sa maîtresse. «Il avait l'habitude de se coucher sur le thym au pied du prunier[6], il s'y est précipité»... «Cette fois, on le garde», a-t-elle ajouté.

[1]parcourt *travels, covers*
[2]anciens *former*
[3]ne supportait pas *couldn't bear*
[4]muté *transferred*
[5]galeux *covered with scabs*
[6]prunier *plum tree*

Vous avez compris?

D Complétez d'après la lecture.

1. Le chaton a parcouru...
2. Il voulait retrouver...
3. Son voyage a duré...
4. Le chaton avait été confié à...
5. Son nouveau maître avait été muté à...
6. Le chaton est réapparu...
7. ... l'a reconnu tout de suite.

E De ces articles sur des faits divers, lequel vous a intéressé(e) le plus? Pourquoi?

Answers to Vous avez compris?

D

1. plus de 1.000 km en deux ans.
2. sa maison natale à Tannay.
3. deux ans.
4. un voisin gendarme.
5. Reutliegen, près de Stuttgart.
6. deux ans plus tard.
7. Sa mère

E *Answers will vary.*

1 Preparation

Resource Manager

Audio Activities TE, pages 86–87
Audio CD 5
Workbook, page 81
Quiz, page 69

2 Presentation

Lecture

Step 1 Because of the high human interest level of this short article, you may wish to call on individuals to read it aloud in class.

Step 2 Before reading the selection aloud, tell students to listen and look for the following information: **Pourquoi le chaton était-il en Allemagne?**

3 Practice

Vous avez compris?

D Have students prepare the activity before going over it in class.

Group Activity

Have students discuss their answers to **Activité E** in small groups. One member of the group should report back to the class on their discussion.

LEVELING

E: Reading
A: Reading

1 Preparation

Resource Manager

Audio Activities TE, page 88
Audio CD 5
Workbook, pages 81–82
Quiz, page 70
ExamView® Pro

Bellringer Review

Use BRR Transparency 5.8 or write the following on the board:
Complétez.
1. **Je veux qu'il y ___. (aller)**
2. **Je voudrais bien ___ le voyage avec lui. (faire)**
3. **Tu veux que je le ___? (faire)**
4. **Est-il possible que tu nous ___? (accompagner)**
5. **Mais tu n'as pas peur que je n'___ pas assez d'argent? Tu sais que je ___ toujours fauché(e). (avoir, être)**

2 Presentation

Le subjonctif après des conjonctions

Step 1 Have students read the conjunctions in Item 1 aloud in unison.

Step 2 Call on students to read the model sentences in Items 1 and 2. Explain to students once again that the subjunctive is used because what follows the conjunction may or may not happen. It does not express a fact.

LEVELING
A: Structure

Structure avancée

Le subjonctif après des conjonctions
Using the subjunctive after conjunctions

1. The subjunctive is used after the following conjunctions.

bien que	*although*	**de sorte que**	*so that*
quoique	*although*	**de façon que**	*so that*
pourvu que	*provided that*	**de manière que**	*so that*
à moins que	*unless*	**pour que**	*in order that*
sans que	*without*	**afin que**	*in order that*
de crainte que	*for fear that*	**avant que**	*before*
de peur que	*for fear that*	**jusqu'à ce que**	*until*

Il n'en sait rien bien qu'il lise le journal tous les jours.
La police arrêtera le voleur pourvu que tu puisses leur donner une description.
Il a volé sa victime sans qu'elle le sache.

2. The following conjunctions are often used with **ne** in the dependent clause. **Ne** in this case does not indicate a negative.

avant que	**de peur que**
à moins que	**de crainte que**

Je voudrais te parler avant que tu (ne) partes.
Je lui parlerai ce soir, à moins qu'elle (ne) doive travailler.

Carnaval à Québec

About the French Language

Note that the **ne explétif** is less frequently used today than in the past.

Comment dit-on?

1 Historiette Un problème ouvrier Répondez.

1. Il a du travail bien qu'il y ait beaucoup de chômage?
2. Quelques-uns continuent à travailler quoique la majorité se soit déclarée en grève?
3. Les ouvriers iront en grève à moins que la direction (ne) prenne des décisions qui leur soient favorables?
4. Ils ne disent rien de crainte qu'il y ait des manifestations?
5. Il t'a parlé de sorte que tu comprennes le problème?
6. Tu parleras au directeur avant qu'il ne parte?

Une manifestation ouvrière à Paris

2 Pourvu qu'ils puissent le faire! Suivez le modèle.

Elle partira pourvu qu'elle...
a. être en forme
b. pouvoir prendre la voiture

Elle partira pourvu qu'elle soit en forme.
Elle partira pourvu qu'elle puisse prendre la voiture.

1. Elle partira pourvu qu'elle...
   a. finir son travail
   b. pouvoir obtenir la permission
   c. avoir la journée libre
2. Le professeur enseigne de façon que ses élèves...
   a. apprendre beaucoup de choses
   b. comprendre tout ce qu'il dit
   c. connaître bien la matière qu'il enseigne

Villefranche-sur-mer sur la Côte d'Azur

3 Historiette Il n'a pas un caractère facile. Complétez.

Il partira sans que personne ne le __1__ (savoir). Il ira pourvu que tu y __2__ (aller) aussi. Il ne fera rien à moins que nous ne lui __3__ (dire) de le faire. Il ne le fera pas quoiqu'il __4__ (avoir) assez d'argent. Sa sœur, elle, le fera bien qu'elle n'__5__ (avoir) pas un sou. Je le lui expliquerai de manière qu'il le __6__ (comprendre) et sans qu'il __7__ (être) fâché. Je le lui dirai avant qu'il ne __8__ (partir). Je resterai à Villefranche jusqu'à ce qu'il __9__ (revenir). Nous ne dirons rien de peur qu'il __10__ (faire) une scène. Nous ferons tout pour qu'il __11__ (se sentir) bien.

Leçon 3
Journalisme

3 Practice

Comment dit-on?

1, 2, 3 Have students prepare these activities before going over them in class.

Learning from Photos

(page 264) Pendant environ deux semaines au mois de février, la ville de Québec est en fête: C'est le carnaval. Il y a une variété d'activités comme la construction d'un gigantesque palais de glace, un concours de sculptures sur neige et une course de canot sur le Saint-Laurent.

(page 265 bottom) Située au cœur d'une des plus beaux bassins du monde, Villefranche-sur-mer est construite à flanc de colline en un amphithéâtre naturel. Outre le légendaire ensoleillement de la Côte d'Azur, Villefranche-sur-mer bénéficie d'un véritable micro-climat permettant la croissance d'une flore exotique. Créée en 1295 par Charles II d'Anjou, elle a su garder son charme pittoresque au fil des siècles: les couleurs chaudes des façades méditerranéennes, les petites rues escarpées, sa citadelle.

Answers to Comment dit-on?

1

1. Oui, il a du travail bien qu'il y ait beaucoup de chômage.
2. Oui, quelques-uns continuent à travailler quoique la majorité se soit déclarée en grève.
3. Oui, les ouvriers iront en grève à moins que la direction (ne) prenne des décisions qui leur soient favorables.
4. Oui, ils ne disent rien de crainte qu'il y ait des manifestations.
5. Oui (Non), il (ne) m'a (pas) parlé de sorte que je comprenne le problème.
6. Oui (Non), je (ne) parlerai (pas) au directeur avant qu'il ne parte.

2

1. Elle partira pourvu qu'elle
   a. finisse son travail.
   b. puisse obtenir la permission.
   c. ait la journée libre.
2. Le professeur enseigne de façon que ses élèves
   a. apprennent beaucoup de choses.
   b. comprennent tout ce qu'il dit.
   c. connaissent bien la matière qu'il enseigne.

3

1. sache
2. ailles
3. disions
4. ait
5. ait
6. comprenne
7. soit
8. parte
9. revienne
10. fasse
11. se sente

Recycling

These activities allow students to use the vocabulary and structure from this lesson in completely open-ended, real-life situations.

Encourage students to say as much as possible when they do these activities. Tell them not to be afraid to make mistakes, since the goal of these activities is real-life communication. If someone in the group makes an error, allow the others to politely correct him or her. Let students choose the activities they would like to do.

You may wish to divide students into pairs or groups. Encourage students to elaborate on the basic theme and to be creative. They may use props, pictures, or posters if they wish.

Leçon 3 Journalisme

C'est à vous

Use what you have learned

ÉCRIRE

1 Un journal français

✔ *Write some headlines for today's newspaper*

Imaginez qu'un journal français paraît dans votre région et que vous y travaillez. Quels seraient les gros titres aujourd'hui?

Une imprimerie

PARLER

2 Un vol

✔ *Describe a robbery you read about*

Décrivez un vol dont vous avez lu le compte rendu dans votre journal local. Donnez tous les détails possibles.

Leçon 3 Journalisme

ÉCRIRE

3

Un incendie

✔ Tell about a fire

Écrivez un très court article qui décrit les circonstances d'un incendie. Que s'est-il passé? Où et quand l'incendie a-t-il commencé? Quand les pompiers sont-ils arrivés?...

Un incendie à Bastia en Corse

PARLER

4

ÉCRIRE

Le journal d'un chaton

✔ Relate the story of the faithful kitten

Imaginez que vous êtes le chaton qui est rentré chez ses premiers maîtres. Décrivez tout ce que «vous» avez fait et pourquoi. Ensuite écrivez un article sur votre «aventure».

Learning from Photos

(page 267 top) La Corse est divisée en deux départements: la Haute-Corse dont le chef-lieu est Bastia et la Corse-du-Sud dont le chef-lieu est Ajaccio. L'incendie en Corse est un fléau depuis longtemps. La sécheresse du maquis le rend vulnérable à la moindre étincelle.

Chapter Projects

Un journal

Demandez aux élèves d'écrire des articles et de «publier» un journal. N'oubliez pas d'inclure tout ce qui fait un journal: les gros titres, le courrier du cœur, les petites annonces, etc.

Resource Manager

Assessment Transparency A5.3
Online Quizzes
Tests, pages 123–146
ExamView® Pro

Assessment

This is a pretest for students to take before you administer the lesson test. Answer sheets for students to do these pages are provided in your transparency binder. Note that each section is cross-referenced so students can easily find the material they have to review in case they made errors. You may wish to collect these assessments and correct them yourself or you may prefer to have the students correct themselves in class. You can go over the answers orally or project them on the overhead, using your Assessment Answers transparencies.

Vocabulaire

To review the vocabulary, turn to page 254.

1 Donnez le mot dont la définition suit.

1. ce dont on se sert pour conduire une voiture
2. une calamité très grave
3. un arrêt collectif du travail décidé par les travailleurs
4. une bataille
5. ce qui existe quand il y a des gens qui cherchent du travail sans en pouvoir trouver

To review the vocabulary, turn to page 258.

2 Complétez.

6. C'était un vol à ____ parce que le ____ avait une arme.
7. Un ____ et une ____ sont des bijoux.
8. Les pompiers ont maîtrisé ____.
9. Charles, je pourrais te ____ mes bagages? Je veux aller acheter un journal au kiosque.
10. Il dit que ce n'est pas lui qui a fait ça. Il le ____.

Un incendie dans la banlieue parisienne

Answers to Assessment

1

1. le volant
2. un fléau
3. une grève
4. une lutte
5. le chômage

2

6. main armée, bandit
7. collier, bague (montre)
8. l'incendie
9. confier
10. nie

Lecture

3 Répondez.

11. Qu'est-ce qu'on lit à la une?
12. Quand est-ce qu'on continue à lire le premier paragraphe?
13. Les gros titres sont courts ou longs?

To review the reading, turn to page 256.

4 Oui ou non?

14. Le gentleman-cambrioleur Dominique Houdry n'a jamais passé de temps en prison.
15. Il volait seulement des gens riches.
16. La mère de Houdry est morte très pauvre.
17. Les pompiers ont eu beaucoup de difficultés à maîtriser un incendie dans un hôtel de la rue Baudelique.
18. Le chaton a été volé et transporté en Allemagne.
19. Quand le petit chat est rentré deux ans après, sa mère s'est jetée sur lui pour le lécher.

To review the readings, turn to pages 260, 262, and 263.

Structure

5 Complétez.

20. Elle ne lèchera pas le chaton à moins qu'elle ne le ____. (reconnaître)
21. La victime ne dit rien de peur que le bandit lui ____ mal. (faire)
22. Je sais qu'ils le feront sans que je le ____. (savoir)
23. Je resterai ici jusqu'à ce que tu ____. (revenir)
24. Bien qu'il ____ le temps de le faire, il ne le fera pas parce qu'il ne veut pas le faire. (avoir)
25. Je le lui dirai pourvu que je le ____. (voir)

To review the subjunctive after conjunctions, turn to page 264.

Assessment

After going over the Assessment, you may administer the test for **Leçon 3, Chapitre 5.**

Answers to Assessment

3

11. On lit les gros titres à la une.
12. On continue à lire le premier paragraphe si l'article semble intéressant.
13. Les gros titres sont courts.

4

14. Non.
15. Oui.
16. Non.
17. Non.
18. Non.
19. Oui.

5

20. reconnaisse
21. fasse
22. sache
23. reviennes
24. ait
25. voie

Avis

Il est certain que quand vous écrivez en anglais votre style est plus sophistiqué qu'en français. Quand vous écrivez en français, il faut que vous utilisiez des phrases plus simples. Si vous trouvez une idée trop complexe repensez-la pour l'exprimer d'une façon plus simple.

Quelque chose de très important! Ne traduisez pas de l'anglais en français. Si vous traduisez vous ferez presque toujours des fautes ou ce que vous écriverez sera très «anglicisé». Dès le début, pensez en français. Si un mot anglais vous vient à l'esprit, pensez tout de suite à une expression en français qui exprime la même idée. Utilisez le français que vous avez déjà appris même si cela veut dire que vous vous exprimez d'une façon simple. Essayez d'éviter d'utiliser un dictionnaire bilingue. Vous choisirez presque toujours le mauvais mot.

Faites toujours un bouillon. Après l'avoir terminé, laissez-le de côté. Relisez-le plus tard et faites les révisions que vous considérez nécessaires. Ensuite relisez-le encore une fois pour trouver les fautes d'orthographe, de terminaisons etc.

Proficiency Tasks

Rédaction

Quand on a une opinion sur quelque chose, on en discute souvent avec les autres. Et on veut surtout persuader les autres que notre opinion est la bonne. Une opinion peut être en faveur de quelque chose ou contre quelque chose. Il ne s'agit donc pas toujours de persuader mais quelquefois de dissuader.

TÂCHE 1 Vous allez écrire un article pour un journal. Il faut choisir un sujet qui vous intéresse. Quelques possibilités sont: la délinquance, un vol, un incendie, un accident, une crise international, un événement sportif, un projet scolaire. Dès que vous aurez choisi votre sujet, commencez à l'explorer. Écrivez tout ce qui vous vient à l'esprit concernant le sujet. Ensuite lisez tout ce que vous avez écrit et groupez toutes les idées et données qui vont ensemble.

Commencez à écrire votre article. La première phrase de chaque paragraphe doit annoncer l'idée principale. Continuez avec des phrases qui soutiennent l'idée principale. Vous pourrez les prendre de la liste que vous avez faite. Comme vous écrivez un article pour un journal, utilisez des phrases courtes: sujet, verbe, complément. Répondez aux questions **qui, que, où, quand, comment.** Essayez d'être très objectif(ve). Ne donnez pas vos opinions. Les personnes qui lisent l'article peuvent arriver à leurs propres opinions et conclusions.

TÂCHE 2 Et maintenant vous allez écrire un éditorial pour un journal. Dans un éditorial vous pouvez donner votre opinion sur le sujet. Mais il y a quelque chose de très important—il faut justifier votre opinion à l'aide des données ou des faits.

Vous pouvez écrire votre éditorial sur un sujet de votre choix ou vous pouvez en choisir un de la première tâche.

Si vous avez lu le chapitre des *Misérables* de Victor Hugo, peut-être vous aimeriez traiter la question suivante:

L'évêque a-t-il raison ou tort d'aider Jean Valjean?

TÂCHE 3 Il est souvent nécessaire de faire des recherches avant de commencer à écrire un exposé ou un récit surtout quand il s'agit d'un sujet historique ou technique. Les élèves d'autrefois allaient à la bibliothèque où ils consultaient des livres et des encyclopédies pour faire leurs recherches.

De nos jours, il y a beaucoup plus de ressources et la bibliothèque n'est seulement une bibliothèque mais un centre de ressources ou un centre de médias. Là, on trouve des livres, des journaux, des magazines, des revues hebdomadaires, des bulletins, des encyclopédies, des dictionnaires, des CD-ROMs, des DVD et des ordinateurs.

Quand vous faites des recherches vous utilisez certainement l'ordinateur, non? Mais pendant que vous surfez sur Internet pour trouver de nouveaux sites il faut savoir que n'importe qui peut créer un site. Cela veut dire que vous ne pouvez pas accepter chaque site comme étant fiable. Il n'est jamais certain que les données sur le site soient exactes.

Les livres, journaux, magazines, etc. sont soigneusement révisés par des correcteurs sérieux—mais cela n'est pas le cas sur Internet. Les individus et les organisations qui placent de l'information sur Internet ne sont pas obligés de suivre des normes ou des règlements. Pour cette raison c'est votre responsabilité de déterminer quelles données vous sont utiles et quelle information est fiable.

Pour décider si les informations trouvées sur un site sont fiables il faut vous poser les questions suivantes:

Quelle personne, individu ou société est responsable de ce site?

Quand le site a-t-il été mis à jour?

Comment les données peuvent-elles être vérifiées?

Il y a des fautes d'orthographe ou de grammaire? Y a-t-il beaucoup d'erreurs typographiques?

Si tel est le cas il faut vous méfier du site.

Écrivez quelques paragraphes qui décrivent comment vous faites des recherches pour un projet scolaire. Quels sont les médias que vous préférez et pourquoi? Lesquels considérez-vous les plus pratiques et fiables? Que faites-vous pour vérifier si les sites que vous utilisez sont fiables? Avez-vous des sites préférés? Lesquels? Aimez-vous utiliser des livres pour faire des recherches? Pour quelles raisons?

TÂCHE 4 Vous allez interviewer Dominique Houdry, le Gentleman-Cambrioleur. Avec un(e) camarade de classe, décidez qui sera l'intervieweur(euse). Ensuite l'intervieweur(euse) va préparer toutes les questions qu'il/elle va vous poser.

Un(e) bon(ne) intervieweur(euse) veut toujours que sa première question attire l'attention et l'intérêt de ses auditeurs ou lecteurs. Dans ce cas on pourrait commencer par: «M. Houdry, on vous appelle le Gentleman-Cambrioleur, non?» Ensuite il faut continuer avec des questions qui permettent d'obtenir des faits précis. Des questions d'un journaliste commencent par: **qui, que, quand, où.** Il/Elle introduit des questions plus ouvertes avec **comment** ou **pourquoi** qui permettent à l'interviewé(e) de répondre d'une façon plus libre. La dernière question pour conclure l'interview et souvent une question très générale telle que «Eh M. Houdry, y a-t-il quelque chose d'autre que vous voudriez dire à nos auditeurs?»

Discours

Une interview est une réunion ou une conversation entre deux personnes. Celle qui fait l'interview pose des questions à une deuxième personne pour obtenir des renseignements. L'interview est aussi un article qui rapporte cette conversation.

L'interview peut avoir plusieurs buts. On peut faire une interview pour s'informer des dernières nouvelles, pour enquêter sur un acte criminel, pour obtenir des renseignements sur une personne intéressante ou célèbre ou tout simplement pour solliciter un travail.

TÂCHE 5 Vous savez certainement que, quand il y a plusieurs témoins d'un incident, il n'y en a pas un qui donne la même version des faits. Travaillez maintenant avec plusieurs camarades (trois ou quatre). L'un d'entre vous est le policier qui pose les questions et les autres sont les témoins. Décidez ensemble d'un incident puis commencez l'enquête. Le policier pose les questions et chacun d'entre vous répond d'une manière un peu différente.

Vocabulary Review

The words and phrases in the **Vocabulaire** have been taught for productive use in this chapter. They are summarized here as a resource for both student and teacher. This list also serves as a convenient resource for the **C'est à vous** activities on pages 240–241, 250–251, and 266–267. There are approximately twelve cognates in this vocabulary list. Have students find them.

Attention!

You will notice that the vocabulary list here is not translated. This has been done intentionally, since we feel that by the time students have finished the material in the chapter they should be familiar with the meanings of all the words. If there are several words they still do not know, we recommend that they refer to the **Vocabulaire** sections in the chapter or go to the dictionaries at the end of this book to find the meanings. However, if you prefer that your students have the English translations, please refer to Vocabulary Transparency 5.1, where you will find all these words with their translations.

Chapitre 5 Vocabulaire

Leçon 1 Culture

l'actualité *(f.)*
l'auditeur(trice) de radio
le cambriolage
le/la cambrioleur(euse)
le délit
le gros titre
la hausse
l'incendie *(m.)*
le journal
le kiosque
la limitation de vitesse
le magazine
le meurtre
le mobile
la police
le pompier
le/la présentateur(trice)
la rubrique
la signalisation
le tirage
la une
la victime
la vitre
le vol
le/la voleur(euse)

mortel(le)

casser
éteindre
poursuivre
se battre contre
tuer
voler

en différé
par effraction

Leçon 2 Conversation

le commissariat de police
le complice
le pickpocket
le portefeuille
le truc

déchiré(e)

avancer
déclarer
détourner (l'attention de quelqu'un)
pousser
se rendre compte de / que

Au voleur!
Arrêtez-le!

Leçon 3 Journalisme

la bague
le bandit
le bijou
le chaton
la chatte
le chômage
le collier
la faim
le fléau
la grève
la lutte
la montre
le paillasson
le vol à main armée
le volant

confier
faire du mal
lécher
maîtriser
nier
se précipiter vers
sembler

Literary Companion *See pages 474 for literary selections related to Chapter 5.*

Vidéotour

Bon voyage!

Video can be a beneficial learning tool for the language student. Video enables you to experience the material in the textbook in a real-life setting. Take a vicarious field trip as you see people interacting at home, at school, at the market, etc. The cultural benefits are limitless as you experience French and Francophone culture while "traveling" through many countries. In addition to its tremendous cultural value, video gives practice in developing good listening and viewing skills. Video allows you to look for numerous clues that are evident in tone of voice, facial expressions, and gestures. Through video you can see and hear the diversity of the target culture and compare and contrast the French-speaking cultures to each other and to your own.

Épisode 1: *Le Figaro*

Dans cet épisode, le grand quotidien *Le Figaro* vous ouvre ses portes. Venez assister à une réunion de la rédaction, à la sélection des points d'actualité, à la rédaction des articles. Les journaux prennent naissance devant vous à l'imprimerie et ils sont présents le matin dans tous les kiosques à journaux.

Épisode 2: Les gendarmes

Il y a de nombreux accidents sur les routes de France et les gendarmes ont bien du mal à faire respecter le code de la route. Le commandant Penhoet et son équipe font des contrôles de vitesse et d'alcoolémie toute la journée. Et ils obtiennent des résultats positifs.

Épisode 3: Les femmes tunisiennes: Amina Srarfi

En troisième partie, faites la connaissance d'une femme tunisienne remarquable, Amina Srarfi. Elle a fondé un orchestre entièrement composé de femmes et c'est elle qui le dirige. Une femme chef d'orchestre—c'est rare non seulement en Tunisie, mais dans le monde entier.

Vidéotour

VIDÉO

The Video Program for Chapter 5 includes three documentary segments of some interesting aspects of life in different French-speaking areas.

Planning for Chapter 6

SCOPE AND SEQUENCE PAGES 274–327

Topics

- ❖ French customs

Culture

- ❖ Day care for children in France
- ❖ Public notices in a French newspaper

Functions

- ❖ How to express *some* and *any*
- ❖ How to refer to things already mentioned
- ❖ How to express *who*, *whom*, *which*, and *that*
- ❖ How to express of *which* and *whose*
- ❖ How to talk about past actions that precede other past actions
- ❖ How to express what would have happened if certain conditions had prevailed
- ❖ How to express conditions

Structure

- ❖ Partitive articles with indefinite quantities
- ❖ The pronoun **en**
- ❖ Relative pronouns **qui** and **que**
- ❖ Relative pronoun **dont**
- ❖ The **plus-que-parfait**
- ❖ The past conditional
- ❖ Expressing conditons with **si**

National Standards

Communication Standard 1.1
pages 279, 286, 288, 289, 290, 291, 294, 301, 302, 303, 307, 315, 317, 318, 319, 320, 321

Communication Standard 1.2
pages 279, 280, 281, 282, 283, 284, 286, 288, 289, 294, 297, 299, 301, 307, 309, 310, 313, 314, 315, 317, 319

Communication Standard 1.3
pages 290, 291, 297, 302, 303, 309, 313, 319, 320, 321

Cultures Standard 2.1
pages 280–284, 295, 296, 311–312

Cultures Standard 2.2
pages 311–312

Connections Standard 3.1
pages 311–312

Comparisons Standard 4.2
pages 290, 302, 303, 320

PACING AND LEVELING

Leçon 1: Culture *(5–7 days)*
Introduction
Lecture
Vocabulaire pour la lecture
Les passages de la vie
Structure • Révision
Le partitif
Le pronom **en**
C'est à vous
Assessment

Leçon 2: Conversation *(5–7 days)*
Conversation
Vocabulaire pour la conversation
Mise en scène
Un mariage
Un enterrement
Structure • Révision
Les pronoms relatifs **qui** et **que**
Le pronom relatif **dont**
C'est à vous
Assessment

Leçon 3: Journalisme *(5–7 days)*
Lecture
Vocabulaire pour la lecture
Avant la lecture
Une maison de retraite où les enfants sont rois
Lecture
Vocabulaire pour la lecture
Avant la lecture
Le carnet du jour
Structure avancée
Le plus-que-parfait
Le conditionnel passé
Propositions avec **si**
C'est à vous
Assessment

Proficiency Tasks *(1–2 days)*
Vidéotour *(1–2 days)*
Littérature *(5–7 days)*

LEVELING

The following is an overall leveling of the sections of each chapter of **Bon voyage!** Level 3.

EASY: Conversation, Structure • Révision
AVERAGE: Culture, Journalisme, Structure • Avancée
CHALLENGING: Littérature

Most parts of each lesson are also leveled for your convenience in the Teacher Notes in the Wraparound section of your Teacher Edition.

E: Easy A: Average C: Challenging

Please note that the material does not become progressively more difficult. Within each chapter there are easy and challenging sections.

RESOURCE GUIDE

Section	Pages	Resources
Leçon 1		
Introduction	276	Vocabulary Transparencies V6.2–V6.3
Lecture		Audio CD 6
Vocabulaire pour la lecture	277–279	Audio Activities TE, pages 91–94
Les passages de la vie	280–284	Workbook, pages 83–88
Structure—Révision		Quizzes, pages 71–74
Le partitif	285–286	Tests, pages 147–149 and 155–173
Le pronom **en**	287–289	ExamView® Pro
C'est à vous	290–291	french.glencoe.com
Assessment	292–293	Assessment Transparency A6.1
Leçon 2		
Conversation		Vocabulary Transparency V6.4
Vocabulaire pour la conversation	294	Audio CD 6
		Audio Activities TE, pages 95–99
Mise en scène	295	Workbook, pages 89–91
Un mariage	295	Quizzes, pages 75–78
Un enterrement	296–297	Tests, pages 150–151 and 155–173
Structure—Révision		ExamView® Pro
Les pronoms relatifs **qui** et **que**	298–299	french.glencoe.com
		Assessment Transparency A6.2
Le pronom relatif **dont**	300–301	
C'est à vous	302–303	
Assessment	304–305	
Leçon 3		
Lecture		Vocabulary Transparencies V6.5–V6.6
Vocabulaire pour la lecture	306–307	Audio CD 6
Avant la lecture	307	Audio Activities TE, pages 100–107
Une maison de retraite où les enfants sont rois	308–309	Workbook, pages 92–96
Lecture		
		Quizzes, pages 79–84
Vocabulaire pour la lecture	310	Tests, pages 152–173
Avant la lecture	311	ExamView® Pro
Le carnet du jour	311–313	french.glencoe.com
Structure avancée		Assessment Transparency A6.3
Le plus-que-parfait	314–315	
Le conditionnel passé	316–317	
Propositions avec si	318–319	
C'est à vous	320–321	
Assessment	322–323	
Proficiency Tasks	324–325	Bon voyage! Video
Vidéotour	327	Video Activities Booklet
Littérature	484–491	Audio CD 10
		Audio Activities TE, pages 166–170
		Tests, pages 253–256

Using Your Resources for Chapter 6

Transparencies

Map Transparencies The full-color maps at the front of the Student Edition have been converted to transparency format.

Bellringer Reviews provide a quick review activity to begin each class.

Vocabulary Transparencies include the photos and art from the Student Edition pages, overlays with French words, and French/English vocabulary lists for each chapter.

Assessment Transparencies provide answer sheets and answers for the Assessment pages in the Student Edition.

Fine Art can be used to reinforce the topics introduced in the text and enrich your students' knowledge of Fine Art.

Workbook and Audio Activities

Writing Activities

The Workbook section includes numerous activities to reinforce each concept presented in the textbook. There are workbook pages for each of the following sections: vocabulary, culture, conversation, journalism, and structure. Varied activities provide several ways for students to practice and apply the material you have presented in class.

Audio Activities

The Audio Activities pages in this booklet may be used to guide students through the listening and speaking activities provided on the Audio CDs. The script to the Audio CDs is also provided in the Audio Activities TE in the TeacherTools booklet if the teacher prefers to read the activities aloud. The Audio Activities provide listening and speaking practice to reinforce vocabulary, culture, conversation, structure, and literature.

Assessment

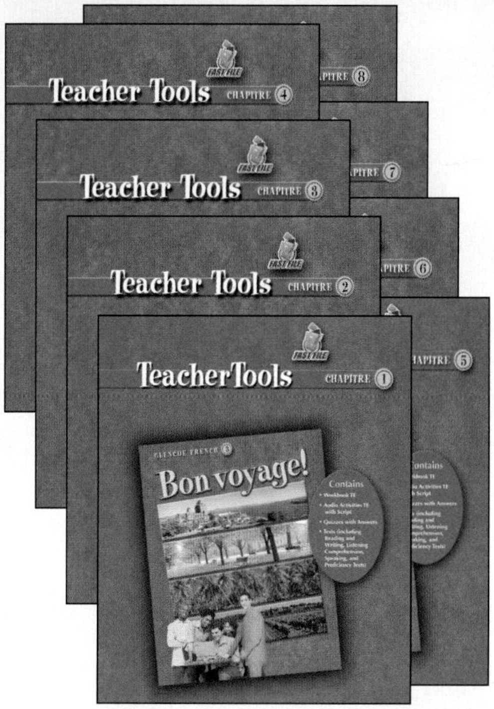

Several options for Assessment are offered with the **Bon voyage!** program.

The TeacherTools booklets include the following Assessment pieces.

Quizzes There are quizzes for Vocabulary, Culture, Structure, Conversation, and Journalism.

Tests There is a Reading and Writing test for each lesson in the chapter. In addition, there are two different Chapter Reading and Writing tests—one for less able to average students and the other for above adverage to advanced students. There is also a Listening Comprehension test, a Speaking Test, and a Proficiency Test at the end of each chapter.

French Online Students can easily access our Practice Quizzes at french.glencoe.com.

ExamView® Pro Test Bank software for Macintosh and Windows makes creating, editing, customizing, and printing tests quick and easy.

Technology Resources

FRENCH Online

Throughout **Bon voyage!** you will see references to Web sites in the French-speaking world that will expose you to more authentic readings about the material you are studying. Visit french.glencoe.com.

Bon voyage! Video and Video Activities, Chapter 6. Available on VHS and DVD.

Bon voyage! is also available on CD or Online.

TeacherWorks™

TeacherWorks™ is your all-in-one teacher resource center. Personalize lesson plans, access resources from the Teacher Wraparound Edition, connect to the Internet, or make a to-do list. These are only a few of the many features that can assist you in planning and organizing your lessons.

Includes:
- A calendar feature
- Access to all program blackline masters
- Standards correlations and more

ExamView® Pro

Test Bank software for Macintosh and Windows makes creating, editing, customizing, and printing tests quick and easy.

Chapitre 6

Preview

In this chapter, students will acquire some insight into the French value system, which they can then compare and contrast with their own. Students will also learn to discuss special events such as a marriage, the birth of a child, a birthday, a death, etc.

In this chapter, students will read a magazine article about a senior center and day care. They will also read the social announcements page from a French newspaper.

National Standards

Communication
Students will communicate in spoken and written French on the following topics:
- Important life occasions
- Day care and senior citizens

Cultures
Students will learn how French people celebrate important occasions.

Comparisons
Students will examine the daily announcements page of a French newspaper, and draw comparisons with similar pages from American newspapers. They will also have an opportunity to compare the ways that French people celebrate important occasions with how Americans celebrate them.

Connections
This chapter establishes a link with the fields of social studies and journalism.

Chapitre 6

Passages de la vie

French Online

The **Glencoe French Web site** (french.glencoe.com) offers options that enable you and your students to experience the French-speaking world via the Internet. For each chapter, there are activities, games, and quizzes. In addition, an *Enrichment* section offers students an opportunity to visit Web sites related to the theme of the chapter.

Objectifs

In this chapter you will:

- *learn about the rites of passage from birth to death and the French customs that accompany them*
- *review how to express* some *and* any, *refer to things already mentioned, and express* who, whom, which, *and* that.
- *learn how to express* of which *and* whose, *to talk about past actions that precede other past actions, to express what would have happened if certain conditions had prevailed, and to express conditions*
- *read an article about a senior citizen center that doubles as a day care; read the social and obituary pages of a French newspaper*

Table des matières

CHAPITRE 6

LEVELING

The following is an overall leveling of the sections of each chapter of **Bon voyage!** Level 3.

EASY Conversation, Structure-Révision

AVERAGE Culture, Journalisme, Structure avancée

CHALLENGING Littérature

Most parts of each lesson are also leveled for your convenience.

E: Easy

A: Average

C: Challenging

Please note that the material does not become progressively more difficult. Within each chapter there are easy and challenging sections.

Assessment

Quizzes: There is a quiz for every vocabulary presentation, every reading, and every structure point. **Tests:** To accompany **Bon voyage!** Level 3 there is a Reading and Writing Test for each of the three lessons that make up a chapter. At the end of each chapter there are five tests.

- Two Reading and Writing Tests; one easy to intermediate; another intermediate to challenging.
- A Listening Comprehension Test
- A Speaking Test
- A Proficiency Test

Spotlight on Culture

Les photos de mariage sont souvent prises en plein air, dans un joli cadre. Ici, le parc Monceau à Paris.

1 Preparation

Resource Manager

Vocabulary Transparencies V6.2–V6.3
Audio Activities TE, pages 91–92
Audio CD 6
Workbook, pages 83–84
Quiz, page 71
ExamView® Pro

Bellringer Review

Use BRR Transparency 6.1 or write the following on the board:

Répondez:

1. **Qu'est-ce que vous faisiez toujours quand vous aviez douze ans?**
2. **Vous avez fait la même chose hier?**

2 Presentation

Introduction

Step 1 Have students read the **Introduction** silently and ask them to answer the question: **Quels sont les moments importants de la vie?**

Step 2 Have students put the following in order:
Il se marie.
Il prend sa retraite.
Il arrive à l'adolescence.
Il naît.
Il meurt.

LEVELING

E: Vocabulary

Leçon 1 Culture

La cathédrale de Chartres

Introduction

La vie de chaque individu a ses moments importants. Ces moments sont comme des rites de passage qui marquent les différentes étapes de la vie personnelle, familiale et sociale. L'enfant naît. Pendant l'enfance il s'adapte aux traditions de la famille. Il arrive à l'adolescence et choisit un métier ou une profession.

Dans la plupart des cas l'individu se marie et a des enfants. Plus tard il prend sa retraite et à la fin de son voyage—sa vie—il meurt.

De nombreux rites et cérémonies marquent les grands événements de la vie, de la naissance à la mort. Ces cérémonies suivent souvent des traditions religieuses et peuvent être joyeuses, solennelles ou tristes.

En France, un pays de tradition catholique, la plupart des enfants sont baptisés et les mariages et les enterrements sont célébrés d'après les rites de l'Église bien que de nombreux Français ne soient pas pratiquants. Les cérémonies religieuses continuent à accompagner les passages ou les grands événements de la vie en dépit de tous les changements sociaux qui ont eu lieu.

Vocabulaire pour la lecture

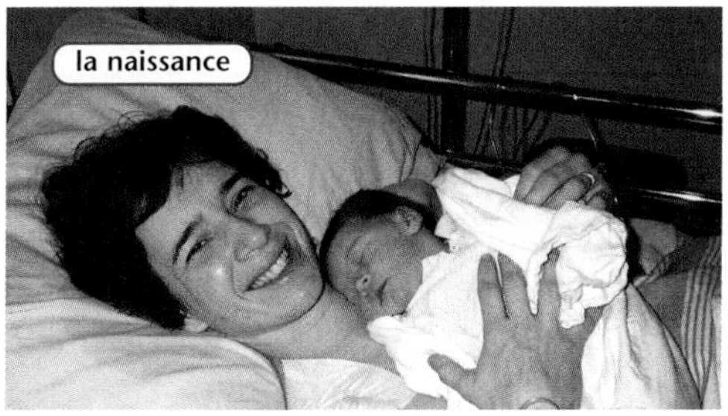

Le bébé naît.

le faire-part

Le prêtre baptise le bébé.

Un garçon fête sa bar-mitzva, une fille fête sa bat-mitzva.

un mariage civil

un mariage religieux

2 Presentation

Vocabulaire pour la lecture

Step 1 Have students repeat the new words in unison after you or the Audio CD as you show the Vocabulary Transparency.

Step 2 Then have students open their books to read the new words.

Step 3 Assign the activities on page 279 for homework.

Learning from Photos

(page 276) La cathédrale de Chartres est la plus belle des cathédrales gothiques. La cathédrale que l'on voit aujourd'hui n'est pas l'originale. En effet en 1194, la cathédrale brûle. Il ne reste que les tours, la façade et la crypte. Elle est reconstruite par un architecte connu seulement sous le nom du «maître de Chartres». Il faut plus de 40 ans pour la reconstruire. Elle est alors plus haute et plus claire qu'avant. Sa voûte en berceau a été remplacée par une voûte en ogive qui repose sur des piliers, ce qui permet aux murs d'être minces et d'avoir beaucoup de vitraux. Ces vitraux sont célèbres pour leur beauté, mais aussi pour leur bleu, «le bleu de Chartres», qui n'a jamais pu être reproduit. Quand la cathédrale de Chartres a été terminée, elle était si belle qu'elle est devenue un modèle pour tous les bâtisseurs de cathédrale.

Math Connection

Have students convert the baby's height and weight using the conversions given below:
1 cm = 0.39 inch
1 kg = 2.2 pounds
1g = .035 ounce
54 cm ≈ 21 inches
3,560 kg ≈ 7 pounds, 13 ounces

2 Presentation *(suite)*

Step 4 You may wish to ask the following questions as you present the vocabulary on page 278. **Est-ce que les mariés échangent des alliances? Qu'est-ce qu'on jette sur les nouveaux mariés? Où ça, dans l'église ou sur le parvis de l'église? Comment est décorée la voiture des nouveaux mariés? Qu'est-ce qu'une pièce montée? Que sont les dragées?**

Leçon 1
Culture

On jette du riz sur les nouveaux mariés.

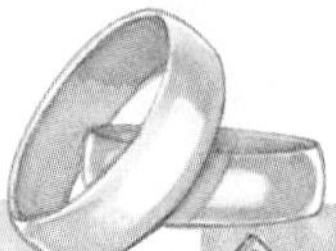

La voiture est décorée de fleurs et de rubans.

Les dragées sont des amandes enrobées de sucre.

Le prêtre parle du défunt. *deceased*
Il parle de lui.
Il parle aussi de sa vie.
Il en parle.

Plus de vocabulaire

le décès la mort d'une personne
un enterrement l'action de mettre le décès en terre; cérémonie qui accompagne la mise en terre
prier s'adresser à Dieu
en hausse en augmentation
monoparental(e) où il y a un seul parent

- le décès – the death
- le défunt – the deceased.
- l'enterrement – placing in ground (burial)

Quel est le mot?

1 Historiette Un mariage
Répondez que oui.

1. Le mariage civil a lieu à la mairie?
2. Les témoins se présentent à la cérémonie à la mairie?
3. Les mariés choisissent leurs témoins?
4. Ils choisissent la demoiselle et le garçon d'honneur?
5. Le mariage religieux a lieu à l'église?
6. Les invités attendent l'arrivée des mariés sur le parvis de l'église?
7. À l'issue de la cérémonie religieuse les invités jettent du riz sur les nouveaux mariés devant l'église?
8. Les nouveaux mariés partent pour la réception dans une voiture ornée (décorée) de fleurs et de rubans?
9. Il y a toujours une pièce montée à la réception?
10. Chaque invité reçoit une boîte de dragées?

city hall

La basilique de Ste-Anne-de-Beaupré au Québec

Le cimetière de Montmartre à Paris

2 Cérémonies familiales Complétez.

1. Au moment de la ____ un nouveau bébé naît.
2. Les nouveaux parents envoient un ____ à toute leur famille et à tous leurs amis.
3. Le ____ et la ____ accompagnent le bébé durant le baptême.
4. Un jeune juif fête sa ____ quand il a treize ans.
5. Une ____ est un gâteau spécial qu'on sert à un mariage.
6. Les pratiquants de beaucoup de religions ____.
7. Il est décédé il y a trois jours. Je viens de recevoir le faire-part de son ___.
8. Le ____ du ____ est transporté à l'église et au cimetière dans un corbillard.
9. L'____ a lieu au cimetière.

3 Définitions Donnez le mot dont la définition suit.

1. le chef spirituel d'une communauté juive
2. la mort d'une personne
3. la mise en terre
4. une augmentation
5. une annonce
6. une famille d'un seul parent

3 Practice

Quel est le mot?

1 This activity can be done with books open, closed, or both. It is suggested that you go over it orally.

2 and 3 Have students prepare these activities and then go over them in class.

Learning from Photos

(page 279 top) La basilique actuelle date de 1923. C'est la cinquième église construite sur cet emplacement. Sainte Anne est la patronne du Québec.

(page 279 bottom) Le cimetière de Montmartre date du XVIIIe siècle. Des personnages célèbres de plusieurs siècles y sont enterrés: François Truffaut, Édgar Degas, Alexandre Dumas fils, Alfred de Vigny, Stendhal.

la mariage = marriage
les mariés = married couple
(la mairie) = city hall

Answers to Quel est le mot?

1

1. Oui, le mariage civil a lieu à la mairie.
2. Oui, les témoins se présentent à la cérémonie à la mairie.
3. Oui, les mariés choisissent leurs témoins.
4. Oui, ils choisissent la demoiselle et le garçon d'honneur.
5. Oui, le mariage religieux a lieu à l'église.
6. Oui, les invités attendent l'arrivée des mariés sur le parvis de l'église.
7. Oui, à l'issue de la cérémonie religieuse, les invités jettent du riz sur les nouveaux mariés devant l'église.
8. Oui, les nouveaux mariés partent pour la réception dans une voiture ornée de fleurs et de rubans.
9. Oui, il y a toujours une pièce montée à la réception.
10. Oui, chaque invité reçoit une boîte de dragées.

2

1. naissance
2. faire-part
3. parrain, marraine
4. bar-mitzva
5. pièce montée
6. prient
7. enterrement
8. cercueil, défunt
9. enterrement

3

1. le rabbin
2. le décès
3. l'enterrement
4. une hausse
5. un faire-part
6. une famille monoparentale

National Standards

Cultures
Students will learn about important life occasions and how they are celebrated by French people.

Comparisons
Students will have an opportunity to compare the celebrations in their own tradition with those of French people.

Connections
This reading establishes a link with the field of social studies.

1 Preparation

Resource Manager

Audio Activities TE, page 92
Audio CD 6
Workbook, pages 84–85
Quiz, page 72

Bellringer Review

Use BRR Transparency 6.2 or write the following on the board: **Si vous avez assisté à la célébration d'une occasion importante, décrivez-la. Vous pouvez aussi raconter une célébration qui a eu lieu dans un livre, un film ou une émission.**

2 Presentation

Step 1 Once again you may wish to have all students read the entire **Lecture** or you may wish to assign sections to different students to present to the class.

Step 2 You may wish to read some sections in great detail, going over them orally in class, and to have students read other sections silently.

Lecture

Les passages de la vie

Une naissance très attendue

L'heureux événement est arrivé. Le bébé est né et une nouvelle vie commence. Dans le mois qui suit la naissance, les parents envoient un faire-part pour que tout le monde apprenne l'heureuse nouvelle. Il n'est pas rare qu'une petite photo du bébé fasse partie du faire-part.

Quelques mois après la naissance, les familles catholiques font baptiser le bébé. Les parents demandent à des proches[1] de la famille ou à des amis d'accepter d'être la marraine ou le parrain. Pendant la cérémonie à l'église paroissiale[2] le prêtre verse un peu d'eau sur le front du bébé. Le baptême est aussi l'occasion d'un bon repas auquel on invite la famille proche, le parrain et la marraine et les bons amis. On offre des dragées, un symbole d'abondance, à tous les invités.

Le baptême existe aussi chez les protestants mais il n'est pas obligatoire et l'enfant peut être baptisé quand il est un peu plus âgé. Pour le petit garçon juif ou musulman, la cérémonie de la circoncision marque son entrée dans la communauté religieuse.

[1]proches *those close to*
[2]paroissiale *parish*

Reading Strategy

Visualizing

Visualizing can help you to better understand a passage. As you read, use the details given to you to form mental pictures. Pause and really try to "see" what is being described. This attention to detail will help you clarify what you read.

Un baptême à Montréal

A Répondez.

1. Pourquoi les parents envoient-ils un faire-part après la naissance de leur bébé?
2. Quand les bébés catholiques sont-ils baptisés?
3. Où le baptême a-t-il lieu?
4. Qui est présent à la cérémonie?
5. Qu'est-ce qui suit la cérémonie?
6. Que symbolisent les dragées?
7. Le baptême est-il obligatoire chez les protestants?
8. Quelle cérémonie marque l'entrée des jeunes juifs et musulmans dans leur communauté religieuse respective?

Answers

A

1. Les parents envoient un faire-part après la naissance de leur bébé pour que tout le monde apprenne l'heureuse nouvelle.
2. Les bébés catholiques sont baptisés quelques mois après la naissance.
3. Le baptême a lieu à l'église paroissiale.
4. Le bébé, les parents, le parrain, la marraine, la famille proche et les bons amis sont présents à la cérémonie.
5. Un bon repas suit la cérémonie.
6. Les dragées symbolisent l'abondance.
7. Non, le baptême n'est pas obligatoire chez les protestants.
8. La cérémonie de la circoncision marque l'entrée dans la communauté religieuse pour les jeunes juifs et musulmans.

Enfants

À l'âge de sept ans l'enfant catholique fait sa première communion. Les parents, le parrain, la marraine et les amis assistent à cette cérémonie à l'église paroissiale. Puis il y a la profession de foi qui a lieu quand l'enfant a à peu près douze ans. Cette cérémonie à l'église marque la fin de l'enfance et le passage au monde adulte. Elle est suivie d'un grand repas où les enfants distribuent des boîtes de dragées et reçoivent de nombreux cadeaux.

Comme le jeune catholique, le jeune protestant réaffirme son engagement religieux en faisant sa confirmation quand il a seize ou dix-sept ans. Le samedi précédant ses treize ans le jeune juif fête sa bar-mitsva en présence de tous ses parents et ses amis. Actuellement de plus en plus de jeunes filles juives fêtent leur bat-mitsva. Pendant la cérémonie à la synagogue, ils lisent en hébreu des textes sacrés de la Torah. La cérémonie religieuse est suivie d'un grand repas. À l'âge de douze ans, après une grande fête de famille, le jeune musulman observe le jeûne du Ramadan pour la première fois. C'est la première fois qu'il pratique le jeûne pendant le mois du Ramadan.

B Décrivez.

1. la première communion
2. la profession de foi – confirmation
3. la bar-mitsva ou la bat-mitsva
4. le premier Ramadan

Leçon 1
Culture

Step 3 After reading **Enfants,** have students compare the different occasions.

Step 4 Go over **Activité B** in class.

About the French Language

Note that in French there can be some confusion in the translation of *first holy communion.* The term **première communion** is used but it can sometimes mean *confirmation* which is also **la profession de foi.**

Answers

B *Answers may vary but may include:*

1. La première communion est une cérémonie pour les jeunes catholiques de sept ans. Les parents, le parrain, la marraine et les amis assistent à cette cérémonie.
2. Le profession de foi est une cérémonie catholique qui a lieu quand le/la jeune catholique a à peu près douze ans. Cette cérémonie marque la fin de l'enfance et le passage au monde adulte.
3. Le samedi précédant ses treize ans, le jeune juif fête sa bar-mitzva en présence de tous ses parents et ses amis. Pendant la cérémonie à la synagogue, ils lisent en hébreu des textes sacrés de la Torah.
4. Le premier Ramadan est observé par un(e) jeune musulman(e) quand il/elle a douze ans. C'est la première fois qu'il pratique le jeûne pendant le mois du Ramadan.

2 Presentation

Step 5 You may wish to ask the following questions if you present **Le mariage** orally. **Quel est le seul mariage en France? Il a lieu où? Beaucoup de couples ont aussi une cérémonie religieuse? Qui entre dans l'église d'abord? Comment? Qui suit? Qu'est-ce que les mariés échangent? Pourquoi les invités jettent du riz sur les nouveaux mariés? Comment est-ce que les mariés vont à la réception?**

Step 6 Call on more able students to correct the false statements in **Activité C.**

Paired Activity

Demandez aux élèves de travailler par deux pour comparer les célébrations en France et aux États-Unis.

Le mariage

Le mariage civil est obligatoire en France. Il a lieu à la mairie en présence des témoins choisis par les mariés. Beaucoup de couples ont aussi une cérémonie religieuse. C'est d'abord le marié qui entre dans l'église au bras de sa mère suivi de tous les parents et les autres invités. Enfin la mariée, vêtue souvent de blanc, entre au bras de son père, suivie de demoiselles et de garçons d'honneur. Au cours de la cérémonie les mariés échangent des alliances. À la sortie de l'église les mariés et les familles restent un moment sur le parvis de l'église pour faire des photos. Les invités jettent souvent du riz sur le couple en signe de porte-bonheur[3]. Puis les nouveaux mariés montent dans une voiture décorée de fleurs et de rubans suivie des voitures des invités qui klaxonnent[4] bruyamment en se dirigeant vers le lieu où aura lieu la réception. Pendant la réception il y a un grand repas ou un buffet. Le repas se termine par la traditionnelle pièce montée faite de petits choux à la crème[5] caramélisés. Les mariés reçoivent des cadeaux, généralement ceux qu'ils ont déjà choisis en déposant une «liste de mariage» dans un ou plusieurs magasins. Après la réception les jeunes mariés partent en voyage de noces—leur lune de miel.

Chez les protestants le mariage religieux a lieu au temple où le pasteur unit les époux. À l'issue de la cérémonie le couple reçoit souvent une Bible de famille qui a des prières familiales. Une réception suit la cérémonie religieuse. Les juifs se marient à la synagogue, dans une salle louée pour la cérémonie ou chez leurs parents. Les nouveaux époux se placent sous un dais[6]—une houpa—et le rabbin prononce les bénédictions nuptiales. Les époux musulmans ne se voient qu'à la fin des cérémonies et des festivités car la plus grande partie de la journée est consacrée à la préparation de la mariée—habillée, maquillée[7], coiffée—le tout avec grand soin par d'autres femmes et toujours accompagnée de musique et de chants.

---

[3]porte-bonheur *good fortune*
[4]klaxonnent *honk their horns*
[5]choux à la crème *cream puffs*
[6]dais *canopy*
[7]maquillée *made up*

C Vrai ou faux?

1. Le mariage civil n'est pas obligatoire en France.
2. Le mariage civil a lieu à l'église en présence des témoins choisis par les parents des mariés.
3. Pendant la cérémonie religieuse à l'église la mariée entre seule et tous les invités la suivent.
4. On jette du riz sur le couple pour qu'ils aient beaucoup d'enfants.
5. Les nouveaux mariés montent dans une pièce montée pour aller à la réception.
6. Une liste de mariage indique qui va se marier et quand.
7. En général les protestants se marient à leur domicile.
8. Les nouveaux époux juifs se placent en dehors de la houpa pendant que le rabbin prononce les bénédictions nuptiales.
9. Très peu de festivités accompagnent un mariage musulman.

Answers

C

1. Faux.
2. Faux.
3. Faux.
4. Faux.
5. Faux.
6. Faux.
7. Faux.
8. Faux.
9. Faux.

Leçon 1
Culture

La famille

L'âge légal du mariage en France est fixé à 18 ans, et les filles peuvent se marier à 15 ans avec le consentement de leurs parents. Actuellement les jeunes se marient de plus en plus tard—27 ans pour les hommes, 25 ans pour les femmes.

En France, comme aux États-Unis, le nombre de divorces est en hausse. Le nombre de familles monoparentales augmente régulièrement. Quatre-vingt-cinq pour cent des divorcés fondent une nouvelle famille ou une famille recomposée. Les enfants d'une famille recomposée s'adaptent à un beau-père ou à une belle-mère et aux enfants de ceux-ci. Les enfants sont élevés comme des frères et des sœurs mais il n'y a pas encore de terme pour désigner cette parenté. Les enfants d'une famille recomposée ont souvent des demi-frères ou des demi-sœurs. Sur 100 enfants dont les parents sont divorcés, 66 ont des demi-frères ou des demi-sœurs.

D Identifiez.

1. l'âge légal du mariage en France
2. l'âge auquel les jeunes Français se marient de nos jours
3. la famille monoparentale
4. le pourcentage des divorcés qui fondent une nouvelle famille
5. la famille recomposée

Step 7 Have students read **La famille** and **Le décès** silently and write their answers to the activities.

Step 8 Allow students to look up the information in **Activité D.**

National Standards

Comparisons
Tell students to think about the changes taking place in family structures in the U.S. Have them make comparisons with what they are learning about the same topic in France.

Learning from Photos

(page 283) En France, l'école commence à trois ans. Les enfants de moins de trois ans peuvent aller dans une crèche comme celle de St Pierre du Gros Caillou s'il y a de la place. En effet, nombreux sont les enfants de moins de trois ans qui ne peuvent pas aller dans une crèche, soit parce qu'il n'y a pas de place, soit parce qu'il n'y a pas de crèche là où ils habitent. Leurs parents sont donc obligés de les mettre chez une nourrice, ce qui est beaucoup plus cher.

Reaching All Students

Have visual learners say as much about these two photos as they can.

Answers

D

1. 18 ans
2. 27 ans pour les hommes et 25 ans pour les femmes
3. une famille avec un seul parent
4. 85 pour cent
5. une famille dont l'un des parents était divorcé avant de se remarier

3 Practice

E You may wish to have students look up the answers as they are reading **Le décès**. You may tell them to scan the activity before reading. It will help the students determine what to look for while they read.

Leçon 1
Culture

Le décès

Les pratiques funéraires en France sont très marquées par les rites catholiques. Il y a très souvent une cérémonie religieuse même si le défunt n'était pas très pieux. La cérémonie commence avec l'arrivée devant l'église du corbillard qui transporte le cercueil. La famille du défunt suit le corbillard en voiture. Les parents et les amis attendent sur le parvis de l'église. Le cercueil est porté dans l'église et le cortège des parents, des plus proches et de bons amis du défunt suit. Après la messe on se dirige vers le cimetière en voiture ou plus traditionnellement à pied si on est dans un village.

Chez les juifs, la famille et les amis accompagnent le défunt de son domicile au cimetière où le rabbin prononce les phrases rituelles. Ensuite les parents et les amis se réunissent au domicile du défunt pour la shiva, une période de sept jours pendent laquelle on honore le défunt.

La tombe d'un musulman doit être la plus simple possible et toujours orientée vers la Mecque. Au moment de la mise en terre on prononce une phrase rituelle. Après l'enterrement, un des individus présents lit des textes pour aider le défunt à répondre aux questions que les anges lui poseront. Il n'y a que les hommes qui participent à l'enterrement musulman.

E Répondez.

1. Qu'est-ce qui marque d'une façon profonde les pratiques funéraires en France?
2. Quand commence la cérémonie?
3. Comment entre-t-on dans l'église?
4. Où va-t-on après la messe à l'église?
5. Comment le défunt juif est-il accompagné au cimetière?
6. Qu'est-ce que la shiva?
7. Comment est la tombe d'un musulman?
8. Qui est présent à l'enterrement d'un musulman?

FRENCH Online
To learn more about cemeteries in the Francophone world, go to the Glencoe French Web site: french.glencoe.com

Answers

E

1. Les rites catholiques marquent les pratiques funéraires en France.
2. La cérémonie commence avec l'arrivée devant l'église du corbillard qui transporte le cercueil.
3. On entre dans l'église après le cercueil qui est porté dans l'église. Le cortège des parents, des plus proches et de bons amis du défunt suit.
4. Après la messe on se dirige vers le cimetière en voiture ou plus traditionnellement à pied si on est dans un village.
5. Le défunt juif est accompagné au cimetière par sa famille et ses amis.
6. La shiva est une période de sept jours pendant laquelle on honore le défunt.
7. La tombe d'un musulman doit être la plus simple possible et toujours orientée vers la Mecque.
8. À l'enterrement d'un musulman, il n'y a que les hommes qui sont présents.

Structure ⚜ *Révision*

Le partitif
Talking about an indefinite quantity

1. When speaking only of a certain quantity or part of a whole, the partitive articles **du, de la,** and **des** are used. **Du** and **de la** become **de l'** in front of a word beginning with a vowel. In English, the partitive is expressed by *some, any,* or no word at all. In French the partitive cannot be omitted.

Vous avez des enfants?	*Do you have (any) children?*
Il faut de la patience.	*You need patience.*
Il faut du courage, non?	*You need (some) courage, right?*

2. In the negative, **du, de la, de l',** and **des** change to **de** or **d'.**

J'ai de la patience.	**Mais lui, il n'a pas de patience.**
J'ai du courage.	**Mais lui, il n'a pas de courage.**
J'ai toujours de l'argent.	**Mais elle, elle n'a jamais d'argent.**
J'ai des demi-frères.	**Mais elle, elle n'a pas de demi-frères .**

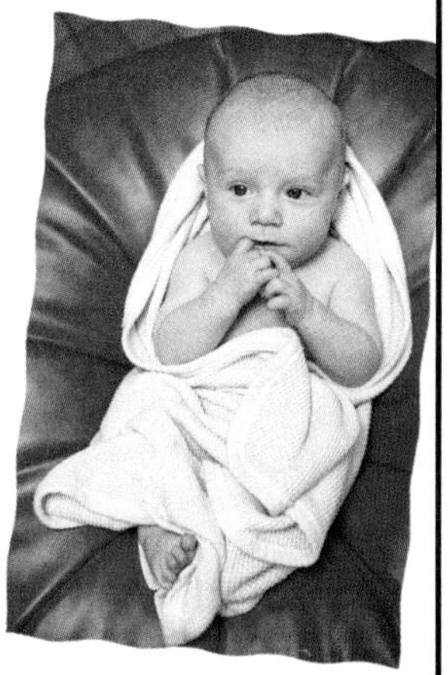

3. Remember that a noun used in a general sense is preceded by the articles **le, la, l',** or **les.**

Je déteste l'intolérance.
J'aime beaucoup les dragées.
J'adore les petits bébés.

4. Here are some helpful hints. Verbs that express likes and dislikes are usually followed by the definite articles **le, la, l', les** + a noun.

le, la, l', les—*general sense*

adorer	**détester**
aimer	**préférer**
aimer mieux	

The following verbs are often followed by a partitive construction: **du, de la, de l', des** + a noun. Remember that in the negative, only the partitive becomes **de.**

du, de la, de l', des—*partitive*

acheter	**manger**
avoir	**prendre**
boire	**vendre**
commander	

J'aime le riz mais je n'aime pas les pommes de terre.
Je mange du riz mais je ne mange pas de pommes de terre.

1 Preparation

Resource Manager

Audio Activities TE, pages 93–94
Audio CD 6
Workbook, pages 86–87
Quizzes, pages 73–74
ExamView® Pro

Bellringer Review

Use BRR Transparency 6.3 or write the following on the board: **Faites une liste en français de tout ce qu'on peut manger et boire.**

2 Presentation

Le partitif

Note: Although this point is somewhat difficult for students, they have now had a great deal of reinforcement and they should be able to understand and use the partitive with relative ease.

Step 1 Recycling: Before students open their books, ask several questions using the partitive and definite articles: **J'aime le pain. Vous aussi, Pierre? (Oui, moi aussi, j'aime ça.) Je voudrais manger du pain maintenant. Et vous, Pierre?**

Step 2 Read the explanations to students and call on them to read the model sentences. At times, you may wish to have the entire class read them in unison.

LEVELING

A: Structure

3 Practice

Comment dit-on?

1, 2, 3 You may wish to go over these activities first without prior preparation to determine how well students use the partitive construction.

If students are still having some problems, you can assign the activities for homework for additional reinforcement.

Comment dit-on?

1 Avant le mariage Complétez.

1. Il faut ____ patience parce qu'il y a beaucoup de choses à faire.
2. Il faut choisir ____ témoins.
3. Il faut acheter ____ fleurs et ____ rubans pour décorer la voiture.
4. Il faut envoyer ____ faire-parts.
5. Il faut avoir ____ bon sens parce qu'il faut prendre beaucoup de décisions.

Une crème caramel

2 Pour le buffet Répondez d'après le modèle.

—Il n'y aura pas de hors-d'œuvre?
—Si. Il y aura des hors-d'œuvre bien que je n'aime pas les hors-d'œuvre.

1. Il n'y aura pas de salade?
2. Il n'y aura pas de soupe?
3. Il n'y aura pas de poisson?
4. Il n'y aura pas de bœuf?
5. Il n'y aura pas de légumes?
6. Il n'y aura pas de fromage?
7. Il n'y aura pas de fruits?
8. Il n'y aura pas de crème caramel?

La sœur d'Éric est sportive.

3 Historiette La famille d'Éric Complétez.

Éric a __1__ sœurs, mais il n'a pas __2__ frères. Les sœurs d'Éric font __3__ études universitaires à l'Université de Grenoble. Catherine fait __4__ anglais, mais Michèle ne fait pas __5__ anglais. Elle fait __6__ russe. Catherine est très sportive et elle fait toujours __7__ sport. Michèle n'aime pas du tout __8__ poisson. Elle commande toujours __9__ viande. Elle ne commande pas __10__ bœuf, elle préfère __11__ agneau.

Answers to Comment dit-on?

1

1. de la
2. des
3. des, des
4. des
5. du

2

1. Si. Il y aura de la salade bien que je n'aime pas la salade.
2. Si. Il y aura de la soupe bien que je n'aime pas la soupe.
3. Si. Il y aura du poisson bien que je n'aime pas le poisson.
4. Si. Il y aura du bœuf bien que je n'aime pas le bœuf.
5. Si. Il y aura des légumes bien que je n'aime pas les légumes.
6. Si. Il y aura du fromage bien que je n'aime pas le fromage.
7. Si. Il y aura des fruits bien que je n'aime pas les fruits.
8. Si. Il y aura de la crème caramel bien que je n'aime pas la crème caramel.

3

1. des
2. de
3. des
4. de l'
5. d'
6. du
7. du
8. le
9. de la
10. de
11. l'

Le pronom en
Referring to things already mentioned

1. The pronoun **en** replaces a partitive construction. Like the other object pronouns, the pronoun **en** comes directly before the verb to which its meaning is tied.

Elle achète des cadeaux.	**Elle en achète.**
Elle n'achète pas de cadeaux.	**Elle n'en achète pas.**
Elle a acheté des cadeaux.	**Elle en a acheté.**
Elle n'a pas acheté de cadeaux.	**Elle n'en a pas acheté.**
Elle va acheter des cadeaux.	**Elle va en acheter.**
Elle ne va pas acheter de cadeaux.	**Elle ne va pas en acheter.**

2. The pronoun **en** also replaces a noun qualified by a specific quantity.

Il a un demi-frère.	**Il en a un.**
Je veux beaucoup de cadeaux.	**J'en veux beaucoup.**
Nous avons un peu d'argent.	**Nous en avons un peu.**

3. **En** also replaces all other phrases introduced by **de** referring to a thing.

Il vient de Rome.	**Il en vient.**
Il est fier de son travail.	**Il en est fier.**
Il n'a pas besoin de ton aide.	**Il n'en a pas besoin.**

4. Note, however, that when the preposition **de** is followed by a person, stress pronouns are used, not **en.**

Elle parle de son mariage.	**Elle en parle.**
Elle parle de sa famille.	**Elle parle d'elle.**
Elle est fière de son travail.	**Elle en est fière.**
Elle est fière de ses enfants.	**Elle est fière d'eux.**

5. Also note that in cases in English when *some* or *any* is not used, **en** must be used in French.

Tu as des œufs?	*Do you have any eggs?*
Oui, j'en ai.	*Yes, I do.*

6. When there are several object pronouns in a sentence, **en** always comes last.

Elle m'a donné de l'argent.	**Elle m'en a donné.**
Elle a envoyé des faire-parts à ses amis.	**Elle leur en a envoyé.**

1 Preparation

Bellringer Review

Use BRR Transparency 6.4 or write the following on the board:
Répondez.
1. **Quelles choses voudriez-vous avoir maintenant?**
2. **Quelles choses avez-vous qui vous plaisent beaucoup?**
3. **De quoi parlez-vous souvent avec vos copains?**

2 Presentation

Le pronom **en**

Note: Students need a lot of practice and reinforcement before they learn to use **en** consistently. Very often they understand the concept but they just forget to use it. For this reason, it is recommended that you emphasize the model sentences rather than the explanation.

Step 1 Have the entire class and then individual students read the model sentences aloud. The more examples they hear of **en,** the better.

Step 2 The concept in Item 4 is particularly difficult for many students. They will need constant reinforcement and most probably frequent correction to master this point.

LEVELING
A: Structure
C: Structure

3 Practice

Comment dit-on?

Have students close their books and do **Activités 4, 5, 6, 7, 8,** and **9** orally without any previous preparation. Then assign the activities for homework and go over them again the next day. You may even wish to go over these activities a second time to give students more practice hearing **en.**

Paired Activity

Activités 4–9: These activities can be done in pairs. Model for students what they should do before they begin, then do a spot check after the allotted time limit. You may wish to circulate in the room to help students with any questions or problems.

Hint: Use a timer to keep students on task.

Comment dit-on?

4 Le Réveillon Répondez en utilisant **en.**

1. Pour le Réveillon, les Français mangent des huîtres?
2. Ils mangent du boudin blanc?
3. Ils mangent de la dinde?
4. Ils mangent des marrons?
5. Ils mangent du gâteau?
6. Chacun mange un peu de bûche de Noël?

Une bûche de Noël

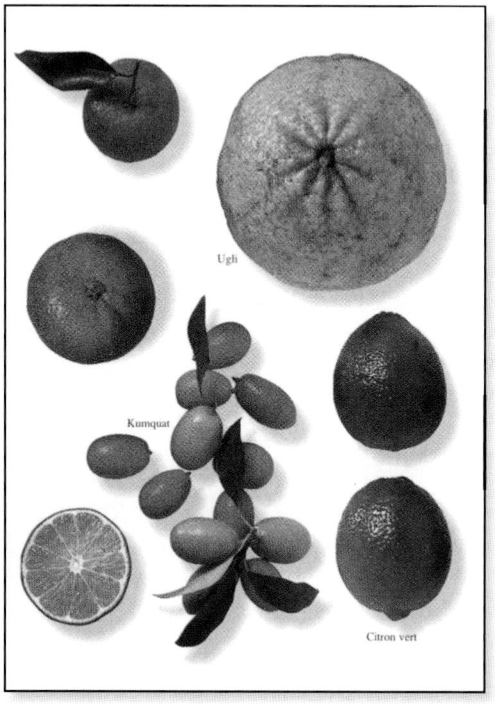

5 Les courses Répondez en utilisant **en.**

1. Tu as assez d'argent?
2. Tu vas acheter deux bouteilles d'eau minérale?
3. Tu peux manger deux côtelettes?
4. On a besoin d'un kilo de tomates?
5. On a besoin de plus d'un litre de lait?
6. Tu veux plusieurs oranges?

6 Angoisses Refaites les phrases en utilisant **en.**

1. Elle ne parle jamais de son travail.
2. Elle n'est pas fière de son travail.
3. Elle a besoin de son travail.
4. Il parle de ses difficultés.
5. Il a peur des conséquences de son acte.

Answers to Comment dit-on?

4

1. Oui, ils en mangent pour le Réveillon.
2. Oui, ils en mangent.
3. Oui, ils en mangent.
4. Oui, ils en mangent.
5. Oui, ils en mangent.
6. Oui, chacun en mange un peu.

5

1. Oui (Non), j'en (je n'en) ai (pas) assez.
2. Oui (Non), je (ne) vais (pas) en acheter deux.
3. Oui (Non), je (ne) peux (pas) en manger deux.
4. Oui (Non), on (n') en a (pas) besoin (d'un kilo).
5. Oui (Non), on (n') en a (pas) besoin (de plus d'un litre).
6. Oui (Non), j'en (je n'en) veux (pas) plusieurs.

6

1. Elle n'en parle jamais.
2. Elle n'en est pas fière.
3. Elle en a besoin.
4. Il en parle.
5. Il en a peur.

7 **La famille** Répondez avec des pronoms.

1. Il parle quelquefois de son fils?
2. Il a besoin de son aide?
3. Elle est fière de son fils?
4. Elle est fière de sa fille?
5. Elle est fière de ses enfants?
6. Elle est contente de leur succès?

8 **Je parle du mariage.** Répondez avec des pronoms.

1. Tu parles des nouveaux mariés?
2. Tu parles de la demoiselle d'honneur?
3. Tu parles de la cérémonie?
4. Tu parles du grand repas qui a suivi la cérémonie?
5. Les nouveaux mariés ont reçu beaucoup de cadeaux?

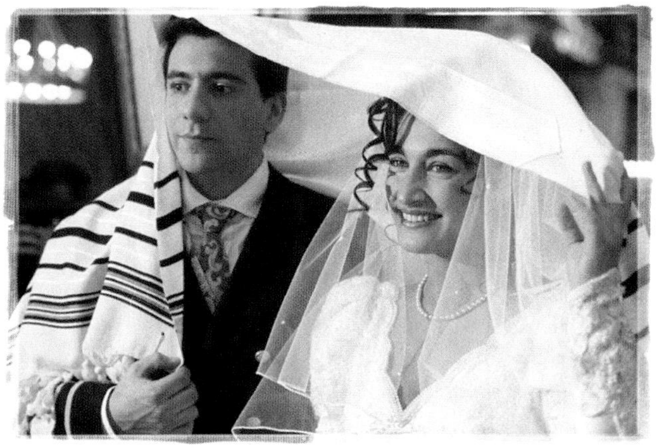

Un mariage juif

9 **Historiette** **L'argent!** Complétez la conversation.

—Tu as parlé à ton père de tes problèmes financiers?
—Oui, je __1__ __2__ ai parlé.
—Et alors? Il t'a donné de l'argent?
—Oui, il __3__ __4__ a donné.
—Il __5__ __6__ a donné beaucoup?
—Ouais. Il __7__ __8__ a donné assez pour l'instant.
—J'espère que tu ne vas pas __9__ emprunter à tes copains.
—Ne t'en fais pas! Je ne __10__ __11__ demanderai certainement pas.

Answers to Comment dit-on?

7

1. Il parle quelquefois de lui.
2. Il en a besoin.
3. Elle est fière de lui.
4. Elle est fière d'elle.
5. Elle est fière d'eux.
6. Elle en est contente.

8

1. Oui, je parle d'eux.
2. Oui, je parle d'elle.
3. Oui, j'en parle.
4. Oui, j'en parle.
5. Oui, ils en ont reçu beaucoup.

9

1. lui
2. en
3. m'
4. en
5. t'
6. en
7. m'
8. en
9. en
10. te
11. en

Recycling

These activities allow students to use the vocabulary and structure from this lesson in completely open-ended, real-life situations.

Encourage students to say as much as possible when they do these activities. Tell them not to be afraid to make mistakes, since the goal of these activities is real-life communication. If someone in the group makes an error, allow the others to politely correct him or her. Let students choose the activities they would like to do.

You may wish to divide students into pairs or groups. Encourage students to elaborate on the basic theme and to be creative. They may use props, pictures, or posters if they wish.

C'est à vous

Use what you have learned

PARLER 1 ÉCRIRE

L'âge du mariage

✔ Discuss the age at which people get married

De nos jours les Français aussi bien que les Américains ne se marient pas très jeunes. Vous trouvez que c'est une bonne idée? Quel est l'âge idéal pour se marier? Expliquez pourquoi.

PARLER 2 ÉCRIRE

Les familles

✔ Discuss the structure of modern families

Vous venez de lire qu'en France la famille a subi de grands changements. Actuellement, il y a de plus en plus des familles monoparentales et de familles recomposées. Décrivez ces familles et indiquez si cette même situation existe aux États-Unis.

PARLER 3 ÉCRIRE

Un mariage

✔ Describe a traditional wedding

Décrivez un mariage traditionnel dans votre famille. Décrivez la cérémonie, la réception, etc. Ensuite comparez-le à un mariage en France.

Une pièce montée

Leçon 1
Culture

PARLER 4 ÉCRIRE

Un enterrement

✔ Describe a traditional funeral

Tout dans la vie n'est pas joyeux. Un enterrement, par exemple, est toujours triste et solennel. Décrivez un enterrement d'après les traditions de votre famille.

PARLER 5 ÉCRIRE

Un bon mari ou une bonne épouse

✔ Describe an ideal spouse

Décrivez les qualités qu'une personne doit posséder pour être un bon mari ou une bonne épouse, d'après vous.

ÉCRIRE 6

Un grand repas

✔ Plan a family feast

Imaginez que vous allez donner un grand repas pour une fête familiale. Vous allez préparer votre grand repas vous-même. Dites tout ce que vous allez acheter avant de le préparer.

Resource Manager

Assessment Transparency A6.1
Online Quizzes
Tests, pages 147–149 and 155–173
ExamView® Pro

Assessment

This is a pretest for students to take before you administer the lesson test. Answer sheets for students to do these pages are provided in your transparency binder. Note that each section is cross-referenced so students can easily find the material they have to review in case they made errors. You may wish to collect these assessments and correct them yourself or you may prefer to have the students correct themselves in class. You can go over the answers orally or project them on the overhead, using your Assessment Answers transparencies.

Assessment

Vocabulaire

To review the vocabulary, turn to pages 277–278.

1 Une naissance, un mariage ou un enterrement?

1. une demoiselle d'honneur
2. le parrain
3. une pièce montée
4. un cercucil
5. la mairie
6. le défunt

2 Répondez. un faire-part

7. Qu'est-ce que les parents envoient pour annoncer la naissance du bébé?
8. Qu'est-ce qu'on jette sur les nouveaux mariés? du riz
9. Que sont les dragées?

Lecture

To review the reading, turn to pages 280–284.

3 Répondez.

10. Qu'est-ce que la première communion?
11. Qu'est-ce que la bar-mitsva/la bat-mitsva?
12. Où a lieu le mariage civil?
13. Qu'est-ce qu'un parvis?
14. Comment se passe un enterrement musulman?
15. Qu'est-ce qu'une famille monoparentale?

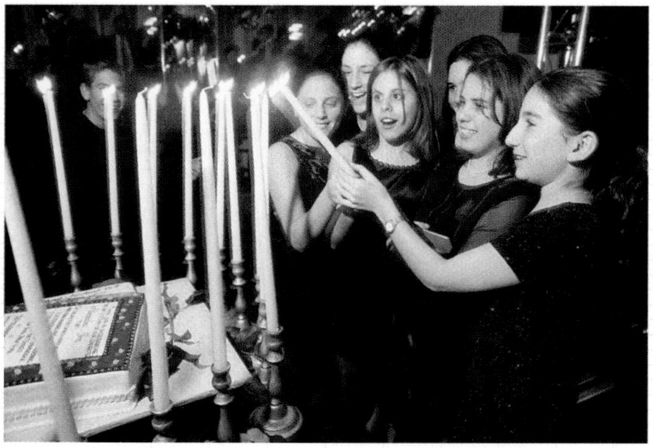

Answers to Assessment

1

1. un mariage
2. une naissance
3. un mariage
4. un enterrement
5. un mariage
6. un enterrement

2

7. Les parents envoient un faire-part pour annoncer la naissance du bébé.
8. On jette du riz sur les nouveaux mariés.
9. Les dragées sont des amandes enrobées de sucre.

3

10. La première communion est une cérémonie catholique.
11. La bar-mitzva/la bat-mitzva est une fête célébrée par les jeunes juifs de treize ans.
12. Le mariage civil a lieu à la mairie.
13. Un parvis est à la sortie d'une église, là où on prend des photos des nouveaux mariés.
14. La tombe d'un musulman doit être la plus simple possible et toujours orientée vers la Mecque. Au moment de la mise en terre on prononce une phrase rituelle. Après l'enterrement, un des individus présents lit des textes pour aider le défunt à répondre aux questions que les anges lui poseront. Il n'y a que des hommes présents.
15. Une famille monoparentale a un seul parent.

Structure

4 Complétez.

16. J'aime beaucoup ____ amandes. C'est pourquoi je mange ____ dragées.
17. Tu préfères ____ café avec ____ crème et ____ sucre?
18. Lui, il n'a pas ____ carte de crédit. Il n'a jamais ____ argent.
19. Je t'assure qu'elle servira ____ bœuf parce qu'elle aime beaucoup ____ bœuf.

To review the partitive article, turn to page 285.

Un bœuf bourguignon

5 Répondez en utilisant un pronom.

20. Il a deux frères?
21. Tu manges de la viande?
22. Ils ont besoin de mon aide?
23. Il parle de sa femme?
24. Elle parle de son mariage?
25. Tu as de l'argent?

To review the pronoun **en**, turn to page 287.

Assessment

After going over the Assessment, you may administer the test for **Leçon 1, Chapitre 6.**

Answers to Assessment

4

16. les, des
17. le, de la, du
18. de, d'
19. du, le

5

20. Oui, il en a deux. (Non, il n'en a pas.)
21. Oui, j'en mange. (Non, je n'en mange pas.)
22. Oui, ils en ont besoin. (Non, ils n'en ont pas besoin.)
23. Oui, il parle d'elle. (Non, il ne parle pas d'elle.)
24. Oui, elle en parle. (Non, elle n'en parle pas.)
25. Oui, j'en ai. (Non, je n'en ai pas.)

1 Preparation

Resource Manager

Vocabulary Transparency V6.4
Audio Activities TE, page 95
Audio CD 6
Workbook, page 89
Quiz, page 75
ExamView® Pro

Bellringer Review

Use BRR Transparency 6.5 or write the following on the board:

Complétez.

1. **Tu aimes ___ amandes enrobées en sucre?**
2. **Tu ne ___ trouves pas trop sucrées?**
3. **Moi, j'ai ___ dragées.**
4. **Tu ___ veux?**
5. **Non, merci. Je n'aime pas les dragées et je n'___ veux pas.**

2 Presentation

Vocabulaire pour la conversation

Step 1 As you present the new vocabulary, you may wish to ask the following questions: **Qu'est-ce qu'il y a dans chaque rang d'une église? Il y a souvent des couronnes de fleurs sur l'autel pendant une cérémonie religieuse? Qui est la femme qui vient d'entrer dans l'église? Comment trouves-tu la robe qu'elle porte?**

Step 2 You may wish to give students the conjugation of the verb **se plaindre: Je me plains, tu te plains, il se plaint, nous nous plaignons, vous vous plaignez, ils se plaignent (Je me suis plaint[e].)**

Leçon 2 Conversation

Vocabulaire pour la conversation

Oui, la femme qui vient d'entrer est la mère du marié. La robe qu'elle porte, je la trouve très belle.
un rang
un banc
C'est la femme dont j'ai fait la connaissance hier, non?

Plus de vocabulaire

féliciter complimenter quelqu'un
livrer apporter une marchandise à quelqu'un
remercier exprimer sa gratitude à quelqu'un; dire «merci»

Quel est le mot?

1 À l'église Répondez que oui.

1. Il y a beaucoup de rangs dans l'église?
2. Il y a beaucoup de bancs dans l'église?
3. Il y a souvent des couronnes de fleurs sur l'autel?
4. C'est la mère du marié qui vient d'arriver?
5. C'est la même femme dont j'ai fait la connaissance hier, non?
6. On félicite quelqu'un qui a eu beaucoup de succès?
7. On remercie l'hôte ou l'hôtesse qui vous a invité(e) à la réception?
8. Est-ce que la plupart des fleuristes livrent les fleurs que leurs clients ont achetées?

2 Des mots apparentés Donnez un mot apparenté.

1. des félicitations
2. un remerciement
3. la livraison
4. ranger

Un cimetière à la Nouvelle-Orléans en Louisianne

Answers to Quel est le mot?

1

1. Oui, il y a beaucoup de rangs dans l'église.
2. Oui, il y a beaucoup de bancs dans l'église.
3. Oui, il y a souvent des couronnes de fleurs sur l'autel.
4. Oui, c'est la mère du marié qui vient d'arriver.
5. Oui, c'est la même femme dont tu as fait la connaissance hier.
6. Oui, on félicite quelqu'un qui a eu beaucoup de succès.
7. Oui, on remercie l'hôte ou l'hôtesse qui vous a invité(e) à la réception.
8. Oui, la plupart des fleuristes livrent les fleurs que leurs clients ont achetées.

2

1. féliciter
2. remercier
3. livrer
4. un rang

Mise en scène

Les coutumes varient d'un pays à l'autre. De temps en temps les différences sont à peine perceptibles. D'autres fois elles sont énormes. Personne ne veut commettre de faux pas. Et c'est le cas de Robert et Erica, deux jeunes Américains qui passent du temps en France. Ils préfèrent poser des questions sur le savoir-vivre plutôt que de faire des bêtises.

Un mariage

Robert Mon ami Patrick va se marier et il m'a invité à son mariage. C'est très gentil de sa part mais c'est la première fois que je vais à un mariage en France. Franchement je ne sais pas exactement ce que je dois faire.

Julie Il aura lieu à l'église aussi, le mariage?

Robert Oui.

Julie Il y aura bien sûr d'autres invités quand tu arriveras à l'église. Regarde ce qu'ils font et fais la même chose. Entre dans l'église en même temps qu'eux.

Robert Il ne faut pas attendre qu'un garçon d'honneur me conduise à ma place?

Julie Non, non. Comme je t'ai dit, entre tout simplement avec les autres. Mais ne t'assieds pas dans les premiers rangs. Ils sont réservés aux membres de la proche famille. Tu es invité à la réception?

Robert Oui.

Julie Tu vas bien t'amuser. N'oublie pas de féliciter les nouveaux mariés et de remercier tes hôtesses—les mères du marié et de la mariée.

3 Practice

Quel est le mot?

2 After going over this activity, have students use the new words in original sentences.

Note: The sentences introduce the structure point being reviewed in this lesson: **qui, que, dont.**

National Standards

Cultures
Students will discuss French traditions concerning a marriage and a funeral and learn about what to do at a wedding or a funeral in France.

Comparisons
Students will compare American and French traditions relating to important occasions.

1 Preparation

Resource Manager

Audio Activities TE, pages 96–98
Audio CD 6
Workbook, page 89
Quiz, page 76

LEVELING

E: Conversation

Bellringer Review

Use BRR Transparency 6.6 or write the following on the board:
Complétez au présent.

1. **Il ___ aller à la cérémonie. (vouloir)**
2. **Moi aussi, mais je ne ___ pas. (pouvoir)**
3. **Je ___ chez mes grands-parents. (aller)**
4. **Comme tu le ___, je ___ en voyage. (savoir) (partir)**
5. **Et j'___ très envie de voir mes grands-parents avant de partir. (avoir)**

2 Presentation

Conversation

Step 1 First, have students listen to this conversation on the Audio CD with their books closed.

Step 2 You may play the CD a second time and have the students follow along in their books.

Step 3 Call on two students to read the conversation aloud with as much expression as possible. After the two students have finished the first half, call on two more students to continue.

Step 4 You may wish to ask questions from **Activité A** as you go over **Un mariage** and questions from **Activité B** as you go over **Un enterrement.**

Paired Activity

Have students role-play these conversations with expression. You may wish to have partners do the conversations twice so that each student has a chance to play each role. You may also wish to have students change partners at least once.

Un enterrement

Erica Je viens de lire dans le journal l'annonce de la mort du père de mon amie, Camille.

Sandrine Tu avais fait la connaissance de son père? Tu le connaissais?

Erica Oui. Et j'aimerais assister à son enterrement mais je ne sais pas si ça se fait?

Sandrine Oui, à moins que l'annonce n'indique que la cérémonie aura lieu dans la plus stricte intimité.

Erica Non. Ça ne dit pas ça. Je peux envoyer des fleurs?

Sandrine Oui, si tu veux. C'est toujours un geste apprécié sauf si ça dit ‹‹ni fleurs ni couronnes››. Mais, tu dois les faire livrer chez le défunt au moins une heure avant la cérémonie. Sinon, tu peux les faire livrer directement à l'église avec ta carte de visite.

Reaching All Students

Kinesthetic Learners
Have students who love drama volunteer to "put on" a wedding based on the information in the conversation. Other students can describe the event.

Vous avez compris?

A Répondez d'après la conversation «Un mariage».

1. Qui va se marier?
2. Qui a été invité au mariage?
3. Le mariage aura lieu où?
4. Qui explique à Robert ce qu'il doit faire?
5. Qu'est-ce qu'elle lui conseille de faire?
6. Il doit attendre qu'un garçon d'honneur le conduise à sa place dans l'église?
7. Les premiers rangs sont réservés à qui?
8. Que doit faire Robert à la réception?

B Vrai ou faux? Répondez d'après la conversation «Un enterrement».

1. On peut mettre l'annonce de la mort d'une personne dans le journal.
2. On peut assister à l'enterrement d'un ami en France même si on n'a pas reçu de faire-part.
3. «La cérémonie aura lieu dans la plus stricte intimité» indique que la famille veut bien recevoir tous les amis.
4. On n'envoie jamais de fleurs en France à l'occasion d'un enterrement.
5. On peut faire livrer des fleurs soit au domicile de la famille du défunt soit directement à l'église.

Des couronnes de fleurs

C Imaginez que vous avez été en France où vous avez assisté à un mariage. Décrivez-le à un(e) ami(e).

Leçon 2
Conversation

3 Practice

Vous avez compris?

A Go over this activity orally in class.

B Call on more able students to correct the false statements.

C Give students time to prepare their story before having them tell it to a partner.

Expansion: You may wish to have pairs present their stories as conversations to the class. Each partner asks questions about the event the other attended. Encourage students to make these conversations animated and interesting.

Answers to Vous avez compris?

A

1. Son ami Patrick va se marier.
2. Robert a été invité au mariage.
3. Le mariage aura lieu à l'église.
4. Julie explique à Robert ce qu'il doit faire.
5. Elle lui conseille de regarder ce que les autres font et de faire la même chose.
6. Non, il ne doit pas attendre qu'un garçon d'honneur le conduise à sa place.
7. Les premiers rangs sont réservés aux membres de la proche famille.
8. Robert doit féliciter les nouveaux mariés et remercier les hôtesses.

B

1. Vrai.
2. Vrai.
3. Faux.
4. Faux.
5. Vrai.

C *Answers will vary.*

1 Preparation

Resource Manager

Audio Activities TE, page 99
Audio CD 6
Workbook, pages 90–91
Quizzes, pages 77–78
ExamView® Pro

Bellringer Review

Use BRR Transparency 6.7 or write the following on the board:
Récrivez au passé composé.
1. **Je vais au mariage de Luc et Nathalie.**
2. **La cérémonie religieuse a lieu dans l'église paroissiale.**
3. **Je vois beaucoup de mes amis à la réception.**
4. **Luc et Nathalie reçoivent beaucoup de cadeaux.**
5. **Ils disent «merci» à tous leurs amis.**

2 Presentation

Les pronoms relatifs **qui** et **que**

Recycling

Before you have students open their books, you may wish to do the following: Put several objects around the room and on students' desks, etc. Give commands to students:

Jacques, prenez le crayon qui est sur la table et donnez-le à Marie. Anne, montrez-moi la calculatrice qui est noire, etc.

Je veux un crayon. Il est sur la table. Le crayon que je veux est sur la table, etc.

Structure ⚜ *Révision*

Les pronoms relatifs qui et que
Making complex sentences

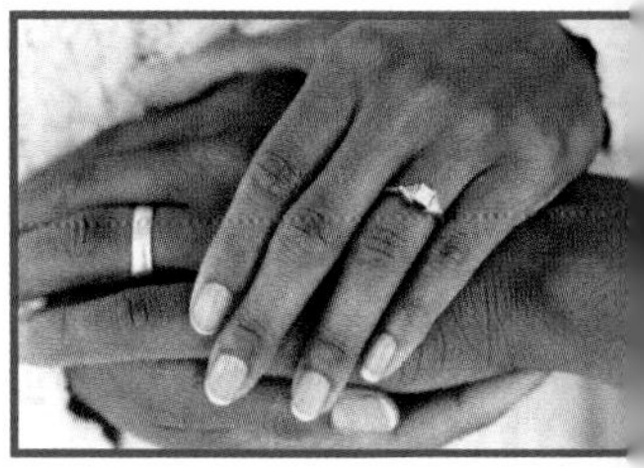

1. A relative pronoun introduces a clause that modifies a noun. The relative pronoun **qui** functions as the subject of the clause and may refer to either a person or a thing. The relative pronoun **que (qu')** functions as the direct object of the clause. Like **qui, que** may refer to either a person or a thing.

Qui Sujet	La femme qui vient d'entrer est la femme de mon frère. L'alliance qui est à son doigt est très belle.
Que Objet direct	L'homme que tu as vu hier est le mari de Lucie. L'alliance qu' il lui a donnée est très belle.

Note that if a relative clause introduced by **que** is in the passé composé, the past participle agrees in number and gender with the noun that **que** replaces.

2. When there is no definite antecedent, **ce qui** and **ce que** are used.

Dites-moi ce qui s'est passé.
Je n'ai pas compris ce qu'il lui a dit.

Des cyprès et des coquelicots dans le Midi

Comment dit-on?

1 Historiette Au mariage Complétez avec **qui** ou **que**.

C'est le marié __1__ entre dans l'église d'abord. La femme __2__ vous voyez là, c'est la mère du marié. J'aime beaucoup la robe __3__ elle porte. Je la trouve très jolie. Voilà le pasteur __4__ va les marier. C'est le pasteur __5__ vous connaissez, non? Les fleurs __6__ Lucie a choisies sont très jolies. Les fleurs __7__ sont sur l'autel? C'est aussi Lucie __8__ les a choisies?

Un pasteur protestant

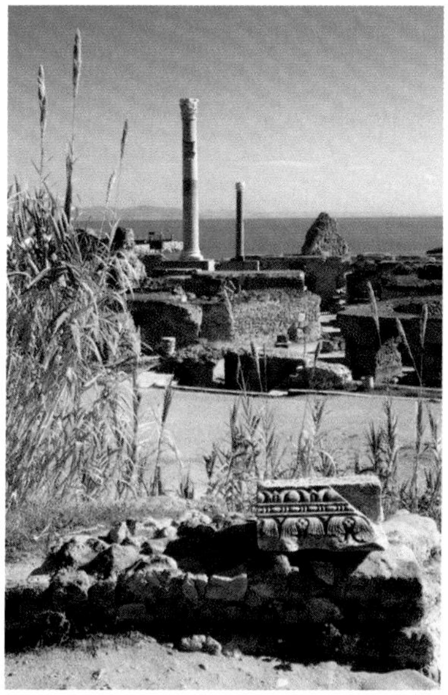
À Carthage en Tunisie

2 Historiette Un voyage Combinez les deux phrases en une seule en utilisant **qui** ou **que**.

1. Alain est un homme. Il aime voyager.
2. Il a fait des voyages. Il aime les décrire à ses amis.
3. Il a des tas de photos. Il les a prises pendant ses voyages.
4. Il a des amis. Ils habitent à Carthage.
5. Carthage est un très joli village. Carthage se trouve près de Tunis.
6. Ses amis ont une très belle villa. Elle donne sur la mer.
7. Alain va visiter le cimetière américain. Le cimetière se trouve à Carthage.

3 Confusion Complétez avec **ce qui** ou **ce que**.

—Je ne comprends pas __1__ tu dis.
—Tu ne comprends pas __2__ je dis parce que tu ne sais pas __3__ est arrivé.
—C'est vrai. Dis-moi __4__ est arrivé.
—Tu ne sais pas __5__ Michèle a écrit dans sa lettre?
—Non, mais je vais bientôt savoir __6__ elle a écrit.
—Écoute __7__ je vais te dire. Je vais te dire __8__ Michèle a écrit. Elle a écrit qu'elle va se marier.

Leçon 2
Conversation

Have students ask each other for things around the room the same way. Then have students open their books to the explanation on this page.

Step 1 Call on students to read the model sentences aloud.

3 Practice

Comment dit-on?

1, 2 Expansion: Have students make up their own sentences using **qui** and **que.**

3 Have students do this activity once without prior preparation to ascertain how well they understand the concept. If necessary, assign the activity for homework for additional reinforcement.

Learning from Photos

(page 298 bottom) Le coquelicot est le symbole du souvenir: c'était en effet la seule fleur qui poussait sur les champs de bataille de la Première Guerre mondiale.

(page 299 left) Selon Virgile, Carthage fut fondée par la reine Didon à la tête de colons venus de Phénicie. Carthage s'opposa à Rome dans le conflit des Guerres Puniques pour l'hégémonie dans la Méditerranée entre 264 et 146 avant Jésus-Christ.

LEVELING
E: Structure
A: Structure

Answers to Comment dit-on?

1

1. qui
2. que
3. qu'
4. qui
5. que
6. que
7. qui
8. qui

2

1. Alain est un homme qui aime voyager.
2. Il a fait des voyages qu'il aime décrire à ses amis.
3. Il a des tas de photos qu'il a prises pendant ses voyages.
4. Il a des amis qui habitent à Carthage.
5. Carthage est un très joli village qui se trouve près de Tunis.
6. Ses amis ont une très belle villa qui donne sur la mer.
7. Alain va visiter le cimetière américain qui se trouve à Carthage.

3

1. ce que
2. ce que
3. ce qui
4. ce qui
5. ce que
6. ce qu'
7. ce que
8. ce que

2 Presentation

Le pronom relatif **dont**

Step 1 Explain to students that when there is no **de,** they will use **qui** or **que.** When there is a **de,** they will use **dont.**

Step 2 Have students read the model sentences aloud.

Step 3 You may wish to give students additional examples. The more they hear, the better they understand. **C'est le garçon dont je t'ai parlé. C'est le garçon dont la sœur est la petite amie de Robert. C'est le garçon dont je connais le père. C'est le garçon dont la mère est la directrice de l'école.**

LEVELING

A: Structure

Leçon 2
Conversation

Le pronom relatif dont

Expressing *of which* and *whose*

1. The pronoun **dont,** like **qui** and **que,** is also used to join two sentences. **Dont** replaces the preposition **de** and its object in a relative clause.

Il a une grande famille. Il parle souvent de sa famille.
Il a une grande famille dont il parle souvent.

Les enfants sont des orphelins. Elle s'occupe de ces enfants.
Les enfants dont elle s'occupe sont des orphelins.

2. Dont is also the equivalent of *whose, of whom,* and *of which* in English.

Il a épousé une fille. Les parents de cette fille sont assez connus.
Il a épousé une fille dont les parents sont assez connus.

Il a épousé une fille. Je connais les parents de cette fille.
Il a épousé une fille dont je connais les parents.

3. When there is no definite antecedent, **ce dont** is used.

C'est (tout) ce dont il parle.
C'est ce dont il a peur.
C'est (tout) ce dont il s'occupe.
C'est ce dont il a besoin.

FRENCH Online

To learn more about Francophone wedding traditions, go to the Glencoe French Web site: french.glencoe.com

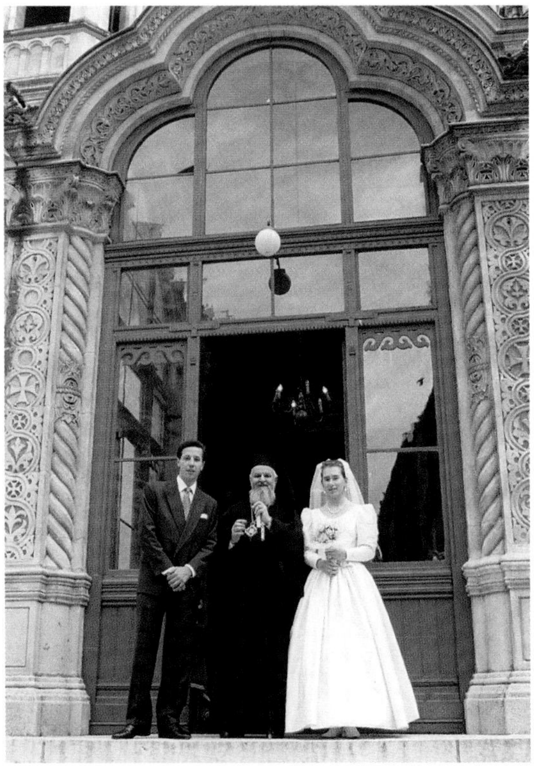

Comment dit-on?

4 **Historiette Les nouveaux mariés**
Répondez.

1. Les nouveaux mariés parlent d'une maison?
2. C'est tout ce dont ils parlent?
3. Tu as vu la maison dont ils parlent?
4. Ils ont envie d'acheter la maison dont ils parlent?
5. Ils ont tout l'argent dont ils auront besoin?
6. Ils pourront retirer de la banque l'argent dont ils auront besoin?

Une maison à vendre à Montréal

Un vieil homme dans son jardin

5 **Historiette Le vieil homme**
Combinez les deux phrases en une seule.

1. Voilà le vieil homme. Je t'ai déjà parlé de ce vieil homme.
2. Il a un bon travail. Il est content de ce travail.
3. Il a une petite maison. Il s'occupe bien de cette maison.
4. Va lui porter ce livre. Il a besoin de ce livre.
5. C'est un homme très gentil. Tu ne devrais pas avoir peur de cet homme.

6 **Familles** Combinez les deux phrases en une seule.

1. Elle est fiancée à un garçon. Je connais la sœur de ce garçon.
2. Il a rencontré une fille. Le nom de cette fille est Marie.
3. Ce garçon est célèbre. J'ai oublié le nom de ce garçon.
4. C'est une femme remarquable. Il reconnaît son importance.
5. Je sors avec une fille. Le père de cette fille travaille avec mon père.

Leçon 2
Conversation

3 Practice

Comment dit-on?

4 You can go over **Activité 4** orally without previous preparation.

5 **and** **6** Have students prepare the activities before going over them in class. Call on students to read their responses aloud.

It is suggested that you do each activity twice. It is important for students to hear **dont** used correctly many times.

Group Activity
Divide the class into small groups. Give each group a sheet of paper. The first student writes a sentence with a subject, verb, and object on the paper, which he or she passes to the next student in the group. This student continues the sentence using a relative pronoun of his or her choice. This continues until it is impossible to add on. Groups then share their sentences with the class.

Answers to Comment dit-on?

4

1. Oui, les nouveaux mariés en parlent.
2. Oui, c'est tout ce dont ils parlent.
3. Oui, j'ai vu la maison dont ils parlent.
4. Oui, ils ont envie d'acheter la maison dont ils parlent.
5. Oui, ils ont tout l'argent dont ils auront besoin.
6. Oui, ils pourront retirer de la banque l'argent dont ils auront besoin.

5

1. Voilà le vieil homme dont je t'ai déjà parlé.
2. Il a un bon travail dont il est content.
3. Il a une petite maison dont il s'occupe bien.
4. Va lui porter ce livre dont il a besoin.
5. C'est un homme très gentil dont tu ne devrais pas avoir peur.

6

1. Elle est fiancée à un garçon dont je connais la sœur.
2. Il a rencontré une fille dont le nom est Marie.
3. Ce garçon dont j'ai oublié le nom est célèbre.
4. C'est une femme remarquable dont il reconnaît l'importance.
5. Je sors avec une fille dont le père travaille avec mon père.

Recycling

These activities allow students to use the vocabulary and structure from this lesson in completely open-ended, real-life situations.

Encourage students to say as much as possible when they do these activities. Tell them not to be afraid to make mistakes, since the goal of these activities is real-life communication. If someone in the group makes an error, allow the others to politely correct him or her. Let students choose the activities they would like to do.

You may wish to divide students into pairs or groups. Encourage students to elaborate on the basic theme and to be creative. They may use props, pictures, or posters if they wish.

C'est à vous

Use what you have learned

PARLER 1 ÉCRIRE

Vive les mariés!

✓ Write and propose a toast for a wedding

Vous et votre camarade avez été invités au mariage de l'un de vos cousins et vous devez porter un toast aux nouveaux mariés. Vous rédigez ce toast et vous l'apprenez par cœur. Récitez-le à vos camarades qui vous diront ce qu'ils en pensent.

PARLER 2

Un mariage

✓ Compare typical wedding ceremonies in France and the U.S.

Vous avez trouvé qu'il y a quelques différences entre un mariage en France et un mariage typique aux États-Unis? Quelles sont les différences? Discutez-les.

Un mariage civil à Tourettes-sur-Loup

PARLER 3

Aux États-Unis

✓ Discuss what guests do at an American wedding ceremony

Un jeune Français dont vous avez fait la connaissance a été invité à un mariage qui aura lieu près de chez vous. Il veut assister au mariage mais il ne veut pas faire de bêtises. Dites-lui ce qu'il faut faire quand on va à un mariage.

Leçon 2
Conversation

PARLER
4
ÉCRIRE

Un enterrement

✔ Compare funeral rites in France and the U.S.

Vous pensez qu'il y a des différences entre un enterrement en France et un enterrement aux États-Unis? Quelles sont les différences? Discutez-les.

PARLER
5

Ce que je dois dire

✔ Use polite formulas for congratulations and condolences

Décidez dans quelles circonstances vous allez utiliser les expressions suivantes. Ensuite faites un faire-part pour annoncer un événement de votre choix.

Vous êtes faits l'un pour l'autre.
Tous mes vœux de bonheur.
C'est avec une grande tristesse que j'ai appris le décès de ton frère.
J'ai beaucoup de peine pour toi.
Je vous souhaite d'être très heureux.
Je vous présente mes plus sincères condoléances.

Félicitations à vous deux...

Ses enfants
ses petits-enfants
ses arrière petits-enfants
Madame Pierre MARLAUD

très touchés par les marques de sympathie et d'affection
que vous leur avez témoignées lors du décès de

Madame Paul HOSTEIN
née Odette RENOU

vous adressent leurs sincères remerciements.

Resource Manager

Assessment Transparency A6.2
Online Quizzes
Tests, pages 150–151 and 155–173
ExamView® Pro

Assessment

This is a pretest for students to take before you administer the lesson test. Answer sheets for students to do these pages are provided in your transparency binder. Note that each section is cross-referenced so students can easily find the material they have to review in case they made errors. You may wish to collect these assessments and correct them yourself or you may prefer to have the students correct themselves in class. You can go over the answers orally or project them on the overhead, using your Assessment Answers transparencies.

Vocabulaire

To review the vocabulary, turn to page 294.

1 Complétez.

1. Ils vont m'apporter les fleurs que j'ai commandées. Ils vont me les faire ____ cet après-midi.
2. Je sais qu'il me dira «merci». Il va me ____, j'en suis sûr(e).
3. Ils vont se marier. Tu vas les ____?

4–5. Une grande église a beaucoup de ____ et chaque ____ a des ____.

6. Leur grand-père est mort. Je vais leur envoyer une ____.

Conversation

To review the conversation, turn to pages 295–296.

2 Vrai ou faux?

7. Quelques différences culturelles sont à peine perceptibles et d'autres sont énormes.
8. Si tu vas à un mariage en France, il faut attendre qu'un garçon d'honneur te conduise à ta place.
9. Si tu es membre de la famille du marié ou de la mariée, tu peux t'asseoir dans les premiers rangs à l'église.
10. En France il n'y a pas de réception après la cérémonie.
11. À la réception, l'hôtesse est la demoiselle d'honneur.
12. Tous les enterrements en France ont lieu dans la plus stricte intimité.
13. On peut envoyer des fleurs à la famille du défunt à moins que le faire-part ne dise «ni fleurs ni couronnes».

unless —

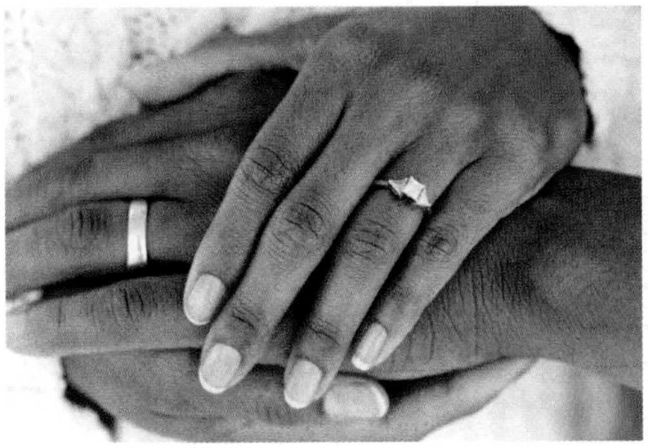

Answers to Assessment

1

1. livrer
2. remercier
3. féliciter
4. rangs, rang
5. bancs
6. couronne de fleurs

2

7. Vrai.
8. Faux.
9. Vrai.
10. Faux.
11. Faux.
12. Faux.
13. Vrai.

Assessment

Structure

3 Complétez.

14. La femme ____ entre dans l'église est la mère de la mariée.
15. Le prêtre ____ vous voyez là, c'est celui qui va les marier.
16. Tu aimes les fleurs ____ Julie a choisies pour son mariage?
17. Tu parles des fleurs ____ sont sur l'autel?
18. Fais attention à ____ il va te dire.
19. Il va te dire ____ se passe.
20. Tu as compris ____ Luc t'a dit?
21. Je ne sais pas ____ on doit donner à la famille du défunt.

To review the relative pronouns ***qui*** *and* ***que****, turn to page 298.*

4 Complétez.

22. Il n'a pas assez d'argent. Tu vas lui donner l'argent ____ il a besoin.
23. Tu connais la fille ____ il nous parle?
24. Les petits enfants ____ elle s'occupe sont adorables.
25. Tout ____ il parle, c'est exactement ____ il a peur.

To review the relative pronoun ***dont****, turn to page 300.*

Mariage républicain

Assessment

After going over the Assessment, you may administer the test for **Leçon 2, Chapitre 6.**

History Connection

La Constitution de 1791 définit le «mariage républicain» comme un «contrat d'union civile». Après avoir nationalisé les registres d'état civil, qui étaient jusqu'alors propriété de l'Église, la Révolution désacralisa le mariage pour en faire un simple contrat, enregistré par le maire. Le mariage pouvait être rompu par simple accord mutuel, sans autre formalité que sa dénonciation en mairie. Aujourd'hui, le mariage civil est toujours le seul mariage légal en France.

Answers to Assessment

3

14. qui
15. que
16. que
17. qui
18. ce qu'
19. ce qui
20. ce que
21. ce qu'

4

22. dont
23. dont
24. dont
25. ce dont, ce dont

1 Preparation

Resource Manager

Vocabulary Transparency V6.5
Audio Activities TE, page 100
Audio CD 6
Workbook, page 92
Quiz, page 79
ExamView® Pro

Bellringer Review

Use BRR Transparency 6.8 or write the following on the board:

Répondez avec un pronom.

1. **Tu as vu** ***le journal?***
2. **Tu as vu** ***la photo des nouveaux mariés?***
3. **Tu vas dire** ***aux nouveaux mariés*** **que tu as vu** ***leur photo?***
4. **Tu as fait une copie** ***de la photo?***
5. **Tu as envoyé** ***la copie de la photo à Éric?***

2 Presentation

Vocabulaire pour la lecture

Step 1 After presenting the vocabulary, you may wish to ask students to use the new words in original sentences.

Leçon 3 Journalisme

Vocabulaire pour la lecture

Les enfants sont rois

Le petit enfant dessine un papillon.
Les pensionnaires s'étaient déjà installés dans le salon quand les enfants sont arrivés.

Les pensionnaires auraient regardé la télévision si les enfants n'étaient pas arrivés.

Plus de vocabulaire

une complicité une entente, une aide mutuelle
mamie grand-mère, par extension, une vieille dame *(fam.)*
un préjugé une opinion préconçue, adoptée sans examen
aîné(e) le plus âgé
ému(e) qui manifeste de l'émotion
ravi(e) très content
se mettre à commencer à

Quel est le mot?

1 Des questions Répondez.

1. Est-ce que les papillons ont beaucoup de jolies couleurs?
2. Les enfants aiment dessiner des papillons?
3. Où vont les enfants qui sont trop jeunes pour aller à l'école? À la crèche?
4. Qui est l'aîné(e) de ta famille?
5. Tu serais ému(e) si tu voyais quelque chose ou de très triste ou de très joyeux?
6. Il existe souvent des préjugés contre les personnes âgées?
7. Quand vous rentrez de l'école, vous vous mettez immédiatement à faire vos devoirs?

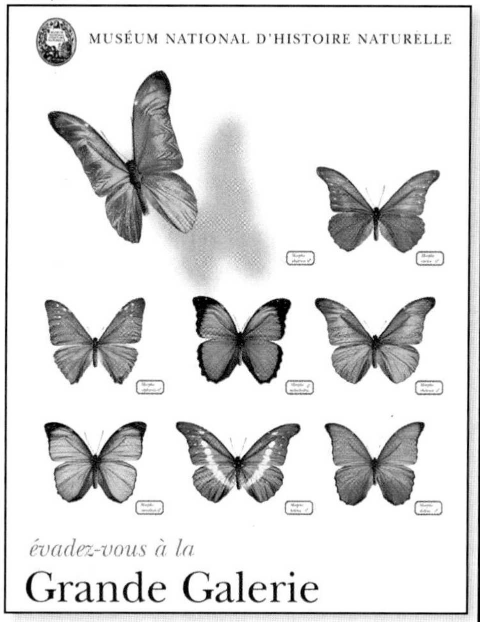

MUSÉUM NATIONAL D'HISTOIRE NATURELLE
évadez-vous à la
Grande Galerie

Un bac à sable dans les jardins du Palais-Royal à Paris

2 Un autre mot Exprimez d'une autre façon les mots en italique.

1. Il y a *une bonne entente* entre eux.
2. Je sais qu'il sera *très, très content.*
3. Il *a commencé* à pleurer.
4. Son frère *plus âgé* habite loin d'ici.
5. Au revoir, *Grand-Mère*! À bientôt!

Avant la lecture

L'article qui suit a paru dans la revue *Capital Santé.* Il s'agit d'une maison de retraite dans la banlieue de Bordeaux. Dans cette maison de retraite ce sont les enfants qui sont rois. Vous verrez pourquoi.

3 Practice

Quel est le mot?

1 This activity can be done without prior preparation with books closed.

2 Allow students to look over this activity before going over it in class with books open.

Learning from Photos

(page 307) Le Palais Royal a d'abord été la demeure de Richelieu, le ministre de Louis XIII, avant de devenir celle du futur Louis XIV. Les jardins datent du XVIIIe siècle. C'est là que se trouve aussi le théâtre de la Comédie-Française.

1 Preparation

Resource Manager

Audio Activities TE, page 101
Audio CD 6
Workbook, page 92
Quiz, page 80

2 Presentation

Avant la lecture

Step 1 Have students read **Avant la lecture** silently.

Answers to Quel est le mot?

1

1. Oui, les papillons ont beaucoup de jolies couleurs.
2. Oui (Non), les enfants (n')aiment (pas) dessiner des papillons.
3. Oui, les enfants qui sont trop jeunes pour aller à l'école vont à la crèche.
4. L'aîné(e) de ma famille est ____.
5. Je (ne) serais (pas) ému(e) si je voyais quelque chose ou de très triste ou de très joyeux.
6. Oui (Non), il (n')existe (pas) souvent des préjugés contre les personnes âgées.
7. Oui (Non), quand je rentre de l'école, je (ne) me mets (pas) immédiatement à faire mes devoirs.

2

1. Il y a une complicité entre eux.
2. Je sais qu'il sera ravi.
3. Il s'est mis à pleurer.
4. Son frère aîné habite loin d'ici.
5. Au revoir, Mamie! À bientôt!

Lecture

Step 1 Call on students to read a few sentences out loud. You may wish to intersperse questions from **Activité A** on page 309.

Step 2 Have students look over **Activité B** before rereading the article for homework so they know what information to look for.

LEVELING

E: Reading

Leçon 3
Journalisme

Une maison de retraite où les enfants sont rois

«Les Papillons», c'est une halte-garderie[1] dans la banlieue de Bordeaux où de très jeunes enfants cohabitent avec les pensionnaires d'une maison de retraite, située au-dessus.

Les pensionnaires âgées y retrouvent le bonheur de se sentir à nouveau utiles. «C'est une telle joie de regarder vivre les enfants! observe, émue, la voisine du petit Ferdinand, âgée de 86 ans. Si j'ai choisi cette maison de retraite, c'est parce que j'étais sûre de les voir tous les jours!»

Aux «Papillons», certains lieux sont partagés: les terrasses et les salons de jeux pour les enfants.

Chaque après-midi, les enfants viennent rendre visite aux mamies qui préparent souvent des crêpes pour leur goûter. Ils ne sont pas étonnés: partager les repas avec leurs aînées fait partie de l'ordre des choses. Ensemble, ils lisent des histoires, jouent au ballon, dessinent... Les enfants sont ravis de leurs vieilles compagnes.

«Contrairement aux adultes, les enfants n'ont pas de préjugés contre les personnes âgées, remarque la directrice de cette maison. Ils sont tendres et familiers avec cette population souvent esseulée[2] qui ne reçoit pas beaucoup de visites de ses petits-enfants.»

Tous les quinze jours ont lieu des activités communes: peinture, cuisine, musique... Chaque enfant se retrouve à côté d'une mamie et, ensemble, ils réalisent un travail manuel.

Il faut voir le bonheur des pensionnaires quand les gamins[3] arrivent bruyamment[4] dans le salon. Immédiatement, le petit écran, fidèle compagnon, est délaissé[5] et on se met à parler. «Nous attendons toujours avec impatience leur visite de l'après-midi. C'est très important de garder un contact avec les futures générations!»

Mais qu'en pensent les parents des enfants? «J'ai remarqué qu'au jardin public, Alice (deux ans et demi) allait voir les personnes âgées et leur parlait facilement, confirme une maman. Je crois qu'il existe une très grande complicité entre ces deux âges!... Cette crèche, c'est comme une grande famille, comme ce qui se faisait autrefois, quand les trois générations habitaient dans un même lieu. Ces échanges permettent la socialisation des enfants et des personnes âgées.»

---

[1]halte-garderie *day care*
[2]esseulée *left alone*
[3]gamins *kids*
[4]bruyamment *noisily*
[5]délaissé *put aside, abandoned*

Vous avez compris?

A Répondez.

1. Qu'est-ce que «Les Papillons»?
2. C'est une halte-garderie un peu particulière. Pourquoi?
3. Qu'est-ce que les pensionnaires y trouvent?
4. Que partagent les enfants et les pensionnaires?
5. Qu'est-ce qu'ils font ensemble?
6. Quelles activités communes ont lieu tous les quinze jours?
7. Qu'est-ce que les pensionnaires cessent de regarder quand les enfants arrivent?
8. Que pensent les parents des enfants de ces échanges?

B Cherchez comment les idées suivantes sont exprimées dans l'article.

1. De très jeunes enfants vivent avec les pensionnaires.
2. Partager les repas avec leurs aînés, c'est normal.
3. Ils font des activités.
4. On commence à parler.

C Expliquez.

«Cette crèche, c'est comme une grande famille, comme ce qui se faisait autrefois, quand les trois générations habitaient dans un même lieu.»

Leçon 3
Journalisme

3 Practice

Vous avez compris?

A, **B**, **C** Have students prepare these activities for homework as they are rereading the article. Then go over them in class the next day.

Answers to Vous avez compris?

A

1. «Les Papillons» est une halte-garderie où de très jeunes enfants cohabitent avec les pensionnaires d'une maison de retraite.
2. Elle est un peu particulière parce que les enfants cohabitent avec les pensionnaires.
3. Les pensionnaires y trouvent le bonheur de se sentir à nouveau utiles.
4. Les enfants et les pensionnaires partagent certains lieux: les terrasses et les salons de jeux pour les enfants.
5. Ensemble, ils font des crêpes, partagent les repas, lisent les histoires, jouent au ballon, dessinent.
6. Tous les quinze jours ont lieu des activités communes: peinture, cuisine, musique.
7. Les pensionnaires cessent de regarder la télévision quand les enfants arrivent.
8. Les parents pensent que la crèche est comme une grande famille. Les échanges permettent la socialisation des enfants et des personnes âgées.

B *Answers will vary but should include.*

1. cohabitent
2. fait partie de l'ordre des choses
3. ils réalisent un travail manuel
4. on se met à parler

C *Answers will vary.*

1 Preparation

Resource Manager

Vocabulary Transparency V6.6
Audio Activities TE, page 102
Audio CD 6
Workbook, page 93
Quiz, page 81
ExamView® Pro

Bellringer Review

Use BRR Transparency 6.9 or write the following on the board: **Écrivez une phrase en utilisant chacun des mots suivants.**
la naissance
le mariage
la réception
le parvis de l'église
la pièce montée

2 Presentation

Vocabulaire pour la lecture

Step 1 You may wish to ask the following questions as you present the new vocabulary: **Qu'est-ce qu'un jeune couple fait d'abord? Ils se fiancent ou ils se marient? Ensuite, qu'est ce qu'ils font? On évite de dire «la mort». Qu'est-ce qu'on dit à la place? On ne dit pas l'enterrement. Qu'est-ce qu'on dit à la place?**

3 Practice

Quel est le mot?

1 You may wish to go over this activity without any previous preparation.

Leçon 3
Journalisme

Vocabulaire pour la lecture

Le carnet du jour

les fiançailles

D'abord le jeune couple se fiance.

Ensuite ils se marient.

Quand on parle de la mort d'une personne, on évite de prononcer certains mots.

NON	OUI
la mort	le décès ou la disparition
l'enterrement ou la mise en terre	les obsèques ou l'inhumation

Quel est le mot?

1 Quel est le mot? Donnez un autre mot.

1. promesse mutuelle de mariage
2. la mort
3. l'enterrement
4. la mise en terre

Answers to Quel est le mot?

1

1. les fiançailles
2. le décès, la disparition
3. les obsèques, l'inhumation, la mise en terre
4. les obsèques, l'inhumation

Learning from Photos

(page 310) Il s'agit en fait de l'enterrement de l'ancien président de la république François Mitterrand, à Jarnac, en France

Avant la lecture

De nombreux journaux ont un carnet du jour où l'on annonce les événements de la vie. On envoie au journal les annonces de naissance, de fiançailles, de mariage, de décès ou on envoie un faire-part. Les amis ainsi informés envoient leurs félicitations ou leurs condoléances. Dans le carnet du jour, on trouve aussi des communications diverses.

LE FIGARO

Le carnet du jour

NAISSANCES

M. Marc MILLAUD-LEONI et Mme, née Alicia Ricolais, ont la joie d'annoncer la naissance de
Lætitia
Lyon, le 12 décembre.

M. et Mme Jean-Jacques HOUCHARD ont la grande joie de vous annoncer la naissance de leurs septième, huitième et neuvième petits-enfants,
Jean-Louis
à Lyon, le 22 février, chez
Jérôme et Marie HOUCHARD
Margaux
à Paris, le 3 mai, chez
Bertrand et Sophie CHEVREUL
Nicolas
à Paris, le 12 décembre, chez
Vincent et Muriel HOUCHARD

ADOPTIONS

M. Olivier de CHELLES et Mme, née Pascale Simon, ont la joie d'annoncer l'arrivée de
Clémence
née à Paris, le 8 septembre.

FIANÇAILLES

M. et Mme Jean-Jacques CHARPENTIER
M. et Mme François LEBŒUF ont la joie d'annoncer les fiançailles de leurs enfants
Sylvie et Frédéric

M. Philippe LASALLE et Mme, née Céline Ferreri,
M. Jean-Luc GAUMONT
Mme Andrea von ODEN-GAUMONT sont heureux d'annoncer les fiançailles de leurs enfants
Luce et Éric

SIGNATURES

Bénédicte BALIMI signera
«Un Hiver doux»
et
«Les Amies de Dana»
à la Galerie MERCURE le lundi 8 janvier, de 18 h 30 à 20 h 30, 104, rue de Seine, Paris (6e).

MARIAGES

M. et Mme Patrick JEANBON sont heureux de vous faire part du mariage de leur fils
Thierry
avec
Tereza PINHEIRO

National Standards

Communication
Students will read an excerpt from the daily announcements page of a French newspaper.

Comparisons
Students will draw comparisons with similar pages from American newspapers.

1 Preparation

Resource Manager

Audio Activities TE, page 103
Audio CD 6
Workbook, page 93

2 Presentation

Avant la lecture

Step 1 Call on a student to read **Avant la lecture** aloud since it contains quite a bit of useful vocabulary.

Step 2 After they have read **Avant la lecture,** ask students to make a list of the social occasions mentioned.

Step 3 For each of the occasions mentioned in **Avant la lecture,** you may also wish to ask students: **Qui participe à ces occasions? On célèbre cette ou ces occasions comment? Il y a des traditions en ce qui concerne ces occasions? Est-ce que ces traditions sont les mêmes partout aux États-Unis? Est-ce que ça dépend de la région? De l'ethnie?**

Step 4 Have students make a list of differences and similarities between French and American traditions they have learned so far.

Lecture

Step 1 Have students take a look at these pages to get an overall feel for them. Have them note that these pages look quite different from the social announcements page of one of our newspapers. Note too that the obituaries are not in a separate section.

Step 2 Have students read or scan these announcements as if they were browsing through a newspaper. It is not necessary that they be read aloud.

LEVELING

E: Reading

qui sera célébré à Ponta Grossa (Brésil), le samedi 26 décembre.

Véronique CHASTAIN
et
Philippe TRIGNAC
sont heureux de vous faire part de leur mariage, célébré dans l'intimité, le 16 décembre.

DEUILS

Mme Michelle Muller, M. Richard Muller, ont la douleur de vous faire part du décès de
M. Claude MULLER
Survenu le 9 juin.

L'inhumation aura lieu le mardi 11 juin, à 11 h 30, au cimetière de Pantin. Rendez-vous à la porte principale. Ni fleurs ni couronnes. Cet avis tient lieu de faire-part.
116, boulevard Maurice-Barrès,
92200 Neuilly-sur-Seine.

Nhu Tu, Thien, Anne et Wietse Dingeldein, ses enfants, Christophe, son petit-fils, le docteur et Mme Tran Ngoc Bau, son frère et sa belle-sœur, Frédéric, son neveu, et toute sa famille saïgonnaise, ont la douleur de vous faire part du décès de
Suzanne PHAN THOAI XUONG
née Tran Thi Thuong,
Survenu le 29 mai, dans sa 87e année.

La cérémonie bouddhiste et l'incinération ont eu lieu dans la plus stricte intimité.

Boissy-Saint-Léger, Londres, Saïgon.

Mme Catherine Perret, ses enfants et petits-enfants, M. et Mme Jacques Bagouet et leurs enfants, Mlle Anna Guénegou ont la tristesse de vous faire part du décès de

Mme Denis PERRET
née Janine Marmontel,
survenu le 12 décembre.

Ses obsèques seront célébrées en la chapelle de l'Est, au cimetière du Père-Lachaise, à Paris (20e), le vendredi 15 décembre, à 14 heures.

15, rue Saint-Martin, 92400 Courbevoie.

M. et Mme Philippe Courcelle, Fanny et Laurent, Édouard, M. et Mme Jean-Paul de Beauchêne, Pierre, Mathilde, Isaure, Lubin, les familles Merlin, de Montagu, Bouchel et Courcelle ont la tristesse de faire part du rappel à Dieu de

Mme Henri COURCELLE
née Denise de Montagu,

le 8 juin, dans sa 77e année. La messe d'inhumation aura lieu en l'église Saint-Georges de Vesoul (Haute-Saône), le mardi 11 juin, à 14 h 30.

Ni fleurs ni couronnes.
75 E, rue du Faubourg Raines,
21000 Dijon,
4, rue Alfred-Sisley,
78590 Noisy-le-Roi.

Vous avez compris?

A Répondez.

1. Comment s'appellent les parents de Lætitia?
2. Combien de petits-enfants ont M. et Mme Houchard?
3. Quand la petite Clémence est-elle née?
4. Comment s'appellent ses parents adoptifs?
5. Qui annonce les fiançailles de Sylvie et Frédéric?
6. Où sera marié Thierry Jeanbon?
7. Comment le mariage de Véronique Chastain et Philippe Trignac a-t-il eu lieu?
8. Qui annonce leur mariage?

B Répondez.

1. Quelles familles ne veulent pas de fleurs?
2. Qui n'a pas eu d'invités aux obsèques?
3. Qui a été incinéré dans une cérémonie bouddhiste?
4. Où les obsèques de Mme Perret seront-elles célébrées?
5. Où aura lieu l'inhumation de M. Muller?
6. Où aura lieu la messe d'inhumation de Mme Courcelle?

Un cimetière à Saint-Pierre-et-Miquelon

C Commentez.

1. Que pensez-vous de l'idée d'annoncer une adoption?
2. À votre avis, pourquoi est-ce que Bénédicte Balimi a mis une annonce dans «Signatures»?

Leçon 3
Journalisme

3 Practice

Vous avez compris?

A and **B** Have students look for the information in these activities before going over them in class. If you don't think this information is important, you can omit the activities and just have students scan the announcements as suggested earlier.

Learning from Photos

(page 313) Le trou dans le caveau permet de regarder à l'intérieur. Ce cimetière se trouve sur l'île de Saint-Pierre qui forme avec l'île de Miquelon un département français d'outre-mer (un DOM). Les premiers colons qui arrivèrent aux XVIe et XVIIe siècles étaient des pêcheurs basques et bretons. La principale industrie de Saint-Pierre-et-Miquelon est la pêche.

Answers to Vous avez compris?

A

1. Ils s'appellent Millaud-Leoni.
2. Ils ont neuf petits-enfants.
3. La petite Clémence a été adoptée le 8 septembre.
4. Ses parents adoptifs s'appellent M. et Mme Olivier de Chelles.
5. M. et Mme Jean-Jacques Charpentier et M. et Mme François Lebœuf annoncent les fiançailles de Sylvie et Frédéric.
6. Thierry Jeanbon sera marié à Ponta Grossa, au Brésil.
7. Le mariage de Véronique Chastain et Philippe Trignac a lieu dans l'intimité.
8. Ils annoncent leur propre mariage.

B

1. La famille Muller et la famille Courcelle ne veulent pas de fleurs.
2. La famille de Suzanne Phan Thoai Xuong n'a pas eu d'invités aux obsèques.
3. Suzanne Phan Thoai Xuong a été incinérée dans une cérémonie bouddhiste.
4. Les obsèques de Mme Perret seront célébrées au cimetière du Père-Lachaise.
5. L'inhumation de M. Muller aura lieu au cimetière de Pantin.
6. La messe d'inhumation de Mme Courcelle aura lieu en l'église Saint-Georges de Vesoul.

C *Answers will vary.*

1 Preparation

Resource Manager

Audio Activities TE, pages 103–107
Audio CD 6
Workbook, pages 94–96
Quizzes, pages 82–84
ExamView® Pro

Bellringer Review

Use BRR Transparency 6.10 or write the following on the board:
Complétez au passé composé.

1. **J'y ___ hier. (aller)**
2. **J'___ mes amis. (voir)**
3. **Nous ___. (se parler)**
4. **Nous ___ bien ___. (s'amuser)**
5. **Nous ___ un après-midi agréable ensemble. (passer)**
6. **J'___ mes amis à cinq heures. (quitter)**
7. **Je ___ chez moi vers sept heures. (rentrer)**

2 Presentation

Le plus-que-parfait

Note: In comparison to many of the other grammatical points, this one is of relatively low frequency.

Step 1 Write the verb forms on the board and have students repeat them.

Step 2 The easiest way to have students understand this concept is to imagine two events that took place last week. One took place on Thursday, the other one the previous Tuesday. The event on Tuesday occurred before the event on Thursday.

Leçon 3
Journalisme

Structure avancée

Le plus-que-parfait

Talking about a past action that occurred before another past action

1. The **plus-que-parfait** is formed by using the imperfect tense of the helping verb **avoir** or **être** and the past participle. Remember that the past participle of a verb conjugated with **être** agrees with the subject.

PARLER		ARRIVER	
j'	avais parlé	j'	étais arrivé(e)
tu	avais parlé	tu	étais arrivé(e)
il/elle/on	avait parlé	il/elle/on	était arrivé(e)(s)
nous	avions parlé	nous	étions arrivé(e)s
vous	aviez parlé	vous	étiez arrivé(e)(s)
ils/elles	avaient parlé	ils/elles	étaient arrivé(e)s

2. The **plus-que-parfait** or pluperfect is used the same in French as in English. It describes a past action completed prior to another past action.

①　②
Ils étaient déjà partis quand je suis arrivé.

Comment dit-on?

1 Ils l'avaient déjà fait. Suivez le modèle.

partir pour leur voyage de noces ⟶
Ils étaient déjà partis pour leur voyage de noces.

1. recevoir le faire-part
2. rendre visite à leurs grands-parents
3. acheter un cadeau pour le mariage
4. lire l'annonce de son décès
5. annoncer leurs fiançailles
6. partir pour le cimetière
7. aller à l'église
8. rentrer chez eux

Une station balnéaire en Polynésie-française

Answers to Comment dit-on?

1

1. Ils avaient déjà reçu le faire-part.
2. Ils avaient déjà rendu visite à leurs grands-parents.
3. Ils avaient déjà acheté un cadeau pour le mariage.
4. Ils avaient déjà lu l'annonce de son décès.
5. Ils avaient déjà annoncé leurs fiançailles.
6. Ils étaient déjà partis pour le cimetière.
7. Ils étaient déjà allés à l'église.
8. Ils étaient déjà rentrés chez eux.

2 Historiette **Robert** Répondez.

1. Robert est allé à Bordeaux?
2. Il avait passé du temps à Paris avant d'aller à Bordeaux?
3. Il a fait des études à Bordeaux?
4. Il avait fait des études à Paris avant ça?
5. Il s'est marié à Bordeaux?
6. Il avait fait la connaissance de son épouse quand il était à Paris?

La faculté d'architecture à l'université de Bordeaux

Le pont de pierre sur la Garonne à Bordeaux

3 Historiette **Avant et après** Formez une phrase d'après le modèle.

Ils sont arrivés avant. Je suis arrivé(e) après. →
Ils étaient déjà arrivés quand je suis arrivé(e).

1. Ils sont arrivés avant. Je suis arrivé(e) après.
2. Ils sont rentrés avant. Je suis rentré(e) après.
3. Ils l'ont vu avant. Je l'ai vu après.
4. Ils lui ont parlé avant. Je lui ai parlé après.
5. Ils l'ont fait avant. Je l'ai fait après.
6. Ils ont fini avant. J'ai fini après.

4 **L'inverse** Dites l'inverse de ce que vous avez dit précédemment dans l'Activité 3.

Je suis arrivé(e) avant. Ils sont arrivés après. →
J'étais déjà arrivé(e) quand ils sont arrivés.

Leçon 3 Journalisme

Step 3 Call on students to read the model sentences.

Step 4 Before going on to the activities, you may wish to do the following drill in which students change sentences from the passé composé into the **plus-que-parfait** and vice versa: **j'ai parlé / j'avais parlé, nous sommes allé(e)s / nous étions allé(e)s,** etc.

3 Practice

Comment dit-on?

Note: You may go over all these activities with books open.

1 Have students prepare this activity before going over it in class.

2, **3** You may wish to do these activities without prior preparation.

4 After going over **Activité 3,** have students prepare **Activité 4** before reviewing it in class.

Assessment

Have students make up some original sentences using the pluperfect.

LEVELING

E: Structure

A: Structure

Answers to Comment dit-on?

2

1. Oui, Robert est allé à Bordeaux.
2. Oui, il avait passé du temps à Paris avant d'aller à Bordeaux.
3. Oui, il a fait des études à Bordeaux.
4. Oui, il avait fait des études à Paris avant ça.
5. Oui, il s'est marié à Bordeaux.
6. Oui, il avait fait la connaissance de son épouse quand il était à Paris.

3

1. Ils étaient déjà arrivés quand je suis arrivé(e).
2. Ils étaient déjà rentrés quand je suis rentré(e).
3. Ils l'avaient déjà vu quand je l'ai vu.
4. Ils lui avaient déjà parlé quand je lui ai parlé.
5. Ils l'avaient déjà fait quand je l'ai fait.
6. Ils avaient déjà fini quand j'ai fini.

4

1. J'étais déjà arrivé(e) quand ils sont arrivés.
2. J'étais déjà rentré(e) quand ils sont rentré(s).
3. Je l'avais déjà vu quand ils l'ont vu.
4. Je lui avais déjà parlé quand ils lui ont parlé.
5. Je l'avais déjà fait quand ils l'ont fait.
6. J'avais déjà fini quand ils ont fini.

1 Preparation

Bellringer Review

Use BRR Transparency 6.11 or write the following on the board:

Complétez au passé composé.

1. **J'y ___. (aller)**
2. **J'___ le voyage avec un copain. (faire)**
3. **Nous ___ bien ___. (s'amuser)**
4. **Nous ___ beaucoup de choses intéressantes. (voir)**
5. **J'___ beaucoup ___. (apprendre)**
6. **Nous ___ hier. (rentrer)**

2 Presentation

Le conditionnel passé

Step 1 Have students read the explanations aloud.

Step 2 Have them repeat the verb forms and the model sentences.

LEVELING

E: Structure

Leçon 3
Journalisme

Le conditionnel passé

Expressing what would have happened under certain conditions

1. The past conditional is formed by using the conditional of **avoir** or **être** and the past participle of the verb.

Infinitive	FINIR		SORTIR	
Past conditional	j'	aurais fini	je	serais sorti(e)
	tu	aurais fini	tu	serais sorti(e)
	il/elle/on	aurait fini	il/elle/on	serait sorti(e)(s)
	nous	aurions fini	nous	serions sorti(e)s
	vous	auriez fini	vous	seriez sorti(e)(s)
	ils/elles	auraient fini	ils/elles	seraient sorti(e)s

2. The past conditional is used to express what would have happened or what the situation would have been, if conditions had been different.

Dans ce cas-là, j'aurais refusé.
Je serais bien allée avec vous, mais j'avais du travail à faire.

Le cimetière de Verdun en Lorraine

Des jardins et la cathédrale d'Amiens en Picardie

Comment dit-on?

5 Je n'ai pas pu. Répondez.

1. Tu aurais assisté à son mariage?
2. Tu aurais répondu au faire-part?
3. Tu serais allé(e) à l'église?
4. Tu aurais assisté à la messe?
5. Tu aurais bien aimé aller à la réception?
6. Tu aurais acheté un cadeau?

La basilique de Notre-Dame à Montréal

6 Pas possible Complétez en utilisant le conditionnel passé.

1. J'____, mais j'avais peur de ne pas réussir. (essayer)
2. J'____ les voir, mais j'avais trop de travail. (vouloir)
3. J'____ quelque chose, mais le frigidaire était vide. (manger)
4. Je l'____, mais je n'avais pas d'argent. (acheter)
5. J'____ quelque chose, mais le café était fermé. (boire)
6. J'____ quelque chose, mais j'avais peur de prendre la parole. (dire)

3 Practice

Comment dit-on?

5 and **6** These activities can be done without prior preparation. You can also have students write them for homework.

Learning from Photos

(page 316 right) Pendant la Première Guerre mondiale, la bataille de Verdun surnommée «l'enfer de Verdun» coûta 360 000 hommes aux Français et 335 000 hommes aux Allemands.

(page 316 left) Amiens est le chef-lieu du département de la Somme en Picardie. Il y a 136 234 habitants (environ 156 000 habitants dans l'agglomération). La Cathédrale d'Amiens est inscrite au patrimoine mondiale de l'UNESCO. C'est la plus vaste église de France et une des plus hautes.

(page 317 top) Les tours jumelles de la basilique de Notre-Dame à Montréal s'élèvent à quelques 70 mètres au-dessus de la Place d'Armes. Le magnifique intérieur est également doté d'une excellente acoustique; c'est donc un lieu où se donnent de nombreux concerts, en particulier ceux de l'Orchestre symphonique de Montréal.

Answers to Comment dit-on?

5

1. Oui, j'aurais assisté à son mariage.
2. Oui, j'aurais répondu au faire-part.
3. Oui, je serais allé(e) à l'église.
4. Oui, j'aurais assisté à la messe.
5. Oui, j'aurais bien aimé aller à la réception.
6. Oui, j'aurais acheté un cadeau.

6

1. aurais essayé
2. aurais voulu
3. aurais mangé
4. aurais acheté
5. aurais bu
6. aurais dit

2 Presentation

Propositions avec **si**

Step 1 Write the sequence of tenses on the board.

Step 2 Have students read the model sentences.

Step 3 Assign the activities for homework and go over them in class the next day.

LEVELING

E: Structure

A: Structure

Answers to Comment dit-on?

7

1. a. Oui, il lira les annonces s'il reçoit le journal.
   b. Oui, il lirait les annonces s'il recevait le journal.
   c. Oui, il aurait lu les annonces s'il avait reçu le journal.
2. a. Oui, les pensionnaires regarderont la télé si les enfants n'arrivent pas.
   b. Oui, les pensionnaires regarderaient la télé si les enfants n'arrivaient pas.
   c. Oui, les pensionnaires auraient regardé la télé si les enfants n'étaient pas arrivés.
3. a. Oui, le petit enfant se mettra à pleurer si ses grands-parents le quittent.
   b. Oui, le petit enfant se mettrait à pleurer si ses grands-parents le quittaient.
   c. Oui, le petit enfant se serait mis à pleurer si ses grands-parents l'avaient quitté.

Propositions avec si
Expressing conditions

1. A **si** clause expresses contrary-to-fact conditions. Sentences with **si** conform to a specific sequence of tenses.

Si clause	Main clause
Present	Future
Si elle a le temps,	elle lira le journal.
Imperfect	Conditional
Si elle avait le temps,	elle lirait le journal.
Pluperfect	Conditional perfect
Si elle avait eu le temps,	elle aurait lu le journal.

2. Do not confuse **si** (*if*) with the **si** that means *whether*. **Si** meaning *whether* can take any tense.

   Je ne sais pas si Paul est là.
   Je ne sais pas si Paul est déjà arrivé.
   Je ne sais pas s'il sera là demain.

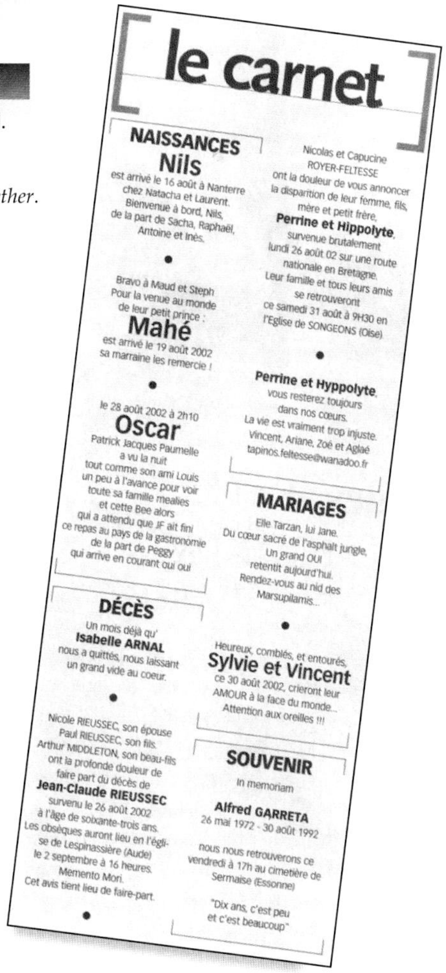
le carnet

NAISSANCES

Nils
est arrivé le 16 août à Nanterre
chez Natacha et Laurent.
Bienvenue à bord, Nils,
de la part de Sacha, Raphaël,
Antoine et Inès.

•

Bravo à Maud et Steph
Pour la venue au monde
de leur petit prince :
Mahé
est arrivé le 19 août 2002
sa marraine les remercie !

•

le 28 août 2002 à 2h10
Oscar
Patrick Jacques Paumelle
a vu la nuit
tout comme son ami Louis
un peu à l'avance pour voir
toute sa famille mealies
et cette Bee alors
qui a attendu que JF ait fini
ce repas au pays de la gastronomie
de la part de Peggy
qui arrive en courant oui oui

DÉCÈS

Un mois déjà qu'
Isabelle ARNAL
nous a quittés, nous laissant
un grand vide au coeur.

•

Nicole RIEUSSEC, son épouse
Paul RIEUSSEC, son fils.
Arthur MIDDLETON, son beau-fils
ont la profonde douleur de
faire part du décès de
Jean-Claude RIEUSSEC
survenu le 26 août 2002
à l'âge de soixante-trois ans.
Les obsèques auront lieu en l'église de Lespinassière (Aude)
le 2 septembre à 16 heures.
Memento Mori.
Cet avis tient lieu de faire-part.

•

Nicolas et Capucine
ROYER-FELTESSE
ont la douleur de vous annoncer
la disparition de leur femme, fils,
mère et petit frère,
Perrine et Hippolyte,
survenue brutalement
lundi 26 août 02 sur une route
nationale en Bretagne.
Leur famille et tous leurs amis
se retrouveront
ce samedi 31 août à 9H30 en
l'Eglise de SONGEONS (Oise).

•

Perrine et Hyppolyte,
vous resterez toujours
dans nos cœurs.
La vie est vraiment trop injuste.
Vincent, Ariane, Zoé et Aglaé
tapinos.feltesse@wanadoo.fr

MARIAGES

Elle Tarzan, lui Jane.
Du cœur sacré de l'asphalt jungle,
Un grand OUI
retentit aujourd'hui.
Rendez-vous au nid des
Marsupilamis...

•

Heureux, comblés, et entourés,
Sylvie et Vincent
ce 30 août 2002, crieront leur
AMOUR à la face du monde...
Attention aux oreilles !!!

SOUVENIR

In memoriam

Alfred GARRETA
26 mai 1972 - 30 août 1992

nous nous retrouverons ce
vendredi à 17h au cimetière de
Sermaise (Essonne)

"Dix ans, c'est peu
et c'est beaucoup"

Comment dit-on?

7 Oui Répondez que oui.

1. a. Il lira les annonces s'il reçoit le journal?
   b. Il lirait les annonces s'il recevait le journal?
   c. Il aurait lu les annonces s'il avait reçu le journal?
2. a. Les pensionnaires regarderont la télé si les enfants n'arrivent pas?
   b. Les pensionnaires regarderaient la télé si les enfants n'arrivaient pas?
   c. Les pensionnaires auraient regardé la télé si les enfants n'étaient pas arrivés?
3. a. Le petit enfant se mettra à pleurer si ses grands-parents le quittent?
   b. Le petit enfant se mettrait à pleurer si ses grands-parents le quittaient?
   c. Le petit enfant se serait mis à pleurer si ses grands-parents l'avaient quitté?

8

1. Oui, si j'; ai assez d'argent, je ferai un long voyage; Oui, si j'avais assez d'argent, je ferais...; Oui, si j'avais eu assez d'argent, j'aurais fait...
2. Oui, si Paul a le temps, il essaiera d'écrire un roman; Oui, si Paul avait le temps, il essaierait...; Oui, si Paul avait eu le temps, il aurait essayé...
3. Oui, elle fera du français si elle va en France.; Oui, elle ferait du français si elle allait...; Oui, elle aurait fait du français si elle était allée...
4. Oui, je verrai Jean, s'il vient ici.; Oui, je verrais Jean, s'il venait ici.; Oui, j'aurais vu Jean, s'il était venu ici.

8 **Oui ou non?** Répondez.

1. Si tu as assez d'argent, tu feras un long voyage?
   Si tu avais assez d'argent, tu ferais un long voyage?
   Si tu avais eu assez d'argent, tu aurais fait un long voyage?
2. Si Paul a le temps, il essaiera d'écrire un roman?
   Si Paul avait le temps, il essaierait d'écrire un roman?
   Si Paul avait eu le temps, il aurait essayé d'écrire un roman?
3. Elle fera du français si elle va en France?
   Elle ferait du français si elle allait en France?
   Elle aurait fait du français si elle était allée en France?
4. Tu verras Jean s'il vient ici?
   Tu verrais Jean s'il venait ici?
   Tu aurais vu Jean s'il était venu ici?

DIJON

9 **Personnellement** Répondez.

1. Tu aurais assisté au mariage si tu avais reçu une invitation?
2. Tu leur aurais acheté un cadeau si tu avais su qu'ils se mariaient?
3. Si tu les vois, tu leur diras que tu ne savais pas qu'ils se mariaient?
4. Si tu avais lu le faire-part de son décès, tu aurais assisté aux obsèques?
5. Tu offriras tes condoléances si tu vois la fille du défunt?

Une vue sur Washington, D.C.

10 **Dans ce cas** Complétez.

1. Je le ____ si je peux. (faire)
2. Et je sais bien que toi aussi le ferais si tu ____. (pouvoir)
3. Si je l'avais vue, je lui ____ ce qui se passait. (dire)
4. Il ____ très triste si on lui dit que le père de Marie est mort. (être)
5. Je sais que vous nous accompagneriez si vous ____ assez d'argent mais je sais que vous n'en avez pas assez. (avoir)
6. Ils ____ ici s'ils n'avaient pas eu d'autre chose à faire. (être)

11 **Avec des si** Dites ce que vous feriez si...

1. vous aviez un an de vacances
2. vous aviez beaucoup d'argent
3. vous parliez vingt langues
4. vous étiez président des États-Unis

Leçon 3
Journalisme

ADDITIONAL PRACTICE

Have students answer the following questions giving as many answers as possible:

1. Qu'est-ce que vous auriez fait l'année dernière si vous aviez eu plus d'argent?
2. Qu'est-ce que vous auriez fait le mois dernier si vous aviez eu plus de temps?

Paired Activity

Have students work in pairs. The first student begins a sentence with a **si** clause and the partner must finish the sentence with an appropriate ending in the correct tense.

Learning from Photos

(page 319 top) Dijon est l'ancienne capitale des Ducs de Bourgogne. C'est une ville chargée d'histoire qui a un riche patrimoine architectural. Dijon est célèbre pour ses vignobles et sa tradition gastronomique. Qui ne connaît pas sa moutarde et sa crème de cassis?

(page 319 bottom) En 1791, George Washington engagea le Français Pierre Charles l'Enfant pour préparer les plans de la nouvelle capitale fédérale. L'Enfant a été influencé par ses études d'architecture à Paris. Par exemple *the Mall* qui va du Capitole au *Lincoln Memorial* rappelait la grande artère des Champs-Élysées tracée par Le Nôtre.

ANSWERS TO Comment dit-on?

9

1. Oui (Non), j'aurais assisté (je n'aurais pas assisté) au mariage si j'avais reçu une invitation.
2. Oui (Non), je leur aurais acheté (je ne leur aurais pas acheté de) un cadeau si j'avais su qu'ils se mariaient.
3. Oui (Non), si je les vois, je leur dirai (je ne leur dirai pas) que je ne savais pas qu'ils se mariaient.
4. Oui (Non), si j'avais lu le faire-part de son décès, j'aurais assisté (je n'aurais pas assisté) aux obsèques.
5. Oui (Non), j'offrirai (je n'offrirai pas) mes condoléances si je vois la fille du défunt.

10

1. ferai
2. pouvais
3. aurais dit
4. sera
5. aviez
6. auraient été

11 *Answers will vary.*

Recycling

These activities allow students to use the vocabulary and structure from this lesson in completely open-ended, real-life situations.

Encourage students to say as much as possible when they do these activities. Tell them not to be afraid to make mistakes, since the goal of these activities is real-life communication. If someone in the group makes an error, allow the others to politely correct him or her. Let students choose the activities they would like to do.

You may wish to divide students into pairs or groups. Encourage students to elaborate on the basic theme and to be creative. They may use props, pictures, or posters if they wish.

2 **Note:** Explain to students that **le faire-part** is a noun and that it means *announcement*. English speakers often think that it means *to take part*. **Expansion:** You may wish to have students make **un faire-part** for marriages, births, and deaths of any famous people they admire. These could be displayed in class.

Leçon 3
Journalisme

C'est à vous
Use what you have learned

PARLER
1
Une maison de retraite
✔ ***Discuss the idea of having retirement housing and a day-care center in the same building***

Discutez avec un(e) camarade si vous croyez que c'est une bonne idée d'avoir une maison de retraite et une halte-garderie dans le même établissement. Donnez des raisons pour justifier votre opinion.

ÉCRIRE
2
Un faire-part
✔ ***Write an engagement or wedding announcement for a newspaper***

Écrivez un faire-part fictif de fiançailles ou de mariage pour un(e) ami(e).

L'imprimerie du journal *Le Monde* à Paris

ÉCRIRE
3
Comparaisons
✔ ***Compare announcements in French and American newspapers***

Analysez les différences de style entre les annonces dans le carnet du jour (pages 311–312) et le même genre d'annonce dans votre journal. Choisissez une annonce dans votre journal et récrivez-la pour un journal français.

Leçon 3
Journalisme

PARLER
4

Le club de seniors

✔ Learn more about senior citizens in your area

Faites une enquête sur les activités des seniors de votre ville. Déterminez où se trouve leur local, s'ils disposent d'un autocar à eux, s'ils organisent des sorties, où ils vont, ce qu'ils font. Faites ensuite un rapport à la classe. Tous ensemble, vous pouvez maintenant faire des suggestions pour organiser une sortie ou une fête pour les seniors de la ville.

PARLER
5

Vos grands-parents

✔ Tell how you help your grandparents and how they help you

Si vos grands-parents habitaient tout près de chez vous, que feriez-vous pour les aider... et que pourraient-ils faire pour vous aider?

PARLER
6

Un million de dollars

✔ Discuss what you would have done last year if someone had given you a million dollars

Dites tout ce que vous auriez fait l'année dernière si quelqu'un vous avait donné un million de dollars.

Chapter Projects

Les grandes occasions

Imaginez que vous êtes une personne âgée. Vous regardez votre album de photos et de nombreux événements vous reviennent en mémoire. Faites des faire-part, des cartes de vœux pour les événements les plus importants de votre vie. N'oubliez pas les illustrations. Si vous avez des grands-parents, vous pouvez les interviewer et vous servir de leurs souvenirs pour créer vos faire-part et vos cartes.

Resource Manager

Assessment Transparency A6.3
Online Quizzes
Tests, pages 152–173
ExamView® Pro

Assessment

This is a pretest for students to take before you administer the lesson test. Answer sheets for students to do these pages are provided in your transparency binder. Note that each section is cross-referenced so students can easily find the material they have to review in case they made errors. You may wish to collect these assessments and correct them yourself or you may prefer to have the students correct themselves in class. You can go over the answers orally or project them on the overhead, using your Assessment Answers transparencies.

Assessment

Vocabulaire

To review the vocabulary, turn to page 306.

1 Complétez.

1. Les ____ sont les insectes les plus jolis.
2. C'est le plus âgé. C'est le fils ____.
3. Beaucoup de petits-enfants français appellent leur grand-mère ____.
4. Il a ouvert son livre et ____ à lire.
5. Elle est très contente. Elle est vraiment ____.

To review the vocabulary, turn to page 310.

2 Complétez.

6. Quand un homme et une femme se fiancent, ils annoncent leurs ____ et quand ils se marient ils annoncent leur ____.
7. De nombreux journaux ont un ____ où l'on annonce les événements de la vie.
8. Quand le bébé naît les nouveaux parents envoient un faire-part pour annoncer la ____.
9. Quand on parle de la mort d'une personne on doit dire le ____ ou la ____, pas la mort. On doit dire les ____ ou l'inhumation, pas l'____ ou la mise en terre.

Lecture

To review the reading, turn to pages 307–308.

3 Répondez.

10. Avec qui les jeunes enfants cohabitent dans la halte-garderie «Les Papillons»?
11. Qu'est-ce que les pensionnaires préparent souvent pour les enfants?
12. Comment sont les jeunes enfants avec ces personnes âgées?
13. Qu'est-ce que les pensionnaires cessent de regarder quand les jeunes enfants arrivent?

Answers to Assessment

1

1. papillons
2. aîné
3. Mamie
4. s'est mis
5. ravie

2

6. fiançailles, mariage
7. carnet du jour
8. naissance
9. décès, disparition, obsèques, enterrement

3

10. Les pensionnaires.
11. Des crêpes.
12. Ils sont tendres et familiers.
13. La télévision.

4 Expliquez.

14. Dans la plus stricte intimité
15. Ni fleurs ni couronnes
16. Cet avis tient lieu de faire-part.

To review the reading, turn to pages 311–312.

Structure

5 Complétez au plus-que-parfait.

17. Il ____ déjà ____ quand je suis arrivé(e). (partir)
18. Mes amis ne savaient pas que j'____. (rentrer)
19. Je lui ____ déjà ____ quand il a vu son frère. (parler)

To review the past perfect tense, turn to page 314.

6 Récrivez au conditionnel passé.

20. Je lui parlerais.
21. Elle me le dirait.
22. Vous partiriez, sans doute.

To review the past conditional, turn to page 316.

7 Complétez.

23. S'il ____ assez d'argent, il se mariera. (avoir)
24. S'il allait se marier, tu le ____. (savoir)
25. Je lui aurais parlé si je l'____. (voir)

To review expressing conditions with **si**, turn to page 318.

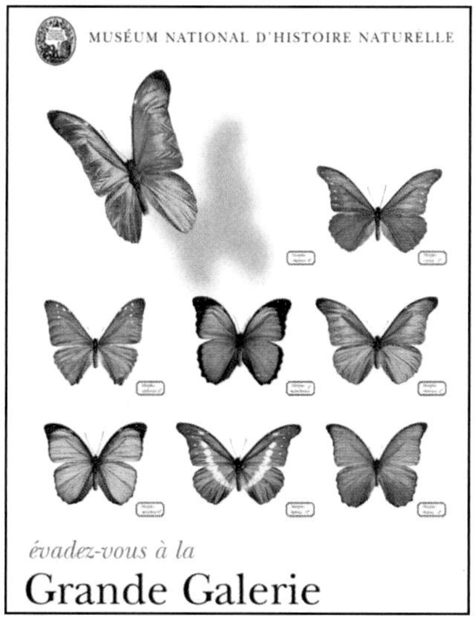

MUSÉUM NATIONAL D'HISTOIRE NATURELLE
évadez-vous à la
Grande Galerie

Assessment

After going over the Assessment, you may administer the test for **Leçon 3, Chapitre 6.**

Answers to Assessment

4

14. «La plus stricte intimité» veut dire que seulement la famille peut assister à l'inhumation.
15. «Ni fleurs ni couronnes» veut dire que la famille ne veut pas de fleurs à l'inhumation.
16. «Cet avis tient lieu de faire-part» veut dire que la famille ne va pas envoyer de faire-part.

5

17. était... parti
18. étais rentré(e)
19. avais... parlé

6

20. Je lui aurais parlé.
21. Elle me l'aurait dit.
22. Vous seriez parti(e)(s) sans doute.

7

23. a
24. saurais
25. avais vu

Avis

Il est certain que quand vous écrivez en anglais votre style est plus sophistiqué qu'en français. Quand vous écrivez en français, il faut que vous utilisiez des phrases plus simples. Si vous trouvez une idée trop complexe repensez-la pour l'exprimer d'une façon plus simple.

Quelque chose de très important! Ne traduisez pas de l'anglais en français. Si vous traduisez vous ferez presque toujours des fautes ou ce que vous écriverez sera très «anglicisé». Dès le début, pensez en français. Si un mot anglais vous vient à l'esprit, pensez tout de suite à une expression en français qui exprime la même idée. Utilisez le français que vous avez déjà appris même si cela veut dire que vous vous exprimez d'une façon simple. Essayez d'éviter d'utiliser un dictionnaire bilingue. Vous choisirez presque toujours le mauvais mot.

Faites toujours un bouillon. Après l'avoir terminé, laissez-le de côté. Relisez-le plus tard et faites les révisions que vous considérez nécessaires. Ensuite relisez-le encore une fois pour trouver les fautes d'orthographe, de terminaisons etc.

Proficiency Tasks

Rédaction

Quand on écrit la biographie d'un personnage historique, on raconte des faits qui se sont réellement passés, mais on doit tout de même interpréter ces faits ou les expliquer en fonction des valeurs de l'époque. S'il s'agit de la biographie d'une personne ou d'un personnage contemporain, la tâche est plus simple, mais il faut toujours replacer les faits dans leur contexte.

TÂCHE 1 Dans une biographie, l'auteur raconte l'histoire de la vie d'une personne. L'histoire est toujours vraie, jamais fictive.

Vous allez être biographe. Mais de qui? C'est à vous de choisir: un membre de votre famille, un(e) bon(ne) ami(e), un professeur, un acteur, une actrice, un personnage historique. Essayez de choisir une personne qui a ou a eu une vie intéressante ou même exceptionnelle. Cela aidera beaucoup à maintenir l'intérêt de vos lecteurs.

Organisez votre biographie d'une façon claire. Vous pouvez la présenter en ordre chronologique de la naissance de la personne jusqu'à maintenant. Ou alors, si la personne a fait quelque chose d'extraordinaire, vous pouvez commencer par cet événement et revenir en arrière pour expliquer les circonstances de cet événement. Essayer de faire vivre cette personne sur le papier: décrivez son apparence physique, ses traits de personnalité, ses attitudes. Utilisez des détails vivants et un langage précis pour décrire vos impressions.

TÂCHE 2 Il n'est pas toujours facile de définir exactement ce qu'est la famille aujourd'hui. Dans ce chapitre, nous avons examiné certaines tendances. Vous allez écrire un essai dans lequel vous allez comparer et contraster deux familles de votre choix, telles qu'elles sont présentées à la télévision ou au cinéma. Quand vous comparez et contrastez, il faut faire des analyses. Il faut identifier des similarités et des différences. Une des techniques utilisées pour comparer et contraster est le diagramme de Venn. Tracez deux grands cercles qui se coupent. Dans le cercle de gauche, vous inscrivez les faits qui s'appliquent uniquement à la première famille. Dans le cercle de droite, vous inscrivez les faits qui s'appliquent uniquement à la deuxième famille. Dans la partie centrale, vous inscrivez les faits qui sont communs aux deux familles.

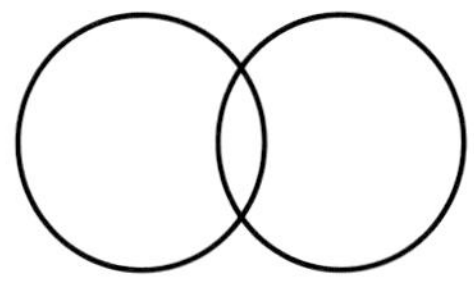

Vous pouvez organiser votre essai de deux façons différentes. Vous pouvez commencer par une famille et écrire tout sur cette famille puis faire la même chose pour la deuxième famille. Ou alors, vous pouvez isoler plusieurs thèmes tels que la relation entre parents et enfants, la relation entre frères et sœurs, le contexte social. Et ensuite vous procédez thème par thème pour les deux familles à la fois

TÂCHE 3 Beaucoup de poèmes parlent d'amour, du temps qui passe, des sentiments. Le langage de la poésie est très artistique et musical. On dit qu'il faut avoir un talent spécial pour écrire de la poésie et c'est peut-être vrai. Mais maintenant vous allez écrire un poème très court. Il n'est pas nécessaire que le poème ait des rimes.

Pour écrire votre poème, vous allez:

- écrire un nom
- écrire deux adjectifs qui décrivent le nom
- écrire une phrase de trois mots
- écrire un synonyme uniquement de votre premier nom, c'est-à-dire le nom dans le premier vers

Discours

On peut définir un débat comme «une bataille entre des idées». Dans un débat, deux personnes ne sont pas d'accord et chacune essaie de prouver que son opinion est supérieure à celle de l'autre. On peut presque dire que chaque fois qu'on communique avec quelqu'un, on est impliqué dans un débat.

TÂCHE 4 Maintenant vous allez travailler en groupes de quatre. Vous allez discuter entre vous le thème «À quelle âge doit-on se marier?» Pour former votre groupe il faut choisir des personnes qui ont des opinions opposées. Deux croient qu'on doit se marier assez jeune et les autres croient qu'on doit attendre un peu. Chacun aura ses propres arguments. Vous pouvez présenter vos arguments et chaque côté essaiera de dominer l'autre. Eventuellement les arguments d'un côté réussiront à dominer ceux de l'autre côté et il y aura un côté «gagnant». Peut-être aurez-vous une dispute. Mais ce n'est pas grave. Il y a beaucoup de types de disputes: des disputes amicales, animés, sérieuses ou même amusantes. Toutes ces disputes ou discussions sont dans un sens des débats – des batailles entre des idées opposées. Allez-y!

TÂCHE 5 Vous allez faire une présentation sur une cérémonie de mariage de votre choix. Vous pouvez relire la lecture de la Leçon 1 sur les coutumes chrétiennes, juives et musulmanes pour vous aider à faire votre choix. Il faudra peut-être que vous fassiez des recherches supplémentaires. N'oubliez pas qu'il s'agit d'une présentation orale. Vous pouvez vous aider de vos notes, mais ne lisez pas un texte écrit. Utilisez un support visuel autant que possible et même, pourquoi pas, de la musique!

Vocabulary Review

The words and phrases in the **Vocabulaire** have been taught for productive use in this chapter. They are summarized here as a resource for both student and teacher. This list also serves as a convenient resource for the **C'est à vous** activities on pages 290–291, 302–303, and 320–321. There are approximately fifteen cognates in this vocabulary list. Have students find them.

Attention!

You will notice that the vocabulary list here is not translated. This has been done intentionally, since we feel that by the time students have finished the material in the chapter they should be familiar with the meanings of all the words. If there are several words they still do not know, we recommend that they refer to the **Vocabulaire** sections in the chapter or go to the dictionaries at the end of this book to find the meanings. However, if you prefer that your students have the English translations, please refer to Vocabulary Transparency 6.1, where you will find all these words with their translations.

Chapitre 6 Vocabulaire

Leçon 1 Culture

l'alliance *(f.)*
l'amande *(f.)*
la bar-mitsva
la bat-mitsva
le cercueil
le corbillard
le décès
le/la défunt(e)
la demoiselle d'honneur

la dragée
l'enterrement *(m.)*
le faire-part
le garçon d'honneur
la mairie
le mariage civil
le/la marié(e)
la marraine
la naissance

le parrain
le parvis de l'église
la pièce montée
le prêtre
le rabbin
le riz
le ruban
le témoin

décoré(e) de
enrobé(e)
monoparental(e)

fêter
naître
prier

en hausse

Leçon 2 Conversation

le banc
la couronne de fleurs
le rang

féliciter
livrer
remercier

Leçon 3 Journalisme

la complicité
la crèche
la disparition
les fiançailles *(f. pl.)*
l'inhumation *(f.)*
la mamie
la mise en terre
les obsèques
le papillon
le/la pensionnaire
le préjugé
la salle de jeux

aîné(e)
ému(e)
installé(e)
ravi(e)

dessiner
se fiancer
se mettre à

d'abord
ensuite

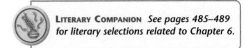

LITERARY COMPANION *See pages 485–489 for literary selections related to Chapter 6.*

Vidéotour

Bon voyage!

Video can be a beneficial learning tool for the language student. Video enables you to experience the material in the textbook in a real-life setting. Take a vicarious field trip as you see people interacting at home, at school, at the market, etc. The cultural benefits are limitless as you experience French and Francophone culture while "traveling" through many countries. In addition to its tremendous cultural value, video gives practice in developing good listening and viewing skills. Video allows you to look for numerous clues that are evident in tone of voice, facial expressions, and gestures. Through video you can see and hear the diversity of the target culture and compare and contrast the French-speaking cultures to each other and to your own.

Épisode 1: Les Triplés

Dans les différents passages de la vie, la famille joue toujours un rôle important. La dessinatrice française, Nicole Lambert, crée chaque semaine un épisode dans la vie de trois charmants enfants *Les Triplés*. Elle raconte les moments touchants et souvent amusants de l'enfance.

Épisode 2: Une famille tunisienne

En Tunisie, les parents continuent de transmettre leurs valeurs et leur savoir à leurs enfants. À Nabeul, Les Alaya sont potiers de père en fils. Mais s'ils restent toujours très attachés aux traditions, les jeunes se procurent du matériel plus sophistiqué et créent des modèles plus modernes.

Épisode 3: Le baptême

Un petit enfant est né. Peu de temps après aura lieu son baptême car en France la majorité de la population est catholique. Avec la famille Touze, assistez au baptême du petit Raphaël. Tout le monde est là: les arrière-grands-parents, les parents, les cousins, les amis proches et bien sûr, le parrain et la marraine.

Vidéotour

VIDÉO

The Video Program for Chapter 6 includes three documentary segments of some interesting aspects of life in different French-speaking areas.

Planning for Chapter 7

SCOPE AND SEQUENCE PAGES 328–379

Topics

- ❖ Public health
- ❖ Exercise
- ❖ Going to the doctor's office
- ❖ Nutrition

Culture

- ❖ Articles about hearing loss, sound, and noise pollution
- ❖ Article about what time of day is best to play certain sports

Functions

- ❖ How to tell what people do or did for themselves and for others
- ❖ How to ask *who, whom,* and *what*
- ❖ How to express *which one, this one, that one, these* and *those*
- ❖ How to tell what belongs to you and to others

Structure

- ❖ Reflexive verbs
- ❖ The passé composé of reflexive verbs
- ❖ Interrogative pronoun qui
- ❖ Interrogative pronouns que and quoi
- ❖ Interrogative and demonstrative pronouns
- ❖ Possessive pronouns

National Standards

Communication Standard 1.1
pages 333, 338, 339, 341, 343, 351, 354, 355, 359, 367, 369, 371, 372, 373
Communication Standard 1.2
pages 332, 333, 334, 335, 336, 338, 339, 341, 347, 349, 351, 359, 362, 363, 365, 367, 369, 371
Communication Standard 1.3
pages 342, 343, 355, 372, 373
Cultures Standard 2.1
pages 334–336, 348
Connections Standard 3.1
pages 334–336, 360–362, 366
Comparisons Standard 4.2
page 342

PACING AND LEVELING

Leçon 1: Culture *(5–7 days)*
Introduction
Lecture
  Vocabulaire pour la lecture
  La santé et la forme
Structure • Révision
  Les verbes réfléchis
  Les verbes réfléchis au passé composé
  C'est à vous
Assessment

Leçon 2: Conversation *(5–7 days)*
Conversation
  Vocabulaire pour la conversation
  Mise en scène
  En pleine forme!
Structure • Révision
  Le pronom interrogatif **qui**
  Les pronoms interrogatifs **qui** et **quoi**
C'est à vous
Assessment

Leçon 3: Journalisme *(5–7 days)*
Lecture
  Vocabulaire pour la lecture
  Avant la lecture
  L'oreille
Lecture
  Vocabulaire pour la lecture
  Avant la lecture
  Bouger pour être en forme
Structure avancée
  Les pronoms interrogatifs et démonstratifs
  Les pronoms possessifs
C'est à vous
Assessment

Proficiency Tasks *(1–2 days)*

Vidéotour *(1–2 days)*

Littérature *(5–7 days)*

LEVELING

The following is an overall leveling of the sections of each chapter of **Bon voyage!** Level 3.

EASY: Conversation, Structure • Révision
AVERAGE: Culture, Journalisme, Structure • Avancée
CHALLENGING: Littérature

Most parts of each lesson are also leveled for your convenience in the Teacher Notes in the Wraparound section of your Teacher Edition.
E: Easy A: Average C: Challenging

Please note that the material does not become progressively more difficult. Within each chapter there are easy and challenging sections.

RESOURCE GUIDE

SECTION	PAGES	RESOURCES
Leçon 1		
Introduction	330	Vocabulary Transparencies V7.2–V7.3
Lecture		Audio CD 7
Vocabulaire pour la lecture	331–333	Audio Activities TE, pages 109–113
La santé et la forme	334–336	Workbook, pages 97–102
Structure—Révision		Quizzes, pages 85–88
Les verbes réfléchis	337–339	Tests, pages 175–176 and 185–204
Les verbes réfléchis au passé composé	340–341	ExamView® Pro
		french.glencoe.com
C'est à vous	342–343	Assessment Transparency A7.1
Assessment	344–345	
Leçon 2		
Conversation		Vocabulary Transparency V7.4
Vocabulaire pour la conversation	346–347	Audio CD 7
		Audio Activities TE, pages 114–117
Mise en scène	348	Workbook, pages 103–105
En pleine forme!	348–349	Quizzes, pages 89–92
Structure—Révision		Tests, pages 177–179 and 185–204
Le pronom interrogatif **qui**	350–351	ExamView® Pro
Les pronoms interrogatifs **que** et **quoi**	352–353	french.glencoe.com
		Assessment Transparency A7.2
C'est à vous	354–355	
Assessment	356–357	
Leçon 3		
Lecture		Vocabulary Transparencies V7.5–V7.6
Vocabulaire pour la lecture	358–359	Audio CD 7
Avant la lecture	360	Audio Activities TE, pages 118–124
L'oreille	360–363	Workbook, pages 106–112
Lecture		Quizzes, pages 93–98
Vocabulaire pour la lecture	364–365	Tests, pages 180–204
Avant la lecture	366	ExamView® Pro
Bouger pour être en forme	366–367	french.glencoe.com
Structure avancée		Assessment Transparency A7.3
Les pronoms interrogatifs et démonstratifs	368–369	
Les pronoms possessifs	370–371	
C'est à vous	372–373	
Assessment	374–375	
Proficiency Tasks	376–377	Bon voyage! Video
Vidéotour	379	Video Activities Booklet
Littérature	492–501	Audio CD 10
		Audio Activities TE, pages 171–175
		Tests, pages 257–260

Using Your Resources for Chapter 7

Transparencies

Map Transparencies The full-color maps at the front of the Student Edition have been converted to transparency format.

Bellringer Reviews provide a quick review activity to begin each class.

Vocabulary Transparencies include the photos and art from the Student Edition pages, overlays with French words, and French/English vocabulary lists for each chapter.

Assessment Transparencies provide answer sheets and answers for the Assessment pages in the Student Edition.

Fine Art can be used to reinforce the topics introduced in the text and enrich your students' knowledge of Fine Art.

Workbook and Audio Activities

Writing Activities

The Workbook section includes numerous activities to reinforce each concept presented in the textbook. There are workbook pages for each of the following sections: vocabulary, culture, conversation, journalism, and structure. Varied activities provide several ways for students to practice and apply the material you have presented in class.

Audio Activities

The Audio Activities pages in this booklet may be used to guide students through the listening and speaking activities provided on the Audio CDs. The script to the Audio CDs is also provided in the Audio Activities TE in the TeacherTools booklet if the teacher prefers to read the activities aloud. The Audio Activities provide listening and speaking practice to reinforce vocabulary, culture, conversation, structure, and literature.

Assessment

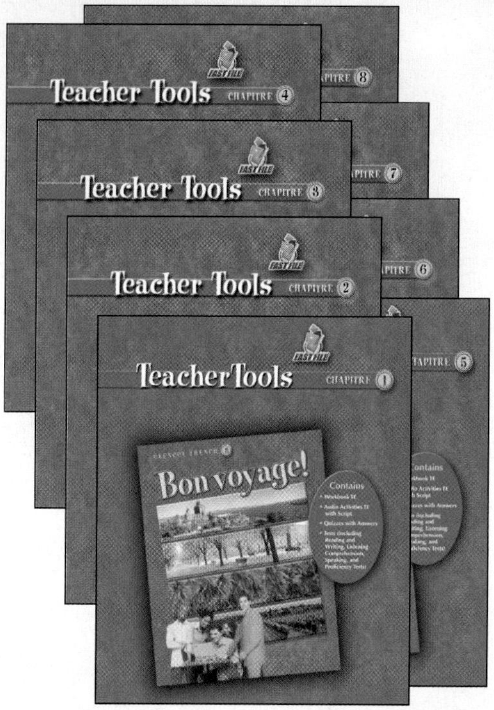

Several options for Assessment are offered with the **Bon voyage!** program.

The TeacherTools booklets include the following Assessment pieces.

Quizzes There are quizzes for Vocabulary, Culture, Structure, Conversation, and Journalism.

Tests There is a Reading and Writing test for each lesson in the chapter. In addition, there are two different Chapter Reading and Writing tests—one for less able to average students and the other for above adverage to advanced students. There is also a Listening Comprehension test, a Speaking Test, and a Proficiency Test at the end of each chapter.

French Online Students can easily access our Practice Quizzes at french.glencoe.com.

ExamView® Pro Test Bank software for Macintosh and Windows makes creating, editing, customizing, and printing tests quick and easy.

Technology Resources

Throughout **Bon voyage!** you will see references to Web sites in the French-speaking world that will expose you to more authentic readings about the material you are studying. Visit french.glencoe.com.

Bon voyage! Video and Video Activities, Chapter 7. Available on VHS and DVD.

Bon voyage! is also available on CD or Online.

TeacherWorks™ is your all-in-one teacher resource center. Personalize lesson plans, access resources from the Teacher Wraparound Edition, connect to the Internet, or make a to-do list. These are only a few of the many features that can assist you in planning and organizing your lessons.

Includes:

- A calendar feature
- Access to all program blackline masters
- Standards correlations and more

ExamView® Pro

Test Bank software for Macintosh and Windows makes creating, editing, customizing, and printing tests quick and easy.

CHAPITRE 7

Preview

In this chapter, students will learn to talk about health and well-being. Topics covered include preventive medicine, good health habits, staying in shape, and going for a physical. Students will also learn about the health-care system in France. They will practice reflexive verbs and learn some other interrogative and possessive pronouns. They will read magazine articles about noise pollution and its effects on the ears and about smart ways to exercise.

National Standards

Communication
Students will communicate in spoken and written French on the following topics:

- health and fitness
- healthy eating habits
- the ear, noise, and noise pollution

Cultures
Students will learn how the French regard health and fitness.

Comparisons
Students will have an opportunity to compare French and American attitudes toward health and fitness.

Connections
This chapter establishes a connection with the fields of health and medicine.

CHAPITRE 7

La santé et la forme

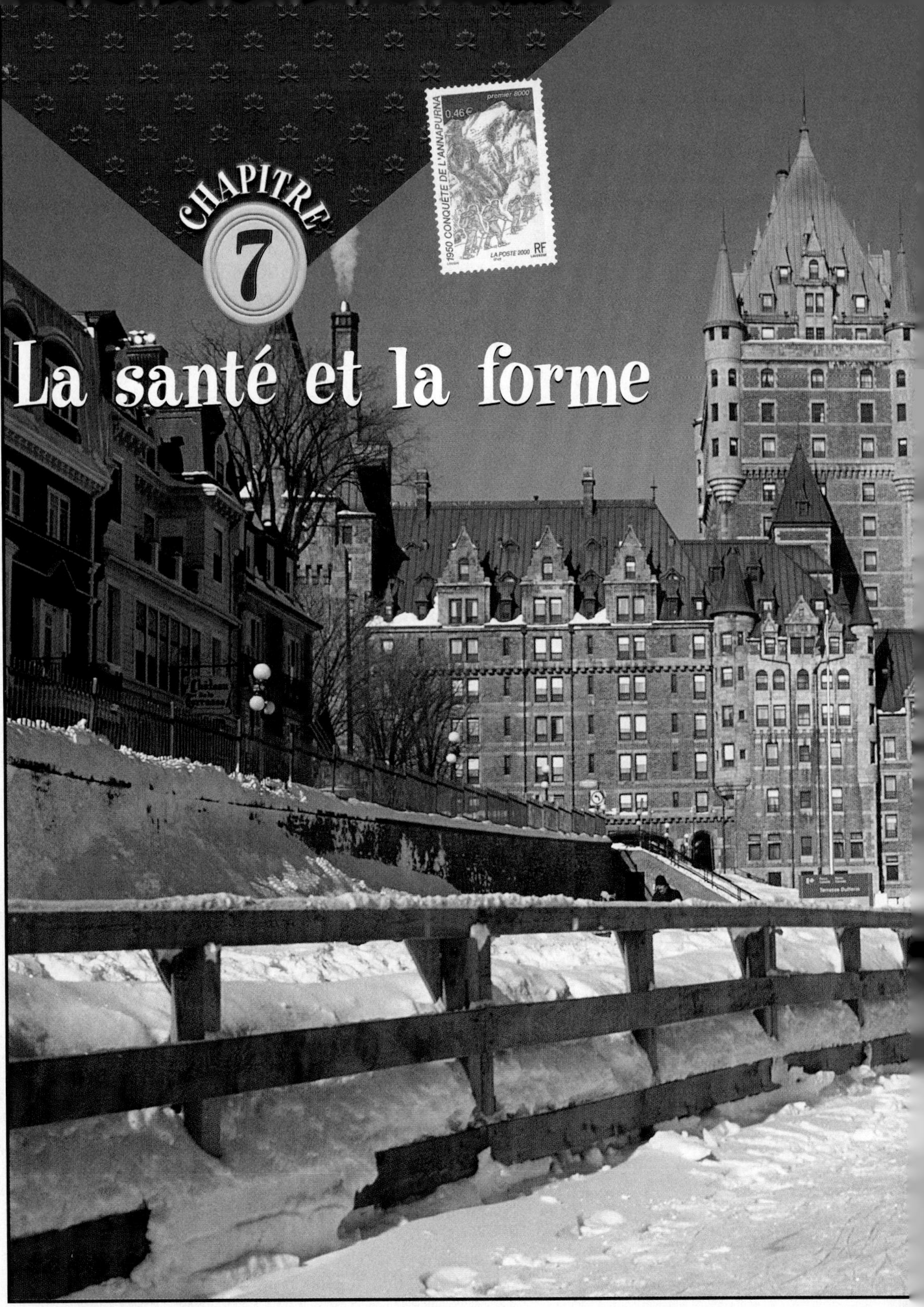

FRENCH Online

The **Glencoe French Web site** (french.glencoe.com) offers options that enable you and your students to experience the French-speaking world via the Internet. For each chapter, there are activities, games, and quizzes. In addition, an *Enrichment* section offers students an opportunity to visit Web sites related to the theme of the chapter.

Objectifs

In this chapter you will:

- ✔ *learn how the French stay healthy*
- ✔ *learn about keeping in shape and eating well*
- ✔ *read about sound, noise pollution, and proper ear protection; and what time of the day is best for which sports*
- ✔ *review how to tell what people do or did for themselves and for each other*
- ✔ *review how to ask* who, whom, *and* what
- ✔ *learn how to express* which one, this one, that one, these, *and* those, *and how to tell what belongs to you and to others*

Table des matières

CHAPITRE 7

LEVELING

The following is an overall leveling of the sections of each chapter of **Bon voyage!** Level 3.

EASY **Conversation, Structure-Révision**

AVERAGE **Culture, Journalisme, Structure avancée**

CHALLENGING **Littérature**

Most parts of each lesson are also leveled for your convenience.

E: Easy

A: Average

C: Challenging

Please note that the material does not become progressively more difficult. Within each chapter there are easy and challenging sections.

Assessment

Quizzes: There is a quiz for every vocabulary presentation and every structure point.

Tests: To accompany **Bon voyage!** Level 3 there is a Reading and Writing Test for each of the three lessons that make up a chapter. At the end of each chapter there are five tests.

- Two Reading and Writing Tests; one easy to intermediate; another intermediate to challenging.
- A Listening Comprehension Test
- A Speaking Test
- A Proficiency Test

Spotlight on Culture

Le Château Frontenac est l'édifice le plus célèbre du Vieux Québec. Il tient son nom du comte de Frontenac, gouverneur de la Nouvelle-France au XVIIe siècle. C'est un hôtel de luxe dont la construction date de la fin du XIXe siècle.

1 Preparation

Resource Manager

Vocabulary Transparencies V7.2–V7.3
Audio Activities TE, pages 109–110
Audio CD 7
Workbook, pages 97–98
Quiz, page 85
ExamView® Pro

Bellringer Review

Use BRR Transparency 7.1 or write the following on the board:
Faites une liste de cinq choses que vous faites pour vous mettre en forme ou pour rester en forme.

2 Presentation

Introduction

Step 1 You may either read the **Introduction** to students or have them read it silently.

Step 2 Ask students the following questions about the **Introduction: Qu'est-ce qu'on répond quand quelqu'un dit: «Comment ça va?»? (Ça va, bien, pas mal, comme ci comme ça, etc.) À votre avis, la forme est très importante pour notre bien-être? Pourquoi? Vous faites quelquefois des choses qui sont mauvaises pour la santé? Lesquelles?**

Un véhicule du SAMU (service d'aide médicale urgente) à Paris

Introduction

«Comment vas-tu?» est presque toujours la première question que des amis se posent quand ils se rencontrent. La santé—la nôtre et celle de nos amis, surtout la nôtre d'ailleurs—nous intéresse toujours. Mais, de nos jours, la santé, ce n'est plus suffisant. Nous voulons aussi être «en forme». La forme—physique, mentale et morale—est essentielle pour trouver sa place dans la société actuelle.

Learning from Photos

(page 330) Les Services d'Aide Médicale Urgente sont des services hospitaliers qui déterminent et déclenchent dans les délais les plus brefs la réponse la plus adaptée à la nature de l'appel:

- conseil médical
- ambulance privée
- médecin généraliste
- ambulance de réanimation (Unité Mobile Hospitalière), véhicule d'intervention rapide ou hélicoptère sanitaire pour les cas les plus graves

Vocabulaire pour la lecture

Ils amènent un accidenté de la route.

Ils font de la natation.

Elle fait des analyses.

2 Presentation

Vocabulaire pour la lecture

Step 1 Show Vocabulary Transparency and have students repeat the new words in unison after you.

Step 2 You can immediately do questions 1–4 of **Activité 1** on page 332, all of which relate to the visuals on this page.

Recycling

Have students volunteer to give as many words as they can think of related to health and health services.

2 Presentation *(suite)*

Step 3 You may wish to read the new words and definitions to the class, or you may prefer to have several students read them aloud.

Step 4 If you wish, you may do questions 5–8 of **Activité 1** on page 332, all of which relate to the illustrations on this page. Then you may ask the following questions: **Est-ce que vous vous plaignez beaucoup quand vous avez un rhume? Est-ce que vous espérez guérir vite quand vous êtes enrhumé(e)? Pour prévenir les rhumes, vous prenez de la vitamine C? Qu'est-ce que vous allez faire cet été? Vous allez chercher du travail? Vous êtes à la recherche d'un travail d'été intéressant? Qu'est-ce qui est le plus important pour vous: un travail intéressant ou une bonne rémunération? Vous avez beaucoup de dépenses? Elles augmentent ou elles diminuent? Est-ce que vous aimez pratiquer un sport? Vous jouez sur un terrain de plein air ou dans un gymnase?**

Vocabulary Expansion

You may wish to distinguish between **faire de la marche** and **se promener** (or **faire une promenade**) which students already know. The former means *to go walking* (as an activity or sport), while the latter means *to go for a walk.*

Il fait de la marche.

Ils font de l'équitation.

Plus de vocabulaire

l'accueil *(m.)* l'action d'accueillir, de recevoir; la réception
la rémunération le salaire, l'argent qu'on reçoit pour faire quelque chose
la recherche l'action de chercher; les études qu'on fait pour découvrir quelque chose de nouveau
l'accroissement *(m.)* l'action d'augmenter, l'augmentation
un terrain de plein air un terrain de sport, de jeux
bien se porter être en bonne santé
se plaindre exprimer son mécontentement ou sa souffrance
privilégier favoriser
se soucier de se préoccuper de
un(e) aide-soignant(e) personne qui aide les infirmiers

Quel est le mot?

1 Définitions Donnez le mot dont la définition suit.

1. ce que conduit un ambulancier
2. une personne qui aide les infirmiers et les infirmières dans un hôpital
3. une personne qui travaille dans un laboratoire
4. un endroit où on peut nager
5. le sport que pratiquent les cavaliers
6. être en bonne santé
7. se préoccuper de
8. aller dans l'eau

Villa en Provence; au fond, la ville de Grasse

Answers to Quel est le mot?

1

1. une ambulance
2. un aide-soignant ou une aide-soignante
3. un laborantin ou une laborantine
4. une piscine
5. l'équitation
6. bien se porter
7. se soucier de
8. se baigner

2 **Tes activités sportives** Donnez des réponses personnelles.

1. Tu préfères la marche ou le jogging?
2. Tu préfères l'équitation ou le cyclisme?
3. Tu préfères la natation ou le tennis?
4. Tu fais quels sports en été?
5. Et en hiver?
6. Tu fais quels sports en plein air?
7. Et dans un gymnase?

3 **Le mot juste** Complétez.

1. La ____ qu'un médecin reçoit s'appelle des honoraires.
2. On continue à faire de la ____ pour découvrir et développer un vaccin et des médicaments contre le sida.
3. L'____ de la pratique du sport est vraiment un phénomène mondial; on en fait de plus en plus.
4. De nos jours, même les villages ont une piscine, un terrain de ____ et des courts de tennis.
5. Ils vont ____ de leurs conditions de travail qui ne sont pas très bonnes.

4 **Familles de mots**
Choisissez le mot qui correspond.

1. marcher	a. la natation
2. nager	b. la rémunération
3. se soucier	c. l'accueil
4. rémunérer	d. la marche
5. accueillir	e. le souci

FRENCH Online
To learn more about hospitals in the Francophone world, go to the Glencoe French Web site: french.glencoe.com

3 Practice

Quel est le mot?

1, **2** Do **Activités 1** and **2** first with books closed. Then have students open their books and do the activities again as reading activities.

3 Have students reread the entire sentence, including the correct completion word.

ADDITIONAL PRACTICE

Have students make up original sentences using the following words: **prévenir, guérir, les frais médicaux, les dépenses médicales, la marche, la randonnée, l'alpinisme.**

Recycling

Review the forms of the verb **se plaindre: je me plains, tu te plains, il/elle se plaint, nous nous plaignons, vous vous plaignez, ils/elles se plaignent (Je me suis plaint[e]).**

Answers to Quel est le mot?

2 *Answers will vary.*

3
1. rémunération
2. recherche
3. accroissement
4. plein air
5. se plaindre

4
1. d
2. a
3. e
4. b
5. c

National Standards

Cultures
This reading familiarizes students with French attitudes toward health and physical fitness.

Comparisons
Students compare French attitudes toward health and fitness with prevailing attitudes in the United States.

Connections
Students further their knowledge of health and medicine.

1 Preparation

Resource Manager

Audio Activities TE, pages 110–111
Audio CD 7
Workbook, pages 98–99
Quiz, page 86

Bellringer Review

Use BRR Transparency 7.2 or write the following on the board:
Écrivez une phrase avec chacun des mots suivants:
un accident
police-secours
les secouristes
une ambulance
un brancard
la salle des urgences

Fun-Facts

Le système français de Sécurité sociale date de 1945. C'est un organisme de protection sociale commun à toute la population. Aujourd'hui presque tous les Français sont couverts, ce qui signifie que tous leurs frais médicaux sont en grande partie remboursés.

Lecture

La santé et la forme

Les Français se portent bien puisque la France est le pays de l'Union européenne qui a l'espérance de vie la plus longue: 74 ans pour les hommes et 82 ans pour les femmes. Ceci est dû à plusieurs facteurs. Tout d'abord à la généralisation de la Sécurité sociale qui permet à pratiquement tous les Français de se soigner, mais aussi aux progrès de la médecine—développement de la prévention, amélioration des techniques chirurgicales et des produits pharmaceutiques.

Reading Strategy

Identifying important concepts
A quick way to identify the important concepts in a passage is to first read the questions or true/false statements that follow it. This will tell you what ideas the author is emphasizing and what type of information you should look for as you read.

La santé et la vie professionnelle

Mieux vaut être riche et en bonne santé que pauvre et malade. Jamais cette vérité n'a été aussi pertinente que dans la société actuelle. Une société dure et compétitive qui tend à privilégier ceux qui sont en parfaite forme physique. La santé paraît d'autant plus[1] précieuse aux Français qu'elle constitue de plus en plus un atout[2] dans leur vie professionnelle et personnelle.

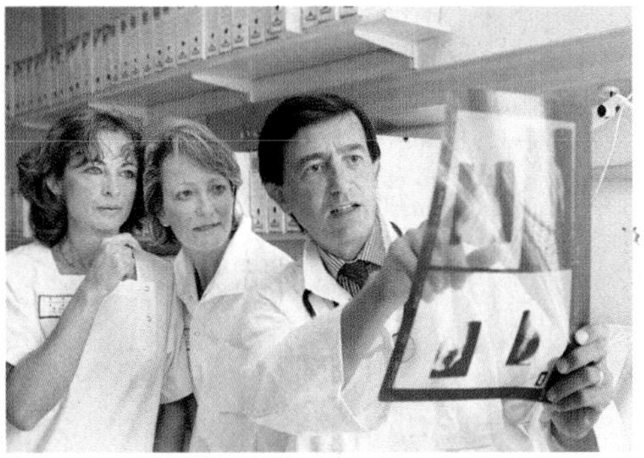
À l'hôpital de Rangueil à Toulouse, en France

Les professions de santé

Un million de personnes exercent une profession de santé: près de 600 000 pratiquent des activités médicales ou paramédicales; plus de 400 000 sont agents des services hospitaliers, aides-soignants, ambulanciers, laborantins ou psychologues.

Le nombre de médecins a beaucoup augmenté. Il y a beaucoup de médecins en France, il y en a peut-être même trop, mais ils sont mal répartis: trop nombreux dans la région parisienne et dans le sud, ils ne le sont pas assez dans le nord, l'est et le centre. La capacité d'accueil des hôpitaux aussi a beaucoup augmenté. Mais beaucoup de membres de la profession médicale se plaignent de leurs conditions de travail et de leur rémunération, ainsi que de la dégradation de leur statut social.

[1]d'autant plus... que *all the more... since*
[2]un atout *asset*

A Vrai ou faux?

1. La France est le pays de l'Union européenne qui a l'espérance de vie la plus longue.
2. La Sécurité sociale permet l'amélioration des techniques chirurgicales.
3. Être en forme est important dans la vie professionnelle.
4. Le nombre de médecins a augmenté en France.
5. La capacité d'accueil des hôpitaux a augmenté également.
6. Il n'y a pas assez de médecins dans le sud de la France.
7. Les médecins sont satisfaits de leurs conditions de travail.
8. Ils trouvent qu'ils ne sont pas assez rémunérés.
9. Ils sont aussi respectés que dans le passé.

Learning from Photos

(page 334) Le politicien Philippe Douste Blazy visite le centre de prévention des maladies cardio-vasculaires qu'il a créé au centre hospitalier universitaire (CHU) de Rangueil à Toulouse.

LEVELING
E: Reading

B Répondez.

1. Quel est la conséquence de la généralisation de la Sécurité sociale et des progrès de la médecine en France?
2. Quel est le rôle de la Sécurité sociale?
3. Qui tend à être privilégié dans la société française?
4. Pourquoi la santé est-elle précieuse pour les Français?
5. Combien de personnes exercent une profession de santé?
6. De quoi se plaignent de nombreux membres de la profession médicale?

Ils jouent aux boules, en Corse.

Elle fait des abdominaux.

Les activités physiques

Le sport est une activité en plein développement. Les sportifs sont plus nombreux mais il faut bien dire qu'un peu moins d'un Français sur deux fait du sport (proportion plus faible chez les femmes que chez les hommes) et c'est assez peu par rapport à[4] d'autres pays.

L'évolution des préférences et des pratiques est significative de la société française. Les sports en vogue sont plus individuels. La recherche du plaisir est plus importante que celle de la performance.

L'accroissement de la pratique du sport répond à un désir, collectif et inconscient, de mieux supporter les agressions de la vie moderne par une meilleure résistance physique. Il a été aussi favorisé par le développement des équipements sportifs des communes[5]: gymnases, courts de tennis, terrains de plein air et surtout les piscines. Se baigner en été n'est plus réservé aux gens aisés.

Plus d'un Français sur trois pratique un sport individuel; un sur quinze pratique un sport d'équipe.

Il y a quelques années, l'engouement[6] pour le jogging, puis pour l'aérobic a été spectaculaire. On peut ajouter aujourd'hui le tennis, la natation et le cyclisme. Des sports tels que l'équitation, le ski, le golf autrefois réservés aux plus aisés, se démocratisent petit à petit. La pratique sportive dépend toujours de l'âge et du niveau social: après 40 ans, on est moins sportif, mais plus le niveau social est élevé, plus on fait d'efforts parce qu'on se soucie de son apparence physique.

Ils jouent au basket-ball.

[4]par rapport à *in comparison to*
[5]communes *towns*
[6]l'engouement *craze*

2 Presentation

Lecture

Step 1 Ask students if staying in shape is important to them. Ask them how Americans feel about sports. Make a list of these attitudes on the board.

Step 2 You may wish to have students read aloud and go over some paragraphs orally in class.

Step 3 You may wish to ask the following questions as students read aloud: **Dans la société actuelle, comment les Français veulent-ils être? Combien de personnes en France exercent une profession de santé? Quelles sont des professions de santé? De quoi les membres de la profession médicale se plaignent-ils?**

Step 4 Go over **Activités A** and **B** before finishing the reading. In **Activité A** you may wish to have them read the original sentence aloud and then correct it.

Step 5 As you read, make a list on the board of French attitudes toward sports.

Step 6 Ask: **Quels sont les sports en vogue, les sports individuels ou les sports collectifs? Quel est un des avantages d'une meilleure résistance physique? Les femmes pratiquent quels sports actuellement?**

Step 7 Assign **Activités C, D,** and **E** on page 336 for homework.

Answers

A

1. Vrai.
2. Vrai.
3. Vrai.
4. Vrai.
5. Vrai.
6. Faux.
7. Faux.
8. Vrai.
9. Faux.

B

1. c'est que la France est le pays de l'Union européenne qui a l'espérance de vie la plus longue
2. elle permet à pratiquement tous les Français de se soigner
3. ceux qui sont en parfaite forme physique
4. parce qu'elle constitue de plus en plus un atout dans leur vie professionnelle et personnelle.
5. Un million de personnes
6. de leurs conditions de travail et de leur rémunération, et de la dégradation de leur statut social.

3 Practice

D You may wish to have students work in groups and share their answers with one another.

Learning from Photos

(page 336 right)

Traditionnellement, l'escrime se pratique beaucoup en France. Voici comment la fédération d'escrime décrit ce que la pratique de ce sport apporte sur le plan psychologique:

La confiance en soi: Le port du masque permet à l'élève de s'exprimer plus librement. Il ne doit compter que sur lui-même pour sortir vainqueur de l'affrontement.

La courtoisie et la loyauté: Le cérémonial est le signe extérieur de l'engagement tacite de respecter l'autre. L'arbitre établit un climat de politesse: on salue son adversaire et l'arbitre au début et à la fin du combat. À la fin de l'assaut, après le salut, la poignée de main rappelle la courtoisie que l'on manifeste vis à vis de l'adversaire: qu'il soit plus fort ou plus faible.

L'attention: C'est la qualité dominante développée. La situation de face à face dans un espace limité, ainsi que le champ visuel restreint, favorisent la concentration : elle est indispensable à l'observation des actions et réactions de l'adversaire.

La maîtrise de soi: La nécessité de contrôler en permanence les actions à entreprendre et les réactions de l'adversaire, oblige à maîtriser ses émotions (impulsivité, colère, abattement, enthousiasme excessif).

Paired Activity

Travaillez par deux. Comparer l'attitude des Français et des Américains vis-à-vis du stress, de l'exercice physique, etc.

Les femmes sont en train de rattraper[7] les hommes dans la pratique des sports individuels. En effet, depuis une dizaine d'années, les femmes ont réduit leur retard sur les hommes en matière de pratique sportive. Les sports d'équipe ne les passionnent pas (à l'exception du basket et du hand-ball). Elles se ruent[8] en revanche[9] sur les sports individuels: la gymnastique et la danse (75 pour cent) ou la natation et l'équitation (60 pour cent).

Les femmes sont aussi nombreuses que les hommes à pratiquer le ski de fond, la marche, la randonnée ou le hand-ball.

[7]en train de rattraper *catching up with*
[8]se ruent sur *to throw themselves into*
[9]en revanche *on the other hand*

Ils font de l'escrime.

C Citez.

1. deux sports d'équipe
2. trois sports individuels
3. trois sports pratiqués surtout par les femmes
4. trois sports pratiqués autant par les femmes que les hommes

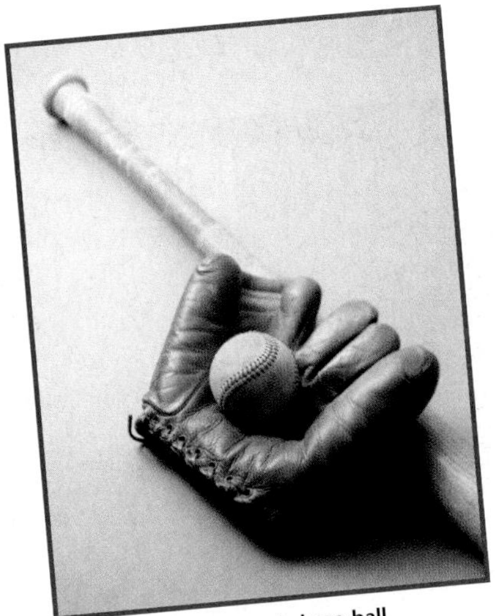

Une batte et un gant de base-ball.

D Expliquez.

1. Dans la pratique d'un sport: «La recherche du plaisir est plus importante que celle de la performance.»
2. «L'accroissement de la pratique du sport répond à un désir, collectif et inconscient, de mieux supporter les agressions de la vie moderne par une meilleure résistance physique.»

E D'après la lecture, les sports individuels attirent les Français beaucoup plus que les sports collectifs. Et vous? Quel genre de sports préférez-vous? Les sports collectifs ou les sports individuels? Expliquez pourquoi.

Answers

C

1. le basket-ball, le football
2. le jogging, la natation, le cyclisme
3. la gymnastique, la danse, la natation
4. le ski de fond, la marche, le hand-ball

D *Answers will vary but may include:*

1. Il est plus important d'aimer le sport qu'on pratique que de jouer pour gagner.
2. On pratique plus le sport maintenant parce que, inconsciemment, on espère qu'une meilleure résistance physique nous aidera à supporter le stress de la vie moderne.

E *Answers will vary.*

Structure ⚜ *Révision*

Les verbes réfléchis

Telling what people do for themselves or for each other

1. A reflexive verb is one whose action is both performed and received by the subject.

Je me lave.	*I wash myself.*
Il se rase.	*He's shaving (himself).*

It is the reflexive pronoun (here: **me** and **se**) which indicates that the action of the verb is reflected back on the subject. Review the following.

SE LAVER		S'HABILLER	
je me	lave	je m'	habille
tu te	laves	tu t'	habilles
il/elle/on se	lave	il/elle/on s'	habille
nous nous	lavons	nous nous	habillons
vous vous	lavez	vous vous	habillez
ils/elles se	lavent	ils/elles s'	habillent

Other commonly used reflexive verbs are listed below.

s'amuser	**se baigner**	**se brosser**	**se coucher**
se soigner	**se dépêcher** to hurry	**se lever** to get up.	**se peigner** to comb one's hair
se raser	**se réveiller** (wake up	**s'arrêter**	

2. Remember that a reflexive pronoun is used only when the subject also receives the action of the verb. If a person or object other than the subject receives the action of the verb, no reflexive pronoun is used. Compare the following sentences.

Pierre se lave.

Pierre lave sa voiture.

Anne se couche.

Anne couche le bébé.

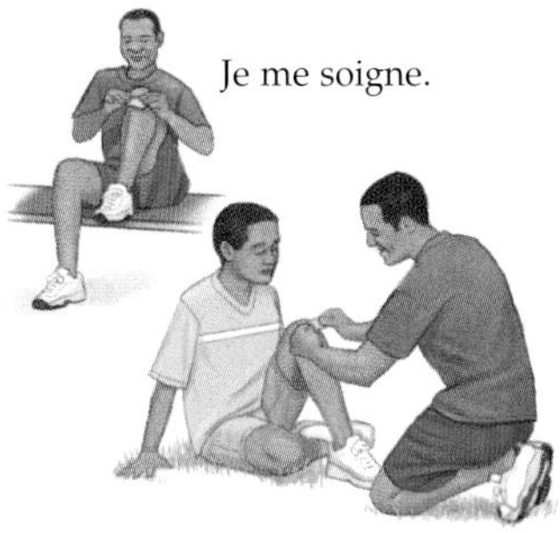

Je me soigne.

Je soigne mon frère.

Leçon 1 Culture

1 Preparation

Resource Manager

Audio Activities TE, pages 112–113
Audio CD 7
Workbook, pages 99–102
Quizzes, pages 87–88
ExamView® Pro

Bellringer Review

Use BRR Transparency 7.3 or write the following on the board:

Récrivez au passé composé.

1. **L'ambulance arrive sur le lieu de l'accident.**
2. **Les ambulanciers aident les victimes.**
3. **Ils mettent une victime sur un brancard.**
4. **Ils emmènent l'accidenté à l'hôpital.**
5. **Le médecin l'examine dans la salle des urgences.**
6. **Son état n'est pas grave et il rentre chez lui.**

2 Presentation

Les verbes réfléchis

Note: It is possible that many students will not need much review of reflexive verbs.

Step 1 Write the forms of one of the verbs on the board. Circle the subject and the reflexive pronoun. Draw a line from the reflexive pronoun to the subject pronoun to indicate that they are the same.

Step 2 As students read the sentences in Item 2, they can dramatize—washing themselves vs. washing something else. These dramatizations help students visualize and therefore understand the concept.

2 Presentation *(suite)*

Step 3 The reciprocal construction presents few problems in the present tense. It is more complicated in the compound tenses because of the agreement with the past participle.

Step 4 Correct placement of the negative words takes a great deal of ear training. This is a point students learn better through examples than explanation.

3 Practice

Comment dit-on?

1 This activity can be done orally with books closed.
Expansion: Call on one student to tell all about his/her morning routine.

FUN-FACTS

L'appellation «savon de Marseille» fait référence au procédé classique selon lequel ce savon est fabriqué. Il ne contient aucun produit chimique. L'huile d'olive qui était employée jusqu'au XVIIIe siècle pour la fabrication de ce savon, a été remplacée par les huiles d'origine tropicale. Le savon de Marseille représente environ 20 pour cent de la consommation française des produits de lavage.

Leçon 1
Culture

3. A reciprocal verb is one in which people do something to or for each other. A reciprocal verb in French functions the same way as a reflexive verb.

Nous nous voyons souvent.	*We see each other often.*
Ils s'embrassent sur la joue.	*They kiss each other on the cheek.*

4. In the negative, **ne** is placed before the reflexive pronoun, and **pas (plus, jamais)** follows the verb.

Je ne me couche pas avant minuit.
Il ne se rase plus tous les jours.
Elles ne se parlent jamais.

5. When a reflexive verb is used in the infinitive form, the reflexive pronoun must agree with the subject.

Je vais me laver.

6. In the affirmative imperative, the reflexive pronoun follows the verb and is attached to the verb with a hyphen. Remember that **te** becomes **toi.**

Couche-toi tout de suite!

Note that in the negative command, the pronoun precedes the verb in the usual way.

Ne te couche pas tout de suite!

Comment dit-on?

1 Historiette Et vous?
Donnez des réponses personnelles.

1. Comment t'appelles-tu?
2. Tu te couches à quelle heure?
3. Et tu te lèves à quelle heure?
4. Est-ce que tu te réveilles facilement?
5. Tu te laves le matin ou le soir?
6. Tu te brosses les dents après le petit déjeuner?
7. Tu t'habilles avant de prendre le petit déjeuner?

Answers to Comment dit-on?

1 *Answers will vary.*

Leçon 1
Culture

2 **Historiette** **La routine quotidienne** Complétez.

1. Je ____ à sept heures du matin. (se lever)
2. Quand je ____, je ____ la figure et je ____ les dents. (se lever, se laver, se brosser)
3. Mais ma sœur ne ____ pas à sept heures. Elle ____ à sept heures, mais elle reste au lit jusqu'à sept heures et demie. (se lever, se réveiller)
4. Elle ne ____ pas le matin. Elle ____ le soir avant de ____. (se laver, se laver, se coucher)
5. Nous prenons notre petit déjeuner et ensuite nous ____ les dents. (se brosser)
6. Tu ____ à quelle heure? (se lever)
7. Et ta sœur, elle ____ à quelle heure? (se lever)
8. Est-ce que vous ____ le soir avant de ____? (se laver, se coucher)

Dans les jardins des Tuileries, à Paris

3 **Pour soi ou pour les autres?** Complétez avec un pronom réfléchi si nécessaire.

1. Je ____ couche à onze heures du soir.
2. Je ____ lave avant de me coucher.
3. Maman ____ lave mon petit frère, ensuite papa le ____ couche.
4. Elle ____ amuse bien à l'école.
5. Elle ____ amuse tous ses amis aussi.
6. Tous les matins, je ____ réveille mon frère. Si je ne ____ réveillais pas mon frère, il ne ____ lèverait pas.
7. Mon chien a des poils *(hair)* très longs. Je ____ brosse souvent mon chien.

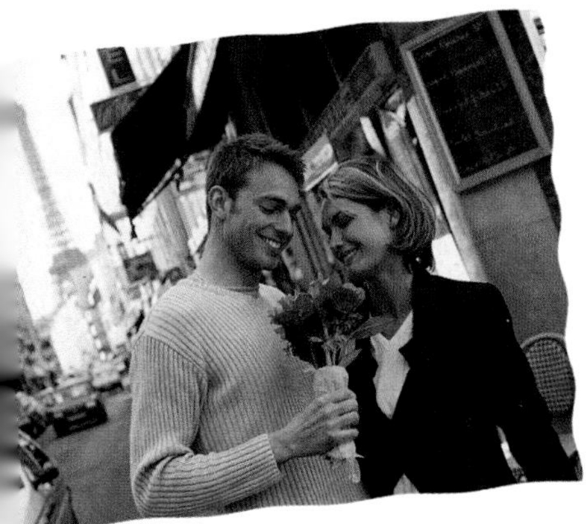

Deux amis à Paris

4 **C'est réciproque.** Complétez.

1. Je la vois tous les jours et elle me voit tous les jours. Nous ____ à l'école.
2. Il lui serre la main et elle lui serre la main. Ils ____ la main chaque fois qu'ils se rencontrent.
3. Elle me connaît et je la connais. Nous ____ depuis longtemps.
4. Elle m'écrit souvent et je lui écris souvent. Nous ____ souvent.
5. Elle m'aime et je l'aime. Nous ____ beaucoup.
6. Pierre aime Thérèse et Thérèse aime Pierre. Ils ____ beaucoup.
7. Il l'embrasse et elle l'embrasse. Ils ____ sur les joues.

5 **Les dix commandements de la forme!** Avec un(e) camarade écrivez dix choses qu'il faut faire pendant la journée pour garder la forme. Suivez le modèle.

Le matin, lève-toi à cinq heures et fais une heure de jogging!

2 After going over this activity once, you may wish to have one or two students complete the entire activity quickly for additional reinforcement.

3 **and** **4** You may wish to have students prepare these activities before going over them in class.

Note: Activité 4 helps to illustrate the element of reciprocity by first expressing separately what each person does for the other.

Answers to Comment dit-on?

2

1. me lève
2. me lève, me lave, me brosse
3. se lève, se réveille
4. se lave, se lave, se coucher
5. nous brossons
6. te lèves
7. se lève
8. vous lavez, vous coucher

3

1. me
2. me
3. - , -
4. s'
5. -
6. -, -, se
7. -

4

1. nous voyons
2. se serrent
3. nous connaissons
4. nous écrivons
5. nous aimons
6. s'aiment
7. s'embrassent

5 *Answers will vary.*

1 Preparation

Bellringer Review

Use BRR Transparency 7.4 or write the following on the board:
Faites une liste de tout ce que vous faites le matin avant de quitter la maison.

2 Presentation

Les verbes réfléchis au passé composé

Step 1 It is recommended that throughout the presentation you focus students' attention on the spelling of the past participles, since the problem here is primarily a written one.

Note: Many students have problems with the point in Item 4 because they are not always sure if the object is direct or indirect. In comparison to many other structure points, this one is not very important.

ADDITIONAL PRACTICE

Demandez aux élèves de faire une liste des résolutions qu'ils ont prises cette année et de les comparer aux résolutions qu'ils avaient prises l'année dernière. Par exemple: L'année dernière je ne me suis jamais couché(e) à 10 heures, mais cette année je me coucherai à 10 heures tous les soirs.

Leçon 1 Culture

Les verbes réfléchis au passé composé

Telling what people did for themselves or for each other at one point in the past

1. The passé composé of reflexive verbs is formed with **être,** not **avoir.**

SE LEVER		S'AMUSER	
je me	suis levé(e)	je me	suis amusé(e)
tu t'	es levé(e)	tu t'	es amusé(e)
il s'	est levé	il s'	est amusé
elle s'	est levée	elle s'	est amusée
on s'	est levé(e)(s)	on s'	est amusé(e)(s)
nous nous	sommes levé(e)s	nous nous	sommes amusé(e)s
vous vous	êtes levé(e)(s)	vous vous	êtes amusé(e)(s)
ils se	sont levés	ils se	sont amusés
elles se	sont levées	elles se	sont amusées

2. The past participle of reflexive verbs agrees in gender and number with the reflexive pronoun when the reflexive pronoun is the direct object of the sentence.

Elle s'est lavée. **Elles se sont lavées.**
Il s'est lavé. **Ils se sont lavés.**

3. When the reflexive pronoun is not the direct object of the sentence, there is no agreement of the past participle.

Elle s'est lavé les mains. **Elles se sont lavé les mains.**
Il s'est lavé les mains. **Ils se sont lavé les mains.**

In the above sentences, **les mains** (not the reflexive pronoun **se**) is the direct object of the sentence. **Se** is the indirect object. Consequently, there is no agreement of the past participle.

4. With reciprocal verbs in the passé composé, it is very important to determine whether the reflexive pronoun is a direct or an indirect object. When the reciprocal pronoun is the direct object of the verb, the past participle must agree with the reciprocal pronoun. If the pronoun is the indirect object, however, there is no agreement.

Direct object pronoun	Indirect object pronoun
Ils se sont embrassés.	Ils se sont donné la main.
Ils se sont fiancés.	Ils se sont parlé.
Ils se sont mariés.	Ils se sont souri.

5. In the negative, **ne** is placed before the reflexive pronouns, and **pas (plus, jamais)** follows the verb **être.**

Je ne me suis pas amusé(e).
Elle ne s'est jamais mariée.
Ils ne se sont plus parlé, après ça.

ANSWERS TO Comment dit-on?

6

1. Oui (Non), il (ne) s'est (pas) couché de bonne heure hier soir.
2. Oui (Non), elle (ne) s'est (pas) couchée de bonne heure aussi (non plus).
3. Oui (Non), il (ne) s'est (pas) endormi tout de suite.
4. Oui (Non), elle (ne) s'est (pas) endormie tout de suite.
5. Ils se sont réveillés à ___.
6. Oui (Non), ils (ne) se sont (pas) levés tout de suite.

Comment dit-on?

6 **Historiette** **Qui s'est couché de bonne heure?** Répondez.

1. Est-ce que Jacques s'est couché de bonne heure hier soir?
2. Et sa sœur? Elle s'est couchée de bonne heure aussi?
3. Est-ce que Jacques s'est endormi tout de suite?
4. Et sa sœur Annette? Elle s'est endormie tout de suite?
5. Ce matin, ils se sont réveillés à quelle heure?
6. Ils se sont levés tout de suite?

Frère et sœur

7 **Ce matin** Mettez au passé composé.

1. Je me réveille à sept heures.
2. Je me lève tout de suite.
3. Ma mère se lève à la même heure.
4. Mon père ne se lève pas avant huit heures.
5. Je me lave, et ensuite ma mère se lave.
6. Mon père se lave en dernier, et il se rase.
7. Nous nous habillons rapidement.
8. Vous vous dépêchez le matin?

8 **Florence et les autres** Faites l'accord quand c'est nécessaire.

1. Florence s'est lavé____.
2. Elle s'est lavé____ les mains avant de manger.
3. Avant de sortir, elle s'est habillé____.
4. Elle s'est brossé____ les cheveux.
5. Ses frères se sont rasé____.
6. Ils se sont lavé____ la figure et les mains.
7. Et ils se sont vite habillé____.
8. Paul, tu t'es dépêché____ ce matin?

9 **Historiette** **Isabelle et Philippe s'aiment?**
Répondez que oui ou que non.

1. Isabelle et Philippe se sont vus hier?
2. Ils se sont embrassés quand ils se sont rencontrés?
3. Ils se sont donné la main?
4. Ils se sont souri?
5. Ils se sont parlé longtemps?

Leçon 1
Culture

3 Practice

Comment dit-on?

6 Call students who have good penmanship to the board to write the answers.

7, **8** As you have the class read the answers, write the participles on the board and underline the endings of the past participles.

9 In each sentence you may wish to ask students why the participle agrees or does not agree.

7

1. Je me suis réveillé(e) à sept heures.
2. Je me suis levé(e) tout de suite.
3. Ma mère s'est levée à la même heure.
4. Mon père ne s'est pas levé avant huit heures.
5. Je me suis lavé(e), et ensuite ma mère s'est lavée.
6. Mon père s'est lavé en dernier, et il s'est rasé.
7. Nous nous sommes habillé(e)s rapidement.
8. Vous vous êtes dépêchés ce matin?

8

1. e	3. e	5. s	7. s
2. -	4. -	6. -	8. -

9

1. Oui (Non), ils (ne) se sont (pas) vus hier.
2. Oui (Non), ils (ne) se sont (pas) embrassés quand ils se sont rencontrés.
3. Oui (Non), ils (ne) se sont (pas) donné la main.
4. Oui (Non), ils (ne) se sont (pas) souri.
5. Oui (Non), ils (ne) se sont (pas) parlé longtemps.

Recycling

These activities allow students to use the vocabulary and structure from this lesson in completely open-ended, real-life situations.

Encourage students to say as much as possible when they do these activities. Tell them not to be afraid to make mistakes, since the goal of these activities is real-life communication. If someone in the group makes an error, allow the others to politely correct him or her. Let students choose the activities they would like to do.

You may wish to divide students into pairs or groups. Encourage students to elaborate on the basic theme and to be creative. They may use props, pictures, or posters if they wish.

Learning from Photos

(page 342 right) Le vieil Hôtel-Dieu qui datait du VIIe siècle a été remplacé par le bâtiment actuel au XIXe siècle.

(page 342 left) Le bois de Boulogne est un vaste parc de 846 hectares qui offre des activités variées: on peut s'y promener, rouler à vélo, faire du cheval, faire du bateau sur le lac inférieur. «Le Bois» est très agréable avec ses lacs, étangs, cascades, bois et jardins. C'est un lieu favori de sorties familiales le dimanche après-midi.

C'est à vous
Use what you have learned

ÉCRIRE
1 Médecins français et américains
✔ *Compare French and American doctors*

Vous avez appris certains faits sur la situation des médecins français. Croyez-vous que la situation des médecins américains soit la même? Écrivez un paragraphe où vous comparez les deux.

Hôpital de l'Hôtel-Dieu à Paris

Jogging dans le bois de Boulogne à Paris

PARLER / ÉCRIRE
2 Sport et personnalité
✔ *Describe the sport that best fits your personality*

Lequel de tous les sports que vous connaissez est le mieux adapté à votre personnalité? Justifiez votre réponse. Quel sport ne va pas du tout avec votre personnalité? Expliquez.

ÉCRIRE
3 Sports individuels ou collectifs?
✔ *Describe American preferences for sports*

D'après la lecture que vous venez de lire, les Français préfèrent de loin les sports individuels. D'après vous, que préfèrent les Américains, les activités individuelles ou les activités collectives? Justifiez votre opinion.

PARLER
4
Discussion et débat
✔ ***Discuss American preferences for sports***

Discutez avec un(e) camarade qui n'a pas la même opinion que vous sur cette dernière question. Préparez un débat pour la classe.

ÉCRIRE
5
Sondage
✔ ***Write a list of the most popular sports at your school***

Faites une liste de tous les sports pratiqués dans votre école. Demandez à vos camarades ce qu'ils font comme sport(s). Faites un rapport à la classe sur le(s) sport(s) le(s) plus pratiqué(s).

PARLER
6
Une journée importante
✔ ***Talk about everything that happened***

Racontez comment s'est passé la journée. Racontez toute votre journée du matin jusqu'au soir, du moment où vous vous êtes levé(e) au moment où vous vous êtes couché(e).

PARLER
7
ÉCRIRE
Une belle histoire
✔ ***Tell their love story***

Racontez leur histoire.

Chapter Projects

La Sécurité sociale

Demandez aux élèves de faire un exposé sur la Sécurité sociale en France et de faire une comparaison avec la situation aux États-Unis. Demandez-leur ensuite de faire une liste des avantages et des désavantages des deux systèmes et de choisir celui qu'ils préfèrent.

Resource Manager

Assessment Transparency A7.1
Online Quiz
Tests, pages 175–176 and 185–204
ExamView® Pro

Assessment

This is a pretest for students to take before you administer the lesson test. Answer sheets for students to do these pages are provided in your transparency binder. Note that each section is cross-referenced so students can easily find the material they have to review in case they made errors. You may wish to collect these assessments and correct them yourself or you may prefer to have the students correct themselves in class. You can go over the answers orally or project them on the overhead, using your Assessment Answers transparencies.

Assessment

Vocabulaire

To review the vocabulary, turn to pages 331–332.

1 Qui va avec quoi?

1. un infirmier	**a.** l'équitation
2. une ambulancière	**b.** un laboratoire
3. une cavalière	**c.** un hôpital
4. un nageur	**d.** une ambulance
5. une laborantine	**e.** une piscine

2 Complétez.

6. Ils sont très bien reçus. L'____ à la Délégation est excellent.
7. Le service est atroce! Je vais me ____ à la direction.
8. Il est en excellente santé. Il se ____ très bien.
9. Ils ont toujours peur d'être malades. Ils se ____ trop de leur santé.

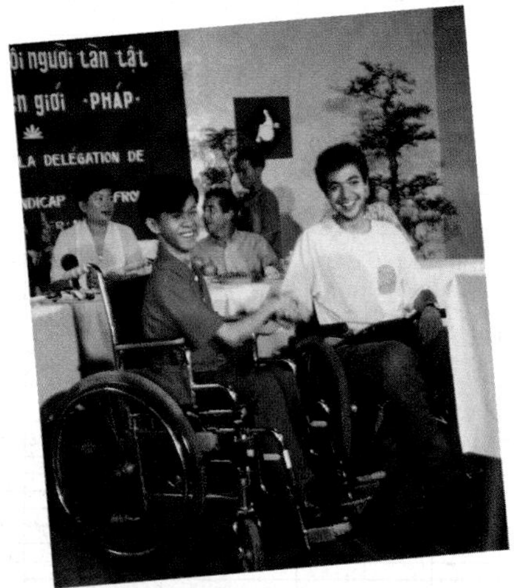

L'association «Handicap International» au Viêt Nam

Lecture

To review the reading, turn to pages 334–336.

3 Vrai ou faux?

10. Il n'y a pas assez de médecins en France.
11. Les médecins français ne sont pas contents de leur condition.
12. En France on fait plus de sport que dans d'autres pays.
13. Les Français se soucient de leur apparence physique.
14. Plus de Françaises que de Français font du sport.
15. Les Françaises pratiquent surtout des sports collectifs.

Answers to Assessment

1	2	3
1. c.	**6.** accueil	**10.** Faux.
2. d.	**7.** plaindre	**11.** Vrai.
3. a.	**8.** porte	**12.** Faux.
4. e.	**9.** soucient	**13.** Vrai.
5. b.		**14.** Faux.
		15. Faux.

Structure

4 Complétez au présent.

16. Chez moi, tout le monde ____ à six heures du matin. (se lever)
17. Après mon jogging, je vais ____. (se laver)
18. Nous ____ tout de suite: nous prenons notre petit déjeuner. (ne pas s'habiller)
19. Vous voulez ____! (se dépêcher)
20. Tu ____ les dents après tous les repas! (se brosser)

To review reflexive verbs in the present tense, turn to pages 337–338.

5 Mettez au passé composé.

21. Elle se réveille à sept heures.
22. Elle se lave.
23. Elle se lave les cheveux.
24. Elle ne se dépêche pas.
25. Elle s'habille... et ils s'en vont!

To review reflexive verbs in the past tense, turn to page 340.

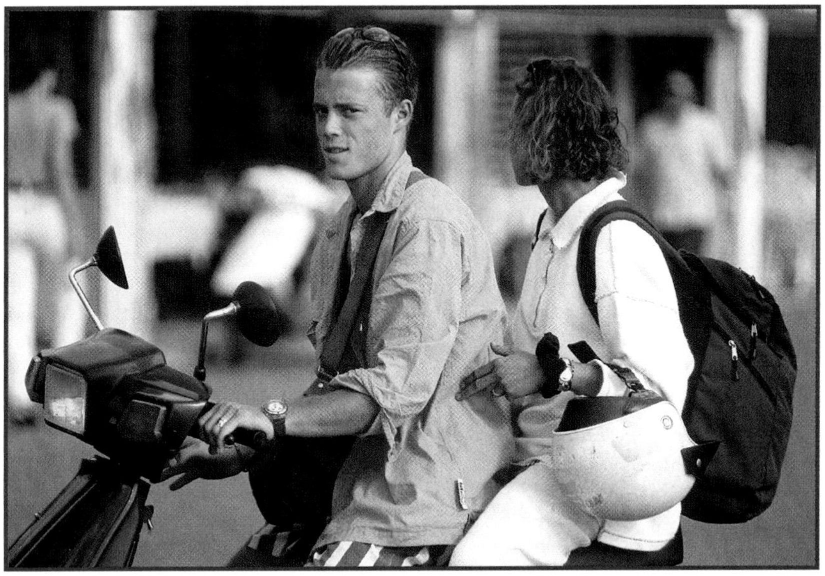

Jeune couple à Saint-Tropez, en France

Assessment

After going over the Assessment, you may administer the test for **Leçon 1, Chapitre 7.**

Learning from Photos

(page 345) Saint-Tropez était jadis un petit port de pêcheurs sur la Côte d'Azur. Le port est maintenant envahi par les yachts de luxe et les touristes s'emparent de la petite ville en été.

Answers to Assessment

4

16. se lève
17. me laver
18. ne nous habillons pas
19. vous dépêcher
20. te brosses

5

21. Elle s'est réveillée à sept heures.
22. Elle s'est lavée.
23. Elle s'est lavé les cheveux.
24. Elle ne s'est pas dépêchée.
25. Elle s'est habillée... et ils s'en sont allés!

1 Preparation

Resource Manager

Vocabulary Transparency V7.4
Audio Activities TE, page 114
Audio CD 7
Workbook, page 103
Quiz, page 89
ExamView® Pro

Bellringer Review

Use BRR Transparency 7.5 or write the following on the board:

Répondez avec un pronom.

1. **Tu es allé(e)** ***chez le médecin?***
2. **Il** ***t'a*** **examiné(e)?**
3. **Tu as ouvert** ***la bouche?***
4. **Tu as parlé** ***au médecin?***
5. **Il** ***t'a*** **donné une ordonnance?**
6. **Tu as lu** ***l'ordonnance?***
7. **Tu es allé(e)** ***à la pharmacie?***
8. **Tu as donné** ***l'ordonnance à la pharmacienne?***

2 Presentation

Vocabulaire pour la conversation

You may wish to follow the suggestions outlined in previous chapters.

Recycling

Have students identify the food items **(les aliments)** in the photo. You may want to use some of the following words: **des endives, des artichauts, des poivrons, des betteraves, des bletts.**

Leçon 2 Conversation

Vocabulaire pour la conversation

Qui vous a répondu au téléphone?
Qu'est-ce qui ne va pas?
Avec quoi vous soignez-vous?
un examen médical

Le médecin prend le pouls du patient.

Elle prend sa tension (artérielle).

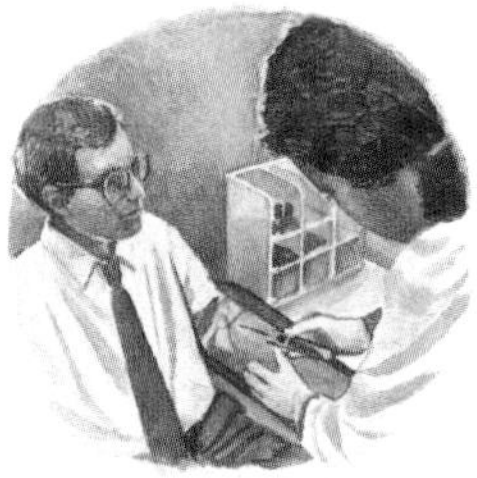
Elle lui fait une prise de sang.

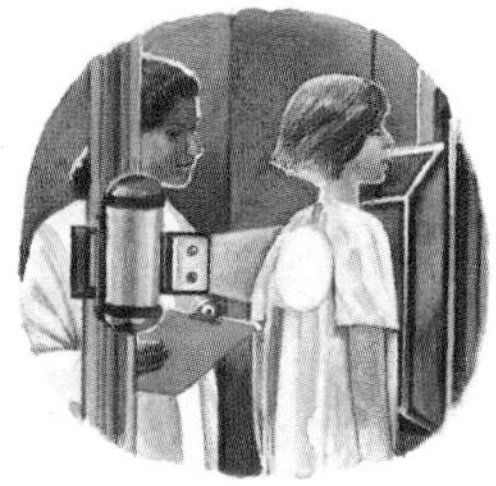
Elle lui fait une radio(graphie) des poumons.

Plus de vocabulaire

exiger demander avec beaucoup d'autorité, commander
pulmonaire qui concerne les poumons
cardiaque qui concerne le cœur
sain(e) en bonne santé, qui contribue à la bonne santé

graisse . lipide = fat.

ADDITIONAL PRACTICE

- Ask the following questions about the illustrations on this page: **Est-ce que la patiente passe un examen médical? Elle est dans la salle des urgences ou dans le cabinet du médecin? Qu'est-ce que le médecin veut savoir quand elle prend le pouls du patient? On prend la tension artérielle pour vérifier si les poumons sont en bon état? Le médecin doit faire une piqûre pour faire une prise de sang? Est-ce qu'une radio indique si un os est cassé? Qu'est-ce qu'elle montre?**
- Ask students: **Est-ce que vos parents exigent que vous mangiez certains aliments que vous n'aimez pas? Lesquels? La nourriture est importante, à votre avis? Pour être en bonne santé il faut manger beaucoup de hamburgers? Beaucoup de fromage? Beaucoup de fruits et de légumes? Connaissez-vous quelqu'un qui a des problèmes cardiaques ou pulmonaires? Qu'est-ce qu'il faut manger pour prévenir les maladies cardiaques? Les œufs sont bons pour le cœur? Il faut en manger tous les jours? Pourquoi pas? Y a-t-il du cholestérol dans les œufs? Est-ce que la tuberculose est une maladie cardiaque?**

Quel est le mot?

Docteur MAZZONI Bernard
MEDECINE GENERALE
MESOTHERAPIE
CONSULTATIONS :
Matin : 10 h.00 - 12 h.00
Après-midi : 14 h.00 - 16 h.00 Lundi - Jeudi
16 h.30 - 19 h.00 Mardi - Vendredi
Tél. 04.90.66.40.49

1 **Vrai ou faux?** Corrigez les phrases fausses.

1. Une tension (artérielle) élevée est dangereuse.
2. Pour faire une prise de sang, il faut faire une piqûre.
3. Une radio(graphie) est une photographie faite avec des rayons X.
4. Prendre le pouls est une activité sportive.
5. Quand on respire, on utilise ses poumons.

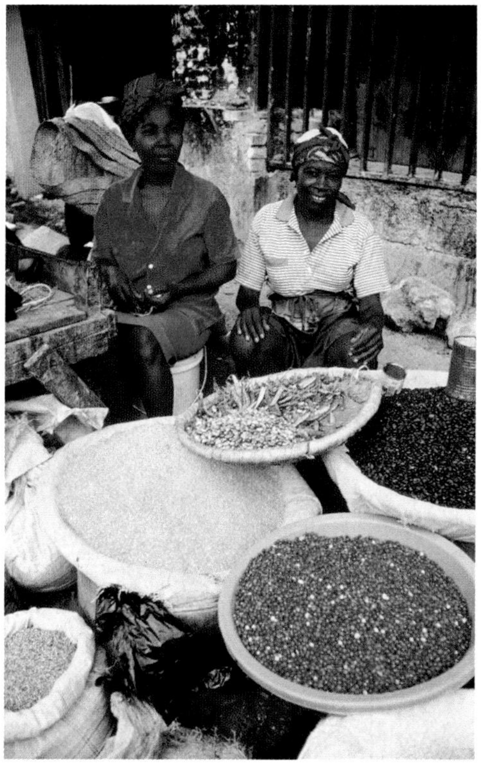

Un marché à Port-au-Prince, en Haïti

2 **Quel est le mot?** Donnez le mot dont la définition suit.

1. relatif aux poumons
2. commander
3. les aliments, ce qu'on mange
4. relatif au cœur
5. en bonne santé

3 **Le médecin exige** Complétez la phrase avec les aliments donnés. Suivez le modèle.

pomme →
J'exige que vous mangiez / (buviez) deux pommes par jour.

1. pomme
2. eau
3. carotte
4. jus d'orange
5. lait
6. yaourt
7. fromage
8. salade
9. légume

3 Practice

Comment dit-on?

1, **2** These activities can be gone over in class after the vocabulary has been presented.

Learning from Photos

(page 347) Haïti occupe la partie ouest de l'île d'Hispaniola. L'autre partie forme la République Dominicaine. Haïti est une république indépendante depuis 1804. On y parle français et créole, un langage formé au contact du français, de l'espagnol et de langues africaines. La capitale Port-au-Prince a environ 1 500 000 habitants. Les peintures «naïves» haïtiennes sont exposées dans le monde entier.

Answers to Comment dit-on?

1

1. Vrai.
2. Vrai.
3. Vrai.
4. Faux. Prendre le pouls fait partie d'un examen médical.
5. Vrai.

2

1. pulmonaire
2. exiger
3. la nourriture (l'alimentation)
4. cardiaque
5. sain(e)

3 *Answers will vary.*

1. J'exige que vous mangiez...
2. J'exige que vous buviez...
3. J'exige que vous mangiez...
4. J'exige que vous buviez...
5. J'exige que vous buviez...
6. J'exige que vous mangiez...
7. J'exige que vous mangiez...
8. J'exige que vous mangiez...
9. J'exige que vous mangiez...

Leçon 2 Conversation

National Standards

Communication
Students talk about health-related issues.

Connections
Students increase their knowledge of health and medicine.

1 Preparation

Resource Manager

Audio Activities TE, pages 115–116
Audio CD 7
Workbook, page 104
Quiz, page 90

2 Presentation

Conversation

Step 1 Have students listen to the recording of the **Conversation** on the Audio CD.

Step 2 Call on two students to read the **Conversation** aloud.

Step 3 Have students make up questions about the conversation. They may call on whomever they want to answer their questions.

Cross-Cultural Comparison

Blood pressure in France is measured in centimeters rather than in millimeters as in the U.S. Christophe's blood pressure in the U.S. would be given as 120/70. Blood pressure of **12/7** is read as **«douze, sept»**.

Leçon 2 Conversation

Mise en scène

Christophe (25 ans) rend visite à sa mère, Mme Perrin. Comme toujours, elle veut tout savoir de la vie de son fils préféré.

En pleine forme!

Le médecin me trouve en parfaite santé!

Christophe Je viens de passer un examen médical.
Mme Perrin Pourquoi? Qu'est-ce qui ne va pas?
Christophe Rien, mais je veux faire de la plongée sous-marine et le club exige un examen médical complet.
Mme Perrin Qu'est-ce que le médecin t'a fait?
Christophe Il m'a pris le pouls et la tension.
Mme Perrin Et alors?
Christophe Normaux. J'ai 12/7 de tension.
Mme Perrin Il t'a fait une prise de sang?
Christophe Oui, et ça je n'aime pas du tout! Mais il faut bien, pour faire une analyse de sang!
Mme Perrin Tu as les résultats?
Christophe Oui, il m'a dit que tout est normal: le cholestérol, ça va. Tout va bien.
Mme Perrin Il t'a fait une radio des poumons?
Christophe Oui, négatif: pas de problèmes pulmonaires. Et l'électrocardiogramme est normal, pas de troubles cardiaques.
Mme Perrin Autrement dit, tu es en bonne santé?
Christophe Absolument! En parfaite santé!

Et je suis en pleine forme!

Christophe Et je suis en pleine forme!
Mme Perrin Tu es en bonne forme parce que tu fais beaucoup de sport. Tu fais toujours du jogging?
Christophe Oui, je fais toujours mes 10 kilomètres par semaine. Et puis, je fais très attention à ce que je mange. Une nourriture saine, c'est important!
Mme Perrin Ça, c'est sûr. Tu commences la journée par un bon petit déjeuner, j'espère!
Christophe Certainement! Le matin, je bois un grand jus d'orange, et je mange un yaourt et des céréales. Et puis, je fais trois repas par jour, et je ne mange jamais entre les repas.
Mme Perrin Jamais? Tu es sûr?!
Christophe Disons, presque jamais!

LEVELING
E: Conversation

Recycling

As a review activity, have students give all the expressions they know for procedures, tests, and exams that take place in a doctor's office.

Critical Thinking Activity

Have students review the medical terminology in this chapter. Then have them consider similar words in English. Ask them if they know why so many medical words are nearly identical in French and English. Have them write or give an oral explanation of the relationship between the two languages, as they pertain to medicine.

Vous avez compris?

A Répondez d'après la conversation.

1. Qu'est-ce que Christophe vient de passer?
2. Pour quelle raison?
3. Qu'est-ce que le médecin lui a fait?
4. Il a reçu les résultats?
5. Quels sont les résultats?
6. Il a des problèmes ou des troubles?
7. Il est en bonne santé?
8. Il est en forme?
9. Que fait-il pour rester en forme?
10. Quand mange-t-il?
11. Il mange entre les repas?
12. Que mange-t-il au petit déjeuner?

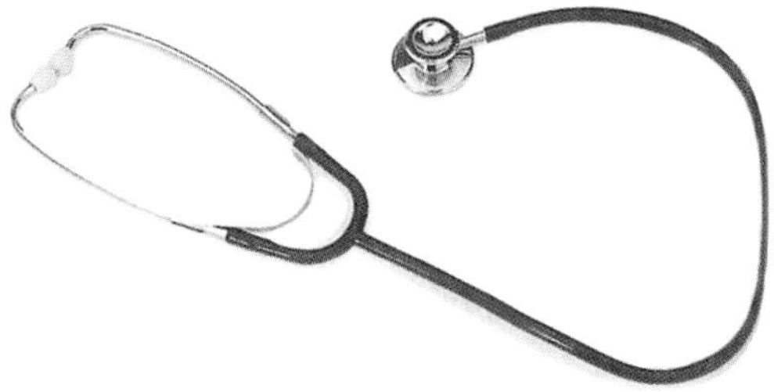

Solutions vertes
LA SÉLECTION UDO
Super Verts®
Mettez-vous au Super Verts® pour obtenir un mélange synergique de plus de quarante-cinq des meilleurs aliments verts, acides gras essentiels, fibres, concentrés d'aliments complets, phytonutriments, antioxydants et enzymes digestifs qui vous aidera à maintenir une alimentation équilibrée.
FLORA

B Donnez les renseignements suivants sur la santé de Christophe.

1. sa tension artérielle
2. le résultat de son analyse de sang
3. le résultat de sa radiographie des poumons
4. le résultat de son électrocardiogramme
5. les sports qu'il pratique
6. le nombre de repas qu'il fait chaque jour

C Donnez des réponses personnelles.

1. Comment allez-vous aujourd'hui?
2. Vous êtes en forme?
3. Vous connaissez quelqu'un qui est malade? Qu'est-ce qu'il/elle a?
4. Qu'est-ce que vous lui dites?
5. Vous êtes en pleine forme quand vous avez un rhume? Comment êtes-vous?
6. Vous êtes fatigué(e) en ce moment?
7. Vous dormez bien ou mal?
8. Vous mangez avec appétit?

Leçon 2
Conversation

3 Practice

Vous avez compris?

A You can ask the questions in **Activité A** as you are going over the **Conversation.**

B You may allow students to look up the information if they can't recall it.

C You can do **Activité C** orally in class with books closed and no previous preparation.

ANSWERS TO Vous avez compris?

A

1. Il vient de passer un examen médical.
2. Il veut faire de la plongée sous-marine et le club exige un examen médical.
3. Le médecin lui a pris le pouls et la tension, et il lui a fait une prise de sang.
4. Oui, il a reçu les résultats.
5. Tout est normal.
6. Non, il n'a ni problèmes ni troubles.
7. Oui, il est en parfaite santé.
8. Oui, il est en pleine forme.
9. Il fait beaucoup de sport et il fait très attention à ce qu'il mange.
10. Il mange trois fois par jour.
11. Non, il ne mange presque jamais entre les repas.
12. Au petit déjeuner, il mange un yaourt et des céréales.

B

1. 12/7.
2. Tout est normal.
3. Négatif: pas de problèmes.
4. Normal: pas de troubles cardiaques.
5. Il fait du jogging.
6. Trois repas par jour.

C *Answers will vary.*

1 Preparation

Resource Manager

Audio Activities TE, page 117
Audio CD 7
Workbook, pages 104–105
Quizzes, pages 91–92
ExamView® Pro

Bellringer Review

Use BRR Transparency 7.6 or write the following on the board:

Complétez.

1. **Je sais ___ tu es arrivé(e) en retard.**
2. **Je ne sais pas ___ est là. C'est peut-être Robert.**
3. **C'est Robert ___ m'a dit ___ tu es arrivé(e) en retard.**
4. **Je sais ___ tu as pris le livre ___ était sur la table.**
5. **Oui. Mais c'est le livre ___ tu as déjà lu, non?**

2 Presentation

Le pronom interrogatif **qui**

Step 1 The two important points for students to remember are that **qui** always refers to a person and that it can be used as a subject, an object, or as an object of a preposition.

Step 2 It is the longer forms (Item 2) of **qui** that pose problems for students. The use of the long form is becoming much less frequent because of the overwhelming tendency to put the interrogative word at the end of the sentence. One will hear **Tu as vu qui?** far more frequently than **Qui est-ce que tu as vu?**

Structure ✤ *Révision*

Le pronom interrogatif qui
Asking *who* or *whom*

1. **Qui** refers to a person and can be the subject or object of the verb, or the object of a preposition.

Subject	Object	Object of a preposition
—Qui est là? —Paul.	—Tu as vu qui? —Anne.	—Tu as dîné avec qui? —Avec elle.
—Qui parle? —Lui.	—Qui avez-vous vu? —Luc.	—Pour qui l'avez-vous acheté? —Pour lui.

Remember that **qui** followed by the inversion (verb + subject) is used in formal or written French.

À qui parlez-vous?

2. The long forms **qui est-ce qui** or **qui est-ce que** are sometimes used. Study the following.

Subject	Object
—Qui est-ce qui parle à Paul? —Son ami Luc.	—Qui est-ce que tu as vu? —J'ai vu Jacqueline.

Object of a preposition
—Avec qui est-ce que tu as dîné? —Avec Paul.

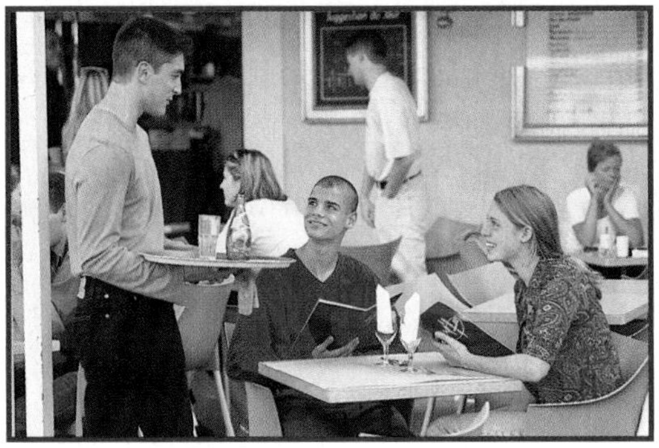

Place Charles Félix à Nice

Comment dit-on?

1 Qui ça? Complétez.

1. —Marie joue au tennis.
   —____ joue au tennis?
2. —Paul est très bon joueur.
   —____ est très bon joueur?
3. —Son frère aime faire du jogging.
   —____ aime faire du jogging?
4. —J'aime écouter Marie.
   —Tu aimes écouter ____?
5. —J'ai vu son frère.
   —___ as-tu vu?
6. —Elle chante avec son frère.
   —Avec ___ chante-t-elle?

Marie joue au tennis.

2 Qui? Complétez.

1. —Sophie chante.
   —____ est-ce ____ chante?
2. —Elle a une très belle voix.
   —____ est-ce ____ a une belle voix?
3. —Et son frère l'accompagne au piano.
   —____ est-ce ____ l'accompagne au piano?
4. —J'aime écouter Sophie.
   —____ est-ce ____ tu aimes écouter?
5. —Et j'aime écouter son frère.
   —____ est-ce ____ tu aimes écouter?
6. —Elle chante avec son frère.
   —Avec ____ est-ce ____ elle chante?

3 Vous n'avez pas bien entendu. Posez des questions d'après le modèle.

—Catherine va partir demain.
—Pardon, qui va partir demain?

1. Philippe va partir demain.
2. Philippe va en Italie.
3. J'ai parlé avec Philippe hier.
4. J'ai vu Philippe hier.
5. Il va en Italie avec Catherine.

3 Practice

Comment dit-on?

1, **2** You may wish to give students a couple of minutes to look at these activities and then go over them orally in class. Have them write them for homework as additional reinforcement.

3 Have students prepare **Activité 3** and then go over it in class.

Answers to Comment dit-on?

1

1. Qui (Qui est-ce qui)
2. Qui (Qui est-ce qui)
3. Qui (Qui est-ce qui)
4. qui
5. Qui
6. qui

2

1. Qui… qui
2. Qui… qui
3. Qui… qui
4. Qui… que
5. Qui… que
6. qui… qu'

3

1. Pardon, qui va partir demain?
2. Pardon, qui va en Italie?
3. Pardon, avec qui as-tu parlé hier? (Tu as parlé avec qui hier?)
4. Pardon, qui as-tu vu hier? (Tu as vu qui hier?)
5. Pardon, avec qui va-t-il en Italie? (Il va en Italie avec qui?)

Presentation

Les pronoms interrogatifs **que** et **quoi**

Step 1 Have students study the chart. You may want to point out that the first pronoun indicates whether it is people or things and the second pronoun indicates whether it is subject or object.

Step 2 The difference between **qu'est-ce qui** and **qu'est-ce que** is confusing to many students. It is suggested that you emphasize the model sentences and the sentences that appear in the activities. The more students hear and use these pronouns, the more accurately they will use them.

Step 3 Ask the students frequently to make up their own questions so that this point gets reintroduced often.

Leçon 2
Conversation

Les pronoms interrogatifs que et quoi
Asking *what*

1. When *what* is the subject of the question, **qu'est-ce qui** must be used.

—Qu'est-ce qui ne va pas?
—J'ai mal à la tête.

—Qu'est-ce qui se passe?
—Rien de spécial.

2. When *what* is the object of the question, **qu'est-ce que, que,** or **quoi** can be used. **Que** is followed by inversion (verb + subject).

—Qu'est-ce que vous voulez? / Que voulez-vous? / Vous voulez quoi?
—Partir tout de suite.

—Qu'est-ce qu'il a? / Qu'a-t-il?
—Il a la grippe.

Remember that **que** followed by inversion is used in formal or written French.

Que voulez-vous?

3. **Quoi** is always used after a preposition when referring to a thing.

—Vous avez peur de quoi?
—De la maladie.

—À quoi pense-t-il?
—À ses problèmes.

—Avec quoi est-ce que tu te soignes?
—Avec des antibiotiques.

4. Review the following chart.

	Subject	Object	Object of preposition
People	Qui est-ce qui	Qui est-ce que	Avec qui est-ce que
Things	Qu'est-ce qui	Qu'est-ce que	Avec quoi est-ce que

Qui est-ce qui vous a fait ça?
Qu'est-ce qui ne va pas?

Qui est-ce que vous allez voir?
Qu'est-ce que vous avez?

Avec qui est-ce que vous parlez?
Avec quoi est-ce que vous vous soignez?

Comment dit-on?

4 Dites-moi! Complétez.

1. Jacques, ____ se passe?
2. ____ est arrivé?
3. ____ a fait ce bruit?
4. ____ tu as fait, mon petit?
5. ____ tu as vu?
6. De ____ as-tu peur?
7. ____ va-t-il faire?
8. À ____ pensez-vous?

Tulipes au bord du lac Léman à Genève, en Suisse

5 Qu'est-ce qu'on fait? Écrivez des questions d'après le modèle.

Je pense à mes examens. ⟶
À quoi pensez-vous?

1. Bernard va faire un voyage en Suisse.
2. Beaucoup de gens ont peur de voyager en avion.
3. Je vais mettre mes affaires dans cette grande valise.
4. Nous pensons souvent à notre voyage en France.
5. Elle a besoin d'un passeport.
6. Elle va obtenir son passeport la semaine prochaine.

6 Vous voulez tout savoir. Complétez.

1. Le téléphone a sonné.
   ____ a sonné?
2. Lisette a répondu au téléphone.
   ____ a répondu au téléphone?
3. Robert est à l'appareil.
   ____ est à l'appareil?
4. Lisette parle avec Robert.
   Avec ____ parle-t-elle?
5. Ils parlent du marathon.
   De ____ parlent-ils?
6. Leur ami Pierre a gagné le marathon.
   ____ a gagné le marathon?
7. Pierre a reçu un trophée.
   ____ il a reçu?
8. Pierre a donné son trophée à sa mère.
   À ____ a-t-il donné son trophée?
9. Il a embrassé sa mère.
   ____ a-t-il embrassé?
10. Rose et Luc vont donner une fête pour Pierre.
    ____ vont-ils donner? Pour ____?

Marathon à Paris

Answers to Comment dit-on?

4

1. qu'est-ce qui
2. Qu'est-ce qui
3. Qui (Qui est-ce qui) (Qu'est-ce qui)
4. Qu'est-ce que
5. Qu'est-ce que (Qui est-ce que)
6. quoi
7. Que
8. quoi

5

1. Que va faire Bernard?
2. De quoi beaucoup de gens ont-ils peur?
3. Dans quoi allez-vous mettre vos affaires?
4. À quoi pensez-vous souvent?
5. De quoi a-t-elle besoin?
6. Quand va-t-elle obtenir son passeport?

6

1. Qu'est-ce qui
2. Qui (Qui est-ce qui)
3. Qui (Qui est-ce qui)
4. qui
5. quoi
6. Qui (Qui est-ce qui)
7. Qu'est-ce qu'
8. qui
9. Qui
10. Que, qui

Leçon 2
Conversation

3 Practice

Comment dit-on?

4, 5, 6 It is suggested that you go over these activities in class, assign them for homework, and go over them again the following day.

ADDITIONAL PRACTICE

After going over the activities, have students make up original questions using these pronouns.

Learning from Photos

(page 353 top) Genève est bâtie sur un site de collines au bord du lac Léman. La ville est très agréable avec ses parcs, ses jardins pleins de fleurs. Genève abrite de nombreux organismes internationaux: entre autres, le siège de l'O.N.U. pour l'Europe, de l'Organisation mondiale de la santé (O.M.S.), de l'Organisation internationale du travail (O.I.T.) et de la Croix-Rouge internationale.

(page 353 bottom) Le marathon de Paris a lieu tous les ans au mois d'avril.

Career Connection

Read the Learning from Photos to students. Have them pick the international organisation that they would like to work for. Have them describe their dream job there. Then have them tell why French is important.

Recycling

These activities allow students to use the vocabulary and structure from this lesson in completely open-ended, real-life situations.

Encourage students to say as much as possible when they do these activities. Tell them not to be afraid to make mistakes, since the goal of these activities is real-life communication. If someone in the group makes an error, allow the others to politely correct him or her. Let students choose the activities they would like to do.

You may wish to divide students into pairs or groups. Encourage students to elaborate on the basic theme and to be creative. They may use props, pictures, or posters if they wish.

Leçon 2
Conversation

C'est à vous
Use what you have learned

PARLER
1

La photo mystérieuse

✓ Ask for information based on the photo

Un(e) de vos camarades vous montre la photo ci-contre. Vous lui posez toutes sortes de questions pour savoir de qui et de quoi il s'agit.

Qui est-ce?
Qu'est-ce qu'il chante?
À quoi pense-t-il?
Dans quelle ville habite-il?
Comment s'appelle son chien?

PARLER
2

Chez le médecin

✓ Talk about medical exams

Vous voulez devenir membre d'un club d'alpinisme. Ce club exige que vous alliez voir votre médecin pour un examen médical complet. Avec un(e) camarade de classe, préparez la conversation que vous allez avoir avec votre médecin. Votre camarade jouera le rôle du médecin.

PARLER
3

Un peu de sport et on se sent beaucoup mieux!

✓ Convince your friends to go windsurfing

Vous rencontrez trois copains sur la plage. Ils ont l'air de s'ennuyer. Vous leur proposez d'aller faire de la planche à voile. Vos copains réagissent très négativement. Vous leur demandez ce qui ne va pas. L'un dit qu'il est triste, l'autre qu'elle est déprimée, le troisième qu'il est fatigué. Vous demandez à chacun(e) pourquoi. Et puis vous les encouragez à venir faire de la planche à voile pour oublier leurs problèmes. Travaillez avec trois camarades qui joueront les rôles de vos copains.

PARLER
4

Il faut être en forme.

✔ Tell your friend what he or she needs to do to get in shape

Un(e) ami(e) vous invite à aller passer une semaine à la montagne pour faire du ski. Vous n'en avez jamais fait. Votre ami(e) vous dit que ce n'est pas difficile, mais qu'il faut être en forme—ce qui n'est pas votre cas. Vous demandez à votre ami(e) ce qu'il faut que vous fassiez pour vous mettre en forme. Travaillez avec un(e) camarade de classe qui jouera le rôle de votre ami(e).

Ski dans la neige poudreuse à Chamonix, en France

ÉCRIRE
5

Une nourriture saine, c'est important!

✔ Create a plan to stay healthy

Vous voulez rester en forme. Faites le planning de tout ce que vous allez manger pendant la semaine. Vous pouvez demander l'aide d'un(e) camarade «diététicien(ne)».

SAMBUGUARD
Pour enrayer la grippe
Dr.Dünner
Sambu Guard
Prenez-le dès les premiers indices d'un rhume ou d'une grippe.
Flora
À la fine pointe de la nature
1-800-363-9542 • www.florahealth.com

Leçon 2
Conversation

Learning from Photos

(page 355 top) Chamonix est une station de sports d'hiver et d'alpinisme mondialement connue. Elle est située dans les Alpes, au pied du mont Blanc qui, avec ses 4 807 m, est le plus haut sommet de France.

Chapter Projects

Le régime

Organisez un festival de cuisine légère. Demandez aux élèves d'apporter quelque chose à manger qui soit diététique ainsi qu'une recette qui figurera dans un livre de cuisine légère fait par toute la classe.

Assessment

Resource Manager

Assessment Transparency A7.2
Online Quiz
Tests, pages 177–179 and 185–204
ExamView® Pro

Assessment

This is a pretest for students to take before you administer the lesson test. Answer sheets for students to do these pages are provided in your transparency binder. Note that each section is cross-referenced so students can easily find the material they have to review in case they made errors. You may wish to collect these assessments and correct them yourself or you may prefer to have the students correct themselves in class. You can go over the answers orally or project them on the overhead, using your Assessment Answers transparencies.

Assessment

Vocabulaire

To review the vocabulary, turn to page 346.

1 Définitions.

1. commander
2. relatif aux poumons
3. relatif au cœur
4. photographie faite avec des rayons X
5. qui n'est pas malade
6. action de prendre le sang

Conversation

To review the conversation, turn to page 348.

2 Répondez.

7. Pour quelle raison Christophe passe-t-il un examen médical?
8. Que lui fait le médecin?
9. Quels sont les résultats?
10. Qu'est-ce que Christophe fait comme sport?
11. Combien de repas fait-il par jour?
12. Qu'est-ce qu'il mange au petit déjeuner?

Structure

To review interrogative pronouns, turn to pages 350 and 352.

3 Complétez avec *qui, que* ou *quoi*.

13. J'ai peur de cet homme.
    Vous avez peur de ____?
14. J'ai peur de l'examen médical.
    Vous avez peur de ____?
15. Je veux voir le médecin!
    ____ voulez-vous voir?
16. Je veux lui dire quelque chose.
    ____ voulez-vous lui dire?

Answers to Assessment

1

1. exiger
2. pulmonaire
3. cardiaque
4. une radiographie
5. sain(e)
6. une prise de sang

2

7. Christophe passe un examen médical parce qu'il veut faire de la plongée sous-marine et que le club exige un examen.
8. Le médecin lui a pris le pouls et la tension. Il lui a fait une prise de sang et une radio des poumons.
9. Il est en parfaite santé.
10. Christophe fait du jogging.
11. Il fait trois repas par jour.
12. Au petit déjeuner il boit un grand jus d'orange et il mange un yaourt et des céréales.

3

13. qui
14. quoi
15. Qui
16. Que

Assessment

After going over the Assessment, you may administer the test for **Leçon 2, Chapitre 7.**

4 Posez la question.

17. Elle se soigne avec *des antibiotiques*.
18. Elle va voir *son médecin*.
19. *Philippe* va l'accompagner.
20. Ces médicaments sont pour *son père*.
21. Elle a peur de *la maladie*.

To review interrogative pronouns, turn to pages 350 and 352.

Une rue à grande circulation, à Tunis

5 Choisissez l'expression qui convient.

22. Tu n'as pas l'air bien. ____ ne va pas?
(Qu'est-ce qui / Qu'est-ce que)
23. ____ va t'accompagner chez le médecin?
(Qui est-ce qui / Qui est-ce que)
24. ____ tu aimes le mieux: Olivier ou Guillaume?
(Qui est-ce qui / Qui est-ce que)
25. ____ tu veux?
(Qu'est-ce qui / Qu'est-ce que)

To review interrogative pronouns, turn to pages 350 and 352.

Answers to Assessment

4

17. Elle se soigne avec quoi?
18. Elle va voir qui?
19. Qui va l'accompagner?
20. Ces médicaments sont pour qui?
21. Elle a peur de quoi?

5

22. Qu'est-ce qui
23. Qui est-ce qui
24. Qui est-ce que
25. Qu'est-ce que

1 Preparation

Resource Manager

Vocabulary Transparency V7.5
Audio Activities TE, pages 118–119
Audio CD 7
Workbook, pages 106–107
Quiz, page 93
ExamView® Pro

Bellringer Review

Use BRR Transparency 7.7 or write the following on the board:
Trouvez le mot qui correspond.

1. les doigts	**a. la vue**
2. le nez	**b. le toucher**
3. les yeux	**c. l'ouïe**
4. les oreilles	**d. l'odorat**
5. la langue	**e. le goût**

2 Presentation

Vocabulaire pour la lecture

Step 1 Have students repeat the new vocabulary after you.

Step 2 Call on students to read the new words and definitions. You may wish to ask the following questions: **Est-ce que le chant d'un oiseau vous tire du sommeil? Et une sirène d'alarme? Le bruit que fait un marteau est agréable? Une belle voix est agréable? Tu aimes regarder les feuilles qui changent de couleurs en automne? Tu as un baladeur? Ton baladeur est cassé comme celui de Jean Paul?**

Step 3 Have students give you an antonym for each word:
endormir
permanent
temporaire
fort
doux

Vocabulaire pour la lecture

L'oreille et le bruit

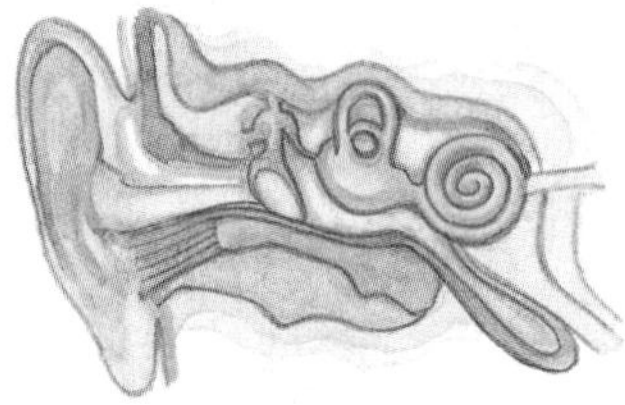

Une oreille: les deux oreilles forment l'appareil auditif.

Cool, ton nouveau baladeur!
C'est pas à moi. C'est celui de Marc. Le mien est cassé!

Lesquels de ces bruits sont agréables?
Ceux de la nature et celui d'une voix douce.

Plus de vocabulaire

l'audition *(f.)* l'écoute
un engin machine, appareil, instrument ou véhicule
la sorte le type, le genre
tirer du sommeil réveiller
aigu(ë) (son) dont la hauteur est désagréable
définitif(ve) / définitivement pour toujours
faible qui a peu d'intensité
fort(e) qui a beaucoup d'intensité
passager(ère) pour peu de temps
sourd(e) qui ne peut pas entendre, privé(e) complètement de la faculté d'entendre

Quel est le mot?

1 Quels sont vos goûts? Donnez des réponses personnelles.

1. Tu préfères les sons faibles ou forts?
2. Tu aimes les sons aigus?
3. Tu aimes être tiré(e) du sommeil par une sirène d'alarme?
4. Tu préfères quelle sorte de musique? Le rock ou le jazz?
5. Tu sais utiliser un marteau? Et un marteau-piqueur?
6. Tu aimes chanter? Tu as une belle voix?

2 Sons agréables ou désagréables? Donnez des réponses personnelles.

1. Une belle voix douce?
2. Le chant des oiseaux?
3. Le bruit du vent dans les feuilles des arbres?
4. Une sirène d'alarme?
5. Un marteau-piqueur?
6. Le sifflet d'un agent de police?
7. La voix d'une personne aimée?
8. Les klaxons de cent voitures?
9. Un son très aigu?
10. Un engin très bruyant?

3 Quel est le mot? Complétez.

1. Cette chanteuse a une ____ très agréable.
2. Une voiture a un ____.
3. Une ambulance a une ____.
4. Un charpentier utilise souvent un ____.
5. Ceux qui font des travaux dans les rues ou sur les routes utilisent souvent des ____.
6. Les sons très ____ et ____ ne sont pas agréables.
7. Les ____ forment l'appareil auditif.
8. Tu vas devenir ____ si tu continues à mettre cette musique aussi fort.
9. Il y a différentes ____ de musiques: classique, jazz, etc.
10. À la première ____, ils ont beaucoup aimé cette musique.
11. Je ne reconnais pas cette musique: j'ai une très mauvaise ____.

3 Practice

Quel est le mot?

1, **2** These activities can be done orally with books closed after the vocabulary has been presented.

3 You may have students prepare this activity and then go over it in class, having students read the entire sentence.

Learning from Photos

(page 359 top) La célèbre chanteuse Larusso, de son vrai nom Lætitia Serero, est d'origine tunisienne et marocaine.

Answers to Quel est le mot?

1 *Answers will vary.*

2

1. C'est très agréable.
2. C'est très agréable.
3. C'est très agréable.
4. C'est très désagréable.
5. C'est très désagréable.
6. C'est très désagréable.
7. C'est très agréable.
8. C'est très désagréable.
9. C'est très désagréable.
10. C'est très désagréable.

3

1. voix
2. klaxon
3. sirène
4. marteau
5. marteaux-piqueurs
6. forts, aigus
7. oreilles
8. sourd(e)
9. sortes
10. audition
11. oreille

National Standards

Communication
Students read magazine articles that describe how ears function and how they can be damaged by excessive noise.

Connections
Students further their knowledge of health and medicine.

1 Preparation

Resource Manager

Audio Activities TE, page 119
Audio CD 7
Workbook, pages 107–108
Quiz, page 94

Bellringer Review

Use BRR Transparency 7.8 or write the following on the board:
Qu'est-ce que vous faites quand...
1. vous avez soif?
2. vous avez faim?
3. vous avez sommeil?
4. vous avez mal à la tête?

2 Presentation

Avant la lecture

Step 1 You may wish to read **Avant la lecture** aloud or have students read it silently.

Lecture

Step 1 You may wish to call on students to read some paragraphs aloud, or have students read the entire article silently.

Step 2 You may wish to ask students the questions from **Activité A** on page 362.

Leçon 3
Journalisme

Avant la lecture

On parle toujours de la pollution de l'environnement. Malheureusement, nous sommes tous exposés à la pollution par le bruit. Les personnes qui vivent dans des endroits bruyants ont souvent des troubles de l'oreille et entendent de moins en moins bien. Les jeunes surtout, qui jouent leur musique très fort, sont affectés.

Les deux articles qui suivent et qui concernent l'oreille et le bruit ont paru dans *Okapi,* un magazine français consacré aux jeunes.

L'oreille

Nos oreilles fonctionnent sans cesse

Nos oreilles, quels appareils! Nos yeux peuvent se fermer, mais nos oreilles, elles, restent ouvertes. Elles ne cessent d'entendre. Nuit et jour, immobiles, elles accueillent les bruits.

Notre oreille est pleine de souvenirs

Il y a longtemps que vous entendez, bien longtemps! Dans le ventre de votre mère déjà, vous aviez deux oreilles qui entendaient. De là, vous entendiez vivre le monde des hommes. Les voix, les musiques, les bruits d'engins, tout vous parvenait[1]. Ainsi, par vos oreilles, vous avez eu vos premiers contacts avec le monde extérieur.

Notre oreille veille à[2] notre sécurité

Nous n'avons pas d'yeux derrière la tête, mais nos deux oreilles nous signalent les dangers que nous ne voyons pas: le klaxon de la voiture qui arrive à toute vitesse, la sirène d'alarme qui nous tire du sommeil pour nous permettre de fuir[3] l'incendie. Grâce à[4] notre oreille, nous courons moins de dangers.

Nous avons soif de sons

Le son, c'est la vie. Nous aimons l'entendre, le produire. Quand nous sommes joyeux, que nous faisons la fête, nous chantons, nous rions, nous crions, nous applaudissons. Dans certaines prisons, le silence total a été utilisé comme une sorte de torture: il rendait souvent les gens fous[5] d'angoisse.

Le bruit peut-il blesser?

Notre oreille perçoit bien la différence entre un son faible et un son fort. L'intensité d'un son se mesure en décibels, avec un sonomètre.

Zéro décibel correspond à la force du bruit le plus faible que l'oreille peut entendre. Cela ne se trouve à peu près jamais. Même dans une campagne très calme, la nuit, le sonomètre enregistre toujours quelques décibels.

À partir de 90 décibels, l'oreille se fatigue. À 130 décibels, on commence à ressentir de la douleur[6]. Au-dessus de 150 décibels, l'oreille se détruit: on est définitivement sourd.

[1]parvenait *reached*
[2]veille à *looks out for*
[3]fuir *to flee*
[4]Grâce à *Thanks to*
[5]fous *crazy*
[6]ressentir de la douleur *to feel pain*

LEVELING
E: Reading

Avant la lecture

Faut-il faire la guerre[1] aux décibels? Pas nécessairement, car certains sons nous sont parfois agréables. Lesquels? Eh bien la musique, par exemple, le chant des oiseaux, le vent dans les arbres, une voix que l'on aime… Ces sons n'ont aucun rapport avec ceux des marteaux-piqueurs, des sirènes et d'autres engins bruyants.

Le bruit

La musique, c'est du bruit?

Oui et non, les dictionnaires ne sont pas d'accord. Distinguons:

- *le son*, terme général qui désigne toutes les ondes[2] qui parviennent à notre oreille qu'elles soient agréables ou désagréables;
- *le bruit*, ensemble de sons non désirés ou non contrôlés.

Mais les définitions ont des limites: le reggae, la musique des Andes, le Rock'n roll, les percussions, pour certains constituent un ensemble harmonieux, pour d'autres une cacophonie.

Et pour aller plus loin, définissons les principales caractéristiques du son et du bruit.

Un son a une certaine intensité qui se mesure en décibels (la voix humaine est environ de 55 db, le bruit des feuilles en forêt 30 db, un orchestre de musique pop 110 db). Il a aussi une fréquence, c'est-à-dire que le son produit est plus ou moins haut, plus ou moins aigu, cette mesure s'exprime en hertz.

L'oreille humaine ne perçoit pas toutes les fréquences existantes: en dessous de 16 Hz. on n'entend rien, c'est le domaine des infrasons que l'on peut percevoir par le toucher. Au-delà de 16 000 Hz., nous n'entendons rien non plus, ce sont les ultrasons que certains animaux perçoivent (c'est le principe utilisé pour les sifflets des chiens, le maître n'entend rien mais son chien arrive à toute vitesse).

Le bruit, c'est mauvais pour la santé?

Distinguons bruits désagréables (craie[3] qui crisse sur le tableau), bruits gênants[4] (le marteau du voisin quand on essaie d'apprendre un cours), bruits dangereux (explosion proche). Il n'y a pas d'adaptation de l'oreille au niveau d'un bruit. Même lorsqu'on croit s'y être habitué, on est touché par le bruit. C'est ainsi qu'on peut devenir sourd, malade, avoir des problèmes nerveux parce que l'on a été soumis longtemps à un bruit élevé (c'est le cas dans certaines professions…) ou parce que l'on a entendu un bruit brusque très important (explosion).

En résumé, l'oreille peut subir[5] deux sortes de traumatismes:

- *une fatigue passagère*, il suffit alors de rester au calme pendant un certain temps pour retrouver ses facultés auditives;
- *une lésion définitive*, alors là, il faut un appareil (une prothèse auditive).

[1]la guerre *war*
[2]ondes *waves*
[3]craie *chalk*
[4]gênants *bothersome, annoying*
[5]subir *be subjected to*

2 Presentation

Lecture

Step 1 You may wish to have students read the first two paragraphs of this selection silently. Tell them to look for the information below as they read. You may want to write the answers on the board.

des bruits agréables
des bruits désagréables
ce qu'est le son
ce qu'est le bruit

Step 2 Tell them to look for the main idea in each section. **(L'intensité du son se mesure en décibels. Le bruit peut détruire l'oreille parce qu'elle ne s'adapte pas au niveau d'un bruit.)**

Music Connection

Les jeunes Français sont passionnés de rock. Eux aussi regardent les «clips» de leur vedette préférée à la télé. Ils se rendent aussi à de grandes manifestations, telle que la Fête de la Musique, qui ont lieu une fois par an. De nombreux concerts de rock attirent des foules de jeunes. À Paris, parmi les salles de concert de rock les plus importantes se trouvent le Palais Omnisports de Bercy qui compte 15 000 places et le Zénith, de 4 000 à 6 000 places.

LEVELING
E: Reading
A: Reading

Recycling

To review the interrogative words from **Structure—Révision, Leçon 2,** have students formulate questions by replacing the italicized word(s) in each of the sentences below with a question word.

1. ***Nos oreilles* fonctionnent sans cesse.**
2. ***Nos oreilles* restent toujours ouvertes.**
3. **Notre oreille est pleine de *souvenirs.***
4. **Nos oreilles nous signalent *des dangers.***
5. ***La sirène d'alarme* nous tire du sommeil.**
6. **Nous avons soif de *sons.***
7. ***L'intensité d'un son* se mesure en décibels.**

Critical Thinking Activity

Have students list as many different types of music as possible in French. List the answers on the board. Have students note the influence of English on the French language. Have each student write a paragraph summarizing the similarities.

Presentation *(suite)*

Step 3 You may wish to read **Le walkman: pour ou contre?** aloud. Have students answer the following questions: **Quels sont les vrais risques d'un walkman? Qu'est-ce qui se passe si l'oreille se fatigue souvent? Quel est un très bon conseil pour ceux qui utilisent un walkman?**

3 Practice

Vous avez compris?

A You may wish to intersperse these questions as you do the section *L'oreille.*

B Have students do this activity after reading *Le bruit.*

C, **D** These activities deal with information from the three selections.

Learning from Photos

(page 362) Cette statue moderne en grès de Bourgogne pèse 70 tonnes. Elle offre un contraste frappant avec l'église Saint-Eustache, une très belle œuvre de la Renaissance.

LEVELING

E: Reading

Le walkman: pour ou contre? L'avis du médecin

Le walkman n'est pas un objet dangereux en soi. Le seul vrai risque pour la santé résulterait d'une écoute prolongée de musique à forte intensité. L'oreille «se fatigue» et le sujet perdrait une partie de sa faculté auditive pendant quelques heures. Si cette opération se renouvelle souvent, la perte de capacité auditive peut devenir définitive.

Mais en fait, les vrais risques du walkman résident plutôt dans les conséquences «psychologiques» de l'écoute. Absorbé par l'audition d'un morceau musical, on ne verra peut-être pas une voiture arriver, on réagira moins vite au danger.

En bref, un conseil valable lorsqu'on écoute de la musique à un niveau sonore assez élevé (walkman ou chaîne hifi): FAIRE DES PAUSES pour permettre aux membranes de l'oreille interne de se reposer. En effet, sous l'action du bruit, elles vibrent en permanence et elles ont besoin d'un temps de repos pour reprendre leur place.

Statue de Henri Miller *Écoute,* à Paris

Vous avez compris?

A Répondez.

1. Quand les oreilles fonctionnent-elles?
2. Qu'est-ce qu'elles accueillent?
3. Qu'est-ce que notre oreille signale?
4. Comment l'intensité d'un son se mesure-t-elle?
5. Comment l'oreille peut-elle nous protéger du danger? Donnez des exemples.
6. Est-ce que l'oreille peut entendre un son à zéro décibel?
7. Quand l'oreille commence-t-elle à se fatiguer?
8. À combien de décibels commence-t-on à ressentir de la douleur?
9. Quand l'oreille se détruit-elle?

Answers to Vous avez compris?

A

1. Nuit et jour.
2. Les bruits.
3. Elle nous signale les dangers que nous ne voyons pas.
4. En décibels avec un sonomètre.
5. Elle nous réveille pour nous permettre de fuir l'incendie. Un klaxon nous signale qu'une voiture arrive.
6. Oui.
7. À partir de 90 décibels.
8. À 130 décibels.
9. Au-dessus de 150 décibels.

Leçon 3
Journalisme

B Vrai ou faux?

1. Le bruit n'est jamais agréable.
2. La musique est toujours du bruit.
3. Ce qui est considéré comme étant du bruit varie d'un individu à l'autre.
4. L'intensité d'un son se mesure en décibels.
5. Les hertz mesurent la fréquence d'un son.
6. L'oreille perçoit toutes les fréquences existantes.

C Répondez.

1. Donnez des exemples de bruits agréables.
2. Quelles sont les fréquences que l'oreille ne perçoit pas?
3. Quels troubles les bruits excessifs entraînent-ils?
4. Quelles sortes de traumatismes l'oreille peut-elle subir?
5. Quand le walkman peut-il être dangereux?
6. Quel conseil donne-t-on aux personnes qui utilisent un walkman?

D Définissez.

1. le son
2. le bruit
3. l'ultrason
4. l'infrason

ANSWERS TO *Vous avez compris?*

B

1. Faux.
2. Faux.
3. Vrai.
4. Vrai.
5. Vrai.
6. Faux.

C

1. La musique, le chant des oiseaux, le vent dans les arbres, une voix que l'on aime.
2. En dessous de 16 Hz et au-delà de 16.000 Hz.
3. On peut devenir sourd, malade, etc.
4. Une fatigue passagère ou une lésion définitive.
5. Quand on réagit moins vite face au danger.
6. Faire des pauses.

D

1. toutes les ondes qui parviennent à notre oreille
2. ensemble de sons non désirés ou non contrôlés
3. fréquence au-delà de 16.000 Hz
4. fréquence en dessous de 16 Hz

1 Preparation

Resource Manager

Vocabulary Transparency V7.6
Audio Activities TE, page 120
Audio CD 7
Workbook, page 108
Quiz, page 95
ExamView® Pro

Bellringer Review

Use BRR Transparency 7.9 or write the following on the board:

Complétez.

1. **Il faut que je ___ des exercices. (faire)**
2. **Je veux qu'il se ___ en forme (mettre)**
3. **Et moi aussi. Il faut que je ___ en forme. (être)**
4. **Mais le médecin ne veut pas que je ___ un régime. (faire)**
5. **Il veut que je ___ ma routine de tous les jours. (suivre)**

2 Presentation

Vocabulaire pour la lecture

Step 1 You may wish to use some of the suggestions given for previous vocabulary sections.

Learning from Photos

(page 364 top left) C'est en fait Gérard Holtz, un présentateur sportif à la télévision française, qui fait du jogging.

Leçon 3
Journalisme

Vocabulaire pour la lecture

Bouger pour être en forme

Il court.

Elle fait des étirements.
Elle va faire des longueurs de piscine.

Ils font de l'escrime.

Plus de vocabulaire

une balade *(fam.)* une promenade
le sommeil état d'une personne qui dort
défouler libérer son agressivité
disputer jouer pour être victorieux

Quel est le mot?

1 Quel est le mot? Complétez.

1. Il s'amuse bien. Il se ____.
2. Quand on veut faire du jogging, on veut ____.
3. Il vaut mieux travailler à la ____ du jour qu'à la ____ du néon.
4. Avant et après le sport, il faut faire des ____.
5. Ils doivent ____ le dernier match dimanche.
6. Moi, je conduis toujours le jour. Je n'aime pas conduire la ____; on ne voit pas bien.
7. J'aime nager, mais dans la mer. Faire des ____ de piscine, je déteste ça.

Rafting sur neige au Carnaval de Québec

2 Quel sport? Identifiez le sport dont il s'agit.

a. un match de foot
b. des étirements
c. une balade à vélo
d. l'escrime
e. la plongée sous-marine
f. le tir à l'arc

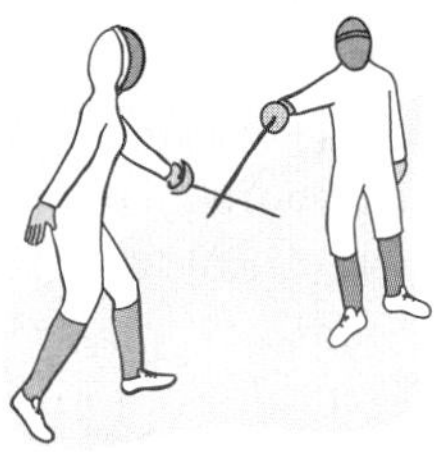
1. ____

2. ____

3. ____

4. ____

5. ____

6. ____

3 Practice

Quel est le mot?

1 This activity can be done immediately after the vocabulary has been presented.

1, **2** You may wish to have students prepare **Activités 1** and **2,** and then go over them in class.

Answers to Quel est le mot?

1

1. défoule
2. courir
3. lumière; lumière
4. étirements
5. disputer
6. nuit
7. longueurs

2

1. d.
2. a.
3. f.
4. b.
5. c.
6. e.

National Standards

Connections
Students broaden their knowledge of exercise and fitness.

1 Preparation

Resource Manager

Audio Activities TE, page 121
Audio CD 7
Workbook, page 108
Quiz, page 96

2 Presentation

Avant la lecture

Step 1 Have students read **Avant la lecture** silently.

Lecture

Step 1 You may wish to have students read this short, rather easy selection aloud since it contains some good advice.

LEVELING
E: Reading
A: Reading

Avant la lecture

Pour être en forme et surtout pour la garder, rien de tel qu'un peu d'exercice physique. Voici ce que vous conseille le magazine *Phosphore*.

Bouger pour être en forme

Sportez-vous bien

Nos rythmes biologiques décident pour nous du moment de la journée le plus approprié pour courir un 100 mètres ou disputer un match de foot. Et on n'a pas les mêmes aptitudes à 10 heures du matin qu'à 18 heures. Il y a donc les sports du matin et ceux du soir. Voici le meilleur moyen d'organiser sa journée.

1 Les sports qui réveillent

Le footing tôt le matin, les longueurs à la piscine ou une petite balade en roller ou à vélo (pour aller au lycée, par exemple). Voilà les meilleurs exercices pour commencer la journée. Car les hormones secrétées par l'effort réveillent et la lumière du jour est un excellent stimulant. Avant tout, faites quelques étirements pour dérouiller[1] les muscles et les tendons ankylosés[2] par l'immobilité de la nuit.

2 Les sports techniques

L'escrime, le tennis, le golf, la gymnastique, le tir à l'arc sont des activités qui demandent de la précision. Le meilleur moment pour les pratiquer, c'est donc dans l'après-midi, entre 15 et 16 heures, lorsque notre temps de réaction est minimal, et notre coordination et notre force sont au top de leurs performances.

3 Les sports qui défoulent

Le squash, le tennis, le karaté, le judo, la boxe... Lesquels de ces sports sont bons pour ceux qui veulent se défouler? Eh bien, ils le sont tous; en effet, ces sports dans lesquels on est opposé à un adversaire permettent de se mettre au défi[3] et donc défoulent. Ils sont donc à réserver à la fin de l'après-midi, lorsque la journée a été difficile et que l'angoisse monte entre 18 heures et 20 heures.

4 Les sports qui relaxent

Après 20 heures, il vaut mieux pratiquer des activités qui aident à faire le vide[4], comme le yoga ou le taï chi. Et proscrire[5] la pratique des sports stimulants qui perturbent le sommeil.

---

[1]dérouiller *warm up*
[2]ankylosés *stiffened*
[3]se mettre au défi *challenge oneself*
[4]faire le vide *to make (one's mind) a blank*
[5]proscrire *to forbid, exclude*

Vous avez compris?

A Quels sports peut-on faire...

1. le matin?
2. l'après-midi?
3. le soir avant vingt heures?
4. le soir après vingt heures?

B Trouvez dans le texte les mots qui correspondent aux descriptions qui suivent.

1. un bon stimulant
2. ce qu'on doit faire avant de faire du sport
3. le moment de la journée où notre force est au maximum
4. le moment de la journée où on est le plus angoissé
5. deux sports dans lesquels on a un adversaire
6. l'effet des sports stimulants tard le soir

Le Tour de France dans les Alpes, en France

Roller sur la Croisette, à Cannes sur la Côte d'Azur

C **Problèmes** Certains de vos amis ont des problèmes. Dites-leur ce qu'ils doivent faire ou ne pas faire.

1. Je ne dors pas bien la nuit.
2. J'ai des examens importants et je suis très stressé(e).
3. J'ai de la difficulté à bien fonctionner le matin.

Leçon 3
Journalisme

3 Practice

Vous avez compris?

A, B These activities can be done orally after the students have completed the reading. You may wish to let them look up the information and not hold them responsible for factual recall.

Learning from Photos

(page 367 top) Le Tour de France est une grande course cycliste qui a lieu tous les ans au mois de juillet. C'est un long circuit à travers la France avec quelques incursions dans des pays voisins. Des coureurs cyclistes de tous les pays du monde participent au Tour de France. Le champion américain Lance Armstrong en est un exemple.

Answers to Vous avez compris?

A

1. du footing, des longueurs de piscine, une petite balade en roller ou à vélo
2. de l'escrime, du tennis, du golf, de la gymnastique, du tir à l'arc
3. du squash, du tennis, du karaté, du judo, de la boxe
4. du yoga, du taï chi

B

1. la lumière
2. des étirements
3. l'après-midi, entre 15 et 16 heures
4. entre 18 et 20 heures
5. le karaté et le judo
6. Ils perturbent le sommeil.

C *Answers will vary.*

1 Preparation

Resource Manager

Audio Activities TE, pages 121–122
Audio CD 7
Workbook, pages 109–112
Quizzes, pages 97–98
ExamView® Pro

Bellringer Review

Use BRR Transparency 7.10 or write the following on the board:
Complétez et répondez.
1. ___ âge as-tu? J'ai ___ ans.
2. ___ est ton adresse? J'habite ___.
3. ___ est ton numéro de téléphone? C'est le ___.
4. ___ est ton code postal? C'est ___.
5. ___ livres préfères-tu lire? Je préfère ___.
6. ___ musique préfères-tu? Je préfère ___.

2 Presentation

Les pronoms interrogatifs et démonstratifs

Step 1 Read the explanatory material aloud.

Step 2 Call on individuals to read or have the class repeat the model sentences in unison.

Note: Although students should be familiar with these pronouns, the adjectives **quel** and **ce** are used with much greater frequency.

Step 3 As you are going over Item 4, you may wish to give a few additional examples: **Lequel de ces romans lisez-vous? Je lis celui-là. Laquelle de ces photos préférez-vous? Je préfère celle-là. C'est votre blouson? Non, c'est celui de mon frère. C'est votre chemise? Non, c'est celle de Paul.**

Structure avancée

Les pronoms interrogatifs et démonstratifs

Expressing *which one(s)* and *this one, that one, these,* or *those*

1. The interrogative adjective **quel** means *which* or *what.* The pronoun *which one(s)* is a combination of **quel** and the definite article. Review the following forms.

Adjective	Pronoun
quel	lequel
quels	lesquels
quelle	laquelle
quelles	lesquelles

2. The interrogative pronoun must agree in gender and number with the noun to which it refers.

—J'ai acheté un CD super. **—Ah, oui? Lequel?**
—J'ai acheté des CD super. **—Ah, oui? Lesquels?**
—J'ai acheté une cassette vidéo super. **—Ah, oui? Laquelle?**
—J'ai acheté des cassettes vidéo super. **—Ah, oui? Lesquelles?**

3. When the question *which one(s)* is asked, *one* often answers with *this one, that one, these,* or *those.* These are called demonstrative pronouns. Review the following forms of the demonstrative pronouns in French.

—Quel CD préfères-tu? **—Celui-là.**
—Quels CD préfères-tu? **—Ceux-là.**
—Quelle cassette vidéo préfères-tu? **—Celle-là.**
—Quelles cassettes vidéo préfères-tu? **—Celles-là.**

4. The demonstrative pronouns are never used alone. They are followed by:

- **-là,** to single out, or

  —Tu aimes lequel de ces CD?
  —J'aime bien celui-là.

- **de** to indicate possession or ownership, or

  —C'est ton baladeur?
  —Non, c'est celui de Jean.

- **qui / que / dont** to identify.

  —Laquelle de ces filles est ta sœur?
  —C'est celle qui parle à Paul.

  —Tu as écouté quels disques?
  —J'ai écouté ceux que mon ami m'a recommandés.

  —Lequel de ces livres préfères-tu?
  —Je préfère celui dont le prof nous a parlé.

LEVELING
E: Structure
A: Structure

Comment dit-on?

1 **Au magasin** Suivez le modèle.

—Je voudrais ce livre, s'il vous plaît.
—Lequel voulez-vous? Celui-là?

1. Je voudrais ces livres, s'il vous plaît.
2. Je voudrais ce CD, s'il vous plaît.
3. Je voudrais ces disques, s'il vous plaît.
4. Je voudrais cette chanson, s'il vous plaît.
5. Je voudrais ce baladeur, s'il vous plaît.
6. Je voudrais cette chaîne hifi, s'il vous plaît.

Magasin de la FNAC sur les Champs-Élysées, à Paris

2 **Pardon?** Suivez le modèle.

—Je préfère celui-là.
—Excusez-moi… Lequel préférez-vous?

1. Je préfère ceux-là.
2. Je préfère celles-là.
3. Je préfère celle-là.
4. Je préfère celui-là.

Randonneur cycliste près de Chamonix, dans les Alpes

3 **Historiette Un vélo neuf** Complétez avec une forme de **celui de, celui qui / que** ou **celui dont.**

Je fais beaucoup de vélo en ce moment mais __1__ j'ai est vieux et j'ai envie d'en acheter un autre. Je voudrais en acheter un comme __2__ mon ami Marc. C'est __3__ on a vraiment besoin pour faire des longues promenades en montagne. De tous les modèles, c'est __4__ je préfère.

Le mois prochain, nous allons faire une excursion dans les Alpes. __5__ nous avons faite l'année dernière était vraiment formidable. J'espère que le voyage que nous allons faire cette année sera aussi amusant que __6__ l'année dernière.

4 **Préférences** Dites quelles sont vos préférences. Utilisez le modèle comme guide.

Je préfère mes disques à ceux de mes parents.
Je préfère mon vélo à celui de mon copain Michael.

Leçon 3
Journalisme

3 Practice

Comment dit-on?

1 This activity can be done in pairs.

Note: It is recommended that you also have students write these activities, since the major problem with **lequel** is a written one.

Learning from Photos

(page 369 right) La FNAC est une chaîne de grands magasins spécialisés en électronique et librairie. On peut également y faire faire des travaux de photographie ou vidéo et réserver des places pour des spectacles de tous genres.

FUN-FACTS

(page 369 left) Le cyclotourisme a toujours existé mais il s'est récemment beaucoup développé. C'est une excellente manière de découvrir une région et de goûter aux joies de la nature tout en faisant du sport. La bicyclette de randonnée, aussi appelée VTT (vélo tout-terrain), doit pouvoir passer partout et par tous les temps, de nuit comme de jour. On peut faire du cyclotourisme en forêt, en montagne. De nombreux jeunes Français participent à de longues expéditions à vélo tels que «la route des Moulins» en Hollande.

Answers to Comment dit-on?

1

1. Lesquels voulez-vous? Ceux-là?
2. Lequel voulez-vous? Celui-là?
3. Lesquels voulez-vous? Ceux-là?
4. Laquelle voulez-vous? Celle-là?
5. Lequel voulez-vous? Celui-là?
6. Laquelle voulez-vous? Celle-là?

2

1. Excusez-moi… Lesquels préférez-vous?
2. Excusez-moi… Lesquelles préférez-vous?
3. Excusez-moi… Laquelle préférez-vous?
4. Excusez-moi… Lequel préférez-vous?

3

1. celui que
2. celui de
3. celui dont
4. celui que
5. Celle que
6. celui de

4 *Answers will vary.*

1 Preparation

Bellringer Review

Use BRR Transparency 7.11 or write the following on the board:

Complétez.

J'ai un frère. ___ frère est très sympa. Il a une nouvelle voiture. ___ voiture est une décapotable. Tous ___ amis aiment ___ voiture.

Vous avez un frère? Comment s'appelle ___ frère? Vous avez aussi une sœur? Comment s'appelle ___ sœur? ___ sœur et ___ frère ont beaucoup d'amis? Ils invitent ___ amis chez vous?

2 Presentation

Les pronoms possessifs

Note: Although students should be familiar with the possessive pronouns, they will need to use the possessive adjectives far more frequently.

After going over the explanation, have students read the model sentences aloud.

Learning from Realia

(page 370) La méthode Pilates est une méthode d'exercices pour améliorer le rendement musculaire. La méthode porte le nom de son inventeur, Joseph Pilates, né en Allemagne en 1880.

Au début des années 20, Pilates émigra aux États-Unis, où il ouvrit son premier centre de conditionnement physique (1926).

Notez que les prix sont indiqués en dollars... canadiens.

Leçon 3
Journalisme

Les pronoms possessifs

Telling what belongs to you and others

1. A possessive pronoun is used to replace a noun that is modified by a possessive adjective. The possessive pronoun must agree in gender and number with the noun it replaces. Note that the possessive pronoun is accompanied by the appropriate definite article.

mon livre	**le mien**	**ma photo**	**la mienne**
mes livres	**les miens**	**mes photos**	**les miennes**
ton livre	**le tien**	**ta photo**	**la tienne**
tes livres	**les tiens**	**tes photos**	**les tiennes**
son livre	**le sien**	**sa photo**	**la sienne**
ses livres	**les siens**	**ses photos**	**les siennes**
notre livre	**le nôtre**	**notre photo**	**la nôtre**
nos livres	**les nôtres**	**nos photos**	**les nôtres**
votre livre	**le vôtre**	**votre photo**	**la vôtre**
vos livres	**les vôtres**	**vos photos**	**les vôtres**
leur livre	**le leur**	**leur photo**	**la leur**
leurs livres	**les leurs**	**leurs photos**	**les leurs**

—Tu as les CD?
—J'ai les miens (replaces **mes CD**)**, mais je n'ai pas les tiens** (replaces **tes CD**)**.**

—La meilleure prof de yoga, c'est celle de Marie-France?
—Non, c'est la mienne (replaces **ma prof de yoga**)**!**

—C'est le baladeur de Pierre?
—Oui, c'est le sien (replaces **le baladeur de Pierre**)**.**

Note that contrary to English usage, in French the possessive pronoun agrees in gender with the object possessed (rather than the possessor).

2. Ownership can also be expressed with the verb **être** and the preposition **à** followed by a stress pronoun—**moi, toi, lui, elle, nous, vous, eux, elles.**

—Il est à toi, ce stylo?
—Oui, il est à moi.

—Cette voiture est à vous?
—Ah non, Monsieur agent. Elle est à eux.

Des vidéos pour la forme

Pas facile de trouver une bonne vidéocassette de mise en forme en français? Eh bien, voici la nouvelle collection de vidéos Forme et Santé, comprenant sept cassettes d'exercices d'environ 50 minutes, animées par deux professionnelles des exercices alternatifs. Au bord d'une mer calme et relaxante, Susan Fulton et Lucy Lloyd-Barker nous entraînent entre autres dans l'univers du yoga, du Pilates (deux cassettes) et du taï chi. Agréable et facile à suivre, qu'on soit débutante ou de niveau avancé, chaque cassette permet de garder la ligne, de rester en forme et de réduire son stress (12 $ à 15 $ ch., dans les grandes surfaces et la plupart des pharmacies).

Comment dit-on?

5 À qui? Répondez que oui. Utilisez un pronom possessif.

1. C'est ton pull?
2. C'est ma règle?
3. C'est les patins de Léa?
4. C'est vos bâtons?
5. C'est les casques des joueurs de hockey?
6. C'est les baskets de Pierre?

6 À l'aéroport Complétez la conversation avec des pronoms possessifs.

Luc Yves, où sont les billets?
Yves Voilà __1__...
Luc Zut! Je ne sais où j'ai mis __2__. J'espère que je ne l'ai pas perdu.
Yves Non, tu ne l'as pas perdu. J'ai __3__ aussi. Je l'ai mis avec __4__.
Luc Alors, donne-moi __5__, s'il te plaît. Je vais le mettre avec ma carte d'embarquement.
Yves Mais, calme-toi, mon vieux! Tu n'as pas ta carte d'embarquement. C'est moi qui l'ai. J'ai __6__ et __7__.
Luc Tu as __8__ aussi? Alors, donne-la-moi.

L'aéroport de Pointe-à-Pitre, à la Guadeloupe

7 Historiette Sa robe ou la mienne? Refaites les phrases en utilisant des pronoms possessifs.

1. Aurélie a acheté sa robe aux Galeries Lafayette; mais j'ai acheté ma robe dans une petite boutique.
2. Nos robes sont du même modèle, mais ma robe est verte, et sa robe est bleue.
3. Mais ma robe a coûté plus cher que sa robe.
4. Pourquoi? Parce qu'Aurélie a acheté sa robe en solde, et moi pas.

8 C'est à qui? Suivez le modèle.

—C'est à vous, ces livres?
—Lesquels?
—Ceux-là.
—Ah oui, c'est les nôtres.

1. C'est à vous, ces motos?
2. C'est à toi, la mobylette?
3. C'est à Philippe, ce ballon?
4. C'est à Marie, ces disques?
5. C'est aux enfants, ce baladeur?
6. C'est à nous, ces livres?
7. C'est aux filles, ces raquettes?
8. C'est à Christophe, cette planche à voile?

3 Practice

Comment dit-on?

6 Have students prepare this activity. Call on two students to read the conversation aloud. Then call on another student to paraphrase the conversation. This will necessitate changes from **le mien/le tien** to **le sien** and **celui de...**

7 This activity can be done with or without preparation.

8 This activity can be done in pairs.

Learning from Photos

(page 371) Pointe-à-Pitre doit son nom à Peter, un pêcheur hollandais qui s'est installé au XVIIe siècle sur une pointe de la baie pour y vendre son poisson. Les gens ont pris l'habitude d'appeler ce lieu «la pointe à Peter» qui a donné par la suite Pointe à Pitre.

Answers to Comment dit-on?

5

1. Oui, c'est le mien.
2. Oui, c'est la tienne.
3. Oui, c'est les siens.
4. Oui, c'est les nôtres.
5. Oui, c'est les leurs.
6. Oui, c'est les siens.

6

1. le mien
2. le mien
3. le tien
4. le mien
5. le mien
6. la mienne
7. la tienne
8. la mienne

7

1. Aurélie a acheté la sienne aux Galeries Lafayette; mais j'ai acheté la mienne dans une petite boutique.
2. Nos robes sont du même modèle, mais la mienne est verte, et la sienne est bleue.
3. Mais la mienne a coûté plus cher que la sienne.
4. Pourquoi? Parce qu'Aurélie a acheté la sienne en solde, et moi pas.

8

1. Lesquelles? Celles-là. Ah oui, c'est les miennes.
2. Laquelle? Celles-là. Ah oui, c'est la mienne.
3. Lequel? Celles-là. Ah oui, c'est le sien.
4. Lesquels? Celles-là. Ah oui, c'est les siens.
5. Lequel? Celles-là. Ah oui, c'est le leur.
6. Lesquels? Celles-là. Ah oui, c'est les nôtres.
7. Lesquelles? Celles-là. Ah oui, c'est les leurs.
8. Laquelle? Celles-là. Ah oui, c'est la sienne.

Recycling

These activities allow students to use the vocabulary and structure from this lesson in completely open-ended, real-life situations.

Encourage students to say as much as possible when they do these activities. Tell them not to be afraid to make mistakes, since the goal of these activities is real-life communication. If someone in the group makes an error, allow the others to politely correct him or her. Let students choose the activities they would like to do.

You may wish to divide students into pairs or groups. Encourage students to elaborate on the basic theme and to be creative. They may use props, pictures, or posters if they wish.

C'est à vous

Use what you have learned

PARLER ÉCRIRE

1 Goûts sonores

✔ *Compare sounds and noises*

Travaillez avec un(e) camarade. Faites chacun(e) une liste des bruits que vous considérez agréables ou désagréables. Comparez ensuite vos listes et voyez si vous avez des goûts communs.

PARLER

2 Pollution sonore

✔ *Discuss noise pollution*

Discutez la pollution sonore avec vos camarades. Donnez des exemples de pollution par le bruit, là où vous habitez. Trouvez des solutions pour réduire cette pollution.

Le chanteur sénégalais Youssou N'Dour

PARLER

3 Musique

✔ *Talk about music and how to protect your ears*

Comparez votre collection de CD à celle de votre camarade. Avez-vous les mêmes goûts? Certains de vos disques sont-ils les mêmes? Quels sont ceux qui pourraient être dangereux si vous les écoutiez trop fort? Est-ce que vous les jouez très fort?

PARLER

4

Concerts

✔ Discuss how to protect your ears at a concert

Faites une enquête auprès de vos camarades pour savoir lesquels vont souvent à des concerts de rock ou d'autre musique. Posez-leur des questions pour savoir s'ils prennent des précautions pour ne pas avoir de troubles auditifs plus tard. Faites une liste de ceux qui, à votre avis, risquent d'avoir des problèmes.

PARLER

5

Le son, c'est la vie.

✔ Discuss and defend your opinion

«Le son, c'est la vie.» Vous êtes d'accord ou pas? Justifiez votre réponse.

PARLER / ÉCRIRE

6

Une journée idéale

✔ Design the perfect workout routine

Faites le programme d'une journée idéale pour vous. Divisez votre journée en trois parties—le matin, l'après-midi et le soir. Indiquez quelles sont vos activités sportives à chacun de ces trois moments.

Leçon 3
Journalisme

Learning from Photos

(page 372 bottom left) Youssou N'Dour est né à Dakar au Sénégal en 1959. Il a commencé à chanter à l'âge de 12 ans avec le groupe Étoile, le groupe le plus célèbre du Sénégal à l'époque. Ses chansons parlent de l'amour du prochain, des droits de l'homme, des droits des enfants. Avec son groupe Super Étoile, il a inventé un style pop africain tout à fait original.

Chapter Projects

La santé

Tous ensemble, imaginez que vous allez ouvrir un club de forme. Choisissez l'endroit, les exercices, les machines, la nourriture, etc. Faites une brochure publicitaire pour votre club.

ADDITIONAL PRACTICE

Have students say as much as they can about the photo of Paris *(page 373 top)*. Have them name as many different kinds of noise as possible. Would they like to live on this street?

Resource Manager

Assessment Transparency A7.3
Online Quiz
Tests, pages 180–204
ExamView® Pro

Assessment

This is a pretest for students to take before you administer the lesson test. Answer sheets for students to do these pages are provided in your transparency binder. Note that each section is cross-referenced so students can easily find the material they have to review in case they made errors. You may wish to collect these assessments and correct them yourself or you may prefer to have the students correct themselves in class. You can go over the answers orally or project them on the overhead, using your Assessment Answers transparencies.

Vocabulaire

To review the vocabulary, turn to page 358.

1 Nommez...

1. un bruit agréable
2. un bruit désagréable

To review the vocabulary, turn to page 364.

2 Complétez.

3. On écoute avec ses ____.
4. Tu joues ta musique trop fort! Tu vas devenir ____!
5. J'aime toutes ____ de musique: le jazz, la musique classique...
6. J'aime bien marcher, mais pas ____.
7. Avant et après l'exercice physique, faites des ____.

Lecture

To review the reading, turn to pages 360–362.

3 Vrai ou faux?

8. On peut fermer ses oreilles.
9. Nos oreilles nous préviennent des dangers.
10. Le silence total est bon pour la santé.

To review the reading, turn to page 366.

4 Répondez.

11. Quels sont les sons que l'oreille humaine ne peut pas percevoir?
12. Y a-t-il des bruits qui sont mauvais pour la santé? Lesquels?

5 Citez...

13. deux sports qui réveillent.
14. deux sports techniques.
15. deux sports qui défoulent

Answers to Assessment

1 *Answers will vary but may include:*

1. une voix aimée
2. un marteau-piqueur

2

3. oreilles
4. sourd(e)
5. sortes
6. courir
7. étirements

3

8. Faux.
9. Vrai.
10. Faux.

4

11. les ultrasons et les infrasons
12. Oui. Un bruit qu'on entend longtemps ou un bruit brusque.

5

13. le footing, les longueurs à la piscine, une petite balade en roller ou à vélo
14. l'escrime, le tennis, le golf, la gymnastique, le tir à l'arc
15. le squash, le tennis, le karaté, le judo, la boxe

Assessment

After going over the Assessment, you may administer the test for **Leçon 3, Chapitre 7.**

Structure

6 Répondez d'après le modèle.

—Je voudrais ce livre.
—Lequel? Celui-là?

16. Je voudrais cette robe.
17. Je voudrais ce baladeur.
18. Je voudrais ces livres.
19. Je voudrais ces fleurs.

To review interrogative and demonstrative pronouns, turn to page 368.

7 Répondez d'après le modèle.

C'est à moi, ce livre! ⟶
C'est le mien!

20. C'est à moi, ces photos!
21. C'est à Marie, ces cartes postales!
22. C'est à vous, cette affiche!
23. C'est à eux, ces livres!
24. C'est à nous, cette brochure!
25. C'est à toi, ce magazine!

To review possessive pronouns, turn to page 370.

Sur les quais de la Seine, à Paris

Answers to Assessment

6

16. Laquelle? Celle-là?
17. Lequel? Celui-là?
18. Lesquels? Ceux-là?
19. Lesquelles? Celles-là?

7

20. C'est les miennes!
21. C'est les siennes!
22. C'est la vôtre!
23. Ce sont les leurs!
24. C'est la nôtre!
25. C'est le tien!

Avis

Il est certain que quand vous écrivez en anglais votre style est plus sophistiqué qu'en français. Quand vous écrivez en français, il faut que vous utilisiez des phrases plus simples. Si vous trouvez une idée trop complexe repensez-la pour l'exprimer d'une façon plus simple.

Quelque chose de très important! Ne traduisez pas de l'anglais en français. Si vous traduisez vous ferez presque toujours des fautes ou ce que vous écriverez sera très «anglicisé». Dès le début, pensez en français. Si un mot anglais vous vient à l'esprit, pensez tout de suite à une expression en français qui exprime la même idée. Utilisez le français que vous avez déjà appris même si cela veut dire que vous vous exprimez d'une façon simple. Essayez d'éviter d'utiliser un dictionnaire bilingue. Vous choisirez presque toujours le mauvais mot.

Faites toujours un bouillon. Après l'avoir terminé, laissez-le de côté. Relisez-le plus tard et faites les révisions que vous considérez nécessaires. Ensuite relisez-le encore une fois pour trouver les fautes d'orthographe, de terminaisons etc.

Proficiency Tasks

Rédaction

De tous les genres littéraires, le journal est probablement celui qui est le plus pratiqué. Tout le monde est tenté d'avoir, une fois au moins, ce dialogue avec soi-même. La plupart des écrivains estiment qu'il s'agit d'une des meilleures pratiques de l'écriture.

TÂCHE 1 On peut prendre de nombreuses résolutions pour être en meilleure forme, mais rien n'est plus efficace que de tenir un journal. Pendant une semaine, écrivez tous les jours ce que vous avez fait pour rester en forme. Notez tous les détails, comme par exemple, l'heure à laquelle vous vous levez et vous vous couchez, ce que vous faites comme sport ou exercices, ce que vous mangez, ce que vous buvez, votre niveau de stress.

Au bout d'une semaine, reprenez votre journal et faites la critique de ce que vous avez fait. Déterminez ce que vous auriez pu faire pour améliorer encore plus votre forme.

TÂCHE 2 Dans un éditorial, l'auteur exprime une opinion sur un événement récent. Vous avez assisté à un concert donné par un groupe à la mode et vous écrivez un éditorial sur cette représentation. Choisissez un groupe que vous aimez beaucoup ou que vous n'aimez pas du tout et faites partager à vos lecteurs ce que vous aimez ou ressentez. Parlez non seulement du groupe et de leur musique, mais aussi de l'atmosphère, de la sono, des effets spéciaux, de la réaction du public, de l'organisation générale. Mais il ne suffit pas d'exprimer ce que vous ressentez. Il faut également justifier votre position. Si vous avez de mal à trouvez des arguments, vous pouvez imaginer une conversation avec quelqu'un qui n'aurait pas la même opinion que vous. Et n'oubliez pas que votre éditorial doit captiver vos lecteurs!

TÂCHE 3 Préparez-vous à faire une interview. Choisissez un sportif ou une sportive francophone célèbre que vous aimeriez interviewer. Il peut s'agir d'un(e) champion(ne) de tennis, de course à pied, de football, de hockey sur glace, d'escrime.

- Faites des recherches sur la vie de ce champion ou cette championne.
- Prenez des notes. Quand on prend des notes, il n'est pas nécessaire de faire des phrases complètes. On ne peut pas utiliser de pronoms sujets, par exemple. Le plus important est d'isoler l'essentiel et de le noter dans un style elliptique.
- Préparez quatre ou cinq questions-clés en relisant vos notes. N'écrivez pas des questions dont la réponse serait simplement **oui** ou **non.** Écrivez des questions qui commencent par des mots tels que **qui, que, comment, pourquoi, où, quel(le),** etc.
- Ajoutez quelques détails intéressants. Pensez à ce qui pourrait intéresser le public qui regarderait ou écouterait cette interview; des sujets qui ne se trouvent pas dans vos notes. Par exemple, la façon dont cet(te) athlète se prépare physiquement et mentalement avant une compétition, ses réactions après une victoire ou une défaite. Rédigez ensuite une ou deux autres questions sur ce(s) sujet(s).

Maintenant vous êtes bien prêt(e) pour faire une interview!

Discours

Pour faire une bonne interview, il faut, bien sûr, être préparé(e), mais il faut surtout savoir écouter la personne que l'on interview. Rien n'est plus désagréable qu'un(e) intervieweur(euse) qui ne laisse pas parler la personne interviewée. Écoutez bien la personne qui vous parle et sachez poser des questions intelligentes sur ce qu'elle vient de dire. Il n'est pas impossible que vous abandonniez les questions que vous avez préparées si l'interview prend un tour plus intéressant que celui que vous aviez préparé.

TÂCHE 4 Travaillez avec un(e) camarade qui va jouer le rôle du (de la) champion(ne) que vous avez choisi(e) pour la Tâche 3. Donnez-lui les notes que vous avez prises quand vous avez fait vos recherches sur la vie de ce(tte) champion(ne). Commencez ensuite votre interview. Vous pouvez l'enregistrer si vous voulez. Votre camarade devra évidemment inventer les détails personnels. Entre deux questions, vous pouvez prendre des notes rapides sur ce que votre camarade est en train de dire. Cela vous permet de mieux continuer l'interview en posant des questions pertinentes sur ce qui vient d'être dit.

TÂCHE 5 Changez maintenant de rôle. L'intervieweur(euse) devient l'interviewé(e) et vice-versa. Si vous avez enregistré l'interview précédente, vous pouvez l'écouter et faire des commentaires dessus avant de commencer la deuxième interview.

TÂCHE 6 Tout le monde sans exception veut être en forme. C'est pourquoi il y a des émissions de radio qui spécialisent dans ce domaine. Les auditeurs téléphonent et posent leurs questions aux invités du jour—des médecins, des diététiciens, des spécialistes du sport. Choisissez un(e) camarade qui jouera le/la présentateur(trice) de l'émission. Choisissez ensuite un médecin, un(e) diététicien(ne), un(e) spécialiste du sport. Préparez ensuite des questions. Vous pouvez utiliser la lecture «Bouger pour être en forme» pour avoir des idées. Chacun téléphone ensuite à l'émission. N'oubliez pas vos manières: dites bonjour, votre nom, d'où vous venez et au revoir à la fin de la conversation.

Vocabulary Review

The words and phrases in the **Vocabulaire** have been taught for productive use in this chapter. They are summarized here as a resource for both student and teacher. This list also serves as a convenient resource for the **C'est à vous** activities on pages 342–343, 354–355, and 372–373. There are approximately fifteen cognates in this vocabulary list. Have students find them.

Attention!

You will notice that the vocabulary list here is not translated. This has been done intentionally, since we feel that by the time students have finished the material in the chapter they should be familiar with the meanings of all the words. If there are several words they still do not know, we recommend that they refer to the **Vocabulaire** sections in the chapter or go to the dictionaries at the end of this book to find the meanings. However, if you prefer that your students have the English translations, please refer to Vocabulary Transparency 7.1, where you will find all these words with their translations.

Chapitre 7 Vocabulaire

Leçon 1 Culture

l'accroissement *(m.)* growth
l'accueil *(m.)*
l'aide-soignant(e) aux. nurse
l'ambulance *(f.)*
l'ambulancier(ière)
le/la cavalier(ière)
l'hôpital *(m.)*

l'infirmier(ière)
le laboratoire
le/la laborantin(e)
le médecin
le/la nageur(euse)
la piscine
la recherche

la rémunération
le terrain de plein air

se baigner
bien se porter
faire de l'équitation
faire de la marche

faire de la natation
privilégier
se plaindre to complain
se soucier de to worry, care, about

Leçon 2 Conversation

l'alimentation *(f.)*
l'examen médical *(m.)*
la nourriture
le poumon

pulmonaire
cardiaque
sain(e)

faire une prise de sang
faire une radiographie
être en bonne (parfaite) santé
exiger to demand
prendre le pouls
prendre la tension (artérielle)

Leçon 3 Journalisme

l'appareil auditif *(m.)*
l'audition *(f.)*
la balade
le chant d'un oiseau
l'engin *(m.)*
l'escrime *(f.)*
l'étirement *(m.)*
la feuille leaf
le klaxon
la longueur
la lumière
le marteau
le marteau-piqueur
la nuit
l'oreille *(f.)*
le sifflet
la sirène d'alarme
le sommeil
la sorte
la voix

agréable
aigu(ë) acute, severe, high-pitched
définitif(tive)
faible
fort(e)
passager(ère)
sourd(e) deaf

courir
se défouler to let off steam
disputer
tirer du sommeil

définitivement

Literary Companion *See pages 494 and 498 for literary selections related to Chapter 7.*

Vidéotour

Bon voyage!

Video can be a beneficial learning tool for the language student. Video enables you to experience the material in the textbook in a real-life setting. Take a vicarious field trip as you see people interacting at home, at school, at the market, etc. The cultural benefits are limitless as you experience French and Francophone culture while "traveling" through many countries. In addition to its tremendous cultural value, video gives practice in developing good listening and viewing skills. Video allows you to look for numerous clues that are evident in tone of voice, facial expressions, and gestures. Through video you can see and hear the diversity of the target culture and compare and contrast the French-speaking cultures to each other and to your own.

Épisode 1: Un sport bien québécois

Quel est le sport québécois par excellence? Le hockey sur glace, bien sûr. Les petits Québécois commencent très jeunes à jouer au hockey. Et quand ils font partie d'une ligue junior, ils s'entraînent tous les jours. Alexandre Parent joue dans les juniors et s'il veut gagner, il doit être en parfaite forme physique.

Épisode 2: Le marché de rue

Pour rester en forme, il ne faut pas négliger la nourriture. Allez au marché à Paris avec Rémy Costaz. Il est vendeur de fruits et de légumes sur un marché parisien. Il travaille avec sa femme qui l'aide à vendre ses produits. Tous les deux, ils aiment beaucoup travailler sur le marché. Ils aiment l'ambiance familiale et conviviale.

Épisode 3: La baguette

Finalement, la base de la nourriture française, c'est bien le pain et surtout la baguette. Mais savez-vous que la vie d'un boulanger n'est pas facile? David Brasseur commence à travailler à 2 h 30 du matin et il continue jusqu'à 10 h du matin. Faire de belles baguettes bien croustillantes et bien dorées, c'est un art!

VIDÉO

The Video Program for Chapter 7 includes three documentary segments of some interesting aspects of life in different French-speaking areas.

Planning for Chapter 8

SCOPE AND SEQUENCE PAGES 380–429

Topics
- French heritage

Culture
- The death of Napoleon
- Festivals in France

Functions
- How to tell what you and others have people do for you
- How to express actions that occurred prior to other actions
- How to form complex sentences
- How to tell what you and others will do before a future event
- How to talk about two related actions

Structure
- Causative constructions with faire
- Past infinitive
- Prepositions with relative pronouns
- The future perfect
- The present participle and the gérondif

National Standards
Communication Standard 1.1
pages 392, 393, 399, 401, 402, 403, 418, 421, 422, 423

Communication Standard 1.2
pages 384, 386, 387, 389, 391, 397, 399, 407, 409, 411, 413, 415, 416, 418, 421

Communication Standard 1.3
pages 391, 392, 393, 399, 402, 403, 409, 422, 423

Cultures Standard 2.1
pages 385–389, 412–413

Cultures Standard 2.2
pages 385–389

Connections Standard 3.1
pages 385–389, 403, 408

PACING AND LEVELING

Leçon 1: Culture *(5–7 days)*
Introduction
Lecture
  Vocabulaire pour la lecture
  Hier et aujourd'hui
Structure • Révision
  Le **faire** causatif
  C'est à vous
Assessment

Leçon 2: Conversation *(5–7 days)*
Conversation
  Vocabulaire pour la conversation
  Mise en scène
  Visite à la Grande Arche
Structure • Révision
  L'infinitif passé
C'est à vous
Assessment

Leçon 3: Journalisme *(5–7 days)*
Lecture
  Vocabulaire pour la lecture
  Avant la lecture
  Non, Napoléon n'a pas été empoisonné
Lecture
  Vocabulaire pour la lecture
  Avant la lecture
  Festivals en France
Structure avancée
  Les prépositions avec les pronoms relatifs
  Le futur antérieur
  Le participe présent et le gérondif
C'est à vous
Assessment

Proficiency Tasks *(1–2 days)*
Vidéotour *(1–2 days)*
Littérature *(5–7 days)*

LEVELING
The following is an overall leveling of the sections of each chapter of **Bon voyage!** Level 3.

EASY: Conversation, Structure • Révision
AVERAGE: Culture, Journalisme, Structure • Avancée
CHALLENGING: Littérature

Most parts of each lesson are also leveled for your convenience in the Teacher Notes in the Wraparound section of your Teacher Edition.

E: Easy A: Average C: Challenging

Please note that the material does not become progressively more difficult. Within each chapter there are easy and challenging sections.

RESOURCE GUIDE

Section	Pages	Resources
Leçon 1		
Introduction	382	Vocabulary Transparency V8.2
Lecture		Audio CD 8
Vocabulaire pour la lecture	383–384	Audio Activities TE, pages 125–128
Hier et aujourd'hui	385–389	Workbook, pages 113–117
Structure • Révision		Quizzes, pages 99–101
Le **faire** causatif	390–391	Tests, pages 205–207 and 217–235
C'est à vous	392–393	ExamView® Pro
Assessment	394–395	french.glencoe.com
		Assessment Transparency A8.1
Leçon 2		
Conversation		Vocabulary Transparency V8.3
Vocabulaire pour la conversation	396–397	Audio CD 8
		Audio Activities TE, pages 129–132
Mise en scène	398	Workbook, pages 118–121
Visite à la Grande Arche	398–399	Quizzes, pages 102–104
Structure • Révision		Tests, pages 208–210 and 217–235
L'infinitif passé	400–401	ExamView® Pro
C'est à vous	402–403	french.glencoe.com
Assessment	404–405	Assessment Transparency A8.2
Leçon 3		
Lecture		Vocabulary Transparencies V8.4–V8.5
Vocabulaire pour la lecture	406–407	Audio CD 8
Avant la lecture	408	Audio Activities TE, pages 133–138
Non, Napoléon n'a pas été empoisonné	408–409	Workbook, pages 122–126
		Quizzes, pages 105–111
Lecture		Tests, pages 211–235
Vocabulaire pour la lecture	410–411	ExamView® Pro
Avant la lecture	412	french.glencoe.com
Festivals en France	412–413	Assessment Transparency A8.3
Structure avancée		
Les prépositions avec les pronoms relatifs	414–416	
Le futur antérieur	417–418	
Le participe présent et le gérondif	419–421	
C'est à vous	422–423	
Assessment	424–425	
Proficiency Tasks	426–427	**Bon voyage!** Video
Vidéotour	429	Video Activities Booklet
Littérature	418–429	Audio CD 8
		Audio Activities TE, pages 176–179
		Tests, pages 261–263

Using Your Resources for Chapter 8

Transparencies

Map Transparencies The full-color maps at the front of the Student Edition have been converted to transparency format.

Bellringer Reviews provide a quick review activity to begin each class.

Vocabulary Transparencies include the photos and art from the Student Edition pages, overlays with French words, and French/English vocabulary lists for each chapter.

Assessment Transparencies provide answer sheets and answers for the Assessment pages in the Student Edition.

Fine Art can be used to reinforce the topics introduced in the text and enrich your students' knowledge of Fine Art.

Workbook and Audio Activities

Writing Activities

The Workbook section includes numerous activities to reinforce each concept presented in the textbook. There are workbook pages for each of the following sections: vocabulary, culture, conversation, journalism, and structure. Varied activities provide several ways for students to practice and apply the material you have presented in class.

Audio Activities

The Audio Activities pages in this booklet may be used to guide students through the listening and speaking activities provided on the Audio CDs. The script to the Audio CDs is also provided in the Audio Activities TE in the TeacherTools booklet if the teacher prefers to read the activities aloud. The Audio Activities provide listening and speaking practice to reinforce vocabulary, culture, conversation, structure, and literature.

Assessment

Several options for Assessment are offered with the **Bon voyage!** program.

The TeacherTools booklets include the following Assessment pieces.

Quizzes There are quizzes for Vocabulary, Culture, Structure, Conversation, and Journalism.

Tests There is a Reading and Writing test for each lesson in the chapter. In addition, there are two different Chapter Reading and Writing tests—one for less able to average students and the other for above adverage to advanced students. There is also a Listening Comprehension test, a Speaking Test, and a Proficiency Test at the end of each chapter.

French Online Students can easily access our Practice Quizzes at french.glencoe.com.

ExamView® Pro Test Bank software for Macintosh and Windows makes creating, editing, customizing, and printing tests quick and easy.

Technology Resources

Throughout **Bon voyage!** you will see references to Web sites in the French-speaking world that will expose you to more authentic readings about the material you are studying. Visit french.glencoe.com.

Bon voyage! Video and Video Activities, Chapter 8. Available on VHS and DVD.

Bon voyage! is also available on CD or Online.

TeacherWorks™ is your all-in-one teacher resource center. Personalize lesson plans, access resources from the Teacher Wraparound Edition, connect to the Internet, or make a to-do list. These are only a few of the many features that can assist you in planning and organizing your lessons.

Includes:

- A calendar feature
- Access to all program blackline masters
- Standards correlations and more

ExamView® Pro

Test Bank software for Macintosh and Windows makes creating, editing, customizing, and printing tests quick and easy.

CHAPITRE 8

Preview

In this chapter, students will learn about the history, architecture, science, literature, art, and culture of France and about the French people's love for their cultural heritage. Students will learn about the architectural grandeur of Paris, both past and present. They will also read about scientific research in France and about different festivals celebrated around France.

National Standards

Communication

Students will communicate in spoken and written French on the following topics:

- The history of France
- Architectural achievements
- Scientific research and discoveries
- Great figures in literature
- Art museums
- Cultural heritage
- Festivals

Cultures

Students will learn about French people's passion for their cultural heritage in many different fields.

Comparisons

Students will have an opportunity to compare French and American achievements in science.

Connections

This chapter establishes a connection with the fields of history, architecture, science, literature, and art.

CHAPITRE 8

Le patrimoine

FRENCH Online

The **Glencoe French Web site** (french.glencoe.com) offers options that enable you and your students to experience the French-speaking world via the Internet. For each chapter, there are activities, games, and quizzes. In addition, an *Enrichment* section offers students an opportunity to visit Web sites related to the theme of the chapter.

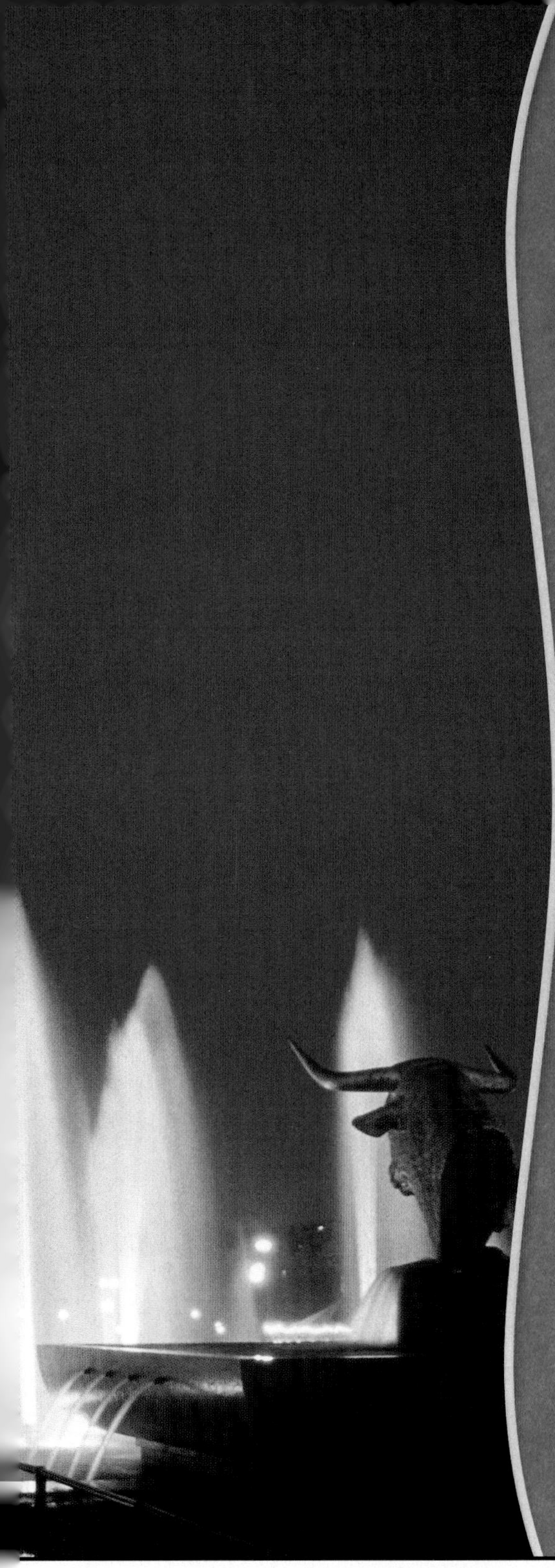

CHAPITRE 8

Objectifs

In this chapter you will:

- *learn about French heritage—monuments, museums, and important achievements*
- *learn about modern French monuments like the Grande Arche*
- *review how to tell what you and others have people do for you*
- *review how to express actions that occurred prior to other actions*
- *learn how to form complex sentences*
- *learn how to tell what you and others will do before a future event and how to talk about two related actions*
- *read about the mystery surrounding Napoleon's death and about festivals in France*

Table des matières

LEVELING

The following is an overall leveling of the sections of each chapter of **Bon voyage!** Level 3.

EASY **Conversation, Structure-Révision**

AVERAGE **Culture, Journalisme, Structure avancée**

CHALLENGING **Littérature**

Most parts of each lesson are also leveled for your convenience.

E: Easy

A: Average

C: Challenging

Please note that the material does not become progressively more difficult. Within each chapter there are easy and challenging sections.

Assessment

Quizzes: There is a quiz for every vocabulary presentation, every reading, and every structure point.
Tests: To accompany **Bon voyage!** Level 3 there is a Reading and Writing Test for each of the three lessons that make up a chapter. At the end of each chapter there are five tests.

- Two Reading and Writing Tests; one easy to intermediate; another intermediate to challenging.
- A Listening Comprehension Test
- A Speaking Test
- A Proficiency Test

Spotlight on Culture

De nos jours, il est difficile d'imaginer que la tour Eiffel, le symbole de Paris, devait être détruite en 1909. Ce qui l'a sauvée, c'est qu'elle a été transformée en une gigantesque antenne de radio pour communiquer avec le reste de la France. Elle est toujours avec nous et elle continue à offrir une vue spectaculaire sur Paris.

1 Preparation

Resource Manager

Vocabulary Transparency V8.2
Audio Activities TE, pages 125–126
Audio CD 8
Workbook, page 113
Quiz, page 99
ExamView® Pro

Bellringer Review

Use BRR Transparency 8.1 or write the following on the board:

Complétez.

1. **—De ces deux livres, ___ préférez-vous?**
   —Franchement je préfère ___.
2. **—Voilà quatre photos. Tu peux en avoir deux. Tu veux ___?**
   —___.
   —D'accord. Prends-les.
3. **—Ces deux romans sont très intéressants.**
   —___?
   —___ qui sont sur la table.

2 Presentation

Introduction

Step 1 Have students read the **Introduction** aloud.

Step 2 Ask students the following questions: **Qu'est-ce que le patrimoine? C'est l'héritage de la France, tous les monuments, toutes les œuvres d'art, toutes les œuvres littéraires, musicales, toute la culture française.**

Leçon 1 Culture

L'hôtel de ville à Rennes, en France

Introduction

Le patrimoine, c'est l'héritage commun à un peuple, l'héritage légué par les ancêtres. C'est une notion très large. Le patrimoine inclut bien sûr les monuments, les œuvres artistiques et littéraires, mais aussi les personnes, les grands moments de l'histoire, les paysages, etc. En France, il existe un véritable culte du patrimoine: sur les autoroutes, par exemple, des panneaux signalent les sites archéologiques, les musées, les spécialités artisanales ou culinaires des diverses régions.

Critical Thinking Activity

Identifying Causes D'après vous, pour quelles raisons la culture n'a-t-elle pas toujours été accessible à tout le monde?

Learning from Photos

(page 382) Rennes était la capitale des ducs de Bretagne au Xe siècle. En 1561, elle devint définitivement le siège du Parlement de Bretagne. Au XVIIIe siècle, un immense incendie a complètement détruit la ville qui a dû être reconstruite. L'hôtel de ville date de cette époque.

Vocabulaire pour la lecture

On n'y achète pas de livres, on en emprunte.

Quand Georges Pompidou était président de la République, il a fait construire le centre Pompidou.

Quand François Mitterrand était président de la République, il a fait construire l'Opéra Bastille, la Grande Arche et la Bibliothèque nationale de France.

Plus de vocabulaire

l'avenir le futur
la poule au pot une poule cuite à l'eau avec des légumes
creuser faire une excavation
relier joindre
étroit(e) le contraire de large
piétonnier(ière) réservé(e) aux piétons
vif (vive) intense
inlassablement infatigablement

2 Presentation

Vocabulaire pour la lecture

Step 1 As you show the Vocabulary Transparency, have students repeat the new words in unison after you.

Step 2 Have students open their books and read the vocabulary for additional reinforcement.

Step 3 You may wish to ask the following questions about the visuals: **Un chêne, c'est un arbre ou une fleur? La maison a un toit rouge ou gris? Il y a beaucoup de tuyaux à l'extérieur du centre Pompidou? Les tuyaux sont peints en rouge?**

Step 4 You may wish to call on one or two students to read the definitions and other students to give the word being defined.

Learning from Photos

(page 383 center) L'architecture du centre Georges-Pompidou est très avant-garde. Tous les éléments qui se trouvent d'habitude enfermés à l'intérieur (les galeries de circulation, les gaines de ventilation et de chauffage, les conduits d'eau et de gaz) ont été rejetés à l'extérieur des façades et peints en couleurs vives. Le centre a été créé pour mettre la culture à la portée de tous. Il y a quatre départements:

- le Musée national d'art moderne et le centre de création industrielle
- le Département de développement culturel
- la bibliothèque publique d'information
- l'institut de recherche et coordination acoustique/musique

Le centre Pompidou reçoit chaque année des millions de visiteurs

LEVELING
E: Vocabulary

Learning from Photos

(page 383 bottom left) L'Opéra-Bastille a remplacé l'Opéra-Garnier (voir page 128) en 1989. Il est l'œuvre de Carlos Ott, un architecte d'origine argentine. Il peut accueillir 3000 personnes.

(page 383 bottom right) La Bibliothèque nationale de France datant du XVIIe siècle était devenue trop petite. Le président de la république François Mitterrand décida alors de faire construire un nouveau bâtiment pour y transférer tous les livres imprimés et les périodiques. On y trouve aussi la phonothèque et l'audiovisuel. Ce bâtiment de la Bibliothèque nationale de France est communément appelé «la grande bibliothèque».

3 Practice

Quel est le mot?

1, **2**, **3**, **4** Have students do these activities for homework and go over them the next day in class. Call on students to read their answers.

Art Connection

Louis XIV a été roi de 1643 à 1715. Son enfance mouvementé lui a inspiré le culte de l'absolutisme et la peur de résider à Paris. Il a concentré tous les pouvoirs entre ses mains et a choisi la plupart de ses ministres dans la bourgeoisie. En 1672, il s'installe définitivement à Versailles. Il a suivi une politique de prestige et de conquête qui lui a valu le nom de «Roi-Soleil». Il a encouragé le développement de la vie artistique et littéraire.

Quel est le mot?

1 Vrai ou faux?

1. Un roi dirige un pays.
2. La poule au pot est un animal domestique.
3. Pour acheter des livres, on va à la bibliothèque.
4. Un chêne est un arbre.
5. Le blanc est une couleur vive.
6. Une route relie deux villes.
7. Un toit couvre une maison.
8. Il y a des voitures dans une rue piétonnière.

Hyacinthe Rigaud: *Le roi Louis XIV*

2 Quel mot? Complétez.

1. Il est très ennuyeux. Il répète ____ les mêmes histoires.
2. Dans la vieille ville, les voitures sont interdites parce que les rues sont trop ____.
3. Pour faire un tunnel, il faut ____ la terre.
4. Il fait très froid et il n'y a pas d'eau: les ____ sont gelés.
5. Si tu veux savoir l' ____, lis ton horoscope.
6. Dans son immeuble, tous les escaliers sont ____ en violet!
7. J'aime beaucoup les couleurs ____: le rouge, le jaune, le vert pomme...
8. Louis XIV était un ____ de France au dix-septième siècle.

Le drapeau d'Haïti

Le drapeau de l'Algérie

3 Le patrimoine

Expliquez le sens du mot «patrimoine».

4 Les présidents

Répondez.

1. Qui a fait construire le centre Pompidou?
2. Qui a fait construire la Bibliothèque nationale de France?

Answers to Quel est le mot?

1

1. Vrai.
2. Faux.
3. Faux.
4. Vrai.
5. Faux.
6. Vrai.
7. Vrai.
8. Faux.

2

1. inlassablement
2. étroites
3. creuser
4. tuyaux
5. avenir
6. peints
7. vives
8. roi

3

Le patrimoine, c'est l'héritage commun à tout un peuple.

4

1. Georges Pompidou.
2. François Mitterand.

Lecture

Hier et aujourd'hui

L'histoire de France

Tous les petits Français apprennent à l'école que leurs ancêtres sont les Gaulois. Vercingétorix, le courageux chef gaulois, a lutté contre les envahisseurs, Jules César et les Romains. Ils apprennent aussi que l'empereur Charlemagne a créé les écoles. Le roi Louis IX, appelé aussi Saint Louis, rendait la justice sous un grand chêne. Jeanne d'Arc a rétabli le roi de France sur son trône et s'est sacrifiée pour son pays. Le bon roi Henri IV voulait que tous les Français puissent manger la poule au pot le dimanche. Louis XIV a fait construire le château de Versailles. La Révolution française et Napoléon sont à l'origine des temps modernes. Tel est ce qui vient à l'esprit[1] des Français lorsqu'ils pensent à leur histoire.

Mais voilà, pour la première fois, les Français sont aussi des Européens. En effet la France fait maintenant partie de l'Union européenne. Et si les pays membres de l'Union européenne gardent leur identité, ils ont des organismes communs et prennent des décisions en commun et donc ils auront, dans un avenir relativement proche, un patrimoine commun.

Reading Strategy

Previewing

Often you can learn about the topic of a passage simply by looking at the titles and pictures before you begin to read. Previewing a reading selection will give you an overview of its purpose, organization, and content.

Vercingétorix dépose les armes devant Jules César

Les paysages

Les paysages de la «douce[2] France» sont très chers aux Français. Pour eux, l'image de la France est bien plus celle qu'ont laissée les impressionnistes, que celle de la France moderne avec ses tours de béton[3] inlassablement répétées autour des grandes agglomérations. Les paysages font véritablement partie du patrimoine et sont protégés par des décrets visant à la «protection» ou à la «sauvegarde» de l'environnement, ou encore à la «conservation du littoral».

Claude Monet: ***La meule de foin à Giverny***

[1]esprit *mind*
[2]douce *sweet*
[3]béton *concrete*

1 Preparation

Resource Manager

Audio Activities TE, pages 126–127
Audio CD 8
Workbook, pages 114–115
Quiz, page 100

2 Presentation

Lecture

Step 1 You may wish to have students either skim a section of the **Lecture** or read it at home silently before going over it more thoroughly in class.

Step 2 You can intersperse the questions from **Activité A** on page 386.

Chapter Projects

L'écologie

Demandez aux élèves de préparer un exposé sur les problèmes écologiques auxquels doivent faire face divers pays ou régions francophones. Faites-leur écrire une lettre à un groupe écologique afin d'obtenir des renseignements sur les moyens d'éliminer, ou du moins, de réduire ces problèmes.

Leçon 1
Culture

Les grands travaux

Le pont du Gard, en France

Il reste en France de remarquables ruines romaines. Le pont du Gard est le monument de province le plus visité de France, après le Mont-Saint-Michel. C'est le plus grand, le plus beau, et le mieux conservé des ponts aqueducs romains. Il traverse la vallée du Gardon à un endroit où celui-ci est particulièrement étroit. Il est à 50 mètres au-dessus des eaux de la rivière et il fait près de 300 mètres de long. Le pont du Gard a été construit vers l'an 60 après Jésus-Christ, sous le règne de l'empereur Claude. Il faisait partie d'un immense aqueduc de 50 kilomètres de long qui partait d'Uzès et allait jusqu'à Nîmes.

Près de deux mille ans plus tard, un autre projet grandiose voyait le jour: un tunnel sous la Manche, reliant la France à l'Angleterre. Dix grands constructeurs français et britanniques se sont associés pour creuser trois tunnels, à une profondeur de 25 à 45 mètres. Il y a deux tunnels de circulation (un pour chaque sens) qui sont reliés tous les 375 mètres à un tunnel central de service. Ayant creusé 150 kilomètres de galeries, les tunneliers français et britanniques ont finalement donné le jour à l'Eurotunnel, le tunnel sous la Manche. C'était le 6 mai 1994. Le trajet entre Folkestone et Calais—d'une durée d'environ trente-cinq minutes—est effectué par un train spécial, «le Shuttle», qui transporte les voitures, les camions et les cars, et par l'Eurostar, un TGV transportant les passagers.

Au milieu du tunnel sous la Manche

A Répondez d'après la lecture.

1. Comment s'appelaient les ancêtres des Français?
2. Contre qui Vercingétorix a-t-il lutté?
3. Qui était Charlemagne? Qu'est-ce qu'il a fait?
4. Qui était Saint Louis? Qu'est-ce qu'il faisait?
5. Quel était le souhait du roi Henri IV?
6. Qui a fait construire le château de Versailles?
7. Quels événements historiques marquent le début des temps modernes?
8. De quoi la France fait-elle partie aujourd'hui?
9. Quels paysages s'opposent dans la France d'aujourd'hui?
10. Quel est le monument de province le plus visité en France?
11. Qu'est-ce que le pont du Gard, et quand a-t-il été construit?
12. Combien de temps met-on pour traverser la Manche avec l'Eurostar?

B Identifiez.

1. un chef gaulois
2. un empereur qui a créé les écoles
3. une jeune fille qui est morte pour la France
4. un roi qui ne voulait pas que son peuple ait faim
5. le roi qui a fait construire le château de Versailles

Answers

A

1. Les ancêtres des Français s'appelaient les Gaulois.
2. Vercingétorix a lutté contre Jules César.
3. Charlemagne était l'empereur qui a créé les écoles.
4. Saint Louis était le roi qui rendait la justice sous un grand chêne.
5. Le souhait du roi Henri IV était que tous les Français puissent manger la poule au pot le dimanche.
6. Louis XIV a fait construire le château de Versailles.
7. La Révolution française et Napoléon sont à l'origine des temps modernes.
8. La France fait partie de l'Union européene.
9. Les paysages de la «douce» France contrastent avec l'image de la France moderne avec ses tours de béton.
10. Le monument de province le plus visité est le pont du Gard.
11. C'est un pont acqueduc romain. Et il a été construit vers l'an 60 avant Jésus-Christ.
12. Pour traverser la Manche avec l'Eurostar, ça prend à peu près trente-cinq minutes.

B

1. Vercingétorix.
2. Charlemagne.
3. Jeanne d'Arc.
4. Henri IV
5. Louis XIV

Les sciences

Le patrimoine scientifique est aujourd'hui un domaine particulier que l'on s'applique à sauvegarder et même valoriser. Des archives, des objets, des bâtiments et même des sites sont concernés. Les musées des sciences, comme le Muséum national d'histoire naturelle, initient le public aux phénomènes scientifiques. D'autres commémorent les découvertes de grands scientifiques français. Tel est le cas du musée Pasteur, par exemple, qui retrace la carrière du chimiste et biologiste français, fondateur de la microbiologie. Le musée Marie Curie célèbre la physicienne qui a été à l'origine de la découverte du radium. L'Institut Pasteur continue d'être un centre de recherche très actif. Le professeur Montagnier y a découvert le virus du sida (syndrome immunodéficitaire acquis) en 1983. Les autres grands centres de recherche sont l'INSERM (Institut national de la santé et de la recherche médicale), le CNET (Centre national d'études des télécommunications), le CNES (Centre national d'études spatiales) et le plus important, le CNRS (Centre national de la recherche scientifique).

Marie Curie

Victor Hugo

Les lettres

Les Français placent la littérature au premier rang quand il s'agit de culture générale. Les grands écrivains français de tous les temps sont très respectés. Certains ont souvent été plus que des écrivains. Victor Hugo, par exemple, a été poète, auteur dramatique, romancier, homme politique. C'était une force de la nature, un véritable génie. Certaines de ses œuvres comme *Notre-Dame de Paris* ou *Les Misérables* sont connues dans le monde entier. Alexandre Dumas et ses mousquetaires sont célèbres aussi. De nos jours, les écrivains ont toujours l'estime du public. Chaque année, des prix littéraires sont attribués aux plus talentueux: le prix Goncourt est décerné à un ouvrage[4] en prose. Autre prix prestigieux, le prix Fémina qui a un jury composé entièrement de femmes.

[4]ouvrage *work*

C Répondez d'après la lecture.

1. Qui était Pasteur? Qu'est-ce qu'il a fondé?
2. Qui était Marie Curie? Qu'est-ce qu'elle a découvert?
3. Qu'est-ce que l'Institut Pasteur?
4. Qu'est-ce que le professeur Montagnier a découvert?
5. Qui était Victor Hugo? Qu'est-ce qu'il a écrit?
6. Qui a écrit *Les trois mousquetaires?*
7. Que récompense le prix Goncourt?
8. Quelle est la particularité du jury du prix Fémina?

Answers

C

1. Pasteur était un chimiste et biologiste français. Il a fondé la microbiologie.
2. Marie Curie était physicienne. Elle a découvert le radium.
3. L'Institut Pasteur est un centre de recherche.
4. Le professeur Montagnier a découvert le virus du sida.
5. Victor Hugo était poète, auteur dramatique, romancier, homme politique.
6. Alexandre Dumas a écrit *Les trois mousquetaires.*
7. Le prix Goncourt récompense un ouvrage en prose.
8. Le jury du prix Femina est composé entièrement de femmes.

2 Presentation *(suite)*

Step 3 Have students brainstorm the names of French scientists or inventors before they read **Les sciences.** Then have them read it silently.

Step 4 Ask: **À quoi est-ce qu'on associe le nom de Marie Curie? Quelle découverte a été faite en 1983? Par qui? Pouvez-vous mentionner un centre de recherche aux États-Unis qui est plus ou moins l'équivalent américain de l'INSERM?** (National Institutes of Health) **Et du CNES?** (NASA)

Step 5 If you are familiar with any of the scientific discoveries outlined in **Les sciences,** you may wish to tell students more about them. For example, the isolation of the AIDS virus by Luc Montagnier was disputed by the American scientist Robert Gallo who claimed he isolated it before Montagnier. However, in 1995 the United States admitted that it was the Pasteur Institute, not Robert Gallo, who discovered the virus that causes AIDS.

FUN-FACTS

Le CNES (le Centre national d'études spatiales): un centre industriel et commercial qui anime et coordonne la politique spatiale en France.

Le CNIT (le Centre des nouvelles industries et technologies): se trouve dans le quartier de la Défense.

L'INSERM (l'Institut de la santé et de la recherche médicale): a pour fonction l'étude des problèmes sanitaires du pays et l'orientation de la recherche médicale.

L'Institut Pasteur: un établissement scientifique, fondé en 1888, qui poursuit l'œuvre de Pasteur. C'est aussi un grand centre de production de vaccins et de sérums.

Presentation *(suite)*

Step 6 You may prefer to have students read this section for homework and prepare the activities that follow.

Paired Activity

Have students work in pairs to find the museums mentioned in the reading on a map of Paris. Have them take turns asking each other questions about the location of each museum in Paris. (For example: **Le louvre est dans quel arrondissement? Il est près ou loin du musée d'Orsay?**, etc.) Then have them ask each other how to get to each location on foot from various other Paris monuments.

Learning from Photos

(page 388 bottom) Dans l'architecture arabe, un moucharabieh est un grillage devant une fenêtre qui permet de voir à l'extérieur sans être vu. Les fenêtres de l'Institut du monde arabe s'ouvrent et se ferment automatiquement selon la luminosité et rappellent des moucharabieh.

Les arts

L'art gothique est né en France au douzième siècle. Pour beaucoup, la cathédrale de Chartres est la plus belle des cathédrales gothiques. La cathédrale que l'on voit aujourd'hui n'est pas l'originale, qui a brûlé en 1194. Elle a été reconstruite par un architecte dont on ignore le nom, mais qui est resté dans l'histoire comme «le maître de Chartres».

Par contre, l'architecte français Jean Nouvel a acquis une renommée internationale depuis la construction de l'Institut du monde arabe (1987) à Paris, un véritable chef-d'œuvre[5] architectural. Ce bâtiment superbe est une synthèse entre la culture arabe et la culture occidentale.

Le Louvre, l'un des plus riches musées du monde, est devenu le Grand Louvre, un espace culturel spectaculaire qui redonne à l'ancien palais des rois toute sa splendeur, et au musée une nouvelle vie. Les collections incluent des chefs-d'œuvre du monde entier, de la période des antiquités grecques et romaines jusqu'au début du dix-neuvième siècle. C'est là que se trouve *La Joconde,* le célèbre tableau de Léonard de Vinci acquis par le roi François Ier au seizième siècle. Les jardins du palais ont été transformés en une promenade splendide, et en sous-sol est née une véritable ville piétonnière liée aux activités culturelles. Le point de départ de ce que les Français appellent «le plus beau musée du monde» est la pyramide de I.M. Pei, le célèbre architecte américain d'origine chinoise.

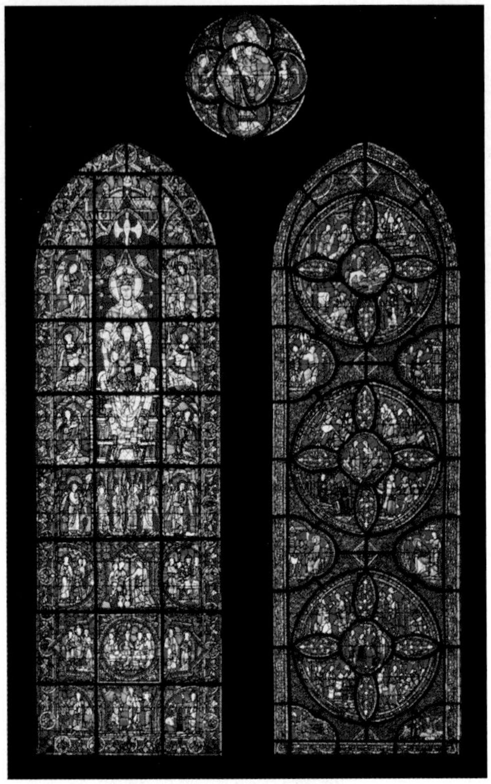

Vitraux de la cathédrale de Chartres, en France

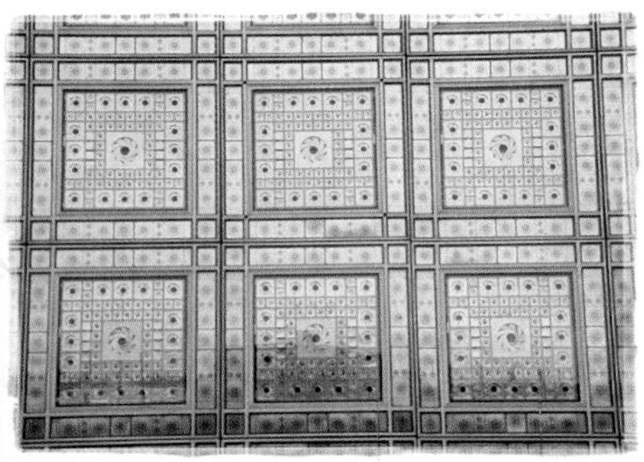

Fenêtres «moucharabieh» de l'Institut du monde arabe, à Paris

C'est au centre Georges-Pompidou que se trouve le Musée national d'art moderne. Le concept du centre—rassembler un musée, une bibliothèque, un espace réservé à la création industrielle et architecturale et un autre à la recherche musicale—est aussi révolutionnaire que le bâtiment dans lequel il se retrouve: un bloc de verre de cinq étages avec tous les tuyaux apparents et peints de couleurs vives. Du toit, on a une vue magnifique sur Paris. Le centre, qui est visité par plus de 25 000 personnes par jour, est une réussite culturelle indéniable.

[5]chef-d'œuvre *masterpiece*

Critical Thinking Activity

Supporting Arguments with Reasons Est-ce que l'art est vraiment nécessaire dans la vie? Expliquez pourquoi ou pourquoi pas.

3 Practice

D Call on more able students to correct the false statements.

L'exception culturelle française

En France, c'est l'État[6] qui depuis des siècles dirige la vie de la culture. Il y a toujours eu en France un rapport plus étroit qu'ailleurs entre la culture et le pouvoir. L'État participe activement à la défense du français comme langue internationale. D'autre part, des décrets officiels ont pour but de conserver la pureté de la langue. Un décret impose même aux radios de diffuser 40 pour cent de musique francophone. Face à ce que les Français ressentent aujourd'hui comme une invasion de la culture américaine, ils opposent une attitude protectrice. Ils refusent la libéralisation des échanges en ce qui concerne l'audiovisuel (le cinéma, la radio, la télévision, les enregistrements sonores), les bibliothèques, les archives, les musées et autres services culturels. Ils veulent continuer à subventionner la culture librement car ils considèrent que la culture française est leur raison d'être, leur conscience, et tout doit être mis en œuvre[7] pour préserver la diversité culturelle.

Dans l'escalier mécanique du centre Pompidou à Paris

[6] l'État *the government*
[7] mis en œuvre *undertaken, brought into play*

Centre Pompidou
L'art d'aujourd'hui au cœur de Paris
The art today in the heart of Paris

D Vrai ou faux?

1. La cathédrale de Chartres est une cathédrale gothique.
2. On connaît le nom de l'architecte de l'Institut du monde arabe.
3. Jean Nouvel est l'architecte de la cathédrale de Chartres.
4. Le Louvre a toujours été un musée.
5. Le célèbre tableau de *La Joconde* se trouve au Louvre.
6. Le Musée national d'art moderne se trouve au centre Georges-Pompidou.
7. Le centre Pompidou a la forme d'une pyramide.
8. L'État français passe des décrets pour la défense de la langue.
9. Les radios peuvent diffuser autant de musique étrangère qu'elles le veulent.
10. Les Français ont une attitude protectrice en ce qui concerne l'audiovisuel.

E Donnez un exemple de votre patrimoine dans les domaines suivants.

1. l'architecture
2. l'archéologie
3. la peinture
4. le cinéma
5. la télévision

Answers

D

1. Vrai.
2. Vrai.
3. Faux.
4. Faux.
5. Vrai.
6. Vrai.
7. Faux.
8. Vrai.
9. Faux.
10. Faux.

E *Answers will vary.*

1 Preparation

Resource Manager

Audio Activities TE, page 128
Audio CD 8
Workbook, pages 116–117
Quiz, page 101

Bellringer Review

Use BRR Transparency 8.2 or write the following on the board:
Faites une liste de toutes les expressions que vous connaissez qui utilisent le verbe *faire*.

2 Presentation

Le faire causatif

Note: Although many students find this point difficult, it is important to learn because of its high frequency in French.

Step 1 Read the explanations aloud.

Step 2 Call on students to read the model sentences aloud.

Step 3 Give as many examples as possible. This is one of those points that students learn better through examples than explanation. **Mes parents me font travailler (étudier, bien manger, dormir huit heures par nuit, me coucher de bonne heure).**

LEVELING
A: Structure

Structure ⚜ *Révision*

Le faire causatif

Telling what you and others have people do for you

1. The verb **faire** in French is used in causative constructions to express what one makes another do. In a causative construction, the verb **faire** is followed by an infinitive.

Il fait construire un musée.	*He's having a museum built.*
Ils ont fait restaurer un tableau.	*They had a painting restored.*
Ils vont faire installer l'air climatisé.	*They are going to have air conditioning installed.*

2. When object pronouns are used, they precede the verb **faire.**

Je fais chanter la chanson. →
Je la fais chanter.

Je fais chanter les enfants. →
Je les fais chanter.

Je fais chanter la chanson aux enfants. →
Je la leur fais chanter.

3. In the passé composé, the past participle of the verb **faire** does not agree with the preceding direct object pronoun since the pronoun is actually the object of the infinitive that follows the verb **faire.**

Elle a fait restaurer la statue. **Elle l'a fait restaurer.**

4. A causative construction is often reflexive. In that case, the auxiliary **être** is used in the passé composé. Note that, again, there is no agreement of the past participle **fait.**

Elle s'est fait couper les cheveux.

Comment dit-on?

1 Historiette Leur nouvelle maison Ils ne vont pas le faire eux-mêmes. Dites ce qu'ils vont faire.

1. restaurer la façade
2. réparer les fenêtres
3. refaire les peintures
4. installer l'air climatisé
5. planter des fleurs dans le jardin
6. faire une route

2 Encore une fois Récrivez les phrases de l'Activité 1 en remplaçant les noms par des pronoms.

3 Ils ont tout fait faire. Faites l'accord quand c'est nécessaire.

1. a. Les peintures qu'il a fait__, je les ai vu__. Je les ai trouvé__ magnifiques.
   b. Les peintures qu'il a fait__ restaurer, je les ai vu__. Je les ai trouvé__ magnifiques.
2. a. La robe qu'elle a fait__, je l'ai vu__. Je l'ai trouvé__ très belle.
   b. La robe qu'elle a fait__ faire, je l'ai vu__. Je l'ai trouvé__ très belle.
3. a. Les maisons qu'ils ont fait__, je les ai vu__. Je les ai trouvé__ très belles.
   b. Les maisons qu'ils ont fait__ faire, je les ai vu__. Je les ai trouvé__ très belles.

Un artiste restaurant un tableau ancien

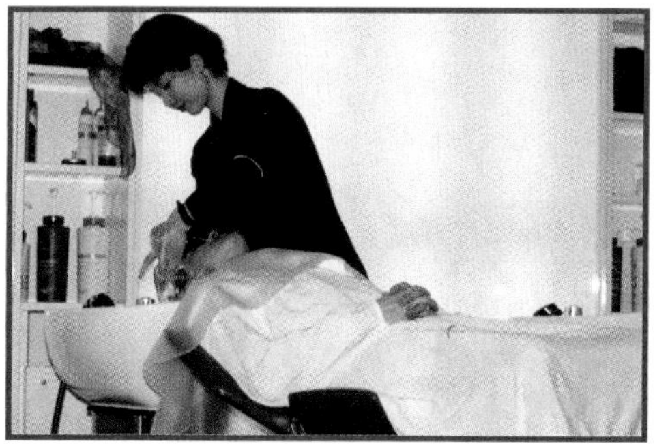
Chez le coiffeur, à Paris

4 Chez le coiffeur Ève est allée chez le coiffeur. Dites ce qu'elle s'est fait faire.

1. se faire laver les cheveux
2. se faire couper les cheveux
3. se faire faire une permanente
4. se faire faire des mèches (*highlights*)

5 Au suivant Décrivez ce que vous vous faites faire quand vous allez chez le coiffeur.

3 Practice

Comment dit-on?

Go over these activities in class as soon as the grammar point has been presented, then assign them for homework. Go over them again the following day.

Art Connection

Les rapports entre la science et l'art ont une longue histoire. Peu après la Première Guerre mondiale, des médecins utilisent déjà des appareils de radiographie médicale pour regarder à travers les tableaux. On peut, grâce à ces techniques, reconstituer l'approche de l'artiste et souvent dater l'œuvre. C'est sur ces techniques d'analyse que s'appuie la restauration des tableaux.

En sculpture, certaines statues sont nettoyées et restaurées dans les ateliers du Louvre. Les marbriers nébulisent la pierre, comblent les fissures et quelquefois enlèvent un élément parasite. «Nos ancêtres ne supportaient pas les statues anciennes incomplètes», explique Alain Pasquier, conservateur. «Alors, ils ajoutaient des bras, des jambes, des torses. Depuis Rodin, nous acceptons beaucoup mieux les œuvres incomplètes.»

Answers to Comment dit-on?

1

1. Ils vont faire restaurer la façade.
2. Ils vont faire réparer les fenêtres.
3. Ils vont faire refaire les peintures.
4. Ils vont faire installer l'air climatisé.
5. Ils vont faire planter des fleurs dans le jardin.
6. Ils vont faire faire une route.

2

1. Ils vont la faire restaurer.
2. Ils vont les faire réparer.
3. Ils vont les faire refaire.
4. Ils vont le faire installer.
5. Ils vont en faire planter dans le jardin.
6. Ils vont la faire faire.

3

1. a. es, es, es
   b. -, es, es
2. a. e, e, e
   b. -, e, e
3. a. es, es, es
   b. -, es, es

4

1. Elle s'est fait laver les cheveux.
2. Elle s'est fait couper les cheveux.
3. Elle s'est fait faire une permanente.
4. Elle s'est fait faire des mèches.

5 *Answers will vary.*

Recycling

These activities allow students to use the vocabulary and structure from this lesson in completely open-ended, real-life situations.

Encourage students to say as much as possible when they do these activities. Tell them not to be afraid to make mistakes, since the goal of these activities is real-life communication. If someone in the group makes an error, allow the others to politely correct him or her. Let students choose the activities they would like to do.

You may wish to divide students into pairs or groups. Encourage students to elaborate on the basic theme and to be creative. They may use props, pictures, or posters if they wish.

C'est à vous
Use what you have learned

PARLER 1 ÉCRIRE

Un personnage historique français
✔ *Write about a French historical figure*

Travaillez en petits groupes. Choisissez un personnage historique français. Chaque groupe choisit un personnage différent et fait un rapport qu'il présente à la classe.

Jean-Auguste-Dominique Ingres: ***Jeanne d'Arc au sacre de Charles VII dans la cathédrale de Reims***

PARLER 2 ÉCRIRE

Un personnage historique américain
✔ *Research a famous American historical figure*

Avec un(e) camarade, décidez quels sont les grands personnages de l'histoire des États-Unis. Ensuite, choisissez un personnage et écrivez une courte biographie.

FRENCH Online

To learn more about French and Francophone historical figures, go to the Glencoe French Web site: french.glencoe.com

PARLER 3

Un musée
✔ *Talk about American museums that interest you*

Travaillez avec plusieurs camarades. Faites une liste des musées que vous connaissez aux États-Unis. Choisissez-en que vous aimeriez visiter (ou visiter à nouveau). Dites pour quelles raisons la collection de ce musée vous intéresse.

PARLER / ÉCRIRE

4 «Remake»

✔ *Write a remake of a French film*

Plusieurs films français ont été refaits en anglais pour un public américain. Par exemple, *Three Men and a Baby* était à l'origine un film français intitulé «Trois hommes et un couffin». Avec plusieurs camarades, choisissez un film américain que vous avez vu et discutez de la façon d'en faire un film français. Décidez où il aurait lieu, si les personnages seraient les mêmes, etc.

PARLER

5 Votre patrimoine

✔ *Discuss your heritage*

Faites des recherches sur un élément du patrimoine de votre ville. Il peut s'agir d'une église, d'un monument aux morts, d'un parc. Déterminez qui l'a fait faire ou construire, en quelle année, pour quelle(s) raison(s), etc. Travaillez avec un(e) camarade.

PARLER

6 Débat

✔ *Discuss government subsidies of the arts*

L'État doit-il subventionner les arts? Travaillez en groupes et trouvez des arguments pour et des arguments contre.

PARLER / ÉCRIRE

7 L'Europe

✔ *Learn more about the European Union*

Avec plusieurs camarades, faites un rapport sur l'Union européenne. Combien y a-t-il de pays? Quels sont-ils? Où se trouve le parlement européen?

Le bâtiment du Parlement européen

Learning from Photos

(page 393 bottom) Le Parlement européen représente les habitants de pays membres de l'Union européenne (UE). C'est la seule institution de L'UE qui soit élue directement par les citoyens. Le Parlement contribue à l'élaboration de la législation européenne et à la gestion de L'UE aux côtés de la Commission européenne et du Conseil de l'Union européenne.

Chapter Projects

Américains et Français

Utilisez des journaux, des publicités et des magazines américains et français pour faire un exposé ou une brochure montrant l'influence des États-Unis sur la France et vice versa.

1 Preparation

Resource Manager

Assessment Transparency A8.1
Online Quiz
Tests, pages 205–207 and 217–235
ExamView® Pro

Assessment

This is a pretest for students to take before you administer the lesson test. Answer sheets for students to do these pages are provided in your transparency binder. Note that each section is cross-referenced so students can easily find the material they have to review in case they made errors. You may wish to collect these assessments and correct them yourself or you may prefer to have the students correct themselves in class. You can go over the answers orally or project them on the overhead, using your Assessment Answers transparencies.

Vocabulaire

To review the vocabulary, turn to page 383.

1 Complétez.

1. Henri IV était un bon ____.
2. Il y a beaucoup de livres dans cette ____.
3. Les voitures sont interdites: c'est une rue ____.
4. Ils ont coupé l'eau parce qu'ils réparent les ____.
5. Les camions ne peuvent pas passer parce que les rues sont trop ____.
6. Cet arbre énorme, c'est un ____.
7. En haut du centre Pompidou, il y a une belle vue sur les ____ de Paris.
8. C'est une autoroute qui ____ Paris à Lille.
9. Il dépense tout ce qu'il a. Il ne pense jamais à l'____ quand il sera vieux.
10. Elle répète ____ la même chose.

Lecture

To review the reading, turn to pages 385–389.

2 Citez.

11. deux personnages historiques français
12. deux scientifiques français
13. deux écrivains français

3 Expliquez ce qu'est...

14. le tunnel sous la Manche
15. l'Institut Pasteur
16. le prix Goncourt
17. le centre Pompidou

Buste de Louis Pasteur devant l'Institut Pasteur à Paris

Answers to Assessment

1

1. roi
2. bibliothèque
3. piétonnière
4. tuyaux
5. étroites
6. chêne
7. monuments
8. relie
9. avenir
10. inlassablement

2 *Answers may vary.*

3

14. ce qui relie la France à l'Angleterre
15. un centre de recherche
16. un prix littéraire
17. un musée, une bibliothèque, un espace réservé à la création industrielle et architecturale et un autre à la recherche musicale

Structure

4 Récrivez les phrases suivantes d'après le modèle.

Ils ont réparé le toit. ⟶
Ils ont fait réparer le toit.

18. Ils font une route.
19. J'ai construit une maison.
20. Nous allons planter des arbres.
21. Vous voulez restaurer ce tableau?

To review ***faire causatif****, turn to page 390.*

Jean-François Millet: *L'Angélus*

5 Faites ou ne faites pas l'accord.

22. Ces statues? Elle les a d'abord acheté__.
23. Ensuite elle les a fait__ restaurer.
24. Mais non, ce n'est pas elle qui a acheté__ ces statues.
25. Elle les a fait__ acheter par son mari!

To review agreement with ***faire causatif****, turn to page 390.*

Assessment

After going over the Assessment, you may administer the test for **Leçon 1, Chapitre 8.**

Learning from Photos

(page 394) Louis Pasteur (1822–1895) a inventé la microbiologie et la vaccination. Son premier vaccin contre la rage a été réalisé en 1885. De nos jours, l'institut qui porte son nom continue ses recherches.

Art Connection

(page 395) Jean-François Millet (1814–1875) était fils de paysans et il a donc peint surtout les occupations familières des paysans. Son tableau *l'Angélus* est le plus connu des Français après *la Joconde*. Il est exposé au musée d'Orsay. *L'Angélus* fut commandé à Millet par un riche Américain Thomas G. Appleton qui ne vint jamais chercher son tableau.

Answers to Assessment

4

18. Ils ont fait faire une route.
19. J'ai fait construire une maison.
20. Nous allons faire planter des arbres.
21. Vous voulez faire restaurer ce tableau?

5

22. es
23. -
24. -
25. -

1 Preparation

Resource Manager

Vocabulary Transparency V8.3
Audio Activities TE, page 129
Audio CD 8
Workbook, page 118
Quiz, page 102
ExamView® Pro

Bellringer Review

Use BRR Transparency 8.3 or write the following on the board:
Faites une liste de tous les monuments de Paris que vous connaissez. Lesquels aimeriez-vous visiter?

2 Presentation

Vocabulaire pour la conversation

You may wish to ask the following questions as you present the new vocabulary: **Où se trouve la Grande Arche? La Défense est un quartier résidentiel ou commercial? Que n'aiment pas faire les gens qui ont le vertige? Avez-vous quelquefois le vertige? Quand? Aimez-vous monter en haut des grands bâtiments? Pourquoi les gens sont serrés dans l'ascenseur? Qu'est-ce qui pèse beaucoup? Qu'est-ce qui pèse très peu? Quand est-ce que vous dites à un(e) ami(e): « Ne t'en fais pas»?**

Leçon 2 Conversation

Vocabulaire pour la conversation

La Grande Arche se trouve dans le quartier de la Défense.

La Grande Arche est lourde: elle pèse 300 000 tonnes.
La tour Eiffel, elle, est légère: elle ne pèse que 9 000 tonnes.

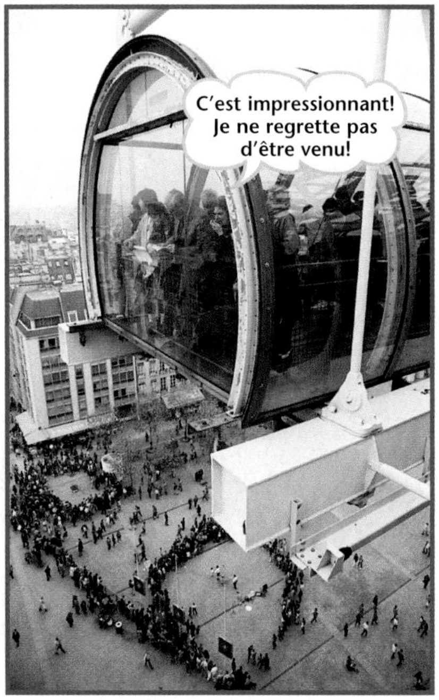

C'est impressionnant!
Je ne regrette pas
d'être venu!

Il y a beaucoup de gens: ils sont serrés.
Ce touriste ne peut pas regarder vers le bas: il a le vertige.

Ce bâtiment abrite une banque.

Plus de vocabulaire

un coup d'œil un regard rapide
une entreprise une compagnie
dire du mal de dire des choses pas très gentilles au sujet de quelqu'un ou quelque chose
à peine presque pas

LEVELING
E: Vocabulary

Learning from Photos

(page 396 top left) Le sculpteur L.E. Barrias avait élevé un monument à la mémoire des défenseurs de Paris, lors du siège de la ville en 1870–1871. C'est à ce site et à cette statue que le quartier de la Défense doit son nom.

Quel est le mot?

1 Quel est le mot? Complétez.

1. Je ne veux pas monter en haut de la tour Eiffel. Ça va me donner le ____.
2. J'ai horreur des ascenseurs. Il y a toujours plein de gens et on est trop ____.
3. Quand il était bébé, il était ____, je pouvais le porter. Mais maintenant, je ne peux plus: il est trop ____.
4. Il m'a dit des choses pas très gentilles au sujet de Marianne. Il adore ____ ses amis.
5. Je n'ai presque pas dormi. J'ai ____ fermé l'œil de la nuit.
6. Ne regarde pas vers le bas trop longtemps: un ____ suffit, sinon tu vas avoir le vertige.
7. Le centre Pompidou ____ le Musée national d'art moderne.
8. Il y a vingt employés; c'est une petite ____.

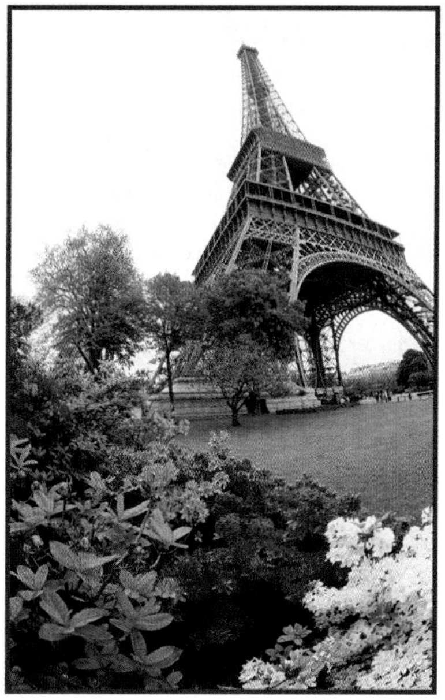

La tour Eiffel à Paris

Une fontaine de la place de la Concorde à Paris

2 Connaissez-vous Paris? Dites de quoi il s'agit.

1. le quartier des affaires
2. le monument qui se trouve à la Défense
3. le monument place Charles-de-Gaulle
4. le monument place de la Concorde
5. la cathédrale dans l'île de la Cité
6. la grande tour près de la Seine

3 Practice

Quel est le mot?

1, **2** Assign the activities and then go over them in class.

Answers to Quel est le mot?

1

1. vertige
2. serré
3. léger, lourd
4. dire du mal de
5. à peine
6. coup d'œil
7. abrite
8. entreprise

2

1. (le quartier de) la Défense
2. la Grande Arche
3. l'arc de triomphe de l'Étoile
4. l'Obélisque
5. Notre-Dame de Paris
6. la tour Eiffel

1 Preparation

Resource Manager

Audio Activities TE, pages 130–131
Audio CD 8
Workbook, pages 118–120
Quiz, page 103

Bellringer Review

Use BRR Transparency 8.4 or write the following on the board:
Complétez avec le mot qui convient.
1. **C'est le même savant ___ a fait la découverte?**
2. **Ce n'est pas ce musée ___ les touristes ont visité.**
3. **___ m'intéresse le plus, c'est l'architecture.**
4. **Tu sais ___ Paul a dit?**
5. **Elle ne sait pas ___ elle a besoin.**

2 Presentation

Mise en scène

Step 1 Before reading the **Conversation,** have students locate **La Défense, la place Charles-de-Gaulle, la place de la Concorde,** and **le Louvre** on the map of Paris on page xxxiv so they can see the **Grande Arche–Louvre** axis that is referred to.

Step 2 You may wish to have a student read the **Mise en scène** aloud.

Conversation

Step 1 Have students listen to the conversation on the Audio CD with their books closed.

Step 2 Divide the conversation into four parts. Call on different pairs of students to read each section aloud. Have them use as much expression as possible.

Leçon 2
Conversation

Mise en scène

En 1982, un concours a été organisé pour la réalisation d'un Centre international de la communication. Après quatre ans de travaux, la Grande Arche de la Défense est inaugurée.

L'Arche fait 108 mètres de côté, 110 mètres de haut, 112 mètres de profondeur et son toit-terrasse fait plus d'un hectare (10 000 mètres carrés). Notre-Dame tiendrait facilement dans le vide central. Le but d'en faire un centre international de communication a été abandonné. Aujourd'hui, l'Arche abrite plusieurs ministères, des entreprises nationales et internationales et la fondation «l'Arche de la Fraternité» pour la défense et la promotion des droits de l'homme.

Visite à la Grande Arche

En route pour la Grande Arche

Roger On y va comment à la Grande Arche? On prend un taxi?
Alain Non. Ce n'est pas la peine. Avec le RER, on est à la Défense en cinq minutes!
Roger C'est formidable le progrès!
Alain Eh oui! Quand j'étais petit je suis allé voir une tante qui habitait pas loin de là où est la Grande Arche maintenant. Eh bien, je me souviens d'avoir mis au moins une heure!

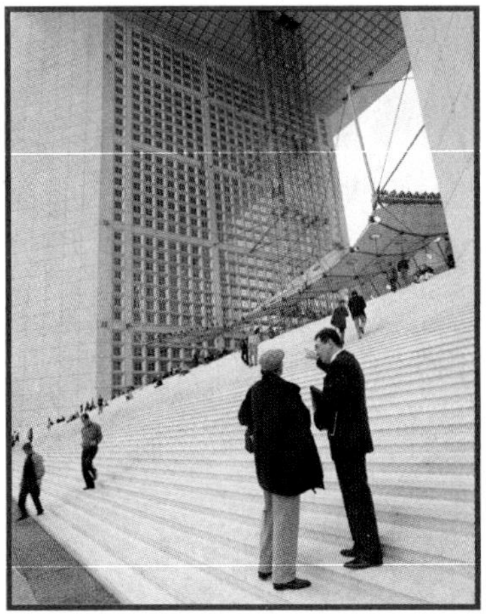

Au pied de la Grande Arche

Alain Nous y voilà!
Roger C'est impressionnant! C'est énorme!
Alain Ouais. Ça pèse 300 000 tonnes!
Roger 300 000 tonnes! Ben dis donc! C'est pas léger! Mais… , c'est les ascenseurs qu'on voit là, dehors?
Alain Oui. Tu vas voir, on a une vue formidable en montant.
Roger Euh, oui, mais… euh… j'ai facilement le vertige, moi.
Alain Ne t'en fais pas. Tu vas aimer!

Dans l'ascenseur

Roger Oh, là, là. Mon pauvre estomac!
Alain Regarde donc la vue au lieu de te plaindre.
Roger Je ne peux pas. Il y a tellement de monde, je peux à peine respirer. On est serré comme des sardines ici.

LEVELING
E: Conversation

Sur le toit de la Grande Arche

Alain Maintenant, regarde, tu vois l'Arc de triomphe de l'Étoile, et dans l'axe, l'obélisque, l'arc de triomphe du Carrousel et la pyramide du Louvre. Tu vois? Tu ne regrettes pas d'être monté, tout de même!

Roger Non, non... C'est intéressant cette perspective.

Alain Intéressant! C'est tout ce que tu trouves à dire! En un coup d'œil, tu contemples 2 000 ans d'histoire de France, mon cher!

Roger Il faut reconnaître que c'est un beau panorama!

Alain C'est pas dans ta province qu'on voit ça, tout de même!

Roger Ah attention! Ne dis pas de mal de «ma province». Il y a des choses très bien à Montagnac. Ce n'est pas parce que c'est petit…

Vous avez compris?

A Répondez d'après la conversation en route pour la Grande Arche.

1. Dans quel quartier se trouve la Grande Arche?
2. Quel moyen de transport les deux amis prennent-ils pour y aller?
3. Combien de temps vont-ils mettre pour aller à la Défense?
4. Combien de temps Alain a-t-il mis pour y aller quand il était petit?

B Répondez d'après la conversation au pied de la Grande Arche.

1. Est-ce que la Grande Arche est légère? Combien pèse-t-elle?
2. Où se trouvent les ascenseurs pour monter à la terrasse?
3. Est-ce que Roger est content à l'idée de prendre l'un de ces ascenseurs? Pour quelle raison?
4. De quoi se plaint-il en montant dans l'ascenseur? Pour quelle raison?

C Répondez d'après la conversation sur le toit de la Grande Arche.

1. Quels monuments peut-on voir dans l'axe Grande Arche-Louvre?
2. Comment Roger trouve-t-il cette perspective?
3. Est-ce qu'Alain trouve que Roger montre assez d'enthousiasme?
4. Quand on voit Paris de haut, qu'est-ce qu'on contemple?
5. Est-ce que Roger habite dans une grande ville?
6. D'après vous, est-ce qu'il aimerait habiter dans une grande ville comme Paris? Pour quelles raisons?

D Travaillez en petits groupes. Vous allez recevoir la visite d'un groupe de jeunes francophones. Faites le plan d'une visite guidée de votre ville et de ses environs. N'oubliez pas les monuments, les musées, bien sûr, mais aussi les beaux paysages.

Leçon 2
Conversation

Step 3 As each segment of the conversation is read, go over the corresponding activity on page 399 orally.

Step 4 Assign the activities for homework.

Recycling

Ask students: **Qu'est-ce que le RER?**

3 Practice

Vous avez compris?

A – C You can intersperse these activities without prior preparation as students are doing the conversation in class or you may assign them for homework and then go over them in class the following day.

D You can use the results of this activity for a bulletin board display.

Answers to Vous avez compris?

A

1. La Grande Arche se trouve dans le quartier de la Défense.
2. Ils prennent le RER.
3. cinq minutes
4. au moins une heure

B

1. Non, elle est très lourde; elle pèse 300 000 tonnes.
2. Ils se trouvent dehors.
3. Non, parce qu'il a facilement le vertige.
4. Il dit qu'il peut à peine respirer parce qu'ils sont serrés comme des sardines dans l'ascenseur.

C

1. On peut voir l'arc de triomphe de l'Étoile, l'Obélisque, l'arc de triomphe du Carrousel et la pyramide du Louvre.
2. Il la trouve intéressante.
3. Non, il trouve que Roger ne montre pas assez d'enthousiasme.
4. On contemple 2 000 ans d'histoire de France.
5. Non, il habite dans une petite ville.
6. Non, il n'aimerait pas habiter dans une grande ville comme Paris parce qu'il aime la province.

D *Answers will vary.*

1 Preparation

Resource Manager

Audio Activities TE, page 132
Audio CD 8
Workbook, page 121
Quiz, page 104

Bellringer Review

Use BRR Transparency 8.5 or write the following on the board:

Répondez:

1. **Qu'est-ce que vous faites pour recevoir de bonnes notes?**
2. **Qu'est-ce que vous faites avant de partir pour l'école?**
3. **Qu'est-ce que vous venez de faire?**

2 Presentation

L'infinitif passé

Note: Students should be exposed to this grammar point but it is suggested that you not spend a great deal of time on it. In comparison to many other grammar points it is of very low frequency.

Step 1 Read the explanatory material to the students and have them read the model sentences aloud.

LEVELING
E: Structure
A: Structure

Leçon 2
Conversation

Structure ⚜ *Révision*

L'infinitif passé

Describing actions that occurred prior to other actions

1. There are two forms of the infinitive in French—present and past. You already know the present form, which you have been using to identify verbs: **aimer, répondre, sortir.** There is also a past infinitive which is composed of two parts: the infinitive of the verb **avoir** or **être** (depending on which auxiliary the verb takes in the passé composé) and the past participle of that verb.

finir	**avoir fini**
sortir	**être sorti(e)(s)**

2. The rules of agreement for the past infinitive are the same as those for the passé composé.

Cette statue? Il est content de l'avoir finie.
Il est content d'être allé à cette exposition.
Nous sommes toutes désolées de nous être trompées.

3. The past infinitive is used to express an action that occurred prior to another one.

Elle est partie sans avoir fini la visite.
Il regrette d'être monté.

4. The past infinitive is always used after **après.**

Après avoir vu un film, elles sont allées au restaurant.
Après s'être bien amusées, elles sont rentrées chez elles.

5. To make a past infinitive negative, **ne pas** is placed before **avoir** or **être.**

Elle regrette de ne pas avoir vu cette exposition.

Le musée national du Bardo à Tunis, en Tunisie

Learning from Photos

(page 400) Le musée National du Bardo à Tunis a été construit en 1882. Cet ensemble de palais abrite le Parlement et le musée National. Le musée a été inauguré en 1888 et il offre la plus belle collection de mosaïques d'Afrique du Nord.

Answers to Comment dit-on?

1

1. Non, je regrette de ne pas l'avoir vu.
2. Non, je regrette de ne pas les avoir lus.
3. Non, je regrette de ne pas l'avoir écouté.
4. Non, je regrette de ne pas l'avoir visité.
5. Non, je regrette de ne pas y être allé(e).
6. Non, je regrette de ne pas m'y être amusé(e).

Leçon 2
Conversation

Comment dit-on?

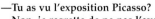

1 Loisirs culturels Répondez aux questions suivantes d'après le modèle.

—Tu as vu l'exposition Picasso?
—Non, je regrette de ne pas l'avoir vue.

1. Tu as vu le dernier film de Vincent Perez?
2. Tu as lu les poèmes de Prévert?
3. Tu as écouté le disque de Patricia Kaas?
4. Tu as visité le musée du Louvre?
5. Tu es allé(e) à la Grande Arche?
6. Tu t'es amusé(e) à la Comédie-Française?

Le théâtre de la Comédie-Française à Paris

Pablo Picasso: *L'Atelier*

2 Historiette Samedi Racontez ce que Corinne et son frère ont fait samedi dernier. Observez le modèle et continuez ensuite.

1. **se lever tôt →**
   Ils se sont levés tôt.
2. **prendre le petit déjeuner ensemble →**
   Après s'être levés tôt, ils ont pris le petit déjeuner ensemble.
3. **faire du jogging dans le parc →**
   Après avoir pris le petit déjeuner ensemble, ils ont fait du jogging dans le parc.
4. aller faire des courses en ville
5. déjeuner dans un bon restaurant
6. aller à l'exposition Monet
7. prendre quelque chose dans un café
8. voir le dernier film de Danielle Thompson
9. dîner chez des amis
10. aller dans un café
11. rentrer chez eux
12. se coucher tout de suite
13. s'endormir immédiatement

3 Historiette Et vous? Racontez de la même façon ce que vous avez fait samedi dernier.

Je me suis levé(e) tôt / tard. →
Après m'être levé(e) tôt / tard,...

Group Activity

The teacher begins by saying to a student: **Tu as acheté un livre.** The student continues, using **l'infinitif passé: Après avoir acheté le livre, je l'ai lu.** He or she says to the next student: **Tu as lu le livre.** That student says: **Oui, et après avoir lu le livre, je suis sorti(e)...** He or she says to the next student: **Tu es sorti(e).** That student continues: **Après être sorti(e), j'ai rencontré un ami...** and so on.

Answers to Comment dit-on?

2

4. Après avoir fait du jogging dans le parc, ils sont allés faire des courses en ville.
5. Après avoir fait des courses en ville, ils ont déjeuné dans un bon restaurant.
6. Après avoir déjeuné dans un bon restaurant, ils sont allés à l'exposition Monet.
7. Après être allés à l'exposition Monet, ils ont pris quelque chose dans un café.
8. Après avoir pris quelque chose dans un café, ils ont vu le dernier film de Danielle Thompson.
9. Après avoir vu le dernier film de Danielle Thompson, ils ont dîné chez des amis.
10. Après avoir dîné chez des amis, ils sont allés dans un café.
11. Après être allés dans un café, ils sont rentrés chez eux.
12. Après être rentrés chez eux, ils se sont couchés tout de suite.
13. Après s'être couchés tout de suite, ils se sont endormis immédiatement.

3 *Answers will vary.*

Recycling

These activities allow students to use the vocabulary and structure from this lesson in completely open-ended, real-life situations.

Encourage students to say as much as possible when they do these activities. Tell them not to be afraid to make mistakes, since the goal of these activities is real-life communication. If someone in the group makes an error, allow the others to politely correct him or her. Let students choose the activities they would like to do.

You may wish to divide students into pairs or groups. Encourage students to elaborate on the basic theme and to be creative. They may use props, pictures, or posters if they wish.

3 Have different students and/or groups compare their itineraries.

C'est à vous

Use what you have learned

PARLER

1 Ville ou campagne?

✔ Discuss living in the city versus living in the country

Travaillez avec un(e) camarade. Préférez-vous vivre dans une ville ou à la campagne? Choisissez et défendez votre choix.

PARLER

2 Le vertige

✔ Talk about vertigo

Avez-vous le vertige ou pas? Racontez la visite d'un monument où vous êtes monté(e) très haut. Dites de quel monument il s'agissait, dans quel pays. Dites si vous avez eu le vertige ou pas.

PARLER

3 Paris

✔ Organize a trip to Paris

Si vous n'êtes jamais allé(e) à Paris, travaillez avec un(e) camarade. Prenez un guide et organisez votre visite, en choisissant ce qui vous intéresse le plus. Si vous êtes déjà allé(e) à Paris, faites un exposé oral sur votre visite.

Leçon 2
Conversation

PARLER 4 ÉCRIRE

Réactions?

✔ Give your opinion about the French and Francophone art and architecture shown

Vous avez vu en photo la pyramide du Louvre et la Grande Arche. Quelles ont été vos réactions? Maintenant regardez ces photos. Elles montrent d'autres réalisations artistiques. Quelles sont vos réactions?

Sculpture de Niki de Saint-Phalle: *La fontaine Stravinski* à Paris

Le musée d'archéologie et d'histoire de Montréal, au Québec

Sculpture d'Arman: *l'Heure de tous* à Paris

Les colonnes de Buren au Palais-Royal à Paris

PARLER 5 ÉCRIRE

Regrets

✔ Regrets about your last vacation

Quelle est la dernière visite touristique que vous avez faite? Que regrettez-vous de ne pas avoir fait? Peut-être regrettez-vous d'avoir fait quelque chose?

Art Connection

- ***La fontaine Stravinski*** est animée. Elle se trouve à côté du centre Pompidou. Nikki de Saint-Phalle était membre du groupe des Nouveaux Réalistes dans les années 60. Elle est surtout connue pour ses «Nanas» (femme en argot), des sculptures représentant des femmes très colorées et opulentes.
- **Le musée d'archéologie et d'histoire de Montréal** se trouve sur une pointe de terre dans le Saint-Laurent, Pointe-à-Callière. Le musée a pour mission de faire connaître le Montréal d'hier et d'aujourd'hui et d'en conserver et mettre en valeur le patrimoine archéologique et historique. Outre les expositions permanentes, le musée propose des expositions temporaires, des activités culturelles et des programmes scolaires.
- ***L'Heure de tous*** est située devant la gare Saint-Lazare à Paris.
- **Les colonnes de Buren,** du nom de leur créateur, ont suscité une véritable polémique. Certains des habitants de ce quartier chargé d'histoire ont protesté amèrement. Ils pensaient que ces sculptures modernes ne se mariaient pas bien avec l'architecture du quartier. Malgré les protestations, les colonnes ont été installées. Elles servent quelquefois de siège aux promeneurs et offrent un effet visuel intéressant.

Resource Manager

Assessment Transparency A8.2
Online Quiz
Tests, pages 208–210 and 217–235
ExamView® Pro

Assessment

This is a pretest for students to take before you administer the lesson test. Answer sheets for students to do these pages are provided in your transparency binder. Note that each section is cross-referenced so students can easily find the material they have to review in case they made errors. You may wish to collect these assessments and correct them yourself or you may prefer to have the students correct themselves in class. You can go over the answers orally or project them on the overhead, using your Assessment Answers transparencies.

FUN-FACTS

Le Louvre va-t-il devenir le plus grand musée du monde? «Sans doute», répond son directeur. Mais les comparaisons sont difficiles. Si l'on considère l'ampleur des collections, c'est avec le Metropolitan Museum of Art de New York que le Louvre se sent le plus d'affinités. Normal! Le Met a été créé en 1870 sur le modèle de son aîné.

History Connection

L'aile «Richelieu» du Grand Louvre fut terminée en 1856. Elle fut bâtie sur l'ordre de Napoléon Ier puis de Napoléon III. Elle acheva la réunion du Louvre à l'ancien château des Tuileries.

Assessment

Vocabulaire

To review the vocabulary, turn to page 396.

1 Complétez.

1. Quelle grosse tomate! Elle ____ plus d'un kilo!
2. Regarde vite ce qui se passe: juste un petit ____.
3. Une multinationale est une ____ qui a des activités dans plusieurs pays.
4. Il n'aime personne. Il ____ tout le monde.

2 Vrai ou faux?

5. Ce qui est léger est facile à porter.
6. Quand il pleut, il vaut mieux s'abriter.
7. Quand on a le vertige, il vaut mieux ne pas monter sur la tour Eiffel.
8. Quand il y a beaucoup de monde dans le métro, on est serré.
9. Dans une ville, il n'y a qu'un seul quartier.

Conversation

To review the conversation, turn to pages 398–399.

3 Expliquez ce qu'est la Grande Arche. Dites...

10. dans quel quartier elle se trouve
11. combien elle pèse
12. comment on y va
13. comment on y monte
14. ce qu'on voit une fois sur le toit
15. ce qu'on pourrait mettre dans le vide central

La pyramide de I.M. Pei au Louvre

Answers to Assessment

1

1. pèse
2. coup d'œil
3. entreprise
4. dit du mal de

2

5. Vrai.
6. Vrai.
7. Vrai.
8. Vrai.
9. Faux.

3

10. à la Défense
11. 300 000 tonnes
12. avec le RER
13. dans les ascenseurs
14. une vue formidable de Paris
15. la cathédrale de Notre-Dame

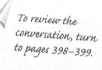

4 Dites comment vous trouvez...

16. Roger, le provincial
17. Alain, le parisien

To review the conversation, turn to pages 398–399.

Structure

5 Récrivez les phrases selon le modèle.

Il est sorti et il a pris un taxi. ⟶
Après être sorti il a pris un taxi.

18. Moi, j'ai regardé le journal télévisé et j'ai pris un bain.
19. Je me suis brossé les dents et je me suis couché(e).
20. Les autres ont lu un peu et ils se sont endormis.
21. Nous avons dormi toute la nuit et nous nous sommes réveillés en bonne forme.
22. Nous nous sommes habillés et nous sommes repartis au travail!

*To review the **infinitif passé,** turn to page 400.*

6 Complétez avec un infinitif passé.

23. Je regrette de ____. (ne pas monter)
24. Tu es vraiment désolée de ____? (se tromper)
25. Nous sommes contents d'y ____. (aller)

Centre Pompidou
L'art d'aujourd'hui au cœur de Paris
The art today in the heart of Paris
El arte de hoy en el centro de Paris

Assessment

After going over the Assessment, you may administer the test for **Leçon 2, Chapitre 8.**

Learning from Photos

(page 405) Ask students: **À votre avis, la photo de la pyramide est belle? Pourquoi? Y a-t-il des contrastes inattendus? Lesquels? Quel est le bâtiment au fond, derrière la pyramide? (le Louvre)**

Group Activity

Divisez la classe en deux groupes—ceux qui aiment la pyramide et ceux qui la détestent. Demandez à chaque groupe de justifier leur opinion.

FUN-FACTS

Les équipes de nettoyage de la Pyramide doivent périodiquement jouer les funambules. Les équipes ont été initiées par des grimpeurs professionnels.

Answers to Assessment

4 *Answers will vary.*

5

18. Après avoir regardé le journal télévisé, j'ai pris un bain.
19. Après m'être brossé les dents, je me suis couché(e).
20. Après avoir lu un peu, ils se sont endormis.
21. Après avoir dormi toute la nuit, nous nous sommes réveillés en bonne forme.
22. Après nous être habillés, nous sommes repartis au travail!

6

23. ne pas être monté(e)
24. t'être trompée
25. être allés

1 Preparation

Resource Manager

Vocabulary Transparency V8.4
Audio Activities TE, page 133
Audio CD 8
Workbook, page 122
Quiz, page 105
ExamView® Pro

Bellringer Review

Use BRR Transparency 8.6 or write the following on the board:

Complétez au passé.

1. **Elle ___ du piano quand je ___. (jouer, entrer)**
2. **Qu'est-ce que vous ___ quand je vous ___? (faire, interrompre)**
3. **Quand le téléphone ___, je ___ du piano et elle ___. (sonner, jouer, chanter)**
4. **Hier ils ___ au cinéma où ils ___ un très bon film. Ensuite, ils ___ au restaurant. (aller, voir, dîner)**

2 Presentation

Vocabulaire pour la lecture

Step 1 You may wish to follow some procedures outlined in previous chapters.

Learning from Realia

(page 406 bottom right) Saint-Exupéry a disparu en mer à bord de son avion en 1944. On a retrouvé récemment deux épaves dans la Méditerranée au large de Marseille. Il s'agit d'un avion Lightning comme celui que pilotait Saint-Exupéry, mais la preuve n'est pas établie que ces deux épaves appartiennent à l'avion de Saint-Exupéry car il existe de nombreux Lightning disparus dans le même secteur dont le sort reste inconnu à ce jour.

Vocabulaire pour la lecture

Non, Napoléon n'a pas été empoisonné

Madagascar est une île dans l'océan Indien.

Il rêve d'une belle chevelure.

C'est en lisant une revue qu'on s'informe.

Plus de vocabulaire

une enquête une investigation
tremper rester dans un liquide
la mort la fin de la vie

LEVELING
E: Vocabulary

Learning from Photos

(page 406 top right) Madagascar est une île de l'océan Indien. Elle est séparée de l'Afrique par le canal de Mozambique. C'est une île splendide en partie volcanique. La population est de 16 980 000 habitants. La capitale est Antananarivo.

Quel est le mot?

1 Définitions De quel mot s'agit-il?

1. le contraire de «vie»
2. un groupe serré de cheveux
3. un magazine littéraire ou scientifique
4. rester dans un liquide
5. ce que fait la police pour trouver un criminel
6. l'ensemble des cheveux
7. de la terre avec de l'eau tout autour

Des maisons à Saint-Pierre-et-Miquelon, près du Canada

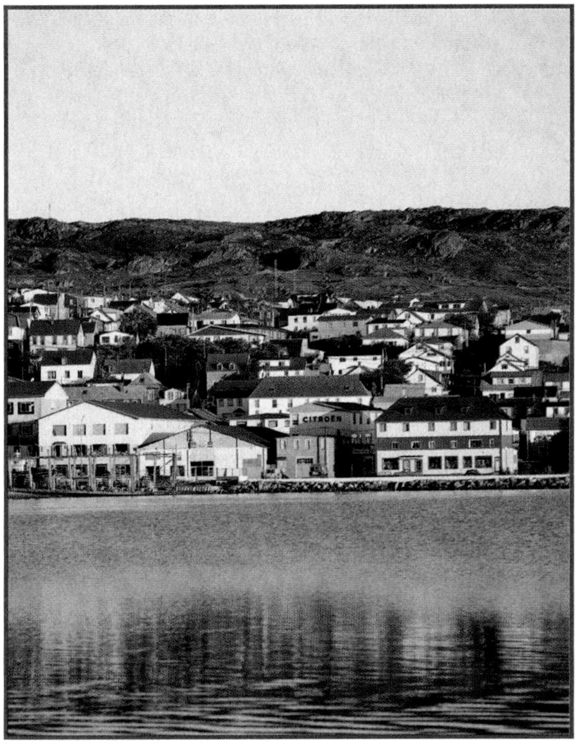

Saint-Pierre, dans l'océan Atlantique

2 Petit test

1. Donnez le nom de deux îles.
2. Donnez le nom d'une revue.

FRENCH Online

To learn more about French DOM-TOMs (départements et territoires d'outre-mer), go to the Glencoe French Web site: french.glencoe.com

3 Practice

Quel est le mot?

1 This activity can be done without previous preparation.

2 Give students a chance to prepare this activity before going over it in class.

Answers to Quel est le mot?

1

1. la mort
2. une mèche de cheveux
3. une revue
4. tremper
5. une enquête
6. la chevelure
7. une île

2 *Answers will vary.*

1 Preparation

Resource Manager

Audio Activities TE, page 134
Audio CD 8
Workbook, page 122
Quiz, page 106

2 Presentation

Avant la lecture

Step 1 Ask students what they know about Napoleon and write the information on the board.

Step 2 Read **Avant la lecture** aloud to students or call on students to read.

Lecture

Step 1 It is suggested that you have students read this selection silently as if they were browsing through the newspaper.

LEVELING

E: Reading

Leçon 3
Journalisme

Avant la lecture

Après la bataille de Waterloo en 1815, Napoléon est envoyé en exil sur l'île anglaise de Sainte-Hélène. C'est là qu'il est mort en 1821 et les circonstances de sa mort font l'objet d'une polémique.

En 1961, un médecin suédois lançait l'hypothèse de l'empoisonnement de Napoléon par l'arsenic. Par la suite, plusieurs analyses de cheveux de l'Empereur ont été effectuées, mettant en évidence la présence d'arsenic. Mais une nouvelle étude vient d'être faite par des scientifiques français. Voici les grandes lignes d'un article publié par le journal *Le Monde* au sujet de cette nouvelle étude.

Le Monde

Non, Napoléon n'a pas été empoisonné

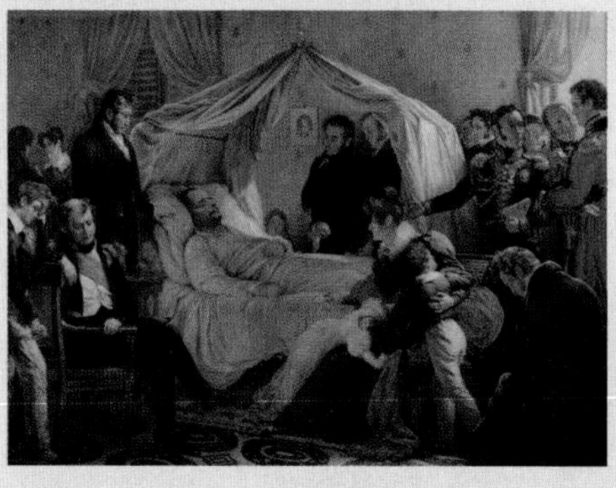

Napoléon Ier serait finalement mort le 5 mai 1821 sur l'île de Sainte-Hélène, de mort naturelle, des suites[1] de complications d'un cancer gastrique, et non pas empoisonné à l'arsenic. C'est la conclusion d'une enquête, menée sur ce thème par la revue *Science & Vie*.

Depuis quarante ans, différentes mèches de cheveux de l'Empereur ont été analysées par de nombreux laboratoires. Tous concluent à une présence importante d'arsenic, mais les interprétations varient. Ceux qui avancent la thèse de l'empoisonnement pensent que l'arsenic a été donné à l'Empereur pendant sa captivité. L'étude réalisée à partir de cheveux prélevés en 1805, 1814 et 1821 fournit également des niveaux d'imprégnation en arsenic très élevés. Napoléon, n'étant arrivé à Sainte-Hélène qu'en 1815, l'arsenic était déjà présent dans la chevelure de Napoléon en 1805 et 1814, c'est-à-dire avant sa captivité. Les chercheurs ont donc conclu à une contamination externe et non interne. C'est en faisant tremper leurs propres[2] cheveux dans une solution d'arsenic que les chercheurs sont arrivés à vérifier cette hypothèse. Après les avoir lavés, ils ont constaté qu'ils étaient toujours saturés d'arsenic. Pour les chercheurs, la pollution extérieure ne fait aucun doute. «L'hypothèse la plus plausible est l'utilisation de produits conservateurs. L'emploi de l'arsenic pour préserver les cheveux était courant[3] au XIXe siècle, et il est logique de penser qu'on en a fait usage pour préserver les précieuses reliques.»

Ainsi semble éliminée l'hypothèse de l'empoisonnement par l'arsenic. D'autant[4] que Napoléon n'en portait pas les stigmates. L'autopsie réalisée par le médecin personnel de l'Empereur et par sept médecins anglais avait révélé des lésions cancéreuses de l'estomac. Par contre, aujourd'hui, les médecins qui ont étudié les écrits décrivant l'état de santé de l'Empereur au cours de ses dernières années ont des opinions différentes en ce qui concerne la cause de la mort de Napoléon. Ils sont d'accord sur le diagnostic d'ulcère gastrique chronique, mais pas sur le fait que cet ulcère était cancérisé. Pour certains, l'existence du cancer reste encore à prouver, pour d'autres «le doute n'est plus possible, Napoléon est mort des suites d'une complication aiguë d'un cancer gastrique».

[1]des suites *following*
[2]propres *own*
[3]courant *common*
[4]D'autant *All the more*

Vous avez compris?

A Répondez aux questions.

1. Pourquoi croit-on à l'empoisonnement de Napoléon?
2. Comment Napoléon aurait-il été empoisonné?
3. Qu'a-t-on trouvé après avoir analysé des mèches de cheveux?
4. Pourquoi les chercheurs ont-ils conclu que Napoléon n'avait pas été empoisonné?
5. Comment ont-ils vérifié leur hypothèse?
6. Comment conservait-on les cheveux au dix-neuvième siècle?
7. Sur quoi les médecins sont-ils d'accord?
8. Sur quoi ne sont-ils pas d'accord?

B Faites des recherches sur la vie de Napoléon Bonaparte et présentez ce personnage à la classe.

Antoine Gros: *Le général Bonaparte au pont d'Arcole, le 17 novembre 1796*

Le village de Bonifacio, en Corse, l'île natale de Napoléon

3 Practice

Vous avez compris?

B If desired, have students work in pairs to prepare an oral presentation for the class.

Art Connection

(page 409 top) L'année de cette campagne est 1796. C'est la campagne d'Italie contre les Autrichiens. Près du pont d'Arcole, le général Napoléon Bonaparte et ses troupes sont en difficulté. La possession du pont est très importante. Bonaparte s'élance seul sur le pont montrer l'exemple à ses troupes.

Answers to Vous avez compris?

A

1. On croit à l'empoisonnement de Napoléon parce que plusieurs analyses de cheveux ont été effectuées, mettant en évidence la présence d'arsenic.
2. Il aurait été empoisonné à l'arsenic.
3. On a trouvé que l'arsenic avait été un produit pour conserver le cheveux.
4. Il n'a pas été empoisonné parce que l'arsenic était présent avant qu'il n'arrive à Sainte-Hélène.
5. Pour vérifier leur hypothèse, les chercheurs ont trempé leurs propres cheveux dans une solution d'arsenic.
6. dans l'arsenic
7. Les médecins sont d'accord sur le diagnostic d'ulcère gastrique chronique.
8. Les médecins ne sont pas d'accord sur le fait que cet ulcère était cancérisé.

B *Answers will vary.*

1 Preparation

Resource Manager

Vocabulary Transparency V8.5
Audio Activities TE, page 135
Audio CD 8
Workbook, page 123
Quiz, page 108
ExamView® Pro

Bellringer Review

Use BRR Transparency 8.7 or write the following on the board:
Répondez en utilisant un pronom.

1. **Tu as visité le musée?**
2. **Tu as vu la Grande Arche?**
3. **Elle a peint les fontaines?**
4. **Tu es allé(e) au centre Pompidou?**
5. **Tu as vu combien d'expositions?**
6. **Tu as parlé au guide?**

2 Presentation

Vocabulaire pour la lecture

Step 1 Have students read the new words aloud.

Step 2 Plus de vocabulaire: Have students volunteer to read the words and definitions. You may also wish to have students use the words in original sentences.

Leçon 3
Journalisme

Vocabulaire pour la lecture

Festivals en France

Le château de Versailles est un des grands palais.

le pape

C'est le mur sur lequel ils peignent un dessin. Ils peignent un dessin représentant la campagne.

Plus de vocabulaire

l'amitié *(f.)* sentiment réciproque d'affection
un court-métrage un film de moins d'une heure
un long-métrage un film de plus d'une heure
se produire jouer (en public)
en vue de pour

Quel est le mot?

1 Autrement dit Remplacez les mots en italique.

1. Il *joue* ce soir à l'Olympia.
2. Le roi habite dans *une grande maison somptueuse.*
3. Elle a rencontré *le chef de l'Église catholique.*
4. À Angoulême, il y a *des murs avec des peintures.*
5. Ils ont créé ce festival *pour* faire connaître des jeunes talents.

Personnages de B.D. «célèbres»

2 Définitions De quel mot s'agit-il?

1. de l'affection entre deux personnes
2. un métal précieux jaune, blanc ou rose
3. un film de deux heures
4. un film de vingt minutes
5. le chef de l'Église catholique

Le pont d'Avignon et le palais des papes à Avignon, en France

Leçon 3
Journalisme

3 Practice

Quel est le mot?

1 and **2** These activities can be done immediately after the new vocabulary has been presented.

Learning from Realia

Les personnages de B.D. sont les suivants, de gauche à droite:

1. *Corto Maltèse* de Hugo Pratt
2. (assise) *Cyann (Le Cycle de Cyann)* de Bourgeon et Lacroix
3. *Adèle Blanc Sec* de Tardi
4. *Le chat* de Geluck
5. *Iznogood* de Tabari et Goscinny
6. *Philemon* de fred (tricot rayé bleu et blanc)

7–8. *Les dingo dossiers* de Gotlib et Goscinny

9–10. *Blake et Mortimer* de Jacobs et Benoit et Moor et Juillard

11. *Arianne des sept vies de l'épervier* de Cothias et Juillard
12. *Blueberry* de Giraud et Charlier

13–14. *XIII* de Vance et Van Hamme

15. *Rantanplan* de Morris et Goscinny
16. *Lucky Luke* de Morris et Goscinny

Answers to Quel est le mot?

1

1. se produit
2. un palais
3. le pape
4. des murs peints
5. en vue de

2

1. l'amitié
2. de l'or
3. un long-métrage
4. un court-métrage
5. le pape

Learning from Photos

(page 411 bottom) Le palais des Papes est le symbole du rayonnement de l'église sur l'Occident Chrétien au XIVe siècle. Construit à partir de 1335, en moins de vingt années, il est l'œuvre principalement de deux papes bâtisseurs, Benoît XII et son successeur Clément VI.

Le monument constitue le plus important palais gothique du monde, (15 000 m^2 de plancher, soit en volume quatre cathédrales gothiques), et présente au visiteur plus de 20 lieux, théâtres d'événements au retentissement universel avec, notamment, les appartements privés du pape et leurs fabuleux décors de fresques exécutées par l'artiste italien Matteo Giovannetti.

1 Preparation

Resource Manager

Audio Activities TE, page 136
Audio CD 8
Workbook, page 123
Quiz, page 108

2 Presentation

Avant la lecture

Step 1 Ask students to name some festivals that take place in their town or area.

Step 2 Read **Avant la lecture** to students.

Lecture

Step 1 Have students work in groups and read about one of the festivals. Then have each group present their festival in their own words to the class.

Step 2 Have students read the entire selection silently and then do **Activity A** on page 413. It is recommended that this be done as a homework assignment.

LEVELING
E: Reading

Avant la lecture

En France, la culture se porte bien si l'on en juge par le véritable succès des nombreux festivals qui ont lieu tous les ans à travers toute la France. Le plus célèbre est peut-être le festival de Cannes pour le cinéma, mais il y en a d'autres qui suivent de près.

Festivals en France

Le festival de Cannes

C'est sous le nom de «Festival de Cannes» qu'est créée en 1946 l'Association Française du Festival International du Film dont le but est le suivant: «Le festival de Cannes a pour objet, dans un esprit d'amitié et de coopération universelle, de révéler et de mettre en valeur des œuvres de qualité en vue de servir l'évolution de l'art cinématographique et de favoriser le développement de l'industrie du film dans le monde.»

Comme en France l'État est très présent dans la vie culturelle, le festival est placé sous la tutelle[1] du Ministère de la Culture et de la Communication et du Ministère des affaires étrangères.

Le festival a lieu au mois de mai. Il concerne les longs-métrages et les courts-métrages. La récompense suprême décernée est la Palme d'or.

Le palais des Festivals à Cannes, sur la Côte d'Azur

Clowns au festival d'Avignon, en France

Le festival d'Avignon

Le festival d'Avignon est devenu l'événement culturel de l'été. Il a lieu au mois de juillet dans la cour d'honneur du palais des papes, mais aussi dans toute la ville. À sa création en 1947, il concernait uniquement le théâtre. Mais à partir de 1966, le festival s'ouvre à d'autres disciplines artistiques: la danse, le cinéma, le théâtre musical, et aujourd'hui à l'audiovisuel. Depuis quelques années le festival s'ouvre plus aux spectacles étrangers. Parallèlement au festival, il s'est formé un autre festival, le «off»: des petites compagnies qui veulent participer au festival, même si elles n'ont pas été sélectionnées officiellement. Qu'ils[2] viennent pour voir des spectacles du «in» ou du «off», les spectateurs du festival sont toujours nombreux et passionnés. Ils discutent, exaltent[3], critiquent et même critiquent... les critiques.

[1]tutelle *tutelage*
[2]Qu'ils *Whether they*
[3]exaltent *praise*

Le festival B.D.

Le festival international de la bande dessinée a lieu au mois de janvier à Angoulême. C'est là que se rencontrent depuis 1974 les artistes et les éditeurs[4] du monde entier. La ville entière se met à l'heure de la bande dessinée. Le Centre National de la Bande Dessinée et de l'Image, le centre culturel, les musées, le théâtre, la cathédrale, les banques, et les magasins présentent des expositions, des spectacles et des animations. Depuis quelques années, la ville a même organisé la peinture de ses murs. Le public retrouve ainsi ses albums et ses auteurs préférés.

Le printemps de Bourges

Créé en 1977 pour donner leur chance à de jeunes musiciens et chanteurs français et étrangers, le festival de Bourges devient très vite «le plus formidable patchwork musical qu'on puisse rêver». Il dure sept jours en avril et attire des milliers de gens, des jeunes surtout, qui viennent célébrer la musique en tous genres, dans un grand enthousiasme collectif.

Chanteur au festival de Bourges

Le chanteur américain Ray Charles au festival d'Antibes-Juan-les-Pins

Le festival de jazz Antibes-Juan-les-Pins

Depuis les années 20, des musiciens de jazz se produisent à Antibes, mais c'est seulement depuis 1960 que «Jazz à Juan» existe officiellement. Le festival auquel participent les plus grands noms du jazz accueille aussi les nouveaux venus. Le festival a lieu au mois de juillet.

[4]éditeurs *publishers*

Vous avez compris?

A Dites ce que vous avez appris sur les festivals suivants.

1. le festival de Cannes
2. le festival d'Avignon
3. le festival de la B.D.
4. le printemps de Bourges
5. le festival de Jazz à Antibes-Juan-les-Pins

Cannes, sur la Côte d'Azur

Leçon 3
Journalisme

3 Practice

Vous avez compris?

A You may wish to have students reread this selection and do this activity for homework.

Group Activity

Have students divide into groups of five. Assign each group a different festival from the **Lecture.** Each group should research their festival and put on a small presentation of it for the school's World Cultures Day. If your school does not have any such day, have students organize one.

Answers to Vous avez compris?

A *Answers will vary.*

1 Preparation

Resource Manager

Audio Activities TE, pages 137–138
Audio CD 8
Workbook, pages 124–126
Quizzes, pages 109–111
ExamView® Pro

Note: You may wish to intersperse the grammar points as you are doing other sections of the chapter.

2 Presentation

Les prépositions avec les pronoms relatifs

Note: Although this grammar point is not difficult, students have trouble using it. Since it is low frequency, they do not have a lot of practice in using it. It is recommended that you present this point but that you not expect all students to use it with relative ease.

Step 1 Since this point includes so many details, go over it very quickly, emphasizing the model sentences. Students will learn this point more easily through examples than explanation.

Step 2 The most useful tool for students is the synopsis chart that appears in Item 4 on page 415.

LEVELING

E: Structure
A: Structure

Leçon 3
Journalisme

Structure avancée

Les prépositions avec les pronoms relatifs

Making complex sentences

1. **Lequel, laquelle, lesquels,** and **lesquelles** are relative pronouns used to join two sentences. They follow prepositions and refer to things.

   J'ai travaillé dans une compagnie théâtrale.
   La compagnie dans laquelle j'ai travaillé n'existe plus.

   J'ai travaillé pour un spectacle de cirque.
   Le spectacle pour lequel j'ai travaillé était formidable.

2. The following contractions occur when **lequel** follows **à** and **de.**

à + lequel = **auquel**	à + lesquels = **auxquels**
à + laquelle = **à laquelle**	à + lesquelles = **auxquelles**
de + lequel = **duquel**	de + lesquels = **desquels**
de + laquelle = **de laquelle**	de + lesquelles = **desquelles**

   Il participe à un festival.
   Le festival auquel il participe a lieu en mai.

   Elle habite à côté de ces magasins.
   Voilà les magasins près desquels elle habite.

   Note that **lequel, lesquels,** and **lesquelles** are contracted with the preposition **de** only when **de** is part of a longer prepositional phrase (**à côté de, en face de,** etc.). Otherwise, **dont** is used. Study the following examples.

   Je t'ai parlé d'un cirque. ⟶
   C'est le cirque dont je t'ai parlé.

   J'habite près d'un hôtel. ⟶
   C'est l'hôtel près duquel j'habite.

3. Note that when referring to a place or time, **où** is frequently used.

J'habite dans une ville. **C'est la ville où j'habite.**
Il est parti cette année-là. **C'est l'année où il est parti.**

4. After a preposition other than **de, lequel** is generally used only to refer to things. **Qui** is used to refer to people. Study the following chart.

	People	Things
De + noun	dont	dont
Other prepositions + noun	(avec) qui	(avec) lequel, laquelle (avec) lesquels, lesquelles
à + noun	à qui	auquel, à laquelle auxquels, auxquelles
(près) de + noun	(près) de qui	(près) duquel, de laquelle (près) desquels, desquelles
Location chez (dans, sur, à)	chez qui	où
Time		où

Comment dit-on?

1 Historiette Mon actrice préférée Complétez.

1. C'est une actrice ____ j'aime beaucoup.
2. C'est une actrice avec ____ je travaille souvent.
3. C'est une actrice ____ je t'ai souvent parlé.
4. C'est une actrice à côté de ____ j'habite.
5. C'est une actrice chez ____ je déjeune souvent.

L'actrice française Juliette Binoche

3 Practice

Comment dit-on?

1, 2, 3 It is suggested that you have students close their books and listen as you read each of the completed activities. The purpose of this is to give students more opportunities to hear these pronouns used in sentences.

Then have students open their books and do the activities without prior preparation. Correct as necessary.

ADDITIONAL PRACTICE
Assign the activities for homework. Go over them once again the following day in class.

Answers to Comment dit-on?

1

1. que
2. qui
3. dont
4. qui
5. qui

Paired Activity
You may wish to have students do **Activité 4** in pairs and see how many correct sentences they can come up with.

Group Activity
For additional practice with relative pronouns, you may wish to do the **Group Activity** activity described on page 301.

Leçon 3
Journalisme

2 Historiette Le rôle de Cyrano Complétez.

1. C'est un rôle ____ j'aime beaucoup.
2. C'est un rôle ____ est parfait pour moi.
3. C'est un rôle pour ____ j'ai beaucoup travaillé.
4. C'est un rôle ____ on parle souvent.
5. C'est un rôle ____ je pense souvent.

L'acteur Jacques Weber dans le rôle de Cyrano de Bergerac

3 Historiette Souvenirs Complétez.

1. C'est l'année ____ je suis parti(e).
2. C'est la raison pour ____ je suis parti(e).
3. Ce sont des moments ____ je pense souvent.
4. C'est une personne ____ je me souviens très bien.
5. Ce sont des gens pour ___ je ferais tout.

4 Jeu Faites des phrases d'après le modèle.

la Provence →
La Provence, c'est une région où il fait toujours beau.

1. les États-Unis
2. les professeurs
3. les élèves
4. les parents
5. les sports
6. les copains

Answers to Comment dit-on?

2
1. que
2. qui
3. lequel
4. dont
5. auquel

3
1. où
2. laquelle
3. auxquels
4. dont
5. qui

4 *Answers will vary*

Le futur antérieur

Telling what you and others have done before a future event

1. The **futur antérieur,** or future perfect, is formed by using the future tense of the helping verb **avoir** or **être** and the past participle of the verb.

FINIR	ALLER
j' aurai fini	je serai allé(e)
tu auras fini	tu seras allé(e)
il aura fini	il sera allé
elle aura fini	elle sera allée
on aura fini	on sera allé(e)(s)
nous aurons fini	nous serons allé(e)s
vous aurez fini	vous serez allé(e)(s)
ils auront fini	ils seront allés
elles auront fini	elles seront allées

2. The future perfect is used to express a future action that will be completed prior to another future action.

Nous irons sur la Côte d'Azur en juin.
Malheureusement, le festival de Cannes aura fermé ses portes.

Both actions are in the future. However, *the Cannes Festival will have closed before we arrive.* Study the following examples.

Nos amis rentreront à Paris en juin.
Malheureusement, nous aurons déjà repris le train pour Villefranche.
Nous ne les verrons pas avant le mois de septembre.
Mais nous nous serons parlé au téléphone avant ça.

3. Like the future, the future perfect is used following conjunctions of time when the action in the main clause is in the future or in the imperative.

Quand il sera parti vous pourrez venir.
When he has left, you'll be able to come.
Dès que tu auras fini, dis-le moi.
As soon as you have finished, tell me.
Lorsqu'il sera arrivé, téléphone-moi.
When he has arrived, call me.

Villefranche-sur-mer, sur la Côte d'Azur

1 Preparation

Bellringer Review

Use BRR Transparency 8.8 or write the following on the board:
Récrivez au futur.
1. **Nous allons en Tunisie.**
2. **Mon ami veut aller dans un souk.**
3. **Je suis le guide.**
4. **Il achète quelque chose en cuir.**

2 Presentation

Le futur antérieur

Step 1 Since this point is low frequency, it is recommended that you not spend a great deal of time on it.

Step 2 To have students understand the concept of the **futur antérieur,** tell them that two or more events can happen in the future. One will take place next Tuesday, the other next Thursday. By the time the Thursday event takes place the Tuesday one will be over—past. For this reason it is expressed in the **futur antérieur.**

LEVELING
E: Structure
A: Structure

2 Presentation *(suite)*

Step 3 Call on students to read the model sentences aloud.

Note: Although the information in Item 3 is not really difficult, students often mistakenly use the present after **quand.** They need reinforcement to remember to use the future.

The use of the future after these expressions is much more important than the **futur antérieur.**

3 Practice

Comment dit-on?

5 and 6 You may go over these activities with books open.

7 and 8 It is recommended that the first time you go over these activities you have students respond without previous preparation. Then have students write the activities for homework. Go over them again the next day. The more the students hear the future after these expressions, the more accustomed they will become to using this tense correctly.

Group Activity

Faites une liste de tout ce que vous aurez fait dans dix ans. Comparez votre liste à celle de quelques-un(e)s de vos camarades.

Comment dit-on?

Les aventures de Tintin **ont été traduites en près de 70 langues!**

5 Avant de lire ta B.D. préférée
Répondez d'après le modèle.

—Il faut que tu aies fini tes devoirs.
—Mais oui, j'aurai fini mes devoirs.

1. Il faut que tu aies fait la vaisselle.
2. Il faut que Valérie ait rangé sa chambre.
3. Il faut que Christophe soit rentré de l'école.
4. Il faut que vous soyez allés faire les courses.
5. Il faut que vous ayez mis la table.
6. Il faut que vous ayez pris un bain.
7. Il faut que tu te sois fait couper les cheveux.
8. Il faut que vous ayez préparé le dîner.

6 Dans cent ans... Faites des phrases avec les mots donnés. Utilisez le futur antérieur.

... il / y avoir beaucoup de changements →
Dans cent ans, il y aura eu beaucoup de changements.

1. ... il / se passer beaucoup de choses
2. ... on / marcher sur Vénus
3. ... on / aller sur d'autres planètes
4. ... des astronautes / se promener sur Mars
5. ... nous / sortir de notre galaxie
6. ... on / oublier la Lune

7 Pas avant Complétez en utilisant le futur ou le futur antérieur.

1. Dès que vous ____, téléphonez-moi. (s'installer)
2. Quand vous ____ la table, nous ____ manger. (mettre, manger)
3. Aussitôt que j'____ une table, nous ____ partir. (réserver, pouvoir)
4. Céline ____ nous voir quand ses enfants ____ en vacances. (venir, partir)

8 C'est promis! Complétez les phrases en utilisant le futur antérieur.

1. Je te téléphonerai quand...
2. Je t'inviterai à dîner quand...
3. Je t'achèterai un cadeau quand...
4. On ira au cinéma quand...

Answers to Comment dit-on?

5

1. Mais oui, j'aurai fait la vaisselle.
2. Valérie aura rangé sa chambre.
3. Christophe sera rentré de l'école.
4. Nous serons allés faire les courses.
5. Nous aurons mis la table.
6. Nous aurons pris un bain.
7. Je me serai fait couper les cheveux.
8. Nous aurons préparé le dîner.

6

1. ... il se sera passé beaucoup de choses.
2. ... on aura marché sur Vénus.
3. ... on sera allé(e)(s) sur d'autres planètes.
4. ... les astronautes se seront promenés sur Mars.
5. ... nous serons sortis de notre galaxie.
6. ... on aura oublié la Lune.

7

1. vous serez installé(e)(s)
2. aurez mis, mangerons
3. aurai réservé, pourrons
4. viendra, seront partis

8 *Answers will vary.*

Leçon 3
Journalisme

Le participe présent et le gérondif
Talking about two related actions

1. The present participle of all verbs, except **avoir, être,** and **savoir,** is formed by dropping the **-ons** of the **nous** form of the present tense and adding **-ant.**

Infinitive	Stem	Ending	Present participle
parler	parl-	-ant	parlant
finir	finiss-	-ant	finissant
vendre	vend-	-ant	vendant
faire	fais-	-ant	faisant
pouvoir	pouv-	-ant	pouvant

Note the following irregular present participles:

avoir → **ayant**
être → **étant**
savoir → **sachant**

2. The present participle has a compound form. It is formed with the present participle of either **avoir** or **être** and the past participle of the verb: **ayant parlé, étant sorti(e)(s).**

3. The present participle is used in the following cases:

- Instead of a relative clause introduced by **qui**
  Le trajet est effectué par un TGV transportant les passagers.
- To express the reason why an action happens or happened
  Le tableau étant très célèbre, ils ont pris une grosse assurance.
- To express an action that occurred prior to the main verb (compound form only)
  Ayant creusé la terre, ils ont fait un tunnel.

Le TGV traverse la Bourgogne

Presentation

Le participe présent et le gérondif

Step 1 Have students read the explanatory material and the model sentences. Students should be able to recognize these constructions with the present participle but they will not use them very often.

LEVELING

E: Structure

Chapter Projects

Le Louvre

Montrez à vos élèves une vidéo d'une visite guidée du Louvre. Distribuez des images d'œuvres d'art exposées au Louvre. Demandez aux élèves d'identifier l'œuvre d'art qu'ils ont reçue, son créateur si possible, et s'ils l'aiment ou pas. Recommencez chaque jour en prenant soin de ne pas donner deux fois la même image au même élève. Vous pouvez aussi organiser une exposition dans le centre de documentation ou dans la salle de classe et faire des visites guidées. Une vraie visite dans un vrai musée exposant des œuvres d'art d'artistes français serait une conclusion parfaite pour ce chapitre.

Le site du Louvre **www.louvre.fr** présente une sélection de ses collections. Dans la rubrique «Collections», cliquez sur «Oeuvres choisies». Chaque étudiant choisit un tableau, l'imprime et le présente à la classe en réécrivant en français parlé le texte qui accompagne son tableau.

Leçon 3
Journalisme

4. The present participle is often preceded by **en.** This is called the **gérondif.** It always relates two actions with the same subject.

Nous avons été surpris en entrant dans la cathédrale.

La cathédrale de Bourges, en France

5. The **gérondif** is used in the following cases:

- To express an action occurring at the same time as another one
  Il chante toujours en marchant. = pendant qu'il marche
  Elle m'a dit bonjour en arrivant. = quand elle est arrivée
- Note that the adverb **tout** can be used before **en** to emphasize a simultaneous action.
  Il travaillait tout en écoutant de la musique.
- To express why something happens or happened
  Il est devenu célèbre en construisant ce bâtiment. = parce qu'il a construit ce bâtiment
- To express how something happens or happened
  Ils ont bien réussi en faisant des sacrifices.

successful

La pyramide de I.M. Pei au Louvre et l'arc de triomphe du Carrousel

Comment dit-on?

9 Historiette Au centre Pompidou
Faites une seule phrase en utilisant un gérondif.

1. Elle a fait la queue. Elle a rencontré une amie.
2. Elles ont pris l'escalier mécanique. Elles sont montées.
3. Elles sont allées sur le toit. Elles ont découvert une vue magnifique.
4. Elles ont parlé à un garde. Elles ont appris des tas de choses.
5. Elle a acheté des souvenirs. Elle a fait de la monnaie.
6. Elles se sont quittées. Elles se sont embrassées.

Vue aérienne du centre Pompidou, à Paris

10 Décisions Refaites la phrase en utilisant la forme composée du participe présent.

1. D'abord ils ont décidé de partir, puis ils sont partis.
2. J'ai été occupée toute la journée, alors je n'ai pas pu vous téléphoner.
3. Ils ont d'abord choisi un itinéraire, puis ils ont appelé l'agence de voyages.
4. Quand il a peint le plus beau tableau de sa vie, il s'est arrêté de peindre.
5. Quand elle est arrivée en haut, elle a décidé de redescendre immédiatement.

11 Et vous? Donnez des réponses personnelles en utilisant un gérondif.

1. Comment vous amusez-vous?
2. Comment apprenez-vous des choses nouvelles?
3. Comment rencontrez-vous de nouveaux amis (de nouvelles amies)?

3 Practice

Comment dit-on?

9, 10, 11 Give students the opportunity to prepare these activities before going over them in class.

Answers to Comment dit-on?

9

1. Elle a rencontré une amie en faisant la queue.
2. Elles sont montées en prenant l'escalier mécanique.
3. Elles ont découvert une vue magnifique en allant sur le toit.
4. Elles ont appris des tas de choses en parlant à un garde.
5. Elles ont fait de la monnaie en achetant des souvenirs.
6. Elles se sont embrassées en se quittant.

10

1. Ayant décidé de partir, ils sont partis.
2. Ayant été occupée toute la journée, je n'ai pas pu vous téléphoner.
3. Ayant choisi un itinéraire, ils ont appelé l'agence de voyages.
4. Ayant peint le plus beau tableau de sa vie, il s'est arrêté de peindre.
5. Étant arrivé en haut, il a décidé de redescendre immédiatement.

11 *Answers will vary*

Recycling

These activities allow students to use the vocabulary and structure from this lesson in completely open-ended, real-life situations.

Encourage students to say as much as possible when they do these activities. Tell them not to be afraid to make mistakes, since the goal of these activities is real-life communication. If someone in the group makes an error, allow the others to politely correct him or her. Let students choose the activities they would like to do.

You may wish to divide students into pairs or groups. Encourage students to elaborate on the basic theme and to be creative. They may use props, pictures, or posters if they wish.

Leçon 3
Journalisme

C'est à vous

Use what you have learned

PARLER

1 L'histoire des États-Unis

✔ Present an American hero

Avec des camarades, décidez qui serait pour vous l'équivalent de ce qu'est Napoléon pour les Français. Vous pourriez choisir, par exemple, George Washington ou Abraham Lincoln. Comment présenteriez-vous ce personnage à des Français?

George Washington

Abraham Lincoln

PARLER

2 Dans 50 ans

✔ Predict your success in the future

Qu'aurez-vous accompli dans 50 ans? Dites si vous serez devenu célèbre ou pas et pour quelles raisons.

PARLER

3 Le plus intéressant

✔ Tell which festival is the most interesting

Quel est le festival qui vous intéresse le plus? Expliquez les raisons pour lesquelles il vous intéresse.

PARLER
4
Le moins intéressant
✔ Tell which festival is the least interesting

Quel est le festival qui vous intéresse le moins? Dites pourquoi.

PARLER / ÉCRIRE
5
Festivals régionnaux
✔ Talk about a regional festival

Quel festival ou manifestation culturelle recommanderiez-vous à des Français qui viendraient visiter votre région? Faites une liste et donnez tous les renseignements nécessaires.

ÉCRIRE
6
Au ciné-club
✔ Start your own club

En France, il y a beaucoup de ciné-clubs et les rétrospectives sont très appréciées. Imaginez que vous et votre camarade allez ouvrir un ciné-club. Choisissez les films que vous allez présenter.

DATES ET HORAIRES DE PROGRAMMATION

	FEVRIER	
Me 20	MONTPARNASSE 19	(2)
Je 21	MONTPARNASSE 19	(2)
Ve 22	MONTPARNASSE 19	(2)
Sa 23	MONTPARNASSE 19	(2)
Di 24	MONTPARNASSE 19	(2)
Lu 25	MONTPARNASSE 19	(2)
Ma 26	MONTPARNASSE 19	(2)
Me 27	LE JOUEUR	(1)
Je 28	LE JOUEUR	(1)
	MARS	
Ve 1er	LE JOUEUR	(1)
Sa 2	LE ROUGE ET LE NOIR	(3)
Di 3	LE ROUGE ET LE NOIR	(3)
Lu 4	LE ROUGE ET LE NOIR	(3)
Ma 5	LE JOUEUR	(1)
Me 6	LE ROUGE ET LE NOIR	(3)
Je 7	LE JOUEUR	(1)
Ve 8	LE ROUGE ET LE NOIR	(3)
	LE DIABLE AU CORPS *	
Sa 9	LE ROUGE ET LE NOIR	(3)
Di 10	LE JOUEUR	(1)
Lu 11	LE JOUEUR	(1)
Ma 12	LE ROUGE ET LE NOIR	(3)
Me 13	POT BOUILLE	(1)
Je 14	POT BOUILLE	(1)
Ve 15	POT BOUILLE	(1)
Sa 16	Les LIAISONS DANGEREUSES	(1)
Di 17	POT BOUILLE	(1)
Lu 18	Les LIAISONS DANGEREUSES	(1)
Ma 19	POT BOUILLE	(1)
Me 20	LA CHARTREUSE DE PARME	(3)
Je 21	LA CHARTREUSE DE PARME	(3)
Ve 22	LA CHARTREUSE DE PARME	(3)
Sa 23	L'IDIOT	(1)
Di 24	LA CHARTREUSE DE PARME	(3)
Lu 25	LA CHARTREUSE DE PARME	(3)
Ma 26	L'IDIOT	(1)
Me 27	LA RONDE	(1)
Je 28	LA RONDE	(1)
Ve 29	LA RONDE	(1)
Sa 30	LA MEILLEURE PART	(1)
Di 31	LA RONDE	(1)
	AVRIL	
Lu 1er	LA MEILLEURE PART	(1)
Ma 2	LA RONDE	(1)
Me 3	MONSIEUR RIPOIS	(1)
Je 4	MONSIEUR RIPOIS	(1)
Ve 5	MONSIEUR RIPOIS	(1)
Sa 6	LA CHARTREUSE DE PARME	(3)
Di 7	MONSIEUR RIPOIS	(1)
Lu 8	LA CHARTREUSE DE PARME	(3)
Ma 9	MONSIEUR RIPOIS	(1)
Me 10	FANFAN LA TULIPE	(1)
Je 11	Les GRANDES MANOEUVRES	(1)
Ve 12	LA BEAUTE DU DIABLE	(1)
Sa 13	LA BEAUTE DU DIABLE	(1)
Di 14	LES BELLES DE NUIT	(1)
Lu 15	Les GRANDES MANOEUVRES	(1)
Ma 16	LES BELLES DE NUIT	(1)
Me 17	Les AVENTURES DE TILL	(1)
Je 18	UNE SI JOLIE PETITE PLAGE	(1)
Ve 19	UNE SI JOLIE PETITE PLAGE	(1)
Sa 20	MONSIEUR RIPOIS	(1)
Di 21	LE PAYS SANS ETOILES	(1)
Lu 22	MONSIEUR RIPOIS	(1)
Ma 23	LES AVENTURES DE TILL...	(1)
Me 24	LA FIEVRE MONTE A EL PAO	(1)
Je 25	LES ORGUEILLEUX	(1)
Ve 26	LA FIEVRE MONTE A EL PAO	(1)
Sa 27	LA FIEVRE MONTE A EL PAO	(1)
Di 28	LES ORGUEILLEUX	(1)
Lu 29	LA FIEVRE MONTE A EL PAO	(1)
Ma 30	LES ORGUEILLEUX	(1)
	MAI	
Me 1er	LE PAYS SANS ETOILES	(1)
Je 2	TOUS LES CHEMINS MENENT..	(1)
Ve 3	LA FIEVRE MONTE A EL PAO	(1)
Sa 4	LA CHARTREUSE DE PARME	(3)
Di 5	FANFAN LA TULIPE	(1)
Lu 6	LA FIEVRE MONTE A EL PAO	(1)
Ma 7	SOUVENIRS PERDUS	(1)
Me 8	POT BOUILLE	(1)
Je 9	JULIETTE OU LA CLEF	(1)
Ve 10	LES ORGUEILLEUX	(1)
Sa 11	MONTPARNASSE 19	(2)
Di 12	POT BOUILLE	(1)
Lu 13	MONTPARNASSE 19	(2)
Ma 14	MONSIEUR RIPOIS	(1)

HORAIRES SEANCES : (1) 12 h - 14h - 16h - 18h - 20h - 22h (2) 12h - 14h30 - 17h - 19h15 - 21h35 (3) 14h - 17h15 - 20h40 * Séance unique 22 h

Leçon 3
Journalisme

Learning from Realia

(page 423 bottom) Gérard Philipe (1922–1959) était un acteur de théâtre et de cinéma très aimé du public français. À la scène, il incarna tous les héros des pièces classiques françaises, *le Cid, Ruy Blas, Lorenzaccio.* Il fit de même à l'écran (Julien Sorel dans *le Rouge et le Noir*). Des rétrospectives de ses films sont fréquentes. Étant mort prématurément, il incarne pour les Français «l'éternelle jeunesse».

Assessment

1 Preparation

Resource Manager

Assessment Transparency A8.3
Online Quizzes
Tests, pages 211–235
ExamView® Pro

Assessment

This is a pretest for students to take before you administer the lesson test. Answer sheets for students to do these pages are provided in your transparency binder. Note that each section is cross-referenced so students can easily find the material they have to review in case they made errors. You may wish to collect these assessments and correct them yourself or you may prefer to have the students correct themselves in class. You can go over the answers orally or project them on the overhead, using your Assessment Answers transparencies.

Assessment

Vocabulaire

To review the vocabulary, turn to page 406.

1 Complétez.

1. Il avait des ____ de cheveux dans les yeux.
2. Elle a les cheveux très longs! J'aimerais beaucoup avoir une ___ comme ça.
3. La Martinique est une ____ dans la mer des Caraïbes.
4. Il est né en 1806 et il est ____ en 1894.
5. Les voisins ont été cambriolés. La police fait une ____.

To review the vocabulary, turn to page 410.

2 Complétez.

6. Pour ____ il faut faire de l'exercice et manger une nourriture saine.
7. Un ____ est un film de moins d'une heure.
8. Concentrez-vous sur votre travail. Arrêtez de ____.

Lecture

To review the reading, turn to page 408.

3 Répondez.

9. Pourquoi croyait-on que Napoléon avait été assassiné?
10. Comment les chercheurs sont-ils arrivés à leur conclusion?
11. Sur quel diagnostic les médecins d'aujourd'hui sont-ils d'accord?
12. Sur quel diagnostic ne sont-ils pas d'accord?

To review the reading, turn to pages 412–413.

4 Écrivez une phrase pour expliquer ce que sont les festivals suivants.

13. le festival de Cannes
14. le festival d'Avignon
15. le festival B.D.
16. le printemps de Bourges
17. le festival de jazz Antibes-Juan-les-Pins

Answers to Assessment

1

1. mèches
2. chevelure
3. île
4. mort
5. enquête

2

6. bien se porter
7. court-métrage
8. rêver

3

9. On croyait que Napoléon a été empoisonné parce qu'il y avait de l'arsenic dans ses cheveux.
10. Les chercheurs ont trempé leurs propres cheveux dans l'arsenic et ils ont trouvé que c'était pour préserver les cheveux.
11. Les médecins sont d'accord sur le diagnostic d'ulcère gastrique chronique.
12. Ils ne sont pas d'accord sur le fait que l'ulcère était cancérisé.

4 *Answers will vary.*

Structure

5 Complétez.

18. C'est la raison pour ____ je ne veux plus le voir.
19. C'est la personne ____ il m'a parlé.
20. Ce sont des gens avec ____ je travaille.
21. C'est le quartier ____ habitent mes parents.
22. C'est la ville près de ____ on va construire un nouvel aéroport.

To review relative pronouns, turn to pages 414–415.

6 Récrivez les phrases d'après le modèle.

Il sortira et il prendra un taxi. →
Quand il sera sorti, il prendra un taxi.

23. Il rentrera et il mettra la télévision.
24. Il regardera le journal télévisé et il prendra un bain.
25. Il se brossera les dents et il se couchera.
26. Il lira un peu et il s'endormira.

To review the future perfect, turn to page 417.

7 Faites une seule phrase en utilisant un gérondif.

27. Je mange. Je regarde la télévision.
28. Elle chante. Elle prend une douche.
29. Elles se disent bonjour. Elles se serrent la main.
30. Elles s'embrassent. Elles se quittent.

To review present participles, turn to pages 419–420.

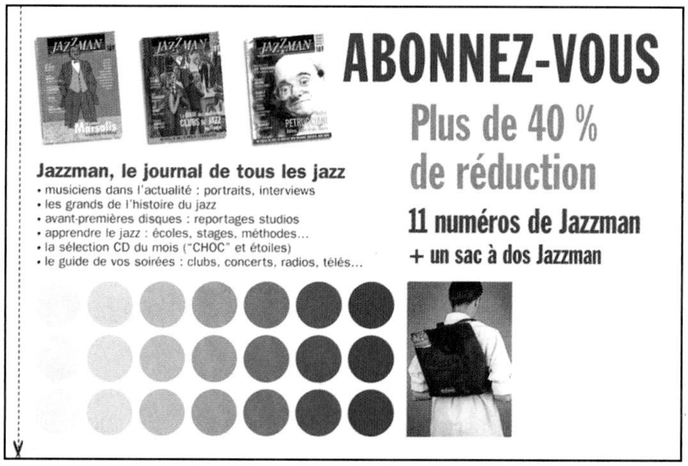

Assessment

After going over the Assessment, you may administer the test for **Leçon 3, Chapitre 8.**

Answers to Assessment

5

18. laquelle
19. dont
20. qui
21. où
22. laquelle

6

23. Quand il sera rentré, il mettra la télévision.
24. Quand il aura regardé le journal télévisé, il prendra un bain.
25. Quand il se sera brossé les dents, il se couchera.
26. Quand il aura lu un peu, il s'endormira.

7

29. En regardant la télévision, je mange.
28. En prenant une douche, elle chante.
29. En se serrant la main, elles se disent bonjour.
30. En se quittant, elles s'embrassent.

Avis

Il est certain que quand vous écrivez en anglais votre style est plus sophistiqué qu'en français. Quand vous écrivez en français, il faut que vous utilisiez des phrases plus simples. Si vous trouvez une idée trop complexe repensez-la pour l'exprimer d'une façon plus simple.

Quelque chose de très important! Ne traduisez pas de l'anglais en français. Si vous traduisez vous ferez presque toujours des fautes ou ce que vous écriverez sera très «anglicisé». Dès le début, pensez en français. Si un mot anglais vous vient à l'esprit, pensez tout de suite à une expression en français qui exprime la même idée. Utilisez le français que vous avez déjà appris même si cela veut dire que vous vous exprimez d'une façon simple. Essayez d'éviter d'utiliser un dictionnaire bilingue. Vous choisirez presque toujours le mauvais mot.

Faites toujours un bouillon. Après l'avoir terminé, laissez-le de côté. Relisez-le plus tard et faites les révisions que vous considérez nécessaires. Ensuite relisez-le encore une fois pour trouver les fautes d'orthographe, de terminaisons etc.

Proficiency Tasks

Rédaction

Écrire une pétition, c'est essayer de convaincre les pouvoirs publics, mais c'est aussi essayer de mobiliser le plus de personnes possible. C'est pourquoi le texte d'une pétition est souvent «chaud»: les sentiments, ou même la passion, y sont présents.

TÂCHE 1 Travaillez en petits groupes. Vous allez rédiger une pétition. En effet, des pressions s'exercent sur le maire de votre ville pour autoriser la construction d'un garage. Ce projet entraînerait la destruction de la seule pizzéria de la ville. Cette pizzéria existe depuis 30 ans et c'est l'endroit où vous avez l'habitude de vous retrouver entre copains. Vous devez d'abord présenter des arguments pour réfuter *(disprove)* les arguments de ceux qui veulent construire le garage. Ensuite, vous devez présenter des arguments pour convaincre le maire que votre position est la bonne. Avant de rédiger votre pétition, faites deux listes d'arguments—les arguments pour réfuter et les arguments pour convaincre. Soignez particulièrement votre conclusion.

TÂCHE 2 Les messages visuels nous entourent, surtout la télévision et les médias. Ils nous influencent par le message parlé et par le message visuel. Pour comprendre comment les images nous influencent, il est bon d'analyser quelques éléments.

Regardez le portrait de Napoléon Bonaparte par Antoine Gros à la page 409. Nous sommes en 1796. C'est la campagne d'Italie contre les Autrichiens. Près du pont d'Arcole, le général Napoléon Bonaparte et ses troupes sont en difficulté. La possession du pont est très importante. Bonaparte s'élance seul sur le pont montrer l'exemple à ses troupes.

Étudiez maintenant les éléments suivants du tableau:

- **Les formes:** Le cercle implique la sérénité, le carré la stabilité et le triangle la tension. Dans ce tableau, quelle forme voyez-vous?
- **Les lignes:** Elles peuvent être réelles ou virtuelles. Par exemple le regard d'une personne est une ligne virtuelle. Quelle ligne virtuelle voyez-vous dans ce tableau? Qu'est-ce qu'elle implique?
- **Les couleurs:** On voit surtout du noir, du rouge et de l'or. Que suggèrent ces couleurs?
- **La position du sujet:** Est-il en haut du tableau, en bas ou au centre? Que cela suggère-t-il?
- **La lumière:** L'œil du spectateur est attiré par ce qui est éclairé. Qu'est-ce qui est le plus éclairé dans ce tableau? À quel effet?

Maintenant, en utilisant vos réponses précédentes, écrivez une appréciation de ce que Antoine Gros a voulu communiquer dans ce tableau. Ou vous pouvez choisir un autre portrait dans ce livre et l'analysez.

Discours

Lorsque vous allez voir une exposition dans un musée, il vous est possible de louer un guide audio. Alors que vous vous déplacez de tableau en tableau, vous pouvez écouter des commentaires qui vous donnent des renseignements sur le tableau que vous regardez, mais aussi sur la vie de l'artiste. Dans ce genre de guide, le speaker s'adresse à ceux qui observent le tableau. Les phrases sont courtes, les détails intéressants et la voix est agréable.

TÂCHE 3 Vous allez maintenant réaliser la présentation d'un tableau pour le guide audio d'un musée. Reprenez l'appréciation que vous avez écrite pour la Tâche 2 et transformez-la en un commentaire audio. Vous pouvez être un peu plus dramatique que dans votre appréciation écrite. Vous pouvez également faire quelques recherches sur les circonstances qui ont conduit Antoine Gros à faire ce tableau. Voici quelques mots ou expressions que vous pourrez utiliser:

au premier plan
un paysage
la lumière
au centre
une nature morte
clair
en bas (de)
une bataille
la composition
à l'arrière plan
un portrait
les couleurs
en haut (de)
une scène (de)
obscur

Voici des phrases que vous pouvez varier:

Remarquez la façon dont l'artiste attire l'attention sur...
Observez le geste gracieux...

TÂCHE 4 Quoi de plus français que les crêpes! Mais voilà, vos amis veulent faire de crêpes et ils n'ont pas de recette. Ils vous téléphonent pour que vous les aidiez. Pouvez-vous leur dicter cette recette au téléphone?

LES CRÊPES

Préparation: 10 mn – Cuisson: 3 mn par crêpe

Ingrédients: 250 g farine
1/2 l. lait
2 œufs
huile – 1 cuillérée
sel – une pincée
jus de citron
50 g beurre

Mettre la farine dans un bol. Faire un puits. Y ajouter l'huile, le sel et un peu de lait. Travailler énergiquement la pâte[1] avec une cuillère pour la rendre plus légère. Ajouter lentement le lait. Parfumez avec un peu de jus de citron. Laissez reposer 1 heure.

Dans une poêle[2], faites fondre[3] un peu de beurre. Versez[4] un peu de pâte et étendez-la[5] bien régulièrement dans la poêle. Dès que la crêpe est dorée, retournez-la et faire cuire sur le deuxième côté.

Et voilà! Vos amis peuvent manger des crêpes. N'oubliez pas de leur dire de les manger avec de la confiture ou avec du sucre tout simplement. Bon appétit!

[1] pâte *mixture*
[2] poêle *skillet*
[3] fondre *to melt*
[4] Versez *Pour*
[5] étendez-la *spread it*

Vocabulary Review

The words and phrases in the **Vocabulaire** have been taught for productive use in this chapter. They are summarized here as a resource for both student and teacher. This list also serves as a convenient resource for the **C'est à vous** activities on pages 392–393, 402–403, and 422–423. There are approximately five cognates in this vocabulary list. Have students find them.

Attention!

You will notice that the vocabulary list here is not translated. This has been done intentionally, since we feel that by the time students have finished the material in the chapter they should be familiar with the meanings of all the words. If there are several words they still do not know, we recommend that they refer tho the **Vocabulaire** sections in the chapter or go to the dictionaries at the end of this book to find the meanings. However, if you prefer that your students have the English translations, please refer to Vocabulary Transparency 8.1, where you will find all these words with their translations.

Chapitre 8 Vocabulaire

Leçon 1 Culture

l'avenir *(m.)* future
la bibliothèque
le chêne
la poule au pot
le roi
le toit
le tuyau pipes

étroit(e) short
peint(e)
piétonnier(ière) pedestrian
vif(ve) lively, quick, bright etc.

creuser dig.
relier join

inlassablement

Leçon 2 Conversation

l'ascenseur *(m.)*
le bâtiment
le coup d'œil
l'entreprise *(f.)*
le quartier
le vertige

léger(ère)
lourd(e)
serré(e)

abriter to house, shelter.
dire du mal de
peser

Leçon 3 Journalisme

l'amitié *(f.)*
la chevelure hair-do
le court-métrage
l'enquête *(f.)* inquiry
l'île *(f.)*
le long-métrage
la mèche de cheveux
la mort
le mur peint
l'or *(m.)*
le palais
le pape
la revue

se porter bien to be in good health
se produire
tremper to soak.

en vue de with a view to

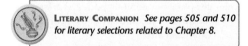

Literary Companion *See pages 505 and 510 for literary selections related to Chapter 8.*

Vidéotour

Bon voyage!

Video can be a beneficial learning tool for the language student. Video enables you to experience the material in the textbook in a real-life setting. Take a vicarious field trip as you see people interacting at home, at school, at the market, etc. The cultural benefits are limitless as you experience French and Francophone culture while "traveling" through many countries. In addition to its tremendous cultural value, video gives practice in developing good listening and viewing skills. Video allows you to look for numerous clues that are evident in tone of voice, facial expressions, and gestures. Through video you can see and hear the diversity of the target culture and compare and contrast the French-speaking cultures to each other and to your own.

Épisode 1: La tour Eiffel

De nos jours, il est difficile d'imaginer que la tour Eiffel, le symbole de Paris, devait être détruite en 1909. Ce qui l'a sauvée, c'est qu'elle a été transformée en une gigantesque antenne de radio pour communiquer avec le reste de la France. Elle est toujours avec nous et elle continue à offrir une vue spectaculaire sur Paris.

Épisode 2: Le parfum

Depuis longtemps la France est connue pour ses parfums. La fabrication des parfums est un art et une science à la fois. Chaque parfumeur travaille avec environ 1 000 matières premières. Il imagine un mélange, puis en donne la formule à une laborantine qui la réalise. Mais l'instrument principal du parfumeur reste son nez.

Épisode 3: Le CNRS

Le Centre national de la recherche scientifique, ou le CNRS comme on l'appelle, est le plus grand organisme de recherche fondamentale français. Il emploie plus de 30 000 personnes et s'appuie sur plus de 1 200 laboratoires pour produire du savoir et le mettre au service de la société.

Vidéotour

VIDÉO

The Video Program for Chapter 8 includes three documentary segments of some interesting aspects of life in different French-speaking areas.

429

Literary Companion

These literary selections develop reading and cultural skills and introduce you to French literature. The exposure to literature early in one's study of a foreign language should be a pleasant experience. As you read these selections, do not expect to understand every word. Try to enjoy the experience of reading literature in a new language. As you read look for the following:

- who the main characters are
- what they are like
- what they are doing—the plot
- what happens to them—the outcome of the story

Table des matières

1 Preparation

Resource Manager

Audio Activities TE, page 141
Audio CD 9
Tests, page 237
ExamView® Pro

2 Presentation

Vocabulaire pour la lecture

Step 1 Have students repeat the new words and expressions after you or the Audio CD.

Step 2 To vary the procedure, you may wish to read definitions to students. To help students better understand the words being defined, you may wish to use them in sentences: **Monsieur flâne dans son jardin. L'agent de police l'interroge. Il veut savoir s'il a vu ce qui est arrivé. La guerre entraîne beaucoup de problèmes. Elle fournira tous les matériaux dont vous aurez besoin. Ce style s'est demodé. On ne le voit plus. Le savant travaille dans son laboratoire.**

Vocabulary Expansion

Le préfixe *dé-* indique l'idée d'éloignement, de séparation.
se démoder: qui n'est plus à la mode
se déshabiller: enlever ses habits

Le Petit Prince

Vocabulaire pour la lecture

L'homme flâne dans le jardin.
Il jette un coup d'œil sur les fleurs.
Cette rose a des épines.

Elle taille son crayon.

Elle met de l'encre dans son stylo.

Le jeune homme interroge le savant.

Plus de vocabulaire

entraîner causer, produire
fournir donner, produire quelque chose
se démoder ne plus être à la mode

Quel est le mot?

1 Synonymes Exprimez d'une autre façon les mots en italique.

1. L'homme *se promène* dans son jardin.
2. Il *regarde rapidement* ses fleurs.
3. Elle *pose des questions au* savant.
4. Elle lui *donne* tous les matériaux nécessaires.
5. La guerre *cause* beaucoup de maux et de souffrances.

2 Le mot juste Complétez.

1. Les roses sont de belles ____.
2. Les roses ont des ____.
3. Son crayon n'a plus de pointe. Il le ____.
4. Ce stylo est vide. Il faut mettre de l'____ dedans.
5. Un stylo à bille ou un feutre n'a pas besoin d'____.
6. En général, les robes ____ rapidement. D'un jour à l'autre elles ne sont plus à la mode.
7. À Paris, toutes les maisons sont en ____.

3 Définitions Donnez le mot dont la définition suit.

1. se promener sans avoir de destination
2. regarder rapidement
3. une rose, une violette, une orchidée
4. une personne qui contribue aux progrès d'une science
5. ce que font beaucoup d'agents de police et de détectives

Ils se promènent dans le Jardin des Plantes à Paris

3 Practice

Quel est le mot?

1, 2, 3 It is recommended that you have students prepare these activities before going over them in class.

Learning from Realia

(page 433 top) Cette affiche date de 1905. À cette époque, Garches était en pleine campagne. C'est maintenant la proche banlieue de Paris.

Learning from Photos

(page 433 bottom) Le Jardin des Plantes à Paris date de 1626. Au départ, c'est «le jardin royal des plantes médicinales». Au siècle suivant, le jardin botanique est en plein essor. À la révolution il devient le Muséum d'histoire naturelle et une ménagerie est créée avec les animaux venant des ménageries particulières des princes. Pour la première fois, les Parisiens découvrent les éléphants, les ours, les girafes. De nombreux savants naturalistes ont été associés au Muséum et de nos jours, il maintient son rayonnement scientifique international grâce à ses cours d'enseignement et ses laboratoires de recherche.

Answers to Quel est le mot?

1

1. flâne
2. jette un coup d'œil
3. interroge le savant
4. fournit
5. entraîne

2

1. fleurs
2. épines
3. taille
4. encre
5. encre
6. se démodent
7. pierre

3

1. flâner
2. jeter un coup d'œil
3. une fleur
4. un savant
5. ils interrogent

1 Preparation

Resource Manager

Audio Activities TE, pages 142–145
Audio CD 9
Tests, page 238

Bellringer Review

Use BRR Transparency L1 or write the following on the board: **Écrivez une phrase avec chacun des verbes suivants.**
voyager
voler
découvrir
explorer
rentrer

2 Presentation

Avant la lecture

Step 1 You may have students read **Avant la lecture** aloud or silently. Tell them: **Vous allez lire une biographie de l'auteur, Antoine de Saint-Exupéry.**

Step 2 After going over the **Introduction,** have students give three or four salient points about Saint-Exupéry's life.

Lecture

Reading Strategies
Context: Explain to students that one of the tactics they will use to guess the meaning of unknown words is guessing from context. Tell them not to worry if they encounter a word they do not know. They can often guess the meaning from the entire sentence. Point out to them that they do not understand everything when they read in their own language. But unconsciously, they guess from the context.

Le Petit Prince

Antoine de Saint-Exupéry

Avant la lecture Antoine de Saint-Exupéry, appelé aussi «Saint-Ex», est né à Lyon en 1900. Il a fait ses études à l'École Navale et à l'École des Beaux-Arts. Pendant son service militaire, il a commencé à piloter des avions. Après son service, il a été pilote de ligne entre Toulouse et Dakar. Il a vécu les débuts de la liaison aérienne entre la France et l'Amérique du Sud. De 1929 à 1931, il a été chef du service aéropostal à Buenos Aires, en Argentine.

Saint-Exupéry était aussi journaliste et écrivain. Ce sont ses romans qui l'ont rendu célèbre. Dans *Courrier Sud,* il parle de ses vols entre Toulouse, Casablanca et Dakar. Dans *Vol de nuit,* trois pilotes attendent un autre pilote à l'aéroport de Buenos Aires. Le pilote qu'ils attendent n'arrivera pas. Il a disparu dans le ciel d'une nuit d'Amérique. Dans *Terre des hommes,* Saint-Exupéry parle de ses camarades qui sont morts. Il parle d'une vie d'action qui unit les hommes pour toujours—même après la mort.

Pendant la Seconde Guerre mondiale, Saint-Exupéry a écrit, et illustré lui-même, un conte pour enfants: *Le Petit Prince*. Dans ce conte, l'auteur évoque la nostalgie de l'amitié. Il cherche aussi à définir le sens de l'action et des valeurs morales dans une société vouée au progrès technique. Il met en scène un personnage imaginaire, le petit prince, qui quitte sa planète pour voyager dans l'univers. Chez lui, le petit prince a une fleur qu'il adore, mais il l'a laissée toute seule parce qu'il voulait voyager. Un pilote, perdu dans le désert, rencontre le petit prince. Le petit prince lui parle de ses voyages à des diverses planètes. Voici ce qu'il dit de sa visite à la sixième planète et de l'étrange savant qui l'habite.

Le Petit Prince

La sixième planète (...) était habitée par un vieux Monsieur qui écrivait d'énormes livres.

—Tiens! Voilà un explorateur! dit-il en voyant le petit prince. Le petit prince s'était assis sur la table, car il était très fatigué. Il avait déjà tant voyagé!

—D'où viens-tu? lui dit le vieux Monsieur.

—Quel est ce gros livre? dit le petit prince. Que faites-vous ici?

—Je suis géographe, dit le vieux Monsieur.

—Qu'est-ce qu'un géographe?

—C'est un savant qui connaît où se trouvent les mers, les fleuves, les villes, les montagnes et les déserts.

—Ça, c'est bien intéressant, dit le petit prince. Ça c'est enfin un véritable métier! Et il jette un coup d'œil autour de lui sur la planète du géographe. Il n'avait jamais vu encore une planète aussi majestueuse.

—Elle est bien belle, votre planète. Est-ce qu'il y a des océans?

LEVELING
A: Reading

—Je ne peux pas le savoir, dit le géographe.

—Ah! (Le petit prince était déçu°.) Et des montagnes?

—Je ne peux pas le savoir, dit le géographe.

—Et des villes et des fleuves et des déserts?

—Je ne peux pas le savoir non plus, dit le géographe.

—Mais vous êtes géographe!

—C'est exact, dit le géographe, mais je ne suis pas explorateur. Je manque° absolument d'explorateurs. Ce n'est pas le géographe qui va faire le compte° des villes, des fleuves, des montagnes, des mers, des océans et des déserts. Le géographe est trop important pour flâner. Il ne quitte pas son bureau. Mais il reçoit les explorateurs. Il les interroge, et il prend en note leurs souvenirs. Et si les souvenirs de l'un d'entre eux lui paraissent° intéressants, le géographe fait faire une enquête° sur la moralité de l'explorateur.

—Pourquoi ça?

—Parce qu'un explorateur qui mentirait° entraînerait des catastrophes dans les livres de géographie...

—Je connais quelqu'un, dit le petit prince, qui serait mauvais explorateur.

—C'est possible. Donc, quand la moralité de l'explorateur paraît bonne, on fait une enquête sur sa découverte°.

—On va voir?

—Non, c'est trop compliqué. Mais on exige de l'explorateur qu'il fournisse des preuves. S'il s'agit par exemple de la découverte d'une grosse montagne, on exige qu'il en rapporte de grosses pierres.

Le géographe soudain s'émeut°.

—Mais toi, tu viens de loin! Tu es explorateur! Tu vas me décrire ta planète!

Et le géographe, ayant ouvert son grand livre, commence à tailler son crayon. On note d'abord au crayon les récits° des explorateurs. On attend, pour noter à l'encre, que l'explorateur ait fourni des preuves.

—Alors? demande le géographe.

—Oh! chez moi, dit le petit prince, ce n'est pas très intéressant, c'est tout petit. J'ai trois volcans. Deux volcans en activité, et un volcan éteint°. Mais on ne sait jamais.

—On ne sait jamais, dit le géographe.

—J'ai aussi une fleur.

—Nous ne notons pas les fleurs, dit le géographe.

—Pourquoi ça! C'est le plus joli!

déçu *disappointed*
manque *lack*
faire le compte *count*
paraissent *seem*
enquête *investigation*
mentirait *would lie*
découverte *discovery*
s'émeut *gets excited*
récits *accounts*
éteint *extinct*

Literary Analysis

1. Divisez ce texte en différentes parties et donnez un titre à chaque partie.
2. D'après ce texte, dites précisément en quoi consiste le métier de géographe et celui d'explorateur.
3. Relevez les symboles contenus dans le texte.
4. Relevez les passages du texte qui montrent une certaine ironie.
5. D'après cet extrait, que pouvez-vous dire de la personnalité du petit prince?
6. Comment comprenez-vous la dernière réponse du géographe?

Such guessing can be based on:

- plain common sense. On page 436, the word **épine** is what roses have to defend themselves.
- knowledge of the world around us.
- use of synonyms or antonyms in the text surrounding the unknown word or expression. On page 435, students may be able to guess the meaning of the word **éteint** as the opposite of **en activité.**

Illustrations: Have students look at the illustrations and anticipate what the story may be about. The drawing of the little prince appears right at the beginning of the story, alongside the title, which is a cognate. In a less obvious way, the illustration of the geographer behind his desk can make the meaning of **bureau** clear.

Glosses: These also help students read, of course. However, you may ask your students to hide them at first and see if they can guess the meaning of the words glossed.

Cognates: Help students recognize less obvious cognates or those whose meaning in French is slightly different from their meaning in English. For example, on page 435, **souvenirs** are not things that tourists buy, but memories. Most of the cognates in ***Le petit prince*** are straightforward. However, point out the **faux amis** whenever they occur.

Word derivation: It may be difficult at first, but students should be asked whenever possible what familiar word they can recognize in a derived word or expression.

Group activities: It may be useful to have students work in small groups and share their problem-solving strategies so that they become aware of the various techniques available.

Presentation *(suite)*

Step 1 Before doing the reading, ask students the following questions:

- **Imaginez que vous êtes un enfant perdu dans un monde inconnu. Quels sont vos sentiments, vos craintes? Qu'est-ce qui peut vous rassurer?**
- **Regardez le dessin du géographe à la page 435. D'après ce dessin quelle sorte de personne est-ce? Pensez-vous qu'il puisse comprendre le petit prince? Est-ce une personne sympathique? Comparez ce dessin à celui du petit prince à la page 434.**

Step 2 Tell students: **Nous allons lire l'aventure du petit prince sur la sixième planète. Il parle à un géographe. Le petit prince est un peu déçu, surpris, choqué car il y a des choses que le géographe ne sait pas. Le géographe dit quelque chose qui rend le petit prince triste. Qu'est-ce que c'est?**

Step 3 Give students some time to read the selection silently, either at home or in class.

Step 4 Pick out the sections that you find most interesting and have pairs of students read them aloud to the class. One will be the **petit prince,** the other **le géographe.**

Step 5 After each pair of students has read about twenty lines, you may wish to ask some questions.

—Parce que les fleurs sont éphémères.

—Qu'est-ce que signifie: «éphémère»?

—Les géographies, dit le géographe, sont les livres les plus sérieux de tous les livres. Elles ne se démodent jamais. Il est très rare qu'une montagne change de place. Il est très rare qu'un océan se vide° de son eau. Nous écrivons des choses éternelles.

se vide *empties*

—Mais, les volcans éteints peuvent se réveiller, dit le petit prince. Qu'est-ce que signifie «éphémère»?

—Que les volcans soient éteints ou soient éveillés°, ça revient au même pour nous, dit le géographe. Ce qui compte pour nous, c'est la montagne. Elle ne change pas.

éveillés *active*

—Mais, qu'est-ce que signifie «éphémère»? répète le petit prince qui, de sa vie, n'avait jamais renoncé à° une question, une fois qu'il l'avait posée.

renoncé à *given up on*

—Ça signifie «qui est menacé de disparition prochaine».

—Ma fleur est menacée de

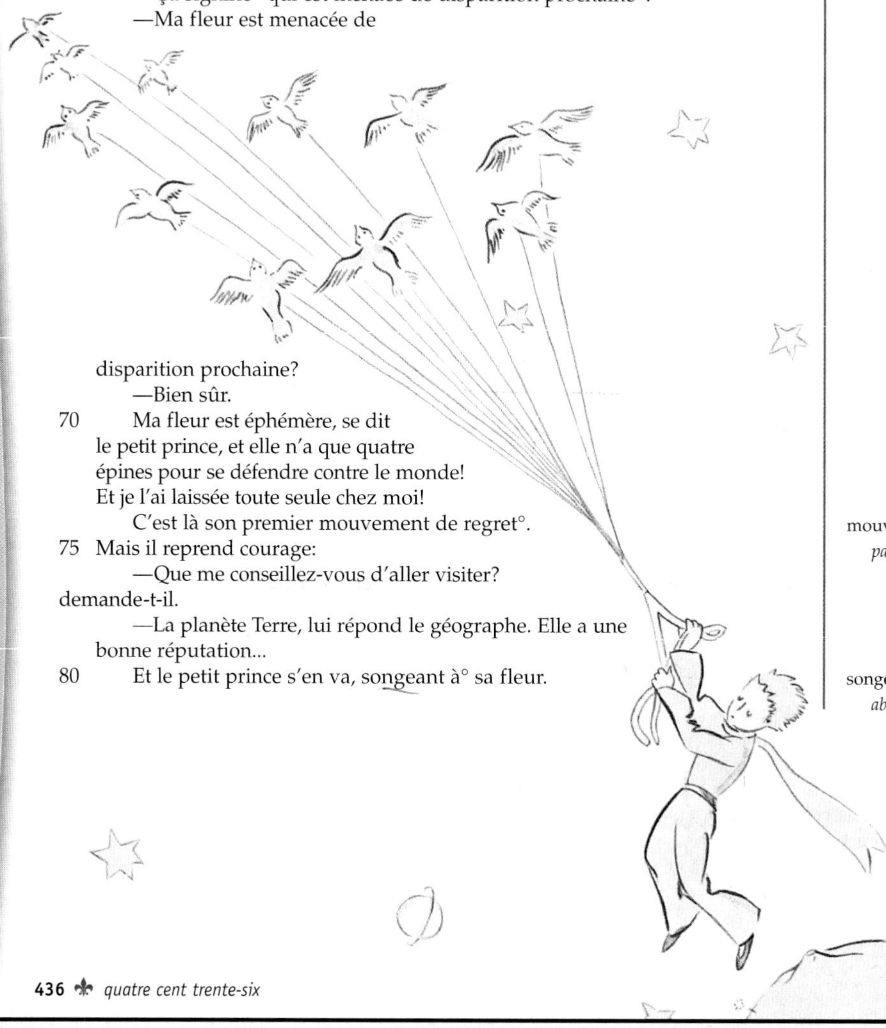

disparition prochaine?

—Bien sûr.

Ma fleur est éphémère, se dit le petit prince, et elle n'a que quatre épines pour se défendre contre le monde! Et je l'ai laissée toute seule chez moi!

C'est là son premier mouvement de regret°. Mais il reprend courage:

mouvement de regret *pang of remorse*

—Que me conseillez-vous d'aller visiter? demande-t-il.

—La planète Terre, lui répond le géographe. Elle a une bonne réputation...

Et le petit prince s'en va, songeant à° sa fleur.

songeant à *thinking about*

Paired Activity

Have students work in pairs to do the following activity.
Vous êtes explorateur et vous décrivez au géographe la planète Terre.

Group Activity

Have students work in groups to invent a new planet for the Little Prince to visit. Ask each group to write a conversation between the Little Prince and the inhabitant of the new planet and have them sketch the planet and its inhabitant(s).

Vous avez compris?

A **Le géographe** Répondez d'après la lecture.

1. Qui habitait la sixième planète?
2. Que faisait le vieux Monsieur?
3. Qu'est-ce qu'un géographe?
4. Selon le géographe, qui fait le compte des villes, des fleuves, des mers, etc.?
5. Quand le vieux savant écrit-il ses notes à l'encre?
6. Que signifie «éphémère»?

B **Vrai ou faux?**

1. En voyant le petit prince, le vieux Monsieur dit: «Tiens! Voilà un géographe!»
2. Le petit prince a trouvé la planète du géographe vraiment majestueuse.
3. Le géographe quitte souvent son bureau pour flâner sur sa planète.
4. Le géographe va voir ce que l'explorateur a découvert.
5. Le géographe exige de l'explorateur qu'il fournisse des preuves de sa découverte.

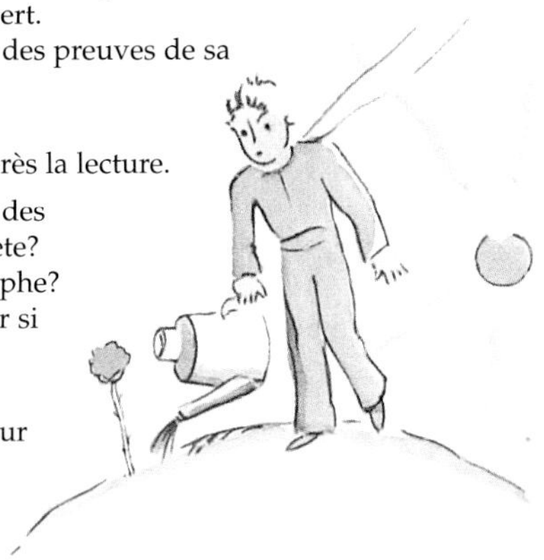

C **Le point de vue du géographe** Expliquez d'après la lecture.

1. Pourquoi le géographe ne peut-il pas savoir s'il y a des montagnes, des villes, des fleuves, etc., sur sa planète?
2. Pourquoi les fleurs n'intéressent-elles pas le géographe?
3. Pourquoi est-ce que le géographe ne veut pas savoir si un volcan est actif ou éteint?

D **Le petit prince et sa fleur** Voici le petit prince sur sa planète: il arrose sa fleur qu'il adore et soigne avec amour. Cette fleur est comme une amie pour lui. Expliquez pourquoi le petit prince est triste quand le savant lui donne la définition du mot «éphémère». Qu'est-ce que cette fleur symbolise?

E **Voyage imaginaire** Décrivez un voyage imaginaire que vous allez faire. Vous allez traverser quel océan, explorer quel désert, escalader quelle montagne, naviguer sur quel fleuve, flâner dans quelle ville? Expliquez tout ce qu'il est possible que vous fassiez ou que vous appreniez pendant le voyage. Décrivez aussi tout ce qu'il faut que vous fassiez avant de partir pour le voyage.

Le Sahara

Le pic du Midi dans les Pyrénées

3 Practice

Vous avez compris?

It is suggested that you go over these activities in class. **Activité D** is more difficult than the other activities.

Learning from Photos

(page 437 bottom left) Le pic du Midi dans les Pyrénées est depuis 1882 le site de l'Observatoire du pic du Midi. À l'origine, l'Observatoire était une station météorologique, mais au cours des ans, il a été un lieu de recherches dans bien d'autres domaines scientifiques, le magnétisme terrestre, la physique atmosphérique, la séismologie, la radioactivité naturelle, la glaciologie, les rayons cosmiques. Néanmoins, c'est par l'astronomie que l'Observatoire du Pic du Midi a acquis sa réputation mondiale, par l'observation de la couronne solaire, la cartographie des surfaces planétaires, la détermination de la période de rotation de Vénus, la préparation de l'alunissage des missions Apollo. L'astronomie est encore à l'heure actuelle le domaine d'investigation scientifique le plus important au Pic du Midi.

Answers to Vous avez compris?

A

1. Un vieux Monsieur (le géographe) habitait la sixième planète.
2. Il écrivait d'énormes livres.
3. Un géographe est un savant qui connaît où se trouvent les mers, les fleuves, les villes, les montagnes et les déserts.
4. Selon le géographe, c'est l'explorateur qui fait le compte des villes, des fleuves, des mers, etc.
5. Quand l'explorateur a fourni des preuves, le vieux savant écrit ses notes à l'encre.
6. «Éphémère» signifie «ce qui est menacé de disparition prochaine».

B

1. En voyant le petit prince, le vieux Monsieur dit: «Tiens! Voila un explorateur!»
2. Oui.
3. Non, il ne quitte pas son bureau.
4. Non, il interroge l'explorateur et prend des notes sur ses souvenirs.
5. Oui.

C

1. Le géographe ne peut pas savoir s'il y a des montagnes, des villes, des fleuves, etc. sur sa planète parce qu'il n'est pas explorateur.
2. Les fleurs n'intéressent pas le géographe parce qu'elles sont éphémères.
3. Le géographe ne veut pas savoir si un volcan est éveillé ou éteint parce que ça revient au même pour lui. Ce qui compte pour lui, c'est la montagne.

D *Answers will vary.*

E *Answers will vary.*

1 Preparation

Resource Manager

Audio Activities TE, page 145
Audio CD 9
Tests, page 239
ExamView® Pro

2 Presentation

Step 1 Call on students to read aloud the sentences that accompany the art.

La Seine

Vocabulaire pour la lecture

La Seine coule à Paris.

Les amants se promènent sur les quais.

Plus de vocabulaire

roucouler faire le cri du pigeon

s'enrouler se mettre autour de

Quel est le mot?

1 Definitions Donnez le mot dont la définition suit.

1. ce qu'est la Seine
2. deux personnes qui s'aiment
3. la rive d'un fleuve
4. faire une promenade

Un bateau-mouche sur la Seine, près du Pont-Neuf, à Paris

2 Des fleuves célèbres Trouvez le pays où se trouve chaque fleuve.

1. l'Amazone	a. au Québec
2. le Nil	b. au Brésil
3. l'Euphrate	c. au Sénégal
4. le Mississippi	d. en Iraq et en Syrie
5. le Mékong	e. au Viêt Nam
6. le Saint-Laurent	f. en Égypte
7. la Casamance	g. aux États-Unis

Le Saint-Laurent, au Québec

Le Mississippi à la Nouvelle-Orléans, en Louisiane

3 Practice

Quel est le mot?

1 Go over this activity immediately after the presentation of the new vocabulary.

2 Call on more able students to use each word in an original sentence.

Answers to Quel est le mot?

1

1. un fleuve
2. des amants
3. un quai
4. se promener

2

1. b.
2. f.
3. d.
4. g.
5. e.
6. a.
7. c.

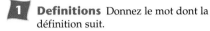

1 Preparation

Resource Manager

Audio Activities TE, page 146
Audio CD 9
Tests, page 239

2 Presentation

Avant la lecture

Step 1 Read **Avant la lecture** aloud to students.

Step 2 You may wish to intersperse questions 1–5 from **Activité A.**

Lecture

Step 1 Call on students to read *La Seine* aloud.

Step 2 Play the recording of this song on the Audio CD.

Step 3 Go over the remaining questions in **Activité A.**

LEVELING

E: Reading

La Seine

Flavien Monod et Guy Lafarge

Avant la lecture Tous les touristes qui visitent Paris sont fort attirés par la Seine. La Seine est un fleuve très aimé. Avant de passer par beaucoup de jolis villages normands et se jeter dans la Manche, elle traverse la belle ville de Paris.

La Seine a inspiré beaucoup d'artistes dont cette œuvre de Monet *La Seine à Argenteuil* (1874).

N'importe quel jour de l'année on voit des touristes et même des Français se promener le long des quais de la Seine.

La Seine est célébrée dans des chansons populaires. Celle-ci est certainement une des plus jolies. Il faut que vous la chantiez. Les paroles de cette chanson sont très poétiques. Voici une strophe de cette chanson.

Claude Monet: *La Seine à Argenteuil*

Un couple assis sur un quai de la Seine

Une chanson: *La Seine*

Elle roucoule, coule, coule
Dès qu'elle entre dans Paris,
Elle s'enroule, roule, roule
Autour de ses quais fleuris.
Elle chante, chante, chante, chante
Chante le jour et la nuit,
Car la Seine est une amante
Et son amant c'est Paris

Vous avez compris?

A **La Seine** Répondez.

1. Qu'est-ce qui attire les touristes à Paris?
2. La Seine «coule et coule» pour arriver où?
3. Qui la Seine a-t-elle inspiré?
4. Qui se promène le long des quais de la Seine?
5. Où la Seine est-elle célébrée?
6. Comment sont les paroles de cette jolie chanson?
7. Où «roule» la Seine?
8. Elle chante? Que veut dire «elle chante»? Que fait la Seine comme bruit?
9. Quand chante-t-elle?
10. À quoi la Seine est-elle comparée?

B **Un fleuve** Y a-t-il un fleuve aux États-Unis qu'on pourrait comparer à la Seine? Lequel? Donnez tous les renseignements possibles sur ce fleuve.

Notre-Dame et la Seine, à Paris

Riverwalk, à San Antonio au Texas

À Pittsburgh, en Pennsylvanie

3 Practice

Vous avez compris?

A You may wish to have students do this activity for homework.

Answers to Vous avez compris?

A

1. La Seine attire les touristes à Paris.
2. La Seine passe beaucoup de petits villages, traverse Paris et se jette dans la Manche.
3. La Seine a inspiré beaucoup d'artistes.
4. Des touristes et des Français se promènent le long des quais.
5. La Seine est célébrée dans des chansons populaires.
6. Les paroles de cette chanson sont très poétiques.
7. Elle «roule» autour des quais.
8. Elle roucoule.
9. Elle chante jour et nuit.
10. À une amante et son amant est Paris.

B *Answers will vary.*

1 Preparation

Resource Manager

Audio Activities TE, page 147
Audio CD 9
Tests, page 240
ExamView® Pro

2 Presentation

Step 1 Have students repeat the new words and expressions after you or the Audio CD.

3 Practice

Quel est le mot?

1 Go over this activity immediately following the vocabulary presentation.

2 You may wish to allow students to prepare this activity before going over it in class.

La Ronde autour du Monde

Vocabulaire pour la lecture

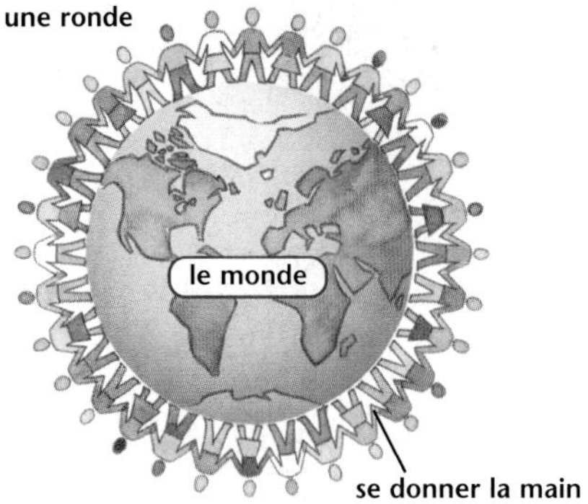

Plus de vocabulaire

un gars *(fam.)* un garçon
l'onde *(lit.)* la mer, l'eau
mêler combiner, réunir
par cœur de mémoire

Quel est le mot?

1 Quel mot? Complétez.

1. Pour faire une ____, les enfants forment un cercle et tournent.
2. Aux Nations unies, il y a des pays du ____ entier.
3. Un ____ navigue sur la mer.
4. L'____ est un mot littéraire qui veut dire «la mer».
5. Ce n'est pas la peine que tu cherches son numéro. Je le sais ____.
6. On ne peut pas traverser de l'autre côté du fleuve: le ____ est fermé.

2 À quoi ça sert? Dites à quoi ça peut servir. Vous pouvez donner plusieurs réponses.

1. une barque
2. un pont

Le légendaire «pont d'Avignon»

Answers to Quel est le mot?

1

1. ronde
2. monde
3. marin
4. onde
5. par cœur
6. pont

2 *Answers will vary.*

La Ronde autour du Monde

Paul Fort

La cathédrale Notre-Dame de Reims, ville natale de Paul Fort

Avant la lecture Paul Fort (1872–1960) est né à Reims, tout près de la célèbre cathédrale. À l'âge de dix-sept ans, il fonde le «théâtre de l'Art» qui présente des «lectures mises en scène» de grandes œuvres poétiques comme *Le Corbeau*[1] d'Edgar Allen Poe. En 1897, il publie le premier volume de ses *Ballades françaises*. Il en publiera une quarantaine d'autres par la suite. Dans cette œuvre, il s'inspire de l'histoire de France, de ses héros, de ses légendes et reprend les thèmes traditionnels de la poésie. Son style qui mêle prose et poésie plaît beaucoup à ses contemporains et en 1912, il reçoit le titre de «Prince des Poètes». En 1905, il crée la revue *Vers et Prose* qui publiera les œuvres des grands écrivains de l'époque tels que Guillaume Apollinaire et André Gide. Certains de ses poèmes sont restés très célèbres. De nos jours, les enfants des écoles apprennent toujours par cœur son poème *La Ronde autour du Monde*.

[1] Corbeau *Raven*

La Ronde autour du Monde

Si toutes les filles du monde voulaient
s'donner la main,
tout autour de la mer elles pourraient
faire une ronde

Si tous les gars du monde voulaient
bien êtr' marins,
ils f'raient avec leurs barques un joli
pont sur l'onde

Alors on pourrait faire une ronde
autour du monde,
si tous les gens du monde voulaient
s'donner la main.

Une ronde de petits enfants à Paris

1 Preparation

Resource Manager

Audio Activities TE, page 148
Audio CD 9
Tests, page 240

2 Presentation

Avant la lecture

Step 1 Ask students if there was any round, song, or rhyme that they learned by heart in elementary school.

Lecture

Step 2 Read this poem to students with books closed or have them listen to the Audio CD.

Step 3 Have students open their books and read the poem aloud.

3 Practice

Vous avez compris?

A, **B** Have students prepare these activities for homework before going over them in class.

Literary Analysis

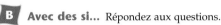

Have students give as many interpretations as they can for **Activité C.**

Vous avez compris?

A **Le poète** Dites tout ce que vous savez sur Paul Fort.

B **Avec des si...** Répondez aux questions.

1. Que pourraient faire les filles?
2. À quelle condition?
3. Que feraient faire les garçons?
4. À quelle condition?
5. Que pourraient faire les gens?
6. À quelle condition?

C **Interprétation** D'après vous, à quoi ce poème fait-il appel? À des voyages lointains? À l'amitié entre garçons et filles? À la solidarité entre les gens du monde entier? À la fin du racisme?

Vue sur Reims du haut de la cathédrale

L'Organisation des Nations unies en Afghanistan

Answers to Vous avez compris?

A *Answers will vary.*

B

1. Elles pourraient faire une ronde.
2. À condition qu'elles se donnent la main.
3. Ils feraient un joli pont sur l'onde.
4. À condition qu'ils veuillent bien être marins.
5. Ils pourraient faire une ronde autour du monde.
6. À condition qu'ils veuillent tous se donner la main.

C *Answers will vary.*

Montgolfières au-dessus de Gatineau, au Québec

D **Le tour du monde** Imaginez que vous faites le tour du monde. Comment le faites-vous? En bateau, en train, en montgolfière, en avion? Quand le faites-vous, maintenant ou plus tard?

E **Solidarité** *La Ronde autour du Monde* est un poème très populaire qui est presque devenu le symbole de la solidarité. Qu'est-ce que la solidarité pour vous? De quelle(s) façon(s) et dans quelles circonstances peut-on se montrer solidaire? Donnez des exemples concrets. Voici quelques possibilités, mais il y en a d'autres.

La solidarité, c'est...
- **aider les autres**
- **se donner la main**
- **se serrer les coudes**
- **donner quand on peut et recevoir quand on en a besoin**
- **être concerné(e) par ce qui arrive aux autres**

Un médecin de «Médecins sans Frontières» dans un camp de réfugiés éthiopiens

D, **E** You may wish to have more able students do **Activités D** and **E.**

Learning from Photos

(page 445 top) Le festival des Montgolfières de Gatineau dans l'Outaouais au Québec a lieu au mois de septembre. Les montgolfières viennent de tous les pays du monde. Le festival a aussi des spectacles pour les petits et les grands, des activités d'animation, des manèges, une compétition d'hommes forts, un Marché des Artisans et des feux d'artifice.

Answers to *Vous avez compris?*

D *Answers will vary.*

E *Answers will vary.*

1 Preparation

Resource Manager

Audio Activities TE, pages 149–150
Audio CD 9
Tests, page 241
ExamView® Pro

2 Presentation

Step 1 Have students repeat the new words and expressions after you or the Audio CD.

Step 2 You may wish to ask the following questions as you present the vocabulary. **Est-ce que l'aveugle se serre contre la fille? Est-ce que les passants se retournent? Ils se retournent pour regarder qui? L'homme a laissé tomber quelque chose? Quoi? Il rougit. Pourquoi? Elle pleure parce qu'elle est embarrassée ou parce qu'elle est triste? Tu aimes écouter quelqu'un qui a une belle voix?**

Step 3 You may wish to ask the following questions using the words defined. **Tu as eu beaucoup de bonheur dans ta vie? Tu dis toujours la vérité? Tu ne mens jamais? Il n'a pas de courage. Comment est-il? Elle n'est pas laide. Comment est-elle? Tu te souviens de ton école primaire? Tu cherches toujours à être le (la) meilleur(e)?**

La Symphonie Pastorale

Vocabulaire pour la lecture

Il se serre contre elle.

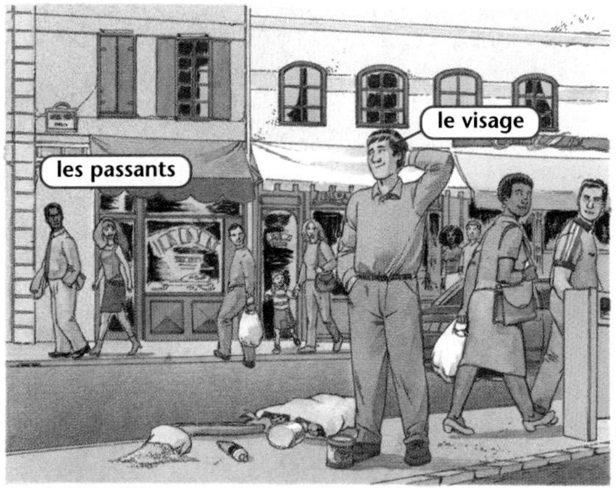

Les passants se retournent. Il est embarrassé. Il rougit.

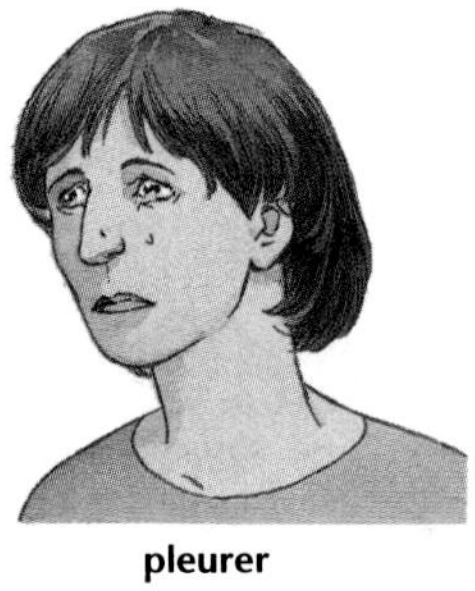

Plus de vocabulaire

le bonheur ce qui fait que nous sommes heureux
la vérité ce qui est vrai—Il faut toujours dire la vérité!
noyé(e) mort par immersion dans l'eau
lâche pas courageux
inutile pas nécessaire
laid(e) pas joli
faire plaisir à être agréable à
se voir être visible
se souvenir de revenir en mémoire
mentir ne pas dire la vérité—Il ne faut jamais mentir!
chercher à essayer de
car parce que

3 Practice

Quel est le mot?

1, 2, 3 Have students prepare the activities at home and then go over them in class.

Quel est le mot?

1 Contraires Donnez le contraire des mots suivants.

1. courageux
2. dire la vérité
3. nécessaire
4. oublier
5. rigoler
6. pâlir
7. le mensonge

2 Le mot juste Complétez.

1. S'il te plaît, mets un peu de musique! Pour me ____!
2. Ils sont pauvres, mais heureux: l'argent ne fait pas le ___.
3. Ça ____ que j'ai mangé plein de desserts! J'ai grossi de dix kilos!
4. On ____ savoir ce qui s'est passé, mais sans grands résultats.
5. Le petit enfant a froid, alors il ____ contre son père pour avoir chaud.

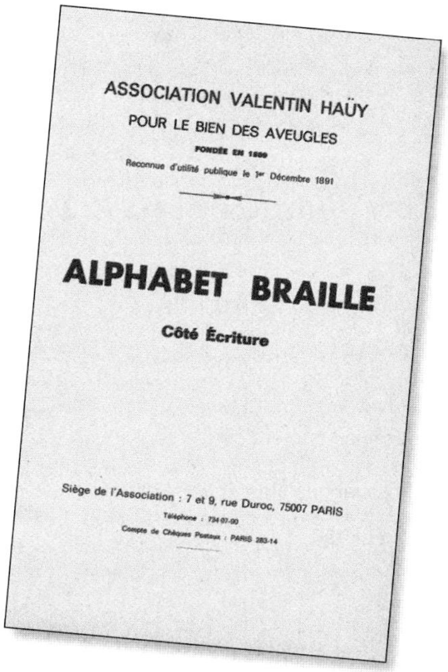

ASSOCIATION VALENTIN HAÜY
POUR LE BIEN DES AVEUGLES
Reconnue d'utilité publique le 1er Décembre 1891
ALPHABET BRAILLE
Côté Écriture
Siège de l'Association : 7 et 9, rue Duroc, 75007 PARIS

3 Définitions Donnez le mot qui correspond.

1. les gens qui passent
2. l'ensemble des sons produits par les vibrations des cordes vocales
3. qui ne voit pas
4. mort(e) asphyxié(e) dans l'eau
5. synonyme de figure
6. regarder derrière soi
7. pas joli
8. pas courageux
9. pas nécessaire
10. être agréable à

Answers to Quel est le mot?

1

1. lâche
2. mentir
3. inutile
4. se souvenir de
5. pleurer
6. rougir
7. la vérité

2

1. faire plaisir
2. bonheur
3. se voit
4. cherche à
5. se serre

3

1. les passants
2. la voix
3. aveugle
4. noyé(e)
5. le visage
6. se retourner
7. laid
8. lâche
9. inutile
10. faire plaisir à

1 Preparation

Resource Manager

Audio Activities TE, pages 150–151
Audio CD 9
Tests, page 241

2 Presentation

Lecture

Step 1 You may wish to have students read this selection silently at home before going over it in class or you may wish to go over it in class first.

Note: Explain to students that they are going to encounter some verb forms with which they are not familiar but they will still know what they mean.

If you want you can explain that they are in a literary tense called the **passé simple.** They will learn the **passé simple** in **Chapitre 5.**

The verbs in this section are:

répéta	**a répété**
fit	**a fait**
ajouta	**a ajouté**
portai	**j'ai porté**
surprit	**a surpris**
dis-je	**ai-je dit**
suffit	**a suffi**
écriai	**j'ai écrié**

Step 2 You may wish to select just the more difficult paragraphs to go over in class. Some of the more difficult paragraphs include paragraphs 8, 9, 10, and 11.

Step 3 You can intersperse the questions from **Activité A** on page 450 as you go over this selection.

LEVELING
A: Reading
C: Reading

La Symphonie Pastorale

André Gide

Avant la lecture André Gide (1869–1951) est un écrivain français qui a eu une très grande influence pendant la période entre la Première et la Seconde Guerre mondiale. Très tôt, il fréquente les cercles littéraires parisiens. En 1909, il est le cofondateur de la prestigieuse *Nouvelle Revue française* (la NRF). Dans son œuvre, comme dans sa vie, Gide est partagé entre deux aspirations contradictoires: la liberté totale et le conformisme. Il publie *La Symphonie Pastorale* en 1919.

Ce roman met en scène un pasteur de la région de Neuchâtel, en Suisse. Le pasteur est marié et père de quatre enfants. Un jour, il est appelé auprès d'une vieille femme mourante[1] dans un village de la région. Il a pitié de la nièce de la morte, Gertrude, une pauvre petite fille d'une quinzaine d'années qui est aveugle et vit[2] comme un petit animal. En effet elle a été abandonnée à elle-même pendant de nombreuses années et est totalement ignorante. Le pasteur la recueille chez lui et entreprend de faire son éducation. Le roman est écrit sous forme de journal. Dans l'extrait qui suit, le pasteur a initié Gertrude à la musique: il l'a emmenée à un concert de Beethoven. Au programme: *La Symphonie Pastorale*.

[1]mourante *dying*
[2]vit *lives*

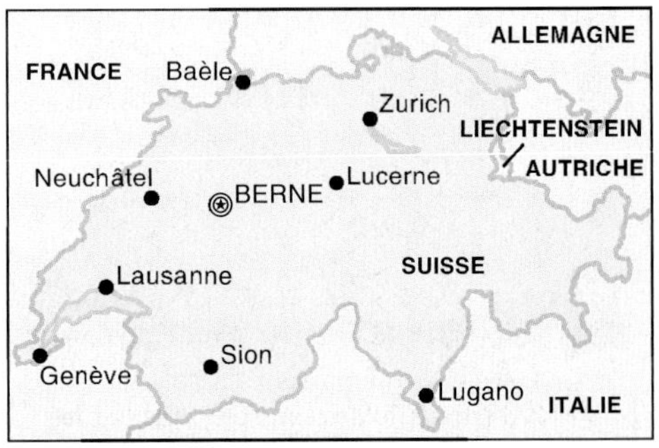

La Symphonie Pastorale

29 février

Je n'ai pas dit encore l'immense plaisir que Gertrude avait pris à ce concert de Neuchâtel. On y jouait précisément *La Symphonie Pastorale*. Je dis «précisément» car il n'est pas une œuvre que j'aurais pu davantage souhaiter de lui faire entendre. Longtemps après avoir quitté la salle de concert, Gertrude restait encore silencieuse et comme noyée dans l'extase.

—Est-ce que vraiment ce que vous voyez est aussi beau que cela? dit-elle enfin.

—Aussi beau que quoi, ma chérie?

—Que cette «scène au bord du ruisseau»°.

—Ceux qui ont des yeux, dis-je, ne connaissent pas leur bonheur.

—Mais moi qui n'en ai pas, s'écria-t-elle° aussitôt, je connais le bonheur d'entendre.

«scène au bord du ruisseau» *"By the brook" (the title of the second movement of the symphony)*
s'écria-t-elle *she exclaimed*

Elle se serrait contre moi tout en marchant et elle pesait à mon bras comme font les petits enfants:

—Pasteur, est-ce que vous sentez combien je suis heureuse? Non, non, je ne dis pas cela pour vous faire plaisir. Regardez-moi: est-ce que cela ne se voit pas sur le visage, quand ce que l'on dit n'est pas vrai? Moi, je le reconnais si bien à la voix. Vous vous souvenez du jour où vous m'avez dit que vous ne pleuriez pas, après que ma tante (c'est ainsi qu'elle appelait ma femme) vous avait reproché de ne rien faire pour elle. Je me suis écriée: Pasteur, vous mentez! Oh! Je l'ai senti tout de suite à votre voix que vous ne me disiez pas la vérité. Je n'ai pas eu besoin de toucher vos joues, pour savoir que vous aviez pleuré.

Et elle répéta très haut: Non, je n'avais pas besoin de toucher vos joues—ce qui me fit rougir, parce que des passants se retournaient. Elle continuait:

—Il ne faut pas chercher à me tromper, voyez-vous. D'abord parce que ça serait très lâche° de chercher à tromper une aveugle. Et puis parce que ça ne prendrait pas°, ajouta-t-elle en riant. Dites-moi, pasteur, vous n'êtes pas malheureux, n'est-ce pas.

Je portai sa main à mes lèvres, comme pour lui faire sentir sans le lui avouer° qu'une partie de mon bonheur venait d'elle.

—Non, Gertrude, non, je ne suis pas malheureux. Comment serais-je malheureux?

—Vous pleurez quelquefois, pourtant?

—J'ai pleuré quelquefois.

—Pas depuis la fois que j'ai dit?

—Non, je n'ai plus repleuré depuis.

—Vous n'avez plus eu envie de pleurer?

—Non, Gertrude.

—Et dites... est-ce qu'il vous est arrivé depuis, d'avoir envie de mentir?

—Non, chère enfant.

—Pouvez-vous me promettre de ne jamais chercher à me tromper?

—Je te le promets.

—Eh bien! dites-moi tout de suite: est-ce que je suis jolie?

Cette brusque question me surprit, d'autant plus que je n'avais pas voulu jusqu'à ce jour accorder attention à l'indéniable beauté de Gertrude. Et je pensais de plus, qu'il était parfaitement inutile qu'elle le sache.

—Que t'importe de le savoir? lui dis-je aussitôt.

—Cela, c'est mon souci, dit-elle. Je voudrais savoir si je ne... comment dites-vous cela?... si je ne détonne pas trop° dans la symphonie. À qui d'autre demanderais-je cela, pasteur?

—Un pasteur n'a pas à s'inquiéter de la beauté des visages, dis-je, me défendant comme je pouvais.

—Pourquoi?

—Parce que la beauté des âmes° lui suffit.

—Vous préférez me laisser croire que je suis laide, dit-elle alors avec une moue° charmante; de sorte que, n'y tenant plus, je m'écriai:

—Gertrude, vous savez bien que vous êtes jolie.

lâche *cowardly*

ça ne prendrait pas *it wouldn't work*

sans le lui avouer *without admitting it to her*

si je ne détonne pas trop *if I am not too much out of place*

âmes *souls*

moue *pout*

3 Practice

Vous avez compris?

A You can also have students write the answers to these questions.

B, **C**, You may wish to have students do these two activities orally in class to share their opinions.

D You may wish to have students do this activity orally. Have them work in groups of two or three to discuss their ideas.

Learning from Photos

(page 450 top) La ville de Neuchâtel se trouve au bord du lac de Neuchâtel et au pied des montagnes du Jura. C'est une charmante ville dont le cœur date du Moyen Âge. Les nombreuses petites places avec leurs fontaines sont dotées de petits cafés et de bons restaurants où l'on peut passer le temps tranquillement.

Vous avez compris?

A Questions Répondez.

1. Dans quel pays et dans quelle région de ce pays se passe cette histoire?
2. Où le pasteur et Gertrude sont-ils allés au concert?
3. Quelle œuvre était au programme?
4. Gertrude a-t-elle aimé le concert?
5. Pourquoi Gertrude est-elle heureuse?
6. Comment reconnaît-elle que les gens ne disent pas la vérité?
7. Quand le pasteur lui a-t-il menti? Racontez l'incident.
8. En général, comment font les aveugles pour reconnaître les autres?
9. Pourquoi le pasteur rougit-il?
10. Quelle est la question que Gertrude veut poser dès le début de la conversation?
11. Pourquoi le pasteur ne veut-il pas lui répondre?
12. Qu'est-ce qui le force finalement à répondre?

À Neuchâtel, en Suisse

B Le pasteur Quels sont les sentiments du pasteur vis à vis de Gertrude? Est-il honnête avec lui-même? Justifiez vos réponses en donnant des exemples.

C Gertrude Comment Gertrude manipule-t-elle la situation? Justifiez vos réponses en donnant des exemples.

D Heureux ou malheureux? À quoi peut-on reconnaître que quelqu'un est heureux? À quoi peut-on reconnaître que quelqu'un est malheureux?

Promenade en Provence

Answers to Vous avez compris?

A

1. L'histoire se passe à Neuchâtel, en Suisse.
2. Ils sont allés à un concert de Beethoven à Neuchâtel.
3. *La Symphonie Pastorale* de Beethoven.
4. Oui, Gertrude a aimé le concert.
5. Elle est heureuse parce qu'elle a beaucoup aimé le concert.
6. Elle le reconnaît à la voix.
7. Il a menti après que sa femme lui a reproché de ne rien faire pour elle. Il a dit qu'il ne pleurait pas.
8. Les aveugles reconnaissent la voix d'une personne.
9. Le pasteur rougit parce que les passants se retournaient.
10. Gertrude veut savoir si elle est jolie ou pas.
11. Le pasteur ne veut pas répondre parce que il ne veut pas reconnaître qu'elle est belle.
12. Elle lui dit qu'il préférerait la laisser croire qu'elle est laide.

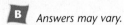

B *Answers may vary.*

C *Answers may vary.*

D *Answers will vary.*

E **Images ou sons?** Croyez-vous que le bonheur de voir soit plus intense que le bonheur d'entendre? Donnez des exemples pour justifier votre réponse.

Trois tableaux de Pierre Paul Rubens (1577–1640) représentant Marie de Médicis au musée du Louvre à Paris

L'orchestre à l'Opéra de Paris

F **Miroir, miroir...** Dans *La Symphonie Pastorale,* Gertrude veut savoir à tout prix si elle est jolie. De nos jours aussi, les filles et les garçons attachent beaucoup d'importance à leur apparence physique. Avec des camarades discutez les deux questions qui suivent. Justifiez vos réponses en donnant des exemples concrets. Qu'est-ce qui compte le plus pour vous, la beauté ou la personnalité? Croyez-vous que les personnes qui ont un beau physique aient plus de chances de réussir que les autres?

F It is suggested that you do this activity as a group oral discussion in class.

Art Connection

(page 451 top) Marie de Médicis (1573–1642). Italienne d'origine, elle épouse en 1600 le roi de France Henri IV et devient ainsi reine de France. Son fils deviendra le roi Louis XIII.

Answers to Vous avez compris?

E *Answers will vary.*

F *Answers will vary.*

1 Preparation

Resource Manager

Audio Activities TE, page 152
Audio CD 9
Tests, page 242
ExamView® Pro

2 Presentation

Vocabulaire pour la lecture

Step 1 Have students describe the illustrations. Ask them to say what emotions they associate with a deserted beach.

Step 2 Have students repeat the new words and expressions after you or the Audio CD.

3 Practice

Quel est le mot?

1 and 2 These activities can be done with or without previous preparation.

2 Note: The purpose of this activity is to increase students' receptive vocabulary.

Les Feuilles Mortes

Vocabulaire pour la lecture

Les feuilles tombent. On les ramasse à la pelle.

Plus de vocabulaire

fidèle qui manifeste un attachement constant, une fidélité constante

remercier dire merci, exprimer sa gratitude

effacer faire disparaître, causer la disparition

Quel est le mot?

1 Le bord de la mer en automne Répondez.

1. Est-ce que la mer a des vagues?
2. Il y a des pas sur le sable?
3. Est-ce que la mer efface les pas?
4. Quand les feuilles tombent, on les ramasse comment?

2 Familles de mots Choisissez le mot qui correspond.

1. disparaître	a. la fidélité
2. attacher	b. un attachement
3. fidèle	c. l'oubli
4. remercier	d. merci
5. oublier	e. une disparition

La jolie ville de Tadoussac au Québec

Answers to Quel est le mot?

1

1. Oui, la mer a des vagues.
2. Oui, il y a des pas sur le sable.
3. Oui, la mer efface les pas.
4. Quand les feuilles tombent, on les ramasse à la pelle.

2

1. e
2. b
3. a
4. d
5. c

Les Feuilles Mortes

Jacques Prévert

Avant la lecture La chanson française a commencé il y a très longtemps. Au Moyen Âge, les troubadours et les trouvères allaient de ville en ville et chantaient l'amour et la guerre. Ils chantaient dans les rues et dans les fêtes. Au dix-huitième siècle, les gens se réunissaient dans des cafés appelés «caveaux» pour écouter des chansons. Au dix-neuvième siècle, le «cabaret» a remplacé le caveau. Les plus fameux des cabarets se trouvaient à Montmartre, un quartier de Paris où les gens aimaient aller le soir. Ensuite, il y a eu les grands music-halls, dont certains existent toujours.

En 1877, le phonographe est inventé, et vers 1900, le disque fait son apparition. Après cela, il n'est plus nécessaire d'aller dans un cabaret ou un music-hall pour écouter des chansons. On peut le faire chez soi.

Un troubadour joue devant le couple royal

Charles Trenet (1913-2001)

La carrière de Charles Trenet a duré près de soixante ans. Le «fou chantant» comme on l'appelle communément est né en 1913 à Narbonne dans le sud de la France. C'est une figure légendaire du music-hall français. Il écrivait ses chansons et les chantait dans un style dynamique, éternellement jeune. Sa chanson *La Mer*–écrite en vingt minutes dans un train entre Narbonne et Carcassonne–a fait le tour du monde et a été interprêtée dans des dizaines de langues.

Édith Piaf (1915-1963)

Après la Seconde Guerre mondiale, la chanson française, c'est Édith Piaf. «La môme Piaf» (*The kid sparrow*), comme on l'appelle, est née sur le trottoir, à Belleville, un quartier pauvre de Paris. Née dans la rue, elle a d'abord chanté dans la rue. «Mon conservatoire, c'est la rue», disait-elle. Piaf était une chanteuse populaire. Elle n'avait pas de public particulier. Elle chantait pour tous. Toute petite et toujours habillée d'une petite robe noire, elle chantait d'une voix forte et profonde. Elle chantait la vie, la mort, l'amour, la gaieté. Elle chantait aussi la pauvreté qu'elle connaissait si bien.

Édith Piaf est l'une des seules chanteuses françaises qui soit venue plusieurs fois en tournée aux États-Unis.

Learning from Photos

(page 452) Tadoussac est situé sur la rive nord du Saint-Laurent, à l'embouchure du Saguenay. C'est une très jolie ville touristique et les visiteurs viennent très nombreux pour admirer les baleines qui, chaque année, fréquentent pendant quelques mois les eaux riches en plancton de l'embouchure du Saguenay.

LEVELING

E: Reading

National Standards

Cultures
Students learn about the history and impact of music in French popular culture.

Connections
This section establishes a connection with the fields of music and literature.

1 Preparation

Resource Manager

Audio Activities TE, pages 153–154
Audio CD 9
Tests, page 243

2 Presentation

Avant la lecture

Step 1 Explain to students that the French song has had a long tradition. A popular pastime in France was to go to a cabaret where the patrons joined in the singing. The songs dealt with all kinds of topics—**faits divers, amour,** etc. Many songs today deal with politics and social issues. Tell students they will now read about the history of French song.

Step 2 It is suggested that you call on students to read this selection aloud. After one student has read one or two short sections you may wish to ask some of the following comprehension questions: **Quand la chanson française a-t-elle commencé? Que faisaient les troubadours et les trouvères au Moyen Âge? Où chantaient-ils? Où se réunissaient les gens au XVIIIe siècle? Et au XIXe siècle? Où se trouvaient beaucoup de cabarets?**

(continues on next page)

2 Presentation *(suite)*

Quand le phonographe a-t-il été inventé? Quand le disque a-t-il fait son apparition? Pourquoi n'est-il plus nécessaire d'aller dans un cabaret ou un music-hall?

Charles Trenet

Sa carrière a duré combien de temps? On l'appelle comment? Quelle est sa chanson la plus connue?

Édith Piaf

Quand Édith Piaf était-elle extrêmement populaire? Où est-elle née? Où a-t-elle chanté? Qu'est-ce qu'elle a dit? Pourquoi? Pour qui chantait-elle? Comment était-elle toujours habillée? Comment était sa voix? Que chantait-elle?

Jacques Brel

Il est né où? Il était comment sur scène? Pourquoi a-t-il abandonné la chanson au sommet de sa gloire? Qu'est-ce qu'il a essayé de faire? Il est mort de quoi? Qui chante encore ses chansons?

Yves Montand

Où est né Yves Montand? Quand est-il allé en France? Comment a-t-il commencé sa carrière? Qui a changé son répertoire? Comment? Qu'est-ce que *Les feuilles mortes?* Qui l'a chantée?

Jacques Prévert

Où est-il né? Comment s'appelle son recueil de poèmes le plus vendu à ce jour? Qu'est-ce qu'il a fait d'autre? Qui chantait *Les Feuilles Mortes* dans le film *Les Portes de la Nuit*?

Jacques Brel (1929-1978)

C'est en Belgique, dans la banlieue de Bruxelles, que naît en 1929 la personnalité «la plus volcanique» de la chanson francophone. Sur scène, Jacques Brel se donnait entièrement à ses chansons—il habitait ses personnages, il criait, il pleurait. Il enthousiasmait son public par ses rages, ses passions qu'il exprimait avec une grande sincérité. Mais en 1966, au sommet de sa gloire, il abandonne la chanson parce qu'il n'a plus rien à dire. Après quelques essais en tant qu'acteur, il reviendra à la chanson à la fin de sa vie. Le «grand Jacques» meurt d'un cancer au poumon en 1978.

Des artistes du monde entier chantent encore ses chansons, non seulement des artistes francophones, mais aussi des artistes anglophones.

Aux États-Unis, Jacques Brel lui-même a fait l'objet d'une comédie musicale intitulée *Jacques Brel is alive and well and living in Paris*.

Yves Montand (1921-1991)

Yves Montand est né en Italie en 1921. Il est arrivé tout jeune en France. Il a commencé sa carrière en chantant des chansons de cow-boy. Puis, il a eu la chance de rencontrer Édith Piaf qui lui a donné des conseils et l'a lancé dans le monde de la chanson. Ensuite, Yves Montand a rencontré quelqu'un qui allait changer son répertoire en l'orientant vers la chanson poétique—le poète, Jacques Prévert. Montand a commencé à chanter des poèmes de Prévert, mis en musique par Joseph Kosma.

Les Feuilles Mortes est la plus célèbre de ces chansons poétiques. Chantée par Yves Montand, mais aussi par Édith Piaf, cette chanson a aussi été chantée par des chanteurs de tous les pays du monde, dans toutes les langues du monde!

Le poète des chanteurs: Jacques Prévert (1900-1977)

Jacques Prévert est né à Neuilly-sur-Seine dans la région parisienne en 1900. Toute sa vie, il restera très attaché à Paris qu'il célèbrera dans de nombreux poèmes. Après son service militaire en Turquie, il rentre à Paris et s'installe au 54 rue du Château qui devient bientôt le lieu de rendez-vous du mouvement surréaliste. En 1934, il fait la connaissance d'un musicien venu de Budapest, Joseph Kosma qui mettra en musique de nombreux poèmes de Prévert. En 1945 paraît *Paroles,* le recueil de poèmes le plus vendu à ce jour.

Mais le talent de Jacques Prévert n'est pas limité à la poésie. Prévert a collaboré en tant que dialoguiste et scénariste avec les meilleurs réalisateurs du moment, Jean Renoir et Marcel Carné.

Jacques Prévert a écrit *Les Feuilles Mortes* pour un film dont il était le scénariste: *Les Portes de la Nuit* de Marcel Carné. La musique était de Joseph Kosma et cette chanson était chantée par un jeune acteur découvert par Édith Piaf: Yves Montand.

Les Feuilles Mortes

Oh! Je voudrais tant que tu te souviennes
des jours heureux où nous étions amis
En ce temps-là la vie était plus belle
et le soleil plus brûlant° qu'aujourd'hui
Les feuilles mortes se ramassent à la pelle…
Tu vois je n'ai pas oublié
Les feuilles mortes se ramassent à la pelle
les souvenirs et les regrets aussi
et le vent du nord les emporte°
dans la nuit froide de l'oubli°
Tu vois je n'ai pas oublié
la chanson que tu me chantais

C'est une chanson qui nous ressemble
Toi tu m'aimais
et je t'aimais
Et nous vivions tous deux ensemble
toi qui m'aimais
et que j'aimais
Mais la vie sépare ceux qui s'aiment
tout doucement
sans faire de bruit
et la mer efface sur le sable
les pas des amants° désunis...

Mais mon amour silencieux et fidèle
sourit toujours et remercie la vie
Je t'aimais tant tu étais si jolie
Comment veux-tu que je t'oublie
En ce temps-là la vie était plus belle
et le soleil plus brûlant qu'aujourd'hui
Tu étais ma plus douce amie°…
Mais je n'ai que faire des regrets
Et la chanson que tu chantais
toujours toujours je l'entendrai

C'est une chanson qui nous ressemble
Toi tu m'aimais
et je t'aimais
Et nous vivions tous deux ensemble
toi qui m'aimais
et que j'aimais
Mais la vie sépare ceux qui s'aiment
tout doucement
sans faire de bruit
et la mer efface sur le sable
les pas des amants désunis

plus brûlant *hotter*

les emporte *sweeps them away*

oubli *oblivion*

amants *lovers*

plus douce amie *sweetest love*

Literary Analysis

1. Donnez un titre aux différentes parties de cette chanson.
2. Relevez dans le texte de cette chanson ce qui montre qu'il s'agit d'un souvenir.
3. Relevez les vers qui indiquent que, pour l'auteur, le passé est plus beau que le présent.
4. Faites la liste des éléments qui montrent la tristesse de celui qui parle.

Lecture

Step 1 If possible, play a recording of this song by either Édith Piaf or Yves Montand.

Step 2 Read the song aloud to the class or play the CD. The first time, have students listen. The second time, have them open their books and follow along.

Step 3 Give students a few minutes to read the poem silently.

Step 4 With more able groups, you may wish to ask the analytical questions in **Literary Analysis** at the bottom of this page.

Literature Connection

Jacques Prévert, né près de Paris en 1900, reste toute sa vie attaché sentimentalement à Paris et à la région parisienne. Après des études primaires médiocres, il travaille dès l'âge de quinze ans. Prévert exerce ses talents dans des domaines très variés. De 1932 à 1936, il écrit des textes pour le groupe Octobre, groupe de théâtre ouvrier inspiré par les idées de gauche.

Il collabore comme dialoguiste avec les meilleurs metteurs en scène de cinéma. Il écrit de nombreux scénarios pour le réalisateur Marcel Carné: *Quai des Brumes* (1938), *Le Jour se lève* (1939), *Les Visiteurs du Soir* (1942), *Les Enfants du Paradis* (1943). Prévert a également écrit des chansons pour des chanteurs de music-hall et de cabaret. En 1946, ses poèmes sont réunis dans *Paroles* et rencontrent un très grand succès. Dans ses poèmes, Prévert s'attaque à tout ce qui empêche l'homme d'être libre. Son style, plein d'humour, familier et simple, appartient à la tradition de la poésie orale.

Dans la célèbre chanson *Les feuilles mortes,* Prévert évoque le souvenir d'un amour passé.

3 Practice

Vous avez compris?

A, B, C Go over all the activities orally.

Group Activity

Have students work in groups: **Les amants de cette chanson ne sont plus ensemble. Imaginez les raisons qui les ont séparés.**

Assessment

Have students share their reactions to *Les feuilles mortes*. This can be done as a class activity or in groups.

Vous avez compris?

A Qu'est-ce qui se passe? Répondez d'après la lecture.

1. Qui est «tu» dans «Oh! Je voudrais tant que tu te souviennes»?
2. Comment étaient les jours quand les amants étaient ensemble?
3. Comment était la vie?
4. Comment était le soleil?
5. Que fait le vent du nord?
6. Qu'est-ce que le poète n'a pas oublié?
7. Qu'est-ce que la vie sépare?
8. Que fait la mer?
9. Qui a fait les pas sur le sable?

Automne dans le Beaujolais, en France

B De quoi s'agit-il? Analysez.

1. Quelles émotions cette chanson évoque-t-elle?
2. À qui le poète parle-t-il?
3. Où est cette personne? Pourquoi sont-ils séparés?
4. Qu'est-ce que le poète n'oubliera jamais?
5. Pourquoi?
6. Pourquoi le poète a-t-il donné le titre *Les Feuilles Mortes* à ce poème?

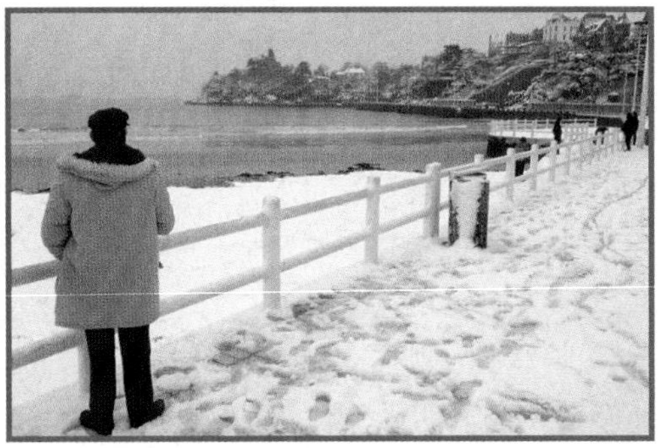

La Bretagne sous la neige

C L'amour et le temps Expliquez.

1. «Les feuilles mortes se ramassent à la pelle
les souvenirs et les regrets aussi
et le vent du nord les emporte
dans la nuit froide de l'oubli»

2. «Mais la vie sépare ceux qui s'aiment
tout doucement
sans faire de bruit
et la mer efface sur le sable
les pas des amants désunis...»

Answers to Vous avez compris?

A *Answers will vary but may include:*

1. La femme aimée.
2. Les jours étaient heureux.
3. La vie était plus belle qu'aujourd'hui.
4. Le soleil était plus brûlant qu'aujourd'hui.
5. Il emporte les souvenirs et les regrets.
6. Il n'a pas oublié la chanson que son amie lui chantait.
7. Elle sépare ceux qui s'aiment.
8. Elle efface les pas.
9. Les amants.

B, C *Answers will vary.*

D – H Allow students to take part in the activity or activities that interest them.

D **Pourquoi?** Les amants des *Feuilles Mortes* ne sont plus ensemble. Imaginez les raisons qui les ont séparés.

E **La chanson française** Résumez l'histoire de la chanson française en un paragraphe.

F **Chansons** Les quatre chansons suivantes sont très connues en France et ailleurs. Pouvez-vous deviner quels sont leurs titres en anglais?

1. *La mer* (Trenet)	**a.** *If you go away*
2. *L'hymne à l'amour* (Piaf)	**b.** *Beyond the sea*
3. *Ne me quitte pas* (Brel)	**c.** *If you love me, really love me*
4. *Quand on n'a que l'amour* (Brel)	**d.** *If we only have love*

Édith Piaf en concert

G **Célébrités** Quels sont les chanteurs et chanteuses célèbres dans votre pays? Depuis combien de temps chantent-ils? Est-ce que vous aimez leurs chansons? Est-ce que vos parents les aiment?

H **À votre avis** La vie des chanteurs et chanteuses était-elle plus ou moins intéressante avant l'invention du phonographe et des disques? Pourquoi?

Answers to *Vous avez compris?*

D *Answers will vary.*

E *Answers will vary.*

F
1. b.
2. c.
3. a
4. d.

G *Answers will vary.*

H *Answers will vary.*

National Standards

Cultures
Students will learn more about African culture.

1 Preparation

Resource Manager

Audio Activities TE, page 155
Audio CD 9
Tests, page 244
ExamView® Pro

2 Presentation

Step 1 You may wish to ask the following questions as you present the vocabulary. **Dans la salle à manger, est-ce que l'homme porte une cravate? Le service de table est joli? Le couple en Afrique, sur quoi sont-ils assis? Qu'est-ce qu'il y a dans le bol? Qu'est-ce que l'homme a dans la main? On peut servir la soupe ou le potage avec une louche? Tu as jamais mangé une calebasse?**

À mon mari

Vocabulaire pour la lecture

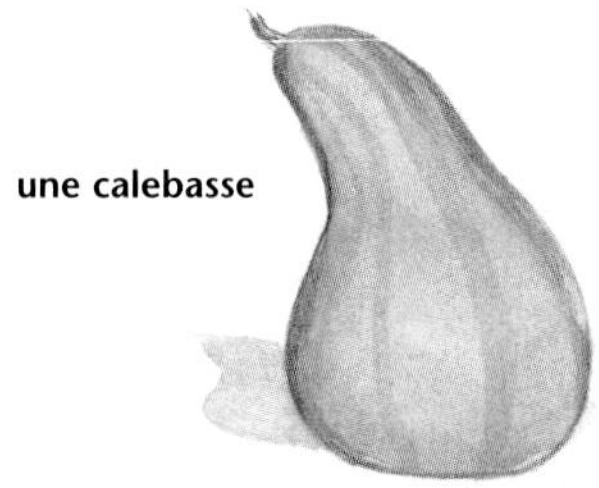

Plus de vocabulaire

un commandement un ordre qu'on donne à quelqu'un
un fétiche un objet ou un animal auquel on attribue des propriétés magiques
préciser expliquer
sous-alimenté(e) qui n'a pas assez à manger
sous-développé(e) terme qu'on utilisait pour décrire un pays non-industrialisé et souvent pauvre; de nos jours on dit ‹‹en voie de développement››

Quel est le mot?

1 Quel est le mot? Complétez.

1. Un ____ est constitué d'assiettes, de plats à servir, et est souvent en porcelaine.
2. On peut mettre le riz dans un ____.
3. Il n'y a pas de chaise. Je vais m'asseoir sur une ____.
4. Une ____ est un fruit, pas un légume.
5. On sert la soupe avec une ____.
6. Aucun homme n'aime porter de ____ quand il fait très chaud.
7. Ils n'ont jamais assez à manger. Ils sont vraiment ____, les pauvres.
8. Beaucoup de pays du monde sont ____.

Des femmes maliennes de la région de Mopti

2 Définitions Donnez le mot dont la définition suit.

1. une grande cuillère à long manche pour servir le potage
2. la partie du corps qui unit la tête aux épaules
3. dire ou s'exprimer d'une façon directe
4. un objet ou un animal doué de propriétés magiques
5. un ordre, un mandat
6. une petite boule

Le marché à Djenné, au Mali

3 Practice

Quel est le mot?

2 Expansion With more able groups you may wish to have students make up original sentences using each of the answers to this activity.

Learning from Photos

(page 459 top) La ville de Mopti au Mali est située dans le delta intérieur du Niger et à 650 km de Bamako, la capitale . Elle a été fondée vers la fin du 19e siècle. Située au confluent du Niger et du Bani, d'où son surnom de «Venise malienne», Mopti compte aujourd'hui environ 100 000 habitants, composés essentiellement de Bozos, Peuls, Dogons, et Bobos.

(page 459 bottom) Djenné est l'une des villes les plus anciennes et les plus célèbres d'Afrique et du Mali. La ville fut fondée vers 767 après J.C. Elle se développa très vite et devient rapidement un centre commercial international. La ville de Djenné fut classée patrimoine mondial par l'UNESCO en 1988.

La mosquée de Djenné que l'on voit à l'arrière plan fut reconstruite en 1909. C'est un édifice imposant tant par son architecture que sa présence physique. Elle est entièrement construite en banco (en terre) et fait la fierté de toute la localité. Chaque année la saison des pluies dégrade le revêtement en banco de la mosquée. Il devient alors obligatoire à la communauté de conjuguer ses efforts pour maintenir en état l'édifice.

Answers to Quel est le mot?

1

1. service de table
2. bol
3. natte
4. calebasse
5. louche
6. cravate
7. sous-alimentés
8. sous-développés

2

1. une louche
2. le cou
3. préciser
4. un fétiche
5. un commandement
6. une boulette

Geography Connection

Have students look at the map of **Le monde francophone** on pages xxiv–xxv. Have them locate Mali, and ask: **Où se trouve Mali? Comment est le paysage là-bas? C'est un grand ou un petit pays?**

1 Preparation

Resource Manager

Audio Activities TE, pages 156–157
Audio CD 9
Tests, page 245

2 Presentation

Avant la lecture

Step 1 Have students read **Avant la lecture** silently.

Step 2 Go over **Activité A** on page 462 in class before reading the poem.

LEVELING

E: Reading

A: Reading

À mon mari

Yambo Ouologuem

Une famille prépare un repas à Tombouctou, au Mali

Avant la lecture Yambo Ouologuem est né au Mali en 1940. Il a fait des études de littérature et de sociologie à Paris. Il a reçu en 1968 le Prix Renaudot pour sa première chronique romanesque *Le Devoir de violence*. Ouologuem voit l'Afrique en voie d'une transformation profonde. Il trouve que la forte présence européenne fait disparaître son héritage africain.

Dans le poème aigre-doux[1] *À mon mari* la femme s'adresse à son mari et lui fait remarquer les changements dans leur vie de tous les jours—changements imposés par la culture européenne.

Pour mieux comprendre ce que la femme dit à son mari il faut connaître quelques coutumes africaines.

La façon traditionnelle de manger dans les villages africains, c'est avec les mains. Un bol de riz et un bol de sauce sont placés par terre. Ceux qui vont manger se lavent les mains et s'asseyent sur une natte autour des bols. Le chef de famille distribue la viande et les légumes. Chacun prend un morceau dans la main, fait une boulette avec du riz et la mange.

Dans le poème, la femme parle à son mari des fétiches. Beaucoup de religions traditionnelles en Afrique ont des éléments magiques. Les féticheurs préparent des lotions magiques et donnent des fétiches—des objets ou des animaux qui, selon eux, peuvent faire disparaître les mauvais esprits.

[1]aigre-doux *bitter sweet*

À mon mari

Tu t'appelais Bimbircokak
Et tout était bien ainsi
Mais tu devins Victor-Émile-Louis-Henri-Joseph
Et achetas un service de table

J'étais ta femme
Tu m'appelas ton épouse
Nous mangions ensemble
Tu nous séparas autour d'une table

Calebasse et louche
Gourde et couscous
Disparurent de menu oral°
Que me dictait ton commandement paterne°

Nous sommes modernes précisais-tu

Chaud chaud chaud est le soleil
À la demande° des tropiques
Mais ta cravate ne quitte
Point ton cou menacé d'étranglement°

menu oral *daily conversation*
paterne *paternal*
À la demande *As demanded by*
étranglement *strangulation*

Et puisque tu boudes° quand je te rappelle ta situation
Eh bien n'en parlons plus mais je t'en prie
Regarde-moi
Comment me trouves-tu

Nous mangeons des raisins du lait pasteurisé du pain d'épice°
D'importation
Et mangeons peu

Ce n'est pas ta faute
Tu t'appelais Bimbircokak
Et tout était bien ainsi
Tu es devenu Victor-Émile-Louis-Henri-Joseph
Ce qui
Autant qu'il m'en souvienne
Ne rappelle point ta parenté
Roqueffelère°
(Excuse mon ignorance je ne m'y connais pas° en finances et
en Fétiches)

Mais vois-tu Bimbircokak
Par ta faute
De sous-développée je suis devenue sous-alimentée.

boudes *pout, complain*

pain d'épice *gingerbread*

Roqueffelère *with Rockefeller*

je ne m'y connais pas *I am not an expert*

Un repas cérémonial, à Fès au Maroc

2 Presentation

Lecture

Note: The French in this selection is not difficult, but students may have some trouble grasping the underlying meaning.

Step 1 Have students close their books. Read this selection aloud to them. Tell students to try to get the general idea.

Step 2 Read the poem again as students follow along.

Step 3 Give students a few minutes to read the selection silently.

Step 4 Have them look at the questions in **Activité B** on page 462 and then read the selection silently again as they look for the answers.

Note: Remarquez les verbes suivants que vous trouverez dans ce poème.

devins	**es devenu**
achetas	**as acheté**
appelas	**as appelé**
séparas	**as séparé**
disparurent	**ont disparu**

Learning from Photos

(page 461) Cette famille célèbre une cérémonie appelée «sboua» au cours de laquelle un nouveau-né reçoit son nom. Elle a lieu en général le VIIe jour après la naissance.

3 Practice

Vous avez compris?

B and **C** You may wish to go over these activities in class immediately after finishing the reading.

Learning from Photos

(page 462 top) Barbès-Rochechouart est une station de métro à Paris. C'est aussi un quartier populaire de la ville.

(page 463 top) La Cité Internationale Universitaire de Paris accueille dans 37 maisons plus de 5 500 étudiants représentant 120 nationalités. Chaque maison a sa vie propre et son architecture rappelle souvent celle du pays qui l'a fondée.

Vous avez compris?

A Yambo Ouologuem Répondez.

1. Où est né Yambo Ouologuem?
2. Où a-t-il fait des études?
3. Comment voit-il l'Afrique?
4. De quoi la femme parle-t-elle à son mari?
5. Comment les Africains mangent-ils traditionnellement?
6. Qu'est-ce qui existe dans beaucoup de religions traditionnelles africaines?
7. Que sont les fétiches?

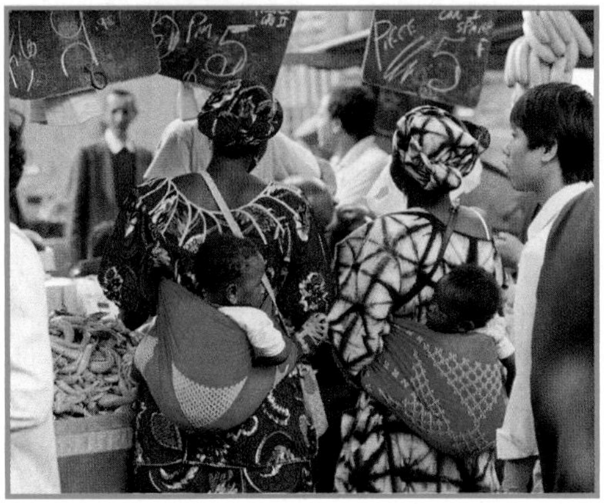

Des femmes africaines au marché dans le quartier Barbès-Rochechouart, à Paris

B Le poème Répondez.

1. Comment le mari s'appelait-il?
2. Comment était tout quand il portait ce nom?
3. Quel nouveau nom a-t-il pris?
4. Qu'a-t-il acheté après avoir changé de nom?
5. Sa femme, il ne l'appelle plus sa femme. Comment l'appelle-t-il?
6. Quand il s'appelait Bimbircokak, comment mangeait le couple?
7. Qu'est ce qui les sépare maintenant?

C Trouvez l'information suivante.

1. ce qu'ils ne mangent plus
2. la raison pour laquelle ils ne les mangent plus
3. comment ils «sont» maintenant
4. le temps qu'il fait où ils habitent
5. ce que le mari porte toujours

Un beau service de table à l'Hôtel Lassay à Paris

Answers to Vous avez compris?

A

1. Il est né au Mali.
2. Il a fait ses études à Paris.
3. Il voit l'Afrique en voie d'une transformation profonde.
4. La femme s'adresse à son mari et lui fait remarquer les changements dans leur vie de tous les jours.
5. Les Africains mangent traditionnellement avec les mains.
6. Beaucoup de religions traditionnelles en Afrique ont des éléments magiques. Les féticheurs préparents des lotions magiques et donnent des fétiches.
7. Les fétiches sont des objets ou des animaux qui, selon les féticheurs, peuvent faire disparaître les mauvais esprits.

B

1. Bimbircokak.
2. «tout était bien ainsi»
3. Victor-Émile-Louis-Henri-Joseph.
4. Un service de table.
5. Son épouse.
6. Le couple mangeait ensemble.
7. Une table.

C

1. Des calebasses, des gourdes, de couscous.
2. Son commandement paterne.
3. Modernes.
4. Chaud.
5. Une cravate.

D Have students prepare this activity for homework. Then have students respond orally the next day in class.

E You may wish to collect the letters and select the best ones to be read aloud to the class.

D **Expliquez.**

1. D'une façon ironique la femme dit à son mari que tous ces changements ne sont pas de sa faute. Pourquoi?
2. Expliquez ce que le mari a perdu quand il est devenu Victor-Émile-Louis-Henri-Joseph.
3. Expliquez pourquoi la femme parle de Roqueffelère.
4. Expliquez le sarcasme quand la femme dit, «je ne m'y connais pas en finances et en Fétiches».
5. Pourquoi parle-t-elle des finances et des Fétiches dans la même phrase?
6. La femme dit à son mari que c'est de sa faute si de «sous-développée» elle est devenue «sous-alimentée». Elle lui dit aussi d'autres choses importantes. Expliquez.
7. D'après vous, le poète est d'accord avec le point de vue de la femme ou celui de son mari? Expliquez.

Un étudiant africain, à la Cité Internationale de Paris

Deux petites filles avec des calebasses

E **À mon mari** Relisez le poème *À mon mari*. Ensuite écrivez une lettre au mari en lui disant tout ce que sa femme n'aime pas dans son nouveau comportement. Expliquez-lui quelles seront les conséquences de ce comportement selon elle.

Answers to *Vous avez compris?*

D

1. Parce qu'elle croit que c'est vraiment de sa faute.
2. Il a perdu son identité africaine.
3. C'est le symbole des blancs très riches qui n'ont pas beaucoup en commun avec l'Afrique.
4. Ce sont deux choses difficiles à expliquer.
5. Elle lui dit qu'ils ne mangent plus ensemble, que son mari ne la regarde plus, qu'il a changé et que ça ne lui plaît pas.
6. Il est évident que le poète est d'accord avec le point de vue de la femme.
7. *Answers will vary.*

E *Answers will vary.*

1 Preparation

Resource Manager

Audio Activities TE, pages 158–159
Audio CD 9
Tests, page 246
ExamView® Pro

2 Presentation

Vocabulaire pour la lecture

Step 1 Have students repeat the new words several times after you or the Audio CD.

Step 2 You may wish to ask the following questions as you present the vocabulary: **Faut-il avoir une corde à linge et des épingles à linge quand on a un sèche-linge? De quelle forme est la boîte? De quelle couleur? Ce livre est carré ou rectangulaire? Tu te laves les mains dans le lavabo ou dans l'évier de la cuisine?**

Step 3 You may wish to give students the present tense of the verb **peindre.**

Step 4 Now ask the following questions: **Regardez le peintre. Qu'est-ce qu'il peint? Il va peindre les vitres? Il va changer de domicile? Il va déménager quand? Il va mettre toutes ses assiettes, tous ses verres, etc. dans une malle?**

La réclusion solitaire

Vocabulaire pour la lecture

La boîte est carrée et de couleur marron.

Plus de vocabulaire

la réclusion la privation de liberté avec obligation de travailler
le boulot le travail
le rapatriement le fait d'être renvoyé(e) dans son pays
le kabyle le dialecte berbère de Kabylie (en Algérie)
superposé(e)s les uns au-dessus des autres
commode facile, pratique
rieur(euse) qui rit facilement
égorger tuer en coupant la gorge
manier utiliser en ayant en main
enfermer mettre dans un lieu d'où il est impossible de sortir
se dire des injures s'insulter
il est interdit (de) il ne faut pas

Quel est le mot?

1 **Synonymes** Exprimez d'une autre façon ce qui est en italique.

1. Il *va mettre de la peinture* sur le plafond.
2. *Il ne faut* pas fumer ici.
3. Il y a partout des piles de livres *les unes au-dessus des autres.*
4. N'oublie pas de repasser *les chemises, les serviettes et tout le reste.*
5. Nous voulons *changer d'appartement.*
6. Il a été condamné à la *privation de liberté.*
7. *Être renvoyé dans son pays* lui fait peur.
8. Il va au *travail* à vélo.

Un appartement à vendre à Paris

Answers to Quel est le mot?

1

1. Il va peindre le plafond.
2. Il est interdit de fumer ici.
3. Il y a partout des piles de livres superposées.
4. N'oublie pas de repasser le linge.
5. Nous voulons déménager.
6. Il a été condamné à la réclusion.
7. Le rapatriement lui fait peur.
8. Il va au boulot à vélo.

2 Définitions Donnez le mot qui correspond.

1. un récipient de porcelaine avec de l'eau courante qui sert à faire sa toilette
2. un objet qui sert à attacher des vêtements à une corde quand ils sèchent
3. un objet carré qui sert à contenir quelque chose
4. une très grosse valise
5. le dialecte berbère de Kabylie

3 Associations Choisissez les mots qui sont associés.

1. peindre	a. en prison
2. une ampoule	b. une valise
3. une malle	c. un mur
4. un lavabo	d. de la peinture
5. le plafond	e. se dire des injures
6. se disputer	f. rieur
7. une épingle à linge	g. marron
8. une fenêtre	h. faire sa toilette
9. joyeux	i. la lumière
10. enfermer	j. une vitre
11. une couleur	k. une corde à linge

Les remparts de la ville de Saint-Malo en Bretagne

3 Practice

Quel est le mot?

1 – 3 After the students have prepared the activities as a homework assignment, go over them orally in class.

ADDITIONAL PRACTICE

You may wish to ask students the following questions to give them the opportunity to use the new words: **Que veut dire «Métro, boulot, dodo»? Il est contre le régime dans son pays. Le rapatriement lui fait peur ou pas? Comment ont-ils tué l'agneau? Ils l'ont égorgé? Il faut manier la poterie avec soin? Où les criminels sont-ils enfermés? Ces deux hommes se détestent. Ils se disent toujours des injures? Est-il interdit de fumer dans des lieux publics?**

Answers to Quel est le mot?

2

1. un lavabo
2. une épingle à linge
3. une boîte
4. une malle
5. le kabyle

3

1. d
2. i
3. b
4. h
5. c
6. e
7. k
8. j
9. f
10. a
11. g

1 Preparation

Resource Manager

Audio Activities TE, pages 159–160
Audio CD 9

2 Presentation

Avant la lecture

Have the students read **Avant la lecture** silently. Tell them that the **prix Goncourt** is a prestigious French literary prize. Ask them if they can think of a similar American literary prize. (The Pulitzer Prize is a good example.)

Lecture

Step 1 Ask students what the title suggests to them (**la prison, la solitude, la tristesse,** etc.).

Step 2 What problems do they think poor immigrants have to face in a big city? (**le chômage, la solitude, la langue, les préjugés,** etc.)

Note: In this selection students will encounter the **passé simple.** Point out to them that the three verbs in the sentence beginning **«Le blond aux yeux marron me réveilla...»** (line 15) are in the **passé simple,** a tense used in literature and other historical and academic works. Give students the verbs in the **passé composé.** The **passé simple** is taught in Chapter 5, Literary Companion, page 478.

Step 3 Have students read the selection at home.

LEVELING

A: Reading

La réclusion solitaire

Tahar Ben Jelloun

Avant la lecture Tahar Ben Jelloun est né à Fès, au Maroc, en 1944. Romancier et poète, il reçoit le prix Goncourt en 1987 pour son roman *La nuit sacrée*.

Dans le texte qui suit, extrait de *La réclusion solitaire* (1976), il décrit l'indifférence, la haine, la violence et l'humiliation que rencontre un Arabe qui essaie de gagner sa vie à Paris. Tahar Ben Jelloun y a inclus beaucoup de souvenirs personnels.

La réclusion solitaire

Aujourd'hui je ne travaille pas.
Je laverai mon linge dans le lavabo de la cour. J'irai ensuite au café.
Par arrêté préfectoral° (ou autre), je dois abandonner la malle[1]. On me propose une cage dans un bâtiment où les murs lépreux° et fatigués doivent abriter° quelques centaines de solitudes. Il n'y avait rien à déménager: des vêtements et des images; un savon et un peigne; une corde et quelques épingles à linge.

La chambre.

Une boîte carrée à peine éclairée par une ampoule qui colle au plafond. Les couches de peinture° qui se sont succédé sur les murs s'écaillent°, tombent comme des petits pétales et deviennent poussière°.
Quatre lits superposés par deux. Une fenêtre haute. [...]
Le blond aux yeux marron me réveilla, m'offrit du thé et des figues et nous partîmes au travail.
À l'entrée du bâtiment, on nous a donné le règlement°:

—Il est interdit de faire son manger dans la chambre (il y a une cuisine au fond du couloir);
—Il est interdit de recevoir des femmes; [...]
—Il est interdit d'écouter la radio à partir de neuf heures;
—Il est interdit de chanter le soir, surtout en arabe ou en kabyle;
—Il est interdit d'égorger un mouton dans le bâtiment; [...]
—Il est interdit de faire du yoga dans les couloirs;

arrêté préfectoral *administrative order*
lépreux *peeling*
abriter *shelter*
couches de peinture *coats of paint*
s'écaillent *are flaking off*
poussière *dust*
règlement *regulations*

[1] la malle *nom que le narrateur donne à la chambre qu'il doit quitter*

Critical Thinking Activity

Comparing & Contrasting Ask students what they think **la haine** means. Can they mention any immigrant groups in America who have had to confront the same things **(l'indifférence, la haine, la violence et l'humiliation)** as the Arab workers in France about whom Ben Jelloun writes?

Literary Analysis

1. Relevez les termes qui montrent que la chambre est un endroit sordide.
2. Classez les infractions du règlement par ordre de gravité.
3. Le terme de «réclusion solitaire» appartient à l'univers carcéral. Relevez dans ce texte tout ce qui fait penser au monde des prisons.

—Il est interdit de repeindre les murs, de toucher aux meubles, de casser° les vitres, de changer d'ampoule, de tomber malade, d'avoir la diarrhée, de faire de la politique, d'oublier d'aller au travail, de penser à faire venir sa famille, [...] de sortir en pyjama dans la rue, de vous plaindre° des conditions objectives et subjectives de vie, [...] de lire ou d'écrire des injures sur les murs, de vous disputer, de vous battre, de manier le couteau, de vous venger°.

—Il est interdit de mourir dans cette chambre, dans l'enceinte° de ce bâtiment (allez mourir ailleurs°; chez vous, par exemple, c'est plus commode);

—Il est interdit de vous suicider (même si on vous enferme à Fleury-Mérogis[2]); votre religion vous l'interdit, nous aussi;

—Il est interdit de monter dans les arbres;

—Il est interdit de vous peindre en bleu, en vert ou en mauve;

—Il est interdit de circuler en bicyclette dans la chambre, de jouer aux cartes, de boire du vin (pas de champagne);

—Il est aussi interdit de [...] prendre un autre chemin pour rentrer du boulot.

Vous êtes avertis°. Nous vous conseillons de suivre le règlement, sinon, c'est le retour à la malle et à la cave°, ensuite ce sera le séjour dans un camp d'internement en attendant votre rapatriement.

Dans cette chambre, je dois vivre avec le règlement et trois autres personnes; le blond aux yeux marron, le brun aux yeux rieurs, et le troisième est absent, il est hospitalisé parce qu'il a mal dans la tête.

casser *break*
vous plaindre *complain*
vous venger *take revenge*
l'enceinte *confines*
ailleurs *elsewhere*
avertis *warned*
cave *basement*

[2] Fleury-Mérogis *prison près de Paris*

Step 4 The next day, go over the **Lecture** in class. The second and fourth paragraphs are a bit more difficult than the others. Paraphrase them as students follow along in the original: **Par ordre de la préfecture de police il faut que je change de résidence. On me suggère une chambre qui est comme une cage. Cette chambre se trouve dans un vieux bâtiment en très mauvaise condition où habitent beaucoup d'hommes qui sont seuls et tristes. Moi, je n'ai rien à emporter avec moi—je n'ai rien à déménager. J'ai des vêtements, des images (des photos). En plus j'ai un savon, un peigne, une corde et quelques épingles à linge. C'est tout. La chambre est une boîte carrée et obscure où la lumière ne peut pas entrer. Il n'y a qu'une seule ampoule pour éclairer la chambre. Il y a tant de couches de peinture sur les murs que la peinture en tombe. Sur le sol il y a de petits morceaux de peinture qui deviennent poussière.**

Step 5 Call on individuals to read **le règlement** aloud. Ask them to make a list of the rules that are real and another of those the author invents to make his point.

Step 6 With more able groups, you may wish to ask the analytical questions in **Literary Analysis** at the bottom of page 466.

Learning from Realia

(page 467) Have students look at the cover of *La Réclusion solitaire* pictured on this page. Ask them to describe what they see. Then ask them to explain what the image conveys about the immigrant Arab worker in Ben Jelloun's book. **(Le travailleur immigré se sent déraciné, comme un arbre arraché à la terre.)**

3 Practice

Vous avez compris?

A – D As you go over the activities, let students read their answers from their papers.

A You may wish to do this activity a second time and have students answer freely without referring to their papers.

FUN-FACTS

Les Français n'ont jamais beaucoup émigré. Par contre, jusqu'à récemment, la France encourageait l'immigration pour se procurer la main-d'œuvre nécessaire à son développement économique. Mais la crise économique et le développement du chômage ont pratiquement arrêté l'immigration officielle. Depuis 1981, des mesures strictes ont été prises contre le travail clandestin. La population étrangère en France représente environ 8 pour cent de la population totale, soit 4,4 millions de personnes.

La répartition est la suivante:

Algériens	850 000
Portugais	725 000
Marocains	560 000
Italiens	380 000
Espagnols	350 000
Tunisiens	225 000
Turcs	150 000
Polonais	70 000
Yougoslaves	70 000

Plus de 60 pour cent d'entre eux résident dans la région parisienne, la région Rhône-Alpes et la région Provence-Côte d'Azur.

Vous avez compris?

A Journée libre Répondez d'après la lecture.

1. Quels projets le narrateur a-t-il faits pour la journée?
2. Il appelle la chambre qu'il doit quitter, «la malle». Pourquoi doit-il quitter la malle?
3. Comment sont les murs du bâtiment où il va? Qu'est-ce qu'ils abritent?
4. Qu'est-ce qu'il doit déménager?
5. Qui l'a réveillé?
6. Que lui a-t-il offert?
7. Que donne-t-on aux nouveaux locataires (*tenants*) à l'entrée du bâtiment?
8. Avec quoi et avec qui le narrateur doit-il vivre dans sa nouvelle chambre?

Un Marocain dans un café français, à Fès, au Maroc

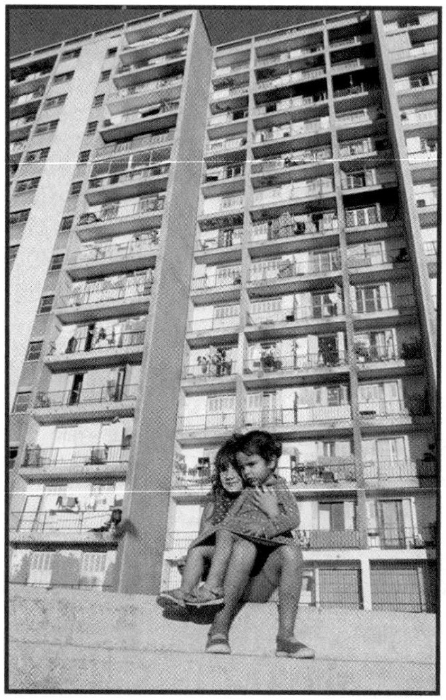

Deux sœurs devant une H.L.M. à Marseille

B La chambre Décrivez la nouvelle chambre.

1. l'éclairage (la lumière)
2. les murs
3. les lits
4. les fenêtres

C Le règlement Complétez.

1. On doit faire son manger dans...
2. On peut écouter la radio jusqu'à...
3. Il n'est pas permis de chanter le...
4. On peut aller mourir...
5. Il est interdit de monter dans...
6. Il est interdit de se peindre en...
7. Dans le bâtiment, il est interdit de...
8. Dans les couloirs, il est interdit de...
9. Sur les murs, il est interdit de...
10. Dans la chambre, il est interdit de...

Answers to Vous avez compris?

A

1. Il veut laver son linge puis aller au café.
2. Il doit quitter cette chambre par arrêté préfectoral.
3. Les murs sont «lépreux et fatigués». Ils abritent probablement quelques centaines de solitudes.
4. Des vêtements et des images, un savon et un peigne; une corde et quelques épingles à linge.
5. Un blond aux yeux marron.
6. Du thé et des figues.
7. On leur donne le règlement.
8. Il doit vivre avec le règlement et trois autres personnes.

B

1. La chambre est éclairée par une ampoule qui colle au plafond.
2. Les couches de peinture qui se sont succédé sur les murs s'écaillent, tombent comme de petits pétales qui deviennent poussière.
3. Quatre lits sont superposés par deux.
4. Il y a une fenêtre haute.

D **Les interdictions** Dites ce qu'il est interdit...

1. de toucher
2. de manier
3. de repeindre
4. de changer
5. de casser
6. d'oublier
7. de recevoir
8. de prendre
9. de faire
10. de lire ou d'écrire

E **La souffrance** Dans ce bref extrait que vous venez de lire, Tahar Ben Jelloun a bien réussi à nous faire sentir la souffrance de l'immigré. Retrouvez dans la lecture les descriptions, les expressions, les interdictions qui vous ont surtout touché(e). Expliquez pourquoi.

Des H.L.M. à Paris

F **Aux États-Unis** Croyez-vous que la vie des immigrés aux États-Unis est semblable à celle des immigrés en France ou doutez-vous qu'une telle situation puisse exister. Donnez des exemples et justifiez votre réponse.

CAREER CONNECTION

Have students research job opportunities related to immigration. Tell students about the importance of speaking French for careers with U.S. embassies, the INS, and non-profit organizations.

ANSWERS TO Vous avez compris?

C

1. la cuisine au fond du couloir
2. neuf heures du soir
3. soir
4. ailleurs
5. les arbres
6. bleu, en vert ou en mauve
7. égorger un mouton
8. faire du yoga
9. lire ou d'écrire des injures
10. circuler en bicyclette, de jouer aux cartes, de boire du vin

D

1. aux meubles
2. le couteau
3. les murs
4. d'ampoule
5. les vitres
6. d'aller au travail
7. des femmes
8. un autre chemin pour rentrer du boulot
9. du yoga dans les couloirs
10. des injures sur les murs

E *Answers will vary.*

F *Answers will vary.*

1 Preparation

Resource Manager

Audio Activities TE, pages 161–162
Audio CD 10
Tests, pages 247–248
ExamView® Pro

2 Presentation

Vocabulaire pour la lecture

Step 1 Have students repeat the new words and expressions after you or the Audio CD.

Chapitre 5 Littérature

Les Misérables

Vocabulaire pour la lecture

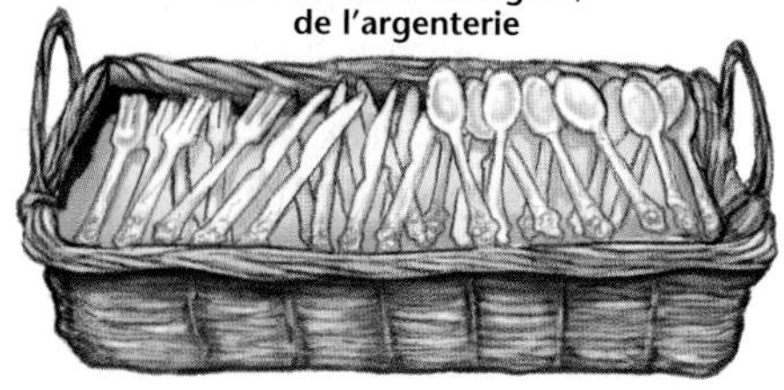

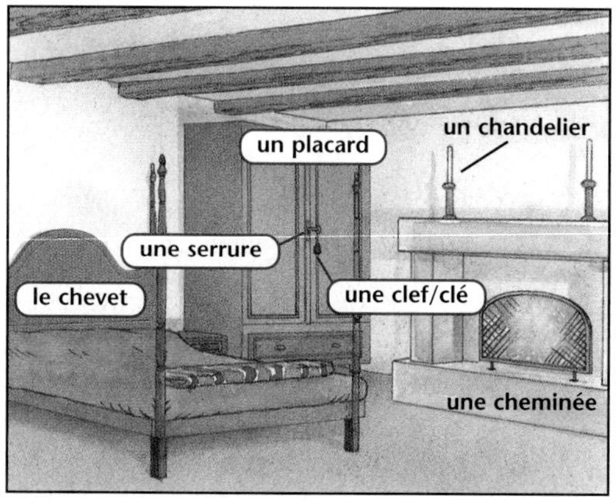

Le voleur escalada le mur.

Il sauta par-dessus.

Il s'enfuit.

Critical Thinking Activity

Supporting Statements with Reasons À votre avis, est-ce que la prison rend les hommes mauvais? Pourquoi?

L'évêque se promena dans le jardin.

Il se baissa pour cueillir une fleur.

On frappa à la porte.

Plus de vocabulaire

le sommeil état d'une personne qui dort
le bien ce qui possède une valeur, ce qui est juste
le mal ce qui est contraire à la vertu, à la morale, au bien
une méprise le fait de prendre une chose pour une autre, un malentendu, une confusion
briser mettre en pièces, détruire, casser
appartenir être la propriété de quelqu'un
ramasser rendre quelque chose par terre

Step 2 Since this reading selection is longer than most and since these definitions are not very difficult, you may wish to have students study the words as a homework assignment and prepare the activities on page 472.

Step 3 If you prefer to go over the vocabulary orally as suggested in previous chapters, there are some suggestions for additional practice below.

ADDITIONAL PRACTICE

Faites une liste:

- des choses qu'on peut briser facilement.
- des choses qui vous appartiennent et que vous aimez beaucoup.
- des choses que les voleurs aiment voler.
- des noms de métaux que vous avez déjà appris en français.
- des maux qui existent dans notre société.

Vocabulary Expansion

«Misérable» veut dire qui est dans la misère, c'est-à-dire pauvre et donc malheureux. «Infortuné» veut dire qui n'a pas de chance. «Infâme» suggère une flétrissure morale. De nos jours, pour désigner les pauvres, on utilise: les indigents, les économiquement faibles, les démunis, les défavorisés.

Learning from Photos

(page 472 top) Le Congo-Kinshasa ou République Démocratique du Congo a pour capitale Kinshasa. La population est de 56 625 000 habitants. Au Congo-Kinshasa, il y a cinq langues officielles, dont le français.

(page 472 left) Il s'agit d'une chambre dans le château du Grand Trianon, situé dans le parc du château de Versailles.

(page 473 bottom) Ce sont les Champs-Élysées, vus du haut de l'arc de triomphe de l'Étoile. Au fond, à droite, on peut voir les deux tours de Notre-Dame.

Quel est le mot?

Soleil levant au Congo-Kinshasa

1 Historiette Dans le jardin de l'évêque

Répondez.

1. On voit le soleil levant le matin ou le soir?
2. L'évêque se promène dans son jardin pour voir le soleil levant?
3. Il se baisse pour ramasser des fleurs dans son jardin?
4. L'évêque saute par-dessus le mur?
5. La clé est dans la serrure de la porte?
6. L'évêque s'enfuit?

Une chambre royale

2 Quelle est la définition? Choisissez.

1. le bagne	a. le contraire du mal
2. un forçat	b. prendre une chose qui est sur le sol
3. le chevet	c. prison avec travaux forcés
4. un évêque	d. partir très rapidement
5. le bien	e. détruire
6. une méprise	f. un condamné aux travaux forcés
7. le sommeil	g. état de quelqu'un qui dort
8. s'enfuir	h. marcher, faire une promenade
9. ramasser	i. un malentendu
10. briser	j. la tête du lit
11. se promener	k. un dignitaire ecclésiastique

3 D'après vous Complétez.

1. Le ____ était condamné aux travaux forcés dans un ____.
2. De temps en temps, des prisonniers essaient de ____.
3. Je dors bien. J'ai le ____ profond.
4. Qui a ____ la fenêtre? Il y a des morceaux de verre partout.
5. Il a mis les assiettes et l'argenterie dans le ____.
6. Elle a de très beaux couverts en ____. Cette argenterie lui vient de sa grand-mère.
7. C'est une nuit froide d'hiver. Il y a un feu dans la ____.
8. Il lit à la lumière d'un ____.
9. Un voleur prend ce qui ne lui ____ pas.

Answers to Quel est le mot?

1

1. On voit le soleil levant le matin.
2. Oui, il se promène dans son jardin pour voir le soleil levant.
3. Non, il se baisse pour ramasser un panier.
4. Non, le voleur saute par-dessus le mur.
5. Non, la clé est sur la table.
6. Non, le voleur s'enfuit

2

1. c
2. f
3. j
4. k
5. a
6. i
7. g
8. d
9. b
10. e
11. h

3

1. forçat, bagne
2. s'enfuir
3. sommeil
4. brisé
5. placard
6. argent
7. cheminée
8. chandelier
9. appartient

Les Misérables

Victor Hugo

Avant la lecture Victor Hugo occupe une place exceptionnelle dans la littérature française. Il est né en 1802 à Besançon où son père était commandant. Par la suite, son père est devenu général, et Victor Hugo a accompagné le général Hugo dans les pays où l'a appelé le service de l'Empereur Napoléon Ier: Naples en 1808, l'Espagne en 1811–1812. Au retour d'Espagne, Victor Hugo a habité Paris avec sa mère et a souffert de la mésentente[1] entre ses parents.

En 1814, après la séparation de ses parents, Victor Hugo est devenu interne à la pension Cordier et a fait ses études au lycée Louis-le-Grand où il a obtenu de nombreux succès scolaires. C'est au lycée, à quinze ans, qu'il a composé ses premiers poèmes.

En 1822, à l'âge de vingt ans, il a commencé à publier poèmes, drames et romans. Et au cours des années, il est devenu «l'écho sonore» de son siècle. En 1845, Victor Hugo a commencé à méditer sa grande œuvre *Les Misérables*.

Publié en 1862, cet énorme roman est dominé par une thèse humanitaire. Pour Hugo, les misérables sont les infortunés et les infâmes. Il croit qu'il y a des infortunés parce qu'il y a de la misère et de la pauvreté. Il croit aussi que beaucoup d'infortunés deviennent des infâmes, à cause de l'injustice et de l'indifférence de la société.

Le héros, Jean Valjean, est un infortuné qui a été envoyé au bagne pour avoir volé du pain. Quand il sort du bagne, les autorités lui donnent un passeport jaune d'ancien forçat. Ce passeport le rend suspect partout et il ne peut pas trouver de travail. Il commence à devenir criminel. L'Évêque de Digne, surnommé monseigneur Bienvenu pour sa compassion pour les malheureux, accueille chez lui Jean Valjean. Monseigneur Bienvenu a une mission évangélique: il veut aider Jean Valjean.

[1] mésentente *dissension*

Paris à l'époque de Victor Hugo

National Standards

Communication
Students will read an excerpt from one of the great works of French literature, *Les Misérables*.

1 Preparation

Resource Manager

Audio Activities TE, pages 163–165
Audio CD 10
Tests, pages 248–250

2 Presentation

Avant la lecture

Step 1 Call on students to read **Avant la lecture** aloud.

Step 2 After each paragraph, ask questions such as: **Qui occupe une place exceptionnelle dans la littérature française? Quand est-il né? Où? Qu'est devenu son père? Qui a-t-il servi? Après être rentré d'Espagne, où Victor Hugo a-t-il habité? Avec qui? De quoi a-t-il souffert? Comment est l'évêque? Qu'est-ce qu'il veut faire? Qui est Jean Valjean? Qu'est-ce qu'il va faire?**

Literature Connection

Victor Hugo a d'abord été connu pour son œuvre poétique. À partir de 1822, il écrit ses premiers recueils de poèmes *Odes et Ballades;* il ne s'arrêtera qu'en 1883 avec la publication de *La légende des siècles*.

Le recueil *Feuilles d'automne,* paru en 1831, s'ouvre sur: «Ce siècle avait deux ans» et se termine sur «Je suis fils de ce siècle!» Par sa vie exceptionnellement longue et par son œuvre immense, Victor Hugo devint «l'écho sonore» de son siècle.

Hugo fut également un homme politique. Élu à l'Assemblée en 1848, il vote des lois libérales comme la loi sur la liberté de la presse ou la loi contre le bagne. En 1851, quand Napoléon III prend le pouvoir par un coup d'état, Hugo est exilé dans l'île de Guernesey.

Son œuvre romanesque comprend *Notre-Dame-de-Paris,* paru en 1831 et qui met en scène le célèbre bossu Quasimodo. Ce roman connut un immense succès.

Lecture

Note: This literary selection is the longest in **Bon voyage!** Level 3. Because of its literary fame and high human-interest level, you will probably want to read this selection with all students. It can, of course, be read in varying degrees of thoroughness. Some possibilities are:

- Spend three or four class periods on the selection and read it aloud in its entirety.
- Select those sections you consider the most important and/or interesting. Have students read them aloud in class. Have them read the other sections silently or fill in by providing them with a brief synopsis in French.
- Have students read the entire selection at home.
- You may wish to bring in the recording of the show *Les Mis* and play some numbers for the class as you are reading this selection.

The following is an example of a very thorough presentation.

Step 1 Give students a brief oral résumé in French. Do not include the ending.

Step 2 Ask a few comprehension questions about the résumé you gave.

Step 3 Call on a student to read approximately ten to twelve lines. Have the class follow along.

Step 4 After each student reads, call on others to answer comprehension questions that deal with the most important aspects of what was just read.

Step 5 Upon completion of the **Lecture,** ask questions that review the story. Ask them in order, so that the answers give a unified oral résumé. Call on a different student to respond to each question.

Les Misérables

L'évêque continuait de dormir dans une paix° profonde sous ce regard effrayant°.

Un reflet de lune faisait confusément visible au-dessus de la cheminée le crucifix qui semblait leur ouvrir les bras à tous les deux, avec une bénédiction pour l'un et un pardon pour l'autre. Tout à coup Jean Valjean remit sa casquette sur son front, puis marcha rapidement, le long du lit, sans regarder l'évêque, droit au placard qu'il entrevoyait° près du chevet; il leva le chandelier de fer° comme pour forcer la serrure; la clef y était; il l'ouvrit; la première chose qui lui apparut fut le panier d'argenterie; il le prit, traversa la chambre à grands pas sans précaution et sans s'occuper du bruit, gagna° la porte, rentra dans l'oratoire, ouvrit la fenêtre, saisit son bâton°, enjamba l'appui° du rez-de-chaussée, mit l'argenterie dans son sac, jeta le panier, franchit° le jardin, sauta par-dessus le mur comme un tigre, et s'enfuit.

Le lendemain, au soleil levant, monseigneur° Bienvenu se promenait dans son jardin. Madame Magloire accourut vers lui toute bouleversée°.

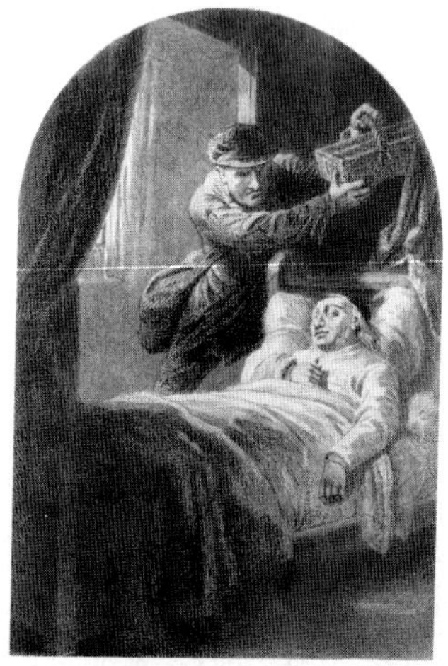

—Monseigneur, monseigneur, cria-t-elle, votre grandeur° sait-elle où est le panier d'argenterie?

—Oui, dit l'évêque.

—Jésus Dieu soit béni°! reprit-elle. Je ne savais ce qu'il était devenu.

L'évêque venait de ramasser le panier dans une plate-bande°. Il le présenta à Madame Magloire.

—Le voilà.

—Eh bien! dit-elle. Rien dedans! et l'argenterie?

—Ah! repartit° l'évêque. C'est donc l'argenterie qui vous occupe? Je ne sais où elle est.

—Grand bon Dieu! Elle est volée! C'est l'homme d'hier soir qui l'a volée.

En un clin d'œil°, avec toute sa vivacité de vieille alerte, madame Magloire courut à l'oratoire, entra dans l'alcôve et revint vers l'évêque. L'évêque venait de se baisser et considérait en soupirant° un plant de cochléaria des Guillons[1] que le panier avait brisé, en tombant à travers la plate-bande. Il se redressa° au cri de madame Magloire.

—Monseigneur, l'homme est parti! L'argenterie est volée!

Tout en poussant cette exclamation, ses yeux tombaient sur un angle du jardin où on voyait des traces d'escalade. Le chevron° du mur avait été arraché°.

[1] cochléaria des Guillons *type of plant belonging to the family of plants called Cruciferae which includes cabbage, turnip, and mustard*

paix *peace*
effrayant *terrifying*
entrevoyait *caught a glimpse of*
fer *iron*
gagna *reached*
saisit son bâton *grabbed his stick*
enjamba l'appui *stepped over the sill*
franchit *crossed*
monseigneur *His Grace (My Lord)*
bouleversée *upset*
votre grandeur *Your Grace*
béni *blessed*
plate-bande *flowerbed*
repartit *replied*
clin d'œil *wink of an eye*
en soupirant *with a sigh*
se redressa *straightened up*
chevron *top tile*
arraché *broken*

LEVELING
A: Reading
C: Reading

Literary Analysis

1. Relevez le vocabulaire qui appartient au domaine de la religion.
2. Ce célèbre épisode des *Misérables* illustre la notion de pardon. Quels sont les passages de ce texte qui le montrent? Vous pourrez ensuite composer une petite histoire sur ce thème.
3. Que devinons-nous de la personnalité de l'évêque? En vous appuyant sur le texte, faites un portrait de Monseigneur Bienvenu.

—Tenez! c'est par là qu'il s'en est allé. Il a sauté dans la ruelle Cochefilet! Ah! l'abomination! Il nous a volé notre argenterie.

L'évêque resta un moment silencieux, puis leva son œil sérieux, et dit à madame Magloire avec douceur:

—Et d'abord, cette argenterie était-elle à nous?

—Madame Magloire resta interdite°. Il y eut encore un silence, puis l'évêque continua:

—Madame Magloire, je détenais à tort° et depuis longtemps cette argenterie. Elle était aux pauvres. Qui était cet homme? Un pauvre évidemment.

—Hélas! Jésus! repartit madame Magloire. Ce n'est pas pour moi ni pour mademoiselle. Cela nous est bien égal. Mais c'est pour monseigneur. Dans quoi monseigneur va-t-il manger maintenant?

L'évêque la regarda d'un air étonné:

—Ah ça! est-ce qu'il n'y a pas des couverts d'étain°?

Madame Magloire haussa les épaules.

—L'étain a une odeur.

—Alors, des couverts de fer.

Madame Magloire fit une grimace expressive.

—Le fer a un goût.

—Eh bien, dit l'évêque, des couverts de bois.

Quelques instants après, il déjeunait à cette même table où Jean Valjean s'était assis la veille°. Tout en déjeunant, monseigneur Bienvenu faisait gaiement remarquer à sa sœur qui ne disait rien, et à madame Magloire qui grommelait sourdement°, qu'il n'est nullement besoin d'une cuiller ni d'une fourchette, même en bois, pour tremper un morceau de pain dans une tasse de lait.

—Aussi a-t-on idée! disait madame Magloire toute seule en allant et venant, recevoir un homme comme cela! et le loger à côté de soi! et quel bonheur° encore qu'il n'ait fait que voler! Ah! mon Dieu! Cela fait frémir° quand on songe°!

Comme le frère et la sœur allaient se lever de table, on frappa à la porte.

—Entrez, dit l'évêque.

La porte s'ouvrit. Un groupe étrange et violent apparut sur le seuil°. Trois hommes en tenaient un quatrième au collet°. Les trois hommes étaient des gendarmes; l'autre était Jean Valjean.

Un brigadier de gendarmerie, qui semblait conduire le groupe, était près de la porte. Il entra et s'avança vers l'évêque en faisant le salut militaire.

—Monseigneur... dit-il.

À ce mot, Jean Valjean, qui était morne° et semblait abattu°, releva la tête d'un air stupéfait.

—Monseigneur! murmura-t-il. Ce n'est donc pas le curé°?

—Silence! dit un gendarme. C'est monseigneur l'évêque.

Cependant monseigneur Bienvenu s'était approché aussi vivement que son grand âge le lui permettait.

resta interdit *was taken aback*
je détenais à tort *I wrongly kept*
étain *pewter*
veille *night before*
grommelait sourdement *grumbled to herself*
bonheur *luck*
frémir *shudder*
on songe *one thinks about it*
seuil *doorstep, threshold*
au collet *by the scruff of the neck*
morne *glum*
abattu *exhausted, despondent*
curé *parish priest*

Step 6 You may repeat Step 5 and have one or two students answer all the questions.

Step 7 Call on a student to give a résumé in his or her own words.

Step 8 With more able groups, you may wish to ask the more analytical questions in **Literary Analysis** at the bottom of page 474.

Note: This selection uses many verbs in the **passé simple,** which will be taught immediately following the reading. You may also wish to intersperse the presentation of the **passé simple** with the reading.

Literature Connection

Voici la suite de l'histoire: Édifié par la charité de Monseigneur Myriel, Jean Valjean s'engage dans la voie du Bien. Il change de nom et devient M. Madeleine (nom de la pécheresse repentie de l'Évangile). Il devient un riche bourgeois, maire de la ville où il habite, mais il n'oublie pas les pauvres. C'est ainsi qu'il recueille la malheureuse Fantine et sa petite fille Cosette.

Mais il est poursuivi par le policier Javert et doit avoir recours à plusieurs pseudonymes: Madeleine, Leblanc, Fauchelevent. Il est finalement obligé de révéler sa véritable identité pour éviter qu'un autre soit condamné à cause de lui. En effet, un simple voleur de pommes est soupçonné d'être l'ancien bagnard. Il avoue aussi pour que Cosette et son fiancé Marius sachent qui il est et l'aiment comme un père. Ces aveux lui coûtent cher: ils lui font perdre une respectabilité qu'il avait eu grand-peine à acquérir. Il est réhabilité par sa conduite lors d'une émeute: il sauve Marius, bien que celui-ci se soit détourné de lui quand Jean Valjean lui a révélé ses origines. Marius se repent de son ingratitude et le jeune couple Cosette-Marius reconnaît enfin la grandeur d'âme de Jean Valjean.

—Ah! Vous voilà! s'écria-t-il en regardant Jean Valjean. Je suis aise° de vous voir. Eh bien, mais! Je vous avais donné les chandeliers aussi, qui sont en argent comme le reste et dont vous pourrez bien avoir deux cents francs. Pourquoi ne les avez-vous pas emportés avec vos couverts?

Jean Valjean ouvrit les yeux et regarda le vénérable évêque avec une expression qu'aucune langue humaine ne pourrait rendre.

—Monseigneur, dit le brigadier de gendarmerie, ce que cet homme disait était donc vrai? Nous l'avons rencontré. Il allait comme quelqu'un qui s'en va. Nous l'avons arrêté pour voir. Il avait cette argenterie...

—Et il vous a dit, interrompit l'évêque en souriant, qu'elle lui avait été donnée par un vieux bonhomme de prêtre° chez lequel il avait passé la nuit? Je vois la chose. Et vous l'avez ramené° ici? C'est une méprise°.

—Comme cela, reprit le brigadier, nous pouvons le laisser aller?

—Sans doute, répondit l'évêque.

Les gendarmes lâchèrent° Jean Valjean, qui recula°.

—Est-ce que c'est vrai qu'on me laisse? dit-il d'une voix presque inarticulée et comme s'il parlait dans le sommeil.

—Oui, on te laisse, tu n'entends donc pas? dit un gendarme.

—Mon ami, reprit l'évêque, avant de vous en aller, voici vos chandeliers. Prenez-les.

Il alla à la cheminée, prit les deux flambeaux° d'argent et les apporta à Jean Valjean. Les deux femmes le regardaient faire sans un mot, sans un geste, sans un regard qui pût déranger° l'évêque.

Jean Valjean tremblait de tous ses membres. Il prit les deux chandeliers machinalement et d'un air égaré°.

—Maintenant, dit l'évêque, allez en paix. À propos, quand vous reviendrez, mon ami, il est inutile de passer par le jardin. Vous pourrez toujours entrer et sortir par la porte de la rue. Elle n'est fermée qu'au loquet° jour et nuit.

Puis se tournant vers la gendarmerie:

—Messieurs, vous pouvez vous retirer.

Les gendarmes s'éloignèrent°.

L'évêque s'approcha de lui, et lui dit à voix basse:

—N'oubliez pas, n'oubliez jamais que vous m'avez promis d'employer cet argent à devenir honnête homme.

Jean Valjean, qui n'avait aucun souvenir d'avoir rien promis, resta interdit. L'évêque avait appuyé sur ces paroles° en les prononçant. Il reprit avec solennité:

—Jean Valjean, mon frère, vous n'appartenez plus au mal, mais au bien. C'est votre âme° que je vous achète; je la retire aux pensées noires° et à l'esprit de perdition°, et je la donne à Dieu.

Gards républicains à Paris

aise *pleased*
prêtre *priest*
ramené *brought back*
méprise *misunderstanding*
lâchèrent *released*
recula *drew back*
flambeaux *candlesticks*
déranger *disturb*
l'air égaré *distraught*
fermée... au loquet *latched*
s'éloignèrent *withdrew*
paroles *words*
âme *soul*
aux pensées noires *evil thoughts*
l'esprit de perdition *feeling of despair*

Learning from Photos

(page 476) Les gardes républicains font partie de la Gendarmerie nationale.

ADDITIONAL PRACTICE

After students have finished the selection, have them describe the illustration on page 475 and the feelings of each of the characters on the eve of the robbery. This may be done orally or as a written assignment.

Vous avez compris?

A On a volé l'argenterie de l'évêque. Répondez d'après la lecture.

1. Qui a volé l'argenterie de l'évêque?
2. Qui a découvert le crime?
3. Où l'évêque était-il quand madame Magloire lui a annoncé que l'argenterie avait été volée?
4. Avec qui l'évêque a-t-il pris le petit déjeuner?
5. Qui a frappé à la porte quand l'évêque se levait de table?
6. Avec qui les gendarmes étaient-ils?

B L'évêque a pitié de Jean Valjean. Complétez d'après la lecture.

1. L'évêque a trouvé le panier qui contenait l'argenterie dans une ____. Mais quand il l'a trouvé, il était vide. Il n'y avait rien dedans.
2. L'évêque a dit que l'argenterie n'était pas à lui, qu'elle appartenait aux ____.
3. L'évêque a dit à Jean Valjean qu'il lui avait donné aussi les ____.
4. Il dit à Jean Valjean que quand il reviendrait, il pourrait entrer dans la maison par la ____.

C L'évêque veut sauver Jean Valjean. Expliquez.

1. Pourquoi l'évêque n'avait-il pas besoin de l'argenterie?
2. Pourquoi l'évêque a-t-il dit: «Je suis aise de vous voir» à Jean Valjean quand il est entré avec les gendarmes?
3. Pourquoi les gendarmes ont-ils arrêté Jean Valjean?
4. Pourquoi les gendarmes l'ont-ils laissé partir?
5. Pourquoi l'évêque donne-t-il les chandeliers à Jean Valjean?

De l'argenterie au Palais de l'Élysée

D Jean Valjean à la une des journaux Les vols sont des faits divers qui paraissent tous les jours dans les journaux. Récrivez ce chapitre comme si c'était un fait divers pour un journal français.

E Le prochain épisode À votre avis, qu'est-ce que Jean Valjean devient après cet épisode? Il continue sa vie de criminel ou il devient un honnête homme?

3 Practice

Vous avez compris?

A – C You can intersperse these activities as you are going over the **Lecture** in class.

D This activity is better done as an individual assignment.

E You may wish to do this as an group oral activity in class. Have students also discuss the symbolism of the characters and how they represent French society during Hugo's time. How did Hugo view the society he lived in?

Group Activity

Imaginez que vous allez faire un film des *Misérables* pour le public américain contemporain. Comment transformeriez-vous les personnages de l'épisode que vous venez de lire? Jean Valjean serait quelle sorte de criminel? L'évêque serait toujours un évêque ou quelqu'un d'autre? Et Madame Magloire et la sœur de Monseigneur Bienvenu?

Career Connection

Have students research journalism opportunities around the French-speaking world.

Answers to Vous avez compris?

A

1. Jean Valjean a volé l'argenterie de l'évêque.
2. Madame Magloire a découvert le crime.
3. L'évêque était dans son jardin quand Madame Magloire lui a annoncé que l'argenterie avait été volée.
4. L'évêque a pris le petit déjeuner avec sa sœur et Madame Magloire.
5. Des gendarmes ont frappé à la porte quand l'évêque se levait de table.
6. Ils étaient avec Jean Valjean.

B

1. plate-bande
2. pauvres
3. chandeliers
4. porte de la rue

C *Answers will vary but may include the following:*

1. Parce qu'il avait des couverts d'étain, de fer et de bois.
2. Parce qu'il voulait faire croire aux gendarmes qu'ils se trompaient au sujet de Jean Valjean.
3. Ils l'ont arrêté parce qu'il allait comme quelqu'un qui s'en va.
4. Ils l'ont laissé aller parce que l'évêque leur a dit que l'argenterie n'avait pas été volée mais donnée à Jean Valjean.
5. L'évêque les lui donne parce qu'il veut que Jean Valjean emploie l'argent des chandeliers à devenir un honnête homme.

D *Answers will vary.*

E *Answers will vary.*

1 Preparation

Resource Manager

Tests, pages 250–252
ExamView® Pro

2 Presentation

Le passé simple des verbes réguliers

Note: Because the **passé simple** is primarily a literary tense, it is recommended that you present this structure point mainly for recognition purposes. Very few students will have the actual need to write using the **passé simple.**

Step 1 Write the stem of **parler** on the board. Add the **-er** verb endings for the **passé simple.**

Step 2 Do the same with **finir** and **attendre.** Point out to students that the endings are the same for **-ir** and **-re** verbs.

Step 3 Do not spend time on the pronunciation of these forms since students will rarely use them orally.

Structure avancée

Le passé simple des verbes réguliers

Describing past actions in formal writing

1. Like the passé composé, the passé simple indicates an action completed sometime in the past. But unlike the passé composé, which is used in conversation and informal writing, the passé simple is used in formal writing only. It is common in French literature and history, but is not used in everyday communication.

2. To form the passé simple of regular verbs, the infinitive ending **-er, -ir,** or **-re** is dropped and the passé simple endings are added to the stem. Note that regular **-ir** and **-re** verbs have the same endings in the passé simple.

Infinitive	PARLER	FINIR	ATTENDRE
Stem	parl-	fin-	attend-
Passé simple	je parlai	je finis	j' attendis
	tu parlas	tu finis	tu attendis
	il/elle/on parla	il/elle/on finit	il/elle/on attendit
	nous parlâmes	nous finîmes	nous attendîmes
	vous parlâtes	vous finîtes	vous attendîtes
	ils/elles parlèrent	ils/elles finirent	ils/elles attendirent

3. Remember that verbs ending in **-cer** have a **cedilla** before the vowel **a,** and verbs that end in **-ger** add an **e** before the vowel **a.**

il commença **il mangea**

4. The verbs below follow the same pattern as regular **-ir** and **-re** verbs in the formation of the passé simple.

Infinitive	Passé simple	
dormir	il dormit	ils dormirent
partir	il partit	ils partirent
sentir	il sentit	ils sentirent
servir	il servit	ils servirent
sortir	il sortit	ils sortirent
offrir	il offrit	ils offrirent
ouvrir	il ouvrit	ils ouvrirent
découvrir	il découvrit	ils découvrirent
suivre	il suivit	ils suivirent
rompre	il rompit	ils rompirent
combattre	il combattit	ils combattirent

Comment dit-on?

1 **Encore** Rélisez le chapitre des *Misérables* et trouvez tous les verbes au passé simple.

2 **Historiette Compte rendu oral d'un texte écrit**
Mettez les phrases suivantes au passé composé.

1. La directrice entra dans le salon.
2. Elle se dirigea vers le patron.
3. Ils se saluèrent.
4. La directrice attendit.
5. Enfin le patron commença à parler.
6. La directrice répondit.
7. Ils discutèrent longtemps.
8. La directrice réussit à convaincre le patron.
9. Le patron changea d'avis.
10. Ils se serrèrent la main.
11. Ils partirent déjeuner ensemble.

Ils se serrent la main.

L'Assemblé nationale, à Paris

3 **Historiette Pour en faire un événement historique** Récrivez les phrases suivantes au passé simple. Suivez le modèle.

Le président est rentré le matin du 15 janvier.
Le président rentra le matin du 15 janvier.

1. Son avion a atterri à 8 h.
2. À 8 h 03, le président est descendu de l'avion.
3. Il a salué les dignitaires.
4. Les dignitaires l'ont applaudi.
5. Le président s'est dirigé tout de suite vers la capitale.
6. Il est arrivé à l'Assemblée nationale à 9 h.
7. Tous les députés se sont levés quand le président est entré.
8. Le président a commencé à parler.
9. Les députés ont écouté attentivement.
10. Quand le président a fini son discours, les députés se sont levés et l'ont applaudi.
11. Il est sorti de l'Assemblée nationale.
12. Les journalistes l'ont suivi.
13. Le président a refusé de parler aux journalistes.
14. Il est parti pour le palais de l'Élysée, sa résidence.

3 Practice

Comment dit-on?

2 and **3** Have students read their responses to each activity as a unified narrative.

Answers to Comment dit-on?

2

1. La directrice est entrée dans le salon.
2. Elle s'est dirigée vers le patron.
3. Ils se sont salués.
4. La directrice a attendu.
5. Enfin le patron a commencé à parler.
6. La directrice a répondu.
7. Ils ont discuté longtemps.
8. La directrice a réussi à convaincre le patron.
9. Le patron a changé d'avis.
10. Ils se sont serré la main.
11. Ils sont partis déjeuner ensemble.

3

1. Son avion atterrit…
2. À 8 h 03, le président descendit…
3. Il salua les dignitaires.
4. Les dignitaires l'applaudirent.
5. Le président se dirigea…
6. Il arriva à l'Assemblée…
7. Tous les députés se levèrent quand le président entra.
8. Le président commença à parler.
9. Les députés écoutèrent…
10. Quand le président finit son discours, les députés se levèrent et l'applaudirent.
11. Il sortit de l'Assemblée nationale.
12. Les journalistes le suivirent.
13. Le président refusa de parler…
14. Il partit pour le palais…

1 Preparation

Recycling

Since the formation of the **passé simple** of these verbs is based on the past participles, you may wish to ask the following questions for a quick review:

Il a mis la tasse de café sur la table?
Il a pris le café?
Il a dit quelque chose à sa petite amie?
Ils se sont assis?
Il a ri?
Elle a souri?
Ils ont eu l'occasion de se parler?
Elle a reçu une lettre?
Elle lui a lu cette lettre?

Art Connection

Pierre Bonnard est un peintre, illustrateur et lithographe français. Il est influencé à ses débuts par l'art de Gauguin et par l'estampe japonaise. Il rejette au départ la peinture traditionnelle. Il trouve progressivement une voie toute personnelle où il emploie pour peindre des sujets intimes, intérieurs, nus, fenêtres ouvertes sur le jardin, des effets impressionnistes servis par des palettes de couleurs légères et lumineuses, le tout soutenu par un sens très sûr de la composition et du dessin.

Le passé simple des verbes irréguliers

Describing past actions in formal writing

1. Many irregular verbs that end in **-ir** and **-re** use the past participle as the stem of the passé simple. Note the forms in the chart below.

Infinitive	Past Participle	Passé simple	
mettre	mis	il mit	elles mirent
prendre	pris	il prit	elles prirent
conquérir	conquis	il conquit	elles conquirent
dire	dis	il dit	elles dirent
s'asseoir	assis	il s'assit	elles s'assirent
rire	ri	il rit	elles rirent
sourire	souri	il sourit	elles sourirent
avoir	eu	il eut	elles eurent
boire	bu	il but	elles burent
connaître	connu	il connut	elles connurent
courir	couru	il courut	elles coururent
croire	cru	il crut	elles crurent
devoir	dû	il dut	elles durent
lire	lu	il lut	elles lurent
plaire	plu	il plut	elles plurent
pouvoir	pu	il put	elles purent
recevoir	reçu	il reçut	elles reçurent
savoir	su	il sut	elles surent
vivre	vécu	il vécut	elles vécurent
vouloir	voulu	il voulut	elles voulurent
falloir	fallu	il fallut	
pleuvoir	plu	il plut	
valoir	valu	il valut	

Pierre Bonnard: ***La place Clichy***

2. The following irregular verbs have irregular stems for the passé simple. The stem is not based on either the infinitive or the past participle.

Infinitive	Passé simple	
être	il fut	elles furent
mourir	il mourut	elles moururent
voir	il vit	elles virent
faire	il fit	elles firent
écrire	il écrivit	elles écrivirent
conduire	il conduisit	elles conduisirent
construire	il construisit	elles construisirent
traduire	il traduisit	elles traduisirent
vaincre	il vainquit	elles vainquirent
naître	il naquit	elles naquirent
craindre	il craignit	elles craignirent
peindre	il peignit	elles peignirent
rejoindre	il rejoignit	elles rejoignirent
tenir	il tint	elles tinrent
venir	il vint	elles vinrent
devenir	il devint	elles devinrent

3. All irregular verbs in the passé simple have endings that belong to one of the following categories.

je	-us	-is	-ins
tu	-us	-is	-ins
il/elle/on	-ut	-it	-int
nous	-ûmes	-îmes	-înmes
vous	-ûtes	-îtes	-întes
ils/elles	-urent	-irent	-inrent

Comment dit-on?

4 ***Les Misérables*** Récrivez les phrases suivantes au passé simple.

1. Tout à coup Jean Valjean remet sa casquette sur son front.
2. Il lève le chandelier de fer.
3. Il ouvre le placard.
4. La première chose qu'il voit est le panier d'argenterie.
5. Il le prend et traverse la chambre à grands pas.
6. Il rentre dans l'oratoire, ouvre la fenêtre, saisit son bâton, enjambe l'appui du rez-de-chaussée, met l'argenterie dans son sac, jette le panier, franchit le jardin, saute par-dessus le mur comme un tigre et s'enfuit.

Les Misérables

2 Presentation

Step 1 Have students close their books. Call on individual students to give the past participles of the verbs in the charts.

Step 2 Then have students open their books and read/study the **passé simple** forms silently. You may also wish to have them repeat them once or twice.

Step 3 Have students study these verbs at home.

3 Practice

Comment dit-on?

4 Call on a student to read the activity as a story.

Learning from Photos

(page 481) Près de deux ans furent nécessaires à Alain Boublil et Claude-Michel Schönberg pour adapter le roman fleuve de Victor Hugo en une «tragédie musicale» qui rencontra un large succès en France en 1980. En 1982, le spectacle fut repris à Londres. Pour ce nouveau spectacle, le matériel original fut, soit traduit, soit réadapté, et beaucoup de nouvelles chansons furent écrites pour les rôles principaux. Il y a eu en tout 32 productions des *Misérables,* dans 26 pays et en 15 langues!

Answers to Comment dit-on?

4

1. Tout à coup Jean Valjean remit sa casquette sur son front.
2. Il leva le chandelier de fer.
3. Il ouvrit le placard.
4. La première chose qu'il vit fut le panier d'argenterie.
5. Il le prit et traversa la chambre à grands pas.
6. Il rentra dans l'oratoire, ouvrit la fenêtre, saisit son bâton, enjamba l'appui du rez-du-chaussée, mit l'argenterie dans son sac, jetta le panier, franchit le jardin, sauta par-dessus le mur comme un tigre et s'enfuit.

3 Practice (suite)

6 **Note:** This activity will help students with the excerpt from *Les Misérables* in the **Littérature** section of this chapter.

Learning from Photos

(page 482) Alphonse de Lamartine (1790–1869) est un poète et homme politique français. Son premier recueil publié en 1820, *les Méditations poétiques,* qui contient notamment son célèbre poème «le Lac», lui valut une immense notoriété.

(page 483) Les jardins de Versailles sont le chef-d'œuvre d'André Le Nôtre (1613–1700), le «père» du jardin à la française: un schéma géométrique, de vastes perspectives, des plans d'eau et des statues.

5 **Historiette Alfred de Vigny** Faites un compte rendu oral de ce texte. Remplacez le passé simple par le passé composé.

Le grand écrivain Alfred de Vigny naquit dans une famille noble en 1797. À cette époque, juste après la Révolution, les aristocrates étaient méprisés (*scorned*) par la plupart des gens. Au collège, les étudiants persécutèrent Vigny à cause de sa noblesse.

Pour gagner honneur et gloire au service de son pays, Vigny décida d'entrer dans l'armée. Il fut envoyé dans le sud de la France. Il passa quelques années dans le Midi où il fit la connaissance d'une belle Anglaise, Lydia Bunbury, fille d'un millionnaire. Il tomba amoureux d'elle et la demanda en mariage. Il obtint la permission. Mais son beau-père, un excentrique, le détestait car il n'aimait pas les Français. Il partit immédiatement après le mariage de sa fille. Il n'écrivit même pas le nom de son gendre (*son-in-law*) dans son carnet d'adresses, tant il avait envie de l'oublier.

Alfred de Vigny

Quelques années plus tard, le poète français Lamartine fit la connaissance d'un riche Anglais qui visitait l'Italie. À cette époque, Lamartine était secrétaire d'ambassade à Florence et il invita l'Anglais à dîner à l'ambassade. Pendant le dîner, l'Anglais dit à M. de Lamartine que sa fille avait épousé un grand poète français. Lamartine lui demanda son nom, mais l'Anglais ne put pas se rappeler le nom de son gendre. Lamartine énuméra le nom de plusieurs poètes célèbres, mais à chaque nom l'Anglais disait «Ce n'est pas ça.» Enfin Lamartine nomma le comte de Vigny. Notre excentrique répondit: «Ah oui! Je crois que c'est ça.»

Alphonse de Lamartine

6 **Historiette Un écrivain décrit un vol** Complétez au passé simple.

1. Le voleur ____. (écouter)
2. Il n'____ aucun bruit. (entendre)
3. Il ____ la porte. (pousser)
4. Il ____ dans la chambre. (entrer)
5. Un homme qui y dormait ____ un peu. (bouger)
6. Le voleur ____. (s'arrêter)
7. Il ____ perdu. (se croire)
8. Il ____ autour de lui. (regarder)
9. Il ____ le chandelier. (voir)
10. Il ____ le chandelier. (saisir)
11. Il le ____ sous son bras. (mettre)
12. Il ____ la chambre à grands pas. (traverser)
13. Il ne ____ pas regarder vers l'homme qui dormait. (vouloir)
14. Il ____ le chandelier dans son sac. (jeter)
15. Il ____ la porte. (ouvrir)
16. Il ____. (s'échapper)

Answers to Comment dit-on?

5

... Alfred de Vigny est né... Au collège les élèves l'ont persécuté à cause de sa noblesse. ... Vigny a décidé d'entrer dans l'armée. Il a été envoyé dans le sud de la France. Il a passé quelques années dans le Midi où il a fait la connaissance d'une belle Anglaise... Il est tombé amoureux d'elle et il l'a demandée en mariage. Il a obtenu la permission. Il est parti... Il n'a même pas écrit le nom...

...Lamartine a fait la connaissance... il a invité l'Anglais... l'Anglais a dit à M. de Lamartine... Lamartine lui a demandé son nom, mais l'Anglais n'a pas pu se rappeler... Lamartine a énuméré... Enfin Lamartine a nommé le comte de Vigny. Notre excentrique a répondu...

6

1. écouta
2. entendit
3. poussa
4. entra
5. bougea
6. s'arrêta
7. se crut
8. regarda
9. vit
10. saisit
11. mit
12. traversa
13. voulut
14. jeta
15. ouvrit
16. s'échappa

7 **Historiette La vie de Louis XIV**
Vous êtes historien(ne). Récrivez ces notes au passé simple.

Une fontaine dans les jardins de Versailles

1. Louis XIV est né à Saint-Germain-en-Laye en 1638.
2. À la mort de son père, Louis XIV est devenu roi de France à l'âge de cinq ans.
3. Le roi a vécu sous la tutelle (*supervision*) de Mazarin.
4. Mazarin lui a fait épouser Marie-Thérèse d'Autriche en 1660.
5. Ils ont eu un fils, le Grand Dauphin.
6. À la mort de Mazarin, Louis XIV a pris le pouvoir à vingt-trois ans.
7. Il s'est révélé tout de suite un monarque absolu.
8. Il a envoyé des représentants dans toutes les provinces.
9. Ils ont été chargés de faire exécuter ses ordres.
10. À partir de 1680, il a eu des agents partout.
11. Il a fait construire le château de Versailles.
12. Entre 1661 et 1695, 30 000 hommes ont travaillé à la construction de ce palais.
13. Le roi s'est entouré d'une cour resplendissante composée de plusieurs milliers de serviteurs et de toute la haute noblesse de France.
14. Il a gardé les nobles auprès de lui.
15. Les descendants des ducs de Normandie, de Bourgogne et de Bretagne sont devenus «les valets» du roi.
16. Louis XIV a soutenu (*supported*) la bourgeoisie.
17. Colbert, fils d'un marchand, est devenu ministre en 1661.
18. Sous Colbert, des industries nouvelles se sont développées dans toutes les provinces.
19. Dès le début du règne, Louis XIV a voulu imposer à l'extérieur la prédominance française.
20. Tout le temps qu'il a été roi, il y a eu une succession de guerres. Ses difficultés ont commencé avec la guerre de Hollande.
21. Les Hollandais ont rompu les digues (*dikes*) du Zuiderzee, et une inondation affreuse a chassé les troupes françaises.
22. En 1685, Louis XIV a commis une faute grave. Il a révoqué l'édit de Nantes pour supprimer (*suppress*) le protestantisme en France.
23. Des milliers de huguenots ont quitté la France et ont emporté leurs talents à l'étranger.
24. Louis XIV, le Roi-Soleil, est mort en 1715, laissant son pays dans un état de grande pauvreté.

8 **Un thème littéraire ou historique** Écrivez un paragraph original sur un thème littéraire ou historique en utilisant le passé simple.

7 Call on students to read this activity aloud in the passé composé. Have them redo it in the **passé simple** for homework.

Expansion Have students give the information they recall about Louis XIV in their own words.

8 You may wish to assign this only in your most advanced groups. Instruct students to research the theme using a variety of resources that may include the Internet.

il a été P.P. - he had been
il a eu (___) he had.

ANSWERS TO Comment dit-on?

7

1. Louis XIV naquit...
2. ... Louis XIV devint roi...
3. Le roi vécut...
4. Mazarin lui fit épouser...
5. Ils eurent un fils...
6. ... Louis XIV prit le pouvoir...
7. Il se révéla tout de suite...
8. Il envoya des représentants...
9. Ils furent chargés de faire...
10. ... il eut des agents partout.
11. Il fit construire le château...
12. ... trente mille hommes travaillèrent...
13. Le roi s'entoura d'une Cour...
14. Il garda les nobles auprès de lui.
15. Les descendants... devinrent...
16. Louis XIV soutint la bourgeoisie.
17. Colbert... devint ministre en 1661.
18. ... se développèrent dans toutes...
19. ... Louis XIV voulut imposer...
20. ... qu'il fut roi, il y eut... Ses difficultés commencèrent...
21. ... Les Hollandais rompirent... et une inondation affreuse chassa...
22. ... Louis XIV commit... Il révoqua...
23. Des milliers de huguenots quittèrent la France et portèrent...
24. Louis XIV... mourut en 1715...

8 *Answers will vary.*

1 Preparation

Resource Manager

Audio Activities TE, page 166
Audio CD 10
Tests, page 253
ExamView® Pro

2 Presentation

Vocabulaire pour la lecture

Step 1 Have students repeat the new words and expressions after you.

3 Practice

Quel est le mot?

1 You may wish to go over this activity immediately following the vocabulary presentation.

Mignonne, allons voir si la rose

Vocabulaire pour la lecture

La femme aime cueillir des roses.
Elle cueille des fleurs dans son jardin.

Sa robe a beaucoup de plis.

Plus de vocabulaire

une marâtre une belle-mère cruelle (péjoratif)
le teint la couleur du visage
mignon(ne) gentil(le), aimable, qui a de la grâce
tandis que pendant que

Quel est le mot?

1 Quel est le mot? Complétez.

1. Je veux aller ____ des fleurs dans le jardin.
2. ____ tu cueilles des fleurs, je vais arroser les autres plantes.
3. Elle est vraiment ____. Tout le monde la trouve adorable.
4. Elle a un ____ foncé et les yeux bleus.

Elle cueille des fleurs au bord de la mer, en Normandie.

Answers to Quel est le mot?

1

1. cueillir
2. Tandis que
3. mignonne
4. teint

Mignonne, allons voir si la rose

Pierre de Ronsard

Avant la lecture Pierre de Ronsard est né en 1524 dans une vieille famille noble. Après un voyage en Allemagne à l'âge de quinze ans, une grande maladie le rend à moitié sourd[1]. Il se découvre alors une vocation pour la poésie.

Ronsard s'est consacré à l'étude des poètes latins, surtout Horace et Virgile. Il est devenu l'un des grands poètes de la Renaissance et a été reconnu comme le «Prince des Poètes». La nature et l'amour sont les sujets favoris de Ronsard. Dans cette ode célèbre Ronsard compare la jeunesse et la beauté d'une fille à celle d'une rose. Mais hélas! La beauté autant que la jeunesse dure si peu de temps.

Avez-vous jamais entendu les proverbes «Carpe Diem» en latin ou «*Gather ye rosebuds while ye may*» en anglais? Réfléchissez-y en lisant cette ode.

[1] moitié sourd *partially deaf*

Mignonne, allons voir si la rose

Mignonne, allons voir si la rose
Qui ce matin avait déclose°
Sa robe de pourpre au soleil,
A point perdu cette vesprée°
Les plis de sa robe pourprée,
Et son teint au vôtre pareil.

Las! voyez comme en peu d'espace,
Mignonne, elle a dessus la place°,
Las, las° ses beautés laissé choir°!
Ô vraiment marâtre Nature,
Puisqu'une telle fleur ne dure
Que du matin jusques au soir!

Donc, si vous me croyez, mignonne,
Tandis que votre âge fleuronne°
En sa plus verte nouveauté,
Cueillez, cueillez votre jeunesse:
Comme à cette fleur, la vieillesse
Fera ternir° votre beauté.

ODES, I, 17

déclose *open*
vesprée *evening*
dessus la place *in short time*
las *alas*
choir *fall*
fleuronne *flowers*
ternir *tarnish*

1 Preparation

Resource Manager

Audio Activities TE, page 167
Audio CD 10
Tests, pages 253–254

2 Presentation

Avant la lecture

Step 1 Call on students to read **Avant la lecture** aloud.

Step 2 Ask students who are familiar with these proverbs to explain them.

Lecture

Step 1 Have students read **Activités A** and **C** on page 486 so they can look for the information as they read the poem.

Step 2 Call on a student to read aloud.

LEVELING

E: Vocabulary

3 Practice

Vous avez compris?

A, **B**, **C** Have students prepare these activities before going over them in class. This may be done as a homework assignment.

D, **E** These activities can be done as oral discussion in class as an impromptu free-for-all. Let all students get involved.

Vous avez compris?

A **Mignonne** Répondez.

1. Quand la rose s'est-elle ouverte?
2. De quelle couleur est-elle?
3. Qu'est-ce qu'elle a perdu avant l'arrivée de la nuit?
4. En combien de temps la rose a-t-elle perdu sa beauté?
5. Combien de temps dure la fleur?
6. Quel conseil le poète donne-t-il à la jeune fille?
7. Qu'est-ce qui fera ternir sa beauté?

Un marché aux fleurs

B **Analyse** Expliquez...

1. comment le poète fait un compliment à la jeune fille en lui disant «Et son teint au vôtre pareil».
2. pourquoi le poète appelle la Nature ‹‹marâtre››.
3. l'injustice à laquelle le poète s'adresse.
4. le ton de l'ode.

Le fils prodigue

C **Paraphrase** Comment le poète exprime-t-il les idées suivantes?

1. tandis que vous avez votre jeunesse
2. profitez de votre jeunesse
3. la vieillesse détruira votre beauté

D **Discussion** De toutes les fleurs possibles, pourquoi Ronsard aurait-il choisi une rose?

E **Un peu de philosophie** Avec votre camarade discutez les idées sur le temps et la vie exprimées par Ronsard dans l'ode *Mignonne, allons voir si la rose.* Vous êtes d'accord avec ses idées? Défendez vos opinions.

Answers to Vous avez compris?

A

1. Ce matin.
2. Pourpre.
3. Ses beautés.
4. En une journée.
5. Un jour.
6. De profiter de sa jeunesse.
7. La vieillesse.

B *Answers will vary but may include:*

1. Il a comparé la jeune fille à une belle rose.
2. Parce qu'elle fait mourir la rose.
3. L'injustice est que la beauté ne dure pas.
4. Le poète est fâché contre la nature.

C

1. «Tandis que votre âge fleuronne/ En sa plus verte nouveauté,»
2. «Cueillez, cueillez votre jeunesse»
3. «Comme à cette fleur, la vieillesse fera ternir votre beauté»

D *Answers will vary.*

E *Answers will vary.*

La Mare au diable

Vocabulaire pour la lecture

Elle sourit. Elle est contente.

Elle a détourné la tête.
Elle pleure. Elle est triste.

Elle soulève la petite fille dans ses bras.

Plus de vocabulaire

la colère violent mécontentement, rage
craindre (je crains) avoir peur de
ennuyer énerver, irriter
épouser se marier
se moquer de ridiculiser; tourner en ridicule
oser avoir le courage de faire quelque chose
davantage plus
en croupe derrière un(e) cavalier(ière) sur un cheval

1 Preparation

Resource Manager

Audio Activities TE, page 168
Audio CD 10
Tests, page 255
ExamView® Pro

2 Presentation

Vocabulaire pour la lecture

Step 1 Have students repeat the new words several times after you.

Step 2 You may wish to ask the following questions as you present the vocabulary: **La jeune fille a un beau sourire? Elle sourit souvent? Elle sourit quand elle est contente ou triste? La jeune fille a détourné la tête? Elle ne veut pas que sa copine la voie? Pourquoi? Elle pleure car elle est triste? La petite fille se cache? Elle se cache derrière son père? Elle se cache la figure? La mère soulève sa petite fille? Elle la soulève dans ses bras?**

3 Practice

Quel est le mot?

1, 2 Have students prepare these activities and then go over them in class.

Learning from Photos

(page 488) C'est à Nohant que les amis de George Sand se retrouvaient souvent—Chopin, Liszt, Balzac, Flaubert, Dumas et Delacroix.

Le Berry est connu pour être le pays des «sorciers», nombreux sont les gens qui consultent encore des guérisseurs. George Sand en écrivant l'idylle paysanne *La Mare au Diable* savait de quoi elle parlait.

Quel est le mot?

1 Quel est le mot? Complétez.

1. Elle ____ quand elle est contente et elle ____ quand elle est très triste.
2. Pour ne pas le voir elle ____ la tête.
3. Je sais qu'elle pleurait parce que j'ai vu des ____ dans ses yeux.
4. Je ne veux pas qu'elle le voie. Je vais le ____.
5. Il a pris le bébé et il l'____ dans ses bras.
6. Il est monté à cheval et a pris sa sœur ____.

Un canal dans le Berry

2 Paraphrase Exprimez d'une autre façon les mots en italique.

1. Il n'a pas *le courage de* le faire.
2. Franchement il *a peur* de le faire.
3. Il m'a *mis en colère.*
4. Il ne m'a pas mis en colère mais il m'*a énervé* un peu.
5. Il avait très peur et il tremblait encore *plus.*

Answers to Quel est le mot?

1

1. sourit, pleure
2. détourne
3. larmes
4. cacher
5. a soulevé
6. en croupe

2

1. osé
2. craint
3. très ennuyé
4. a ennuyé
5. davantage

La Mare au diable

George Sand

Avant la lecture George Sand est née Aurore Dupin à Paris en 1804. Elle passe son enfance à Nohant dans le Berry, une région très rurale de la France. Elle épouse un baron. Ils ont deux enfants mais le mariage ne dure pas longtemps.

George Sand a un vif intérêt pour les paysans du Berry qu'elle a appris à connaître dès son enfance. Elle commence à écrire des romans champêtres—des romans dans lesquels elle décrit les paysages et les paysans du Berry qui lui sont tellement chers.

L'extrait qui suit, est tiré de son premier roman champêtre *La Mare au diable*. Le roman est la touchante histoire du second mariage de Germain. La petite Marie croit qu'elle est trop pauvre pour Germain. Qui sait?

La Mare au diable

La petite Marie était seule au coin du feu, si pensive qu'elle n'entendit pas venir Germain. Quand elle le vit devant elle, elle sauta de surprise sur sa chaise et devint toute rouge.

—Petite Marie, lui dit-il en s'asseyant auprès d'elle, je viens te faire de la peine et t'ennuyer, je le sais bien: mais l'homme et la femme de chez nous (désignant ainsi, selon l'usage, les chefs de famille) veulent que je te parle et que je te demande de m'épouser. Tu ne le veux pas, toi, je m'y attends°.

—Germain, répondit la petite Marie, c'est donc décidé que vous m'aimez?

—Ça te fâche, je le sais, mais ce n'est pas ma faute: si tu pouvais changer d'avis, je serais trop content, et sans doute je ne mérite pas que cela soit. Voyons, regarde-moi, Marie, je suis donc bien affreux?

—Non, Germain, répondit-elle en souriant, vous êtes plus beau que moi.

—Ne te moque pas; regarde-moi avec indulgence; il ne me manque encore ni un cheveu ni une dent. Mes yeux te disent que je t'aime. Regarde-moi donc dans les yeux, ça y est écrit, et toute fille sait lire dans cette écriture-là.

Marie regarda dans les yeux de Germain avec son assurance enjouée°: puis, tout à coup°, elle détourna la tête et se mit à trembler.

—Ah! mon Dieu! je te fais peur, dit Germain. Ne me crains pas, je t'en prie, cela me fait trop de mal. Je ne te dirai pas de mauvaises paroles, moi; je ne t'embrasserai pas malgré toi, et quand tu voudras que je m'en aille, tu n'auras qu'à me montrer la porte. Voyons, faut-il que je sorte pour que tu finisses de trembler?

Marie tendit la main au laboureur, mais sans détourner sa tête penchée vers le foyer, et sans dire un mot.

—Je comprends, dit Germain; tu me plains°, car tu es bonne; tu es fâchée de me rendre malheureux: mais tu ne peux pourtant° pas m'aimer?

—Pourquoi me dites-vous de ces choses-là, Germain? répondit enfin la petite Marie; vous voulez donc me faire pleurer?

—Pauvre petite fille, tu as bon cœur, je le sais; mais tu ne m'aimes pas, et tu me caches ta figure parce que tu crains de me laisser voir ton déplaisir et ta

je m'y attends *I expect it*

enjouée *lively*

tout à coup *all of a sudden*

tu me plains *you pity me*

pourtant *however*

1 Preparation

Resource Manager

Audio Activities TE, pages 169–170
Audio CD 10
Tests, pages 255–256
ExamView® Pro

2 Presentation

Avant la lecture

Step 1 You may wish to go over **Avant la lecture** orally. Call on students to read a few sentences. After each student reads, you may wish to ask one or two questions to check comprehension.

Lecture

Step 1 Call on individuals to read each paragraph, then ask comprehension questions of other students.

Step 2 Upon completion of the reading, ask approximately ten questions, the answers to which give a unified review of the story. Direct each question to a different student.

Step 3 Call on a student to give a summary of the story in his or her own words.

LEVELING

A: Reading

C: Reading

Geography Connection

Have students look at the map on page xxxiii. Le Berry is located where the word **Centre** appears.

3 Practice

Vous avez compris?

A – D Have students prepare the activities for homework and then go over them in class.

A You can intersperse the questions from **Activité A** while going over the Lecture in class.

B Call on more able students to correct the false statements.

répugnance. Et moi! je n'ose pas seulement te serrer la main! Dans le bois, quand mon fils dormait, et que tu dormais aussi, j'ai failli° t'embrasser tout doucement. Mais je serais mort de honte° plutôt que° de te le demander, et j'ai autant souffert dans cette nuit-là qu'un homme qui brûlerait à petit feu. Depuis ce temps-là j'ai rêvé à toi toutes les nuits. Ah! comme je t'embrassais, Marie! Mais toi, pendant ce temps-là, tu dormais sans rêver. Et, à présent, sais-tu ce que je pense? c'est que si tu te retournais pour me regarder avec les yeux que j'ai pour toi, et si tu approchais ton visage du mien, je crois que j'en tomberais mort de joie. Et toi, tu penses que si pareille chose t'arrivait tu en mourrais de colère et de honte!

Germain parlait comme dans un rêve sans entendre ce qu'il disait. La petite Marie tremblait toujours; mais comme il tremblait encore davantage, il ne s'en apercevait plus. Tout à coup elle se retourna; elle était toute en larmes et le regardait d'un air de reproche. Le pauvre laboureur crut que c'était le dernier coup, et, sans attendre son arrêt, il se leva pour partir; mais la jeune fille l'arrêta en l'entourant de ses deux bras, et, cachant sa tête dans son sein:

—Ah! Germain, lui dit-elle en sanglotant°, vous n'avez donc pas deviné que je vous aime?

Germain serait devenu fou, si son fils qui le cherchait et qui entra dans la chaumière° au grand galop sur un bâton, avec sa petite sœur en croupe qui fouettait° avec une branche d'osier° ce coursier imaginaire, ne l'eut rappelé à lui-même. Il le souleva dans ses bras, et le mettant dans ceux de sa fiancée:

—Tiens, lui dit-il, tu as fait plus d'un heureux en m'aimant!

j'ai failli *I almost*
honte *shame*
plutôt que *rather than*
sanglotant *sobbing*
chaumière *thatched-roof cottage*
fouettait *whipped*
osier *wicker*

Des agriculteurs dans un champ du Berry

Vous avez compris?

A **L'arrivée de Germain** Répondez.

1. Où etait la petite Marie quand Germain est arrivé chez elle?
2. Qu'a-t-elle fait quand elle l'a vu devant elle?
3. Pour quelle raison Germain est-il allé chez la petite Marie?
4. Germain croit que la petite Marie sera contente de savoir qu'il l'aime?
5. Germain se considère beau ou laid?
6. Et la petite Marie, comment le trouve-t-elle?
7. Pourquoi Germain veut-il que la petite Marie le regarde dans les yeux?
8. Quand Marie l'a regardé dans les yeux, qu'a-t-elle fait?
9. Pourquoi Marie dit-elle à Germain qu'il va la faire pleurer?

B **Vrai ou faux?**

1. La petite Marie ne veut pas que Germain voie sa figure parce qu'elle craint qu'il y voie la répugnance qu'elle ressent envers lui.
2. Germain a embrassé Marie une nuit quand ils étaient dans le bois.
3. Germain voudrait que la petite Marie le regarde et approche son visage du sien.
4. Marie tremblait et pleurait parce qu'elle ne voulait pas faire de peine à Germain mais elle savait qu'elle ne pourrait jamais l'aimer.
5. Marie a détourné la tête et en sanglotant elle lui a dit qu'elle l'aimait.
6. Au même moment les enfants de Germain sont arrivés en cherchant leur père.

PLANTES DE SERRES

C **Révision** Les verbes suivants se trouvent dans *La Mare au diable* au passé simple. Cherchez-les et écrivez-les.

1. elle n'a pas entendu
2. elle l'a vu
3. elle a sauté
4. elle est devenue
5. a-t-il répondu
6. Marie a regardé
7. elle a détourné
8. elle s'est mise à
9. Marie a tendu – to stand, hold.
10. Elle s'est retournée
11. il s'est levé
12. il l'a soulevé (lift up)

D **Analyse** Expliquez pourquoi Germain dit: «Tiens, tu as fait plus d'un heureux en m'aimant.»

E ***La Mare au diable*** Avec des camarades écrivez un sketch basé sur *La Mare au diable* et présentez-le à la classe.

Group Activity

Have students film their "sketch". Students may then present it to the class or to the school for a Cultural Day.

p.p.
vouloir – voulu – wanted

Answers to Vous avez compris?

A

1. Elle était seule au coin du feu.
2. Elle a sauté de surprise sur sa chaise et est devenue toute rouge.
3. Pour lui demander de l'épouser.
4. Non, il ne croit pas qu'elle sera contente de le savoir.
5. Germain se considère laid.
6. Elle le trouve beau.
7. Il veut qu'elle voie combien il l'aime.
8. Elle a détourné la tête et elle s'est mise à trembler.
9. Parce qu'il lui dit qu'il sait qu'elle ne l'aime pas et que ce n'est pas vrai. En fait, elle l'aime.

B

1. Faux.
2. Faux.
3. Vrai.
4. Faux.
5. Vrai.
6. Vrai.

C

1. entendit
2. vit
3. sauta
4. devint
5. répondit
6. regarda
7. détourna
8. se mit
9. tendit
10. se retourna
11. se leva
12. souleva

D *Answers will vary, but may include:*
Parce que ses enfants seront heureux aussi.

E *Answers will vary.*

National Standards

Connections
This very amusing excerpt from a French play broadens the students' knowledge of the theater and dramatic arts.

Cultures
By poking fun at prevailing attitudes, satire helps us to understand cultural concepts and make comparisons with our own.

1 Preparation

Resource Manager

Audio Activities TE, pages 171–172
Audio CD 10
Tests, page 257
ExamView® Pro

2 Presentation

Vocabulaire pour la lecture

Step 1 You may wish to follow some of the suggestions given for previous vocabulary presentations.

Cross-Cultural Comparison

Les Français disent souvent qu'ils ont mal au foie. Ce n'est pas grave: il s'agit généralement de troubles de digestion dus à un repas trop riche ou trop abondant.

Chapitre 7 Littérature

Le Malade imaginaire

Vocabulaire pour la lecture

des maux de cœur

nautious

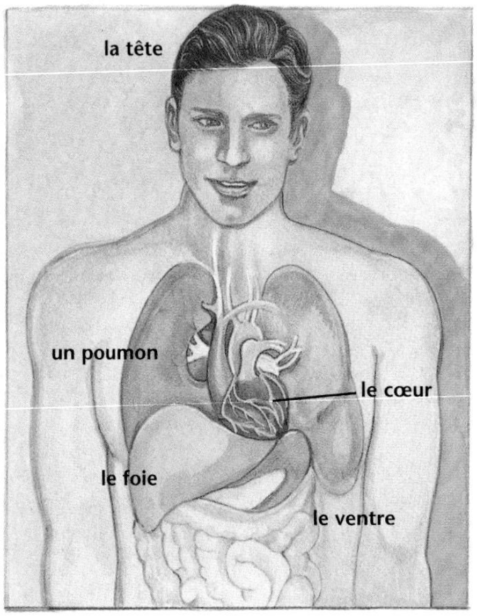

Plus de vocabulaire

la lassitude une sensation de fatigue physique
ambulant(e) qui marche, qui voyage
contre son gré contre ses désirs, contre sa volonté

FUN-FACTS

You may wish to tell students about a well-known French advertising slogan for a brand of mineral water: **Mon foie? Connais pas!** The implication is that if you drink this mineral water your liver will function so well you won't be aware of it.

Quel est le mot?

1 Vrai ou faux? Corrigez les phrases fausses.

1. L'être humain a un poumon et deux cœurs.
2. Le poumon est un organe vital.
3. Le poumon est le principal organe de l'appareil respiratoire.
4. «Ventre» veut dire «abdomen».
5. Quand on a des maux de cœur ou mal au cœur, on a des troubles cardiaques.
6. Quand on a des douleurs de tête ou mal à la tête, il faut prendre de l'aspirine.

2 La bonne réplique Choisissez.

1. Il a des douleurs abdominales.
   - **a.** Il a mal à la tête?
   - **b.** Il a mal au ventre?
   - **c.** Il a mal au foie?
2. Elle l'a fait contre son gré.
   - **a.** Elle voulait le faire?
   - **b.** Elle était contente?
   - **c.** Elle ne voulait pas le faire?
3. Il a des maux de cœur.
   - **a.** Il a une crise cardiaque?
   - **b.** Il souffre de troubles digestifs?
   - **c.** Il a un problème pulmonaire?
4. Quelle lassitude!
   - **a.** Tu es plein d'énergie?
   - **b.** Tu ne peux pas dormir?
   - **c.** Tu es fatigué(e)?
5. Ce sont des comédiens ambulants.
   - **a.** Ils jouent toujours dans le même théâtre?
   - **b.** Ils voyagent dans tout le pays?
   - **c.** Ils sont acrobates?

Une pharmacie à Paris

Answers to Quel est le mot?

1

1. Faux, l'être humain a deux poumons et un cœur.
2. Vrai.
3. Vrai.
4. Vrai.
5. Faux, on a la nausée, des troubles digestifs.
6. Vrai.

2

1. b
2. c
3. b
4. c
5. b

3 Practice

Quel est le mot?

1, **2** These activities can be done immediately after the vocabulary has been presented.

Vocabulary Expansion

Le mot **cœur** apparaît dans de nombreuses expressions. Souvent elles ont peu à voir avec l'organe musculaire que nous connaissons.

- ***avoir le cœur gros, avoir le cœur serré*** = **être triste, être angoissé**
- ***avoir un coup de cœur pour quelque chose*** = **être enthousiasmé**
- ***faire quelque chose de bon cœur*** = **avec plaisir**
- ***parler à cœur ouvert*** = **parler franchement**

1 Preparation

Resource Manager

Audio Activities TE, pages 172–173
Audio CD 10
Tests, page 258

2 Presentation

Avant la lecture

Step 1 Present the information about Molière as a minilecture. Write the important names and dates on the board. (Note that Molière's death is dealt with in the **Activité C** on page 495.)

Step 2 After you present the information, ask: **Où est né Jean-Baptiste Poquelin? Quand? Où a-t-il fait ses études? Quand il était enfant, où allait-il? Qu'est-ce qu'il y voyait? Quel âge avait-il quand il est devenu comédien? Quel nom a-t-il pris? Qu'est-ce qu'il a fondé? Pour qui a-t-il écrit des comédies? Combien en a-t-il écrit? Quelle est sa dernière comédie? Qu'est-ce qu'Argan s'imagine? Qui est Toinette?**

Lecture

Step 1 Have students close their books and listen to the recording on the Audio CD.

Step 2 Read the scene once to students as they follow along.

Step 3 Call on two students to read the parts of Argan and Toinette with as much expression as possible.

Step 4 Ask the following questions:

- **D'après «le médecin», quel est toujours le problème?**
- **Mais quels sont les symptômes d'Argan?**
- **Est-ce que le diagnostic du médecin change selon le symptôme?**

Le Malade imaginaire

Molière

Avant la lecture Jean-Baptiste Poquelin est né à Paris en 1622, dans une famille de bourgeoise aisée. Il fait de solides études au collège de Clermont (maintenant le lycée Louis-le-Grand).

Quand il était enfant, il allait souvent à la foire, voir les comédiens ambulants, et il a eu très tôt la vocation du théâtre.

À vingt ans, il est devenu comédien, a pris le nom de «Molière» et a fondé une troupe d'acteurs. C'est pour sa troupe que Molière est devenu auteur et a écrit une trentaine de comédies et farces.

La dernière comédie de Molière, *Le Malade imaginaire,* a été présentée en 1673. Elle met en scène un «malade imaginaire», Argan. Pour être sûr d'être bien soigné pendant le reste de sa vie, Argan veut marier, contre son gré, sa fille, Angélique, à un médecin, Thomas. Mais Angélique est amoureuse de Cléante. Elle ne veut pas épouser le médecin. À la fin de la pièce, Argan consent au mariage d'Angélique et de Cléante, et il se fait lui-même médecin.

Dans la scène qui suit, Argan parle avec sa servante Toinette. Mais Argan ne sait pas qu'il a devant lui Toinette car celle-ci est déguisée en médecin.

Le Malade imaginaire

Toinette De quoi disent-ils que vous êtes malade?
Argan Certains disent de la rate°, d'autres du foie.
Toinette Ce sont des ignorants. C'est le poumon. Que sentez-vous?
Argan Je sens de temps en temps des douleurs de tête.
Toinette Le poumon.
Argan Il me semble que parfois j'ai un voile devant les yeux.
Toinette Le poumon.
Argan J'ai quelquefois des maux de cœur.
Toinette Le poumon.

la rate *spleen; 17th century doctors thought it was the seat of emotions, especially melancholia*

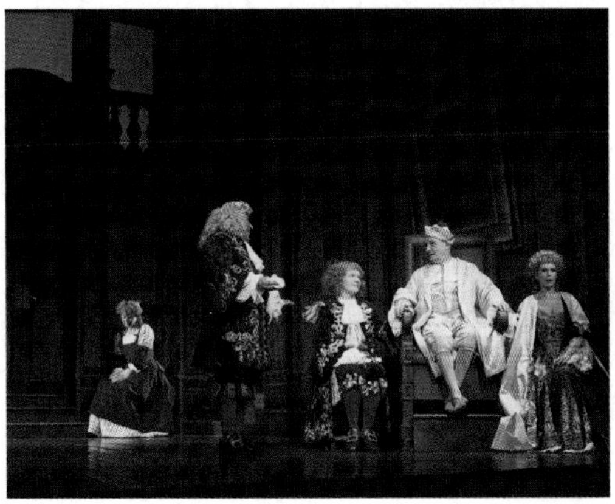

***Le Malade imaginaire* de Molière au théâtre de l'Atelier à Paris**

LEVELING
E: Reading

Literary Analysis

1. D'où vient le comique de cette brève scène?
2. Dans plusieurs de ses pièces, Molière se moque des médecins. Trouvez les éléments de ce dialogue qui confirment ce jugement.
3. Le personnage d'Argan. Comment apparaît-il d'après cette scène?

Le Malade imaginaire de Molière au théâtre de l'Atelier à Paris

Argan Je sens parfois des lassitudes dans tous les membres.
Toinette Le poumon.
Argan Et il me prend des douleurs dans le ventre.
Toinette Le poumon, le poumon, vous dis-je!

Vous avez compris?

A La consultation Répondez d'après la lecture.

1. Qui est Argan?
2. Qui est Toinette?
3. Qui est déguisé en médecin?
4. Argan répond sérieusement à ses questions?
5. Quel est le diagnostic de Toinette?

B C'est vous le médecin. Faites une liste de tous les symptômes du malade.

COMÉDIE FRANÇAISE 1680
THEATRE FRANCAIS
LE MALADE IMAGINAIRE
5049779
18 JUIN
MARDI
20H30
cat.4
2B
478
FAUT. 2EME BALCON
0618CF0300172MS
IMPORTANT : Voir au Dos

Cette statue de Molière se trouve devant le théâtre à Avignon

C Mort en scène Quand Molière écrit *Le Malade imaginaire,* il est malade lui-même. Mais le roi Louis XIV lui a commandé une comédie-ballet à l'occasion du carnaval, et Molière s'est mis au travail. Il présente cette comédie en trois actes le 10 février 1673. C'est lui qui joue le rôle d'Argan. Le 17 février, pendant la quatrième représentation, la comédie tourne à la tragédie: alors que Molière est en scène, il est pris de convulsions. Il meurt quelques heures après. Décrivez cet événement tragique, comme si vous étiez journaliste et écriviez pour un journal français de l'époque.

Step 5 Do the activities that follow.

Step 6 You may wish to have students read another one of your favorite scenes from *Le malade imaginaire.*

Step 7 With more able groups, you may wish to ask the more analytical questions in **Literary Analysis** at the bottom of page 494.

Paired Activity

Avec un(e) camarade, imaginez une petite mise en scène de ce dialogue: costumes, mouvements, gestes...

3 Practice

Vous avez compris?

A This activity can be done orally without preparation.

B Have students look up the answers and write them. Have more advanced students find the Latin roots of the medical terms that they listed. They should then report to the rest of the class about the influence of Latin on the medical field.

C Call on a student to read the first paragraph aloud since the information is a continuation of the biography of Molière.

You may wish to collect the articles, select the best ones and have the "authors" read them to the class.

Answers to Vous avez compris?

A

1. Argan est un malade imaginaire.
2. Toinette est la servante d'Argan.
3. Toinette est déguisée en médecin.
4. Oui, Argan répond sérieusement à ses questions.
5. Toinette dit qu'Argan est malade du poumon.

B

Des douleurs de tête, un voile devant les yeux, des maux de cœur, des lassitudes dans tous les membres, des douleurs dans le ventre.

C *Answers will vary.*

1 Preparation

Resource Manager

Audio Activities TE, page 174
Audio CD 10
Tests, page 259
ExamView® Pro

2 Presentation

Step 1 You can dramatize **découper, s'élancer, arracher, déchiré** and **troué.**

Step 2 Have students repeat the new words after you or Audio CD.

Literature Connection

Molière

Les précieuses ridicules, premier grand succès de Molière, est joué devant le roi Louis XIV en 1659. Avec *L'école des femmes,* montée en 1662, Molière inaugure une série de pièces satiriques, dont les idées sont souvent opposées aux traditions morales, religieuses et sociales de l'époque.

«Faire rire, mais pour corriger les vices des hommes», telle était sa devise. Le nombre des ennemis de Molière augmente et *Tartuffe* provoque un véritable scandale. Cette pièce dénonçait les faux dévots, c'est-à-dire ceux qui font semblant d'être très pratiquants mais qui ne sont, en fait, que des hypocrites. La pièce ne sera jouée qu'en 1669 après cinq ans de controverses religieuses et littéraires.

Tartuffe interdit, Molière écrit *Dom Juan* en 1665. Cette pièce qui reprend le personnage du séducteur espagnol Dom Juan, est l'une des plus étranges: elle mêle le comique au tragique dans une suite de scènes qui éclairent un Dom Juan complexe, immoral et cynique.

Le chandail de hockey

Vocabulaire pour la lecture

du papier à lettres

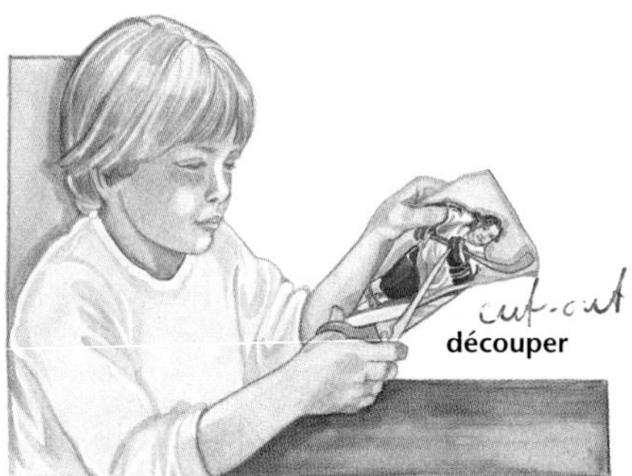

Son chandail est déchiré.

Plus de vocabulaire

étroit(e) petit
maigre le contraire de gros
de la colle substance pour fixer deux choses ensemble
arborer porter ostensiblement

Quel est le mot?

1 Quel est l'intrus? Décidez.

1. déchiré, habillé, troué, sale
2. un stylo, de la colle, un cahier, un chandail
3. des baskets, des patins, des bottes, des bâtons
4. découper, arracher, débarquer, casser
5. étroit, petit, gros, maigre

Hockey sur glace au Québec

2 Attention! Complétez.

1. Il faut ____ tes chaussures! Tu vas tomber.
2. Ne t'____ pas sur la glace. Attends le coup de sifflet de l'arbitre.
3. Regarde ton fils! Il ____ tous les boutons de sa veste.
4. On ne peut pas jouer au hockey sans ____.
5. Faites un peu attention à vos vêtements! Ils sont tout le temps ____!

L'arbitre d'un match de hockey

3 Practice

Quel est le mot?

1 and 2 Have students prepare these activities before going over them in class.

Learning from Photos

(page 497 bottom) Mise en jeu: l'arbitre jette le palet entre les deux crosses de deux joueurs—un de chaque équipe.

Answers to Quel est le mot?

1

1. habillé
2. un chandail
3. des bâtons
4. débarquer
5. gros

2

1. lacer
2. élances
3. arrache
4. bâton
5. déchirés

1 Preparation

Resource Manager

Audio Activities TE, page 175
Audio CD 10
Tests, pages 259–260

2 Presentation

Avant la lecture

Step 1 You may wish to have students read this silently just to get the general idea.

Lecture

Step 1 Call on individuals to read a few sentences aloud.

Step 2 You may wish to ask the following comprehension-type questions after each student has read: **De quels couleurs est le costume des Canadiens de Montréal? C'est une très bonne équipe? «Nous,» c'est qui? Qu'est-ce qu'ils portaient? Comment se peignaient-ils? Qu'est-ce que les jeunes utilisaient quand ils se peignaient? Pourquoi? Comment laceraient-ils leurs patins? Que mettait Maurice Richard sur ses bâtons?**

Step 3 After going over the selection, call on one or more students to give the main idea of the story.

Le chandail de hockey

Roch Carrier

Des futurs champions de hockey

Avant la lecture Roch Carrier est né en 1937 à Sainte-Justine au Québec. Très jeune, Roch Carrier savait déjà qu'il voulait devenir auteur. Il a obtenu un baccalauréat ès arts de l'université Saint-Louis à Edmundston au Nouveau-Brunswick, une maîtrise de l'université de Montréal et un doctorat ès lettres de l'université de Paris. À l'âge de 31 ans il devient célèbre avec *La guerre, yes sir!* (1968). Depuis, il a écrit plusieurs autres romans et nouvelles, des œuvres pour la scène, le cinéma et la télévision. Il a également écrit des essais, des récits de voyage et des poèmes.

Mais Roch Carrier a aussi eu une carrière dans l'enseignement. Ensuite, il a été directeur du Conseil des arts du Canada. Et enfin en 1999, il devient l'administrateur général de la Bibliothèque nationale du Canada.

Plusieurs de ses ouvrages sont devenus des classiques. Il y décrit la vie dans son petit village de Sainte-Justine au cours des années 40. Dans *Le chandail de hockey,* il décrit avec humour et nostalgie son admiration pour le héros de son enfance, le célèbre joueur de hockey, Maurice Richard. En voici un extrait.

Le chandail de hockey

(...)Tous, nous portions le même costume que [Maurice Richard], ce costume rouge, blanc, bleu des Canadiens de Montréal, la meilleure équipe de hockey au monde. Tous, nous peignions nos cheveux à la manière de Maurice Richard. Pour les tenir en place, nous utilisions une sorte de colle, beaucoup de colle. Nous lacions nos patins à la manière de Maurice Richard. Nous mettions le ruban gommé° sur nos bâtons à la manière de Maurice Richard. Nous découpions dans les journaux toutes ses photographies. Vraiment nous savions tout à son sujet.

Sur la glace, au coup de sifflet de l'arbitre, les deux équipes s'élançaient sur le disque de caoutchouc°. Nous étions cinq Maurice Richard contre cinq autres Maurice Richard à qui nous arrachions le disque; nous étions dix joueurs qui portions, avec le même brûlant enthousiasme, l'uniforme des Canadiens de Montréal. Tous nous arborions au dos le très célèbre numéro 9.

Un jour, mon chandail des Canadiens de Montréal était devenu trop étroit; puis il était déchiré ici et là, troué. Ma mère me dit: «Avec ce vieux chandail, tu vas nous faire passer pour pauvres!»

Elle fit ce qu'elle faisait chaque fois que nous avions besoin de vêtements. Elle commença à feuilleter le catalogue que la compagnie Eaton nous envoyait par la poste chaque année. Ma mère était fière. Elle n'a jamais voulu nous habiller au magasin général; seule pouvait nous convenir la dernière mode du catalogue Eaton. Ma mère n'aimait pas les formules de commande incluses dans le catalogue; elles étaient écrites en anglais et elle n'y comprenait rien. Pour commander mon chandail de hockey, elle fit ce qu'elle faisait d'habitude; elle prit son papier à lettres et écrivit de sa douce calligraphie d'institutrice: «Cher Monsieur Eaton, auriez-vous l'amabilité de m'envoyer un chandail de hockey des Canadiens pour mon garçon qui a dix ans et qui est un peu trop grand pour son âge, et que le docteur Robitaille trouve un peu trop maigre? Je vous envoie

le ruban gommé *adhesive tape*

caoutchouc *rubber*

trois piastres et retournez-moi le reste s'il en reste. J'espère que votre emballage° va être mieux fait que la dernière fois.»

Monsieur Eaton répondit rapidement à la lettre de ma mère. Deux semaines plus tard, nous recevions le chandail.

Ce jour-là, j'eus l'une des plus grandes déceptions de ma vie! Je peux dire que j'ai, ce jour-là, connu une très grande tristesse. Au lieu du chandail bleu, blanc, rouge des Canadiens de Montréal, M. Eaton nous avait envoyé un chandail bleu et blanc, avec la feuille d'érable au devant, le chandail des Maple Leafs de Toronto. J'avais toujours porté le chandail bleu, blanc, rouge des Canadiens de Montréal. Tous mes amis portaient le chandail bleu, blanc, rouge. Jamais dans mon village, quelqu'un n'avait porté le chandail de Toronto, jamais on n'y avait vu un chandail des Maple Leafs de Toronto. De plus, l'équipe de Toronto se faisait terrasser° régulièrement par les triomphants Canadiens.

Les larmes aux yeux, je trouvai assez de force pour dire:

—J'porterai jamais cet uniforme-là.

—Mon garçon, tu vas d'abord l'essayer! Si tu te fais une idée sur les choses avant de les essayer, mon garçon, tu n'iras pas loin dans la vie...

emballage *wrapping*

se faisait terrasser *was slaughtered*

Maurice Richard marque un but contre les Boston Bruins.

Learning from Photos

(page 499) Le joueur de hockey Maurice Richard (1921–2000) que l'on surnommait «le Rocket» a eu une longue et brillante carrière avec les Canadiens de Montréal. Les qualités humaines et les exploits de cet athlète hors du commun en ont fait une véritable légende.

Cross-Cultural Comparison

Have students reread the **Avant la lecture.** Have them write the names of the degrees that Roch Carrier earned. Have students give the U.S. equivalents of the same degrees. Have more advanced students do research on the education systems in France and Quebec.

3 Practice

Vous avez compris?

A – C After going over the selection in class, assign these activities for homework and have the students write the answers to the questions. Go over the activities the following day in class.

Vous avez compris?

A Maurice Richard Comment se manifestait l'admiration des petits garçons pour leur héros. Donnez des exemples.

Maurice Richard et ses anciens coéquipiers en 1999

B La mère de l'auteur Qu'est-ce qui montre qu'elle était fière. Donnez des exemples.

C Le petit garçon Expliquez la déception du petit garçon. Pourquoi ne veut-il pas porter le chandail des *Maple Leafs*?

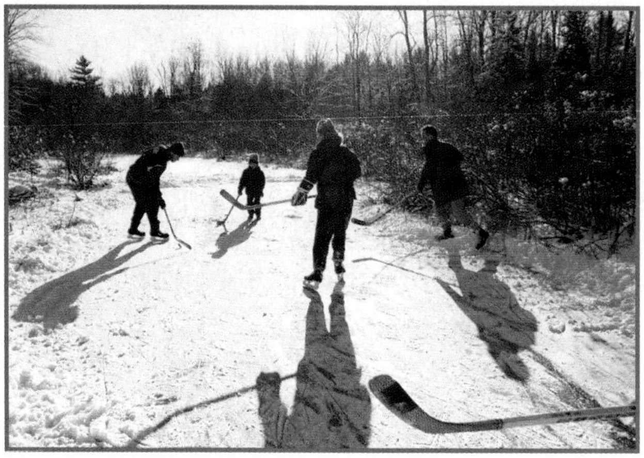

Petits et grands, tout le monde joue au hockey au Québec

Answers to Vous avez compris?

A

Ils portaient le même costume que lui, ils se peignaient comme lui, ils laçaient leurs patins comme lui, ils mettaient le ruban gommé sur leurs bâtons comme lui. Ils découpaient toutes ses photos dans les journaux.

B

Elle voulait que ses enfants soient bien habillés. Elle voulait qu'ils soient habillés à la dernière mode.

C

Parce que son équipe, c'est les Canadiens de Montréal et son idole, c'est Maurice Richard. Tous ses copains portent le chandail des Canadiens et il veut être comme eux. De plus, les Maples Leafs se font régulièrement battre par les Canadiens. Il y a peut-être aussi une certaine rivalité entre Québec, une ville francophone et Toronto, une ville anglophone.

D **Rapports familiaux** D'après vous, qui va gagner, le petit garçon ou sa mère? Le petit garçon finira-t-il par porter le chandail? Justifiez votre réponse.

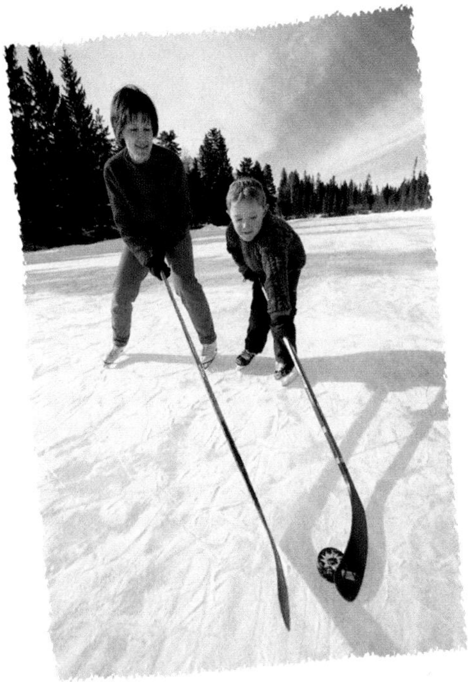

E **Le héros ou l'héroïne de votre jeunesse** Quel était le héros (l'héroïne) de votre jeunesse? Décrivez-le (la) et dites comment se manifestait votre admiration.

F **Pas d'accord** Un(e) de vos camarades a un(e) autre héros ou héroïne. Il/Elle vous décrit le sien (la sienne) et vous discutez de leurs mérites respectifs.

F Have students work in pairs to discuss their opinions.

Chapter Projects

Une enquête
Have students research the importance of hockey in French-speaking Canada. At what age do kids start playing? Do they play in school? Is this similar to anything that Americans do?

Answers to Vous avez compris?

D – F *Answers will vary.*

1 Preparation

Resource Manager

Audio Activities TE, page 176
Audio CD 10
Tests, page 261
ExamView® Pro

2 Presentation

Vocabulaire pour la lecture

Step 1 After presenting the new vocabulary words you may wish to ask: **Comment on peut aller sur la Lune? Est-ce qu'on a déjà marché sur la Lune? En quelle année? (1969) Vous voulez aller sur la Lune? Est-ce que le paysage lunaire est joli? La nuit, on voit beaucoup d'étoiles dans le ciel? Quand il n'y a pas de lune, est-ce que le ciel est d'un noir d'encre?**

Step 2 Ask: **Vous ronflez quand vous dormez? Est-ce qu'il y a quelqu'un qui ronfle dans votre famille? Vous faites quelquefois des cauchemars? Quand vous vous réveillez d'un mauvais rêve, vous êtes content(e) d'être sain(e) et sauf(ve)? Vous vous affolez facilement ou vous restez calme? Vous avez quelquefois des taches d'encre sur les mains? Pourquoi?**

Chapitre 8 Littérature

Les aventures de Tintin: On a marché sur la Lune

Vocabulaire pour la lecture

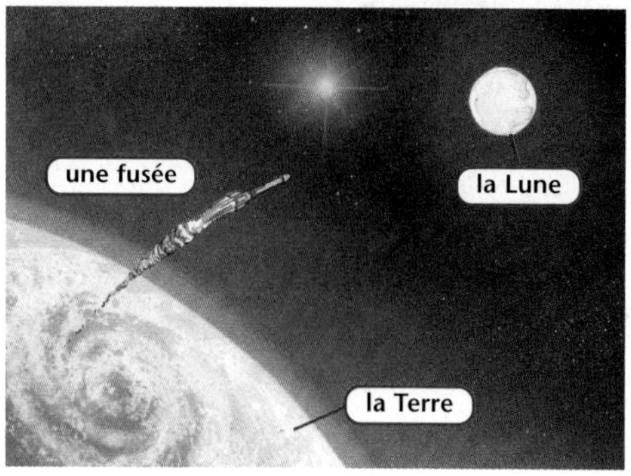

Elle marche: elle fait des pas.
Elle saute: elle fait un bond.

Il ronfle quand il dort.

La libellule est en train de voler.

une tache d'encre noire

Plus de vocabulaire

un cauchemar un mauvais rêve
un micro un microphone
vivant(e) qui vit, qui est en vie, le contraire de mort
sain et sauf en bonne santé
sans doute probablement
s'affoler paniquer

Quel est le mot?

1 Associations Quels mots vont ensemble?

1. ronfler	a. marcher
2. un micro	b. la peur
3. de l'encre	c. un stylo
4. un pas	d. un bond
5. une libellule	e. le ciel
6. une fusée	f. parler
7. s'affoler	g. dormir
8. sauter	h. voler

Maquette de Tintin et Milou en avion à Bruxelles en Belgique

Pleine lune au-dessus des îles de la Société en Polynésie française

2 L'espace Complétez.

1. Pour aller de la ____ à la ____, il faut une fusée.
2. Sur la Lune, il n'y a pas de végétation. Le ____ est lunaire.
3. Rien ne vit sur la Lune; rien n'est ____. Tout semble mort.
4. Le paysage lunaire ressemble à un mauvais rêve, à un ____.
5. Le voyage des astronautes n'a pas été facile, mais ils sont arrivés ___.
6. On construira ____ prochainement une station spatiale sur la Lune.

3 Practice

Quel est le mot?

1 and **2** These activities can be done immediately after the new vocabulary has been presented.

Vocabulary Expansion

Give students the following expressions with **lune** and **terre** and see if they can come up with the equivalent expression in English.

être dans la lune
une lune de miel
demander (promettre) la lune
il y a bien des lunes...
être six pieds sous terre
remuer ciel et terre

Answers to Quel est le mot?

1

1. g
2. f
3. c
4. a
5. h
6. e
7. b
8. d

2

1. Terre, Lune
2. paysage
3. vivant
4. cauchemar
5. sains et saufs
6. sans doute

National Standards

Communication
Students will talk about comic strips, which are popular in both France and North America.

Comparisons
Students will have a chance to compare French and American comic strips.

1 Preparation

Resource Manager

Audio Activities TE, page 177
Audio CD 10
Tests, page 262

2 Presentation

Avant la lecture

Step 1 Have students bring to class some comics from a newspaper. Ask: **Quelles sont vos B.D. préférées? Pourquoi? Il y a des B.D. pour enfants? Pour adultes? Qu'est-ce qu'on apprend sur la société par les B.D.?**

Step 2 Bring in some copies of Tintin, Astérix, Lucky Luke, etc. Compare the French comics with those the students brought in. Ask: **Quels sont les héros? Quels sont les différents genres de B.D., par exemple, il y a des B.D. historiques, d'aventures, fantastiques, policières?**

Step 3 Talk about how sounds are illustrated. (See the second item in Fun Facts on page 505.)

Step 4 Encourage students to use the images to guess meaning. Describe one of the cartoon frames and see if students can guess which frame you are describing.

Les aventures de Tintin: On a marché sur la Lune

Hergé

Avant la lecture La bande dessinée est universelle. Elle s'adresse à des publics très différents. Il y a des bandes dessinées pour enfants, il y a celles pour adultes. Il y a des bandes dessinées qui n'ont aucune prétention intellectuelle ou artistique, d'autres qui sont de véritables œuvres d'art. En France, la bande dessinée est très appréciée. Tous les enfants connaissent *Les aventures de Tintin*, et aussi celles du cow-boy Lucky Luke, «l'homme qui tire plus vite que son ombre» (*the man who shoots faster than his shadow*).

Hergé (1907–1983), le créateur de Tintin s'appelait en réalité Georges Rémi. Ses initiales à l'envers RG deviennent Hergé. Ce dessinateur belge crée le personnage de Tintin en 1929. Il fonde l'école de Bruxelles, un atelier de bandes dessinées qui remportent un succès immense. Les albums de Tintin ont été traduits en 30 langues et ont été suivis par des dessins animés ou des films.

Tintin et Milou en chocolat au musée du Cacao et du Chocolat, à Bruxelles en Belgique

Vous allez lire un épisode d'une aventure de Tintin: *On a marché sur la Lune*. Comme dans toutes les aventures de Tintin, on y retrouve ses fidèles compagnons: Milou, son chien; le capitaine Haddock, un ancien marin qui jure (*swears*) tout le temps–ses jurons favoris étant «Tonnerre de Brest!» et «Mille millions de mille sabords!» (*Blistering barnacles!*); les Dupont et Dupont, deux policiers jumeaux (*twins*) qui font gaffe (*blunder*) sur gaffe. Tout ce petit monde se retrouve dans de nombreuses aventures qui se passent aux quatre coins de la planète. Mais dans l'épisode qui suit ils ont quitté notre planète et ils viennent d'atterrir… sur la Lune!

Step 5 As you read **Avant la lecture,** point out Dupont and Dupont and Tintin, Milou, and Capitaine Haddock.

LEVELING
E: Reading
A: Reading

Les aventures de Tintin: On a marché sur la Lune

[1] avaries *damage*
[2] trépidations *vibrations*
[3] ont secoué *shook*
[4] fouler *to tread*
[5] scaphandre *space suit*
[6] faire le vide *create a vacuum*
[7] échelons mobiles *accommodation ladder*

Lecture

Step 1 Give students a copy of this reading with blank speech bubbles. Have them work in groups to write what they think the dialogue should be for different sections of the comic strip, based solely on the pictures. After the reading, you can compare the students' versions with the actual story.

Step 2 Have students read this selection silently as if they were actually reading a comic book.

Step 3 Tell students to read the selection once. Have them read it a second time as they look for the information in **Activité A** on page 508. It is recommended that this be done as a homework assignment.

FUN-FACTS

- Devant le succès des personnages tels que Tintin, Lucky Luke ou Astérix, le dessinateur n'est plus libre de changer le profil de son héros. Ceux-ci deviennent des sortes de mythes. Ainsi Tintin aura-t-il toujours besoin de Milou, Lucky Luke se battra toujours contre les Dalton et Astérix sera toujours le débrouillard que l'on connaît.
- Dans les bandes dessinées, on trouve de nombreuses onomatopées qui sont une manière d'introduire le son dans l'image de la B.D. et la rendre plus réaliste. Certaines sont empruntées à l'anglais. Un bruit d'eau fait *splatch.* Tandis qu'une voiture fait *vroâär* ou *rac pout pout* selon sa marque, et le galop d'un cheval *cataclop, cataclop.*

Literature Connection

Have students read other **Tintin** adventures. Tell students that art often reflects the views of a culture. Have them analyze how **Tintin** views different countries, cultures, and events.

(À suivre...)

Group Activity

Have students do the following in groups:

1. **Trouvez un titre pour ces pages.**
2. **Jouez les rôles des personnages.**
3. **Racontez l'histoire d'un autre point de vue.**

---

8 prodigieux *prodigious, fantastic*
9 pesanteur *gravity*
10 moindre *less*
11 le plus fort... c'est que *the amazing thing... is*
12 pourvu que *let's hope that*
13 me dégourdir les (jambes) pattes *to stretch my legs*
* Nom d'un homme! *Milou's version (a dog's) of the expression* "Nom d'un chien!" *which means "Golly! Gee!"*

Après la lecture

3 Practice

Vous avez compris?

C This activity can be done as an individual assignment or as a group activity.

Note: You may wish to tell students the following: **Tintin et le capitaine Haddock ressentent un tremblement de terre ou plutôt de lune. C'est une météorite qui vient de s'abattre juste à l'endroit où ils se trouvaient quelques instants plus tôt.**

C **Expansion:** Use a comic-strip from a local newspaper and mask the words in the bubbles. Students fill in the conversation in French. You may wish to display the best comic strips on the board.

Class Motivator

1. Have students work in groups. Give each group a French comic-book page that you have cut up into sections. Each student must read his or her section silently and then describe it to the others. The object of the activity is to reassemble the page in its correct sequence. Then ask students to give a résumé of their page.
   Hint: Use pages from the same book and have the class put the groups' pages in order as well.
2. Give each group another French comic-book page with blank speech bubbles. Have students work together to write the dialogue. The group whose version most resembles the original "wins."

Vous avez compris?

A **Suspense** Répondez.

1. Pourquoi les ingénieurs sur la Terre s'inquiètent-ils?
2. Qui répond à l'appel de la Terre?
3. Où sont nos amis?
4. Qui ronfle?
5. Qui va sortir le premier de la fusée? Pourquoi?
6. Comment Tintin décrit-il le paysage lunaire?
7. Quelle est la réaction du capitaine Haddock quand il met le pied sur la Lune?
8. Quelle est celle de Milou?
9. Quel est l'effet de la pesanteur lunaire sur nos trois amis?

B **On a marché sur la Lune.** Cette bande dessinée a été écrite bien avant que l'homme n'ait vraiment marché sur la Lune. Essayez de deviner en quelle année cette bande dessinée a paru. Vous savez certainement en quelle année et qui a marché sur la Lune pour la première fois. Pour savoir la réponse à ces deux questions, demandez-la à votre professeur. Imaginez maintenant que c'est vous qui marchez sur la Lune pour la première fois. Utilisez le vocabulaire de ce texte pour décrire vos impressions.

C **La suite** La dernière image de cet épisode montre que quelque chose va arriver à nos héros. Imaginez ce que c'est.

D **Débat: les bandes dessinées** Les parents et les professeurs n'aiment pas toujours que les jeunes lisent des bandes dessinées. En effet, ils trouvent souvent que les bandes dessinées ne sont pas éducatives et qu'au lieu de développer l'esprit, elles le déforment. Qu'en pensez-vous? Préparez vos arguments avant de débattre avec vos camarades.

Answers to Vous avez compris?

A

1. Parce qu'ils ont appelé la fusée lunaire pendant plus d'une demi-heure sans obtenir de réponse.
2. Tournesol.
3. Sur la Lune.
4. Les deux policiers.
5. Tintin, parce qu'il est le plus jeune.
6. Un paysage de cauchemar, un paysage de mort, effrayant de désolation...
7. Il est enthousiasmé: il marche, il court, il saute.
8. Il a un peu peur, mais il est content de pouvoir se dégourdir les pattes.
9. Ils sont six fois plus légers que sur la Terre.

B

Cette bande dessinée a paru en 1953. Neil Armstrong a été le premier être humain à marcher sur la Lune, le 21 juillet 1969.

C *Answers will vary.*

D *Answers will vary.*

Le corbeau et le renard

Vocabulaire pour la lecture

un renard

un corbeau

un bois

Plus de vocabulaire

saisir prendre
allécher attirer
mentir ne pas dire la vérité

Quel est le mot?

1 Une bêtise Répondez.

1. Le corbeau et le renard sont dans les bois?
2. Qui est perché sur l'arbre, le corbeau ou le renard?
3. Quel animal a un grand bec, le corbeau ou le renard?
4. Le renard se saisit de sa proie (*prey*)?

2 Quel est le mot? Complétez.

1. La bouche d'un oiseau, c'est un ____.
2. Il y a beaucoup d'arbres dans un ____.
3. Un ____ est un oiseau et un ___ est un mammifère.
4. Il n'a pas dit la vérité. Il a ____.
5. Il a été ____ par l'odeur d'une bonne soupe.

La forêt et le massif de Bavella, en Corse

1 Preparation

Resource Manager

Audio Activities TE, page 178
Audio CD 10
Tests, page 263
ExamView® Pro

2 Presentation

Vocabulaire pour la lecture

Step 1 Have students look at the art as they repeat each call out a word once or twice.

Step 2 Have students give the word you are defining:
Un animal qui ressemble à un chien.
Un oiseau.
Un endroit où il y a beaucoup d'arbres.
La bouche d'un oiseau.
Ne pas dire la vérité.

3 Practice

Quel est le mot?

1 and **2** Have students prepare the activities at home and then go over them quickly in class.

Answers to Quel est le mot?

1

1. Oui, le corbeau et le renard sont dans les bois.
2. Le corbeau est perché sur l'arbre.
3. Le corbeau a un grand bec.
4. Oui, il s'est saisi de sa proie.

2

1. bec
2. bois
3. corbeau, renard
4. menti
5. alléché

1 Preparation

Resource Manager

Audio Activities TE, page 179
Audio CD 10
Tests, page 263

2 Presentation

Avant la lecture

Step 1 Read **Avant la lecture** to the class.

Step 2 As you read **Avant la lecture,** you may want to intersperse the following questions to check comprehension: **Jean de La Fontaine est d'origine pauvre? Il vient d'une grande ville? Il est de quelle origine? Qui fréquente-t-il? Il commence à écrire des fables à quel âge? Que sont les fables de La Fontaine? Qui sont les personnages des fables de La Fontaine? Connaissez-vous une fable d'Ésope? Laquelle?**

Step 3 Ask students to explain the statement **«La Fontaine a donné une dimension dramatique à ses fables.»**

Lecture

Step 1 You may have students listen to the fable on Audio CD.

Step 2 Then have students look at the marginal glosses.

Step 3 Have students listen to the fable on Audio CD again as they follow along in the book.

Le corbeau et le renard

Jean de La Fontaine

Avant la lecture Jean de La Fontaine (1621–1695) est d'origine bourgeoise et provinciale. Il fréquente les cercles littéraires où il rencontre les grands écrivains de l'époque: Molière, Racine, La Rochefoucault, Mme de Sévigné.

La Fontaine a écrit un roman, des poèmes, des contes et des nouvelles. Mais c'est assez tard, à l'âge de 47 ans, qu'il écrit ces *Fables* qui le rendent immortel. Les fables de La Fontaine sont de petits drames qui mettent en scène des personnages[1]. Ces personnages sont le plus souvent des animaux, mais des animaux qui parlent et se conduisent[2] comme des humains avec toutes leurs qualités et surtout leurs défauts.

Peut-être connaissez-vous déjà les fables de l'écrivain grec Ésope? Jean de La Fontaine s'est inspiré d'Ésope pour écrire ses fables, mais il leur a donné une dimension dramatique. Il a créé de vraies «comédies» où la morale est passée au second plan. Comme vous le verrez dans la fable *Le corbeau et le renard,* les fables de La Fontaine ont une histoire et une morale.

[1] personnages *characters*
[2] se conduisent *behave*

Le corbeau et le renard

Maître corbeau, sur un arbre perché,
Tenait en son bec un fromage.
Maître renard, par l'odeur alléché,
Lui tint à peu près ce langage°:
«Eh bonjour, Monsieur du Corbeau.
Que vous êtes joli, que vous me semblez beau!
Sans mentir, si votre ramage°
Se rapporte° à votre plumage,
Vous êtes le phénix des hôtes de ces bois.»
À ces mots, le corbeau ne se sent pas° de joie;
Et pour montrer sa belle voix,
Il ouvre un large bec, laisse tomber sa proie°.
Le renard s'en saisit, et dit: «Mon bon monsieur,
Apprenez que tout flatteur
Vit aux dépens de° celui qui l'écoute.
Cette leçon vaut bien un fromage sans doute.»
Le corbeau, honteux° et confus,
Jura, mais un peu tard, qu'on ne l'y prendrait plus°.

lui tint à peu près ce langage *uttered more or less these words*
ramage *voice, song*
se rapporte *resembles*
ne se sent pas *is overcome*
proie *prey*
aux dépens de *at the expense of*
honteux *ashamed*
on ne l'y prendrait plus *never to be fooled again*

Literary Analysis

1. La Fontaine a donné à ses animaux-personnages des caractéristiques humaines. Quels sont ces caractéristiques? Citez des vers pour justifier votre réponse.
2. Si le corbeau n'était pas aussi sensible à la flatterie, aurait-il perdu son fromage?
3. Si les animaux sont considérés comme des personnes, est-ce qu'il a une chose qui est considérée comme un animal? (Remarquez que l'auteur dit «un fromage» au lieu de «du fromage», et que le fromage est «la proie» du corbeau.)

Vous avez compris?

A Qui ou quoi? Donnez les informations suivantes.

1. le nom d'un oiseau
2. le nom d'un mammifère
3. l'endroit où le corbeau était perché
4. ce que le corbeau avait dans son bec
5. ce qui a attiré le renard

B Attention! Répondez.

1. Que fait le corbeau pour montrer sa belle voix?
2. Qu'est-ce qui tombe de son bec?
3. Qui prend ce qui tombe? Qui s'en saisit?
4. D'après le renard, tout flatteur vit aux dépens de qui?
5. Est-ce que le corbeau était content de lui?

C Dans l'ordre Mettez les phrases dans l'ordre de l'histoire.

1. Le corbeau est perché sur un arbre.
2. Le fromage tombe.
3. Le renard flatte le corbeau.
4. Le corbeau a un bon fromage dans son bec.
5. Le corbeau ouvre le bec et commence à chanter.
6. Le renard sent l'odeur du fromage.
7. Le renard donne une leçon au corbeau.
8. Le renard s'approche du corbeau et lui parle.

D Le renard parle. Dites dans vos propres mots tout ce que le renard dit au corbeau.

E Une bonne leçon Discutez la morale de cette fable. Vous êtes d'accord avec la morale de cette fable ou pas? Donnez des exemples qui illustrent (ou n'illustrent pas) cette morale.

F Une petite pièce Avec deux camarades, jouez *Le corbeau et le renard*. Choisissez chacun votre rôle: le corbeau, le renard et le narrateur (la narratrice).

Answers to Vous avez compris?

A

1. un corbeau
2. un renard
3. dans un arbre
4. un fromage
5. l'odeur du fromage

B

1. Il ouvre son bec pour chanter.
2. Le fromage tombe de son bec.
3. Le renard s'en saisit.
4. Tout flatteur vit aux dépens de celui qui l'écoute.
5. Non, il était honteux.

C

1. 1
2. 7
3. 5
4. 2
5. 6
6. 3
7. 8
8. 4

D – F

Answers will vary.

LEVELING

E: Reading

A: Reading

Step 4 You can paraphrase the following sentences.

Maître renard, par l'odeur alléché (Le renard a été attiré par l'odeur du fromage. Il l'a trouvée très agréable, très bonne.)

Lui tint à peu près ce langage (Le renard a commencé à parler au corbeau, il lui a dit...)

Sí votre ramage / Se rapporte à votre plumage (Si votre voix est aussi belle que vos plumes)

Vous êtes le phénix des hôtes de ces bois. (Vous êtes sans doute le meilleur et le plus beau de tous ceux qui habitent dans ces bois.)

Step 5 With more able groups, you may wish to ask the questions in **Literary Analysis** at the bottom of page 510.

3 Practice

Vous avez compris?

A, **B**, **D** These activities can be gone over in class without previous preparation.

E This can be done as a whole-class discussion.

Learning from Realia

La fable représentée sur la couverture est «Le Renard et la Cigogne». Le renard invite la cigogne à manger, mais il lui sert le repas dans une assiette et elle ne peut rien manger avec son long bec. Elle retourne l'invitation et sert le repas dans un vase à long col. Le renard ne peut rien manger parce que son museau est trop gros! La morale de La Fontaine: «Trompeurs, c'est pour vous que j'écris: Attendez-vous à la pareille!»

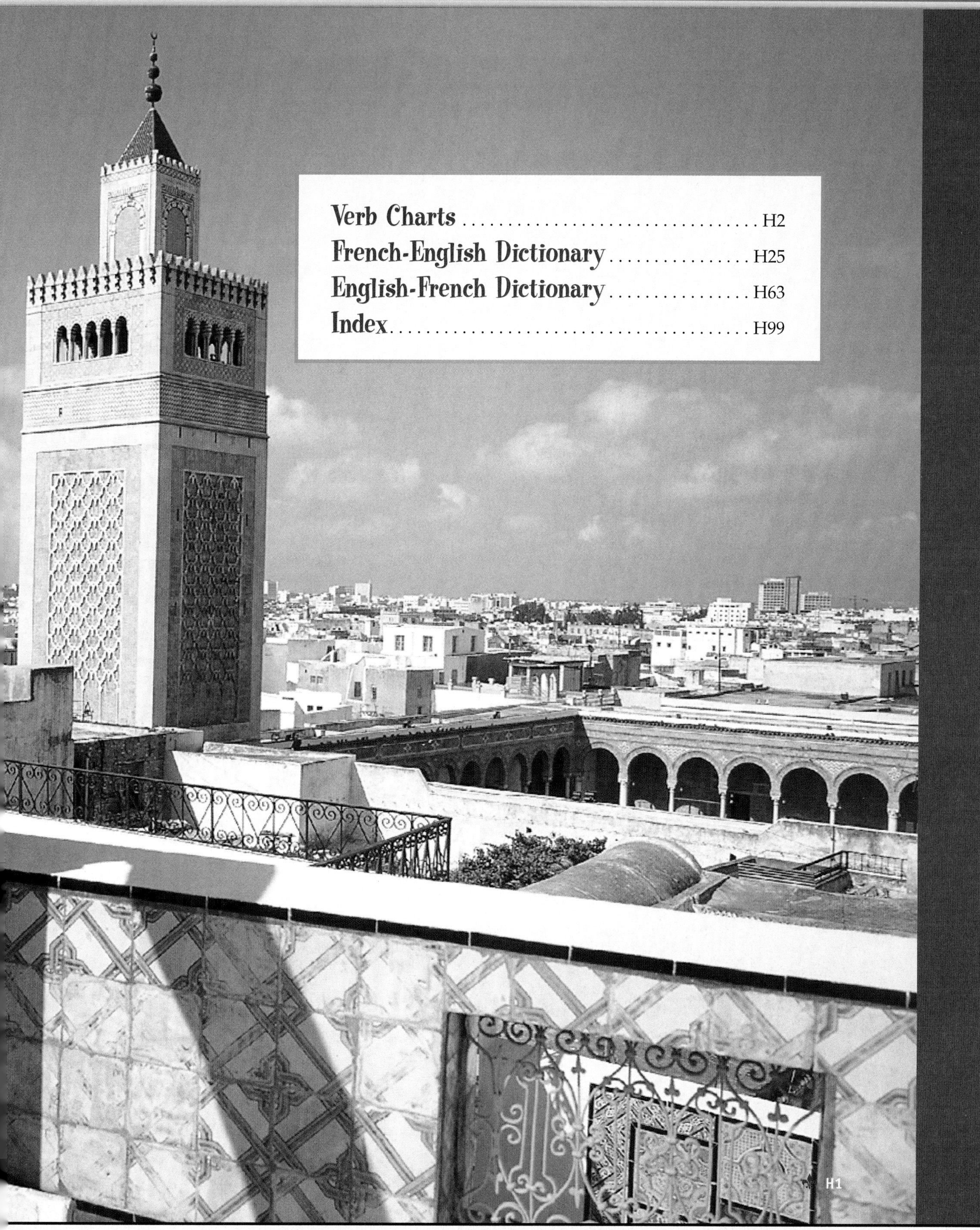

VERBES RÉGULIERS				
	parler *to talk*		**finir** *to finish*	
PARTICIPE PRÉSENT	parlant		finissant	
PARTICIPE PASSÉ	parlé		fini	
PRÉSENT	je parle tu parles il parle	nous parlons vous parlez ils parlent	je finis tu finis il finit	nous finissons vous finissez ils finissent
IMPÉRATIF	parle	parlons parlez	finis	finissons finissez
PASSÉ COMPOSÉ	j'ai parlé tu as parlé il a parlé	nous avons parlé vous avez parlé ils ont parlé	j'ai fini tu as fini il a fini	nous avons fini vous avez fini ils ont fini
PASSÉ SIMPLE	je parlai tu parlas il parla	nous parlâmes vous parlâtes ils parlèrent	je finis tu finis il finit	nous finîmes vous finîtes ils finirent
IMPARFAIT	je parlais tu parlais il parlait	nous parlions vous parliez ils parlaient	je finissais tu finissais il finissait	nous finissions vous finissiez ils finissaient
PLUS-QUE-PARFAIT	j'avais parlé tu avais parlé il avait parlé	nous avions parlé vous aviez parlé ils avaient parlé	j'avais fini tu avais fini il avait fini	nous avions fini vous aviez fini ils avaient fini
FUTUR	je parlerai tu parleras il parlera	nous parlerons vous parlerez ils parleront	je finirai tu finiras il finira	nous finirons vous finirez ils finiront
FUTUR ANTÉRIEUR	j'aurai parlé tu auras parlé il aura parlé	nous aurons parlé vous aurez parlé ils auront parlé	j'aurai fini tu auras fini il aura fini	nous aurons fini vous aurez fini ils auront fini
CONDITIONNEL	je parlerais tu parlerais il parlerait	nous parlerions vous parleriez ils parleraient	je finirais tu finirais il finirait	nous finirions vous finiriez ils finiraient
CONDITIONNEL PASSÉ	j'aurais parlé tu aurais parlé il aurait parlé	nous aurions parlé vous auriez parlé ils auraient parlé	j'aurais fini tu aurais fini il aurait fini	nous aurions fini vous auriez fini ils auraient fini
SUBJONCTIF PRÉSENT	que je parle que tu parles qu'il parle	que nous parlions que vous parliez qu'ils parlent	que je finisse que tu finisses qu'il finisse	que nous finissions que vous finissiez qu'ils finissent
SUBJONCTIF PASSÉ	que j'aie parlé que tu aies parlé qu'il ait parlé	que nous ayons parlé que vous ayez parlé qu'ils aient parlé	que j'aie fini que tu aies fini qu'il ait fini	que nous ayons fini que vous ayez fini qu'ils aient fini

VERBES RÉGULIERS		
	répondre *to answer*	
PARTICIPE PRÉSENT	répondant	
PARTICIPE PASSÉ	répondu	
PRÉSENT	je réponds tu réponds il répond	nous répondons vous répondez ils répondent
IMPÉRATIF	réponds	répondons répondez
PASSÉ COMPOSÉ	j'ai répondu tu as répondu il a répondu	nous avons répondu vous avez répondu ils ont répondu
PASSÉ SIMPLE	je répondis tu répondis il répondit	nous répondîmes vous répondîtes ils répondirent
IMPARFAIT	je répondais tu répondais il répondait	nous répondions vous répondiez ils répondaient
PLUS-QUE-PARFAIT	j'avais répondu tu avais répondu il avait répondu	nous avions répondu vous aviez répondu ils avaient répondu
FUTUR	je répondrai tu répondras il répondra	nous répondrons vous répondrez ils répondront
FUTUR ANTÉRIEUR	j'aurai répondu tu auras répondu il aura répondu	nous aurons répondu vous aurez répondu ils auront répondu
CONDITIONNEL	je répondrais tu répondrais il répondrait	nous répondrions vous répondriez ils répondraient
CONDITIONNEL PASSÉ	j'aurais répondu tu aurais répondu il aurait répondu	nous aurions répondu vous auriez répondu ils auraient répondu
SUBJONCTIF PRÉSENT	que je réponde que tu répondes qu'il réponde	que nous répondions que vous répondiez qu'ils répondent
SUBJONCTIF PASSÉ	que j'aie répondu que tu aies répondu qu'il ait répondu	que nous ayons répondu que vous ayez répondu qu'ils aient répondu

VERBES RÉFLÉCHIS	se laver *to wash oneself*	
PARTICIPE PRÉSENT	se lavant	
PARTICIPE PASSÉ	lavé(e)(s)	
PRÉSENT	je me lave tu te laves il se lave	nous nous lavons vous vous lavez ils se lavent
IMPÉRATIF	lave-toi	lavons-nous lavez-vous
PASSÉ COMPOSÉ	je me suis lavé(e) tu t'es lavé(e) il s'est lavé	nous nous sommes lavé(e)s vous vous êtes lavé(e)(s) ils se sont lavés
PASSÉ SIMPLE	je me lavai tu te lavas il se lava	nous nous lavâmes vous vous lavâtes ils se lavèrent
IMPARFAIT	je me lavais tu te lavais il se lavait	nous nous lavions vous vous laviez ils se lavaient
PLUS-QUE-PARFAIT	je m'étais lavé(e) tu t'étais lavé(e) il s'était lavé	nous nous étions lavé(e)s vous vous étiez lavé(e)(s) ils s'étaient lavés
FUTUR	je me laverai tu te laveras il se lavera	nous nous laverons vous vous laverez ils se laveront
FUTUR ANTÉRIEUR	je me serai lavé(e) tu te seras lavé(e) il se sera lavé	nous nous serons lavé(e)s vous vous serez lavé(e)(s) ils se seront lavés
CONDITIONNEL	je me laverais tu te laverais il se laverait	nous nous laverions vous vous laveriez ils se laveraient
CONDITIONNEL PASSÉ	je me serais lavé(e) tu te serais lavé(e) il se serait lavé	nous nous serions lavé(e)s vous vous seriez lavé(e)(s) ils se seraient lavés
SUBJONCTIF PRÉSENT	que je me lave que tu te laves qu'il se lave	que nous nous lavions que vous vous laviez qu'ils se lavent
SUBJONCTIF PASSÉ	que je me sois lavé(e) que tu te sois lavé(e) qu'il se soit lavé	que nous nous soyons lavé(e)s que vous vous soyez lavé(e)(s) qu'ils se soient lavés

VERBES AVEC CHANGEMENTS D'ORTHOGRAPHE				
	acheter *to buy*[1]		**appeler** *to call*	
PARTICIPE PRÉSENT	achetant		appelant	
PARTICIPE PASSÉ	acheté		appelé	
PRÉSENT	j'achète tu achètes il achète	nous achetons vous achetez ils achètent	j'appelle tu appelles il appelle	nous appelons vous appelez ils appellent
IMPÉRATIF	achète	achetons achetez	appelle	appelons appelez
PASSÉ COMPOSÉ	j'ai acheté tu as acheté il a acheté	nous avons acheté vous avez acheté ils ont acheté	j'ai appelé tu as appelé il a appelé	nous avons appelé vous avez appelé ils ont appelé
PASSÉ SIMPLE	j'achetai tu achetas il acheta	nous achetâmes vous achetâtes ils achetèrent	j'appelai tu appelas il appela	nous appelâmes vous appelâtes ils appelèrent
IMPARFAIT	j'achetais tu achetais il achetait	nous achetions vous achetiez ils achetaient	j'appelais tu appelais il appelait	nous appelions vous appeliez ils appelaient
PLUS-QUE-PARFAIT	j'avais acheté tu avais acheté il avait acheté	nous avions acheté vous aviez acheté ils avaient acheté	j'avais appelé tu avais appelé il avait appelé	nous avions appelé vous aviez appelé ils avaient appelé
FUTUR	j'achèterai tu achèteras il achètera	nous achèterons vous achèterez ils achèteront	j'appellerai tu appelleras il appellera	nous appellerons vous appellerez ils appelleront
FUTUR ANTÉRIEUR	j'aurai acheté tu auras acheté il aura acheté	nous aurons acheté vous aurez acheté ils auront acheté	j'aurai appelé tu auras appelé il aura appelé	nous aurons appelé vous aurez appelé ils auront appelé
CONDITIONNEL	j'achèterais tu achèterais il achèterait	nous achèterions vous achèteriez ils achèteraient	j'appellerais tu appellerais il appellerait	nous appellerions vous appelleriez ils appelleraient
CONDITIONNEL PASSÉ	j'aurais acheté tu aurais acheté il aurait acheté	nous aurions acheté vous auriez acheté ils auraient acheté	j'aurais appelé tu aurais appelé il aurait appelé	nous aurions appelé vous auriez appelé ils auraient appelé
SUBJONCTIF PRÉSENT	que j'achète que tu achètes qu'il achète	que nous achetions que vous achetiez qu'ils achètent	que j'appelle que tu appelles qu'il appelle	que nous appelions que vous appeliez qu'ils appellent
SUBJONCTIF PASSÉ	que j'aie acheté que tu aies acheté qu'il ait acheté	que nous ayons acheté que vous ayez acheté qu'ils aient acheté	que j'aie appelé que tu aies appelé qu'il ait appelé	que nous ayons appelé que vous ayez appelé qu'ils aient appelé

[1] Verbes similaires: **emmener, peser, soulever**

VERBES AVEC CHANGEMENTS D'ORTHOGRAPHE				
	commencer *to begin*[2]		**manger** *to eat*[3]	
PARTICIPE PRÉSENT	commençant		mangeant	
PARTICIPE PASSÉ	commencé		mangé	
PRÉSENT	je commence tu commences il commence	nous commençons vous commencez ils commencent	je mange tu manges il mange	nous mangeons vous mangez ils mangent
IMPÉRATIF	commence	commençons commencez	mange	mangeons mangez
PASSÉ COMPOSÉ	j'ai commencé tu as commencé il a commencé	nous avons commencé vous avez commencé ils ont commencé	j'ai mangé tu as mangé il a mangé	nous avons mangé vous avez mangé ils ont mangé
PASSÉ SIMPLE	je commençai tu commenças il commença	nous commençâmes vous commençâtes ils commencèrent	je mangeai tu mangeas il mangea	nous mangeâmes vous mangeâtes ils mangèrent
IMPARFAIT	je commençais tu commençais il commençait	nous commencions vous commenciez ils commençaient	je mangeais tu mangeais il mangeait	nous mangions vous mangiez ils mangeaient
PLUS-QUE-PARFAIT	j'avais commencé tu avais commencé il avait commencé	nous avions commencé vous aviez commencé ils avaient commencé	j'avais mangé tu avais mangé il avait mangé	nous avions mangé vous aviez mangé ils avaient mangé
FUTUR	je commencerai tu commenceras il commencera	nous commencerons vous commencerez ils commenceront	je mangerai tu mangeras il mangera	nous mangerons vous mangerez ils mangeront
FUTUR ANTÉRIEUR	j'aurai commencé tu auras commencé il aura commencé	nous aurons commencé vous aurez commencé ils auront commencé	j'aurai mangé tu auras mangé il aura mangé	nous aurons mangé vous aurez mangé ils auront mangé
CONDITIONNEL	je commencerais tu commencerais il commencerait	nous commencerions vous commenceriez ils commenceraient	je mangerais tu mangerais il mangerait	nous mangerions vous mangeriez ils mangeraient
CONDITIONNEL PASSÉ	j'aurais commencé tu aurais commencé il aurait commencé	nous aurions commencé vous auriez commencé ils auraient commencé	j'aurais mangé tu aurais mangé il aurait mangé	nous aurions mangé vous auriez mangé ils auraient mangé
SUBJONCTIF PRÉSENT	que je commence que tu commences qu'il commence	que nous commencions que vous commenciez qu'ils commencent	que je mange que tu manges qu'il mange	que nous mangions que vous mangiez qu'ils mangent
SUBJONCTIF PASSÉ	que j'aie commencé que tu aies commencé qu'il ait commencé	que nous ayons commencé que vous ayez commencé qu'ils aient commencé	que j'aie mangé que tu aies mangé qu'il ait mangé	que nous ayons mangé que vous ayez mangé qu'ils aient mangé

[2] Verbe similaire: **effacer**

[3] Verbes similaires: **changer, exiger, nager, voyager**

VERBES AVEC CHANGEMENTS D'ORTHOGRAPHE	payer *to pay*[4]		préférer *to prefer*[5]	
PARTICIPE PRÉSENT	payant		préférant	
PARTICIPE PASSÉ	payé		préféré	
PRÉSENT	je paie tu paies il paie	nous payons vous payez ils paient	je préfère tu préfères il préfère	nous préférons vous préférez ils préfèrent
IMPÉRATIF	paie	payons payez	préfère	préférons préférez
PASSÉ COMPOSÉ	j'ai payé tu as payé il a payé	nous avons payé vous avez payé ils ont payé	j'ai préféré tu as préféré il a préféré	nous avons préféré vous avez préféré ils ont préféré
PASSÉ SIMPLE	je payai tu payas il paya	nous payâmes vous payâtes ils payèrent	je préférai tu préféras il préféra	nous préférâmes vous préférâtes ils préférèrent
IMPARFAIT	je payais tu payais il payait	nous payions vous payiez ils payaient	je préférais tu préférais il préférait	nous préférions vous préfériez ils préféraient
PLUS-QUE-PARFAIT	j'avais payé tu avais payé il avait payé	nous avions payé vous aviez payé ils avaient payé	j'avais préféré tu avais préféré il avait préféré	nous avions préféré vous aviez préféré ils avaient préféré
FUTUR	je paierai tu paieras il paiera	nous paierons vous paierez ils paieront	je préférerai tu préféreras il préférera	nous préférerons vous préférerez ils préféreront
FUTUR ANTÉRIEUR	j'aurai payé tu auras payé il aura payé	nous aurons payé vous aurez payé ils auront payé	j'aurai préféré tu auras préféré il aura préféré	nous aurons préféré vous aurez préféré ils auront préféré
CONDITIONNEL	je paierais tu paierais il paierait	nous paierions vous paieriez ils paieraient	je préférerais tu préférerais il préférerait	nous préférerions vous préféreriez ils préféreraient
CONDITIONNEL PASSÉ	j'aurais payé tu aurais payé il aurait payé	nous aurions payé vous auriez payé ils auraient payé	j'aurais préféré tu aurais préféré il aurait préféré	nous aurions préféré vous auriez préféré ils auraient préféré
SUBJONCTIF PRÉSENT	que je paie que tu paies qu'il paie	que nous payions que vous payiez qu'ils paient	que je préfère que tu préfères qu'il préfère	que nous préférions que vous préfériez qu'ils préfèrent
SUBJONCTIF PASSÉ	que j'aie payé que tu aies payé qu'il ait payé	que nous ayons payé que vous ayez payé qu'ils aient payé	que j'aie préféré que tu aies préféré qu'il ait préféré	que nous ayons préféré que vous ayez préféré qu'ils aient préféré

[4] Verbes similaires: **appuyer, employer, essayer, essuyer, nettoyer, tutoyer**

[5] Verbes similaires: **accélérer, célébrer, espérer, oblitérer, récupérer, sécher, suggérer**

VERBES IRRÉGULIERS				
	aller *to go*		**avoir** *to have*	
PARTICIPE PRÉSENT	allant		ayant	
PARTICIPE PASSÉ	allé(e)(s)		eu	
PRÉSENT	je vais tu vas il va	nous allons vous allez ils vont	j'ai tu as il a	nous avons vous avez ils ont
IMPÉRATIF	va	allons allez	aie	ayons ayez
PASSÉ COMPOSÉ	je suis allé(e) tu es allé(e) il est allé	nous sommes allé(e)s vous êtes allé(e)(s) ils sont allés	j'ai eu tu as eu il a eu	nous avons eu vous avez eu ils ont eu
PASSÉ SIMPLE	j'allai tu allas il alla	nous allâmes vous allâtes ils allèrent	j'eus tu eus il eut	nous eûmes vous eûtes ils eurent
IMPARFAIT	j'allais tu allais il allait	nous allions vous alliez ils allaient	j'avais tu avais il avait	nous avions vous aviez ils avaient
PLUS-QUE-PARFAIT	j'étais allé(e) tu étais allé(e) il était allé	nous étions allé(e)s vous étiez allé(e)(s) ils étaient allés	j'avais eu tu avais eu il avait eu	nous avions eu vous aviez eu ils avaient eu
FUTUR	j'irai tu iras il ira	nous irons vous irez ils iront	j'aurai tu auras il aura	nous aurons vous aurez ils auront
FUTUR ANTÉRIEUR	je serai allé(e) tu seras allé(e) il sera allé	nous serons allé(e)s vous serez allé(e)(s) ils seront allés	j'aurai eu tu auras eu il aura eu	nous aurons eu vous aurez eu ils auront eu
CONDITIONNEL	j'irais tu irais il irait	nous irions vous iriez ils iraient	j'aurais tu aurais il aurait	nous aurions vous auriez ils auraient
CONDITIONNEL PASSÉ	je serais allé(e) tu serais allé(e) il serait allé	nous serions allé(e)s vous seriez allé(e)(s) ils seraient allés	j'aurais eu tu aurais eu il aurait eu	nous aurions eu vous auriez eu ils auraient eu
SUBJONCTIF PRÉSENT	que j'aille que tu ailles qu'il aille	que nous allions que vous alliez qu'ils aillent	que j'aie que tu aies qu'il ait	que nous ayons que vous ayez qu'ils aient
SUBJONCTIF PASSÉ	que je sois allé(e) que tu sois allé(e) qu'il soit allé	que nous soyons allé(e)s que vous soyez allé(e)(s) qu'ils soient allés	que j'aie eu que tu aies eu qu'il ait eu	que nous ayons eu que vous ayez eu qu'ils aient eu

VERBES IRRÉGULIERS	s'asseoir *to sit*		boire *to drink*	
PARTICIPE PRÉSENT	s'asseyant		buvant	
PARTICIPE PASSÉ	assis(e)(es)		bu	
PRÉSENT	je m'assieds tu t'assieds il s'assied	nous nous asseyons vous vous asseyez ils s'asseyent	je bois tu bois il boit	nous buvons vous buvez ils boivent
IMPÉRATIF	assieds-toi	asseyons-nous asseyez-vous	bois	buvons buvez
PASSÉ COMPOSÉ	je me suis assis(e) tu t'es assis(e) il s'est assis	nous nous sommes assis(es) vous vous êtes assis(e)(es) ils se sont assis	j'ai bu tu as bu il a bu	nous avons bu vous avez bu ils ont bu
PASSÉ SIMPLE	je m'assis tu t'assis il s'assit	nous nous assîmes vous vous assîtes ils s'assirent	je bus tu bus il but	nous bûmes vous bûtes ils burent
IMPARFAIT	je m'asseyais tu t'asseyais il s'asseyait	nous nous asseyions vous vous asseyiez ils s'asseyaient	je buvais tu buvais il buvait	nous buvions vous buviez ils buvaient
PLUS-QUE-PARFAIT	je m'étais assis(e) tu t'étais assis(e) il s'était assis	nous nous étions assis(es) vous vous étiez assis(e)(es) ils s'étaient assis	j'avais bu tu avais bu il avait bu	nous avions bu vous aviez bu ils avaient bu
FUTUR	je m'assiérai tu t'assiéras il s'assiéra	nous nous assiérons vous vous assiérez ils s'assiéront	je boirai tu boiras il boira	nous boirons vous boirez ils boiront
FUTUR ANTÉRIEUR	je me serai assis(e) tu te seras assis(e) il se sera assis	nous nous serons assis(es) vous vous serez assis(e)(es) ils se seront assis	j'aurai bu tu auras bu il aura bu	nous aurons bu vous aurez bu ils auront bu
CONDITIONNEL	je m'assiérais tu t'assiérais il s'assiérait	nous nous assiérions vous vous assiériez ils s'assiéraient	je boirais tu boirais il boirait	nous boirions vous boiriez ils boiraient
CONDITIONNEL PASSÉ	je me serais assis(e) tu te serais assis(e) il se serait assis	nous nous serions assis(es) vous vous seriez assis(e)(es) ils se seraient assis	j'aurais bu tu aurais bu il aurait bu	nous aurions bu vous auriez bu ils auraient bu
SUBJONCTIF PRÉSENT	que je m'asseye que tu t'asseyes qu'il s'asseye	que nous nous asseyions que vous vous asseyiez qu'ils s'asseyent	que je boive que tu boives qu'il boive	que nous buvions que vous buviez qu'ils boivent
SUBJONCTIF PASSÉ	que je me sois assis(e) que tu te sois assis(e) qu'il se soit assis	que nous nous soyons assis(es) que vous vous soyez assis(e)(es) qu'ils se soient assis	que j'aie bu que tu aies bu qu'il ait bu	que nous ayons bu que vous ayez bu qu'ils aient bu

VERBES IRRÉGULIERS				
	conduire *to drive*		connaître *to know*	
PARTICIPE PRÉSENT	conduisant		connaissant	
PARTICIPE PASSÉ	conduit		connu	
PRÉSENT	je conduis tu conduis il conduit	nous conduisons vous conduisez ils conduisent	je connais tu connais il connaît	nous connaissons vous connaissez ils connaissent
IMPÉRATIF	conduis	conduisons conduisez	connais	connaissons connaissez
PASSÉ COMPOSÉ	j'ai conduit tu as conduit il a conduit	nous avons conduit vous avez conduit ils ont conduit	j'ai connu tu as connu il a connu	nous avons connu vous avez connu ils ont connu
PASSÉ SIMPLE	je conduisis tu conduisis il conduisit	nous conduisîmes vous conduisîtes ils conduisirent	je connus tu connus il connut	nous connûmes vous connûtes ils connurent
IMPARFAIT	je conduisais tu conduisais il conduisait	nous conduisions vous conduisiez ils conduisaient	je connaissais tu connaissais il connaissait	nous connaissions vous connaissiez ils connaissaient
PLUS-QUE-PARFAIT	j'avais conduit tu avais conduit il avait conduit	nous avions conduit vous aviez conduit ils avaient conduit	j'avais connu tu avais connu il avait connu	nous avions connu vous aviez connu ils avaient connu
FUTUR	je conduirai tu conduiras il conduira	nous conduirons vous conduirez ils conduiront	je connaîtrai tu connaîtras il connaîtra	nous connaîtrons vous connaîtrez ils connaîtront
FUTUR ANTÉRIEUR	j'aurai conduit tu auras conduit il aura conduit	nous aurons conduit vous aurez conduit ils auront conduit	j'aurai connu tu auras connu il aura connu	nous aurons connu vous aurez connu ils auront connu
CONDITIONNEL	je conduirais tu conduirais il conduirait	nous conduirions vous conduiriez ils conduiraient	je connaîtrais tu connaîtrais il connaîtrait	nous connaîtrions vous connaîtriez ils connaîtraient
CONDITIONNEL PASSÉ	j'aurais conduit tu aurais conduit il aurait conduit	nous aurions conduit vous auriez conduit ils auraient conduit	j'aurais connu tu aurais connu il aurait connu	nous aurions connu vous auriez connu ils auraient connu
SUBJONCTIF PRÉSENT	que je conduise que tu conduises qu'il conduise	que nous conduisions que vous conduisiez qu'ils conduisent	que je connaisse que tu connaisses qu'il connaisse	que nous connaissions que vous connaissiez qu'ils connaissent
SUBJONCTIF PASSÉ	que j'aie conduit que tu aies conduit qu'il ait conduit	que nous ayons conduit que vous ayez conduit qu'ils aient conduit	que j'aie connu que tu aies connu qu'il ait connu	que nous ayons connu que vous ayez connu qu'ils aient connu

VERBES IRRÉGULIERS				
	croire *to believe*		**devoir** *to have to, to owe*	
PARTICIPE PRÉSENT	croyant		devant	
PARTICIPE PASSÉ	cru		dû	
PRÉSENT	je crois tu crois il croit	nous croyons vous croyez ils croient	je dois tu dois il doit	nous devons vous devez ils doivent
IMPÉRATIF	crois	croyons croyez	dois	devons devez
PASSÉ COMPOSÉ	j'ai cru tu as cru il a cru	nous avons cru vous avez cru ils ont cru	j'ai dû tu as dû il a dû	nous avons dû vous avez dû ils ont dû
PASSÉ SIMPLE	je crus tu crus il crut	nous crûmes vous crûtes ils crurent	je dus tu dus il dut	nous dûmes vous dûtes ils durent
IMPARFAIT	je croyais tu croyais il croyait	nous croyions vous croyiez ils croyaient	je devais tu devais il devait	nous devions vous deviez ils devaient
PLUS-QUE-PARFAIT	j'avais cru tu avais cru il avait cru	nous avions cru vous aviez cru ils avaient cru	j'avais dû tu avais dû il avait dû	nous avions dû vous aviez dû ils avaient dû
FUTUR	je croirai tu croiras il croira	nous croirons vous croirez ils croiront	je devrai tu devras il devra	nous devrons vous devrez ils devront
FUTUR ANTÉRIEUR	j'aurai cru tu auras cru il aura cru	nous aurons cru vous aurez cru ils auront cru	j'aurai dû tu auras dû il aura dû	nous aurons dû vous aurez dû ils auront dû
CONDITIONNEL	je croirais tu croirais il croirait	nous croirions vous croiriez ils croiraient	je devrais tu devrais il devrait	nous devrions vous devriez ils devraient
CONDITIONNEL PASSÉ	j'aurais cru tu aurais cru il aurait cru	nous aurions cru vous auriez cru ils auraient cru	j'aurais dû tu aurais dû il aurait dû	nous aurions dû vous auriez dû ils auraient dû
SUBJONCTIF PRÉSENT	que je croie que tu croies qu'il croie	que nous croyions que vous croyiez qu'ils croient	que je doive que tu doives qu'il doive	que nous devions que vous deviez qu'ils doivent
SUBJONCTIF PASSÉ	que j'aie cru que tu aies cru qu'il ait cru	que nous ayons cru que vous ayez cru qu'ils aient cru	que j'aie dû que tu aies dû qu'il ait dû	que nous ayons dû que vous ayez dû qu'ils aient dû

VERBES IRRÉGULIERS	dire *to say*		dormir *to sleep*	
PARTICIPE PRÉSENT	disant		dormant	
PARTICIPE PASSÉ	dit		dormi	
PRÉSENT	je dis tu dis il dit	nous disons vous dites ils disent	je dors tu dors il dort	nous dormons vous dormez ils dorment
IMPÉRATIF	dis	disons dites	dors	dormons dormez
PASSÉ COMPOSÉ	j'ai dit tu as dit il a dit	nous avons dit vous avez dit ils ont dit	j'ai dormi tu as dormi il a dormi	nous avons dormi vous avez dormi ils ont dormi
PASSÉ SIMPLE	je dis tu dis il dit	nous dîmes vous dîtes ils dirent	je dormis tu dormis il dormit	nous dormîmes vous dormîtes ils dormirent
IMPARFAIT	je disais tu disais il disait	nous disions vous disiez ils disaient	je dormais tu dormais il dormait	nous dormions vous dormiez ils dormaient
PLUS-QUE-PARFAIT	j'avais dit tu avais dit il avait dit	nous avions dit vous aviez dit ils avaient dit	j'avais dormi tu avais dormi il avait dormi	nous avions dormi vous aviez dormi ils avaient dormi
FUTUR	je dirai tu diras il dira	nous dirons vous direz ils diront	je dormirai tu dormiras il dormira	nous dormirons vous dormirez ils dormiront
FUTUR ANTÉRIEUR	j'aurai dit tu auras dit il aura dit	nous aurons dit vous aurez dit ils auront dit	j'aurai dormi tu auras dormi il aura dormi	nous aurons dormi vous aurez dormi ils auront dormi
CONDITIONNEL	je dirais tu dirais il dirait	nous dirions vous diriez ils diraient	je dormirais tu dormirais il dormirait	nous dormirions vous dormiriez ils dormiraient
CONDITIONNEL PASSÉ	j'aurais dit tu aurais dit il aurait dit	nous aurions dit vous auriez dit ils auraient dit	j'aurais dormi tu aurais dormi il aurait dormi	nous aurions dormi vous auriez dormi ils auraient dormi
SUBJONCTIF PRÉSENT	que je dise que tu dises qu'il dise	que nous disions que vous disiez qu'ils disent	que je dorme que tu dormes qu'il dorme	que nous dormions que vous dormiez qu'ils dorment
SUBJONCTIF PASSÉ	que j'aie dit que tu aies dit qu'il ait dit	que nous ayons dit que vous ayez dit qu'ils aient dit	que j'aie dormi que tu aies dormi qu'il ait dormi	que nous ayons dormi que vous ayez dormi qu'ils aient dormi

VERBES IRRÉGULIERS	envoyer *to send*[1]		écrire *to write*	
PARTICIPE PRÉSENT	envoyant		écrivant	
PARTICIPE PASSÉ	envoyé		écrit	
PRÉSENT	j'envoie tu envoies il envoie	nous envoyons vous envoyez ils envoient	j'écris tu écris il écrit	nous écrivons vous écrivez ils écrivent
IMPÉRATIF	envoie	envoyons envoyez	écris	écrivons écrivez
PASSÉ COMPOSÉ	j'ai envoyé tu as envoyé il a envoyé	nous avons envoyé vous avez envoyé ils ont envoyé	j'ai écrit tu as écrit il a écrit	nous avons écrit vous avez écrit ils ont écrit
PASSÉ SIMPLE	j'envoyai tu envoyas il envoya	nous envoyâmes vous envoyâtes ils envoyèrent	j'écrivis tu écrivis il écrivit	nous écrivîmes vous écrivîtes ils écrivirent
IMPARFAIT	j'envoyais tu envoyais il envoyait	nous envoyions vous envoyiez ils envoyaient	j'écrivais tu écrivais il écrivait	nous écrivions vous écriviez ils écrivaient
PLUS-QUE-PARFAIT	j'avais envoyé tu avais envoyé il avait envoyé	nous avions envoyé vous aviez envoyé ils avaient envoyé	j'avais écrit tu avais écrit il avait écrit	nous avions écrit vous aviez écrit ils avaient écrit
FUTUR	j'enverrai tu enverras il enverra	nous enverrons vous enverrez ils enverront	j'écrirai tu écriras il écrira	nous écrirons vous écrirez ils écriront
FUTUR ANTÉRIEUR	j'aurai envoyé tu auras envoyé il aura envoyé	nous aurons envoyé vous aurez envoyé ils auront envoyé	j'aurai écrit tu auras écrit il aura écrit	nous aurons écrit vous aurez écrit ils auront écrit
CONDITIONNEL	j'enverrais tu enverrais il enverrait	nous enverrions vous enverriez ils enverraient	j'écrirais tu écrirais il écrirait	nous écririons vous écririez ils écriraient
CONDITIONNEL PASSÉ	j'aurais envoyé tu aurais envoyé il aurait envoyé	nous aurions envoyé vous auriez envoyé ils auraient envoyé	j'aurais écrit tu aurais écrit il aurait écrit	nous aurions écrit vous auriez écrit ils auraient écrit
SUBJONCTIF PRÉSENT	que j'envoie que tu envoies qu'il envoie	que nous envoyions que vous envoyiez qu'ils envoient	que j'écrive que tu écrives qu'il écrive	que nous écrivions que vous écriviez qu'ils écrivent
SUBJONCTIF PASSÉ	que j'aie envoyé que tu aies envoyé qu'il ait envoyé	que nous ayons envoyé que vous ayez envoyé qu'ils aient envoyé	que j'aie écrit que tu aies écrit qu'il ait écrit	que nous ayons écrit que vous ayez écrit qu'ils aient écrit

[1] Verbe similaire: **renvoyer**

VERBES IRRÉGULIERS				
	être *to be*		**faire** *to make, to do*	
PARTICIPE PRÉSENT	étant		faisant	
PARTICIPE PASSÉ	été		fait	
PRÉSENT	je suis tu es il est	nous sommes vous êtes ils sont	je fais tu fais il fait	nous faisons vous faites ils font
IMPÉRATIF	sois	soyons soyez	fais	faisons faites
PASSÉ COMPOSÉ	j'ai été tu as été il a été	nous avons été vous avez été ils ont été	j'ai fait tu as fait il a fait	nous avons fait vous avez fait ils ont fait
PASSÉ SIMPLE	je fus tu fus il fut	nous fûmes vous fûtes ils furent	je fis tu fis il fit	nous fîmes vous fîtes ils firent
IMPARFAIT	j'étais tu étais il était	nous étions vous étiez ils étaient	je faisais tu faisais il faisait	nous faisions vous faisiez ils faisaient
PLUS-QUE-PARFAIT	j'avais été tu avais été il avait été	nous avions été vous aviez été ils avaient été	j'avais fait tu avais fait il avait fait	nous avions fait vous aviez fait ils avaient fait
FUTUR	je serai tu seras il sera	nous serons vous serez ils seront	je ferai tu feras il fera	nous ferons vous ferez ils feront
FUTUR ANTÉRIEUR	j'aurai été tu auras été il aura été	nous aurons été vous aurez été ils auront été	j'aurai fait tu auras fait il aura fait	nous aurons fait vous aurez fait ils auront fait
CONDITIONNEL	je serais tu serais il serait	nous serions vous seriez ils seraient	je ferais tu ferais il ferait	nous ferions vous feriez ils feraient
CONDITIONNEL PASSÉ	j'aurais été tu aurais été il aurait été	nous aurions été vous auriez été ils auraient été	j'aurais fait tu aurais fait il aurait fait	nous aurions fait vous auriez fait ils auraient fait
SUBJONCTIF PRÉSENT	que je sois que tu sois qu'il soit	que nous soyons que vous soyez qu'ils soient	que je fasse que tu fasses qu'il fasse	que nous fassions que vous fassiez qu'ils fassent
SUBJONCTIF PASSÉ	que j'aie été que tu aies été qu'il ait été	que nous ayons été que vous ayez été qu'ils aient été	que j'aie fait que tu aies fait qu'il ait fait	que nous ayons fait que vous ayez fait qu'ils aient fait

VERBES IRRÉGULIERS	**lire** *to read*		**mettre** *to put*[2]	
PARTICIPE PRÉSENT	lisant		mettant	
PARTICIPE PASSÉ	lu		mis	
PRÉSENT	je lis tu lis il lit	nous lisons vous lisez ils lisent	je mets tu mets il met	nous mettons vous mettez ils mettent
IMPÉRATIF	lis	lisons lisez	mets	mettons mettez
PASSÉ COMPOSÉ	j'ai lu tu as lu il a lu	nous avons lu vous avez lu ils ont lu	j'ai mis tu as mis il a mis	nous avons mis vous avez mis ils ont mis
PASSÉ SIMPLE	je lus tu lus il lut	nous lûmes vous lûtes ils lurent	je mis tu mis il mit	nous mîmes vous mîtes ils mirent
IMPARFAIT	je lisais tu lisais il lisait	nous lisions vous lisiez ils lisaient	je mettais tu mettais il mettait	nous mettions vous mettiez ils mettaient
PLUS-QUE-PARFAIT	j'avais lu tu avais lu il avait lu	nous avions lu vous aviez lu ils avaient lu	j'avais mis tu avais mis il avait mis	nous avions mis vous aviez mis ils avaient mis
FUTUR	je lirai tu liras il lira	nous lirons vous lirez ils liront	je mettrai tu mettras il mettra	nous mettrons vous mettrez ils mettront
FUTUR ANTÉRIEUR	j'aurai lu tu auras lu il aura lu	nous aurons lu vous aurez lu ils auront lu	j'aurai mis tu auras mis il aura mis	nous aurons mis vous aurez mis ils auront mis
CONDITIONNEL	je lirais tu lirais il lirait	nous lirions vous liriez ils liraient	je mettrais tu mettrais il mettrait	nous mettrions vous mettriez ils mettraient
CONDITIONNEL PASSÉ	j'aurais lu tu aurais lu il aurait lu	nous aurions lu vous auriez lu ils auraient lu	j'aurais mis tu aurais mis il aurait mis	nous aurions mis vous auriez mis ils auraient mis
SUBJONCTIF PRÉSENT	que je lise que tu lises qu'il lise	que nous lisions que vous lisiez qu'ils lisent	que je mette que tu mettes qu'il mette	que nous mettions que vous mettiez qu'ils mettent
SUBJONCTIF PASSÉ	que j'aie lu que tu aies lu qu'il ait lu	que nous ayons lu que vous ayez lu qu'ils aient lu	que j'aie mis que tu aies mis qu'il ait mis	que nous ayons mis que vous ayez mis qu'ils aient mis

[2] Verbe similaire: **remettre**

VERBES IRRÉGULIERS				
	ouvrir *to open*[3]		**partir** *to leave*[4]	
PARTICIPE PRÉSENT	ouvrant		partant	
PARTICIPE PASSÉ	ouvert		parti(e)(s)	
PRÉSENT	j'ouvre tu ouvres il ouvre	nous ouvrons vous ouvrez ils ouvrent	je pars tu pars il part	nous partons vous partez ils partent
IMPÉRATIF	ouvre	ouvrons ouvrez	pars	partons partez
PASSÉ COMPOSÉ	j'ai ouvert tu as ouvert il a ouvert	nous avons ouvert vous avez ouvert ils ont ouvert	je suis parti(e) tu es parti(e) il est parti	nous sommes parti(e)s vous êtes parti(e)(s) ils sont partis
PASSÉ SIMPLE	j'ouvris tu ouvris il ouvrit	nous ouvrîmes vous ouvrîtes ils ouvrirent	je partis tu partis il partit	nous partîmes vous partîtes ils partirent
IMPARFAIT	j'ouvrais tu ouvrais il ouvrait	nous ouvrions vous ouvriez ils ouvraient	je partais tu partais il partait	nous partions vous partiez ils partaient
PLUS-QUE-PARFAIT	j'avais ouvert tu avais ouvert il avait ouvert	nous avions ouvert vous aviez ouvert ils avaient ouvert	j'étais parti(e) tu étais parti(e) il était parti	nous étions parti(e)s vous étiez parti(e)(s) ils étaient partis
FUTUR	j'ouvrirai tu ouvriras il ouvrira	nous ouvrirons vous ouvrirez ils ouvriront	je partirai tu partiras il partira	nous partirons vous partirez ils partiront
FUTUR ANTÉRIEUR	j'aurai ouvert tu auras ouvert il aura ouvert	nous aurons ouvert vous aurez ouvert ils auront ouvert	je serai parti(e) tu seras parti(e) il sera parti	nous serons parti(e)s vous serez parti(e)(s) ils seront partis
CONDITIONNEL	j'ouvrirais tu ouvrirais il ouvrirait	nous ouvririons vous ouvririez ils ouvriraient	je partirais tu partirais il partirait	nous partirions vous partiriez ils partiraient
CONDITIONNEL PASSÉ	j'aurais ouvert tu aurais ouvert il aurait ouvert	nous aurions ouvert vous auriez ouvert ils auraient ouvert	je serais parti(e) tu serais parti(e) il serait parti	nous serions parti(e)s vous seriez parti(e)(s) ils seraient partis
SUBJONCTIF PRÉSENT	que j'ouvre que tu ouvres qu'il ouvre	que nous ouvrions que vous ouvriez qu'ils ouvrent	que je parte que tu partes qu'il parte	que nous partions que vous partiez qu'ils partent
SUBJONCTIF PASSÉ	que j'aie ouvert que tu aies ouvert qu'il ait ouvert	que nous ayons ouvert que vous ayez ouvert qu'ils aient ouvert	que je sois parti(e) que tu sois parti(e) qu'il soit parti	que nous soyons parti(e)s que vous soyez parti(e)(s) qu'ils soient partis

[3] Verbes similaires: **couvrir, découvrir, offrir, souffrir**

[4] Verbe similaire: **sortir**

VERBES IRRÉGULIERS				
	pouvoir *to be able to*		**prendre** *to take*[5]	
PARTICIPE PRÉSENT	pouvant		prenant	
PARTICIPE PASSÉ	pu		pris	
PRÉSENT	je peux tu peux il peut	nous pouvons vous pouvez ils peuvent	je prends tu prends il prend	nous prenons vous prenez ils prennent
IMPÉRATIF	(pas d'impératif)		prends	prenons prenez
PASSÉ COMPOSÉ	j'ai pu tu as pu il a pu	nous avons pu vous avez pu ils ont pu	j'ai pris tu as pris il a pris	nous avons pris vous avez pris ils ont pris
PASSÉ SIMPLE	je pus tu pus il put	nous pûmes vous pûtes ils purent	je pris tu pris il prit	nous prîmes vous prîtes ils prirent
IMPARFAIT	je pouvais tu pouvais il pouvait	nous pouvions vous pouviez ils pouvaient	je prenais tu prenais il prenait	nous prenions vous preniez ils prenaient
PLUS-QUE-PARFAIT	j'avais pu tu avais pu il avait pu	nous avions pu vous aviez pu ils avaient pu	j'avais pris tu avais pris il avait pris	nous avions pris vous aviez pris ils avaient pris
FUTUR	je pourrai tu pourras il pourra	nous pourrons vous pourrez ils pourront	je prendrai tu prendras il prendra	nous prendrons vous prendrez ils prendront
FUTUR ANTÉRIEUR	j'aurai pu tu auras pu il aura pu	nous aurons pu vous aurez pu ils auront pu	j'aurai pris tu auras pris il aura pris	nous aurons pris vous aurez pris ils auront pris
CONDITIONNEL	je pourrais tu pourrais il pourrait	nous pourrions vous pourriez ils pourraient	je prendrais tu prendrais il prendrait	nous prendrions vous prendriez ils prendraient
CONDITIONNEL PASSÉ	j'aurais pu tu aurais pu il aurait pu	nous aurions pu vous auriez pu ils auraient pu	j'aurais pris tu aurais pris il aurait pris	nous aurions pris vous auriez pris ils auraient pris
SUBJONCTIF PRÉSENT	que je puisse que tu puisses qu'il puisse	que nous puissions que vous puissiez qu'ils puissent	que je prenne que tu prennes qu'il prenne	que nous prenions que vous preniez qu'ils prennent
SUBJONCTIF PASSÉ	que j'aie pu que tu aies pu qu'il ait pu	que nous ayons pu que vous ayez pu qu'ils aient pu	que j'aie pris que tu aies pris qu'il ait pris	que nous ayons pris que vous ayez pris qu'ils aient pris

[5] Verbes similaires: **apprendre, comprendre**

VERBES IRRÉGULIERS				
	recevoir *to receive*		**rire** *to laugh*[6]	
PARTICIPE PRÉSENT	recevant		riant	
PARTICIPE PASSÉ	reçu		ri	
PRÉSENT	je reçois tu reçois il reçoit	nous recevons vous recevez ils reçoivent	je ris tu ris il rit	nous rions vous riez ils rient
IMPÉRATIF	reçois	recevons recevez	ris	rions riez
PASSÉ COMPOSÉ	j'ai reçu tu as reçu il a reçu	nous avons reçu vous avez reçu ils ont reçu	j'ai ri tu as ri il a ri	nous avons ri vous avez ri ils ont ri
PASSÉ SIMPLE	je reçus tu reçus il reçut	nous reçûmes vous reçûtes ils reçurent	je ris tu ris il rit	nous rîmes vous rîtes ils rirent
IMPARFAIT	je recevais tu recevais il recevait	nous recevions vous receviez ils recevaient	je riais tu riais il riait	nous riions vous riiez ils riaient
PLUS-QUE-PARFAIT	j'avais reçu tu avais reçu il avait reçu	nous avions reçu vous aviez reçu ils avaient reçu	j'avais ri tu avais ri il avait ri	nous avions ri vous aviez ri ils avaient ri
FUTUR	je recevrai tu recevras il recevra	nous recevrons vous recevrez ils recevront	je rirai tu riras il rira	nous rirons vous rirez ils riront
FUTUR ANTÉRIEUR	j'aurai reçu tu auras reçu il aura reçu	nous aurons reçu vous aurez reçu ils auront reçu	j'aurai ri tu auras ri il aura ri	nous aurons ri vous aurez ri ils auront ri
CONDITIONNEL	je recevrais tu recevrais il recevrait	nous recevrions vous recevriez ils recevraient	je rirais tu rirais il rirait	nous ririons vous ririez ils riraient
CONDITIONNEL PASSÉ	j'aurais reçu tu aurais reçu il aurait reçu	nous aurions reçu vous auriez reçu ils auraient reçu	j'aurais ri tu aurais ri il aurait ri	nous aurions ri vous auriez ri ils auraient ri
SUBJONCTIF PRÉSENT	que je reçoive que tu reçoives qu'il reçoive	que nous recevions que vous receviez qu'ils reçoivent	que je rie que tu ries qu'il rie	que nous riions que vous riiez qu'ils rient
SUBJONCTIF PASSÉ	que j'aie reçu que tu aies reçu qu'il ait reçu	que nous ayons reçu que vous ayez reçu qu'ils aient reçu	que j'aie ri que tu aies ri qu'il ait ri	que nous ayons ri que vous ayez ri qu'ils aient ri

[6] Verbe similaire: **sourire**

VERBES IRRÉGULIERS				
	savoir *to know*		**servir** *to serve*	
PARTICIPE PRÉSENT	sachant		servant	
PARTICIPE PASSÉ	su		servi	
PRÉSENT	je sais tu sais il sait	nous savons vous savez ils savent	je sers tu sers il sert	nous servons vous servez ils servent
IMPÉRATIF	sache	sachons sachez	sers	servons servez
PASSÉ COMPOSÉ	j'ai su tu as su il a su	nous avons su vous avez su ils ont su	j'ai servi tu as servi il a servi	nous avons servi vous avez servi ils ont servi
PASSÉ SIMPLE	je sus tu sus il sut	nous sûmes vous sûtes ils surent	je servis tu servis il servit	nous servîmes vous servîtes ils servirent
IMPARFAIT	je savais tu savais il savait	nous savions vous saviez ils savaient	je servais tu servais il servait	nous servions vous serviez ils servaient
PLUS-QUE-PARFAIT	j'avais su tu avais su il avait su	nous avions su vous aviez su ils avaient su	j'avais servi tu avais servi il avait servi	nous avions servi vous aviez servi ils avaient servi
FUTUR	je saurai tu sauras il saura	nous saurons vous saurez ils sauront	je servirai tu serviras il servira	nous servirons vous servirez ils serviront
FUTUR ANTÉRIEUR	j'aurai su tu auras su il aura su	nous aurons su vous aurez su ils auront su	j'aurai servi tu auras servi il aura servi	nous aurons servi vous aurez servi ils auront servi
CONDITIONNEL	je saurais tu saurais il saurait	nous saurions vous sauriez ils sauraient	je servirais tu servirais il servirait	nous servirions vous serviriez ils serviraient
CONDITIONNEL PASSÉ	j'aurais su tu aurais su il aurait su	nous aurions su vous auriez su ils auraient su	j'aurais servi tu aurais servi il aurait servi	nous aurions servi vous auriez servi ils auraient servi
SUBJONCTIF PRÉSENT	que je sache que tu saches qu'il sache	que nous sachions que vous sachiez qu'ils sachent	que je serve que tu serves qu'il serve	que nous servions que vous serviez qu'ils servent
SUBJONCTIF PASSÉ	que j'aie su que tu aies su qu'il ait su	que nous ayons su que vous ayez su qu'ils aient su	que j'aie servi que tu aies servi qu'il ait servi	que nous ayons servi que vous ayez servi qu'ils aient servi

VERBES IRRÉGULIERS				
	suivre *to follow*		venir *to come*[7]	
PARTICIPE PRÉSENT	suivant		venant	
PARTICIPE PASSÉ	suivi		venu(e)(s)	
PRÉSENT	je suis tu suis il suit	nous suivons vous suivez ils suivent	je viens tu viens il vient	nous venons vous venez ils viennent
IMPÉRATIF	suis	suivons suivez	viens	venons venez
PASSÉ COMPOSÉ	j'ai suivi tu as suivi il a suivi	nous avons suivi vous avez suivi ils ont suivi	je suis venu(e) tu es venu(e) il est venu	nous sommes venu(e)s vous êtes venu(e)(s) ils sont venus
PASSÉ SIMPLE	je suivis tu suivis il suivit	nous suivîmes vous suivîtes ils suivirent	je vins tu vins il vint	nous vînmes vous vîntes ils vinrent
IMPARFAIT	je suivais tu suivais il suivait	nous suivions vous suiviez ils suivaient	je venais tu venais il venait	nous venions vous veniez ils venaient
PLUS-QUE-PARFAIT	j'avais suivi tu avais suivi il avait suivi	nous avions suivi vous aviez suivi ils avaient suivi	j'étais venu(e) tu étais venu(e) il était venu	nous étions venu(e)s vous étiez venu(e)(s) ils étaient venus
FUTUR	je suivrai tu suivras il suivra	nous suivrons vous suivrez ils suivront	je viendrai tu viendras il viendra	nous viendrons vous viendrez ils viendront
FUTUR ANTÉRIEUR	j'aurai suivi tu auras suivi il aura suivi	nous aurons suivi vous aurez suivi ils auront suivi	je serai venu(e) tu seras venu(e) il sera venu	nous serons venu(e)s vous serez venu(e)(s) ils seront venus
CONDITIONNEL	je suivrais tu suivrais il suivrait	nous suivrions vous suivriez ils suivraient	je viendrais tu viendrais il viendrait	nous viendrions vous viendriez ils viendraient
CONDITIONNEL PASSÉ	j'aurais suivi tu aurais suivi il aurait suivi	nous aurions suivi vous auriez suivi ils auraient suivi	je serais venu(e) tu serais venu(e) il serait venu	nous serions venu(e)s vous seriez venu(e)(s) ils seraient venus
SUBJONCTIF PRÉSENT	que je suive que tu suives qu'il suive	que nous suivions que vous suiviez qu'ils suivent	que je vienne que tu viennes qu'il vienne	que nous venions que vous veniez qu'ils viennent
SUBJONCTIF PASSÉ	que j'aie suivi que tu aies suivi qu'il ait suivi	que nous ayons suivi que vous ayez suivi qu'ils aient suivi	que je sois venu(e) que tu sois venu(e) qu'il soit venu	que nous soyons venu(e)s que vous soyez venu(e)(s) qu'ils soient venus

[7] Verbes similaires: **devenir, revenir, se souvenir**

VERBES IRRÉGULIERS	**vivre** *to live*		**voir** *to see*	
PARTICIPE PRÉSENT	vivant		voyant	
PARTICIPE PASSÉ	vécu		vu	
PRÉSENT	je vis tu vis il vit	nous vivons vous vivez ils vivent	je vois tu vois il voit	nous voyons vous voyez ils voient
IMPÉRATIF	vis	vivons vivez	vois	voyons voyez
PASSÉ COMPOSÉ	j'ai vécu tu as vécu il a vécu	nous avons vécu vous avez vécu ils ont vécu	j'ai vu tu as vu il a vu	nous avons vu vous avez vu ils ont vu
PASSÉ SIMPLE	je vécus tu vécus il vécut	nous vécûmes vous vécûtes ils vécurent	je vis tu vis il vit	nous vîmes vous vîtes ils virent
IMPARFAIT	je vivais tu vivais il vivait	nous vivions vous viviez ils vivaient	je voyais tu voyais il voyait	nous voyions vous voyiez ils voyaient
PLUS-QUE-PARFAIT	j'avais vécu tu avais vécu il avait vécu	nous avions vécu vous aviez vécu ils avaient vécu	j'avais vu tu avais vu il avait vu	nous avions vu vous aviez vu ils avaient vu
FUTUR	je vivrai tu vivras il vivra	nous vivrons vous vivrez ils vivront	je verrai tu verras il verra	nous verrons vous verrez ils verront
FUTUR ANTÉRIEUR	j'aurai vécu tu auras vécu il aura vécu	nous aurons vécu vous aurez vécu ils auront vécu	j'aurai vu tu auras vu il aura vu	nous aurons vu vous aurez vu ils auront vu
CONDITIONNEL	je vivrais tu vivrais il vivrait	nous vivrions vous vivriez ils vivraient	je verrais tu verrais il verrait	nous verrions vous verriez ils verraient
CONDITIONNEL PASSÉ	j'aurais vécu tu aurais vécu il aurait vécu	nous aurions vécu vous auriez vécu ils auraient vécu	j'aurais vu tu aurais vu il aurait vu	nous aurions vu vous auriez vu ils auraient vu
SUBJONCTIF PRÉSENT	que je vive que tu vives qu'il vive	que nous vivions que vous viviez qu'ils vivent	que je voie que tu voies qu'il voie	que nous voyions que vous voyiez qu'ils voient
SUBJONCTIF PASSÉ	que j'aie vécu que tu aies vécu qu'il ait vécu	que nous ayons vécu que vous ayez vécu qu'ils aient vécu	que j'aie vu que tu aies vu qu'il ait vu	que nous ayons vu que vous ayez vu qu'ils aient vu

VERBES IRRÉGULIERS	vouloir *to want*	
PARTICIPE PRÉSENT	voulant	
PARTICIPE PASSÉ	voulu	
PRÉSENT	je veux tu veux il veut	nous voulons vous voulez ils veulent
IMPÉRATIF	 veuille	veuillons veuillez
PASSÉ COMPOSÉ	j'ai voulu tu as voulu il a voulu	nous avons voulu vous avez voulu ils ont voulu
PASSÉ SIMPLE	je voulus tu voulus il voulut	nous voulûmes vous voulûtes ils voulurent
IMPARFAIT	je voulais tu voulais il voulait	nous voulions vous vouliez ils voulaient
PLUS-QUE-PARFAIT	j'avais voulu tu avais voulu il avait voulu	nous avions voulu vous aviez voulu ils avaient voulu
FUTUR	je voudrai tu voudras il voudra	nous voudrons vous voudrez ils voudront
FUTUR ANTÉRIEUR	j'aurai voulu tu auras voulu il aura voulu	nous aurons voulu vous aurez voulu ils auront voulu
CONDITIONNEL	je voudrais tu voudrais il voudrait	nous voudrions vous voudriez ils voudraient
CONDITIONNEL PASSÉ	j'aurais voulu tu aurais voulu il aurait voulu	nous aurions voulu vous auriez voulu ils auraient voulu
SUBJONCTIF PRÉSENT	que je veuille que tu veuilles qu'il veuille	que nous voulions que vous vouliez qu'ils veuillent
SUBJONCTIF PASSÉ	que j'aie voulu que tu aies voulu qu'il ait voulu	que nous ayons voulu que vous ayez voulu qu'ils aient voulu

VERBES IMPERSONNELS	falloir *to be necessary*	pleuvoir *to rain*
PARTICIPE PRÉSENT	(pas de participe présent)	pleuvant
PARTICIPE PASSÉ	fallu	plu
PRÉSENT	il faut	il pleut
IMPÉRATIF	(pas d'impératif)	(pas d'impératif)
PASSÉ COMPOSÉ	il a fallu	il a plu
PASSÉ SIMPLE	il fallut	il plut
IMPARFAIT	il fallait	il pleuvait
PLUS-QUE-PARFAIT	il avait fallu	il avait plu
FUTUR	il faudra	il pleuvra
FUTUR ANTÉRIEUR	il aura fallu	il aura plu
CONDITIONNEL	il faudrait	il pleuvrait
CONDITIONNEL PASSÉ	il aurait fallu	il aurait plu
SUBJONCTIF PRÉSENT	qu'il faille	qu'il pleuve
SUBJONCTIF PASSÉ	qu'il ait fallu	qu'il ait plu

VERBES AVEC ÊTRE AU PASSÉ COMPOSÉ		
aller	*to go*	je suis allé(e)
arriver	*to arrive*	je suis arrivé(e)
descendre	*to go down, to get off*	je suis descendu(e)
devenir	*to become*	je suis devenu(e)
entrer	*to enter*	je suis entré(e)
monter	*to go up*	je suis monté(e)
mourir	*to die*	je suis mort(e)
naître	*to be born*	je suis né(e)
partir	*to leave*	je suis parti(e)

VERBES AVEC ÊTRE AU PASSÉ COMPOSÉ		
passer	*to go by*	je suis passé(e)
rentrer	*to go home*	je suis rentré(e)
rester	*to stay*	je suis resté(e)
retourner	*to return*	je suis retourné(e)
revenir	*to come back*	je suis revenu(e)
sortir	*to go out*	je suis sorti(e)
tomber	*to fall*	je suis tombé(e)
venir	*to come*	je suis venu(e)

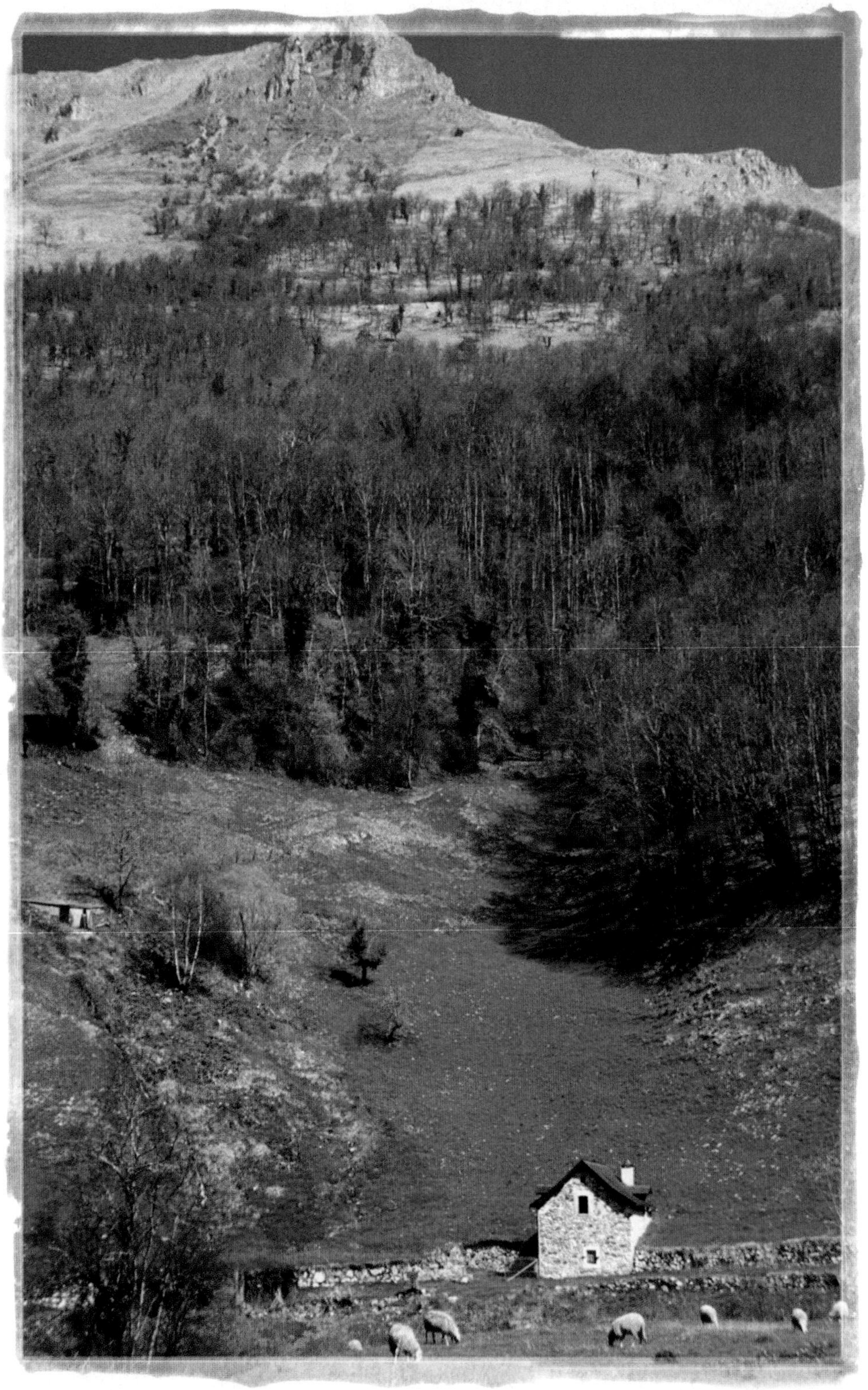

Près de Bedous, dans la vallée d'Aspe, dans les Pyrénées atlantiques

This French-English Dictionary contains all productive and receptive vocabulary from Levels I, II, and III. The Roman numeral following each productive entry indicates the level in which the word is introduced. The number following the Roman numeral I or II indicates the vocabulary section in which the word is presented. The number following the Roman numeral III indicates the lesson of the chapter in which the word is present. For example ***2.2*** *in dark print means that the word first appeared in this textbook,* ***Chapitre 2, Leçon 2.*** *A light print number means that the word first appeared in the Level 1 or 2 textbook.* ***BV*** *refers to the introductory* ***Bienvenue*** *lessons in Level 1.* ***L*** *refers to the optional literary readings. If there is no number or letter following an entry, the word or expression is there for receptive purposes only.*

A

à at, in, to, I-3.1
à l'avance ahead of time; in advance, II-9.1
À bientôt! See you soon!, I-BV
à bord (de) on board, I-8.2
à cause de because of
à côté de next to, II-11.1
À demain. See you tomorrow., I-BV
à destination de to *(destination)*, II-8.1
à domicile to the home
à l'envers inside out, wrong way around, **2.3**
à l'étranger abroad
à l'extérieur outside, outside the home
à l'heure on time, I-8.1
à l'issue de at the end of
à moins que unless, **5**
à mon avis in my opinion, I-7.2
à nouveau again
à part apart
à partir de after
à peine barely
à peu près about, approximately
à pied on foot, I-4.2
à point medium-rare *(meat)*, I-5.2
à propos by the way
À tout à l'heure. See you later., I-BV
abandonner to abandon
l' **abbé** *(m.)* priest
abondant(e) plentiful
abriter to house, shelter, **8.2**
absolument absolutely, II-9.1
s' **abstenir** to abstain
accéder to access
accélérer to accelerate
l' **accès** *(m.)* access; admission
l' **accessoire** *(m.)* accessory
accompagner to accompany, to go with
accorder de l'importance à to consider important, **2.1**
accourir to come running
l' **accroissement** *(m.)* growth, **7.1**
l' **accueil** *(m.)* welcome, **1.3**; reception, **7.1**
accueillir to welcome, to receive, **4.1**
l' **acculturation** *(f.)* acculturation, **4.3**
l' **achat** *(m.)* purchase
faire des achats to shop
acheter to buy, I-3.2
acheter à crédit to buy on credit
acquis(e) acquired
l' **acteur** *(m.)* actor, II-1.1, **3.2**
actif (-ive) active
l' **actrice** *(f.)* actress, II-1.1, **3.2**
l' **actualité** *(f.)* current events, **5.1**; reality
actuel(le) of today
actuellement nowadays
l' **addition** *(f.)* check, bill, I-5.2
l' **adepte** *(m./f.)* fan, follower, **3.1**
l' **administration publique** *(f.)* public office
adorer to love
l' **adresse** *(f.)* address, II-5.2
s' **adresser à** to speak to
aduler to really adore
l' **adversaire** *(m./f.)* adversary, opponent
adverse opposing, I-10.1
aérien(ne) air, flight *(adj.)*
l' **aérogare** *(f.)* airport terminal, I-8.1, **1.2**
l' **aéroport** *(m.)* airport, II-8.1
les **affaires** *(f. pl.)* business, II-11.1
l' **affiche** *(f.)* poster
s' **affoler** to panic, **L8**
affeux, affreuse frightful
affronter to face, tackle
afin que in order that, **5**
l' **âge** *(m.)* age, I-4.1
Tu as quel âge? How old are you?, I-4.1
âgé(e) old
l' **agence** *(f.)* agency
l' **agent** *(m.)* **de police** police officer, II-11.1
l' **agent** *(m.)* **de voyages** travel agent
l' **agglomération** *(f.)* urban area, II-7.2
agité(e) choppy, rough *(sea)*
l' **agneau** *(m.)* lamb, I-6.1, II-6.2, II-11.2
agréable pleasant, **7.3**
agricole agricultural, farm *(adj.)*, II-11.2
l' **agriculteur, l'agricultrice** farmer, II-11.2
l' **aide** *(f.)* aid, help
à l'aide de with the help of
l' **aide-soignant(e)** *(m./f.)* auxiliary nurse, **7.1**
aider to help, II-3.2

aigu(ë) acute, severe, II-2.2; high-pitched, **7.3**
l' **ail** *(m.)* garlic, II-6.1
ailleurs elsewhere
aimer to like, love, I-3.1
aimer mieux to prefer, I-7.2
aîné(e) older, elder, **6.3**
l' **aîné(e)** older (one), elder, I-L1
ainsi thus, so
ainsi que as well as
l' **air** *(m.)* air, II-7.1; melody
l'air climatisé air conditioning, II-9.2
avoir l'air to look, II-13.2
aisé(e) well-to-do, **4.3**
ajouter to add, II-6.2
l' **album** *(m.)* album, **3.3**
l' **aliment** *(m.)* food, II-6.1
l' **alimentation** *(f.)* nutrition, diet, **7.2**
allécher to attract, entice, **L8**
l' **Allemagne** *(f.)* Germany
l' **allemand** *(m.)* German *(language)*, I-2.2
aller to go, I-5.1
aller chercher to go (and) get, I-6.1
aller mieux to feel better, II-2.2
l' **aller (simple)** one-way ticket, I-9.1
l' **alliance** *(f.)* wedding ring, II-12.2, **6.1**
allô hello *(telephone)*
allonger to stretch out
l' **allongement** *(m.)* extension
allumer to turn on *(appliance)*, I-12.2, II-3.1; to light, II-12.2
l' **allure** *(f.)*: à toute allure at full speed, II-L1
alors so, then, well then, I-BV
l' **alpinisme** *(m.)* mountain climbing
amabilité: auriez-vous l'amabilité de would you be so kind as to
amaigri(e) emaciated
l' **amande** *(f.)* almond, **6.1**
l' **amant(e)** *(m./f.)* lover, **L1**
ambitieux (ambitieuse) ambitious
l' **ambulance** *(f.)* ambulance, **7.1**
l' **ambulancier(ière)** ambulance attendant, **7.1**
ambulant(e) ambulatory, **L7**
s' **améliorer** to get better; to improve
l' **amende** *(f.)* fine
l' **amerrissage** *(m.)* landing at sea
l' **Amérique** *(f.)* **du Sud** South America
l' **ami(e)** friend, I-1.2
l' **amitié** *(f.)* friendship, **8.3**
l' **amour** *(m.)* love, I-L4
amoureux, amoureuse in love, II-L1
ample large, full
l' **ampoule** *(f.)* light bulb, **L4**
amusant(e) funny; fun, I-1.1, **3.2**
s' **amuser** to have fun, I-12.2
l' **an** *(m.)* year, I-4.1
avoir... ans to be . . . years old, I-4.1
l' **ancêtre** *(m.)* ancestor
ancien(ne) old, ancient; former
l' **âne** *(m.)* donkey
l' **anesthésie** *(f.)* anesthesia, II-8.2
faire une anesthésie to anesthetize, II-8.2
l' **animateur, l'animatrice** recreation director, **1.3**
l' **angine** *(f.)* throat infection, tonsillitis, II-2.1
l' **anglais** *(m.)* English *(language)*, I-2.2
anglais(e) English
l' **Angleterre** *(f.)* England
l' **angoisse** *(f.)* anguish, distress
l' **année** *(f.)* year
l'année dernière last year
l' **anniversaire** *(m.)* birthday, I-4.1
Bon anniversaire! Happy birthday!
l' **annonce** *(f.)* announcement, I-8.2
la petite annonce classified ad, II-14.2
annoncer to announce, I-9.1
l' **annuaire** *(m.)* telephone directory, II-3.2
annuler to cancel, II-4.2
l' **anorak** *(m.)* ski jacket, II-7.1
Antilles: la mer des Antilles Caribbean Sea
l' **antiquité** *(f.)* ancient times
l' **apothicaire** *(m.)* apothecary, II-L4
l' **appareil** *(m.)* apparatus; machine, II-10.2; appliance; device
l'appareil auditif *(m.)* auditory system, **7.3**
l' **appartement** *(m.)* apartment, I-4.2
appartenir to belong, **L5**
l' **appel** *(m.)* (phone) call, II-3.2
l'appel interurbain toll call
l'appel téléphonique phone call, II-3.2
l'appel urbain local call
appeler to call
s' **appeler** to be called, be named, I-12.1
applaudir to applaud
appliquer to apply
s'appliquer à to work hard at
apporter to bring, I-11.1
apprécier to appreciate
apprendre (à) to learn (to), I-5; to teach
l' **apprentissage** *(m.)* learning
appuyer sur to press, push, II-3.1; to stress
s'appuyer contre to lean against, II-10.2
après after, I-3.2
d'après according to

l' **après-midi** *(m.)* afternoon, I-3.2
l' **aqueduc** *(m.)* aquaduct
l' **arabe** *(m.)* Arabic *(language)*
l' **arbitre** *(m.)* referee, I-10.1
arborer to sport, **L7**
l' **arbre** *(m.)* tree, I-L3
  l'arbre de Noël Christmas tree, II-12.2
l' **archétype** *(m.)* archetype, **4.3**
les **arènes** *(f. pl.)* amphitheater
l' **argent** *(m.)* money, I-5.2; silver, **L5**
  l'argent liquide cash, II-5.1
  l'argent de poche pocket money, **2.1**
l' **argenterie** *(f.)* silverware, **L5**
l' **argument** *(m.)* plot
l' **arme** *(f.)* weapon
l' **armée** *(f.)* army, I-L3
arracher to snatch, **L7**
arranger to fix, set right
l' **arrêt** *(m.)* stop, I-9.2, II-10.2; judgment, sentence
  l'arrêt d'autobus bus stop, II-10.2
arrêter to stop, **5.2**; to arrest
  s'arrêter to stop, I-10
les **arrhes** *(f. pl.)* deposit, II-9.1
l' **arrière** *(m.)* rear, back, I-8.2, II-10.2
l' **arrière-garde** *(f.)* rear guard
l' **arrivée** *(f.)* arrival, I-8.1
arriver to arrive, I-3.1; to happen, II-8.1; to succeed
  arriver à *(+ inf.)* to manage to, to succeed in, I-9.1
l' **arrobase** *(f.)* "at" symbol
l' **arrondissement** *(m.)* district *(in Paris)*
artistique artistic
l' **ascenseur** *(m.)* elevator, I-4.2, **8.2**
asiatique Asian
l' **aspirine** *(f.)* aspirin, II-2.1
assez fairly, quite; enough, I-1.1
l' **assiette** *(f.)* plate, I-5.2
  ne pas être dans son assiette to be feeling out of sorts, II-2.1
assis(e) seated, I-9.2, **4.1**
l' **assistante sociale** *(f.)* social worker, II-14.1
assister à to attend
l' **assurance** *(f.)* insurance
assurer to ensure, to carry out
l' **astre** *(m.)* star, **4.2**
l' **atelier** *(m.)* studio (artist's)
l' **athlétisme** *(m.)* track and field, I-10.2
atroce atrocious
attacher to fasten, I-8.2
attaquer to attack
attendre to wait (for), I-9.1; to expect
Attention! Careful! Watch out!, I-4.2
atterrir to land, I-8.1
l' **atterrissage** *(m.)* landing, II-4.2
attirer to attract
attraper to catch
  attraper un coup de soleil to get a sunburn, I-11.1
attribuer to award
au bord de la mer by the ocean; seaside, I-11.1
  au contraire on the contrary
  au cours de during
  au fond in the background
  au moins at least
  au revoir good-bye, I-BV
  Au voleur! Stop, thief!, **5.2**
l' **aube** *(f.)* dawn
l' **auberge** *(f.)* de jeunesse youth hostel
aucun(e) no, not any, II-4.2
au-delà de above
au-dessous (de) below, I-7.2
au-dessus (de) above, I-7.2
  la taille au-dessus the next larger size, I-7.2
l' **auditeur, l'auditrice de radio** radio listener, **5.1**
l' **audition** *(f.)* hearing, **7.3**
augmenter to grow, to rise, **3.1**
aujourd'hui today, I-BV
auprès de with, beside, to
ausculter to listen with a stethoscope, II-2.2
aussi also, too, I-1.1; as *(comparisons)*, I-7; so
  aussi bien que as well as
aussitôt immediately
autant de as many, as much
autant que as much as, as far as
autant dire one might as well say
l' **auteur** *(m.)* author *(m./f.)*, II-L1
  l'auteur *(m.)* **dramatique** playwright
l' **autobus** *(m.)* bus, II-10.2
l' **autocar** *(m.)* bus, coach
l' **auto-école** *(f.)* driving school, II-7.1
l' **automne** *(m.)* autumn, I-11.2
l' **automobiliste** *(m./f.)* driver, II-7.1
l' **autoroute** *(f.)* highway, II-7.2
autour de around, I-4.2
autre other, I-L1
  autre chose something else, I-6.2
  d'autres some other, I-2.2
  l'un... l'autre one . . . the other
autrefois formerly, in the past, **2.2**
autrement dit in other words
avaler to swallow, II-2.2
avance: à l'avance ahead of time; in advance, II-9.1
  en avance early, ahead of time, I-9.1
l' **avancement** *(m.)* advancement; promotion
avancer to move ahead, **5.2**
avant before

avant de *(+ inf.)* before *(+ verb)*
avant J.-C. (Jésus-Christ) B.C.
avant que before, **5**
l' **avant** *(m.)* front, I-8.2, II-10.2
l' **avantage** *(m.)* advantage
l' **avant-bras** forearm, II-13.1
avant-hier the day before yesterday, I-10.2
avec with, I-3.2
Avec ça? What else? *(shopping)*, I-6.1
l' **avenir** *(m.)* future, I-L2, **8.1**
l' **aventure** *(f.)* adventure
aventureux, aventureuse adventurous
l' **averse** *(f.)* downpour, **1.3**
aveugle blind, **L2**
l' **aviateur, l'aviatrice** aviator
l' **avion** *(m.)* plane, I-8.1, II-L3, **1.2**
en avion by plane
l' **avis** *(m.)* opinion, I-7.2
à mon avis in my opinion, I-7.2
changer d'avis to change one's mind
de l'avis de in the opinion of
avoir to have, I-4.1
avoir l'air to look, II-13.2
avoir... ans to be . . . years old, I-4.1
avoir besoin de to need, I-10.1
avoir de la chance to be lucky, to be in luck
avoir la cote to be popular, **2.1**
avoir envie de to want (to), to feel like, **2.3**
avoir faim to be hungry, I-5.1
avoir une faim de loup to be very hungry
avoir lieu to take place, II-12.1
avoir mal à to have a(n) . . . -ache, to hurt, II-2.1
avoir peur to be afraid, I-L1, II-13.2
avoir du retard to be late *(plane, train, etc.)*, I-8.1
avoir soif to be thirsty, I-5.1
ne pas avoir à to have no need to
l' **avocat(e)** lawyer, II-14.1

B

le **baccalauréat** French high school exam
la **bactérie** bacterium
bactérien(ne) bacterial, II-2.1
les **bagages** *(m. pl.)* luggage, I-8.1
le bagage à main carry-on bag, I-8.1
le coffre à bagages baggage compartment, I-8.2
le **bagne** prison with hard labor, **L5**
la **bague** ring, **5.3**
la **baguette** loaf of French bread, I-6.1
se **baigner** to swim, to go in the water, **7.1**
le **baigneur, la baigneuse** bather
le **bain** bath, I-12.1
baisser to go down, to lower, **3.1**
se baisser to bend down, **L5**
la **balade** *(slang)* walk, ride, jaunt, **7.3**
le **baladeur** portable CD player, **3.1**
le **balafon** balaphon, **4.1**
la **balance** scale, II-5.2
le **balcon** balcony, **3.2**
le **ballon** ball (soccer, etc.), I-10.1
la **banlieue** suburbs, II-4.1, II-11.1
le **banc** bench; pew, **6.2**
la **bande dessinée (B.D.)** comic strip, **2.1**
le **bandit** robber, **5.3**
la **banque** bank, II-5.1
le **baptême** baptism
la **bar-mitsva** bar mitzvah, **6.1**
la **barque** boat, **L2**
bas(se) low
la **base** base; basis
à base de based on
de base basic
le **basilic** basil
la **basilique** basilica
la **basket** sneaker; running shoe, I-7.1
le **basket(-ball)** basketball, I-10.2
le **bassin** pool
la **bataille** battle, I-L3
le champ de bataille battlefield, I-L3
le **bateau** boat, I-L4
le **bâtiment** building, II-11.1, **L4, 8.2**
la **bat-mitsva** bat mitzvah, **6.1**
le **bâton** ski pole, I-11.2; stick, **L6**; hockey stick, **L7**
battre to beat; to defeat
se battre contre to fight, **5.1**
bavarder to chat
beau (bel), belle beautiful, handsome, I-4.2
beaucoup de a lot of, I-3.1
le **beau-père** stepfather, father-in-law, I-4.1
la **beauté** beauty
de toute beauté of great beauty
le **bébé** baby, II-L2, **2.3**
le **bec** beak, **L8**
belge Belgian
la **Belgique** Belgium
la **belle-mère** stepmother, mother-in-law, I-4.1
ben *(slang)* well
ben oui yeah
la **bénédiction** blessing
bénéficier to benefit, **1.1**
le/la **bénévole** volunteer, **3.3**
le **Bénin** Benin, **4.1**

la **béquille** crutch, II-8.1
berbère Berber
le **berger, la bergère** shepherd, shepherdess
le **besoin** need
avoir besoin de to need, I-10.1
la **bêtise** stupid thing, nonsense
le **beurre** butter, I-6.1
la **bibliothèque** library, **8.1**
le **bicentenaire** bicentennial
la **bicyclette** bicycle, I-10.2
bien fine, well, good, I-BV
bien à (lui) all (his) own
bien cuit(e) well-done *(meat)*, I-5.2
bien élevé(e) well-behaved; well-mannered, II-13.1
bien que although, **5**
bien se porter to be in good health, **7.1,** 8.3
bien sûr of course
le **bien** good, **L5**
bienfaisant(e) charitable, kind, **4.3**
bientôt soon
À bientôt! See you soon! I-BV
le/la **bienvenu(e)** welcome
bigarré(e) mottled
les **bijoux** *(m. pl.)* jewelry, **5.3**
le **billet** ticket, I-8.1; bill, II-5.1, **1.2**
le billet aller (et) retour round-trip ticket, I-9.1
blanc, blanche white, I-7.2
le **blé** wheat, II-11.2
blessé(e) wounded, I-L3
se **blesser** to hurt oneself, II-8.1
la **blessure** wound, injury, II-8.1
bleu(e) blue, I-7.2
bleu marine *(inv.)* navy blue, I-7.2
le **bloc** block
le **bloc-notes** notepad, I-3.2
blond(e) blond, I-1.1
bloquer to block, I-10.1
le **blouson** (waist-length) jacket, I-7.1
le **blue-jean** (pair of) jeans
le **bœuf** beef, I-6.1, II-6.2; ox, II-11.2
le **bogue** (computer) bug
bohème bohemian
boire to drink, I-10.2
le(s) **bois** wood(s), **3.3, L8**
la **boisson** beverage, drink, I-5.1
la **boîte** nightclub, **2.1**; box, **L4**
la boîte de conserve can of food, I-6.2
la boîte crânienne skull
la boîte aux lettres mailbox, II-5.2
boiteux, boiteuse lame
le **bol** bowl, **L4**
bon(ne) correct; good, I-6.2
bon marché *(inv.)* inexpensive
Bonne Année! Happy New Year!, II-12.2
Bonne santé! Good health!, II-12.2
de bonne heure early
le **bonbon** candy, **4.2**
le **bond** leap, **L8**
faire un bond to leap, **L8**
bondé(e) packed, II-10.1
le **bonheur** happiness, joy, **L2**
le **bonhomme de neige** snowman
bonjour hello, I-BV
le **bonnet** ski cap, hat, I-11.2
la **bonté** goodness
le **bord: à bord (de)** aboard *(plane, etc.)*, I-8.2
au bord de la mer by the ocean, seaside, I-11.1
border to border
la **bosse** mogul *(ski)*, I-11.2
la **botanique** botany
le **boubou** boubou (long, flowing garment)
la **bouche** mouth, II-2.1, II-13.1
le **boucher, la bouchère** butcher
la **boucherie** butcher shop, I-6.1
le **bouchon** traffic jam, II-7.2
bouger to move
la **bougie** candle, I-4.1, II-12.2
bouillant(e) boiling, II-6.2
bouillir to boil, II-6.2
la **boulangerie-pâtisserie** bakery, I-6.1
la **boulette** small ball (of food), **L4**
le **boulot** *(slang)* job, **2.3, L4**
bourgeois(e) middle-class
bourguignon(ne) of or from Burgundy
bousculer to push and shove, II-13.1
le **bout** end, tip
la **bouteille** bottle, I-6.2
la **boutique** shop, boutique, I-7.1
le **bouton** button, II-10.2
le **brancard** stretcher, II-8.1
la **branche** branch, II-12.2
le **bras** arm, II-8.1, **L6**
le **break** station wagon, II-7.1
la **brebis** ewe
bref, brève brief
le **Brésil** Brazil
le/la **Brésilien(ne)** Brazilian (person)
la **Bretagne** Brittany
breton(ne) Breton, from Brittany
bricoler to putter around the house, **3.1**
briller to shine, **1.3**
le **brin d'herbe** blade of grass
la **brioche** sweet roll
la **brique** brick
la **brise marine** sea breeze
briser to break, I-L3, **L5**
se **briser** to break
britannique British
la **bronche** bronchial tube
bronzer to tan, I-11.1
la **brosse** brush, I-12.1
la brosse à dents toothbrush, I-12.1
se **brosser** to brush, I-12.1
le **brouillard** fog, **1.3**

la **brousse** bush (wilderness)
la **bruine** drizzle, **1.3**
le **bruit** noise, I-L3, II-13.1
brûler to burn (down)
brûler un feu rouge to run a red light, II-7.2
la **brume** haze, mist, **1.3**
brun(e) brunette; dark-haired, I-1.1
brusque sudden
bruyant(e) noisy, II-13.1
la **bûche de Noël** cake in the shape of a log
le **buffet** train station restaurant, I-9.1
le **bulletin de remboursement** refund slip
le **bungalow** bungalow
le **bureau** office, II-11.1, II-14.1
le bureau de change foreign exchange office, II-5.1
le bureau de placement employment office, II-14.2
le bureau de poste post office, II-5.1
le bureau de tabac tobacco shop
le bureau de (du) tourisme tourist office
le **bus** bus, I-5.2
le **but** goal, I-10.1, **3.3**
marquer un but to score a goal, I-10.1
le **buveur, la buveuse** drinker

C

ça that, I-BV
Ça fait… euros. It's (That's) . . . euros., I-6.2
Ça fait mal. It (That) hurts., II-2.1
Ça va. Fine., Okay., I-BV
Ça va? How's it going?, How are you? *(inform.)*, I-BV; How does it look?, I-7.2
C'est ça. That's right., That's it.

la **cabine** cabin *(plane)*, I-8.1
la cabine d'essayage fitting room
la cabine téléphonique telephone booth, II-3.2
cacher to hide, I-L3, **L6**
le **cadeau** gift, present, I-4.1
le **cadet, la cadette** younger, I-L1
le **cadre** manager, executive, II-14.1
le **café** café I-BV; coffee, I-5.1
le **cahier** notebook, I-3.2
la **caisse** cash register, checkout counter, I-3.2
le **caissier, la caissière** cashier, II-5.1
le **calcul** arithmetic, I-2.2
le calcul différentiel differential calculus
le calcul intégral integral calculus
la **calculatrice** calculator, I-3.2
la **calebasse** calabash, **L4**
le **calendrier** calendar, schedule
le **calligramme** picture-poem
le **cambriolage** burglary, **5.1**
le/la **cambrioleur(euse)** burglar, **5.1**
le **camembert** Camembert cheese
le **camion** truck, II-7.1
la **camionnette** small truck, van
le **camp** side *(in a sport or game)*, I-10.1
le camp adverse opponents, other side, I-10.1
la **campagne** country(side), II-11.2, **1.1**; campaign
le **campeur** camper, **3.3**
le **camping** camping, **1.1**
le **canard** duck
le/la **candidat(e) à un poste** job applicant, II-14.2
la **candidature: poser sa candidature** to apply for a job, II-14.2
la **canne à sucre** sugar cane
la **canneberge** cranberry

le **canoë** canoe
le **canot** (open) boat
la **cantine** school dining hall, I-3.1
le **canton** canton (Swiss state)
capable able
car for, because, **L2**
le **car** bus (coach)
Caraïbes: la mer des Caraïbes Caribbean Sea
la **caravane** caravan; trailer, **1.1**
la **carbonnade** charcoal-grilled meat
cardiaque cardiac, heart *(adj.)*, **7.2**
le **carnaval** carnival (season), II-12.1
le **carnet** booklet; book of ten subway tickets, II-10.1
le carnet du jour personal announcements
la **carotte** carrot, I-6.2
carré(e) square, **L4**
le **carrefour** intersection, II-11.1
la **carrière** career; (employment) field, II-14.2
la **carte** menu, I-5.1; map; card
la carte d'adhésion membership card
la carte de crédit credit card, II-9.2, **1.3**
la carte de débarquement landing card, I-8.2
la carte d'embarquement boarding pass, I-8.1
la carte postale postcard, I-9.1, II-5.2
la carte (routière) road map, II-7.2
la carte de vœux greeting card, II-12.2
le **carton** cardboard
le **cas** case
en cas de in case of
le **casque** helmet, II-7.1
la **casquette** cap, baseball cap, I-7.1
casse-pieds pain in the neck *(slang)*

casser to break, **5.1**
se casser to break *(one's leg, etc.)*, II-8.1
la **casserole** pot, II-6.2
la **cassette** cassette, tape, I-3.1
la cassette vidéo videocassette, I-12.2
le **cauchemar** nightmare, **L8**
cause: à cause de because of
causer to cause
le **cavalier, la cavalière** rider, **7.1**
la **cave** cellar
ce (cet), cette this, that, I-9
ce soir tonight
céder to give up
céder la place to give way
la **ceinture** belt, I-L3
la ceinture de sécurité seat belt, I-8.2, II-7.1
cela this, that
célèbre famous
célébrer to celebrate, I-L4
célibataire unmarried, **4.3**
la **cellule** cell, I-L4
celte Celtic
celui-là, celle-là this/that one, II-11.2
cent hundred, I-2.2
pour cent percent
les **centaines** *(f. pl.)* hundreds
le **centre** center; downtown
le centre commercial shopping center, mall, I-7.1
le **centre-ville** downtown, II-11.1
cependant however
le **cercle** circle
le **cercueil** coffin, **6.1**
les **céréales** *(f. pl.)* cereal, grain(s), II-11.2
certainement certainly
certains *(pron.)* some
le **cerveau** brain
cesser to stop, cease
c'est it is, it's, I-BV
C'est combien? How much is it?, I-3.2
C'est quel jour? What day is it? I-BV
C'est tout. That's all., I-6.1
c'est-à-dire that is
chacun(e) each (one), I-5.2
la **chaîne** chain; TV channel, I-12.2
la **chaise** chair
la **chaleur** heat
la **chambre** room *(hotel)*, II-9.1
la chambre à coucher bedroom, I-4.2
le **chameau** camel, **4.3**
le **champ** field, I-L1, II-11.2, II-L2
le champ de bataille battlefield, II-L3
champêtre pastoral
le **champignon** mushroom, II-6.1
le/la **champion(ne)** champion
la **chance** luck, chance
le **chandail** sweater, **L7**
le **chandelier** candelabra, II-12.2; candlestick, **L5**
le **changement** change
changer to exchange, II-5.1
changer (de) to change, I-9.2
la **chanson** song, **L1**
le **chant** song
le chant de Noël Christmas carol, II-12.2
le chant d'oiseau birdsong, **7.3**
chanter to sing, II-1.1
le **chanteur, la chanteuse** singer, II-1.1
le **chantier** work site, **3.3**
chaque each, every, II-4.1
le **char** float, II-12.1
la **charcuterie** deli(catessen), I-6.1
chargé(e) de in charge of
charger to load
se charger de to be in charge of
le **chariot** shopping cart, I-6.2; baggage cart, I-9.1
charmant(e) charming
le **charpentier** carpenter
chasser to chase away, blow away
le **chasseur, la chasseuse** hunter
le **chat** cat, I-4.1
le **château** castle, mansion
le **chaton** kitten, **5.3**
la **chatte** female cat, **5.3**
chaud(e) warm, hot
le **chauffeur** driver
la **chaumière** thatched cottage, **L6**
la **chaussette** sock, I-7.1
la **chaussure** shoe, I-7.1
les chaussures de ski ski boots, I-11.2
le **chef** head, boss
le chef de service department head, II-14.1
le **chef-d'œuvre** masterpiece
le **chemin** route; road; path, **3.1**
le chemin de fer railroad
la **cheminée** chimney, II-12.2; fireplace, **L5**
la **chemise** shirt, I-7.1
le **chemisier** blouse, I-7.1
le **chêne** oak, **8.1**
le **chèque** check, II-5.1
le chèque de voyage traveler's check
cher, chère dear; expensive, I-7.1
chercher to look for, seek
aller chercher to go (and) get, I-6.1
chercher à to try to, **L2**
le **cheval** horse, II-11.2
faire du cheval to go horseback riding, II-11.2
le **chevalier** knight
la **chevelure** head of hair, **8.3**
le **chevet** head of a bed, **L5**
les **cheveux** *(m. pl.)* hair, I-12.1
la **cheville** ankle, II-8.1
la **chèvre** goat, **4.3**
chez at (to) the home (business) of, I-3.2
le **chien** dog, I-4.1

la **chimie** chemistry, I-2.2
chimique chemical
chinois(e) Chinese
le **chirurgien** surgeon *(m./f.)*, II-8.2
le **chirurgien-orthopédiste** orthopedic surgeon, II-8.2
le **chœur** choir
choisir to choose, I-8.1
le **choix** choice
le **chômage** unemployment, II-14.2, **5.3**
être au chômage to be unemployed, II-14.2
le **chômeur, la chômeuse** unemployed person, II-14.2
le/la **choriste** backup singer, **3.3**
la **chose** thing
la **choucroute** sauerkraut, II-6.1
ciao good-bye *(inform.)*, I-BV
ci-dessous below
le **ciel** sky, I-11.1, II-L3, **1.3, 4.2**
le Ciel heaven
la **cigale** cicada, **2.3**
le **cimetière** cemetery
le/la **cinéaste** filmmaker, II-14.1
le **cinéma** movie theater, movies, II-1.1, **3.1**
le **cintre** hanger, II-9.2
le **cirque** circus
la **circulation** circulation; traffic, II-7.2, **1.2**
circuler to move about, get around; to make its rounds, II-11.1
la **cité** city; high-rise housing projects, **2.3**
citer to cite, mention
le **citron** lemon, II-6.1
le citron pressé lemonade, I-5.1
clair(e) light *(color)*
clairement clearly
la **classe** class, I-2.1
la classe économique coach class *(plane)*
le **classement** ranking
le **classeur** loose-leaf binder, I-3.2
classifier to classify
le **clavier** keyboard, II-3.1
la **clé** key, II-7.1, **L5**
la **clef** key, **L5**
le **clignotant** turn signal, II-7.2
le **climat** climate
climatique climatic
climatisé(e) air conditioned, II-9.2
la **clinique** clinic
cliquer to click, II-3.1
le **club d'art dramatique** drama club
le **coca** cola, I-5.1
le **cochon** pig, II-11.2
le **code** code, I-4.2
le code postal zip code, II-5.2
le code de la route the rules of the road, II-11.1
le **coéquipier, la coéquipière** teammate
le **cœur** heart, **L7**
le **coffre** chest, I-L4; trunk, II-7.1
le coffre à bagages (overhead) baggage compartment, I-8.2
le **coin** corner, II-10.1, II-11.1, **4.1**
au coin de la rue on the street corner, **4.1**
du coin neighborhood *(adj.)*
le **col roulé** turtleneck, **2.2**
la **colère** anger, **L6**
le **colis** package, II-5.2
la **collation** snack, II-4.2
la **colle** glue, **L7**
le **collège** junior high, middle school, I-1.2
le/la **collégien(ne)** middle school/junior high student
coller to stick
le **collier** necklace, **5.3**
le **combat** fight, battle, I-L3
combien (de) how much, how many, I-3.2
C'est combien? How much is it (that)?, I-3.2
comble packed *(stadium)*, I-10.1
la **comédie** comedy, II-1.1, **3.2**
le **comédien** actor, **3.2**
la **comédien** actress, **3.2**
comique comic; funny, II-1.1
le film comique comedy, II-1.1
le **commandement** order, **L4**
commander to order, I-5.1
comme like, as; for; since
comme ci, comme ça so-so
comme d'habitude as usual, **2.3**
commémorer to commemorate
commencer to begin, I-9.2
comment how, what, I-1.1
Comment ça? How is that?
le/la **commerçant(e)** shopkeeper, II-14.1
le **commerce** trade
commettre to commit
le **commissariat de police** police station, **5.2**
commode convenient, **L4**
commun(e) common, in common
en commun in common
les transports en commun mass transit
la **communauté** community
communiquer to communicate
la **compagnie aérienne** airline, I-8.1
la **comparaison** comparison
le **compartiment** compartment, II-4.1
la **compétition** contest
le **complet** suit *(man's)*, I-7.1
complet, complète full; complete, II-4.1

complètement completely, totally
compléter to complete
le **complice** accomplice, **5.2**
la **complicité** complicity, **6.3**
compliqué(e) complicated
comploter to conspire
comporter to call for, to behave
composer to dial *(phone number)*, II-3.2
composter to stamp, validate *(a ticket)*, I-9.1, **1.2**
comprendre to understand, I-5; to include
le **comprimé** pill, II-2.2
compris(e) included, I-5.2, II-9.1
tout compris all included, II-9.1
la **comptabilité** accounting
le/la **comptable** accountant, II-14.1
le **compte** account
le compte courant checking account, II-5.1
le compte d'épargne savings account, II-5.1
être à son compte to be self-employed, II-14.2
compter to count, II-5.1
le **compteur** meter, **1.2**
le **comptoir** counter, I-8.1
le **comte** count, I-L4
le/la **concierge** doorkeeper
le **concombre** cucumber
le **concours** competition, contest
la **concurrence** competition
le **conducteur, la conductrice** driver, II-7.1
conduire to drive, II-7.1, II-11.1
confier to entrust, **5.3**
la **confiture** jam, I-6.2
confortable comfortable
confus(e) embarrassed
le **congé** day off; vacation day, **1.1**
le **congé(lateur)** freezer, II-6.1
la **connaissance** acquaintance
faire la connaissance de to meet, II-13.2
connaître to know, II-1.2; to meet, II-13.2
se connaître to be acquainted, to know one another, II-13.2
connu(e) well-known; famous, II-1.1
conquérir to conquer
consacrer to devote, **3.1**
conseiller to advise
le **conseiller, la conseillère** counselor, adviser
la **conserve: la boîte de conserve** can of food, I-6.2
conserver to preserve, save
la **console de jeux vidéo** video game player, **2.1**
la **consommation** drink, beverage, I-5.1
conspirer to plot
constater to note
construire to build
la **consultation** medical visit
donner des consultations to have office hours *(doctor)*
consulter to consult
le **contact** contact
être en contact avec to be in touch with
contenir to contain
content(e) happy, glad, II-13.2, **L6**
continuer to continue
le **contraire** opposite
la **contravention** traffic ticket, II-7.2
contre against, I-10.1
contre son gré against his/her wishes, **L7**
par contre on the other hand, however
le **contremaître, la contremaîtresse** foreman, forewoman
le **contrôle** check, control
le contrôle des passeports passport check, II-4.2
le contrôle de sécurité security *(airport)*, I-8.1
contrôler to check; to control, II-4.1
le **contrôleur** conductor *(train)*, I-9.2
convaincre to convince, **2.1**
le **copain** friend, pal *(m.)*, I-2.1
la **copine** friend, pal *(f.)*, I-2.1
le **coq** rooster
le **cor** horn, I-L3
sonner du cor to blow a horn, I-L3
le **corbeau** crow, **L8**
la **corbeille** dress circle, **3.2**
le **corbillard** hearse, **6.1**
la **corde à linge** clothesline, **L4**
la **cornemuse** bagpipes
le **corps** body, II-8.1
le corps médical the medical profession
la **correspondance** correspondence; connection *(between trains)*, I-9.2, II-10.1
corriger to correct
cosmopolite cosmopolitan
le **costume** costume, **3.2**; uniform
la **cote: avoir la cote** to be popular, **2.1**
la **côte** coast
la Côte d'Azur French Riviera
la Côte d'Ivoire Ivory Coast, **4.1**
le **côté** side, II-4.1
à côté de next to, II-11.1
côté couloir aisle *(seat)*, I-8.1
côté fenêtre window *(seat)*, I-8.1
la **côtelette de porc** pork chop, II-6.2
le **cou** neck, **L4**
le **coucher du soleil** sunset, **4.2**
se **coucher** to go to bed, I-12.1; to set *(sun)*
la **couchette** berth *(on a train)*
le **coude** elbow, II-13.1
couler to flow, **L1**

avoir le nez qui coule to have a runny nose, II-2.1
la **couleur** color, I-7.2
les **coulisses** *(f. pl.)* the wings *(theater)*, backstage, **3.2**
le **couloir** aisle, corridor, hall, I-8.2
le **coup (de pied, de tête, etc.)** a hit, a kick, II-10.1
le **coup de chapeau** tip of the hat
le **coup de fil** phone call, II-3.2
le **coup de soleil** sunburn, I-11.1
le **coup de téléphone** telephone call, II-3.2
le **coup de tonnerre** thunder clap, **1.3**
le **coup d'œil** glance, **8.2**
la **coupe** winner's cup, I-10.2
couper to cut, II-6.2
se couper to cut *(one's finger, etc.)*, II-8.1
la **cour** courtyard, I-3.2; court
courageux, courageuse courageous, brave
courant(e) fluent; common; current
le **coureur, la coureuse** runner, I-10.2
le coureur (la coureuse) cycliste racing cyclist, I-10.2
courir to run, **7.3**
la **couronne de fleurs** wreath of flowers, **6.2**
le **courrier** mail, II-5.2
le **cours** course, class, I-2.1
au cours de during
en cours de (français, etc.) in (French, etc.) class
le cours du change exchange rate, II-5.1
la **course** race, I-10.2
la course cycliste bicycle race, I-10.2
les **courses** *(f. pl.)*: faire des courses to go shopping, I-6.1
court(e) short, I-7.1
le **court-métrage** short subject, **8.3**
le **couscous** couscous
le **coût** cost
le **couteau** knife, I-5.2
coûter to cost, I-3.2
Ça coûte combien? How much does this cost?, I-3.1
coûter cher to be expensive
coûteux, coûteuse costly
la **coutume** custom, **4.1**
le **couturier** designer *(of clothes)*
le **couvent** convent
le **couvercle** lid, II-6.2
couvert(e) covered; overcast *(sky)*, **1.3**
le **couvert** table setting; silverware, I-5.2
les couverts en argent silverware, **L5**
la **couverture** blanket, II-4.2
couvrir to cover
craindre to fear, **L6**
de crainte que for fear that, **5**
la **cravate** tie, I-7.1, **L4**
le **crayon** pencil, I-3.2
la **crèche** day-care center, **6.3**
créer to create
la **crème** cream
la crème solaire suntan lotion, I-11.1
le **crème** coffee with cream *(in a café)*, I-5.1
la **crémerie** dairy store, I-6.1
le **créole** Creole *(language)*
la **crêpe** crepe, pancake, I-BV
creuser to dig, I-L4, **8.1**
crevé(e) exhausted
crever to die, II-L4
la **crevette** shrimp, I-6.1
crier to shout, I-L4
crisser to screech
la **critique** review
croire to believe, think, I-7.2
le **croisement** intersection, II-7.2
se **croiser** to cross, intersect, II-10.1
la **croissance** growth
le **croissant** croissant, crescent roll, I-5.1
le **croque-monsieur** grilled ham and cheese sandwich, I-5.1
la **crosse** hockey stick
la **croyance** belief
cueillir to pick, gather, **L6**
la **cuillère** spoon, I-5.2
le **cuir** leather
cuire to cook, II-6.2
la **cuisine** kitchen, I-4.2; cuisine *(food)*
faire la cuisine to cook, I-6
le **cuisinier, la cuisinière** cook, II-6.2
la **cuisinière** stove, II-6.1
cuit(e) cooked
bien cuit(e) well-done *(meat)*, I-5.2
le **cuivre** copper
cultiver to cultivate; to grow; to farm *(land)*, II-11.2
la **culture** culture, growing
culturel(le) cultural
curieux, curieuse odd
le **curriculum vitae (C.V.)** résumé, II-14.2
le **cyclisme** cycling, bicycle riding, I-10.2
le/la **cycliste** cyclist, bicycle rider
cycliste bicycle, cycling *(adj.)*, I-10.2
les **cymbales** *(f. pl.)* cymbals, II-12.1

D

d'abord first, I-12.1, **6.3**
d'accord okay, all right *(agreement)*
être d'accord to agree, I-2.1
se mettre d'accord to come to an agreement
d'ailleurs however, moreover
la **dame** lady

les **dames** checkers
dangereux, dangereuse dangerous
dans in, I-1.2
la **danse** dance
danser to dance, II-1.1
le **danseur, la danseuse** dancer, II-1.1
la danseuse ballerina, II-1.1
d'après according to
dater de to date from
la **datte** date
le **dattier** date palm
d'autant plus que especially because
d'autres some other, I-2.2
davantage more, **L6**
de from, I-1.1; of, belonging to, I-1.2; about
de bonne heure early
de crainte que for fear that, **5**
de façon que so that, **5**
de manière que so that, **5**
de même likewise
de peur que for fear that, **5**
de près close, II-11.1
de sorte que so that, **5**
de temps en temps from time to time, occasionally
le **débarquement** landing, deplaning
débarquer to get off *(plane)*, II-4.2
débarrasser la table to clear the table, I-12.2
debout standing, I-9.2
se **débrouiller** to manage, to get out of trouble, **2.3**
le **début** beginning, **2.1**
au début in the beginning
le/la **débutant(e)** beginner, I-11.2
débuter to begin
le **décalage** horaire time difference
la **décapotable** convertible, II-7.1
la **déception** disappointment
décerner to bestow
le **décès** death, **6.1**
le **déchet** waste
déchiré(e) torn, **5.1, L7**
décider (de) to decide (to)
déclarer to declare, call; to report *(a crime)*, **5.2**
se déclarer to be reported
le **décollage** takeoff *(plane)*, II-4.2
décoller to take off *(plane)*, I-8.1
les **décombres** *(m. pl.)* ruins, rubble, debris, **4.3**
le **décor** stage set, **3.2**
décoré(e) decorated, **6.1**
décorer to decorate
découper to cut out, **L7**
découvert(e) uncovered, discovered, **4.3**
la **découverte** discovery
découvrir to discover
le **décret** decree
décrire to describe
décrocher (le téléphone) to pick up the (telephone) receiver, II-3.2
déçu(e) disappointed, **2.1**
dedans into it; inside
dédié(e) dedicated
défaire to unpack, II-9.1
le **défilé** parade, II-12.1
défiler to march, II-12.1
définir to define
définitif (-ive) permanent, **7.3**
définitivement permanently, **7.3**
déformer to distort
se **défouler** to let off steam, **7.3**
le/la **défunt(e)** deceased, **6.1**
dégager to pull out, release
se dégager to be given off; to be clearing *(sky)*, **1.3**
se **déguiser** to wear a disguise, **2.3**
déguster to savor, **4.3**
dehors outdoors
au dehors de outside
déjà already; ever; yet, I-BV
déjeuner to eat lunch, I-3.1
le **déjeuner** lunch, I-5.2
le petit déjeuner breakfast, I-5.2
délicieux, délicieuse delicious
la **délinquance** crime
le **délit** crime, **5.1**
le **deltaplane** hang gliding, hang glider, **3.1**
demain tomorrow, I-BV
À demain. See you tomorrow., I-BV
demander to ask, to ask for, I-3.2
déménager to move (one's residence), **L4**
demeurer d'accord to agree, II-L4
demi(e) half
et demie half past *(time)*, I-BV
le **demi-cercle** semi-circle; top of the key *(on a basketball court)*, I-10.2
le **demi-frère** half brother, I-4.1
la **demi-heure** half hour
la **demi-pension** breakfast and dinner included
la **demi-sœur** half sister, I-4.1
le **demi-tarif** half price
le **demi-tour** about-face
faire demi-tour to turn around, II-11.1
se **démoder** to become outdated, **L1**
la **demoiselle d'honneur** maid of honor, II-12.2, **6.1**
le **dénouement** ending
la **dent** tooth, I-12.1
le **dentifrice** toothpaste, I-12.1
le **départ** departure, I-8.1
le **département d'outre-mer** French overseas department
dépasser to pass, II-L1
se **dépêcher** to hurry, I-12.1
dépendre (de) to depend (on)
la **dépense** expense; expenditure, **1.3**

dépenser to spend *(money)*, II-5.1
depuis since, for, I-9.2, II-10.2
le **déplacement** travel, journey
se **déplacer** to move (around), **1.2**
déposer to deposit; to register
se déposer to form a deposit
le **dérangement** disturbance
déranger to bother, to disturb, **2.2**
dernier, dernière last, I-10.2
se **dérouler** to take place, to develop
derrière behind, II-11.1
dès since, from (the moment of)
dès que as soon as, **4**
désagréable disagreeable, unpleasant
la **descendance** lineage
descendre to get off *(train, bus, etc.)*, I-9.2; to take down, I-9; to go down, I-9; to take downstairs, II-9; to stay at *(hotel)*
descendre à la prochaine to get off at the next station, II-10.1
la **descente** getting off, II-10.2
le **désert** desert
désert(e) deserted
désespéré(e) desperate, I-L4
le **désir** desire; wish
désirer to want, I-5.1
désolé(e) sorry, II-3.2, II-13.2
désormais from then on
le **dessert** dessert
desservir to serve, go to *(transp.)*, II-4.1
le **dessin** drawing, illustration; design
le dessin animé cartoon, II-1.1
dessiner to design, draw, **6.3**
dessus on it
le **destin** destiny
le/la **destinataire** addressee
la **destination** destination
à destination de to *(destination)*, I-8.1
destiné(e) à intended for
la **destinée** destiny
désuni(e)s separated
la **détente** relaxation, **1.3**, **3.1**
déterrer to unearth
détester to hate, I-3.1
détourner l'attention de quelqu'un to divert someone's attention, **5.2**
détourner la tête to turn one's head, **L6**
se **détruire** to be destroyed
déverser to spill
le **dévot** devout (person)
deux: tous (toutes) les deux both
deuxième second, I-4.2
devant in front of, I-8.2, II-11.1
développer to develop
devenir to become, II-4
Qu'est-ce qu'il est devenu? What became of it?
deviner to guess
la **devinette** riddle
la **devise** currency
le **devoir** homework (assignment)
faire ses devoirs to do homework, I-6
devoir to owe, I-10; must, to have to *(+ verb)*, I-10.2
dévoué(e) devoted
d'habitude usually, I-12.2
comme d'habitude as usual, **2.3**
le **diagnostic** diagnosis, II-2.2
le **diamant** diamond
dicter to dictate
le **dictionnaire** dictionary
difficile difficult, I-2.1
la **difficulté** problem, difficulty
être en difficulté to be in trouble
diffuser to spread, to propagate
la **dinde** turkey
le **dindon** turkey
le **dîner** dinner, I-5.2
dîner to eat dinner, I-5.2
le **diplôme** diploma
diplômé(e): être diplômé(e) to graduate
dire to say, tell, I-9.2
Ça me dit! I'd like that!
dire du mal de to speak ill of, **8.2**
se dire des injures to insult one another, **L4**
le **directeur (la directrice) des ressources humaines (D.R.H.)** director of human resources, II-14.2
diriger to manage, II-14.1
le **discours** speech
discuter to discuss
disparaître to disappear, **2.1**
la **disparition** disappearance, **6.3**
disparu(e) disappeared, lost
disponible available, II-4.1
disposer de to have available
la **disposition: à votre disposition** for your use
disputer to play, to contest, **7.3**
se disputer to argue
le **disque** record
la **disquette** diskette, II-3.1
distinguer to distinguish, to tell apart
distribuer to distribute, II-5.2
le **distributeur automatique** ATM, II-5.1; stamp machine, II-5.2; ticket machine, II-10.1
divers(e) various, **3.3**
diviser to divide
la **djellaba** djellaba (long, loose garment)
le **doigt** finger, II-8.1, II-13.1

le **doigt de pied** toe, II-8.1
le **dolmen** dolmen
le **domaine** domain, field
le **domicile: à domicile** to the home
dominer to overlook
dommage: c'est dommage it's a shame, **3**
donc so, therefore
les **données** *(f. pl.)* data, II-3.1
donner to give, I-4.1
donner à manger à to feed
donner un coup de fil to call on the phone, II-3.2
donner un coup de pied to kick, I-10.1
donner une fête to throw a party, I-4.1
donner le jour à to give birth to
donner sur to face, overlook, I-4.2
se donner la main to hold hands, **L2**
se donner la peine de to take pains to
dont of which, whose
doré(e) golden
dormir to sleep, I-8.2
le **dortoir** dormitory
le **dos** back, II-L2
le **dossier du siège** seat back, II-4.2
la **douane** customs, II-4.2
doublé(e) dubbed *(movies)*, II-1.1
doubler to pass, II-7.2
la **douche** shower, I-12.1
la **douleur** pain
la douleur de tête headache, **L7**
douloureux, douloureuse painful
le **doute** doubt
douter to doubt, II-14
doux, douce mild
la **douzaine** dozen, I-6.2
la **dragée** sugared almond, **6.1**
le **drame** drama, II-1.1
le **drap** sheet, II-9.2
le **drapeau** flag, II-12.1
dribbler to dribble *(basketball)*, I-10.2
le **droit** right
droite: à droite right, II-7.2
la **drôle de tête** strange expression
dû (due) à due to
du coin neighborhood *(adj.)*
dur(e) hard
dur hard *(adv.)*
durant during
la **durée** duration
durer to last

E

l' **eau** *(f.)* water, I-6.2
l'eau minérale mineral water, I-6.2
l' **échange** *(m.)* exchange
échanger to exchange
s' **échapper** to escape
l' **écharpe** *(f.)* scarf, I-11.2
l' **éclair** *(m.)* lightning, **1.3**
l' **éclaircie** *(f.)* clearing, break in the clouds, **1.3**
éclairer to illuminate
éclaté(e) burst
éclater to break out
l' **école** *(f.)* school, I-1.2
l'école primaire elementary school
l'école secondaire secondary school, I-1.2
écologique ecological
l' **économie** *(f.)* economics, I-2.2
faire des économies to save money, II-5.1
économique inexpensive
économiser to save money
l' **écoute** *(f.)* **de** listening to, **3.1**
écouter to listen (to), I-3.1
l' **écouteur** *(m.)* earphone, headphone, II-L3
l' **écran** *(m.)* screen, I-8.1, II-3.1, **3.1**
écrasé(e) crushed
écrire to write, I-9.2
l' **écriture** *(f.)* writing
l' **écrivain** *(m.)* writer *(m./f.)*, I-L2, II-14.1
l' **édifice** *(m.)* building
effacer to erase, **L3**
effectuer to carry out
efficace efficient
effrayant(e) terrifying
égal(e): Ça m'est égal. I don't care.; It's all the same to me., II-1.1
également as well, also; equally
égaliser to tie *(score)*
l' **égalité** *(f.)* equality
l' **église** *(f.)* church, II-11.1, II-12.2
égoïste egotistical, I-1.2
égorger to cut the throat of, **L4**
égyptien(ne) Egyptian
s' **élancer sur** to launch oneself at, to rush at, **L7**
l' **électricien(ne)** electrician, II-14.1
l' **électroménager** *(m.)* home appliances
l' **élevage** *(m.)*: faire de l'élevage de chevaux to raise horses
l' **élève** *(m./f.)* student, I-1.2
élevé(e) high
bien élevé(e) well-behaved, II-13.1
mal élevé(e) impolite, II-13.1
éliminer to eliminate
éloigné(e) distant, remote
éloigner to distance
l' **embarquement** *(m.)* boarding, leaving
embarquer to board (plane, etc.), II-4.2
embarrassé(e) embarrassed, **L2**
l' **embellie** *(f.)* clearing (in the weather)
l' **embouteillage** *(m.)* traffic jam, **1.2**
s' **embrasser** to kiss (each other), II-12.2, II-13.1

l' **émission** *(f.)* program, show *(TV)*, I-12.2
emmagasiner to store
emmener to send, I-L4; to take, II-8.1
l' **emploi** *(m.)* use; job, II-14.2
l'emploi du temps schedule
l' **employé(e)** employee, II-14.1
l'employé(e) des postes postal employee, II-5.2
l' **employeur, l'employeuse** employer, II-14.2
l' **empoisonnement** *(m.)* poisoning
emporter to take (away)
emprisonné(e) imprisoned
l' **emprunt** *(m.)* loan
emprunter to borrow, II-5.1
ému moved (emotionally), **6.3**
en in, I-3.2; by, I-5.2; as; on
en avance early, ahead of time, I-9.1
en avion plane *(adj.)*, by plane, I-8
en bonne santé in good health, **7.2**
en bref in short
en ce moment right now
en classe in class
en croupe behind (the rider in the saddle), **L6**
en dehors de outside of
en différé prerecorded, **5.1**
en direct live *(broadcast)*
en effet indeed, as a matter of fact
en face de across from, II-11.1
en fait in fact
en général in general
en hausse rising, **6.1**
en haut de at the top of
en l'honneur de in honor of
en parfaite santé in perfect health, **7.2**
en particulier in particular
en plein air outdoors
en plus (de) besides, in addition
en première (seconde) in first (second) class, I-9.1
en provenance de arriving from *(flight, train)*, I-8.1
en quête de in search of
en retard late, I-9.1
en sécurité safe
en solde on sale, I-7.1
en train de in the process of, **L8**
en vain in vain
en voie de in the process of
en voiture by car, I-5.2
en vue de in order to, **8.3**
encaisser to cash
l' **enceinte** *(f.)* **de résidences** compound, II-L2
enchanté(e) delighted, II-13.2
encore still, I-11; another; again
l' **encre** *(f.)* ink, **L1, L8**
s' **endetter** to go into debt
s' **endormir** to fall asleep
l' **endroit** *(m.)* place; spot, **1.1**
par endroits in (some) places
énervé(e) irritable
l' **enfance** *(f.)* childhood
l' **enfant** *(m./f.)* child, I-4.1
enfermer to lock up, confine, **L4**
enfin finally, at last, I-12.1
s' **enfuir** to run away, **L5**
l' **engagement** *(m.)* commitment
l' **engin** *(m.)* machine; tool; (large) vehicle, **7.3**
l' **enneigement** *(m.)* snow conditions
l' **ennemi(e)** *(m./f.)* enemy
ennuyer to annoy, to bother, **L6**
s' **ennuyer** to be bored, **2.3**
ennuyeux, ennuyeuse boring
l' **enquête** *(f.)* inquiry; survey; investigation, **8.3**
enragé(e) rabid
enregistrer to tape, to record, I-12.2, **3.3**
(faire) enregistrer to check *(baggage)*, I-8.1
enrhumé(e): être enrhumé(e) to have a cold, II-2.1
enrobé(e) de coated with, **6.1**
s' **enrouler** to wind (around), **L1**
ensemble together, I-5.1
l' **ensemble** *(m.)* outfit; whole, entirety
ensoleillé(e) sunny
ensuite then *(adv.)*, I-12.1, **6.3**
entendre to hear, I-9.1
s' **entendre bien (mal)** to get along well (badly), **2.1, 3.3**
l' **entente** *(f.)* understanding
l' **enterrement** *(m.)* burial, **6.1**
enthousiaste enthusiastic, I-1.2
entier, entière entire, whole
entourer to surround
l' **entracte** *(m.)* intermission, II-1.1, **3.2**
entraîner to lead to, to cause, to bring **L1**
entre between, among, I-3.2
l' **entrée** *(f.)* entrance, I-4.2; admission
entreposer to store, II-11.2
entreprendre to undertake
l' **entreprise** *(f.)* firm, company, II-14.2, **8.2**
entrer to enter, I-7.1
l' **entretien** *(m.)* interview, II-14.2
l' **envahisseur** *(m.)* invader
l' **enveloppe** *(f.)* envelope, II-5.2
environ about
envoyer to send, I-10.1, II-3.1
l' **épée** *(f.)* sword, I-L3

épeler to spell
éperdument madly
l' **épice** *(f.)* spice
épicé(e) spicy
l' **épicerie** *(f.)* grocery store, I-6.1
les **épinards** *(m. pl.)* spinach, I-6.2
l' **épine** *(f)* thorn, **L1**
l' **épingle** *(f.)* **à linge** clothespin, **L4**
éplucher to peel, II-6.2
l' **époque** *(f.)* period, times
épouser to marry, **L6**
épuisé(e) exhausted
épurer to purify
l' **équateur** *(m.)* equator
l' **équilibre** *(m.)* balance
équilibré(e) balanced
l' **équipe** *(f.)* team, I-10.1
l' **équipement** *(m.)* equipment
l' **erreur** *(f.)* error; wrong number *(phone)*, II-3.2
escalader to climb over, **L5**
l' **escale** *(f.)* stopover, II-4.2
l' **escalier** *(m.)* staircase, I-4.2
l'escalier mécanique escalator, II-10.1
l' **escalope** *(f.)* **de veau** veal cutlet, II-6.2
l' **esclave** *(m./f.)* slave
l' **escrime** *(f.)* fencing, **7.3**
l' **espace** *(m.)* space
les grands espaces open spaces
l' **espagnol** *(m.)* Spanish *(language)*, I-2.2
l' **espèce** *(f.)* species; sort, kind
payer en espèces to pay cash, II-9.2
l' **espérance** *(f.)* **de vie** life expectancy
espérer to hope, II-6.2
l' **esprit** *(m.)* spirit; mind
essayer to try on, I-7.2; to try
l' **essence** *(f.)* gas(oline), II-7.1
essuyer to wipe, II-L2
s'essuyer la bouche to wipe one's mouth, II-13.1
l' **estomac** *(m.)* stomach
et and, I-BV
l' étable *(f.)* cow shed, II-11.2
établir to establish
l' **établissement** *(m.)* establishment
l' **étage** *(m.)* floor *(of a building)*, I-4.2
l' **étal** *(m.)* stand, stall
l' **étape** *(f.)* stage, lap
l' **état** *(m.)* state; condition
l' **État** *(m.)* (national) government
les **États-Unis** *(m. pl.)* United States
l' **été** *(m.)* summer, I-11.1
en été in summer, I-11.1
éteindre to turn off *(appliance)*, I-12.2, II-3.1, **5.1**
éternuer to sneeze, II-2.1
l' **étirement** *(m.)* stretching, **7.3**
l' **étoile** *(f.)* star, **4.2**
étonné(e) surprised, II-13.2
étonner to surprise
s'étonner to be surprised
étranger, étrangère foreign, II-1.1
l' **étranglement** *(m.)* strangling
être to be, I-1.1
être accro de to be a fan of, **2.1**
être d'accord to agree, I-2.1
être enrhumé(e) to have a cold, II-2.1
ne pas être dans son assiette to be feeling out of sorts, II-2.1
l' **être** *(m.)* being
l'être humain human being
étroit(e) narrow, **8.1**; small *(clothes)*, **L7**; close *(relationship)*
l' **étudiant(e)** (university) student
l' **étude** *(f.)* study
étudier to study, I-3.1
l' **euro** *(m.)* euro, I-6.2
s' **évader** to escape, I-L4
l' **événement** *(m.)* event
l' **évêque** *(m.)* bishop, **L5**
évidemment evidently
évident(e) obvious, II-14
l' **évier** *(m.)* kitchen sink, I-12.2
éviter to avoid, I-12.2
évoquer to evoke
exagérer to exaggerate
l' **examen** *(m.)* test, exam, I-3.1
l'examen médical *(m.)* medical exam, **7.2**
passer un examen to take a test, I-3.1
réussir à un examen to pass a test
examiner to examine, II-2.2
exclure to exclude
l' **excursion** *(f.)* excursion, outing
excuser to excuse
exécuter to execute, carry out
l' **exemplaire** *(m.)* copy
l' **exemple** *(m.)*: par exemple for example
l' **exercice** *(m.)* exercise
exigeant(e) demanding
exiger to demand, **2, 7.2**
exister to exist, to be
l' **expéditeur, l'expéditrice** sender
expliquer to explain
l' **exposé** *(m.)* **oral** oral report
exposer to exhibit
l' **exposition** *(f.)* exhibit, show, II-1.2
exprès on purpose, **2.2**
l' **express** *(m.)* espresso, black coffee, I-5.1; express *(train)*
exprimer to express
expulser to expel, banish
exquis(e) exquisite
l' **extrait** *(m.)* excerpt

F

la **fable** fable
la **fabrication** manufacture
fabriquer to build
fabuleux, fabuleuse fabulous
la **face** side *(of paper)*, II-3.1
face écrite non visible face down *(paper)*, II-3.1
face écrite visible face up *(paper)*, II-3.1
fâcher to grieve, to annoy
se fâcher to quarrel; to get angry, **2.1**
facile easy, I-2.1
facilement easily
faciliter to facilitate
la **façon** way, manner
de façon que so that, **5**
d'une façon générale generally speaking
le **facteur, la factrice** mail carrier, II-5.2
la **facture** bill
facultatif (-ive) optional
faible weak, I-L1, **7.3**
la **faim** hunger, **5.3**
avoir faim to be hungry, I-5.1
faire to do, make, I-6.1
s'en faire to worry, II-8.1, **8.2**
Ça fait mal. It (That) hurts., II-2.1
faire du (+ nombre) to take size *(+ number)*, I-7.2
faire des achats to shop
faire un appel to make a (phone) call, II-3.2
faire attention to pay attention, I-6; to be careful, I-11.1
faire une bouffe *(slang)* to cook a meal, **2.3**
faire du cheval to go horseback riding, II-11.2
faire des courses to go shopping, I-7.2
faire les courses to do the grocery shopping, I-6.1
faire la cuisine to cook, I-6
faire ses devoirs to do homework, I-6
faire des économies to save money, II-5.1
faire de l'équitation to go horseback riding, **7.1**
faire enregistrer to check *(luggage)*, I-8.1
faire escale to stop *(plane)*, II-4.2
faire des études to study
faire l'expérience de to experience
faire figure de to give the impression of
faire du français (des maths, etc.) to study French (math, etc.), I-6
faire du jogging to jog
faire du mal to hurt, **5.3**
se faire mal to hurt oneself, II-8.1
faire de la marche to walk (for exercise), **7.1**
faire la monnaie de to make change for *(bill)*, II-5.1
faire de la natation to swim, **7.1**
faire la navette to go back and forth, make the run
faire le numéro to dial the number, II-3.2
faire de l'orage to be storming, **1.3**
faire une ordonnance to write a prescription, II-2.2
faire un pansement to bandage, II-8.1
faire partie de to be a part of
faire un pas to take a step, II-L2
faire plaisir à to please, **L2**
faire de la planche à voile to go windsurfing, I-11.1
faire le plein to fill up the gas tank, II-7.1
faire de la plongée sous-marine to go scuba diving or snorkeling, **1.1**
faire une prise de sang to draw blood, **7.2**
faire une promenade to take a walk, I-11.1
faire la queue to wait in line, I-9.1
faire une radio(graphie) to take an x-ray, **7.2**
faire de la raquette to go snowshoeing, **3.1**
faire du ski alpin to downhill ski, **1.1**
faire du ski nautique to water-ski, I-11.1
faire un stage to intern, II-14.2
faire du surf to go surfing, I-11.1
faire la vaisselle to do the dishes, I-12.2
faire les valises to pack *(suitcases)*, I-8.1
faire du vent to be windy, **1.3**
faire un voyage to take a trip, I-8.1
Il fait quel temps? What's the weather like?, I-11.1
Vous faites quelle pointure? What size shoe do you take?, I-7.2
Vous faites quelle taille? What size do you take (wear)?, I-7.2
le **faire-part** announcement *(birth, marriage, death)*, **6.1**
le **fait** fact
les faits divers local news items
fait(e) à la main handmade
falloir to be necessary
la **famille** family, I-4.1
la famille étendue extended family

le nom de famille last name
le/la **fana** fan
la **fanfare** brass band, II-12.1
la **farce** stuffing
la **farine de sorgo** sorghum flour
farouchement fiercely
fatigué(e) tired
fauché(e) *(slang)* broke, II-5.1
faut: il faut *(+ inf.)* one must, it is necessary to, I-8.2
il faut que one must, it is necessary that, II-12.2
la **faute** fault, mistake
le **fauteuil** seat *(theater)*, **3.2**; armchair, **4.1**
le fauteuil roulant wheelchair, II-8.1
faux, fausse false
le faux pas social blunder
favori(te) favorite, I-7.2
favoriser to favor; to promote
le **fax** fax; fax machine, II-3.1
féliciter to congratulate, **6.2**
la **femelle** female
la **femme** woman, I-7.1; wife, I-4.1
la femme de chambre maid *(hotel)*, II-9.2
la **fenêtre** window
côté fenêtre window *(seat) (adj.)*, I-8.1
la **fente** slot, II-3.2
la **ferme** farm, II-11.2
fermer to close, II-9.1
fermer à clé to lock, II-9.1
le **fermier, la fermière** farmer, II-11.2
ferroviaire rail *(adj.)*
les **festivités** *(f. pl.)* festivities, **4.2**
la **fête** party, I-4.1; holiday, II-12.1
de fête festive
la fête des Lumières Festival of Lights, Chanouka, II-12.2
le **fétiche** fetish, **L4**
le **feu** heat, II-6.2; traffic light, II-7.2, II-11.1; fire, II-L2, **3.3**
le feu doux low heat, II-6.2
le feu vif high heat, II-6.2
le feu d'artifice fireworks, II-12.1
la **feuille** leaf, **L3, 7.3**
la feuille d'érable maple leaf, **L7**
la feuille de papier sheet of paper, I-3.2
le **feutre** felt-tip pen, I-3.2
les **fiançailles** *(f. pl.)* engagement, I-L4, **6.3**
se **fiancer** to get engaged, **6.3**
la **fiche** registration card, II-9.1
le **fichier** file *(computer)*
fictif (-ive) fictional
fidèle faithful, **L3**
fier, fière (de) proud (of), **4.1**
la **fièvre** fever, II-2.1
avoir de la fièvre to have a fever, II-2.1
la **figue** fig
la **figure** face, I-12.1
figurer to be written, to appear, **2.3**
la **file d'attente** waiting line, **1.1**
la **file de voitures** line of cars, II-7.2
le **filet** net *(tennis, etc.)*, I-10.2; string bag
le filet de sole fillet of sole, II-6.2
la **fille** girl, I-1.1; daughter, I-4.1
le **film** film, movie, II-1.1
le film d'amour love story, II-1.1
le film d'aventures adventure movie, II-1.1
le film comique comedy, II-1.1
le film étranger foreign film, II-1.1
le film d'horreur horror film, II-1.1
le film policier detective movie, II-1.1
le film de science-fiction science-fiction movie, II-1.1
le film en vidéo movie video, II-1.1
le **fils** son, I-4.1
la **fin** end, **2.2**
financier, financière financial
la **fine herbe** herb, II-6.1
finir to finish, I-8.2
fixe fixed
fixement: regarder fixement to stare at
fixer un rendez-vous to make an appointment
flâner to stroll, wander, **1.1, L1**
le **flatteur** flatterer
le **fléau** plague, evil, **5.3**
la **flèche** arrow, II-7.2
la **fléchette** dart, **1.3**
la **fleur** flower, I-4.2, **L1, 6.1**
fleuri(e) in bloom, I-L2; decorated with flowers
fleurir to bloom
le **fleuve** river, **L1**
la **flûte** flute
la **foi** faith
le **foie** liver, **L7**
avoir mal au foie to have indigestion
la **fois** time *(in a series)*, I-10.2
à la fois at the same time
deux fois twice
la **fonction** function
le/la **fonctionnaire** civil servant, II-14.1
le **fonctionnement** functioning
fonctionner to work, function
le **fond** back, **2.2**
au fond in the background
respirer à fond to breathe deeply, II-2.2

au fond de at the bottom of
fonder to found
le **foot(ball)** soccer, I-10.1
le football américain football
le **forçat** convict, **L5**
la **force** strength
forcément necessarily
la **forêt** forest
le **forfait** package price, **1.3**
le **forgeron** blacksmith, II-L2, **4.3**
la **formation** training, **3.3**
former to form; to train
le **formulaire** form, II-8.2
la **formule** phrase
la formule de commande order form
fort hard *(adv.)*; very
fort(e) strong, I-2.2, **7.3**
fort(e) en maths good in math, I-2.2
fou, folle crazy; insane
la **fouille** dig *(archaeol.)*
se **fouler** to sprain, II-8.1
le **four** oven, II-6.1
le four à micro-ondes microwave oven, II-6.1
la **fourchette** fork, I-5.2
la **fourmi** ant
fournir to provide, to produce, to furnish, **L1**
la **fourniture** supply
les fournitures scolaires school supplies, I-3.2
le **foyer** hearth
la **fracture** fracture *(of bone)*, II-8.2
la fracture compliquée compound fracture, II-8.2
frais, fraîche cool
Il fait frais. It's cool. *(weather)*, I-11.2
les **frais** *(m. pl.)* expenses; charges, II-9.2, II-13.1
la **fraise** strawberry, I-6.2
le **français** French *(language)*, I-2.2
franchement frankly
franchir la frontière to cross the border
francophone French-speaking, **4.1**
frapper to hit, I-L3; to knock, I-L4, II-L2, **L5**
la **fraude fiscale** tax evasion
freiner to break (slow down), II-7.1
fréquemment frequently
fréquenter to frequent, patronize
le **frère** brother, I-1.2
la **fresque** fresco
le **fric** *(slang)* money, II-5.1
le **frigidaire** refrigerator, I-12.2, II-6.1
le **frigo** "fridge," II-6.1
les **fringues** *(f. pl.) (slang)* clothes
les **frissons** *(m. pl.)* chills, II-2.1
les **frites** *(f. pl.)* French fries, I-5.1
froid(e) cold
Il fait froid. It's cold. *(weather)*, I-11.2
le **fromage** cheese, I-5.1
le **front** forehead
la **frontière** border
frugal(e) light, simple
le **fruit** fruit, I-6.2, II-6.1
les fruits de mer seafood, II-6.2
la **fumée** smoke
fumer to smoke, II-4.2
les **funérailles** *(f. pl.)*
le **funiculaire** funicular
furieux, furieuse furious, II-13.2
la **fusée** rocket, **L8**
le **futur** future, I-L2

G

le/la **gagnant(e)** winner, I-10.2
gagner to earn; to win, I-10.1
la **galerie** upper balcony, **3.2**
la **gamme** range
le **gant** glove, I-11.2
le gant de toilette washcloth, I-12.1, II-9.2
le **garage** garage, I-4.2
le **garçon** boy, I-1.1
le garçon d'honneur best man, II-12.2, **6.1**
garder to guard, watch; to keep, **2.2**
le **gardien** guard, I-L4
le gardien de but goalie, I-10.1
la **gare** train station, I-9.1, **1.2**
la gare routière bus terminal *(Africa)*
se **garer** to park, II-7.1
le **gars** *(slang)* boy, **L2**
gastronomique gastronomic, gourmet
le **gâteau** cake, I-4.1
gâter to spoil
gauche: à gauche left, II-7.2
le **gaz** gas
le gaz carbonique carbon dioxide
le gaz GPL liquefied petroleum gas
le/la **géant(e)** giant
geler to freeze
Il gèle. It's freezing. *(weather)*, I-11.2
la **gendarmerie** police force
la **généralisation** extension to cover everyone
génial(e) brilliant, **3.2**
le **génie** genius
le **genou** knee, II-8.1
le **genre** type, kind, II-1.1; genre
les **gens** *(m. pl.)* people
gentil(le) nice (person), I-6.2
le **gentilhomme** gentleman
gérer to manage
le **gigot d'agneau** leg of lamb, II-6.2
le **gilet de sauvetage** life vest, II-4.2
la **glace** ice cream, I-5.1; ice, I-11.2; mirror, I-12.1
glisser to slip, II-8.1
la **gomme** eraser, I-3.2

le **gommier** Caribbean flat-bottomed fishing boat
les **gonds** *(m. pl.)* hinges
le/la **gosse** kid, **2.3**
la **gorge** throat, II-2.1
avoir mal à la gorge to have a sore throat, II-2.1
la **gousse d'ail** clove of garlic, II-6.1
le **goût** taste, **2.1**
la **goutte de pluie** raindrop, **1.3**
le **gouvernement** government
gouverner to govern
grâce à thanks to
le **gradin** bleacher *(stadium)*, I-10.1
la **graisse** fat
le **gramme** gram, I-6.2
grand(e) tall, big, I-1.1; great
le grand magasin department store, I-7.1
de grand standing luxury *(adj.)*
la grande surface large department store; large supermarket
grandir to grow (up) *(children)*
la **grand-mère** grandmother, I-4.1
le **grand-père** grandfather, I-4.1
les **grands-parents** *(m. pl.)* grandparents, I-4.1
la **grange** barn, II-11.2
gratter to scratch, II-2.1
gratuit(e) free
grave serious, II-3.2
Ce n'est pas grave. It's not serious., II-3.2
grec, grecque Greek
le **grec** Greek *(language)*
la **Grèce** Greece
la **grêle** hail, **1.3**
la **grève** strike, **5.3**
la **griffe** label
le **grincheux, la grincheuse** whiner
le **griot** griot *(African musician-entertainer)*
la **grippe** flu, II-2.1
gris(e) gray, I-7.2
gros(se) big, large, II-14.2
le gros titre headline, **5.1**
la **grotte** cave, I-L4
guérir to cure, II-L4
la **guerre** war, I-L3
le **guerrier** warrior, I-L3
le **guichet** ticket window, I-9.1, II-10.1; box office, II-1.1; counter window *(post office)*, II-5.2
le **guide** guidebook; guide
guillotiné(e) guillotined
le **gymnase** gymnasium
la **gymnastique** gymnastics, I-2.2

H

habillé(e) dressy, I-7.1
s' **habiller** to get dressed, I-12.1
l' **habitant(e)** inhabitant
habiter to live *(in a city, house, etc.)*, I-3.1
hacher to grind, II-6.2
la **haine** hatred, hate
le **hall** lobby, I-8.1, II-9.1
le **hameau** hamlet
handicapé(e) handicapped
le **hangar** shed, II-11.2
Hanouka Hanukkah, II-12.2
les **haricots** *(m. pl.)* **verts** green beans, I-6.2, II-6.1
la **harpe** harp
la **hausse** rise, increase, **5.1**
hausser les épaules to shrug
haut(e) high, II-11.1
en haut de at the top of
haut de gamme state-of-the-art
le **hautbois** oboe
l' **hebdomadaire** *(m.)* weekly
l' **hectare** *(m.)* hectare *(2.47 acres)*
l' **herbe** *(f.)* grass, II-11.2
la fine herbe herb, II-6.1
le **héros** hero
l' **heure** *(f.)* time *(of day)*, I-BV; hour, I-3.2
à l'heure on time, I-8.1
à quelle heure? at what time?, I-2
À tout à l'heure. See you later., I-BV
de bonne heure early
les heures de pointe rush hour, II-10.1
heureusement fortunately
heureux, heureuse happy, II-13.2
hier yesterday, I-10.1
avant-hier the day before yesterday, I-10.2
hier matin yesterday morning, I-10.2
hier soir last night, I-10.2
l' **histoire** *(f.)* history, I-2.2; story
l' **hiver** *(m.)* winter, I-11.2
l' **H.L.M.** low-income housing
le **homard** lobster, II-6.2
l' **homme** *(m.)* man, I-7.1
honnête honest
les **honoraires** *(m. pl.)* fees *(doctor)*
la **honte** shame, **2.3**
l' **hôpital** *(m.)* hospital, II-8.1,**7.1**
l' **horaire** *(m.)* schedule, timetable, I-9.1
l' **horloger, l'horlogère** clockmaker
l' **horodateur** *(m.)* time-stamp machine, II-11.1
l' **horreur** *(f.)* horror
l' **hôte** *(m.)* host
l' **hôtel** *(m.)* hotel, II-9.1
l'hôtel de ville city hall
l' **Hôtel-Dieu** hospital
l' **hôtesse** *(f.)* **de l'air** flight attendant *(f.)*, I-8.2
l' **huile** *(f.)* oil, I-6.1
l'huile d'olive olive oil, II-6.1
l' **huître** *(f.)* oyster, II-6.2

humain(e) human
la **hutte** hut
l' **hydrate** *(m.)* de carbone carbohydrate
l' **hymne** *(m.)* anthem, II-12.1
hyper: J'ai hyper faim. I'm super hungry.
l' **hypermarché** *(m.)* large department store, supermarket
l' **hypothèque** *(f.)* mortgage

I

l' **icône** *(f.)* icon
idéal(e) ideal
l' **idée** *(f.)* idea
idée fixe fixed idea; obsession
identifier to identify
ignorer not to know
il: il y a there is, there are, I-4.1
il y a dix ans ten years ago
l' **île** *(f.)* island, I-L4, **8.3**
illisible illegible
l' **immeuble** *(m.)* apartment building, I-4.2
s' **implanter** to be established
impoli(e) impolite
l' **importance** *(f.)* importance
accorder de l'importance à to consider important, **2.1**
important(e) important; significant
s' **imposer** to win out
impressionnant(e) impressive
impressionner to impress; to upset
les **impressionnistes** *(m. pl.)* Impressionists *(artists)*
l' **imprimante** *(f.)* printer, II-3.1
imprimer to print
l' **imprimerie** *(f.)* printing press
inaugurer to inaugurate
l' **incendie** *(m.)* fire, **5.1**
inciter to prompt
inconnu(e) unknown
l' **inconvénient** *(m.)* disadvantage
incroyable incredible
l' **indicatif** *(m.)*: **l'indicatif du pays** country code, II-3.2
l'indicatif régional area code, II-3.2
l' **indication** *(f.)* cue
l' **indigène** *(m./f.)* native
indiquer to indicate, to show
l' **individu** *(m.)* individual
infâme infamous
inférieur(e) lower
infini(e) infinite
l' **infirmier, l'infirmière** nurse, II-8.1, **7.1**
l' **informaticien(ne)** computer expert, II-14.1
l' **information** *(f.)* information; data
les informations *(f. pl.)* news *(TV)*, **2.1**
l' **informatique** *(f.)* computer science, I-2.2
l' **infrason** *(m.)* infrasonic vibration
l' **ingénieur** *(m.)* engineer *(m./f.)*, II-14.1
l' **inhumation** *(f.)* burial, **6.3**
initier to introduce
inlassablement tirelessly, **8.1**
innombrable countless
s' **inquiéter** to worry
l' **inquiétude** *(f.)* worry
installé(e) settled, **6.3**
s' **installer** to settle
l' **instant** *(m.)* moment, II-3.2
l' **institut** *(m.)* institute
l' **instituteur, l'institutrice** elementary school teacher, **2.3**
l' **instrument** *(m.)* instrument
l'instrument à clavier keyboard instrument
l'instrument à cordes string instrument
l'instrument à vent wind instrument
interdit(e) forbidden, II-4.2, **L4**
intéressant(e) interesting, I-1.1
intéresser to interest
s'intéresser à to be interested in
l' **intérêt** *(m.)* interest
intérieur(e) domestic *(flight)*, I-8.1
interne internal; inner
l' **interne** *(m./f.)* boarder
l' **interprète** *(m./f.)* interpreter
l' **interro(gation)** *(f.)* quiz
interroger to question, **L1**
interurbain(e): appel interurbain toll call
intervenir to step in
l' **intervention** *(f.)* **chirurgicale** operation
intime intimate
intitulé(e) entitled
introduire to insert
inutile useless, **L2**
inventer to make up; to invent
l' **invité(e)** guest
inviter to invite, I-4.1
isoler to isolate
l' **issue** *(f.)* **de secours** emergency exit
l' **italien** *(m.)* Italian *(language)*, I-2.2
l' **Ivoirien(ne)** *(m./f.)* Ivorian *(inhabitant of Côte d'Ivoire)*

J

jaloux, jalouse jealous
jamais ever
ne... jamais never, I-11.2
la **jambe** leg, II-8.1
le **jambon** ham, I-5.1
janvier *(m.)* January, I-BV
japonais(e) Japanese
le **jardin** garden, I-4.2, **L5**
jaune yellow, I-7.2

Je vous en prie. You're welcome. *(form.)*, I-BV
le **jean** jeans, I-7.1
jeter to throw, I-L4; to throw away
jeter un coup d'œil sur to look over, **L1**
se jeter dans to flow into
le **jeu** game
le jeu vidéo video game, **2.1**
jeune young
jeûner to fast, **4.2**
les **jeunes** *(m. pl.)* young people
la **jeunesse** youth
le **jogging: faire du jogging** to jog
la **joie** joy
joli(e) pretty, I-4.2
la **joue** cheek, II-13.1
jouer to play, I-3.2; to show *(movie)*; to perform, II-1.1, **3.2**
jouer à (un sport) to play *(a sport)*, I-10.1
jouer de to play *(a musical instrument)*
le **jouet** toy
le **joueur, la joueuse** player, I-10.1
jouir de to enjoy
le **jour** day, I-BV
huit jours a week
le jour de l'An New Year's Day, II-12.2
le jour férié holiday
de nos jours today, nowadays
quinze jours two weeks
tous les jours every day, II-1.2
le **journal** newspaper, I-9.1, **5.1**
le journal télévisé TV news, II-6.1
le/la **journaliste** reporter, II-14.1
la **journée** day, I-3.1
Belle journée! What a nice day!, I-4.2
joyeux, joyeuse joyous
Joyeux anniversaire! Happy birthday!
Joyeux Noël! Merry Christmas!
le/la **juge** judge, II-14.1
juif, juive Jewish, II-12.2
le **jumeau, la jumelle** twin, I-L1
la **jupe** skirt, I-7.1
jurer to swear
le **jus** juice, I-5.1
jusqu'à (up) to, until, I-10.2
jusqu'à ce que until
jusque up to, until
jusques ici up to now
jusqu'où? how far?
juste just, I-2.1
juste à sa taille fitting (him/her) just right
juste là right there
tout juste just barely
justement exactly

K

le **kabyle** Kabyle, **L4**
le **kilo(gramme)** kilogram, I-6.2
le **kilomètre** kilometer
le **kiosque** newsstand, I-9.1, **5.1**
le **klaxon** car horn, **7.3**
le **kleenex** tissue, II-2.1

L

là there; here, II-3.2
là-bas over there, II-10.1
le/la **laborantin(e)** lab technician, **7.1**
le **laboratoire** laboratory, **7.1**
là-haut up there
le **lac** lake
lacer to lace (up), **L7**
lâche cowardly, **L2**
la **lagune** lagoon
laid(e) ugly, **L2**
laisser to leave *(something behind)*, I-5.2; to let, allow
le **lait** milk, I-6.1
la **laitue** lettuce
lancer to throw, to shoot *(ball)*, I-10.2, II-12.1; to launch
le **langage** language
en langage courant commonly known as
la **langue** language, I-2.2
la langue maternelle mother tongue
la langue d'usage everyday language
le **lapin** rabbit, II-11.2
large loose, wide, I-7.2
la **larme** tear, II-L2, **L6**
la **lassitude** lassitude, fatigue, **L7**
le **laurier** bay (leaves), II-6.1
le **lavabo** *(bathroom)* sink, **L4**
la **lavande** lavender
laver to wash, I-12
se **laver** to wash oneself, I-12.1
le **lave-vaisselle** dishwasher, I-12.2
lécher to lick, **5.3**
la **leçon** lesson, I-11.1
la leçon de conduite driving lesson, II-7.1
le **lecteur, la lectrice** reader
le lecteur de disquettes diskette drive, II-3.1
la **lecture** reading
léger, légère light, slight, **8.2**
en légère baisse slightly lower
le **légume** vegetable, I-6.2, II-6.1
les légumes secs dried vegetables *(beans, pea, lentils, etc.)*, **4.2**
lentement slowly
les **lentilles** *(f. pl.)* lentils, **4.2**
la **lésion** injury
lever to raise, I-3.1
lever la main to raise one's hand, I-3.1
se lever to get up, I-12.1
le **lever du soleil** sunrise, **4.2**
la **lèvre** lip, II-13.1

la **libellule** dragonfly, **L8**
libérer to free; to vacate, II-9.2
la **liberté** freedom
libre free, I-5.1; available, II-14.2
le **lieu** place; setting, II-14.1
au lieu de instead of
avoir lieu to take place, II-12.1
le lieu de passage thoroughfare
le lieu de travail workplace, II-14.1
la **ligne** line, II-4.1
les grandes lignes main lines *(train)*, II-4.1; broad outline
les lignes de banlieue commuter trains, II-4.1
la **limitation de vitesse** speed limit, II-7.2, **5.1**
la **limite** limit
la **limonade** lemon-lime drink, I-BV
le **linge** laundry, **L4**
le **lipide** fat
le **liquide** liquid
l'argent liquide cash, II-5.1
en liquide in cash, II-9.2
lire to read, I-9.2
le **lit** bed, II-9.1, II-L2
le **litre** liter, I-6.2
le **littoral** coastal region
la **livre** pound, I-6.2
le **livre** book, I-3.2
livrer to deliver, **6.2**
le **livret de caisse d'épargne** savings passbook
le **local** building, center
localement locally
la **location** rental
le **logement** housing
loger to house
Vous êtes logé(e). Lodging is included., **3.3**
le **logiciel** software, II-3.1
loin far (away)
loin de far from, I-4.2
plus loin further
le **long: le long de** along
long(ue) long, I-7.1
le **long-métrage** feature film, **8.3**
longtemps (for) a long time, I-11.1
trop longtemps (for) too long, I-11.1
la **longueur** lap, **7.3**
le **look** style
lorsque when, **4**
la **louche** ladle, **L4**
louer to rent, II-1.1; to reserve
lourd(e) heavy, **8.2**
la **lumière** light, **7.3**
lunaire lunar, **L8**
la **lune** moon, **L8**
la lune de miel honeymoon
les **lunettes** *(f. pl.)* **de soleil** sunglasses, I-11.1
la **lutte** fight, battle, I-L3, **5.3**
lutter to fight, I-L3
luxueux, luxueuse luxurious
le **lycée** high school, I-2.1
le/la **lycéen(ne)** high school student

M

la **machine** machine, II-10.2
Madame (Mme) Mrs., Ms., I-BV
Mademoiselle (Mlle) Miss, Ms., I-BV
le **magasin** store, I-3.2, II-14.1
le grand magasin department store, I-7.1
le **magazine** magazine, I-9.1, **5.1**
le **Maghreb** Maghreb
le **magnétoscope** VCR, I-12.2
magnifique magnificent
maigre thin, skinny, **L7**
le **mail** e-mail, II-3.1
le **maillot** jersey
le maillot de bain bathing suit, I-11.1
la **main** hand, I-3.1, II-13.1
fait(e) à la main handmade
maintenant now, I-2.2
maintenir to maintain; to uphold
le **maire** mayor, II-12.1
la **mairie** town hall, II-12.2, II-14.1
mais but, I-2.1
Mais oui (non)! Of course (not)!
la **maison** house, I-3.1
la maison d'édition publishing house
la maison de retraite old people's home
la **maisonnette** cottage
maître, maîtresse main, chief
le **maître, la maîtresse** elementary school teacher; master, mistress
la **maîtrise** master's degree
maîtriser to bring under control, **5.3**
la **majorité** majority
mal badly, II-2.1
avoir mal à to have a(n) . . . -ache, to hurt, II-2.1
Ça fait mal. It (That) hurts., II-2.1
Pas mal. Not bad., I-BV
le **mal** evil, **L5**
dire du mal de to speak ill of, **8.2**
le/la **malade** sick person, patient, II-2.2
malade ill, sick, I-L1, II-2.1
la **maladie** illness, disease
le **mâle** male
malfaisant(e) harmful, **4.3**
malgré in spite of, despite
malheureusement unfortunately, **1.2**
malheureux, malheureuse unhappy
le **Mali** Mali, **4.1**

malin, maligne: C'est malin! Very clever! *(ironic)*
la **malle** trunk, **L4**
la **maman** mom
la **mamie** grandma, **6.3**
la **Manche** English Channel
la **manche** sleeve, I-7.1
à manches longues (courtes) long- (short-) sleeved, I-7.1
le **mandat** money order
manger to eat, I-5.1
manier to handle, **L4**
la **manifestation culturelle** cultural event
la **manœuvre: instructions pour la manœuvre** operating instructions
la **manque** lack
manquer to be missed, **2.1**
Elle me manque. I miss her., **2.1**
le **manteau** coat, I-7.1
se **maquiller** to put on makeup, I-12.1
la **marâtre** wicked stepmother, **L6**
le/la **marchand(e) (de fruits et légumes)** (produce) seller, merchant, I-6.2
la **marchandise** merchandise
la **marche** (stair) step
le **marché** market, I-6.2
bon marché inexpensive
le marché aux puces flea market
marcher to walk, II-8.1
la **mare** pond
marginal(e) living on the fringes of organized society
le **mari** husband, I-4.1
le **mariage** marriage; wedding, II-12.2
le mariage civil civil wedding ceremony, **6.1**
le **marié** groom, II-12.2, **6.1**
la **mariée** bride, II-12.2, **6.1**
se **marier** to get married, I-L4, II-12.2
le **marin** sailor, I-L4, **L2**
le **Maroc** Morocco, **4.1**
marocain(e) Moroccan
la **marque** brand, II-7.1; sign, II-L4
marquer un but to score a goal, I-10.1
la **marraine** godmother, **6.1**
marrant(e) *(slang)* very funny, hilarious
marron *(inv.)* brown, I-7.2, **L4**
marseillais(e) from Marseille
le **marteau** hammer, **7.3**
le **marteau-piqueur** jackhammer, **7.3**
martiniquais(e) from or of Martinique
le **masque à oxygène** oxygen mask, II-4.2
masqué(e) masked, II-12.1
un groupe masqué group of masqueraders, II-12.1
le **mat** *(fam.)* morning
le **match** game, I-10.1
le **matériel** equipment, II-11.2
la **matière** subject (school), I-2.2; matter
le **matin** morning, I-BV
du matin A.M. *(time)*, I-BV
la **matinée** morning
mauvais(e) bad; wrong, I-1.1
Il fait mauvais. It's bad weather., I-1.1
maux: avoir des maux de cœur to feel nauseous, **L7**
la **mèche de cheveux** lock of hair, **8.3**
le **médecin** doctor *(m./f.)*, II-2.2, **7.1**
chez le médecin at (to) the doctor's office, II-2.2
le **médicament** medicine, II-2.1
meilleur(e) better, II-8
le **mélange** mixture
mêler to mix, **L2**
le **membre** member; limb
même *(adj.)* same; very, I-2.1; *(adv.)* even
tout de même all the same, I-5.2
menacer to threaten
mener to lead, carry on
le **mensonge** lie, **2.1**
mensuel(le) monthly
mentir to lie, **L2, L8**
le **menuisier** carpenter, II-14.1
la **méprise** misunderstanding, **L5**
la **mer** sea, I-11.1, **1.1, L3**
la mer des Antilles Caribbean Sea
la mer des Caraïbes Caribbean Sea
la mer Méditerranée Mediterranean Sea
merci thank you, thanks, I-BV
la **mère** mother, I-4.1
mériter to deserve
la **merveille** marvel, wonder
merveilleux, merveilleuse marvelous
le **messager, la messagère** messenger
la **messe de minuit** midnight mass, II-12.2
la **mesure** measurement
mesurer to measure
le **métier** trade, profession, II-14.1
le **métis** of mixed blood
le **mètre** meter
le **métro** subway, I-4.2, II-10.1
la station de métro subway station, I-4.2, II-10.1
mettre to put (on), to place, I-7.1; to turn on *(appliance)*, I-7
mettre le contact to start the car, II-7.1
mettre de côté to save, to put aside, II-5.1
mettre en évidence to reveal
mettre une lettre à la poste to mail a letter, II-5.2
mettre en scène to feature

mettre la table to set the table, I-7
mettre en valeur to feature, set off
se mettre à to begin, **6.3**
se mettre à l'heure de to march to the same drummer
les **meubles** *(m. pl.)* furniture
le **meurtre** murder, **5.1**
le **micro** mike (microphone), **L8**
le **microbe** microbe, germ
la **micropuce** microchip
midi *(m.)* noon, I-BV
le **miel** honey
mieux better, I-7.2
aimer mieux to prefer, I-7.2
aller mieux to feel better, II-2.2; to be better, II-8.1
il vaut mieux it is better, II-13.2
mignon(ne) darling; dainty, **L6**
le **milieu** middle, II-10.2
mille (one) thousand, I-3.2
le **millénaire** millennium
le **million** million
mimer to mime
le **ministère** ministry
minuit *(m.)* midnight, I-BV
la **minute** minute, I-9.2
la **mise en scène** staging
la **mise en terre** burial, **6.3**
la **mi-temps** halftime *(sporting event)*
le **mobile** motive, **5.1**
la **mode** fashion
à la mode in style
le **mode** means
modéré(e) moderate
la **moelle épinière** spinal cord
moi de même the same with me, II-13.2
moi-même myself
moins less, fewer, I-7.1; minus
au moins at least
pour le moins at the very least
le **moins** minus(es) *(disadvantages)*, **3.3**
le **mois** month, I-BV
le **monde** world, **L2**
beaucoup de monde a lot of people, I-10.1
tout le monde everyone, everybody, I-1.2
le **moniteur** (computer) monitor
le **moniteur, la monitrice** instructor, I-11.1
la **monnaie** change *(money)*; currency, II-5.1
la pièce de monnaie coin
monoparental(e) single-parent, **6.1**
Monsieur *(m.)* Mr., sir, I-BV
le **mont** mount, mountain
la **montagne** mountain, I-11.2, **1.1**
le **montant** amount, **1.2, 3.3**
monter to go up, I-4.2; to get on, get in, I-9.2; to take (something) upstairs, II-9.1
monter une pièce to put on a play, II-1.1
la **montre** watch, II-L1, **5.3**
montrer to show
se **moquer de** to make fun of, **L6**
le **morceau** piece, II-6.2
le **morse** Morse code
la **mort** death, **8.3**
mortel(le) fatal, **5.1**
la **mosquée** mosque
le **mot** word
le mot apparenté cognate
le **motard** motorcycle cop, II-7.2
la **moto** motorcycle, II-7.1
le **mouchoir** handkerchief, II-2.1
la **moule** mussel, II-6.2
mourir to die, I-11
la **moutarde** mustard, I-6.2
le **mouton** mutton; sheep, II-11.2
moyen(ne) average, intermediate, **3.1**
le Moyen Âge Middle Ages
le **moyen de transport** mode of transportation
multicolore multicolored
la **multinationale** multinational corporation, II-14.2
multiplier to multiply
muni(e) de with
la **municipalité** city government
les **munitions** *(f. pl.)* ammunition
le **mur** wall, I-L4, **L4, 8.3**
la **musculation** muscle-building exercises
le **musée** museum, II-1.2
le/la **musicien(ne)** musician, **3.3**
la **musique** music, I-2.2
musulman(e) Moslem
le **mystère** mystery
mystérieux, mystérieuse mysterious

N

nager to swim, I-11.1, **1.1**
le **nageur, la nageuse** swimmer, **7.1**
la **naissance** birth, **6.1**
naître to be born, I-11, **6.1**
la **nappe** tablecloth, I-5.2
la **natation** swimming, I-11.1
la **natte** mat, **4.3, L4**
nature plain *(adj.)*, I-5.1
naturel(le) natural
le **navarin** mutton stew
la **navette** shuttle
faire la navette to go back and forth, make the run
naviguer sur Internet to surf the Net
ne: ne... jamais never, I-11.2
ne... pas not, I-1.2
ne... personne no one, nobody, I-11
ne... plus no longer, no more, I-6.1

ne... point not at all
ne... que only, **2.1**
ne... rien nothing, I-11
né(e): elle est née she was born
néanmoins nevertheless
la **nébulosité** cloud cover
la **nécessité** necessity
de première nécessité essential
la **négritude** black pride
la **neige** snow, I-11.2, **1.1**
neiger to snow, I-11.2
nerveux, nerveuse nervous
n'est-ce pas? isn't it?, doesn't it (he, she, etc.)?, I-2.2
le **neveu** nephew, I-4.1
le **nez** nose, II-2.1
avoir le nez qui coule to have a runny nose, II-2.1
ni... ni neither . . . nor
niçois(e) of or from Nice
la **nièce** niece, I-4.1
nier to deny, **5.3**
n'importe où anywhere at all
le **niveau** level, II-7.1
le niveau sonore volume
Noël Christmas, II-12.2
noir(e) black, I-7.2, **L8**
le **nom** name; noun
le nom de famille last name
le **nombre** number
nombreux, nombreuse numerous, many
peu nombreux few
nommer to name, mention
non no; not
non plus either, neither
non-fumeurs non-smoking *(section)*, I-8.1
non-polluant(e) nonpolluting
le **nord** north
nord-africain(e) North African
les **notables** *(m. pl.)* dignitaries, II-12.1
notamment notably
la **note** note; grade; bill *(hotel)*, II-9.2
nourrir to feed
Vous êtes nourri(e). Food is included., **3.3**
la **nourriture** food, nutrition, **7.2**
nouveau (nouvel), nouvelle new, I-4.2
à nouveau again
les nouveaux venus newcomers
la **nouveauté** newness
la **nouvelle** short story
les nouvelles news, II-L3
la **Nouvelle-Angleterre** New England
La **Nouvelle-Orléans** New Orleans
noyé(e) drowned, **L2**
le **nuage** cloud, I-11.1, **1.3**
nuageux, nuageuse cloudy, **1.3**
nuire to be harmful, **2.3**
la **nuit** night, **7.3**
la nuit tombée nightfall, **4.1**
nul(le) *(slang)* bad
nullement by no means
le **numéro** number, II-5.2
le bon numéro right number, II-3.2
composer/faire le numéro to dial the number, II-3.2
le mauvais numéro wrong number, II-3.2
numéroté(e) numbered

O

ô oh
l' **objet** *(m.)* object
obligatoire mandatory
obliger to force, compel
les **obsèques (f. pl.)** funeral, **6.3**
obtenir to obtain, get
l' **occasion** *(f.)* opportunity
occidental(e) western
occupé(e) occupied, taken, I-5.1; busy
Ça sonne occupé. The line's busy, II-3.2
occuper to occupy, take up
s'occuper de to take care of, **2.3**
l' **œuf** *(m.)* egg, I-6.1
l'œuf à la coque poached egg
l'œuf brouillé scrambled egg
l'œuf sur le plat fried egg
l' **œuvre** *(f.)* work(s) *(of art or literature)*, II-1.1
offrir to offer
l' **oignon** *(m.)* onion, I-5.1, II-6.1
l' **oiseau** *(m.)* bird
l' **omelette** *(f.)* omelette, I-5.1
l'omelette aux fines herbes omelette with herbs, I-5.1
l'omelette nature plain omelette, I-5.1
on we, they, people, I-3.2
On y va? Let's go.; Shall we go?
l' **oncle** *(m.)* uncle, I-4.1
l' **onde** sea *(literary)*, **L2**
l' **ondée** *(f.)* heavy shower
opérer to operate
l' **or** *(m.)* gold, I-L4, **8.3**
l' **orage** *(m.)* storm, **1.2, 1.3**
orageux, orageuse stormy, **1.3**
l' **oraison** *(f.)* prayer, **4.2**
l' **oranger** *(m.)* orange tree, I-L2
l' **oratoire** *(m.)* private chapel
l' **orchestre** *(m.)* orchestra *(seats)*, **3.2**
l' **ordinateur** *(m.)* computer, II-3.1
l' **ordonnance** *(f.)* prescription, II-2.2
faire une ordonnance to write a prescription, II-2.2
ordonner to command
l' **ordre** *(m.)* order

d'ordre personnel of a personal nature, **1.3**
l' **oreille** *(f.)* ear, II-2.1, **7.3**
avoir mal aux oreilles to have an earache, II-2.1
l' **oreiller** *(m.)* pillow, II-4.2
organiser to organize
l' **organisme** *(m.)* agency
l' **orgue** *(m.)* organ *(musical instrument)*
oriental(e) eastern
originaire de native of
l' **origine** *(f.)*: **d'origine américaine (française, etc.)** from the U.S. (France, etc.)
orner to decorate
l' **os** *(m.)* bone, II-8.2
oser to dare, **L6**
l' **osier** *(m.)* willow
ou or, I-1.1
où where, I-1.1
d'où from where, I-1.1
oublier to forget, II-7.2
l' **ouest** *(m.)* west
oui yes, I-BV
l' **outil** *(m.)* tool, **4.3**
ouvert(e) open, II-1.2
l' **ouvrage** *(m.)* work
l' **ouvrier, l'ouvrière** worker, II-11.1
ouvrir to open, II-2.2, II-13.2

P

le **paiement** payment
le **paillasson** doormat, **5.3**
le **pain** bread, I-6.1
le pain complet whole-wheat bread
le pain grillé toast
la tartine de pain beurré slice of bread and butter
la **paire** pair, I-7.1
la **paix** peace
le **palais** palace, **8.3**
le **palet** puck
le **palmier** palm tree
le **pamplemousse** grapefruit, II-6.1
le **panier** basket, I-10.2, **L5**
réussir un panier to make a basket, I-10.2
la **panne** breakdown, II-7.1
tomber en panne to break down, II-7.1
le **panneau** road sign, II-7.2
le **pansement** bandage, II-8.1
le **pantalon** pants, I-7.1
le **pape** pope, **8.3**
la **papeterie** stationery store, I-3.2
le **papier** paper, I-3.2
la feuille de papier sheet of paper, I-3.2
le papier à lettres stationery, **L7**
le papier hygiénique toilet paper, II-9.2
le **papillon** butterfly, **6.3**
Pâques Easter
le **paquet** package, I-6.2
par by, through
par cœur by heart, **L2**
par conséquent as a result
par effraction: entrer par effraction to break into *(a house, etc.)*, **5.1**
par exemple for example
par rapport à in comparison to
par semaine a (per) week, I-3.2
par la suite eventually
par voie orale orally, **4.1**
paraître to be published
le **parc** park
parce que because
le **parcmètre** parking meter, II-11.1
parcourir to cover *(distance)*
le **parcours** run, trip
par-dessus over *(prep.)*, I-10.2
le **pare-brise** windshield, II-7.1
paresseux, paresseuse lazy
parfait(e) perfect
parfois at times, **2.3, 3.3**
le **parfum** flavor
le **parking** parking lot, II-11.1
parler to speak, talk, I-3.1
parler au téléphone to talk on the phone, I-3.2, II-L3
le **parler** speech, language
parmi among
paroissial(e) parish *(adj.)*
les **paroles** *(f. pl.)* words, lyrics
le **parrain** godfather, **6.1**
la **part:**
C'est de la part de qui? Who's calling?, II-3.2
d'autre part on the other hand
de part et d'autre on each side
de sa part on his (her) part
partager to share, II-13.1, **2.1**; to divide
particulier, particulière private *(room, house, etc.)*
la **partie** part
faire partie de to be a part of
partir to leave, I-8.1, **1.2**
partout everywhere
le **parvis de l'église** square in front of a church, **6.1**
pas not, I-2.1
pas du tout not at all, I-3.1
Pas mal. Not bad., I-BV
Pas question! Out of the question! Not a chance!
le **pas** step, footstep, II-L2, **L3, L8**
faire un pas to take a step, II-L2
le **passage pour piétons** crosswalk, II-11.1
passager, passagère passing, temporary, **7.3**
le **passager, la passagère** passenger, I-8.1
le/la **passant(e)** *(m./f.)* passerby, **L2**
la **passe** pass
le **passeport** passport, I-8.1

passer to spend *(time)*, I-3.1; to go (through), I-8.1; to pass, I-10.1
passer à la douane to go through customs, II-4.2
passer avant tout to come first
passer un coup de fil to phone
passer un examen to take an exam, I-3.1
se passer to happen
se **passionner** to become enthusiastic
le **pasteur** shepherd, **4.3**
la **patate douce** sweet potato
les **pâtes** *(f. pl.)* pasta, II-6.1
le **patin** skate; skating, I-11.2
faire du patin à glace to ice-skate, I-11.1
la **patinoire** skating rink, I-11.2
le **patrimoine** heritage
le/la **patron(ne)** boss
le **pâturage** pasture, **4.3**
pauvre poor, I-L1, II-2.1
le **pavillon** small house, bungalow
payer to pay, I-3.2
le **pays** country, I-8.1
le **paysage** landscape, II-4.1, **2.3, L8**
le/la **paysan(ne)** peasant, I-L1
le **péage** toll, II-7.2
la **pêche** fishing, **1.1**
le **pêcheur, la pêcheuse** fisherman (-woman)
le **pédalo** pedal boat
le **peigne** comb, I-12.1
se **peigner** to comb one's hair, I-12.1
peindre to paint, **L4**
la **peine: Ce n'est pas la peine.** It's not worth it. Don't bother., **2.1**
peint(e) painted, **8.1, 8.3**
peint(e) en rouge painted red, **8.1**
le **peintre** painter, artist *(m./f.)*, II-1.2
le peintre (en bâtiment) (house) painter, II-14.1
la **peinture** painting, II-1.2
la **pelle** shovel, **L3**
pencher to bend
pendant during, for *(time)*, I-3.2
la **péniche** barge
penser to think
la **pension** boarding school
le/la **pensionnaire** boarder, resident, **6.3**
la **pente** slope
percevoir to perceive
perdre to lose, I-9.2
le **père** father, I-4.1
le Père Noël Santa Claus, II-12.2
perfectionner to perfect
la **période** period
la période de l'année the time of the year
la **périphérie** outskirts
la **perle** pearl
permettre to permit, allow, let
le **permis de conduire** driver's license, II-7.1
le **persil** parsley, II-6.1
le **personnage** character *(in a story)*
la **personne** person
ne... personne no one, nobody, I-11
le **personnel de bord** flight crew, I-8.2
la **perte** loss
perturber to disturb
peser to weigh, II-5.2, **8.2**
petit(e) short, small, I-1.1
le petit ami boyfriend
la petite amie girlfriend
le petit déjeuner breakfast, I-5.2
les petits pois *(m.)* peas, I-6.2
la **petite-fille** granddaughter, I-4.1
le **petit-fils** grandson, I-4.1
les **petits-enfants** *(m. pl.)* grandchildren, I-4.1
le **pétrole** oil
le **pétrolier** oil tanker
peu (de) few, little
à peu près about, approximately, **4.1**
un peu a little, I-2.1
en très peu de temps in a short time
très peu seldom, I-5.2
la **peur** fear
avoir peur to be afraid, I-L1, II-13.2
de peur que for fear that, **5**
peut-être perhaps, maybe
le/la **pharmacien(ne)** pharmacist, II-2.2
la **phrase** sentence
le/la **physicien(ne)** physicist
la **physique** physics, I-2.2
physique physical
la **piastre** dollar *(Fr. Canadian)*
le **pickpocket** pickpocket, **5.2**
la **pie** magpie
la **pièce** room, I-4.2; play, II-1.1, **3.2**; coin, II-5.1
la pièce montée wedding cake, **6.1**
le **pied** foot, I-10.1, II-8.1
à pied on foot, I-4.2
donner un coup de pied to kick, I-10.1
être vite sur pied to be better soon, II-2.1
la **pierre** stone, **3.3**
la pierre précieuse gem, I-L4
le **piéton, la piétonne** pedestrian, II-11.1
piétonnier, piétonnière pedestrian *(adj.)*, **8.1**
pieux, pieuse pious
le/la **pilote** pilot, I-8.2
le pilote de ligne airline pilot
piloter to pilot, to fly
le **pilotis** piling
piquer to sting, II-2.1
la **piqûre** injection, II-8.2
le **piratage** piracy

la **pirogue** pirogue *(dugout canoe)*
la **piscine** pool, I-11.1, **7.1**
la **piste** runway, I-8.1; track, I-10.2; ski slope, I-11.2, **1.1**
pittoresque picturesque
le **placard** closet, II-9.2, **L5**
la **place** seat *(plane, train, movie, etc.)*, I-8.1, **3.2**; place; square
à ta place if I were you, II-7.1
le **plafond** ceiling, **L4**
la **plage** beach, I-11.1, **1.1**
se **plaindre** to complain, **7.1**
la **plaine** plain
plaire à to please, **2.2**
Ça me plaît. I like that., **2.2**
la **plaisanterie** joke
le **plaisir** pleasure
le **plan** street map, II-7.2
le plan du métro subway map, II-10.1
la **planche à voile: faire de la planche à voile** to windsurf, I-11.1
le **plat** dish *(food)*; serving dish, II-6.1
le **plateau** tray, I-8.2
le **plâtre** cast, II-8.2
plâtrer to put in a cast, II-8.2
plein(e) full, I-10.1, II-13.1
avoir plein d'argent *(slang)* to have a lot of money, II-5.1
pleurer to cry, I-L1, **L2, 3.2, L6**
pleut (*inf.* **pleuvoir**): Il pleut. It's raining., I-11.1
le **pli** pleat, **L6**
plissé(e) pleated, I-7.1
le **plombier** plumber, II-14.1
la **plongée sous-marine** scuba diving; snorkeling, **1.1**
faire de la plongée sous-marine to go scuba diving or snorkeling, **1.1**
le **plongeon** dive
plonger to dive, I-11.1
la **pluie** rain, **1.3**
la **plupart (de)** most (of), I-9.2
plus plus; more, I-7.1
de plus en plus more and more
en plus de in addition to
ne... plus no longer, no more, I-6.1
plus ou moins more or less
plus tard later
le **plus** plus(es) *(advantages)*, **3.3**
plusieurs several
plutôt rather
pluvieux, pluvieuse rainy, **1.3**
le **pneu** tire, II-7.1
le pneu à plat flat tire, II-7.1
la **poêle** frying pan, II-6.2
la **poésie** poetry
le **poids** weight
le **poignet** wrist, II-13.1
point at all
le **point** period; dot
le point de suture stitch, II-8.2
à point medium-rare *(meat)*, I-5.2
la **pointure** size *(shoes)*, I-7.2
Vous faites quelle pointure? What (shoe) size do you take?, I-7.2
la **poire** pear, I-6.2
les **pois chiches** *(m. pl.)* chickpeas, **4.2**
le **poisson** fish, I-6.1, II-6.2
la **poissonnerie** fish store, I-6.1
la **poitrine** chest
le **poivre** pepper, I-6.1
le **poivron rouge** red pepper, II-6.1
la **polémique** controversy
poli(e) polite, II-13.1
malpoli(e) impolite, II-13.1
la **police** police, **5.1**
appeler police secours to call 911, II-8.1
le **policier** police officer, detective
poliment politely, II-9.2
la **politesse** courtesy, politeness, I-BV
polluant(e) polluting
pollué(e) polluted
le **polo** polo shirt, I-7.1
la **pomme** apple, I-6.2
la tarte aux pommes apple tart, I-6.1
la **pomme de terre** potato, I-6.2, II-6.1
le **pompier** firefighter, **2.3, 5.1**
le/la **pompiste** gas station attendant, II-7.1
le **pont** bridge, **L2**
le **porc** pork, I-6.1, II-6.2
le **portable** mobile phone, laptop computer, II-3.2, **2.1**
la **porte** gate *(airport)*, I-8.1; door, I-L4, II-9.1, II-L2
le **porte-monnaie** change purse, II-5.1
le **portefeuille** wallet, **5.2**
porter to wear, I-7.1; to bear, carry, II-L2
porter secours à to help
porter un toast à to toast
se porter bien to be in good health, II-L4
portugais(e) Portuguese
poser sa candidature to apply for a job, II-14.2
poser une question to ask a question, I-3.1
posséder to possess, own
la **poste** mail; post office, II-5.2
le bureau de poste post office, II-5.2
mettre une lettre à la poste to mail a letter, II-5.2
la poste par avion airmail
le **poste** job, II-14.2
le **pot** jar, I-6.2; drink
potable drinkable, **4.3**
le **pote** *(slang)* friend, **2.3**
le **pouce** thumb, II-13.1

la **poule** hen, II-11.2
la poule au pot boiled chicken, **8.1**
le **poulet** chicken, I-6.1
le **pouls** pulse, II-8.2, **7.2**
le **poumon** lung, **7.2, L7**
pour for, I-2.1; in order to
pour cent percent
pour que in order that, **5**
le **pourboire** tip *(restaurant)*, I-5.2
pourchasser to pursue, hunt
le **pourpre** crimson
pourpré(e) crimson
pourquoi why, I-6.2
pourquoi pas? why not?
poursuivre to pursue, **5.1**
pourtant yet, still, nevertheless
pourvu que provided that, **5**
pousser to push, II-10.2, **5.2**
pouvoir to be able to, can, I-6.1
pratique practical
la **pratique** practice
pratiquer to practice
le **pré** meadow, II-11.2
précaire precarious
se **précipiter** to dash, to rush, **5.3**
précis(e) specific
précisément precisely
préciser to specify, **4.3, L4**; to give the details of
la **préfecture de police** police headquarters
préféré(e) favorite
préférer to prefer, I-6
le **préjugé** prejudice, **6.3**
prélever to take *(a sample)*
premier, première first, I-4.2
en première in first class, I-9.1
prendre to have *(to eat or drink)*, I-5.1; to take, I-5.2; to buy
prendre l'air frais to get some fresh air
prendre un bain (une douche) to take a bath (shower), I-12.1
prendre un bain de soleil to sunbathe, I-11.1
prendre des kilos to gain a few pounds
prendre le métro to take the subway, I-5.2
prendre le petit déjeuner to eat breakfast, I-5.2
prendre possession de to take possession of
prendre le pouls to take (someone's) pulse, **7.2**
prendre rendez-vous to make an appointment
prendre sa retraite to retire
prendre un taxi to take a cab, **1.2**
le **prénom** first name
près: de près close, II-11.1
près de near, I-4.2
prescrire to prescribe, II-2.2
le **présentateur, la présentatrice** news anchor, **5.1**
la **présentation** introduction, II-13.2
présenter to present; to introduce, II-13.2
se présenter to occur
presque almost
pressé(e) in a hurry, **1.2**
la **pression** pressure, II-7.1
prestigieux, prestigieuse prestigious
prêt(e) ready
prêter to lend, II-5.1
le **prêtre** priest, **6.1**
prévoir to foresee; to predict, **1.2**
prier to pray, **6.1**
Je vous en prie. You're welcome., I-BV
primaire: l'école *(f.)* **primaire** elementary school
le **principe** principle, **4.1**
le **printemps** spring, I-11.1
au printemps in the spring
prisé(e) prized, treasured, **1.1**
le **prisonnier, la prisonnière** prisoner, I-L4
privé(e) private
privilégier to favor, **7.1**
le **prix** price, cost, I-7.1
le prix forfaitaire flat fee
le **problème** problem
le **procédé** procedure
le **processus** process
prochain(e) next, I-9.2
descendre à la prochaine to get off at the next station, II-10.1
proche close, nearby
procurer to provide
se procurer to obtain, get
produire to produce
se produire to appear *(in a production)*, **8.3**
le **produit** product
le/la **prof** teacher *(inform.)*, I-2.1
le **professeur** teacher *(m./f.)*, I-2.1
profiter de to take advantage of
profond(e) deep; profound
la **profondeur** depth
la **programmation** programming
le **programme** program, **2.1**
le **progrès** progress; improvement
le **projet** plan
le **prolongement** extension
se **prolonger** to be prolonged, II-L3
la **promenade: faire une promenade** to take a walk, I-11.1
se **promener** to take a walk, **L1, L5**
la **promesse** promise
promotion: en promotion on special, on sale
promouvoir to promote
prononcer to pronounce

propos: à propos de on the subject of
proposer to suggest
propre clean, II-9.2
le/la **propriétaire** owner
la **propriété** property
protéger to protect
la **prothèse auditive** hearing aid
provenance: en provenance de arriving from *(train, plane, etc.)*, I-8.1
provençal(e) of or from Provence, **2.3**
la **Provence** Provence, **2.3**
la **province** province
en province outside Paris
les **provisions** *(f. pl.)* food
provoquer to cause
prudemment carefully, II-7.2
la **publicité** commercial *(TV)*, I-12.2; advertisement
publier to publish
les **puces** *(f. pl.)*: **le marché aux puces** flea market
puisque since
la **puissance** power, **4.3**
le **puits** well, **3.3**, **4.3**
le **pull** sweater, I-7.1
pulmonaire pulmonary, **7.2**
punir to punish
purifié(e) purified

Q

le **quai** platform *(railroad)*, I-9.1, II-10.1, **1.2**; quay, **L1**
quand when, I-4.1
la **quantité** amount, number
le **quart: et quart** a quarter past *(time)*, I-BV
moins le quart a quarter to *(time)*, I-BV
le **quartier** neighborhood, district, I-4.2, II-11.1, **8.2**
le quartier d'affaires business district, II-11.1
quatrième fourth
québécois(e) from or of Quebec
quel(le) which, what
Quel(le)... ! What a . . . !
quelque some
quelque chose something, I-11
quelque chose de spécial something special
quelque chose à manger something to eat, I-5.1
quelque part somewhere
quelquefois sometimes, I-5.2
quelques some, a few, I-9.2
quelqu'un somebody, someone, I-10.1
quelqu'un d'autre someone else, II-L3
qu'est-ce que what, II-8
qu'est-ce qui what, II-8
la **question** question, I-3.1
Pas question! Out of the question! Not a chance!
poser une question to ask a question, I-3.1
la **queue** line, I-9.1
faire la queue to wait in line, I-9.1
qui who, I-1.1; whom, I-10; which, that
qui que ce soit anyone at all
quitter to leave *(a room, etc.)*, I-3.1
Ne quittez pas. Please hold. *(telephone)*, II-3.2
quoi what *(after prep.)*
quoique although, **5**
quotidien(ne) daily, everyday

R

le **rabbin** rabbi, **6.1**
raccrocher to hang up *(telephone)*, II-3.2
la **racine** root, **4.1**
raconter to tell (about)
radieux, radieuse dazzling
la **radio** radio, I-3.2; X-ray, II-8.2
la **radiographie** X-ray, II-8.2
la **rafale** wind gust, **1.3**
le **raisin** grape(s), II-6.1
le raisin sec raisin
la **raison** reason
ralentir to slow down, II-7.1
ramasser to pick up, I-8.2, **L5**; to gather up, **L3**
ramener to bring back
la **randonnée** hiking, **1.1**
le **randonneur, la randonneuse** hiker
le **rang** row, II-12.1, **6.2**; rank, ranking
au premier rang at the top, in first place
le **range CD** CD cabinet, CD case, **2.2**
le **rap** rap *(music)*
le **rapatriement** repatriation, **L4**
râper to grate, II-6.2
rapide quick, fast
rapidement rapidly, quickly
rappeler to call back; to call again, II-3.2
se rappeler to remember
le **rapport** relationship; report
rapporter to bring back
se **raser** to shave, I-12.1
le **rasoir** razor, shaver, I-12.1
se **rassembler** to gather
rassurer to reassure
rater to miss *(train, etc.)*, I-9.2, **1.2**
ravager to devastate
ravi(e) delighted, **6.3**
le **rayon** department *(in a store)*, I-7.1
le rayon des manteaux coat department, I-7.1
réagi to react
le **réalisateur** producer
la **réalisation** achievement
réaliser to achieve; to create; to carry out
récemment recently
la **réception** front desk, II-9.1

le/la **réceptionniste** desk clerk, II-9.1
la **recette** recipe, II-6.1
recevoir to receive, I-10.2
la **recherche** research, **7.1**
à la recherche de in search of
rechercher to search for
la **réclusion** hard labor, **L4**
la **récolte** harvest, II-11.2
recommander to recommend
la **récompense** reward, **3.1**
la **reconnaissance** recognition
reconnaître to recognize
la **récré** recess, I-3.2
la **récréation** recess, I-3.2
recueillir to pick up
récupérer to claim *(luggage)*, II-4.2
le **recyclage** recycling
la **rédaction** composition
rédiger to write
la **réduction** discount
réduire to reduce
réduit(e) reduced, **1.1**
réfléchir to think
le **reflet** reflection
le **réfrigérateur** refrigerator, I-12.2, II-6.1
le/la **réfugié(e)** refugee
le **regard** look
regarder to look at, I-3.1
regarder fixement to stare at
le **régime** diet
faire un régime to follow a diet
réglable adjustable, II-4.1
la **règle** ruler, I-3.2; rule
régler to order, plan; to pay; to set, II-L1
régler la circulation to direct traffic, II-11.1
regretter to be sorry, I-6.1, II-13.2; to regret
regrouper to amalgamate, unite
la **reine** queen
relancer to give a new impetus to
la **relation** relationship
le **relevé** statement *(bank)*
se **relever** to get up (again)
relier to connect, **8.1**
religieux, religieuse religious, II-12.2
remarquer to notice
rembourser to pay back, reimburse, refund
remercier to thank, **L3, 6.2**
remettre to put back on
remettre un os en place to set a bone, II-8.2
se remettre au travail to go back to work
la **remontée mécanique** ski lift, **1.1**
le **rempart** rampart
remplacer to replace
remplir to fill out, I-8.2, II-8.2
remporter to achieve
remuer to stir, II-6.2
la **rémunération** payment, **7.1**
le **renard** fox, **L8**
rencontrer to meet
le **rendez-vous** meeting, appointment, II-10.2
prendre rendez-vous to make an appointment
rendre to give back, II-5.1; to make, render
rendre bien service to be a big help
rendre hommage to pay tribute
rendre visite à to visit
se rendre compte de/que to notice, to realize, **5.1**
renier to renounce, **4.3**
renommé(e) renowned
la **renommée** renown, fame
renoncer à to forgo
se **renouveler** to be repeated
rénover to renovate
les **renseignements** *(m. pl.)* information
rentrer to go home; to return, I-3.2
renvoyer to return *(a ball)*, I-10.2
réparer to repair
réparti(e) spread, distributed
le **repas** meal, I-5.2
répéter to repeat
le **répondeur automatique** answering machine, II-3.2
répondre (à) to answer, I-9.2
la **réponse** answer
le **reportage** news article
le **repos** rest, **3.1**
reposer to lie
reprendre to take again, **3.1**; to go back to; to reply
la **représaille** reprisal
la **représantation** performance *(play)*, **3.2**
réputé(e) reputed
le **réseau** network
la **réserve: mettre en réserve** to store
réservé(e) reserved
réserver to reserve, II-9.1; to have in store
le **réservoir** gas tank, II-7.1
résoudre to resolve
respecter to abide by, II-7.2, II-11.1
la **respiration** breathing; respiration
respirer to breathe, II-2.2
respirer à fond to take a deep breath, II-2.2
resquiller to cut in line, II-13.1
ressembler à to resemble
ressortir to leave
le **restaurant** restaurant, I-5.2
la **restauration** food service
la restauration rapide fast food
rester to stay, remain, I-11.1
il reste there remains
rester en contact to keep in touch
les **restes** *(m. pl.)* leftovers
le **restoroute** roadside restaurant
le **résultat** result(s)
le **retard** delay, **1.2**; gap

avec une heure de retard one hour late, II-4.2
avoir du retard to be late *(plane, train, etc.)*, I-8.1
en retard late, I-9.1
retarder to delay
retenu(e) cautious, **3.3**
retirer to remove; to take out, II-3.1; to withdraw, II-5.1; to remove
le **retour** return
retourner to return, to go back
se retourner to turn around, **L2**
retracer to recount
la **retraite** retreat, retirement
retrouver to find, to find again
se retrouver to get together, II-13.1
réuni(e) reunited
se **réunir** to gather, get together
réussir to succeed, I-10.2
réussir un panier to make a basket, I-10.2
réussir à un examen to pass an exam
la **réussite** success
le **rêve** dream, **2.1**
réveiller to wake (up)
se réveiller to wake up, I-12.1
le **réveillon** Christmas Eve or New Year's Eve dinner, II-12.2
réveillonner to celebrate Christmas Eve or New Year's Eve, II-12.2
revenir to come back, II-4
rêver to dream
la **revue** magazine, I-L2; journal, **8.3**
le **rez-de-chaussée** ground floor, I-4.2
le **rhume** cold *(illness)*, II-2.1
la **richesse** richness
rien nothing
ne... rien nothing
rien à voir avec nothing to do with
rieur (rieuse) laughing, **L4**
rigoler to joke around, I-3.2
Tu rigoles! You're kidding!, I-3.2
rigolo(tte) funny, I-4.2
la **rigueur** harshness
la **rime** rhyme
rimer to rhyme
rincer to rinse
rire to laugh, **3.2**
risquer to risk
la **rivalité** rivalry
la **rive** bank, shore
la **rivière** river, II-L2
le **riz** rice, **L4, 6.1**
la **robe** dress, I-7.1
le **rocher** rock, boulder, I-L3
le **roi** king, I-L3, **8.1**
le **rôle** role
romain(e) Roman
le **roman** novel, II-L1
le roman policier mystery
le **romancier, la romancière** novelist, II-L1
le **romanche** Romansh
romanesque fictional
rompre le jeûne to break the fast
le **romarin** rosemary
rond(e) round
la **ronde** round *(dance)*, **L2**
la **rondelle** round, slice *(piece)*, II-6.2
le **rond-point** traffic circle, II-7.2, II-11.1
ronfler to snore, **L8**
rose pink, I-7.2
le **rôti de bœuf** roast beef, II-6.2
roucouler to coo, **L1**
la **roue de secours** spare tire, II-7.1
rouge red, I-7.2
rougir to blush, **L2**
le **rouleau de papier hygiénique** roll of toilet paper, II-9.2
rouler (vite) to go, drive, ride (fast), I-10.2, II-7.2
la **route** road, II-7.2
le **ruban** ribbon, **6.1**
le **rubis** ruby
la **rubrique** section *(newspaper)*, heading, column, **5.1**
rude harsh, **3.3**
la **rue** street, I-3.1, II-5.2, II-11.1
la rue à sens unique one-way street, II-11.1
la **ruelle** alley, narrow street, **1.1**
russe Russian

S

le **sable** sand, **1.1**
le **sac** bag, I-6.1
le sac à dos backpack, I-3.2
le sac besace bike messenger bag, **2.2**
sage wise; well-behaved, II-12.2
saignant(e) rare *(meat)*, I-5.2
sain(e) healthy, healthful, **7.2**
sain et sauf safe and sound, **L8**
saisir to seize, **L8**
la **saison** season
la **salade** salad, I-5.1; lettuce, I-6.2
le **salaire** salary, II-14.2
sale dirty, II-9.2
la **salle** room
la salle à manger dining room, I-4.2
la salle d'attente waiting room, I-9.1
la salle de bains bathroom, I-4.2
la salle de cinéma movie theater, II-1.1
la salle de classe classroom, I-2.1
la salle de jeux game room, **6.3**
la salle d'opération operating room, II-8.2

la salle de séjour living room, I-4.2
saluer to greet, II-L1
Salut. Hi.; Bye. I-BV
la **salutation** greeting, **4.1**
les **sandales** *(f. pl.)* sandals, I-7.1
le **sandwich** sandwich, I-BV
le **sang** blood
sanglant(e) bloody
sans without, **1.2**
sans doute probably, **L8**
sans escale nonstop *(flight)*, II-4.2
sans que without, **5**
la **santé** health, II-2.1, **7.2**
le **sapin** fir tree, II-12.2
le **sas** airlock
satisfaire to satisfy
la **saucisse** sausage, II-6.1
la saucisse de Francfort hot dog, I-BV
le **saucisson** salami, I-6.1
sauf except (for), II-1.2
le **saumon** salmon, II-6.2
sauter to jump, **L5, L8**
sauvegarder to safeguard; to save, II-3.1
sauver to save
le **savant** scientist, **L1**
savoir to know *(information)*, II-1.2
le **savoir-vivre** good manners
le **savon** soap, I-12.1, II-9.2
la **scène** stage, **3.2**
scintiller to sparkle
scolaire school *(adj.)*, I-3.2
la **scolarité** schooling, education
scruter to scrutinize, **4.2**
le **sculpteur** sculptor *(m./f.)*, II-1.2
la **séance** show(ing) *(movie)*, II-1.1
sec, sèche dry
sécher to dry
se sécher to dry oneself, II-9.2
la **sécheresse** drought, **4.3**
le **secours** help, aid, II-8.1
le/la **secouriste** paramedic, II-8.1
le **sein** breast
le **séjour** stay, II-9.1, **1.1**
le **sel** salt, I-6.1
selon according to
la **semaine** week, I-3.2; allowance
la semaine dernière last week, I-10.2
la semaine prochaine next week
par semaine a (per) week, I-3.2
semblable similar, I-L1
sembler to seem, to appear, **5.3**
le **Sénégal** Senegal, **4.1**
le/la **Sénégalais(e)** Senegalese *(person)*
le **sens** direction, II-7.2; meaning, **2.3**; sense
dans le bon (mauvais) sens in the right (wrong) direction, II-11.1
sensible sensitive
le **sentiment** feeling
se **sentir** to feel *(well, etc.)*, II-2.1; to be felt
séparer to separate
sérieux, sérieuse serious, I-7
le **serpentin** streamer, II-12.1
serré(e) tight, I-7.2; packed in, **8.2**
se **serrer contre** to snuggle up to, **L2**
se **serrer la main** to shake hands, II-13.1
la **serrure** lock, **L5**
le **serveur, la serveuse** waiter, waitress, I-5.1
le **service** service, I-5.2
Le service est compris. The tip is included., I-5.2
le service radio radiology department
le service de table dinnerware, **L4**
le service des urgences emergency room, II-8.1
la **serviette** napkin, I-5.2, II-13.1; towel, I-11.1, II-9.2
servir to serve, I-8.2; I-10.2
se servir de to use, II-3.2, II-L4
seul(e) alone, I-5.2; single; only *(adj.)*
tout(e) seul(e) all alone, by himself/herself, I-5.2
seulement only *(adv.)*
le **shampooing** shampoo, I-12.1
le **shopping** shopping, I-7.2
le **short** shorts, I-7.1
si if; yes *(after neg. question)*, I-7.2; so *(adv.)*
le **sida (syndrome immuno-déficitaire acquis)** AIDS
le **siècle** century, II-L4
le **siège** seat, I-8.2
siffler to (blow a) whistle, I-10.1, II-L1
le **sifflet** whistle, **7.3**
le **sifsari** type of veil worn by Tunisian women
la **signalisation** road signs, **5.1**
la **signification** meaning, significance
signifier to mean
silencieux, silencieuse silent
simplement simply
sinon or else, otherwise, I-9.2
la **sinusite** sinus infection, II-2.2
la **sirène d'alarme** fire alarm, **7.3**
le **sirop** syrup, II-2.1
le **site** site; Web site
situé(e) located
le **ski** ski, skiing, I-11.2
faire du ski to ski, I-11.2
faire du ski alpin to downhill ski, **1.1**
faire du ski nautique to water-ski, I-11.1
le ski alpin downhill skiing, I-11.2, **1.1**
le ski de fond cross-country skiing, I-11.2, **1.1**
le **skieur, la skieuse** skier, I-11.2

le **snack-bar** snack bar, I-9.2
sociable sociable, outgoing, I-1.2
la **société** company; corporation, II-14.2
la grosse société large corporation, II-14.2
la **sœur** sister, I-1.2
soi oneself, himself, herself
la **soif (de)** thirst (for)
avoir soif to be thirsty, I-5.1
soigner to take care of, II-8.1, II-L4
soigneusement carefully, II-9.1
le **soin** care
de soins polyvalents general care *(adj.)*
prendre soin de to take care of, II-L4
le **soir** evening , I-BV
ce soir tonight
du soir in the evening, P.M. *(time)*, I-BV
le soir in the evening, I-5.2
la **soirée** evening, **3.3**
le **sol** ground, I-10.2
le **soldat** soldier, I-L3, II-12.1
le **solde** balance
les **soldes** sale *(in a store)*, I-7.1
la **sole** sole, II-6.2
le **soleil** sun, I-11.1, **1.3**
au soleil in the sun, I-11.1
Il fait du soleil. It's sunny., I-11.1
le soleil levant rising sun, **L5**
solennel(le) solemn
sombre dark
la **somme** sum
le **sommeil** sleep, **L5, 7.3**
le **sommet** summit, mountaintop, I-11.2
le **son** sound, I-L3
le **sondage** survey, opinion poll
sonner to ring *(telephone)*, II-3.2
Ça sonne occupé. The line's busy, II-3.2
sonner du cor to blow a horn, I-L3
la **sonnerie** ringing
sonore sound *(adj.)*; resounding
le **sort** fate, **4.1**
la **sorte** sort, kind, type, **7.3**
de sorte que so that, **5**
la **sortie** exit, II-7.2; outing, excursion, **2.1**
sortir to go out; to take out, I-8.2
sortir victorieux (victorieuse) to win (the battle)
la **souche** tree stump
dormir comme une souche to sleep like a log
le **souci** concern
se **soucier de** to worry about, to care about, **7.1**
soudain suddenly
souffler to blow, **1.3**
souffrir to suffer; to be hurt, to be in pain, II-2.2
souhaiter to wish, II-9.1, II-12.2
le **souk** North African market
soulever to lift up, **L6**
le **soulier** shoe, II-12.2
la **soupe** soup, I-5.1
la soupe à l'oignon onion soup, I-5.1
la **source** source; spring
sourd(e) deaf, **7.3**
sourire to smile, **L6**
le **sourire** smile, **L6**
la **souris** mouse, II-3.1
sous under, I-8.2
sous-alimenté(e) underfed, **L4**
sous-développé(e) underdeveloped, **L4**
sous-estimer to underestimate
les **sous-titres** *(m. pl.)* subtitles, II-1.1
soustraire to subtract
soutenu(e) *(wind)* constant; supported
souterrain(e) underground
le **souvenir** memory
se **souvenir de** to remember, **L2**
souvent often, I-5.2
le **souverain** sovereign
le **spectacle** show
le **spectateur, la spectatrice** spectator, I-10.1; moviegoer, **3.1**
sport *(inv.)* casual *(clothes)*, I-7.1
le **sport** sport, I-10.2
le sport collectif team sport
le sport d'équipe team sport, I-10.2
sportif (-ive) athletic
le **sportif, la sportive** athlete
le sportif en chambre armchair athlete
le **squelette** skeleton
le **stade** stadium, I-10.1
le **stage** internship, II-14.2
faire un stage to intern, II-14.2
le/la **stagiaire** intern, II-14.2
standing: de grand standing luxury
la **station** station, I-4.2, II-10.1; resort
la station balnéaire seaside resort, I-11.1, **1.1**
la station de métro subway station, I-4.2
la station de sports d'hiver ski resort, I-11.2, **1.1**
la station de taxis taxi stand, **1.2**
la station thermale spa
stationner to park, II-11.1
la **station-service** gas station, II-7.1
la **statue** statue, II-1.2
le **steak frites** steak and French fries, I-5.2
le **steward** flight attendant *(m.)*, I-8.2

le **stigmate** mark
stimuler to stimulate
stocker to store
le **studio** studio *(apartment)*
le **stylo** pen, **L1**
le **stylo-bille** ballpoint pen, I-3.2
subir to undergo
subventionner to subsidize
succéder à to follow (after)
le **succès fou** smash hit
le **sucre** sugar
le **sud** south
suffire à to satisfy
suffisant(e) enough
suggérer to suggest
suivant(e) following
suivre to follow, II-11.1
suivre une voiture de trop près to tailgate, II-11.1
le **sujet** subject
au sujet de about
super terrific, super
supérieur(e) higher
le **supermarché** supermarket, I-6.2
superposé(e) on top of each other, **L4**
le **supplément** additional charge
supporter to tolerate; to withstand
sur on, I-4.2
sûr(e) sure, certain
le **surf: faire du surf** to go surfing, I-11.1
le surf des neiges snowboarding, **3.1**
le **surfeur, la surfeuse** surfer, I-11.1
surgelé(e) frozen, I-6.2
surtout especially, above all; mostly
surveiller to watch (over), keep an eye on, II-7.2, **4.3**
le **survêtement** warmup suit, I-7.1
la **survie** survival
survoler to fly over
susciter to give rise to
le **sweat-shirt** sweatshirt, I-7.1
sympa *(inv.; abbrev. for* **sympathique**) nice, I-1.2
sympathique nice *(person)*, I-1.2
le **symptôme** symptom
le **syndicat d'initiative** tourist office

T

le **tabac: le bureau de tabac** tobacco shop
la **table** table, I-5.1
à table at the table, II-13.1
le **tableau** painting, II-1.2; chart; arrival/departure board *(train)*, II-4.1; chalkboard
le tableau noir blackboard
la **tache** spot, stain, **L8**
la **tâche** chore, task, **2.3**
la **taille** size *(clothes)*, I-7.2
juste à sa taille fitting (him/her) just right
la taille au-dessous next smaller size, I-7.2
la taille au-dessus next larger size, I-7.2
Vous faites quelle taille? What size do you take/wear?, I-7.2
tailler to sharpen, **L1**
le **tailleur** suit *(woman's)*, I-7.1
le **tambour** drum, II-12.1
tandis que while, **L6**
tant so much
la **tante** aunt, I-4.1
taper to type; to keyboard, II-3.1
tard late, I-12.1
plus tard later
le **tarif** fare; fee, **1.1**
la **tarte** pie, tart, I-6.1
la tarte aux pommes apple tart, I-6.1
la **tartine** slice of bread with butter or jam
la **tasse** cup, I-5.2
le **taux** level; rate
le taux d'intérêt interest rate
technique technical
la **techno** techno *(music)*
le **teint** complexion, **L6**
teinté(e) dyed
tel(le) que such as
la **télécabine** cable car, **1.1**
la **télécarte** phone card, II-3.2
télécharger to download, **2.1**
la **télécommande** remote control, I-12.2
la **télécopie** fax, II-3.1
le **télécopieur** fax machine, II-3.1
le **téléphone** telephone, I-3.2, II-3.1
le numéro de téléphone telephone number
le téléphone à cadran rotary phone
le téléphone à touches touch-tone telephone, II-3.2
téléphoner to call *(telephone)*
le **télésiège** chairlift, I-11.2, **1.1**
le **téléspectateur, la téléspectatrice** television viewer, **3.1**
tellement so many, so much
témoigner de to prove
le **témoin** witness, **6.1**
la **tempe** temple
tempéré(e) temperate
la **tempête** tempest, storm, **1.3**
temporaire temporary
le **temps** weather, I-11.1, **1.3**; time; tense
de temps en temps from time to time, I-11.1, **1.3**
l'emploi *(m.)* **du temps** schedule
en ce temps-là in those days
en très peu de temps in a short time
Il fait quel temps? What's the weather like?, I-11.1

tendre affectionate
tendre la main to hold out one's hand
tenir to hold; to stand
tenir lieu de to take the place of
se **tenir** to behave, II-13.1
la **tension (artérielle)** blood pressure, II-8.2, **7.2**
la **tente** tent, **4.3**
tenter to attempt
le **terme** term
le **terminal** terminal *(bus, etc.)*, **1.2**
le **terminus** last stop, II-10.2
le **terrain de camping** campground
le **terrain de football** soccer field, I-10.1
le **terrain de plein air** playing field *(sports)*, **7.1**
la **terrasse** terrace, patio, I-4.2
la terrasse d'un café sidewalk café, I-5.1
la **terre** earth, land, II-11.2, **L8**
à terre on the ground
tester to test
la **tête** head, I-10.1, **L6**
avoir mal à la tête to have a headache, II-2.1
le **TGV (train à grande vitesse)** high-speed train, II-4.1
thaïlandais(e) Thai
le **thé** tea
le **théâtre** theater, II-1.1
le **thèse** message *(of a novel)*
le **thon** tuna
le **thym** thyme, II-6.1
le **ticket** bus or subway ticket, II-10.1
tiens! hey!
le **tiers** one-third
timide shy, timid, I-1.2
le **timbre** stamp, II-5.2
tirer to take, to draw
tirer du sommeil to wake, **7.3**
le **tir à l'arc** archery, **1.3**
le **tirage** printing, **5.1**

la **toilette: faire sa toilette** to wash
les toilettes *(f. pl.)* bathroom, toilet, I-4.2
le **toit** roof, **8.1**
le toit de chaume thatched roof
tomber to fall, I-11.2, II-8.1
tomber malade to get sick, I-L1
tomber en panne to break down, II-7.1
la **tonalité** dial tone, II-3.2
se **tordre** to twist *(one's knee, etc.)*, II-8.1
tôt early, I-12.1
totalement totally
le/la **Touareg** Tuareg, **4.3**
la **touche** button, key, II-3.1
toucher to touch, I-10.2; to cash, II-5.1
le **toucher** (sense of) touch
toujours always, I-4.2; still, II-10.2
la **tour** tower, II-11.1
le **tour: à son tour** in turn
À votre tour. (It's) your turn.
le/la **touriste** tourist
touristique tourist *(adj.)*
la **tournée** tour
tourner to turn, II-7.2
tourner en rond to go around in a circle
le **tournesol** sunflower, **L8**
le **tourniquet** turnstile, II-10.1
tous, toutes *(adj.)* all, every, I-2.1, I-8
tous (toutes) les deux both
tous les jours every day, II-1.2
tousser to cough, II-2.1
tout *(pron.)* all, everything
C'est tout. That's all., I-6.1
en tout in all
pas du tout not at all, I-3.1
tout le monde everyone, everybody, I-1.2

toutes les cinq minutes every five minutes, II-10.1
tout *(adv.)* very, completely, all, I-4.2
À tout à l'heure. See you later., I-BV
tout d'abord first of all
tout à coup suddenly
tout au long de la journée during the whole day
tout autour de all around *(prep.)*
tout compris all inclusive, II-9.1
tout droit straight ahead, II-7.2
tout de même all the same, I-5.2
tout près de very near, I-4.2
tout(e) seul(e) all alone, all by himself/herself, I-5.2
tout de suite right away
toutefois however
toxique toxic
la **tradition** tradition
traditionnel(le) traditional
la **tragédie** tragedy, II-13.1, **3.2**
tragique tragic
le **train** train, II-9.1
le **trait** characteristic
la **traite** monthly payment
le **traitement** treatment
traiter to treat
le **trajet** trip, II-10.2
le **tramway** streetcar
la **tranche** slice, I-6.2
tranquillement peacefully
transmettre to transmit, II-3.1
les **transports** *(m. pl.)* **en commun** mass transit
transporter to transport
le **travail** work
travailler to work, I-3.1, II-14.2; to practice
travailler à mi-temps to work part-time, II-14.2

travailler à plein temps to work full-time, II-14.2
traverser to cross, II-11.1
tremper to soak, **8.3**
très very, I-BV
le **trésor** treasure, I-L4
le **tribunal** court, II-14.1
la **tribune** grandstand, II-12.1
triste sad, I-L1, II-13.2, **L6**
troisième third, I-4.2
tromper to deceive
se tromper to be mistaken, **2.3**
le **tronc cérébral** brain stem
le **trône** throne
trop too *(excessive)*, I-2.1
trop de too many, too much
le **trottoir** sidewalk, II-11.1
le **trou** hole, I-L4
le **trouble digestif** indigestion, upset stomach
se **troubler** to become flustered, II-L3
troué(e) having holes, **L7**
la **troupe (de théâtre)** troupe *(actors)*, **3.2**
le **troupeau** flock, herd, II-11.2, **4.3**
trouver to find, I-5.1; to think *(opinion)*, I-7.2
se trouver to be located, **8.2**
le **trouvère** wandering minstrel
le **truc** trick, **5.2**
C'est pas mon truc. It's not my thing., **2.2**
le **t-shirt** T-shirt, I-7.1
tuer to kill, **5.1**
la **Tunisie** Tunisia, **4.1**
le **tutoiement** the use of **tu**, II-13.1
tutoyer to call someone tu, II-13.1
le **tuyau** pipe, **8.1**
le **type** type; guy *(inform.)*
typique typical

U

l' **ultrason** *(m.)* ultrasound
l' **un(e)... l'autre** one . . . the other
un(e) à un(e) one by one
la **une** front page, **5.1**
unique single, only one
uniquement solely, only
l' **unité** *(f.)* unit
l' **université** *(f.)* university
urbain(e): appel urbain local call
l' **urgence** *(f.)* emergency
l' **usage** *(m.)* use, usage
user de to make use of
l' **usine** *(f.)* factory, II-11.1
utile useful
utiliser to use, II-3.1

V

les **vacances** *(f. pl.)* vacation
en vacances on vacation
les grandes vacances summer vacation
la **vache** cow, II-11.2
la **vague** wave, I-11.1
le **vaisseau sanguin** blood vessel
la **vaisselle** dishes, I-12.2
faire la vaisselle to do the dishes, I-12.2
valable valid
la **valeur** value
valider to validate, II-10.1, **1.2**
la **valise** suitcase, I-8.1
faire les valises to pack, I-8.1
la **vallée** valley
valoir to be worth; to earn
il vaut mieux it is better, II-13.2
valoriser to increase the value of
la **vanille: à la vanille** vanilla *(adj.)*, I-5.1
le **veau** veal, II-6.2; calf, II-11.2
la **veille** eve, II-12.2
veiller sur to watch over, guard, **4.3**
la **veine** vein
le **vélo** bicycle, bike, I-10.2
le **vélomoteur** lightweight motorcycle, II-7.1
la **vendange** grape harvest
le **vendeur, la vendeuse** salesperson, I-7.1
vendre to sell, I-9.1
vengé(e) avenged
la **vengeance** vengence
se **venger** to get revenge
venir to come, II-4.2
venir chercher (quelqu'un) to meet; to pick up, II-4.2
venir de to have just *(done something)*, II-10
le **vent** wind, I-11.1, **1.3**
faire du vent to be windy, **1.3**
Il y a du vent. It's windy., II-11.1
le **ventre** abdomen, stomach, II-2.1, **L7**
avoir mal au ventre to have a stomachache, II-2.1
vérifier to check, verify, I-8.1
vérifier les niveaux to check under the hood, II-7.1
véritable real
véritablement truly
la **vérité** truth, **L2**
le **verre** glass, I-5.2
vers toward
le **vers** verse
verser to deposit, II-5, **1.2**.1; to pour, II-6.2
verser des arrhes to pay a deposit, II-9.1
le **verso** back *(of a paper)*
vert(e) green, I-5.1
le **vertige** dizziness, **8.2**
avoir le vertige to be dizzy, **8.2**
la **veste** (sport) jacket, I-7.1

les **vestiges** *(m. pl.)* remains
les **vêtements** *(m. pl.)* clothes, I-7.1
vêtu(e) (de) dressed (in)
la **viande** meat, I-6.1, II-6.2
la **victime** victim, **5.1**
vide empty, II-7.1
le **vide** empty space
la **vidéo** video, I-3.1
la cassette vidéo videocassette, I-12.2
le film en vidéo movie video, II-1.1
la **vie** life
en vie alive
la **vieillesse** old age
vieux (vieil) vieille old, I-4.2
mon vieux buddy
vieille ville old town, **1.1**
vif, vive bright *(color)*, **8.1**; lively
le **vignoble** vineyard, II-11.2
la **villa** house
le **village** village, small town
la **ville** city, town, I-8.1, II-5.2, II-11.1
en ville in town, in the city, II-11.1
le **vin** wine
le **vinaigre** vinegar, I-6.1
violent(e) violent, **1.3**
la **virgule** comma
le **visage** face, **L2**
viser à to aim at
visionner to view
visiter to visit *(a place)*, II-1.2
vite fast *(adv.)*, I-10.2
la **vitesse** speed, II-4.1
à grande vitesse high-speed, II-4.1
la **vitre** windowpane, **L4, 5.1**
la **vitrine** (store) window, I-7.1
vivant(e) alive, **L8**
Vive... ! Long live . . . !, Hooray for . . . !
vivre to live, II-11
voici here is, here are, I-4.1
la **voie** track *(railroad)*, I-9.1; lane *(highway)*, II-7.2
voilà there is, there are; here is, here are, I-1.2
le **voile** veil
voilé(e) overcast *(sky)*, **1.3**
voir to see, I-7.1
rien à voir avec nothing to do with
se voir to be seen, **L2**
voir le jour to be born
voir en rose to look on the bright side
le/la **voisin(e)** neighbor, I-4.2
la **voiture** car, I-4.2
en voiture by car, I-5.2; "All aboard!"
la **voix** voice, **L2, 7.3**
le **vol** flight, I-8.1; theft, **5.1**
le vol à main armée armed robbery, **5.3**
le vol intérieur domestic flight, I-8.1
le vol international international flight, I-8.1
le vol sans escale nonstop flight, II-4.2
le **volant** steering wheel, **5.3**
au volant behind the wheel, at the wheel
voler to fly, II-L3, **L8**; to steal, **5.1**
le/la **voleur(euse)** thief, **5.1, L5**
le **volley(-ball)** volleyball, I-10.2
le/la **volontaire** volunteer
la **volonté** willpower, will
voué(e) dedicated
vouloir to want, I-6.1
vouloir dire to mean, **2.3**
le **vouvoiement** the use of **vous**
le **voyage** trip, I-8.1; voyage
faire un voyage to take a trip, I-8.1
le voyage de noces honeymoon trip
voyager to travel, I-8.1
le **voyageur, la voyageuse** traveler, passenger, I-9.1, **1.2**
vrai(e) true, real, I-2.2
vraiment really, I-1.1
la **vue** view

W

le **wagon** car *(railroad)*, I-9.2
le **wagon-restaurant** dining car
le **week-end** weekend
le **western** Western movie
le **wolof** Wolof *(West African language)*

X

x-ray une radio(graphie), **7.2**

Y

le **yaourt** yogurt, I-6.1
les **yeux** *(m. pl; sing.* **œil***)* eyes, I-L1, II-2.1
avoir les yeux qui piquent to have itchy eyes, II-2.1

Z

zapper to zap, to channel surf, I-12.2
la **zone** zone
la zone de conflit war zone
la zone littoral coastal area, **4.1**
Zut! Darn!, I-BV

*This English-French Dictionary contains all productive vocabulary from the text. The Roman numeral following each productive entry indicates the level in which the word is introduced. The number following the Roman numeral I or II indicates the vocabulary section in which the word is presented. The number following the Roman numeral III indicates the lesson of the chapter in which the word is present. For example **2.2** in dark print means that the word first appeared in this textbook, **Chapitre 2, Leçon 2.** A light print number means that the word first appeared in the Level 1 or 2 textbook. **BV** refers to the introductory **Bienvenue** lessons in Level 1. **L** refers to the optional literary readings. If there is no number or letter following an entry, the word or expression is there for receptive purposes only.*

A

a lot beaucoup, I-3.1
to **abandon** abandonner
able capable
to **be able to** pouvoir, I-6.1
aboard à bord (de), I-8.2
about *(on the subject of)* de, au sujet de; *(approximately)* à peu près, **4.1**
about-face le demi-tour
above au-dessus (de)
above all surtout
abroad à l'étranger
absolutely absolument, II-9.1
access l'accès *(m.)*
to **access** accéder
accident l'accident *(m.)*, II-8.1
to **accompany** accompagner
accomplice le complice, **5.1**
according to d'après; selon
account le compte
checking account le compte courant, II-5.1
savings account le compte d'épargne, II-5.1
accountant le/la comptable, II-14.1
accounting la comptabilité
acculturation l'acculturation, **4.3**
to **accuse** accuser
to **achieve** réaliser
acquaintance la connaissance
acquainted: to be acquainted (se) connaître, II-13.2
across from en face de, II-11.1
act l'acte, *(m.)*, II-1.1
action l'action *(f.)*
active actif (-ive)
activity l'activité *(f.)*
actor l'acteur *(m.)*, II-1.1, **3.2**; le comédien, **3.2**
actress l'actrice *(f.)*, II-1.1, **3.2**; la comédienne, **3.2**
acute aigu(ë), II-2.2
to **add** additionner; ajouter, II-6.2
adjustable réglable, II-4.1
administrative assistant l'assistant administratif, l'assistante administrative, II-14.1
to **admire** admirer
admission l'entrée *(f.)*; l'accès *(m.)*
adolescent l'adolescent(e)
address l'adresse *(f.)*
addressee le/la destinataire
adult l'adulte *(m./f.)*
advance: in advance à l'avance, II-9.1
advancement l'avancement *(m.)*
advantage l'avantage *(m.)*
to take advantage of profiter de
adventure l'aventure *(f.)*
adventurous aventureux, aventureuse
adversary l'adversaire *(m./f.)*
advertisement la publicité
afraid: to be afraid avoir peur, I-L1, II-13.2
Africa l'Afrique *(f.)*
African africain(e)
African-American afro-américain(e)
after après, I-3.2
afternoon l'après-midi *(m.)*, I-3.2
again encore; à nouveau
against contre, I-10.1
against his/her wishes contre son gré, **L7**
age l'âge *(m.)*, I-4.1
agency l'agence *(f.)*
agent *(m./f.)* l'agent *(m.)*, I-8.1
ago: ten years ago il y a dix ans
to **agree** être d'accord, I-2.1
agricultural agricole, II-11.2
ahead of time à l'avance, II-9.1
aid l'aide *(f.)*; le secours, II-8.1
AIDS le sida
air l'air *(m.)*, II-7.1; *(adj.)* aérien(ne)
air conditioning l'air climatisé; la climatisation, II-9.2
airline la compagnie aérienne, I-8.1
airplane l'avion *(m.)*, I-8.1, II-L3, **1.2**
airport l'aéroport *(m.)*, I-8.1
airport terminal l'aérogare *(f.)*, I-8.1, **1.2**
aisle le couloir, I-8.2
aisle seat (une place) côté couloir, I-8.1
album l'album *(m.)*, **3.3**
algebra l'algèbre *(f.)*, I-2.2
Algeria l'Algérie *(f.)*
Algerian algérien(ne)
alive en vie; vivant(e), **L8**
all tout(e), tous, toutes, I-2.1
All aboard! En voiture!
all alone tout(e) seul(e), I-5.2

all around tout autour de
all inclusive tout compris, II-9.1
all the same tout de même, I-5.2
in all en tout
all right *(agreement)* d'accord, I-2.1
not at all pas du tout
That's all. C'est tout., I-6.1
allergic allergique, II-2.1
allergy l'allergie *(f.)*, II-2.1
alley la ruelle, **1.1**
to **allow** laisser; permettre
almond l'amande, **6.1**
almost presque
alone seul(e), I-5.2
all alone tout(e) seul(e), I-5.2
along le long de
already déjà, I-BV
also aussi, I-1.1; également
although bien que, **5**; quoique, **5**
always toujours, I-4.2
a.m. du matin, I-BV
ambitious ambitieux, ambitieuse
ambulance l'ambulance *(f.)*, II-8.1, **7.1**
ambulance attendant l'ambulancier(ière), **7.1**
ambulatory ambulant(e), **L7**
American *(adj.)* américain(e), I-1.1
ammunition les munitions *(f. pl.)*
among entre, I-3.2; parmi
amount la quantité; le montant, **1.2**, **3.3**
to **analyse** analyser
analysis l'analyse *(f.)*
ancestor l'ancêtre *(m.)*
and et, I-BV
anesthetist l'anesthésiste *(m./f.)*
to **anesthetize** faire une anesthésie, II-8.2
anger la colère, **L6**
angry: to get angry se fâcher, **2.1**
animal l'animal *(m.)*, II-11.2
ankle la cheville, II-8.1
to **announce** annoncer, I-9.1
announcement l'annonce, *(f.)*, I-8.2; *(birth, marriage, death)* le faire-part, **6.1**
to **annoy** ennuyer, **L6**
anonymous anonyme
another un(e) autre; encore
to **answer** répondre (à), I-9.2
answering machine le répondeur automatique, II-3.2
anthem l'hymne *(f.)*, II-12.1
antibiotic l'antibiotique *(m.)*, II-2.1
Anything else? Avec ça?, I-6.1; Autre chose?, I-6.2
apartment l'appartement *(m.)*, I-4.2
apartment building l'immeuble *(m.)*, I-4.2
apothecary l'apothicaire *(m.)*, II-L4
apparatus l'appareil *(m.)*
to **appear** figurer, **2.3**; *(in a production)* se produire, **8.3**
to **applaud** applaudir
apple la pomme, I-6.2
apple tart la tarte aux pommes, I-6.1
appliance l'appareil *(m.)*
home appliances l'électroménager *(m.)*
to **apply for a job** poser sa candidature, II-14.2
appointment le rendez-vous
to make an appointment prendre rendez-vous; fixer un rendez-vous
to **appreciate** apprécier
approximately à peu près, **4.1**
April avril *(m.)*, I-BV
Arab arabe
Arabic *(language)* l'arabe *(m.)*
archaeologist l'archéologue *(m./f.)*
archaeology l'archéologie *(f.)*
archery le tir à l'arc, **1.3**
archetype l'archétype *(m.)*, **4.3**
architect l'architecte *(m./f.)*, II-14.1
area code l'indicatif régional, II-3.2
arithmetic le calcul
arm le bras, II-8.1, **L6**
armchair le fauteuil, **4.1**
armed robbery le vol à main armée, **5.3**
army l'armée *(f.)*, I-L3
around autour de, I-4.2
to **arrest** arrêter
arrival l'arrivée *(f.)*, I-8.1
arrival/departure board le tableau, II-4.1
to **arrive** arriver, I-3.1
arriving from *(flight)* en provenance de, I-8.1
arrow la flèche, II-7.2
art l'art *(m.)*, I-2.2
artery l'artère *(f.)*
article l'article *(m.)*
artist l'artiste *(m./f.)*; le/la peintre *(painter)*
artistic artistique
Asian asiatique
as aussi (comparisons), I-7; comme
as . . . as aussi… que, I-7
as many autant de
as much autant de
as soon as dès que, **4**
as usual comme d'habitude, **2.3**
as well également
as well as ainsi que
the same . . . as le (la, les) même(s)… que
to **ask (for)** demander, I-3.2
aspirin l'aspirine *(f.)*, II-2.1
at à, I-3.1; chez, I-3.2
at last enfin, I-12.1
at least au moins
at the home (business) of chez, I-3.2
at times parfois, **2.3**, **3.3**
"at" symbol l'arrobase *(f.)*
athletic sportif (-ive)

Atlantic Ocean l'océan Atlantique
ATM le distributeur automatique (de billets), II-5.1
atrocious atroce
to **attach** attacher
to **attack** attaquer
to **attempt (to)** tenter (de)
to **attend** assister à
attention l'attention *(f.)*
attitude l'attitude *(f.)*
to **attract** attirer; allécher, **L8**
auditory system l'appareil auditif *(m.)*, **7.3**
August août *(m.)*, I-BV
aunt la tante, I-4.1
author l'auteur *(m.)*, II-L1
automatic automatique
autumn l'automne *(m.)*, I-11.2
auxiliary nurse l'aide-soignant(e), **7.1**
available disponible, II-4.1; libre, II-14.2
avenged vengé(e)
avenue l'avenue *(f.)*, II-11.1
average moyen(ne), **3.1**
aviator l'aviateur *(m.)*, l'aviatrice *(f.)*
to **avoid** éviter, I-12.2

B

baby le bébé, II-L2, **2.3**
back l'arrière *(m.)*, I-8.2, II-10.2; le fond, **2.2**; le dos, II-L2
seat back le dossier du siège, II-4.2
background le fond
backpack le sac à dos, I-3.2
backstage les coulisses *(f. pl.)*, **3.2**
backup singer le/la choriste, **3.3**
bacon le bacon
bacterial bactérien(ne), II-2.1
bad mauvais(e), I-1.1; nul(le) *(slang)*
Not bad. Pas mal., I-BV
badly mal, II-2.1
bag le sac, I-6.1
bike messenger bag le sac besace, **2.2**
baggage les bagages *(m. pl.)*, I-8.1
baggage cart le chariot, I-9.1
baggage compartment le coffre à bagages, I-8.2
bagpipes la cornemuse
bakery la boulangerie-pâtisserie, I-6.1
balance l'équilibre *(m.)*; le solde
balaphon le balafon, **4.1**
balcony le balcon, I-4.2, **3.2**
upper balcony *(theater)* la galerie, **3.2**
ball *(soccer, etc.)* le ballon, I-10.1; *(of food)* la boulette, **L4**
ballerina la danseuse, II-1.1
ballet le ballet
ballpoint pen le stylo-bille, I-3.2
banana la banane, I-6.2
band *(brass)* la fanfare, II-12.1
bandage le pansement, II-8.1
to **bandage** faire un pansement, II-8.1
bank la banque, II-5.1; *(river)* la rive
bar mitzvah la bar-mitzva, **6.1**
barn la grange, II-11.2
base la base
baseball le base-ball, II-10.2
baseball cap la casquette, I-7.1
based on à base de
basil le basilic
basilica la basilique
basis la base
basket le panier, I-10.2, **L5**
basketball le basket(-ball), I-10.2
bat mitzvah la bat-mitzva, **6.1**
bath le bain, I-12.1
to take a bath prendre un bain, I-12.1
bather le baigneur, la baigneuse
bathing suit le maillot (de bain), I-11.1
bathroom la salle de bains, les toilettes *(f. pl.)*, I-4.2
battle la bataille, I-L3; la lutte, **5.3**
battlefield le champ de bataille, I-L3
bay (leaves) le laurier, II-6.1
b.c. avant J.-C. (Jésus-Christ)
to **be** être, I-1.1
to be able to pouvoir, I-6.1
to be afraid avoir peur, I-L1, II-13.2
to be better soon être vite sur pied, II-2.1
to be bored s'ennuyer, **2.3**
to be born naître, I-11, **6.1**
to be called s'appeler, I-12.1
to be careful faire attention, I-11.1
to be clearing *(sky)* se dégager, **1.3**
to be dizzy avoir le vertige, **8.2**
to be early être en avance, I-9.1
to be a fan of être accro de, **2.1**
to be in good health bien se porter, **7.1, 8.3**
to be harmful nuire, **2.3**
to be hungry avoir faim, I-5.1
to be in luck avoir de la chance
to be late être en retard, I-9.1; avoir du retard *(plane, train, etc.)*, I-8.1
to be lucky avoir de la chance
to be mistaken se tromper, **2.3**
to be on time être à l'heure, I-8.1

to be part of faire partie de
to be popular avoir la cote, **2.1**
to be seen se voir, **L2**
to be sorry regretter, I-6.1, II-13.2
to be storming faire de l'orage, **1.3**
to be thirsty avoir soif, I-5.1
to be windy faire du vent, **1.3**
to be written figurer, **2.3**
to be . . . years old avoir… ans, I-4.1
beach la plage, I-11.1, **1.1**
beak le bec, **L8**
bean: green beans les haricots verts *(m. pl.)*, I-6.2
to **beat** battre
beautiful beau (bel), belle, I-4.2
beauty la beauté
because parce que; car, **L2**
because of à cause de
to **become** devenir, II-4
bed le lit, II-9.1, II-L2
to go to bed se coucher, I-12.1
bedroom la chambre à coucher, I-4.2
beef le bœuf, I-6.1, II-6.2
roast beef le rôti de bœuf, II-6.2
beet la betterave, II-L1
before avant; avant de; avant que, **5**
to **begin** commencer, I-9.2; se mettre à, **6.3**; débuter
beginner le/la débutant(e), I-11.2
beginning le début, **2.2**
in the beginning au début
to **behave** se tenir, II-13.1
beige beige *(inv.)*, I-7.2
being l'être *(m.)*
human being l'être humain *(m.)*
Belgian belge
Belgium la Belgique
belief la croyance
to **believe** croire, I-7.2
to **belong** appartenir, **L5**
below au-dessous (de); ci-dessous
belt la ceinture, I-L3
seat belt la ceinture de sécurité, I-8.2, II-7.1
bench le banc, **6.2**
to **bend down** se baisser, **L5**
to **benefit** bénéficier, **1.1**
Benin le Bénin, **4.1**
best *(adj.)* le (la, les) meilleur(e)(s), II-8; *(adv.)* le mieux, II-8
best man le garçon d'honneur, II-12.2, **6.1**
better *(adv.)* mieux, I-7.2; *(adj.)* meilleur(e), II-8
it is better il vaut mieux, II-13.2
to feel better aller mieux, II-2.2
between entre, I-3.2
beverage la boisson; la consommation, I-5.1
bicycle la bicyclette, I-10.2; le vélo, I-10.2
bicycle race la course cycliste, I-10.2
bicycle racer le coureur cycliste, I-10.2
big grand(e), I-1.1; gros(se), II-14.2
bike le vélo, I-10.2
to go for a bike ride faire une promenade à vélo
bill *(money)* le billet, II-5.1; *(invoice)* la facture; *(hotel)* la note, II-9.2
biological biologique
biologist le/la biologiste
biology la biologie, I-2.2
bird l'oiseau *(m.)*
birdsong le chant d'oiseau, **7.3**
birth la naissance, **6.1**
birthday l'anniversaire *(m.)*, I-4.1
Happy birthday! Bon (Joyeux) anniversaire!
black noir(e), I-7.2, **L8**
black pride la Négritude
blacksmith le forgeron, II-L2, **4.3**
blanket la couverture, II-4.2
bleacher le gradin, I-10.1
blind aveugle
to **block** bloquer, I-10.1
blond blond(e), I-1.1
blood le sang
blood pressure la tension (artérielle), II-8.2, **7.2**
blood vessel le vaisseau sanguin
bloom: in bloom fleuri(e), I-L2
blouse le chemisier, I-7.1
to **blow** souffler, **1.3**
to blow a whistle siffler, I-10.1
to **blow a horn** sonner du cor, I-L3
blue bleu(e), I-7.2
navy blue bleu marine *(inv.)*, I-7.2
to **blush** rougir, **L2**
to **board** *(plane)* embarquer, II-4.2
boarder le/la pensionnaire, **6.3**
boarding l'embarquement *(m.)*
boarding pass la carte d'embarquement, I-8.1
boat le bateau, I-L4; la barque, **L2**
body le corps, II-8.1
to **boil** bouillir, II-6.2
boiled chicken la poule au pot, **8.1**
boiling bouillant(e), II-6.2
bone l'os *(m.)*, II-8.2
book le livre, I-3.2
booklet le carnet
border la frontière
to **border** border
bored: to be bored s'ennuyer, **2.3**
boring ennuyeux, ennuyeuse
to **borrow** emprunter, II-5.1
boss le chef; le/la patron(ne)
botany la botanique

both tous (toutes) les deux
to **bother** déranger, **2.2**; ennuyer, **L6**
bottle la bouteille, I-6.2
boulevard le boulevard, II-11.1
boutique la boutique, I-7.1
bowl le bol, **L4**
box la boîte, **L4**
box office le guichet, II-1.1
boy le garçon, I-1.1; le gars *(slang)*, **L2**
boyfriend le petit ami
brain le cerveau
branch la branche, II-12.2
brand la marque, II-7.1
brass band la fanfare, II-12.1
brave courageux, courageuse; brave
Brazil le Brésil
Brazilian *(person)* le/la Brésilien(ne)
bread le pain, I-6.1
loaf of French bread la baguette, I-6.1
slice of bread and butter la tartine de pain beurré
whole-wheat bread le pain complet
to **break** briser, **L5**; casser, II-8.1, **5.1**; *(slow down)* freiner, II-7.1
to break down tomber en panne, II-7.1
to break into (a house, etc.) entrer par effraction, **5.1**
break in the clouds l'éclaircie *(f.)*, **1.3**
breakdown la panne, II-7.1
breakfast le petit déjeuner, I-5.2
to **breathe** respirer, II-2.2
to breathe deeply respirer à fond, II-2.2
Breton breton(ne)
bride la mariée, II-12.2, **6.1**
bride and groom les mariés, II-12.2
bridge le pont, **L2**
brief bref, brève
bright *(color)* vif, vive, **8.1**
brilliant génial(e), **3.2**
to **bring** apporter, I-11.1
to bring under control maîtriser, **5.3**
brick la brique
British britannique
Brittany la Bretagne
broke fauché(e) *(slang)*, II-5.1
brother le frère, I-1.2
brown brun(e), marron *(inv.)*, I-7.2, **L4**
brunette brun(e), I-1.1
brush la brosse, I-12.1
to **brush (one's teeth, hair, etc.)** se brosser (les dents, les cheveux, etc.), I-12.1
bug *(computer)* le bogue
to **build** construire; fabriquer
building le bâtiment, II-11.1, **L4, 8.2**; l'édifice *(m.)*
built up area l'agglomération *(f.)*, II-7.2
bungalow le bungalow
burglar le/la cambrioleur(euse), **5.1**
burglary le cambriolage, **5.1**
burial l'enterrement *(m.)*, **6.1**; l'inhumation *(f.)*, **6.3**; la mise en terre, **6.3**
to **burn** brûler
burst éclaté(e)
bus le bus; l'autocar *(m.)*; l'autobus *(m.)*, II-10.2
bus stop l'arrêt *(m.)* d'autobus, II-10.2
bus terminal la gare routière (Africa)
by bus en bus
bush *(wilderness)* la brousse
business les affaires *(f. pl.)*, II-11.1
busy occupé(e)
I'm getting a busy signal. Ça sonne occupé., II-3.2
but mais, I-2.1
butcher le boucher, la bouchère
butcher shop la boucherie, I-6.1
butter le beurre, I-6.1
butterfly le papillon, **6.3**
button le bouton, II-10.2; la touche, II-3.1
to **buy** acheter, I-3.2
to buy on credit acheter à crédit
by par
by heart par cœur, **L2**
Bye. Salut., I-BV

C

cabaret le cabaret
cabin *(plane)* la cabine, I-8.1
cable car la télécabine, **1.1**
café le café, I-BV
cafeteria la cafétéria
cake le gâteau, I-4.1
calabash la calebasse, **L4**
calcium le calcium
calculator la calculatrice, I-3.2
calendar le calendrier
calf le veau, II-11.2
call *(telephone)* l'appel *(m.)*, II-3.2
local call l'appel urbain
toll call l'appel interurbain
to **call** appeler; *(telephone)* téléphoner; donner un coup de fil, II-3.2
to call a penalty déclarer un penalty
to call back rappeler, I-3.2
to call 911 appeler police secours, II-8.1
calm calme
calorie la calorie
camel le chameau, **4.3**
Camembert cheese le camembert
campaign la campagne
campground le terrain de camping
camping le camping, **1.1**
can pouvoir, I-6.1
can of food la boîte de conserve, I-6.2
Canadian *(adj.)* canadien(ne), I-6
to **cancel** annuler, II-4.2

candelabra le chandelier, II-12.2
candle la bougie, I-4.1, II-12.2
candlestick le chandelier, **L5**
candy le bonbon, **4.2**
cap la casquette, I-7.1
capital la capitale
car la voiture, I-4.2; *(railroad)* le wagon
by car en voiture, I-5.2
dining car le wagon-restaurant
sleeping car le wagon-couchettes (lits)
caravan la caravane, **1.1**
carbohydrate la glucide; l'hydrate *(m.)* de carbone
carbon dioxide le gaz carbonique
card la carte
credit card la carte de crédit, II-9.2, **1.3**
greeting card la carte de vœux, II-12.2
cardboard le carton
cardiac cardiaque, **7.2**
care le soin
to **care: I don't care.** Ça m'est égal., II-1.1
career la carrière, II-14.2
Careful! Attention!, I-4.2
carefully prudemment, II-7.2; soigneusement
Caribbean Sea la mer des Caraïbes, la mer des Antilles
carnival *(season)* le carnaval, II-12.1
carpenter le charpentier; le menuisier, II-14.1
carrot la carotte, I-6.2
to **carry** porter, II-L2
carry-on luggage les bagages *(m. pl.)* à main, I-8.1
to **carry out** exécuter; assurer
cartoon le dessin animé, II-1.1
case le cas
in case of en cas de
cash l'argent liquide, II-5.1
cash register la caisse, I-3.2
in cash en liquide, II-9.2
to pay cash payer en espèces, II-9.2
to **cash** toucher, II-5.1
cashier le caissier, la caissière, II-5.1
cassette la cassette, I-3.1
cast le plâtre, II-8.2
to put in a cast plâtrer, II-8.2
castle le château
casual *(clothes)* sport, I-7.1
cat le chat, I-4.1
female cat la chatte, **5.3**
catalog le catalogue
to **catch** attraper
to **cause** causer
cautious retenu(e), **3.3**
cave la grotte, I-L4
CD le CD, I-3.1
CD cabinet (case) le range CD, **2.2**
portable CD player le baladeur, **3.1**
CD-ROM le CD-ROM, II-3.1
ceiling le plafond, **L4**
to **celebrate** célébrer, I-L4
to celebrate Christmas Eve or New Year's Eve réveillonner, I-12.2
cell la cellule, I-L4
Celtic celte, celtique
center le centre
century le siècle, II-L4
cereal les céréales *(f. pl.)*
ceremony la cérémonie, II-12.2
certainly certainement
chairlift le télésiège, I-11.2, **1.1**
champion le/la champion(ne)
change le changement; *(money)* la monnaie, II-5.1
change purse le porte-monnaie, II-5.1
to make change for faire la monnaie de, II-5.1
to **change** changer (de), I-9.2
channel *(TV)* la chaîne, I-12.2
to channel surf zapper, I-12.2
character *(in a story)* le personnage
characteristic la caractéristique; le trait
charge: in charge of chargé(e) de
charges les frais *(m. pl.)*, II-9.2, II-13.1
charitable bienfaisant(e), **4.3**
charm le charme
charming charmant(e)
to **chat** bavarder
check le chèque, II-5.1; *(in restaurant)* l'addition *(f.)*, I-5.2
traveler's check le chèque de voyage
to **check** vérifier, I-8.1; contrôler, II-4.1
to check *(luggage)* (faire) enregistrer, I-8.1
to check under the hood vérifier les niveaux, II-7.1
cheek la joue, II-13.1
cheese le fromage, I-5.1
chemical chimique
chemist le/la chimiste
chemistry la chimie, I-2.2
chest la poitrine; le coffre, I-L4
chewing gum le chewing-gum
chic chic *(inv.)*
chicken le poulet, I-6.1
chickpeas les pois chiches *(m. pl.)*, **4.2**
child l'enfant *(m./f.)*, I-4.1
childhood l'enfance *(f.)*
chills les frissons *(m. pl.)*, II-2.1
chimney la cheminée, II-12.2
Chinese chinois(e)
chocolate le chocolat; *(adj.)* au chocolat, I-5.1
choir le chœur

to **choose** choisir, I-8.1
choppy *(sea)* agité(e)
chore la tâche, **2.3**
Christmas le Noël, II-12.2
Christmas carol le chant de Noël, II-12.2
Christmas Eve dinner le réveillon, II-12.2
Christmas gift le cadeau de Noël, II-12.2
Christmas tree l'arbre *(m.)* de Noël, II-12.2
church l'église *(f.)*, II-11.1, II-12.2
cicada la cigale, **2.3**
circle le cercle
traffic circle le rond-point, II-7.2, II-11.1
circuit le circuit
circus le cirque
to **cite** citer
city la ville, I-8.1, II-5.2, II-11.1
city hall l'hôtel *(m.)* de ville
in the city en ville, II-11.1
civil civil(e)
civil servant le/la fonctionnaire, II-14.1
civil wedding ceremony le mariage civil, **6.1**
civilization la civilisation
civilized civilisé(e)
to **claim** *(luggage)* récupérer, II-4.2
clarinet la clarinette
class *(people)* la classe, I-2.1; *(course)* le cours, I-2.1
in class en classe
in (French, etc.) class en cours de (français, etc.)
classical classique
classified ad la petite annonce, II-14.2
classroom la salle de classe, I-2.1
clean propre, II-9.2
clearing *(weather)* l'éclaircie *(f.)*, **1.3**
to be clearing *(sky)* se dégager, **1.3**
clearly clairement
to **clear the table** débarrasser la table, I-12.2
clever: Very clever! *(ironic)* C'est malin!
to **click** cliquer, II-3.1
climate le climat
to **climb over** escalader, **L5**
clinic la clinique
close *(adv.)* de près, II-11.1; *(adj.)* proche
to **close** fermer, II-9.1
closet le placard, II-9.2, **L5**
clothes les vêtements *(m. pl.)*, I-7.1
clothesline la corde à linge, **L4**
clothespin l'épingle *(f.)* à linge, **L4**
cloud le nuage, I-11.1, **1.3**
cloudy nuageux, nuageuse, **1.3**
clove of garlic la gousse d'ail, II-6.1
clown le clown
coach l'autocar *(m.)*
coast la côte
coastal area la zone littorale, **4.1**
coat le manteau, I-7.1
coated with enrobé(e) de, **6.1**
code le code, I-4.2
coffee le café, I-5.1
black coffee l'express *(m.)*, I-5.1
coffee with cream (in a café) le crème, I-5.1
coffin le cercueil, **6.1**
coin la pièce, II-5.1
cola le coca, I-5.1
cold froid(e) *(adj.)*; *(illness)* le rhume, II-2.1
to have a cold être enrhumé(e), II-2.1
collection la collection
color la couleur, I-7.2
What color is . . . ? De quelle couleur est… ?, I-7.2
column la rubrique, **5.1**
comb le peigne, I-12.1
to **comb one's hair** se peigner, I-12.1
to **come** venir, II-4.2
to come back revenir, II-4
Come on! Allez!, I-9.2
comedy la comédie, II-1.1, **3.2**; le film comique, II-1.1
musical comedy la comédie musicale, II-1.1
comfortable confortable
comic comique, II-1.1
comic strip la bande dessinée (B.D.), **2.1**
commercial *(TV)* la publicité, I-12.2
to **commit** commettre
common commun(e); courant(e)
in common en commun
to **communicate** communiquer
communication la communication
community la communauté
commuter trains les lignes de banlieue, II-4.1
company la société, II-14.2; l'entreprise, II-14.2, **8.2**
in the company of en compagnie de
to **compare** comparer
compartment le compartiment, II-4.1
to **complain** se plaindre, **7.1**
complete complet, complète
to **complete** compléter
completely complètement
complexion le teint, **L6**
complicated compliqué(e)
complicity la complicité, **6.3**
composed of composé(e) de
composer le compositeur, la compositrice
composition la composition; la rédaction
compound enceinte de résidences, II-L2
compound fracture la fracture compliquée, II-8.2

computer l'ordinateur *(m.)*, II-3.1
computer expert l'informaticien(ne), II-14.1
computer science l'informatique *(f.)*, I-2.2
concept le concept
concert le concert
concisely brièvement
condition la condition
conductor *(train)* le contrôleur, I-9.2
to **congratulate** féliciter, **6.2**
to **connect** connecter; relier, **8.1**
connection *(between trains)* la correspondance, I-9.2, II-10.1
to **consider important** accorder de l'importance à, **2.1**
to **conspire** comploter
to **consult** consulter
contamination la contamination
to **contain** contenir
contest la compétition, le concours
continent le continent
to **continue** continuer
contrary: on the contrary au contraire
to **control** contrôler, II-4.1
convenient commode, **L4**
convent le couvent
conversation la conversation, II-L3
to **converse** converser
convertible la décapotable, II-7.1
convict le forçat, **L5**
to **convince** convaincre, **2.1**
to **coo** roucouler, **L1**
cook le cuisinier, la cuisinière, II-6.2
to **cook** faire la cuisine, I-6; cuire, I-6.2
to cook a meal faire une bouffe *(slang)*, **2.3**
cooked cuit(e)
cool frais, fraîche I-11.2
copper le cuivre
corner le coin, II-10.1, II-11.1, **4.1**
on the corner au coin, II-11.1
corporation la société, II-14.2
large corporation la grosse société, II-14.2
correspondence la correspondance
corridor le couloir, I-8.2
cosmopolitan cosmopolite
cost le prix, I-7.1; le coût
to **cost** coûter, I-3.2
costly coûteux, coûteuse
costume le costume, **3.2**
to **cough** tousser, II-2.1
counselor le conseiller, la conseillère
count le comte, I-L4
to **count** compter, II-5.1
counter le comptoir, I-8.1
counter window *(post office)* le guichet, II-5.2
country le pays, I-8.1
country code *(telephone)* l'indicatif *(m.)* du pays, II-3.2
country(side) la campagne, II-11.2, **1.1**
courage le courage
courageous courageux, courageuse
course le cours, I-2.1
of course bien sûr; mais oui
of course not mais non
court la cour; le tribunal, II-14.1
courtesy la politesse, I-BV
courtyard la cour, I-3.2
cousin le/la cousin(e), I-4.1
to **cover** couvrir
covered couvert(e)
cow la vache, II-11.2
cowardly lâche, **L2**
crab le crabe, I-6.1, II-6.2
crazy fou, folle
cream la crème
coffee with cream *(in a café)* le crème, I-5.1
to **create** créer; réaliser
credit card la carte de crédit, II-9.2, **1.3**
Creole *(language)* le créole
crepe la crêpe, I-BV
crime le délit, **5.1**; le crime; la délinquance
criminal le/la criminel(le), I-L4
critic le/la critique
croissant le croissant, I-5.1
to **cross** traverser, II-11.1; se croiser, II-10.1
cross-country skiing le ski de fond, **1.1**
crosswalk le passage pour piétons, II-11.1
crow le corbeau, **L8**
crushed écrasé(e)
crutch la béquille, II-8.1
to **cry** pleurer, I-L1, **L2, 3.2, L6**
cucumber le concombre
to **cultivate** cultiver, II-11.2
cultural culturel(le)
cultural event la manifestation culturelle
culture la culture
cup la tasse, I-5.2
winner's cup la coupe, I-10.2
to **cure** guérir, II-L4
currency la devise; la monnaie, II-5.1
current courant(e)
current events l'actualité *(f.)*, **5.1**
custom la coutume, **4.1**
customer le/la client(e)
customs la douane, II-4.2
to go through customs passer à la douane, II-4.2
to **cut** couper, II-6.2
to cut *(one's finger, etc.)* se couper, II-8.1
to cut in line resquiller, II-13.1
to cut out découper, **L7**
to cut the throat of égorger, **L4**
cycling le cyclisme, I-10.2; *(adj.)* cycliste

cyclist *(in race)* le coureur (la coureuse) cycliste, I-10.2
cymbals les cymbales *(f. pl.)*, II-12.1

D

dad papa
daily quotidien(ne)
dairy store la crémerie, I-6.1
dance la danse
to **dance** danser, II-1.1
dancer le danseur, la danseuse, II-1.1
dangerous dangereux, dangereuse
dangerously dangereusement, II-7.2
to **dare** oser, **L6**
dark sombre
dark haired brun(e), I-1.1
darling mignon(ne), **L6**
Darn! Zut!, I-BV
dart la fléchette, **1.3**
to **dash** se précipiter, **5.3**
data les données *(f. pl.)*, II-3.1
date la date; *(fruit)* la datte
  date palm le dattier
  What is today's date? Quelle est la date aujourd'hui?, I-BV
to **date from** dater de
daughter la fille, I-4.1
dawn l'aube *(f.)*
day le jour, I-BV; la journée, I-3.1
  the day before yesterday avant-hier, I-10.2
  day off le congé, **1.1**
  every day tous les jours
  What a nice day! Belle journée!, I-4.2
day-care center la crèche, **6.3**
deaf sourd(e), **7.3**
dear cher, chère
death la mort, **8.3**; le décès, **6.1**
debris les décombres *(m. pl.)*, **4.3**
debt: to go into debt s'endetter
deceased le/la défunt(e), **6.1**
December décembre *(m.)*, I-BV
to **decide (to)** décider de
decision la décision
  the decision is made la décision est prise
to **declare** déclarer
to **decorate** orner; décorer
decorated décoré(e), **6.1**
dedicated dédié(e)
to **defeat** battre
delay le retard, **1.2**
to **delay** retarder
delicatessen la charcuterie, I-6.1
delicious délicieux, délicieuse
delighted enchanté(e), II-13.2; ravi(e), **6.3**
to **deliver** livrer, **6.2**
to **demand** exiger, **2, 7.2**
demanding exigeant(e)
dentist le/la dentiste
to **deny** nier, **5.3**
deodorant le déodorant
department *(in a store)* le rayon, I-7.1; *(in a company)* le service
  coat department le rayon des manteaux, I-7.1
  department head le chef de service, II-14.1
  department store le grand magasin, I-7.1
departure le départ, I-8.1
to **depend (on)** dépendre (de)
deplaning le débarquement
deposit les arrhes *(f. pl.)*, II-9.1
  to pay a deposit verser des arrhes, II-9.1
to **deposit** verser, II-5.1, **1.2**
descendant le/la descendant(e)
to **describe** décrire
description la description
desert le désert
deserted désert(e)
to **deserve** mériter
to **design** dessiner
designer *(clothes)* le couturier
to **desire** désirer, I-3.2
desk clerk le/la réceptionniste, II-9.1
desparate désespéré(e), I-L4
despite malgré
dessert le dessert
destination la destination
destiny la destinée
detail le détail
to **devastate** ravager
to **develop** développer
to **devote** consacrer, **3.1**
devoted dévoué(e)
diagnosis le diagnostic, II-2.2
to **dial** *(telephone)* composer, II-3.2; faire le numéro, II-3.2
dial tone la tonalité, II-3.2
dialect le dialecte
diamond le diamant
dictionary le dictionnaire
to **die** mourir, I-11; crever, II-L4
diet l'alimentation *(f.)*, **7.2**; le régime
  to follow a diet faire un régime
difference la différence
different différent(e), I-8.1
difficult difficile, I-2.1
difficulty la difficulté
  with difficulty difficilement
dig *(archaeol.)* la fouille
to **dig** creuser, I-L4, **8.1**
dignitaries les notables *(m. pl.)*, II-12.1
dining car la voiture-restaurant
dining hall *(school)* la cantine, I-3.1
dining room la salle à manger, I-4.2
dinner le dîner, I-5.2
  to eat dinner dîner, I-5.2

dinnerware le service de table, **L4**
diploma le diplôme
direction la direction, II-10.1; le sens, II-7.2
in the right (wrong) direction dans le bon (mauvais) sens, II-11.1
directly directement
director of human resources le directeur (la directrice) des ressources humaines (D.R.H.), II-14.2
to **direct traffic** régler la circulation, II-11.1
dirty sale, II-9.2
disadvantage l'inconvénient *(m.)*
disagreeable désagréable
to **disappear** disparaître, **2.1**
disappearance la disparition, **6.3**
disappointed déçu(e), **2.1**
discount la réduction
to **discover** découvrir
discovered découvert(e), **4.3**
discovery la découverte
to **discuss** discuter
disease la maladie
disguise: to wear a disguise se déguiser, **2.3**
dish *(food)* le plat
dishes la vaisselle, I-12.2
to do the dishes faire la vaisselle, I-12.2
dishwasher le lave-vaisselle, I-12.2
diskette la disquette, II-3.1
diskette drive le lecteur de disquettes, II-3.1
to **distinguish** distinguer
to **distribute** distribuer, II-5.2
district le quartier, I-4.2, II-11.1, **8.2**; *(Paris)* l'arrondissement *(m.)*
business district le quartier d'affaires, II-11.1
to **disturb** déranger, **2.2**
dive le plongeon
to **dive** plonger, I-11.1
to **divert someone's attention** détourner l'attention de quelqu'un, **5.2**
to **divide** diviser
dizziness le vertige, **8.2**
to **do** faire, I-6.1
to do the grocery shopping faire les courses, I-6.1
doctor le médecin *(m./f.)*, II-2.2, **7.1**
at (to) the doctor's office chez le médecin, II-2.2
document le document, II-3.1
documentary le documentaire, II-1.1
dog le chien, I-4.1
domain le domaine
domestic *(flight)* intérieur(e), I-8.1
donkey l'âne *(m.)*
door la porte, I-L4, II-9.1, II-L2
doormat le paillasson, **5.3**
dormitory le dortoir
to **doubt** douter, II-14
to **downhill ski** faire du ski alpin, **1.1**
downhill skiing le ski alpin, **1.1**
to **download** télécharger, **2.1**
downpour l'averse *(f.)*, **1.3**
downtown le centre-ville, II-11.1
dozen la douzaine, I-6.2
dragonfly la libellule, **L8**
drama le drame, II-1.1
drama club le club d'art dramatique
to **draw** dessiner, **6.3**
to draw blood faire une prise de sang, **7.2**
drawing le dessin
dream le rêve, **2.1**
to **dream** rêver
dress la robe, I-7.1
dress circle la corbeille, **3.2**
dressed: to get dressed s'habiller, I-12.1
dressy habillé(e), I-7.1
to **dribble** *(basketball)* dribbler, I-10.2
dried vegetables (peas, beans, etc.) les légumes *(m. pl.)* secs, **4.2**
to **drink** boire, I-10.2
drink la boisson; la consommation, I-5.1; le pot
drinkable potable, **4.3**
to **drive** conduire, II-7.1, II-11.1
driver l'automobiliste *(m./f.)*, II-7.1; le conducteur, la conductrice, II-7.1; le chauffeur
driver's license le permis de conduire, II-7.1
driving lesson la leçon de conduite, II-7.1
driving school l'auto-école *(f.)*, II-7.1
drizzle la bruine, **1.3**
drought la sécheresse, **4.3**
drowned noyé(e), **L2**
drugstore la pharmacie, II-2.2
druid le druide
drum le tambour, II-12.1
dry sec, sèche
to **dry** sécher
dubbed *(movie)* doublé(e), II-1.1
duck le canard
duration la durée
during pendant, I-3.2; au cours de
dynamic dynamique, I-1.2

E

each *(adj.)* chaque, II-4.1
each (one) chacun(e), I-5.2
ear l'oreille *(f.)*, II-2.1, **7.3**
earache: to have an earache avoir mal aux oreilles, II-2.1
early en avance, I-9.1; de bonne heure; tôt, I-12.1
to **earn** gagner

earphone l'écouteur *(m.),* II-L3
earth la terre, II-11.2, **L8**
easily facilement
Easter Pâques
eastern oriental(e)
easy facile, I-2.1
to **eat** manger, I-5.1
ecological écologique
ecology l'écologie *(f.)*
economics l'économie *(f.),* I-2.2
egg l'œuf *(m.),* I-6.1
fried egg l'œuf sur le plat
poached egg l'œuf à la coque
scrambled egg l'œuf brouillé
egotistical égoïste, I-1.2
Egyptian égyptien(ne)
elbow le coude, II-13.1
electric électrique
electrician l'électricien(ne), II-14.1
electronic électronique
element l'élément *(m.)*
elevator l'ascenseur *(m.),* I-4.2, **8.2**
to **eliminate** éliminer
elsewhere ailleurs
e-mail l'e-mail *(m.),* le mail, II-3.1
embarrassed embarrassé(e), **L2**
emergency l'urgence *(f.)*
emergency exit l'issue *(f.)* de secours
emergency medical technician le/la secouriste, II-8.1
emergency room le service des urgences, II-8.1
emission l'émission *(f.)*
emotion l'émotion *(f.),* II-13.2
employee *(m./f.)* l'employé(e), II-14.1
employer l'employeur, l'employeuse, II-14.2
employment office le bureau de placement, II-14.2
empty vide, II-7.1
encyclopedia l'encyclopédie *(f.)*
end la fin, **2.2**; le bout
ending le dénouement
enemy l'ennemi(e) *(m./f.)*
energetic énergique, I-1.2
energy l'énergie *(f.)*
engagement les fiançailles *(f. pl.),* I-L4, **6.3**
engineer l'ingénieur *(m.),* II-14.1
England l'Angleterre *(f.)*
English anglais(e)
English *(language)* l'anglais *(m.),* I-2.2
English Channel la Manche
to **enjoy** jouir de
enormous énorme
enough assez, I-1.1
to **ensure** assurer
enriched enrichi(e)
to **enter** entrer, I-7.1
enthusiastic enthousiaste, I-1.2
entire entier, entière
entitled intitulé(e)
entrance l'entrée *(f.),* I-4.2
to **entrust** confier, **5.3**
envelope l'enveloppe *(f.)*
equality l'égalité *(f.)*
equipment l'équipement *(m.)*; le matériel, II-11.2
equivalent l'équivalent *(m.)*
to **erase** effacer, **L3**
eraser la gomme, I-3.2
escalator l'escalier mécanique, II-10.1
to **escape** s'échapper; s'évader, I-L4
especially surtout
espresso l'express *(m.),* I-5.1
essential essentiel(le); de première nécessité, indispensable
to **establish** établir
establishment l'établissement *(m.)*
euro l'euro *(m.)*
Europe l'Europe *(f.)*
European *(adj.)* européen(ne)
eve la veille, II-12.2
evening le soir, I-BV; la soirée, **3.3**
event l'événement *(m.)*
ever jamais
every tous, toutes, I-2.1, I-8; chaque, II-4.1
every day *(adj.)* tous les jours, II-1.2
every five minutes toutes les cinq minutes, II-10.1
everybody tout le monde, I-1.2
everyday *(adj.)* quotidien(ne)
everyone tout le monde, I-1.2
everything tout
everywhere partout
evidently évidemment
evil le mal, **L5**
exact exact(e)
exactly exactement; justement
to **exaggerate** exagérer
exam l'examen *(m.),* I-3.1
to pass an exam réussir à un examen
to take an exam passer un examen, I-3.1
to **examine** examiner, II-2.2
example: for example par exemple
excellent excellent(e)
except excepté(e); sauf, II-1.2
exception l'exception *(f.)*
exceptional exceptionnel(le)
exchange l'échange *(m.)*
exchange rate le cours du change, II-5.1
to **exchange** échanger; changer, II-5.1
excursion l'excursion *(f.)*
exclusively exclusivement
to **excuse** excuser
excuse me pardon
to **execute** exécuter
exercise l'exercice *(m.)*
exhausted crevé(e); épuisé(e)

to **exist** exister
exhibit l'exposition *(f.)*, II-1.2
existence l'existence *(f.)*
exit la sortie, II-7.2
to **expel** expulser
expense la dépense, **1.3**
expenses les frais *(m. pl.)*, II-9.2, II-13.1
expensive cher, chère, I-7.1
experience l'expérience *(f.)*
expert *(adj.)* expert(e)
to **explain** expliquer
explanation l'explication *(f.)*
explosion l'explosion *(f.)*
express *(train)* l'express *(m.)*
to **express** exprimer
expression l'expression *(f.)*
exquisite exquis(e)
exterior l'extérieur *(m.)*
extraordinary extraordinaire
extreme extrême
extremely extrêmement
eye l'œil *(m., pl.* **yeux***)*, II-2.1
to have itchy eyes avoir les yeux qui piquent, II-2.1
eyes les yeux *(m. pl.)*, I-L1

F

fable la fable
fabulous fabuleux, fabuleuse
face la figure, I-12.1; le visage, **L2**
face down *(paper)* face écrite non visible, II-3.1
face up *(paper)* face écrite visible, II-3.1
to **face** donner sur, I-4.2
to **facilitate** faciliter
factory l'usine *(f.)*, II-11.1
fairly assez, I-1.1
faith la foi
faithful fidèle, **L3**
fall *(season)* l'automne *(m.)*, I-11.2
to **fall** tomber, I-11.2, II-8.1
to fall asleep s'endormir
false faux, fausse
to **falsify** falsifier
family la famille, I-4.1
famous célèbre; connu(e), II-1.1
fan le/la fana, l'adepte *(m./f.)*, **3.1**
to be a fan of être accro de, **2.1**
fantastic fantastique
far (away) loin
far from loin de, I-4.2
fare le tarif, **1.1**
farm la ferme, II-11.2; *(adj.)* agricole, II-11.2
to **farm** *(land)* cultiver, II-11.2
farmer l'agriculteur, l'agricultrice, I-11.2; le fermier, la fermière, II-11.2
fast *(adj.)* rapide; *(adv.)* vite I-10.2
to **fast** jeûner, **4.2**
to **fasten** attacher, I-8.2
fast-food *(adj.)* de restauration rapide
fast-food restaurant le fast-food
fat la graisse; le lipide
fatal mortel(le), **5.1**
fate le sort, **4.1**
father le père, I-4.1
fault la faute
to **favor** privilégier, **7.1**; favoriser
favorite favori(te); préféré(e)
fax le fax; la télécopie, II-3.1
fax machine le fax; le télécopieur, II-3.1
to **fear** craindre, **L6**
February février *(m.)*, I-BV
fee le tarif, **1.1**
to **feed** nourrir; donner à manger
to **feel (well, etc.)** se sentir, II-2.1
to feel better aller mieux, II-2.2
to feel like avoir envie de, **2.3**
to feel out of sorts ne pas être dans son assiette, II-2.1
feeling le sentiment; la sensation
fees *(doctor)* les honoraires *(m. pl.)*
felt-tip pen le feutre, I-3.2
female la femelle
fencing l'escrime *(f.)*, **7.3**
festival le festival, **4.2**
Festival of Lights la fête des Lumières, II-12.2
festive de fête
festivities les festivités *(f. pl.)*, **4.2**
fetish le fétiche, **L4**
fever la fièvre, II-2.1
to have a fever avoir de la fièvre, II-2.1
few peu (de); peu nombreux
a few quelques, I-9.2
fiancé(e) le/la fiancé(e), I-L4
fictional fictif (-ive)
field le champ, I-L1, II-11.2, II-L2; le domaine; *(employment)* la carrière, II-14.2
fig la figue
fight le combat, I-L3; la lutte, I-L3, **5.3**
to **fight** lutter, I-L3; se battre contre, **5.1**
file le fichier *(computer)*
to **fill out** remplir, I-8.2, II-8.2
to **fill up the gas tank** faire le plein, II-7.1
fillet of sole le filet de sole, II-6.2
film le film, II-1.1
adventure film le film d'aventures, II-1.1
detective film le film policier, II-1.1
foreign film le film étranger, II-1.1
horror film le film d'horreur, II-1.1

science fiction film le film de science-fiction, II-1.1
filmmaker le/la cinéaste, II-14.1
finally enfin, I-12.1; finalement
financial financier, financière
to **find** trouver, I-5.1
fine ça va, bien, I-BV
fine l'amende *(f.)*
finger le doigt, II-8.1, II-13.1
to **finish** finir, I-8.2
fir (tree) le sapin, II-12.2
fire le feu, II-L2, **3.3**; l'incendie *(m.)*, **5.1**
fire alarm la sirène d'alarme, **7.3**
firefighter le pompier, **2.3**, **5.1**
fireplace la cheminée, **L5**
fireworks le feu d'artifice, II-12.1
firm l'entreprise *(f.)*, II-14.2, **8.2**
first premier, première *(adj.)*, I-4.2; d'abord *(adv.)*, I-12.1, **6.3**
in first class en première, I-9.1
fish le poisson, I-6.1, II-6.2
fish store la poissonnerie, I-6.1
fishing la pêche, **1.1**
fitting room la cabine d'essayage
to **fix** réparer; arranger
flag le drapeau, II-12.1
flat tire le pneu à plat, II-7.1
flavor le parfum
flea market le marché aux puces
flight le vol, I-8.1
domestic flight le vol intérieur, I-8.1
flight attendant l'hôtesse *(f.)* de l'air, le steward, I-8.2
flight crew le personnel de bord, I-8.2
international flight le vol international, I-8.1
float le char, II-12.1
flock *(sheep)* le troupeau, II-11.2, **4.3**
floor *(of a building)* l'étage *(m.)*, I-4.2
ground floor le rez-de-chaussée, I-4.2
to **flow** couler, **L1**
flower la fleur, I-4.2, **6.1**
flu la grippe, II-2.1
fluent courant(e)
flute la flûte
to **fly** *(plane)* piloter; voler, II-L3, **L8**
to fly over survoler
fog le brouillard, **1.3**
to **follow** suivre, II-11.1
following suivant(e)
food la nourriture, **7.2**; l'aliment *(m.)*; les provisions *(f. pl.)*
Food is included. Vous êtes nourri(e)., **3.3**
food service la restauration
foot le pied, I-10.1, II-8.1
on foot à pied, I-4.2
football le football américain
footstep le pas
for *(prep.)* pour; *(time)* pendant, I-3.2; depuis, I-9.2; *(conj.)* car, **L2**
for example par exemple
for fear that de crainte que, **5**; de peur que, **5**
forbidden interdit(e), II-4.2, **L4**
to **force** obliger
forearm l'avant-bras *(m.)*, II-13.1
foreign étranger, étrangère, II-1.1
foreign exchange office le bureau de change, II-5.1
foreman, forewoman le contremaître, la contremaîtresse
to **foresee** prévoir, **1.2**
forest la forêt
to **forget** oublier, II-7.2
fork la fourchette, I-5.2
form la forme; le formulaire, II-8.2
to **form** former
formality la formalité
format le format
former ancien(ne)
formerly autrefois, **2.2**
fortune la fortune
fortunately heureusement
to **found** fonder
fox le renard, **L8**
fracture la fracture, II-8.2
compound fracture la fracture compliquée, II-8.2
frankly franchement
free libre, I-5.1; gratuit(e)
to **free** libérer
freedom la liberté
freezer le congé(lateur), II-6.1
French français(e) *(adj.)*, I-1.1; *(language)* le français, I-2.2
French fries les frites *(f. pl.)*, I-5.1
French-speaking francophone, **4.1**
to **frequent** fréquenter
frequently fréquemment
Friday vendredi *(m.)*, I-BV
friend l'ami(e), I-1.2; (pal) le copain, la copine, I-2.1; le/la camarade; le pote *(slang)*, **2.3**
friendship l'amitié *(f.)*, **8.3**
from de, I-1.1
from then on désormais
from time to time de temps en temps, I-11.1, **1.3**
front l'avant *(m.)*, I-8.2, II-10.2
front desk la réception, II-9.1
front page la une, **5.1**
in front of devant, I-8.2, II-11.1
frozen surgelé(e), I-6.2
fruit le fruit, I-6.2, II-6.1
frying pan la poêle, II-6.2

full plein(e), I-10.1, II-13.1; complet, complète, II-4.1
at full speed à toute allure, II-L1
fun amusant(e), I-1.1, **3.2**
to have fun s'amuser, I-12.2
function la fonction
funeral les obsèques *(f. pl.)*, **6.3**; les funérailles *(f. pl.)*
funny amusant(e), I-1.1, **3.2**; rigolo, I-4.2; comique, II-1.1
furious furieux, furieuse, II-13.2
furniture les meubles *(m. pl.)*
further plus loin
future l'avenir *(m.)*, **8.1**; le futur, I-L2

G

to **gain a few pounds** prendre des kilos
game le match, I-10.1; le jeu
game room la salle de jeux, **6.3**
video game le jeu vidéo, **2.1**
garage le garage, I-4.2
garden le jardin, I-4.2, **L5**
garlic l'ail *(m.)*, II-6.1
gas station la station-service
gas station attendant le/la pompiste, II-7.1
gas tank le réservoir, II-7.1
gasoline l'essence *(f.)*, II-7.1
gate *(airport)* la porte, I-8.1
to **gather** se rassembler
to gather up ramasser, **L3**
gem la pierre précieuse, I-L4
general le général
generally généralement
generally speaking d'une façon générale
generosity la générosité
genre le genre
geography la géographie, I-2.2
geometry la géometrie, I-2.2
germ le microbe
German *(language)* l'allemand *(m.)*, I-2.2
Germany l'Allemagne *(f.)*
to **get** recevoir, I-10.2; obtenir; se procurer
to get along well (badly) s'entendre bien (mal), **2.1, 3.3**
to get angry se fâcher, **2.1**
to get dressed s'habiller, I-12.1
to get engaged se fiancer, **6.3**
to get married se marier, I-L4, II-12.2
to get sick tomber malade, I-L1
to get a sunburn attraper un coup de soleil, I-11.1
to get off a plane débarquer, II-4.2
to get off *(bus, train, etc.)* descendre, I-9.2
to get off at the next station descendre à la prochaine, II-10.1
to get on *(board)* monter, I-9.2
to get out of trouble se débrouiller, **2.3**
to get some fresh air prendre l'air frais, **4.1**
to get together se retrouver, II-13.1
to get up se lever, I-12.1
getting off la descente, II-10.2
gift le cadeau, I-4.1
gigantic gigantesque
girl la fille, I-1.1
girlfriend la petite amie
to **give** donner, I-4.1
to give back rendre, II-5.1
to give change for faire la monnaie de, II-5.1
to give way céder la place
glad content(e), II-13.2, **L6**
glance le coup d'œil, **8.2**
glass le verre, I-5.2
glove le gant, I-11.2
glue la colle, **L7**
to **go** aller, I-5.1
to go down descendre, I-9; baisser, **3.1**
to go fast rouler vite, I-10.2, II-7.2
to go (and) get aller chercher, I-6.1
to go home rentrer, I-3.2
to go horseback riding faire de l'équitation, **7.1**
to go out sortir, I-8.2
to go out of style se démoder, **L1**
to go scuba diving or snorkeling faire de la plongée sous-marine, **1.1**
to go snowshoeing faire de la raquette, **3.1**
to go surfing faire du surf, I-11.1
to go to *(transp.)* desservir, II-4.1
to go to bed se coucher, I-12.1
to go up monter, I-4.2
to go walking faire de la marche, **7.1**
to go windsurfing faire de la planche à voile, I-11.1
to go with accompagner
Should we go? On y va?
goal le but, I-10.1, **3.3**
to score a goal marquer un but, I-10.1
goalie le gardien de but, I-10.1
goat la chèvre, **4.3**
God bless you! À tes souhaits!, II-2.1
godfather le parrain, **6.1**
godmother la marraine, **6.1**
gold l'or *(m.)*, I-L4, **8.3**
golden doré(e)
good *(adj.)* bon(ne), I-6.2; *(n.)* le bien, **L5**
Good health! Bonne santé!, II-12.2
good manners le savoir-vivre

good in math fort(e) en maths, I-2.2
good-bye au revoir; ciao *(inform.)*, I-BV
goodness la bonté
goods les produits
gourmet le gourmet
government le gouvernement
grade la note
to **graduate** être diplômé(e)
grain(s) les céréales *(f. pl.)*, II-11.2
gram le gramme, I-6.2
grammar la grammaire
granddaughter la petite-fille, I-4.1
grandfather le grand-père, I-4.1
grandma la mamie, **6.3**
grandmother la grand-mère, I-4.1
grandparents les grands-parents *(m. pl.)*, I-4.1
grandson le petit-fils, I-4.1
grandstand la tribune, II-12.1
grape(s) le raisin, II-6.1
grapefruit le pamplemousse, II-6.1
grass l'herbe *(f.)*, II-11.2
to **grate** râper, II-6.2
gray gris(e), I-7.2
great grand(e)
Greece la Grèce
green vert(e), I-5.1
green beans les haricots *(m. pl.)* verts, I-6.2
to **greet** saluer, II-L1
greeting card la carte de vœux, II-12.2
greeting la salutation, **4.1**
grilled ham and cheese sandwich le croque-monsieur, I-5.1
to **grind** hacher, II-6.2
grocery store l'épicerie *(f.)*, I-6.1
groom le marié, II-12.2, **6.1**
ground le sol, I-10.2
ground floor le rez-de-chaussée, I-4.2
on the ground à terre
group le groupe
to **grow** *(crop)* cultiver, II-11.2; augmenter, **3.1**
to grow (up) grandir
growth la croissance
guard le gardien, I-L4
to **guard** garder; veiller sur, **4.3**
to **guess** deviner
guest l'invité(e)
guide le guide
guidebook le guide
guillotined guillotiné(e)
guitar la guitare
guitarist le/la guitariste
guy le type
gymnasium le gymnase
gymnastics la gymnastique, I-2.2

H

habitual habituel(le)
hail la grêle, **1.3**
hair les cheveux *(m. pl.)*, I-12.1
Haitian haïtien(ne)
halftime *(sporting event)* le mi-temps
half demi(e)
half brother le demi-frère, I-4.1
half hour la demi-heure
half past *(time)* et demie, I-BV
half price le demi-tarif
half sister la demi-sœur, I-4.1
ham le jambon, I-5.1
hamburger le hamburger
hamlet le hameau
hammer le marteau, **7.3**
hand la main, I-3.1, II-13.1
handicapped handicappé(e)
handkerchief le mouchoir, II-2.1
to **handle** manier, **L4**
handmade fait(e) à la main
handsome beau (bel), I-4.2
hang glider le deltaplane, **3.1**
hang gliding le deltaplane, **3.1**
to **hang up** raccrocher, II-3.2
hanger le cintre, II-9.2
Hanukkah la Hanouka, II-12.2
to **happen** arriver, II-8.1; se passer
happiness le bonheur, **L2**
happy content(e), II-13.2, **L6**; heureux, heureuse, II-13.2
Happy birthday! Bon (Joyeux) anniversaire!
Happy New Year! Bonne Année!, II-12.2
harbor le port
hard dur(e); *(adv.)* fort
hard labor la réclusion, **L4**
hardware *(computer)* le hardware
harmful malfaisant(e), **4.3**
harsh rude, **3.3**
harshness la rigueur
harp la harpe
harvest la récolte, II-11.2
hat *(ski)* le bonnet, I-11.2
to **hate** détester, I-3.1
to **have** avoir, I-4.1; *(to eat or drink, in café or restaurant)* prendre, I-5.1
to have a(n) . . . -ache avoir mal à (aux)… , II-2.1
to have just (done something) venir de, II-10
haze la brume, **1.3**
head la tête, I-10.1, **L6**; *(of department or company)* le chef
head of a bed le chevet, **L5**
head of hair la chevelure, **8.3**
headache la douleur de tête, **L7**
heading la rubrique, **5.1**
headline le gros titre, **5.1**
headphones les écouteurs *(m. pl.)*, II-4.2

health la santé, II-2.1
to be in good health bien se porter, **7.1**; être en bonne santé, **7.2**
to be in perfect health être en parfaite santé, **7.2**
healthful sain(e), **7.2**
healthy sain(e), **7.2**
to **hear** entendre, I-9.1
hearing l'audition *(f.)*, .3
hearse le corbillard, **6.1**
heart le cœur, **L7**
heat: high heat le feu vif, II-6.2
low heat le feu doux, II-6.2
heaven le Ciel
heavy lourd(e), **8.2**
hello bonjour, I-BV; *(telephone)* allô
helmet le casque, II-7.1
help l'aide *(f.)*; le secours, II-8.1
to be a big help rendre bien service
with the help of à l'aide de
to **help** aider, II-3.2
hemisphere l'hémisphère *(m.)*
hen la poule, II-11.2
herb la fine herbe, II-6.1
herd le troupeau, II-11.2, **4.3**
here is, here are voici, I-4.1; voilà, I-1.2
heritage le patrimoine
hero le héros
to **hesitate** hésiter
hey! tiens!
hi salut, I-BV
to **hide** cacher, I-L3
high élevé(e); haut(e), II-11.1
high school le lycée, I-2.1
high-pitched aigu(ë), **7.3**
high-rise housing projects la cité, **2.3**
high-speed train le TGV, II-4.1
highway l'autoroute *(f.)*, II-7.2
higher supérieur
hiker le randonneur, la randonneuse
hiking la randonnée, **1.1**
history l'histoire *(f.)*, I-2.2
to **hit** frapper, I-L3; donner un coup (de pied, de tête, etc.), I-10.1
hockey le hockey
hockey stick la crosse
hold: to hold hands se donner la main, **L2**
Please hold. *(telephone)* Ne quittez pas., II-3.2
hole le trou, I-L4
having holes troué(e), **L7**
holiday la fête, II-12.1; le jour férié
home: at (to) the home of chez, I-3.2
to go home rentrer, I-3.2
homework (assignment) le devoir
to do homework faire ses devoirs, I-6
honest honnête
honey le miel
honeymoon la lune de miel
to **hope** espérer, II-6.2
horn le cor, I-L3; (car) le klaxon, **7.3**
horrible horrible
horror l'horreur *(f.)*
horse le cheval, II-11.2
horseback: to go horseback riding faire du cheval, II-11.2
hospital l'hôpital *(m.)*, II-8.1, **7.1**; *(adj.)* hospitalier, hospitalière
hot chaud(e)
hot dog la saucisse de Francfort, I-BV
hotel l'hôtel *(m.)*, II-9.1
house la maison, I-3.1; la villa
publishing house la maison d'édition
small house le pavillon
to **house** loger; abriter, **8.2**
housing le logement
how comment, I-1.1
how far? jusqu'où?
How's it going? Ça va?, I-BV
How is that? Comment ça?
how many, how much combien (de), I-3.2
however cependant
human humain(e)
human being l'être humain *(m.)*
hundred cent, I-2.2
hunger la faim, **5.3**
hungry: to be hungry avoir faim, I-5.1
hunter le chasseur, la chasseuse
hurry: in a hurry pressé(e), **1.2**
to **hurry** se dépêcher, I-12.1
to **hurt** avoir mal à, II-2.1; faire du mal, **5.3**
to hurt oneself se faire mal, II-8.1; se blesser, II-8.1
It (That) hurts. Ça fait mal., II-2.1
husband le mari, I-4.1

I

ice la glace, I-11.2
ice cream la glace, I-5.1
icon l'icône *(f.)*
idea l'idée *(f.)*
ideal idéal(e)
identify identifier
if si
if I were you à ta place, II-7.1
ill malade, I-L1, II-2.1
illegible illisible
illness la maladie
illustration le dessin
to **imagine** imagine
immediate immédiat(e)
immediately immédiatement, II-14.2
immense immense
impolite mal élevé(e), II-13.1; malpoli(e), II-13.1

important important(e), II-13
impossible impossible, II-13
impressed impressionné(e)
Impressionists les impressionnistes *(m. pl.)*
impressive impressionnant(e)
imprisoned emprisonné(e)
to **improve** s'améliorer
improvement le progrès
in dans, I-1.2; à, I-3.1; en, I-3.2
in addition to en plus de
in fact en fait
in first (second) class en première (seconde), I-9.1
in front of devant, I-8.2, II-11.1
in general en général
in order that pour que, **5**; afin que, **5**
in order to en vue de, **8.3**
in particular en particulier
in search of à la recherche de
in spite of malgré
in vain en vain
In what month? En quel mois?, I-BV
to **include** comprendre
included compris(e), I-5.2, II-9.1
The tip is included. Le service est compris., I-5.2
increase la hausse, **5.1**
incredible incroyable
to **indicate** indiquer
indigestion le trouble digestif
to have indigestion avoir mal au foie
indiscreet indiscret, indiscrète
indispensable indispensable
individual l'individu *(m.)*; *(adj.)* individuel(le)
industrial industriel(le)
inexpensive bon marché *(inv.)*
infection l'infection *(f.)*, II-2.1
influence l'influence *(f.)*
information l'information *(f.)*; les renseignements *(m. pl.)*
ingredient l'ingrédient *(m.)*
inhabitant l'habitant(e)
injection la piqûre, II-8.2
to give an injection faire une piqûre, II-8.1
injury la blessure, I-8.1
ink l'encre *(f.)*, **L1, L8**
innocent innocent(e)
insane fou, folle
inside out à l'envers, **2.3**
to **insist** insister
instead of au lieu de
institute l'institut *(m.)*
instructions les instructions *(f. pl.)*
instructor le moniteur, la monitrice, I-11.1
instrument l'instrument *(m.)*
keyboard instrument l'instrument à clavier
percussion instrument l'instrument à percussion
string instrument l'instrument à cordes
wind instrument l'instrument à vent
to **insult one another** se dire des injures, **L4**
intellectual intellectuel(le)
intelligent intelligent(e), I-1.1
intended for destiné(e) à
interest l'intérêt *(m.)*
interest rate le taux d'intérêt
interested: to be interested in s'intéresser à
interesting intéressant(e), I-1.1
intermediate moyen(ne)
intermission l'entracte *(m.)*, II-1.1, **3.2**
intern le/la stagiaire, II-14.2
to **intern** faire un stage, II-14.2
internal interne
international international(e), I-8.1
Internet Internet, II-3.1
internship le stage, II-14.2
interpreter l'interprète *(m./f.)*
to **intersect** se croiser, II-10.1
intersection le croisement, II-7.2; le carrefour, II-11.1
intimate intime
to **introduce** présenter, II-13.2
introduction la présentation, II-13.2
to **invent** inventer
investigation l'enquête *(f.)*, **8.3**
invitation l'invitation *(f.)*
to **invite** inviter, I-4.1
irritable énervé(e)
to **irritate** irriter
island l'île *(f.)*, I-L4, **8.3**
Italian *(adj.)* italien(ne)
Italian *(language)* l'italien *(m.)*, I-2.2
to **itch** piquer, II-2.1
Ivory Coast la Côte d'Ivoire, **4.1**

J

jacket le blouson, I-7.1
(sport) jacket la veste, I-7.1
ski jacket l'anorak *(m.)*, I-7.1
jackhammer le marteau-piqueur, **7.3**
jam la confiture, I-6.2
January janvier *(m.)*, I-BV
Japanese japonais(e)
jar le pot, I-6.2
jazz le jazz
jealous jaloux, jalouse
jeans le jean, I-7.1; le blue-jean
jersey le maillot
jewelry les bijoux *(m. pl.)*, **5.3**
Jewish juif, juive, II-12.2

job l'emploi *(m.)*, II-14.2; le poste, II-14.2; le boulot *(slang)*, **2.3, L4**
job applicant le/la candidat(e) à un poste, II-14.2
to **jog** faire du jogging
to **joke around** rigoler, I-3.2
journal la revue, **8.3**
joy la joie, le bonheur
judge le/la juge, II-14.1
juice le jus, I-5.1
July juillet *(m.)*, I-BV
to **jump** sauter, **L5, L8**
June juin *(m.)*, I-BV
junior high student le/la collégien(ne)
just juste, I-2.1
fitting (him/her) just right juste à sa taille
just barely tout juste

K

Kabyle le kabyle, **L4**
to **keep** garder, **2.2**
to keep an eye on surveiller, II-7.2
to keep in touch rester en contact
key la clé, II-7.1, **L5**; la clef, **L5**; le demi-cercle *(basketball)*, I-10.2; *(button)* la touche, II-3.1
keyboard le clavier, II-3.1
to **keyboard** taper, II-3.1
to **kick** donner un coup de pied, I-10.1
kid le/la gosse, **2.3**
to **kid: You're kidding!** Tu rigoles!, I-3.2
to **kill** tuer, **5.1**
kilo(gram) le kilo(gramme), I-6.2
kilometer le kilomètre
kind la sorte, **7.3**; le genre, II-1.1; *(adj.)* bienfaisant(e), **4.3**
king le roi, I-L3, **8.1**
to **kiss (each other)** s'embrasser, II-12.2, II-13.1
kitchen la cuisine, I-4.2
kitchen sink l'évier *(m.)*, I-12.2
kitten le chaton, **5.3**
knee le genou, II-8.1
knife le couteau, I-5.2
knight le chevalier
to **knock** frapper, I-L4, II-L2, **L5**
to **know** connaître *(be acquainted with)*; savoir *(information)*, II-1.2

L

lab technician le/la laborantin(e), **7.1**
label la griffe
laboratory le laboratoire, **7.1**
to **lace (up)** lacer, **L7**
ladle la louche, **L4**
lagoon la lagune
lake le lac
lamb l'agneau *(m.)*, I-6.1
lame boiteux, boiteuse
land la terre, II-11.2
to **land** atterrir, I-8.1
landing l'atterrissage *(m.)* II-4.2
landing card la carte de débarquement, I-8.2
landscape le paysage, II-4.1, **2.3, L8**
lane la voie, II-7.2
language la langue, I-2.2
lap *(race)* l'étape *(f.)*; *(swimming)* la longueur, **7.3**
large grand(e); ample; gros(se), II-14.2
lassitude la lassitude, **L7**
last dernier, dernière, I-10.2
last name le nom de famille
last night hier soir, I-10.2
last stop le terminus, II-10.2
last week la semaine dernière, I-10.2
last year l'année *(f.)* dernière
to **last** durer
late en retard, I-9.1; *(adv.)* tard, I-12.1
to be late être en retard, I-9.1; avoir du retard *(plane, train, etc.)*, I-8.1
one hour late avoir une heure de retard, II-4.2
later plus tard
See you later. À tout à l'heure., I-BV
Latin le latin, I-2.2
Latin American latino-américain(e)
to **laugh** rire, **3.2**
laughing rieur, rieuse, **L4**
to **launch oneself at** s'élancer sur, **L7**
laundry le linge, **L4**
lavender la lavande
lawyer l'avocat(e), II-14.1
lazy paresseux, paresseuse
to **lead** mener
to lead to entraîner, **L1**
leaf la feuille, **L3, 7.3**
to **lean against** s'appuyer contre, II-10.2
leap le bond, **L8**
to **leap** faire un bond, **L8**
to **learn (to)** apprendre (à), I-5
leather le cuir
to **leave** partir, I-8.1
to leave *(a room, etc.)* quitter, I-3.1
to leave *(something behind)* laisser, I-5.2
left à gauche, II-7.2
leftovers les restes *(m. pl.)*
leg la jambe, II-8.1
leg of lamb le gigot d'agneau, II-6.2
legend la légende
lemon le citron, II-6.1
lemonade le citron pressé, I-5.1
lemon-lime drink la limonade, I-BV
to **lend** prêter, II-5.1
lentils les lentilles *(f. pl.)*, **4.2**

less moins, I-7.1
less than moins de
lesson la leçon, I-11.1
to **let** laisser; permettre
to let off steam se défouler, **7.3**
letter la lettre, II-5.2
lettuce la salade, I-6.2; la laitue
level le taux; le niveau, II-7.1
liaison la liaison
library la bibliothèque, **8.1**
to **lick** lécher, **5.3**
lid le couvercle, II-6.2
life la vie
life expectancy l'espérance *(f.)* de vie
life vest le gilet de sauvetage, II-4.2
to **lift up** soulever, **L6**
light léger, légère, **8.2**; *(color)* clair(e)
light la lumière, **7.3**; *(traffic)* le feu, II-7.2, II-11.1
light bulb l'ampoule *(f.)*, **L4**
to **light** allumer, II-12.2
lightning l'éclair *(m.)*, **1.3**
like comme
to **like** aimer, I-3.1
I'd like that! Ça me dit!
I like that. Ça me plaît., **2.2**
I would like je voudrais, I-5.1
What would you like? *(café)* Vous désirez?, I-5.1
lie le mensonge, **2.1**
to **lie** mentir, **L2, L8**
limit la limite
line la ligne, II-4.1; *(of people)* la queue, I-9.1; la file d'attente, **1.1**
line of cars la file de voitures, II-7.2
main lines *(trains)* les grandes lignes, II-4.1
to wait in line faire la queue, I-9.1
lip la lèvre, II-13.1
liquid le liquide
to **listen (to)** écouter, I-3.1
to listen with a stethoscope ausculter, II-2.2
listening to l'écoute *(f.)* de, **3.1**
literature la littérature, I-2.2
little: a little un peu, I-2.1; un peu de
to **live** vivre, II-11; *(in a city, house, etc.)* habiter, I-3.1
liver le foie, **L7**
living room la salle de séjour, I-4.2
to **load** charger
loan l'emprunt *(m.)*
lobby le hall, I-8.1, II-9.1
lobster le homard, II-6.2
local local(e)
local call l'appel urbain
located situé(e)
to be located se trouver, **8.2**
to **lock** fermer à clé, II-9.1
lock la serrure, **L5**
lock of hair la mèche de cheveux, **8.3**
to **lock** fermer à clé, II-9.1
to lock up enfermer, **L4**
Lodging is included. Vous êtes logé(e)., **3.3**
lonely solitaire
long long(ue), I-7.1
(for) a long time longtemps, I-11.1
(for) too long trop longtemps, I-11.1
Long live . . . ! Vive... !
longer: no longer ne... plus, I-6.1
to **look** (seem) avoir l'air, II-13.2
to look at regarder, I-3.1
to look for chercher
to look over jeter un coup d'œil sur, **L1**
loose *(clothing)* large, I-7.2
loose-leaf binder le classeur, I-3.2
to **lose** perdre, I-9.2
to lose patience perdre patience, I-9.2
loss la perte
lot: a lot of beaucoup de, I-3.2
a lot of people beaucoup de monde, I-10.1
to **love** aimer, I-3.1; adorer
love l'amour *(m.)*, I-L4
in love amoureux, amoureuse, II-L1
lover l'amant(e) *(m./f.)*, **L1**
low bas(se)
lower inférieur(e)
to **lower** baisser, **3.1**
low-income housing l' H.L.M.
luck la chance
to be in luck avoir de la chance
luggage les bagages *(m. pl.)*, I-8.1
lunar lunaire, **L8**
lunch le déjeuner, I-5.2
lung le poumon, **7.2, L7**
luxurious luxueux, luxueuse
luxury *(adj.)* de grand standing
lyrics les paroles *(f. pl.)*

M

ma'am madame, I-BV
machine la machine, II-10.2; l'appareil *(m.)*, II-10.2; l'engin *(m.)*, **7.3**
magazine le magazine, I-L2, I-9.1, **5.1**; la revue, I-L2
Maghreb le Maghreb
magnificent magnifique
maid *(hotel)* la femme de chambre, II-9.2
maid of honor la demoiselle d'honneur, II-12.2, **6.1**
mail la poste; le courrier, II-5.2
mail carrier le facteur, la factrice, II-5.2

to **mail** mettre à la poste, II-5.2
mailbox la boîte aux lettres, II-5.2
main principal(e)
majority la majorité
to **make** faire, I-6.1; fabriquer
to make a basket réussir un panier *(basketball)*, I-10.2
to make fun of se moquer de, **L6**
to make its rounds circuler, II-11.1
to make up inventer
male le mâle
Mali le Mali, **4.1**
mall le centre commercial, I-7.1
man l'homme *(m.)*, I-7.1
to **manage** diriger, II-14.1; se débrouiller, **2.3**
to manage to arriver à, I-9.1
manager le cadre, II-14.1
mandatory obligatoire
manner la façon
good manners le savoir-vivre
manufacture la fabrication
many beaucoup de, I-3.2
map la carte
road map la carte routière, II-7.2
street map le plan, II-7.2
subway map le plan du métro, II-10.1
maple leaf la feuille d'érable, **L7**
to **march** défiler, II-12.1
March mars *(m.)*, I-BV
to **mark** marquer
market le marché, I-6.2
flea market le marché aux puces
marriage le mariage, II-12.2
married marié(e)
to get married se marier, I-L4, II-12.2
to **marry** épouser, **L6**
marvelous merveilleux, merveilleuse
masculine masculin(e)
masked masqué(e), II-12.1
mass transit les transports *(m. pl.)* en commun
masterpiece le chef-d'œuvre
mat la natte, **4.3, L4**
math les maths *(f. pl.)*, I-2.2
mathematics les mathématiques *(f. pl.)*, I-2.2
matter: What's the matter with you? Qu'est-ce que tu as?, I-10
May mai *(m.)*, I-BV
maybe peut-être
mayor le maire, II-12.1
meadow le pré, II-11.2
meal le repas, I-5.2
to **mean** signifier; vouloir dire, **2.3**
meaning la signification; le sens, **2.3**
means le mode
to **measure** mesurer
measurement la mesure
meat la viande, I-6.1, II-6.2
medical médical(e), I-2.1
medical exam l'examen *(m.)* médical, **7.2**
the medical profession le corps médical
medicine *(medical profession)* la médecine; *(remedy)* le médicament, II-2.1
medina la médina
Mediterranean Sea la mer Méditerranée
medium-rare *(meat)* à point, I-5.2
to **meet** rencontrer; retrouver *(get together with)*; faire la connaissance de, II-13.2; connaître, II-13.2; venir chercher (quelqu'un), II-4.2
melody l'air *(m.)*
melon le melon, I-6.2
member le membre
membership card la carte d'adhésion
memory le souvenir; la mémoire
menorah la menorah, II-12.2
to **mention** citer; mentionner
menu la carte, I-5.1
merchandise la marchandise
merchant le/la marchand(e), I-6.2
produce merchant le/la marchand(e) de fruits et légumes, I-6.2
message le message, II-3.1
messenger le messager, la messagère
metal le métal
meter le mètre; *(taxi)* le compteur, **1.2**
metric system le système métrique
microbe le microbe
microchip la micropuce
microprocessor le microprocesseur
microscope le microscope
microwave oven le four à micro-ondes, II-6.1
middle le milieu
middle school student le/la collégien(ne)
midnight minuit *(m.)*, I-BV
midnight mass la messe de minuit, II-12.2
mike le micro, **L8**
mild doux, douce
military militaire
milk le lait, I-6.1
mineral le minéral
mineral water l'eau *(f.)* minérale, I-6.2
minus moins; le moins, **3.3**
minute la minute, I-9.2
miracle le miracle
mirror la glace, I-12.1
Miss (Ms.) Mademoiselle (Mlle), I-BV
to **miss** *(train, etc.)* rater, I-9.2, **1.2**
I miss her. Elle me manque., **2.1**
mist la brume, **1.3**
mistake la faute

mistaken: to be mistaken se tromper, **2.3**
misunderstanding la méprise, **L5**
to **mix** mêler, **L2**
mixture le mélange
mobile phone le portable, II-3.2, **2.1**
model le modèle
modem le modem
moderate modéré(e)
modern moderne
modest modeste
mogul la bosse, I-11.2
mom la maman
moment le moment; l'instant *(m.)*
Monday lundi *(m.)*, I-BV
money l'argent *(m.)*, I-5.2; le fric *(slang)*, II-5.1
to have a lot of money avoir plein d'argent *(slang)*, I-5.1
money order le mandat
pocket money l'argent *(m.)* de poche, **2.1**
monitor *(computer)* le moniteur
monster le monstre
month le mois, I-BV
monthly mensuel(le)
monthly payment la traite
monument le monument
moon la lune, **L8**
more *(comparative)* plus, I-7.1; *(to a greater extent)* davantage, **L6**
more or less plus ou moins
more and more de plus en plus
no more ne… plus, I-6.1
more . . . than plus… que, I-7
morning le matin, I-BV; le mat *(fam.)*
in the morning le matin
mortgage l'hypothèque *(f.)*
Morocco le Maroc, **4.1**
Moroccan marocain(e)
Moslem musulman(e)
mosque la mosquée
most (of) la plupart (de), I-9.2
mother la mère, I-4.1
mother tongue la langue maternelle
motive le mobile, **5.1**
motorcycle la moto, II-7.1
lightweight motorcycle le vélomoteur, II-7.1
motorcycle cop le motard, II-7.2
mountain le mont; la montagne, I-11.2, **1.1**
mountaintop le sommet, I-11.2
mouse la souris, II-3.1
mouth la bouche, II-2.1, II-13.1
to **move** bouger; se déplacer, **1.2**; *(change one's residence)* déménager, **L4**
to move ahead avancer, **5.2**
moved *(emotionally)* ému(e), **6.3**
movement le mouvement
movie le film, II-1.1
detective movie le film policier, II-1.1
movies le cinéma, II-1.1, **3.1**
movie theater le cinéma, la salle de cinéma, II-1.1, **3.1**
movie video le film en vidéo, II-1.1
science-fiction movie le film de science-fiction, II-1.1
moviegoer le spectateur, la spectatrice, **3.1**
Mr. Monsieur *(m.)*, I-BV
Mrs. (Ms.) Madame (Mme), I-BV
multicolored multicolore
multinational corporation la multinationale, II-14.2
to **multiply** multiplier
municipal municipal(e)
murder le meurtre, **5.1**
muscle le muscle
muscular musculaire
museum le musée, II-1.2
mushroom le champignon, II-6.1
music la musique, I-2.2
musical comedy la comédie musicale, II-1.1
musician le/la musicien(ne), **3.3**
mussel la moule, II-6.2
must devoir, I-10.2
one must il faut, I-8.2
mustard la moutarde, I-6.2
myself moi-même
mysterious mystérieux, mystérieuse
mystery (novel) le roman policier
myth le mythe

N

name le nom
first name le prénom
last name le nom de famille
My name is . . . Je m'appelle… , I-BV
napkin la serviette, I-5.2, II-13.1
narrow étroit(e), **8.1**
nationality la nationalité
native of originaire de
natural naturel(le)
natural sciences les sciences naturelles *(f. pl.)*, I-2.1
nature la nature
nauseous: to feel nauseous avoir des maux de cœur, **L7**
navy blue bleu marine *(inv.)*, I-7.2
near près de, I-4.2
very near tout près, I-4.2
nearby proche
necessarily nécessairement; forcément
necessary nécessaire
to be necessary falloir
it is necessary il faut, I-8.2; il faut que, II-12.2; il est nécessaire que, II-13

neck le cou, **L4**
necklace le collier, **5.3**
need le besoin
to **need** avoir besoin de, I-10.1
neighbor le/la voisin(e), I-4.2
neighborhood le quartier, I-4.2, II-11.1, **8.2**; *(adj.)* du coin
nephew le neveu, I-4.1
nervous nerveux, nerveuse
net le filet, I-10.2
network le réseau
never ne… jamais, I-11.2
nevertheless néanmoins
new nouveau (nouvel), nouvelle, I-4.2
New England la Nouvelle-Angleterre
New Orleans La Nouvelle-Orléans
New Year's Day le jour de l'An, II-12.2
New Year's Eve dinner le réveillon, II-12.2
news les nouvelles *(f. pl.)*, II-L3
news anchor le présentateur, la présentatrice, **5.1**
news article le reportage
TV news les informations *(f. pl.)*, **2.1**; le journal télévisé, II-6.1
newspaper le journal, I-9.1, **5.1**
newsstand le kiosque, I-9.1, **5.1**
next prochain(e), I-9.2
next to à côté de, II-11.1
nice *(person)* sympa, I-1.2; aimable; sympathique; gentil(le), I-6.2
niece la nièce, I-4.1
night la nuit, **7.3**
last night hier soir, I-10.2
nightclub la boîte, **2.1**
nightfall la nuit tombée, **4.1**
nightmare le cauchemar, **L8**
no non; aucun(e), II-4.2
no longer ne… plus, I-6.1
no more ne… plus, I-6.1
no one ne… personne, I-11; personne ne… , II-5
no smoking (section) (la zone) non-fumeurs, I-8.1
nobody ne… personne, I-11; personne ne… , II-5
noise le bruit, I-L3, II-13.1
noisy bruyant(e), II-13.1
non-smoking (section) non-fumeurs, I-8.1
nonstop *(flight)* sans escale, II-4.2
noon midi *(m.)*, I-BV
north le nord
North African nord-africain(e), maghrébin(e)
nose le nez, II-2.1
to have a runny nose avoir le nez qui coule, II-2.1
not any aucun(e), II-4.2
not at all pas du tout, I-3.1
not bad pas mal, I-BV
note la note
notebook le cahier, I-3.2
notepad le bloc-notes, I-3.2
nothing ne… rien, I-11; rien ne… , II-5
nothing to do with rien à voir avec
to **notice** remarquer; se rendre compte de, **5.2**
novel le roman, II-L1
novelist le romancier, la romancière, II-L1
November novembre *(m.)*, I-BV
now maintenant, I-2.2
right now en ce moment
nowadays de nos jours; actuellement
number le nombre; le numéro, II-5.2
right number le bon numéro, II-3.2
telephone number le numéro de téléphone
wrong number l'erreur *(f.)*; le mauvais numéro, II-3.2
numbered numéroté(e)
numerous nombreux, nombreuse
nurse l'infirmier, l'infirmière, II-8.1, **7.1**
nutrition l'alimentation *(f.)*, **7.2**

O

oak le chêne, **8.1**
oboe le hautbois
object l'objet *(m.)*
to **oblige** obliger
to **observe** observer
obsession l'idée *(f.)* fixe
to **obtain** obtenir; se procurer
obvious évident(e), II-14
occupied occupé(e)
to **occupy** occuper
ocean l'océan *(m.)*
o'clock: It's . . . o'clock. Il est… heure(s)., I-BV
October octobre *(m.)*, I-BV
odd curieux, curieuse
of (belonging to) de, I-1.2
of course bien sûr
Of course (not)! Mais oui (non)!
to **offer** offrir
office le bureau, II-11.1, II-14.1
official officiel(le)
often souvent, I-5.2
oil l'huile *(f.)*, I-6.1; le pétrole
oil tanker le pétrolier
okay *(health)* Ça va.; *(agreement)* d'accord, I-BV
Okay! Bon!, I-6.1
old vieux (vieil), vieille, I-4.2; âgé(e); ancien(ne)
How old are you? Tu as quel âge? *(fam.)*, I-4.1
old people's home la maison de retraite
old town la vieille ville, **1.1**
older *(adj.)* aîné(e), **6.3**; *(n.)* l'aîné(e), I-L1

olive oil l'huile *(f.)* d'olive, II-6.1
omelette (with herbs/plain) l'omelette *(f.)* (aux fines herbes/nature), I-5.1
on sur, I-4.2
on board à bord de, I-8.2
on foot à pied, I-4.2
on purpose exprès, **2.2**
on sale en solde, I-7.1
on time à l'heure, I-8.1
on Tuesdays le mardi, II-1.2
one by one un(e) à un(e)
oneself soi
one-way street la rue à sens unique, II-11.1
one-way ticket l'aller simple *(m.)*, I-9.1
onion l'oignon *(m.)*, I-5.1, II-6.1
only seulement; uniquement; ne... que, **2.1**; *(adj.)* seul(e)
open ouvert(e), II-1.2
to **open** ouvrir, II-2.2, II-13.2
opera l'opéra *(m.)*
comic light opera l'opéra bouffe
light opera l'opéra comique
to **operate** opérer
operating room la salle d'opération, II-8.2
operation l'opération *(f.)*; l'intervention *(f.)* chirurgicale
opinion l'avis *(m.)*, I-7.2
in my opinion à mon avis, I-7.2
opponent l'adversaire *(m./f.)*
opponents le camp adverse, I-10.1
opportunity l'occasion *(f.)*
to **oppose** opposer, I-10.1
opposing adverse, I-10.1
opposite le contraire
optional facultatif (-ive)
or ou, I-1.1
or else sinon, I-9.2
orally par voie orale, **4.1**
orange *(fruit)* l'orange *(f.)*, I-6.2, II-6.1; *(color)* orange *(inv.)*, I-7.2
orange tree l'oranger *(m.)*, I-L2
orchestra l'orchestre *(m.)*
orchestra seats l'orchestre *(m.)*, **3.2**
symphony orchestra l'orchestre symphonique
order le commandement, **L4**
in order to pour
to **order** commander, I-5.1
ordinary ordinaire
organ *(of the body)* l'organe *(m.)*; *(musical instrument)* l'orgue *(m.)*
to **organize** organiser
orthopedic surgeon le chirurgien-orthopédiste, II-8.2
other autre
in other words autrement dit
on the other hand par contre; d'autre part
some others d'autres, I-2.2
otherwise sinon, I-9.2
outing l'excursion *(f.)*; la sortie, **2.1**
outdoors en plein air; dehors
outgoing sociable, I-1.2
outfit l'ensemble *(m.)*
outside *(n.)* l'extérieur *(m.)*; *(adv.)* à l'extérieur, dehors; *(prep.)* au dehors de
to work outside the home travailler à l'extérieur
outskirts la périphérie
oven le four, II-6.1
microwave oven le four à micro-ondes, II-6.1
over *(prep.)* par-dessus, I-10.2
over there là-bas, II-10.1
overcast *(sky)* couvert(e), **1.3**; voilé(e), **1.3**
to **overlook** donner sur, I-4.2; dominer
overseas *(adj.)* d'outre-mer
to **owe** devoir, I-10
to **own** posséder
owner le/la propriétaire
ox le bœuf, II-11.2
oxygen l'oxygène *(m.)*
oxygen mask le masque à oxygène, II-4.2
oyster l'huître *(f.)*, II-6.2

P

to **pack** *(suitcases)* faire les valises, I-8.1
package le paquet, I-6.2; le colis, II-5.2
package price le forfait, **1.3**
packed *(stadium)* comble, I-10.1; *(train)* bondé(e), II-10.1
packed in serré(e), **8.2**
pain in the neck *(slang)* casse-pieds
painful douloureux, douloureuse
to **paint** peindre, **L4**
painted peint(e), **8.1, 8.3**
painted red peint(e) en rouge, **8.1**
painter l'artiste peintre *(m./f.)*, le/la peintre, II-1.2
house painter le peintre en bâtiment, II-14.1
painting la peinture, II-1.2; le tableau, II-1.2
pair la paire, I-7.1
pal le copain, la copine, I-2.1
palace le palais, **8.3**
pancake la crêpe, I-BV
to **panic** s'affoler, **L8**
pants le pantalon, I-7.1
paper le papier, I-3.2
sheet of paper la feuille de papier, I-3.2
parade le défilé, II-12.1
paragraph le paragraphe
parents les parents *(m. pl.)*, I-4.1
Parisian *(adj.)* parisien(ne)
park le parc

to **park** se garer, II-7.1; stationner, II-11.1
parking lot le parking, II-11.1
parking meter le parcmètre, II-11.1
parsley le persil, II-6.1
part la partie
to be part of faire partie de
to **participate (in)** participer (à)
party la fête, I-4.1
to throw a party donner une fête, I-4.1
pass la passe
to **pass** passer, I-10.1; doubler, II-7.2
to pass an exam réussir à un examen
passage le passage
passageway le passage
passbook le livret de caisse d'épargne
passenger le passager, la passagère, I-8.1; le voyageur, la voyageuse, **1.2**
passerby le/la passant(e), **L2**
passing passager (-ère), **7.3**
passport le passeport, I-8.1
passport check le contrôle des passeports, II-4.2
past passé(e)
in the past autrefois, **2.2**
pasta les pâtes *(f. pl.)*, II-6.1
pasture le pâturage, **4.3**
pâté le pâté
path le chemin, **3.1**
patience la patience, I-9.2
to lose patience perdre patience, I-9.2
patient le/la malade, II-2.2; *(adj.)* patient(e), I-1.1
patio la terrasse, I-4.2
to **pay** payer, I-3.2
to pay attention faire attention
to pay back rembourser
to pay cash payer en espèces, II-9.2
to pay a deposit verser des arrhes, II-9.1
payment le paiement; la rémunération, **7.1**
peace la paix
pear la poire, I-6.2
peas les petits pois *(m. pl.)*, I-6.2
peasant le/la paysan(ne), I-L1
pedestrian le piéton, la piétonne, II-11.1; *(adj.)* piétonnier (-ière), **8.1**
to **peel** éplucher, II-6.2
pen le stylo, **L1**
ballpoint pen le stylo-bille, I-3.2
felt-tip pen le feutre, I-3.2
penalty *(soccer)* le penalty
pencil le crayon, I-3.2
penicillin la pénicilline, II-2.1
people les gens *(m. pl.)*
pepper le poivre, I-6.1
percent pour cent
perfect parfait(e)
to **perfect** perfectionner
perfectly parfaitement
to **perform** jouer, II-1.1, **3.2**
performance *(play)* la représentation, **3.2**
perhaps peut-être
period l'époque *(f.)*; la période; le point
permanent définitif (-ive), **7.3**
permanently définitivement, **7.3**
to **permit** permettre
person la personne
personal personnel(le)
of a personal nature d'ordre personnel
personality la personnalité
personally personnellement, II-1.2
pew le banc, **6.2**
pharmacist le/la pharmacien(ne), II-2.2
pharmacy la pharmacie, I-2.2
phenomenon le phénomène
phone card la télécarte, II-3.2
photograph la photo
physical physique
physicist le/la physicien(ne)
physics la physique, I-2.2
to **pick up** ramasser, I-8.2, **L5**; recueillir; venir chercher (quelqu'un), II-4.2; cueillir, **L6**
to pick up the (telephone) receiver décrocher (le téléphone), II-3.2
pickpocket le pickpocket, **5.2**
pickup truck le pick-up
picnic le pique-nique
picturesque pittoresque
pie la tarte, I-6.1
piece le morceau, II-6.2
pig le cochon, II-11.2
pill le comprimé, II-2.2
pillow l'oreiller *(m.)*, II-4.2
pilot le/la pilote, I-8.2
pink rose, I-7.1
pipe le tuyau, **8.1**
piracy le piratage
pizza la pizza, I-BV
place l'endroit *(m.)*, **1.1**; la place, le lieu
to take place avoir lieu, II-12.1
to **place** mettre, I-7.1
plague le fléau, **5.3**
plain la plaine
plan le projet
plane l'avion *(m.)*, I-8.1, II-L3
by plane en avion
plant la plante
plastic le plastique
plate l'assiette *(f.)*, I-5.2
platform *(railroad)* le quai, I-9.1, II-10.1, **1.2**
play la pièce (de théâtre), II-1.1, **3.2**
to put on a play monter une pièce, II-1.1

to **play** jouer, I-3.2; disputer, **7.3**
to play *(a sport)* jouer à, I-10.1; *(instrument)* jouer de, II-12.1
player le joueur, la joueuse, I-10.1
playing field *(sports)* le terrain de plein air, **7.1**
playwright l'auteur *(m.)* dramatique
pleasant agréable, **7.3**
please s'il vous plaît *(form.)*, s'il te plaît *(fam.)*, I-BV
to **please** plaire à, **2.2**; faire plaisir à, **L2**
pleasure le plaisir
pleat le pli, **L6**
pleated plissé(e), I-7.1
plot l'argument *(m.)*
plumber le plombier, II-14.1
plus plus; le plus, **3.3**
P.M. de l'après-midi; du soir, I-BV
pocket money l'argent *(m.)* de poche, **2.1**
poem le poème
poet *(m./f.)* le poète
police la police, **5.1**
police officer l'agent *(m.)* de police, II-11.1
police station le commissariat de police, **5.2**
polite poli(e), II-13.1
politely poliment
politeness la politesse, I-BV
political politique
polluted pollué(e)
pollution la pollution
polo shirt le polo, I-7.1
pool la piscine, I-11.1, **7.1**
poor pauvre, I-L1, II-2.1
pop *(music)* pop
pope le pape, **8.3**
popular populaire, I-1.2
to be popular avoir la cote, **2.1**
pork le porc, I-6.1, II-6.2
la côtelette de porc pork chop, II-6.2
port le port
portable CD player le baladeur, **3.1**
Portuguese portugais(e)
position la position
to **possess** posséder
possession la possession
possibility la possibilité
possible possible
post office la poste, II-5.2; le bureau de poste, II-5.2
postal postal(e)
postal employee l'employé(e) des postes, II-5.2
postcard la carte postale, I-9.1, II-5.2
poster l'affiche *(f.)*
pot la casserole, II-6.2
potato la pomme de terre, I-6.2, II-6.1
pound la livre, I-6.2
power la puissance, **4.3**
practical pratique
to **practice** pratiquer; travailler
to **pray** prier, **6.1**
prayer l'oraison *(f.)*, **4.2**
to **predict** prévoir, **1.2**
to **prefer** préférer, I-6
prehistoric préhistorique
prejudice le préjugé, **6.3**
to **prepare** préparer
prerecorded en différé, **5.1**
to **prescribe** prescrire, II-2.2
prescription l'ordonnance *(f.)*, II-2.2
to write a prescription faire une ordonnance, II-2.2
present le cadeau, I-4.1
to **present** présenter
press la presse
to **press** appuyer sur, II-3.1
pressure la pression, II-7.1
prestigious prestigieux, prestigieuse
pretty joli(e), I-4.2
price le prix, I-7.1
priest le prêtre, **6.1**; l'abbé *(m.)*
principal principal(e)
principle le principe, **4.1**
to **print** imprimer
printer l'imprimante *(f.)*, II-3.1
printing le tirage, **5.1**
prison la prison, I-L4
prison with hard labor le bagne, **L5**
prisoner le prisonnier, la prisonnière, I-L4
private individuel(le); privé(e)
prized prisé(e), **1.1**
probably sans doute, **L8**
problem le problème; la difficulté
process: in the process of en train de, **L8**
to **produce** produire
product le produit
profession la profession
professional professionnel(le)
program le programme, **2.1**; *(TV)* l'émission *(f.)*, I-12.2
programming la programmation
progress le progrès
promise la promesse
promotion l'avancement *(m.)*
to **pronounce** prononcer
property la propriété
protein la protéine
proud (of) fier, fière (de), **4.1**
Provence la Provence, **2.3**
of or from Provence provençal(e), **2.3**
to **provide** fournir, **L1**
provided that pourvu que, **5**
public public, publique
to **publish** publier
pulmonary pulmonaire, **7.2**
pulse le pouls, II-8.2, **7.2**
to **punish** punir
purchase achat *(m.)*
purpose: on purpose exprès, **2.2**
to **pursue** poursuivre, **5.1**
to **push** pousser, II-10.2, **5.2**; *(button, etc.)* appuyer sur, II-3.1

to push and shove bousculer, II-13.1

to **put (on)** mettre, I-7.1

to put on makeup se maquiller, I-12.1

to put on a play monter une pièce, II-1.1

to **putter around the house** bricoler, **3.1**

Q

quality la qualité

to **quarrel** se fâcher

quay le quai, **L1**

Quebec: from or of Quebec québécois

queen la reine

question la question, I-3.1

to ask a question poser une question, I-3.1

to **question** interroger, **L1**

quick rapide

quickly rapidement

quite assez, I-1.1

quiz l'interro(gation) *(f.)*

R

rabbi le rabbin, **6.1**

rabbit le lapin, II-11.2

race *(human population)* la race; *(competition)* la course, I-10.2

bicycle race la course cycliste, I-10.2

radio la radio, I-3.2

radio listener l'auditeur, l'auditrice de radio, **5.1**

rail *(adj.)* ferroviaire

railroad le chemin de fer

rain la pluie, **1.3**

to **rain: It's raining.** Il pleut., I-11.1

raindrop la goutte de pluie, **1.3**

rainy pluvieux, pluvieuse, **1.3**

to **raise** lever

to raise one's hand lever la main, I-3.1

raisin le raisin sec

rap *(music)* le rap

rapidly rapidement

rare *(meat)* saignant(e), I-5.2; rare

rather plutôt

razor le rasoir, I-12.1

to **react** réagir

to **read** lire, I-9.2

reading la lecture

ready prêt(e)

real vrai(e), I-2.2; véritable

reality la réalité

to **realize** se rendre compte, **5.2**

really vraiment, I-1.1

rear l'arrière *(m.)*, I-8.2, II-10.2

rear guard l'arrière-garde *(f.)*

reason la raison

to **reassure** rassurer

to **receive** recevoir, I-10.2

recently récemment

reception l'accueil *(m.)*, **7.1**

recess la récré(ation), I-3.2

research la recherche, **7.1**

recipe la recette, II-6.1

to **recognize** reconnaître

to **recommend** recommander

record le disque

to **record** enregistrer, **3.3**

recreation director l'animateur, l'animatrice, **1.3**

recycling le recyclage

red rouge, I-7.1

reduced réduit(e), **1.1**

referee l'arbitre *(m.)*, I-10.1

refrigerator le frigidaire, I-12.2; le réfrigérateur, I-12.2, II-6.1; le frigo *(slang)*, II-6.1

region la région

registration card la fiche, II-9.1

police registration card la fiche de police, II-9.1

regular régulier, régulière

to **reimburse** rembourser

relaxation la détente, **1.3, 3.1**

religious religieux, religieuse, II-12.2

to **remain** rester, I-11.1

remains les vestiges *(m. pl.)*

to **remember** se rappeler; se souvenir de, **L2**

remote éloigné(e)

remote control la télécommande, I-12.2

to **renounce** renier, **4.3**

to **renovate** rénover

renowned renommé(e)

to **rent** louer, II-1.1

rental la location

to **repair** réparer

repatriation le rapatriement, **L4**

to **replace** remplacer

to **report (a crime)** déclarer, **5.2**

reporter le/la journaliste, II-14.1

to **represent** représenter

research la recherche

to **resemble** ressembler à

to **reserve** réserver, II-9.1

to **resolve** résoudre

respective respectif (-ive)

respiratory respiratoire

responsible responsible

rest le repos, **3.1**

restaurant le restaurant, I-5.2; le resto *(inform.)*

result le résultat

as a result par conséquent

résumé le curriculum vitae (C.V.), II-14.2

return le retour

to **return** rentrer, I-3.2; *(volleyball)* renvoyer, I-10.2; retourner

reunited réuni(e)

revolution la révolution

revolutionary révolutionnaire

reward la récompense, **3.1**

rhyme la rime

to **rhyme** rimer

rhythm le rythme

ribbon le ruban, **6.1**

rice le riz, **L4, 6.1**
rich riche
richness la richesse
rider le cavalier, la cavalière, **7.1**
ridiculous ridicule
right le droit; *(adv.)* à droite, II-11.1
  right away tout de suite
  right there juste là
ring la bague, **5.3**
to **ring** *(telephone)* sonner, II-3.2
ringing la sonnerie
to **rinse** rincer
rise la hausse, **5.1**
to **rise** augmenter, **3.1**
rising en hausse, **6.1**
  rising sun le soleil levant, **L5**
rivalry la rivalité
river le fleuve, **L1**; la rivière, II-L2
Riviera (French) la Côte d'Azur
road la route, II-7.2; le chemin, **3.1**
  road map la carte (routière), II-7.2
  road sign le panneau, II-7.2
  road signs la signalisation, **5.1**
roast beef le rôti de bœuf, II-6.2
robber le bandit, **5.3**
rock le rocher, I-L3; *(music)* le rock
rocket la fusée, **L8**
role le rôle
roll of toilet paper le rouleau de papier hygiénique, II-9.2
Roman romain(e)
romantic romantique
roof le toit, **8.1**
  thatched roof le toit de chaume
room *(in house)* la pièce, I-4.2; la salle; *(in hotel)* la chambre, II-9.1
  dining room la salle à manger, I-4.2
  living room la salle de séjour, I-4.2
rooster le coq
root la racine, **4.1**
rose la rose, **L1**
rosemary le romarin
round *(adj.)* rond(e); *(n.)* la ronde *(dance)*, **L2**
  round (piece) la rondelle, II-6.2
round-trip ticket le billet aller-retour, I-9.1
route le chemin, **3.1**
routine la routine, I-12.1
row le rang, II-12.1, **6.2**
royal royal(e)
rubble les décombres *(m. pl.)*, **4.3**
ruin la ruine
to **ruin** ruiner
rule la règle
  rules of the road le code de la route, II-11.1
ruler la règle, I-3.2
to **run** courir, **7.3**
  to run away s'enfuir, **L5**
  to run a red light brûler un feu rouge, II-7.2
runner le coureur, I-10.2
running shoe la basket, I-7.1
runway la piste, I-8.1
rural rural(e)
to **rush** se précipiter, **5.3**
rush hour les heures *(f.)* de pointe, II-10.1
Russian *(language)* le russe

S

sad triste, I-L1, II-13.2, **L6**
safe and sound sain et sauf, **L8**
sailor le marin, I-L4, **L2**
salad la salade, I-5.1
salami le saucisson, I-6.1
salary le salaire, II-14.2
sale: on sale en solde, I-7.1; en promotion
salesperson le vendeur, la vendeuse, I-7.1
salmon le saumon, II-6.2
salt le sel, I-6.1
same même, I-2.1
  all the same tout de même, I-5.2
  It's all the same to me. Ça m'est égal., II-1.1
  the same goes for me moi de même, II-13.2
sand le sable, **1.1**
sandals les sandales *(f. pl.)*, I-7.1
sandwich le sandwich, I-BV
Santa Claus le Père Noël, II-12.2
sardine la sardine
to **satisfy** satisfaire
Saturday samedi *(m.)*, I-BV
sauce la sauce, II-6.2
sauerkraut la choucroute, II-6.1
sausage la saucisse, II-6.1
to **save** sauver; sauvegarder, II-3.1; *(money)* faire des économies, II-5.1; économiser; mettre de côté, II-5.1
to **savor** déguster, **4.3**
saxophone le saxophone
to **say** dire, I-9.2
scale la balance, II-5.2
scarf l'écharpe *(f.)*, I-11.2
scene la scène, II-1.1
schedule l'emploi *(m.)* du temps; l'horaire *(m.)*, I-9.1
school l'école *(f.)*, I-1.2; *(adj.)* scolaire, I-3.2
  elementary school l'école primaire
  junior high/high school l'école secondaire, I-1.2
  high school le lycée, I-2.1
  school supplies la fourniture scolaire, I-3.2
schooling la scolarité
science les sciences *(f. pl.)*, I-2.1
  natural sciences les sciences naturelles, I-2.1
  social sciences les sciences sociales, I-2.1

scientific scientifique
scientist le savant, **L1**
to **score a goal** marquer un but, I-10.1
to **scratch** gratter, II-2.1
screen l'écran *(m.)*, I-8.1, II-3.1, **3.1**
to **scrutinize** scruter, **4.2**
scuba diving la plongée sous-marine, **1.1**
sculptor le sculpteur *(m./f.)*, II-1.2
sculpture la sculpture, II-1.2
sea la mer, I-11.1, **1.1, L3**; l'onde *(f.) (literary)*, **L2**
by the sea au bord de la mer, I-11.1
seafood les fruits de mer, II-6.2
seashore le bord de la mer, I-11.1
seaside resort la station balnéaire, I-11.1, **1.1**
season la saison
seat le siège, I-8.2; la place *(plane, train, movie, etc.)*, I-8.1; le fauteuil *(theater)*, **3.2**
seat back le dossier du siège, II-4.2
seat belt la ceinture de sécurité, I-8.2, II-7.1
seated assis(e), I-9.2, **4.1**
second *(adj.)* deuxième, I-4.2; second(e)
in second class en seconde, I-9.1
secret *(adj.)* secret, secrète; *(n.)* le secret
secretary le/la secrétaire, II-14.1, II-L3
section *(newspaper)* la rubrique, **5.1**
security *(airport)* le contrôle de sécurité, I-8.1
to **see** voir, I-7.1
See you later. À tout à l'heure., I-BV
See you soon! À bientôt!, I-BV
See you tomorrow. À demain., I-BV
to **seem** sembler, **5.3**
to **seize** saisir, **L8**
seldom très peu
self-employed: to be self-employed être à son compte, II-14.2
to **sell** vendre, I-9.1
to **send** envoyer, I-10.1, II-3.1; emmener, I-L4
sender l'expéditeur, l'expéditrice
Senegal le Sénégal, **4.1**
sense le sens
sensitive sensible
separate séparer
September septembre *(m.)*, I-BV
serious sérieux, sérieuse, I-7; grave, II-3.2
to **serve** servir, I-8.2; I-10.2; *(go to)* desservir, II-4.1
service le service, I-5.2
serving dish le plat, II-6.1
to **set** régler, II-L1
to set a bone remettre un os en place, II-8.2
to set the table mettre la table, I-7; mettre le couvert
to **settle** s'installer
settled installé(e), **6.3**
several plusieurs
to **shake hands** se serrer la main, II-13.1
Shall we go? On y va?
shame la honte, **2.3**
it's a shame c'est dommage, **3**
shampoo le shampooing, I-12.1
shape la forme
to **share** partager, II-13.1, **2.1**
to **sharpen** tailler, **L1**
to **shave** se raser, I-12.1
shaver le rasoir, I-12.1
shed le hangar, II-11.2
sheep le mouton, II-11.2
sheet le drap, II-9.2
sheet of paper la feuille de papier, I-3.2
to **shelter** abriter, **8.2**
shepherd le berger; le pasteur, **4.3**
to **shine** briller, **1.3**
shirt la chemise, I-7.1
shoe la chaussure, I-7.1; le soulier, II-12.2
to **shoot** *(ball)* lancer, I-10.2
shop la boutique, I-7.1
to **shop** faire des achats
shopkeeper le/la commerçant(e), II-14.1
shopping le shopping, I-7.2
to do the grocery shopping faire les courses, I-6.1
to go shopping faire des courses, I-7.2
shopping cart le chariot, I-6.2
shopping center le centre commercial, I-7.1
short petit(e), I-1.1; court(e), I-7.1
in a short time en très peu de temps
short story la nouvelle
short subject le court-métrage, **8.3**
shorts le short, I-7.1
to **shout** crier, I-L4
shovel la pelle, **L3**
show *(TV)* l'émission *(f.)*, I-12.2; le spectacle
show(ing) *(movies)* la séance, II-1.1
to **show** montrer; *(movie)* jouer
shower la douche, I-12.1
to take a shower prendre une douche, I-12.1
shrimp la crevette, I-6.1
shuttle la navette
shy timide, I-1.2
sick malade, II-2.1, I-L1
to get sick tomber malade, I-L1
sick person le/la malade, II-2.2
side le côté, II-4.1; *(in a sporting event)* le camp, I-10.1
sidewalk le trottoir, II-11.1
sidewalk café la terrasse (d'un café), I-5.1

sign le signal; la marque, II-L4
to **sign** signer
signal le signal
silent silencieux, silencieuse
silverware les couverts *(m. pl.)* en argent, **L5**; l'argenterie *(f.)*, **L5**
similar semblable, I-L1
simply simplement
since *(time)* depuis, I-9.2, II-10.2
to **sing** chanter, II-1.2
singer le chanteur, la chanteuse, II-1.1
single unique; seul(e)
single-parent monoparental(e), **6.1**
sink *(kitchen)* l'évier *(m.)*, I-12.2; *(bathroom)* le lavabo, **L4**
sinus infection la sinusite, II-2.2
sir monsieur, I-BV
sister la sœur, I-1.2
to **sit: Where would you like to sit?** Qu'est-ce que vous voulez comme place?, I-8.1
site le site
size *(clothes)* la taille; *(shoes)* la pointure, I-7.2
the next larger size la taille au-dessus, I-7.2
the next smaller size la taille au-dessous, I-7.2
to wear size (number) faire du (numéro), I-7.2
What size do you wear? Vous faites quelle taille (pointure)?, I-7.2
skate le patin, I-11.2
to **skate** *(ice)* faire du patin (à glace), I-11.1
to go skating faire du patin, I-11.1
skating rink la patinoire, I-11.2
skeleton le squelette
ski le ski, I-11.2
ski boot la chaussure de ski, I-11.2
ski cap le bonnet, I-11.2
ski jacket l'anorak *(m.)*, I-7.1
ski lift la remontée mécanique, **1.1**
ski pole le bâton, I-11.2
ski resort la station de sports d'hiver, I-11.2, **1.1**
ski slope la piste, I-11.2, **1.1**
to **ski** faire du ski, I-11.2
skier le skieur, la skieuse, I-11.2
skiing le ski, I-11.2
cross-country skiing le ski de fond, I-11.2, **1.1**
downhill skiing le ski alpin, I-11.2, **1.1**
skirt la jupe, I-7.1
skull la boîte crânienne
sky le ciel, I-11.1, **1.3, 4.2**
sleep le sommeil, **L5, 7.3**
to **sleep** dormir, I-8.2
sleeping car le wagon-couchette
sleeve la manche, I-7.1
long-(short-)sleeved à manches longues (courtes), I-7.1
slice la tranche, I-6.2
slice of bread with butter or jam la tartine
to **slip** glisser, II-8.1
slope la pente
slot le fente, II-3.2
to **slow down** ralentir, II-7.1
small petit(e), I-1.1: *(clothes)* étroit(e), **L7**
smile le sourire, **L6**
to **smile** sourire, **L6**
smoke la fumée
to **smoke** fumer, II-4.2
snack la collation, II-4.2
snack bar *(train)* le snack-bar, I-9.2
to **snatch** arracher, **L7**
sneaker la basket, I-7.1
to **sneeze** éternuer, II-2.1
to **snore** ronfler, **L8**
snorkeling la plongée sous-marine, **1.1**
snow la neige, I-11.2, **1.1**
to **snow: It's snowing.** Il neige., I-11.2
snowboarding le surf des neiges, **3.1**
snowman le bonhomme de neige
to **snuggle up to** se serrer contre, **L2**
so alors, I-BV; donc; si *(adv.)*
so that de sorte que, **5**; de façon que, **5**; de manière que, **5**
to **soak** tremper, **8.3**
soap le savon, I-12.1, II-9.2
soccer le foot(ball), I-10.1
soccer field le terrain de football, I-10.1
sociable sociable, I-1.2
social social(e)
social blunder le faux pas
social sciences les sciences sociales *(f. pl.)*, I-2.1
social worker l'assistant(e) social(e), II-14.1
sock la chaussette, I-7.1
software le software, II-3.1; le logiciel, II-3.1
soldier le soldat, I-L3, II-12.1
sole le sole, II-6.2
solely uniquement
solid solide
solution la solution
some quelques, I-9.2; certains
some other d'autres, I-2.2
somebody quelqu'un, I-10.1
someone quelqu'un, I-10.1
someone else quelqu'un d'autre, II-L3
something quelque chose, I-11
something else autre chose
something special quelque chose de spécial

sometimes quelquefois, I-5.2
somewhere quelque part
son le fils, I-4.1
song la chanson, **L1**
soon bientôt
See you soon. À bientôt., I-BV
sore throat: to have a sore throat avoir mal à la gorge, II-2.1
sorry désolé(e), II-3.2, II-13.2
to be sorry regretter, I-6.1, II-13.2
I'm sorry. Désolé(e)., II-3.2
sort la sorte, **7.3**
so-so comme ci, comme ça
sound le son, I-L3; *(adj.)* sonore
soup la soupe, I-5.1
source la source
south le sud
south-east le sud-est
South America l'Amérique *(f.)* du Sud
space l'espace *(m.)*
open spaces les grands espaces
spaghetti les spaghettis *(m. pl.)*
Spanish espagnol(e)
Spanish *(language)* l'espagnol *(m.)*, I-2.2
spare tire la roue de secours, II-7.1
to **sparkle** scintiller
to **speak** parler, I-3.1
to speak ill of dire du mal de, **8.2**
to speak to s'adresser à
special spécial(e)
specialty la spécialité
specific précis(e)
to **specify** préciser, **4.3, L4**
spectator le spectateur, la spectatrice, I-10.1, **3.1**
speech le discours
speed la vitesse, II-4.1
speed limit la limitation de vitesse, II-7.2, **5.1**
to **spell** épeler
to **spend** *(time)* passer, I-3.1; *(money)* dépenser, II-5.1
spice l'épice *(f.)*
spicy épicé(e)
to **spill** déverser
spinach les épinards *(m. pl.)*, I-6.2
spinal cord la moelle épinière
spirit l'esprit *(m.)*
splendid splendide, II-4.1
to **spoil** gâter
spoon la cuillère, I-5.2
sport le sport, I-10.2
sports car la voiture de sport, II-7.1
team sport le sport collectif; le sport d'équipe, I-10.2
to **sport** arborer, **L7**
spot *(place)* l'endroit *(m.)*, **1.1**; *(stain)* la tache, **L8**
to **sprain one's ankle** se fouler la cheville, II-8.1
spring *(season)* le printemps, I-11.1; *(water)* la source
square *(adj.)* carré(e), **L4**; *(n.)* la place
square in front of a church le parvis de l'église, **6.1**
stable l'étable *(f.)*, II-11.2
stadium le stade, I-10.1
stage *(of a race)* l'étape *(f.)*; *(theater)* la scène, **3.2**
stage set le décor, **3.2**
stain la tache, **L8**
staircase l'escalier *(m.)*, I-4.2
stall *(market)* l'étal *(m.)*
stamp le timbre II-5.2
stamp machine le distributeur automatique (de timbres), II-5.2
to **stamp** *(a ticket)* composter, I-9.1, **1.2**
stand l'étal *(m.)*
standing debout, I-9.2
star l'astre *(m.)*, **4.2**; l'étoile, **4.2**
to **stare at** regarder fixement
to **start** commencer, I-9.2
to start the car mettre le contact, II-7.1
state l'état *(m.)*
state of the art haut de gamme
statement *(bank)* le relevé
station la station, I-4.2, II-10.1
gas station la station-service, II-7.1
station wagon le break, II-7.1
subway station la station de métro, I-4.2
stationery le papier à lettres, **L7**
stationery store la papeterie, I-3.2
statue la statue, II-1.2
stay le séjour, II-9.1, **1.1**
to **stay** rester, I-11.1
steak and French fries le steak frites, I-5.2
to **steal** voler, **5.1**
steering wheel le volant, **5.3**
step le pas, II-L2, **L3, L8**; *(stair)* la marche
to take a step faire un pas, II-L2
to **step in** intervenir
stepfather le beau-père, I-4.1
stepmother la belle-mère, I-4.1
stick le bâton, **L7**
still toujours, II-10.2; encore, I-11
to **stir** remuer, II-6.2
stitch le point de suture, II-8.2
stomach le ventre, II-2.1, **L7**
stone la pierre, **3.3**
stop l'arrêt *(m.)*, I-9.2, II-10.2
bus stop l'arrêt d'autobus, II-10.2
to **stop** arrêter, **5.2**; s'arrêter, I-10.1; cesser; *(plane)* faire escale, II-4.2
Stop, thief! Au voleur!, **5.2**
stopover l'escale *(f.)*, II-4.2

store le magasin, I-3.2, II-14.1
department store le grand magasin, I-7.1
to **store** stocker; emmagasiner; entreposer, II-11.2; mettre en réserve
storm l'orage *(m.)*, **1.2, 1.3**; la tempête, **1.3**
storming: to be storming faire de l'orage, **1.3**
stormy orageux, orageuse, **1.3**
story l'histoire *(f.)*
short story la nouvelle
stove la cuisinière, II-6.1
straight ahead tout droit, II-7.2
strategy la stratégie
strawberry la fraise, I-6.2
streamer le serpentin, II-12.1
street la rue, I-3.1, II-5.2, II-11.1
narrow street la ruelle, **1.1**
one-way street la rue à sens unique, II-11.1
on the street corner au coin de la rue, **4.1**
street map le plan, II-7.2
strength la force
to **stretch out** allonger
stretcher le brancard, II-8.1
stretching l'étirement *(m.)*, **7.3**
strict strict(e), I-2.1
strike la grève, **5.3**
to **stroll** flâner, **1.1, L1**
strong fort(e), I-2.2, **7.3**
student l'élève *(m./f.)*, I-1.2; l'étudiant(e) *(university)*
studio *(artist's)* l'atelier *(m.)*; *(apartment)* le studio
study l'étude *(f.)*
to **study** étudier, I-3.1; faire des études
to study French (math, etc.) faire du français (des maths, etc.), I-6
stuffing la farce
stupid stupide
stupid thing la bêtise
style le look
in style à la mode
subject le sujet; *(in school)* la matière, I-2.2
on the subject of à propos de
subtitles les sous-titres *(m. pl.)*, II-1.1
to **subtract** soustraire
suburbs la banlieue, II-4.1, II-11.1
subway le métro, I-4.2, II-10.1
subway map le plan du métro, II-10.1
subway station la station de métro, I-4.2, II-10.1
to **succeed in (doing)** arriver à *(+ inf.)*, I-9.1
success le succès; la réussite
such as tel(le) que
suddenly soudain
to **suffer** souffrir, II-2.2
sugar le sucre
sugared almond la dragée, **6.1**
to **suggest** proposer; suggérer
suit *(men's)* le complet; *(women's)* le tailleur, I-7.1
suitcase la valise, I-8.1
sum la somme
summer l'été *(m.)*
in summer en été, I-11.1
summit le sommet, I-11.2
sun le soleil, I-11.1, **1.3**
to **sunbathe** prendre un bain de soleil, I-11.1
sunburn le coup de soleil, I-11.1
Sunday dimanche *(m.)*, I-BV
sunflower le tournesol, **L8**
sunglasses les lunettes *(f. pl.)* de soleil, I-11.1
sunny ensoleillé(e)
It's sunny. Il fait du soleil., I-11.1
sunrise le lever du soleil, **4.2**
sunset le coucher du soleil, **4.2**
suntan lotion la crème solaire, I-11.1
super super
superbe superbe
supermarket le supermarché, I-6.2
supply la fourniture
school supplies les fournitures scolaires, I-3.2
sure sûr(e)
surfer le surfeur, la surfeuse, I-11.1
surfing le surf, I-11.1
to go surfing faire du surf, I-11.1
to **surf the Net** naviguer sur Internet
surgeon le chirurgien, II-8.2
orthopedic surgeon le chirurgien-orthopédiste, II-8.2
surprise la surprise
to **surprise** étonner
surprised étonné(e), II-13.2
survey le sondage, l'enquête *(f.)*
survival la survie
to **swallow** avaler, II-2.2
sweater le pull, I-7.1; le chandail, **L7**
sweatshirt le sweat-shirt, I-7.1
sweet potato la patate douce
to **swim** nager, I-11.1, **1.1**; se baigner, **7.1**; faire de la natation, **7.1**
swimmer le nageur, la nageuse, **7.1**
swimming la natation, I-11.1
sword l'épée *(f.)*, I-L3
symphony la symphonie
symptom le symptôme
syrup le sirop, II-2.1
system le système

T

table la table, I-5.1
table setting le couvert, I-5.2
tablecloth la nappe, I-5.2

to **tailgate** suivre une voiture de trop près, II-11.1
to **take** prendre, I-5.2; *(someone somewhere)* emmener, II-8.1
to take again reprendre, **3.1**
to take a cab prendre un taxi, **1.2**
to take care of s'occuper de, **2.3**; soigner, II-8.1, II-L4; prendre soin de, II-L4
to take down descendre, I-9
to take an exam passer un examen, I-3.1
to take the . . . line *(subway)* prendre la direction… , II-10.1
to take off *(plane)* décoller, I-8.1
to take out retirer, II-3.1
to take place avoir lieu, II-12.1
to take possession of prendre possession de
to take size (number) faire du (numéro), I-7.2
to take the subway prendre le métro, I-5.2
to take a trip faire un voyage, I-8.1
to take up occuper
to take (something) upstairs monter, II-9.1
to take a walk faire une promenade, I-11.1; se promener, **L1, L5**
to take an x-ray faire une radio(graphie), **7.2**
What size do you take? Vous faites quelle taille (pointure)?, I-7.2
taken occupé(e)
takeoff *(plane)* le décollage, II-4.2
talent le talent
to **talk** parler, I-3.1
to talk on the phone parler au téléphone, I-3.2, II-L3
tall grand(e), I-1.1
to **tan** bronzer, I-11.1
tape la cassette, I-7.1
to **tape** enregistrer, **3.3**
tart la tarte, I-6.1
apple tart la tarte aux pommes, I-6.1
task la tâche, **2.3**
taste le goût, **2.1**
taxi le taxi
taxi stand la station de taxis, **1.2**
tea le thé
to **teach (someone to do something)** apprendre (à quelqu'un à faire quelque chose)
teacher le/la prof *(inform.)*, I-2.1; le professeur, I-2.1
elementary school teacher le maître, la maîtresse; l'instituteur, l'institutrice, **2.3**
team l'équipe *(f.)*, I-10.1
teammate le coéquipier, la coéquipière, I-10.1
tear la larme, II-L2, **L6**
technical technique
techno (music) la techno
technology la technologie
teenager l'adolescent(e)
telephone le téléphone, I-3.2, II-3.1; *(adj.)* téléphonique, II-3.2
telephone booth la cabine téléphonique, II-3.2
telephone call l'appel (téléphonique), II-3.2; le coup de téléphone
telephone card la télécarte, II-3.2
telephone directory l'annuaire *(m.)*, II-3.2
telephone number le numéro de téléphone
touch-tone telephone le téléphone à touches, II-3.2
television viewer le téléspectateur, la téléspectatrice, **3.1**
to **tell** dire, I-9.2
to tell (about) raconter
temperate tempéré
temperature la température
tempest la tempête, **1.3**
temple la tempe
temporary temporaire; passager (-ère), **7.3**
tendon le tendon
tent la tente, **4.3**
term le terme
terminal *(bus, etc.)* le terminal, **1.2**
terrace la terrasse, I-4.2
terrible terrible
terrific super; terrible
test l'examen *(m.)*, I-3.1
to take a test passer un examen, I-3.1
to pass a test réussir à un examen
text le texte, II-3.1
Thai thaïlandais(e)
to **thank** remercier, **L3, 6.2**
thank you merci, I-BV
thanks merci, I-BV
thanks to grâce à
that ça; ce (cet), cette; cela
that is (to say) c'est-à-dire
that one celui-là, celle-là, II-11.2
That's all. C'est tout., I-6.1
That's it., That's right. C'est ça.
thatched cottage la chaumière, **L6**
thatched roof le toit de chaume
theater le théâtre, II-1.1
theft le vol, **5.1**
theme le thème
then alors, I-BV; ensuite, I-12.1, **6.3**
there là, II-3.2
over there là-bas, II-10.1
there are il y a, I-4.1
there is il y a, I-4.1
therefore donc
thief le/la voleur(euse), **5.1, L5**
thin maigre, **L7**
thing la chose
It's not my thing. C'est pas mon truc., **2.2**

to **think** penser; croire, I-7.2; *(opinion)* trouver, I-7.2; réfléchir
thorn l'épine *(f.)*, **L1**
thousand mille, I-3.2
throat la gorge, II-2.1
throat infection l'angine *(f.)*, II-2.1
through par
to **throw** lancer, I-10.2, II-12.1
to throw a party donner une fête, I-4.1
thumb le pouce, II-13.1
thunder clap le coup de tonnerre, **1.3**
Thursday jeudi *(m.)*, I-BV
thyme le thym, II-6.1
ticket le billet, I-8.1, **1.2**
bus or subway ticket le ticket, II-10.1
one-way ticket l'aller (simple), I-9.1
round-trip ticket le billet aller (et) retour, I-9.1
ticket machine le distributeur automatique, II-10.1
ticket window le guichet, I-9.1, II-10.1
traffic ticket la contravention, II-7.2
to **tie** *(score)* égaliser
tie la cravate, I-7.1, **L4**
tight serré(e), I-7.2
time *(of day)* l'heure *(f.)*, I-BV; *(in a series)* la fois, I-10.2; le temps
(for) a long time longtemps, I-11.1
at the same time à la fois
at what time? à quelle heure?, I-2
from time to time de temps en temps, I-11.1, **1.3**
in a short time en très peu de temps
it's time that il est temps que, II-13
on time à l'heure, I-8.1
time difference le décalage horaire
times l'époque *(f.)*
What time is it? Il est quelle heure?, I-BV
timetable l'horaire *(m.)*
tip le bout; *(restaurant)* le pourboire, I-5.2
to leave a tip laisser un pourboire, I-5.2
The tip is included. Le service est compris., I-5.2
tire le pneu, II-7.1
flat tire le pneu à plat, II-7.1
spare tire la roue de secours, II-7.1
tired fatigué(e)
tirelessly inlassablement, **8.1**
tissue le kleenex, II-2.1
to à, I-3.1; à destination de *(plane, train, etc.)*, I-8.1; *(in order to)* pour
(up) to jusqu'à
toast le pain grillé
to **toast** porter un toast à
tobacco shop le bureau de tabac
today aujourd'hui, I-BV; de nos jours
toe le doigt de pied, II-8.1
together ensemble, I-5.1
to get together with retrouver
toilet paper le papier hygiénique, II-9.2
toll le péage, II-7.2
toll call l'appel interurbain
tomato la tomate, I-6.2
tomorrow demain, I-BV
See you tomorrow. À demain., I-BV
tonight ce soir
tonsillitis l'angine *(f.)*, II-2.1
too *(also)* aussi, I-1.1; *(excessively)* trop, I-2.1
tool l'outil *(m.)*, **4.3**; l'engin *(m.)*, **7.3**
tooth la dent
toothbrush la brosse à dents, I-12.1
toothpaste le dentifrice, I-12.1
top: on top of each other superposé(e), **L4**
torn déchiré(e), **5.2, L7**
totally complètement; totalement
to **touch** toucher, I-10.2
to be in touch with être en contact avec
touch-tone telephone le téléphone à touches, II-3.2
tourist le/la touriste; *(adj.)* touristique
tourist office le bureau de (du) tourisme; le syndicat d'initiative
toward vers
towel la serviette, I-11.1, II-9.2
tower la tour, II-11.1
town la ville, I-8.1, II-5.2, II-11.1; le village
in town en ville, II-11.1
old town la vieille ville, **1.1**
small town le village
town hall la mairie, II-12.2, II-14.1
toxic toxique
toy le jouet
track la piste, I-10.2; *(railroad)* la voie, I-9.1
track and field l'athlétisme *(m.)*, I-10.2
trade le métier, II-14.1; le commerce
tradition la tradition
traditional traditionnel(le)
traffic la circulation, **1.2**
traffic circle le rond-point, II-7.2, II-11.1
traffic jam le bouchon, II-7.2; l'embouteillage *(m.)*, **1.2**
traffic light le feu, II-7.2, II-11.1
traffic ticket la contravention, II-7.2
tragedy la tragédie, II-13.1, **3.2**
tragic tragique
trailer la caravane, **1.1**
train le train, I-9.1
train station la gare, I-9.1, **1.2**

train station restaurant le buffet, I-9.1
training la formation, **3.3**
traitor le traître, la traîtresse
to **transform** transformer
to **transmit** transmettre, II-3.1
to **transport** transporter
transportation le transport
to **travel** voyager, I-8.1
travel agent l'agent *(m.)* de voyages
traveler le voyageur, la voyageuse, I-9.1, **1.2**
tray le plateau, I-8.2
treasure le trésor, I-L4
treasured prisé(e), **1.1**
to **treat** traiter
treatment le traitement
tree l'arbre *(m.)*, I-L3
trick le truc, **5.2**
trigonometry la trigonométrie, I-2.2
trip le voyage, I-8.1; le trajet, II-10.2
to take a trip faire un voyage, I-8.1
trombone le trombone, II-12.1
tropical tropical(e)
trouble: to be in trouble être en difficulté
troupe *(actors)* la troupe (de théâtre), **3.2**
truck le camion, II-7.1
small truck la camionnette
true vrai(e), I-2.2
trumpet la trompette, II-12.1
trunk la malle, **L4**
truth la vérité, **L2**
to **try to** chercher à, **L2**
to **try on** essayer, I-7.2
T-shirt le t-shirt, I-7.1
Tuareg le/la Touareg, **4.3**
Tuesday mardi *(m.)*, I-BV
tuna le thon
tunic la tunique
Tunisia la Tunisie, **4.1**
Tunisian tunisien(ne)
tunnel le tunnel
turkey le dindon; la dinde
turn signal le clignotant, I-7.2
to **turn** tourner, II-7.2
to turn around faire demi-tour, II-11.1; se retourner, **L2**
to turn off *(appliance)* éteindre, I-12.2, II-3.1, **5.1**
to turn on *(appliance)* mettre, I-7; allumer, I-12.2, II-3.1
to turn one's head détourner la tête, **L6**
turn signal le clignotant, II-7.2
turnstile le tourniquet, II-10.1
turtleneck le col roulé, **2.2**
TV la télé, I-12.2
on TV à la télé, I-12.2
TV news les informations *(f. pl.)*, **2.1**
twin le jumeau, la jumelle, I-L1
to **twist** *(one's knee, etc.)* se tordre, II-8.1
type le type; la sorte, **7.3**; le genre, II-1.1
to **type** taper
typical typique
typically typiquement

U

ugly laid(e), **L2**
uncle l'oncle *(m.)*, I-4.1
under sous, I-8.2
underdeveloped sous-développé(e), **L4**
underfed sous-alimenté(e), **L4**
underground souterrain(e)
to **understand** comprendre, I-5
to **unearth** déterrer
unemployed au chômage, II-14.2
unemployed person le chômeur, la chômeuse, II-14.2
unemployment le chômage, II-14.2, **5.3**
unfortunately malheureusement, **1.2**
unhappy malheureux, malheureuse
unit l'unité *(f.)*
United States les États-Unis *(m. pl.)*
university l'université *(f.)*
unknown inconnu(e)
unless à moins que, **5**
unmarried célibataire, **4.3**
to **unpack** défaire, II-9.1
until jusqu'à; jusqu'à ce que, **5**
up there là-haut
upper balcony *(theater)* la galerie, **3.2**
upset stomach le trouble digestif
use l'emploi *(m.)*
to **use** utiliser, II-3.1; se servir de, II-3.2, II-L4
useful utile
useless inutile, **L2**
usually d'habitude, I-12.2

V

to **vacate** libérer, II-9.2
vacation les vacances *(f. pl.)*
on vacation en vacances
summer vacation les grandes vacances
vacation day le congé, **1.1**
valid valable
to **validate** valider, II-10.1, **1.2**; *(a ticket)* composter, **1.2**
valley la vallée; le val
value la valeur
vanilla *(adj.)* à la vanille, I-5.1
varied varié(e)
variety la variété
various divers(e), **3.3**
VCR le magnétoscope, I-12.2
to **vary** varier
veal le veau, II-6.2
veal cutlet l'escalope *(f.)* de veau, II-6.2

vegetable le légume, I-6.2, II-6.1
vehicle *(large)* l'engin *(m.)*, **7.3**
veil le voile
vein la veine
vengence la vengeance
to **verify** vérifier, I-8.1
very très, I-BV; tout
very near tout près, I-4.2
very well très bien, I-BV
victim la victime, **5.1**
victorious victorieux, victorieuse
victory la victoire
video la vidéo, I-3.1
movie video le film en vidéo, II-1.1
video game le jeu vidéo, **2.1**
video game player la console de jeux vidéo, **2.1**
videocassette la cassette vidéo, I-12.2
Vietnamese vietnamien(ne), I-6
view la vue
village le village
vinegar le vinaigre, I-6.1
vineyard le vignoble, II-11.2
violent violent(e), **1.3**
violin le violon
viral viral(e)
virus le virus
visit la visite
to **visit** *(a place)* visiter, II-1.2; *(a person)* rendre visite à
vitamin la vitamine
voice la voix, **L2, 7.3**
volleyball le volley(-ball), I-10.2
voluntary bénévole, **3.2**
volunteer le/la bénévole, **3.2**; le/la volontaire
voyage le voyage

W

to **wait (for)** attendre, I-9.1
to wait in line faire la queue, I-9.1
waiter le serveur, I-5.1
waiting line la file d'attente, **1.1**
waiting room la salle d'attente, I-9.1
waitress la serveuse, I-5.1
to **wake** tirer du sommeil, **7.3**
walk la promenade, I-11.1; la balade *(slang)*, **7.3**
to take a walk faire une promenade, I-11.1
to **walk** marcher, II-8.1; *(for exercise)* faire de la marche, **7.1**
walkway le passage piéton
wall le mur, I-L4, **L4, 8.3**
wallet le portefeuille, **5.2**
to **wander** flâner, **1.1**
to **want** désirer, vouloir, avoir envie de, **2.3**
war la guerre, I-L3
war zone la zone de conflit
warm chaud(e)
warmup suit le survêtement, I-7.1
warrior le guerrier, I-L3
to **wash** se laver, I-12.1; faire sa toilette
to wash one's hair (face, etc.) se laver les cheveux (la figure, etc.), I-12.1
washcloth le gant de toilette, I-12.1, II-9.2
waste le déchet
watch la montre, II-L1, **5.3**
to **watch** surveiller, II-7.2, **4.3**
Watch out! Attention!, I-4.2
to watch over surveiller, **4.3**; veiller sur, **4.3**
water l'eau *(f.)*, I-6.2
to **water-ski** faire du ski nautique, I-11.1
way la façon
weak faible, I-L1, **7.3**
weapon l'arme *(f.)*
to **wear** porter, I-7.1
to wear a disguise se déguiser, **2.3**
weather le temps, I-11.1, **1.3**
Web site le site
wedding le mariage, II-12.2
wedding cake la pièce montée, **6.1**
wedding ring l'alliance *(f.)*, II-12.2, **6.1**
Wednesday mercredi *(m.)*, I-BV
week la semaine, I-3.2
a week huit jours
a (per) week par semaine, I-3.2
last week la semaine dernière, I-10.2
next week la semaine prochaine
two weeks quinze jours
weekend le week-end
to **weigh** peser, II-5.2, **8.2**
weight le poids
welcome le/la bienvenu(e); l'accueil *(m.)*, **1.3**
Welcome! Bienvenue!
You're welcome. Je t'en prie. *(fam.)*, I-BV; Je vous en prie. *(form.)*, I-BV
to **welcome** accueillir, **4.1**
well *(adv.)* bien, I-BV; eh bien; ben *(slang)*; *(n.)* le puits, **3.3, 4.3**
well then alors, I-BV
well-behaved bien élevé(e), II-13.1; sage, II-12.2
well-done *(meat)* bien cuit(e), I-5.2
well-known connu(e), II-1.1
well-mannered bien élevé(e), II-13.1
well-to-do aisé(e), **4.3**
west l'ouest *(m.)*
western occidental(e)
western *(movie)* le western
wheat le blé, II-11.2
wheelchair le fauteuil roulant, II-8.1
when quand, I-4.1; lorsque, **4**
where où, I-1.1
from where d'où, I-1.1
which quel(le), I-6
while pendant que, tandis que, **L6**
whistle le sifflet, **7.3**
to **whistle** siffler, I-10.1, II-L1

white blanc, blanche, I-7.2
who qui, I-1.1
whole *(adj.)* entier, entière; *(n.)* l'ensemble *(m.)*
whole-wheat bread le pain complet
whom qui, I-10
why pourquoi, I-6.2
why not? pourquoi pas?
wicked stepmother la marâtre, **L6**
wide large, I-7.2
wife la femme, I-4.1
to **win** gagner, I-10.1; sortir victorieux (victorieuse)
wind le vent, I-11.1, **1.3**
wind gust la rafale, **1.3**
to **wind (around)** s'enrouler, **L1**
window (seat) (une place) côté fenêtre, I-8.1
window *(store)* la vitrine, I-7.1
windowpane la vitre, **L4, 5.1**
windshield le pare-brise, II-7.1
windsurfing la planche à voile, I-11.1
to go windsurfing faire de la planche à voile, I-11.1
windy: to be windy faire du vent, **1.3**
It's windy. Il y a du vent., I-11.1
wine le vin
wings *(theater)* les coulisses *(f. pl.)*, **3.2**
winner le/la gagnant(e), I-10.2
winner's cup la coupe, I-10.2
winter l'hiver *(m.)*, I-11.2
to **wipe** essuyer, II-L2
wise sage
wish le désir
to **wish** souhaiter, II-9.1, II-12.2
with avec, I-3.2; auprès de; muni(e) de
to **withdraw** retirer, II-5.1
without sans, **1.2**; sans que, **5**
witness le témoin, **6.1**
woman la femme, I-7.1
wood(s) le(s) bois, **3.3, L8**
word le mot
words *(of song, etc.)* les paroles *(f. pl.)*
work le travail; *(of art or literature)* l'œuvre *(f.)*, II-1.1; l'ouvrage *(m.)*
work site le chantier, **3.3**
to **work** travailler, I-3.1, II-14.2
to work full-time (part-time) travailler à plein temps (à mi-temps), II-14.2
worker l'ouvrier, l'ouvrière, II-11.1
workplace le lieu de travail, II-14.1
world le monde, **L2**
worry l'inquiétude *(f.)*
to **worry** s'en faire, II-8.1, **8.2**
to worry about se soucier de, **7.1**
worth: It's not worth it. Ce n'est pas la peine., **2.1**
wound la blessure, II-8.1
wounded blessé(e)
wreath of flowers la couronne de fleurs, **6.2**
wrist le poignet, II-13.1
to **write** écrire, I-9.2; rédiger
to write a prescription faire une ordonnance, II-2.2
writer l'écrivain *(m.)*, I-L2, II-14.1
wrong mauvais(e), I-1.1
What's wrong? Qu'est-ce qui ne va pas?
What's wrong with him? Qu'est-ce qu'il a?, II-2.1
wrong number l'erreur *(f.)*; le mauvais numéro, II-3.2

X

x-ray la radio(graphie), II-8.2

Y

year l'an *(m.)*, I-4.1; l'année *(f.)*
yellow jaune, I-7.2
yes oui, I-BV; si *(after neg. question)*, I-7.2
yesterday hier, I-10.1
the day before yesterday avant-hier, I-10.2
yogurt la yaourt, I-6.1
young jeune
young people les jeunes *(m. pl.)*
younger le cadet, la cadette, I-L1
youth la jeunesse
youth hostel l'auberge *(f.)* de jeunesse

Z

to **zap** zapper, I-12.2
zero zéro
zip code le code postal, II-5.2
zone la zone
zoology la zoologie

Index

Index

Glencoe would like to acknowledge the artists and agencies who participated in illustrating this program: Matthew Pippin represented by Beranbaum Artist's Representative; Meg Aubrey represented by Cornell & McCarthy; Four Lakes Colorgraphics Inc.; Glencoe; Fanny Mellet Berry and Higgins Bond represented by Anita Grien Representing Artists; Viviana Diaz represented by Irmeli Holmberg; Karen Maizel; Jane McCreary and DJ Simison represented by Remen-Willis Design Group; Karen Rhine; Don Stewart; Studio InkLink; Carlotta Tormey; Ann Barrow and Kathleen O'Malley represented by Christina A. Tugeau; Barbara Kiwak and Gary Torrisi represented by Gwen Walters.

COVER (t to b)Robert Frerck Odyssey/Chicago, Koji Yamashita/Photothèque, Oleg Cajko/Panoramic Images, Montrésor/Panoramic Images, Mark Segal/Panoramic Images, (students)Philippe Gontier; **i** (t to b)Robert Frerck Odyssey/Chicago, Koji Yamashita/Photothèque, Oleg Cajko/Panoramic Images, Montrésor/Panoramic Images, Mark Segal/Panoramic Images, (students)Philippe Gontier; **iv** Ludovic Maisant/CORBIS; **v vi** Andrew Payti; **vii** (l)Sharpe/Masterfile, (r)CORBIS; **viii** Arthur Thevenart/CORBIS; **ix** Spencer Grant/Photo Edit; **x** Andrew Payti; **xi** Owen Franken/CORBIS; **xii** Buffa Christian/CORBIS; **xiii** (l)Andrew Payti, (r)Robert Fried Photography; **xiv** Owen Franken/CORBIS; **xvi** Aaron Haupt; **xvii xviii** Owen Franken/CORBIS; **xix** Jack Hollingsworth/CORBIS; **xx** Massimo Listri/CORBIS; **xLii-1** George Hunter/SuperStock; **2** Brian Lawrence/ImageState; **3** (coast)International Stock, (chalet)GoodShot/SuperStock, (swimmer)ThinkStock/SuperStock, (others)Getty Images; **4** (tl)John VanHasselt/CORBIS, (tr)CORBIS, (bl)StockImage/ImageState, (br)Andrew Payti; **5** Getty Images; **6** (l)SuperStock, (r)Mark Tomalty/Masterfile; **7** (l)Jean-Claude Dewolf/La Photothеque, (r)Holton Collection/SuperStock; **8** Jack Hollingsworth/CORBIS; **9** Swim Ink/CORBIS; **12** Andrew Payti; **13** Larry Hamill; **15** (l)Bettmann/CORBIS, (r)CORBIS; **16** (l)CORBIS, (r)AFP/CORBIS; **17** Macduff Everton/CORBIS; **18** Andrew Payti; **20** Annebicque Bernard/CORBIS; **21** (t)Andrew Payti, (bl)Cindy Charles/Photo Edit, (br)Timothy Fuller; **22** P. Zachman/Magnum Photos; **23** Getty Images; **24 25** Catherine et Bernard Desjeux; **26** Getty Images; **27** Andrew Payti; **28** (l)Mark Antman/The Image Works, (r)Bruno Barbey/Magnum Photos; **29** (l)CORBIS, (r)Mark Antman/The Image Works; **30** Curt Fischer; **31** Mark Antman/The Image Works; **33** Andrew Payti; **34** (tl)Image Source, (tr b)CORBIS; **35** (l to r, t to b)Carl Lyttle/ImageState, Mark Tomalty/Masterfile, CORBIS, CORBIS, Mark Tomalty/Masterfile; **36** (l)Getty Images, (r)Mark Tomalty/Masterfile; **39** CORBIS; **40** file photo; **42** Oldrich Karasek/Getty Images; **43** Larry Hamill; **44** Getty Images; **45** Steve Vidler/SuperStock; **46** (t)Zefa/Kohlhas, (c)file photo, (b)Ludovic Maisant/CORBIS; **49** (t)Jose Fuste Raga/The Stock Market/CORBIS, (b)John Madere/CORBIS; **50** Mark Tomalty/Masterfile; **51** Andrew Payti; **52** Getty Images; **55** One Nation Films, LLC; **56–57** Andrew MacColl/Lonely Planet Images; **58** Martin Moos/Lonely Planet Images; **59** (cw from top)Getty Images, Aaron Haupt, CORBIS, Aaron Haupt; **61** Timothy Fuller; **62** CORBIS; **63** F. Bouillot/Marco Polo; **64** (l)Getty Images, (r)Nathan Benn/CORBIS; **65** Curt Fischer; **66** Sara-Jane Cleland/Lonely Planet Images; **67** Andrew Payti; **68** Setboun/CORBIS; **69** Charles O'Rear/CORBIS; **70** Setboun/CORBIS; **71** Isabelle Rozenbaum/PhotoAlton/PictureQuest; **72** Larry Hamill; **73** Curt Fischer; **74** (tl)Aaron Haupt, (tr)Doug Martin, (b)J.A. Kraulis/Masterfile; **75** Andrew Payti; **76** Georgi G. Shablovsky/Lonely Planet Images; **77** John Evans; **78** Beryl Goldberg; **81** Pierre Schwartz/CORBIS; **84** F. Damm/Masterfile; **85** Stockman/International Stock; **86** (t)CORBIS, (b)Curt Fischer; **87** CORBIS; **89** Sharpe/Masterfile; **90** J.A.Kraulis/Masterfile; **91** Andrew Payti; **92** (t)Andrew Payti, (bl)Getty Images, (br)Michele Westmorland/CORBIS; **93** Adina Tovy/Lonely Planet Images; **96 97 98** Getty Images; **99** (t)Owen Franken/CORBIS, (b)Curt Fischer; **100 101** Stephan Zaubitzer pour Phosphore; **102** Peter Turnley/CORBIS; **103** Melissa Gerr; **104** Getty Images; **105** Curt Fischer; **106** (l)Larry Hamill, (r)Marc Garanger/CORBIS; **107** ImageState; **108** Gely/Imapress, Paris; **109** Curt Fischer; **110** Garneau/Prevost/SuperStock; **111** Curt Fischer; **112** Getty Images; **115** One Nation Films, LLC; **116–117** Setboun/CORBIS; **118** David Else/Lonely Planet Images; **119** Robert Holmes/CORBIS; **120** Susan VanEtten/PhotoEdit; **121** (t)Charles Jean Marc/CORBIS, (b)Aaron Haupt; **122** Eddie Brady/Lonely Planet Images; **123** AFP/CORBIS; **124** Gail Mooney/CORBIS; **125** (t)Réunion des Musées Nationaux/Art Resource, NY, (b)Brenda Turnnidge/Lonely Planet Images; **126** Wolfgang Kaehler/CORBIS; **127** Andrew Payti; **128** Arthur Thevenart/CORBIS; **130** (l)CORBIS, (r)Spencer Grant/PhotoEdit; **132** Gail Mooney/CORBIS; **133** Art on File/CORBIS; **134** SuperStock; **135** (t)Balet Catherine/CORBIS, (b)Martine Franck/Magnum Photos; **136 137 138** Curt Fischer; **140** Jackson Smith/ImageState/Picture Quest; **143** Gail Mooney/CORBIS; **144** Martine Franck/Magnum Photos; **145** Robert Holmes/CORBIS; **146** (l)Aaron Haupt, (r)Lancrenon Sylvie/CORBIS; **147** Aaron Haupt; **148** Francois Guillot/AFP; **149** (l)Michael Busselle/CORBIS, (r)Owen Franken/CORBIS; **150** Sunset; **151** Rob & SAS/CORBIS; **153** AFP/CORBIS; **155** Timothy Fuller; **156** Getty Images; **157** Reuters NewMedia/CORBIS; **158** (l)Aaron Haupt, (r)Japack/Sunset; **160** Peter Turnley/CORBIS; **161** Kontos Yannis/CORBIS; **164** Getty Images; **167** One Nation Films, LLC; **168–169** Bruno Barbey/Magnum Photos; **170** Andrew Payti; **171** (cw from top)John Brettell/Lonely Planet Images, Image Source/Picture Quest, Dennis Wisken/Lonely Planet Images, Getty Images; **173** Andrew Payti; **172** (t)Erich Lessing/Art Resource, (b)Joana M./La Phototheque; **174** (t)Ingrid Roddis/Lonely Planet Images, (b)Andrew Payti; **175** (t)Andrew Payti, (b)Jason Laure; **176** Andrew Payti; **177** Richard Klune/CORBIS; **178** R. Burch/Bruce Coleman, Inc; **179** (l)Yann Arthus-Bertrand/CORBIS, (r)J.A. Kraulis/Masterfile; **180** Réunion des Musées Nationaux/Art Resource, NY; **181** (l)Amerens Hedwich/Lonely Planet Images, (r)Andrew Burke/Lonely Planet Images; **182** Andrew Payti; **183** (t)Mark Honan/Lonely Planet Images, (c)Neil Setchfield/Lonley Planet Images, (b)Jean-Bernard Carillet/Lonely Planet Images; **184** Aaron Haupt; **186** (tl)Roger Ressmeyer/CORBIS, (tr)RF/CORBIS, (bl)Aaron Haupt, (br)Andrew Payti; **187** Annie Griffiths Belt/CORBIS; **188** (l)Que-Net Media, (r)Bettmann/CORBIS; **189** Chris Lisle/CORBIS; **190** John Evans; **191** Catherine Hanger/Lonely Planet Images;

192 Michael Boys/CORBIS; **193** Andrew Payti; **196** Eric Robert/CORBIS; **197** Andrew Payti; **198** Bruce Burkhardt/CORBIS; **199** Andrew Payti; **200** (tl)Lloyd Cluff/CORBIS, (tr)CORBIS, (bl)Philip Gould/CORBIS, (br)Julio Donoso/CORBIS; **201** (t)Zephyr Images/Sunset, (b)Pictor; **202** (l)AFP/CORBIS, (r)Jean Claude N'Diaye/Imapress, Paris; **203** Andrew Burke/Lonely Planet Images; **204** (l)Jose Nicolas/Hémisphères Images, (r)Andrew Burke/Lonely Planet Images; **205** Owen Franken/CORBIS; **206** (t)K.M. Westermann/CORBIS, (b)Craig Aurness/CORBIS; **208** Fred Bavendam/Peter Arnold, Inc; **209** (l)M. Ascani/Agence Hoa-Qui, (r)Fred Bavendam/Peter Arnold, Inc; **210–211** M. Ascani/Agence Hoa-Qui; **211** (t)Fred Bavendam/Peter Arnold, Inc, (b)M. Renaudeau/Agence Hoa-Qui; **212** (l)Fred Bavendam/Peter Arnold, Inc, (c)Jean-Claude Dewolf/La Phototheque, (r)J. Jaffre/Agence Hoa-Qui; **213** Tiziana and Gianni Baldizzone/CORBIS; **214** Andrew Payti; **215** (t)Aaron Haupt, (b)Andrew Payti; **216** Robert Holmes/CORBIS; **217** Peter Turnley/CORBIS; **218 221** Andrew Payti; **223** Getty Images; **225** One Nation Films, LLC; **226–227** Reuters NewMedia/CORBIS; **228** Owen Franken/CORBIS; **229** (t)Chris Bland/Eye Ubiquitous/CORBIS, (bl)Curt Fischer, (br)Getty Images; **230** (l)Aim Patrice/CORBIS, (r)Owen Franken/CORBIS; **231** (l)Curt Fischer, (r)Andrew Payti; **232** Curt Fischer; **233** Robert Fried Photography; **234** Alain Goulard/Imapress, Paris; **235** Robert Fried Photography; **236** Curt Fischer; **237** Courtesy Air France; **238** Aaron Haupt; **240** (t)Andrew Payti, (bl)CORBIS, (br)Getty Images; **242** Owen Franken/CORBIS; **245** (t)Curt Fischer, (b)Ministere de l'Interieur; **246** (t)Owen Franken/CORBIS, (b)Gely/Imapress, Paris; **247** Robert Holmes/CORBIS; **248** (t)Steven Ferry, (b)Robert Fried Photography; **250** (l)Romuald Rat/Imapress,Paris, (r)Jean Claude N'Diaye/Imapress, Paris; **251** Getty Images; **252** Owen Franken/CORBIS; **253** Robert Holmes/CORBIS; **255** (l)Nogues Alain/CORBIS, (r)Peter Turnley/CORBIS; **257** (t)Curt Fischer, (b)Larry Hamill; **258** (l)CORBIS, (r)Roy Morsch/CORBIS; **259** (l)Mark Burnett, (r)Owen Franken/CORBIS; **261** Ludovic Maisant/CORBIS; **262** Gilles Fonlupt/CORBIS; **263** Charles Mahaux/Image Bank; **264** Andrew Payti; **265** (l)Andrew Payti, (r)Peter Turnley/CORBIS; **266** Cotteau/Imapress. Paris; **267** (t)Buffa Christian/CORBIS, (b)Owen Franken/CORBIS; **268** Jolyot Michel/Sunset; **270** Getty Images; **272** Dennis Degnan/CORBIS; **273** One Nation Films, LLC; **274–275** Robert Holmes/CORBIS; **276** Archivo Iconografico, S.A./CORBIS; **277** (l to r, t to b)Stephanie Russell, Fizet Jean Pierre/CORBIS, David Reed/CORBIS, Andanson James/CORBIS, CORBIS; **278** (t)CORBIS SYGMA, (b)David Turnley/CORBIS; **279** (l)Ludovic Maisant/CORBIS, (r)Lee Foster/Lonely Planet Images; **280** Stephanie Russell; **281** (t)James A. Sugar/CORBIS, (b)Mark Peterson/CORBIS; **282** Eric Robert/VIP Production/CORBIS; **283** (l)Explorer/Photo Researchers, (r)Peter Turnley/CORBIS; **284** Bettmann/CORBIS; **285** Owen Franken/CORBIS; **286** (l)David Stoecklein/CORBIS, (r)Frank Wieder/StockFood; **287** Wes Thompson/CORBIS; **288** Ellen Silverman/Stockfood; **289** Owen Franken/CORBIS; **290** (l)Getty Images, (r)Isa Mauch; **291** Owen Franken/CORBIS; **292** Mark Peterson/CORBIS; **293** Larry Hamill; **294** David Seawell/CORBIS; **295** (l)Que-Net Media, (r)LIO/CORBIS; **296** (t)Que-Net Media, (b)Gail Mooney/CORBIS; **297** Parrot Pascal/CORBIS; **298** (t)Getty Images, (b)Jane Sapinsky/CORBIS; **299** (l)Sandro Vannini/CORBIS, (r)Getty Images; **300** Vince Streano/CORBIS; **301** (l)Gerard Lacz/Sunset, (r)Christopher J. Morris/CORBIS; **302** Pellertier Micheline/CORBIS; **304** Getty Images; **305** Gianni Dagli Orti/CORBIS; **306** Getty Images; **307** Robert Holmes/CORBIS; **309** Micheline Pelletier/CORBIS; **310** Peter Turnley/CORBIS; **313** Jean Gaumy/Magnum Photos; **314** Jean-Bernard Carillet/Lonely Planet Images; **315** (l)Paul Almasy/CORBIS, (r)Bruno Barbey/Magnum Photos; **316** (l)Harry Gruyaert/Magnum Photos, (r)Adam Woolfitt/CORBIS; **317** Jeremy Gray/Lonely Planet Images; **319** CORBIS; **320** Harry Gruyaert/Magnum Photos; **324** Getty Images; **327** One Nation Films, LLC; **328–329** Richard T. Nowitz/CORBIS; **330** Astier Frederik/CORBIS SYGMA; **331** (l to r, t to b)Robert Holmes/CORBIS, Nogues Alain/CORBIS, Ruet Stephane/CORBIS SYGMA, Yves Forestier/CORBIS SYGMA; **332** (tl)Reuters NewMedia/CORBIS, (tr)Richard Smith/CORBIS, (b)Michael Boys/CORBIS; **333** (t)Curt Fischer, (b)Amet Jean Pierre/CORBIS SYGMA; **334** Lio/CORBIS SYGMA; **335** (t)David Reed/CORBIS, (c)Baumgartner Olivia/CORBIS, (b)Owen Franken/CORBIS; **336** Getty Images; **338** (l)Larry Hamill, (r)Aaron Haupt; **339** (l)CORBIS, (r)Richard List/CORBIS; **341** CORBIS; **342** (l)Jean-Bernard Vernier/CORBIS SYGMA, (r)Mark Burnett; **343** Sunset Boulevard/CORBIS SYGMA; **344** Marrec Loic/CORBIS SYGMA; **345** Gail Mooney/CORBIS; **346** (l)Timothy Fuller, (r)Andrew Payti; **347** (l)Andrew Walker & Leanne Walker/Lonely Planet Images, (r)Robert Fried Photography; **348** John Evans; **349 350** Timothy Fuller; **351** Picture Arts/CORBIS; **353** (l)Richard Klune/CORBIS, (r)Reuters NewMedia/CORBIS; **354** (l)Douglas Peebles/CORBIS, (r)Eldad Rafaeli/CORBIS; **355** Joe McBride/CORBIS; **357** Andrew Payti; **358** Doug Martin; **360** (l)Aaron Haupt, (r)Wile-E/CORBIS SYGMA; **361** Getty Images; **362** Vanni Archive/CORBIS; **364** (tl)Phillppe Eranian/CORBIS, (tr)John Evans, (b)Michael Kevin Dalt/CORBIS; **365** AFP/CORBIS; **367** (t)Reuters NewMedia/CORBIS, (b)Andrew Payti; **368** Getty Images; **369** (l)Picimpact/CORBIS, (r)Forestier Yves/CORBIS; **371** Phillip Gould/CORBIS; **372** (t)Martin Jones/Ecoscene/CORBIS, (b)Neal Preston/CORBIS; **373** (l)Reuters NewMedia/CORBIS, (r)Curt Fischer; **375** Robert Eric/CORBIS SYGMA; **376** Getty Images; **379** One Nation Films, LLC; **380–381** Robert Landau/CORBIS; **382** Hubert Stadler/CORBIS; **383** (l to r, t to b)Stock Montage/SuperStock, Lester Lefkowitz/CORBIS, Macduff Everton/CORBIS, Derek Croucher/CORBIS, Todd A. Gipstein/CORBIS, Owen Franken/CORBIS, Yann Arthus-Bertrand/CORBIS; **384** (t)Arte & Immagini sri/CORBIS, (b)CORBIS; **385** (t)Giraudon/Art Resource, NY, (b)Scala/Art Resource, NY; **386** (l)Reuters NewMedia/CORBIS, (r)Dallas and John Heaton/CORBIS; **387** (l)Bettmann/CORBIS, (r)Hulton-Deutsch Collection/CORBIS; **388** (l)Chris Bland/Eye Ubiquitous/CORBIS, (r)Archivo Inconografico, S.A./CORBIS; **389** Richard Hamilton Smith/CORBIS; **391** (l)Amet Jean Pierre/CORBIS SYGMA, (r)Jean Claude Dewolf/La Phototheque; **392** Archivo Incongrafics, S.A./CORBIS; **393** Reuters NewMedia/CORBIS; **394** AFP/CORBIS; **395** Archivo Iconografico, S.A./CORBIS; **396** (t)Owen Franken/CORBIS, (bl)Vanni Archive/CORBIS, (br)Mare

Garanger/CORBIS; **397** (l)Nik Wheeler/CORBIS, (r)Jack Hollingsworth/CORBIS; **398 399** Curt Fischer; **400** Dennis Marsico/CORBIS; **401** (l)Annebicque Bernard/CORBIS SYGMA, (r)Tate Gallery, London/Art Resource, NY; **403** (tl)Neil Setchfield/Lonely Planet Images, (tr)Dave G. Houser/CORBIS, (bl)Steve Bein/CORBIS, (br)Robert Holmes/CORBIS; **404** Owen Franken/CORBIS; **406** Yann Arthus-Bertrand/CORBIS; **407** (l)Dale Wilson/Masterfile, (r)Gail Mooney/Masterfile; **408** Erich Lessing/Art Resource, NY; **409** (t)Giraudon/Art Resource, NY, (b)Ludovic Maisant/CORBIS; **410** (l)Getty Images, (r)Adam Wooolfitt/CORBIS; **411** Gail Mooney/CORBIS; **412** (l)Gail Mooney/CORBIS, (r)AFP/CORBIS; **413** (t)Fogel Francois/CORBIS SYGMA, (c)AFP/CORBIS, (b)Andrew Payti; **415** Rufus F. Folkks/CORBIS; **416** Richard Melloul/CORBIS; **417** Andrew Payti; **418** (t)Annebicque Bernard/CORBIS SYGMA, (b)Aaron Haupt; **419** Vince Streano/CORBIS; **420** (t)Chris Bland/Eye Ubiquitous/CORBIS, (b)Alain Choisnet/Getty Images; **421** Yann Arthus-Bertrand/CORBIS; **422** (tl)Philadelphia Museum of Art/CORBIS, (tr)Historical Picture Archive/CORBIS, (b)Henry Diltz/CORBIS; **426** Getty Images; **431** Massimo Listri/CORBIS; **433** (t)Swim Ink/CORBIS, (b)Robert Holmes/CORBIS; **434** D.A./CORBIS SYGMA; **437** (l)Photowood Inc./CORBIS, (r)Jonathan Blair/CORBIS; **438** Roger Ressmeyer/CORBIS; **439** (t)Nik Wheeler/CORBIS, (bl)Nathan Benn/CORBIS, (br)Richard T. Nowitz/CORBIS; **440** (t)Reunion des Nationaux/Art Resource, NY, (b)Michael S Yamashita/CORBIS; **441** (t)Bill Ross/CORBIS, (bl)Alan Schein Photography/CORBIS, (br)Chuck Savage/CORBIS; **442** Robert Estall/CORBIS; **443** (t)Sandro Vannini/CORBIS, (b)Charles Jean Marc/CORBIS SYGMA; **444** (t)Alen MacWeeney/CORBIS, (b)Reuters NewMedia/CORBIS; **445** (b)Richard T. Nowitz/CORBIS, (b)Peter Turnley/CORBIS; **447** Owen Franken/CORBIS; **448** Bettmann/CORBIS; **450** (t)Sandro Vannini/CORBIS, (b)Nancy Brown/CORBIS; **451** (t)Todd A. Gipstein/CORBIS, (b)Franklin McMahon/CORBIS; **452** Cheryl Conlon/Lonely Planet Images; **453** (t)Giraudon/Art Resource, (c)Reuters NewMedia/CORBIS, (b)Bettmann/CORBIS; **454** (t)Pierre Fournier/CORBIS SYGMA, (c)Lipnitski-Viollet, (b)Alain Nogues/CORBIS SYGMA; **455** Karl Weatherly/CORBIS; **456** (t)Pascale Beroujon/Lonely Planet Images, (b)Jacques Langevin/CORBIS SYGMA; **457** Lipnitski-Viollet; **459** (t)Patrick Ben Luke Syder/Lonely Planet Images, (b)David Else/Lonely Planet Images; **460** Wolfgang Kaehler/CORBIS; **461** Craig Aurness/CORBIS; **462** (t)David Turnley/CORBIS, (b)Julio Donoso/CORBIS; **463** (t)Dovic Muriel/CORBIS SYGMA, (b)Kerstin Geier, Gallo Images/CORBIS; **464** Melissa Gerr; **465** Sylvain Saustier/CORBIS; **466** (t)George Etienne/CORBIS SYGMA, (b)Robert Estall/CORBIS; **467** Curt Fischer; **468** (l)David Turnley/CORBIS, (r)K.M. Westermann/CORBIS; **469** Stone/Getty Images; **472** (l)Adam Woolfitt/CORBIS, (r)Jason Edwards/Lonely Planet Images; **473** (t)Bettmann/CORBIS, (b)Leonard de Selva/CORBIS; **474** (t)Curt Fischer, (b)Roger-Viollet; **475** Roger-Viollet; **476** Robert Holmes/CORBIS; **477** Giansanti Gianni/CORBIS SYGMA; **478** Todd Gipstein/CORBIS; **479** (l)Arthur Thevenart/CORBIS, (r)Getty Images; **480** Erich Lessing/Art Resource, NY; **481** Joan Marcus; **482** (l)Archivo Iconografico, S.A./CORBIS, (r)Harlinque-Viollet; **483** Buddy Mays/CORBIS; **484** Guichard Jean/CORBIS SYGMA; **485** (t)Michael Nicholson/CORBIS, (b)Clay Perry/CORBIS; **486** (l)Francis G Mayer/CORBIS, (r)Andrew Payti; **488** Richard Kalvar/Magnum Photos; **489** Archivo Iconografico, S.A./CORBIS; **490** Pasquini Cedric/CORBIS SYGMA; **492** Timothy Fuller; **493** Todd A Gipstein/CORBIS; **494** (t)Archivo Iconografico, S.A./CORBIS, (b)Roger-Viollet; **495** (t)Roger-Viollet, (b)Mark Antman/The Image Works; **497** (t)Curtis Lantinga/Masterfile, (b)Zoran Milch/ Masterfile; **498** Curtis Lantinga/Masterfile; **499** Bettmann/CORBIS; **500** (t)Reuters NewMedia/CORBIS, (b)Mark Tomalty/Masterfile; **501** (t)LWA-Dann Tardif/CORBIS, (b)Brad Wrobleski/Masterfile; **503** (t)Leanne Logan/Lonely Planet Images, (b)Mark Daffey/Lonely Planet Images; **504** (l)Sophie Bassouls/CORBIS SYGMA, (r)Juliet Coombe/Lonely Planet Images; **508** Mark Antman/The Image Works; **509** Jean-Bernard Carillet/Lonely Planet Images; **510** (t)Giraudon/Art Resource, NY, (b)Joe McDonald/CORBIS; **511** Getty Images; **512–H1** Roberto M. Arakaki /ImageState; **H24** John S. King/Lonely Planet Images.